광고 판례백선

(사)한국광고법학회 편저

한국인터넷광고재단

발간사

오늘날 광고는 기업의 핵심적인 마케팅 수단으로 활용되기도 하지만, 소비자에게 교육과 정보를 제공하고 기업 간의 경쟁을 촉진시키는 역할을 담당하기도 합니다. 하지만 거짓 과장되거나 경쟁기업을 근거 없이 비방하는 부당한 광고는 제품 가격의 인상이나 품질 또는 서비스의 저하를 초래하거나 충동구매를 조장하기도 하고, 심지어 광고 과정 속에 개인정보를 침해하거나 기업에 유리한 정보만을 제공하여 소비자의 합리적 선택을 방해하기도 합니다. 이렇듯 광고는 그 본래의 사회적 순기능과 함께 불공정한 경쟁수단으로 오용되거나 남용될 경우 각종 경제적·사회적 문제를 유발하기도 합니다.

그동안 부당한 광고를 규제하기 위해 기본법으로서 표시·광고 공정화에 관한 법률(표시광고법)을 비롯하여 의료, 식품, 약품, 방송, 통신, 지식재산권 등 각 분야별로 개별 법률이 제정되어 시행되어오고 있습니다. 이와 함께 광고를 둘러싼 연구의 영역이 점차 확대되면서 표시·광고 분야의 경쟁법적 연구는 물론 개인정보 활용에서 비롯된 헌법학적 연구, 광고로 인한 소비자피해를 다루는 민사법적·소비자법적 연구, 광고 매체로서의 정보통신망과 관련된 행정법적 연구 등에 이르기까지 다양한 연구가 진행되고 있습니다.

그러나 아직까지 광고를 진흥하고 그 창조적 서비스 역량을 강화하기 위한 사항의 법제화가 미흡하고, 광고 관련 법규들이 어떻게 해석되고 적용되고 있는지에 대한 체계적인 정리와 연구가 이루어지지 못하고 있는 것이 현실입니다. 이에 광고시장에서의 공정한 경쟁질서 확산을 위해 설립된 한국인터넷광고재단은 표시광고법 시행 20주년을 맞이하여 한국광고법학회와 함께 「광고판례백선」을 출간하게 되었습니다. 광고법학회는 광고법 분야의 학제간 연구를 통해 바람직한 입법방향과 대안을 제시하기 위해 지난 2016년 설립되어 광고시장의 건전한 경쟁질서 확립과 광고법 문화의 발전에 이바지해오고 있습니다.

이번에 발간되는 광고판례백선은 그동안 체계적 분류 없이 산재되어 있는 광고 관련 판례를 집대성하는 동시에 광고법이라는 학문적 영역을 새롭게 정립하기 위한 것입니다. 지난 2년여에 걸쳐 총 95분의 교수, 변호사, 판사, 박사 등 국내 법률전문가들이 뜻을 모아 집필한 100건의 판례 평석을 광고법 일반론 17건, 표시광고법상 광고규제 24건, 개별법상 광고규제 32건, 광고와 책임 27건으로 분류하여 수록하였습니다. 광고법제에 대한 이해를 돕기 위해 광고법의 일반적 체계에 따라 편집하였으며, 각 평석마다 판례의 개요, 해설 및 판례의 의의로 제목을 구분하여 통일적으로 기술하도록 하였습니다. 본서는 누구라도 어렵지 않게 이해할 수 있는 풍부한 내용을 갖추고 있어 광고학자나 광고법학자는 물론 광고 기업실무가의 필독서로도 널리 활용될 수 있을 것입니다.

여러 가지 어려움이 있었지만, 본서가 출간될 때까지 집필을 담당하신 모든 분들과 편집위원으로 수고하신 황창근 교수님(위원장), 이선희 교수님, 정경오 변호사님, 정필운 교수님, 최경진 교수님, 손봉현 박사님께 깊이 감사드립니다. 특히 본서가 세상에 나올 수 있도록 기획에서부터 집필, 출판, 교정에 이르기까지 다방면에서 노고를 아끼지 않으신 본 재단 손봉현 박사님의 열정에도 감사의 인사를 전합니다.

끝으로 최근 초고속 인터넷 보급 확대, 스마트폰·태블릿 PC의 보편화로 인터넷광고, 모바일 광고가 대세를 이루고 있으며, 빅 데이터(Big Data)와 데이터 어낼리틱스(Data Analytics), 위치 정보를 기반으로 하는 광고가 새롭게 등장하는 등 광고산업의 패러다임이 전환되는 중요한 시점을 맞이하고 있습니다. 본서의 발간을 계기로 새로운 유형의 광고에 대한 법제도가 기술 발전의 속도를 따라가지 못하여 법적 공백이 발생하지 않도록 앞으로도 광고를 둘러싼 현재, 그리고 미래의 법적 쟁점과 개선방안 등에 관하여 지속적인 관심과 보다 심도 있는 논의가 이루어지기를 기대합니다.

2019년 7월 1일
한국인터넷광고재단
이사장 신 현 윤

편집위원회

집필진

강신욱	강일신	계승균	고환경	구길모	권국현	권영준	권창범
권창환	권헌영	권형둔	김 화	김건호	김계환	김도년	김두진
김민호	김병일	김성천(중앙대학교)		김성천(한국소비자원)		김재광	김학웅
김해원	김현경	김희균	목지향	문재완	박동진	박민철	박성범
박수영	박정원	박종수	박준석	박지연	박형관	백승이	손동환
손봉현	손수진	손혁상	신영수	신현윤	심재한	안성경	양형우
오병철	윤성운	윤해성	이규호	이규홍	이기종	이대희	이동진
이민영	이민호	이병규	이봉의	이선희	이승준	이원석	이인호
이정현	이주연	이충훈	임상혁	장준영	전학선	정경오	정상현
정성구	정성무	정재도	정재훈	정진명	정필운	정혜욱	조성국
조소영	주강원	주진열	최 원	최경진	최난설헌	최우정	최인선
최진원	한승혁	홍대식	홍명수	홍태석	황성기	황원재	황창근
황태희							

차 례

제 1 편 광고법 일반론

제 2 편 표시광고법상 광고 규제

▌제 3 편▐ 개별법상 광고 규제

제 1 편

광고법 일반론

01 광고의 개념

–대법원 2009. 5. 28. 선고 2009두843 판결

신 영 수*

Ⅰ. 판례의 개요

1. 사안의 개요

이 사건에서는 대부업을 영위하는 사업자(대부업체)가 일반인이나 금융거래자를 대상으로 금전의 대부 또는 대부·차용의 중개를 하면서 FAQ[1]를 통하여 고객의 신용과 관련한 정보를 제공한 행위가 광고에 해당하는지가 문제되었다. 이 사건 대부업체는 2007. 4월경부터 같은 해 5월경까지 자신의 홈페이지 중 FAQ를 통하여 아래 <표>의 광고내용과 같이 고객의 대출신청에 따른 사업자(이 사건 대부업체)의 신용조회로 해당 고객의 신용등급이 낮아지지 않는 것처럼 표현하였다.[2]

〈표〉 광고내용

Q : 신용조회 하나요? 그에 따른 불이익은요?
A : 어느 금융권에 대출신청을 하셔도 신용조회를 하게 되면 기록에 남게 됩니다. 저희 회사에서 1건 조회가 되었다 해서 바로 신용등급이 낮아지는 건 아니니 안심하셔도 됩니다.

* 경북대학교 법학전문대학원 교수.

1) "frequently asked question"의 약자로 이용자가 자주 하는 질문에 대한 대답을 미리 정리하여 게시판 등에 게재하는 것이다.

2) 이 사건에서는 해당 대부업체의 FAQ뿐만 아니라, 고객들에게 실제로 부여하는 무이자 기간보다 장기간 무이자 기간을 부여하는 것처럼 광고하는 행위도 문제되었으나, 광고의 개념에 관한 논점은 FAQ에 관해 제기되었으므로 이하에서는 FAQ 관련 쟁점을 중심으로 서술 및 분석하기로 한다.

공정거래위원회는 우선 해당 홈페이지상의 FAQ가 「표시·광고의 공정화에 관한 법률」(이하 '표시광고법'이라 한다)상 '광고'에 해당한다고 보았다. 그런 다음 비록 대부업체가 고객의 대출신청에 따른 신용조회로 인하여 고객의 신용등급이 낮아지는 것이 아니라고 광고하였지만, 신용조회로 해당 고객의 신용등급이 낮아질 가능성도 있으므로[3] 사실과 다르거나 사실을 지나치게 부풀려 광고한 허위·과장의 광고로 판단하였다.

이 사건에서는 표시광고법상 광고에 관해 제기되는 대표적인 위법성 요건인 소비자 오인성과 공정거래저해성 여부가 다루어지는 한편, 사업자들이 흔히 자사의 홈페이지에서 운용해 오고 있는 FAQ란이 과연 동법상 광고에 해당하는지가 중요 쟁점으로 부각되었다.

이와 관련하여 본건의 피심인인 대부업체는 홈페이지의 FAQ는 고객의 주요 질문에 대하여 피심인이 답변한 것에 불과하므로 법에서 규정한 표시·광고에 해당하지 않으며 따라서 FAQ의 내용은 표시광고법의 적용대상이 아니라고 주장하였다.

반면에 공정거래위원회는 표시광고법 및 동법 시행령에 의하면 광고는 일정한 매체를 통하여 소비자에게 널리 알리거나 제시하는 것을 말하며, 이러한 기준에 따르면 FAQ는 일반소비자가 누구나 접근가능한 홈페이지라는 매체를 통하여 개별소비자에 국한된 내용이 아니라 정형화·일반화된 내용을 답변하는 형식으로 소비자에게 널리 정보를 알리는 것이므로 법령에서 규정한 광고에 해당된다고 보았다. 나아가 본건 FAQ가 광고에 해당한다는 점을 전제로 대부업체의 광고행위가 사실과 다르거나 사실을 지나치게 부풀려 광고한 것으로서 구 표시광고법상 허위·과장의 광고에 해당한다고 판단하였다.

그 결과 공정거래위원회는 이 사건 대부업체에 대하여 시정명령과 함께 시정명령 받은 사실의 공표명령, 그리고 과징금 부과처분을 하였고, 피심인 대부업체는 공정거래위원회의 처분에 불복하면서 공정거래위원회 처분을 취소하라는 취지의 행정소송을 서울고등법원에 제기하였다.

2. 소송경과

가. 원심판결[4]

서울고등법원은 원고 대부업체가 자사 FAQ상에 본 건에서 문제된 내용을 게시한 것

3) 신용등급은 신용점수에 따라 구분된다. 그리고 대부업체가 고객의 신용조회를 하면 신용평가회사는 신용조회 1회당 고객의 신용점수를 하락시키므로 경우에 따라서는 신용조회로 인하여 신용등급이 하락할 가능성이 있다.

4) 서울고등법원 2008. 12. 10. 선고 2008누18382 판결.

은 광고에 해당하지 아니하며, 따라서 이 사건 게시물을 광고라고 보고 한 이 사건 시정명령 및 공표명령 중 이 사건 FAQ상의 게시물과 관련된 부분 및 과징금납부명령이 위법하다는 판결을 내렸다. 그 이유는 소비자가 이 사건 게시물을 읽기 위하여는 원고의 인터넷 홈페이지에 접속한 이후에도 여러 단계(고객센터 → FAQ → 질문항목)를 거쳐야 하는 것으로서 소비자들이 쉽게 접근할 수 있는 위치에 있다고 보기 어려운 점, 원고가 이 사건 게시물을 특별히 강조하여 소비자들에게 널리 알리려고 하였다면 이를 홈페이지 초기화면에 배치하거나 팝업기능을 이용하여 곧바로 접근하도록 할 수 있었을 것임에도 위와 같이 FAQ 항목의 20개 질문사항 중 1개로 배치하면서, 해당 질문 항목을 클릭하여야 비로소 이 사건 게시물을 읽을 수 있도록 한 점, 이 사건 게시물은 동영상 등 시각적 효과를 강조하는 방법을 사용하지 아니한 채 단순히 질문에 답변하는 글의 형식을 취한 점 등 제반 사정을 종합하여 보면, 원고는 이 사건 게시물을 이용하여 소비자들에게 자신의 대출상품에 관한 사항을 널리 알려 적극적으로 홍보하기 위한 것이라기보다는 '대부업체에 대출상담을 하거나 신용조회를 하는 경우 신용등급이 현저히 낮아지는 것 아니냐'는 질문에 대하여 답변하는 방법으로 소비자들에게 단순한 정보를 제공하는 정도에 그치는 것으로서, 표시광고법 제2조 제2호 소정의 '광고'에 해당하지 않는다고 보았기 때문이다.

공정거래위원회는 이 같은 서울고등법원의 판결에 불복하고 대법원에 상고하였다.

나. 대법원 판결[5)]

대법원은 원심의 법리 오해가 판결 결과에 영향을 미친 위법이 있다고 보고 원심판결을 파기 환송키로 하는 판결을 내렸다. 무엇보다 서울고등법원이 이 사건 게시물이 광고에 해당하지 않는다고 판단한 데에는 표시광고법 제2조 제2호 소정의 '광고'에 관한 법리를 오해한 것이라는 것이 대법원의 판단이었다.

그 이유는 이 사건 게시물이 비록 원고의 인터넷 홈페이지 초기 화면에 배치되어 있지 않고, 고객센터라는 상위 항목 아래의 FAQ라는 웹페이지에 게시되었다고 하더라도, 그 내용이 대출신청을 하면 신용조회를 하는지, 이로 인한 불이익은 없는지에 관한 것으로 소비자들이 대부업자인 원고와 거래를 할 것인지 결정을 하는 데에 영향을 미치는 사항으로서 표시광고법 제2조 제1호 나목 소정의 '기타 거래에 관한 사항'에 해당한다 할 것이고, 이 사건 게시물은 일반 소비자가 누구나 접근할 수 있는 원고의 인터넷 홈페이지에 게시되어 있으며, 게시 경위도 소비자들이 원고에게 한 질문에 대해 개별적으로 답변한 것이 아니라 원고가 미리 일반 소비자들에게 알리고 싶은 내용을 선정하여 질문과 답변의

5) 대법원 2009. 5. 28. 선고 2009두843 판결.

형식으로 게시해 놓은 것이라는 점에 비추어 보면, 원고가 '널리 소비자들에게 제시하거나 알리기 위하여' 게시해 놓은 것이라고 볼 수 있으므로 이 사건 게시물은 표시광고법 제2조 제2호 소정의 광고에 해당한다고 보았기 때문이었다.

3. 판례의 요지

대법원에 따르면 표시광고법 제2조 제2호 소정의 광고는 '사업자 등이 상품 등에 관한 일정한 사항을 정기간행물 등의 매체를 통하여 소비자에게 널리 알리거나 제시하는 일체의 행위'를 가리키는 것이므로 사업자 등이 인터넷 홈페이지를 통하여 표시광고법 제2조 제2호가 정하고 있는 사항을 널리 알리거나 제시하는 행위를 하였다면 이는 광고에 해당한다고 보았다. 이를 토대로 인터넷 홈페이지 중 FAQ란에 대출신청을 하면 신용조회를 하는지, 그로 인한 불이익은 없는지에 관한 내용의 게시물이 '널리 소비자들에게 제시하거나 알리기 위하여' 게시해 놓은 것으로 표시광고법 제2조 제2호에 정한 '광고'에 해당한다고 판시하였다.

II. 해 설

1. 쟁점의 정리

가. 표시광고법상 광고 개념의 해석

서울고등법원은 사업자 등이 자신의 인터넷 홈페이지에 게시하는 상품 등에 관한 정보가 표시광고법 제2조 제2호 소정의 '광고'에 해당하는지 여부를 판단함에 있어서는, 해당 정보의 게시 위치, 해당 정보를 열어보기 위하여 필요한 접근 경로 및 클릭 수, 인터넷 사이트 초기화면에서의 팝업 등의 유도장치의 유무, 사진이나 동영상 등을 이용한 시각적 효과의 사용 여부 등을 종합적으로 고려하여 소비자들의 해당 정보에의 접근용이성을 판단 기준으로 삼아야 한다고 판시함으로써 광고 개념 해석에 관한 일응의 기준을 제시하였다.

대법원은 표시광고법상 광고개념에 관하여 동법 제2조 제2호가 '광고라 함은 사업자 등이 상품 등에 관한 제1호 각 목의 어느 하나에 해당하는 사항을 신문 등의 자유와 기능 보장에 관한 법률 제2조 제1호의 규정에 의한 정기간행물, 동조 제5호의 규정에 의한 인터넷신문, 방송법 제2조 제1호의 규정에 의한 방송, 전기통신기본법 제2조 제1호의 규정에 의한 전기통신, 그 밖에 대통령령이 정하는 방법으로 소비자에게 널리 알리거나 제시하는 것을 말한다'고 규정하고 있고, 같은 법 제2조 제1호 가목은 '자기 또는 다른 사업자 등에 관한 사항'을, 나목은 '자기 또는 다른 사업자 등의 상품 등의 내용·거래조건 기타 그 거래에 관한 사항'을 규정하고 있는 점을 거론하였다.

이를 토대로 표시광고법 제2조 제2호 소정의 광고는 '사업자 등이 상품 등에 관한 일정한 사항을 정기간행물 등의 매체를 통하여 소비자에게 널리 알리거나 제시하는 일체의 행위'를 가리키는 것이라고 할 수 있으므로 사업자 등이 인터넷 홈페이지를 통하여 표시광고법 제2조 제2호가 정하고 있는 사항을 널리 알리거나 제시하는 행위를 하였다면 이는 광고에 해당한다고 할 것이라고 하여 법률 규정을 토대로 광고 개념을 정의하였다.

나. 정보 접근용이성 기준의 적용

원심과 대법원은 공히 이 사건 광고의 개념에서 소비자들의 해당 정보에의 접근용이성을 판단기준으로 제시하였다. 다만, 이 사건 FAQ상에 게시된 내용이 접근용이성이 있는지에 대한 판단에서 서울고등법원은 이를 부인한 반면, 대법원은 인정함으르써 광고 개념에의 포섭 여부가 달라지는 결과가 되었다.

이를 구체적으로 살펴보면, 서울고등법원은 원고 대부업체가 자사 FAQ상에 본건에서 문제된 내용을 게시한 것과 관련하여, 소비자가 이 사건 게시물을 읽기 위해서는 원고의 인터넷 홈페이지에 접속한 이후에도 여러 단계(고객센터 → FAQ → 질문항목)를 거쳐야 하는 것으로서 소비자들이 쉽게 접근할 수 있는 위치에 있다고 보기 어려운 점, 원고가 이 사건 게시물을 특별히 강조하여 소비자들에게 널리 알리려고 하였다면 이를 홈페이지 초기화면에 배치하거나 팝업기능을 이용하여 곧바로 접근하도록 할 수 있었을 것임에도 위와 같이 FAQ 항목의 20개 질문사항 중 1개로 배치하면서, 해당 질문 항목을 클릭하여야 비로소 이 사건 게시물을 읽을 수 있도록 한 점, 이 사건 게시물은 동영상 등 시각적 효과를 강조하는 방법을 사용하지 아니한 채 단순히 질문에 답변하는 글의 형식을 취한 점 등 제반 사정을 종합하여 보면, 원고는 이 사건 게시물을 이용하여 소비자들에게 자신의 대출상품에 관한 사항을 널리 알려 적극적으로 홍보하기 위한 것이라기보다는 '대부업체에 대출상담을 하거나 신용조회를 하는 경우 신용등급이 현저히 낮아지는 것 아니냐'는 질문에 대하여 답변하는 방법으로 소비자들에게 단순한 정보를 제공하는 정도에 그치는 것으로서, 표시광고법 제2조 제2호 소정의 '광고'에 해당하는 것은 아니라고 보았다.

반면에 대법원은 이 사건 게시물이 비록 원고의 인터넷 홈페이지 초기 화면에 배치되어 있지 않고, 고객센터라는 상위 항목 아래의 FAQ라는 웹페이지에 게시되었다고 하더라도, 그 내용이 대출신청을 하면 신용조회를 하는지, 이로 인한 불이익은 없는지에 관한 것으로 소비자들이 대부업자인 원고와 거래를 할 것인지 결정을 하는 데에 영향을 미치는 사항으로서 표시광고법 제2조 제1호 나목 소정의 '기타 거래에 관한 사항'에 해당한다 할 것이고, 이 사건 게시물은 일반 소비자가 누구나 접근할 수 있는 원고의 인터넷 홈페이지에 게시되어 있으며, 게시 경위도 소비자들이 원고에게 한 질문에 대해 개별적으로 답변한 것이 아니라 원고가 미리 일반 소비자들에게 알리고 싶은 내용을 선정하여 질문과 답변의 형식으로 게시해 놓은 것이라는 점에 비추어 보면, 원고가 '널리 소비자들에게 제시하거나 알리기 위하여' 게시해 놓은 것이라고 볼 수 있으므로 이 사건 게시물은 표시광고법 제2조 제2호 소정의 광고에 해당한다고 봄이 타당하다고 판시하였다.

2. 관련 판례

광고의 개념과 관련한 또 다른 대법원 판결로서, 지난 2014년에 있었던 판결[6]에서는 구 「식품위생법」 제13조 제1항에서 금지하는 '식품에 관하여 의약품과 혼동할 우려가 있는 광고'의 의미 및 식품 판매자가 식품을 판매하면서 특정 구매자에게 그 식품이 질병 치료에 효능이 있다고 설명하고 상담한 행위가 이에 해당하는지 여부가 문제되었다.

이에 관하여 대법원은 구 「식품위생법」[7] 제97조 제1호, 제13조 제1항, 제2항, 구 「식품위생법」 시행규칙[8] 제8조의 내용을 종합하면, 법 제13조 제1항에서 금지하는 '식품에 관하여 의약품과 혼동할 우려가 있는 광고'란 라디오·텔레비전·신문·잡지·음악·영상·인쇄물·간판·인터넷, 그 밖의 방법으로 식품 등의 품질·영양가·원재료·성분 등에 대하여 질병의 치료에 효능이 있다는 정보를 나타내거나 알리는 행위를 의미한다고 보아야 한다고 판시하였다. 따라서 식품 판매자가 식품을 판매하면서 특정 구매자에게 그 식품이 질병의 치료에 효능이 있다고 설명하고 상담하였다고 하더라도 이를 가리켜 법 제13조 제1항에서 금지하는 '광고'를 하였다고 볼 수 없고, 그와 같은 행위를 반복하였다고 하여 달리 볼 것은 아니라고 판결하였다.

이 사건을 통하여 대법원은 사업자 측의 정보제공의 대상이 일반 소비자 전반으로 확대되어 있는지, 특정 소비자에 국한되어 있는지에 따라 광고 여부가 달라질 수 있다는 기준을 제시하였다.

---

6) 대법원 2014. 4. 30. 선고 2013도15002 판결.
7) 2011. 6. 7. 법률 제10787호로 개정되기 전의 것을 말한다.
8) 2011. 8. 19. 보건복지부령 제73호로 개정되기 전의 것을 말한다.

3. 검 토

광고(廣告; advertising)는 언어적으로 널리(廣) 세상에 알린다(告)는 뜻을 내포하고 있으며,[9] 경제적 측면에서는 상품·서비스에 대한 정보를 여러 매체를 통하여 널리 소비자에게 알리는 의도적인 활동이라는 의미를 가지고 있다. 상품의 홍보차원에서 정의하면 광고는 신문, TV와 같은 대중매체 등을 통하여 불특정 다수인에게 적극적으로 상품에 대한 정보를 전달하거나 상품을 홍보하는 마케팅(marketing)수단이라 할 수 있는 동적(動的) 개념이다. 용어를 세분화하여 advertising은 대중의 관심을 끌기 위하여 구두, 서면, 그래픽 등에 의하여 신문이나 다른 출판물 또는 라디오, TV, 표지, 카탈로그(catalogue), 엽서 또는 어떤 상품에 붙여지거나 달린 꼬리표(tag) 또는 표지에 인쇄하거나 포함시켜 판매자가 사업의 유인과 관련하여 행하는 진술에 의하여 알리는 것을, advertisement는 공중의 주의를 끌기 위한 방식으로 제공된 통지 또는 전단, 신문, TV, 게시판, 라디오 등에 의하여 공중 또는 관련된 개인에게 통신되는 정보를 의미한다고 설명하기도 한다.[10]

현행 표시광고법은 제2조 제2호에서 "사업자 또는 사업자단체가 상품등에 관하여 자기 또는 다른 사업자·사업자단체에 관한 사항 및 자기 또는 다른 사업자·사업자단체의 상품등의 내용·거래조건 기타 그 거래에 관한 사항 등을 신문·방송·잡지 기타 대통령령이 정하는 방법으로 소비자에게 널리 알리거나 제시"하는 것을 광고의 개념으로 정의하는 한편(법 제2조 제2호), '기타 대통령령이 정하는 방법(광고의 방법)'으로 i) 전단·팸플릿·견본 또는 입장권, ii) 인터넷 또는 PC통신, iii) 포스터·간판·네온사인·애드벌룬 또는 전광판, iv) 비디오물·음반·서적·간행물·영화 또는 연극, v) 자기의 상품외의 다른 상품, vi) 기타 i) 내지 v)와 유사한 매체 또는 수단 등을 이용하는 것을 제시하고 있다.

이 사건에서 대법원은 광고가 '사업자 등이 상품 등에 관한 일정한 사항을 정기간행물 등의 매체를 통하여 소비자에게 널리 알리거나 제시하는 일체의 행위'를 가리킨다고 하면서 법에는 명시적으로 제시되어 있지 않은 정보에의 접근용이성 기준을 추출하여 광고 여부의 판단에 대한 중요 기준으로 활용하고 있다. 다만, 서울고등법원이 이를 좁게 해석한 것에 비해 대법원은 매체를 통하여 소비자에게 널리 알리거나 제시하는 일체의 행위라는 매우 포괄적 광고개념에 기초하여 접근용이성도 폭넓게 인정하는 차이를 보인 점이 주목된다. 또한 2014년에 있었던 대법원 판결에서는 특정구매자에 대한 구두에 의한 설명

---

9) advertising의 어원은 라틴어인 'adverto' 또는 'advorto'에서 유래하였고, 이는 '주의를 돌리다(to direct one's attention to)'라는 뜻을 가지고 있다: Cassell's New Latin－English English－Latin Dictionary (5th ed.), Cassell, 1985, p. 23.

10) advertisement는 광고물 또는 메시지 자체를 의미하고, advertising은 광고행위 또는 광고과정 전체를 의미하므로 advertising은 advertisement를 포괄하는 개념이다.

은 광고에 해당하지 않는다고 함으로써 광고 여부의 판단에 있어서 행위의 일반성 내지 보편성을 새로운 요건으로 제시하기도 하였다.11)

Ⅲ. 판례의 의의

법에서 개념의 정의는 용어의 사전적 뜻풀이가 아닌, 법의 적용대상과 범위를 정하는 사안으로서의 의미를 지닌다. 광고의 개념도 어떻게 설정하는지에 따라 표시광고법상 규제의 대상 여부가 결정된다. 이 점에서 광고 개념에 대한 사법(司法) 해석은 중요한 의미를 지닌다.

표시광고법상 광고 개념에 관한 최초의 대법원 판결을 낳았던 이 사건은 광고의 성립요건에 관한 중요한 해석기준이 제시되었다는 점에서 적지 않은 의미를 지니고 있다.

이 사건에서 대법원은 광고 개념을 포괄적으로 인식하고 있음을 보여주었고, 정보에의 접근용이성이라는 기준을 제시하는 한편 FAQ상에 게시된 내용도 소비자에 대한 정보 접근용이성의 범주에 포섭된다고 봄으로써 광고에 해당한다고 판시한 점에서 선례로서 적지 않은 의미를 갖는 판례를 도출하였다.

다만, 후속판결 등에 비추어 볼 때 이런 정보가 소비자 일반이 아닌 특정 소비자층에 국한하여 접근성을 가지는 경우에는 표시광고법상 광고로서 인정받기가 쉽지 않을 것으로 보이기도 해서 향후 판결의 동향을 좀 더 주목할 필요는 있을 것으로 생각된다.

---

11) 대법원 2014. 4. 30. 선고 2013도15002 판결.

02 표시광고법상 '광고'의 의미

–대법원 2017. 4. 7. 선고 2014두1925 판결

이 민 호*

Ⅰ. 판례의 개요

1. 사안의 개요[1)]

원고 주식회사 열심히커뮤니케이션즈(이하 '원고'라 한다)는 경품 이벤트 등의 방법으로 대량의 개인정보를 수집하여 대가를 받고 이를 이용하여 텔레마케팅 영업을 하는 보험회사 등에 제공하는 영업을 하고 있었다. 원고는 보험회사와 개인정보를 수집하여 이를 제공하면 그 대가로 수당을 받기로 약정한 후, 개인정보를 수집할 목적으로 2009. 1. 1.부터 2012. 2. 16.까지 옥션, 지마켓, 11번가 등 오픈마켓 사업자와 광고 집행 계약을 체결하고, 오픈마켓에 원고의 개인정보 수집 경품 이벤트 페이지(이하 '이 사건 개인정보 수집 페이지'라 한다)로 연결되는 배너·팝업 광고를 게시하면서 다음과 같은 행위(이하 '이 사건 광고'라 한다)를 하였다.

① 경품행사에 대해 개인정보 수집 목적을 알리지 않고 오픈마켓 사업자가 진행하는 이벤트인 것처럼 광고한 행위

– 배너·팝업 광고창 등에 '5천 원 쿠폰 증정' 등의 문구를 사용하여 개인정보 수집 목적을 밝히지 않았음.

– 이 사건 개인정보 수집 페이지 상단에 오픈마켓 로고를 표시하여 이벤트 광고가 원고의 개인정보 수집을 위한 것이 아니라 오픈마켓 사업자가 진행하는 쿠폰 증정

---

* 김·장 법률사무소 변호사.
이 평석은 필자의 개인적인 견해이며, 필자가 소속된 김·장 법률사무소의 입장과는 무관함을 밝힙니다.

1) 사안의 개요는 이 판례 평석의 대상판결인 대법원 2017. 4. 7. 선고 2014두1925 판결(이하 '대상판결'이라 한다)의 원심판결인 서울고등법원 2013. 12. 26. 선고 2012누40331 판결(이하 '원심판결'이라 한다)을 참고하여 정리하였다.

이벤트인 것처럼 외형을 꾸몄음.

② 할인쿠폰에 적용되는 사용제한 조건을 은폐하고 광고한 행위

– 원고가 경품으로 제공하는 5천 원 할인쿠폰은 인증일로부터 15일 이내에, 5만 원 이상 주문 시에만 사용 가능하나, 이용기간이 15일 이내로 제한된다는 사실은 이벤트 참여 이후 쿠폰 지급을 안내하는 이메일에서 확인이 가능하고, 5만 원 이상 주문 시에만 사용 가능하다는 조건은 이 사건 개인정보 수집 페이지에서 소비자가 스크롤을 내려야 확인할 수 있는 하단에 작게 안내하였음.

③ 실제와 달리 경품을 100% 전원 증정한다고 광고한 행위

– 이벤트 참여자 중 일정한 연령대에 해당되는 경우에만 쿠폰을 증정하고, 그 외 참여자에게는 문자 50건과 '비타 500 음료수'만을 경품으로 제공함에도 불구하고, 배너·팝업 광고 및 이 사건 개인정보 수집 페이지에서 5천 원 할인쿠폰 등을 '100% 증정해 드립니다', '100% 전원증정'이라고 표시하였음.

④ 거짓 쿠폰 사용 후기를 게시한 행위

– 이 사건 개인정보 수집 페이지 중·하단에 '쿠폰사용후기'를 게시함에 있어 이용자들의 사용 후기 중 일부를 발췌하여 원고가 임의로 작성한 이미지 파일을 게시하였음.

2. 소송경과

가. 공정거래위원회의 처분

위와 같은 이 사건 광고에 대하여 피고 공정거래위원회(이하 '피고'라 한다)는 2012. 8. 31. 의결 제2012-216호로 위 ①, ② 부분 행위는 표시·광고의 공정화에 관한 법률(이하 '표시광고법'이라 한다) 제3조 제1항 제2호의 '기만적인 광고'에 해당하고, 위 ③, ④ 부분 행위는 같은 항 제1호의 '거짓·과장의 광고'에 해당한다는 이유로 원고에게 시정명령 및 공표명령(이하 '이 사건 처분'이라 한다)을 하였다.

나. 원심판결

원고는 피고의 이 사건 처분에 불복하여 서울고등법원에 이 사건 처분의 취소를 구하는 소송을 제기하였다. 그러나 원심은 아래에서 보는 바와 같이 원고의 청구를 전부 기각하고, 피고의 이 사건 처분을 지지하였다.

(1) 표시광고법 소정의 광고 해당 여부

이 사건에서는 먼저 이 사건 광고가 표시광고법에서 정하고 있는 광고에 해당하는지가 쟁점이 되었다. 원고는 이 사건 개인정보 수집 페이지가 보험상품 등의 안내를 희망하는 자를 모집하고 안내를 위한 필수적인 개인정보를 수집하는 화면일 뿐이고, 소비자에 대하여 널리 알리거나 게시하고자 하는 사업자로서의 상품 또는 용역이 없으므로, 표시광고법이 적용되는 광고가 아니라고 주장하였다.

그러나 원심은 이러한 원고의 주장을 배척하고 이 사건 광고가 표시광고법이 적용되는 광고에 해당된다고 판시하였다. 표시광고법 제2조 제2호는 사업자 등이 상품 또는 용역에 관한 거래조건 등 일정한 사항을 전기통신 등의 방법으로 소비자에게 널리 알리거나 제시하는 행위를 '광고'로 규정하고 있다.[2] 원심은 이 사건 개인정보 수집 페이지의 내용이 소비자가 원고의 경품 이벤트라는 용역에 참여할 경우 원고가 그 대가로 할인쿠폰을 제공한다는 것이므로 이는 표시광고법 제2조 제1호 나목에서 정한 '거래 조건에 관한 사항'에 해당한다고 보았다. 또한 원고가 배너·팝업 광고와 이 사건 개인정보 수집 페이지를 통하여 이를 소비자에게 널리 알리거나 제시한 것이므로 이 사건 광고는 표시광고법 제2조 제2호 소정의 광고로 봄이 상당하다고 판시하였다.

(2) 표시광고법 소정의 기만적인 광고나 거짓·과장의 광고 해당 여부[3]

원심은 이 사건 광고 중 ① 부분 행위에 대하여 소비자가 이벤트에 참여할지 여부를 결정함에 있어 원고에게 자신의 개인정보를 제공하고 그 정보가 제3자에게도 제공된다는

---

2) **표시광고법 제2조【정의】** 이 법에서 사용하는 용어의 뜻은 다음과 같다.

1. "표시"란 사업자 또는 사업자단체(이하 "사업자등"이라 한다)가 상품 또는 용역(이하 "상품등"이라 한다)에 관한 다음 각 목의 어느 하나에 해당하는 사항을 소비자에게 알리기 위하여 상품의 용기·포장(첨부물과 내용물을 포함한다), 사업장 등의 게시물 또는 상품권·회원권·분양권 등 상품등에 관한 권리를 나타내는 증서에 쓰거나 붙인 문자·도형과 상품의 특성을 나타내는 용기·포장을 말한다.
   가. 자기 또는 다른 사업자등에 관한 사항
   나. 자기 또는 다른 사업자등의 상품등의 내용, 거래 조건, 그 밖에 그 거래에 관한 사항
2. "광고"란 사업자등이 상품등에 관한 제1호 각 목의 어느 하나에 해당하는 사항을 「신문 등의 진흥에 관한 법률」 제2조제1호 및 제2호에 따른 신문·인터넷신문, 「잡지등 정기간행물의 진흥에 관한 법률」 제2조제1호에 따른 정기간행물, 「방송법」 제2조제1호에 따른 방송, 「전기통신기본법」 제2조제1호에 따른 전기통신, 그 밖에 대통령령으로 정하는 방법으로 소비자에게 널리 알리거나 제시하는 것을 말한다.

표시광고법 시행령 제2조【광고의 방법】 「표시·광고의 공정화에 관한 법률」 제2조제2호에서 "대통령령으로 정하는 방법"이란 다음 각 호의 매체 또는 수단을 이용하는 것을 말한다.

2. 인터넷 또는 PC통신 [나머지 호는 생략함]

3) 이 판례 평석에서는 표시광고법상 '광고'의 의미에 논의를 한정하고자 하므로, 이 사건 광고가 기만적인 광고나 거짓·과장의 광고에 해당하는지에 대한 판시사항은 간략히만 언급하고자 한다.

것은 핵심적 고려요소임에도 불구하고, 원고는 배너·팝업 광고와 이와 연결된 이 사건 개인정보 수집 페이지 등을 통하여 개인정보 수집 목적을 은폐하거나 축소하는 방법으로 광고하였으므로 기만적인 광고에 해당한다고 보았다. 또한 원고가 이 사건 광고를 오픈마켓 사업자가 진행하는 쿠폰 증정 이벤트인 것처럼 외형을 꾸민 것도 기만적인 광고에 해당한다고 판단하였다. 원심은 이 사건 광고 중 ② 부분 행위에 대해서도 소비자가 이벤트에 참여할지 여부를 결정함에 있어 중요한 고려사항인 할인쿠폰의 사용제한 조건을 원고가 은폐하거나 축소하는 방법으로 기만하여 광고한 것이라고 판단하였다.

원심은 이 사건 광고 중 ③ 부분 행위는 경품 이벤트에 참여하는 모든 소비자에게 할인쿠폰을 지급하는 것처럼 표시한 행위로서 거짓·과장광고에 해당한다고 판시하였다. 또한 원심은 이 사건 광고 중 ④ 부분 행위도 원고에게 유리한 사용 후기만을 발췌하여 이미지화하고 원고에게 불리한 내용은 모두 누락하였다는 점에서 거짓·과장 광고에 해당한다고 판시하였다.

다. 대법원 판결

원고는 원심판결에 불복하여 대법원에 상고하였다. 그러나 대법원은 대상판결을 통하여 원심의 판단을 지지하면서 상고를 전부 기각하였다. 대상판결의 요지는 항을 바꾸어 살펴보기로 한다.

3. 판례의 요지

가. 표시광고법상 광고 해당 여부

대법원은 표시광고법 제2조 제1호, 제2호 및 같은 법 시행령 제2조 제2호의 규정에 따르면 광고는 '사업자등이 상품 등에 관한 일정한 사항을 전기통신, 인터넷 등의 매체를 통하여 소비자에게 널리 알리거나 제시하는 일체의 행위'를 가리키므로, 사업자 등이 인터넷 홈페이지 등을 통하여 표시광고법 제2조 제2호가 정하고 있는 사항을 널리 알리거나 제시하는 행위는 광고에 해당한다고 판시하였다.

대법원은 이러한 법리에 따라 원심이 이 사건 개인정보 수집 페이지의 내용은 소비자가 원고의 경품 이벤트라는 용역에 참여할 경우 원고가 그 대가로 할인쿠폰을 제공한다는 것으로서 표시광고법 제2조 제1호 나목에서 정한 '상품 등의 거래 조건에 관한 사항'에 해당하고, 원고가 배너·팝업 광고와 이 사건 개인정보 수집 페이지를 통하여 이를 소비자에게 널리 알리거나 제시하였으므로, 표시광고법 제2조 제2호에서 정한 광고에 해당한다고 판단한 것은 정당하다고 판시하였다.

나. 기만적 광고 또는 거짓·과장 광고 해당 여부

대법원은 위 ①, ② 부분 행위를 기만적인 광고에, 그리고 위 ③, ④ 부분 행위를 거짓·과장의 광고에 해당한다고 본 원심의 판단이 정당하다고 판시하였다. 다만 위 ④ 부분 행위(거짓 쿠폰 사용 후기를 게시한 행위)는 기만적인 광고에 해당할 여지가 크지간, 일반 소비자들이 실제 사실과 다르게 기존 사용자들 중에 이 사건 쿠폰에 대해 부정적인 의견을 가진 사람이 없는 것으로 인식하게 될 우려가 있다는 점에서 거짓·과장 광고에 해당한다고 볼 수도 있다고 판시하면서, 원심이 이 부분 광고행위가 부당한 광고에 해당하지 않는다는 원고의 주장을 배척한 결론은 정당하다고 판시하였다.

II. 해 설

1. 쟁점의 정리

가. 표시광고법상 '광고'의 개념 요소

이 사건에서는 이 사건 광고가 과연 표시광고법이 적용되는 '광고'에 해당하는지가 문제 되었다. 표시광고법상 광고는 대상판결에서 요약하고 있는 것처럼 '사업자등이 상품등에 관한 일정한 사항을 전기통신, 인터넷 등의 매체를 통하여 소비자에게 널리 알리거나 제시하는 일체의 행위'라고 할 수 있다.

이러한 광고의 개념은 세 가지 요소로 나누어 볼 수 있을 것이다. 첫째, 사업자등이 알리거나 제시하는 대상이 '자기 또는 다른 사업자등에 관한 사항' 또는 '자기 또는 다른 사업자등의 상품 또는 용역의 내용, 거래 조건, 그 밖에 그 거래에 관한 사항'이어야 한다. 둘째, 알리거나 제시하는 수단이 신문·인터넷신문, 정기간행물, 방송, 전기통신, 인터넷 또는 PC통신 등 표시광고법 제2조 제2호 및 같은 법 시행령 제2조에 규정된 매체여야 한다. 셋째, 그러한 매체를 통하여 '소비자에게 널리 알리거나 제시하는 행위'를 하여야 한다.

나. 이 사건의 쟁점

원고의 이 사건 행위는 배너·팝업 광고와 이 사건 개인정보 수집 페이지를 통하여 이루어진 것이므로, 위 둘째 및 셋째 요소를 갖추고 있음에 대해서는 의문을 갖기 어려운 사안이었다. 따라서 인터넷이라는 매체를 통하여 소비자에게 널리 알리거나 제시한 것이라는 점은 원고가 크게 다투지 않았던 것으로 보인다.

이 사건에서는 광고의 대상과 관련한 첫째 요소가 쟁점이 되었는데, 원고의 이 사건 광고가 표시광고법 제2조 제2호 나목에서 규정하고 있는 '자기 또는 다른 사업자등의 상품 또는 용역에 관한 사항'을 소비자에게 알리거나 제시한 것인지가 문제되었다. 즉 원고가 소비자로부터 개인정보를 수집하는 대가로 소비자에게 일정한 경품을 제공하는 것도 '원고의 용역'에 해당하는지가 다투어졌다.

2. 관련 판례

가. 쟁 점

표시광고법상 광고에 해당하는지가 다투어진 선례가 있다. 해당 사례의 원고는 자신의 인터넷 홈페이지 중 FAQ[4]란에 'Q: 신용조회 하나요? 그에 따른 불이익은요? A: 어느 금융권에 대출신청을 하셔도 신용조회를 하게 되면 기록에 남게 됩니다. 저희 회사에서 1건 조회가 되었다 해서 바로 신용등급이 낮아지는 건 아니니 안심하셔도 됩니다'는 내용(이하 '이 사건 게시물'이라 한다)을 게시하였는데, 이러한 FAQ도 광고로 볼 수 있는지가 문제 되었다.

나. 원심판결[5]

이 사건의 원심은 표시광고법상 '광고'에 해당하는지 여부를 판단함에 있어서는 소비자의 해당 정보에 대한 접근용이성을 판단기준으로 삼아야 한다고 전제하였다. 그리고 소비자가 이 사건 게시물을 읽기 위해서는 원고의 인터넷 홈페이지에 접속한 이후에도 여러 단계(고객센터 → FAQ → 질문항목)를 거쳐야 하므로 소비자들이 쉽게 접근할 수 있는 위치에 있다고 보기 어렵다는 등의 이유를 들어서 원심은 원고가 이 사건 게시물을 이용하여 소비자들에게 자신의 대출상품에 관한 사항을 널리 알려 적극적으로 홍보하기 위한 것이라기보다는 소비자들에게 단순한 정보를 제공하는 정도에 그치는 것이므로 이 사건 게시물은 표시광고법 소정의 '광고'에 해당하는 것은 아니라고 판단하였다.

---

4) "frequently asked question"의 약자로 이용자가 자주 하는 질문에 대한 대답을 미리 정리하여 게시판 등에 게재하는 것을 말한다.

5) 서울고등법원 2008. 12. 10. 선고 2008누18382 판결.

다. 대법원 판결[6)]

그러나 이 사건에서 대법원은 원심과 판단을 달리하여 이 사건 게시물은 표시광고법의 적용을 받는 ‘광고’에 해당한다는 취지로 판시하였다(이하 ‘관련 판례’라 한다). 즉 대법원은 이 사건 게시물이 비록 원고의 인터넷 홈페이지 초기 화면에 배치되어 있지 않고 FAQ라는 웹페이지에 게시되었다고 하더라도, 그 내용이 대출신청을 하면 신용조회를 하는지, 이로 인한 불이익은 없는지에 관한 것으로 소비자들이 대부업자인 원고와 거래를 할 것인지 결정을 하는 데에 영향을 미치는 사항으로서 표시광고법 제2조 제1호 나목 소정의 ‘기타 거래에 관한 사항’에 해당한다 할 것이고, 이 사건 게시물은 일반 소비자가 누구나 접근할 수 있는 원고의 인터넷 홈페이지에 게시되어 있으며, 게시 경위도 소비자들이 원고에게 한 질문에 대해 개별적으로 답변한 것이 아니라 원고가 미리 일반 소비자들에게 알리고 싶은 내용을 선정하여 질문과 답변의 형식으로 게시해 놓은 것이라는 점에 비추어 보면, 원고가 ‘널리 소비자들에게 제시하거나 알리기 위하여’ 게시해 놓은 것이라고 볼 수 있으므로, 이 사건 게시물은 표시광고법 소정의 광고에 해당한다고 봄이 타당하다고 판시하였다.

이는 대법원이 소비자를 두텁게 보호하기 위하여 소비자가 사업자등과 거래를 할 것인지 결정하는 데 영향을 미치는 사항을 소비자가 접근할 수 있도록 게시한 것이라면 표시광고법상 광고에 해당된다고 본 것으로 이해할 수 있을 것이다.

3. 검 토

원고는 광고의 대상과 관련한 첫째 요소가 이 사건 광고에는 존재하지 않으므로, 이 사건 광고는 표시광고법의 적용을 받는 광고에 해당하지 않는다고 주장하였다. 즉 원고는 이 사건 개인정보 수집 페이지가 보험상품 등의 안내를 희망하는 자를 모집하고 안내를 위한 필수적인 개인정보를 수집하는 화면일 뿐이고, 소비자에 대하여 널리 알리거나 게시하고자 하는 사업자로서의 상품 또는 용역이 없으므로, 표시광고법이 적용되는 광고가 아니라고 주장하였다. 달리 말하면 원고는 표시광고법의 적용을 받는 광고에 해당하기 위해서는 ‘사업자등이 소비자로부터 경제적 대가를 수령하면서 소비자에게 공급하는 상품 또는 용역에 관한 사항’을 소비자에게 알리거나 제시하여야 한다고 주장한 것으로 이해된다. 이 사건에서는 그러한 통상적인 거래 형태와 달리 원고가 소비자로부터 개인정보를 수집하는 대가로 소비자에게 일정한 경품을 제공한 것이기 때문에 이를 표시광고법 제2

6) 대법원 2009. 5. 28. 선고 2009두843 판결.

조 제2호 나목에서 규정하고 있는 '자기 또는 다른 사업자등의 상품 또는 용역'이라고 볼 수 없다는 취지의 주장을 한 것으로 보인다.

이러한 원고의 주장과 달리 원심판결 및 대상판결은 광고의 대상이 되는 상품 또는 용역의 의미를 넓게 이해하여 원고가 소비자로부터 개인정보를 수집하는 대가로 소비자에게 일정한 경품을 제공하는 것도 원고의 경품 이벤트라는 용역으로 볼 수 있다고 보았다. 따라서 그러한 용역의 내용에 관한 사항을 소비자에게 알리거나 제시한 것도 '자신의 용역의 거래 조건에 관한 사항'을 소비자에게 알리거나 제시한 것이기 때문에 표시광고법상의 광고에 해당한다고 판시한 것이다. 이러한 원심판결 및 대상판결의 판시는 잘못된 정보로부터 소비자를 두텁게 보호하고자 광고의 의미를 넓게 인정한 관련 판례의 태도와도 일맥상통하는 것이라고 할 수 있다.

Ⅲ. 판례의 의의

통상적인 상업활동의 태양을 고려할 때 사업자등이 소비자로부터 금원 등을 지급받고 그 대가로 일정한 상품 또는 용역을 공급하는 것이 일반적이므로, 원고의 주장과 같이 표시광고법 제2조 제2호 나목에 규정된 '자기 또는 다른 사업자등의 상품 또는 용역'은 그러한 거래만을 의미하는 것이라고 협의로 해석할 수도 있을 것이다. 침익적 행정처분의 근거는 엄격하게 해석해야 한다는 점[7]에 비추어 볼 때 이러한 협의의 해석이 불가능하다고는 보기 어렵다.

그러나 대상판결의 판시와 같이 광의로 해석하여 '사업자등이 소비자에게 제공하는 일체의 상품 또는 용역'을 의미한다고 보는 것도 법문인에서 벗어나는 해석으로 볼 수는 없을 것이다. 특히 이 사건에서와 같이 소비자가 사업자에게 개인정보를 제공하고 그 대가로 경품을 제공받는다는 경우에는 그 급부간의 대가관계가 인정될 수 있으며, 그 과정에서 사업자가 소비자를 기만하거나 소비자로 하여금 잘못 알게 하는 내용의 표시·광고를 함으로써 소비자의 올바른 선택을 침해하는 것을 금지할 필요성이 있다는 점에 비추어 볼 때 이러한 대상판결의 판시를 수긍할 수 있을 것이다. 표시광고법의 목적은 사업자등이 소비자에게 그릇된 정보를 제공하여 소비자를 오인시켜서 소비자가 올바른 선택을 하지 못하도록 하는 행위를 방지하고자 하는 데 있으므로,[8] 이 사건에서 대법원은 구체적

---

7) 대법원 2008. 2. 28. 선고 2007두13791,13807 판결 등.
8) 표시광고법 제1조 참조.

타당성의 측면에서 상품 또는 용역의 범위를 넓게 해석함으로써 소비자를 잘못된 정보로부터 보호하고자 하였던 것으로 보인다.

03 금융상품 안내전단의 광고 여부와 오인가능성

-대법원 2003. 2. 28. 선고 2002두6170 판결

박 수 영*

Ⅰ. 판례의 개요

1. 사안의 개요

본 판례는 투자신탁회사의 투자신탁상품 안내전단이 광고에 해당하는지의 여부와 '운용수익과 관계없이 국내투자분에 대하여 연 15%의 이자를 지급한다'는 내용의 문구가 운용수익과 무관하게 연 15%의 이자를 지급하는 것처럼 소비자를 오인시킬 우려가 있는지에 관하여 판단한 것이다.

2. 소송경과

가. 공정거래위원회 의결[1)]

원고인 한국투자신탁(주)은 1996. 12.~1997. 1. 기간 중 안내전단을 통하여 자신의 '한국듀얼턴 4호 공사채 수익증권' 상품광고를 하면서 "운용수익과 관계없이 국내투자분에 대하여 연 15% 이자지급"이라는 내용으로 광고(이하 '이 사건 광고')하였다. 원고가 발행한 위 상품은 실적배당상품으로서 원리금이 보장되는 상품이 아니며, 실제 원고는 1998. 8. 7. 러시아의 채무불이행 선언으로 투자한 자금에 대폭 손실이 발생하자 위 내용을 이행하지 아니하였다.

피고 공정거래위원회는 원고의 이 사건 광고행위는 원고가 위 상품을 구매한 소비자에게 운영수익과 관계없이 위의 이자를 지급하는 것으로 오인하게 할 우려가 있는 허위·과장

* 전북대학교 법학전문대학원 교수.

1) 공정거래위원회 2000. 7. 24. 의결 제2000-113호.

광고로 구 「독점규제및공정거래에관한법률」(1996. 12. 30. 법률 제5235호로 개정되기 전의 것) 제23조 제1항 제6호[2](현행 「표시·광고의 공정화에 관한 법률」(이하 '표시광고법'이라 한다) 제3조 제1항)에 위반된다고 판단하였다. 이에 원고는 위 상품이 투자한 역외펀드 발행채권이 운영수익과 관계없이 연 15%의 이율이 보장되는 확정금리부 채권임을 표현한 내용으로서 허위라고 할 수 없다고 주장하였다. 그러나 동 상품을 매입한 소비자들의 상당수(총 매입건수 19건 중 12건)가 개인 투자가들로서 이러한 개인투자가들은 위 표현을 통해 원고가 운영수익과 관계없이 위의 이자를 자신들에게 지급하는 것처럼 오인할 소지가 있다는 점에서 원고의 주장은 받아들이기 어렵다고 하여 시정명령과 시정명령을 받은 사실의 신문공표명령을 하였다(공정거래위원회 2000. 7. 24. 의결 제2000-113호, 한국투자신탁(주)의 부당한 광고행위에 대한 건).

나. 공정거래위원회 재결[3]

이에 원고는 공정거래위원회에 이의신청을 하면서, 문제의 전단지는 이의신청인의 대구 내당동 지점이 자체적으로 1회 30매 제작한 것에 불과하고, 특정 소수에게만 한정적으로 제공되었으므로 가사 동 전단지 광고의 허위 또는 과장성이 인정된다 하더라도 이에 대해 중앙일간지에 법위반사실 공표명령을 부과한 것은 지나친 처분이라고 주장하였다.

피고 공정거래위원회는 일반적으로 수익증권 등 금융상품에 있어서 수익률은 소비자의 구매선택의 판단에 결정적인 영향을 미칠 수 있는 핵심적인 사항으로 볼 수 있는바, 이 건 광고는 그러한 핵심적인 내용을 부정확하게 표현함으로써 소비자오인성이 초래되었으므로 원심결 처분이 반드시 지나치다고 볼 수는 없다고 하여 이를 기각하였다(공정거래위원회 2001. 4. 28. 재결 제2001-019호, 한국투자신탁증권(주)의 이의신청에 대한 건).

다. 원심판결[4]

원심은 안내전단(이하 '이 사건 안내전단'이라 한다)은 원고가 자기의 금융상품의 내용·거래조건 기타 그 거래에 관한 사항을 소비자에게 널리 알리고 제시하기 위하여 제작된 것으로서 '광고'에 해당하며, 이 사건 안내전단에 적힌 위 문구는 전체적으로 브아 전문가라면 그 내용을 어렵지 않게 짐작할 수 있을 것이나, 광고가 일반 소비자를 대상으로 하는 경우 소비자를 오인시킬 우려가 있는지 여부는 전문가가 아닌 보통의 주의력을 가진

---

2) **구 독점규제및공정거래에관한법률(1996. 12. 30. 법률 제5235호로 개정되기 전의 것) 제23조 제1항 제6호**
6. 사업자, 상품 또는 용역에 관하여 허위 또는 소비자를 기만하거나 오인시킬 우려가 있는 표시·광고(商號의 사용을 포함한다)를 하는 행위
3) 공정거래위원회 2001. 4. 28. 재결 제2001-019호.
4) 서울고등법원 2002. 5. 23. 선고 2001누7635 판결.

일반 소비자가 당해 광고를 받아들이는 전체적·궁극적 인상을 기준으로 하여 객관적으로 판단되어야 한다고 봄이 상당하므로, 복잡한 금융상품의 운용방식에 관하여 알지 못하는 일반 소비자에게는 이 사건 상품을 매입할 경우 원고가 자신들에게 운용수익과 무관하게 연 15%의 이자를 지급하는 것처럼 오인시킬 우려가 있다고 판단하였다.

라. 대법원 판결[5)]

대법원은 원심의 판단이 정당하다 하여 상고를 기각하였다.

3. 판례의 요지

가. 안내전단의 광고 해당 여부

투자상품의 안내전단은 원고가 자기의 금융상품의 내용·거래조건 기타 그 거래에 관한 사항을 소비자에게 널리 알리고 제시하기 위하여 제작되어 실제로 기관투자자는 물론 일부 개인투자자에게도 배포된 것으로 '광고'에 해당한다.

나. 오인가능성 여부

광고가 일반 소비자를 대상으로 하는 경우 소비자를 오인시킬 우려가 있는지 여부는 전문가가 아닌 보통의 주의력을 가진 일반 소비자가 당해 광고를 받아들이는 전체적·궁극적 인상을 기준으로 하여 객관적으로 판단되어야 한다.

II. 해 설

1. 광고의 의의와 범위

가. 광고의 의의

'광고(廣告)'라는 용어를 풀이하면 널리(廣) 세상에 알리는 것(告)이며, 또한 상품·용역에 대한 정보를 여러 매체를 통하여 널리 소비자에게 알리는 의도적인 활동을 의미한다. 본래 광고란 의미를 가진 advertising[6)]은 대중의 관심을 끌기 위하여 구두, 서면, 그래픽

5) 대법원 2003. 2. 28. 선고 2002두6170 판결.

6) advertising의 어원은 라틴어인 'adverto' 또는 'advorto'에서 유래하였고, 이는 '주의를 돌리다(to direct one's attention to)'라는 뜻을 가지고 있다: Cassell's New Latin−English English−Latin Dictionary (5th

등에 의하여 신문이나 다른 출판물 또는 라디오, TV, 표지, 카탈로그(catalogue), 엽서 또는 어떤 상품에 붙여지거나 달린 꼬리표(tag) 또는 표지에 인쇄하거나 포함시켜 판매자가 사업의 유인과 관련하여 행하는 진술에 의하여 알리는 것을 말하며, advertisement는 공중의 주의를 끌기 위한 방식으로 제공된 통지 또는 전단, 신문, TV, 게시판, 라디오 등에 의하여 공중 또는 관련된 개인에게 통신되는 정보를 의미한다.[7)8)]

표시광고법상 "광고"라 함은 사업자 또는 사업자단체가 상품등에 관하여 자기 또는 다른 사업자·사업자단체에 관한 사항 및 자기 또는 다른 사업자·사업자단체의 상품등의 내용·거래조건 기타 그 거래에 관한 사항 등을 신문·방송·잡지 기타 대통령령이 정하는 방법으로 소비자에게 널리 알리거나 제시하는 것이라 규정하고 있다(표시광그법 제2조 제2호). 여기서 "기타 대통령령이 정하는 방법(광고의 방법)"이라 함은 ① 전단·팸플릿·견본 또는 입장권, ② 인터넷 또는 PC통신, ③ 포스터·간판·네온사인·애드벌룬 또는 전광판, ④ 비디오물·음반·서적·간행물·영화 또는 연극, ⑤ 자기의 상품외의 다른 상품, ⑥ 기타 ① 내지 ⑤와 유사한 매체 또는 수단 등을 이용하는 것을 의미한다(동법 시행령 제2조).

나. 광고의 범위

광고는 상품·용역의 가치를 평가할 수 있도록 신문, TV와 같은 대중매체 등을 통하여 불특정 다수인 소비자에게 필요한 정보를 제공할 뿐만 아니라 나아가 거래를 유도하는 동적(動的)인 유인행위이다.[9)] 따라서 광고행위는 정보의 전달뿐만 아니라 이를 통하여 상품의 공급자가 취득자의 구매의사결정에 영향을 미쳐 상품의 구입을 유도하려는 마케팅(marketing)수단이다. 따라서 특정구매자에 대한 구두에 의한 설명은 광고에 해당하지 않는다.[10)]

표시·광고는 일정한 정보를 소비자에게 알리기 위한 것이므로 소비자의 접근 가능성을 전제로 한다. 특히 광고의 경우에는 소비자들에게 사업자등이나 상품 등에 관한 정보를 "널리" 알리거나 제시하는 행위이므로 더 강한 전파가능성이 요구된다.

대법원은 '광고는 사업자 등이 상품 등에 관한 일정한 사항을 전기통신, 인터넷 홈페이지 등의 매체를 통하여 법(표시광고법 제2조 제2호)에서 정하고 있는 사항을 소비자에게

ed.), Cassell, 1985, p. 23.

7) advertisement는 광고물 또는 메시지 자체를 의미하고, advertising은 광고행위 또는 광고과정 전체를 의미하므로 advertising은 advertisement를 포괄하는 개념이다.

8) 박수영, 『표시광고법』(도서출판 학우, 2004), 3~4면.

9) 이에 대하여 표시는 상품 또는 그 포장용기 등에 부착하여 상품의 이름이나 성능 또는 성분 등 상품정보를 알리는 제한적인 홍보수단이라 할 수 있는 정적(靜的) 개념이다.

10) 대법원 2014. 4. 30. 선고 2013도15002 판결.

널리 알리거나 제시하는 일체의 행위'를 가리키는 것이라 판시하였다.[11] 표시광고법은 시행령에서 광고의 방법으로 인터넷을 직접 규정하고 있고(동법 시행령 제2조), 홈페이지의 경우에는 광고주가 광고하고자 하는 내용에 접근하기 쉽도록 구성할 것이며, 홈페이지의 광고는 아주 강한 전파가능성을 갖는다고 할 수 있으므로, 인터넷 홈페이지상의 홍보문구들은 소비자에게 널리 알리거나 제시하는 일체의 행위로서 광고에 해당한다. 대부업을 영위하는 회사의 인터넷 홈페이지 중 홈페이지 초기 화면에 배치되어 있지 않고, 고객센터라는 상위 항목 아래의 FAQ(frequently asked question)라는 웹페이지에 대출신청을 하면 신용조회를 하는지, 그로 인한 불이익은 없는지에 관한 내용의 게시물에 대하여 대법원은 광고에 해당한다고 하였다.[12]

홈페이지상의 체험기도 광고에 해당한다고 판시한 것[13]과 홈페이지와 관련하여 오픈마켓에서 쿠폰 등의 경품을 제공한다는 배너·팝업 광고를 게시하면서 소비자가 배너·팝업 광고를 클릭하면 '개인정보 수집 목적 관련 정보와 쿠폰 증정 조건, 쿠폰 사용제한 조건 등에 대한 부분'이 기재된 개인정보 수집 경품 이벤트 페이지로 연결되도록 한 경우, 배너·팝업 광고와 이벤트 페이지는 광고에 해당한다고 판시한 것[14]도 이와 같은 맥락이라 할 수 있다. 대외 비공개 카페나 블로그, SNS, 모바일 앱 등에 광고성 글을 게재하는 경우 이러한 곳에 게재된 문구들도 회원이나 가입자인 소비자가 직접 접근할 수 있을 뿐 아니라 이들에 의해 다른 블로그 등으로 옮겨지는 등 비회원이나 비가입자인 소비자에게 전파될 수도 있기 때문에 전파가능성이 있다고 보아야 할 것이다.[15]

법령상 열거되지 않은 매체에 의한 경우라도 광고가 될 수 있다. 전기통신도 매체에 포함되므로 전화(음성, 문자)에 의한 상품 홍보도 전파가능성 등 다른 요건을 만족할 경우 규제대상이 될 수 있다. 하급심에서는 분양이 완료되지 않았음에도 분양완료라는 현수막을 내건 사안에 대하여 이를 광고로 인정하고 전파가능성을 인정하였고,[16] 정보지 회사가 신문사와 광고계약을 하고 광고지면에 기사형식으로 "현재 국내 최고 발행부수와 최다 정보량의 신문"이라고 기재한 경우[17]에 이는 광고에 해당한다고 하였다.[18]

11) 대법원 2009. 5. 28. 선고 2009두843 판결; 대법원 2017. 4. 7. 선고 2014두1925 판결.
12) 대법원 2009. 5. 28. 선고 2009두843 판결.
13) 대법원 2014. 10. 6. 선고 2014두37863 판결.
14) 대법원 2017. 4. 7. 선고 2014두1925 판결.
15) 다만, 단순히 1:1로 이루어진 문자 교환이나 채팅의 경우에는 '널리' 알리거나 제시하는 행위로 보기 어렵다.
16) 서울고등법원 2012. 10. 22. 선고 2012누11197 판결.
17) 정보지 회사가 신문사에 돈을 지급하고 원고에 대한 기사를 게재하기로 하는 내용의 약정을 체결하였고, 'Biz&Life'라는 면은 그 시작 면에 광고지면임을 나타내고, 상품 등이 기사형태로 소개되어 있었다.
18) 서울고등법원 2005. 9. 29. 선고 2004누23997 판결.

2. 소비자의 오인가능성

가. 부당한 표시·광고행위의 금지

표시광고법은 사업자등이 소비자를 속이거나 소비자로 하여금 잘못 알게 할 우려가 있는 표시·광고 행위로서 공정한 거래질서를 해칠 우려가 있는 거짓·과장의 표시·광고, 기만적인 표시·광고, 부당하게 비교하는 표시·광고, 비방적인 표시·광고 등의 행위를 하거나 다른 사업자등으로 하여금 하는 것을 금지하고 있다(표시광고법 제3조 제1항). 표시광고법상의 부당한 표시·광고행위가 성립하기 위하여는 ① 해당 표시·광고의 거짓·과장성/기만성/부당성/비방성, ② 소비자오인성 및 ③ 공정거래저해성 등 세 가지 요건이 충족되어야 한다.[19)]

나. 소비자의 오인가능성

(1) 오인가능성의 의의

일반적으로 소비자들은 특별한 사정이 없는 한 해당 사업자가 광고한 내용을 대체로 신뢰하여 그대로 받아들인다. 예컨대, 제품의 위해 가능성 또는 안전성 등에 대한 정보를 접하기 어려워 사업자가 제시한 정보에 의존할 수밖에 없어 제품용기 및 광고에서 표시·광고한 내용을 신뢰하여 그대로 받아들이며, 의료광고의 경우에도 고드의 전문성과 기술적인 영역에 관한 내용으로 구체적인 사실관계를 확인하거나 관련 내용을 쉽게 이해하기 어려워 더욱 더 사업자의 광고내용을 그대로 받아들일 가능성이 높다.

부당한 표시·광고가 성립하기 위해서는 소비자를 속이거나 소비자로 하여금 잘못 알게 할 우려가 있어야 한다. 표시·광고를 통한 소비자의 신뢰와 기대는 보호되어야 하기 때문에 여기서 '우려'란 표시·광고가 실제로 소비자를 기만하거나 오인시킬 것까지 요구하는 것은 아니고,[20)] 오인의 우려가 있으면 족하다. 「소비자기본법」상의 표시·광고기준 제정의무(동법 제10조, 제11조)나, 「부정경쟁방지 및 영업비밀보호에 관한 법률」상의 "부정경쟁행위"의 개념(동법 제2조 제1호)에서도 오인가능성을 그 요건으로 하고 있다.

(2) 오인가능성의 판단기준

오인의 가능성에 관한 판단에 있어서는 그 가능성은 일반적·추상적으로 판단되는 것이 아니라 개별적·구체적으로 판단되어야 한다. 표시·광고에 대한 오인의 주체는 표시·광고를 행하는 자 스스로의 의사나 주의력을 기준으로 하는 것이 아니라, 당해 표시·광

19) 대법원 2002. 6. 14. 선고 2000두4187 판결.
20) 따라서 표시·광고주의 주관적 의사는 고려하지 않는다.

고가 대상으로 삼는 소비자 중 평균인의 통상적인 주의능력을 기준으로 한다.[21] 그러나 광고가 어린이, 노령층, 불치병환자 등과 같이 특별한 계층을 대상으로 삼는 경우 그러한 계층의 합리적인 구성원들에게 미치는 영향을 고려하고 또한 그러한 사람의 지적 수준을 기준으로 하여 판단하여야 한다.[22]

고름우유 광고 파동 사안에서 고름의 의미와 고름우유의 의미에 대하여는 소비자의 상식적인 인식을 기준으로 판단하여야 할 것이지 전문적·의학적인 관점에서 판단할 것은 아니라고 하면서, '보통의 주의력을 가진 일반 소비자'의 인식을 기준으로 하여야 한다거나,[23] '일반 소비자'가 광고에게 부여하는 인식을 기준으로 하여야 한다거나,[24] 일정수준의 소비자를 기준으로 오인가능성을 판단하고 있다. 이후에도 오인가능성은 보통의 주의력을 가진 일반 소비자가 당해 광고를 받아들이는 전체적·궁극적 인상을 기준으로 하여 객관적으로 판단하여야 한다고 판시하고 있다.[25]

표시·광고에 소비자의 오인가능성이 없으면 부당한 표시·광고에 해당하지 않는다. 표시·광고의 내용이 사실과 부합하지 않더라도 소비자의 오인성이 없는 광고적 표현을 사용한 경우에는 부당한 표시·광고행위에 해당하지 않는다.[26]

(3) 오인가능성에 대한 판례의 태도

오인가능성이 있다고 인정된 경우를 보면, 식품을 표시·광고함에 있어서 의약품과 혼동할 우려가 있는 표현을 사용한 경우 오인가능성이 있으며,[27] 식육식당을 경영하는 자가 '한우만을 판매한다'는 취지의 광고가 식육점 부분에만 한정하는 것이 아니라 음식점에서 조리·판매하는 쇠고기에 대한 광고로서 음식점에서 쇠고기를 먹는 사람들로 하여금

---

21) 대법원 1998. 3. 27. 선고 96누5636 판결; 대법원 1996. 4. 12. 선고 93다40614,40621 판결.

22) 대법원 2003. 4. 11. 선고 2002두806 판결: 학원 유치부 모집광고에서는 보통의 주의력을 가진 4~7세 아동의 학부모의 입장에서 오인가능성을 판단하여야 한다.

23) 대법원 1998. 3. 27. 선고 96누5636 판결.

24) 대법원 1996. 4. 12. 선고 93다40614,40621 판결.

25) 대법원 2014. 4. 10. 선고 2011다82438,82445,82452 판결; 대법원 2014. 4. 10. 선고 2011다72011,72028 판결; 대법원 2013. 11. 14. 선고 2013다22553 판결; 대법원 2013. 9. 26. 선고 2011두7632 판결; 대법원 2013. 6. 14. 선고 2011두82 판결; 대법원 2010. 8. 26. 선고 2009다67979,67986 판결; 대법원 2010. 7. 22. 선고 2007다59066 판결; 대법원 2003. 6. 27. 선고 2002두6965 판결; 대법원 2003. 4. 11. 선고 2002두806 판결; 대법원 2003. 2. 28. 선고 2002두6170 판결; 대법원 2000. 12. 12. 선고 99두12243 판결; 대법원 1998. 3. 27. 선고 96누5636 판결.

26) 예컨대 휴대전화기광고에서 "소리가 보인다"라는 표현, 청량음료광고에서 "가슴속까지 시원한 사이다"라는 표현, 남성정장광고에서 "행복을 입는다. 행복정장 ○○○○○"라는 표현은 소비자의 감성에 호소하는 것으로 오인가능성이 없으며, 괴물 고질라가 밟아도 파손되지 않는 자동차광고도 허위성이 명백하나 소비자의 오인가능성이 없기 때문에 부당한 표시·광고가 되지 않는다.

27) 대법원 2002. 11. 26. 선고 2002도2998 판결; 대법원 2002. 6. 14. 선고 2001도4633 판결; 대법원 1998. 2. 13. 선고 97도2925 판결.

그곳에서는 한우만을 판매하는 것으로 오인시키기에 충분하며,[28] 구 「건강기능식품에관한법률」(이하 '건강기능식품법'이라 한다)에 있어서는 허위·과장에 해당하지 않고 사실에 부합하는 광고라고 하더라도 그 표현 방식이나 편집 방식에 있어 소비자를 오인·혼동시킬 우려가 있는 경우에는 규제대상인 '소비자를 기만하거나 오인·혼동시킬 우려가 있는 표시·광고(구 건강기능식품법 제18조 제1항 3호)'에 해당한다.[29] 홈페이지상의 다이어트 체험기는 '사실과 다르거나 과장된 표시·광고'에는 해당하지 않지만, 소비자들로 하여금 마치 이 사건 제품이 체중감량의 주된 원인이고 섭취하기만 하면 3개월여 만에 40㎏의 체중을 감량할 수 있는 것처럼 오인하게 할 우려가 있는 광고라 판단하여 규제대상인 '소비자를 기만하거나 오인·혼동시킬 우려가 있는 표시·광고'에 해당하며,[30] 모 연구원과 원료재배 공급계약을 체결하였다는 광고문구 일부의 내용은 사실이지만 그러한 문구를 보는 소비자의 입장에서는 원료 모두가 국내산이라고 오인할 우려가 있는 경우에는 부당한 광고에 해당한다.[31]

오인가능성이 없다고 판단한 경우를 보면, 우유가공회사가 상호 비방광고에 대하여 경쟁사업자와 함께 공정거래위원회로부터 시정명령을 받았음에도 자신이 받은 시정명령에 대하여는 아무런 언급을 하지 않은 채 경쟁사업자가 위 시정명령에 따라 게재한 광고를 전재하여 광고한 경우에는 소비자를 오인시킬 우려가 없으며,[32] 비록 타인의 상품을 자기의 상품인 것처럼 팸플릿으로 인쇄하여 배포하였더라도 자기상품의 품질 등에 관하여 아무런 표시를 하지 않았다면 이는 타인의 상품을 사칭하는 경우에 해당할 뿐 상품의 품질 등에 오인을 일으키게 하는 경우에는 해당하지 않는다고 하였다.[33]

Ⅲ. 판례의 의의

원고가 발행한 수익증권상품 안내전단은 원고가 자기의 금융상품의 내용·거래조건 기타 그 거래에 관한 사항을 소비자에게 널리 알리고 제시하기 위하여 제작된 것으로서 실제로 특정 소수의 기관투자자는 물론 일부 개인투자자에게도 배포되었다. 이는 소비자에 대한 구매유인수단으로서 그 형태와 방법이 소비자들에게 자신의 상품에 관한 정보를

28) 대법원 1997. 9. 9. 선고 97도1561 판결.
29) 대법원 2014. 10. 6. 선고 2014두37863 판결.
30) 대법원 2014. 10. 6. 선고 2014두37863 판결.
31) 서울고등법원 2000. 12. 14. 선고 2000누4219 판결.
32) 대법원 1998. 11. 27. 선고 96누5643 판결.
33) 대법원 1989. 6. 27. 선고 87도1565 판결.

'널리' 알리거나 제시하는 행위이므로 더 강한 전파가능성이 인정되는 '광고'에 해당한다.

원고가 발행한 수익증권상품은 실적배당상품임에도 불구하고 이 사건 안내전단에는 '운용수익과 관계없이 국내투자분에 대하여 연 15%의 이자를 지급한다'는 내용의 문구 등을 기재하였으나, 이는 원고가 취득할 역외펀드 발행채권에 대한 설명으로 이 사건 상품에 대한 설명이 아니며, 전문가라면 그 내용을 어렵지 않게 짐작하겠지만, 복잡한 금융상품의 운용방식에 관하여 알지 못하는 일반 소비자에게는 이 사건 상품을 매입할 경우 원고가 자신들에게 운용수익과 무관하게 연 15%의 이자를 지급하는 것처럼 오인시킬 우려가 있다. 오인가능성의 판단은 전문가가 아닌 보통의 주의력을 가진 일반 소비자를 대상으로 당해 광고를 받아들이는 전체적·궁극적 인상을 기준으로 하여 객관적으로 판단하여야 하므로 사안의 광고내용은 오인가능성이 인정된다. 본 판결은 광고의 범위에 관하여 판단하고, 오인가능성의 판단기준을 확인한 것이다.

04 규제대상으로서의 '광고'의 의미

-대법원 2014. 4. 30. 선고 2013도15002 판결

이 주 연*

Ⅰ. 판례의 개요

1. 사안의 개요

사안의 피고인은 혼합음료 등을 판매하는 다단계판매 조직을 관리·운영하며 총판 역할을 하던 자였다. 피고인은 혼합음료를 판매하면서 구매자들을 상대로 '해당 음료가 당뇨, 관절, 고혈압, 동맥경화 등 질병의 치료에 효능이 있는 만병통치약'이라고 설명하였고, 구매자들은 피고인을 믿고 위 혼합음료를 박스당 440,000원에 구입하였다. 당시 위 다단계판매 업체는 공정거래위원회 또는 시·도지사에 다단계판매업 등록을 하지 않은 상태였다. 이에 피고인은 식품위생법위반(허위·과대광고) 및 방문판매등에관한법률위반(다단계판매 조직 관리·운영)의 공소사실로 약식기소되어 약식명령을 발령받았다.

2. 소송경과

가. 제1심 판결[1)]

피고인은 위 약식명령에 불복하여 서울중앙지방법원에 정식재판을 청구하였다. 그러나 제1심 법원은 공소사실을 모두 유죄로 인정하고 피고인에게 벌금 3,000,000원을 선고하였다.

---

* 한국인터넷광고재단 변호사.
1) 서울중앙지방법원 2013. 9. 10. 선고 2013고정2903 판결.

나. 항소심 판결[2)]

피고인은 '구매자들은 피고인이 총판 자격을 얻는 것을 돕기 위해 카드결제를 대신해 준 것이거나 스스로 총판을 하기 위해 구매한 것이거나 사업설명을 듣고 구매한 것이므로 피고인이 과대광고를 하거나 판매한 것이라고 할 수 없어 식품위생법위반죄는 성립하지 않는다'라고 주장하면서 제1심 판결에 사실오인 및 양형부당의 위법이 있음을 이유로 항소하였다. 또한, 피고인은 구매자들을 상대로 광고를 한 것이 아니라 '회사 강의실로 데려와 음료의 효능에 관한 판매업체 개설자의 강의를 듣게 한 다음 그 효능을 설명하면서 함께 판매해보자고 권유'하였을 뿐이라고 주장하였다. 이에 항소심에서는 피고인이 구매자들에게 음료의 효능을 설명한 행위를 구 「식품위생법」(2011. 6. 7. 법률 제10787호로 일부개정되기 전의 것, 이하 같다) 제13조 제1항의 '광고'를 한 것으로 볼 수 있는지 여부가 쟁점이 되었다.

항소심은 우선 구 「식품위생법」은 표시·광고에 관하여 제13조 제1항[3)]에서 '누구든지 식품 등의 명칭·제조방법, 품질·영양표시 및 식품이력추적관리 표시에 관하여는 허위표시 또는 과대광고를 하지 못하고, 포장에 있어서는 과대포장을 하지 못하며, 식품 또는 식품첨가물에는 의약품과 혼동할 우려가 있는 표시를 하거나 광고를 하여서는 아니 된다. 식품 또는 식품첨가물의 영양가·원재료·성분·용도에 관하여도 같다'라고 규정하고 있을 뿐 '광고'에 관한 정의 규정을 별도로 두고 있지 않다는 점을 언급하면서, 그 경우에는 국립국어원 표준국어대사전의 '1. 세상에 널리 알림. 또는 그런 일. 2. 『언론』 상품이나 서비스에 대한 정보를 여러 가지 매체를 통하여 소비자에게 널리 알리는 의도적인 활동'이라는 '광고'에 대한 정의에 근거하여 그 개념을 이해하여야 한다는 취지로 판시하였다.

이에 따라 항소심은 피고인이 구매자들에게 강의를 듣게 하고 설명을 한 것을 가지고 구매자들을 상대로 상담하였다고 볼 수 없다는 점, 비록 피고인이 총판으로서 음료의 효능을 특정인에게 설명하였다고 하여 이를 소비자에게 널리 알렸다고도 보기 어렵다는 점을 고려할 때 피고인이 구 「식품위생법」상 금지하고 있는 '식품에 관한 의약품과 혼동할 우려가 있는 허위·과대·광고'를 하였다고 인정하기 어렵다고 판단하였다.

결국, 항소심은 구 식품위생법위반 부분에 대한 피고인의 사실오인 주장을 받아들여 제1심 판결을 전부 파기하고 구 식품위생법위반(허위·과대광고) 부분에 대해서는 무죄를 선고하였고, 방문판매등에관한법률위반(다단계판매조직 관리·운영) 부분은 유죄로 인정한 후 벌금형을 선택한 다음 피고인에게 벌금 2,000,000원의 형을 선고하였다.

---

2) 서울중앙지방법원 2013. 11. 21. 선고 2013노3200 판결.

3) 해당 조문은 2018. 3. 13. 「식품등의표시·광고에관한법률」이 제정됨에 따라 법률 제15484호로 일부개정되며 삭제되었다.

다. 대법원 판결[4)]

검사는 구 식품위생법위반(허위·과대광고)에 대하여 무죄를 선고한 항소심 판결에 불복하여 항소심 판결에는 구 「식품위생법」 제13조 제1항이 규정하는 '광고'의 개념에 관한 법리오해의 위법이 있음을 이유로 상고를 제기하였다. 그러나 대상판결은 아래 3.항에서와 같은 이유로 원심의 판단을 정당하다고 보아 검사의 상고를 기각하였다.[5)]

3. 판례의 요지

구 「식품위생법」 제97조 제1호는 '제13조 제1항을 위반한 자 등을 처벌한다.'라고 규정하고 있고, 법 제13조 제1항은 '누구든지 식품에 관하여 의약품과 혼동할 우려가 있는 광고 등을 하여서는 아니 된다'라고 규정하고 있으며, 같은 조 제2항은 '제1항에 따른 허위표시, 과대광고 및 과대포장의 범위와 그 밖에 필요한 사항은 보건복지부령으로 정한다'라고 규정하고 있다. 또한, 같은 법 시행규칙(2011. 8. 19. 보건복지부령 제73호로 개정되기 전의 것) 제8조 제1항 제2호는 '법 제13조에 따른 허위표시 및 과대광고의 범위는 용기·포장 및 라디오·텔레비전·신문·잡지·음악·영상·인쇄물·간판·인터넷, 그 밖의 방법으로 식품 등의 명칭·제조방법·품질·영양가·원재료·성분 또는 사용에 대한 정보를 나타내거나 알리는 행위 중 질병의 치료에 효능이 있다는 내용의 표시·광고'에 해당하는 것이라고 규정하고 있다.

위 규정의 내용을 종합하여 볼 때, 구 「식품위생법」 제13조 제1항에서 금지하는 '식품에 관하여 의약품과 혼동할 우려가 있는 광고'라고 함은 '용기·포장 및 라디오·텔레비전·신문·잡지·음악·영상·인쇄물·간판·인터넷, 그 밖의 방법'으로 식품 등의 명칭·제조방법·품질·영양가·원재료·성분 등에 대하여 질병 치료에 효능이 있다는 정보를 나타내거나 알리는 행위에 해당하여야 한다.

그런데 피고인은 혼합음료를 판매하면서 구매자들에게 해당 음료가 당뇨, 관절, 고혈압, 동맥경화 등에 효능이 있는 만병통치약이라고 설명하고 상담하였을 뿐이므로, 위와 같은 법리에 따를 때 '식품의 효능을 특정인에게 설명하고 상담한 것'을 구 「식품위생법」 및 같은 법 시행규칙에서 정하고 있는 '광고'를 한 것으로 볼 수 없으며, 설령 이를 반복적으로 행하였다 하더라도 마찬가지이다.

---

4) 대법원 2014. 4. 30. 선고 2013도15002 판결.
5) 피고인도 대법원에 상고를 제기하였으나 상고이유서 제출기간도과로 기각되었다.

II. 해 설

1. 쟁점의 정리

구「식품위생법」에서는 허위표시 및 과대광고를 금지하고 있었으나 광고가 무엇인지에 대하여 별도의 정의 규정을 두고 있지는 않았고, 다만 같은 법 시행규칙 제8조에서 과대광고 등의 범위를 규정하고 있었다. 때문에 본 사안에서는 구「식품위생법」에서 금지하고 있는 광고의 개념이 무엇인지 문제가 된 것이다.

항소심은 국립국어원 표준국어대사전을 근거로 '광고'의 개념을 판단하였는바, 특정 구매자만을 상대로 식품의 효능을 설명한 피고인의 행위는 소비자에게 '널리' 알리는 행위에 해당되지 않는다는 이유로 이를 구「식품위생법」상 금지하고 있는 '광고'에 해당하지 않는다고 판단한 것이다.

한편, 대상판결에서는 과대광고 등의 범위를 정하고 있는 구 식품위생법 시행규칙 제8조의 내용을 토대로 '광고'의 개념을 판단하였다. 소비자에게 '널리' 알리는 행위를 '광고'로 정의하고 있는 국립국어원 표준국어대사전과 달리 위 시행규칙 제8조에서는 '라디오·텔레비전·신문·잡지·음악·영상·인쇄물·간판·인터넷, 그 밖의 방법으로 식품에 대한 정보를 알리는 행위'라고 규정하고 있어 '널리' 알려야 한다는 점을 별도로 명시하고 있지는 않다. 따라서 특정 구매자에게 설명하고 상담한 피고인의 행위를 일응 위 시행규칙 제8조에서 규정하고 있는 '그 밖의 방법으로 식품 등의 정보를 알리는 행위'로 볼 여지가 있을 것인데, 대법원은 이를 '광고'에 해당하지 않는다고 판단한 것이다. 이는 '구매자에게 설명·상담하는 행위'가 위 시행규칙 제8조에서 언급하고 있는 '그 밖의 방법', 즉 라디오·텔레비전, 인터넷 등의 열거된 매체에 준하는 방법이 아니라고 판단하였기 때문으로 보인다. 즉, 대법원은 광고의 '방법'에 초점을 두고 피고인이 구매자들을 상대로 구두 설명이나 상담을 한 것을 라디오나 텔레비전과 같은 매체를 통해 광고한 것과 동일하게 볼 수 없다는 입장인 것으로 사료된다.

즉, 이 사건에서는 특정 구매자에 대하여 식품의 효능을 구두로 설명·상담하는 행위가 규제대상으로서의 '광고' 개념에 포섭될 수 있는지 여부가 쟁점이 되었다.

2. 관련 판례

가. 대법원 2004. 1. 15. 선고 2001도1429 판결

(1) 사안의 개요

본 판례는 식품제조업체를 운영하며 근무하던 피고인들이 전국의 여행사를 통해 고령의 관광객들을 업체로 불러들여 자신들이 마치 전문가나 의사인 양 행세하면서 위 식품업체가 제조·가공한 제품이 당뇨병, 관절염, 신경통 등 성인병 치료에 특별한 효능이 있는 것처럼 강의해 고령의 관광객들로 하여금 제품을 고가에 구입하도록 하였는바, 피고인들이 특정경제범죄가중처벌등에관한법률위반(사기) 및 보건범죄단속에관한특별조치법위반(부정의약품제조) 등의 범죄로 기소된 사안이다.

(2) 판례의 요지

이 사건의 제1심 및 제2심은 피고인들의 공소사실을 전부 인정하여 유죄를 선고하였고, 피고인 중 1인이 제품에 대한 강의식 선전·강의 행위는 사기죄의 기망행위에 해당하지 않는다는 등의 이유로 대법원에 상고를 제기하였다.

이에 대법원은 "일반적으로 상품의 선전·광고에 있어 다소의 과장, 허위가 수반되는 것은 그것이 일반 상거래의 관행과 신의칙에 비추어 시인될 수 있는 한 기망성이 결여된다고 하겠으나 거래에 있어서 중요한 사항에 관하여 구체적 사실을 거래상의 신의성실의 의무에 비추어 비난받을 정도의 방법으로 허위로 고지한 경우에는 과장, 허위광고의 한계를 넘어 사기죄의 기망행위에 해당한다(대법원 1992. 9. 14. 선고 91도2994 판결, 1993. 8. 13. 선고 92다52665 판결, 2002. 2. 5. 선고 2001도5789 판결 등 참조)"라는 상품의 허위, 과장광고가 사기죄의 기망행위에 해당하는 경우에 관한 기존 대법원 판례의 태도를 설시한 다음, 피고인의 행위는 위 법리에 비추어 볼 때 그 사술의 정도가 사회적으로 용인될 수 있는 상술의 정도를 넘은 것이어서 사기죄의 기망행위를 구성한다고 판시하여 피고인의 상고를 기각하였다.

즉, 식품의 효능에 관한 '강의'나 '설명'이 구 「식품위생법」에서 금지하고 있는 '광고'에 해당하지 아니하여 구 식품위생법위반(허위·과대광고)으로 볼 수 없는 경우에도, 그 강의나 설명의 내용이 사회적으로 용인될 수 있는 상술의 정도를 넘은 사술로 볼 수 있는 경우라면 사기죄의 기망행위로 보아 사기죄로 의율할 수 있다고 본 것으로 이해된다.

나. 대법원 2018. 11. 29. 선고 2016도6329 판결

(1) 사안의 개요

본 판례의 피고인들은 식품소분·판매업 및 방문판매업체를 운영하거나 해당 업체에서 근무하던 자들로 일반식품인 A와 건강기능식품인 B의 판매를 위하여 홍보 강사, 판매 도우미, 고객 모집인 역할을 분담했다. 이들은 무료관광을 빙자하여 전국 각지로부터 노인들을 모집해 홍보관으로 데려온 다음 A가 일반식품임에도 불구하고 이를 복용하면 허리가 좋아져 아픈 다리가 나을 수 있고, 손발이 차고 저린 것도 다 나을 수 있으며, 간에도 좋아 지방간이 있는 아들에게 먹이면 나을 수 있고, 인삼보다 몇십 배 효능이 좋다고 이야기하며 위 제품을 각종 질병의 예방 및 치료에 효능·효과가 있거나 의약품 또는 건강기능식품으로 오인·혼동할 우려가 있는 내용으로 강의를 하였고, 강의 후 판매 도우미 역할을 담당하는 피고인들이 위 강의 내용을 계속 강조하며 노인들로 하여금 제품을 반드시 구매하도록 부추겨 이를 판매하였다. 건강기능식품 B에 대하여서도 마찬가지로 뇌졸중, 중풍, 치매 등의 예방 및 치료에 효능·효과가 있다고 이야기하여 위 제품을 질병의 예방 및 치료에 효능·효과가 있거나 의약품으로 오인·혼동할 우려가 있는 내용으로 강의를 하여 판매를 하였다. 이에 피고인들이 구 식품위생법위반(허위표시등의금지), 약사법위반(판매등의금지), 건강기능식품에관한법률위반(허위·과대의 표시·광고금지)의 범죄로 기소된 사안이다.

(2) 판례의 요지

이 사건의 제1심 및 제2심은 피고인들의 공소사실을 인정하여 유죄를 선고하였다. 다만 2심은 홍보 강사 역할을 담당한 피고인 2에 대하여 구 「식품위생법」 제94조 제3항의 공동정범으로 판단한 제1심 판단 부분을 직권으로 파기한 다음 피고인 2를 간접정범으로 보아 방조감경을 하였다. 검사는 이러한 2심의 방조감경과 관련하여 상고를 제기하였고, 대법원은 다시 피고인 2를 공동정범으로 판단하여 피고인 2에 대한 부분을 파기·환송하였다.

즉, 이 사건은 대상판결과 달리 특정인에게 식품의 효능에 관하여 이야기하고 강의하는 것을 '광고'라고 보는 전제하에 이에 가담한 모든 피고인들에 대하여 유죄를 선고하였다. 다만, '광고'의 개념에 관한 부분은 상고이유가 되지 아니하였는바, 특정인에게 구두로 설명하거나 강의하는 것이 구 「식품위생법」상 '광고'의 개념에 포함되지 않는다는 대상판례와 같은 대법원의 기존 판례의 태도가 변경되었다고 볼 수는 없을 것으로 보인다.

3. 검 토

현행 「표시·광고의 공정화에 관한 법률」(이하 '표시광고법'이라 한다)에서는 '광고'를 '사업자 등이 자기 또는 다른 사업자 등에 관한 사항이나 자기 또는 다른 사업자 등의 상품 등의 내용, 거래 조건, 그 밖에 거래에 관한 사항을 신문·인터넷신문, 정기간행물, 방송,

전기통신, 전단·팸플릿·견본 또는 입장권, 인터넷 또는 PC통신, 포스터·간판·네온사인·애드벌룬 또는 전광판, 비디오물·음반·서적·간행물·영화 또는 연극, 자기 상품 외의 다른 상품, 그 밖에 이러한 매체 또는 수단의 방법으로 소비자에게 널리 알리거나 제시하는 것'이라고 정의하고 있다(법 제2조 제2호 및 동법 시행령 제2조). 그 밖에도 특정 분야의 광고를 규제하도록 정하고 있는 다른 법령에서도 '광고'에 대한 정의 규정을 두고 있는데, 「식품 등의 표시·광고에 관한 법률」에서는 '광고'를 '라디오·텔레비전·신문·잡지·인터넷·인쇄물·간판 또는 그 밖의 매체를 통하여 음성·음향·영상 등의 방법으로 식품 등에 관한 정보를 나타내거나 알리는 행위'라고 규정하고 있으며(법 제2조 제10호), 「의료법」에서는 '의료광고'가 '의료인 등이 신문·잡지·음성·음향·영상·인터넷·인쇄물·간판, 그 밖의 방법에 의하여 의료행위, 의료기관 및 의료인 등에 대한 정보를 소비자에게 나타내거나 알리는 행위'를 의미한다고 규정해두고 있다(법 제56조 제1항). 나아가 「부동산개발업의 관리 및 육성에 관한 법률」, 「장애인차별금지 및 권리구제 등에 관한 법률」, 「생활주변방사선 안전관리법」, 「대부업 등의 등록 및 금융이용자 보호에 관한 법률」, 「공인중개사법」 등과 같이 위 광고에 대한 표시광고법상의 정의 규정을 준용하도록 규정하고 있는 법령들도 다수 존재한다. 즉, 우리 법령들은 '광고'를 정의함에 있어 공통적으로 크게 두 가지 요건을 들고 있는데, 하나는 내용적 측면의 요건으로서 광고주나 상품 등에 대한 정브를 소비자에게 알리는 내용을 담고 있어야 한다는 것이고 다른 하나는 방법적 측면의 요건으로 위와 같은 정보가 신문, 방송, 인터넷 등과 같은 매체를 매개하여 전달되어야 한다는 것이다.

한편, 광고학계 및 관련 실무단체에서는 '광고'의 개념을 우리 법령에서 정의하고 있는 것보다 좁게 해석하는 경향이 있다. 한국광고학회는 '광고'란 '광고주가 청중을 설득하거나 영향력을 미치기 위하여 대중매체를 이용하는, 유료의 비대면적인 의사전달 형태'라고 정의하고 있으며,[6] 미국 마케팅 협회는 '광고란 누구인지를 확인할 수 있는 광고주가 하는 일체의 유료형태에 의한 아이디어, 상품 또는 서비스의 비대인적 정보제공 또는 판촉활동'이라고 정의하였고, 미국 일리노이 대학 S. Watson Dunnry 교수는 '광고란 광고 메시지 속에 어떤 형태로든 밝혀져 있는 기업이나 비영리기관 또는 개인이 여러 매체에 유료로 내는 비대인적 커뮤니케이션'이라고 정의하고 있다.[7] 즉, 광고학계 및 관련 실무단체는 '광고'를 정의함에 있어 공통적으로 '유상성', '비대인성', '광고주 명시'와 같은 요건을 요구하고 있는 것이다. 이는 위에서 언급한 우리 법령의 광고에 대한 정의에 '유상성'의 요건을 추가적으로 요구하고 있는 것으로 이해된다.

---

6) 이두희, 『광고론』 (박영사, 1997), 6면.
7) 한국콘텐츠진흥원, "2010 해외콘텐츠시장조사(광고)", 『KOCCA 연구보고서 10-76』 (2010. 12), 3면.

결국, '광고'가 '사업자나 상품 등에 관한 정보'를 '매체'를 통해 소비자에게 알리는 것이라는 점에 대해서는 별다른 이론이 없는 것으로 보인다. 다시 대상판결로 돌아가서 보자면 대상판결에서는 피고인들이 특정 구매자들을 대상으로 식품의 효능에 대하여 강의하거나 상담하는 행위는 '광고'에 해당하지 않는다고 판단하였다. 이는 피고인들이 식품에 관한 정보를 매체를 이용하지 않고 단지 구두로 전달하였기 때문에 '매체의 매개'라는 광고로서의 요건을 충족하지 아니하였기 때문인 것으로 생각되며, 위와 같은 현행법과 광고학계 및 실무단체에서 정의하고 있는 '광고'의 개념을 고려하였을 때 당연한 결과로 보인다. 나아가 허위·과장된 정보를 구두로 설명하는 경우라면 상기한 관련판례(대법원 2004. 1. 15. 선고 2001도1429 판결)와 같이 사기죄로 의율할 수도 있다는 점을 고려할 때, 불특정다수가 접근 가능한 매체를 통한 것에 비하여 그 파급력이나 효과가 현저히 적을 수밖에 없는 구두 설명 행위를 '광고'로 포섭하여 규제대상으로 삼을 필요성도 적을 것이다. 따라서 이러한 점을 고려할 때, 규제대상으로서의 '광고'를 '매체'를 이용한 정보 전달로 한정하여 해석하고 있는 대상판결의 태도는 정당하다.

Ⅲ. 판례의 의의

대상판결은 현행법상 규제대상으로 규정된 광고에 해당하기 위해서는 라디오·텔레비전·신문·인터넷 등 '방법'적인 측면에 있어서 정형성이 요구되고, 그렇기 때문에 단순히 구두로 설명하고 상담하는 행위는 광고로 볼 수 없음을 명확히 하였다는 점에서 의의가 있다.

그러나 대상판결은 허위표시 및 과대광고의 범위를 정하고 있는 구 시행규칙 제8조만을 근거로 들었을 뿐, 어떤 이유에서 위 시행규칙 조항을 근거로 '광고'의 개념을 해석한 것인지를 밝히지 않았다는 점, '강의하거나 상담하는 행위'가 어째서 위 시행규칙 제8조의 '그 밖의 방법으로 식품에 대한 정보를 알리는 행위'에 해당하지 않는지에 대하여 논리적으로 밝히지 않은 점은 아쉽다. 나아가, 대상판결의 취지가 '강의하거나 상담하는 행위'는 위 시행규칙 제8조에서 열거하고 있는 매체 또는 그에 준하는 매체를 매개로 한 행위가 아니기 때문에 규제대상으로서의 '광고'로 볼 수 없다는 것이라면, 구 식품위생법의 규제대상인 '광고'의 판단기준도 함께 제시하였어야 할 것이다.

05 광고 내용이 계약 내용으로 되는지의 판단 기준

-대법원 2018. 2. 13. 선고 2017다275447 판결

최 경 진*

Ⅰ. 판례의 개요

1. 사안의 개요

원고는 전자상거래 사이트인 '쿠팡'을 통하여 충남 태안군에서 리조트를 운영하는 피고로부터 리조트 숙박권을 구매하였다. 피고는 원고에게 리조트 숙박권을 판매하면서 상품 설명 속에 "이벤트: 숙박이용자 중 1인에게 승마체험 무료 제공"이라는 문구를 포함하였다. 숙박 기간 중에 원고는 피고의 이사인 소외 A에게 승마체험을 희망하였고, A는 드라마 촬영을 위해서 리조트에 머무르고 있던 촬영팀 승마교관인 소외 B에게 원고가 승마체험을 할 수 있게 지도해줄 것을 부탁하였다. B의 도움을 받아 승마체험을 하던 중, 원고는 말이 구보를 하려고 도움닫기를 하는 순간 손잡이를 놓쳐서 말에서 떨어졌다. 이 사고로 원고는 상해를 입어서 수술과 입원치료를 받았고, 피고를 상대로 치료비를 포함한 손해의 배상을 청구하는 소송을 제기하였다.

2. 소송경과

가. 제1심 판결[1)]

법원은 B가 피고의 피용자였다거나 피고가 말의 점유자 또는 점유자에 갈음하여 말을 보관한 사람이었다고 볼 만한 증거가 없을 뿐만 아니라, B의 과실을 피고의 과실로 의제할 수도 없고, 낙마 사건 당시 피고에게 어떤 과실이 있었다는 점을 인정할 만한 증거

---

* 가천대학교 법과대학 교수.

1) 서울북부지방법원 2016. 10. 11. 선고 2015가단140377 판결.

가 없으므로, 원고가 내세우는 각 주장은 어느 것이나 모두 받아들일 수 없다고 판시하면서 원고의 손해배상청구를 기각하였다.

나. 항소심 판결[2)]

피고는 승마시설 미신고 상태에서 승마시설 운영자로서 통상 갖추어야 할 안전기준과 주의를 결여하였고, 피고의 이행보조자로서 B는 사전에 안전장비 착용 여부 등을 점검하고 안전에 관한 주의를 촉구하며 원고의 능력과 신체상태를 적절하게 확인하여 승마 지도를 할 책임이 있음에도 이를 소홀히 하였는바, 피고는 승마체험이라는 서비스가 포함된 숙박계약상 채무의 불이행으로 인하여 원고가 입게 된 제반 손해를 배상할 책임이 있다.

다만 B는 원고의 승마 경력과 실력 등에 대한 정확한 정보가 없으므로 원고가 초급자임을 전제로 적합한 말과 손잡이용 안장을 준비하였으며, 고삐를 자신이 잡고 컨트롤하는 방식으로 원고를 지도했던 점, 원고는 B가 구보 신호를 보내면서 손잡이를 꽉 잡을 것을 지시하였는데도 손잡이를 쉽게 놓친 바람에 큰 낙폭으로 상체 부위를 땅에 부딪치며 추락하여 더 큰 사고로 이어진 점 등을 종합하면 피고의 손해배상 책임을 70%로 제한함이 상당하다.

다. 대법원 판결[3)]

원고는 전자상거래 사이트를 통해서 피고가 운영하는 리조트의 숙박권을 구매하였고, 위 숙박권에는 무료 승마체험이 포함되어 있었는데, 원고가 리조트에 숙박하면서 승마체험을 요청하자 피고 법인의 이사인 A가 B에게 부탁하여 원고가 승마체험을 할 수 있게 하였고, 이에 원고가 B의 지도하에 승마체험을 하던 중 말에서 떨어져 상해를 입은 사안에서, 숙박권 구매 계약에는 피고 법인이 원고에게 숙박을 위한 리조트 객실을 제공하는 것 외에도 리조트에 머무는 동안 숙박이용자 1인에 대한 무료 승마체험 서비스를 제공하는 것 역시 계약의 내용으로 되어 있고, 피고 법인이 원고에게 제공하기로 한 승마체험은 원고가 말에 올라타 걷거나 달리는 동작을 체험할 수 있도록 하는 것을 말하는데, B가 피고 법인의 부탁으로 원고에게 숙박권 구매 계약에 포함된 승마체험 서비스를 제공하기 위해서 채무의 이행행위에 속하는 승마 지도활동을 하였으므로, 채무자의 지시·감독을 받았는지 여부나 호의로 활동하였는지 여부와 관계없이 「민법」 제391조에서 정한 이행보조자에 해당하며, 피고 법인의 이행보조자인 B가 원고를 상대로 미리 안전장비 착용 여부

2) 서울북부지방법원 2017. 9. 27. 선고 2016나37455 판결.
3) 대법원 2018. 2. 13. 선고 2017다275447 판결.

등을 확인하고 안전에 관한 주의를 촉구하며 원고의 능력과 신체 상태를 적절하게 확인하여 승마를 지도할 책임이 있는데도 이를 게을리 한 잘못이 있으므로, 채무자인 피고 법인이 「민법」 제391조에 따라 위 사고에 대하여 과실이 있다.

3. 판례의 요지

가. 청약의 유인에 불과한 광고가 계약의 내용으로 인정되는 경우

광고는 일반적으로 청약의 유인에 불과하지만 그 내용이 명확하고 확정적이며 광고주가 광고의 내용대로 계약에 구속되려는 의사가 명백한 경우에는 이를 청약으로 볼 수 있다. 나아가 광고가 청약의 유인에 불과하더라도 이후의 거래과정에서 상대방이 광고의 내용을 전제로 청약을 하고 광고주가 이를 승낙하여 계약이 체결된 경우에는 광고의 내용이 계약의 내용으로 된다고 보아야 한다.

나. 계약의 해석 기준

당사자 사이에 계약의 해석을 둘러싸고 다툼이 있어 계약내용에 관한 서면에 나타난 당사자의 의사해석이 문제 되는 경우에는 문언의 내용, 약정이 이루어진 동기와 경위, 약정으로 달성하려는 목적, 당사자의 진정한 의사 등을 종합적으로 고찰하여 논리와 경험칙에 따라 합리적으로 해석하여야 한다.

II. 해 설

1. 청약과 청약의 유인

가. 청약과 청약의 유인의 구분

계약은 일반적으로 청약과 승낙이라고 하는 의사표시의 합치로부터 성립한다. 이 때 청약이란 일정한 내용의 계약을 체결할 것을 제안하는 확정적 의사표시를 말하고, 이러한 청약에 응하는 의사표시인 승낙으로써 계약이 성립하게 된다.[4] 계약을 성립시키는 확정적 의사표시로서의 청약과 달리 상대방으로 하여금 청약을 하도록 유인하는 행위를 청약

4) 양창수·김재형, 『계약법』(박영사, 2010), 26~27면; 양형우, 『민법의 세계』, 제10판(피앤씨미디어, 2018), 1179면; 지원림, 『민법원론』(홍문사, 2017), 302면; 김용담 집필대표, 『주석 민법 채권각칙』, 제4판(한국사법행정학회, 2016), 226~227면; 我妻 榮, 『債權各論』(岩波書店, 1996), 56~57頁.

의 유인이라 한다. 청약에 대한 단순한 승낙의 의사표시만으로 계약이 성립되기 때문에 청약은 계약의 내용이 되는 사항을 포함하고 있어야 한다. 반면, 계약의 내용이 되는 사항을 포함하고 있지 않거나 상대방의 승낙만으로 곧바로 계약을 성립시켜도 좋다는 정도의 확정적 의사를 표시하지 않은 경우에는 청약의 유인이 된다. 청약의 유인이 있는 경우에 이를 보고 의사표시를 하게 되면, 그 의사표시가 비로소 청약이 되고 청약의 유인을 한 자가 그 청약에 대응하는 승낙을 함으로써 계약이 성립된다. 기차나 비행기 등의 시간표의 게시, 영화나 공연의 시간표 게시, 물품 판매 광고, 상품 목록 배부 등은 일반적으로 청약의 유인에 해당한다. 그러나 청약과 청약의 유인을 구분하는 명확하고 절대적 기준을 설정하는 것은 곤란하고, 실제에 있어서도 청약과 청약의 유인을 구분하는 것은 쉽지 않다.

나. 광고와 청약의 유인

구인광고, 주택의 임대광고, 물품판매광고 등과 같이 광고는 대체로 청약의 유인으로 본다.[5] 그러나 광고가 항상 청약의 유인인 것은 아니다. 광고의 경우에 청약으로 볼 것인지 아니면 청약의 유인으로 볼 것인지는 그 내용의 구체성과 당사자의 의사 등에 따라 달라질 수 있다.

2. 관련 판례

가. 대법원 2001. 6. 15. 선고 99다40418 판결

문제가 된 건설하도급공사는 공사금액이 수백억에 달하는데다가 공사기간도 14개월이나 되는 장기간에 걸친 대규모의 공사이므로 특별한 사정이 없는 한 공사금액 외에 구체적인 공사시행 방법과 준비, 공사비 지급방법 등과 관련된 제반 조건 등 그 부분에 대한 합의가 없다면 계약을 체결하지 않았으리라고 보이는 중요한 사항에 관한 합의까지 이루어져야 비로소 그 합의에 구속되겠다는 의사의 합치가 있었다고 보는 것이 당사자의 실제의 의사와 부합하는 해석이라 할 것이고, 한편 하도급계약을 체결하려는 교섭당사자가 견적서를 제출하는 행위는 통상 주문자의 발주를 권유하는 영업행위의 수단으로서 계약체결의 준비·교섭행위 즉 청약의 유인에 해당한다고 할 것이고, 이 사건에서 피고 회사가 견적서와 함께 제출한 이행각서는 그 문면에 의하더라도 하도급계약이 성립될 경우 최초 견적서 기재 금액 범위 내에서 공사를 수행하겠다는 취지에 불과한 것이고, 하도급보증서

5) 양창수·김재형, 앞의 책, 28면; 대법원 2018. 2. 13. 선고 2017다275447 판결.

또한 앞으로 하도급계약이 성립되면 그 이행을 담보하려는 목적으로 청약 유인의 차원에서 교부된 것에 불과하므로, 피고 회사가 견적서, 이행각서 등의 서류를 제출하였다는 사정만으로 원고들과 피고 회사 사이에 하도급계약이 성립되었다고 볼 수 없다.

나. 대법원 2001. 5. 29. 선고 99다55601,55618 판결

상가를 분양하면서 그 곳에 첨단 오락타운을 조성·운영하고 전문경영인에 의한 위탁경영을 통하여 분양계약자들에게 일정액 이상의 수익을 보장한다는 광고를 하고, 분양계약 체결시 이러한 광고내용을 계약상대방에게 설명하였더라도, 체결된 분양계약서에는 이러한 내용이 기재되지 않은 점과, 그 후의 위 상가 임대운영경위 등에 비추어 볼 때, 위와 같은 광고 및 분양계약 체결시의 설명은 청약의 유인에 불과할 뿐 상가 분양계약의 내용으로 되었다고 볼 수 없고, 따라서 분양 회사는 위 상가를 첨단 오락타운으로 조성·운영하거나 일정한 수익을 보장할 의무를 부담하지 않는다.

다. 대법원 2007. 6. 1. 선고 2005다5812,5829,5836 판결

청약은 이에 대응하는 상대방의 승낙과 결합하여 일정한 내용의 계약을 성립시킬 것을 목적으로 하는 확정적인 의사표시인 반면 청약의 유인은 이와 달리 합의를 구성하는 의사표시가 되지 못하므로 피유인자가 그에 대응하여 의사표시를 하더라도 계약은 성립하지 않고 다시 유인한 자가 승낙의 의사표시를 함으로써 비로소 계약이 성립하는 것으로서 서로 구분되는 것이다. 그리고 위와 같은 구분 기준에 따르자면, 상가나 아파트의 분양광고의 내용은 청약의 유인으로서의 성질을 갖는 데 불과한 것이 일반적이라 할 수 있다. 그런데 선분양·후시공의 방식으로 분양되는 대규모 아파트단지의 거래 사례에 있어서 분양계약서에는 동·호수·평형·입주예정일·대금지급방법과 시기 정도만이 기재되어 있고 분양계약의 목적물인 아파트 및 그 부대시설의 외형·재질·구조 및 실내장식 등에 관하여 구체적인 내용이 기재되어 있지 아니한 경우가 있는바, 분양계약의 목적물인 아파트에 관한 외형·재질 등이 제대로 특정되지 아니한 상태에서 체결된 분양계약은 그 자체로서 완결된 것이라고 보기 어렵다 할 것이므로, 비록 분양광고의 내용, 모델하우스의 조건 또는 그 무렵 분양회사가 수분양자에게 행한 설명 등이 비록 청약의 유인에 불과하다 할지라도 그러한 광고 내용이나 조건 또는 설명 중 구체적 거래조건, 즉 아파트의 외형·재질 등에 관한 것으로서 사회통념에 비추어 수분양자가 분양자에게 계약 내용으로서 이행을 청구할 수 있다고 보이는 사항에 관한 한 수분양자들은 이를 신뢰하고 분양계약을 체결하는 것이고 분양자들도 이를 알고 있었다고 보아야 할 것이므로, 분양계약시에 달리 이의를 유보하였다는 등의 특단의 사정이 없는 한, 분양자와 수분양자 사이에 이를 분양계약의 내용으로 하기로 하는 묵시적 합의가 있었다고 봄이 상당하다.

분양계약의 목적물인 아파트의 외형·재질에 관하여 별다른 내용이 없는 분양계약서는 그 자체로서 완결된 것이라고 보기 어려우므로 위 아파트 분양계약은 목적물의 외형·재질 등이 견본주택(모델하우스) 및 각종 인쇄물에 의하여 구체화될 것을 전제로 하는 것이라고 보아, 광고 내용 중 도로확장 등 아파트의 외형·재질과 관계가 없을 뿐만 아니라 사회통념에 비추어 보더라도 수분양자들 입장에서 분양자가 그 광고 내용을 이행한다고 기대할 수 없는 것은 그 광고 내용이 그대로 분양계약의 내용을 이룬다고 볼 수 없지만, 이와 달리 온천 광고, 바닥재(원목마루) 광고, 유실수단지 광고 및 테마공원 광고는 아파트의 외형·재질 등에 관한 것으로서, 콘도회원권 광고는 아파트에 관한 것은 아니지만 부대시설에 준하는 것이고 또한 이행 가능하다는 점에서, 각 분양계약의 내용이 된다.

3. 검 토

가. 광고가 청약의 유인인지의 여부 및 계약내용이 되는지의 여부

대법원 2018. 2. 13. 선고 2017다275447 판결(이하 '본건 판결'이라 한다)에서 광고는 일반적으로 청약의 유인에 불과하지만, 이후의 거래과정에서 상대방이 광고의 내용을 전제로 청약을 하고 광고주가 이를 승낙하여 계약이 체결된 경우에는 광고의 내용이 계약의 내용으로 된다고 판시하였다. 또한 계약 해석에 관하여 다툼이 있어 계약내용에 관한 서면에 나타난 당사자의 의사해석이 문제 되는 경우에는 문언의 내용, 약정이 이루어진 동기와 경위, 약정으로 달성하려는 목적, 당사자의 진정한 의사 등을 종합적으로 고찰하여 논리와 경험칙에 따라 합리적으로 해석하여야 한다고 하였다. 즉, 광고 그 자체가 청약인지 청약의 유인인지의 판단이 광고를 계약의 내용으로 삼을 수 있는지의 여부와 직결되어 있다. 광고가 청약의 유인이라고 하더라도, 결과적으로 이후에 명시적 합의이든 묵시적 합의이든 당사자의 합의가 존재하는 경우에는 계약의 내용이 된다는 것을 의미한다. 여기에서 당사자에게 합의가 있었는지의 여부의 판단은 결국 당사자의 의사해석의 문제로 귀결된다는 것이다. 이 때문에 광고가 있는 경우에 개별 사안에서 구체적인 사정을 기초로 하여 객관적으로 드러난 사정과 당사자의 의사해석을 통하여 광고가 청약의 유인인지 또는 계약의 내용으로 편입할 수 있는지를 판단할 수밖에 없다. 본건 판결이 내려진 사건(이하 '본건 사건'이라 한다)에서는 "피고는 전자상거래 사이트를 통하여 적극적으로 이 사건 리조트에서 승마체험이 가능하고 이 사건 리조트 숙박권에는 숙박이용자 1인의 무료 승마체험 서비스가 포함되어 있다고 표시·광고하면서 숙박권을 판매하였고, 원고도 그 내용이 포함된 숙박권을 구매하였다고 볼 수 있다. 따라서 이 사건 계약에는 피고가 원고에게 숙박을 위한 이 사건 리조트 객실을 제공하는 것 외에도 이 사건 리조트에 머무는 동안 숙박이용자 1인에 대한 무료 승마체험 서비스를 제공하는 것 역시 계약의 내용으로 되어 있다고 보아야 한다"고 판시하였다. 그런데 본건 사건에서 주목할 점은 온라인상의 전자상거래의 특성이다. 즉, 본건 사건에서 리조트 이용권이 판매된 전자상거래 사이트와 같은 유형의 거래 방식을 보면, 보통 표시·광고를 통하여 구체적인 목적물에 대한 설명이나 계약 조건 등을 제시하고, 이를 살펴보고 소비자가 구매 결정을 하여 청약을 하게 된다. 이 때 제시되는 표시·광고의 내용은 당장 계약을 성립시켜도 될 정도의 구체성을 띄고 있는 것이 일반적이다. 그럼에도 표시·광고에 나타는 사항을 청약으로 보기보다는 청약의 유인으로 보는 것이 타당하다. 비록 전자상거래 사업자가 매우 구체적인 사항을 표시하여 광고를 하고 있다고 하더라도, 계약의 성립 자체에 대한 확정적 의사를 표시하고 있다고는 보기 어렵기 때문이다. 또한 소비자의 의사표시를 청약으로 보는 것이 자동화된 대량 거래에서의 소비자를 보호하기 위한 시간적 여유를 둘 수 있게 되기 때문에 소비자 정책적 측면에서도 타당하다. 현행 「전자상거래 등에서의 소비자보호에 관한 법률」도 전자상거래에서의 소비자 보호 측면에서 소비자의 의사표시를 청약으로 보아 규율하는 것도 같은 맥락이라고 할 수 있다.[6] 그러나 사업자의 표시·광고를 청약의 유인이라고 보더라도 소비자가 그에 대하여 청약을 하고, 전자상거래 사업자가 그에 대하여 단순 승낙을 한 이상 청약의 유인으로서의 광고에 포함되어 있던 구체적인 사항들은 특별한 사정이 없는 한 모두 계약의 내용으로 편입된다. 전자상거래 사이트의 계약 체결화면에서 거래의 목적물에 대한 간략한 명칭, 수량, 색상인 크기 등에 대한 간단한 선택에 대한 의사만이 표시되어 있다고 하더라도, 인터넷상의 문서상의 연결 기능에 의하여 청약의 유인이었던 광고화면이 그대로 연결된 채 계약이 체결된다는 점 때문에 계약의 내용으르 편입되는 것이 일반적으로 당연한 귀결이 된다. 즉, 전자상거래 사이트의 기술적 구현 방식으로 인하여 표시·광고를 계약의 내용으로 편입시키는데 당사자의 의사가 합치된 것으로 볼 가능성이 크다.

6) 지원림, 앞의 책, 303면에서 "전자상거래법 제2조 제2호가 통신판매(전기통신의 매체를 이용하는 경우를 포함한다)에서 그러한 조건의 제시가 청약의 유인임을 전제하고, 나아가 재고량의 한정이나 상대방의 변제자력에 대한 위험 또는 당해 거래에 관한 행정적인 규제(가령 성인용 물품의 판매에 관한) 등을 고려해야 하기 때문이다"고 설명하는 것도 같은 취지라고 생각한다.

나. 광고가 계약내용으로 되는 구체적 요건

광고가 계약내용으로 되는지의 여부는 앞서 살펴본 바와 같이 계약 해석의 문제로서 개별적인 사안에서의 구체적인 사실관계에 따라 개별적으로 판단할 수밖에 없겠지만, 대법원은 본건 판결 이전의 선행 판결에서 구체적인 판단기준을 설정하였다. 대법원 2007. 6. 1. 선고 2005다5812,5829,5836 판결(이하 '대판 2005다5812'이라 한다)의 원심판결[7]에 따르면, 당사자 사이에 광고를 계약의 내용으로 편입시키려는 의사의 합치가 있는 경우에는 청약의 유인이라고 할지라도 계약의 내용이 된다고 판시하였다.[8] 나아가 대법원은 대판 2005다5812 판결에서 명시적 합의뿐만 아니라 묵시적 합의가 있는 경우에도 청약의 유인에 불과한 광고를 계약의 내용으로 편입할 수 있다는 점을 명확히 하면서, 그 구체적인 요건으로서 다음과 같이 설시하였다. 즉, "청약의 유인에 불과하다 할지라도 그러한 광고내용이나 조건 또는 설명 중 구체적 거래조건, 즉 아파트의 외형·재질 등에 관한 것으로서 사회통념에 비추어 수분양자가 분양자에게 계약 내용으로서 이행을 청구할 수 있다고 보이는 사항에 관한 한 수분양자들은 이를 신뢰하고 분양계약을 체결하는 것이고 분양자들도 이를 알고 있었다고 보아야 할 것이므로, 분양계약시에 달리 이의를 유보하였다는 등의 특단의 사정이 없는 한, 분양자와 수분양자 사이에 이를 분양계약의 내용으로 하기로 하는 묵시적 합의가 있었다고 봄이 상당"하다는 것이다.[9] 이를 정리하면, 광고는 특별한 사정이 없는 한 청약의 유인으로 볼 수 있지만, 청약의 유인이라고 하더라도 당사자 사이에 합의가 존재하면 계약의 내용으로 삼을 수 있다. 특히, 묵시적 합의가 존재하는 경우에도 계약의 내용으로 삼을 수 있는데, (1) 광고 내용이나 조건 또는 설명 중 구체적 거래조건으로서 (2) 사회통념에 비추어 계약 내용으로서 이행을 청구할 수 있다고 보이는 사항에 관한 한 상대방이 이를 신뢰하고 계약을 체결하는 것이고 당사자들도 이를 알고

---

7) 서울고등법원 2004. 12. 7. 선고 2004나22577,2004나22584(병합),2004나22591(병합) 판결.

8) 동 판결에서 "광고내용은 분양목적물의 특정이나 구체적인 거래조건의 제시가 수반되지 않은 것이므로 이를 청약이라고 할 수 없고, 다른 사람으로 하여금 청약을 하게 유도하려는 이른바 청약의 유인에 불과하다고 할 것이어서 광고내용이 바로 분양계약의 내용으로 되는 것은 아니고, 다만 당사자가 그 후 청약 및 승낙의 과정을 통하여 그 광고내용을 계약의 목적으로 하기로 하는 의사의 합치를 이루는 경우에 비로소 분양계약의 내용이 된다고 할 것"이라고 판시하였다.

9) 이와 달리 제1심 판결인 의정부지방법원 2004. 2. 16. 선고 2001가합8346,2002가합1045(병합),2003가합2014(병합) 판결에서는 "이 사건 아파트에 대한 분양계약서(갑제2호증의 1 내지 622)에는 온천, 거실 바닥재, 유실수단지, 테마공원, 서울대학교의 이전, 일산↔금촌을 연결하는 도로의 확장, 콘도이용권의 제공, 전철복선화와 관련하여 아무런 내용이나 조건이 기재되어 있지 아니한 사실이 인정되므로, 위와 같은 광고는 청약의 유인에 불과하고 원고들과 소외 신탁회사와 사이의 이 사건 아파트에 관한 각 분양계약의 내용이 되었다고는 볼 수 없으므로, 이 점을 전제로 한 원고들의 위 주장은 나아가 살펴볼 필요 없이 이유 없다"고 판시하여, 계약서만을 기준으로 하여 광고를 청약의 유인으로 보아 계약의 내용이 될 수 없다고 판단하였다.

있었다고 보아야 할 것이고, (3) 계약 당시 달리 이의를 유보하였다는 등의 특단의 사정이 없는 한 양 당사자 사이에 이를 계약의 내용으로 하기로 하는 묵시적 합의가 있었다고 볼 수 있다는 것이다. 즉, 대법원은 (1) 구체적 거래조건일 것, (2) 사회통념상 계약 내용으로서 이행청구가 가능할 것, (3) 특단의 사정이 없을 것 등 3가지 요건을 설정하고 있는 것이다. 각각을 살펴보면, 첫 번째 요건의 경우에는 보통 계약이 체결되더라도 계약 내용 중에서 구체적인 거래조건이 포함되어 있지 않은 경우가 많다. 이런 경우에는 보통 광고에 표시된 구체적인 거래조건을 기초로 계약이 체결되는 경우가 많을 것이기 때문에 구체적 거래조건에 관한 광고는 계약의 내용과 직결된다고 할 수 있다. 사회통념상 이행청구가 가능할 것이라는 요건의 경우에는 계약의 성립이나 내용, 청약인지의 여부에 대한 판단기준이라기 보다는 계약의 효력이나 이행을 다투는 단계에서 판단할 사항이라고 할 것이다. 광고가 청약인지의 여부에 대한 판단이나 광고를 계약내용으로 삼을 수 있는가의 판단에 있어서는 당사자의 의사 해석의 문제로서 당사자가 광고에 표시된 사항을 계약의 내용으로 삼고자 의욕했는가의 주관적 측면에 대한 탐구를 기초로 판단하는 것이 타당하다. 대법원의 입장을 그대로 수용하더라도 대판 2005다5812 판결은 "온천 광고, 바닥재(원목마루) 광고, 유실수단지 광고 및 테마공원 광고는 이 사건 아파트의 외형·재질 등에 관한 것으로서, 그리고 콘도회원권 광고는 아파트에 관한 것은 아니지만 부대시설에 준하는 것이고 또한 이행 가능하다는 점에서, 각 분양계약의 내용이 된다고 할 수 있을 것"이라고 판시하고 있는데, 나머지는 이행가능하다고 하더라도 온천의 경우에는 피고가 이행할 수 있다고 기대하기 어려운 것이라는 점에서 논리적 모순에 빠져있다. 대법원이 적시하는 '이행가능성'과 같은 객관적 요건은 광고를 계약내용으로 편입시키기 위한 요건으로는 부적절하고, 오히려 당사자의 의사에 기초하여 "당사자가 그에 구속되어 이행할 것으로 의욕하였는지 또는 그 이행을 기대할 수 있는지의 여부"를 기준으로 판단하는 것이 더 타당할 것이다.[10] 이처럼 당사자의 의사를 기준으로 판단함에 있어서 객관적인 이행가능성 여부가 하나의 판단 표지로서 활용될 수는 있을 것이다. 세 번째로 특단의 사정이 없을 것이라는 요건은 당사자 사이에 계약의 내용으로 삼고자 의욕 하거나 합의하지 않았을 것으로 보이는 사정이나 묵시적 약정을 배제하는 명문의 계약 규정과 같이 광고의 계약내용으로의 편입을 부정할만한 사정이 없는 경우를 의미하는 것으로 보인다. 대표적인 예로서 '완결조항(merger clause)'을 들 수 있다.

---

10) 김재형, "분양광고와 계약 – 청약·청약의 유인·손해배상을 중심으로 –", 『민사판례연구』, XXXI(2008. 12), 428면도 같은 취지에서 "광고가 계약의 내용이 되는지를 판단하는 요소로는 광고의 내용이 객관적으로 이행가능한지 여부보다는 상대방의 관점에서 그 이행을 기대할 수 있는지 여부를 고려하는 것이 좀더 정확하다"고 한다.

Ⅲ. 판례의 의의

광고가 청약인지 청약의 유인인지를 판단하는 것은 이후 체결되는 계약의 내용을 결정하는 데에 매우 중요한 열쇠가 된다. 본건 판결은 광고는 일반적으로 청약의 유인에 불과하지만 그 내용이 명확하고 확정적이며 광고주가 광고의 내용대로 계약에 구속되려는 의사가 명백한 경우에는 이를 청약으로 볼 수 있다고 판시하면서도, 광고가 청약의 유인에 불과하더라도 이후의 거래과정에서 상대방이 광고의 내용을 전제로 청약을 하고 광고주가 이를 승낙하여 계약이 체결된 경우에는 광고의 내용이 계약의 내용으로 된다고 보아야 한다고 하여 계약에 나타난 당사자의 의사 해석 여하에 따라 계약 내용으로의 편입이 가능함을 명확히 하였다. 이는 묵시적 합의에 기초하여 광고를 계약의 내용으로 편입할 수 있음을 인정한 이전의 대법원 판결과도 맥을 같이 하는 것이다. 다만, 본건 판결의 결론에 이르는 과정에서 이전의 대법원 판결이 구체화한 청약의 유인에 해당하는 경우에도 광고가 계약의 내용으로 편입할 수 있는 판단기준, 즉 (1) 구체적 거래조건일 것, (2) 사회통념상 계약 내용으로서 이행청구가 가능할 것, (3) 특단의 사정이 없을 것 등 3가지 요건을 기초로 판단하여 동일한 결론에 도달했다면 더욱 논리적이고 대법원 판결의 일관성을 유지하는 데에도 도움이 되었을 것이다. 다만, 앞서 설명한 것처럼 대법원의 판단기준은 (1) 구체적 거래조건일 것, (2) 당사자가 해당 광고 내용에 구속되어 이행할 것을 의욕 하였거나 그 이행을 기대할 수 있을 것, (3) 특단의 사정이 없을 것 등 3가지 요건으로 수정하여야 할 것이다.

06 상업광고 규제의 위헌심사기준

－헌재 2005. 10. 27. 2003헌가3

문 재 완*

Ⅰ. 판례의 개요

1. 사안의 개요

제청신청인은 서울에서 ○○안과를 운영하는 의사로서 2001. 7. 30.경부터 2002. 2.경까지 위 안과 인터넷 홈페이지에 자신의 진료모습이 담긴 사진과 함께 외국에서 연수한 약력(경력), 라식수술에 대한 진료방법을 게재하는 등 특정의료인의 기능, 진료방법에 관하여 광고를 하였다는 이유로 기소되어 서울중앙지방법원에서 재판을 받던 중 의료광고를 제한한 「의료법」 제46조 제3항 및 이에 대한 처벌을 규정한 동법 제69조가 「헌법」에 위반된다고 주장하면서 위헌여부심판의 제청신청(2002초기1479)을 하였고, 위 법원은 이를 받아들여 2003. 2. 19. 헌법재판소에 제청하였다.

2. 심판의 대상

의료법(2002. 3. 30. 법률 제6686호로 개정되기 전의 것) 제46조(과대광고등의 금지) ① 의료법인·의료기관 또는 의료인은 의료업무에 관하여 허위 또는 과대한 광고를 하지 못한다.

② 의료법인·의료기관 또는 의료인이 아닌 자는 의료에 관한 광고를 하지 못한다.

③ 누구든지 특정의료기관이나 특정의료인의 기능(技能)·진료방법·조산방법이나 경력 또는 약효등에 관하4여 대중광고·암시적 기재·사진·유인물·방송·도안등에 의하여 광고를 하지 못한다.

④ 의료업무에 관한 광고의 범위 기타 의료광고에 필요한 사항은 보건복지부령으로 정한다.

제69조(벌칙) … 제46조 … 의 규정에 위반한 자 …는 300만 원 이하의 벌금에 처한다.

---

* 한국외국어대학교 법학전문대학원 교수.

3. 판례의 요지

가. 상업광고의 규제에 관한 위헌심사의 기준

상업광고에 대한 규제에 의한 표현의 자유 내지 직업수행의 자유의 제한은 「헌법」 제37조 제2항에서 도출되는 비례의 원칙(과잉금지원칙)을 준수하여야 하지만, 상업광고는 사상이나 지식에 관한 정치적, 시민적 표현행위와는 차이가 있고, 인격발현과 개성신장에 미치는 효과가 중대한 것은 아니므로, 비례의 원칙 심사에 있어서 '피해의 최소성' 원칙은 '입법목적을 달성하기 위하여 필요한 범위 내의 것인지'를 심사하는 정도로 완화되는 것이 상당하다.

나. 표현의 자유 내지 직업수행의 자유를 침해하는지 여부

소비자로 하여금 과연 특정의료인이 어떤 기술이나 기량을 지니고 있는지, 어떻게 진단하고 치료하는지를 알 수 없게 한다면, 이는 소비자를 중요한 특정 의료정보로부터 차단시킴으로써 정보의 효율적 유통을 방해하는 것이며, 표현의 자유와 영업의 자유의 대상이 된 상업광고에 대한 규제가 입법목적의 달성에 필요한 한도 내에서 섬세하게 재단(裁斷)된 것이라 할 수 없다.

또한 「의료법」(2002. 3. 30. 법률 제6686호로 개정되기 전의 것) 제46조 제3항 중 "특정의료기관이나 특정의료인의 기능·진료방법"에 관한 광고금지 및 제69조 중 동 광고금지 위반부분(이하 이들을 '이 사건 조항'이라 한다)이 아니더라도 「의료법」 제46조 제1항, 「표시·광고의 공정화에관한법률」, 「소비자보호법」, 「독점규제및공정거래에관한법률」, 「옥외광고물등관리법」 등에 의하여 '의료인의 기능이나 진료방법'에 관한 허위·기만·과장광고를 통제할 수 있다.

그러므로 이 사건 조항이 의료인의 기능과 진료방법에 대한 광고를 금지하고 이에 대하여 벌금형에 처하도록 한 것은 입법목적을 달성하기 위하여 필요한 범위를 넘어선 것이므로, '피해의 최소성' 원칙에 위반된다.

한편 이 사건 조항이 보호하고자 하는 공익의 달성 여부는 불분명한 것인 반면, 이 사건 조항은 의료인에게 자신의 기능과 진료방법에 관한 광고와 선전을 할 기회를 박탈함으로써 표현의 자유를 제한하고, 다른 의료인과의 영업상 경쟁을 효율적으로 수행하는 것을 방해함으로써 직업수행의 자유를 제한하고 있고, 소비자의 의료정보에 대한 알 권리를 제약하게 된다. 따라서 보호하고자 하는 공익보다 제한되는 사익이 더 중하다고 볼 것이므로 이 사건 조항은 '법익의 균형성' 원칙에도 위배된다.

II. 해 설

1. 쟁점의 정리

가. 표현의 자유의 보호영역

표현의 자유를 침해하고 있다는 의심을 받는 공권력의 위헌성 심사는 당해 표현행위가 표현의 자유의 보호영역 안에 있는지 여부를 살피는 데서 시작한다. 어떠한 표현행위가 표현의 자유의 보호영역 안에 있다는 것은 그 표현행위가 일응 헌법적으로 보호되고 허용되는 것으로 추정되고, 해당 표현행위를 제한할 경우 국가는 그 제한이 정당하다는 것을 입증할 의무를 진다.[1] 표현의 자유는 "민주국가의 존립과 발전을 위한 기초가 되기 때문에 특히 우월적인 지위를 지니고 있는 것이 현대 헌법의 한 특징"이다.[2] 따라서 표현의 자유의 보호영역에 안에 있는 표현행위에 대한 제한은 엄격히 그 위헌성을 살피게 된다.

상업광고가 표현의 자유의 보호대상인지를 놓고 논란이 있다. 상업광고는 제품의 홍보와 판매촉진 등을 주된 목적으로 하는 영리 활동이기 때문에 직업수행의 자유로 보호하는 것은 몰라도, 표현의 자유로 보호하는 것에 대해서는 의문이 생긴다. 미국의 경우 상업광고는 표현의 자유의 보호를 받는 표현이 아니라는 판례가 계속 되다가 1976년 Virginia State Pharmacy Board 사건[3] 이후 수정헌법 제1조(First Amendment) 소정의 표현의 자유의 보호영역에 포함되었다. 우리나라는 비교적 큰 논란 없이 상업광고를 표현의 자유의 보호대상으로 받아들였다. 헌법재판소는 1998년 "광고물도 사상·지식·정보 등을 불특정 다수인에게 전파하는 것으로서 언론·출판의 자유에 의한 보호를 받는 대상"이라고 판시하였다.[4] 우리나라의 자유권 위헌심사구조는 보호범위를 비교적 폭넓게 인정한 후 그 제한의 정당성을 심사하는 데 주력하는 방식이어서 표현의 자유의 보호영역이 미국보다 넓게 인정되는 경향이 있다.[5] 하지만 표현의 자유를 두텁게 보호하는 헌법이론이 영리 활동을 목

---

1) 한수웅, "자유권의 보호범위", 『헌법학연구』, 제12권 제5호(한국헌법학회, 2006), 46~47면.

2) 헌재 1991. 9. 16. 89헌마165, 판례집 3, 518, 524. 이에 대하여 자유(liberty)를 최고의 가치로 여기는 미국 헌법과 달리 우리 헌법은 독일 기본법처럼 최고의 가치를 인간 존엄성(dignity)에 두기 때문에 미국에서 발전한 표현의 자유의 우월성 이론은 적용될 여지가 없다는 견해도 있다. 한수웅, 『헌법학』, 제8판(법문사, 2018), 775~779면. 하지만 우리 헌법 해석상 표현의 자유가 가장 우월한 지위를 지닌다고 볼 수는 없으나, 표현의 자유와 같은 정치적·정신적 자유가 경제적·사회적 자유보다 더 우월한 지위를 지난다는 견해는 타당하다고 본다.

3) Virginia State Pharmacy Board v. Virginia Citizens Consumer Council, 425 U.S. 748 (1976).

4) 헌재 1998. 2. 27. 96헌바2, 판례집 10-1, 118, 124.

5) 음란이 대표적인 사례다. 헌법재판소는 미국의 판례를 수용하여 음란표현을 표현의 자유의 보호영역에 해당하지 않는다고 판시하였다가(헌재 1998. 4. 30. 95헌가16), 보호영역에 해당한다고 판례를 변경하였다(헌재 2009. 5. 28. 2007헌바83).

적으로 하는 상업광고에 그대로 적용되는 것이 타당한가 하는 점은 여전히 의문이다.

나. 상업광고의 위헌심사기준

(1) 위헌심사의 기준

표현의 자유에 대한 제한에는 엄격한 비례원칙이 적용된다. 상업광고를 표현의 자유의 보호대상이 아니라고 한다면 상업광고에 대한 제한은 직업수행의 자유(영업의 자유)에 대한 제한으로 보아 그 제한의 정당성을 심사해야 한다. 직업수행의 자유에는 단계이론에 따라 완화된 비례원칙이 적용된다. 단계이론은 독일 연방헌법재판소의 이른바 약국판결에서 제시된 이론으로, 직업선택의 자유와 직업수행의 자유를 구분하여 전자에 대한 제한은 후자에 대한 제한보다 엄격한 요건하에서 정당화된다는 것이다.[6] 우리 헌법재판소도 직업수행의 자유에 대한 위헌성 심사를 직업선택의 자유에 대한 위헌성 심사보다 완화하고 있다.[7]

상업광고가 표현의 자유의 보호대상이라고 해서 그 제한의 정당성 심사가 다른 표현행위에 대한 제한의 정당성 심사와 반드시 동일해야 하는 것은 아니다. 표현의 자유에 대해 상대적으로 우월적 지위를 인정하는 것은 표현의 자유가 가지는 헌법적 가치 때문이다. 표현의 자유의 가치는 "자유로운 인격발현의 수단임과 동시에 합리적이고 건설적인 의사형성 및 진리발견의 수단이며, 민주주의 국가의 존립과 발전에 필수불가결"하다는 데서 찾을 수 있다.[8] 특히 표현의 자유는 주권자인 국민이 국가의사를 결정하는 데 참여하는 데 기여하기 때문에 헌법상 중요하고, 표현의 자유를 제한하는 공권력에 대한 위헌심사기준은 엄격한 것이다. 하지만 상업광고는 영리를 목적으로 하는 것으로, 민주주의의 실현과 아무런 관련이 없다.

(2) 시민적·정치적 표현과 상업적 표현의 구분

표현의 자유의 보호영역을 폭넓게 인정할 경우 모든 종류의 표현을 동일한 수준으로 보호하는 것이 오히려 부당한 결론에 이르게 될 수 있다. 표현의 자유는 인격권 등 다른 헌법적 가치와 충돌하는 경우가 자주 발생하는 데 그 때마다 표현의 자유에 우월적 지위를 부여할 수는 없다. 표현의 가치에 따라 보호정도를 달리하는 접근이 합리적이다. 미국에서는 높은 가치의 표현(high value speech)과 낮은 가치의 표현(low value speech)을 구분하

---

6) 한수웅, 앞의 책, 682~694면.

7) 직업행사의 자유는 직업결정의 자유에 비하여 상대적으로 그 침해의 정도가 작다고 할 것이어서, 이에 대하여는 공공복리 등 공익상의 이유로 비교적 넓은 법률상의 규제가 가능하다(헌재 1993. 5 13. 92헌마80 등).

8) 헌재 2011. 12. 29. 2007헌마1001 등, 판례집 23-2하, 739, 756.

여 표현의 자유를 보호받는 정도를 달리 하는 이론이 발달하였다.[9] 상업광고는 낮은 가치의 표현이기 때문에 보호정도가 낮아 위헌성 심사기준이 완화된다. 미국 연방대법원은 1980년 Central Hudson Gas & Elec. 사건에서 상업광고의 제한에 대하여 '덜 침해적인 다른 수단이 없을 것'(Less Restrictive Alternatives)이라는 요건을 적용하지 않고, 제한이 '목적을 달성하는데 필요한 정도를 넘어서는 안 된다'는 기준을 적용하였다.[10]

문제는 어떤 기준으로 표현의 가치를 평가할 것인가에 있다. 표현의 자유의 헌법적 기능을 고려하면, 민주주의의 실현을 위한 여론형성과 관계가 크면 클수록 보호가치가 더 커지는 것으로 해석된다.[11] 따라서 사상과 지식에 관한 정치적·시민적 표현행위와 그렇지 않은 표현행위는 헌법적 보호정도가 달라야 할 것이다. 만약 정치적·시민적 표현행위와 그렇지 않은 표현행위를 구분한다면, 사전검열금지를 명시적으로 규정하고 있는 「헌법」 제21조 제2항도 구분하여 적용할 것인지도 검토해야 한다.

2. 관련 판례

가. 옥외광고물등관리법 제3조 위헌소원[12]

우리 「헌법」은 제21조 제1항에서 "모든 국민은 언론·출판의 자유 … 를 가진다"라고 규정하여 현대 자유민주주의의 존립과 발전에 필수불가결한 기본권으로 언론·출판의 자유를 강력하게 보장하고 있는바, 광고물도 사상·지식·정보 등을 불특정다수인에게 전파하는 것으로서 언론·출판의 자유에 의한 보호를 받는 대상이 됨은 물론이다.

나. 의료법 제56조 제1항 등 위헌소원[13]

(1) 광고와 사전심의

「헌법」이 특정한 표현에 대해 예외적으로 검열을 허용하는 규정을 두지 않은 점, 이러한 상황에서 표현의 특성이나 규제의 필요성에 따라 언론·출판의 자유의 보호를 받는 표현 중에서 사전검열금지원칙의 적용이 배제되는 영역을 따로 설정할 경우 그 기준에 대한 객관성을 담보할 수 없다는 점 등을 고려하면, 「헌법」상 사전검열은 예외 없이 금지되는 것으로 보아야 하므로 의료광고 역시 사전검열금지원칙의 적용대상이 된다.

---

9) Cass R. Sunstein, Comment, "Low Value Speech Revisited," 83 Northwestern University Law Review 555 (1989).
10) Central Hudson Gas & Elec. Corp. v. Public Service Commission, 447 U.S. 557 (1980).
11) 허영, 『헌법학』, 전정13판(박영사, 2017), 610면.
12) 헌재 1998. 2. 27. 96헌바2, 판례집 10-1, 118.
13) 헌재 2015. 12. 23. 2015헌바75, 판례집 27-2하, 627.

(2) 재판관 조용호의 반대의견

사전검열금지원칙은 헌법이 언론·출판의 자유를 보장하고 사전검열을 금지하는 목적에 맞게 한정하여 적용해야 한다. 의료는 국민 건강에 직결되므로 의료광고에 대해서는 합리적인 규제가 필요하고, 의료광고는 상업광고로서 정치적·시민적 표현행위 등과 관련이 적으므로, 의료광고에 대해서는 사전검열금지원칙이 적용되지 않는다고 보아야 한다.

3. 검 토

가. 상업광고의 헌법적 가치

상업광고는 정보를 불특정 다수인에게 전파한다는 점에서 다른 표현행위와 다를 바 없다. 상업광고는 일반적 정보원으로서 알 권리를 실현하는 데도 도움이 된다. 알 권리는 "표현의 자유와 표리일체의 관계"에 있는 것으로,[14] 알 권리의 대상인 상업광고는 표현의 자유의 보호대상이 된다. 상업광고는 소비자의 합리적인 의사결정에 도움을 준다는 점에 그 헌법적 가치가 있다. 또 상업광고는 상품에 대한 사회적 가치를 부여하고 이러한 과정에서 새로운 생활양식과 가치관을 제시하므로 소비자가 자아를 형성하고 이를 실현하는 데 기여한다.[15]

하지만 상업광고는 매출과 영업이익을 증대하기 위해서 행해진다는 점에서 정치적·시민적 표현행위와 다르다. 표현의 자유의 헌법적 가치를 민주국가에서 주권자인 국민이 대표자 선출이나 여론 형성에 참여함으로써 자기지배를 하는 데 필요한 정보를 수집·전파하거나 의견을 표명하는 데 있다고 보면 상업광고에서는 그러한 가치를 찾을 수 없다.[16]

나. 상업광고의 제한

상업광고는 경제적 이익을 추구하기 위해서 행해진다는 점에서 허위·과장·왜곡의 가능성을 갖고 있다. 정치적·시민적 표현행위도 허위·과장·왜곡의 우려에서 자유로울 수 없으나, 이러한 표현행위의 경우 공론장에서 논쟁을 통하여 허위·과장·왜곡이 시정될 수 있다. 이것이 수많은 현인들이 강조하였던 사상의 자유시장(marketplace of ideas)이다. 하지만 상업광고의 경우 공론장이 형성되기 어려우며, 소비자는 정보를 일방적으로 수용할 가능성이 크다. 건강기능식품, 의료 및 의약품 광고처럼 국민의 건강에 직접 관련되지

---

14) 헌재 1991. 5. 13. 90헌마133, 판례집 3, 234, 246.
15) 광고의 역할에 대해서는 헌재 2002. 12. 18. 2000헌마764, 판례집 14-2, 856, 867 참고.
16) 이노홍, "상업적 광고규제와 표현의 자유 보호론 재검토", 『홍익법학』, 제17권 제1호(홍익대학교, 2016), 231면.

만 그 내용이 전문적인 경우 일방적 수용의 폐해는 더욱 커진다.[17] 광고 내용에 따라서는 청소년 보호를 위해서 노출을 제한해야 할 경우도 있다. 상업광고는 정치적·시민적 표현행위보다 제한의 필요성이 더 많이 인정된다.

특히 인터넷이 일상생활의 도구가 되면서 과거보다 다양한 형태의 상업광고가 소비자를 현혹하고 있다. 인터넷에서 수집한 개인정보를 활용하여 소비자의 기호와 성향을 반영한 맞춤형 광고가 가능해졌으며, 유해한 광고가 인터넷의 익명성을 이용하여 광범위하게 전파되면서 소비자 보호의 필요성은 더욱 커졌다. 인쇄매체와 지상파방송을 중심으로 형성된 미디어 환경에서 상업광고는 정보의 제공으로 소비자의 알 권리를 실현시키고 자아형성에 도움을 주는 긍정적 효과가 컸다. 하지만 인터넷으로 인하여 정보가 넘쳐나는 시대에 상업광고가 제공하는 정보의 가치는 종전만큼 인정받기 어렵다. 오히려 상업광고의 적절한 제한이 소비자의 알 권리와 자아실현에 더 도움이 될 수 있다.

다. 위헌심사기준

상업광고와 정치적·시민적 표현행위를 구분할 경우 후자의 위헌심사기준을 전자에 그대로 적용할 수 없다. 표현의 자유의 우월적 지위에서 나오는 엄격한 비례원칙은 정치적·시민적 표현행위에 대한 제한의 경우에만 적용되는 것이 타당하다. 대상 결정이 상업광고에 대한 제한의 경우 비례원칙(과잉금지원칙)을 준수해야 하지만, 비례원칙 심사에 있어서 '피해의 최소성' 원칙은 '입법목적을 달성하기 위하여 필요한 범위 내의 것인지'를 심사하는 정도로 완화되는 것이 상당하다고 판시한 것은 상업광고의 헌법적 가치를 적절히 판단한 것이다.

Ⅲ. 판례의 의의

대상 결정은 상업광고를 여전히 표현의 자유의 보호범위 안에 두면서도 적절히 그 위상을 정립하였다는 데 그 의의가 있다. 상업광고가 표현의 자유의 보호범위 안에 있다는 점을 확인함으로써 상업광고에 대한 사전심의가 「헌법」 제21조 제2항의 사전검열금지원칙을 위반하는지 여부를 판단할 수 있게 되었다. 헌법재판소는 건강기능식품의 기능성 표시·광고의 사전심의절차에 관하여 규정한 법률조항에 대하여 논란 끝에 헌법이 절대적

17) 조소영, "광고규제에 대한 헌법적 검토 -상업광고에 대한 논의를 중심으로-", 『공법학연구』, 제18권 제3호(한국비교공법학회, 2017), 247면.

으로 금지하는 사전검열에 해당한다고 입장을 정리하였다.[18)]

그러나 상업광고는 헌법적 기능과 가치에 있어서 정치적·시민적 표현행위와 다르기 때문에 상업광고에 대한 규제는 정치적·시민적 표현행위보다 더 광범위하게 허용되고, 제한의 정당성 심사는 그만큼 완화된다. 결국 상업광고 규제에 대한 위헌심사기준은 상업광고를 표현의 자유의 보호에서 제외할 경우 적용되어야 할 직업수행의 자유의 기준과 동일하게 되었다. 대상 결정에서 헌법재판소는 위헌심사에 있어서 표현의 자유와 직업수행의 자유를 모두 제한되는 기본권으로 확인한 후 완화된 비례원칙을 적용하였다.

18) 건강기능식품에 관한 법률 제18조 제1항 제6호 등 위헌제청 등[2018. 6. 28. 2016헌가8, 2017헌바476]. 헌법재판소는 "건강기능식품 광고는 영리 목적의 순수한 상업광고로서 사상이나 지식에 관한 정치적·시민적 표현행위 등과 별로 관련이 없고, 이러한 광고를 사전에 심사한다고 하여 예술활동의 독창성과 창의성 등이 침해되거나 표현의 자유 등이 크게 위축되어 집권자의 입맛에 맞는 표현만 허용되는 결과가 될 위험도 작다."는 이유로 건강기능식품의 기능성 표시·광고의 사전심의절차는 헌법이 금지하는 사전검열에 해당하지 않는다고 하였다가(헌재 2010. 7. 29. 2006헌바75), 위 사건에서 판례를 변경하였다.

07 옥외광고물의 사전허가

– 헌재 1998. 2. 27. 96헌바2

황 성 기*

Ⅰ. 판례의 개요

1. 사안의 개요

신문사인 청구인은 서울특별시 ○○구청장으로부터 「광고물등관리법」(1990. 8. 1. 법률 제4242호로 「옥외광고물등관리법」으로 전문개정되기 전의 것) 제3조에 의하여 광고물표시 및 게시시설 설치허가, 건축법상의 공작물축조허가를 받아 뉴스속보 및 상업성 광고를 하는 전광판으로 된 광고탑을 설치하였다. 청구인은 허가기간이 만료되어 개정된 「옥외광고물등관리법」에 의하여 ○○구청장에게 기간연장신청을 하였으나, ○○구청장은 위 광고물의 규격이 현행법에 저촉된다는 이유로 기간연장 허가를 유보하였다. 그런데 청구인은 위 광고탑을 종전대로 운영하였고, ○○구청장은 위 광고탑이 무허가 광고물임을 이유로 자진철거 또는 이전설치할 것을 명하고 이를 이행하지 아니할 경우 행정대집행을 실시한다는 내용의 계고처분을 하였다. 청구인이 이를 이행하지 아니하자 ○○구청장은 행정대집행법에 의하여 대집행영장에 의한 대집행통지를 하였다. 이에 청구인은 서울고등법원에 행정대집행계고처분취소 소송을 제기하였다. 소송계속 중 청구인은 「옥외광고물등관리법」 제3조에 대하여 위헌제청을 신청하였으나 기각되자, 「옥외광고물등관리법」 제3조에 대해 이 사건 헌법소원심판을 청구하였다.

2. 심판의 대상

이 사건의 심판대상은 「옥외광고물등관리법」(1990. 8. 1. 법률 제4242호) 제3조의 위헌

* 한양대학교 법학전문대학원 교수.

여부이고, 그 내용은 다음과 같다.

> **옥외광고물등관리법 제3조(광고물 등의 허가 또는 신고)** ① 다음 각 호의 1에 해당하는 지역·장소 및 물건에 광고물 또는 게시시설(이하 "광고물 등"이라 한다) 중 대통령령이 정하는 광고물 등을 표시하거나 설치하고자 하는 자는 대통령령이 정하는 바에 의하여 서울특별시장·직할시장 또는 도지사(이하 "시·도지사"라 한다)의 허가를 받거나 시·도지사에게 신고하여야 한다. 허가 또는 신고사항을 변경하고자 하는 때에도 또한 같다.
> 1. 도시계획법에 의한 도시계획구역
> 2. 문화재보호법에 의한 문화재 및 문화재보호구역
> 3. 산림법에 의한 보전임지
> 4. 자연공원법에 의한 자연공원
> 5. 도로·철도·공항·항만·궤도·삭도·하천 및 대통령령이 정하는 그 부근의 지역
> 6. 기타 미관풍치의 유지 및 도시환경의 보전을 위하여 대통령령이 정하는 지역·장소 및 물건
>
> ② 제1항의 규정에 의한 광고물 등의 종류·모양·크기·색깔, 표시 또는 설치의 방법 및 기간 등 허가 또는 신고의 기준에 관하여 필요한 사항은 대통령령으로 정한다.

3. 판례의 요지

가. 광고와 언론·출판의 자유

「헌법」 제21조 제1항은 "모든 국민은 언론·출판의 자유 … 를 가진다."고 규정하여 언론·출판의 자유를 보장하고 있는바, 헌법재판소는 광고물도 사상·지식·정보 등을 불특정다수인에게 전파하는 것으로서 언론·출판의 자유에 의한 보호를 받는 대상이 된다고 판시하였다.

나. 언론·출판에 대한 사전허가금지 위반 여부

헌법재판소는 1996년의 영화 사전심의제에 대한 위헌결정[1)]과 1997년의 정기간행물 등록제에 대한 합헌결정[2)]을 원용하면서, 「헌법」 제21조 제2항에서 금지하는 허가나 검열은 행정권이 주체가 되어 사상이나 의견 등이 발표되기 이전에 예방적 조치로서 그 내용을 심사·선별하여 발표를 사전에 억제하는 즉, 허가받지 아니한 것의 발표를 금지하는 제도를 뜻하고, 사전허가금지의 보장은 어디까지나 언론·출판자유의 내재적 본질인 표현의 내용을 보장하는 것이라고 판시하였다. 따라서 옥외광고물 사전허가제를 규정하고 있는

1) 헌재 1996. 10. 4. 93헌가13.
2) 헌재 1997. 8. 21. 93헌바51.

「옥외광고물등관리법」 제3조는 일정한 지역·장소 및 물건에 광고물 또는 게시시설을 표시하거나 설치하는 경우에 그 광고물 등의 종류·모양·크기·색깔, 표시 또는 설치의 방법 및 기간 등을 규제하고 있는바, 동법 제3조는 광고물 등의 내용을 심사·선별하여 광고물을 사전에 통제하려는 제도가 아니므로, 동법 제3조는 「헌법」 제21조 제2항이 금지하고 있는 사전허가·검열에 해당되지 아니한다고 판시하였다.

다. 과잉금지원칙 위반 여부

「옥외광고물등관리법」 제3조가 비록 허가나 검열에는 해당되지 않는다고 하더라도 광고물 등의 표시·설치라는 표현을 제한하는 효과를 가지고 있으므로, 동법 제3조는 과잉금지원칙을 준수해야 한다. 이와 관련하여 헌법재판소는, 미관풍치와 미풍양속을 유지하고 공중에 대한 위해를 방지하고자 하는 「옥외광고물등관리법」의 입법목적의 정당성, 효과적인 광고물 관리를 위한 사전허가제도 도입의 필요성, 광고물 및 광고시설이 설치되는 지역·장소 및 물건의 제한성, 광고물 등의 종류·모양·크기·색깔, 표시 또는 설치의 방법 및 기간 등 허가 또는 신고의 기준의 제한성 등에 비추어 볼 때, 동법 제3조는 과잉금지원칙에 위반되지 않는다고 판시하였다.

II. 해 설

1. 쟁점의 정리

이 글에서 다루고 있는 옥외광고물 사전허가제 사건의 쟁점은 세 가지이다.

첫째, 광고 내지 광고물이 언론·출판의 자유에 의한 보호를 받는 대상이 되는가이다.

둘째, 광고 내지 광고물이 언론·출판의 자유에 의한 보호를 받는 대상이 된다고 할 때, 옥외광고물 사전허가제가 「헌법」 제21조 제2항에서 금지하는 언론·출판에 대한 허가나 검열에 해당하는가이다.

셋째, 옥외광고물 사전허가제가 「헌법」 제21조 제2항에서 금지하는 언론·출판에 대한 허가나 검열에 해당하지 않는다고 할 때, 옥외광고물 사전허가제가 기본권제한의 한계원리인 과잉금지원칙에 위반하는가이다.

2. 관련 판례

먼저 첫 번째 쟁점과 관련하여서는, 이 옥외광고물 사전허가제 사건이 최초의 결정에 해당한다. 즉 광고 내지 광고물이 언론·출판의 자유에 의한 보호를 받는 대상이 되는가라는 쟁점과 관련하여 헌법재판소는 이 사건에서 처음으로 광고물도 사상·지식·정보 등을 불특정다수인에게 전파하는 것으로서 언론·출판의 자유에 의한 보호를 받는 대상이 된다고 판시하였다. 그런데 헌법재판소는 한 때 "광고가 단순히 상업적인 상품이나 서비스에 관한 사실을 알리는 경우에도 그 내용이 공익을 포함하는 때에는 「헌법」 제21조의 표현의 자유에 의하여 보호된다"고 함으로써, 광고가 언론·출판의 자유에 의한 보호를 받을 수 있는 요건으로 '내용의 공익성'이 필요하다는 취지의 결정을 한 적도 있지만,[3] 그 이후의 결정들에서는 이러한 요건을 요구하고 있지 않고, 이 옥외광고물 사전허가제 사건에서 헌법재판소가 판시한 "광고물도 사상·지식·정보 등을 불특정다수인에게 전파하는 것으로서 언론·출판의 자유에 의한 보호를 받는 대상이 된다"는 법리를 일관되게 유지하고 있다.[4]

다음으로 두 번째 쟁점 중에서 「헌법」 제21조 제2항에서 금지하는 언론·출판에 대한 허가나 검열의 의미와 관련하여서는, 헌법재판소는 이 옥외광고물의 사전허가제 사건 이전에 1996년의 영화 사전심의제 사건과 1997년의 정기간행물 등록제 사건에서 이미 설시한 바 있다. 다만 옥외광고물 사전허가제 자체가 「헌법」 제21조 제2항에서 금지하는 언론·출판에 대한 허가나 검열에 해당하는지에 대해서는 이 옥외광고물 사전허가제 사건에서의 합헌결정이 최초의 판단에 해당한다. 옥외광고물 사전허가제는 아니지만 광고에 대한 사전심의가 「헌법」 제21조 제2항에서 금지하는 언론·출판에 대한 허가나 검열에 해당한다고 보아 위헌결정을 내린 사례들은 여럿 존재한다. 예컨대 방송광고 사전심의제에 대한 위헌결정,[5] 의료광고 사전심의제에 대한 위헌결정,[6] 건강기능식품의 기능성 표시·광고 사전심의제에 대한 위헌결정[7] 등이 대표적인 예이다.

마지막으로 세 번째 쟁점, 즉 옥외광고물 사전허가제가 기본권제한의 한계원리인 과

---

3) 헌재 2002. 12. 18. 2000헌마764.
4) 헌재 2005. 10. 27. 2003헌가3; 헌재 2008. 6. 26. 2005헌마506; 헌재 2010. 7. 29. 2006헌바75; 헌재 2012. 2. 23. 2009헌마318 등 참조.
5) 헌재 2008. 6. 26. 2005헌마506.
6) 헌재 2015. 12. 23. 2015헌바75.
7) 헌재 2018. 6. 28. 2016헌가8. 헌법재판소는 이전에는 건강기능식품의 기능성 표시·광고 사전심의제에 대해서 합헌결정을 내렸으나(헌재 2010. 7. 29. 2006헌바75), 이 사건에서 기존의 2006헌바75 결정을 변경하여 상업광고도 표현의 자유 보호대상이라는 점, 표현의 자유 보호대상이면 예외없이 사전검열금지원칙이 적용된다는 점을 분명히 하였다.

잉금지원칙에 위반하여 언론·출판의 자유를 침해하는 위헌적인 제도인가의 문제와 관련하여서도, 이 옥외광고물 사전허가제 사건에서의 합헌결정이 최초의 판단에 해당한다. 한편 옥외광고물 규제와 관련하여서는, 교통수단을 이용하여 타인의 광고를 할 수 없도록 하는 것이 표현의 자유 및 직업의 자유를 침해하지 않는다는 결정,[8] 특정구역 안에서 업소별로 표시할 수 있는 광고물의 총 수량을 1개로 제한하는 것, 특정구역 안에서 세로형간판, 옥상간판, 현수막 등을 설치할 수 없도록 하고, 건물의 2층 이하에 입주한 업소에 한하여 가로형간판을 설치하도록 하며, 지하층 및 3층 이상에 입주한 업소에 한하여 돌출간판을 설치하도록 하고, 창문이용광고물은 1층에 입주한 업소에 한하여 설치하도록 하는 것이 표현의 자유 및 직업의 자유를 침해하지 않는다는 결정[9] 등이 존재한다.

3. 검 토

가. 광고와 언론·출판의 자유

언론·출판의 자유는 의사표현·전파의 자유를 의미한다. 의사표현의 매개체를 의사표현을 위한 수단이라고 전제할 때, 이러한 의사표현의 매개체는 「헌법」 제21조 제1항이 보장하고 있는 언론·출판의 자유의 보호대상이 된다. 그리고 의사표현·전파의 자유에 있어서 의사표현 또는 전파의 매개체는 어떠한 형태이건 가능하며 그 제한이 없다. 즉 담화·연설·토론·연극·방송·음악·영화·가요 등과 문서·소설·시가·도화·사진·조각·서화 등 모든 형상의 의사표현 또는 의사전파의 매개체를 포함한다. 따라서 지상파방송, 신문이나 잡지 등의 정기간행물, 도서, 음반 및 비디오물 등과 같은 전통적인 의사표현의 매개체뿐만 아니라, 오늘날의 뉴미디어로서 케이블방송, 위성방송, 인터넷, 게임물 등도 언론·출판의 자유를 향유하는 의사표현의 매개체로 파악될 수 있다.

여기서 광고, 특히 상업광고가 언론·출판의 자유의 보호대상이 되는가가 논란이 될 수 있다. 광고도 사상·지식·정보 등을 불특정다수인에게 전파하는 것으로서 언론·출판의 자유에 의한 보호를 받는 대상이 됨은 물론이고, 광고표현의 목적이나 기능 등과는 별개로 상업광고 내지 상업적 광고표현도 보호 대상이 된다.[10] 따라서 표현의 자유에는 광고표현의 자유도 포함된다. 그리고 사업자가 상품 또는 서비스를 판매함에 있어서 그 상

---

8) 헌재 2002. 12. 18. 2000헌마764.
9) 헌재 2016. 3. 31. 2014헌마794.
10) 상업광고가 표현의 자유의 보호범위에 속하는가의 문제는 상업광고에 대한 규제의 범위와 정도를 헌법적으로 평가하기 위한 출발점이 된다. 조소영, "광고규제에 대한 헌법적 검토 －상업광고에 대한 논의를 중심으로", 『공법학연구』, 제18권 제3호(한국비교공법학회, 2017. 8), 229면.

품 또는 서비스에 관하여 표시·광고하는 것은 영업활동의 중요한 한 부분을 이루고 있으므로, 상품 또는 서비스의 표시·광고에 대한 규제, 즉 상업광고에 대한 규제는 사업자의 직업행사의 자유 내지 직업수행의 자유(영업의 자유)도 동시에 제한하는 것이 된다.[11)]

나. 금지되는 언론·출판에 대한 허가 내지 검열

「헌법」 제21조 제2항은 "언론·출판에 대한 허가나 검열 … 는 인정되지 아니한다"고 규정하고 있다. 헌법재판소는 1996년의 영화 사전심의제 사건과 1997년의 정기간행물 등록제 사건에서부터 이 옥외광고물 사전허가제 사건을 거쳐 건강기능식품의 기능성 표시·광고 사전심의제에 대한 위헌결정이 이루어진 2018년 현재까지 일관되게, 「헌법」 제21조 제2항에서 규정하고 있는 허가나 검열은 사전허가 내지 사전검열을 의미하고, 보다 구체적으로 "행정권이 주체가 되어 사상이나 의견 등이 발표되기 이전에 예방적 조치로서 그 내용을 심사·선별하여 발표를 사전에 억제하는, 즉 '허가받지 아니한 것의 발표를 금지하는 제도'"라고 정의해 왔다.

그런데 이 옥외광고물 사전허가제 사건에서 헌법재판소는 1996년의 영화 사전심의제 사건과 1997년의 정기간행물 등록제 사건에서의 사전허가 내지 사전검열에 관한 법리를 그대로 원용하면서도, "사전허가금지의 보장은 어디까지나 언론·출판자유의 내재적 본질인 표현의 내용을 보장하는 것"이라는 점을 강조하였다. 즉 사전허가 내지 사전검열금지원칙이 적용되는 대상은 '표현의 방식'이 아니라 '표현의 내용'이라는 점을 강조하였다. 따라서 옥외광고물 사전허가제는 광고물 등의 내용을 심사·선별하여 광고물을 사전에 통제하려는 제도가 아니므로, 「헌법」 제21조 제2항이 금지하고 있는 사전허가·검열에 해당되지 아니한다고 판단한 것이다.

한편 사전허가 내지 사전검열금지원칙이 적용되는 대상은 '표현의 방식'이 아니라 '표현의 내용'이라는 법리의 연장선상에서, 헌법재판소는 "언론·출판에 대한 허가·검열금지의 취지는 정부가 표현의 내용에 관한 가치판단에 입각해서 특정 표현의 자유로운 공개와 유통을 사전 봉쇄하는 것을 금지하는 데 있으므로, 내용규제 그 자체가 아니거나 내용규제의 효과를 초래하는 것이 아니라면 위의 금지된 허가에는 해당되지 않는다"고 하면서 방송사업허가제는 「헌법」 제21조 제2항에서 금지하는 허가에 해당하지 않는다고 판단한 바 있다.[12)]

---

11) 헌재 2000. 3. 30. 99헌마143; 헌재 2005. 10. 27. 2003헌가3; 헌재 2012. 2. 23. 2009헌마318; 헌재 2016. 3. 31. 2014헌마794 등 참조.
12) 헌재 2001. 5. 31. 2000헌바43.

다. 내용에 근거한 규제와 내용 중립적 규제

미국의 경우 표현의 자유 영역에서는 전통적으로 당해 규제가 표현의 내용에 관한 규제냐 아니면 표현의 방식 등에 관한 규제냐에 따른 이분론이 표현의 자유에 대한 제한과 그 한계와 관련한 주요한 분석수단이 되어 왔다. 당해 규제가 표현의 내용에 관한 규제일 경우 '내용에 근거한 규제(content－based regulation)'라 부르고, 당해 규제가 표현의 내용이 아닌 표현이 이루어지는 시간(time), 장소(place), 방식(manner) 등에 관한 규제일 경우 '내용 중립적 규제(content－neutral regulation)'라고 한다. 그리고 내용에 근거한 규제인 경우에는 내용 중립적 규제인 경우보다 위헌성 심사에 있어서 엄격한 심사척도가 적용된다.[13] 이러한 이분론은 우리나라에서도 적용이 가능한바, 예컨대 과잉금지원칙을 적용함에 있어서, 내용에 근거한 규제인 경우에는 엄격한 심사척도를 적용하고, 반면에 내용 중립적 규제인 경우에는 완화된 심사척도를 적용하는 방식으로 활용이 가능하다.

그렇다면 이 글에서 다루고 있는 옥외광고물 사전허가제가 내용에 근거한 규제에 해당하는지 아니면 내용 중립적 규제에 해당하는지가 중요한 쟁점이 될 수 있다. 비록 헌법재판소는 옥외광고물 사전허가제가 내용에 근거한 규제에 해당하는지 아니면 내용 중립적 규제에 해당하는지에 대한 명시적인 판단은 하지 않았지만, 과잉금지원칙 위반 여부를 판단함에 있어서 옥외광고물 사전허가제는 내용에 근거한 규제에 해당하는 것이 아니라 내용 중립적 규제에 해당하는 것이라는 점을 전제한 것으로 이해할 수도 있다.

Ⅲ. 판례의 의의

이 글에서 다루고 있는 옥외광고물 사전허가제 사건이 갖는 의의는 다음과 같이 두 가지로 정리될 수 있다.

첫째, 헌법재판소는 이 사건에서 최초로 광고물도 사상·지식·정보 등을 불특정다수인에게 전파하는 것으로서 언론·출판의 자유에 의한 보호를 받는 대상이 된다는 법리를 전개하였고, 이러한 법리는 오늘날까지 이어지고 있다는 점이다.

둘째, 헌법재판소는 1996년의 영화 사전심의제 사건과 1997년의 정기간행물 등록제

---

13) 하지만 최근 미국에서는 이러한 이분론이 여러 케이스들을 통해서 경계가 불분명해지고 일관성도 잃고 있을 뿐만 아니라 실용적인 중요성도 약화되고 있다고 한다. R. George Wright, "Content－Neutral and Content－Based Regulations of Speech: A Distinction That is No Longer Worth the Fuss," 67 Florida Law Review 2081 (2016), pp. 2081~2082.

사건에서의 사전허가 내지 사전검열에 관한 법리를 그대로 이어 받으면서도, 더 나아가서 사전허가 내지 사전검열금지원칙이 적용되는 대상은 '표현의 방식'이 아니라 '표현의 내용'이라는 점을 강조함으로써, 사전허가 내지 사전검열금지원칙의 내용을 보다 구체화시켰다는 점이다.

08 의료법 제89조 위헌확인 등

-헌재 2015. 12. 23. 2012헌마685

권 형 둔*

Ⅰ. 판례의 개요

1. 사안의 개요

청구인은 서울 송파구에서 '○○ 치과의원'이라는 치과의원을 개설한 치과의사이다. 청구인 치과의사는 '보톡스', '필러' 시술을 할 수 없고, 청구인이 운영하는 치과의원에서는 그와 같은 시술을 한 사실이 없음에도, 청구인은 2010. 4.경부터 2010. 9.경까지 인터넷 홈페이지에 '쁘띠성형'이라는 제목 아래 '보톡스', '필러' 시술을 시행하고 있고, 많은 환자들이 꾸준히 위 시술을 찾고 있는 것처럼 게재하였다. 청구인은 2012. 6. 5. 피청구인 서울동부지방검찰청으로부터 「의료법」위반 혐의로 기소유예처분을 받았다. 이에 청구인은 의료인 등이 거짓이나 과장된 내용의 의료광고를 하지 못하도록 하고 이를 위반한 경우 처벌하도록 규정하는 「의료법」 제56조 제3항 및 제89조가 명확성원칙에 위반되고 직업수행의 자유 등을 침해하며, 청구인의 위 광고는 거짓이나 과장된 내용의 의료광고가 아님에도 피청구인이 이 사건 기소유예처분을 한 것은 평등권 등을 침해한다고 주장하면서, 2012. 8. 3. 위 법률조항들의 위헌확인 및 이 사건 기소유예처분의 취소를 구하는 이 사건 헌법소원심판을 청구한 사건이다.

2. 심판대상

이 사건 심판대상은 「의료법」 제56조 제3항 "의료법인·의료기관 또는 의료인은 거짓이나 과장된 내용의 의료광고(이하 '거짓·과장광고'라 한다)를 하지 못한다"의 부분[1)]과 이에

* 공주대학교 법학과 교수.

1) 2007. 4. 11. 법률 제8366호로 전부개정된 것.

대한 위반행위로 「의료법」 제89조[2])에 근거한 이 사건 기소유예처분이 청구인의 기본권을 침해하는지 여부에 대한 헌법소원심판사건이다.

3. 판례의 요지

가. '거짓·과장된 내용의 의료광고'는 명확성 원칙에 위배되지 않는다

의료인 등이 거짓이나 과장된 내용의 의료광고를 하지 못하도록 하고 이를 위반한 경우 처벌하도록 한 의료법 규정의 문언, 입법취지, 입법연혁 등을 종합하면, '거짓·과장광고'는 사실이 아니거나 사실보다 지나치게 부풀려진 내용을 담고 있어 일반 의료소비자에게 오인이나 혼동을 불러일으킬 염려가 있어 국민건강 및 건전한 의료경쟁 질서를 해할 위험이 있는 의료광고로 해석할 수 있다. 그리고 '의료광고'란 의료업무 또는 의료인의 경력 등에 한정되지 않는 모든 내용의 의료광고를 의미하므로, 이 사건 법률조항들은 명확성원칙에 위배되지 아니한다.

나. 의료인의 표현의 자유 및 직업수행의 자유를 침해하지 않는다

의료인의 '거짓·과장광고' 금지는 객관적 사실에 기인한 의료광고가 이루어지도록 하여 의료소비자를 보호하고 건전한 의료경쟁 질서를 유지하며, 나아가 국민건강에 관한 국가의 보호 의무를 다하기 위한 것이므로 입법목적의 정당성 및 수단의 적합성이 인정된다. 의료소비자는 의료업무나 의료인의 경력 외 영업사항도 고려하여 의사결정을 하는 점, 의료광고가 원칙적으로 허용되면서 의료광고를 통한 수익창출의 유인이 커진 점, 의료광고의 내용에서 의료업무나 의료인의 경력에 관한 사항과 영업사항을 분리하기 어려운 점 등을 종합하면, 침해의 최소성도 인정된다. 거짓이나 과장된 내용을 처벌함으로 인한 진실한 내용의 광고표현에 대한 위축효과는 크지 않은 반면, 의료소비자 보호 및 건전한 의료경쟁질서 유지라는 공익은 매우 중요하기 때문에 이 사건 법률조항들은 의료인의 표현의 자유 및 직업수행의 자유를 침해하지 아니한다.

다. 다른 직업 종사자들에 비하여 의료인의 평등권을 침해하지 않는다

의료인의 거짓·과장광고는 「의료법」에서 포괄적으로 처벌되고, 약사나 변호사의 거짓·과장 광고 중 일부는 「약사법」 또는 「변호사법」에서, 나머지는 「표시·광고의 공정화에 관한 법률」(이하 '표시광고법'이라 한다)에 의하여 처벌된다. 이는 위 직역 간에 처벌되

---

2) 2010. 7. 23. 법률 제10387호로 개정된 「의료법」 제89조 중 제56조 제3항에 관한 부분.

는 거짓·과장광고의 범위에 차이가 있다고 보기 어려우므로, 이 사건 법률조항들이 의료인을 약사나 변호사에 비하여 차별 취급하여 의료인의 평등권을 침해한다고 볼 수 없다.

라. 거짓·과장광고를 한 것으로 판단되어 처벌은 정당하다

보톡스, 필러 시술이 치과의료의 면허범위에 포함되는지 여부와 관계없이, 청구인이 개원 이후 위 시술을 한 적이 없음에도 많은 환자들이 위 시술을 위하여 꾸준히 찾아주는 것처럼 광고한 점만으로도 청구인은 거짓·과장광고를 한 것으로 판단되므로, 피청구인이 위 의료광고가 이 사건 법률조항에 의하여 금지된 거짓·과장광고에 해당한다고 판단하여 한 기소유예처분은 청구인의 평등권 등 기본권을 침해한다고 볼 수 없다.

II. 해 설

1. 쟁점의 정리

첫째, 이 사건 법률조항에 "거짓이나 과장된 내용의 의료광고" 행위를 처벌하면서, 거짓·과장의 용어를 구체화하기 위한 기준을 마련하지 않고, 의료업무, 의료인의 경력 등 금지되는 의료광고의 범위를 한정하는 기준을 두고 있지 않는 상태에서 이 조항이 명확성 원칙에 위배되는지에 대한 판단이 필요하다.

둘째, 의료광고에 일부 거짓이나 과장된 내용이 포함되어 있다하더라도, 일반적인 영업사항에 대한 것으로서 국민건강과의 관련성이 미약한 경우가 있다. 이 경우 과태료나 영업정지 등 행정적 제재로 규율하여도 충분하다. 따라서 모든 거짓·과장광고를 형사 처벌하는 이 사건 법률조항이 과잉금지원칙에 반하여 청구인의 직업수행의 자유 및 표현의 자유에 대한 침해가 아닌지 판단할 필요가 있다.

셋째, 약사나 변호사의 거짓·과장광고는 한정된 범위에서 처벌되는 반면, 의사의 거짓·과장광고는 포괄적으로 처벌되고 있는데 평등권 침해 여부도 쟁점이 되는 사안이다.

넷째, 치과의원을 개업하면서 향후 보톡스나 필러 시술을 할 의사를 가지고 홈페이지에 많은 환자들의 방문내용에 대해 광고한 것이 거짓·과장광고에 해당하는지 여부, 그리고 「의료법」 위반 혐의로 기소유예처분한 것이 평등권을 침해하는지 여부에 대해 판단이 필요하다.

2. 관련 판례 – 의료광고규제 사건[3]

가. 사건개요

이 사건은 안과 의사가 안과 인터넷 홈페이지에 자신의 진료모습이 담긴 사진과 함께 외국에서 연수한 약력, 라식수술에 대한 진료방법을 게재하는 등 특정의료인의 기능, 진료방법에 관하여 광고를 하였다는 이유로 기소되어 재판을 받던 중 의료광고를 제한한 「의료법」 제46조 제3항 및 이에 대한 처벌을 규정한 동법 제69조가 헌법에 위반된다고 주장하면서 위헌여부심판의 제청신청을 한 것으로 법원이 헌법재판소에 제청한 사건이다.

나. 상업광고규제에 대한 심사기준

「헌법」은 제21조 제1항에서 현대 자유민주주의의 존립과 발전에 필수불가결한 기본권으로 언론·출판의 자유를 강력하게 보장하고 있는데, 광고물도 사상·지식·정보 등을 불특정다수인에게 전파하는 것으로서 언론·출판의 자유에 의한 보호를 받는 대상이 된다.[4] 「헌법」 제15조는 직업수행의 자유 내지 영업의 자유도 보장하고 있는데, 상업광고를 제한하는 입법은 직업수행의 자유도 동시에 제한하게 된다. 이러한 입법은 비례의 원칙에 따라 입법목적의 정당성과 그 목적달성을 위한 방법의 적정성, 피해의 최소성, 그리고 그 입법에 의해 보호하려는 공공의 필요와 제한되는 기본권 사이의 균형성을 모두 갖추어야 한다.[5] 그런데 상업광고는 표현의 자유의 범위에 포함되는데 사상이나 지식에 관한 정치적, 시민적 표현행위와는 차이가 있고, 또한 직업수행의 자유의 보호영역에 속하지만 인격발현과 개성신장에 미치는 효과가 중대한 것은 아니다. 따라서 상업광고 규제에 관한 비례의 원칙 심사는 '피해의 최소성' 원칙과 같은 목적을 달성하기 위하여 달리 덜 제약적인 수단이 없을 것인지 혹은 '입법목적을 달성하기 위하여 필요한 범위 내의 것인지'를 심사하는 정도로 완화되어 심사된다.

다. 의료법상 광고금지 규정이 표현의 자유 및 직업수행의 자유의 침해 여부

의료인의 기능이나 진료방법에 대한 광고가 소비자를 기만하거나 정당화되지 않은 의학적 기대를 초래 또는 오인하게 할 우려가 있거나, 공정한 경쟁을 저해하는 것인 경우에는 국민의 보건과 건전한 의료경쟁 질서를 위하여 강력하게 규제할 수 있다. 그러나 객관적인 사실에 근거하여 소비자에게 해당 의료인의 의료기술이나 진료방법을 과장함이

---

3) 헌재 2005. 10. 27. 2003헌가3.
4) 헌재 1998. 2. 27. 96헌바2.
5) 헌재 1990. 9. 3. 89헌가95.

없이 알려주는 의료광고인 경우에는 소비자에게 정보를 알려 합리적 선택에 도움을 주어야 한다. 이 사건에서 헌법재판소는 의료인의 기능과 진료방법에 대한 광고를 금지하고 이에 대하여 벌금형에 처하도록 한 것은 입법목적 달성에 필요한 범위를 넘어선 것이므로, '피해의 최소성' 원칙에 위반되며, 표현의 자유 및 직업수행의 자유를 제한하고 있고, 소비자의 의료정보에 대한 알 권리를 제약한다고 보았다. 따라서 '법익의 균형성' 원칙에도 위배된다고 판시하였다.

3. 검 토

가. 표현의 내용에 대한 제한

(1) 사후적 제한에 대한 심사기준

다른 기본권에 대한 제한 법리와 마찬가지로 표현의 자유에 대한 사후적 제한은 과잉금지의 원칙의 적용을 받게 된다. 따라서 이 사건에서 '거짓이나 과장된 내용의 의료광고'행위를 처벌함으로써 의료인의 직업수행의 자유 및 표현의 자유를 제한하는 공권력 행위의 위헌여부는 과잉금지원칙에 따라 판단되어야 한다.

또한, 표현행위를 규제하는 법령의 규정은 명확하여야 한다. 법치국가원리의 한 표현인 명확성의 원칙은 기본적으로 모든 기본권제한입법에 대하여 요구된다. 규범의 의미내용으로부터 무엇이 금지되는 행위이고 무엇이 허용되는 행위인지를 수범자가 알 수 없다면 법적 안정성과 예측가능성은 확보될 수 없게 될 것이고, 법집행 당국에 의한 자의적 집행을 가능하게 하기 때문이다.[6] 따라서 표현의 자유를 규제하는 법률은 그 규제로 인해 보호되는 다른 표현에 대하여 위축 효과가 미치지 않도록 규제되는 표현의 개념을 세밀하고 명확하게 규정하여야 한다.

(2) 표현의 자유에 대한 제한과 내용에 따른 차등적 보호

표현의 자유에 대한 제한은 헌법상 타인의 명예와 권리, 공중도덕과 사회윤리, 청소년 보호, 국민의 건강 등 중대한 법익의 보호를 위해 가능하다. 이 경우 표현의 자유의 헌법상 목적과 기능에 비추어 표현의 자유와 이와 상충하는 다른 법익을 비교형량하는 과정에서 표현의 자유의 행사가 개인의 인격발현 또는 공동체의 의사형성과정에 있어서 가지는 의미와 비중을 고려할 수 있다.[7] 따라서 표현물의 내용이 개인의 인격발현이나 공동체의 의사형성에 중요한 의미를 가질수록 이를 제한하여 보호하려는 법익은 더욱 중대해야

6) 헌재 1990. 4. 2. 89헌가113.
7) 한수웅, 『헌법학』 (법문사, 2017), 772면.

한다. 이 경우 영리목적의 상업광고는 개인의 인격발현이나 공동체의 의사형성에 있어서 차지하는 비중이 상대적으로 작기 때문에 입법자에게 광범위한 형성권이 인정된다고 볼 수 있다.[8)]

나. 이 사건 법률조항에 대한 판단

(1) '거짓이나 과장된 내용'의 명확성 원칙 위반에 대한 판단

법규범이 명확성원칙에 위반되는지 여부는 위와 같은 해석방법에 의하여 그 의미내용을 합리적으로 파악할 수 있는 해석기준을 얻을 수 있는지 여부에 달려 있다.[9)] 이 사건 법률조항들은 단순히 사실과 조금이라도 어긋나거나 부풀려서 광고하는 모든 행위를 처벌하는 것이 아니라, 적어도 일반 의료소비자에게 오인이나 혼동을 불러일으킬 염려가 있고, 그로 인해 의료광고 규제의 목적인 국민건강이나 건전한 의료경쟁 질서를 해할 위험이 있는 정도의 거짓·과장광고를 규율하고자 하는 것으로 충분히 해석할 수 있다. 또한 법률조항들의 문언, 입법취지, 입법연혁 등을 종합하여 보면, 이 사건 금지조항의 규율대상이 되는 '의료광고'는 의료업무 또는 의료인의 경력 등에 한정되지 않는, 모든 내용의 의료광고를 의미하는 것으로 볼 수 있어 명확성 원칙에 반한다고 할 수 없다.

(2) 표현의 자유 및 직업수행의 자유 침해 여부

의료는 고도의 전문적 지식과 기술을 필요로 하며 국민건강에 직결되며, 의료광고는 정보 제공을 통해 의료소비자의 합리적 선택에 도움을 주며 의료인들 사이의 공정한 경쟁을 촉구하는 역할을 한다. 따라서 이 사건 법률조항은 의료소비자 보호, 의료경쟁질서 유지, 국민건강에 대한 국가 보호의무를 위한 것으로 입법목적의 정당성이 인정된다. 거짓이나 과장된 내용의 의료광고를 금지하고 이를 위반한 행위를 형사 처벌함으로써 이와 같은 입법목적을 효과적으로 달성할 수 있으므로 수단의 적합성 역시 인정된다. 또한 거짓이나 과장된 의료광고는 의료소비자의 선택을 오도하고 질서를 해할 위험성이 있기 때문에 모든 의료광고의 내용을 형사 처벌되는 거짓·과장광고의 대상으로 삼은 것은 입법목적 달성의 필요한 범위를 넘어서는 것이라 할 수 없다. 그리고 의료광고의 진실성 담보 및 의료소비자의 선택권 보호, 의료경쟁질서 유지 및 국민건강 보호라는 공익이 매우 중요하기 때문에 광고위축효과의 사익에 대해 현저한 불균형이 있다고 볼 수도 없다. 따라서 이 사건 법률조항들은 과잉금지원칙을 위반하여 청구인의 표현의 자유 및 직업수행의

---

8) 권형둔, "방송광고규제의 헌법적 원리와 정당성", 『언론과 법』, 제14권 제3호(한국언론법학회, 2015), 258면.
9) 헌재 2005. 6. 30. 2002헌바83; 헌재 2010. 11. 25. 2009헌바27.

자유를 침해하지도 아니한다.

(3) **평등권 침해에 대한 판단**

「약사법」 및 「변호사법」은 거짓·과장광고를 포괄적으로 처벌하지 않는 반면, 이 사건 법률조항들은 거짓·과장광고를 포괄적으로 처벌하고 있다. 이 사건 법률조항과 비교할 때 「약사법」 및 「변호사법」의 거짓·과장광고의 범위는 의료광고에 비하여 다소 제한적인 것으로 볼 수도 있다. 그런데 의약품에 관한 광고 또는 변호사의 광고는 표시광고법 규정이 엄격하게 적용되고 있어서 그 입법체계가 다소 다를 뿐, 처벌되는 거짓·과장광고의 범위에 유의미한 차이가 있다고 보기 어렵다. 따라서 의료인을 약사나 변호사에 비하여 차별 취급하고 있다고 볼 수 없어 청구인의 평등권을 침해한다고 볼 수 없다.

(4) **이 사건 기소유예처분에 대한 판단**

거짓·과장광고는 진실이 아니거나 실제보다 지나치게 부풀려진 내용을 담고 있어 의료소비자로 하여금 오인이나 혼동을 불러일으킬 염려가 있는 광고로서 그로 인해 의료광고 규제의 목적인 국민건강이나 건전한 의료경쟁질서를 해칠 우려가 있는 광고이다. 이 사건에서 청구인은 실제로 보톡스 시술을 한 적이 없음에도 불구하고 실제보다 부풀린 내용으로서 보톡스 시술을 받은 사람들이 많다고 오인하거나 혼동하게 하는 거짓·과장광고를 하였다고 판단된다. 따라서 이 사건 기소유예처분은 헌법에 위반되지 아니하는 이 사건 법률조항들에 근거하여 행하여진 처분이며, 피청구인의 법률조항 적용에 중대한 잘못이 있고 자의적 처분이라고 볼 수 없어 청구인의 헌법상 기본권이 침해되었다고 볼 수 없다.

Ⅲ. 판례의 의의

광고는 현대 자본주의사회의 필수불가결한 제도인 동시에 기업의 마케팅활동의 필수요소인 기업언론으로서의 존재의의를 가지고 있다. 광고는 상품의 품질, 특징, 가격 등의 정보를 제공함으로써 소비자의 소비선택을 위한 판단과 의사결정에 보조적인 역할을 수행함과 동시에 구매의사결정에 설득적으로 작용함으로써 구매 욕구를 자극시킨다. 또한 광고는 여러 형태의 표현방식을 동원하여 상품에 대한 사회적 가치를 부여하고 이러한 과정에서 새로운 생활양식과 가치관을 제시함으로써 새로운 문화를 형성하기도 한다.[10)]

이러한 광고는 단순히 상업적인 상품이나 서비스에 관한 사실을 알리는 경우에도 그

10) 헌재 2002. 12. 18. 2000헌마764.

내용이 공익을 포함하는 때에는「헌법」제21조의 표현의 자유에 의하여 보호된다. 민주주의는 국민이 올바른 정보를 제공받아 여론을 형성하고 자유롭게 표현하는 것이 핵심적 요소이기 때문에 광고물도 사상·지식·정보 등을 불특정다수인에게 전파하는 것으로서 언론·출판의 자유에 의한 보호를 받는 대상이 됨은 물론이다.

그러나 광고가 소비자에게 미치는 직·간접적인 영향력이 큰 만큼 그 사회적 역기능도 적지 아니하다. 예컨대, 허위·기만·과장광고로 인하여 소비자를 오도하거나 시장에서의 공정경쟁을 저해하기도 하고 또는 이윤추구의 목적 하에 그릇된 행동양식을 사회적 가치로 정형화시킴으로써 기존의 문화를 왜곡된 방향으로 변질시킬 수도 있다. 그러므로 광고표현에 대해서는 사회적 책임이 특별히 강조되고 있고, 세계 각국은 이러한 사회적 책임을 담보하기 위하여 광고표현에 대하여 광범위한 타율적 규제 장치들을 마련하고 있으며, 그 밖에 광고유관단체에 의한 자율규제 및 소비자단체에 의한 규제도 널리 이루어지고 있다.

따라서 상업광고는 표현의 자유의 보호 범위에 포함됨에도 불구하고 사상이나 지식에 관한 표현행위와 차이가 있고, 인격발현과 개성신장에 미치는 효과가 중대한 것은 아니기 때문에 규제에 있어서 입법자에게 광범위한 형성권이 인정된다. 이 사건의 경우 헌법재판소가 상업광고 규제의 위헌심사에서 완화된 심사를 하고 있다는데 의의가 있다.

09 교통수단을 이용한 광고와 표현의 자유

– 헌재 2002. 12. 18. 2000헌마764

전 학 선*

Ⅰ. 판례의 개요

1. 사안의 개요

청구인 주식회사 카○○○는 광고를 수주받아 자가용 승용차를 가진 사람들을 대상으로 그들에게 대가를 지불하고 의뢰받은 업체의 광고를 자가용에 부착하는 방식으로 자가용 등 비영업용 차량을 광고매체로 활용하는 신종 광고대행업을 목적으로 설립된 법인이고, 청구인 송○호는 위 법인의 대표이사로서 위와 같은 영업방식을 특허출원하고 위 법인을 설립하여 국내에서는 시도된 적이 없는 비영업용 차량의 광고업을 운영하고자 하는 자이며, 청구인 송○우는 위 회사의 감사이며 현재 자신의 개인 소유 승용차에 청구인 회사의 광고물을 부착하여 운행하는 자이다.

그런데 교통수단을 이용하여 광고를 하고자 하는 자는 시·도지사에게 신고를 하여야 하고(구 「옥외광고물등관리법」[1] 제3조 제1항 제6호, 제3조 제2항, 같은 법 시행령 제5조 제6호), 교통수단을 이용한 광고는 교통수단 소유자에 관한 광고에 한하여 할 수 있으며(같은 법 시행령 제13조 제9항), 신고를 하지 않고 광고를 하는 경우 처벌을 받도록 규정되어 있다(법 제18조 제2항, 제19조). 이에 청구인들은 위 법령규정들에 의하여 「헌법」상 보장된 행복추구권과 평등권, 신체의 자유, 직업의 자유 및 표현의 자유를 침해당하였다고 주장하면서 2000. 12. 8. 「헌법재판소법」 제68조 제1항에 의한 헌법소원심판을 청구하였다.

---

* 한국외국어대학교 법학전문대학원 교수.
이 글은 전학선, "옥외광고물등관리법 제3조 제1항 제6호 등 위헌확인", 『헌법재판소결정해설집(2002)』 (헌법재판소, 2003), 777면 이하를 수정·보완한 것임.

1) 「옥외광고물 등 관리법」은 2016. 1. 6. 법률 제13726호로 법명이 「옥외광고물 등의 관리와 옥외광고산업 진흥에 관한 법률」로 변경되었다.

2. 소송경과

청구인들은 헌법소원심판을 청구하면서 「옥외광고물등관리법」(1999. 1. 18. 법률 제5632호로 개정되고 2001. 7. 24. 법률 제6490호로 개정되기 전의 것, 이하 '법'이라 한다) 제3조 제1항 제6호, 제3조 제2항, 제18조 제2항, 제19조, 옥외광고물등관리법시행령(2000. 7. 1. 대통령령 제16891호로 개정되고 2001. 11. 22. 대통령령 제17412호로 개정되기 전의 것, 이하 '시행령'이라 한다) 제5조 제6호도 청구취지에 포함시켰다.

이 사건 헌법소원심판청구사건에서 청구인들이 다투고자 하는 것은 '교통수단을 이용한 광고를 교통수단 소유자에 관한 광고에 제한하면서 이를 위반하는 경우 처벌하는 것이 헌법에 위반되는지'의 여부일 뿐, 옥외광고물을 표시하고자 하는 경우 허가나 신고를 받도록 한 것이 위헌인지(법 제3조 제1항 제6호) 또는 허가 또는 신고의 기준에 관하여 필요한 사항을 대통령령으로 정하도록 위임한 것이 위헌인지(법 제3조 제2항)의 여부 그 자체는 청구인들이 다투고자 하는 바가 아니었다. 청구인들이 헌법소원심판을 통하여 '국가가 개인의 광고행위에 대하여 신고의무를 부과한 것의 위헌여부'를 다투는 경우에 비로소, 신고의무를 부과하는 법 제3조 및 그와 불가분의 관계에 있는 처벌규정인 법 제18조, 제19조가 함께 심판대상이 되는 것이다.

청구인들은 처벌조항인 법 제18조 제2항 및 제19조의 위헌성도 주장하였으나, 차량소유자가 자신의 차량을 이용하여 타인의 광고를 한 경우, 즉 시행령 제13조 제9항에 위반한 경우, 그가 위 시행령조항의 위반으로 인하여 처벌을 받는 것이 아니라, '교통수단이용 광고물'의 경우 신고를 하고 광고를 하게 되어 있는데(시행령 제5조 제6호, 법 제3조 제1항) 신고를 하지 않고 광고를 하였기 때문에 법 제18조 제2항 및 제19조에 의하여 처벌을 받는 것이다. 물론, 차량을 이용한 광고의 경우 타인에 관한 광고를 하려고 하는 자는 신고의무가 있음에도 이를 신고하지 않을 것이므로, 타인에 관한 광고를 하는 경우와 신고를 하지 않은 경우가 사실상 일치하지만, 규범적으로 볼 때 차량소유자가 처벌을 받는 것은 타인에 관한 광고를 하였기 때문이 아니라, 신고를 하지 않고 광고를 하였기 때문이다.

따라서 청구인들이 처벌조항의 위헌성을 주장한 것은, 위 시행령조항을 위반하는 경우 사실적으로 발생하는 법적 결과를 언급한 것에 지나지 않을 뿐이므로, 청구인들이 다투고자 하는 것은 궁극적으로 '교통수단을 이용한 광고를 교통수단 소유자에 관한 광고에 제한하는 것'의 위헌 여부인 것이다. 따라서 헌법재판소는 이 사건 헌법소원의 심판대상을, 교통수단을 이용한 광고를 교통수단 소유자에 관한 광고에 제한하고 있는 구 옥외광고물등관리법시행령 제13조 제9항 본문으로 제한하였다.[2)]

---

2) 옥외광고물등관리법시행령(2000. 7. 1. 대통령령 제16891호로 개정되고 2001. 11. 22. 대통령령 제

헌법재판소는 2002. 12. 28. 구 옥외광고물등관리법시행령 제13조 제9항 본문이 청구인들의 직업의 자유를 침해하지 않는다고 하면서 기각결정을 하였다.

3. 판례의 요지

가. 표현의 자유 침해 여부

이 사건 시행령은 모든 광고를 전면적으로 금지하는 것이 아니라, 자동차 소유자 자신에 관한 내용의 광고는 허용하면서 타인에 관한 내용의 광고를 금지하고 있다. 이 사건 시행령조항이 자동차소유자 자신에 관한 광고는 허용하면서 타인에 관한 광고를 금지하는 것은 표현내용에 따른 규제로 볼 수도 있으나, 이 사건 시행령조항이 자신에 관한 광고와 타인에 관한 광고를 구분하여 규제의 기준으로 삼은 것은, 광고의 매체로 이용될 수 있는 차량을 제한함으로써 자동차를 이용한 광고행위의 양을 도로교통의 안전과 도시미관을 해치지 않는 적정한 수준으로 제한하려고 한 것이다. 따라서 표현의 자유를 침해한다고 볼 수 없다.

나. 직업의 자유 침해 여부

이 사건 시행령조항에 의한 제한이 청구인들의 인격발현과 개성신장에 미치는 비교적 경미한 효과를 고려할 때, '비영업용 차량을 광고매체로 이용하는 광고대행업'은 하나의 독립된 직업이 아니라 단지 '광고대행업'을 행사하는 방법의 하나라고 판단되므로, 시행령조항은 '광고대행업'이란 직업의 행사방법을 제한하는 규정으로 차량을 매체로 하는 광고를 제한함으로써 달성하고자 하는 공익인 도로교통의 안전성과 도시미관의 중대함에 비추어, 제한을 통하여 얻는 공익적 성과와 개인의 자유에 대한 제한의 정도가 합리적인 비례관계를 벗어났다고 볼 수 없다. 따라서 이 사건 시행령조항은 직업의 자유를 침해하지 않는다.

17412호로 개정되기 전의 것) 제13조(광고물등의 일반적 표시방법) ①~⑧ 생략
⑨ 제3조 제14호의 규정에 의한 광고물은 당해 교통수단의 소유자에 관한 광고내용에 한하여 표시할 수 있다. 다만, 비행선을 이용하는 경우에는 시·도조례가 정하는 표시방법에 의한다.
⑩ 생략

II. 해 설

1. 쟁점의 정리

청구인들은 침해되는 기본권으로 행복추구권, 평등권, 직업의 자유, 재산권, 신체의 자유, 표현의 자유 등을 언급하고 있다.

「옥외광고물등관리법」과 같은 법 시행령은 자동차 외부에 자동차 소유주와 관련된 광고 이외의 광고물을 부착하는 것을 금지하고 있다. 자동차 소유주가 자유로이 자신의 자동차에 광고물을 부착하는 것을 금지하는 것이므로 자동차 소유주의 표현의 자유를 제한하는 것이 된다. 또한 자동차 소유자들을 모집하여 대가를 지불하고 광고주로부터 일정한 금액을 받고 광고를 부착하는 자동차 광고대행업을 영위하고자 하는 주식회사 카○○○와 위 법인의 대표이사인 청구인의 직업의 자유를 제한하는 것이다.

청구인들은 이 사건 법령이 비업무용 자가용과 업무용 차량을 차별대우한다고 주장하면서, 헌법에서 보장하는 평등권을 침해받고 있다고 주장하고 있다.

구 「옥외광고물등관리법」과 같은 법 시행령에 의하면 모든 자동차는 자동차 소유주에 관한 광고만 허용이 되고 타인에 관한 광고는 금지되고 있는 것이다. 옥외광고물등관리법시행령 제13조 제9항은 교통수단이용광고물은 교통수단 소유자에 관한 광고내용에 한하여 허용하고 있으므로, 옥외광고물등관리법시행령 제13조 제9항은 청구인들과 사업용자동차 혹은 사업용화물자동차 소유주와 차별을 하고 있는 것이 아니었다. 청구인들을 사업용자동차 혹은 사업용화물자동차 소유주와 차별하고 있는 것은 「제14회아시아경기대회지원법」[3]과 같은 법 시행령이었던 것이다.

「제14회아시아경기대회지원법」과 같은 법 시행령에서 시내버스·영업용 택시·영업용화물자동차·전세버스·시외버스에서 타인에 관한 광고를 할 수 있도록 허용하고 있었다(「제14회아시아경기대회지원법」 제8조 제1항 제3호, 제14회아시아경기대회지원법시행령 제11조 제5호 내지 제9호). 따라서 청구인이 시내버스·영업용 택시·영업용화물자동차·전세버스·시외버스 소유주와 차별되는 것은 옥외광고물등관리법시행령 제13조 제9항에 의한 것이 아니라 제14회아시아경기대회지원법과 제14회아시아경기대회지원법시행령에 의한 것이었으므로 헌법재판소는 평등의 원칙위반 여부에 대하여는 판단하지 아니하였다.

또한 청구인은 행복추구권의 침해를 주장하였으나, 헌법재판소는 행복추구권 침해여부는 별도로 판단하지 아니하였다.

---

3) 동법은 부칙 제2조에서 2003년 12월 31일까지 효력을 가진다고 규정하고 있었다.

2. 관련 판례

헌법재판소는 「옥외광고물등관리법」에 관하여 2번의 결정을 한 바 있다. 첫 번째는 1998. 2. 27. 「옥외광고물등관리법」 제3조 위헌소원사건으로 일정한 지역·장소 및 물건에 광고물 또는 게시시설을 표시하거나 설치하는 경우에 그 광고물 등의 종류·모양·크기·색깔, 표시 또는 설치의 방법 및 기간 등을 규제하는 것은 「헌법」 제21조 제2항의 사전허가금지에 위반되지 않고 언론·출판의 자유를 침해하지 않는다고 하였다(96헌바2).

그 후 이 사건인 2002. 12. 18. 「옥외광고물등관리법」 제3조 제1항 제6호 등 위헌확인 사건에 관한 결정이 있었다.[4]

3. 검 토

가. 표현의 자유 침해 여부

(1) 비례의 원칙 위반 여부

「옥외광고물등관리법」은 옥외광고물의 표시장소·표시방법과 게시시설의 설치·유지 등에 관하여 필요한 사항을 규정함으로써 미관풍치와 미풍양속을 유지하고 공중에 대한 위해를 방지함을 목적으로 하고 있는바(제1조), 모든 국민은 건강하고 쾌적한 환경에서 생활할 권리를 가지며 국가와 국민은 환경보전을 위하여 노력하여야 한다는 「헌법」 제35조 제1항에 비추어 그 입법목적의 정당성이 인정됨은 물론이다.

'옥외광고물'이란 상시 또는 일정기간 계속하여 공중에게 표시되어 공중이 자유로이 통행할 수 있는 장소에서 볼 수 있는 것(대통령령이 정하는 교통시설 또는 교통수단에 표시되는 것을 포함한다)으로서 간판·입간판·현수막·벽보·전단 기타 이와 유사한 것을 말하고, '게시시설'이라 함은 광고탑·광고판과 기타 공작물로서 옥외광고물을 게시 또는 표시하기 위한 시설을 말하는바(제2조), 자동차 광고도 옥외광고에 포함됨이 분명하고, 이러한 광고물이나 게시시설이 방임될 경우 각양각색의 광고물로 인하여 주거지역, 녹지지역, 자연보존지구, 묘지, 고속도로변, 교량, 하천 등 국민의 주거환경과 국토경관이 크게 침해당하게 되어 결과적으로 「헌법」 제35조 제1항이 보장하는 국민의 쾌적한 환경에서 생활할 권리

---

4) 그 후 옥외광고와 관련하여 특정구역 안에서 업소별로 표시할 수 있는 옥외광고물의 총수량을 1개로 제한하고, 세로형간판, 옥상간판, 현수막 등을 설치할 수 없도록 하며, 건물의 2층 이하에 입주한 업소에 한하여 가로형 간판을, 지하층 및 3층 이상에 입주한 업소에 한하여 돌출간판을 각 설치하도록 하면서, 창문이용광고물은 1층에 입주한 업소에 한하여 설치할 수 있도록 하는 '옥외광고물 표시제한 특정구역 지정고시'는 표현의 자유, 직업수행의 자유 및 평등권을 침해하지 아니한다는 결정을 한 사건도 있다(헌재 2016. 3. 31. 2014헌마794).

를 침해하게 될 것임은 손쉽게 이해할 수 있다.[5)]

자동차에 무제한 광고를 허용하게 되면 교통의 안전과 도시미관을 해칠 수가 있다. 예를 들면 일정한 공익을 위하여 자동차에 표시를 하고 운행을 하는 자동차인 순찰차, 소방차, 구급차 등과 유사한 모양과 색깔의 광고를 자동차에 함으로써 일반인들로 하여금 혼동을 유발할 우려가 있으며, 따라서 공익을 위하여 특별한 표식을 하고 운행하는 자동차들이 쉽게 구별이 되지 않음으로써 혼란을 야기하고 특수한 표식을 한 자동차들이 제 기능을 발휘하지 못하는 경우가 발생할 수 있다. 또한 무분별한 광고를 허용하게 되면 다른 운전자들의 운전과 보행자들에게 산란함을 야기하여 운전과 보행에 방해를 하여 도로안전에 영향을 미칠 수 있으며 무분별한 광고로 인하여 도시미관을 해칠 수가 있다. 도로안전과 환경·미관을 위하여 자동차에 광고를 부착하는 것을 허용하지 아니하는 것은 일반 국민들과 운전자들의 공공복리를 위한 것이라 할 수 있고 제한이 가능하다 할 것이다.

이 사건 시행령조항이 자동차소유자 자신에 관한 광고는 허용하면서 타인에 관한 광고를 금지하는 것은 표현내용에 따른 규제로 볼 수도 있으나, 이 사건 시행령조항이 자신에 관한 광고와 타인에 관한 광고를 구분하여 규제의 기준으로 삼은 것은, 광고의 매체로 이용될 수 있는 차량을 제한함으로써 자동차를 이용한 광고행위의 양을 도로교통의 안전과 도시미관을 해치지 않는 적정한 수준으로 제한하려고 한 것이다.

자동차를 이용하여 자동차 소유자 자신에 관한 광고만을 할 수 있는 경우, 대부분의 차량이 자기광고의 필요성과 계기를 가지지 못한다는 점을 감안할 때, 광고를 할 수 있는 차량은 사실상 기업광고를 하는 기업체소유 차량과 개인광고를 하는 개인소유 차량으로 축소되는 반면에, 타인에 관한 광고가 허용되는 경우에는 모든 차량이 타인을 위한 광고용 차량으로 이용될 수 있다는 잠재성을 지니게 되는 것이다. 타인에 관한 광고를 허용하게 되면 무분별한 광고를 하게 되고 이로 인하여 도로교통의 안전과 도시미관을 저해하는 폐해가 발생하게 될 것이다. 따라서 이 사건 시행령조항이 자신에 관한 광고를 허용하면서 타인에 관한 광고를 금지한 것은 특정한 표현내용을 금지하거나 제한하려는 것이 아닌 것이다.

자동차란 매체를 이용하여 자유롭게 광고를 하는 표현행위가 개인의 인격발현에 대하여 가지는 의미·중요성과 다른 한편으로는 자동차를 이용한 광고행위를 제한해야 할 공익상의 이유를 서로 비교형량하여 볼 때, 자동차에 타인에 관한 광고표시를 허용함으로써 보장되는 표현의 자유를 통해 얻을 수 있는 개인의 이익보다는 자동차에 타인에 관한 광고를 금지함으로써 얻을 수 있는 공익이 더 크다고 할 것이다. 따라서 이 사건 시행령조항이 표현의 자유를 침해한다고 볼 수 없다.

---

5) 헌재 1998. 2. 27. 96헌바2.

(2) 외국의 예

국가가 환경보호 혹은 도시미관 등을 이유로 광고를 제한할 수 있는가 하는 점에 대하여 외국에서도 대체로 이를 인정하고 있다.

일본 오이타현 옥외광고물조례는 가로수·노변수 및 그 지주에 광고물의 표시를 금지하고, 그 위반자에 대하여 5만엔 이하의 벌금을 과한다고 규정하였는데, 이에 대하여 일본 최고재판소는 도시의 미관풍치와 공공복지를 위하여 합리적인 제한이라고 하였다.[6]

또한 미국의 연방대법원은 1949년 Railway Express Agency v. New York 사건에서 상업용 차량이 소유자 자신의 영업을 위하여 주로 운행되고 광고를 주요한 업으로 하는 차량이 아닌 경우를 제외하고 누구도 자동차광고를 할 수 없도록 한 뉴욕시의 교통조례(Traffic Regulation)에 대하여 헌법에 위반되지 않는다고 하였다.[7] 자동차에 광고를 하게 되면 다른 자동차 운전자들과 보행자들에게 혼란을 야기할 수 있어 교통안전에 위해가 될 수 있기 때문에 금지하는 것이며 공공복리를 위해 정당화된다고 하였다.

나. 직업의 자유 침해 여부

직업의 자유와 관련하여 청구인인 주식회사 카○○○와 위 회사의 대표인 송O호의 직업의 자유를 향유함에 있어서 금지된 것을 직업으로 할 수 있는가 하는 문제가 발생한다. 즉 법으로 금지된 것을 수행하고자 하는 것이 직업이 될 수 있는가 하는 믄제로서 직업의 보호영역을 어디까지 확장할 것인가 하는 문제가 된다. 직업의 개념에 법적인 허용성이 개념요소로 들어가야 하는가가 문제가 될 수 있는데 이러한 요소는 직업개념의 요소로서 적당치 않다. 왜냐하면 법률적으로 금지되어 있다는 이유로 그 직업이 헌법상 직업개념에서 배재될 수 있다면 법률과 헌법이 뒤바뀌게 될 것이다. 따라서 이와 같은 요건은 직업개념에서 배제되는 것이 옳으며 단계이론이나 과잉금지의 원칙으로 법률적 금지 자체가 헌법적으로 정당화되는지가 걸러져야 될 것이다. 국내에서도 직업개념의 3요소로서 생활수단성, 계속성, 공공무해성이 들어지기도 하는데, 공공무해성이 바로 허용성에 해당되는 것이라고 본다면 공공에 유해가 되는 직업활동은 헌법상 직업개념에서 배제된다는 논리이나, 오히려 그러한 직업활동에 대한 금지법률 자체가 단계이론이나 과잉금지의 원칙에 따라 심사되어야 할 성질의 것이라고 할 수 있을 것이다. 즉 허용되지 않는 직업은 직업의 개념규정 단계에서 배제될 것이 아니라 직업의 자유의 제한의 단계에서 공익적 사유에 의하여 그 제한이 정당화될 수 있는 활동인 것으로 이해하는 것이 기본권 보장의 측

---

6) 박용상, 『표현의 자유』, 초판(현암사, 2002), 520면.
7) Railway Express Agency v. New York, 336 U.S. 106 (1949).

면에서 보다 효과적이라고 할 것이다.[8] 즉 공공무해성은 직업의 개념 요소에 포함시킬 것이 아니라 직업의 자유의 제한에 포함되어야 할 것이다.[9] 헌법재판소도 「성매매알선 등 행위의 처벌에 관한 법률」 제21조 제1항 위헌제청 사건에서 "「헌법」 제15조에서 보장하는 '직업'이란 생활의 기본적 수요를 충족시키기 위하여 행하는 계속적인 소득활동을 의미하고, 성매매는 그것이 가지는 사회적 유해성과는 별개로 성판매자의 입장에서 생활의 기본적 수요를 충족하기 위한 소득활동에 해당함을 부인할 수 없다 할 것이므로, 심판대상조항은 성판매자의 직업선택의 자유도 제한하고 있다"라고 하였다.[10]

따라서 이 사건 헌법소원사건에서도 법으로 금지되어 있는 것을 영위하고자 하는 것이라 하더라도 직업의 개념에 포함되는 것이므로 직업의 보호영역에는 포함되는 것이라 할 것이다. 직업선택의 자유에는 직업결정의 자유, 직업종사(직업수행)의 자유, 전직의 자유 등이 포함되지만 직업결정의 자유나 전직의 자유에 비하여 직업종사(직업수행)의 자유에 대하여서는 상대적으로 더욱 넓은 법률상의 규제가 가능하다고 본다.

이 사건의 경우, 이 사건 시행령조항에 의한 제한이 청구인들의 인격발현과 개성신장에 미치는 비교적 경미한 효과를 고려할 때, '비영업용 차량을 광고매체로 이용하는 광고대행업'은 하나의 독립된 직업이 아니라 단지 '광고대행업'을 행사하는 방법의 하나라고 판단되므로, 위 시행령조항은 '광고대행업'이란 직업의 행사방법을 제한하는 규정이다. 직업수행의 자유의 경우 공익상의 합리적인 이유로 제한될 수 있음은 물론이나, 이 경우에도 비례의 원칙을 준수해야 한다.

이 사건 시행령조항에 의하여 청구인들의 직업행사의 자유가 제한을 받는다는 점은 인정되나, 차량을 매체로 하는 광고를 제한함으로써 달성하고자 하는 공익인 도로교통의 안전성과 도시미관의 중대함에 비추어, 제한을 통하여 얻는 공익적 성과와 개인의 자유에 대한 제한의 정도가 합리적인 비례관계를 벗어났다고 볼 수 없다. 따라서 이 사건 시행령조항은 직업의 자유를 침해하지 않는다는 것이다.

Ⅲ. 판례의 의의

이 결정은 현재 일반 자동차에 소유자 이외의 광고를 부착하고 운행하는 것이 불법

8) 방승주, "직업선택의 자유 –헌법재판소의 지난 10년간의 판례를 중심으로", 『헌법논총』, 제9집(헌법재판소, 1998), 217면.
9) 성낙인, 『헌법학』, 제18판(법문사, 2018), 1306면.
10) 헌재 2016. 3. 31. 2013헌가2.

임을 확인하면서, 이러한 제한을 규정하고 있는 옥외광고물등관리법시행령 제13조 제9항이 표현의 자유와 직업의 자유를 침해하지 않는다는 것을 확인한 결정이다. 이 결정에서 헌법재판소는 다시 한 번 광고가 표현의 자유의 영역에 속한다고 보고 있다.

이 사건에서 청구인들이 평등의 원칙을 침해한다고 주장하면서 청구취지에 「옥외광고물등관리법」과 같은 법 시행령만을 적시하여 헌법재판소가 평등의 원칙에 대한 판단을 하지 않았으나, 청구인이 이 사건 헌법소원심판을 청구한 후에 「옥외광고물등관리법」과 같은 법 시행령이 개정되어[11] 청구인들과 사업용자동차·사업용화물자동차 소유주를 차별하고 있었다.

현행 자동차 광고의 허용 여부를 보면 「옥외광고물 등의 관리와 옥외광고산업 진흥에 관한 법률」과 같은 법 시행령에 의하면 자동차 가운데 「여객자동차운수사업법」에 의한 사업용자동차와 「화물자동차운수사업법」에 의한 사업용화물자동차 또는 「자동차관리법」 제3조 제1항 제3호에 따른 화물자동차로서 이동용 음식판매 용도인 소형·경형화물자동차 또는 같은 항 제4호에 따른 특수자동차로서 이동용 음식판매 용도인 특수작업형 특수자동차의 경우에는 차량 소유주 자신에 관한 광고든 혹은 타인에 관한 광고든 간에 특별자치시장·특별자치도지사·시장·군수 또는 자치구의 구청장에게 허가를 받은 후 차량 외부에 광고물을 부착할 수 있으나(옥외광고물 등의 관리와 옥외광고산업 진흥에 관한 법률 시행령 제4조 제1항 제9호), 사업용 자동차, 사업용 화물자동차 및 음식판매자동차 이외의 자동차는 소유자의 성명·명칭·주소·업소명·전화번호, 자기의 상표 또는 상징형 도안만 표시할 수 있도록 하고 있다(옥외광고물 등의 관리와 옥외광고산업 진흥에 관한 법률 시행령 제19조 제5항 제2호).

따라서 사업용 자동차, 사업용 화물자동차 및 음식판매자동차와 이외의 자동차를 구별하여 차별하는 것이 되는데, 이러한 차별에 합리성이 있는가 하는 점에 대하여는 헌법재판소가 판단을 하지 아니하였다. 사업용 자동차, 사업용 화물자동차 및 음식판매자동차와 이외의 자동차를 차별하여 사업용 자동차, 사업용 화물자동차 및 음식판매자동차에게는 일반적인 광고를 허용하고 사업용 자동차, 사업용 화물자동차 및 음식판매자동차 이외의 자동차에게는 소유주에 관한 광고만을 허용하는 것이 평등원칙에 위배되는지 여부도 문제가 될 수 있다.

---

11) 2001. 11. 22. 대통령령 제17412호로 개정된 옥외광고물등관리법시행령은 제28조를 신설하여 사업용자동차·사업용화물자동차 소유주에 대하여 광고를 허용하고 있었다.

10 상업적 광고표현의 한계와 위헌심사기준

－헌재 2000. 3. 30. 99헌마143

최 우 정*

Ⅰ. 판례의 개요

1. 사안의 개요

청구인들은 "숙취해소용(宿醉解消用) 천연차(天然茶) 및 그 제조방법"에 관하여 1997. 3. 19. 특허출원을 하고 특허법에 의한 특허청의 심사를 받은 다음 1998. 12. 5. 특허번호 제181168호로 그 설정등록을 함으로써 특허권을 획득하였다.

청구인들은 특허권자로서 생산된 물건이나 그 용기 또는 포장에 특허표시를 할 수 있는 권리가 있음에도 불구하고, 식품의약품안전청의 고시인 식품등의표시기준 제7조 『별지1』 식품등의 세부표시기준 1. 가. 10) 카)에서 "음주전후, 숙취해소 등 음주를 조장하는 내용을 표시하여서는 아니된다"고 규정함으로 말미암아 특허발명의 방법으로 생산한 천연차에 그 특허표시인 "숙취해소용 천연차"라는 표시를 하지 못하게 되자, 1999. 3. 16. 헌법재판소에 위 고시의 규정 중 "음주전후, 숙취해소"라는 부분이 청구인들의 재산권, 발명가의 권리, 직업행사의 자유를 침해한다고 주장하면서 그 위헌확인을 구하기 위하여 이 사건 심판을 청구하였다.

2. 소송경과

가. 청구인의 주장

이 사건에서 청구인들은 3가지의 쟁점에 대해 주장하였다.

첫째, "음주전후" 또는 "숙취해소"라는 용어는 그 전후의 말에 따라 얼마든지 다른 뜻

* 계명대학교 경찰행정학과 교수.

을 표시할 수 있고, 또 일반적으로 위 용어들은 음주를 조장하는 내용을 표시하는 것이라기보다 오히려 음주전후의 국민보건을 위한 경고적 내지 처방전적 기능을 하는 것으로서, 식품에 이러한 표시가 있다 하여 그것이 음주를 조장하는 작용이나 기능을 하는 것은 아니다. 따라서 이러한 표시를 금지하는 것은 표현의 자유를 침해하는 것이다.

둘째, 청구인들은 특허권자이므로 '업(業)으로서 그 특허발명을 실시할 권리'를 독점하고, 생산된 물건 또는 그 물건의 용기나 포장에 특허표시를 할 수 있는 권리를 가지고 있는바, 이 특허표시에는 '발명의 명칭'이나 '발명의 상세한 설명'이 포함된다. 그러므로 특허권자가 그 특허발명의 방법에 의하여 생산한 물건에 '발명의 명칭' 등 특허표시를 할 수 있는 권리는 특허권의 본질적 내용의 일부라고 할 것이다. 그런데 청구인들 공동명의의 특허등록 제181168호는 그 '발명의 명칭'이 바로 "숙취해소용 천연차 및 그 제조방법"으로서, 이는 단순히 상업상의 광고를 위한 어떤 표시가 아니고 특허등록의 내용 그 자체이다. 그럼에도 불구하고 청구인들은 이 사건 규정으로 인하여 특허발명의 방법으로 생산한 물건에 그 특허표시, 즉 "숙취해소용 천연차"라는 표시를 하지 못하고 있는바, 이는 특허권자의 헌법상 보장된 재산권인 특허권에 대한 침해일 뿐만 아니라 그 직업수행(특허발명제품의 판매)의 자유를 침해하는 것이다. 따라서 이 사건 규정을 특허권자가 그 특허발명의 방법으로 생산한 물건에 발명의 명칭 등 특허표시를 하는 경우에도 적용하는 것은 헌법에 위반된다.

셋째, 이 헌법소원의 대상이 되는 규정은 형벌법규인 「식품위생법」 제77조 제1호의 구성요건에 해당함에도 불구하고 구성요건으로서의 명확성을 결여하고 있어 죄형법정주의에 어긋나고, 청구인들은 "숙취해소용 천연차"의 제조 및 판매에 관여하고 있어 이러한 위헌적 형벌규정에 의하여 형사처벌을 받을 위험에 직면하여 있다. 따라서 이 사건 규정은 청구인들의 신체의 자유마저 침해하는 것이다.

나. 식품안전의약청장의 견해

청구인들의 주장에 대해 식품안전의약정장은 다음과 같은 이유로 본 규정의 합헌성을 피력하였다.

첫째, 이 사건 규정은 이른바 알콜성 대사음료와 건강보조식품을 마치 숙취해소의 약리학적 작용이 있는 것인 양 잘못된 인식을 갖게 함으로써 음주를 조장할 우려가 현저히 높아 이로부터 소비자들을 보호할 목적으로 제정된 것이다.

둘째, 어떤 제품을 섭취 혹은 복용함으로써 음주 후의 숙취(두통·위통·토기 등의 중독증상)를 해소시킬 수 있다면 이는 그 제품의 약리작용에 의한 것으로서 「약사법」 규정에 따른 의약품으로 취급되어야 한다. 현재 의약품으로 허가된 생약제를 원료로 한 제품들의 경우 숙취해소의 효능·효과를 인정하여 주고 있으므로, "숙취해소용 천연차 및 그 제조방법"으로 특허등록을 한 자가 올바르게 특허권을 행사하기 위하여서는 당연히 「약사법」의 규정에 따라 의약품으로 허가를 받아야 한다.

셋째, 「특허법」은 발명을 보호·장려하고 그 이용을 도모하기 위한 것인 반면, 「식품위생법」은 식품으로 인한 위해를 방지하고 식품영양의 질적 향상을 도모하기 위한 것으로서 그 목적과 취지가 상이하므로, 「식품위생법」이나 「약사법」의 적용을 받는 제품에 이들 관계규정에 위반되는 특허권의 사용(발명의 명칭 등 표시)을 제한하더라도 그것이 국민의 기본권을 침해한다고 보기 어렵다.

넷째, 이 사건 규정은 '음주전후, 숙취해소'라는 표현을 식품표시로 할 수 없음을 명확히 하여 예측가능성을 확보함과 동시에 사법적 판단의 확고한 기초를 제공하고 있으므로 신체의 자유를 침해하는 것이 아니다.

3. 판례의 요지

가. 상업적 광고표현에 대한 고시를 통한 규제의 위헌성

이 사건은 식품의약품안전청의 고시인 식품등의표시기준 제7조 『별지1』 식품등의 세부표시기준 1. 가. 10) 카)에서 "음주전후, 숙취해소 등 음주를 조장하는 내용을 표시하여서는 아니된다"고 규정하는 것이 청구인들의 영업의 자유, 상업적 표현의 자유, 특허권의 헌법적 가치인 재산권을 침해한 것인가에 대한 판단이다. 따라서 법리적인 핵심쟁점은 식품의약품안정청의 고시에서 규정하고 있는 "음주전후, 숙취해소 등 음주를 조장하는 내용에 본 청구인들이 사용한 표현인 "숙취해소용 천연차"라는 표현이 해당하는가의 여부이다.

이에 대해 헌법재판소는 헌법재판소의 위헌심사기준인 비례의 원칙에 입각해서 판단하면서 입법목적의 정당성은 존재하지만 「헌법」 제37조 제2항에서 도출되는 비례의 원칙(과잉금지의 원칙)에 비추어 볼 때 헌법과 부합되지 않는다는 결론을 내렸다.

헌법재판소는 우선 청구인들이 사용한 표현이 음주를 조장하는 내용이라고 볼 수 없다고 하면서 음주의 여부 및 그 정도는 개인의 음주에 대한 선호도, 경제적 여건, 분위기 등 여러 가지 사정에 따라 결정되는 것이고, 숙취해소용 식품은 음주의 기회에 주취완화 내지 숙취해소의 효과를 기대하여 섭취하거나 음용하는 것이므로, 식품 등에 이러한 표시가 있다고 하여 그것이 음주를 조장하는 작용을 하거나 기능을 한다고 보기 어렵다고 판단했다.

나. 상업적 광고표현과 과잉금지원칙

헌법재판소는 쟁점이 된 식품등의표시기준 제7조『별지1』식품등의 세부표시기준 1. 가. 10) 카)에서 "음주전후, 숙취해소 등 음주를 조장하는 내용을 표시하여서는 아니된다"는 규정이 청구인들이 사용하는 "숙취해소용 천연자"라는 표현에 해당되는가에 대해 과잉금지원칙, 즉 적합성의 원칙, 필요성의 원칙 그리고 이익형량의 원칙에 입각해서 청구인들의 표현에 대한 식품등의 표시기준에 의해 규제하는 것이 헌법에 위반되고 청구인의 재산권을 침해하는 것이라고 판단했다.

II. 해 설

1. 쟁점의 정리

가. 상업적 광고표현과 법률유보

우리 헌법상 표현의 자유라는 명시적인 규정은 없지만「헌법」제21조의 언론, 출판, 집회 및 결사의 자유를 통칭해서 표현의 자유라고 보고 있다.

표현의 자유는 단지 개인의 사상적, 양심적인 표현만을 보호하는 데 그치는 것이 아니라 개인의 이러한 표현을 통해 사회 전체의 사적, 공적 의사형성에 기여하기에 민주주의의 발전에는 필수불가결적인 기본권이다.[1] 따라서 미국수정헌법은 표현의 자유를 법률로도 제한할 수 없다고 규정하고 있으며 독일도 표현의 자유에 대해 강한 헌법적 보호를 인정한다.

표현의 자유의 보호영역은 단지 정치적 의사형성에 기여하는 표현에 국한되는 것이 아니고 상업적 표현도 포함된다. 특히 상업적 광고표현이 일반적인 의사의 표현, 즉 공적인 의사형성에 기여하는 표현의 자유보다 덜 보호되어야 하는지에 대해서는 논란의 여지가 있지만 상업적 광고표현도 표현의 자유의 보호영역에 속하는 것을 부인할 수는 없다. 특히 공적 의사형성에 기여하는 표현과 상업적 광고표현이 국민들의 의사형성에 어떠한 영향을 미치는가에 대해 뚜렷하게 구별하기가 히든 경우에 구별의 차이를 두어야 하는지에 대해서는 논란의 여지가 여전히 있지만[2] 상업적 광고표현에 대한 제한은「헌법」제37

1) Kingreen/Poscher, Grundrechte Staatsrecht Ⅱ, 33 Aufl. Rn. 646ff.
2) v. Mangoldt/Klein/Starck, GG Kommentar, Bd.1 7 Aufl., Art. 5 Abs. 1, Rn. 79.

조에 의한 일반적 법률유보에 의해서 가능하며 이 경우에도 비례의 원칙, 본질적 내용에 대한 침해 금지의 원칙에 부합되게 이루어져야 한다.[3] 특히 표현의 자유가 시간에 지남에 따라 사실의 주장과 같은 것을 그 보호영역으로 볼 것인가에 대해 논란이 되고 있는 상황에서 숙취해소라는 표현이 단순한 사실적인 주장인지 아니면 조금이라도 숙취해소에 영향을 미칠 수 있다는 가치판단적인 표현인지에 대한 평가가 이루어져야 한다. 왜냐하면 단순한 사실의 주장은 옳거나 틀린 것 중의 하나의 문제이지만 가치평가가 들어가는 부분에 대해서는 옳고 틀린 것을 결정할 수 없는 문제이기 때문에 표현의 자유의 보호영역에 포함되어져야 한다.[4]

이러한 입장에서 보면 식품등의표시기준에 의해 숙취해소용 천연차를 선전을 금지하는 것은 헌법재판소가 비례의 원칙에 입각해 개별적으로 살펴봤듯이 위헌적인 것이며 이러한 위헌적인 과잉금지규제에 의한 표현의 자유를 제한한 것은 헌법소원 청구인들의 재산권인 특허권을 침해하는 것이라고 판단한 것은 정당하다.

나. 헌법재판소 결정의 문제점

(1) 객관적 가치질서와 헌법소원

이 사건에서 식품등의표시기준에 의해 청구인의 상업적 광고표현을 제한하는 것이 헌법에 반한다는 헌법재판소의 결론은 바람직하다. 그러나 헌법재판소는 이 사건에서 결론을 도출하는데 지나치게 형식적인 비례의 원칙에 입각한 판단을 한 것이 아닌가 한다. 독일연방헌법재판소도 기본권 침해적 법률유보에 대해 엄격한 비례의 원칙을 적용해서 위헌성을 판단한다. 그러나 이러한 판단은 단순히 형식적인 측면에 그치는 것이 아니라 비례의 원칙에 밀접하게 관계된 법리적인 문제들 또한 다루고 있다. 마치 일반법원에서 청구인들의 주장을 다루는 것에 그치는 것이 아니라 헌법적인 판단이 필요한 부분에 대해서는 독자적으로 헌법적 판단을 해서 국민들에게 헌법적인 가치가 무엇인지를 알려주고 있다. 일반재판이 주관적 권리의 구제라는 측면에 그치는 반면에 헌법재판은 단순히 주관적 공권침해에 대한 구제만이 아니라 헌법의 객관적 가치질서를 선언하는 기능을 수행한다. 특히 헌법소원의 경우 이러한 이중적 기능을 수행하고 있다는 것이 일반적인 견해이다.[5] 이러한 입장에서 볼 때 헌법재판소는 비록 헌법재판소의 초기의 결정이라고 하더라

---

3) v. Mangoldt/Klein/Starck, GG Kommentar, Bd.1 7 Aufl., Art. 1 Abs. 3, Rn. 277ff.; Kingreen/Poscher, Grundrechte Staatsrecht Ⅱ, 33 Aufl. Rn. 330ff.

4) Kingreen/Poscher, Grundrechte Staatsrecht Ⅱ, 33 Aufl. Rn. 652ff.; 따라서 단순한 사실의 주장과 가치판단의 문제를 구별하는 것은 불가능하다는 견해도 있다. Herzog, MD, Art. 5 Abs. 1, 2 Rn. 51; Schulze-Fielitz, DR, Art. 5 Ⅰ, Ⅱ Rn. 65.

5) Kingreen/Poscher, Grundrechte Staatsrecht Ⅱ, 33 Aufl. Rn. 111ff.

도 헌법소원의 본질적인 부분에 대한 인식부족으로 헌법재판의 본연의 기능을 제대로 수행하지 않은 것이 아닌가 생각한다. 예를 들어, 고시를 통한 기본권제한의 가능성, 위임입법의 문제, 명확성의 문제 등도 객관적 가치질서의 확인이란 측면에서 다루는 것이 헌법재판의 본질적인 기능이다.

(2) 헌법적 판단의 논점에 대한 판단부족

헌법재판소는 이 사건의 심판에서 관련있는 사항에 대해 판단을 하지 않은 것이 있다.

첫째, 심판의 대상이 법규명령이 아닌 행정규칙의 형식인 고시로 되어 있는데 법률이나 법률에 근거해 형성된 법규명령이 아닌 행정규칙인 고시로 기본권의 제한이 가능한가에 대한 판단을 하지 않았다는 점이다. 물론 행정규칙적인 성격을 가지는 고시나 고시의 성격을 가지는 행정규칙의 제정이 가능하지만 본 사건의 경우에는 심판대상이 되는 고시의 법적 성격에 대한 선제적인 판단 없이 기본권침해성을 바로 다루고 있다. 만약 심판대상인 고시가 단순히 행정규칙에 불과한 성격이라면 대외적인 구속력이 있는 법규성이 상실되기 때문에 헌법재판소는 이에 대해 위헌결정을 할 수 없고 각하결정을 할 수밖에 없다. 그러나 헌법재판소는 고시의 법적성격에 대한 선제적인 판단 없이 바로 기본권침해에 대한 과잉금지심사에 들어감으로써 위헌심사의 논리적 비약성을 자초하고 있다.

둘째, 심판대상이 되는 "음주전후, 숙취해소 등 음주를 조장하는 내용을 표시하여서는 아니된다"라는 부분에 대해 명확성의 원칙에 입각해 심사하고 있지 않다. 법치국가원리의 한 내용으로 인정되는 명확성의 원칙은 개별 법규가 일반인이 인식하기에 모호할 정도로 규정될 경우 법규에 대한 예측가능성이 떨어지기 때문에 무효라고 판단되어야 한다는 것이다. 이 사건에서 '음주를 조장하는 내용'에 '숙취해소용 천연차'가 해당할 것인가에 대해 심사를 하고 있지만 무엇이 숙취를 조장하는 내용인가에 대한 명확한 설명을 하고 있지 않다. 오히려 이 사건이 헌법소원으로 제기되어 본안심사의 대상이 되었다는 점은 고시상의 용어사용이 불명확성을 내포하고 있고 그러한 이유에서 헌법소원이 판단되어야 한다는 점에서 볼 때 헌법재판소는 심판대상 고시규정이 명확성의 원칙에 부합되는가를 살펴보아야 한다. 그러나 헌법재판소는 이에 대한 판단을 하지 않고 있어 헌법소원심판이 가지는 객관적 가치질서로서의 성격을 충실히 수행하고 있지 못하는 점은 아쉬운 점이다.[6)]

---

6) 기본권의 이중적 성격에 대해서는, v. Mangoldt/Klein/Starck, GG Kommentar, Bd.1 7 Aufl., Art. 1 Abs. 3, Rn. 175ff.; Kingreen/Poscher, Grundrechte Staatsrecht Ⅱ, 33 Aufl. Rn. 111ff.

2. 관련 판례

가. 의료법 제69조등 위헌제청 사건[7)]

이 사건에서는 의료광고가 「의료법」 제69조에 위반하는 가의 여부에 대한 결정이다. 이 결정에서 헌법재판소는 종전의 결정처럼 상업적 광고표현에 대해 완화된 기준으로 위헌성 심사를 하고 있다. 헌법재판소는 구체적인 결정에서 "상업광고에 대한 규제에 의한 표현의 자유 내지 직업수행의 자유의 제한은 「헌법」 제37조 제2항에서 도출되는 비례의 원칙(과잉금지원칙)을 준수하여야 하지만, 상업광고는 사상이나 지식에 관한 정치적, 시민적 표현행위와는 차이가 있고, 인격발현과 개성신장에 미치는 효과가 중대한 것은 아니므로, 비례의 원칙 심사에 있어서 '피해의 최소성' 원칙은 '입법목적을 달성하기 위하여 필요한 범위 내의 것인지'를 심사하는 정도로 완화되는 것이 상당하다"라고 결정했다.

나. 건강기능식품에관한법률 제18조제1항제5호등 헌법소원[8)]

헌법재판소는 건강기능식품의 기능성 표시·광고에 대한 사전심의업무를 영업자단체에 위탁할 수 있도록 한 「건강기능식품에 관한 법률」 제16조 제2항은 청구인이 심의위원회의 심의결과와 다르게 광고를 하였다는 이유로 받은 영업정지처분의 취소를 구하는 사건에 대해 건강기능식품의 허위·과장 광고를 사전에 예방하지 않을 경우 불특정 다수가 신체·건강상 피해를 보는 등 광범위한 해악이 초래될 수 있고, 허위·과장 광고 등에 대해 사후적인 제재를 하더라도 소비자들이 신체·건강상으로 이미 입은 피해는 피해 회복이 사실상 불가능할 수 있어서 실효성이 별로 없다는 문제가 있다. 반면에 건강기능식품 광고는 영리 목적의 순수한 상업광고로서 사상이나 지식에 관한 정치적·시민적 표현행위 등과 별로 관련이 없고, 이러한 광고를 사전에 심사한다고 하여 예술 활동의 독창성과 창의성 등이 침해되거나 표현의 자유 등이 크게 위축되어 집권자의 입맛에 맞는 표현만 허용되는 결과가 될 위험도 작다는 이유로 상업적 광고표현에 대해 여전히 일반적인 표현행위보다는 완화된 위헌심사기준을 적용하고 있다.

Ⅲ. 판례의 의의

이 결정은 3가지 정도에서 시사점을 가진다.

7) 헌재 2005. 10. 27. 2003헌가3.
8) 헌재 2010. 7. 29. 2006헌바75.

첫째, 표현의 자유는 일반적인 사상적, 양심적인 표현에 그치는 것이 아니라 상업적 광고표현도 헌법적 보호영역에 속하는 것이며 더 나아가 상업적 광고표현은 영업의 자유와 재산권과도 결부되어 있다는 헌법재판소의 결정은 기본권이 독자적이면서 상호 유기적인 의미를 가진다고 파악하고 있다는 점이다.[9)]

둘째, 비록 고시의 법적 성격에 대해 선제적으로 심사하지는 않았지만 기본권 침해적 법률유보에 대해서는 위헌심사의 기준으로 과잉금지원칙(엄격한 비례의 원칙)에 근거해 심사를 했다는 점이다. 입법부의 입법형성이 기본권 침해적인 것인지, 기본권 형성적인 것인지에 대한 판단도 쉬운 일은 아니지만 일단 기본권 침해적 법률유보부분에 대해서는 엄격한 비례의 원칙에 입각한 위헌심사기준이 적용되었다는 점이다.

셋째, 이 사건에 대한 결정에 대해 종국적으로는 찬성하지만 법적 논리를 이끌어가는 과정, 법논리적 전개의 과정에서는 헌법소원의 객관적 가치질서 형성의 기능에 충실해 청구인의 청구에 국한되는 것이 아니라 사건관련적인 헌법적 문제에 대해 모두 충실히 심사를 하지 않았다는 점에 아쉬움이 남는 결정이다.

9) 이 점에서는 기본권의 경합에 대한 내용을 이론적으로 다루고 심사를 했으면 하는 아쉬움은 남는다.

11 의료광고규제에 대한 헌법적 통제

- 헌재 2007. 7. 26. 2006헌가4

김 해 원*

Ⅰ. 판례의 개요

1. 사안의 개요

(1) 충주시에서 ○○정형외과를 운영하는 의사 A는 2004. 9. 일자 미상경부터 2005. 5. 16.경까지 사이에 위 정형외과 인터넷 홈페이지 '관절클리닉-관절경 수술란'에 '진단적 관절 내시경술-관절경에 의한 확진율은 99%까지 가능, 최근 의학이 발달, 최첨단의료장비 개발로 관절경 검사와 동시에 관절경 수술로 치료가능, 관절의 상처가 거의 남지 않고 정확한 진단과 동시에 수술가능' 등의 내용 및 수술장면 사진을 게재하였다.

(2) 이러한 의료광고행위에 대해서 검사는 「의료법」 제69조, 제46조 제1항에 의하여 기소함과 아울러, 예비적 공소사실로서, 피고인(의사 A)은, 의료법인·의료기관 및 의료인은 보건복지부령에 정한 의료업무에 관한 광고의 범위 이외의 사항에 대하여는 광고할 수 없음에도 앞에서와 같은 내용의 광고를 함으로써 「의료법」 제69조, 제46조 제4항을 위반하였다고 청주지방법원 충주지원에 심판을 청구했다.

(3) 이 사건을 담당한 청주지방법원 충주지원은 예비적 공소사실에 적용될 「의료법」 제69조, 제46조 제4항에 대하여 헌법재판소에 위헌 여부 심판을 제청하였다

2. 심판의 대상

(1) 이 사건 심판의 대상은, '「의료법」(2002. 3. 30. 법률 제6686호로 개정되고, 2007. 1. 3. 법률 제8203호로 개정되기 전의 것, 이하 '법'이라 한다) 제69조 중 제46조 제4항 부분'(이하 '이

* 부산대학교 법학전문대학원 교수.

사건 조항'이라 한다)의 위헌 여부이다. 제청법원은 제69조 및 제46조 제4항의 위헌 여부 심판을 제청하였으나 위헌제청취지를 보면 제69조 중 '제46조 제4항' 부분을 다투는 것이며, 제46조 제4항에 대하여 독자적으로 심판을 구하는 것으로 볼 수 없으므로 심판의 대상을 위와 같이 한정된다. 이 사건 심판대상조문 및 참조조문은 아래와 같다.

(2) 심판대상조문: 구 「의료법」(2002. 3. 30. 법률 제6686호로 개정되고, 2007 1. 3. 법률 제8203호로 개정되기 전의 것) 제69조(벌칙) 제17조 제1항·제2항, 제18조 제3항·제4항, 제20조 제2항·제3항, 제21조, 제24조, 제25조 제2항, 제30조 제1항·제3항(제61조 제3항에서 준용하는 경우를 포함한다)·제6항(허가의 경우에 한한다), 제31조 제1항 본문, 제34조, 제35조 제1항, 제41조 제3항·제4항, 제46조 제2항·제3항·제4항, 제47조, 제55조 제2항의 규정에 위반한 자 또는 제50조의 규정에 의한 명령에 위반한 자와 의료기관의 개설자가 될 수 없는 자에게 고용되어 의료행위를 한 자는 300만 원 이하의 벌금에 처한다.

(3) 참조조문: 구 「의료법」(2002. 3. 30. 법률 제6686호로 개정되고, 2007. 1. 3. 법률 제8203호로 개정되기 전의 것) 제46조(과대광고 등의 금지) ① 의료법인·의료기관 또는 의료인은 의료업무 또는 의료인의 경력에 관하여 허위 또는 과대한 광고를 하지 못한다. ② 의료법인·의료기관 또는 의료인이 아닌 자는 의료에 관한 광고를 하지 못한다. ③ 누구든지 특정 의료기관이나 특정의료인의 기능·진료방법·조산방법이나 약효 등에 관하여 대중광고·암시적 기재·사진·유인물·방송·도안 등에 의하여 광고를 하지 못한다. ④ 의료업무에 관한 광고의 범위 기타 의료광고에 필요한 사항은 보건복지부령으로 정한다.

(4) 이 사건 조항의 개정 경과: 이 사건 조항은 위 위헌심판제청이 신청된 이후인 2007. 1. 3. 법률 제8203호로 개정되었는데, 제68조(벌칙)에서 "… 제46조 제1항 내지 제4항 … 에 위반한 자 … 는 1년 이하의 징역 또는 500만 원 이하의 벌금에 처한다"라고 규정하면서, 제46조 제1항은 의료인 아닌 자의 의료광고금지를, 제2항은 금지되는 의료광고의 내용 등을, 제3항은 허위·과대광고의 금지를, 제4항은 의료광고방법의 제한을 각 규정한 후, 제5항은 "제1항 또는 제2항 규정에 따라 금지되는 의료광고의 구체적인 기준 등 의료광고에 관하여 필요한 사항은 대통령령으로 정한다"라고 규정하고 있다. 또한 「의료법」은 2007. 4. 11. 법률 제8366호로 재차 개정되었는데, 2007. 4. 11.자 개정 후 제89조는 개정 전의 위 제68조와, 개정 후 제56조는 개정 전의 위 제46조와 대동소이하다.

3. 판례의 요지

가. 법정의견

(1) 법 제46조 제4항은 아무런 금지사항, 요구사항 또는 명령사항을 규정하고 있지 않다. 또 법 제46조 제4항과 제1항 내지 제3항의 관계가 모호하다. 만일 제46조 제4항이 같은 조 제1항 내지 제3항과 독립되어 제69조의 구성요건을 이루는 것이라면 제4항은 아무런 금지규정의 형식을 취하고 있지 아니하므로 무엇을 위반하여야 처벌되는지 알 수가 없다. 반면 제4항이 제1항 내지 제3항이 금지하고 있는 의료광고의 예외로서 의료광고가 허용되는 범위를 정하는 규정으로 본다면, 제4항만으로는 법 제69조의 구성요건을 이룰 수 없게 된다. 한편 제4항만으로는 그 범위가 '한정적'인 것인지 '예시적'인 것인지 알 수가 없다. 결국 이 사건 법률조항은 금지된 행위가 무엇인지, 처벌의 범위가 어떠한지가 불분명하여 예측가능성을 주지 못하므로 죄형법정주의의 명확성원칙에 위배된다.

(2) 법 제46조 제4항은 위임되는 내용이 허용되는 의료광고의 범위인지, 금지되는 의료광고의 범위인지 모호할 뿐 아니라, 하위법령에 규정될 의료광고의 범위에 관한 내용이 한정적인지, 예시적인 것인지도 불분명하다. 위 조항이 위임하고 있는 내용이 광고의 내용에 관한 것인지, 절차에 관한 것인지 그 위임의 범위를 특정하기도 쉽지 않다. 이는 형사처벌의 대상이 되는 구성요건을 구체적으로 위임하지 않고, 하위법령에서 어떤 행위가 금지될 것인지에 예측할 수 없게 하므로 「헌법」 제75조 및 제95조의 포괄위임입법금지원칙에 위반된다.

나. 반대의견

입법연혁을 보면 「의료법」상 의료광고는 전면 금지에서 부분 허용으로 발전되어 왔다. 그러한 입법연혁과 처벌조항의 존재를 볼 때 법 제46조 제4항은 제1항 내지 제3항에서 금지되는 광고의 유형이 아닌 것 중에서 허용되는 광고의 범위를 한정적으로 규정하려는 것이 입법의도상 드러난다. 이러한 점은 실무상 명백한 것이었고 수범자인 의료인들에게도 충분히 예측된 것이었다. 이는 법해석·집행기관의 법보충적인 해석을 통하여 법률의 내용이 구체화된 경우라고 볼 수 있다. 그렇다면 이 사건 법률조항은 명확성원칙이나 포괄위임입법금지원칙에 반한다고 볼 수 없으며, 달리 이 사건 법률조항이 위헌이라고 볼 만한 사정도 없다.

II. 해 설

1. 쟁점의 정리

가. 죄형법정주의 위반 여부

“의료업무에 관한 광고의 범위 기타 의료광고에 필요한 사항은 보건복지부령으로 정한다”는 규정 위반 시 300만 원 이하의 벌금에 처하도록 한 구 「의료법」(2002. 3. 30. 법률 제6686호로 개정되고, 2007. 1. 3. 법률 제8203호로 개정되기 전의 것, 이하 ‘법’이라 한다) 제69조 중 ‘제46조 제4항’ 부분(이하 ‘이 사건 법률조항’이라 한다)이 죄형법정주의에 위배되는지 여부

나. 위임의 명확성원칙(포괄위임입법금지원칙) 위반 여부

“의료업무에 관한 광고의 범위 기타 의료광고에 필요한 사항은 보건복지부령으로 정한다”는 규정 위반 시 300만 원 이하의 벌금에 처하도록 한 구 「의료법」(2002. 3. 30. 법률 제6686호로 개정되고, 2007. 1. 3. 법률 제8203호로 개정되기 전의 것, 이하 ‘법’이라 한다) 제69조 중 ‘제46조 제4항’ 부분(이하 ‘이 사건 법률조항’이라 한다)이 포괄위임입법금지원칙에 위반되는지 여부

2. 관련 판례

가. 죄형법정주의 위반 여부 관련 판례

헌재 1996. 12. 26. 93헌바65, 판례집 8-2, 785, 792-793
헌재 1998. 7. 16. 97헌바23, 판례집 10-2, 243, 260

나. 위임의 명확성원칙(포괄위임입법금지원칙) 위반 여부 관련 판례

헌재 1994. 7. 29. 93헌가12, 판례집 6-2, 53, 61-62
헌재 1995. 11. 30. 91헌바1등, 판례집 7-2, 562, 592
헌재 1996. 8. 29. 95헌바36, 판례집 8-2, 90, 99

3. 검 토

가. 죄형법정주의 위반 여부

(1) 죄형법정주의 일반론

죄형법정주의의 원칙은 법률이 처벌하고자 하는 행위가 무엇이며 그에 대한 형벌이 어떠한 것인지를 누구나 예견할 수 있고, 그에 따라 자신의 행위를 결정할 수 있도록 구성요건을 명확하게 규정할 것을 요구한다. 형벌법규의 내용이 애매모호하거나 추상적이어서 불명확하면 무엇이 금지된 행위인지를 국민이 알 수 없어 법을 지키기가 어려울 뿐더러 범죄의 성립 여부가 법관의 자의적인 해석에 맡겨져 죄형법정주의에 의하여 국민의 자유와 권리를 보장하려는 법치주의의 이념은 실현될 수 없기 때문이다(헌재 1996. 12. 26. 93헌바65, 판례집 8－2, 785, 792－793; 헌재 1998. 7. 16. 97헌바23, 판례집 10－2, 243, 260).[1)]

(2) 헌법재판소의 판단

이 사건에서 헌법재판소는 "법 제46조 제4항과 제1항 내지 제3항의 관계가 모호하다. 만일 제46조 제4항이 같은 조 제1항 내지 제3항과 독립되어 제69조의 구성요건을 이루는 것이라면 제4항은 아무런 금지규정의 형식을 취하고 있지 아니하므로 무엇을 위반하여야 처벌되는지 알 수가 없다. 반면 제4항이 제1항 내지 제3항이 금지하고 있는(다만 제3항 중 '의료기관이나 의료인의 기능·진료방법'에 대한 광고금지 부분은 헌재 2005. 10. 27. 2003헌가3 결정에 의하여 위헌으로 선고됨) 의료광고의 예외로서 의료광고가 허용되는 범위를 정하는 규정으로 본다면, 제4항만으로는 법 제69조의 구성요건을 이룰 수 없게 된다(즉 처벌규정은 '법 제69조 중 제46조 제3항 부분'이 된다). 한편 위 제4항을 의료광고의 금지에 관련되는 규정으로 보건, 의료광고의 허용에 관한 규정으로 보건 간에, 제4항만으로는 그 범위가 '한정적'인 것인지 '예시적'인 것인지, 의료광고의 내용을 규율하는 것인지 아니면 절차를 규율하는 것인지 알 수가 없다"라고 하면서 "처벌조항인 제69조 중 제46조 제4항 부분은 금지된 행위가 무엇인지, 처벌의 범위가 어떠한지가 불분명하여 통상의 사람에게 예측가능성을 주지 못하고 있으므로 죄형법정주의의 명확성원칙에 위배된다"라고 판단했다.[2)]

(3) 비 판

헌법재판소는 이 사건 심판대상 법률조항(구 「의료법」 제69조 중 제46조 제4항 부분)에 대해서 "죄형법정주의의 명확성원칙에 위배된다"라고 판단했다. 그런데 "의료업무에 관한 광고의 범위 기타 의료광고에 필요한 사항은 보건복지부령으로 정한다"라고 규정하고 있

1) 헌재 2007. 7. 26. 2006헌가4, 판례집 19－2, 8.
2) 헌재 2007. 7. 26. 2006헌가4, 판례집 19－2, 8－9.

는 구 「의료법」 제46조 제4항의 수범자는 문언상 보건복지부장관일 수는 있어도 피고인 의사 A는 될 수 없다고 보아야 한다. 따라서 A가 구 「의료법」 제46조 제4항에 위반되어서 구 「의료법」 제69조에 의해 처벌되어야 한다는 것은 처벌조항만을 규정한 채 범죄구성요건을 규정하지 않았거나 혹은 범죄구성요건을 부령에 위임한 법률조항에 근거해서 형벌을 부과하는 것과 다름 아니다. 결국 이 사건 심판대상 법률조항은 형벌만을 규정하고 범죄는 규정하지 않았거나 혹은 범죄구성요건을 명령(보건복지부령)에 위임한 백지형법(Blankettstrafgesetz)이라고 보아야 할 것인바,[3] 죄형법정주의의 명확성원칙에 위배되는 것이 아니라 "법률에 의하여 범죄를 구성"할 것을 요청하는 「헌법」 제13조 전단의 범죄법률주의에 위반된다고 해야 할 것이다.[4]

나. 위임의 명확성원칙(포괄위임입법금지원칙) 위반 여부

(1) 위임의 명확성원칙으로서 포괄위임입법금지원칙 일반론

「헌법」 제75조는 대통령에게 입법권을 수권하는 법률을 정립하는 국회에게 "구체적으로 범위를 정하여 위임"할 것을 요구하고 있는데, 이러한 요구는 대통령보다 민주적 정당성이 낮은 국무총리나 행정 각부의 장이 소관사무에 관하여 "법률의 위임을 받아" 발할 수 있는(「헌법」 제95조) 총리령 혹은 부령에 입법권을 수권하는 법률의 경우에도 당연히 적용된다고 해야 한다.[5] 여기서 "구체적으로 범위를 정하여 위임"할 것을 요구하는 이유는 수권법률의 추상성과 포괄성으로 말미암아 피수권기관이 어떠한 피수권규범을 정립해야 할 것인지에 관해서 구체적인 명확한 행위지침을 제공받을 수 없게 되어 결국 피수권규범이 수권기관인 국회의 의사와 유리된 채 피수권기관의 자의에 좌우됨으로써 국회입법이 실질적으로 행정입법에 의해 대체되어 버릴 것을 경계했기 때문이다.[6] 한편 「헌법」 제75조로부터 도출되는 입법권수권방식에 대한 헌법적 통제기준인 "입법권을 위임하는 수권법률의 명확성원칙"(위임의 명확성원칙)[7]은 일반적으로 '포괄위임(입법)금지원칙'으로 명명되고 있다.[8]

(2) 헌법재판소의 판단

이 사건에서 헌법재판소는 "법 제46조 제4항을 보면 그 문언상 무엇을 부령에 위임하

3) 이재상, 『형법총론』, 7판(박영사, 2011), 15면.
4) 형벌법률주의는 「헌법」 제12조 제1항 후문에 근거한다고 본다.
5) 김해원, 『기본권심사론』, 초판(박영사, 2018), 247면.
6) 김해원, 앞의 책, 249~250면.
7) 헌재 2012. 2. 23. 2011헌가13, 판례집 24-1(상), 42.
8) 김해원, 위의 책, 247면.

는 취지인지 전혀 구체화되어 있지 않다. 즉 […] 위임되는 내용이 허용되는 의료광고의 범위인지, 금지되는 의료광고의 범위인지 모호할 뿐 아니라, 하위법령에 규정될 의료광고의 범위에 관한 내용이 한정적인 것인지, 예시적인 것인지도 불분명하다. 나아가 위 조항이 위임하고 있는 내용이 광고의 내용에 관한 것인지, 절차에 관한 것인지 그 위임의 범위를 특정하기도 쉽지 않다"라고 하면서, 법 제46조 제4항을 위반한 자에 대해서 형사처벌을 규정하고 있는 이 사건 심판대상조항에 대해서 다음과 같이 판단했다: "형사처벌의 대상이 되는 구성요건을 구체적으로 위임하지 않고 있으며, 통상의 사람에게는 물론 법률전문가에게도 하위법령에서 어떤 행위가 금지될 것인지에 관하여 예측할 수 없게 하므로, 「헌법」 제75조 및 제95조의 포괄위임입법금지원칙에 위반된다."

(3) 비 판

헌법재판소의 판단의 결론은 동의가 된다. 하지만 이 사건에서 헌법재판소가 "통상의 사람에게는 물론 법률전문가에게도 하위법령에서 어떤 행위가 금지될 것인지에 관하여 예측할 수 없게 하므로, 「헌법」 제75조 및 제95조의 포괄위임입법금지원칙에 위반된다"라고 판단한 부분은 오해의 소지가 다분하다고 본다. 왜냐하면 수권법률이 과연 얼마만큼 '구체적으로 범위를 정하여 위임'해야 하는지에 관한 판단을 피수권기관인 보건복지부장관의 관점을 넘어서서 '통상의 사람'의 관점 또한 포함시켰기 때문이다. 포괄위임입법금지원칙의 준수여부를 일반인의 관점에서 판단하면, 다음과 같은 문제점이 있다: 입법자와 행정부 상호 간의 문제인 「헌법」 제75조 및 제95조의 요청을 입법자와 국민 상호 간 문제로 변질시키는 것이며,[9] 무엇보다도 법에 대한 전문적 능력을 보유하고 있는 피수권기관(대통령, 국무총리, 행정각부의 장)의 관점이 아니라, 법에 대한 전문적인 사전 지식과 훈련이 부족한 보통의 상식을 가진 통상의 사람의 관점에서 '구체적으로 범위를 정하여 위임'하고 있는지 여부를 검토하게 한다는 점에서 포괄위임입법금지원칙이 요청하고 있는 수권법률의 구체성 및 명확성의 정도를 보다 높은 수준으로 끌어올리는 계기가 되어 결국 수권기관인 국회에게 과도한 입법부담을 지우며 그로 인하여 오늘날 헌법현실에서 증가하고 있는 규범의 수요에 대한 국회의 적실한 대응을 어렵게 하는 계기가 된다.[10] 따라서 이 사건에서 헌법재판소는 심판대상조항이 포괄위임입법금지원칙을 위반했는지 여부를 판단함에 있어서 '통상의 사람'의 관점을 제거하는 것이 논리적으로는 더 타당했을 것이다. 통상의 사람의 관점에서 명확성이 담보되는지 여부는 포괄위임입법금지원칙이 아니라 법치주의로부터 도출되는 명확성원칙에 따라서 통제될 수 있다.

---

9) 한수웅, "본질성이론과 입법위임의 명확성원칙", 『헌법논총』, 제14집(헌법재판소, 2003), 573면.
10) 이에 관한 상세한 설명과 참고문헌들에 대해서는 김해원, 앞의 책, 251~252면.

Ⅲ. 판례의 의의

이 사건에서 헌법재판소는 죄형법정주의와 포괄위임입법금지원칙에 관한 기존 선례와 견해를 적시하면서 심판대상 법률조항(구 「의료법」 제69조 중 '제46조 제4항' 부분)이 "죄형법정주의의 명확성원칙에 위배"되며, "포괄위임입법금지원칙에 위반"된다는 이유로 헌법에 위반된다고 판단했다.[11] 따라서 헌법재판소가 선례 혹은 기존 논리를 강화 혹은 확인한 것에 이 판결의 의의가 있다고 해도 무방할 것이다. 하지만 앞서 검토한 바와 같이 헌법재판소의 판단은 ① 법치주의로부터 도출되는 국가행위 통제규준인 명확성원칙을 무리하게 죄형법정주의의 내용요소로 집어넣었을 뿐만 아니라, 「헌법」 제13조 전단의 범죄법률주의의 위반 여부에 대한 검토를 간과했다는 점, 그리고 ② 위임의 명확성원칙인 포괄위임입법금지원칙의 위반 여부를 판단함에 있어서 피수권기관인 보건복지부장관의 관점뿐만 아니라, 일반인의 관점 또한 함께 판단의 관점으로 삼았다는 점에서 비판될 수 있을 것인바, 이 판결은 더 합리적이고 더 논리적이며 더 치밀한 헌법적 논증을 위한 반면교사로서도 그 의미가 있다고 하겠다.

11) 헌재 2007. 7. 26. 2006헌가4, 판례집 19-2, 3.

12 옥외광고물 규제의 법적 성격과 표현의 자유 침해 여부

-헌재 2016. 3. 31. 2014헌마794

김 재 광* · 황 창 근**

Ⅰ. 판례의 개요

1. 사안의 개요 및 소송경과

청구인들은 2013. 6.경부터 세종특별자치시 소재 8층 건물 중 일부씩을 임차하여, 그 상가 외벽에 가로형 간판을 설치하거나 창문 안쪽에 현수막이나 스티커 등을 부착하는 등으로 옥외광고물을 표시·설치하고, 각자 영업을 하여 온 사람들이다. 이 사건 상가는 「옥외광고물 등 관리법」(이하 '법'이라 한다) 제4조 제2항 및 같은 법 시행령 제25조 제3항에 따라 '옥외광고물 표시제한 특정구역 지정고시'(2013. 12. 31. 행정중심복합도시건설청 고시 제2013-33호) 제1조가 특정구역으로 지정한 충남 연기군 및 공주시 등 일원의 행정중심복합도시 예정지역내에 위치한 건물이다. 행정중심복합도시건설청장은 2014. 6. 23. 청구인들에게 이 사건 고시에 위배되는 옥외광고물을 2014. 7. 4.까지 정비하기 바라며, 이를 이행하지 않으면 이행강제금 등을 부과할 예정이라는 내용의 사전안내 공문을 발송하였고, 청구인들은 2014. 6. 27.경 그 안내문을 수령하였다.

그러자 청구인들은 2014. 9. 17. 이 사건 고시가 옥외광고물의 표시·설치를 매우 제한적으로 허용하고 있어 청구인들의 표현의 자유, 직업 수행의 자유 및 평등권을 침해한다며 이 사건 헌법소원심판을 청구하였다.

---

* 선문대학교 법경찰학과 교수.
** 홍익대학교 법과대학 교수.

2. 판례의 요지

(1) 광고물 총수량 조항은 법 제3조 제3항, 제4조 제2항, 법 시행령 제12조 제8항, 제25조 제3항, '세종특별자치시 옥외광고물 관리 조례'(2012. 7. 2. 조례 제151호) 제6조 제1항, 제27조, 「신행정수도 후속대책을 위한 연기·공주지역 행정중심복합도시 건설을 위한 특별법」(행복도시법) 제60조의2 제1항, 제3항에 근거한 것으로서, 위 조항들이 위임하는 범위 내에서 이 사건 특정구역 안에서 업소별로 표시할 수 있는 옥외광고물의 총수량을 원칙적으로 1개로 제한한 것을 두고 위임의 한계를 일탈하였다고 볼 수 없다. 따라서 광고물 총수량 조항이 법률유보원칙에 위배되어 청구인들의 표현의 자유 및 직업수행의 자유를 침해한다고 보기 어렵다.

(2) 이 사건 특정구역 안에서의 옥외광고물의 표시방법을 제한하는 심판대상조항들은 옥외광고물의 난립을 막아 쾌적하고 조화로운 도시미관을 조성함과 동시어 도시의 정체성을 확립하고, 공중에 대한 위해를 방지하고자 하는 것으로서 그 목적의 정당성 및 수단의 적정성이 인정된다. 도시 건설 초기 단계부터 쾌적하고 질서 있는 신도시의 가로(街路)환경을 조성하여 이 사건 특정구역이 추구하는 도시의 이미지를 제고하고자 1개 업소에서 표시할 수 있는 옥외광고물의 총수량을 원칙적으로 1개로 제한한 것(광고물 총수량 조항), 도시경관을 저해하거나 안전에 방해가 될 수 있는 세로형 간판, 입간판, 현수막, 벽보, 전단, 옥상간판 등의 설치를 금지하는 것(금지광고물 조항), 안전사고 및 시각적 공해를 줄이고 시인성(視認性)을 충분히 보장하기 위하여 원칙적으로 건물 2층 이하에 입주한 업소에 한하여 가로형간판을 표시할 수 있도록 하면서 건물 지하층 및 3층 이상에 입주한 업소는 위원회의 심의를 거쳐 2층 이하에 가로형간판을 설치할 수 있도록 예외를 허용한 것(가로형간판 조항), 풍압과 추락의 위험에 대비할 수 있도록 돌출간판의 규격을 제한하여 건물 지하층 및 3층 이상에 입주한 업소에 한하여 표시할 수 있도록 한 것(돌출간판 조항), 시각적 공해를 유발하여 도시의 경관을 저해할 수 있는 창문이용광고물의 난립을 방지하고자 그 크기나 재료, 색채 등을 엄격하게 제한하여 통행인의 눈에 가장 잘 띄는 건물 1층에 입주한 업소에 한하여 이를 설치할 수 있도록 한 것(창문이용광고물 조항)은 입법목적 달성을 위하여 필요한 범위 내의 제한이다. 한편, 청구인들은 자신들이 원하는 위치에 원하는 종류의 옥외광고물을 원하는 만큼 표시·설치할 수 없어 표현의 자유 및 직업수행의 자유를 다소 제한받게 되나, 심판대상조항들에 의하여 달성하려는 공익에 비하여 중대하다고 할 수 없어 법익균형성도 충족된다. 따라서 심판대상조항들이 비례의 원칙에 위배되어 청구인들의 표현의 자유 및 직업수행의 자유를 침해한다고 볼 수 없다.

(3) 건물 1층 및 2층은 3층 이상과는 옥외광고물의 시인성(視認性) 정도, 도시미관에

영향을 미치는 정도, 옥외광고물의 파손·추락으로 인한 피해 정도에 있어서 차이가 있으므로, 가로형간판 조항, 돌출간판 조항, 창문이용광고물 조항이 도시경관과 안전성 측면을 고려하여 입주한 층에 따라 옥외광고물의 표시·설치 여부를 달리 취급하는 데에는 합리적인 이유가 있다. 따라서 위 조항들은 청구인들의 평등권을 침해하지 아니한다.

II. 해 설

1. 쟁점의 정리

옥외광고물과 관련한 법적인 쟁점은 크게 광고규제의 문제와 산업진흥의 문제로 구분할 수 있다. 전자는 일반적인 광고물과 마찬가지로 표현과 방법에 대한 규제를 중심으로 논의가 이루어지고, 규제법제 또는 행정청의 구체적인 규제가 타당한지 행정쟁송의 문제로 나타난다. 이 사건은 그 중 행정청의 규제에 대하여 헌법소원을 제기한 사건이다.

옥외광고물은 옥외에서 공중에게 계속적으로 노출되는 광고형태를 말하는데, 광고규제에서 일반적으로 다루어지는 광고문구(카피)에 대한 내용규제 보다 옥외광고물로 인한 도시의 미관이나 광고물로 인한 위해로부터 안전성에 대한 규제 즉 방법규제의 필요성이 인정되는 광고 유형에 해당된다. 이러한 옥외광고물에 대한 규제법제로 현재「옥외광고물 등의 관리와 옥외광고산업 진흥에 관한 법률」이 제정되어 있다. 이 사건은 현행법 개정전의 구법인「옥외광고물 등 관리법」과 관련된 고시에 대한 헌법소원심판사건이다.

이 사건에서 다룬 쟁점은 (1) 조례의 효력을 가지는 고시에 대한 심판청구가 적법한지 여부, (2) 이와 같이 광고제한의 규제가 청구인들의 표현의 자유 및 직업수행의 자유를 침해하는지, (3) 입주한 층에 따라 제한의 내용과 정도를 달리하는 것이 평등권을 침해하는지 여부이다. 첫째 쟁점은 심판대상적격에 관한 문제로서 광고법의 법리와 직접적인 관계가 없으므로 이 평석에서는 다루지 아니한다. 이 결정은 광고규제가 표현의 자유와 직업수행의 자유를 침해하는지 여부에 대하여는 2가지 측면에서 검토하였다. 첫째 특정구역 안에서 업소별로 표시할 수 있는 광고물의 총 수량을 1개로 제한한 '옥외광고물 표시제한 특정구역 지정고시' 제2조 제1항 제1호 본문이 법률유보원칙에 위배되어 청구인들의 표현의 자유 및 직업수행의 자유를 침해하는지 여부, 둘째 광고물 총수량 조항 및 이 사건 고시 제1조가 특정구역으로 지정한 충남 연기군 및 공주시 등 일원의 행정중심복합도시 예정지역 안에서 세로형간판, 옥상간판, 현수막 등을 설치할 수 없도록 하며, 건물의 2층 이하에 입주한 업소에 한하여 가로형간판을, 지하층 및 3층 이상에 입주한 업소에 한하여 돌출간판을 각 설치하도록 하면서, 창문이용광고물은 1층에 입주한 업소에 한하여 설치할 수 있도록 하는 이 사건 고시 제3조 본문, 제4조 제1항 전문, 제7항, 제7조 제1항, 제2항, 제10조 제2항 전문이 비례의 원칙에 위배되어 청구인들의 표현의 자유 및 직업수행의 자유를 침해하는지 여부가 문제되었다. 다음으로, 가로형간판 조항, 돌출간판 조항, 창문이용광고물 조항이 청구인들의 평등권을 침해하는지 여부 등이다.

2. 관련 판례

가. 옥외광고물규제가 사전검열에 해당되는지 여부1)

결정의 요지는 「헌법」 제21조 제2항에서 정하는 허가나 검열은 행정권이 주체가 되어 사상이나 의견 등이 발표되기 이전에 예방적 조치로서 그 내용을 심사·선별하여 발표를 사전에 억제하는, 즉 허가받지 아니한 것의 발표를 금지하는 제도를 뜻한다. 옥외광고물등관리법 제3조는 일정한 지역·장소 및 물건에 광고물 또는 게시시설을 표시하거나 설치하는 경우에 그 광고물 등의 종류·모양·크기·색깔, 표시 또는 설치의 방법 및 기간 등을 규제하고 있을 뿐, 광고물 등의 내용을 심사·선별하여 광고물을 사전에 통제하려는 제도가 아님은 명백하므로, 「헌법」 제21조 제2항이 정하는 사전허가·검열에 해당되지 아니한다는 것이다.

이 결정의 취지는 헌법상 금지되는 사전검열의 전제가 되는 광고심의는 내용규제를 전제로 하는 것인데, 옥외광고물 규제는 광고물 등의 '종류·모양·크기·색깔, 표시 또는 설치의 방법 및 기간 등'을 규제하고 있을뿐 내용규제가 아니므로 사전검열에 해당되지 않는다는 것으로서, 그동안의 헌법재판소의 내용규제에 대한 판례에 부합되는 판례라고 할 것이다.

나. 교통수단을 이용한 타인의 광고가 표현의 자유 및 직업의 자유를 침해하는지 여부2)

「옥외광고물등관리법」은 옥외광고물의 표시장소·표시방법과 게시시설의 설치·유지 등에 관하여 필요한 사항을 규정함으로써 미관풍치와 미풍양속을 유지하고 공중에 대한 위해를 방지함을 목적으로 하고 있는바, 자동차에 무제한적으로 광고를 허용하게 되면,

1) 헌재 1998. 2. 27. 96헌바2.
2) 헌재 2002. 12. 18. 2000헌마764. 해당 판례 평석은 전학선, "옥외광고물등관리법 제3조 제1항 제6호 등 위헌확인: 교통수단을 이용한 광고와 표현의 자유", 『헌법재판소결정해설집 2002』 (2003. 10), 777~796면 참조.

교통의 안전과 도시미관을 해칠 수가 있으며 운전자들의 운전과 보행자들에게 산란함을 야기하여 운전과 보행에 방해가 됨으로써 도로안전에 영향을 미칠 수 있다. 따라서 도로안전과 환경·미관을 위하여 자동차에 광고를 부착하는 것을 제한하는 것은 일반 국민들과 운전자들의 공공복리를 위한 것이라 할 수 있고, 이러한 이유로 제한이 가능하다 할 것이다. 또한 옥외광고물등관리법시행령은 모든 광고를 전면적으로 금지하는 것이 아니라, 자동차 소유자 자신에 관한 내용의 광고는 허용하면서 타인에 관한 내용의 광고를 금지하고 있다. 이 사건 시행령조항이 자동차소유자 자신에 관한 광고는 허용하면서 타인에 관한 광고를 금지하는 것은 일견하여 표현내용에 따른 규제로 볼 수도 있으나, 이 사건 시행령조항이 자신에 관한 광고와 타인에 관한 광고를 구분하여 규제의 기준으로 삼은 것은, 광고의 매체로 이용될 수 있는 차량을 제한함으로써 자동차를 이용한 광고행위의 양을 도로교통의 안전과 도시미관을 해치지 않는 적정한 수준으로 제한하려고 한 것이다. 따라서 표현의 자유를 침해한다고 볼 수 없다.

옥외광고물등관리법시행령 조항에 의한 제한이 청구인들의 인격발현과 개성신장에 미치는 비교적 경미한 효과를 고려할 때, '비영업용 차량을 광고매체로 이용하는 광고대행업'은 하나의 독립된 직업이 아니라 단지 '광고대행업'을 행사하는 방법의 하나라고 판단되므로, 시행령조항은 '광고대행업'이란 직업의 행사방법을 제한하는 규정으로 차량을 매체로 하는 광고를 제한함으로써 달성하고자 하는 공익인 도로교통의 안전성과 도시미관의 중대함에 비추어, 제한을 통하여 얻는 공익적 성과와 개인의 자유에 대한 제한의 정도가 합리적인 비례관계를 벗어났다고 볼 수 없다. 따라서 이 사건 시행령조항은 직업의 자유를 침해하지 않는다.

이 결정의 취지는 자동차광고를 도로교통의 안전성과 도시미관의 중대성에 비추어 제한하는 것은 표현의 자유와 직업의 자유를 침해하지 않는다는 취지인데, 사실 도시미관의 중대성이라는 공익은 일견 인정할 수 있지만 자동차에 광고를 하는 것이 도로교통의 안전성을 침해하는지에 대하여는 달리 의견이 있을 수 있다. 특히 자동차광고의 모든 경우를 제한하는 것이 아니라 자신에 대한 광고는 허용하고 타인에 대한 광고만 제한토록 한다는 점은 자동차광고가 도로교통의 안전성을 보호하려는 공익을 상정하기는 상당히 어려운 것이 아닌가 생각된다.

3. 검 토

가. 옥외광고물 규제의 연혁과 입법 목적

(1) 옥외광고물 규제법제의 연혁

옥외광고물법이라 함은 옥외광고물에 대한 규제법을 말하는데, 여기서 옥외광고물이라 함은 공중에게 항상 또는 일정 기간 계속 노출되어 공중이 자유로이 통행하는 장소에서 볼 수 있는 것(대통령령으로 정하는 교통시설 또는 교통수단에 표시되는 것을 포함한다)으로서 간판·디지털광고물(디지털 디스플레이를 이용하여 정보·광고를 제공하는 것으로서 대통령령으로 정하는 것을 말한다)·입간판·현수막·벽보·전단과 그 밖에 이와 유사한 것을 말한다(「옥외광고물 등의 관리와 옥외광고산업 진흥에 관한 법률」 제2조). 옥외광고물은 주로 업소에 설치되는 것과 업소 외에 설치되는 것으로 구분할 수 있는데, 현행 옥외광그물법은 업소를 중심으로 광고물규제에 주안점을 두고 있다. 장기적으로는 업소중심의 옥외광고물과 업소 이외의 옥외광고물로 구분한 입법이 필요하다는 주장이 타당하다.[3)]

옥외광고물법은 1962년 「광고물등단속법」 제정으로 시작하여, 1980년 「광고물등관리법」으로 법률명칭을 변경하고, 1990년 「옥외광고물등관리법」으로 전면개정하였으며, 2016년 옥외광고산업의 지원을 강화하기 위하여 법률 명칭을 「옥외광고물 등의 관리와 옥외광고산업 진흥에 관한 법률」로 변경하여 현재에 이르고 있다. 2016년 현행법 개정 당시까지 수차례 개정을 겪으면서 누더기 입법이라는 오명을 받았고,[4)] 개정은 옥외광고물법을 규제의 대상에서 산업진흥의 대상으로 전환하는 획기적인 입법으로 평가받고 있다.[5)] 현재 우리나라 옥외광고물규율체계는 광고물설치에 관하여는 법령이, 그 집행과 관리에 대하여는 하위규정인 시행령과 조례로 정하고 있는 특징이 있다.[6)] 조례가 그 지역의 특색을 고려한 세밀한 규제를 하고 있는 것이다.

(2) 옥외광고물 규제의 입법목적과 특징

현행 옥외광고물법의 규제의 목적은 제1조에서 규정하고 있는데, "이 법은 옥외광고물의 표시·설치 등에 관한 사항과 옥외광고물의 질적 향상을 위한 기반 조성에 필요한 사항을 정함으로써 안전하고 쾌적한 생활환경을 조성하고 옥외광고산업의 경정력을 높이

---

3) 박민, "「옥외광고물 등 관리법」의 옥외광고산업진흥법으로의 전환 가능성 -「옥외광고물 등 관리법」의 개정 연혁을 중심으로-", 『법학논총』, 제26권 제2호(2013. 10), 34면.
4) 박민, 위의 논문, 36면
5) 김도승, "프랑스 옥외광고물 규제에서 지방자치단체의 권한 -예외적 허용 범위와 기준을 중심으로-", 『지방자치법연구』, 17권 3호, 285면.
6) 김도승, 위의 논문, 270면.

는 데 이바지함을 목적으로 한다"고 규정하고 있다. 즉 현행 옥외광고물법의 목적은 첫째 안전하고 쾌적한 생활환경의 조성, 둘째 옥외광고산업의 경쟁력 제고로 정리할 수 있다. 후자는 현행법과 같이 옥외광고물법이 산업적 차원에서 개정됨에 따라 새롭게 등장한 것이므로 산업진흥의 측면이 강하다고 보면, 결국 규제의 목적은 '안전하고 쾌적한 생활환경의 조성' 즉 '안전'과 '환경'으로 양분된다. 이러한 규제의 목적은 옥외광고물의 입법연혁에 비추어 보면 상당한 변화를 겪었음을 알 수 있다. 제정 당시의 「광고물단속법」과 「옥외광고물등관리법」에서는 '미관풍치 또는 미풍양속의 유지와 공중에 대한 위해의 방지'를 입법의 목적으로 제시하였다가(제1조)[7] 현행법에서 '미풍양속' 부분을 규제의 목적에서 제외하였다. 물론 현행법에서도 '음란하거나 퇴폐적인 내용 등으로 미풍양속을 해칠 우려가 있는 광고물'에 대하여는 표시가 금지되고 있어(제5조 제2항 제2호) 미풍양속이라는 규제목적이 소멸된 것이라고 보기는 어렵지만, 법률의 규제목적에서 '미풍양속'을 명시적으로 철폐하였다는 점은 옥외광고물 규제의 방향성을 짐작하게 한다. 일본의 옥외광고물 규제의 방향도 우리와 유사한 것으로 보인다. 옥외광고물법의 전신인 広告物取締法(1911년)은 美觀風致의 維持, 安寧秩序의 維持, 全量風俗의 保持, 危害防止를 규제목적으로 하였고, 그 후 제정된 屋外広告物法(1949년)도 미관, 풍치, 위험, 안녕질서 및 풍속을 규제의 목적으로 하였고, 현행법[8]에 이르러 미관풍치의 유지와 공중에 대한 위해의 방지를 규제의 목적으로 한정하고 있다는 점은 우리와 동일하다. 이처럼 옥외광고물 규제의 목적이 일반적인 광고 규제의 목적과는 상당히 상이한 점을 확인할 수 있다.

이런 이유에서 옥외광고물법의 광고규제의 방식은 광고물의 내용에 대한 규제가 아니라 옥외광고물의 종류·모양·크기·색깔, 표시 또는 설치의 방법 및 기간 등의 방법규제 즉 내용중립규제의 성격을 가지고 있고, 전면적인 규제라기보다는 시간·장소·형태 등의 규제라는 특징을 가진다.[9] 다만 도시경관과 안전을 위하여 특정한 간판 등의 광고물의 설치를 제한하는 금지광고물조항의 경우에는 전면적인 금지규제를 의미할 수 있어서 내용

---

7) **廣告物等團束法 제1조(목적)** 본법은 광고물의 표시장소, 표시방법과 광고물을 게시하기 위한 물건의 설치유지에 관하여 필요한 사항을 규정함으로써 미관풍치 또는 미풍량속의 유지와 공중에 대한 위해의 방지를 기함을 목적으로 한다.
옥외광고물등관리법 제1조(목적) 이 법은 옥외광고물의 표시장소·표시방법과 게시시설의 설치·유지 등에 관하여 필요한 사항을 규정함으로써 미관풍치와 미풍양속을 유지하고 공중에 대한 위해를 방지함을 목적으로 한다.

8) 屋外広告物法 第一条　この法律は､良好な景観を形成し､若しくは風致を維持し､又は公衆に対する危害を防止するために､屋外広告物の表示及び屋外広告物を掲出する物件の設置並びにこれらの維持並びに屋外広告業について､必要な規制の基準を定めることを目的とする。

9) 西土彰一郎, "屋外広告物条例と表現の自由 (最高裁昭和43, 12. 18.)", 『憲法判例百選(Ⅰ) 第6版(別冊ジュリスト No. 217)』(有斐閣, 2013. 11), 129頁.

규제에 다름없는 기본권 제한성이 있다고 할 수 있다.[10)]

나. 옥외광고물 규제와 표현의 자유

(1) 옥외광고물 규제와 표현의 자유의 관계

옥외광고물 규제도 그것이 내용규제이든 방법규제이든 표현의 자유를 제한하는 것이 된다. 특히 내용규제는 광고물의 내용을 어떻게 구성하고 표현할 것인가를 규제하는 것이 되므로 표현의 자유 제한과 밀접한 관련이 있다. 헌법재판소도 헌법은 제21조 제1항에서 "모든 국민은 언론·출판의 자유…를 가진다"라고 규정하여 현대 자유민주주의의 존립과 발전에 필수불가결한 기본권으로 언론·출판의 자유를 강력하게 보장하고 있는데, 광고물도 사상·지식·정보 등을 불특정다수인에게 전파하는 것으로서 언론·출판의 자유에 의한 보호를 받는 대상이 된다고 판시한 바 있고,[11)] 옥외광고물에 대하여도 표현의 자유를 침해하지 않는다고 일관되게 판시하고 있다.[12)]

일본의 경우에도 옥외광고물의 설치를 제한하는 옥외광고물법 및 지방자치단체조례가 일본헌법 제21조(표현의 자유)를 침해하는지 문제가 되고 있다. 옥외광고물사건의 리딩케이스인 오사카 조례사건은 삐라를 교주(橋柱) 및 전주(電柱)에 게시하는 건이고,[13)] 또 다른 사건은 오이타 조례사건으로 프랜카드 형식의 포스터(입간판)를 가로수에 게시하는 건[14)][15)]으로서, 모두 상업적 광고가 아닌 정치적 또는 사상적 표현에 관한 믄제를 규제하

10) 西土彰一郎, 129頁.

11) 헌재 1998. 2. 27. 96헌바2; 헌재 2002. 12. 18. 2000헌마764.

12) 헌재 1998. 2. 27. 96헌바2; 헌재 2002. 12. 18. 2000헌마764.

13) 最高裁昭和43, 12. 18. 각주8) 평석 참조.

14) 最高裁昭和62.3.3. 평석은 金正光生, "立看板と表現の自由 (最高裁昭和62. 3. 3.)", 『憲法判例百選(Ⅰ) 第6版(別冊ジュリスト No. 217)』(有斐閣, 2013. 11), 130~131頁 참조.

15) 특히 오이타현 옥외광고물조례사건(판례시보 1227, 141)을 보자. 일본 오이타현 옥외광고물조례는 가로수·노변수 및 그 지주에 광고물의 표시를 금지하고, 그 위반자에 대하여 5만엔 이하의 벌금을 과한다고 규정하였다. 피고인은 오이타시내의 상점가에 있는 가로수 2그루의 지주에 일본공산당의 연설회를 고지·선전하는 내용의 프랜카드식 포스터를 붙였다고 하여 위 조례위반으로 기소되어 벌금 1만엔을 선고받고 항소도 기각되자, 피고인의 본건행위를 위 조례를 적용하여 처벌하는 것은 언론의 자유를 보장한 헌법 제21조 제1항에 위반된다고 주장하며 최고재판소에 상고하였다. 일본 최고재판소는 피고인의 상고를 기각하면서 다음과 같이 판시하였다. "본건 오이타현 옥외광고물조례는 옥외광고물법에 기하여 제정된 것이고, …오이타현에서 미관풍치의 유지 및 공중에 대한 위해 방지의 목적을 위하여 옥외광고물 표시의 장소·방법 및 옥외광고물을 붙일 물건의 설치, 유지에 대하여 필요한 규제를 하고 있는바, 국민의 문화적 생활의 향상을 목적으로 하는 헌법 아래서 도시의 미관풍치를 유지하는 것은 공공의 복지를 유지하는 것이고, 위와 같은 정도의 규제는 공공의 복지를 위하여 표현의 자유에 대하여 허용될 필요하고도 합리적인 제한이라고 해석할 수 있으므로…, 오이타현 옥외광고물조례로 광고물의 표현이 금지되고 있는 가로수 2그루의 각 지주에 일본공산당의 연설회개최의 고지·선전을 내용으로 하는 이른바 프랜카드식 포스터 각 1매를 압침으로 붙인 피고인의 본건 소위에 관하여 동 조례의 각 규정을 적용하여 이를 처벌하여도 헌법 제21조 제1항에 위반되지 아니한

고 있다.[16] 일본최고재판소는 각 지방자치단체의 조례는 옥외광고물법에 기초한 것으로서 표현의 자유를 합리적으로 제한하는 것으로서 합헌이라고 판결하였다.

한편 옥외광고물의 설치에 대하여는 시장등에게 사전 허가를 받거나 신고를 하도록 하고 있어(현행 법 제3조), 「헌법」상 사전검열에 해당되는지가 문제가 된다. 「헌법」상 사전검열금지의 원칙은 「헌법」 제21조 제2항에서 정하는 허가나 검열은 행정권이 주체가 되어 사상이나 의견 등이 발표되기 이전에 예방적 조치로서 그 내용을 심사·선별하여 발표를 사전에 억제하는, 즉 허가받지 아니한 것의 발표를 금지하는 제도를 뜻한다. 헌법재판소는 「옥외광고물등관리법」 제3조는 일정한 지역·장소 및 물건에 광고물 또는 게시시설을 표시하거나 설치하는 경우에 그 광고물 등의 종류·모양·크기·색깔, 표시 또는 설치의 방법 및 기간 등을 규제하고 있을 뿐, 광고물 등의 내용을 심사·선별하여 광고물을 사전에 통제하려는 제도가 아님은 명백하므로, 「헌법」 제21조 제2항이 정하는 사전허가·검열에 해당되지 아니한다고 판시한바 있는데,[17] 타당한 해석이라고 할 것이다.[18]

(2) 방법규제와 표현의 자유의 관계

옥외물관리법이 규정하고 있는 대부분의 규제는 옥외광고물의 모양이나 설치 방법 등의 방법규제로서 내용규제와 구분하여 내용중립규제에 해당된다. 그러나 옥외광고물규제가 내용중립규제의 성격이 강하다고 하여 전혀 내용규제의 성격이 없다고 단언하기도 어렵다. 앞서 본 헌법재판소의 자동차 옥외광고물규제에 대한 판례에서도(헌재 2002. 12. 18. 2000헌마764), 헌법재판소는 광고 매체에 이용할 수 있는 자동차의 양 즉 자신에 대한 광고만을 제한함으로써 '양(量)'의 제한이라는 방법의 제한이긴 하지만 한편으로는 자신에 관한 광고와 타인에 대한 광고를 구분함으로써 표현내용에 따른 제한이 될 수도 있는 것이다.

옥외광고물 규제가 내용규제의 성격 보다는 방법규제에 친하다는 의미는 헌법상 사전검열금지 등의 표현의 자유에 대한 보다 민감한 규제로서 논의가 되지 않는다는 것이다. 이에 따라 방법규제는 그에 비하여 사전검열의 문제 보다는 과잉금지원칙 등에 의한 심사가 일반적이라고 할 것이다.

대상 판례는 건축물의 옥외광고물 설치와 관련하여, 1개 업소에는 1개로 제한하는 광고물 총수량 조항, 도시 경관과 안전을 위하여 세로형 간판 등 설치의 금지광고물조항, 2

다"고 판시하고 있다.

16) 그런 점에서 보면 우리나라 옥외광고물사건의 광고물은 모두 상업적 광고에 관한 것으로서 차이가 있다.

17) 헌재 1998. 2. 27. 96헌바2.

18) 한위수, "광고의 규제와 표현의 자유", 『헌법논총』, 18집(헌법재판소, 2007), 372면.

층 이하에는 가로형간판을 설치하도록 하는 가로형간판조항, 도시미관을 위한 1층 업소에 한한 창문이용광고물조항의 방법상 규제조항들을 가지고 있다. 대상 결정은 위와 같은 옥외광고물 제한 조항이 도시미관 및 안전을 위한 정당한 목적과 수단을 가지며, 최소 침해의 원칙, 이익균형의 원칙 등 과잉금지원칙을 위배하지 않았다고 보고 있다. 건축물의 옥외광고물이 정비되지 아니하고 난립되어 도시와 건축물의 미관을 해치고, 추락 등 안전사고의 위험성이 상존하고 있는 것이 사실이기 때문에 이를 일정 부분 제한하는 것은 타당한 것으로 보인다. 다만 도시미관 또는 안전을 위한 입법재량이 있다고 하더라도 실제 지방자치단체가 조례 등을 정할 때에는 신중하게 접근할 필요가 있다. 예를 들어 이 사건에서 업소당 1개의 간판을 허용하는 이건 조례는 형식적으로는 구 옥외광고물 등 관리법 시행령 제12조 제8항의 '3개 이내의 범위에서 시도조례로 정하는 것'의 범위에 해당되지만 광고의 효과가 상당히 제한될 수 있다고 할 것이므로, 이 대상판례의 취지를 일반화시킬 수 있는 것은 아니라고 할 것이다. 즉 이 판례는 해당 지방자치단체에 국한된 사안으로 제한적으로 해석하여야 한다.

다. 옥외광고물 규제와 직업의 자유

사업자가 상품 또는 서비스를 판매함에 있어서 그 상품 또는 서비스에 관하여 표시·광고하는 것은 영업활동의 중요한 한 부분을 이루고 있으므로, 상업광고를 제한하는 입법은 「헌법」 제15조의 직업의 자유 중 직업수행의 자유도 동시에 제한하게 된다.[19] 여기서 말하는 직업수행의 자유는 해당 상품이나 서비스의 마케팅 목적의 광고주의 직업수행을 말한다. 한편, 옥외광고 규제에서 침해되는 직업의 자유에는 광고를 산업으로 하는 자의 자유도 포함된다고 보인다. 광고는 광고주, 광고업자, 광고대행사로 이루어지는데, 광고규제를 통하여 광고주의 직업의 자유는 물론이고, 광고업에 종사하는 자인 광고업자 및 광고대행사의 직업의 자유도 포함되는 것으로 보아야 한다.

Ⅲ. 판례의 의의

옥외광고물 규제는 일반의 광고와 다른 규제의 특징을 가진다. 대개의 광고규제가 허위, 과장광고 등의 내용광고에 치중하는 것과 달리, 옥외광고물 규제는 옥외광고물의 위치, 크기, 개수, 형태 등 방법규제를 택하고, 모든 옥외물광고를 금지하는 전면적인 규제

19) 헌재 2012. 2. 23. 2009헌마318.

보다는 특정한 위치나 크기, 형태 등에 대한 비전면적 규제를 특징으로 한다. 규제의 목적 또한 일반적으로 광고규제가 광고의 허위성 등 광고 내용의 공정성이나 객관성 등을 기준으로 하는 것과 달리 옥외광고물 규제는 옥외광고물의 안전성이나 도시미관에의 부합성 등을 목적으로 하고 있다. 따라서 그에 대한 심사도 내용규제에 친한 검열금지나 명확성의 원칙 등 표현의 자유의 제한원리에 의한 심사보다는 비례의 원칙 등 일반적인 심사기준이 적용된다. 다만 내용중립적인 규제 또는 비전면적 규제라고 하여 표현의 자유 등 기본권 침해여지가 적다고 단언하기는 어렵고, 결국 규제의 정도나 방법을 어떻게 설정할 것인가가 중요하다고 할 것이다.

이 사안은 이와 같은 옥외광고물 규제에서 나타나는 총량, 크기, 형태 등의 방법규제가 과잉금지원칙이나 평등의 원칙에 부합되는지 여부에 대하여 판단하였는데, 도시미관과 안전의 확보라는 공익의 견지에서 표현의 자유와 직업의 자유를 침해하지 않은 것이라고 판단하였다. 특히 심사대상이 된 조항들은 지방자치단체의 조례로서 해당 도시의 미관이라는 구체성을 충분히 감안하여야 하는 것이므로 전국적인 기준보다는 해당 지역의 기준이 상당히 중요할 것으로 생각된다. 그런 점에서 보면 옥외광고물 규제는 안전확보가 규제의 최소한이 되고, 도시미관의 확보가 규제의 최대한의 목표가 되는 방향으로 잡는 것이 필요하다. 즉 안전은 전국적인 기준을 따르되 미관은 지역의 기준으로 설정하는 것이 적정한 규제수준이 될 것으로 보인다.

13 고시에 의한 광고제한과 위헌심사기준

– 헌재 2012. 2. 23. 2009헌마318

최 우 정*

Ⅰ. 판례의 개요

1. 사안의 개요

공정거래위원회는 2009. 4. 28. 공정거래위원회 고시 제2009–8호로 '중요한 표시·광고사항' 고시(이하 '이 사건 고시'라 한다)를 하면서, 상조업자가 표시·광고하여야 할 중요정보 항목 및 표시장소 등을 규정하였다.

청구인들은 현재 상조업을 영위하고 있는 회사들로서, 이 사건 고시 Ⅳ.(업종별 중요정보)의 9.(협회 및 단체, 수리 및 기타 개인 서비스업) 나.(상조업종의 중요정보) 나–2 중요정보 항목 중 '차량의 종류 및 무료로 제공되는 차량거리', '총 고객환급의무액', '고객불입금에 대한 관리방법', '표시장소' 부분이 청구인들의 영업의 자유, 광고표현의 자유 및 평등권을 침해한다고 주장하면서 2009. 6. 15. 그 위헌확인을 구하는 이 사건 헌법소원심판을 청구하였다.

2. 소송경과

가. 청구인의 주장

이 사건에서 청구인들은 5가지의 쟁점에 대해 주장하였다.

첫째, 이 사건 고시 조항 중 '표시장소' 부분은 상조업종의 중요정보를 '사업장 게시물(홈페이지), 상품설명서 및 계약서'에 모두 표시하도록 규정하고 있는바, 이 중 한 곳에만

---

* 계명대학교 경찰행정학과 교수.

중요정보를 표시하면 충분함에도 모두 표시하도록 하여 과잉금지원칙에 위배된다.

둘째, 이 사건 고시 조항은 '차량의 종류'를 구체적으로 명시하도록 규정하고 있는바, 이는 소비자의 합리적 선택을 위한 상조업자의 정보제공의무를 넘어서고, 장의가 발생할 시기와 장소를 특정할 수 없는 상조업의 특성상 표시한 차량과 실제 제공되는 차량이 차이가 날 개연성이 높아 사실상 상조업자로 하여금 이 사건 고시 조항을 위반하도록 하는 결과를 초래하여 상조업자의 영업의 자유 및 광고표현의 자유를 침해한다.

셋째, 이 사건 고시 조항은 '총 고객환급의무액'을 표시하도록 규정하고 있는바, 이 사건 고시에서 '고객불입금에 대한 관리방법'을 구체적으로 명시하도록 규정하고 있는 이상 '총 고객환급의무액'까지 표시할 합리적 이유가 없고, '총 고객환급의무액'은 기존의 모든 회원이 전부 계약 해지를 요구할 것을 가정한 비현실적 개념이라는 점, 상조업자가 소비자로부터 받는 월불입금은 회계기준상 '채무'로 분류되어 이를 공개할 경우 소비자로 하여금 상조업자가 과도한 부채로 인하여 정상적 영업이 불가능한 것으로 오인하게 만들 수 있다는 점, '총 고객환급의무액'을 홈페이지 등에 표시하도록 하는 것은 특정 대형 상조업자만을 위한 조치로서 형평성에 반하고, 유사업종에 대하여도 모든 회원이 계약을 해지할 것을 전제로 자산을 공개하도록 규정하고 있는 사례가 없다는 점에 비추어 최소침해원칙에 반한다.

넷째, 이 사건 고시 조항 중 '표시장소' 및 '차량의 종류 및 무료로 제공되는 차량거리', '총 고객환급의무액'은 표시광고법 제4조 제1호 및 제2호 다목에 해당하지 아니하므로, 결국 이는 법률의 근거가 없거나 위임입법의 한계를 벗어나 상조업자의 영업의 자유 및 광고표현의 자유를 침해한다.

다섯째, 이 사건 고시 조항 중 '고객불입금에 대한 관리방법' 규정은 상조업자로 하여금 고객불입금을 「은행법」 제2조 제1항 및 같은 법 제5조에 따른 금융기관에 예치하도록 할 법적 근거가 없는데도 이를 전제로 하고 있으므로, 결국 법률의 근거가 없거나 위임입법의 한계를 벗어나 상조업자의 영업의 자유 및 광고표현의 자유를 침해한다.

나. 기본권침해의 현재성이 없는 부분에 대한 심사

헌법소원심판제도는 기본권 침해를 구제하는 제도이므로 헌법소원심판청구가 적법하려면 심판청구 당시는 물론 그 결정 당시에도 권리보호이익이 있어야 함이 원칙이다.

이 사건에서는 청구인들이 이 사건 헌법소원심판을 청구한 후 이 사건 고시 조항이 2012. 1. 3. 공정거래위원회 고시 제2012-1호로 개정되었으므로, 과연 위 개정 전의 이 사건 고시 조항에 대하여 위헌 여부를 심판할 권리보호이익이 있는지가 문제된다. 그러나 이 사건 고시 조항의 위헌 여부에 관하여 아직 그 해명이 이루어진 바 없었고, 개정된 조항에도 이 사건 고시 조항과 유사한 내용이 규정되어 있어 동종의 기본권 침해 문제가 제기될 수 있으며, 이 사건 고시 조항의 위헌 여부는 궁극적으로 개정된 조항의 재개정 여부에도 영향을 미칠 수 있다. 그렇다면 이 사건 고시 조항의 위헌 여부에 관한 헌법적 해명은 중대한 의미를 지니고 있다고 할 것이므로, 이 사건 고시 조항에 대해서는 본안판단의 필요성이 있다 할 것이라고 판단하여 기본권침해의 현재성에 대한 예외를 인정함으로써 헌법재판의 객관적 가치질서 형성기능을 강조하고 있다.[1)]

3. 판례의 요지

가. 위임입법의 한계와 일탈여부

이 사건 모법조항은 소비자의 보호 또는 공정한 거래질서의 유지를 위하여 사업자등이 표시·광고함에 있어 포함하여야 할 사항과 그 방법을 공정거래위원회가 고시할 수 있도록 위임하고 있는바, 표시·광고에 포함하여야 할 사항으로는 ① 표시·광고를 하지 아니하여 소비자의 피해가 자주 발생하고 있는 사항(표시광고법 제4조 제1항 제1호), ② 표시·광고를 하지 아니할 경우에는 ⅰ) 소비자가 상품 등의 중대한 결함 또는 기능상의 한계 등을 정확히 알지 못하여 소비자의 구매선택에 결정적인 영향을 미치게 되는 경우(표시광고법 제4조 제1항 제2호 가목), ⅱ) 소비자의 생명·신체상의 위해가 발생할 가능성이 있는 경우(동호 나목), ⅲ) 그 밖에 소비자의 합리적인 선택을 현저히 그르칠 가능성이 있거나 공정한 거래질서를 현저히 저해하는 경우(동호 다목) 중 어느 하나에 해당하는 사정이 생길 우려가 있는 사항으로 규정하고 있다.

우선 '차량의 종류 및 무료로 제공되는 차량거리' 부분에서 장례차량은 상조업자가 제공하는 서비스 중 중요 부분을 차지하는 서비스이며, 제공되는 차량 종류에 따라 상품가격도 달라질 수 있는 부분으로서, 이 사건 고시 조항 중 '차량의 종류 및 무료로 제공되는 차량거리' 부분은 그 내용을 표시·광고에 포함시키지 아니할 경우 소비자가 상조업자를 선택함에 있어 다른 상조업자와의 비교를 곤란하게 하거나, 또는 전국 어느 지역까지도 차량이 무료로 제공되어 추가적인 비용부담이 없을 것으로 오인시킬 수 있는 사항이므로, 법 제4조 제1항 제2호 다목에 해당한다.

둘째 '총 고객환급의무액', '고객불입금에 대한 관리방법' 부분에서 상조업은 상(喪)이 발생하기 전부터 상을 대비하여 회원들이 불입금을 납입하는 선불식 계약이므로, 상조업

1) 헌재 2003. 5. 15. 2001헌마565, 판례집 15-1, 568, 575-576 참조.

자가 자산관리를 잘못하여 파산하거나 관리자의 횡령 등 사고가 있는 경우 소비자들은 계약이행이나 불입금의 반환을 보장받을 수 없다. 그러므로, 상조업자의 도산 등에 따른 소비자 피해를 예방하기 위하여는 소비자들이 상조회사에 가입하기 전에 그 상조회사의 자산건전성 및 소비자들이 납입한 불입금이 어떻게 관리되고 있는지에 대한 정보를 충분히 얻고 가입 여부를 결정할 수 있도록 할 필요가 있다. 따라서 이 사건 '총 고객환급의무액', '고객불입금에 대한 관리방법' 부분은 법 제4조 제1항 제2호 다목에 해당한다.

셋째 '표시장소' 부분에서 청구인들은 이 사건 고시의 '표시장소' 부분이 표시광고법 제4조 제1항 제1호 및 제2호 다목에 해당하지 않는다고 주장하고 있다. 그러나 위에서 본 바와 같이 청구인들이 문제삼는 이 사건 고시 중 ① '차량의 종류 및 무료로 제공되는 차량거리' 부분, ② '총 고객환급의무액', '고객불입금에 대한 관리방법' 부분이 법 제4조 제1항 각 호에 해당되는 이상, 그 표시장소를 이 사건 고시 조항에서 규정한 것은 법 제4조 제1항 본문에서 규정한 '표시·광고의 방법'을 고시한 것에 해당하는 것이므로, 위임의 한계를 일탈하였다고 볼 수 없다.

나. 위임입법형식으로서의 고시

오늘날 의회의 입법독점주의에서 입법중심주의로 전환하여 일정한 범위 내에서 행정입법을 허용하게 된 동기는 사회적 변화에 대응한 입법수요의 급증 및 종래의 형식적 권력분립주의로는 현대사회에 대응할 수 없다는 기능적 권력분립론에 있다고 할 수 있다. 이를 감안하여 「헌법」 제40조와 「헌법」 제75조, 제95조의 의미를 살펴보면, 입법자는 규율의 형식을 선택할 수 있고, 입법기관이 아닌 행정기관은 국회에서 법률 등으로 구체적인 범위를 정하여 위임한 사항에 관하여 법정립의 권한을 갖게 된다 할 것이다.

따라서 헌법이 인정하고 있는 위임입법의 형식은 예시적인 것으로 보아야 할 것이고, 법률이 어떤 사항을 행정규칙에 위임하더라도 그 행정규칙은 위임된 사항만을 규율할 수 있는 것이므로, 국회입법의 원칙과 상치되지 않는다. 다만, 행정규칙은 법규명령과 같은 엄격한 제정 및 개정절차를 요하지 아니하므로, 기본권을 제한하는 작용을 하는 법률이 입법위임을 할 때에는 대통령령, 총리령, 부령 등 법규명령에 위임함이 바람직하고, 고시와 같은 형식으로 입법위임을 할 때에는 적어도 「행정규제기본법」 제4조 제2항 단서에서 정한 바와 같이 법령이 전문적·기술적 사항이나 경미한 사항으로서 업무의 성질상 위임이 불가피한 사항에 한정된다 할 것이고, 그러한 사항이라 하더라도 포괄위임금지의 원칙상 법률의 위임은 반드시 구체적·개별적으로 한정된 사항에 대하여 행하여져야 할 것이다.[2)]

2) 헌재 2006. 12. 28. 2005헌바59, 판례집 18-2, 601, 611-612; 헌재 2008. 7. 31. 2005헌마667, 판례집

이 사건 모법조항은 소비자의 보호 또는 공정한 거래질서의 유지를 위하여 사업자 등이 표시·광고함에 있어 포함하여야 할 사항과 그 방법을 규율하기 위한 것이다. 그런데 표시·광고에 포함하여야 할 사항과 표시·광고의 방법은 각 사업의 특성에 따라 달라질 수밖에 없고, 사업의 종류는 매우 다양할 뿐만 아니라 새로운 사업이 발생함에 따라 그에 대한 새로운 규율이 필요하게 된다. 따라서 표시·광고에 포함하여야 할 사항과 그 방법을 일률적으로 규정하기는 곤란하고, 그 판단은 어느 정도 전문적·기술적인 것으로 그 규율영역의 특성상 소관부처인 공정거래위원회의 고시로 위임함이 요구되는 사항이라고 볼 수 있다. 따라서 이러한 내용을 법규명령에 위임하지 아니하고 고시에 위임하는 것은 허용된다 할 것이다.

다. 표현의 자유, 직업의 자유에 대한 심사기준

「헌법」은 제21조 제1항에서 "모든 국민은 언론·출판의 자유 … 를 가진다"라고 규정하여 현대 자유민주주의의 존립과 발전에 필수불가결한 기본권으로 언론·출판의 자유를 강력하게 보장하고 있는바, 광고물도 사상·지식·정보 등을 불특정다수인에게 전파하는 것으로서 언론·출판의 자유에 의한 보호를 받는 대상이 된다.[3] 또한, 사업자가 상품 또는 서비스를 판매함에 있어서 그 상품 또는 서비스에 관하여 표시·광고하는 것은 영업활동의 중요한 한 부분을 이루고 있으므로, 상업광고를 제한하는 입법은 「헌법」 제15조의 직업의 자유 중 직업수행의 자유도 동시에 제한하게 된다.[4]

「헌법」 제37조 제2항에 의하면 국민의 자유와 권리는 국가안전보장, 질서유지 또는 공공복리를 위하여 필요한 경우에 한하여 법률로써 제한할 수 있으므로 기본권을 제한하는 입법은 비례의 원칙에 따라 입법목적의 정당성과 그 목적달성을 위한 방법의 적정성, 피해의 최소성, 그리고 그 입법에 의해 보호하려는 공공의 필요와 제한되는 기본권 사이의 균형성을 모두 갖추어야 한다.[5]

그런데 상업광고는 표현의 자유의 보호영역에 속하지만 사상이나 지식에 관한 정치적, 시민적 표현행위와는 차이가 있고, 한편 직업수행의 자유의 보호영역에 속하지만 인격발현과 개성신장에 미치는 효과가 중대한 것은 아니다. 그러므로 상업광고 규제에 관한

20－2상, 269, 285－286.

3) 헌재 1998. 2. 27. 96헌바2, 판례집 10－1, 118, 124－125; 헌재 2002. 12. 18. 2000헌마764, 판례집 14－2, 856, 867－868).

4) 헌재 2000. 3. 30. 99헌마143, 판례집 12－1, 404, 414－415; 헌재 2005. 10. 27. 2003헌가3, 판례집 17－2, 189, 198 참조).

5) 헌재 1990. 9. 3. 89헌가95, 판례집 2, 245, 260; 헌재 1993. 12. 23. 93헌가2, 판례집 5－2, 578, 601; 헌재 2005. 10. 27. 2003헌가3, 판례집 17－2, 189, 198).

비례의 원칙 심사에 있어서 '피해의 최소성' 원칙은 같은 목적을 달성하기 위하여 달리 덜 제약적인 수단이 없을 것인지 혹은 입법목적을 달성하기 위하여 필요한 최소한의 제한인지를 심사하기 보다는 '입법목적을 달성하기 위하여 필요한 범위 내의 것인지'를 심사하는 정도로 완화되는 것이 상당하다.[6)]

이 사건 고시 조항은 사업자가 표시·광고함에 있어서, 소비자의 구매 선택에 영향을 미칠 수 있는 중요한 사항을 사업자에게 표시·광고하도록 강제함으로써 소비자가 합리적으로 선택하는 데 필요한 정보 제공을 확대하여 정보부족으로 인한 소비자 피해를 사전에 예방하고(이 사건 고시 Ⅰ. 목적), 더 나아가 사업자간 공정한 경쟁을 촉진함을 그 목적으로 하는바, 이러한 목적의 정당성은 인정된다.

사업자에 대하여 각 업종별로 소비자의 구매 선택에 영향을 미칠 수 있는 중요한 사항을 반드시 표시·광고하도록 규정하여 이를 강제하는 것은 위와 같은 목적의 달성을 위한 수단으로서 적합성이 인정된다.

한편, 청구인들이 문제삼는 이 사건 고시 조항은 앞서 본 바와 같이 '표시·광고를 하지 아니할 경우에는 소비자의 합리적인 선택을 그르칠 가능성이 있거나 공정한 거래질서를 저해할 가능성이 있는 사항'을 규정한 것으로서, 입법목적 달성을 위하여 필요한 범위 내에 있다 할 것이다.

또한, 이 사건 고시 조항으로 얻을 수 있는 공익은 소비자의 합리적 선택권 보장, 소비자 피해 예방 및 경쟁업체간 공정한 경쟁 보장 등으로서 매우 큰 반면, 이로 인하여 제한되는 사익은 상조업자의 표시·광고할 사항이 늘어남에 따르는 다소간의 번거로움 정도라 할 것이므로, 법익의 균형성 또한 인정된다.

따라서 이 사건 고시 조항은 청구인들의 표현의 자유 및 직업수행의 자유를 침해하지 아니한다.

라. 평등권심사

청구인들은 이 사건 고시 조항 중 상조업과 같이 '협회 및 단체, 수리 및 기타 개인서비스업'으로 분류되어 있는 산후조리원업과 비교하면서, 산후조리원의 경우 중요한 표시·광고사항을 사업장 게시물, 설명서, 계약서 중 한 곳만 표시하면 되도록 규정되어 있는 데 반하여 상조업은 사업장 게시물, 상품설명서, 계약서 모두에 표시하도록 규정되어 있어 청구인들의 평등권이 침해되었다고 주장하고 있다.

그러나 상조업의 경우는 위에서 본 바와 같이 계약 시점부터 서비스제공 시점까지가

---

6) 헌재 2005. 10. 27. 2003헌가3, 판례집 17－2, 189, 198; 헌재 2008. 5. 29. 2007헌마248, 판례집 20－1하, 287, 296).

장기간이고, 소비자들이 대부분 사업장을 방문하지 아니하고 계약체결이 이르어지는 특성상, 사업장 게시물, 상품설명서, 계약서 모두에 중요사항을 표시하도록 할 필요성이 있는 반면, 산후조리원은 계약 시점부터 서비스제공 시점까지가 대부분 3~4개월 내외로서 상조업에 비하여 단기간이고, 산후조리원 시설이 산후조리원의 선택에 중요한 요소여서 소비자들이 대부분 사업장을 방문한 후 계약을 체결한다는 점을 대비하여 보면, 이 사건 고시에서 상조업과 산후조리원업을 달리 취급하는 데에는 합리적인 이유가 있다고 볼 수 있다.

따라서 이 사건 고시 조항은 청구인들의 평등권을 침해하지 아니한다.

II. 해 설

1. 위임입법의 형식으로서의 고시와 그 한계

우리 「헌법」은 제37조애서 일반적 법률유보원칙을 채택하고 있다. 따라서 국가의 공권력의 행사에 대한 국민의 기본권 제한은 법률의 형식으로 하는 것이 원칙이다. 그러나 행정현실상 국회가 형성하는 법률이라는 형식을 통해 현실사회를 규율하는 것은 지극히 곤란한 것이 사실이다. 따라서 국회 제정의 법률에 근거해 위임된 범위에서 행정입법의 형식인 명령, 규칙으로 구체화될 수 있다. 그런데 이 사건에서 문제가 된 것이 고시라는 행정규칙의 형식, 즉 대외적인 법규성을 가지지 않는 행정내부의 자율적인 사무의 통일이나 편의성을 위한 형식을 통해서 위임입법이 가능한 것인가에 대해 헌법재판소는 이를 인정하고 있다. 논리적으로 볼 때는 행정규제기본법에서 그 근거를 제시하고 있기 때문에 문제는 없다. 그러나 고시라는 형식이 형성과정에서 관료화된 행정내부의 결지정도만을 거치는 것 외에 어떠한 절차적인 통제를 받지 않는 다는 측면에서는 곳의 내용이 과연 고시의 형식을 통해 기본권을 제한하는 것이 필요한가에 대한 고민이 필요하다. 행정규제기본법에서 이미 규정하고 있듯이 고시라는 형식을 통해 행정규제가 이루어진다견 실질적으로 국민의 기본권은 그만큼 위축될 뿐이고 종국적으로는 국민중심이 아니라 행정편의적인 사항으로 전락할 수 있다. 따라서 위임의 형식으로 고시를 통한 행정규제는 필요최소한의 범위에 머물러 있는 경우에만 위임입법의 한계를 일탈하지 않게 된다.

2. 완화된 위헌심사 기준과 상업적 광고표현

표현의 자유는, 그것이 정치적인 표현이든 상업적인 표현이든 모두 「헌법」 제21조의 표현의 자유의 보호영역에 속한다. 문제는 비영리적인 표현과 상업적인 목적을 가진 표현을 달리 볼 것인가 아니면 동등한 선에서 볼 것인가이다. 헌법재판소는 기본적으로 정치적, 상업적 표현행위를 「헌법」 제21조의 보호영역에 속한다고 보고 있다. 그러나 상업적 광고표현에 대해서는 비례의 원칙상 적합성의 원칙은 동등하게 적용할 수 있지만 필요성의 원칙의 적용에서는 비영리적인 표현행위보다 보다 완화된 기준을 적용해서 제한할 수 있다고 보고 있다.

그러나 이러한 헌법재판소의 견해는 첫째 과연 상업적인 광고라고 해서 비영리적인 표현보다 더 공적의사형성에 영향력이 적다는 것을 담보할 수 있는가의 문제가 발생한다. 상업적인 광고표현을 통해 국민에게 정보를 제공하고 국민들은 이를 바탕으로 자율적으로 특정상품에 대한 선호, 배척이 이루어진다면 이것은 비영리적인 표현행위 이상으로 공적인 의사형성에 이바지 한다는 점을 생각하면 과연 비영리, 상업적 광고표현이 공적 의사형성에 미치는 영향력을 이분화 시킬 수 있을 것인가에 대한 회의가 생긴다.[7]

둘째 헌법재판소는 필요성의 원칙을 적용하면서 그 완화된 기준으로 입법목적을 달성할 수 있는 필요한 범위라고 기술하고 있는데 이는 우리 헌법재판소가 독일의 헌법재판소와 달리 비례의 원칙의 내용으로 들고 있는 입법목적의 정당성이라는 부분과 겹친다.[8] 만약 헌법재판소가 상업적 광고표현에 대해 이처럼 완화된 기준을 적용하다면 결국 입법목적을 달성하기 위한 필요한 범위 내에서의 입법형성의 재량은 입법부에 유보되는 것이므로 실제 이 사건에서의 광고표현에 대한 각종 규제는 기본권침해적 법률유보의 문제가 아니라 기본권형성적 내지 기본권구체화적 법률유보의 문제로 전환되게 된다. 그러면 당연히 이 사건의 위헌심사의 기준은 완화된 비례의 원칙이 아니라 과소금지의 원칙이 적용되어야 하는 논리적 문제점이 발생한다. 이러한 문제점의 근원은 헌법재판소가 상업적 광고표현행위에 대해 소비자의 알권리 및 소비자보호라는 공익적인 측면을 좁은 의미의 이익형량에서 논해야함에도 불구하고 필요성의 원칙(과소금지의 원칙[9])에서 논했기 때문이다.

---

7) v. Mangoldt/Klein/Starck, GG Kommentar, Bd.1 7 Aufl., Art. 5 Abs. 1, Rn. 79. 참조; 따라서 단순한 사실의 주장과 가치판단의 문제를 구별하는 것은 불가능하다는 견해도 있다. 이 경우 상업적 광고표현이 단순히 옳고 틀린 것을 주장하는 것이 아니라 상품에 대한 가치판단을 내포하고 있다면 위헌성 판단에서 이중적인 기준을 제시하는 헌법재판소의 결정도 재고되어야 한다. Herzog, MD, Art. 5 Abs. 1, 2 Rn. 51; Schulze-Fielitz, DR, Art. 5 Ⅰ, Ⅱ Rn. 65.

8) 비례의 원칙에 대해서는, v. Mangoldt/Klein/Starck, GG Kommentar, Bd.1 7 Aufl., Art. 1 Abs. 3, Rn. 277ff.; Kingreen/Poscher, Grundrechte Staatsrecht Ⅱ, 33 Aufl. Rn. 330ff.

9) v. Mangoldt/Klein/Starck, GG Kommentar, Bd.1 7 Aufl., Art. 19 Rn. 130, 277, 358, 379, 400, 442;

3. 기본권경합과 경계의 설정

이 사건에서 헌법재판소는 상업적 광고표현이 표현의 자유와 직업행사의 보호영역에 속한다고 보면서도 기본권경합에 관해서는 어떠한 판단도 하고 있지 않다. 헌법이론적으로 논의되는 기본권경합의 이론들을 헌법재판에 도입해서 구체적인 결정을 했으면 하는 아쉬움이 있다. 한편 이러한 기본권경합에 대한 논의의 도입을 어렵게 하는 요인이 하나 있는데 표현의 자유의 경우 과연 상업적 광고표현이라고 하더라도 일반적인 비영리적 표현행위와 구별할 수 있는가의 문제, 특히 표현의 자유의 핵심은 단순히 영리, 비영리가 아니라 국민들의 공적인 의사형성에 어느 정도의 영향력을 미치는 가의 문제라면 과연 비영리 표현행위와 상업적 광고표현행위의 구별이 가능할 것인가에 대해서는 여전히 의문이며 이러한 문제가 해결되지 않고서 표현의 자유와 직업행사의 자유의 기본권경합을 논하는 것은 무의미한 것이 아닌가 한다. 헌법재판소가 이러한 고민으로 인해 결국 기본권경합에 대한 문제를 논리적으로 설명하지 않은 것이 아닌가 한다.

4. 평등권심사

평등권심사에서 중요한 것은 평등권의 심사대상의 동질성을 확보하는 것이고 이러한 동질성이 확보되는 선에서 기본권의 침해나 헌법상 중요한 가치의 침해를 발생시키지 않는다면 자의금지원칙에 의해 심사하는 것이 일반적이다. 이러한 관점에서 보면 이 사건에서 헌법재판소가 산후조리업과 상조업을 비교하면서 비교대상간의 동질성을 인정하지 않으면서 동일한 기준을 적용하지 않은 것은 1차적인 평등심사의 원칙을 준수한 것이다. 따라서 헌법재판소의 이 사건과 관련한 평등권 심사는 논리적으로 옳다.

III. 판례의 의의

이 결정은 3가지 정도에서 시사점을 가진다.

첫째, 위임입법의 형식으로 고시의 형식을 채택하는 것이 국회입법중심주의에 비추어 볼 때 위임입법의 한계를 일탈하지 않는 것이다. 다만 고시의 형식을 남발해서 행정규제로 이어질 수는 없으며 행정규제기본법 제4조 제2항 단서에서 정한 바와 같이 법령이 전문적·기술적 사항이나 경미한 사항으로서 업무의 성질상 위임이 불가피한 사항에 한정

Kingreen/Poscher, Grundrechte Staatsrecht Ⅱ, 33 Aufl. Rn. 137, 348ff.

되어질 때 위임입법의 정당성은 담보되어 질 수 있다.

둘째, 상업적 광고표현 행위에 대해 동일한 표현의 자유의 보호영역에 속하는 것은 타당하다. 그러나 상업적 광고표현이 공적인 의사형성에 끼치는 영향력을 수치상으로 나타내기 어렵기 때문에, 특히 비영리 표현행위와의 경계를 설정하는 것은 거의 불가능하기에, 종국적으로 상업적 광고표현행위에 대해서는 좁은 의미의 비례의 원칙, 즉 이익형량의 원칙에 의해 최종적으로 판단되어질 수밖에 없다. 만약 이러한 이익형량의 원칙에 앞서 완화된 위헌심사의 기준이 상업적 광고표현에 적용이 된다면 상업적 광고표현에 대한 입법형성은 자칫 기본권 제한적 입법형성을 벗어나 기본권 형성적 입법형성으로 전환될 경향을 내포하고 있다.

셋째, 평등권심사의 전제조건인 비교대상의 동질성에 대해 헌법재판소는 비교대상간의 이질성에 대해 세밀히 설명하고 있어 향후의 결정에서도 이러한 논리적 지속성이 필요하다.

14 중계유선방송의 보도·논평·광고 금지 사건

-헌재 2001. 5. 31. 2000헌바43

권 형 둔*

Ⅰ. 판례의 개요

1. 사안의 개요

청구인 ○○방송주식회사는 구 「유선방송관리법」에 의한 중계유선방송사업허가를 받아 ○○시등을 사업구역으로 하여 중계유선방송사업을 영위하여 왔다. 청구외 강원체신청장은 1999. 6. 26. 청구인이 1999. 4, 5월경 허가 받은 12개의 채널 수를 초과하여 외국위성방송 등을 송신하였다는 이유로 같은 법 제22조 제2항 제6호, 제15조 제1항 제1호에 의하여 청구인에게 과징금 6,000,000원을 부과·고지하는 처분을 하였다.

이에 청구인은 위 강원체신청장을 상대로 위 처분의 취소를 구하는 소송을 춘천지방법원에 제기하여 심리진행 중 위 처분의 근거가 되는 법조항에 대한 위헌심판제청을 하였으나 위 법원은 2000. 4. 20. 본안에 대한 청구를 기각하면서 위 제청신청을 기각하였다. 청구인은 2000. 5. 16. 헌법소원심판청구를 한 사건이다.

2. 심판대상

종합유선의 경우에는 방송국채널의 구성과 운영에 있어서 다양성이 보장되고, 방송프로그램의 편성의 자유와 책임이 인정되며, 광고방송이 허용되는 등 방송범위가 광범위하게 보장된다. 이에 대해 유선방송관리법이 규율하는 중계유선방송의 경우 제한된 채널수만 허용되고 보도, 논평 등 프로그램편성의 자유를 제한하며 광고방송을 금지하고 있다. 이 사건 심판대상은 이에 대한 구 유선방송관리법 제15조 제1항 제1호와 함께 규정에

* 공주대학교 법학과 교수.

위반하여 유선방송을 한때 허가의 취소 또는 6월 이내의 기간을 정하여 그 사업의 정지를 명하거나 1천만 원 이하의 과징금을 부과하도록 한 같은 법 제22조 제2항 제6호에 대한 위헌소원이다.

3. 판례의 요지

가. 방송사업허가제가 헌법적으로 허용되는지 여부

내용규제 그 자체가 아니거나 내용규제의 효과를 초래하는 것이 아니라면「헌법」제21조 제2항의 금지된 "허가"에는 해당되지 않는다. 한편,「헌법」제21조 제3항은 통신·방송의 시설기준을 법률로 정하도록 규정하여 일정한 방송시설기준을 구비한 자에 대해서만 방송사업을 허가하는 허가제가 허용될 여지를 주는 한편 행정부에 의한 방송사업허가제의 자의적 운영이 방지되도록 하고 있다. 정보유통 통로의 유한성, 사회적 영향력 등 방송매체의 특성을 감안할 때, 그리고 위「헌법」제21조 제3항의 규정에 비추어 보더라도, 종합유선방송등에 대한 사업허가제를 두는 것 자체는 허용된다.

나. 중계유선방송사업자의 직업수행의 자유를 침해하는지 여부

중계유선방송사업자가 방송의 중계송신업무만 할 수 있고 보도, 논평, 광고는 할 수 없도록 하는 심판대상조항들의 규제는 방송사업허가제, 특히 종합유선방송사업의 허가제를 유지하기 위해서, 본래적 의미에서의 방송을 수행하는 종합유선방송사업의 허가를 받지 아니한 중계유선방송사업에 대해 부과하는 자유제한이다. 중계유선방송사업자가 자체적인 프로그램 편성의 자유와 그에 따르는 책임을 부여받지 아니한 이상 이러한 제한의 범위가 지나치게 넓다고 할 수 없고, 나아가 업무범위 외의 유선방송관리법에 의한 중계유선방송사업에 대한 각종 규제는 전반적으로 종합유선방송사업에 대한 각종 규제보다 훨씬 가벼운 점, 그리고 중계유선방송사업자도 요건을 갖추면 종합유선방송사업의 허가를 받을 수 있었던 점, 업무범위 위반시의 제재내용 등을 종합하여 볼 때, 규제의 정도가 과도하다고 보기도 어렵다.

다. 종합유선방송사업자와의 관계에서 볼 때 평등원칙에 위반되는지 여부

자체적 편성의 자유를 가지고 이에 수반하는 책임을 부담하면서 본래적 의미의 방송을 그 사업내용으로 하는지 여부는 중계유선방송과 종합유선방송의 핵심적 차이로서, 이러한 차이는 양 사업이 방송의 자유와 관련성을 맺는 정도, 그리고 양 사업이 가지는 방송의 공적 기능이라는 특성의 비중에 있어서의 차이를 초래한다. 그러므로 입법자는 업무범위에 관해서는 종합유선방송의 그것을 중계유선방송의 그것보다 넓게 규정하고, 편성의 자유가 보장됨을 특별히 명시한 반면, 허가요건을 비롯한 기타 부문에서의 전반적 규제강도는 종합유선방송의 경우를 더 엄격하게 정한 것이다. 중계유선방송사업과 종합유선방송사업이 '유선전기통신시설을 이용하여 음성·음향 또는 영상을 불특정다수인 수신자에게 송신하는 것'이라는 공통점을 가진다고 하더라도 심판대상조항들에 의한 차별취급이 합리성을 잃은 것이라고 할 수는 없다.

II. 해 설

1. 쟁점의 정리

종합유선방송의 경우에는 방송국 채널의 구성과 운영에 있어서 다양성이 보장되고, 방송프로그램의 편성의 자유와 책임이 인정될 뿐만 아니라 광고방송이 허용되는 등 방송범위가 광범위하게 보장됨에 비하여, 중계유선방송사업자에 대해서는 방송국의 방송에 관한 채널 수를 제한하여 중계송신 업무만을 할 수 있도록 한정하고 보도, 논평 등 프로그램 편성의 자유를 제한하며, 광고방송을 금지하고 있다. 이것이 중계유선방송사업자들의 방송의 자유와 직업수행의 자유를 침해하는지 여부, 그리고 보도, 논평, 광고가 허용된 종합유선방송사업자들과의 관계에서 볼 때 평등원칙에 위배되는지 여부에 대해 판단이 필요하다.

2. 관련 판례

가. 춘천지방법원 위헌제청 기각결정 이유[1)]

보도, 스포츠, 교양 등의 전문분야에 대한 프로그램을 자체적으로 제작하거나 구입하여 편성, 송신하는 종합유선방송과 난시청지역의 해소를 위하여 주로 기존의 공중파방송을 중계방송하는 중계유선방송은 그 존립목적이 서로 구별되고, 프로그램 편성을 위한 시설, 프로그램 전송장비, 기술수준에서도 상이하다. 또한 중계유선방송사업자도 시설 및 기술수준을 갖추어 종합유선방송사업의 허가를 얻을 수 있다. 따라서 이 사건 심판대상조

1) 춘천지방법원 2000. 4. 20.자 99아40 결정.

항들은 중계유선방송과 종합유선방송이 공존하면서 각각 그 고유의 목적을 달성할 수 있도록 하기 위하여 중계유선방송사업자가 허가받은 중계방송 이외의 방송을 송신하는 것을 금지한 것으로서 입법목적의 정당성이 인정되고, 제한의 방법과 정도의 적정성도 인정된다.

나. 대구지방법원 위헌제청 기각결정 이유[2)]

종합유선방송은 종합유선방송국시설을 갖추고 프로그램공급자로부터 방송프로그램을 공급받아 수신자에게 송신하는 한편 「방송법」에 의한 방송국의 무선방송을 수신하여 이를 그대로 동시에 재송신하는 기능을 가진 다채널방송인데 비하여 중계유선방송은 종합유선방송의 기능 중 무선방송을 중계송신하는 기능만을 수행하는 방송이어서 그 목적과 기능을 달리하고, 이러한 차이 때문에 「종합유선방송법」과 「유선방송관리법」은 두 사업의 결격사유, 허가요건과 시설기준을 달리 정하고 있다. 그러므로 위 두 사업자에 대한 통제나 제한을 함에 있어서도 그 정도를 달리할 수밖에 없으며, 심판대상조항들은 무선방송을 수신하여 중계송신하는 기능만을 수행하는 중계유선방송사업의 목적에 부합할 뿐만 아니라 방송질서의 유지와 공공복리를 위한 합리적인 규제이다.

3. 검 토

가. 방송의 개념 및 허가제

(1) 방송의 개념

「헌법」의 규범체계 내에서 방송의 개념은 구체적으로 정의되지 않고 있다. 다만 현행 「방송법」 제2조 제1항에서 방송은 '방송프로그램을 기획·편성 또는 제작하여 이를 공중에게 전기통신설비에 의하여 송신하는 것'으로 정의되고 있을 뿐이다. 「방송법」상 방송은 지상파방송, 종합유선방송, 위성방송이 있지만, 헌법상 방송의 개념은 상위개념이다. 그러나 방송의 헌법적 개념에 의해 모든 방송이 법적으로 동일하게 취급되어야 함을 의미하지는 않는다. 방송매체의 효과가 상이하다면, 상이한 효과의 정도를 제한의 기준으로 삼아 법적으로 상이한 규율을 정당화할 수 있다.

(2) 허가제

방송의 자유는 주관적인 자유권으로서의 특성을 가질 뿐 아니라 다양한 정보와 견해의 교환을 가능하게 함으로써 민주주의의 존립·발전을 위한 기초가 되는 언론의 자유의

2) 대구지방법원 2000. 6. 21.자 2000아64 결정.

실질적 보장에 기여한다는 특성을 가지고 있다. 이러한 방송의 자유의 특성은 방송프로그램 편성의 자유로서 프로그램의 선정, 내용 및 형성을 외부세력으로부터 보호하는데 기본권 보호의 목적이 있다.[3)]

과거에는 방송의 주파수가 한정된 자원이라는 특수성 때문에 제한된 주파수를 배분하는 허가제가 헌법적으로 정당화되었다. 구조적 규제의 일종인 진입규제로서의 허가제는 방송의 기술적·사회적 특수성을 반영한 것으로서 정보와 견해의 다양성과 공정성을 유지한다는 방송의 공적 기능을 유지하기 위해 필요하였기 때문이다.

주파수의 희소성이 사라진 디지털 사회에서 의사형성에 기여하는 제도로서의 방송의 자유의 성격은 사라지지 않는다. 정보유통 통로의 유한성이 완전히 극복되었다고 할 수 없기 때문에 매체시장에서의 독점을 방지하여 정보와 견해의 다양성과 공정성을 보장하기 위한 국가의 규제는 여전히 허용되고 있다. 따라서 현대사회에서도 자유롭고 민주적인 의사형성을 위한 특정한 규율상태의 보장이라는 방송의 자유는 여전히 특정 목적에 봉사하는 기본권으로 남아 있고, 이러한 기본권적 성격은 민영방송에 대해서도 적용되고 있다.

나. 이 사건 법률조항에 대한 판단

(1) 방송사업 허가제의 헌법적 허용 여부

중계유선사업자의 업무범위 제한은 중계유선방송사업과 종합유선방송사업의 허가제를 별도로 운영하고 그 수행업무를 구분한데 따른 것이다. 이는 편성의 자유와 책임을 가지고 보도, 논평, 광고 등 본래적 의미의 방송을 하는 종합유선방송사업을 하기 위해서는 허가를 받아야 하는 진입규제를 둔 결과이기도 하다.

방송매체에 대한 규제의 필요성과 정당성을 논의함에 있어서 방송사업자의 자유와 권리뿐만 아니라 수신자의 이익과 권리도 고려되어야 하는 것은 방송의 공적 기능 때문이다. 과거에는 가용주파수가 제한되어 있고 방송시설의 설치·운영에 많은 비용이 들기 때문에 소수의 대기업이 매체를 독점하여 정보의 유통을 제어하는 것이 가능한 구조였다. 따라서 소수에 의한 매체독점을 방지하고 다양한 정보와 의견의 교환을 위해 국가가 매체시장에 개입하는 것이 허용되었다. 그러나 최근에는 기술적 측면에서 방송매체독점의 요인은 사라져 가는 추세이고 정보와 견해의 다양성을 확보하기 위한 규제의 필요성은 점차 감소되고 있다.

그럼에도 불구하고 국가는 또한 언론의 자유와 조화를 이루는 범위 내에서 매체산업의 균형발전이라는 경제정책적 목적이나 사회·문화정책적 목적을 달성하기 위한 규제를

3) 헌재 1993. 5. 13. 91헌바17.

할 수도 있다. 규제형태로 볼 때 방송매체에 대한 규제는 내용에 대한 것과 내용 중립적인 것으로 나타나며, 이러한 규제들에 대해서는 「헌법」 제21조 제2항의 허가·검열금지원칙에 따른 한계 또는 「헌법」 제37조 제2항에 의한 일반적인 기본권제한의 한계가 적용된다.[4]

이 사건 종합유선방송사업의 허가요건은 기술적·물적 또는 인적인 것으로서 구성되어 있다. 구조적 규제의 일종인 진입규제로서의 이 허가제는 방송의 기술적·사회적 특수성을 반영한 것으로서 정보와 견해의 다양성과 공정성을 유지한다는 방송의 공적 기능을 보장하는 것을 주된 입법목적으로 하는 것이고, 표현내용에 대한 가치판단에 입각한 사전봉쇄를 위한 것이거나 그와 같은 실질을 가진다고는 볼 수 없으므로 위의 금지된 '허가'에는 해당되지 않는다고 할 것이다.

종합유선방송은 종래의 주류적 방송인 지상파방송에 비하여 상대적으로 정보유통 통로의 유한성이라는 특성이 약하고 '사회적 영향력'도 종합유선방송이 유료가입신청제로 운영된다는 점에서 상대적으로 높게 평가할 수 없지만, 현재로서는 이러한 방송매체로서의 특징들을 무시할 수 있는 단계는 아니다. 따라서 방송시설기준을 법률로 정하도록 한 「헌법」 제21조 제3항이 규정하는 바에 비추어 보더라도 이에 대한 진입규제로서의 사업허가제를 두는 것 자체는 허용될 수 있다.

(2) 방송의 자유 및 직업의 자유에 대한 침해 여부

중계유선방송사업자가 방송의 중계송신업무만 할 수 있고 보도, 논평, 광고는 할 수 없도록 하는 규제는 종합유선방송사업의 허가제를 유지하기 위해서 종합유선방송사업의 허가를 받지 아니한 중계유선방송사업에 대해 부과하는 자유제한이다. 이는 중계유선방송사업자가 자체적인 프로그램 편성의 자유와 그에 따르는 책임을 부여받지 아니한 이상 이러한 제한의 범위가 지나치게 넓다고 할 수 없다.

「방송법」은 중계유선방송사업자가 종합유선방송사업으로 사업을 전환하는 것을 용이하게 해주기 위해 별도의 승인절차를 마련함으로써 장기적으로는 두 사업을 일원화하는 정책을 추진하고 있기 때문에 허가제가 헌법적으로 허용된다는 전제 하에 그 자체가 위헌이라고 보기는 어렵다.

그리고 중계유선방송사업자의 업무수행범위를 제한하고 이를 위반한 경우 과징금등의 제재를 가하도록 한 것은 방송사업을 수행하는 종합유선방송사업에 대해서 허가제를 둔 목적을 달성하기 위한 적절하고도 합리적인 수단이라고 할 수 있다.

유선방송관리법에 의한 중계유선방송사업에 대한 각종 규제는 「종합유선방송법」에

---

4) 이에 대해 권형둔, "방송광고규제의 헌법적 원리와 정당성", 『언론과 법』, 제14권 제3호(한국언론법학회, 2015), 258면.

의한 종합유선방송사업에 대한 각종 규제보다 훨씬 가벼운 반면 소비자가 볼 때 제공하는 서비스의 차별성은 크게 나타나지 않기 때문에 시장에서의 경쟁력에 있어서는 중계유선방송이 오히려 더 유리하였다는 평가도 있다. 그리고 중계유선방송사업자도 「종합유선방송법」에 따른 요건을 갖추면 종합유선방송사업의 허가를 받을 수 있고, 업무범위 위반 시의 제재내용 등을 종합하여 고려하더라도 규제의 정도가 과도하다고 보기도 어렵다.

따라서 중계유선방송사업자의 방송의 자유, 직업수행의 자유가 제한되지만, 그 제한은 필요한 범위내의 제한으로 헌법에 위반하여 이를 침해하였다 할 수 없다. 이러한 규제는 '시장의 지배와 경제력의 남용을 방지하며, 경제주체간의 조화를' 도모하기 위한 것으로서 헌법상 경제 질서를 위반하지도 않는다.

(3) 평등원칙 위배 여부

중계유선방송과 종합유선방송은 '유선전기통신시설을 이용하여 음성, 음향 또는 영상을 수신자에게 송신하는 것'이라는 업무의 기술적 측면에서는 유사성이 있으나, 중계유선방송은 방송국으로부터 수신자에게로의 전송을 매개하는 역할만 제한적으로 수행한다. 이에 대해 종합유선방송은 프로그램을 자체적으로 편성하여 송출하는 본격적 방송업무를 수행하므로 양자의 목적과 기능은 분명히 구분된다. 이러한 목적과 기능상의 차이로 인하여 종합유선방송국시설은 중계유선방송보다 훨씬 엄격한 요건을 규정하고 있다. 그 외에도 종합유선방송은 중계유선방송과 달리 지역사업권료 납부의무가 있고, 공공채널 및 지역채널의 운영의무, 수신자 보호를 위한 반론보도청구권 등 강한 공적의무의 이행책임을 부과 받았다.

그러므로 입법자는 업무범위에 관해서는 종합유선방송에 대해서는 넓게 규정하고, 편성의 자유가 보장됨을 특별히 명시한 반면, 허가요건을 비롯한 기타 부문에서의 전반적 규제강도는 종합유선방송의 경우를 더 엄격하게 정하고 있다. 즉, 입법자는 별개의 목적과 기능을 가진 중계유선방송사업과 종합유선방송사업을 구분하여 규율함으로써 중계유선방송사업자들의 업무를 방송의 중계송신으로만 제한하고 보도, 편성, 광고는 할 수 없도록 하고 있는 것이다.

따라서 중계유선방송사업과 종합유선방송사업이 '유선전기통신시설을 이용하여 음성·음향 또는 영상을 불특정다수인 수신자에게 송신하는 것'이라는 공통점을 가진다고 하더라도 심판대상조항들에 의한 차별취급이 합리성을 잃은 것으로서 자의적인 것이라고는 볼 수 없으므로 평등원칙에 위배된다고 할 수 없다.

Ⅲ. 판례의 의의

방송의 자유의 기본권은 다른 자유권적 기본권과는 달리 그 보호목적에 있어서 개인의 자유보장이 아니라 자유로운 민주적 여론형성을 위한 특정한 규율상태의 보장으로 이해된다.[5] 즉, 방송의 자유는 방송사의 이해관계를 위한 것이 아닌 국민의 자유로운 의사형성이라는 이익을 담보하기 위해 보장된다. 방송의 자유의 객관법적 보장은 방송주체의 존립과 활동이 국가권력의 간섭으로부터 벗어나 독립함을 의미할 뿐만 아니라, 국가권력 이외에 방송의 자유를 침해하는 사회의 다양한 세력들로부터도 자유로워야 한다.

방송에 대한 입법자의 형성에 의한 적극적인 통제와 그 정당성은 자유로운 공공의 여론형성을 위한 이러한 전제조건으로부터 비롯된다.[6] 다미디어·다채널 시대가 도래함에 따라 기술적 측면에서의 방송매체독점이 사라지고 의견의 다양성이 최대한 보장되었다하더라도 이러한 상황은 변화하지 않고 있다. 이 사건 헌법재판소 결정은 구조적 규제의 일종인 진입규제로서의 허가제는 정보와 의사의 다양성과 공정성을 유지하기 위해 필요하고, 방송매체의 규제는 방송사업자의 자유와 권리뿐만 아니라 수신자의 이익과 권리를 고려해야 한다는 방송의 공적 기능을 확인한데 그 의의가 있다고 할 것이다.

---

5) 한수웅, 『헌법학』(법문사, 2017), 763면.

6) 권형둔, "방송법 개정 논의의 헌법적 문제에 대한 소고 －공영방송의 민영화 방안과 관련하여－", 『공법연구』, 제37권 제1－2호(한국공법학회, 2008), 8면.

15 건강기능식품의 기능성 광고에 대한 사전심의의 위헌성

– 헌재 2018. 6. 28. 2016헌가8, 2017헌바476

황 창 근*

Ⅰ. 판례의 개요

1. 사안의 개요 및 소송경과

가. 2016헌가8 사건

제청신청인은 '2014. 12. 27.자 조선일보 6면과 같은 달 30.자 일간스포츠 2면에 주식회사 ○○가 판매하는 □□이라는 상품에 대한 광고를 하면서 2013. 10. 1. 사단법인 한국건강기능식품협회 기능성표시광고심의위원회에서 "건강정보는 제품정보와 연결되지 않도록 한 곳(맨뒤)에 모아 구획을 나누어 광고할 것"으로 심의를 받고도 구획을 나누어 광고하지 않아 심의받은 내용과 다른 내용의 표시·광고를 하였다'라는 이유로 「건강기능식품에 관한 법률」(이하 '건강기능식품법'이라 한다) 위반죄로 공소제기되었다. 피고인은 위와 같이 공소제기된 사건으로 1심에서 벌금 1백만 원의 형을 선고받고(부산지방법원 2015고정1923), 항소심(부산지방법원 2015노3499) 계속 중 사전심의 받은 내용과 다른 내용으로 표시·광고하는 행위를 금지하고 그 위반행위에 대하여 형벌을 부과하고 있는 건강기능식품법 제18조 제1항 제6호 중 '광고부분' 및 같은 법 제44조 제4호 중 제18조 제1항 제6호 가운데 '광고부분'이 헌법에 위반된다며 위헌법률심판제청신청을 하였고(부산지방법원 2015초기1211), 제청법원은 이를 받아들여 2016. 6. 2. 이 사건 위헌법률심판제청을 하였다.

나. 2017헌바476 사건

청구인은 각종 상품을 TV 홈쇼핑 등을 통해 판매하는 회사로서, '2014. 12. 28.경부터

* 홍익대학교 법과대학 교수.

2015. 7. 24.경까지 건강기능식품인 △△ 등을 TV 홈쇼핑 채널에서 판매하면서 ① 사실과 다르거나 과장된 표시·광고, ② 소비자를 기만하거나 오인·혼동시킬 우려가 있는 표시·광고, ③ 심의받은 내용과 다른 내용의 표시·광고를 하였다'는 이유로 2016. 11. 8. 서울 강동구청장으로부터 건강기능식품법 제18조 제1항 제1호, 제3호, 제6호, 같은 법 제32조 제1항 제3호에 따른 영업정지 2개월의 처분을 받았다. 청구인은 위와 같이 영업정지 2개월의 처분을 받자 취소소송을 제기하고(서울행정법원 2016구합80205), 소송 계속 중 건강기능식품법 제18조 제1항 제6호 등이 헌법이 금지하는 사전검열에 해당하여 「헌법」에 위반된다고 주장하며 위헌법률심판제청을 신청하였으나 2017. 10. 26. 기각되자(서울행정법원 2017아10509), 2017. 11. 24. 이 사건 헌법소원심판을 청구하였다.

2. 판례의 요지

현행 헌법상 사전검열은 표현의 자유 보호대상이면 예외 없이 금지된다. 건강기능식품의 기능성 광고는 인체의 구조 및 기능에 대하여 보건용도에 유용한 효과를 준다는 기능성 등에 관한 정보를 널리 알려 해당 건강기능식품의 소비를 촉진시키기 위한 상업광고이지만, 「헌법」 제21조 제1항의 표현의 자유의 보호 대상이 됨과 동시에 같은 조 제2항의 사전검열 금지 대상도 된다.

광고의 심의기관이 행정기관인지 여부는 기관의 형식에 의하기보다는 그 실질에 따라 판단되어야 하고, 행정기관의 자의로 개입할 가능성이 열려 있다면 개입 가능성의 존재 자체로 헌법이 금지하는 사전검열이라고 보아야 한다. 건강기능식품법상 기능성 광고의 심의는 식약처장으로부터 위탁받은 한국건강기능식품협회에서 수행하고 있지만, 법상 심의주체는 행정기관인 식약처장이며, 언제든지 그 위탁을 철회할 수 있고, 심의위원회의 구성에 관하여도 법령을 통해 행정권이 개입하고 지속적으로 영향을 미칠 가능성이 존재하는 이상 그 구성에 자율성이 보장되어 있다고 볼 수 없다. 식약처장이 심의기준 등의 제정과 개정을 통해 심의 내용과 절차에 영향을 줄 수 있고, 식약처장이 재심의를 권하면 심의기관이 이를 따라야 하며, 분기별로 식약처장에게 보고가 이루어진다는 점에서도 그 심의업무의 독립성과 자율성이 있다고 어렵다. 따라서 이 사건 건강기능식품 기능성광고 사전심의는 그 검열이 행정권에 의하여 행하여진다 볼 수 있고, 헌법이 금지하는 사전검열에 해당하므로 헌법에 위반된다.

II. 해 설

1. 쟁점의 정리

이 사건의 주된 쟁점은 건강기능식품법상 건강기능식품에 대한 기능성 광고에 대한 사전심의가 「헌법」상 사전검열원칙을 위반하는지 하는 점이다. 여기서 건강기능식품이란 인체에 유용한 기능성을 가진 원료나 성분을 사용하여 제조·가공한 식품을 말하고, 기능성이란 인체의 구조 및 기능에 대하여 영양소를 조절하거나 생리학적 작용 등과 같은 보건 용도에 유용한 효과를 얻는 것을 말한다(제2조). 이에 따라 첫째, 건강기능식품에 대한 기능성 광고가 「헌법」 제21조 제1항의 표현의 자유의 보호범위에 포함되는지, 둘째 표현의 자유의 보호 범위에 포함된다면 동조 제2항의 사전검열금지원칙이 당연 적용되는지 그리고 위 기능성광고에 대한 사전심의제도가 사전검열금지원칙에 위배되는 것인지 여부[1] 등이다. 특히 이 사건은 동일한 사안에 있어서 「헌법」상 사전검열금지원칙을 적용할 수 없다고 본 헌재 2010. 7. 29. 2006헌바75 결정을 변경하는 점에서 위와 같은 쟁점을 어떻게 설명하고 있는지가 중요한 의미가 있다고 할 것이다.

2. 관련 판례

가. 건강기능성식품의 기능성 광고에 대한 합헌결정[2]

대상 결정과 동일한 사안에서 헌법재판소는 합헌 7, 위헌 2로 합헌을 선고하였다(평석 대상결정에서는 합헌 1, 위헌 8로 변경되었다). 법정의견은 건강기능식품에 대한 기능성광고에 대하여는 규제의 필요성이 큰데, 한편 언론출판에 의한 자유를 최대한 보장할 의무도 지지만, 한편으로는 「헌법」 제36조 제3항에 따른 국민의 보건에 관한 보호의무에 따른 국민의 보건·건강권도 최대한 보장하여야 하므로 위와 같은 언론출판의 자유와 국민의 보건권 등 기본권간의 균형을 기하는 차원에서 규정된 사전심의절차이므로 이를 사전검열에 해당된다고 보기는 어렵다고 판시하였다.[3] 당시의 반대의견은 건강기능식품에

---

1) 이 결정 이전의 건강기능식품의 기능성 광고에 대한 위헌성에 대하여는 이세정, “건강기능식품법상 기능성 표시·광고 사전심의제도의 위헌성 여부에 관한 연구”, 『법학논총』, 제28권 제2호(전남대학교 법학연구소, 2008. 12) 참조.

2) 헌재 2010. 7. 29. 2006헌바75.

3) 이 결정이 「약사법」, 「의료법」, 「화장품법」 등 다른 보건분야의 광고의 사전심의제도에도 영향을 미쳐 역시 사전검열에 해당되지 않을 것으로 보고 있다. 최기상, “건강기능식품에 관한 법률 제18조 제1항 제5호 등 위헌소원”, 『헌법재판소결정해설집』, 9집(헌법재판소, 2010).

대한 광고는 상업적 표현으로서 사전검열금지원칙이 적용되어야 하고, 이러한 광고에 대한 사전심의는 판례가 그동안 제시한 4가지 요건을 충족한 사전검열에 해당된다고 판시하였다.

나. 의료광고 위헌 결정[4)]

의료광고의 사전심의는 보건복지부장관으로부터 위탁을 받은 각 의사협회가 행하고 있으나 사전심의의 주체인 보건복지부장관은 언제든지 위탁을 철회하고 직접 의료광고 심의업무를 담당할 수 있는 점, 「의료법」 시행령이 심의위원회의 구성에 관하여 직접 규율하고 있는 점, 심의기관의 장은 심의 및 재심의 결과를 보건복지부장관에게 보고하여야 하는 점, 보건복지부장관은 의료인 단체에 대해 재정지원을 할 수 있는 점, 심의기준·절차 등에 관한 사항을 대통령령으로 정하도록 하고 있는 점 등을 종합하여 보면, 각 의사협회는 행정권의 영향력에서 벗어나 독립적이고 자율적으로 사전심의업무를 수행하고 있다고 보기 어렵다. 따라서 이 사건 법률규정들은 사전검열금지원칙에 위배된다.

3. 검 토

가. 상업적 광고표현에 사전검열금지원칙이 적용되는지

(1) 상업적 광고표현은 표현의 자유의 보호대상인지

상업적 표현인 광고[5)]가 「헌법」 제21조의 표현의 자유의 보호대상인지에 대하여는 견해의 대립이 있다. 동등보호론의 입장은 표현의 자유의 본질을 개인의 자아실현으로 보고 있는데 상업적 광고표현을 다른 표현과 구별할 이유가 없다는 입장이고, 차등보호론의 입장은 상업적 광고표현은 본질적으로 경제적 활동의 일환일뿐 「헌법」상 표현의 자유의 보호범위에 속하지 않는다는 입장이다.[6)] 이러한 차등보호론의 입장은 상업광고는 불특정다수인에 대한 표현으로서 특정인과의 매매계약 체결을 목적으로 인격실현의 물질적 토대

---

4) 헌재 2015. 12. 23. 2015헌바75.

5) 일반적으로 광고란 커뮤니케이션 관점에서는 정보의 전달과 설득의 기능을 내포하고, 마케팅 관점에서는 상품과 서비스의 욕구충족 가치를 시장 혹은 고객에게 알리고 설득하며 상기시키는 역할을 가지고 있다. 이러한 측면에서 광고의 개념은, 첫째 비용을 지불하는 커뮤니케이션의 한 형태이고, 둘째 스폰서를 명시하며, 셋째 소비자로 하여금 무엇인가를 하도록 설득하거나 영향을 주려하고, 넷째 다양한 매체를 통해서 전달하며, 다섯째 대규모 잠재고객을 대상으로 광범위하게 도달하고, 여섯째 매스커뮤니케이션의 한 형태이며 非人的(nonpersonal)인 것의 6가지 요소를 가지는 것으로 설명된다(김봉현·김태용·박현수·신강균, 『광고학개론』, 제2판(한경사, 2013), 17~25면).

6) 조소영, "광고규제에 대한 헌법적 검토 –상업광고에 대한 논의를 중심으로–", 『공법학연구』, 제18권 제3호(한국비교공법학회, 2017. 8), 231~234면 참조.

로서 규정된 재산권의 범위 안에서 이루어진 사적 욕구의 충족을 위한 것으로서 「헌법」 제23조 재산권의 보호범위에 속한다고 한다.[7] 판례는 광고 또는 상업적 광고도 사상, 지식, 정보 등을 불특정다수인에게 전파하는 것으로서 언론·출판의 자유에 의한 보호를 받는 대상이 된다고 보고 있다.[8] 다만 상업적 표현이 사상이나 지식에 관한 정치적, 시민적 표현 행위와는 차이가 있는 점에서 과잉금지원칙 위배 여부를 심사함에 있어, 침해의 최소성 원칙은 같은 목적을 달성하기 위하여 달리 덜 제약적인 수단이 없을 것인지 혹은 입법목적을 달성하기 위하여 필요한 최소한의 제한인지를 심사하기보다는 '입법곡적을 달성하기 위하여 필요한 범위 내의 것인지'를 심사하는 정도로 완화하는 것이 상당하다는 것이 판례의 입장이다.[9] 표현의 자유의 성격상 표현의 매체에 따른 적용 여부를 구분할 수 없는 것처럼, 표현의 대상에 따른 적용여부를 달리 결정하기는 어렵다고 할 것인데, 상업적 광고물도 사상·지식·정보 등을 불특정다수인에게 전파한다는 점에서 다른 표현과 차이가 없으므로 표현의 자유의 보호대상이 된다는 다수설의 견해가 타당하다고 할 것이다.

(2) 상업적 광고표현에 사전검열금지원칙이 적용되는지 여부

상업적 광고표현의 「헌법」 제21조의 표현의 자유의 보호대상이 되면 동조 제2항의 사전검열금지원칙이 적용될 것인지에 대하여는 현행 「헌법」하에서는 이론의 여지가 없는 것으로 보인다. 즉 「헌법」 제21조에서는 제1항에서 표현의 자유를 규정하고 제2항에서 사전검열금지원칙을 규정하고 있는 체계상 표현의 자유의 보호대상이 되면 당연히 사전검열금지원칙이 적용되는 것이 분명한 것이다. 판례도 "현행 「헌법」이 사전검열을 금지하는 규정을 두면서 1962년 「헌법」과 같이 특정한 표현에 대해 예외적으로 검열을 허용하는 규정을 두고 있지 아니한 점, 이러한 상황에서 표현의 특성이나 이에 대한 규제의 필요성에 따라 언론·출판의 자유의 보호를 받는 표현 중에서 사전검열금지원칙의 적용이 배제되는 영역을 따로 설정할 경우 그 기준에 대한 객관성을 담보할 수 없어 종국적으로는 집권자에게 불리한 내용의 표현을 사전에 억제할 가능성을 배제할 수 없게 된다는 점 등을 고려하면, 현행 「헌법」상 사전검열은 예외 없이 금지되는 것으로 보아야 한다"고 판시하고 있다.[10]

(3) 사전검열원칙의 해당 여부

다음으로 사전검열원칙에 해당되는지 보면, 헌법재판소가 확립한 요건으로는 첫째,

---

7) 박찬권, 2018 한국광고법학회 정기학술대회 토론요지, 2018. 11. 15. 자료집, 4면.
8) 헌재 1998. 2. 27. 96헌바2; 헌재 2000. 3. 30. 99헌마143; 헌재 2015. 12. 23. 2015헌바75.
9) 헌재 2005. 10. 27. 2003헌가3; 헌재 2014. 9. 25. 2013헌바28.
10) 헌재 2015. 12. 23. 2015헌바75.

일반적으로 허가를 받기 위한 표현물의 제출의무가 존재할 것, 둘째, 행정권이 주체가 된 사전심사절차가 존재할 것, 셋째, 허가를 받지 아니한 의사표현을 금지할 것, 넷째, 심사절차를 관철할 수 있는 강제수단이 존재할 것 등 4가지가 제시되고 있다.[11)]

먼저, 심의의 주체에 대하여 보면 제16조 제1항에서 "건강기능식품의 기능성에 대한 표시·광고를 하려는 자는 식품의약품안전처장이 정한 건강기능식품 표시·광고 심의의 기준, 방법 및 절차에 따라 심의를 받아야 한다"라고 규정하여 식품의약품안전처장이 심의권한을 가진 것으로 보인다. 반대의견은 식품의약품안전처장에게 심의권한이 있는 것으로 규정된 것이 아니라 심의기준 등의 절차 형성권한만을 가진 것이라고 판시하고 있으나, 제16조 제1항은 물론이고 법령의 전체적인 체계를 보면 식품의약품안전처장이 심의권한을 가지고, 이를 한국건강기능식품협회로 위탁한 것인만큼 공무수탁이론에 의하여 한국건강기능식품협회가 행정주체로서 심의권한을 행사한 것이라고 할 것이다. 행정주체성 여부에 대하여는 행정조직법상의 권한 즉 형식적인 권한 유무만에 의할 것이 아니라 전체 법령 체계내에서 해당 주체의 권한, 지위 등을 종합적으로 판단하여 실질적으로 주체성을 이해하여야 한다. 그리고 나머지 사전검열금지원칙의 요건인 표현 이전에 사전제출은 제16조 제1항이 '광고를 하려는 자'는 심의를 받아야 한다고 규정되어 있으므로 충족한다. 셋째 요건인 허가를 받지 아니하면 금지되는 요건은 제16조 제1항에 따라 심의를 받지 아니하거나 심의받은 내용과 다른 내용의 표시·광고를 금지하는 규정이 있으므로(제18조 제1항 제6호) 이 요건도 충족된다. 마지막으로 심의절차를 관철할 수 있는 강제수단이 존재하는지 여부에 대하여 보면, 이를 위반하는 경우 영업취소 등의 처분(제32조), 형벌규정(제44조) 등의 규정이 여기에 해당한다. 따라서 건강기능협회의 사전심의는 사전검열에 해당된다고 할 것이다.

나. 건강기능식품의 광고표현에 대한 사전심의

(1) 건강기능식품 광고의 특성과 사전심의

우리나라에서 광고에 대한 심의는 사전심의와 사후심의가 혼재되어 있고 사전심의의 경우에도 법정심의와 자율심의로 나누어져 있다. 표현에 대한 규제는 가능한 한 사전적인 것 보다는 사후적인 것이 덜 침해적이라고 할 것이나(사전억제금지의 원칙), 광고표현에는 이러한 원칙을 그대로 적용하기는 곤란하다고 할 것이다. 광고 표현은 비교적 짧은 시간에 축약된 표현으로 강력한 효과를 목적으로 한다는 점, 상업적 목적을 달성하기 위하여 다소간의 과장과 왜곡이 일어날 가능성이 높은 점 등을 감안하여 광고표현 이전에 이를

---

11) 헌재 1996. 10. 31. 94헌가6; 헌재 2008. 6. 26. 2005헌마506.

규제하는 것이 필요하며, 사전규제가 사후규제 보다 훨씬 유용성이 높다고 할 것이다. 따라서 우리나라 광고심의는 대부분 사전심의를 원칙으로 하고 사후심의로 보완하는 구조를 채택하고 있다.[12)]

특히, 건강기능식품 광고에 대하여는 소비자의 보호, 의료체계보호 및 공정거래확보라는 경제적 측면이 함께 고려되어야 하고,[13)] 나아가 그 허위·과장광고로 인한 상품의 구매 등 경제적 손실 정도를 넘어서서 오·남용으로 인한 건강의 악화나 생명·신체에 대한 심각한 위험이 초래될 경우[14)]

(2) 사전심의를 내용으로 하는 법정심의의 성격

광고의 사전심의는 법률의 근거 유무에 따라 법정심의와 자율심의로 구분할 수 있다. 법정심의란 법령에 근거한 광고심의로서, 건강기능식품이나 의료, 의료기기, 식품 등 특정 품목에 대하여 사전심의를 강제하는 규정을 두어 만일 심의를 거치지 아니한 광고를 집행하는 경우에는 형벌 등으로 제재하는 체계로 구성된다. 따라서 법정심의는 법정사전심의를 의미한다. 법정사전심의에 대하여는 개별 상품의 특성상 그 필요성의 차이가 있겠지만, 그럼에도 불구하고 법정사전심의가 반드시 필요한 것인지, 법정심의를 강제하는 수단이 과도한 것이 아닌지 등 법정사전심의절차에 대한 위헌논란이 지속적으로 제기되고 있다.[15)]

법정심의제도에 대하여는 과거에는 의료광고(구 「의료법」 제57조), 건강기능식품의 기능성광고, 식품광고 등에 대하여 사전심의가 법률로 규정되었으나, 의료광고에 대하여는 2015년 헌법재판소 결정 이후 민간에 의한 법정심의로 변경되었고(「의료법」 제57조),[16)] 「식품위생법」, 「건강기능식품에 관한 법률」 및 「축산물 위생관리법」 소정의 식품 등의 광고에 관하여는 민간자율심의로 변경되는 등(「식품 등의 표시·광고에 관한 법률」(이하 '식품표시광고법'이라 한다) 제10조),[17)] 법정 사전심의의 위헌성을 해소하기 위한 입법개선이 이루어

---

12) 황창근·김진곤·배 영·이민영·정경오, 『인터넷신문의 현안과 법적 과제』(한국인터넷신문협회, 2015), 140면.

13) 한견우·장연화, "건강기능식품의 광고규제에 관한 법적 문제점과 개선방안", 『공법연구』 제36집 제2호(2007), 273면.

14) 대상결정의 반대의견.

15) 황창근 외, 앞의 책, 140면, 각주 12) 참조.

16) 이에 2015년 의료법상 의료광고의 위헌결정이 있은 후에 의료광고의 법정 사전심의를 어떻게 변경할 것인가 하는 논의가 제기되었다(황창근, "의료광고심의제도 및 의료법개정안에 대한 의견", 남인순 국회의원 주최, 『의료광고 사전 자율심의 관련 의료법 개정안 공청회 자료집』(2017. 2. 15). 위와 같이 사전심의의 필요성은 부인하기 어려우니만큼 사전심의는 유지하되, 행정권에 의한 심의를 폐지하고 민간에 의한 자율심의로 변경하였다(제57조). 다만 사전심의의 실효성을 담보하기 위한 방법으로 금지조항(제56조 제2항 제11호), 시정명령(제63조), 심의위원의 공무원의제(제86조의2)를 규정하였고, 구 「의료법」에 규정되어 있었던 형벌규정은 폐지하였다.

17) 2018. 3. 13. 제정, 2019. 3. 14. 시행.

지고 있다. 다만 아직도 의료기기광고(「의료기기법」 제25조),[18] 의약품광고(「약사법」 제68조의2) 등에 있어서는 법정 사전심의제도를 채택하고 있다.[19]

다. 보론 : 식품 등의 표시·광고에 관한 법률상 민간자율심의제도에 대한 검토

위에서 본 바와 같이 법정사전심의는 사전검열로서 위헌이라는 것이 판례의 일관된 입장이고, 한편 상업적 광고에 대한 사전심의 자체를 폐지할 수도 없으므로 사전검열도 피하면서 사전심의도 하는 조화로운 방법의 고안이 필요하게 되었다. 이 중 가장 중요한 것은 역시 행정권에 의한 강제적인 심의절차를 폐지하는 것이라고 할 것이다. 위의 입법적 변화는 그러한 결단의 소산이라고 할 것이다. 이번 결정은 「식품 등의 표시·광고에 관한 법률」(이하 '식품표시광고법'이라 한다)의 제정에 맞추어 선고되었지만, 새롭게 제정된 법상의 심의제도가 위와 같은 사전검열금지원칙의 위헌성을 어떻게 제거 또는 해소하고 있는지 보는 것도 의미가 있다.

식품표시광고법 제10조에 의하면 자율심의기구(법제10조 제2항에 따라 등록한 기관등)로부터 사전심의를 받아야 하고(제10조 제1항), 심의를 받지 아니하거나 같은 심의 결과에 따르지 아니한 광고는 금지되며(제8조 제1항 제9호), 금지규정을 위반하는 경우 형벌대상이 되는 것으로(제27조 제2호) 각각 규정되어 있다. 이 규정을 판례에 따른 사전검열요건을 적용하여 보면, 사전제출의무가 있고, 심의를 하지 않으면 표현이 금지되고, 이를 강제하는 수단이 존재하여 3가지 요건은 충족되고, 나머지 행정주체에 의한 심의만을 충족하지 못하는 것이다. 이러한 규정의 취지는 건강기능식품등의 사전심의의 필요성을 감안하여 사전심의절차은 그대로 유지하되, 다만 식품의약품안전처장이 직접 심의하는 절차는 삭제하고 민간자율기구에 의한 심의로 전환한 것으로 이해된다. 그런데, 자율심의기구의 구성과 운영에 있어서 식품의약품안전처장은 제10조 제2항 각호의 기관 또는 단체에 대한 등록권한을 가지고 있는 점(제1항), 대통령령으로 정한 등록요건에 따라 등록여부를 심사할 수 있는 점(제2항), 심의기구가 공정하게 심의하지 아니하거나 정당한 사유 없이 영업자의 표시, 광고 또는 소비자에 대한 정보 제공을 제한한 경우 등에는 시정명령권한을 가진 점(제6항, 제3항), 등록요건의 미비·제3항 위반·시정명령 불응한 경우의 등록을 취소할 수 있는 점 등을 종합하면 심의기구의 등록부터, 운영 등에 실질적으로 관여하고 있는 것으

18) 의료기광고 심의제도의 위헌성에 대하여는 장석권, "광고 사전심의 제도의 위헌성에 대한 헌법적 고찰 –의료기기 광고 사전심의 제도의 위헌성에 대한 검토를 중심으로–", 『법학논집』, 제23권 제1호 (이화여자대학교 법학연구소, 2018) 참조할 것.

19) 그 외에 법정사전심의를 채택하고 있는 광고물로는 영화·비디오물의 광고·선전물(영화 및 비디오물의 진흥에 관한 법률)을 들 수 있다.

로서 민간기구의 자율성 보장에 대한 의문이 제기될 수 있다. 이는 동일하게 민간자율심의를 도입한 개정 「의료법」의 입법방식과는 큰 차이가 있다. 「의료법」에 의한 심의주체인 민간자율심의기구는 자율심의를 위한 조직 등을 갖추어 보건복지부장관에게 신고만을 하도록 하고 있는데(제57조 제2항), 행정권의 개입 정도가 훨씬 약하다고 할 것이다. 식품표시광고법상 등록은 대통령령에 의한 등록요건을 갖춘 경우에 허용되는 것이고, 「의료법」상 신고는 법령상 정한 기준만 충족하고 신고하면 충분한 것으로서 신고말소와 같은 행위도 존재하지 아니한다. 따라서 양자를 비교하여 보면 식품표시광고법상 민간자율심의기구에 대한 등록 또는 등록취소의 성격상 행정기관의 개입이나 영향가능성이 높아 자율성을 침해할 우려가 높고, 이에 반하여 「의료법」상의 신고의 성격상 행정기관의 영향 정도는 상대적으로 낮다고 할 것이다. 이는 행정법상 등록과 신고의 차이에서 비롯된 것이라고 할 것이다.

Ⅲ. 판례의 의의

이 결정은 건강기능식품의 기능성 광고에 대한 사전심의에 대하여도 사전검열금지원칙을 적용하여야 한다는 것을 확인한 점에서 의의가 있다. 이는 동일한 사안에서 헌법재판소가 2010년도에 합헌결정을 하고, 2015년 의료광고에 대하여 사전검열금지원칙을 적용하여 위헌결정을 한 상태에서 동 위헌결정의 취지를 받아들인 것으로 타당하다고 할 것이다. 다만 평석 대상 결정은 2018. 3. 13. 제정된 식품표시광고법에 따라 건강기능식품에 대한 사전심의가 폐지되고 자율심의제도가 시행되기 전에 이루어진 결정이라는 점에서 그 의미가 상당히 제한되었음을 지적하지 않을 수 없다. 2015년 유사한 사례인 의료광고에 대한 사전심의가 위헌이라는 결정도 있었던 점에 비추어 보면, 최근 짧은 기간 동안 동일 또는 유사한 사안에서 합헌과 위헌결정이 엇갈린 것은 근본적으로 국민의 생명, 건강과 밀접한 관련이 있는 의료, 건강기능식품의 기능성광고에 대한 사전심의의 필요성과 표현의 자유를 어떻게 조화롭게 해석할 것인가의 고민이 컸던 것이라고 할 것이다. 한편, 새롭게 제정된 식품광고표시법상 심의제도는 심의의 권한을 행정권이 아닌 민간자율기구에 부여한 것은 진일보하였다고 할 것이나, 그 등록이나 취소과정에서 행정권이 여전히 개입하여 영향력을 행사할 수 있도록 한 점은 추후 재검토가 필요하다고 할 것이다.

16 상업광고와 사전검열금지원칙

－헌재 2015. 12. 23. 2015헌바75

조 소 영*

Ⅰ. 판례의 개요

1. 사안의 개요

이 사건의 청구인 1은 의원을 운영하는 의사이고, 청구인 2는 광고업과 의료기기 판매업을 하는 사람이다. 청구인들은 의료법인·의료기관·의료인이 「의료법」에 규정된 매체를 이용하여 의료광고를 하려는 경우 미리 광고의 내용과 방법 등에 관하여 보건복지부장관의 심의를 받아야 함에도 불구하고 공모하여, 2013. 9. 24.경부터 같은 달 27.경까지 청구인 1이 운영하는 의원 건물 앞 벽면에 "최신 요실금 수술법, IOT, 간편시술, 비용저렴, 부작용無" 등의 문구가 적힌 현수막을 설치하는 방법으로 보건복지부장관의 심의를 받지 아니하고 의료광고를 하였다는 범죄사실로 약식명령(대전지방법원 2013고약15224)을 받았다.

이에 청구인들은 정식재판을 청구한 다음(대전지방법원 2014고정206), 그 재판을 받던 중 「의료법」 제56조 제1항 및 제2항 제9호에 대하여 위헌법률심판제청신청(대전지방법원 2014초기359)을 하였으나, 위 법원은 2015. 2. 12. 청구인들에게 유죄판결을 선고하면서 이를 기각하였다. 이후 청구인들은 2015. 2. 24. 위 조항들에 대하여 이 사건 헌법소원심판을 청구하였고, 2015. 4. 22.과 2015. 5. 6. 신청취지변경 및 이유변경서를 제출하면서 동법 제56조 제4항 제2호, 제5항, 제57조, 제89조를 심판대상으로 추가하였다.

2. 소송경과

헌법재판소는 청구인들의 주장내용 중 먼저 심판대상을 확정하였다. 먼저 심판대상

* 부산대학교 법학전문대학원 교수.

을 제한한 판단은 세 부분이었다. 첫째, 청구인들이 위헌판단을 청구한 조항 중 「의료법」 제56조 제4항 제2호, 제5항, 제57조는, 당해 헌법재판청구가 규범소원이라는 점에서 당해 사건 법원에 위헌여부심판의 제청신청을 한 바 없는 조항들이라는 이유로 심판대상에서 제외하였다. 그리고 청구인들은 「의료법」 제56조 제2항 제9호 위반으로 유죄판결을 선고받은 것이라는 점에서, 비의료인의 의료광고를 금지하는 「의료법」 제56조 제1항도 심판대상에서 제외하였다. 또한 「의료법」 제56조 제2항 제9호와 제89조 중 청구인들에게 적용된 부분은 '제57조에 따른 심의를 받지 아니한 광고'에 관련된 부분이므로, 심판대상을 이 부분으로 한정하였다.

한편 헌법재판소는 청구인들의 주장내용을 근거로 하여 심판대상을 일부분 확대하여 판단하였다. 즉, 청구인들은 「의료법」 제89조에 대해서는 당해 사건 법원에 위헌법률심판 제청신청을 하지 않았으나, 위 법률규정은 금지규정인 「의료법」 제56조 제2항 제9호 위반 행위에 대한 처벌규정으로서, 당해 사건 법원도 실질적으로 이 부분에 대한 판단을 함께 하였다고 보아 「의료법」 제89조를 심판대상으로 한 것이다.

결론적으로 이 사건에서의 심판대상은 「의료법」(2009. 1. 30. 법률 제9386호로 개정된 것) 제56조 제2항 제9호 중 '제57조에 따른 심의를 받지 아니한 광고' 부분 및 「의료법」(2010. 7. 23. 법률 제10387호로 개정된 것) 제89조 가운데 제56조 제2항 제9호 중 '제57조에 따른 심의를 받지 아니한 광고'에 관한 부분(이하 전자를 '이 사건 금지규정', 후자를 '이 사건 처벌규정'이라 하고, 이들을 합쳐 '이 사건 법률규정들'이라 한다)이 헌법에 위반되는지 여부였다.[1)]

3. 판례의 요지

의료광고 사전심의강제에 관한 위헌성 판단을 내린 이 결정에서 헌법재판소는 8인의 재판관의 위헌의견과 1인의 재판관의 반대의견을 제시하였다. 8인의 위헌의견에 의하면, "헌법이 특정한 표현에 대해 예외적으로 검열을 허용하는 규정을 두지 않은 점, 이러한 상황에서 표현의 특성이나 규제의 필요성에 따라 언론·출판의 자유의 보호를 받는 표현 중에서 사전검열금지원칙의 적용이 배제되는 영역을 따로 설정할 경우 그 기준에 대한 객관성을 담보할 수 없다는 점 등을 고려하면, 헌법상 사전검열은 예외 없이 금지되는 것으

---

1) **의료법(2009. 1. 30. 법률 제9386호로 개정된 것) 제56조(의료광고의 금지 등)** ② 의료법인·의료기관 또는 의료인은 다음 각 호의 어느 하나에 해당하는 의료광고를 하지 못한다.
9. 제57조에 따른 심의를 받지 아니하거나 심의받은 내용과 다른 내용의 광고
의료법(2010. 7. 23. 법률 제10387호로 개정된 것) 제89조(벌칙) 제15조 제1항, 제17조 제1항·제2항(제1항 단서 후단과 제2항 단서는 제외한다), 제56조 제1항부터 제4항까지, 제57조 제1항, 제58조의6 제2항을 위반한 자는 1년 이하의 징역이나 500만 원 이하의 벌금에 처한다.

로 보아야 하므로 의료광고 역시 사전검열금지원칙의 적용대상이 된다. 의료광고의 사전심의는 보건복지부장관으로부터 위탁을 받은 각 의사협회가 행하고 있으나 사전심의의 주체인 보건복지부장관은 언제든지 위탁을 철회하고 직접 의료광고 심의업무를 담당할 수 있는 점, 「의료법」 시행령이 심의위원회의 구성에 관하여 직접 규율하고 있는 점, 심의기관의 장은 심의 및 재심의 결과를 보건복지부장관에게 보고하여야 하는 점, 보건복지부장관은 의료인 단체에 대해 재정지원을 할 수 있는 점, 심의기준·절차 등에 관한 사항을 대통령령으로 정하도록 하고 있는 점 등을 종합하여 보면, 각 의사협회는 행정권의 영향력에서 벗어나 독립적이고 자율적으로 사전심의업무를 수행하고 있다고 보기 어렵다. 따라서 이 사건 법률규정들은 사전검열금지원칙에 위배된다"고 결정하였다.

한편 재판관 조용호의 반대의견이 있었는데, "사전검열금지원칙은 헌법이 언론·출판의 자유를 보장하고 사전검열을 금지하는 목적에 맞게 한정하여 적용해야 한다. 의료는 국민 건강에 직결되므로 의료광고에 대해서는 합리적인 규제가 필요하고, 의료광고는 상업광고로서 정치적·시민적 표현행위 등과 관련이 적으므로, 의료광고에 대해서는 사전검열금지원칙이 적용되지 않는다고 보아야 한다. 가사 의료광고에 대해 사전검열금지원칙이 적용된다고 할지라도, 의사·치과의사·한의사로 구성된 민간단체인 각 의사협회가 사전심의업무를 처리하고 있는 점, 심의위원회의 심의위원 위촉에 보건복지부장관의 관여가 배제되어 있는 점, 심의위원회는 자체적으로 운영규정 및 의료광고 심의기준을 제·개정해 왔다는 점, 심의위원회는 수수료를 재원으로 하여 독립적으로 운영된다는 점, 보건복지부장관은 심의내용에 관해 구체적인 업무지시를 하지 않고 있는 점 등을 고려하면, 각 의사협회는 행정권으로부터 독립된 민간 자율기구로서 행정주체성을 인정하기 어렵다. 따라서 이 사건 법률규정들은 사전검열금지원칙에 위배되지 아니한다"고 판시하였다.

II. 해 설

1. 쟁점의 정리

위 사건에서 헌법재판소의 다수의견과 소수의견은 상업광고의 사전검열과 관련된 세 가지 중요 쟁점에 관하여 상반되는 견해를 취하였다. 첫째, 상업광고가 표현의 자유의 보호영역에 해당되는 것인지, 둘째, 상업광고에 대해서도 사전검열금지원칙이 적용되는 것인지, 셋째, 민간심의기구의 행정주체성 판단 기준은 무엇인지의 문제가 쟁점적 사항이었다.

2. 관련 판례

가. 상업광고와 표현의 자유의 보호영역

상업광고가 「헌법」 제21조 제1항의 보호대상이 되는지 여부가 문제된 최초의 사건에서, 광고물도 사상·지식·정보 등을 불특정 다수인에게 전파하는 것으로서 언론·출판의 자유에 의한 보호를 받는 대상이 된다고 판시하였다.[2] 그런데 2002년의 결정[3]에서 "광고가 단순히 상업적인 상품이나 서비스에 관한 사실을 알리는 경우에도 그 내용이 공익을 포함하는 때에는 「헌법」 제21조의 표현의 자유에 의하여 보호된다"라고 판시하여, 상업광고는 '그 내용이 공익을 포함하는 때'에만 표현의 자유로서 보장받을 수 있는 것인지에 대한 의문이 제기되었다. 그러나 헌법재판소는 이후 일관되게, "상업광고도 사상·지식·정보 등을 불특정 다수인에게 전파하는 것으로서 언론·출판의 자유에 의한 보호를 받는 대상이 된다"라고 판시해 옴으로써, 광고내용의 공익 포함 여부와 무관하게 상업광고가 표현의 자유의 보호영역에 속함을 명백히 하였다.[4]

다만 이러한 다수의견에 대해, 상업적 광고는 민주사회의 토론과 여론 형성에 이바지하기 위한 것이 아니라 영업이나 상품의 홍보와 판매촉진을 주된 목적으로 하는 영리적 활동이므로, 표현의 자유가 아닌 영업활동의 자유(「헌법」 제15조)에 포섭될 뿐이라는 소수의견이 있었다. 이 견해는 「헌법」 제21조의 '언론·출판'은 '인간의 정신적 활동을 표현하고 전파하는 모든 행위와 수단'을 의미하는 것으로 해석하여서는 아니 되고, '민주사회의 다양한 의사를 말이나 글로 표현하여 토론 및 여론 형성에 기여하기 위하여 불특정 또는 다수인에게 공표하거나 전파하는 행위·수단'을 의미하는 것으로 제한적으로 해석하여야 한다고 주장하며, 다수의견이 '언론·출판'에 모든 의사표현행위와 모든 표현수단과 매개체를 포함된다고 해석한 것은 언론·출판의 개념을 지나치게 확대한 것이라고 비판하였다.[5]

나. 상업광고와 사전검열금지원칙의 적용 여부

「헌법」 제21조 제2항에서는 언론·출판에 대한 허가나 검열은 인정되지 아니한다고

---

2) 헌재 1998. 2. 27. 96헌바2, 판례집 10-1, 118, 124.
3) 헌재 2002. 12. 18. 2000헌마764, 판례집 14-2, 856, 867.
4) 헌재 2005. 10. 27. 2003헌가3(의료광고); 헌재 2008. 5. 29. 2007헌마248(세무사 광고); 헌재 2008. 6. 26. 2005헌마506(텔레비전 방송광고); 헌재 2010. 7. 29. 2006헌바75(건강기능식품 표시·광고); 헌재 2012. 2. 23. 2009헌마318(상조업 광고); 헌재 2015. 12. 23. 2015헌바75(의료광고).
5) 헌재 2008. 6. 26. 2005헌마506 재판관 조대현의 별개의견; 헌재 2010. 7. 29. 2006헌바75 재판관 조대현의 별개의견; 헌재 2015. 12. 23. 2015헌바75 재판관 조용호의 반대의견.

절대적 금지를 규정하고 있다. 여기서 말하는 검열은 그 명칭이나 형식과 관계없이 실질적으로 행정권이 주체가 되어 사상이나 의견 등이 발표되기 이전에 예방적 조치로서 그 내용을 심사, 선별하여 발표를 사전에 억제하는, 즉, 허가받지 아니한 것의 발표를 금지하는 제도를 뜻한다.[6] 이 사건에서 문제가 된 것은 그렇다면 「헌법」 제21조 제1항의 보호를 받는 표현 중에도 이러한 「헌법」 제21조 제2항의 적용을 배제하는 표현을 인정할 수 있는 것인가였다.[7]

절대적 사전검열금지원칙의 적용배제의 경우를 인정하는 견해는 종래 헌법재판소의 소수의견으로 몇 차례 제시된 바 있으나, 다수의견에 이르지는 못하였다.[8] 그런데 건강기능식품 기능성 표시·광고 사전심의 사건[9]에서, 법정의견이 상업광고인 건강기능식품의 기능성 표시·광고에 대해서 사전검열금지원칙의 적용을 배제한 반면, 4인의 재판관은 사전검열금지원칙이 적용된다고 판시하여 관련된 법리구성에 대해서 의견이 나뉘었다. 그러나 2015년 의료광고 사전심의강제 사건[10]에서 법정의견이 상업광고의 한 유형인 의료광고에 대해서도 사전검열금지원칙이 적용된다고 판단하였고, 1인의 반대의견만이 사전검열금지원칙의 적용을 부정하는 판시를 한 것이다.

판시내용을 살펴보면 8인의 재판관들은 위헌의견을 제시하였는데, 현행 「헌법」이 사전검열을 금지하는 규정을 두면서 1962년 「헌법」과 같이 특정한 표현에 대해 예외적으로 검열을 허용하는 규정을 두고 있지 아니한 점,[11] 이러한 상황에서 표현의 특성이나 이에 대한 규제의 필요성에 따라 언론·출판의 자유의 보호를 받는 표현 중에서 사전검열금지원칙의 적용이 배제되는 영역을 따로 설정할 경우 그 기준에 대한 객관성을 담보할 수 없어 종국적으로는 집권자에게 불리한 내용의 표현을 사전에 억제할 가능성을 배제할 수 없게 된다는 점 등을 고려하면, 현행 헌법상 사전검열은 예외 없이 금지되는 것으로 보아야 한다고 하였다. 사건에서 문제가 된 의료광고는 의료행위나 의료서비스의 효능이나 우수성 등에 관한 정보를 널리 알려 의료소비를 촉진하려는 행위로서 상업광고의 성격을 가지

---

6) 헌재 1996. 10. 4. 93헌가13등, 판례집 8-2, 212, 222면; 헌재 2008. 6. 26. 2005헌마506, 판례집 20-1하, 397, 410면; 헌재 2010. 7. 29. 2006헌바75, 판례집 22-2상, 232, 252면 참조.
7) 독일과 미국에서의 적용내용 비교에 대해서는, 박용상, 『언론의 자유』(박영사, 2013), 483~485면.
8) 헌재 2001. 8. 30. 2000헌가9, 판례집 13-2, 134, 148-154; 헌재 2005. 2. 3. 2004헌가8, 판례집 17-1, 51, 64; 헌재 2008. 6. 26. 2005헌마506, 판례집 20-1하, 397, 409~415면.
9) 헌재 2010. 7. 29. 2006헌바75, 판례집 22-2상, 232면 참조.
10) 헌재 2015. 12. 23. 2015헌바75, 판례집 27-2하, 627면.
11) 1962년 헌법은 제18조 제1항에서 "모든 국민은 언론·출판의 자유와 집회·결사의 자유를 가진다"라고 규정하였고, 같은 조 제2항에서 "언론·출판에 대한 허가나 검열과 집회·결사에 대한 허가는 인정되지 아니한다. 다만, 공중도덕과 사회윤리를 위하여는 영화나 연예에 대한 검열을 할 수 있다"라고 규정하여 사전검열금지원칙을 유지하면서도 예외적으로 영화나 연예에 대한 검열을 허용하였다.

고 있지만, 「헌법」 제21조 제1항의 표현의 자유의 보호 대상이 됨은 물론이고, 따라서 동조 제2항도 당연히 적용되어 사전검열도 금지된다고 본 것이다.

반면에 조용호 재판관은 기본적으로 의료광고와 같은 상업적 광고는 표현의 자유에 의해 보호를 받는 대상이 되지 않는다고 보았다. 사전검열금지원칙을 적용함에 있어서는 '사전검열행위' 자체의 범위를 「헌법」 제21조의 진정한 목적에 맞는 범위 내로 제한하여 적용해야 할 뿐만 아니라, '사전검열금지원칙이 적용될 대상' 역시 「헌법」이 언론·출판의 자유를 보장하고, 사전검열을 금지하는 목적에 맞게 한정하여 적용해야 한다는 것이다. 그렇지 않으면 표현의 자유에 있어서 표현의 대상이나 내용, 표현매체나 형태 등이 어떠하건 간에 「헌법」 제21조 제1항의 언론·출판에 해당하기만 하면 동조 제2항에 따라 이에 대한 사전검열은 무조건 금지된다는 부당한 결론에 이르거나, 「헌법」이 표현의 자유를 보장하고 사전검열을 금지하는 진정한 목적에 전혀 맞지 않게 사전검열금지원칙을 운용하는 결과가 될 수 있고, 표현의 자유가 생명권, 건강권과 같은 다른 중요한 법익과 충돌하는 경우에도 일방의 기본권 주체의 표현의 자유만을 과도하게 보호하는 결과가 될 수 있기 때문이라고 하였다. 특히 의료는 고도의 전문적 지식과 기술을 요하고 국민의 건강에 직결되는 것이므로 의료소비자를 보호하기 위해서는 의료광고에 대한 합리적 규제가 필요하다는 점, 의료광고는 영리 목적의 상업광고로서 사상이나 지식에 관한 정치적·시민적 표현행위 등과 관련이 적고, 이러한 광고를 사전에 심사한다고 하여 예술활동의 독창성과 창의성 등이 침해되거나 표현의 자유 등이 크게 위축되어 집권자의 입맛에 맞는 표현만 허용되는 결과가 될 위험도 작다는 점을 고려하면, 의료광고에 대해서는 사전검열금지원칙이 적용되지 않는다고 결론지었다. 조용호 재판관의 이러한 입장은 2010년의 건강기능식품의 기능성 표시·광고의 사전심의절차에 관하여 규정한 「건강기능식품에 관한 법률」 관련 조항 사건[12]에서의 합헌 결정의 내용과 동일한 내용이었다.

다. 민간심의기구의 행정주체성 판단

헌법재판소는 「헌법」이 금지하는 사전검열의 요건으로 첫째, 일반적으로 허가를 받기 위한 표현물의 제출의무가 존재할 것, 둘째, 행정권이 주체가 된 사전심사절차가 존재할 것, 셋째, 허가를 받지 아니한 의사표현을 금지할 것, 넷째, 심사절차를 관철할 수 있는 강제수단이 존재할 것을 제시해 왔다.[13] 이 중 민간기구에 의한 사전심의가 위헌인지를

12) 헌재 2010. 7. 29. 2006헌바75, 판례집 22-2상, 232면 참조.
13) 헌재 1996. 10. 4. 93헌가13등, 판례집 8-2, 212, 223면; 헌재 1996. 10. 31. 94헌가6, 판례집 8-2, 395, 402~403면; 헌재 2001. 8. 30. 2000헌가9, 판례집 13-2, 134, 147~149면; 헌재 2005. 2. 3. 2004헌가8, 판례집 17-1, 51, 59면; 헌재 2008. 6. 26. 2005헌마506, 판례집 20-1하, 397, 410면 등.

판단함에 있어 핵심이 되는 것은 민간기구에 의한 심의의 자율성 보장이라는 점에서 심의기관의 행정주체성 여부이다.

헌법재판소는 일련의 결정들을 통해, 심의기관의 행정기관성 여부는 기관의 형식에 의하기보다는 그 실질에 따라 판단되어야 한다고 판시해 왔다. 행정기관이 아닌 독립적인 위원회에서 검열을 한다고 하더라도 행정권이 주체가 되어 검열절차를 형성하고 검열기관의 구성에 지속적인 영향을 미칠 수 있는 경우라면 실질적으로 보아 당해 검열기관은 행정기관이라고 보아야 한다는 것이었다. 그렇게 해석하지 아니한다면 검열기관의 구성은 입법기술의 문제이므로 정부에게 행정관청이 아닌 독립된 위원회의 구성을 통하여 사실상 검열을 하면서도 헌법상 검열금지원칙을 위반하였다는 비난을 면할 수 있는 길을 열어주기 때문이라는 것이다.[14] 예를 들어 2008년 방송광고 사전심의 사건에서, 헌법재판소는 한국광고자율심의기구가 행정권의 영향력에서 완전히 벗어나 독립적이고 자율적으로 사전심의를 하고 있다고 보기 어렵다는 이유로 그 행정기관성을 긍정하였다. 그리고 2015년의 의료광고 사전심의 사건에서 헌법재판소는 “민간심의기구가 사전심의를 담당하고 있고, 현재에는 행정기관이 그 업무에 실질적인 개입을 하고 있지 않더라도 행정기관의 자의에 의해 언제든지 개입할 가능성이 열려 있다면 이 경우 역시 헌법이 금지하는 사전검열이라는 의심을 면하기 어려울 것이다. 개입 가능성의 존재 자체로 민간심의기구는 심의 업무에 영향을 받을 수밖에 없을 것이기 때문이다”라고 판시하였다.[15] 즉 일련의 결정 속에서 헌법재판소는 심의기구가 행하는 심의의 자율성 여부에 대해 실질적이고 엄격하게 판단한 것이다.

헌법재판소는 종래 검열주체의 행정주체성에 대하여 행정권이 심의기관의 구성에 영향을 미칠 수 있는지, 행정권이 심의기관의 구체적인 심의업무 처리에 대하여 지휘·감독할 수 있는지, 행정권이 심의규정을 제·개정할 권한을 가지는지, 행정권이 심의기관에 필요한 비용을 지원할 수 있는지를 종합적으로 고려하여 판단하였다.[16]

3. 검 토

언론·출판의 자유는 정치생활과 사회생활의 방법적 기초를 뜻할 뿐만 아니라 민주시

14) 헌재 1996. 10. 4. 93헌가13등, 판례집 8-2, 212, 226면(공연윤리위원회); 헌재 1996. 10. 31. 94헌가6, 판례집 8-2, 395, 405면; 헌재 1999. 9. 16. 99헌가1, 판례집 11-2, 245, 256~257면(한국공연예술진흥협의회); 헌재 2001. 8. 30. 2000헌가9, 판례집 13-2, 134, 149면(영상물등급위원회); 헌재 2007. 10. 4. 2004헌바36, 판례집 19-2, 362, 371면; 헌재 2008. 10. 30. 2004헌가18, 판례집 20-2상, 664, 679면; 헌재 2015. 12. 23. 2015헌바75, 판례집 27-2하, 627면.

15) 헌재 2015. 12. 23. 2015헌바75, 공보 제231호, 158, 163~164면.

16) 이종훈, “상업광고에 대한 사전검열의 헌법적 문제”, 『헌법실무연구』, 17권(헌법실무연구회, 2016) 참조.

민의 중요한 의사표현 수단이기 때문에 현대 민주국가에서는 중추신경적 기능을 수행하는 중요한 기본권이라고 할 수 있다.[17] 우리 헌법질서가 인간의 존엄성에 바탕을 둔 자주적 인간의 공동생활형식을 뜻한다고 볼 때, 모든 국민에게 의사표현의 자유를 보장함으로써 모든 생활문제에 대해서 자신의 견해를 분명히 할 수 있게 해 주는 것은 분명히 중요한 헌법적 보장범위라고 할 수 있다. 이런 점에서 헌법상의 표현의 자유의 보호범위에 해당되는 표현행위인가의 여부는 해당 표현행위의 여론형성기능의 유무나 정도 또는 내용상 공익성을 포함하고 있는가의 여부 여하로 판단되어서는 안된다. 상술한 바와 같이 헌법이 표현의 자유를 보장하는 궁극적인 목적이 자주적 인간의 개인적인 자아실현에 있고, 개인의 자아실현이란 인간의 잠재적 능력의 발전이나 삶에 영향을 미치는 결정을 통하여 자신의 운명을 통제하는 것을 말한다고 할 때, 이러한 면에서 상업광고도 이러한 표현의 자유의 본질에 부합한다고 보아야 하기 때문이다. 그러므로 상업광고가 표현의 자유의 보호범위 내에서 어떠한 보호정도를 헌법적으로 인정받을 수 있을 것인가의 문제는 별론으로 두고, 상업광고의 표현의 자유의 보호대상성 여부는 헌법재판소의 다수의견의 일관된 입장과 같이 광고표현의 목적이나 기능 등과는 별개로 인정함으로써 표현의 자유의 보호범위 내로 논의해야 한다.

「헌법」 제21조 제1항의 보호범위에 해당되는 표현에 대해서는 사전검열금지원칙이 예외없이 절대적으로 적용되어야 하는 것인가 아니면 예외가 인정될 수 있는 것인가에 대해 연구자들의 견해도 헌법재판소의 입장처럼 나뉘어 논의되어 왔다.[18][19] 사전검열금지원칙의 적용범위에 관해서는 헌법규범적으로도 현행 「헌법」 제21조 제2항이 사전검열금지 원칙을 규정하면서 1962년 「헌법」과 같이 특정한 표현에 대한 예외적 검열 허용 규정을 두고 있지 않다는 점을 볼 때, 헌법개정권자가 표현의 특성이나 이에 대한 규제의 필요성에 따라 언론·출판의 자유의 보호를 받는 표현 중에서 사전검열금지원칙의 적용이 배제되는 영역을 따로 설정해선 안된다는 것을 헌법적 가치로 선언한 것으로 해석되어야 한다. 또한 헌법현실적으로도 헌법적으로 보호되는 표현임에도 그 표현의 특성이나 규제의 필요성에 따라 원칙 적용 여부를 구분하기 위한 기준에 대한 객관성을 담보할 수 없다

17) 허영, 『한국헌법론』(박영사, 2019), 605면.

18) 구분론으로는 박용상, 앞의 책, 485면; 양건, “헌법상 검열금지의 해석 – 헌법재판소의 영화 사전심의 위헌결정에 대한 비판적 분석과 새로운 해석의 제시”, 『법학논총』, 제15집(1998), 227면; 홍승기, “방송광고 사전심의 위헌 판단의 함의 – 헌법재판소 2005헌마506 사건을 중심으로”, 『행정법연구』, 제37호(2013. 11), 73~74면; 성낙인, 『헌법학』, 제19판(법문사, 2019), 1173면; 유진오, 『신고 헌법해의』(일조각, 1953), 75~76면.

19) 김배원, “언론·출판의 자유와 사전검열금지원칙”, 『공법학연구』, 제16권 제1호(2015. 2), 97~102면; 한위수, “광고의 규제와 표현의 자유”, 『헌법논총』, 제18집(2007), 359~360면; 이종훈, 앞의 논문 참조.

는 점이 가장 본질적인 문제점이라고 할 것이다. 구분 기준의 합리성이나 객관성이 충족될 수 없는 한 이러한 구분제한은 필연적으로 표현에 대한 내용규제를 초래하게 될 것이므로 가장 위헌적인 헌법현실을 발생케 할 위험성이 높다고 하겠다. 따라서 현행 「헌법」 제21조 제2항에 규정된 사전검열금지 원칙은 모든 표현행위에 대해서 예외 없이 금지되는 원칙으로 해석되어야 하며, 따라서 헌법적 보호대상으로서의 표현의 범주에 속하는 상업광고에 대해서도 사전검열금지원칙은 당연히 적용되는 것이라고 해야 할 것이다.[20]

헌법재판소의 사전검열 해당성 판단에 있어서의 가장 쟁점적인 요소인 심의주체의 행정기관성 여부는 이제까지의 헌법재판소의 결정에서 나타난 바와 같이 실질적인 판단기준에 의하는 것이 타당하다고 생각한다. 형식적으로 민간기구일지라도 실질적으로 행정권에 의한 영향력이 차단되지 않은 경우이거나 실제로 행정권이 심의 등에 개입하지 않았다 하더라도 그 개입 가능성이 존재하는 한 당해 심의기구의 자율성을 인정하지 않은 것은 헌법이 금지하는 사전검열의 원칙적인 내용에 해당한다고 할 것이기 때문이다.

Ⅲ. 판례의 의의

상업광고에 대한 헌법적 보호는 정치적인 의견표현의 자유 등과 비교할 때 그 기본적 바탕에서부터 차이점이 있고, 이러한 차이점은 상업광고에 대한 규제의 합헌성 논의에서 다른 유형의 표현행위에 대한 규제와 그 방법이나 정도의 차이를 허용할 수 있게 하는 근거가 된다. 따라서 상업광고의 경우에는 그 헌법적 가치가 정확하고 유용한 정보의 유통이라는 점에서 조금 더 완벽하고 충실한 정보를 전달케 하기 위하여 정부가 일정한 사항을 공개하도록 요구하는 등의 표현강제가 인정될 수 있고, 정확한 정보전달의 기능 확보라는 점에서 허위나 현혹적인 광고표현은 정부에 의한 규제의 대상이 될 수 있다. 하지만 그럼에도 불구하고 상업광고도 헌법재판소의 판시처럼 「헌법」상 보호되는 표현의 영역에 속하는 것이므로, 상업광고에 대한 사전적 규제의 위헌성 평가는 엄격하게 판단되어야 한다. 이런 점에서 본다면 2015년의 의료광고 사전심의 강제 사건에서 헌법재판소의 결정내용은, 상업광고가 「헌법」 제21조 제1항의 보호대상으로서의 표현이라는 점을 확인하였고, 표현행위인 이상 사전검열금지원칙의 적용배제의 대상이 될 수 없다는 것을 정리하였으며, 사전적 심의강제가 헌법이 금지하는 검열에 해당하는가의 여부와 관련된 심의

20) 조소영, “광고규제에 대한 헌법적 검토－상업광고에 대한 논의를 중심으로－”, 『공법학연구』, 제18권 제3호(한국비교공법학회, 2017), 240면 참조.

기관의 행정기관성 여부에 대해서는 심의기관의 심의의 자율성에 대한 실질적이고 엄격한 심사를 통해 판단하여야 함을 기준으로 제시하였다. 광고규제와 관련한 그간의 쟁점적 논란들에 대해서 명확한 기준을 제시한 결정이었다고 할 수 있다.

17 민간위탁에 의한 방송광고 사전심의의 위헌성

– 헌재 2008. 6. 26. 2005헌마506

이 인 호*

Ⅰ. 판례의 개요

1. 사안의 개요

1970년대부터 한국에서 방송광고는 사전심의를 통과해야만 방송할 수 있었다. 1970년대에는 방송윤리위원회가 사전심의의 주체였고, 1980년의 「언론기본법」에서는 한국방송광고공사가, 1987년의 「방송법」에서는 방송위원회가 사전심의를 담당하였다.

그러던 중 1988년에 출범한 헌법재판소가 1996년에 '영화 사전심의제도'가 「헌법」 제21조 제2항[1])이 금지하는 '검열(檢閱)'에 해당하기 때문에 위헌이라고 결정[2])함에 따라 미디어산업에 일대 변혁을 초래하게 된다. 뒤이어 헌법재판소는 '음반 사전심의제도'를,[3]) 그리고 1998년에는 '비디오물 사전심의제도'를 같은 이유로 위헌으로 선언하였다.[4]) 헌법재판소는 언론·출판에 대해 '행정권'이 주체가 되어 사전에 그 내용을 심사·선별하여 발표를 억제하는 것은 '검열'에 해당하고 이는 어떤 이유로도 용납되지 않는다고 판시하였다. 이른바 '절대적 검열금지의 원칙'을 선언했던 것이다.

이런 배경 하에서, 2000년의 통합방송법은 방송광고 사전심의를 방송위원회의 소관업무로 인정하면서도(제32조 제2항), 실제적인 사전심의 업무는 대통령령이 정하는 바에 따라 민간기구·단체에 위탁하도록 하였다(제103조 제2항). 이에 따라 방송위원회는 고시를 통해 '한국광고자율심의기구'에게 사전심의 업무를 위탁하였고, 그리하여 한국광고자율심

---

* 중앙대학교 법학전문대학원 교수.

1) **헌법 제21조** ② 언론·출판에 대한 허가나 검열과 집회·결사에 대한 허가는 인정되지 아니한다.

2) 헌재 1996. 10. 4. 93헌가13등 (영화 사전심의제도 사건; 1차 영화검열 사건) [9(위헌) : 0].

3) 헌재 1996. 10. 31. 94헌가6 (음반 사전심의제도 사건) [9(위헌) : 0].

4) 헌재 1998. 12. 24. 96헌가23 (비디오물 사전심의제도 사건) [9(위헌) : 0].

의기구가 2000. 8. 1.부터 방송광고에 대한 사전심의를 하여 왔다. 입법자의 판단에는, 민간기구가 사전심의를 실질적으로 담당한다면 심의주체가 '행정권'이 아니기 대문에 위헌논란을 피해갈 수 있을 것으로 판단했던 것이다. 그렇지만 사전심의 없이 방송광고를 하고자 하는 어느 한 광고주의 헌법소원청구를 통해 이 법은 헌법재판소의 심판대에 서게 되었다.

이 사건 헌법소원의 청구인은 건어물회사의 경영주인데, 2005. 3. 25. A방송국에 건어물 방송광고를 청약했으나 사전심의를 받지 않았다는 이유로 방송청약을 거절당하였다. 그러자 청구인은 방송광고의 사전심의를 요구하는 법령조항(「방송법」 제32조 제2항, 제3항, 방송법시행령 제21조의2, 방송심의에 관한 규정 제59조)이 자신의 표현의 자유를 침해했다며 이 사건 헌법소원을 청구하였다.

이에 대해 헌법재판소는 7(위헌) : 1(위헌) : 1(헌법불합치)로 방송광고 사전심의제도의 위헌성을 인정하였다. 7인의 위헌의견(법정의견)[5]은 방송광고도 「헌법」 제21조 제2항이 보호하고자 하는 '언론·출판'에 해당하고, 그리고 한국광고자율심의기구가 민간기구라고 하더라도 방송위원회의 공무를 위탁받은 것이기 때문에 여전히 '행정권에 의한 사전심사'의 성격이 있으므로 「헌법」 제21조 제2항의 검열금지의 원칙에 위배된다는 것이다. 이에 비해, 1인의 별개의견(위헌－조대현 재판관)과 다른 1인의 헌법불합치의견(목영준 재판관)은 상업적 방송광고에 대해서는 검열금지의 원칙이 적용되지 않지만, 과잉금지의 원칙에 반하여 표현의 자유를 침해하였다는 소수의견을 내었다.

2. 심판의 대상 및 당사자의 주장

가. 심판의 대상

이 사건의 심판대상은 청구인의 헌법소원청구 당시 방송광고 사전심의제도를 정하고 있던 「방송법」 제32조 제2항 및 제3항, 방송법시행령 제21조의2, 방송심의에 관한 규정 제59조이다.

「방송법」 제32조는 "방송위원회는 대통령령이 정하는 방송광고에 대하여 방송되기 전에 그 내용을 심의하여 방송여부를 심의·의결할 수 있다"(제2항), "방송사업자는 방송위원회의 심의·의결의 내용과 다르게 방송하거나 심의·의결을 받지 않은 방송광고를 방송하여서는 아니된다"(제3항)고 규정하고 있었다. 다만, 「방송법」 제103조는 "방송위원회는 방송광고물의 사전심의에 관련된 업무를 민간기구·단체에 위탁한다"(제2항)고 규정하였

5) 재판관 이강국(재판장), 이공현(주심), 김희옥, 김종대, 민형기, 이동흡, 송두환.

고, 그에 따라 민간기구인 '한국광고자율심의기구'가 사전심의 업무를 위탁받아 수행해왔다. 한편, 방송법시행령 제21조의2는 사전심의의 대상이 되는 방송광고를 "텔레비전방송광고, 라디오방송광고 및 데이터방송광고"로 규정하였는데, 이 사건의 청구인이 '텔레비전방송광고'를 사전심의 없이 하고자 하였기 때문에, 심판의 대상은 '텔레비전방송광고'에 한정되었다. 그리고 방송심의에 관한 규정 제59조는 "방송사업자는 방송가 결정을 받지 아니한 광고물을 방송하여서는 아니된다"고 규정하고 있었다.

한편, 사건 심리 중인 2008년 2월에 「방송법」이 일부 개정되면서 사전심의 업무의 소관부처가 방송위원회에서 방송통신심의위원회로 변경되었다(제32조). 물론 실제적인 심의 업무는 여전히 한국광고자율심의기구가 수행하였다. 헌법재판소는 이 개정된 방송법조항도 법질서의 정합성과 소송경제를 이유로 함께 심판대상으로 삼았다.

나. 청구인의 주장

청구인은 위 심판대상조항들이 「헌법」 제21조 제2항의 검열금지의 원칙에 위반하여 자신의 광고표현의 자유를 침해하였다고 주장하였다. 광고표현도 「헌법」 제21조 제2항이 보호하는 '언론·출판'에 포함되며, 민간기구가 방송위원회로부터 위탁을 받아 심의업무를 하더라도 금지하는 검열에 해당한다는 것이다. 한편, 한국광고단체연합회는 당사자는 아니지만 이른바 법정조언자(amicus curiae)로서 청구인에 동조하는 의견서(amicus brief)를 헌법재판소에 제출하였다.

다. 정부 측의 주장

방송위원회는 광고물은 의사형성에 관여하는 다른 표현물과는 현저히 다르고, 또 방송광고는 일단 방송되고 난 후에는 이를 효율적으로 규제할 방법이 없어, 방송광고로 인한 실정법위반의 가능성을 사전에 막고 소비자가 적절한 정보를 취사선택하도록 하기 위해 자율심의기구라는 민간단체에 의해 사전심의를 받도록 하는 것은 헌법이 금지하는 사전검열에 해당하지 않는다고 주장하였다. 문화관광부장관은 광고에 대한 소비자들의 의식수준이 아직 비판적 수용자로서 광고 메시지를 수용할 능력이 충분하지 못한 상황에서 상업적 광고물에 대해 사전심의제도를 폐지하는 것은 수많은 부작용을 초래할 것이라고 주장하였다.

3. 판례의 요지

가. 상업적 방송광고에 대해서도 검열금지의 원칙이 적용된다.

우선, 이 사건에서 청구인의 방송광고와 같은 상업적 광고표현이 「헌법」 제21조 제2항의 검열금지의 원칙이 보호하고자 하는 '언론·출판'에 해당하는지 여부가 다투어졌다. 즉, 상업적 방송광고에 대해서도 검열금지의 원칙이 적용되는가가 선결적인 쟁점이었다.

이 쟁점에 대해, 7인의 법정의견(위헌)은 「헌법」 제21조가 보장하는 언론·출판의 자유는 의사표현의 매개체가 어떠한 형태이건 제한 없이 그 보호대상으로 한다는 선례(헌재 1993. 5. 13. 91헌바17)를 원용하였다. 또한 광고도 사상·지식·정보 등을 불특정 다수인에게 전파하는 것으로서 언론·출판의 자유에 의한 보호를 받는 대상이 된다는 여러 선례들(헌재 1998. 2. 27. 96헌바2; 헌재 2002. 12. 18. 2000헌마764; 헌재 2005. 10. 27. 2003헌가3)을 원용하면서, "이 사건 방송광고가 언론·출판의 자유의 보호 대상이 됨은 물론이다"고 판단하였다.

그러나 2인의 재판관(조대현, 목영준)은 다른 의견을 내었다. 상업적 방송광고에 대해서는 검열금지의 원칙이 적용되지 않는다는 것이다.

나. 민간기구가 방송위원회로부터 위탁을 받아 사전심의를 하더라도 '행정권에 의한 사전심의'에 해당한다

7인의 법정의견(위헌)은 민간기구인 한국광고자율심의기구가 방송위원회로부터 위탁을 받아 사전심의 업무를 실질적으로 한 경우에도 '행정권에 의한 사전심의'에 해당한다고 판단하였다. 즉, 이 민간기구는 방송위원회의 공무를 수탁하여 수행한 공무수탁사인(公務受託私人)에 해당하므로, 공무수탁사인의 공권력 행사는 국가가 행하는 것과 법적 효과 측면에서 동일하기 때문에 한국광고자율심의기구가 행한 심의업무는 그 실질이 방송위원회가 행한 것과 같다는 것이다.

다. 방송위원회로부터 위탁을 받은 한국광고자율심의기구가 텔레비전 방송광고 사전심의를 하는 것은 헌법이 금지하는 사전검열에 해당하여 위헌이다

7인의 법정의견(위헌)은 이 사건 심판대상조항에 의한 사전심의제도는 헌법이 금지하는 검열의 요건 4가지를 모두 충족하는 것이어서, 방송광고에 대한 사전심의의 필요성이나 공익성을 따져 볼 필요 없이 곧 바로 「헌법」 제21조 제2항의 검열금지의 원칙에 위배된다고 판단하였다. 구체적인 논거는 아래 해설 부분에서 살핀다.

II. 해 설

1. 쟁점의 정리

가. 헌법상 금지되는 검열의 의미와 요건

일찍이 헌법재판소는 1996년의 '영화 사전심의제도 사건'[6]에서 「헌법」 제21조 제2항이 규정하는 이른바 '검열금지의 원칙'을 해석·적용하면서, 이 원칙이 갖는 규범적 의의와 금지되는 검열(檢閱)의 요건을 구체적으로 밝힌 바 있다. 1996년의 영화 사전심의제도 위헌결정은 당시까지 일상적으로 이루어졌던 문화예술 표현물에 대한 사전검열체제를 혁신적으로 변화시킨 획기적인 결정이었다. 이 결정에서 헌법재판소는 21년이 지난 지금까지도 유지되고 있는 우리 헌법상의 검열금지의 법리 4가지를 최초로 다음과 같이 제시하였다.

첫째, 영화를 비롯하여 의사표현의 매개체라면 그 형태에 관계없이 모두 검열금지의 헌법적 보호를 받는다. 둘째, 헌법이 금지하는 '검열'이란 행정권(行政權)이 주체가 되어 사상이나 의견이 발표되기 이전에 그 내용을 심사·선별하여 발표를 사전에 억제하는 제도를 가리킨다.[7] 셋째, 어떤 사전심의제도가 검열인지 여부는 다음의 4가지 요건이 모두 충족되어야 한다: ① 일반적으로 허가를 받기 위한 표현물의 제출의무가 존재해야 하고, ② 행정권이 주체가 된 사전심사절차가 존재해야 하며, ③ 허가를 받지 아니한 의사표현을 금지하고, 그리고 ④ 심사절차를 관철할 수 있는 강제수단이 존재해야 한다. 넷째, 이들 요건을 충족하는 검열은 어떤 공익을 이유로 해서도 절대적으로 허용되지 않는다. 이렇게 해서 헌법재판소는 이른바 '절대적 검열금지의 원칙'을 확립하였다.

당시 헌법재판소는 이처럼 엄격한 검열금지의 원칙을 채택하는 헌법정책적 이유를 이렇게 제시하였다: "이러한 검열제가 허용될 경우에는 국민의 예술활동의 독창성과 창의성을 침해하여 정신생활에 미치는 위험이 클 뿐만 아니라 행정기관이 집권자에게 불리한 내용의 표현을 사전에 억제함으로써 이른바 관제의견이나 지배자에게 무해한 여론만이 허용되는 결과를 초래할 염려가 있기 때문에 헌법이 직접 그 금지를 규정하고 있는 것이다."

그러나 당시 헌법재판소가 '행정권에 의한 사전심사'만을 검열 요건에 포함시키고 '법원에 의한 사전심사'(예컨대, 법원의 출판금지가처분 등)를 「헌법」 제21조 제2항이 금지하는

6) 헌재 1996. 10. 4. 93헌가13등 (영화 사전심의제도 사건; 1차 영화검열 사건) [9(위헌) : 0].

7) 이처럼 헌법재판소는 '행정권에 의한 사전제한만이 검열이다'는 법리를 전개하였지만, 그에 앞선 1992년의 정기간행물 납본제도 사건에서는 사전제한의 주체를 행정권에 한정하지는 않았었다. 즉, "언론·출판에 대한 검열금지라 함은 … 의사표현이 외부에 공개되기 이전에 국가기관이 그 내용을 심사하여 특정한 의사표현의 공개를 허가하거나 금지시키는 이른바 사전검열의 금지를 말한다"(밑줄은 필자 붙임)고 설시한 바 있었다. 헌재 1992. 6. 26. 90헌바26 (정기간행물 납본제도 사건) [9(합헌) : 0].

검열 개념에서 배제시킨 것은 미국의 접근방식과 다른 독특한 법리구성이었다. 헌법재판소는 「헌법」 제21조 제2항이 금지하는 '검열'의 개념을 매우 제한적으로 해석했던 것이다. 그러나 대신에, 위 4가지 검열요건을 충족하는 사전심의제도는 '무조건 위헌'이라는 강력한 효과를 부여하였다. 이러한 법리구성에 따라, 위 검열요건을 충족하지 않는 다른 '사전제한적 성격의 규제'는 「헌법」 제37조 제2항의 과잉금지의 원칙에 의하여 위헌 여부를 평가하게 된다.

아무튼 헌법재판소가 1996년의 결정에서 내린 검열금지의 법리는 이후 검열 여부가 문제되었던 모든 사건에서 일관되게 적용되어 왔다. 1996년의 음반 사전심의제도 위헌결정,[8] 1998년의 비디오물 사전심의제도 위헌결정,[9] 1999년의 제2차 비디오물 사전심의제도 위헌결정,[10] 2000년의 제3차 비디오물 사전심의제도 위헌결정,[11] 2001년의 영화등급분류 보류제도 위헌결정,[12] 2005년의 외국비디오물 수입추천제도 위헌결정,[13] 2008년의 비디오물등급분류 보류제도 위헌결정[14]이 그것이다. 이번 평석대상결정에서 7인의 법정의견은 위 판례흐름을 그대로 따른 것이다.

나. 상업적 광고표현에도 검열금지의 원칙이 적용되는지 여부

위에서 언급한 바와 같이, 7인의 법정의견은 광고표현도 「헌법」이 보호하는 언론·출판에 해당한다는 선례를 원용하여, 별도의 추가적인 논증 없이, 이 사건 방송광고와 같은 상업적 광고표현에도 검열금지의 원칙이 당연히 적용된다는 판단을 하였다.

그러나 이에 대해 2인의 소수의견이 '상업적 방송광고'에 대해서는 「헌법」 제21조 제2항의 검열금지의 원칙이 적용되지 않는다는 독특한 문제제기를 하고 나섰다. 이들 2인의 재판관은, 기존에 확립된 절대적인 검열금지의 원칙이 경직된 법리이기 때문에 상업적 광고표현과 같이 사전에 심사를 통해 허위·과장광고로부터 소비자를 보호할 공익적 요청을 수용하지 못하는 불합리가 있다는 점을 고려한 것이었다. 그리하여 이들 재판관은 상업광고의 성격, 즉 같은 표현물이라고 하더라도 헌법적으로 보호해야 할 공익이 적고 또 사전심의의 필요성이 있다는 점을 그 논거로 들었다.

---

8) 헌재 1996. 10. 31. 94헌가6 (음반 사전심의제도 사건) [9(위헌) : 0].
9) 헌재 1998. 12. 24. 96헌가23 (비디오물 사전심의제도 사건) [9(위헌) : 0].
10) 헌재 1999. 9. 16. 99헌가1 (제2차 비디오물 사전심의제도 사건) [9(위헌) : 0].
11) 헌재 2000. 2. 24. 99헌가17 (제3차 비디오물 사전심의제도 사건) [9(위헌) : 0].
12) 헌재 2001. 8. 30. 2000헌가9 (영화 등급분류보류제도 사건; 제2차 영화검열 사건) [7(위헌) : 1(합헌) : 1(합헌)].
13) 헌재 2005. 2. 3. 2004헌가8 (외국비디오물 수입추천 사건) [8(위헌) : 1(합헌)].
14) 헌재 2008. 10. 30. 2004헌가18 (비디오물 등급분류보류제도 사건) [8(위헌) : 1(한정위헌)].

1인의 별개의견(위헌－조대현 재판관)은 「헌법」 제21조 제2항이 보호하는 '언론·출판'이란 민주사회의 토론과 여론 형성에 이바지하는 것만을 가리키는데, 영리적 목적의 광고표현은 여기에 해당하지 않고 영업의 자유(「헌법」 제15조)에 의하여 보호된다는 논리를 펼쳤다. 이에 비해 또 다른 1인의 헌법불합치의견(목영준 재판관)은 광고표현도 표현의 자유의 보호대상이 되지만, 다른 언론·출판과 동일한 정도로 보호되어야 하는 것은 아니라고 하면서, "절대적 사전검열금지의 대상이 되는 표현행위 및 매체의 범위는 우리 「헌법」 제21조의 목적에 맞게 제한되어야 하고, 상업광고는 그 특성상 절대적 사전검열금지원칙을 적용하여서는 안 된다"는 의견을 제시하였다. 결론적으로, 2인의 재판관은 이 사건 심판대상조항의 사전심의제도는 입법목적의 달성에 필요한 범위를 넘는 과도한 사전제한이어서 「헌법」 제37조 제2항의 과잉금지의 원칙에 위배된다는 입장이었다.

다. 심판대상조항이 설계하고 있는 사전심의제도가 검열요건을 충족하는지 여부

(1) 요건 1 : 일반적으로 허가를 받기 위한 표현물의 제출의무가 존재하는지 여부

「방송법」(제32조)은 텔레비전 방송광고를 하고자 하는 자는 방송국에 이에 대한 청약을 하기 전에 먼저 방송위원회로부터 사전심의를 받도록 하고 있고, 방송광고심의에 관한 규정(제44조 제1항)은 방송광고물의 심의를 받고자 하는 자는 심의신청서 2부에 방송광고물 및 관련 증빙자료를 첨부하여 위원회에 제출하도록 하고 있다. 7인의 법정의견은 이들 규정이 '일반적으로 허가를 받기 위한 표현물의 제출 의무'를 부과하고 있다고 보았다.

(2) 요건 2 : 행정권이 주체가 된 사전심사절차가 존재하는지 여부

이 사건에서는 민간기구인 한국광고자율심의기구가 방송위원회로부터 위탁을 받아 행하는 사전심의가 '행정권이 주체가 된 사전심사'라고 볼 것인지가 핵심 쟁점이었다. 한국광고자율심의기구는 민간이 주도하여 설립한 기구로 1991년 8개 광고 관련 단체 연합으로 창립총회를 갖고 발족했으며, 행정청으로부터 사단법인 설립허가를 받았고, 재판심리 시점에 20여개의 광고 관련 단체를 회원으로 두고 있었다.

그러나 7인의 법정의견은 방송위원회가 심의를 하지 않고 민간기구가 심의를 하더라도 그 심의업무는 그 실질이 방송위원회가 행하는 것과 같다고 판단하였다. 한국광고자율심의기구의 정관에 의하면, 심의위원은 민간인으로서 회장이 이사회의 동의를 얻어 위촉하지만 회장과 이사회 임원의 취임에는 문화관광부장관의 승인을 받도록 하고 있으므로(제13조) 심의기구 구성에 행정권이 개입하고 있는 것으로 보았다. 그리고 한국광고자율심의기구는 공무수탁사인으로서의 성격을 갖는데, 방송위원회와 체결한 업무위탁계약서에 의하면, 방송위원회가 위탁업무에 대해 심의기구를 지휘·감독하고, 필요한 경우 위탁업무와 관련된 지시 및 조치를 할 수 있으며, 위탁업무 처리가 위법 또는 부당한 경우 그 처분을 취소하거나 정지시킬 수 있었다. 7인의 법정의견은 이러한 경우 공무수탁사인의 공권력 행사는 국가가 행하는 것과 법적 효과 측면에서 동일하다고 판단하였다. 나아가 방송위원회가 방송광고의 심의기준이 되는 방송광고 심의규정을 제·개정하는 권한을 가지고 있기 때문에, 방송위원회는 언제든지 원하는 대로 자율심의기구의 심의내용을 원격 조정할 수 있다고 판단하였다.

(3) 요건 3 : 허가를 받지 아니한 의사표현을 금지하는지 여부

7인의 법정의견은, 「방송법」(제32조 제3항)이 '방송사업자는 방송광고에 대해서 방송위원회의 심의·의결의 내용과 다르게 방송하거나 심의·의결을 받지 않은 방송광고를 방송하여서는 안 된다'고 규정하고 있으므로 이 요건을 충족한다고 판단하였다.

(4) 요건 4 : 심사절차를 관철할 수 있는 강제수단이 존재하는지 여부

7인의 법정의견은, 「방송법」(제108조 제1항 제2의2호)에 의하면, 방송사업자가 사전심의를 받지 않은 광고물이나 사전심의 내용과 다른 광고물을 방송하는 경우 과태료 3,000만 원 이하에 처하도록 하여 방송사업자가 사전심의를 받지 않은 방송광고의 청약을 거절하도록 함으로써 광고주가 사전심의를 받을 수밖에 없도록 강제하고 있으므로, 이러한 과태료 처분은 사전심의절차를 관철시키기 위한 강제수단에 해당한다고 판단하였다.

2. 후속 판례의 동향

평석대상결정에서 주요 쟁점 중의 하나는 '상업적 광고표현에도 검열금지의 원칙이 적용되는지 여부'였다. 위에서 소개한 바와 같이, 7인의 법정의견은 당연히 적용된다는 입장이었지만, 2인의 소수의견은 견해를 달리하였다.

그런데 이 소수의견이 2년 후인 2010년의 '건강기능식품 표시·광고 사전심의제도 합헌결정'[15]에서 4인의 상대다수의견(합헌)과 1인의 소수의견(합헌)으로 세를 얻게 된다. 4인의 상대다수의견은 2008년의 평석대상결정에서 1인의 헌법불합치의견(목영준 재판관)을 그대로 따른 것이었다. 같은 재판부 구성에서 3인(재판관 김희옥, 민형기, 이동흡)이 입장을 변경하여 목영준 재판관의 의견에 참여했던 것이다. 즉, 광고표현도 표현의 자유의 보호대상이 되지만, 상업광고는 그 특성상 절대적 사전검열금지원칙을 적용해서는 안 된다는 의견이 상대적 다수를 점하게 되었다. 그리하여 이들 4인은 건강기능식품 광고 사전심의제

15) 헌재 2010. 7. 29. 2006헌바75 (건강기능식품 표시·광고 사전심의제도 사건) [4(합헌) : 2(합헌) : 1(합헌) : 2(위헌)].

도에 대해 검열금지의 원칙이 아닌 과잉금지의 원칙을 적용하여 사전심의의 필요성과 공익을 인정하는 합헌의견을 내었다. 그리고 2008년 결정의 또 다른 1인 소수의견(조대현 재판관)은 상업광고는 언론·출판으로 보호되지 않는다는 입장을 그대로 유지하여, 과잉금지의 원칙의 적용 결과 합헌의견을 내었다. 반면에, 2008년 결정에서의 7인 다수의견('상업광고에도 검열금지의 원칙이 적용된다') 중 4인은 이 법리를 고수했지만, 2인(재판관 이공현, 김종대)은 건강기능식품 광고 사전심의제도가 검열요건을 모두 충족하여 위헌이라는 의견을 내었고, 다른 2인(재판관 이강국, 송두환)은 검열요건이 충족되지 않아 합헌이라는 의견을 제시하였다.

요컨대, '상업광고에도 검열금지의 원칙이 적용된다'고 했던 2008년 결정의 7인 법정의견의 법리(판례)가 2010년의 결정에서 깨어져 버린 것이다. 그렇지만 2010년 결정의 4인 상대다수의견이 판례가 되는 것은 아니다. 다른 1인(조대현)의 의견을 보탠다고 해도, 판례변경에 필요한 6인을 형성하지 못하기 때문이다. 결론적으로 이 논점에 관해서는 판례가 없는 상태로 되었다.

그런데 이 논점은 새로운 재판부가 내린 2015년의 '의료광고 사전심의제도 위헌결정'[16]에서 다시 원래대로 돌아갔다. 이 결정에서 8인의 법정의견[17]은 "헌법이 특정한 표현에 대해 예외적으로 검열을 허용하는 규정을 두지 않은 점, 이러한 상황에서 표현의 특성이나 규제의 필요성에 따라 언론·출판의 자유의 보호를 받는 표현 중에서 사전검열금지원칙의 적용이 배제되는 영역을 따로 설정할 경우 그 기준에 대한 객관성을 담보할 수 없다는 점 등을 고려하면, 헌법상 사전검열은 예외 없이 금지되는 것으로 보아야 하므로 의료광고 역시 사전검열금지원칙의 적용대상이 된다"고 판시하였다. 그러나 1인의 반대의견(조용호 재판관)은 "사전검열금지원칙은 헌법이 언론·출판의 자유를 보장하고 사전검열을 금지하는 목적에 맞게 한정하여 적용해야 한다. 의료는 국민 건강에 직결되므로 의료광고에 대해서는 합리적인 규제가 필요하고, 의료광고는 상업광고로서 정치적·시민적 표현행위 등과 관련이 적으므로, 의료광고에 대해서는 사전검열금지원칙이 적용되지 않는다고 보아야 한다"는 의견을 제시하였다.

요컨대, 현재의 판례는 광고표현에도 검열금지의 원칙이 똑같이 적용된다는 것이다.

16) 헌재 2015. 12. 23. 2015헌바75 (의료광고 사전심의제도 사건) [8(위헌) : 1(합헌)].
17) 재판관 박한철(재판장), 이정미, 김이수, 이진성, 김창종, 안창호, 강일원, 서기석.

Ⅲ. 판례의 의의

평석대상결정은 상업적 방송광고도 「헌법」 제21조 제2항이 보호하는 '언론·출판'에 해당하고, 따라서 검열금지의 원칙이 상업적 방송광고에도 적용되어야 한다는 점을 처음으로 확인한 결정이었다. 더 나아가, 민간기구인 한국광고자율심의기구가 방송위원회로부터 위탁을 받아 사전심의 업무를 실질적으로 한 경우에도 '행정권에 의한 사전심의'에 해당한다는 점을 분명히 하였다.

그리하여 헌법재판소는, 당시 상업적 텔레비전 방송광고를 하고자 하는 광고주는 방송국에 청약을 하기 전에 먼저 방송위원회가 위탁한 한국광고자율심의기구로부터 사전심의를 받고 방송가 결정을 받아야만 방송광고를 할 수 있도록 한 「방송법」 규정들은 헌법이 절대적으로 금지하는 검열에 해당하여 위헌이라고 결정하였다. 방송광고 사전심의제도를 무력화시킨 것이다. 이후 방송광고에 대한 심의는 광고업계의 자율에 맡겨져 왔다.

제 2 편

표시광고법상 광고 규제

18 가습기살균제의 표시에 있어서 거짓·과장 여부의 판단

－대법원 2014. 12. 24. 선고 2014두11977 판결

이 선 희*

Ⅰ. 판례의 개요[1)]

1. 사안의 개요

원고는 생활용품, 각종 화학제품 등의 제조 및 판매업을 영위하는 자로서, 2000년경부터 가습기살균제를 판매하였는데, 2011. 8. 31.까지 판매한 해당 제품(이하 '이 사건 제품'이라 한다)의 용기에 "인체에 안전한 성분을 사용하여 안심하고 사용할 수 있습니다"라고 표시하였다.

2010년을 기준으로 국내 가습기살균제 시장은 약 10억 원 규모로 추정되고, 원고는 그 중 47%를 차지해 시장점유율 1위인 업체이다. 2011. 12. 30. 이전까지 가습기살균제는 공산품으로 분류돼 별도로 허가나 승인을 받지 않고 자유롭게 제조·판매할 수 있었다. 이 사건 제품에는 화장품, 샴푸, 물티슈, 기타 생활화학 가정용품에 첨가돼 방부 및 항균작용을 하는 성분(이하 '이 사건 살균제 성분'이라고 한다)이 함유되어 있다.

그런데 2011. 4.말경부터 국내에서 원인불명의 폐손상 환자들이 잇따라 발견됐고, 같은 해 6.까지 위 환자들 중 4명이 사망했다. 보건복지부 산하 질병관리본부는 2011. 8. 31. 이 사건 살균제 성분을 원료로 한 가습기살균제가 폐손상의 위험요인으로 추정된다는 역학조사 결과를 발표했다. 당시 질병관리본부는, 발견된 폐손상 환자들이 평균 3~4년간 매년 4개월가량 가습기를 사용했고, 그 과정에서 이 사건 살균제 성분을 함유한 가습기살균제를 한 달 평균 약 1병씩 사용하였음이 밝혀졌는데, 환자 집단에서 가습기살균제를 사용

* 성균관대학교 법학전문대학원 교수.

1) 법원공보에 게재되지 않았으나, 가습기살균제로 인한 피해의 심각성으로 그 후 가습기살균제 피해구제를 위한 특별법이 제정되는 등의 사회적 파장을 고려하여 위 판례를 선정하였다.

한 경우가 비환자군(대조군)에 비해 47.3배 더 많았다고 설명하였다. 보건복지부는 2011. 11. 11. 이 사건 제품을 포함해 이 사건 살균제 성분으로 만들어진 가습기살균제 6개 제품에 대해 강제수거명령을 발령했고, 같은 해 12. 30. 가습기살균제를 의약외품으로 지정해 식품의약품안전청의 허가 및 관리를 받도록 하는 내용의 의약외품범위지정 개정안(보건복지부 고시 제2011-173호)을 공포·시행하면서 그 개정이유를 폐손상 환자 발생의 원인으로 확인된 가습기살균제를 정부 차원의 관리대상에 포함하기 위함이라고 밝혔다.

피고 공정거래위원회는 2012. 8. 31. 이 사건 표시행위가 표시광고법 제3조 제1항 제1호에서 정한 거짓·과장의 표시행위에 해당한다고 보아, 원고에게 이 사건표시행위를 중지하도록 하는 시정명령과 공표명령 및 5,100만 원의 과징금납부명령 등(이하 '이 사건 처분'이라 한다)을 하였다.[2]

2. 소송경과

가. 원심판결[3]

원고가 위 시정명령 등의 취소를 구한 행정소송에서 위 가습기 살균제의 "인체에 안전한 성분을 사용하여 안심하고 사용할 수 있습니다"는 표시가 거짓·과장의 표시에 해당하는지 여부가 다투어졌다.

(1) 원고 주장의 요지

① 이 사건 표시는 객관적 사실과 일치하므로 거짓·과장의 표시라고 할 수 없다

이 사건 살균제 성분 및 이 사건 제품은 인체에 안전하다. 이 사건 표시의 거짓·과장성을 증명할 책임은 피고에게 있는데, 피고가 이 사건 처분의 근거로 삼은 자료만으로는 이 사건 살균제 성분 및 이 사건 제품이 인체에 유해하다고 인정하기 어렵다.

설령 이 사건 살균제 성분 자체의 인체 유해성이 인정된다 하더라도, 이 사건 제품에 들어있는 살균제 성분은 전체 용량 중 0.125%의 극미량에 불과하고 소비자는 이 사건 제품 용기에 기재된 표준사용량에 따라 이 사건 제품을 물에 희석해 사용하게 되므로, 이 사건 제품은 인체 유해성이 없을 것으로 추정된다.

또한 이 사건 표시행위 당시에는 이 사건 살균제 성분이 인체에 유해하다고 볼 자료

2) 위와 같은 가습기살균제의 제조·판매사는 원고 외에도 3개 업체가 더 있고, 그 사업자들의 표시행위에 대하여도 피고는 시정명령 등의 처분을 하였다. 원고 외에는 그 중 1개의 회사가 피고의 처분에 불복하여 행정소송을 제기하였다. 이에 대한 서울고등법원 2013. 7. 26. 선고 2012누28171 판결, 대법원 2013. 12. 12. 선고 2013두17787 판결(심리불속행 기각)도 대상판결과 같은 취지의 판시를 하였다.

3) 서울고등법원 2014. 8. 13. 선고 2012누28287 판결.

가 전혀 없었으며 이 사건 제품이 판매된 2000. 이후 2011. 8. 31.경까지 10년이 넘는 기간 동안 정부의 각종 고시, 통보 등에서 이 사건 살균제 성분을 유독물, 관찰물질, 취급제한물질, 취급금지물질, 사고대비물질 등으로 지정한 바 없고 오히려 유독물이 아니라고 확인했으므로, 원고가 이 사건 표시행위를 한 데 정당한 이유가 있다.

② 소비자오인성이 없다

이 사건 제품은 그 표준사용량을 지켜 사용할 경우 인체에 안전한데 이 사건 제품의 용기에는 표준사용량이 표시되어 있으므로, 소비자는 이 사건 표시를 표준사용량에 따라 사용할 경우 인체에 안전하다는 의미로 인식하게 된다. 또한 통상적인 소비자는 이 사건 표시를 동시대의 안전 관련 기술·지식의 발전정도에 비추어 일반적으로 요구되는 안전성 검사가 이루어졌다는 의미로 받아들일 것이고, 어떠한 경우에도 인체에 유해하지 않다거나 완전히 안전하다는 의미로 오인할 가능성이 없다.

(2) 원심법원의 판단

원심법원은, 거짓·과장의 표시광고의 요건과 입증책임 등에 관한 종전 대법원 판시를 인용하면서, 이 사건 표시는 이 사건 살균제 성분의 안전성이 객관적으로 검증되지 않았음에도 인체에 안전한 성분을 사용했다고 사실과 다르게 표시한 것에 해당하고, 원고에게 이 사건 표시행위를 정당화할 수 있는 사유가 있다고 볼 수 없으며, 보통의 주의력을 가진 일반 소비자가 이 사건 표시로 인해 이 사건 제품이 인체에 안전하다고 오인할 우려가 있으므로 공정한 거래질서를 저해할 수 있는 거짓·과장의 표시로 인정된다고 판시하였다.

특히 원고는 이 사건 표시 당시 이 사건 살균제 성분의 유해성이 과학적으로 명백하게 증명되지 않았으므로 그것이 안전하다는 표시를 한 것은 정당하다는 취지의 주장을 하지만, 이 사건 표시 당시 이 사건 살균제 성분의 안전성 역시 증명되지 않은 상태였으므로, 확정적으로 인체에 안전하다고 표시한 것은 거짓·과장으로 평가된다고 판단하였다.[4] 더구나 주로 면역력이 약한 어린이·노약자·임산부·환자 등이 밀폐된 공간에서 호흡기를

---

4) 이 부분과 관련하여 원심은 증거 및 변론 전체의 취지를 종합하여 다음과 같이 판시하였다. "이 사건 살균제 성분은 주로 공장용 또는 주방용의 살균 세정제로 사용될 목적에 개발된 것으로 보이며 따라서 당초 독성 실험은 그 통상의 용도에서 예견되는 위험, 즉 이 사건살균제 성분 수용액의 경구, 경피 독성 및 눈 점막 접촉 독성 등에 집중돼 이루어진 것으로 보인다. 그러나 호주보건부의 공고 내용에 따르면 이 사건 살균제 성분이 분진형태로 흡입되는 경우 매우 위험하다는 것이므로 가습기를 통해 에어로졸의 형태로 흡입되는 경우에도 위험성을 의심할 여지가 충분했다. 원고가 이것을 가습기 수조의 살균 세정제로 판매한 것은 제품 개발 당시 주목하지 않은 새로운 용도로 보이며, 이 경우 필연적으로 이 사건 살균제성분이 가습기에서 분출되는 수증기에 에어로졸 형태로 분산돼 사용자에게 흡입될 것이 예상됨에도 불구하고 이런 흡입독성에 관해 본격적인 실험이 이루어졌다고 볼 아무런 자료도 없다."

통해 흡입하게 되는 이 사건 제품의 특성과 우리나라 외에 전 세계적으로 가습기살균제를 널리 사용하는 사례가 없어 그 안전성 여부를 판단할 연구자료 등이 부족했던 이 사건 표시 당시의 상황을 고려하면, 이 사건 제품을 소비자에게 공급하는 원고로서는 이 사건 제품의 안전성 여부, 특히 에어로졸 형태의 흡입독성에 관해 좀 더 면밀하게 점검한 뒤 이 사건 표시를 할 필요가 있었다고 보았다. 그럼에도 원고는 별도의 실험 등 검증절차를 거치지 않고 만연히 이 사건 제품이 인체에 안전하다고 표시했는데, 결과적으로 이 사건 제품을 사용했던 소비자 중에 폐손상으로 사망에 이르는 등의 피해자가 발생한 정황에 비추어 볼 때 원고에게 이 사건 표시를 탓할 수 없는 정당한 사유가 인정된다고 볼 수 없다고 판단하였다.

나. 대법원 판결

대법원은 원심의 판단을 모두 수긍하면서 원고의 상고를 기각하였다.

먼저, 대법원은 거짓·과장의 표시광고에 있어서 거짓·과장의 표시광고의 요건, 거짓·과장성의 입증책임과 행정법규 위반에 대한 제재조치에 있어서 위반자의 고의·과실이나 정당한 사유의 유무에 대한 종전의 대법원 판시를 인용하였다.

그리고 원고가 이 사건 살균제 성분의 안전성이 객관적으로 검증되지 않았음에도 인체에 안전한 성분을 사용했다고 사실과 다르게 이 사건 표시를 하였고, 보통의 주의력을 가진 일반 소비자가 이 사건 표시로 인해 이 사건 제품이 인체에 안전하다고 오인할 우려가 있으므로 공정한 거래질서를 저해할 수 있는 거짓·과장의 표시로 인정된다고 판단하였다.

또한 원심이 판시한 사정을 종합하면, 이 사건 제품을 소비자에게 공급하는 원고로서는 이 사건 제품의 안전성 여부, 특히 에어로졸 형태의 흡입독성에 관해 좀더 면밀하게 점검한 뒤 이 사건 표시를 할 필요가 있었음에도 원고가 별도의 실험 등 검증절차를 거치지 않고 만연히 이 사건 제품이 인체에 안전하다고 표시한 것에 정당한 사유를 인정할 수 없다고 판단하였다.

그 외에도 원고는 상고이유로서, 처분의 절차적 정당성이나 공표명령과 관련한 재량의 일탈·남용을 주장하였으나, 대법원은 모두 이유 없다고 판단하였다.

3. 판례의 요지

가. 거짓·과장의 표시·광고의 요건과 입증책임

표시·광고가 소비자를 속이거나 소비자로 하여금 잘못 알게 할 우려가 있는지는 보통의 주의력을 가진 일반 소비자가 당해 표시·광고를 받아들이는 전체적·궁극적 인상을 기준으로 객관적으로 판단해야 한다. 그리고 표시광고법 제3조 제1항 제1호, 제5조 제1항, 같은 법 시행령 제3조 제1항의 각 규정에 의하면 표시·광고행위에 있어서 표시·광고행위를 한 사업자 등에게 표시·광고에서 주장하는 내용 중 사실과 관련한 사항이 진실임을 합리적·객관적 근거에 의해 입증할 책임이 있다.

나. 행정법규상 의무위반에 대한 정당한 사유의 유무

행정법규 위반에 대한 제재조치는 위반자가 그 의무를 알지 못했다고 하더라도 그 의무 해태를 탓할 수 없는 정당한 사유가 없는 한 위반자에게 고의나 과실이 없더라도 부과될 수 있다.

II. 해 설

1. 쟁점의 정리

가. 거짓·과장의 표시·광고의 요건과 입증책임

거짓·과장의 표시·광고의 요건과 관련하여, 특히 거짓·과장의 점을 처분청인 피고 공정거래위원회가 입증하여야 하는지, 아니면 표시·광고실증제로 인하여 입증책임이 전환되어 표시·광고가 진실에 부합한다는 입증책임을 사업자인 원고가 부담하는지가 문제되었다. 이 사건 표시행위 당시에는 이 사건 살균제성분의 흡입시 유독성이 명백히 밝혀지지 않았다는 점에서 위 표시의 거짓 여부가 크게 논란이 되었다.

나. 행정법규상 의무위반에 대한 정당한 사유의 유무

원고가 이 사건 제품의 안전성 여부 특히 당초 개발목적을 넘어서는 에어로졸 형태의 흡입독성에 관해 별도의 실험 등 검증절차를 거치지 않고 이 사건 제품이 인체에 안전하다고 표시한 것에 정당한 사유를 인정할 수 있는지가 문제되었다.

2. 관련 판례

대상판결의 쟁점 중 가.에 대해서는 거짓·과장의 표시·광고의 요건에 있어서 소비자 오인성과 표시·광고주에게 표시·광고 중 사실에 관한 사항에 대하여 입증책임을 부과한 대법원 2013. 6. 14. 선고 2011두82 판결(상조보증회사의 폐업 후 행사광고 사건), 대법원 2013. 9. 26. 선고 2011두7632 판결(체험후기 형식을 취한 연수기광고 사건)과 대법원 2003. 3. 31.자 2002마4109 결정(생활정보지 대구 벼룩시장의 접촉률 1위 광고 사건) 등이 참고할 만하다.

또한 대상판결의 쟁점 중 나.에 대한 참고판례로는, 온라인 오픈마켓 사업자가 포털 사이트 초기화면에 한 광고와 관련하여, 상품재고의 소진과 관련된 적절한 조치를 취하지 않음에 대하여 정당한 사유가 인정된다고 보기 어렵다고 한 대법원 2012. 6. 28. 선고 2010두24371 판결이 있다.

3. 검 토

가. 거짓·과장의 표시·광고의 요건

표시광고법 제3조 제1항 제1호, 같은 법 시행령 제3조 제1항의 규정으로부터 추출되는 거짓·과장의 표시·광고의 성립요건은 거짓·과장성, 소비자오인성 그리고 공정거래저해성이다.[5]

(1) 거짓·과장성

거짓·과장의 표시·광고의 요건에 대한 입증책임은 원칙적으로 공정거래위원회가 부담한다. 다만, 중요정보공개제도(법 제4조)와 표시·광고실증제(법 제5조)에 의하여 공정거래위원회가 입증책임을 덜 수 있다.

그 중 표시·광고실증제는 미국 연방거래위원회법의 광고실증제를 모델로 한 것인데, 합리적·객관적 근거 없는 사실을 이용한 부당한 표시·광고행위를 방지하는 데에 의미가 있다.[6] 판례는 표시·광고행위를 한 사업자가 표시·광고에서 주장하는 내용 중 사실과 관련한 사항이 진실임을 합리적·객관적 근거에 의하여 입증할 책임이 있다는 취지로 해석하여, 입증책임전환제도로 파악한다(대법원 2003. 3. 31.자 2002마4109 결정 등).[7]

이와 같은 이유에서 대상판결에서 대법원은, 원고가 이 사건 제품에 대하여 "인체에

5) 입법론적으로, 거짓·과장성과 소비자오인성의 요건을 통합하여 미국법과 같이 "거짓 또는 소비자의 오인을 유발하는"이라고 규정하는 것이 바람직하다는 견해로는 이선희, "거짓·과장의 표시·광고에 있어서 부당성 판단", 『성균관법학』, 제29권 제1호(2017), 163면.

6) 미국 광고실증제에 대한 상세는 FTC Policy Statement Regarding Advertising Substantiation (1983, https//www.ftc.gov/public−statements/1983/03/ftc−policy−statement−regarding−advertising−substantiation에서 검색 가능); Schechter, Intellectual Property (3rd), Thomson/West, 2006, pp. 364−366; 손수진, "표시·광고의 공정화에 관한 법률상의 광고실증제에 관한 연구", 『한양법학』, 제10집(1999), 287~306면; 박성용, "표시광고실증제도에 관한 연구", 『소비자문제연구』, 제44권 3호(2013), 52~57면.

7) 이와 같은 해석에 대하여 의문을 제기하면서 표시·광고실증제에 대한 입법론적인 제안을 한 문헌으로는 이선희, 앞의 논문, 159~161, 163면.

안전한 성분을 사용하여"라고 표시하였으나 그 안전성을 객관적 근거에 의하여 입증하지 못하였으므로 사실과 다른 거짓 표시에 해당한다고 판단하였다.

(2) 소비자오인성

대법원은 소비자오인성을 일반적인 소비자의 주의력을 기준으로 판단한다. 이는 소비자의 인식수준에 있어서 관련분야 전문가의 주의력 기준으로 하는 것이 아니라는 의미이다. 일반 소비자는 대체로 광고에 나타나는 개개의 용어나 어휘를 주의 깊게 연구하거나 생각하지 않으며, 실제로 표현될 것뿐만 아니라 거기에서 간접적으로 암시하고 있는 사항, 관례적이고 통상적인 상황 등도 종합하여 전체적·궁극적 인상을 형성한다는 점을 고려한다.

앞서 본 일반론에 따라, 이 부분 원심판결은, 제품 표시에 사용된 위 표현이 보통의 주의력을 가진 일반 소비자에게 이 사건 제품에 부작용이 전혀 없거나 그 사용에 있어 더 이상의 안전예방조치를 필요로 하지 않는다는 인상을 주어 이 사건 제품이 인체에 안전하다고 잘못 알게 할 우려가 있다고 판단하였다. 대법원은 이러한 원심판단이 정당하다고 보았다.

(3) 공정거래저해성

거짓·과장광고의 성립요건으로서 공정거래저해성은 거짓·과장성이나 소비자오인성과는 별개의 요건이다. 그러나 공정거래저해성이 앞서 본 두 개의 요건과 뚜렷이 구별되는 기능을 가지는 것으로는 보이지 않는다. 표시·광고에 있어서 공정거래성이 가지는 1차적인 의의가 소비자보호에 있다고 할 때, 일반적으로 소비자오인성이 있는 표시·광고는 공정거래저해성이 인정된다. 이러한 견지에서 대상판결도 "(제품) 주성분의 안전성이 객관적으로 검증되지 않았음에도 인체에 안전한 성분을 사용했다고 사실과 다르게 표시"를 하였고, "보통의 주의력을 가진 일반 소비자가 이 사건 표시로 인해 이 사건 제품이 인체에 안전하다고 오인할 우려"가 있으므로 "공정한 거래질서를 저해"할 수 있는 거짓·과장의 표시로 인정된다고 판단하였다.

나. 행정법규상 의무위반에 대한 정당한 사유의 유무

부당한 표시·광고의 규제법리는 민사상 손해배상책임이나 형사책임의 법리와는 다른 것이므로 원칙적으로 행위자의 고의 또는 과실을 요하지 않는다. 다만, 행정법규가 부과하는 의무의 해태를 위반자에게 탓할 수 없는 정당한 사유가 있는 경우 등의 특별한 사정에 의한 예외의 인정여지를 두고 있을 뿐이다. 대법원은 표시광고법 위반사건에 관한

2013. 12. 26. 선고 2011두4930 판결에서도 위 법리를 적용하였다.

대상판결에서 원고는 위 정당한 사유에 대하여 적극적으로 다투었다. 그러나 원심은, 이 사건 살균제 성분이 당초의 개발목적인 공장용 또는 주방용의 살균 세정제를 넘어서 에어로졸 형태로 분산돼 사용자에게 흡입될 것으로 예상되는 한, 이 사건 표시행위 당시 당초 개발목적에 따른 유독성이 명백히 입증되지 않았다는 점이 이사건 표시에 대한 정당한 사유가 되지 않는다는 취지에서 원고의 주장을 배척하였고, 대법원은 이러한 원심의 태도를 긍정하였다.

Ⅲ. 판례의 의의

우리나라의 표시광고법은 부당한 표시와 광고를 규제하지만, 대부분의 사건은 광고에 대한 것이고, 부당한 표시가 문제된 판례는 많지 않다. 그런 점에서 대상판결은 향후 부당한 표시행위에 대한 사안에서 많은 참고가 될 것으로 보인다.

무엇보다도 사회적으로 큰 파장을 일으킨 가습기 살균제의 유해성과 관련하여, 대상판결은 피해자들에 대한 손해배상과 관련하여 2017. 2. 8.「가습기살균제 피해자 구제에 대한 특별법」이 제정되기 전에, 위 표시행위가 표시광고법에 위반한 거짓·광고의 표시행위로서 시정조치를 명한 공정거래위원회의 처분이 적법함을 확인하였다는 점에 의의가 있다.

19 유리식기 광고의 허위·과장·비방광고 여부

– 대법원 2013. 3. 14. 선고 2011두7991 판결

손 봉 현*

Ⅰ. 판례의 개요

1. 사안의 개요

가. 원고(삼광유리 주식회사)는 유리병, 유리 식품용기 등 포장용 유리용기 제조업을 영위하는 자로서 「표시·광고의 공정화에 관한 법률」(이하 '표시광고법'이라 한다) 제2조 제3호에 의한 사업자이다.

나. 원고는 일본의 특허권자로부터 양도받은 특허 제조 기술에 따라 생산된 유리용기 제품인 '글라스락'을 판매하면서, 2006. 11.경부터 2009. 6.경까지 일간지, TV, 월간지 등에 다음과 같은 내용을 포함한 광고를 게재하였다.

① 특허기술로 제조된 내열강화유리 광고(이하 '제1광고'라 한다)

– "삼광유리에서만 보유하고 있는 특허 제조 기술로 만들어지기 때문에 깨어지지 않는 강화 유리 제품은 '글라스락'이 유일합니다"

– "글라스락은 내열강화유리로 특허를 받은 제품입니다(특허 제0070579호)"

– "글라스락은 국내유일의 내열·강화유리밀폐용기입니다(특허 제0070579호)"

② 환경호르몬의 유해성 관련 광고 및 기사형식의 광고(이하 '제2광고'라 한다)

– "플라스틱용기 찜찜하셨죠? 이젠, 강화유리밀폐용기로 바꾸세요. 환경호르몬에 안전한 글라스락"

– "김치통, 플라스틱 물병, 기름병 등은 당장 바꿔라"라는 제목의 기사형식의 광고[1)]

---

* 한국인터넷광고재단 정책팀장, 법학박사.

1) 여성월간잡지 리빙센스 및 여성중앙 2006. 11.호에 게재된 기사형식의 광고 내용은 다음과 같다.

다. 공정거래위원회는 제1광고가 표시광고법 제3조 제1항 제1호에 규정된 거짓·과장 광고에, 제2광고가 동조 동항 제4호에 규정된 비방광고에 해당한다고 판단하고, 원고(피심인)에 대하여 시정명령, 법위반사실 공표명령과 함께 146,000,000원의 과징금을 부과하는 처분을 내렸다.2)

2. 소송경과

가. 원심판결

원심법원은 원고가 제기한 시정명령 등 취소청구소송에서 이 사건 광고에 대한 공정거래위원회의 처분을 적법하다고 보고 원고의 청구를 기각하였다.3)

제1광고와 관련하여, 원심법원은 글라스락 제품이 "특허발명의 청구항 기재 수치 범위의 압력응력층 형성이라는 목적을 달성하지 못하고 실질적으로도 동일한 작용효과를 나타낸다고 할 수 없으므로, 글라스락은 특허권자인 원고가 이 사건 특허발명 받은 내용대로 실시한 것이라고 볼 수 없"고, "내열제유리식기에 대한 한국산업규격상 열충격 강도 요건은 충족하고 있으나 내열유리 속성에 가장 중요한 '열팽창계수' 기준에는 미달함에도 불구하고, … 내열유리와 강화유리의 특징을 함께 가진 내열강화유리라는 특허발명 기술로 제조된 것처럼 소비자를 오인하거나 오인할 우려가 있"음을 이유로 거짓·과장 광고에 해당한다고 보았다.

제2광고와 관련하여, 원심법원은 "모든 플라스틱 식기의 원료가 환경호르몬과 관련된 것이 아니고, 식품공전의 용출규격 및 그에 따른 각종 시험결과에 비추어 PC 소재의

우리가족 환경호르몬으로부터 안전하게 지키기

■ 김치통, 플라스틱 물병, 기름병 등은 당장 바꿔라

"우선은 뜨거운 음식을 담는 그릇은 무조건 유리나 도자기로 바꿔야 한다. 도자기의 경우에도 유약에 따라 환경호르몬이 배출될 수 있으므로 투명한 100% 규사 유리 제품을 선택하는 것이 가장 안전하다. 그렇다고 찬 음식을 오래 보관하는 것도 안전하지는 못하다. ○○○(××대학교)교수는 6개월 이상 플라스틱 용기에 물을 담아 둘 때 환경호르몬이 나온다고 말한다. 따라서 장기간 보관하게 되는 김치통이나 플라스틱 물병, 그리고 환경 호르몬이 기름에 잘 녹는다는 점을 감안하면 기름병 역시 우선 바꿔야 할 식기이다. 선진외국의 경우 일본은 1ℓ 미만의 음료용 생수용기는 PET병을 사용하지 않는 것을 법으로 규정해 놓고 있다. 오스트리아도 생수·주류·음료의 유리병 의무 사용 비율을 지정해 놓고 있다. 또 거친 수세미를 사용해 플라스틱 그릇을 닦을 경우 흠집을 통해 환경호르몬이 배출될 수도 있다."

2) 공정거래위원회 2010. 4. 1. 의결 제2010－039호.

3) 서울고등법원 2011. 2. 16. 선고 2010누12271 판결. 원고는 이 사건 광고로 인한 위법사실의 효과가 지속되거나 피해가 계속될 것이 명백하지 아니함에도 원고에 대하여 한 공표명령은 비례의 원칙에 반한다는 주장도 하였으나, 이에 대한 판단은 제외한다.

플라스틱 용기가 비스페놀 A 등의 용출로 인하여 인체에 유해하다고 단정할 만한 객관적인 근거가 없음에도, 원고는 당시 사회적 논란이 된 플라스틱 용기의 환경호르몬에 대한 안전성을 겨냥하여 소비자들로 하여금 유리식기인 글라스락과 경쟁관계에 있는 플라스틱 식기가 인체에 해롭다는 우려를 갖게 할 수 있는 내용의 광고를 통하여 플라스틱 식기를 제조·판매하는 소외 회사 등의 사업자들에게 불리한 비방광고를 하였다고 봄이 상당하다"고 판시하였다. 또한 기사형식 광고와 관련하여, 원심법원은 "원고의 위 기사광고의 비용부담에 대한 입증이 없다 하더라도, 위 기사광고가 잡지에 다른 광고와 함께 게재된 내용과 글라스락 사진, 원고의 홈페이지 주소, 연락처 및 구매처 등 편집상의 구성, 위 기사광고에 따른 홍보 등의 이익이 전부 원고에게만 있는 점, 피고가 위 기사광고만을 비방광고로 판단하여 이 사건 처분에 이른 것이 아닌 점 등에 비추어 이 사건 처분 중 비방광고 관련 부분의 적법 여부 판단에는 영향을 미치지 아니한다"고 판시하였다.

나. 대법원 판결

이 사건 상고심에서 대법원[4]은 "원심판결에는 거짓·과장의 광고 및 비방적인 광고에 관한 법리를 오해함으로써 판결에 영향을 미친 위법이 있고, 이를 지적하는 원고의 상고이유 주장에는 정당한 이유가 있다"고 판단하고, 원심판결을 파기하고 사건을 다시 심리·판단하도록 원심법원에 환송하였다.[5]

3. 판례의 요지

제1광고와 관련하여, 대법원은 "내열유리의 요건을 구체적으로 정의한 규정이나 내열유리 해당 여부를 판정하는 공식적 기준은 마련되어 있지 않으므로, 비록 원고의 글라스락 제품이 한국산업규격에 설정된 내열유리에 관한 일부 품질기준을 충족시키지 못한다고 하더라도, 일반 거래관념상 어느 유리제품을 내열유리라고 지칭하는 것만으로 당연히 한국산업규격에서 정한 내열유리의 품질기준을 충족시킨다고 이해되거나 일반 소비자들이 같은 취지로 인식하고 있다고 볼 만한 특별한 사정이 인정되지 않는 한, 원고가 일반 유리에 비해 내열성이 강화되었다고 볼 수 있는 글라스락 제품에 관하여 '내열강화유리'라고 표시·광고하였다고 하여 곧바로 거짓·과장의 광고가 된다고 단정할 수 없"음을 근거로 해당 광고가 거짓·과장의 광고가 아니라고 판단하였다.

---

4) 대법원 2013. 3. 14. 선고 2011두7991 판결.

5) 파기환송심(서울고등법원 2015. 11. 5. 선고 2013누9931 판결)에서는 대법원 판결의 취지에 따라 공정거래위원회의 시정명령, 시정명령받은 사실의 공표명령 및 과징금납부명령을 모두 취소하였다.

제2광고와 관련하여, 대법원은 "비방적인 광고는 다른 사업자 등 또는 다른 사업자 등의 상품 등에 관하여 객관적인 근거가 없는 내용으로 비방하거나 일부 불리한 사실만을 추출·왜곡하여 비방함으로써 공정한 거래질서를 저해할 우려가 있는 광고"를 말하며, "식품 또는 그와 직접 연관된 제품의 안전성 또는 인체에 대한 유해성과 관련하여 소비자들이 고도의 경각심을 갖고 그 위험을 미리 회피하기 위하여 최선의 노력을 다하는 것은 소비자들에게 주어진 정당한 선택의 권리에 속한다고 보아야 하는 점에 비추어, 어떠한 식품이나 그와 직접 연관된 제품의 인체 유해성에 관하여 어느 정도 객관적 근거를 갖춘 우려가 제기되어 현실적으로 논란이 되고 있다면, 그 유해성이나 유해 수준이 과학적으로 명백하게 입증되지는 않았다고 하더라도 경쟁 제품이 갖고 있는 위와 같은 유해의 가능성 또는 위험을 언급하거나 지적하는 내용의 광고에 대하여 함부로 공정한 거래질서를 저해할 우려가 있는 비방광고로서 금지하여야 한다고 단정할 것은 아니"라고 보았다.

II. 해 설

1. 쟁점의 정리

제1광고의 쟁점은 첫째, 특허받은 내용대로 제조되지 않은 제품을 특허받은 제품으로 광고하는 것이 거짓·과장 광고에 해당하는지 여부이고, 둘째, 내열유리 속성 중 가장 중요한 열팽창계수에 대한 한국산업규격 상 기준에 미달하는 제품을 내열강화유리라고 광고하는 것이 거짓·과장 광고에 해당하는지 여부이다. 전자와 관련해서는 광고 내용이 객관적 사실과 어느 정도 일치해야 하는가, 특히 특허광고에서 특허내용과 광고내용이 어느 정도 부합해야하는가를, 후자와 관련해서는 광고의 부당성판단 요소인 소비자오인성의 판단기준을 검토할 필요가 있다.

제2광고의 쟁점[6]은 경쟁관계에 있는 플라스틱 식기가 인체에 해롭다는 우려를 갖게 할 수 있는 내용의 광고가 비방광고에 해당하는지 여부인데, 이와 관련해서는 자사 제품의 비교우위를 내용으로 하는 광고가 어디까지 허용되는지, 비방광고의 성립요건으로 비방의 상대방 특정이 요구되는지 여부가 문제된다.

6) 원심판결 쟁점 중, 대법원에서 판단하지 않은 ① 표시광고법상 광고의 범위에 기사광고가 포함되는지 여부와 ② 광고의 개념 요소로 '대가성'이 필요한지 여부는 논의 대상에서 제외한다. 실질은 광고이지만 기사의 형식을 빌린 이른바 '기사형 광고'도 광고의 일종이며(대법원 2018. 1. 25. 선고 2015다210231 판결 참조), 표시광고법상 광고의 개념요소로 '대가성'을 요구하지 않는 점과 무상 광고라도 그 내용이 부당한 경우에는 규제할 필요가 있음을 고려할 때 광고의 개념 요소로 대가성은 불요하다.

2. 검 토

가. 제1광고의 거짓·과장 광고 여부

(1) 특허발명 기술로 제조되었다는 광고

이 사건에서는 특허권자가 특허받은 내용대로 제조되지 않은 제품을 특허에 따라 제조된 제품으로 광고하는 것이 표시광고법상 거짓·과장의 광고에 해당하는지 문제되었다. 원심법원은 글라스락 제품이 특허발명의 청구항에 기재된 압축응력수치 범위의 압축응력층을 형성하지 못하였음을 이유로 해당 광고가 거짓·과장의 광고에 해당한다고 판단하였으나, 대법원은 이에 대한 실체적 판단은 없이, 원심법원이 합리적 근거 없이 하나의 기관에서 실시한 동일한 검사 사이에 상반된 검사결과 중, 원고에게 불리한 결과를 채택하여 해당 압축응력층을 형성하지 못하였다고 판단한 점을 지적(심리미진)하며 사건을 고등법원에 환송하였다.

표시광고법상 거짓·과장 광고는 사실과 다르게 광고하거나 사실을 지나치게 부풀려 표시·광고하는 것(시행령 제3조 제1항)을 의미하며, 광고의 사실성은 객관적이고 합리적인 근거에 의하여 뒷받침되어야 한다. 광고가 사실과 부합하는지 여부는 과학적 엄밀성이 아닌 사회통념을 기준으로 판단한다.[7] 여기서 광고가 사실과 어느 정도 부합해야 하는지 문제될 수 있는데, 광고에 포함된 특정 표현이나 문구에 국한할 것이 아니라, 해당 광고가 통상의 소비자에게 전달하는 전체적 의미나 인상(印象)이 사실에 반하는지 여부를 기준으로 판단할 수 있다.[8] 결국 이 문제는 사실과 부분적으로 일치하는 광고가 소비자를 속이거나 소비자로 하여금 잘못 알게 할 우려가 있는지 여부, 즉 소비자오인성 유무에 따라 해결해야 한다고 생각된다.

특허권은 배타적·독점적 권리이므로 특허권자가 자신의 제품이 특허받은 제품이라는 내용이라고 광고하는 것은 정당한 특허권의 행사로 볼 수 있지만, 특허권자라고 할지라도 적극적으로 사실과 다른 광고를 한 경우에는 거짓광고로 규율하는 것이 당연하다. 참고로 특허법에서는 특허된 것이 아닌 방법에 따라 생산된 물건의 광고에 특허된 방법에 따라 생산한 것으로 표시하거나 이와 혼동하기 쉬운 표시를 하는 행위를 금지하고,[9] 이에

---

7) 신현윤, 『경제법』, 제6판(법문사, 2014), 473면.

8) 신현윤, 위의 책, 483면; 이현규, "표시광고법상 부당한 표시광고의 합헌적 판단 기준", 『경쟁법연구』, 제23권(한국경쟁법학회, 2011), 387면; 한편, 상품의 선전·광고에 있어 다소의 과장이나 허위가 수반되는 것은 그것이 일반 상거래의 관행과 신의칙에 비추어 시인될 수 있는 한 기망성이 결여된다는 점(대법원 2009. 4. 23. 선고 2009다1313 판결 참조)에 비추어, 광고 내용의 진실성은 광고의 내용이 진실과 완벽하게 일치할 것까지 요구하는 것은 아니라고 볼 수 있다.

9) 표시광고법에서는 표시와 광고를 대비되는 개념으로 파악하고 있으나, 「특허법」에서는 특허 관련 사

위반한 자를 허위표시죄로 처벌(특허법 제228조)하고 있다. 「특허법」상 허위표시죄 해석과 관련하여 대법원은 특허제품으로 광고한 물건의 기술적 구성이 특허발명의 구성을 일부 변경한 것이라고 하더라도, 그러한 변경이 해당 기술분야에서 통상의 지식을 가진 사람이 보통 채용하는 정도로 기술적 구성을 부가·삭제·변경한 것에 지나지 아니하고 그로 인하여 발명의 효과에 특별한 차이가 생기지도 아니하는 등 공중을 오인시킬 정도에 이르지 아니한 경우에는 특허 허위표시 행위에 해당하지 않는다고 보았다.[10]

한편, 이 사건의 파기환송심에서는 「특허법」에서 금지하는 허위표시에 해당한다고 볼 수 없는 경우, 그러한 광고는 표시광고법상 거짓·과장의 광고에 해당한다고 볼 수 없다고 전제한 뒤, 특허받은 방법에 일부 변경을 가하여 제조한 제품을 특허에 따라 제조된 제품으로 광고한 경우라도 특허발명의 핵심적인 기술적 사상을 구현하는 방법으로 제조되었고, 그 광고가 특허로 인한 거래상의 유리함과 특허에 대한 공중의 신뢰를 악용하여 공중을 오인시킬 정도에 이르지 않았다면 거짓·과장의 광고에 해당하지 않는다고 판단하였다.[11] 거짓·과장 광고의 본질과 법해석의 통일성을 고려할 때, 대상판결의 파기환송심에서 「특허법」상 허위표시죄 해석과 같은 법리를 적용하여 해당 광고가 특허로 인한 거래상의 유리함과 특허에 대한 공중의 신뢰를 악용하여 공중을 오인시킬 정도에 이르지 않았다면 거짓·과장의 광고에 해당하지 않는다고 판단한 것은 타당하다고 생각된다.

(2) 내열강화유리 광고

이 사건에서는 강화유리로 제조된 제품을 내열유리와 강화유리의 특징을 함께 가지는 '내열강화유리'라고 표현하는 광고가 거짓·과장의 광고에 해당하는지 문제되었다. 원심법원은 내열유리의 가장 중요한 속성인 열팽창계수가 한국산업규격상의 기준에 미달함을 이유로 해당 광고의 거짓·과장성을 인정하였으나, 대상판결은 내열유리의 요건이나 판정기준이 공식적으로 마련되지 않은 상황에서 한국산업규격에서 정한 내열유리에 대한 품질기준에 미달되지만, 일반 유리에 비해 내열성이 강화되었다고 볼 수 있는 제품을 '내열강화유리'라고 표현하였다고 곧바로 해당 광고가 거짓·과장의 광고가 된다고 단정할 수 없다고 보았다.

광고 규제의 1차적 근거는 사업자가 일방적으로 제공하는 정보를 통해 소비자의 합리적 선택을 방해할 수 있다는 점에 존재하며, 표시광고법상 부당한 광고는 소비자를 속이거나 소비자로 하여금 잘못 알게 할 우려(소비자오인성)가 있을 것을 요건으로 한다. 소

항을 제3자가 알 수 있도록 물건, 용기, 포장, 광고, 간판, 표찰 등에 표기하는 행위를 '특허권의 표시'로 이해하고 있다(「특허법」 제224조 참조).

10) 대법원 2015. 8. 13. 선고 2013도10265 판결 참조.

11) 서울고등법원 2015. 11. 5. 선고 2013누9931 판결.

비자오인성은 보통의 주의력을 가진 일반 소비자가 해당 광고에서 받아들이는 전체적·궁극적인 인상을 기준으로 객관적으로 판단하므로,12) 소비자오인성은 관련 분야의 전문가가 아닌 해당 광고의 대상인 일반 소비자의 주의력을 기준으로 광고 내용이 소비자를 속이거나 소비자로 하여금 잘못 알게 할 우려가 있는지 살펴보아야 한다. 대상판결이 지적한 바와 같이 내열유리의 공식적 기준이 마련되지 않은 상황에서, 내열강화유리라는 표현은 '유리식기를 구입하는 통상의 소비자의 입장'에서 일반유리에 비해 내열성이 강화된 유리 또는 내열유리와 강화유리의 특성을 지닌 유리로 이해될 것으로 보인다. 도한 전문가가 아닌 통상의 소비자의 입장에서 내열강화유리로 만든 제품이 한국산업규격에서 정한 내열유리의 품질기준을 충족하는 제품이라고 이해되지는 않을 것이다. 따라서 광고에서 해당 제품의 압축응력 수치를 구체적으로 밝히지 아니하였다면, 내열강화유리라는 표현만을 가지고 해당 광고를 거짓·과장의 광고로 단정할 수 없다고 본 대상판결은 타당하다.

나. 제2광고의 비방광고 여부

대상판결에서는 경쟁 제품(플라스틱 식기)의 인체 유해의 가능성 또는 위험을 언급하거나 지적하는 광고가 비방광고에 해당하는지 문제되었다. 원심법원은 플라스틱 용기에서 환경호르몬이 용출된다는 객관적 근거가 없음을 이유로 비방성을 인정하였으나, 대상판결에서는 플라스틱 용기의 유해성이 과학적으로 명백하게 입증되지 않았다고 하더라고 어느 정도 객관적 근거를 갖춘 우려가 제기되어 현실적으로 논란이 되고 있다면 이러한 광고를 비방광고로 단정할 것은 아니라고 판단하였다.

비방광고는 다른 사업자 또는 다른 사업자의 상품·용역에 관하여 객관적인 근거가 없는 내용으로 광고하여 비방하거나 불리한 사실만을 광고하여 비방하는 것(시행령 제3조 제4항)을 의미한다. 사업자는 자신이 가진 장점을 바탕으로 시장에서 다른 사업자와 경쟁하는 것이므로, 자사 제품의 비교우위를 내용으로 하는 광고가 다른 사업자 또는 경쟁 제품의 영업상 이익을 제한하더라도 공정한 경쟁의 측면에서 특별히 문제될 것은 아니며, 비방광고는 소비자의 이익침해뿐만 아니라 다른 사업자의 영업상 이익을 침해하고 공정한 거래질서를 저해하는 광고13)라는 특성을 지니고 있다.

비방광고는 개념상 비방의 대상으로 '다른 사업자'를 필요로 하는데, 다른 사업자가 구체적으로 누구인지 광고에 제시되지 아니한 경우라도 광고의 내용에 비추어 이를 특정할 수 있다면 비방광고에 해당할 수 있다.14) 일반적으로 어느 광고가 비방광고에 해당하

12) 대법원 2003. 6. 27. 선고 2002두6965 판결.
13) 박수영, "부당한 표시광고행위의 성립요건과 유형", 『기업법연구』, 제23권(한국기업법학회, 2003), 387면.
14) 공정거래위원회, 부당한 표시·광고행위의 유형 및 기준 지정고시 Ⅱ. 15. 참조.

는지 여부는 일반의 소비자가 광고를 접하는 통상의 방법을 전제로, 광고자가 그러한 광고방법을 선택하게 된 동기를 비롯하여 당해 광고의 표제, 문구, 광고의 문안의 전체적인 흐름, 사용된 어휘의 통상적인 의미와 연결방법 등 당해 광고가 소비자에게 부여하는 전체적인 인상을 종합적으로 고려하여 판단한다.[15]

대상판결은 플라스틱 제품에 대한 소비자들의 현실적 우려와 과학적으로 엄격한 것은 아니지만 어느 정도 객관적인 근거에 기초한 제2광고의 비방성을 부정하고 있는데, 자사 제품의 비교우위를 내용으로 하는 광고의 허용한계를 제시하였다.

Ⅲ. 판례의 의의

대상판결에서는 광고 내용이 객관적 사실과 어느 정도 일치해야 하는가에 대한 명시적 판단이 없었다는 점에서 아쉬움이 있으나, 대상판결의 파기환송심 판결에서 특허광고가 객관적 사실(특허발명의 구성)과 일부 다른 경우, 표시광고법상 거짓·과장의 광고에 해당하는지 여부에 대한 해석기준을 제시하였다는 점에서 그 의의를 찾을 수 있다. 또한 대상판결의 파기환송심 판결은 특허광고의 거짓·과장 광고에의 해당 여부를 판단함에 있어 「특허법」상 허위표시죄 관련 법리를 동일하게 적용하여 법 해석상 통일성을 기하였다는 점에서 의미가 있다고 할 것이다.

또한 대상판결은 제품의 안전성이나 인체의 유해성이 문제되는 분야의 광고에서 비방광고의 성립요건으로서 객관적 근거에 특별한 취급을 인정하고,[16] 자사 제품의 비교우위를 내용으로 하는 광고의 허용한계를 제시하였다는 점에서 그 의미를 찾을 수 있다.

15) 서울고등법원 2000. 11. 21. 선고 98누14978 판결.
16) 이선희, "표시·광고의 공정화에 관한 법률 제3조", 온주(로앤비, 2018. 4. 2), Ⅳ. 5. 라.

20 ‘부당한 이익’에 의한 고객유인 행위의 판단 기준

－대법원 2014. 3. 27. 선고 2013다212066 판결

최 진 원*

Ⅰ. 판례의 개요

1. 사안의 개요

국내 중저가 화장품을 제조·판매하는 주식회사 에이블씨엔씨(미샤 화장품 제조·판매 회사)는 2011. 10. ‘미샤 더 퍼스트 트리트먼트 에센스’(이하 ‘미샤 에센스’라 한다)를 출시하였다. 이를 ‘밝고 투명한 피부를 원하시나요? 모자이크의 비밀 뷰티넷에서 확인하세요. 이제 더 이상 값비싼 수입화장품에 의존하지 않아도 됩니다. 발효 효모액 80% 함유’라는 문구를 넣어 광고하면서, 한국피앤지가 수입·판매하는 ‘SK－Ⅱ 페이셜 트리트먼트 에센스’ 제품(이하 ‘SK－II 에센스’라 한다)의 공병을 갖고 오면 상기 미샤 에센스 정품(가격 42,000원/150ml)으로 바꿔주는 이벤트도 한 달간 진행했다.[1)]

이에 한국피앤지(원고)가 에이블씨엔씨(피고)의 판촉 및 광고 활동이 「독점규제 및 공정거래에 관한 법률」(이하 ‘공정거래법’이라 한다)상 ‘부당하게 경쟁자의 고객을 자기와 거래하도록 유인하는 행위’에 해당하며, 또한 객관적 근거에 바탕을 두지 아니하고 품질이 동일함에도 그 가격이 훨씬 저렴하다는 내용의 광고를 함으로써 「표시·광고의 공정화에 관한 법률」(이하 ‘표시광고법’이라 한다) 제3조 제1항 제3호의 ‘부당하게 비교하는 표시·광고 행위’에 해당하여 위법하다며 손해배상을 청구한 사건이다.[2)]

---

* 대구대학교 DU인재법학부 교수.

1) 2011. 9. 29.부터 10. 26.까지 뷰티넷 또는 페이스북에서 신청하는 모든 고객을 대상으로 2011. 10. 10.부터 11. 10.까지 SK－II 공병을 미샤 에센스 정품으로 교환해주었다.

2) 상품의 형태를 모방한 것으로 「부정경쟁방지 및 영업비밀보호에 관한 법률」(이하 ‘부정경쟁방지법’이라 한다) 제2조 제1호 자목 부정경쟁행위에 해당한다는 주장도 있었으나 법원은 이전부터 다른 화장품에도 적용하여 사용했던 용기 모양인 점 등에 비추어 모방품이라고 보기 어렵다고 판단하였다.

[독점규제 및 공정거래에 관한 법률]

제23조(불공정거래행위의 금지) ① 사업자는 다음 각 호의 어느 하나에 해당하는 행위로서 공정한 거래를 저해할 우려가 있는 행위(이하 "불공정거래행위"라 한다)를 하거나, 계열회사 또는 다른 사업자로 하여금 이를 행하도록 하여서는 안 된다.

3. 부당하게 경쟁자의 고객을 자기와 거래하도록 유인하거나 강제하는 행위

② 불공정거래행위의 유형 또는 기준은 대통령령으로 정한다.

[표시·광고의 공정화에 관한 법률]

제3조(부당한 표시·광고 행위의 금지) ① 사업자등은 소비자를 속이거나 소비자로 하여금 잘못 알게 할 우려가 있는 표시·광고 행위로서 공정한 거래질서를 해칠 우려가 있는 다음 각 호의 행위를 하거나 다른 사업자등으로 하여금 하게 하여서는 아니 된다.

3. 부당하게 비교하는 표시·광고

[그림] 미샤 에센스 공병교환행사

2. 소송경과

가. 제1심 판결[3]

원고의 광고행위금지 가처분신청이 인용된 상태에서 진행된 제1심에서,[4] 법원은 피

3) 서울남부지방법원 2012. 10. 25. 선고 2011가단100781 판결.

고의 공병 교환 행사가 부당하게 경쟁자의 고객을 자기와 거래하도록 유인하는 행위라고 판단하면서, 원고의 청구를 일부 인용하였다. **[원고 일부 승소]**

법원은 이 사건 공병 교환행사가 미샤의 제품 구매 고객이나 제3의 회사 제품을 구매한 고객은 제외하고, 오직 한국피앤지가 수입·판매한 'SK－Ⅱ' 제품 사용자만을 대상으로 한 점에 주목하였다.[5] 공정거래법 제23조 불공정거래행위 중 '부당하게 경쟁자의 고객을 자기와 거래하도록 유인하거나 강제하는 행위'가 있었다고 판단한 것이다.

나. 항소심 판결[6]

항소심은 제1심 법원과 달리 원고의 청구를 기각하였다. **[원고 패소]** 법원은 피고가 SK－Ⅱ 에센스 사용자만을 대상으로 미샤 에센스 정품을 무료로 제공하는 이익 제공행위를 함으로써 원고의 고객을 유인할 가능성이 있음은 인정했지만, 피고 에이블씨엔씨의 이 사건 광고와 공병 교환 행사가 화장품 업계의 거래 관행에 비추어 부당하거나 과대한 이익을 제공한 것이라고는 볼 수 없다고 보았다.[7] 구체적으로 ① 개개인의 피부 성질과 취향에 따라 선호하는 상품이 상이하고 기호성과 유행성이 강한 화장품의 특성상 화장품 업계에서는 다양한 형태의 샘플이나 정품 증정행사가 관행적으로 이루어지고 있고, 특히 신제품을 출시할 경우 샘플이나 고가의 정품을 무료로 제공하여 소비자들이 직접 체험할 수 있도록 하는 마케팅 수단이 보편적으로 활용되고 있는 점, ② 이 사건 광고와 공병행사는 피고가 신제품을 출시하면서 1개월 동안만 한시적으로 진행되었고, 화장품은 그 속성상 단기간 내에 소비되는 점, ③ 이 사건 공병행사는 SK－II 에센스의 공병을 가지고 오는 소비자에게 피고 제품을 구매하여야 한다거나, SK－II 에센스를 구매하지 못하게 하는 등의 아무런 조건 없이 미샤 에센스를 무료로 제공하여 제품 사용의 기회를 주는 것에 중점이

---

4) 10월 7일 피고에게 광고 및 공병 교환 행사를 중지하라고 통보하고 동월 20.에는 광고행위금지 가처분신청을 하였다. 11. 4. 법원은 원고의 가처분 신청을 인용하였다.

5) 그 밖에 ① 고객유인행위를 판단함에 있어 반드시 이익제공자와 실제로 거래관계를 맺을 것을 요건으로 하지는 않은바, 미샤와 거래하도록 유인할 가능성만 있으면 고객유인행위로 판단할 수 있고, ② 이익 제공의 방법에는 제한이 없는바, 원래 4만 2천 원에 판매하는 에센스를 무상으로 제공한 것은 이익 제공으로 보는데 무리가 없으며, ③ 이 사건 공병 교환 행사로 소비자후생 증대 효과와 효율성 증대 효과가 현저히 나타났다고 인정할 만한 증거가 부족하다고 하였다; 부당한 이익어 의한 고객유인이 불공정한 경쟁수단에 해당된다고 하더라도 ① 이익제공(제의)으로 인한 효율성증대 효과나 소비자후생 증대효과가 경쟁수단의 불공정성으로 인한 공정거래저해 효과를 현저히 상회하는 경우, ② 부당한 이익제공(제의)을 함에 기타 합리적인 사유가 있다고 인정되는 경우 등 합리성이 있다고 인정되는 경우에는 법위반으로 보지 않을 수 있다(불공정거래행위 심사지침).

6) 서울남부지방법원 2013. 8. 29. 선고 2012나51498 판결.

7) 참고로 비슷한 시기 공정거래위원회도 공병행사에 대하여 부당한 이익에 의한 고객유인에 해당하지 않는다고 무혐의 처리하였다.

있는 점, ④ 피고는 이 사건 공병행사의 광고문에 '부담없이 경험하고, 냉정하게 평가하자'고 기재하였고, 소비자의 입장에서는 두 제품을 모두 사용해 보고 품질과 가격을 비교평가할 기회를 갖는 반면, 다시 미샤 에센스를 구입할 것인지의 최종결정은 여전히 소비자의 선택에 맡겨져 있는 점, ⑤ SK－II 에센스는 미샤 에센스보다 약 3배 이상 고가의 수입화장품으로서 그 판매처나 구입하는 소비층이 같다고 할 수 없어 1회적으로 실시된 이 사건 공병행사로 인하여 SK－II 에센스를 구매하던 소비자가 미샤 에센스를 실제로 구입하게 될 것이라고 단정하기 어려운 점 등 이유를 설시하며, 이 사건 광고 및 공병행사가 화장품업계의 거래 관행에 비추어 부당하거나 과대한 이익을 제공하여 경쟁사업자의 고객을 유인하는 것이라고 보기는 어렵다고 하였다.

더불어 표시광고법 쟁점에 있어서도 이 사건 광고를 부당한 비교광고로 인정하지 않았다. 이 사건 광고는 발효 효모액 80%를 함유한 제품이라는 사실과 값비싼 수입화장품과 비교하여 가격이 저렴하다는 사실만을 비교하고 있을 뿐 그 품질에 대해서는 이 사건 공병행사를 통해 소비자들이 직접 체험하고 냉정하게 평가하여 달라는 것이므로, 품질에 있어 소비자를 속이거나 소비자로 하여금 잘못 알게 할 우려가 있는 비교광고를 하였다고 볼 수는 없다고 본 것이다.

다. 대법원 판결[8)]

대법원은 원심판단을 유지하며 상고 기각으로 확정되었다. **[원고 패소]**

판단의 근거 역시 원심과 유사하다. 화장품 업계에서는 다양한 형태의 샘플이나 정품 증정행사가 관행적으로 이루어지고 있고, 특히 신제품을 출시할 경우 고가의 정품을 무료 제공하는 마케팅 수단이 보편적으로 활용되고 있다. 이 사건 공병행사는 신제품을 출시하면서 1개월 동안 한시적으로 진행되었고, 소비자에게 아무 조건 없이 사용할 기회를 주는 것에 중점이 있어 최종 결정은 여전히 소비자의 선택에 맡겨져 있는 등 이 사건 광고 및 공병행사가 '부당한 이익에 의한 유인행위'에 해당한다고 보기는 어렵다고 판단하였다. 표시광고법 관련 쟁점에 대해서도 원심과 같은 취지로 상고 이유 주장을 받아들이지 않았다.

8) 대법원 2014. 3. 27. 선고 2013다212066 판결.

II. 해 설

1. 쟁점의 정리

가. '부당한 이익'에 의한 고객유인 행위의 판단 기준

(1) '부당한 이익에 의한 고객유인 행위'의 개념 · 요건

시장경제체제에서 사업자가 고객유인을 위해 노력하는 것은 지극히 당연한 경쟁의 일환이다. 가격이나 품질·서비스 경쟁을 통해 고객을 유인하는 행위는 규제의 대상이 아니라 오히려 장려되어야 한다. 다만 예외적으로 적절치 않은 방법으로 고객을 유인하는 경우 소비자의 올바른 선택을 방해하며 시장이 왜곡되는 결과를 가져올 수 있는바, 공정거래법 제23조에서는 '부당하거나 과대한 이익'을 제공하여 고객을 유인하는 헝위를 불공정거래행위의 하나로 금지하고 있다.

동법 시행령 별표 1의2에서는 '부당한 이익에 의한 고객유인'을 정상적인 거래 관행에 비추어 부당하거나 과대한 이익을 제공 또는 제공할 제의를 하여, 경쟁사업자의 고객을 자기와 거래하도록 유인하는 행위로 정의한다. 즉 부당한 이익에 의한 고객유인 행위'의 요건은 ① '경쟁사업자의 고객'을 자기와 거래하도록 '유인'할 것과 ② '정상적인 거래관행에 비추어 부당하거나 과대한 이익'을 제공 또는 제의하는 것 등 2가지로 정리할 수 있다.

> **법 제23조(불공정거래행위의 금지)** 제1항 제3호 전단에서 "부당하게 경쟁자의 고객을 자기와 거래하도록 유인하는 행위"라 함은 다음 각목의 1에 해당하는 행위를 말한다.
> 가. 부당한 이익에 의한 고객유인: 정상적인 거래관행에 비추어 부당하거나 과대한 이익을 제공 또는 제공할 제의를 하여 경쟁사업자의 고객을 자기와 거래하도록 유인하는 행위

법원은 '경쟁사업자의 고객'에는 현재 거래 관계를 유지하고 있는 고객뿐만 아니라, 잠재적으로 경쟁사업자와 거래관계를 형성할 가능성이 있는 고객까지 포함된다고 하였다(대법원 2002. 12. 26. 선고 2001두4306 판결). 대상 사건에서 피고가 SK-II 에센스를 특정하여 공병 교환행사를 진행한 것은 '경쟁사업자의 고객'을 자기와 거래하도록 '유인'한 것으로 해석함에 무리가 없다.

따라서 논의의 중심은 정상적인 거래관행에 비추어 '부당하거나 과대한 이익'에 해당하는지 여부에 모아진다. 이에 대해 제1심과 항소심·대법원의 판단이 달랐던 것이다.

(2) 부당·과다한 이익의 판단 기준 : 의사결정권의 침해 여부

'부당하거나 과대한 이익' 여부의 판단은 간단치 않다. 일본에서는 고객이 가격, 품질,

서비스 이외의 요인에 의하여 상품을 선택하게 되는 것은 공정한 경쟁 질서를 저해하는 것이라고 보아 규제의 대상이라고 본다. 구체적인 위법성 판단에 있어서는 당해 행위의 전파성, 반복계속성 그리고 양적 측면도 검토하여 제공된 경제적 이익의 정도, 제공의 방법, 기간 등 각종 요인을 검토하여 이루어지는데, 과다한 경품행사를 수반하는 판매나 과도한 견본품 배포 등을 사례로 예시하고 있다.[9] 독일의 부정경쟁방지법(Gesetz gegen den unlauteren Wettbewerb)에서도 가격이나 품질의 합리적인 비교를 통해 선택하는 것을 방해하는 방식의 고객유인 행위를 위법으로 본다.[10] 우리나라 공정거래법에서 부당한 고객유인행위를 규제하는 주된 목적도 거래 상대방의 '합리적 선택을 방해하지 않는 것'이라고 보아야 한다.[11]

대상판결 역시 이러한 측면에서 접근하고 있다. 화장품 업계에서 고가의 제품을 샘플로 제공하거나 공병 교환행사를 통해 정품을 증정하는 행사가 드문 것은 아니다. 원고 역시 안티에이징 크림 공병을 가져오면 3만 5천 원 상당의 'Olay 토탈이펙트 크림' 정품을 증정한 바 있다. 대상판결의 'SK－II 에센스' 역시 시가 3만 7천 원 상당의 30ml 샘플을 약 24만 명에게 제공하기도 했다. 다만 특정 경쟁사의 제품을 지목하여 교환행사를 진행한 사례는 발견되지 않는다. 법원도 이 사건 피고가 'SK－II' 에센스 공병에 대해서만 교환행사를 기획한 것이 통상적인 거래 관행에 부합한다고 보기는 어려운 측면이 있다고 하였으며,[12] 제1심에서는 이 부분에 주목하여 원고 일부 승소 판결을 내리기도 했다. 하지만 대법원은 최종적으로 부당·과다한 이익에 의한 고객유인이 아니라고 판단하였다. 선발 상품 사용자를 지목하여 자사의 상품과 비교할 수 있도록 미샤 에센스를 무상 제공한 것이 고객의 합리적 선택을 방해하였다고 보기는 어렵다는 것이다. 2013. 공정거래위원회 역시 행사에 참여한 고객이 어떤 제품을 구매할 것이지 선택할 수 있으므로 의사결정권이 침해되었다고 볼 수 없다며 무혐의 처리하였다.

나. 비교 광고의 부당성 판단

표시광고법에서는 소비자를 속이거나 소비자로 하여금 잘못 알게 할 우려가 있는 허

---

9) 사적독점의 금지 및 공정취인의 확보에 관한 법률 제2조 제9항, 불공정한 취인방법 제8호, 제9호 등 참조.

10) 홍명수, "공정거래법상 부당 고객유인행위 규제에 관한 대법원 판결 검토", 『행정법연구』, 제31호 (2011), 223면. 독일 경쟁법 체계에서 부당한 이익 제공은 경쟁제한방지법과 부정경쟁방지법, 양법에서 규율된다.

11) 나상용, "부당한 이익에 의한 고객유인행위의 위법성을 판단하는 기준에 대하여", 『고영한 대법관 재임기념 논문집』 (2018), 92~95면.

12) 우리나라 공정거래법 시행령과 심사지침에서 '정상적인 거래 관행'에 비추어 판단하도록 하고 있으나, 이는 '현실의 거래 관행'과 항상 일치하는 것은 아니다.

위·과장 광고, 기만 비방 광고 등을 금하면서 '부당한' 비교 표시·광고를 공정한 거래질서를 해칠 우려가 있는 행위로 금지하고 있다. 대상판결에서는 이 중 부당한 비교 광고 여부가 논란이 되었는데 법원은 아니라고 보았다.

비교 표시·광고는 경쟁상품과의 비교정보를 제공함으로써 소비자에게 합리적인 선택의 기회를 제공하고 품질 및 가격 경쟁에도 도움이 된다. 미국은 1979. 연방무역위원회가 공표한 '비교광고에 관한 정책'(Statement of Policy Regarding Comparative Advertising)에서 비교광고를 "대체 브랜드의 객관적으로 측정 가능한 속성이나 가격을 비교하고 이름, 묘사 또는 기타 식별가능한 정보에 의하여 대체 브랜드를 알 수 있는 광고"라고 정의하면서, 소비자권 보장에 도움이 된다는 기조아래 광범위하게 허용해오고 있다. 으리나라 표시광고법도 '부당한' 비교 광고만을 금지하고 있으며, 공정거래위원회나 법원은 소비자오인성이나 공정거래저해성을 부당성 판단의 기준으로 보고 있다.

결국 비교 광고는 비교 대상과 기준, 객관적 근거 존재 여부에 따라 허용 여부가 결정된다고 하겠는데,[13] 대상판결의 광고에 대하여 법원은 발효 효모액 80%를 함유한 제품이라는 사실과 값비싼 수입품에 비하여 가격이 저렴하다는 사실만 비교하고 있을 뿐, 품질에 있어 소비자를 속이거나 잘못 알게 할 우려가 있는 광고로 볼 수 없다고 판단하여 부당한 비교 광고가 아니라고 본 것이다.

2. 관련 사례

가. 공정거래위원회 심결례

공정거래위원회에 의하여 부당한 이익 제공에 의한 고객유인으로 인정된 대표적인 사례로 금복주 소주 교환 사건, PCS 가입비 면제 사건, 케이블 TV 가입비 면제사건[14] 등이 있다.[15]

(1) 금복주 소주 교환 사건[16]

㈜금복주는 2000. 12.경부터 2002. 9.까지 경쟁사 소주를 자사 소주와 교환해주면서 이익을 제공하였다. 즉 경북지역일원에서 경쟁사인 ㈜진로의 진로소주 소매업소를 방문하여, 자사의 소주만을 취급할 것을 약속하는 등 협조적인 업소에 대해서는 자사 소주를

---

13) 대법원 2003. 2. 26. 선고 2002다67062 판결; 대법원 2003. 3. 31.자 2002마4109 결정 등; 비교표시 광고에 관한 심사지침 참조 [시행 2016. 12. 23.] [공정거래위원회 예규 제269호, 2016. 12. 23. 일부개정].
14) 공정거래위원회 2000. 4. 14. 의결 제2000－113호.
15) 윤성운·이현규·신상훈, "독점규제 및 공정거래에 관한 법률 제23조", 온주(로앤비, 2015. 9. 10.) V. 2. 다.
16) 공정거래위원회 2002. 12. 31. 의결 제2002－373호.

무상으로 제공하거나 제공할 것을 제의한 사실이 있다. 예컨대 ㈜진로의 '참이슬소주'를 자사의 '참소주'와 맞교환하거나 덤으로 더 주는 조건으로 교환해주었으며, 이러한 활동과 병행하여 '참소주' 5박스(P박스: 360ml 30병입) 구매시 1박스(G박스: 360ml 20병입)를 무상으로 제공하는 등(5 : 1지원), 구입량에 비례하여 일정량의 자사 소주를 무상으로 제공하였다.

이에 대하여 공정거래위원회는 '부당한 이익제공'에 해당한다고 결정하였다. 5 : 1지원의 경우 제공하는 이익이 13,060원(㈜금복주의 소주 1박스 출고가격)으로 판매이익 1,340원(소주 5박스 판매시 이윤)의 9.7배에 해당하고,[17] 2001. 9.부터 2002. 8.까지 1년간 무상으로 제공한 총액이 380,683천 원(25,618박스)에 달하는 점을 종합해 볼 때, 정상적인 거래관행에 비추어 과대한 이익을 제공한 행위에 해당한다고 판단하여 과징금을 부과한 것이다.

(2) PCS 한솔엠닷컴 사건[18]

한솔엠닷컴㈜는 1999. 5.초부터 9.말까지 '원샷프리400' 요금상품을 선택한 고객 중 경쟁사업자로부터 전환한 1,455명에 대하여 단말기를 무료로 지급하였다.

이에 대해 공정거래위원회는 타사로부터 전환한 고객 당 최소 3만 2천 원에서 최대 27만 원의 추가적인 경제상 이익을 제공한 것으로 인정하면서, 상품의 가격·품질·서비스 경쟁을 통한 고객유치라는 정상적 경쟁수단이 아닌, 단말기무료제공이라는 부당한 이익의 제공을 통해, 경쟁사업자의 기존우량고객의 계약해지를 유도하는 부당한 이익의 제공에 의한 고객유인행위로 판단하였다.

나. 법원의 판결

(1) 제약회사의 의료기관 지원 사건[케이스 스터디 지원][19]

제약회사가 의약품의 판매증진을 위하여 의료기관 등에 대하여 현금이나 물품 등을 지원하는 내용의 판촉계획을 수립하였고, 그에 따라 2003. 1.부터 2006. 9.까지 현금성 지원액 864억 8,200만 원, 골프 접대비용 17억 2,300만 원, 물품성 지원액 454억 5,200만 원 등을 집행하였다. 여기에는 케이스 스터디 지원도 포함되었는데, 법원은 케이스 스터디도 주로 자사 의약품의 처방증대를 위하여 실시되었고 기부금 제공도 약품선정 등에 있어서 유리한 위치를 차지하기 위한 의도로 이루어졌던 것으로 보이는바, 이 또한 '정상적인 거래관행에 비추어 부당하거나 과대한 이익을 제공 또는 제공할 제의를 한 경우'에 해당한다고 판단하였다.

---

17) 2 : 1지원을 하는 경우도 있었는데, 이 경우 판매이익의 24.4배에 이르는 이익을 제공한 것이다.
18) 공정거래위원회 2000. 5. 31. 의결 제2000－151호.
19) 대법원 2010. 12. 23. 선고 2008두22815 판결.

(2) 제약회사의 의료기관 지원 사건[20)]

제약회사가 의약품의 판매를 촉진하기 위하여 병·의원, 약국 등에 물품·현금·상품권 등 지원, 골프 등 접대, 할증 지원, 세미나 등 행사경비 지원, 인력 지원, 시판 후 조사 등의 이익을 제공한 행위에 대해 법원은 공정거래법 상 부당한 고객유인행위에 해당한다고 판단하였다.

의약품 판매에서 정보제공활동과 설득활동은 필수불가결하다고 할 수 있으나, 의사가 의약품을 선택하는 데에 그 품질과 가격의 우위에 근거하지 않고 제약업체가 제공하는 부적절한 이익의 대소에 영향을 받게 된다면 소비자의 이익은 현저하게 침해될 수밖에 없고 의약품시장에서의 건전한 경쟁도 기대할 수 없게 된다. 그러므로 제약회사의 판매촉진활동은 위와 같은 측면들을 종합적으로 고려하여 투명성, 비대가성, 비과다성 등의 판단기준 하에 정상적인 거래관행에 비추어 보아 부당하거나 과다한 이익의 제공에 해당되는지 여부를 가려야 할 것인바, 법원은 이 사건 이익 제공 행위는 한국제약협회에서 제정한 보험용 의약품의 거래에 관한 공정경쟁규약 제4조 제1항에서 예외적으로 허용하는 금품류 제공 행위에 해당되지 아니하고, 그 금액 또는 규모도 사회통념상 정상적인 상관행 또는 정당한 영업활동으로 인정될 수 있는 범위를 초과한 것으로 보아, 부당한 고객유인행위에 해당한다고 판단하였다.

Ⅲ. 판례의 의의

과거 고객유인행위에 대한 법리적 검토는 상대적으로 공정거래법의 주된 논의 대상에서 비켜 있었다. 하지만 2007. 공정거래위원회가 제약 산업의 불공정한 관행에 대하여 대대적인 조사와 시정조치를 가하면서, '부당·과다한 이익'의 법적 판단이 중요하게 부각되었다. 당시 제약회사들은 의약품의 선정과 처방에 대한 대가로 현금과 상품권을 지급하는 등 의료기관에 상당한 이익을 제공하였는데, 이들 중 상당수에 대하여 제약업계의 정상적인 상관행에 해당한다고 주장한 것이다.

부당고객유인행위는 불공정거래행위 유형 중 공정거래위원회에 의한 규제 빈도가 매우 높은 유형이다. 대상판결은 산업의 특수성과 시장의 구조를 고려하여, 부당한 이익에 의한 고객유인행위의 위법성 판단 기준을 구체적으로 제시한 최초의 대법원 판결로서 의미가 있다.

20) 대법원 2010. 11. 25. 선고 2009두9543 판결.

21 부당광고의 오인야기성

-대법원 1998. 3. 27. 선고 96누5636 판결

손 수 진*

Ⅰ. 판례의 개요[1)]

1. 사안의 개요 및 소송경과

원고회사는 낙농가들로부터 채집한 원유(原乳)를 저온으로 살균하여 우유 등의 유제품을 제조·판매하는 회사로서 「독점규제 및 공정거래에 관한 법률」(이하 '공정거래법'이라 한다) 제2조 제1호에 해당하는 사업자이다.[2)]

원고회사는 1995년 10월 24일부터 11일 6일 사단법인 한국유가공협회와 사이에 더 이상 고름우유라는 용어를 사용한 광고를 하지 않기로 합의하기까지 "고름우유" 또는 "우유 속에 고름세포" 등의 용어를 사용하여 우유에 관한 신문광고를 하였다.

피고(공정거래위원회)는, 원고회사의 광고내용 중 "우리 파스퇴르우유는 고름우유를 절대 팔지 않습니다," "MBC에서 그렇지 않은 회사도 있다는 말은 바로 그런 뜻입니다," "파스퇴르의 오늘날까지의 싸움은 이런 고름우유, 나쁜 우유를 만들지 말자는 싸움이었습니다"(이하 '이 사건 광고 *A*'라고 한다)라고 한 표현은 마치 고름우유가 시판되고 있는 것처럼 소비자를 오인시킬 우려가 있거나, 마치 경쟁사업자가 고름우유를 제조하여 판매하고 있는 것처럼 소비자를 오인시킬 우려가 있는 부당광고행위에 해당되고, 또한 원고회사의 광고내용 중 "1988년 10월 1일자에 낸 고름우유에 대한 광고입니다"라는 제목하에 "세균

* 공주대학교 법학과 교수.

이 논문은 『상사판례연구』, 제10집(한국상사판례학회, 1999)에 게재된 논문을 수정·보완한 것이다.

1) 대상판결 및 원심판결(서울고등법원 1996. 2. 27. 선고 95구35274 판결)에서 가져온 것임.

2) 이 사건 당시 부당광고는 공정거래법 제23조에서 불공정거래행위의 한 유형으로서 금지되고 있었고, 원고회사는 동법의 적용대상인 사업자에 해당한다. 「표시·광고의 공정화에 관한 법률」(이하 '표시광고법'이라 한다)상의 사업자는 공정거래법상의 사업자를 말한다(제2조 제3호).

수는 원유의 생명입니다. 세균 수를 무시하고 원유를 사들이는 나라는 우리 낙농후진국 밖에 없습니다. 한국에서 세균 수로 원유 값을 결정, 지불하는 우유회사는 우리 파스퇴르 회사 하나밖에 없습니다”(이하 ‘이 사건 광고 *B*’라고 한다)라고 한 표현은 마치 원고회사만이 원유에 대한 세균검사를 해서 등급에 따라 원유대금을 지급하고 있는 우유회사인 것처럼 소비자를 오인시킬 우려가 있는 부당광고행위에 해당되어, 원고회사의 각 광고행위는 공정거래법 제23조 제1항 제6호에 위반된다는 이유로, 1995년 11월 27일 원고회사에 대하여 위 각 광고행위의 중지 및 법위반사실의 공표명령과 함께 과징금을 부과하였다. 원고회사는 피고의 광고행위중지명령 및 법위반사실공표명령의 취소와 과징금부과처분의 취소를 구하는 소를 서울고등법원에 제기하였으나 기각되었고 이에 대법원에 상고하였다.

2. 판례의 요지

원고 회사가 “우리 파스퇴르 우유는 고름우유를 절대 팔지 않습니다,” “MBC에서 그렇지 않은 회사도 있다는 말은 바로 그런 뜻입니다,” “파스퇴르의 오늘날까지의 싸움은 이런 고름우유, 나쁜 우유를 만들지 말자는 싸움이었습니다”라고 광고한 것은 일반 소비자에게 원고 회사를 제외한 우유가공업체들이 시중에 판매하고 있는 우유 중에는 위와 같은 고름이 섞여 있는 우유도 있다는 인식이나 인상을 주기에 충분하므로 이는 ‘경쟁사업자의 상품에 관하여 사실을 과장하는 내용으로 광고하여 소비자를 오인시킬 우려가 있는 행위’에 해당한다.

1993년 6월부터 국내의 모든 유가공업체가 세균 수 검사에 따른 등급에 다라 원유대금을 차등하여 지불하고 있음에도 불구하고, 원고 회사가 한 이 사건 광고 내용 중 “세균 수로 원유 값을 결정·지불하는 우유회사는 우리 파스퇴르 회사 하나밖에 없습니다”라는 현재시제형 문장을 돋보기 형태 속에 넣어 강조하고 위 광고를 한 1995년 10월 27일 현재 다른 유가공업체들도 세균 수에 따라 원유대금을 지불하고 있다는 사실에 관하여는 아무런 언급을 하지 아니한 것은, 비록 큰 활자로 “1988년 10월 1일자에 낸 고름우유에 대한 광고입니다”라고 하여 과거의 광고를 전제한 것임을 표시하고 있더라도, 위 광고를 보는 일반 소비자로 하여금 돋보기 형태 속에 강조되어진 현재시제형의 문장만을 보고 그 문장 내용이 현시점에서의 사실을 알리는 것으로 오인하게 하거나 또는 위 각 문장을 함께 보고 1988년 10월 1일경부터 현시점까지의 사실을 알리는 것으로 오인하게 할 우려가 많다고 할 것이므로, 위 광고는 ‘자기 또는 경쟁사업자의 거래내용 및 상품의 품질에 관하여 소비자를 오인시킬 우려가 있는 광고'에 해당한다.

이 사건에서 고름의 의미와 고름우유의 의미에 대하여는 소비자의 상식적인 인식을 기준으로 판단하여야 할 것이지 전문적·의학적인 관점에서 판단할 것은 아니다.

II. 해 설

1. 쟁점의 정리

이 사건에서 쟁점은 첫째, 이 사건광고 A와 관련하여 "고름우유"라는 표현으로 말미암아 일반소비자가 시판되는 우유 중에는 고름이 섞여 있는 것도 있다고 오인할 우려가 있는지 여부이고, 둘째, 이 사건광고 B와 관련하여 1988년 광고 당시에는 원고회사만이 세균 수에 따라 원유대금을 지급하고 있었으나 이 사건 광고 당시에는 거의 모든 사업자가 세균 수에 따라 원유대금을 지급하고 있음에도 원고의 광고로 인하여 일반소비자가 현재 원고회사만이 세균 수에 따라 원유대금을 지급하고 있는 것으로 오인할 우려가 있는지 여부이다. 그리고 고름의 의미와 고름우유의 의미에 대하여 전문적·의학적인 관점에서 판단하여야 하는지 아니면 소비자의 상식적인 인식을 기준으로 판단하여야 하는지가 문제된다.

2. 검 토

가. 오인야기성의 인정기준

(1) 소비자

소비자를 오인시킬 우려가 있는 광고는 부당광고로서 규제대상이 된다. 그런데 소비자는 지적 수준이 높은 소비자, 지적 수준이 낮은 소비자, 의사·변호사 등 전문가, 주부, 어린이 등 다양한 계층이 있다. 따라서 어떠한 소비자들이 오인할 우려가 있을 때 오인야기성이 있다고 인정할 것인가가 문제된다.

오늘날 소비자는 상당히 높은 지식을 가진 이성적인 존재라는 점을 들어 합리적 소비자를 기준으로 오인야기성을 판단하는 경우도 있으나,[3] 일반적·평균적인 지식과 주의력을 가진 일반소비자를 기준으로 하는 것이 타당하다.[4] 기술의 발전에 의해 오늘날 시장

---

3) 두성규, "광고규제에 있어서 '기만성'의 발견기준에 관한 연구 －미국 FTC의 심결과 법원의 판례를 중심으로－", 『한터 이철원교수 화갑기념논문집』 (1993), 459면 참조.

에 등장하는 상품은 그 성능이나 기능 등이 매우 복잡한 경우가 많으므로 소비자가 상품과 관련한 내용들을 전부 아는 것은 어려운 실정이다. 그리고 오늘날 광고는 지적 판단을 요구하는 정보제공적 기능의 광고보다 소비자의 감정, 소망에 호소하는 설득적 기능의 광고가 대부분을 차지하고 있다. 따라서 전문적인 지식을 가지거나 지적 수준이 높은 합리적 소비자가 아니라 일반적·평균적인 지식과 주의력을 가진 일반소비자를 기준으로 하는 것이 타당하다.

미국의 경우, 1937년 Standard Education Society 사건에서 연방대법원이 "노련한 자가 당해 표시에 속지 않는 것이 확실하다고 하더라도 그것으로 표시가 허위성이 없는 것이 아니며 노련하지 않은 자를 기만하는 힘이 없는 것은 아니다. 법은 거래 상대방의 성실을 의심하는 자를 거래의 당사자로 상정하는 것이 아니라 거래 상대방을 신뢰하는 자를 보호하기 위하여 만든 것이다"[5]고 판시한 이후, 연방거래위원회(Federal Trade Commission, 이하 'FTC'라 한다)는 판단기준으로서 소비자의 지적 수준을 상당히 낮게 적용하고 있다.

다만 평균적인 일반소비자를 기준으로 하더라도 광고 상품의 종류, 구매 권유대상, 사회의 경제적 상황 등에 따라 구체적으로 판단하여 결정할 필요가 있다. 광고가 어린이, 노인, 치명적인 질환자 등과 같이 특별한 계층을 구매권유대상으로 하는 경우 그러한 계층의 합리적인 구성원들에게 미치는 영향을 고려하고, 또한 그러한 사람의 지적 수준을 기준으로 해야 할 것이다.[6] 어린이들의 주의력, 판단력은 일반소비자의 그것보다도 상당히 낮으며 특히 경품판매의 경우 그 판단력은 더욱 낮아진다. 의사용 처방약 광고와 같이 충분한 교육을 받은 전문가를 대상으로 하는 광고는 그 대상의 지식 및 관행에 비추어 판단하여야 할 것이다.[7] 다른 사업자가 제공하는 상품 등을 사용하는 사업자로서 전문적인 지식을 소유하고 있다고 볼 수 있는 경우에는 상대적으로 높은 주의력, 판단력을 가지고 있다고 보아야 할 것이다.[8]

---

4) 양명조 외, 『공정거래법준수편람 작성방안』(공정거래위원회 연구용역보고서, 1994), 78면.
5) FTC v. Standard Education Society, 302, U. S. 112, 116 (1937).
6) Gary T. Ford & John E. Calfee, "Recent Developments in FTC Policy on Deception", Journal of Marketing, Vol. 50, July 1986, p. 88.
7) Stupell Originals, Inc., 67 FTC 173, 186－88 (1965).
8) 표시광고법이 제정되기 전 공정거래법에서는 소비자에 관한 정의규정을 두지 않았으나 부당광고의 규제에 있어서 보호대상은 소비자뿐만 아니라 사업자도 포함하고 있었다. 그리고 표시광고법 제2조 제5호의 규정에 의하여 소비자란 "사업자 또는 사업자단체가 생산 또는 제공하는 상품 또는 용역을 사용하거나 이용하는 자"를 말한다. 따라서 사업자라 하더라도 다른 사업자가 생산 또는 제공하는 상품이나 용역을 사용 또는 이용하는 경우에는 표시광고법상의 소비자에 해당하므로 표시광고법의 보호대상이 된다.

(2) 오인야기성의 존재

소비자를 오인시킬 우려가 있는 광고는 부당광고로서 규제대상이 되는데, 여기서 오인이란 상품의 품질, 가격, 거래조건 등에 관하여 광고로부터 소비자가 인식하는 것과 실제 사이에 차이가 있는 것을 말한다. 부당광고의 성립에는 소비자를 오인시킬 우려 즉 오인야기성만 있으면 족하므로 현실적으로 소비자의 오인발생을 요하는 오인야기광고 뿐만 아니라 소비자 오인의 잠재성 또는 오인의 가능성이 있는 오인야기적 광고도 규제대상이 된다. 미국의 경우에도 FTC는 기만적 광고를 규제함에 있어서 소비자가 실제로 기만당한 것을 입증할 필요는 없으며 광고가 기만할 경향 또는 힘(tendency or capacity to deceive)을 가지고 있다는 것만 입증하면 족하다고 한다.[9)]

따라서 광고상의 내용이 반드시 허위이거나 과장일 필요는 없으며 일부 진실된 내용을 포함하고 있더라도 소비자가 광고로부터 오인을 할 우려가 있으면 부당광고는 성립한다. 더욱이 소비자가 오인에 기하여 현실적인 구매행위를 하였는지 여부도 문제되지 아니한다. 반대로 광고상의 내용이 허위라 하더라도 누구나 허위 또는 과장광고임을 알 수 있는 때와 같이 오인야기성이 없는 경우에는 규제대상이 되지 아니한다.

(3) 오인야기성의 실질성

소비자를 오인시킬 우려가 있는 광고는 부당광고로서 규제대상이 되지만 여기서 요구되는 오인야기성은 소비자의 구매의사결정에 실질적 영향을 미치는 것이라야 한다. 소비자의 구매의사결정에 실질적 영향을 미치지 않는 사항에 대하여는 소비자가 실제로 오인을 하더라도 소비자의 합리적 상품선택을 저해할 우려가 없기 때문이다.

어떤 광고가 객관적 사실에 반하는 허위광고로서 소비자를 오인시킨다고 하더라도, 가령 그것이 사실과 약간 다르더라도, 이를 이유로 바로 부당광고라고 판정하는 것은 그다지 현실적이지 않다. 미국의 경우 FTC는 기만적 광고를 규제함에 있어서 실질적 요소(material fact) 즉 소비자의 구매의사결정에 실질적인 영향을 주는 경우에만 규제대상으로 삼고 있다.[10)] 따라서 허위광고라고 하더라도 제품에 관한 소비자의 선택이나 행동에 영향을 미칠 가능성이 없는 경우 또는 소비자에게 중요하지 않은 정보가 허위인 경우에는 비록 소비자에게 오인이 발생하더라도 규제하지 않고 있다.[11)]

이 사건 원심판결의 인정사실에 의하면, 원고회사의 고름우유에 관한 광고 이후 1995

---

9) Charles of the Ritz Dist. Corp. v. FTC, 143 F. 2d 676, 680 (2d cir. 1944).

10) Dee Pridgen, 「Consumer Protection and the Law」, Clark Booardman Company, Ltd., 1988, pp. 10－13; Gary T. Ford & John E. Calfee, “Recent Developments in FTC Policy on Deception”, 「Journal of Marketing」, Vol. 50, July 1986, p. 89.

11) Gary T. Ford & John E. Calfee, op. cit., p. 89.

년 10월 24일부터 1995년 11월 10일까지 사이에 경쟁사업자의 우유판매량이 15% 정도 감소되었고 일반소비자들이 아침식탁에 올라 있는 우유를 보면 혐오감과 역겨음을 느끼고 어린이와 부모들이 우유를 먹어도 되는지에 대한 강력한 불안감을 갖는 등 우유에 대한 소비자의 불안이 광범위하게 퍼졌음을 알 수 있다. 따라서 이 사건 광고의 경우 소비자에 대한 오인야기성 및 오인야기성의 실질성을 인정하는데 무리가 없을 것이다.

다만, 소비자의 일정비율 예를 들면, 10% 또는 15%가 오인할 때 광고의 오인야기성 및 그 실질성을 인정하게 되면 부당광고의 규제에 시간을 요하고 소비자의 실제 구매행위가 이루어지게 되어 소비자보호에 바람직하지 않은 결과가 발생하게 된다. 이러한 이유에서 종래 부당광고를 규제하던 공정거래법이나 표시광고법에서는 "소비자를 오인시킬 우려가 있는 광고", "소비자로 하여금 잘못 알게 할 우려가 있는 광고"를 부당광고로서 규제하고 있다. 따라서 결과의 발생을 기다리지 아니하고 오인을 발생시킬 우려가 있는 제요소를 감안하여 오인야기성을 판단할 필요가 있다. 이하에서 그 판단요소에 대하여 검토하도록 한다.

나. 오인야기성의 판단요소

(1) 전체적 인상

광고에서 행하여진 개개의 주장이 문자대로는 또는 부분적으로는 진실일지라도 광고의 전체적 인상이 소비자의 오인을 야기하는 경우가 있을 수 있다.12) 소비자는 광고물의 각 용어를 주의 깊게 생각하지 않고 광고물 전체에서 발산하는 전체적 인상에 의해 광고물을 이해하는 경향이 있기 때문이다. 전체적인 진실이 아니라 부분적인 진실을 말하는 것은 잘 알려진 기만의 한 가지 방법으로, 그러한 방법으로 호소함으로써 소비자를 속이는 자는 부분적인 진실을 근거로 기만을 변명할 수 없다.13) 그리고 상품 그 자체에 대한 중요한 사실을 표시하지 않거나 상품의 효능에 관한 중요한 사실을 침묵하고 있는 때에는 광고에 제시된 내용이 진실하다고 하더라도 광고물 전체의 맥락에서 오인을 야기하는 경우가 있을 수 있다.

오인야기적 광고에 관한 EU지침 제3조에서도 광고가 오인야기적인지 아닌지를 결정함에 있어서 광고의 모든 특색과 광고에 표시되는 상품의 특징, 가격 등 공급조건, 광고주

12) 1950년 리더스다이제스트지에 모든 담배는 유해하며 어느 것이나 대동소이하다는 기사와 함께 제품별 타르와 니코틴 함량을 표시한 표가 게재되었다. 그 표에서 Lorillard는 최저수준의 타르와 니코틴 함량이 표시되어 있었다. Lorillard는 이 기사내용을 강조하여 광고하였는데 FTC는 이 광고에 대해 기만적 광고라고 판정하였다(P. Lorillard Co. v. FTC, 186F. 2d 52 (4th Cir. 1950)).

13) P. Lorillard Co. v. FTC, 186F. 2d 52 (1950).

와 관련한 사항 등에 관한 정보와 함께 광고의 전체적 인상(all its features)을 고려할 것을 규정하고 있다.[14)]

자사제품을 다른 경쟁업체의 제품과 비교하는 방법으로 광고하여 동 광고가 비교의 대상인 경쟁업체를 비방하는 비방광고인지 여부가 문제된 사건에서 법원은 "일반의 소비자가 광고를 접하는 통상의 방법을 전제로, 그러한 광고방법을 선택하게 된 동기를 비롯하여[15)] 당해 광고의 표제와 문구, 광고문안의 전체적인 흐름, 사용된 어휘의 통상적인 의미와 연결방법 등 당해 광고가 소비자에게 부여하는 전체적인 인상을 종합적으로 고려하여 판단의 기준으로 삼아야 할 것이다"고 판시하고 있다.[16)]

(2) 의미의 이중성

광고문구의 해석범위도 오인야기성의 중요한 판단요소가 된다. 소비자가 광고문구를 어떻게 이해하느냐에 따라 구매활동에 지대한 영향을 미치기 때문이다. 만약 광고내용이 두 가지 또는 그 이상으로 해석될 수 있고 그 가운데 어느 하나라도 소비자의 오인을 야기한다면 그 광고는 부당광고에 해당한다. 미국의 FTC는 '충치와 싸운다(fight decay)'는 치약의 주장은 이것이 치아에 대해 완전한 보호를 제공한다는 주장으로 해석될 수 있다고 하여 기만적 광고라고 판정하였고, 또 어떤 권위 있는 기관이 '지지했다(supported)'는 표현에 대해서도 그것이 '승인했다(approved)'는 의미로 해석되기도 하므로 소비자의 오인을 야기하는 기만적 광고에 해당한다고 판정하였다.[17)]

보사부장관으로부터 '泉淵사이다'라는 제품명의 청량음료제조업 품목허가를 받고 특허청에 '천연'이라는 한글과 한문자를 병기한 내용의 연합상표등록을 한 후 사이다를 제조판매하는 사업자가 일간신문에 상품선전광고를 게재함에 있어 "천연사이다 시대 개막선언"이란 대문자의 제목 아래 설명 중 일부에서 '천연사이다'라고 한글로만 표기하고 '泉淵'이란 한자를 병기하지 아니하여 부당광고 여부가 문제된 사건에서, 대법원은 상표권의 정당한 권리행사를 빙자하여 그 상품이 마치 천연적으로 생산된 사이다인 것처럼 광고하는 것은 허용될 수 없다고 하면서 "신문광고에서 천연사이다시대 개막선언이란 표제는 보는 사람으로 하여금 지금부터 天然적으로 생산되는 사이다가 나오는 시대가 되었다는

---

14) Rein Rijkens & Gordon E. Miracle, 「European Regulation of Advertising」, Elsevier Science Publishers B.V., North－Holland, 1986, p. 107.

15) 본 사건은 「민법」 제750조에 기한 불법행위 책임을 묻는 사건이기 때문에, 행위자의 고의 또는 과실의 존재여부가 문제되므로 광고주가 특정한 광고방법을 선택하게 된 동기도 문제된다. 그러나 부당광고의 경우에는 사업자의 의도는 전혀 문제삼지 아니한다.

16) 서울지방법원 1992. 6. 9. 선고 91가합3081,91가합8677 판결.

17) Rhodes Pharmacal Co., Inc. v. FTC, 208 F. 2d 382 (1953); Mutray Space Shoe Corp. v. FTC, 304 F. 2d (1962); Savitch v. FTC, 218 F. 2d 817 (1955).

뜻으로 받아들여질 염려가 충분"하다고 판시하여 부당광고의 성립을 인정하였다.[18]

요컨대, 광고문구가 두 가지 이상의 의미로 해석될 수 있는 경우에는 비록 광고문구가 소비자의 합리적 선택을 방해하지 않는 방향으로 해석이 가능하거나 혹은 적정하다고 하더라도 부당광고에 해당할 수 있는 것이다.[19]

(3) 중요부분의 인상

소비자는 광고의 강조된 부분만으로 대부분의 정보를 얻거나 강조된 부분에 비추어 다른 부분을 이해하려 하는 것이 일반적이다. 그런데 광고주는 사실상 그 강조부분으로 광고의 효과를 보려고 하면서도 책임은 강조부분만이 아닌 전체 글과의 관계에서만 지려고 한다면 이는 행위에 따른 책임의 원칙 및 형평에 맞지 않는다.[20] 따라서 소비자에게 호소하는 식별성이 강한 부분 또는 강조부분이 어떠한 인상을 주는가를 판정하여 오인이 발생할 우려가 있는지 여부를 판단하는 방법이다.

(4) 오인의 제거요소

오인이 광고로부터 소비자가 인식하는 것과 실제 사이에 차이라면 그러한 차이를 발생시키지 않는 표시 또는 발생한 차이를 제거하는 표시가 있는 광고는 오인야기성이 없다. 오인의 발생을 제거하는 표시로는 부가적 표시와 한정적 표시가 있다.

부가적 표시는 −풍, −식, −형, −스타일, −타입 등과 같이 주된 표시와 다른 의미를 가지는 문자 또는 문구를 부가함으로써 인식 또는 인상의 차이를 발생시키지 않기 위한 표시를 말한다. 부가적 표시는 기본적으로 주된 표시 부분의 의미, 내용을 이용할 목적으로 이루어지므로 부가적 표시가 있다고 하여 오인의 발생이 완전히 없어진다고는 할 수 없다. 부가적 표시가 오인의 발생을 억제하는 효과가 적거나 전혀 없는 경우에는 오인이 발생할 수 있다.

한정적 표시는 일정한 광고내용이 오인을 발생시키는 표시이지만 그 표시에 의한 오인효과를 부정하는 효과를 가지는 표시를 말한다. 일정한 광고내용이 오인을 발생시키지만 광고물의 다른 부분에서 광고내용의 조건이나 제한을 나타내고 있는 경우이다. 이러한 조건이나 제한을 나타내는 부분은 명확성과 선명성을 가져야 한다. 한정적 표시와 관련하여 문제되는 것은 부가적 표시와 마찬가지로 발생한 오인이 한정적 표시에 의하여 충분히 제거되는지 여부이다. 그렇지 못한 경우에는 오인야기성을 인정할 수 있을 것이다. 다만, 부가적 표시나 한정적 표시가 있는 경우에는 전체적 인상, 중요부분의 인상 등 제요소를

18) 대법원 1990. 2. 9. 선고 89누6860 판결.
19) Dee Pridgen, op. cit., pp. 10−25.
20) 춘천지방법원 1991. 2. 26. 선고 90고단108 판결.

종합하여 신중하게 판단하여야 할 것이다.

다. 본 사건에의 적용

이 사건에서 대법원은 "고름의 의미와 고름우유의 의미에 대하여는 소비자의 상식적인 인식을 기준으로 판단하여야 할 것이지...전문적·의학적인 관점에서 판단할 것은 아니다"라고 판시함으로써 보통의 지식수준 및 주의력을 갖고 있는 일반소비자의 인식을 기준으로 삼고 있다.

이 사건 광고에서 행하여진 개개의 주장은 진실일 수 있다. 특히 이 사건 광고 B의 개개의 내용은 진실에 해당한다. 그러나 광고의 중요부분의 인상 및 전체적인 인상은 일반적이고 평균적인 지식과 주의력을 가진 일반소비자의 인식을 기준으로 하면 오인야기성을 인정하기에 충분하다.

전문적·의학적 지식을 가지지 않은 평균적인 지식과 주의력을 가진 소비자는 대상판결에서 밝힌 바와 같이 일반적으로 '고름'이라고 하면 상처나 종기가 곪아 터져서 나오는 누렇고 끈적끈적한 액체를 연상한다. 따라서 '고름우유'라고 하면 그러한 고름이 시판되는 우유에 섞여 있는 것으로 오인할 우려가 있다.

특히, 이 사건 광고 *B*는 돋보기 형태 속에 강조된 부분 및 전체적 인상이 일반소비자의 오인을 유발할 가능성이 있는 것으로 인정하기에 충분하다. "세균 수는 원유의 생명입니다. 세균 수를 무시하고 원유를 사들이는 나라는 우리 낙농후진국 밖에 없습니다. 한국에서 세균 수로 원유 값을 결정, 지불하는 우유회사는 우리 파스퇴르회사 하나밖에 없읍니다"라는 부분만 보면 대부분의 소비자는 현재 모든 유가공업체가 원유에 대한 세균검사를 해서 등급에 따라 원유대금을 지급하고 있음에도 원고회사만이 그렇게 하고 있는 것으로 오인할 우려가 있다.

그리고 비록 한정적 표시로서 "1988년 10월 1일자에 낸 고름우유에 대한 광고입니다"라는 큰 활자의 제목이 있지만, 이러한 제목으로 소비자의 오인이 충분히 제거되지는 않는다고 보아야 할 것이다. 일반소비자는 광고 전체를 보지 않고 강조된 부분만을 보는 경향이 있으며 더욱이 광고주가 의도적으로 소비자의 주의를 다른 곳으로 돌리기 위하여 돋보기 형태 속에 넣어 강조한 부분인 현재시제형 문장만을 보고 그 문장내용이 현시점의 사실을 알리는 것으로 오인할 수 있으며, 소비자가 광고의 제목을 함께 본다고 하더라도 1988년 10월 1일경부터 현시점까지의 사실을 알리는 것으로 오인할 우려가 충분하다.

결론적으로 이 사건광고에 대하여 대법원이 고름과 고름우유의 의미에 대하여는 전문적·의학적인 관점에서 판단할 것이 아니라 "소비자의 상식적인 인식을 기준으로 판단"

하여야 함을 전제로 오인야기성을 인정한 것은 정당하다.

Ⅲ. 판례의 의의

이 판결은 그동안 학계에서 논의되고 하급심 판례에서 판시한 부당광고의 오인야기성을 판단하는 기준이 되는 소비자의 의미를 대법원 판례로서 확립하였다는데 그 의의가 있다. 즉 대법원은 고름의 의미와 고름우유의 의미에 대해 "전문적·의학적인 관점"에서 판단할 것이 아니라 "소비자의 상식적인 인식"을 기준으로 판단하여야 한다고 함으로써 보통의 상식을 가진 일반소비자를 판단의 기준으로 제시하였다. 이 판결 이후 대법원은 광고가 소비자를 속이거나 소비자로 하여금 잘못 알게 할 우려가 있는지는 "보통의 주의력을 가진 일반 소비자"가 당해 광고를 받아들이는 전체적·궁극적 인상을 기준으로 하여 객관적으로 판단하여야 한다는 기준을 확립하였다.[21] 다만, 광고가 누구를 대상으로 하는지에 따라서 "보통의 주의력을 가진 농민",[22] "의료지식이 부족한 일반인"[23] 또는 "보통의 주의력을 가진 의료서비스 소비자"[24] 등으로 구체화하고 있다.

21) 대법원 2005. 2. 18. 선고 2003두8203 판결; 대법원 2010. 7. 22. 선고 2007다59066 판결; 대법원 2008. 11. 13. 선고 2008두6646 판결; 대법원 2010. 8. 26. 선고 2009다67979,67986 판결; 대법원 2013. 6. 14. 선고 2011두82 판결; 대법원 2014. 4. 10. 선고 2011다82438,82452 판결; 대법원 2014. 4. 10. 선고 2011다72011,72028 판결; 대법원 2015. 5. 28. 선고 2014다24327,24334,24341,24358,24365,24372 판결; 대법원 2017. 4. 7. 선고 2014두1925 판결; 대법원 2018. 7. 12. 선고 2017두60109 판결 등.

22) 대법원 2003. 6. 27. 선고 2002두6965 판결.

23) 대법원 2009. 2. 26. 선고 2006도9311 판결.

24) 대법원 2010. 3. 25. 선고 2009두21345 판결.

22 기만적인 광고의 소비자오인성

-서울고등법원 2011. 6. 15. 선고 2010누34691 판결

이 기 종*

Ⅰ. 판례의 개요

1. 사안의 개요

원고인 남양유업은 2008년 10월 3일부터 같은 달 14일까지 모두 16회에 걸쳐 7개 일간지에 다음과 같은 내용의 광고를 하였다.

① 국내는 물론 세계 어느 유가공 회사에도 남양유업과 같은 첨단 설비와 시스템을 갖춘 곳은 없습니다.

② 수천억 원을 투자한 세계 수준의 첨단 시설과 시스템이 있기에 멜라민을 비롯한 유해원료는 100% 원천 봉쇄됩니다.

다른 회사 제품은 확인할 수 없지만 남양유업 유아식의 원료와 제품의 품질은 100% 안전합니다(중략).

③ 최고의 품질은 최고의 시설에서만 가능하기에 수천억 투자를 아끼지 않아 온 남양유업-완벽하지 않으면 만들지 않겠다는 지독한 품질고집으로 대한민국 유가공협회 1위를 지켜왔습니다.

대한민국 유가공협회 1위, 남양유업! 1등은 오직 최고에게만 허락됩니다.

2. 소송경과

가. 공정거래위원회 심결

피고인 공정거래위원회는 원고의 위 ①, ②의 광고행위가 「표시·광고의 공정화에 관

* 숙명여자대학교 법과대학 교수.

한 법률」(이하 '표시광고법'이라 한다) 제1항 제1호에 위반하는 허위·과장의 광고행위에 해당되며, 위 ③의 광고행위는 동항 제2호에 위반하는 기만적인 광고행위에 해당된다고 보고, 남양유업에게 시정조치와 함께 7,500만 원의 과징금을 납부할 것을 명하였다.[1)]

나. 서울고등법원 판결

남양유업은 공정거래위원회의 시정명령 및 과징금납부명령을 취소할 것을 청구하는 불복소송을 서울고등법원에 제기하였으나, 서울고등법원은 그 청구를 기각하였다.

3. 판례의 요지

가. 위 ①의 광고부분에 관하여

위 ①의 문언에 의하면 원고가 세계에서 가장 첨단의 생산설비 등을 갖추고 유아식을 생산하고 있다는 취지로 오인할 우려가 있다. 그러나 원고의 생산설비가 세계 최고의 첨단 시설이라고 볼 수 없음은 원고도 명백히 다투지 아니한다. 따라서 이 부분 광고는 사실과 다르게 광고하거나 사실을 지나치게 부풀려 광고한 것으로 허위·과장의 광고(현행법상 '거짓·과장의 광고'에 해당한다. 이하 같다)에 해당한다.

나. 위 ②의 광고부분에 관하여

위 ①의 광고내용을 ②, ③의 광고내용과 함께 살펴보면, 이 광고를 접한 보통의 주의력을 가진 일반 소비자로서는 원고가 수천억 원을 투자하여 갖춘 세계 최고의 첨단설비로 유아식을 생산하고 있기 때문에 생산과정에서 유해원료가 혼입될 가능성이 전혀 없고, 따라서 원고가 생산한 유아식은 유해원료가 전혀 들어있지 않은, 절대적으로 안전한 제품이라는 의미로 인식할 우려가 있다. 그러나 실제 그러한 생산 공정이 불가능하다는 점은 원고도 명백히 다투지 않으므로, 이 부분 광고 역시 허위·과장의 광고에 해당한다.

다. 위 ③의 광고부분에 관하여

원고는 유가공협회 회원사 중 매출액이나 협회비 납부 순위에서 1위일 뿐 원고 제품의 품질이나 안전성이 유가공협회에서 1위라고 할 수 없으며, 원고도 이를 다투지 아니한다. 그러나 위 ③에서는 매출액이나 협회비 납부 순위에서 1위라는 내용을 명시하지 않음으로써 광고내용의 전후맥락과 이 사건 광고 전체 내용상 보통의 주의력을 가진 일반 소

1) 공정거래위원회 2010. 6. 22. 의결 제2010－062호.

비자에게 그 의미가 마치 원고 제품의 품질이나 안전성도 유가공협회 회원사 중에서 1위라고 그릇되게 이해될 우려가 있다. 따라서 이 부분 광고내용은 사실을 은폐하거나 축소하는 등의 방법으로 광고한 것으로서 기만적인 광고에 해당한다.

II. 해 설

1. 쟁점의 정리

가. 소비자오인성 여부의 판단

(1) 위 ①의 광고 부분에 관하여

공정거래위원회는 소비자들이 국내를 비롯한 세계 모든 유아식 제품 제조회사의 시설과 시스템에 관한 구체적인 정보를 접하기 쉽지 않아 원고가 제공하는 정보를 그대로 신뢰할 수밖에 없다는 점에서, 위 광고를 접한 일반 소비자들은 국내는 물론 세계에서 유일하게 원고만이 첨단시설과 시스템을 갖추고 있어 안전한 제품을 생산하는 것으로 오인하거나 오인할 우려가 있다고 보았다.

이에 대하여 원고는 이 사건 광고 당시 원고가 세계적인 첨단 설비로서 자체 주문제작한 생산시스템을 이용하여 유아식을 생산하고 있었으므로 원고만의 독자적인 생산시스템을 갖추었다고 볼 수 있고, 위 ①은 바로 이러한 내용을 표현한 것뿐이라고 주장하였다.

그러나 법원은 위 ①의 문언에 의하면 국내 및 세계의 유가공 업체 중 원고만큼 첨단의 생산설비와 시스템을 갖춘 회사는 없다는 취지로 오인할 우려가 있다고 보았다. 특히 그와 함께 표현된 위 ②, ③ 광고부분의 내용까지 아울러 고려하여 보면, 원고가 세계 최고의 첨단 시설을 이용하여 유아식을 생산하고 있기 때문에 그 유아식은 절대적으로 안전하다는 것으로 오해할 우려가 있음을 지적하였다.

(2) 위 ②의 광고 부분에 관하여

공정거래위원회는 일반 소비자들이 유가공 제품 제조과정에서 유해물질이나 유해원료가 원천봉쇄되는지 여부 및 유아식 원료와 제품이 100% 안전한지에 대하여 구체적인 정보를 접하기 쉽지 않아 원고가 제공하는 광고내용을 그대로 신뢰할 수밖에 없어, 원고의 첨단시설과 시스템으로 인해 유해물질이나 유해원료가 100% 원천봉쇄 되거나 유아식 원료와 제품의 품질이 100% 안전한 것으로 오인하거나 오인할 우려가 있다고 보았다.

이에 대하여 원고는 '100%'라는 문구는 실제 수치로서의 100%를 의미하는 것이 아니라 그만큼 품질에 자신이 있다는 자신감의 표현일 뿐이며, 일반 소비자들도 역시 그와 같은 의미 정도로 받아들일 것이므로 허위·과장광고로 볼 수 없다고 주장하였다.

그러나 법원은 전술한 바와 같이 보통의 주의력을 가진 일반 소비자가 위 광고를 접할 경우 ①, ② 및 ③의 내용을 종합하여 원고가 생산한 유아식은 최고의 시설에서 생산되어 유해원료가 전혀 들어있지 않은, 절대적으로 안전한 제품이라는 의미로 인식할 우려가 있다고 보았다.

(3) 위 ③의 광고 부분에 관하여

공정거래위원회는 원고가 생산하는 제품과 같이 영유아의 건강과 밀접한 관련이 있는 유아식 제품에서 단순히 대한민국 유가공협회 1위라고 표현하는 경우, 소비자는 제품의 품질이나 안전성을 포함한 모든 부분에서 원고의 제품이 1위라고 오인하거나 오인할 우려가 있다고 보았다.

이에 대하여 원고는 '유가공협회 1위'란 유가공협회에서 매출액 순위가 1위라는 의미이고 일반 소비자도 그와 같이 받아들이고 있으므로 기만적인 광고가 아니라고 주장하였다.

그러나 법원은 광고내용의 전후맥락과 이 사건 광고 전체의 내용상 보통의 주의력을 가진 일반 소비자에게 원고 제품의 품질이나 안전성도 유가공협회 회원사 중 1위라고 오인할 우려가 있다고 보았다.

나. 과징금 납부명령의 적법 여부

공정거래위원회는 이 사건 광고로 원고의 매출액 증가 등의 파급효과가 광고 이후 어느 시점까지 나타났다고 볼 수 있는지 불분명하여 관련 매출액의 산정이 곤란하다는 이유로 정액과징금을 부과하였다(법 제9조 제1항 단서). 원고는 이 사건 광고를 한 기간이 포함된 2008년도 4/4분기 매출액을 알 수 있어 이를 일할 계산하면 이 사건 광고기간의 매출액을 산출할 수 있다고 주장하였다. 그러나 법원은 광고의 특성상 이를 중단한 이후로도 상당시간 그 효과가 지속되는 것이 일반적이며, 이 사건 광고의 효과가 언제까지 지속되었는지 정확하게 알기 어렵다고 보아 원고의 주장을 배척하였다.

2. 관련 판례

가. 소비자오인성 여부의 판단기준

판례는 표시 또는 광고가 소비자의 오인을 유발할 수 있는지를 판단함에 있어서 소비자의 상식적인 인식을 기준으로 하고 있다. 즉, 경쟁사업자의 상품에 관하여 '고름우유'

라는 용어를 사용한 유가공회사의 광고가 허위·과장광고에 해당하는지가 문제된 사건에서 대법원은, "고름의 의미와 고름우유의 의미에 대하여는 소비자의 상식적인 인식을 기준으로 판단하여야 할 것이지 원고가 주장하는 바와 같이 전문적·의학적인 관점에서 판단한 것은 아니다"라고 판시하고 있다.[2)]

또한 '불고기버거'의 주재료인 패티(고기조각)가 돼지고기라는 사실을 밝히지 않은 행위가 기만적인 광고에 해당되는지가 문제된 사건에서 대법원은, "어느 광고가 상품의 재료·성분 등에 관하여 소비자를 오인시킬 우려가 있는지 여부는 보통의 주의력을 가진 일반 소비자가 당해 광고를 받아들이는 전체적인 인상을 기준으로 하여 판단하여야 할 것"이라고 판시한 바 있다.[3)]

'보통의 소비자'가 받아들이는 광고의 '전체적인 인상'을 기준으로 소비자오인성 여부를 판단하는 이러한 입장은 맞춤비료의 허위·과장광고 사건에 관한 대법원 판결[4)]에서 다시 확인되었으며, 동 판결은 이후 소비자오인성의 판단기준에 관한 대법원의 확고한 선례로서 인용되어 오고 있다.[5)]

나. 소비자오인성이 인정된 사례

위와 같이 확립된 선례에 따라, 광고를 접한 '보통의 소비자'가 받는 '전체적인 인상'을 기준으로 소비자오인성이 인정된 기만적 광고의 대표적인 사례 두 가지를 들면 다음과 같다.

먼저 전술한 '불고기버거' 사건에서 패티의 재료를 밝히지 않은 광고행위에 대하여 대법원은 다음과 같은 이유로 소비자오인성을 인정하였다.[6)] 첫째, 소비자들은 보통 '불고기' 하면 쇠고기로 만든 것으로 이해하며, 원고들이 제조·판매한 햄버거의 패티에도 쇠고기만을 사용하여 왔다. 둘째, 원고들이 생선·닭고기를 재료로 사용하는 햄버거에 대하여 '휘시버거'·'치킨버거'와 같은 상품명을 사용해 왔다. 셋째, 불고기버거의 시판 중에 별도의 제품인 햄버거에 대해 TV광고를 하면서 '맥도날드에서는 100% 순쇠고기 햄버거가 900원'이라고 광고하였다. 넷째, 일반적으로 음색의 재료가 쇠고기인지 돼지고기인지는 소비자의 상품 선택에 있어서 중요한 고려요소이다.

---

2) 대법원 1998. 3. 27. 선고 96누5636 판결.
3) 대법원 2000. 12. 12. 선고 99두12243 판결.
4) 대법원 2003. 6. 27. 선고 2002두6965 판결.
5) 대법원 2005. 2. 18. 선고 2003두8203 판결; 대법원 2008. 11. 13. 선고 2008두6646 판결; 대법원 2010. 8. 26. 선고 2009다67979 판결; 대법원 2010. 7. 22. 선고 2007다59066 판결; 대법원 2013. 6. 14. 선고 2011두82 판결; 대법원 2015. 5. 28. 선고 2014다24327,24334,24341,24358,24365,24372 판결 등.
6) 대법원 2000. 12. 12. 선고 99두12243 판결.

또한 인터넷 홈페이지를 통하여 (i) 경품행사에 대해 개인정보 수집 목적을 알리지 않고 오픈마켓 사업자가 진행하는 이벤트처럼 광고한 행위 및 (ii) 할인쿠폰에 적용되는 사용제한조건을 은폐하고 광고한 행위가 기만적인 광고로 판시된 사례가 있다.[7] 이 사건에서 대법원은, "일반 소비자는 광고에서 직접적으로 표현된 문장, 단어, 디자인, 도안, 소리 또는 이들의 결합에 의하여 제시되는 표현 뿐 아니라 광고에서 간접적으로 암시하고 있는 사항, 관례적이고 통상적인 상황 등도 종합하여 전체적 궁극적 인상을 형성한다"고 설시하고, 이를 전제로 원고가 화면의 배치, 글자 크기, 팝업창 등을 이용하여 소비자가 광고 내용을 오인할 가능성이 높게 만들었다고 판단하였다.

다. 소비자오인성이 부정된 사례

대법원은 전술한 불고기버거 사건에서 원고인 주식회사 신맥 등이 불고기버거의 광고지에 자신의 상호는 사용하지 아니한 채 중앙 오른쪽에 큰 글씨로 '맥도날드 불고기버거세트'라고 제품명을 밝히고 하단 왼쪽에 'ⓒ 1998 McDonald's Corporation'이라고 표시한 행위에 대하여는 소비자오인성을 부정하였다.[8] 이는 햄버거라는 인스턴트 식품으로서의 제품 특성에 비추어 미국에 위치한 맥도날드사에서 전적으로 제조된 제품을 한국에서 판매한다고 이해하는 소비자들은 별로 없을 것으로 보이고, 위 표시를 본 일반 소비자 입장에서는 위 원고가 맥도날드사와 모종의 계약을 맺고 그 상표 등을 적법하게 사용할 수 있다거나 맥도날드사의 합작법인이 위 제품을 제조·판매하는 것으로 생각하는 것이 일반적인 수용 태도라고 보이는 점 등을 종합적으로 고려한 것이다.

3. 검 토

가. 기만적인 광고의 소비자오인성

법 제3조 제1항은 부당한 표시·광고행위를 "소비자를 속이거나 소비자로 하여금 잘못 알게 할 우려가 있는 표시·광고행위로서 공정한 거래질서를 해칠 우려가 있는 다음 각 호의 행위"라 규정하고 있으며, 대법원의 판례[9]와 공정거래위원회의 심결례[10]도 부당한 표시·광고행위의 공통 요건으로서 소비자오인성과 공정거래저해성을 들고 있다. 그러

7) 대법원 2017. 4. 7. 선고 2014두1925 판결.
8) 대법원 2000. 12. 12. 선고 99두12243 판결.
9) 전술한 판결들 외에 비방적인 표시·광고에 관한 대법원 1998. 11. 27. 선고 96누5643 판결 참조.
10) 예컨대, 대상판결의 원심결인 남양유업(주)의 부당한 광고행위에 대한 건, 공정거래위원회 2010. 6. 22. 의결 제2010-062호.

나 공정거래위원회의 심결례들은 소비자오인성이 인정되는 경우에는 예외 없이 소비자의 합리적인 구매선택(결정)을 방해한다는 이유로 공정거래저해성을 인정하고 있으며 법원 역시 같은 입장이다.[11] 그리하여 공정거래저해성 요건을 삭제하여야 한다는 입법론도 제기되고 있다.[12] 이렇게 볼 때 부당한 표시·광고행위의 공통적 성립요건은 실질적으로는 소비자오인성 하나뿐이라 할 것이다.

기만적인 광고의 소비자오인성에 관하여는 공정거래위원회의 「기만적인 표시·광고 심사지침」(공정거래위원회 예규 제268호, 2016. 12. 23. 일부개정)에 보다 상세한 판단기준이 제시되고 있다. 즉, 기만적인 표시·광고를 심사할 때에는 특정 정보가 은폐·누락되었다는 사실만으로 곧바로 부당한 표시·광고에 해당하는 것이 아니라, ① 은폐·누락·축소한 사실이 소비자의 구매선택에 중요한 영향을 미치는 것인지, ② 은폐·누락·축소함으로써 광고내용의 전후 맥락과 광고 전체 내용상 보통의 주의력을 가진 일반 소비자가 사업자나 상품에 대하여 그릇된 정보나 사실과 다른 인식을 가질 우려가 있는지, ③ 이를 통해서 소비자의 합리적 의사결정이 저해될 우려가 있는지를 종합적으로 고려하여 판단한다고 한다(동 지침 IV.).

이에 따라 최근의 공정거래위원회 심결례들은 기만적 광고의 성립요건을 (i) 기만성, (ii) 소비자오인성 및 (iii) 공정거래저해성으로 나누고, 위 심사지침의 ①은 기만성의 판단기준으로, ②는 소비자오인성의 판단기준으로, ③은 공정거래저해성의 판단기준으로 각각 적용하고 있으며, 특히 (ii)의 소비자오인성을 판단함에 있어서는 일반 소비자들이 사업자가 광고를 통해 제시하는 정보에 주로 의존하고 있음이 지적되곤 한다.[13]

나. 소비자오인성과 부당한 광고행위의 유형

법 제3조 제1항은 소비자오인성(또는 광의의 기만성)을 부당한 표시·광고행위의 공통요건으로 하면서, 그 하부 행위유형으로 (i) 거짓·과장의 표시·광고, (ii) 기만적인 표시·광고, (iii) 부당하게 비교하는 표시·광고 및 (iv) 비방적인 표시·광고를 열거하고 있다. 그러나 (i)과 (ii)는 소비자의 오인을 불러일으키는 방법을 기준으로 한 분류인데 반해, (iii)과 (iv)는 표시·광고에 언급된 대상을 기준으로 한 분류로서 (i)·(ii)와 동일 선상에서 규정하기 어려운 하부행위유형에 불과하다. 또한 (i)과 (ii) 사이에도 중복과 혼선의 여지가

11) 이호영, 『소비자보호법』, 제3판(홍문사, 2015), 77~78면.
12) 김두진, "부당한 표시·광고행위의 위법성 판단기준," 『소비자문제연구』, 제48권 제3호(한국소비자원, 2017), 182~183면.
13) 공정거래위원회 2018. 4. 26. 의결(약) 제2018-044호; 공정거래위원회 2018. 3. 19. 의결 제2018-093호(가습기 살균제 사건); 공정거래위원회 2017. 12. 14. 의결 제2017-372호 등.

있다. 예컨대, 광고가 진실의 일부에 대해 침묵하는 경우 거짓·과장의 광고와 기만적인 광고에 동시에 해당할 수 있는 것이다. 이러한 혼선은 근본적으로 법 제3조 제1항의 행위유형 분류가 일관된 이론적 기준을 결하기 때문이며,[14] 이에 대한 해결책으로 부당한 표시·광고에 있어서 소비자오인성을 중심개념으로 하면서 위의 4가지 유형을 예시규정으로 개정하자는 입법론이 제기되고 있다.[15]

Ⅲ. 판례의 의의

기만적인 광고의 소비자오인성과 관련하여 대상판결은 다음 두 가지 측면에서 의미 있는 기여를 했다고 여겨진다.

첫째, 소위 '1위 광고'의 소비자오인성 판단에 관하여 유용한 기준을 제시하였다. 즉, 명시적으로 선결례를 인용하지는 않았지만, "광고내용의 전후맥락과 이 사건 광고 전체 내용상 보통의 주의력을 가진 일반 소비자에게 그 의미가 마치 원고 제품의 '품질'이나 '안전성'도 유가공협회 회원사 중에서 1위라고 그릇되게 이해될 우려가 있다"고 판시함으로써 '보통의 소비자'가 받아들이는 광고의 '전체적인 인상'이 1위 광고의 소비자오인성을 판단하는 데 효과적인 기준이 될 수 있음을 보여주었다. 실제로 공정거래위원회는 결혼정보업체의 부당 광고행위에 대한 심결에서 대상판결을 인용하면서, "'결혼정보분야 1위'라는 표현을 본 소비자는 결혼중개업체의 신뢰도나 소개를 받을 수 있는 회원 수, 성혼회원 수, 성혼율 등 소비자가 받을 서비스와 직접적인 관련이 있는 부분에서 1위를 한 것이라고 오인할 가능성이 높다"고 설시한 바 있다.[16]

둘째, 문제된 광고행위의 거짓·과장의 광고와 기만적인 광고를 구분하여 고찰하는 데 그치지 않고, 거짓·과장의 부분과 은폐·축소된 부분들이 종합적으로 소비자에게 어떠한 인상을 주었는지에 초점을 맞춤으로써, 실제 소비자의 입장에 보다 근접한 시각에서 부당한 광고행위의 각 행위유형들을 관통하는 소비자오인성(내지 광의의 기만성) 판단의 일관된 법리를 제시하였다.

---

14) 이기종, "기만적 표시·광고의 규제 －미국법에 대한 비교법적 고찰을 중심으로－," 『경제법연구』, 제10권 2호(한국경제법학회, 2011), 169~171면.

15) 이선희, "거짓·과장의 표시·광고에 있어서 부당성 판단," 『성균관법학』, 제29권 제1호(성균관대학교 법학연구소, 2017), 163면; 심재한, "표시·광고시 사실의 누락으로 인한 오인유발행위 -독일 부정경쟁방지법의 내용을 중심으로－," 『법학연구』, 제21집 제1호(인하대학교 법학연구소, 2018), 63면.

16) 공정거래위원회 2012. 4. 18. 의결 제2012－052호.

23 표시광고법상 거짓·과장 광고와 거래질서

-대법원 2013. 6. 14. 선고 2011두82 판결

정 재 훈*

Ⅰ. 판례의 개요

1. 사안의 개요

원고들은 「표시·광고의 공정화에 관한 법률」(이하 '표시광고법'이라 한다) 제2조 제3호의 사업자로서 2007. 6. 1.부터 2009. 4. 2.까지 인터넷 홈페이지를 통하여 회사의 존폐와 관계없이 회원들에게 상조서비스의 이행이 보장된다고 광고하였고, 일부 원고는 이와 별도로 자신의 홈페이지를 통하여 회사가 부득이 폐업을 하더라도 회원은 한국상조보증을 통해 계약서와 약관에 명시된 상품과 동일한 내용을 제공받는 것으로 광고하였다. 원고들은 2008. 5. 7.부터 2008. 12. 26.까지 공중파 텔레비전, 중앙일간지 등을 통하여 회원모집 광고를 함에 있어 상조서비스 표준약관을 준수하고 있다고 광고하였다.

공정거래위원회는, 원고들이 자신들의 회사가 폐업하더라도 행사보장제도 또는 상조보증회사들을 통하여 회원들에게 상조서비스의 이행이 보장되는 것처럼 광고하고, 마치 공정거래위원회가 승인한 표준약관을 그대로 사용하거나 표준약관보다 더 불리한 내용을 담고 있지 아니한 약관을 사용하고 있는 것처럼 "공정거래위원회 표준약관 준수" 또는 "상조표준약관준수"라고 표현함으로써, 표시광고법 제3조 제1항 제1호에 규정된 거짓·과장 광고를 하였다는 이유로 원고들에 대하여 시정명령 및 과징금납부명령을 하였다.

---

* 이화여자대학교 법학전문대학원 교수.
이 글은 정재훈, "표시·광고법상 거짓·과장광고: 보람상조 사건", 『경쟁저널』, 제171호(공정경쟁연합회, 2013)를 수정하여 작성되었다.

2. 소송경과

원고들은 공정거래위원회의 처분에 불복하여 서울고등법원에 행정소송을 제기하였고, 서울고등법원은 상조서비스 이행보증 광고와 관련하여 원고 보람상조프라임의 거짓·과장성은 인정하였으나, 나머지 원고들의 거짓·과장성은 부정하였고, 표준약관 준수 광고와 관련하여 원고들 전체에 대하여 거짓·과장성 및 소비자오인성을 부정하였다(서울고등법원 2010. 11. 24. 선고 2009누35186 판결). 위 판결에 대하여 원고 보람상조프라임과 공정거래위원회가 상고하였고, 대법원은 공정거래위원회의 상고를 일부 받아들여 '상조서비스 이행보증 광고와 관련하여 보람상조프라임을 제외한 원고들 부분에 관하여 거짓·과장성이 없다'는 부분의 원심 부분을 파기환송하고, 원고 보람상조프라임의 상고 전부와 공정거래위원회의 나머지 상고를 모두 기각하였다.

3. 판례의 요지

표시광고법 제3조 제1항 제1호, 같은 법 시행령 제3조 제1항에 의하면, 거짓·과장의 광고는 사실과 다르게 광고하거나 사실을 지나치게 부풀려 광고하여 소비자를 속이거나 소비자로 하여금 잘못 알게 할 우려가 있는 광고행위로서 공정한 거래질서를 저해할 우려가 있는 광고를 말한다. 한편 일반 소비자는 광고에서 직접적으로 표현된 문장, 단어, 디자인, 도안, 소리 또는 이들의 결합에 의하여 제시되는 표현뿐만 아니라 거기에서 간접적으로 암시하고 있는 사항, 관례적이고 통상적인 상황 등도 종합하여 전체적·궁극적 인상을 형성하므로, 광고가 소비자를 속이거나 소비자로 하여금 잘못 알게 할 우려가 있는지는 보통의 주의력을 가진 일반 소비자가 그 광고를 받아들이는 전체적·궁극적 인상을 기준으로 하여 객관적으로 판단하여야 한다.

이 사건 폐업 후 행사보장제도 광고는 상조보증제도라는 용어를 직접 사용하지는 아니하였다 하더라도, 이를 접한 일반 소비자에게 전체적·궁극적으로 원고들이 폐업한 후에도 상조보증제도를 통하여 정상 영업을 하고 있던 경우와 마찬가지로 상조서비스의 이행이 보장되는 것처럼 사실과 다른 인상을 형성하게 함으로써 상조서비스 제공 상품을 구매하려는 소비자를 속이거나 소비자로 하여금 잘못 알게 할 우려가 있고, 공정한 거래질서를 저해할 우려가 있는 거짓·과장 광고에 해당한다.

표준약관이 회원이 계약 후 기초생활수급자가 된 경우 그 회원의 해약시 납입금 전액을 환급하도록 규정한 것은 기초생활수급자에 대한 공공부조의 목적을 사업자와 소비자 사이의 사적 계약관계를 통하여 달성할 의도로 표준약관에 삽입함으로써 사업자에게 일방적으로 불리한 의무를 부담시킨 것이므로, 원고들이 이를 수정하여 계약 후 기초생활수급자가 된 회원의 해약환급금의 범위를 기초생활수급자가 되기 전날까지는 일반 회원과의 형평을 고려하여 일반 회원과 동일하게 산정하고, 기초생활수급자가 된 날부터는 기초생활수급자를 배려하여 납입금 전액을 환급하도록 하는 등 표준약관과 부분적으로 다른 내용의 약관을 두면서 '표준약관 준수'라고 광고한 것은 세부 사항에 관하여 사실과 일부 다른 내용을 광고한 것으로 볼 수 있기는 하나, 그로 인하여 공정한 거래질서를 저해할 우려가 있다고 보기는 어렵다.

II. 해 설

1. 쟁점의 정리

표시광고법 제3조 제1항은 '거짓·과장성, 기만성, 부당비교, 비방성' 등과 같은 유형의 표시·광고를 금지하고 있는데, 그 중 거짓·과장의 표시·광고 부분에서 사례가 비교적 많다. 대상판결에서 거짓·과장성[1], 오인가능성에 관하여 기존에 정립된 법리가 새로운 규제분야인 상조산업에서 어떻게 적용될지, 선례가 드물었던 공정거래저해성에 관하여 어떤 판단기준을 적용할지 등이 쟁점이 되었다.

2. 관련 판례

대법원은 거짓·과장 광고의 판단기준을 "거짓·과장의 광고는 사실과 다르게 광고하거나 사실을 지나치게 부풀려 광고하여 소비자를 속이거나 소비자로 하여금 잘못 알게 할 우려가 있는 광고행위로서 공정한 거래질서를 저해할 우려가 있는 광고를 말하고, 광고가 소비자를 속이거나 소비자로 하여금 잘못 알게 할 우려가 있는지는 보통의 주의력을 가진 일반 소비자가 당해 광고를 받아들이는 전체적·궁극적 인상을 기준으로 하여 객관적으로 판단되어야 한다"라고 제시한 이래,[2] 대상판결은 물론 후속판결[3]에 이르기까지 이를 일

1) 2011. 9. 15. 법률 제11050호로 표시광고법이 개정되면서 어려운 용어를 쉬운 한글로 바꾼다는 취지에서 '허위·과장의 표시·광고'가 '거짓·과장의 표시·광고'로 법문이 변경되었지만 그 의미는 동일하다. 다만 대상판결은 개정 전 법이 적용됨에 따라 '허위·과장의 표시·광고'로 판시하고 있다.

2) 대법원 2003. 6. 27. 선고 2002두6965 판결.

3) 대법원 2018. 7. 12. 선고 2017누60109 판결; 대법원 2018. 7. 20. 선고 2017두59215 판결. 소위 '1+1 행사' 광고에 대하여 광고 전후로 비교하면 경제적 이익이 없거나 오히려 경제적으로 더 불리할 수 있음에도 불구하고 '1+1'을 강조하는 방법으로 행사광고를 한 것은 거짓·과장성이 인정된다고 판단

관하고 있다. 이는 광고에서 주장된 구체적인 사실만을 고려할 것이 아니라 전체적인 인상을 기준으로 판단해야 한다는 법리를 수용한 것으로 볼 수 있다.

거짓·과장 광고행위의 대상은 소비자의 의사결정에 영향을 미치는 실질적인 요소에 관한 것이어야 한다. 거짓·과장성과 관련하여 부동산 분양 등과 관련된 사례가 많은데, 임대수익이 보장되는 것처럼 광고한 경우,[4] 아파트 단지 내 시설에 관하여 사실과 다른 광고를 한 경우[5] 거짓·과장성을 인정한 사례 등이 있으나, '최적의 전원 요지' 등 판단의 여지가 있는 표현은 사회적으로 용인될 수 있는 수준의 과장으로 본 사례[6]도 있다. 광고 중 일부에 근거가 있더라도 이를 넘어선 광고는 거짓·과장 광고에 해당하는데, 일부 성분을 유일한 핵심성분인 것처럼 광고한 경우,[7] 사업제휴협정을 넘어선 광고,[8] 연구결과 중 일부만을 유리하게 발췌한 광고[9] 등의 사례가 있다. 거짓·과장성이 부정된 사례로는 금리변동 가능성 등이 누락되었지만 소비자의 판단에 영향을 미치지 않은 경우,[10] 특정기준에는 부합하지 않는 광고이지만 소비자의 인식에는 부합하는 경우,[11] 표준약관에 규정하지 않은 사항을 구체화하거나 저촉되지 않는 내용을 규정한 경우,[12] 자신이 받은 시정명령을 언급하지 않은 채 경쟁사업자가 받은 시정명령만 광고한 경우[13] 등이 있다.

거짓·과장성의 판단시점은 표시·광고의 행위시이고, 그 입증책임은 사업자에게 있다. 과학기술이나 식품보건 분야에서 표시·광고의 거짓·과장성 판정은 상대적으로 용이하지 않아 입증책임을 다하였는지에 관한 판단은 실무상 중요한 의미가 있다. 사업자가 어느 정도의 입증을 하여야 그 책임을 다한 것인지는 판단이 어려운 문제이므로 구체적인 사례의 집적이 필요한데, 대법원 2013. 9. 26. 선고 2011두7632 판결에서 "원고가 객관적으로 확인될 수 없거나 확인된 사실이 없음에도 불구하고 제품의 사용으로 아토피성 피부염, 가려움증, 짓무름, 성인어른 탈모 증상 등이 개선되는 효과가 확실하게 나타나는 것처럼 광고한 행위는 사실과 다르거나 사실을 지나치게 부풀린 것으로서 거짓·과장성이 인정된다"고 판단하였다.

하였다.

4) 대법원 2003. 9. 2. 선고 2003두4812 판결.
5) 서울고등법원 2011. 7. 6. 선고 2010누27259 판결.
6) 대법원 2003. 9. 26. 선고 2001두11229 판결.
7) 대법원 2005. 3. 10. 선고 2004두9654 판결.
8) 대법원 2003. 4. 11. 선고 2002두806 판결.
9) 대법원 2004. 10. 14. 선고 2004두6112 판결.
10) 대법원 2002. 6. 14. 선고 2000두4187 판결.
11) 대법원 2009. 12. 10. 선고 2009두15920 판결.
12) 대법원 2013. 6. 14. 선고 2011두82 판결(대상판결).
13) 대법원 1998. 11. 27. 선고 96누5643 판결.

3. 검 토

가. 거짓·과장성의 판단

첫째, 대상판결은 거짓·과장성과 소비자오인성에 관하여 판례를 통하여 정립된 기준을 재확인하며 이를 새로운 영역인 상조서비스에 적용하였다. 특히 대상판결은 거짓·과장성의 판단에 있어 어떤 용어를 사용하였는지 등 문언에만 얽매이지 않고 실질적으로 사실과 다른 인상을 형성하도록 하였는지에 따라 판단하였다.

원심인 서울고등법원은 원고 보람상조프라임을 제외한 나머지 원고들이 이 사건 광고에 '상조보증제도'를 직접 언급하지 않았다는 점을 거짓·과장성을 부정하는 주된 논거로 제시하였지만, 대법원은 위 원고들이 상조보증제도라는 용어를 직접 사용하지 않았다고 하더라도 이를 접한 일반 소비자에게 전체적·궁극적으로 원고들이 폐업한 후에도 상조보증제도를 통하여 정상 영업을 하고 있던 경우와 마찬가지로 상조서비스의 이행이 보장되는 것처럼 사실과 다른 인상을 형성하도록 하였으므로 거짓·과장 광고에 해당한다고 판단하였다. 광고문구가 오인을 야기하는지는 광고가 주는 전체적인 인상을 기준으로 해야 하는데, 이 사건에서 원고들의 폐업 후 장례행사를 보장받을 수 없음에도 위 광고를 통하여 소비자에게 장례행사를 보장할 수 있는 것처럼 궁극적인 인상을 준 이상 거짓·과장성을 인정할 수 있다는 취지이다.

원고들은 상조보증이 아니더라도 회사에 지급여력이 있고 다른 방법으로 이행보장수단이 확보될 수 있으므로 회사가 폐업하더라도 계약상 상조서비스 제공이 여전히 가능하다고 주장하였으나, 대법원은 '상조보증에 가입되어 있으므로 폐업 후에도 안전하다'는 취지의 광고가 허위인 이상 지급여력이 있는지 여부는 결론에 영향을 미치지 않는다고 보았다.

둘째, 대상판결은 기준이 된 표준약관과 부합하였는지가 문제된 사안에서 이를 엄격하게 판단하며 약관 전체를 유기적, 종합적으로 고찰하는 등 약관 해석의 방향을 제시하였다.

이 사건에서 표준약관 준수광고와 관련하여 원고들의 약관에서 표준약관에서 규정하지 아니한 선납할인금 반환에 관하여 추가로 규정되었고, 실비 출장비용 부담에 관하여 추가로 규정되었으며, 회원의 귀책사유로 원고들의 직원이 행사장 도착 후 상조서비스가 취소되는 것을 요건으로 소정의 출동비를 회원이 부담하도록 규정된 것이 문제 되었다. 공정거래위원회는 표준약관과 다른 사항을 규정하거나, 표준약관에 규정하지 않은 사항을 규정하며 '표준약관 준수'라고 광고한다면 거짓광고에 해당한다는 전제에서 이 사건 처분을 하였지만, 대상판결은 '표준약관 준수' 광고를 표준약관과 완전히 동일하다는 의미로 해석할 것이 아니고, 전체적으로 표준약관의 취지를 따르며 표준약관이 정하지 못한 세부사항에 관하여 규정을 두어 법률관계를 명확히 하였고, 그렇게 정할 합리적인 사유가 있다면 거짓광고로 볼 수 없다고 보았다. 실제 표준약관은 17개 조항에 불과하여 추가 조항을 두는 것이 불가피하였고, 이 사건 약관 20개 조항 중 4개 조항에 한하여 표준약관과 부합하는지가 문제되었으므로 전체적으로 표준약관을 준수한 것으로 볼 수 있는 여지가 있었다.

특히 선납할인금 반환에 관하여 원고들이 추가한 규정에 관하여 다른 약관조항까지 함께 고려하여 거짓·과장성 여부를 판단한 점에 주목할 필요가 있다. 원심은 이 사건 약관 제6조에 납입금 선납의 경우 할인 규정을 두면서 선납 후 원고들이 조기에 회원에게 상조서비스를 제공하는 경우 선납할인금을 반환하도록 한 것은 상조서비스 재정을 유지하기 위하여 필요한 합리적인 규제라고 판단하였다. 대법원도 표준약관 제7조 및 이 사건 약관 제7조가 가입 후 단기간 내에 상조서비스를 제공할 경우 추가비용을 부담시킬 수 있도록 규정하고 있고, 표준약관은 그 추가비용의 범위 및 징수방식에 관하여 제한을 두고 있지 않으므로, 제7조의 추가비용 징수 외에 선납할인금을 반환하도록 규정한 것은 제7조에 정한 추가비용의 일부를 제6조에 반영한 것으로 해석할 수 있다고 보았다. 즉 표준약관 제7조 등 다른 약관조항까지 종합적으로 고려할 때 표준약관에 반하지 않는다고 본 것이다. 이러한 판단은 원고들이 표준약관에서 규정하지 아니한 일부 약관을 추가로 규정하면서 '표준약관 준수'라고 광고하였더라도 일률적으로 거짓·과장성이 있다고 볼 것이 아니라 소비자보호의 측면에서 불합리하거나 부당한지를 고려해야 한다는 취지로, 거짓·과장성에 관한 종래의 판시를 구체적인 사안의 특성을 고려하여 유연하게 적용한 것으로 이해될 수 있다.

나. 공정거래저해성의 판단

거짓·과장성이 인정되고, 소비자 오인의 우려가 인정됨에도 공정거래저해성이 부정되는 경우는 드물었으나, 대상판결을 통하여 공정거래저해성이 어떤 경우에 부정될 수 있는지에 관하여 구체적인 판시가 나왔다. 공정거래저해성은 공정하고 자유로운 경쟁의 유지·촉진에 반하는 행위 내지 소비자의 합리적인 선택을 방해할 추상적인 위험성 등을 의미하고, 소비자 오인의 우려만 있어도 충분하여 이를 구체적으로 증명할 필요가 없으므로, 실제 거짓·과장성이 인정됨에도 공정거래저해성이 부정되는 경우는 드물었다.

원심은 표준약관에서 계약 후 회원이 기초생활수급자가 된 경우 그 회원의 해약시 납입금 전액을 환급하도록 규정한 것은 기초생활수급자에 대한 공공부조의 목적을 사업자와 소비자 사이의 사적 계약관계를 통하여 달성할 의도로 표준약관에 삽입된 것이므로, 이 사건 약관이 이를 수정하여 계약 후 기초생활수급자가 된 회원의 해약환급금의 범위를 '기초생활수급자가 되기 전날까지는 일반 회원과의 형평을 고려하여 일반 회원과 동일하게 산정하고, 기초생활수급자가 된 날부터는 기초생활수급자를 배려하여 납입금 전액을 환급하도록' 한 것은 타당성과 합리성이 있다고 판단하였다. 대법원은 원심판결을 지지하며 위와 같은 사정에 더하여, (1) 표준약관이나 이 사건 약관은 회원이 계약 후 기초생활수급자가 되어 해약을 하는 매우 예외적인 상황을 상정하여 환급금의 범위를 규정한 것이어서 이러한 사항이 일반 소비자가 상조서비스 제공 상품의 구매 여부를 결정하는 데 영향을 미칠 수 있는 중요한 사항이라고 단정하기 어려운 점, (2) 표준약관 자체가 영리를 추구하는 상조회사와 일반 회원 사이의 경제적 이해관계를 합리적으로 조정하고 공정한 거래질서를 확립하려는 데 목적을 두기보다는 상조회사의 정당한 이익과 일반 회원과의 형평을 희생시키면서까지 계약 이후 기초수급자가 된 회원을 우대하려는 데 주안점을 두고 있는 점, (3) 이 사건 약관은 회원의 권리의무 관계에 영향을 미칠 수 있는 사항들에 관하여 전반적으로 표준약관의 규정 취지를 따르고 있고, 공정거래위원회가 이 사건 처분에서 표준약관에 어긋난다고 지적하는 나머지 이 사건 약관 규정들은 그 지적과 달리 모두 표준약관의 규정 취지에 저촉된다고 보기 어려운 점 등의 사정을 아울러 참작하여 보면, 원고들이 표준약관과 부분적으로 다른 내용의 이 사건 약관을 두면서 '표준약관 준수'라고 광고한 것은 세부 사항에 관하여 사실과 일부 다른 내용을 광고한 것으로 볼 수 있기는 하나, 그로 인하여 공정한 거래질서를 저해할 우려가 있다고 보기는 어렵다고 판단하였다. 즉, 위 약관이 사실과 일부 차이가 있어 거짓·과장성이 인정될 여지가 있더라도 공정한 거래질서 확립과는 거리가 있는 조항인데다가 소비자의 결정에 영향을 미친다고 보기도 어려워 공정거래저해성이 인정되지 않는다고 본 것이다. 원심이 이 부분 약관에 관하여 공정거래저해성을 부정한 것인지 명확한 입장을 취하지 않았던 반면, 대법원은 공정거래저해성이 부정됨을 명백히 하였다.

'부당한 표시광고'는 「독점규제 및 공정거래에 관한 법률」 제23조(불공정거래행위)의 한 유형인 부당한 고객유인(위계에 의한 고객유인)에 포함되어 있었으나, 표시광고법이 제정되면서 분리되었다. 이러한 연혁적인 이유로 표시광고법 제3조(부당한 표시·광고 행위의 금지)에 불공정거래행위의 부당성 판단 요건인 공정거래저해성(공정한 거래질서를 해칠 우려)의 요건이 포함된 것으로 보인다. 이는 소비자보호법에서 찾아보기 어려운 특성이다. 이에 대하여 불공정거래행위에서 표시광고가 분리된 이상 공정한 거래질서가 아니라 소비자보호의 측면을 고려하면 되므로 이 요건은 불필요하다는 견해도 있을 수 있다. 그러나 표시광고법 제3조에 공정거래저해성이 명문으로 포함된 이상 표시광고법의 취지, 표현의 자유와 거래질서의 관계 등을 종합적으로 고려하여 기준을 합리적으로 설정할 필요가 있을 것이다.[14] 대상판결은 표시광고법 제3조의 공정거래저해성에 독자적인 의미가 있음을 지적한 판결로 이해할 수 있다.

Ⅲ. 판례의 의의

대상판결은 거짓·과장성과 소비자오인성에 관하여 판례에 의하여 정립된 기준을 재확인하며 이를 새로운 영역인 상조서비스에 적용하였다. 특히 대상판결은 거짓·과장성의 판단에 있어서 어떤 용어를 사용하였는지 등 문언에만 얽매이지 않고 실질적으로 사실과 다른 인상을 형성하도록 하였는지에 따라 판단하였다. 기준이 된 표준약관과 부합하였는지가 문제된 사안에서 이를 엄격하게 판단하며 그 해석방법에서도 약관 전체를 유기적, 종합적으로 살펴보는 등 약관 해석의 방향을 제시하였다. 특히 선납할인금 반환에 관하여 원고들이 추가한 규정에 대하여 다른 약관조항까지 종합적으로 고려하여 거짓·과장성 여부를 판단하였음에 주목할 필요가 있다. 또한 그동안 사례가 드물었던 공정거래저해성에 관하여 구체적인 판시를 함으로써 그 의미를 구체화하였다는 점에서 의의가 있다. 특히 약관이 사실과 일부 차이가 있어 거짓·과장성이 인정될 여지가 있더라도 공정거래저해성이 인정되지 않는다고 판시함으로써 원심과 달리 대법원은 공정거래저해성이 부정됨을 명백히 하였음에 주목할 필요가 있다.

---

14) 공정거래저해성을 공정하고 자유로운 경쟁의 유지·촉진에 반하는 행위 내지 소비자의 합리적인 선택을 방해할 추상적인 위험성 등으로 해석하는 방안 등이 있다.

24 사이버몰 운영자의 표시광고법상 책임

-대법원 2005. 12. 22. 선고 2003두8296 판결

신 현 윤*

Ⅰ. 판례의 개요

1. 사안의 개요

가. 원고(다음커뮤니케이션, 사이버몰 운영자)는 인터넷 포털사이트(http://www.daum.net)를 통해 인터넷서비스 및 통신판매업을 하는 사업자이다. 사이버몰이란 인터넷을 통해 재화와 용역을 판매하고 그 대금결제를 처리할 수 있도록 설정된 가상의 영업장을 말하는데, 사이버몰은 사이버몰 운영자가 자신의 재화와 용역을 판매하는 '단독형 사이버몰'과 운영자로부터 인터넷 공간을 임차한 사업자(입점업체)가 각자 자신의 재화와 용역을 판매하는 '임대형 사이버몰'로 구분할 수 있다. 원고는 임대형 사이버몰을 운영하면서 입점 사업자와의 거래약정에 따라 입점 사업자가 판매한 재화와 용역 대금 결제업무를 대행해 주는 등 통신판매업무의 일부를 수행하였다.

나. 원고는 2001. 11. 7.부터 같은 달 10.까지 사이에 자신의 인터넷 포털 사이트 공동구매란을 통해 "BLUEDOG"이라는 상표명이 새겨져 있는 "유명아동 후드패딩 2종 세트"의 판매를 위한 광고를 게재하였다. 해당 제품은 원고가 운영하는 사이버몰 입점업체인 소외 현화상사가 2000년 가을 중국에서 제조하여 소외 서양물산에 납품한 물품 중 내부 충전제 함량미달로 검사에 불합격된 제품이었으나, 해당 광고에서는 사실과 다르게 이 제품의 제조원을 "e-패션"으로, 제조시기를 "2001년 겨울 신상품"으로 표기하였다.

다. 이에 대하여 피고 공정거래위원회는 원고(피심인)가 인터넷 쇼핑몰을 통한 상품판매를 위해 인터넷 광고를 하며 사실과 다르게 상품의 제조원, 제조시기 등을 허위로 표기하여 광고한 사실이 있다고 판단하였다. 공정거래위원회는 원고가 인터넷홈페이지를 통

* 연세대학교 법학전문대학원 교수.

한 통신판매를 위한 상품을 표시·광고함에 있어 객관적 사실에 기초한 정확한 정보를 소비자에게 제공하여야 함에도 제조원, 제조시기 등에 관한 정보를 허위로 표현하는 행위는 「표시·광고의 공정화에 관한 법률」(이하 '표시광고법'이라 한다) 제3조 제1항 제1호에 반하는 허위의 표시·광고행위에 해당한다고 의결하고 시정명령과 함께 시정명령 받은 사실의 공표를 명하였다.1)

2. 소송경과

가. 원심판결

원고는 서울고등법원에 피고의 시정명령과 시정명령 및 법위반사실공표명령의 취소를 구하는 소송을 제기하여 이 사건 광고의 주체, 원고의 귀책사유 등을 다투었다.2)

(1) 원고 주장의 요지

① 입점업체는 자신이 판매하고자 하는 상품의 정보를 직접 게재하고 주문을 받아 소비자에게 배송, 판매하는 것이며, 원고는 스스로 자체 상품을 판매하거나 상품 정보를 쇼핑몰에 표시·광고하지는 않고, 다만 쇼핑몰 시스템이 원활하게 운영되도록 관리하고 입점업체의 위임을 받아 대금결제업무를 대행하며 수수료를 받을 뿐이다. 이 사건 광고 역시 소외 현화상사가 원고를 거치지 않고 직접 쇼핑몰에 게재한 것이므로, 이 사건 광고의 행위주체는 소외인이다.

② 원고는 쇼핑몰 입점업체와의 계약에서 상품공급 및 판매와 관련한 법령위반으로 발생하는 모든 책임을 입점업체가 지도록 약정하고 있는 등 입점업체들의 위법행위에 대한 법령상, 계약상, 조리상 아무런 감독책임도 없을 뿐만 아니라, 원고의 쇼핑몰에는 350여개의 입점업체가 있고 취급하는 상품의 수는 150,000개에 이르고 있어 원고가 이들 상품광고에 허위사실이 있는지 여부를 확인하는 것은 사실상 불가능하다.

(2) 원심법원의 판결

원심판결은 이 사건 광고의 행위주체를 개별입점업체가 아닌 사이버몰 운영자인 원고라고 판단한 공정거래위원회의 의결을 정당하다고 보아 원고의 청구를 기각하였다.3)

원심법원은 ① 부당한 표시·광고의 금지행위에 저촉되는지 여부를 판단함에 있어서

1) 공정거래위원회 2002. 9. 16. 의결 제2002-202호.
2) 이밖에도 원고는 공정거래위원회의 시정명령과 시정명령 받은 사실의 공표명령이 권한유월 내지 재량권 일탈·남용임을 주장하였으나 본 평석에서는 생략하기로 한다.
3) 서울고등법원 2003. 7. 8. 선고 2002누16872 판결.

는 사업자간의 공정성 확보와 아울러 소비자 보호의 문제를 고려하지 않을 수 없다고 전제하고, 해당 광고는 원고가 운영하는 인터넷 포털사이트를 통하여 원고가 운영하는 쇼핑몰에 접속함으로써 비로소 소비자에게 인식될 수 있는 것이며, 해당 광고에는 원고 이외에 달리 입점업체가 별도로 있음을 암시하는 아무런 표시나 문구도 없어서 소비자로서는 이를 원고의 사업이자 광고로밖에 인식할 수 없는 것이므로, 적어도 소비자와의 관계에 있어서는 원고를 이 사건 광고의 주체라고 하지 않을 수 없다고 판시하였다.

또한 원심법원은 이 사건 광고에 대한 원고의 귀책사유에 대하여 ② 원고가 이 사건 광고의 주체일 뿐만 아니라 이 사건 처분이 추구하는 목적 중에는 소비자의 권익 보호를 소홀히 할 수 없으며 시정되어야 할 위법상태는 반드시 이 사건 광고와 관련된 특정 상품에 국한된 것이 아니라고 보는 이상, 반드시 원고가 이 사건 광고의 허위성을 인식하고 있었던 경우에만 피고가 이 사건 처분과 같은 시정명령을 발할 수 있다고 볼 것이 아니므로, 원고의 주장은 이유가 없다고 판단하였다.

나. 대법원 판결

원고의 상고에 대하여 대법원[4]은 원고가 이 사건 광고의 주체라고 할 수 없다고 판시하고, 원심판결에 채증법칙을 위반하여 사실을 잘못 인정하였거나 광고법에 정해진 광고주체에 관한 법리를 오해하여 판결 결과에 영향을 미친 위법이 있음을 이유로 원심 판결을 파기환송하였다.

대법원은 사이버몰 운영자가 입점업체의 광고행위에 대하여 입점업체와 공동으로 또는 입점업체와 독립하여 광고행위의 주체로서 행정적 책임을 지는지 여부에 대한 판단기준(아래 판례의 요지 참조)을 제시하면서, 기록과 원심이 확정한 사실관계에 비추어 원고가 이 사건 광고의 주체라고 할 수 없다 할 것이고, 입점업체가 게재하는 광고를 원고가 정하는 웹디자인상의 등록절차에 따르도록 하거나 원고가 대금결제업무를 대행해 주는 등으로 입점업체의 통신판매업무 중 일부를 수행하였다는 사정만으로 달리 볼 것도 아니라고 판시하였다.

3. 판례의 요지

사이버몰 운영자가 입점업체의 광고행위에 대하여 입점업체와 공동으로 또는 입점업체와 독립하여 광고행위의 주체로서 행정적 책임을 지는지 여부는 사이버몰 운영자와 입

4) 대법원 2005. 12. 22. 선고 2003두8296 판결.

점업체 사이의 거래약정의 내용, 사이버몰 운영자의 사이버몰 이용약관의 내용, 문제가 된 광고에 관하여 사이버몰 운영자와 입점업체가 수행한 역할과 관여 정도, 광고의 구체적 내용은 물론 광고행위의 주체에 대한 소비자의 오인가능성 등을 종합하여 구체적·개별적으로 판단하여야 할 것이다.

II. 해 설

1. 쟁점의 정리

표시광고법 제3조에 따라 거짓광고[5]이기 위해서는 ① 사업자등의 광고행위가 있을 것, ② 사실과 다른 내용의 광고일 것, ③ 소비자를 속이거나 소비자로 하여금 잘못 알게 할 우려가 있을 것, ④ 공정한 거래질서를 해칠 우려가 있을 것이 요구된다.

이 사건에서는 먼저 ① 요건과 관련하여 사이버몰 운영자가 입점업체의 광고행위에 대하여 광고행위의 주체로서 행정적 책임을 지는지 여부와 그 판단기준에 대하여 판단하였다. 이는 임대형 사이버몰에서 소비자가 사이버몰 운영자를 신뢰하고 상품을 구매하는 것이 일반적이라는 점에서 광고주체를 판단함에 있어서 소비자의 인식을 어느 정도 고려할 것인가와 관련된 문제이다. 다음으로 표시광고법상 책임을 묻기 위하여 행위자에게 귀책사유가 필요한 것인지 문제가 될 수 있다. 원심판결에서는 원고가 이 사건 광고의 허위성을 인식하고 있었던 경우에만 시정명령을 발할 수 있다고 볼 것이 아니라고 판시하고 있으나, 대법원은 원심판결을 파기 환송하며 이에 대한 판단을 생략하였다.

2. 검 토

가. 사이버몰 운영자의 표시광고행위 주체성

(1) 표시광고법 제3조의 취지

오늘날 수요자 중심의 시장구조 하에서는 소비자에게 정확한 정보를 제공하여 선택권을 보장하는 것이 사업자 사이의 경쟁을 촉진하는 중요한 요소로 자리매김하고 있다.[6] 표시광고법에서도 공정한 거래질서를 확립하고 소비자를 보호함을 동법의 목적으로 규정

---

5) 법 문장을 원칙적으로 한글로 적고, 어려운 용어를 쉬운 용어로 바꾼다는 취지에 따라 2011. 9. 15. 표시광고법을 개정하여 종래 '허위광고'라는 표현을 '거짓광고'로 변경하였다.
6) 신현윤, 『경제법』, 제6판(법문사, 2014), 479면.

하고 있는 바(제1조), 이러한 표시광고법의 목적은 실체규정을 해석하고 적용하는데 기본 지침이 된다.

원심판결은 표시광고법 제3조가 부당한 광고를 금지하는 이유를 "소비자에게 진실되고 충실한 정보가 전달되어야 소비자가 올바른 상품선택과 합리적인 구매결정을 할 수 있고, 그에 따라 사업자간에 가격과 품질·서비스에 의한 공정한 경쟁이 촉진될 수 있기 때문"이라고 판시하였다. 마찬가지로 대법원 판결에서도 동조의 목적이 "소비자에게 바르고 유용한 정보의 제공을 촉진하여 소비자로 하여금 올바른 상품 또는 용역의 선택과 합리적인 구매결정을 할 수 있도록 하고, 그에 따라 사업자 사이에 가격과 품질 및 서비스에 의한 공정한 경쟁이 촉진될 수 있도록 하는 데 있"다는 점을 분명히 하고 있다.

(2) 표시광고법의 인적 적용대상

표시광고법의 적용대상이 되는 자는 사업자 또는 사업자단체(이하 '사업자등'이라 한다)이다. 사업자란 제조업, 서비스업, 기타 사업을 행하는 자를 의미하며(「독점규제 및 공정거래에 관한 법률」 제2조 제1호), 여기서 사업자란 계속·반복적 경제활동을 통하여 반대급부를 받는 행위를 의미하므로 자신의 경제활동과 관련하여 광고행위를 하는 자, 즉 광고주는 원칙적으로 표시광고법상 책임의 주체가 된다.[7] 광고주에 해당하는지 여부는 광고의 효과가 누구에게 귀속되는지, 소비자의 입장에서 누구의 광고로 인식하는지, 통상 광고에 관한 의사결정을 누가하는지 여부에 따라 판단할 수 있을 것이다.[8] 이러한 입장에서 해당 광고로 인한 제품 홍보 효과가 입점업체에 귀속되며, 입점업체가 원고의 '상품공동구매'란에 제조원 "e－패션", 제조시기 "2001년 겨울 신상품" 등의 내용을 표시 또는 게시함과 아울러 자기를 나타내기 위한 문구로 상품문의·배송문의·A/S 및 제품문의 항목에 자신의 전화번호와 이메일 주소를 표기하였고, 입점업체가 게재하는 광고의 내용을 결정하였다는 점에 비추어 입점업체를 원칙적으로 표시광고법상 책임의 주체로 전제하는 대법원의 판결은 타당하다.

(3) 사이버몰 운영자의 표시광고법상 책임

표시광고법은 그 적용대상을 단순히 사업자등이라고만 규정하므로 광고주(입점업체) 이외의 자도 표시광고법상 책임을 부담할 수 있는지 문제가 될 수 있다.[9]

원심판결은 일반소비자인 쇼핑몰 이용자의 인식을 기준으로 사이버몰 운영자를 광고

7) 박해식, "사이버몰 운영자의 광고행위 주체성의 요건", 『대법원판례해설』, 제58호(법원도서관, 2006), 394면.

8) 대법원 2005. 2. 18. 선고 2003두8203 판결 참조.

9) 비록 형사책임에 관련된 규정이지만, 「성매매알선 등 행위의 처벌에 관한 법률」 제20조 제2항에서는 성매매 광고를 게재한 자를 처벌하고 있으므로 광고주 아닌 자가 자신이 운영하는 인터넷 사이트에 해당 광고를 게재하는 경우에도 책임을 부담할 수 있다.

의 주체로 인정하였다. 원심판결은 "부당한 표시·광고의 금지행위에 저촉되는지 여부를 판단함에 있어서는, 사업자간의 공정성 확보와 아울러 소비자 보호의 문제를 고려"해야 한다고 보면서 "이 사건 광고는 운영하는 쇼핑몰(http://shop.daum.net)에 접속함으로써 비로소 소비자에게 인식될 수 있는 것이고, … 원고 이외에 달리 입점업체가 별도로 있음을 암시하는 아무런 표시나 문구도 없어서 … 소비자로서는 이를 원고의 사업이자 광고로밖에 인식할 수 없는 것이고, 따라서 적어도 소비자와의 관계에 있어서는 원고를 이 사건 광고의 주체라고 하지 않을 수 없다"고 판시하였다.

반면, 대법원판례는 표시광고법 제3조의 목적과 전자상거래에서 사이버몰 운영자의 공신력[10]이 중요한 점에 비추어, "사이버몰 운영자가 … 광고행위의 주체로서 행정적 책임을 지는지 여부는 사이버몰 운영자와 입점업체 사이의 거래약정의 내용, 사이버몰 운영자의 사이버몰 이용약관의 내용, 문제 된 광고에 관하여 사이버몰 운영자와 입점업체가 수행한 역할과 관여 정도, 광고의 구체적 내용은 물론 광고행위의 주체에 대한 소비자의 오인가능성 등을 종합하여 구체적·개별적으로 판단하여야 할 것"이라고 보면서, 이러한 법리에 비추어 원고가 이 사건 광고의 주체라고 할 수 없다고 판시하면서 원심을 파기환송하였다.

사이버몰 운영자의 광고주체성 여부를 판단함에 있어 ① 소비자가 사이버몰 운영자를 광고주체로 인식하였는지에 따라 결정하는 견해와 ② 사이버몰 운영자가 실질적으로 상품판매자와 동일시할 수 있을 정도로 광고에 관여하였는지에 따라 판단하는 견해가 있을 수 있다.[11] 이 문제에 대하여 원심판결은 "적어도 소비자와의 관계에 있어서는 원고를 이 사건 광고의 주체"라고 판시하여 소비자의 인식에 비중을 두었으나, 대법원은 소비자의 인식뿐만 아니라 거래약정의 내용, 사이버몰 이용약관의 내용, 문제가 된 광고에 관하여 사이버몰 운영자와 입점업체가 수행한 역할과 관여 정도, 광고의 구체적 내용 등을 종합적으로 판단하고 있다.

표시·광고의 부당성 판단의 핵심은 소비자의 오인성에 있다는 점에서 대법원이 일반 소비자가 알 수 없는 거래 내부관계까지 고려하여 광고의 주체를 판단한 것은 문제라는 비판적 견해도 존재한다.[12] 하지만 소비자오인성 내지 소비자 보호는 표시·광고의 부당

---

10) 대법원 판결은 "전자상거래 중 컴퓨터 등과 정보통신설비를 이용하여 상품을 거래할 수 있도록 설정된 가상의 영업장인 사이버몰을 통한 통신판매에 있어서 소비자로서는 통신판매업자가 누구인지는 명확하게 인식하지 못한 상태에서 사이버몰 운영자를 신뢰하고 상품을 구매하는 것이 보통이므로 상품구매, 배송, 반품, 사후 서비스, 신용정보의 안전성 등에 관한 불만 사항의 처리 등과 관련하여 사이버몰 운영자의 공신력이 중요한 의미를 가"진다고 판시하였다.

11) 박해식, 앞의 논문, 392~393면 참조.

12) 나지원, "사이버몰 운영자의 표시광고법상 책임", 『법률신문』(2006. 8. 28); 이충훈, "사이버몰 운영자

성 판단의 유일한 요소는 아니라는 점에서 대법원이 제반 사정을 종합적으로 고려하여 사이버몰 운영자를 광고의 주체가 아니라고 판단한 것은 타당하다. 소비자오인성 문제도 광고의 구체적 내용을 떠나서 이해할 수 없는 것이므로 광고에서는 사이버몰 운영자와 별도의 입점업체가 상점 "e－패션"으로 표시되고 상품문의·배송문의 등을 위하여 입점업체의 전화번호 내지 이메일 주소가 제시되어 있음에도 원심판결이 이를 간과한 것은 잘못이라 할 것이다.

나. 표시광고 행위자의 귀책사유

표시광고법상 명문의 규정은 없으나, 표시광고법 위반 사업자에 대한 시정명령을 하기 위하여 사업자에게 고의 또는 과실이 있을 것이 요구되는지 문제가 된다. 입점업체의 허위 광고에 대하여 귀책사유가 없다는 원고의 항변에 대하여 원심판결에서는 원고가 사이버몰 운영자가 광고의 주체라는 전제하에 원고가 광고의 허위성을 인식하고 있었던 경우에만 시정명령을 발할 수 있는 것은 아니라고 판단하였으나, 대법원은 이에 대한 판단을 하지 않았다.

이에 대하여 명문의 규정이 없더라고 근대법 일반원칙에 따라 행위자에게 광고의 허위성·오인가능성에 대한 고의나 과실이 요구되는데, 행위자의 고의나 과실은 표시·광고 행위의 객관적 성질에 의하여 외부적으로 판단해야 한다는 견해[13]가 있다. 그러나 표시광고법상의 공정거래위원회의 시정명령은 위법상태 제거라는 행정목적을 달성하기 위한 제재이므로 민사 또는 형사상 책임의 법리와는 다른 차원에서 이해되어야 하며, 원심판결과 마찬가지로 특별한 사정이 없는 한 위반자에게 고의나 과실이 없다고 하더라도 부과할 수 있다[14]고 보아야 할 것이다. 다만 이 사건에서 대법원은 사이버몰 운영자의 광고 주체성을 부정하고 있으므로 표시·광고 행위자의 고의 또는 과실 여부에 대한 판단을 생략한 것이다.

Ⅲ. 판례의 의의

대상판결은 광고행위 관여자의 표시광고법상 책임에 관한 일반적 기준을 제시하시

의 표시·광고 책임", 『인터넷법률』, 통권 제36호(법무부, 2006), 209면.

13) 김두진, "부당한 표시·광고 행위의 위법성 판단기준", 『소비자문제연구』, 제48권 제3호(한국소비자원, 2017), 172면.

14) 대법원 2012. 6. 28. 선고 2010두24371 판결 참조.

는 아니하였으나, 사이버몰을 통한 통신판매에서 소비자의 사이버몰 운영자에 대한 신뢰와 광고 주체에 대한 오인 가능성을 고려하여 사이버몰 운영자에게 표시광고법상 책임을 물을 수 있는 가능성을 열어 두고 그 구체적 기준을 제시하였다는 점에서 의미 있는 판결이다.

25 허위광고의 판단기준

- 대법원 1990. 9. 25. 선고 89누8200 판결

신 영 수*

Ⅰ. 판례의 개요

1. 사안의 개요

유제품의 제조·판매업을 영위하는 사업자(파스퇴르유업(주))는 1987. 9. 14.부터 1988. 7. 5.까지 시중에 출하한 자사제품용기와 일반소비자에게 배포된 선전전단과 1988. 3. 1.부터 동년 5. 16.까지 일간지에 표시, 광고를 하면서, "아이.디.에프(International Dairy Federation, 이하 'I.D.F.'라 한다)가 인정하는-진짜우유(국내최초)탄생"이라는 표시 및 광고와 캐나다, 호주, 스코틀랜드 등에서 생유, 재래식멸균우유, UHT멸균우유 등의 시판을 금지하고 있다는 광고를 하였다.

사업자는 그 근거로서 I.D.F학보 200호의 기사의 문제된 문구인 "(캐나다, 호주에서) It is illegal to sell unpasteurized milk for human consumption"(사람이 소비하기 위하여 unpasteurized milk를 판매하는 것은 위법이다)라는 문안을 근거자료로 제시하였다.

그런데 사업자가 광고 문구의 출처로 인용한 I.D.F.(국제우유연맹)는 낙농에 관한 국제적인 협력 및 자문 그리고 과학적·기술적·경제적 문제 해결을 촉진하기 위해 벨기에 국내법에 의거하여 인가·설립된 단체로서 특정제품의 품질 등을 공인하거나 판정하는 기관은 아니었다. 게다가 이 사건의 사업자는 자사제품이나 자사제품의 사용원유에 대해 I.D.F.로부터 어떠한 시험·검사나 인정 또는 합격을 받은 사실이 없었다. 또한 I.D.F.자료의 문안은 살균되지 않은 생우유의 시판이 금지되고 있다는 내용으로서 사업자의 광고 내용처럼 경쟁사업자 제품이 선진국에서 판매가 금지되는 문제 제품인 것은 아니었다.

공정거래위원회는 이 같은 유제품제조업자의 광고 행위가 마치 자사 제품이 I.D.F.에

* 경북대학교 법학전문대학원 교수.

서 인정하는 진짜우유이고 다른 경쟁사업자 제품은 선진국에서 판매가 금지된 가짜우유인 것처럼 소비자를 오인시키는 광고라고 판단하고 구 「독점규제 및 공정거래에 관한 법률」(1990. 1. 13. 법률 제4198호로 개정되기 전의 것) 제15조 제6호상의 부당표시 및 허위·과장·비방광고행위로 인정하는 한편, 동법 제16조를 근거로 해당 사업자에 대하여 시정조치 등을 부과하였다.[1)]

이에 대해 우유제조업자는 공정거래위원회의 심결에 불복하여 서울고등법원에 공정거래위원회 처분의 취소를 구하는 소송을 제기하였다.

2. 소송경과

가. 원심판결[2)]

서울고등법원은 원고가 자신이 생산한 우유를 선전함에 있어 "아이.디.에프.(International Dairy Federation)가 인정하는 진짜우유(국내최초)탄생"이라는 문구를 표시하여 광고하였음에 대하여 I.D.F.는 낙농에 관한 국제적인 협력 및 자문 그리고 과학적, 기술적, 경제적 문제해결을 촉진하기 위하여 벨기에에 설립된 단체로서 특정제품 및 품질을 공인하거나 판정하는 기관이 아니고 원고가 그 제품 또는 사용원유에 대하여 I.D.F.로부터 어떠한 시험, 검사나 인정을 받은 일이 없음에도 불구하고 원고의 광고문안은 마치 원고의 우유가 I.D.F.의 특정시험이나 검사등을 거쳐 공인 또는 합격판정을 받은 것처럼 오인시키기에 충분하므로 이는 자사제품의 품질 등에 관하여 사실과 다르게 또는 과장하여 표시 또는 광고한 것에 해당한다고 판결하였다.

나. 대법원 판결

대법원은 서울고등법원의 판단이 정당하며 채증법칙 위배의 잘못이 없다고 보았다. I.D.F.는 특정제품 및 품질을 공인하거나 판정하는 기관이 아니고, 원고가 자신이 생산한 제품 또는 사용원유에 대하여 I.D.F.로부터 어떠한 시험, 검사나 인정을 받은 일이 없음에도 불구하고 "아이.디.에프.(International Dairy Federation)가 인정하는 진짜우유(국내최초)탄생"이라는 문구를 표시하여 광고하였다면 위 문구 중 "I.D.F.가 인정하는"이라는 표현은 "I.D.F.가 인정한"이라는 표현과는 달라서 "I.D.F.가 인정하는 기준에 부합한"이라는 뜻밖에 없다고는 볼 수 없고, 위 광고문안은 마치 원고의 우유가 I.D.F.의 특정시험이나 검사 등

1) 이 사건은 「표시·광고의 공정화에 관한 법률」이 제정되기 이전에 부당표시광고 규제의 근거 규정이었던 구 「독점규제 및 공정거래에 관한 법률」 제15조 제1항 제6호의 위반 여부가 문제되었다.
2) 서울고등법원 1989. 11. 29. 선고 88구9543 판결.

을 거쳐 공인 또는 합격판정을 받은 것처럼 오인시키기에 충분하므로 자사 제품의 품질 등에 관하여 사실과 다르게 또는 과장하여 표시 또는 광고한 것에 해당한다고 판시하였다.

3. 판례의 요지

본 건의 쟁점은 비교적 단순해서 해당 광고문안이 당해 사업자의 우유가 I.D.F.의 특정시험이나 검사 등을 거쳐 공인 또는 합격판정을 받은 것처럼 오인시킬 것인지 여부에 관한 것이었다. 이에 대하여 대법원은 본 건 광고에 소비자오인유발성이 충분히 존재하며 원고가 자사제품의 품질 등에 관하여 사실과 다르게 또는 과장하여 표시 또는 광고한 것에 해당한다고 판시한 원심의 위 문구의 해석은 정당하다고 판단하였다.

또한 I.D.F 기사의 문제된 문구인 "(캐나다, 호주에서) It is illegal to sell unpasteurized milk for human consumption"(사람이 소비하기 위하여 unpasteurized milk를 판매하는 것은 위법이다)에서의 unpasteurized milk라는 표현은 그 전후의 문맥이나 원심거시의 증거들에 의하면 원유 등과 같이 열처리를 하지 아니한(즉 살균되지 아니한) 생유를 가리키는 뜻으로 해석되고 저온살균방법에 의한 우유 이외의 우유를 총칭하는 뜻으로는 해석되지 아니하며, 같은 취지에서 위 광고가 일반적으로 U.H.T. 우유라고 받아들여지고 있는 국내 경쟁업자들의 우유를 캐나다, 호주 등지에서는 시판이 금지되는 우유인 것처럼 인식, 오인시킬 우려가 있다고 보았다.

II. 해 설

1. 쟁점의 정리

표시광고법상 부당한 광고 여부에 대한 판단에 있어서 일차적인 기준은 해당 광고의 내용이 진실에 기초한 것인지, 즉 소비자들이 특정 사실에 대해 부정확하거나 진실되지 않은 믿음을 갖도록 하는지 여부를 가려내는 것에 있다. 거짓(허위)이란 해당 광고가 객관적인 진실에 부합하지 않는 정보를 내포하고 있음을 의미한다.

미국의 광고규제법인 랜햄법(Lanham Act)[3] 상으로도 부당광고가 성립하려면 i) 피고가 광고에서 그 제품에 관하여 허위의 또는 오인을 야기하는 진술을 했어야 하고(a defendant's false or misleading statement of fact in advertisement about its product), ii) 그 진술이

3) Lanham법의 제43(a)조; 15 U.S.C. § 1125.

실제로 상당수의 청중을 속였거나 속일가능성이 있었어야 하며(the statement actually deceived or had the capacity to deceive a substantial segment of the audience), iii) 그러한 기망이 소비자의 구매의사결정에 영향을 미칠 정도로 중요한 것이어야 하고(the deception was material, in that it was likely to influence the purchasing decision), iv) 피고가 그 제품을 주간(interstate) 통상에 진입시키도록 했어야 하고(the defendant caused its goods to enter interstate commerce), v) 그 결과 원고가 손해를 입었거나 입을 가능성이 있어야 한다(the plaintiff has been or is likely to be injured as a result)고 보고 있다.[4] 요컨대, 허위광고에 해당하기 위해서 주로 문제되는 요건은 요건 i)의 허위성(falsity), ii)의 기만성(deceptiveness), iii)의 중요성(materiality), 그리고 v)의 원고의 손해(injury) 발생가능성으로 정리할 수 있다.

우리 법상으로도 광고의 거짓(허위성)과 부당성은 상호 독립적인 개념으로서 거짓의 광고가 곧바로 부당한 광고를 의미하는 것은 아니며, 객관적인 진실과 부합하지 않는 거짓의 광고임에도 소비자의 오인을 유발하지 않는 경우도 있을 수 있고, 광고의 내용이 진실한 것임에도 불구하고 소비자의 오인을 유발하여 부당한 광고로 되는 경우가 있을 수 있다.

즉, 광고의 내용이 사실과 부합하지 않더라도 소비자의 오인성이 없는 광고적 표현(부풀리기: puffing; blow－up)은 사회관념상 허용되는 경우에는 부당한 광고행위로 인정되지 않을 수 있다. 따라서 광고의 내용의 거짓임은 부당 광고행위로 성립되기 위한 일차적 요건에 그친다고 하겠다. 여기서 요구되는 거짓의 범위는 그 내용이 객관적 사실에 부합하지 않으면서 소비자의 구매의사결정에 실질적으로 영향을 미치는 것이어야 한다. 따라서 광고의 내용 중 거짓인 사실이 '소비자의 구매결정에 영향을 미칠 수 있는 중요한 사항'인 경우에만 부당한 광고행위가 된다.[5]

2. 관련 판례

대법원은 주택할부금융회사들이 주택할부금융상품을 안내전단 형식으로 광고한 행위가 문제된 사안에서 여신거래기본약관에 따라 일정한 경우 예외적으로 금리가 변동될 수 있다는 사실을 광고 내용에 포함시키지 않은 경우, 그 사실이 '소비자의 구매결정에 영향을 미칠 수 있는 중요한 사항'에 해당한다고는 할 수 없다는 이유로 그 광고의 내용이 허위라거나 과장된 것이라고는 할 수 없다고 판시하여[6] 구매결정에 영향을 미칠 수 있는

4) L'Aiglon Apparel, Inc. v. Lana Lobell, Inc., 214 F.2d 649 (3rd Cir).
5) 대법원 2002. 6. 14. 선고 2000두4187 판결.
6) 대법원 2002. 6. 14. 선고 2000두4187 판결.

중요한 사항에 대해서만 부당한 광고행위가 성립한다고 한다고 보았다.

또한 상품명을 “천연사이다”로 한 청량음료제조업자의 광고사건에서는 청량음료제조허가를 받고 “천연”이란 연합상표등록을 받은 이상 그 상품을 천연사이다라고 표시하여 광고하는 행위는 상표권의 정당한 권리행사가 될 수 있으나, 상품용기인 유리병에 한글로 크게 천연사이다라고 표시하면서 한글 “천연” 다음에 바로 한자 천연을 써넣지 않고 다른 줄에 작은 한문자로 천연이라고 기재하였다면 그것이 천연적으로 생산된 사이다라고 오해되기를 바라고 한 것이라고 볼 여지가 충분하고, 그 뒤편에 영문자로 MINERAL WATER와 CIDER를 각각 분리표시한 것도 그 제품을 광천수로 보이게 하려는 의도가 없다고 보기 어려우며 “천연사이다시대 개막선언”이란 표제의 신간광고를 하였다면 그 표제는 보는 사람으로 하여금 지금부터 천연적으로 생산되는 사이다가 나오는 시대가 되었다는 뜻으로 받아들여질 염려가 충분한 것으로 생각되므로 위 일련의 상품선전 내지 광고행위는 특단의 사정이 없는 한 허위 과장광고행위에 해당한다고 보았다.[7)]

한편 아파트분양과 관련된 판례에서는 다른 아파트보다 전용면적이 더 넓어질 것이라고 오인하게끔 광고한 경우에 대하여 거래에 있어 중요한 사항에 관하여 구체적 사실을 신의성실의 의무에 비추어 비난받을 정도의 방법으로 허위로 고지한 경우로서 기망행위에 해당하여 손해배상책임이 있다고 하고,[8)] 아파트 최상층 분양에 있어 중요한 사항인 다락의 형상에 관하여 신의성실의 의무에 비추어 비난받을 정도로 허위·과장한 내용의 분양광고를 한 사안에서, 분양자(시행사)뿐만 아니라 시공사도 공동불법행위로 인한 손해배상책임을 부담한다고 하였다.[9)]

반면에 백화점 부대 특수시설에 대한 지분을 분양함에 있어 분양회사의 지분보유율이나 이익배당률에 관하여 다소 과장된 설명이나[10)] 연립주택을 분양함에 있어 평형의 수치를 다소 과장하여 광고한 사안에서 대법원은 해당 광고행위가 기망행위에 해당하지 않는다는 판결을 내린 바 있다.[11)] 포장용 유리용기 제조업을 영위하는 갑 회사가 “글라스락은 내열강화유리로 특허를 받은 제품입니다” 등의 광고를 한 사안에서, 내열유리의 요건을 구체적으로 정의한 규정이나 내열유리 해당 여부를 판정하는 공식적 기준은 마련되어 있지 않으므로, 비록 갑 회사의 글라스락 제품이 한국산업규격에 설정된 내열유리에 관한 일부 품질기준을 충족시키지 못한다고 하더라도, 일반 거래관념상 어느 유리제품을 내열

7) 대법원 1990. 2. 9. 선고 89누6860 판결.
8) 대법원 2008. 10. 23. 선고 2007다44194 판결.
9) 대법원 2009. 4. 23. 선고 2009다1313 판결.
10) 대법원 1995. 9. 29. 선고 95다7031 판결.
11) 대법원 1995. 7. 28. 선고 95다19515,95다19522 판결; 同旨: 대법원 1991. 6. 11. 선고 91도788 판결.

유리라고 지칭하는 것만으로 당연히 한국산업규격에서 정한 내열유리의 품질기준을 충족시킨다고 이해되거나 일반 소비자들이 같은 취지로 인식하고 있다고 볼 만한 특별한 사정이 인정되지 않는 한, 갑 회사가 일반 유리에 비해 내열성이 강화되었다고 볼 수 있는 글라스락 제품에 관하여 '내열강화유리'라고 표시·광고하였다고 하여 곧바로 허위·과장의 광고가 된다고 단정할 수 없다고 보았다.[12)]

3. 검 토

전술한 바와 같이 현행 표시광고법상 거짓·과장의 광고란 사실과 다르게 표시·광고하거나 사실을 지나치게 부풀려 표시·광고하는 것을 의미한다.[13)] 거짓·과장의 광고에는 광고내용이 사실과 다르거나 객관적인 근거가 없는 내용을 표시·광고하는 경우(거짓의 광고)와 광고상의 주장이 특정사실이나 객관적인 근거에 기초하고는 있으나 그 내용이 지나치게 부풀려져 광고하는 경우(과장의 광고)를 포함한다. 여기서 어떠한 광고가 거짓·과장의 광고인지의 여부의 판단기준은 광고내용의 진실성 여부이며, 일반적으로 객관적이고 과학적인 근거를 결여한 광고나 배타성을 띤 절대적 표현을 사용한 광고는 거짓·과장의 광고로 보게 된다. 광고가 소비자를 속이거나 소비자로 하여금 그릇된 정보를 가지게 할 우려가 있는지에 대해 대법원은 보통의 주의력을 가진 일반 소비자가 당해 표시·광고를 받아들이는 전체적·궁극적 인상을 기준으로 하여 객관적으로 판단한다는 원칙을 제시하고 있다.[14)]

여기서 말하는 '거짓' 내지 '허위'는 그 내용이 객관적 사실에 부합하지 않으면서 소비자의 구매의사결정에 실질적으로 영향을 미치는 정도에 이르는 상태를 의미한다. 따라서 제품에 관한 소비자의 선택이나 행동에 영향을 미칠 가능성이 없거나 소비자에게 중요하지 않은 정보가 거짓인 경우에는 그 역시 규제대상에서 제외될 것이다.

아울러 중요한 사항에 대한 허위의 범위에 대해서는 "일반적으로 상품의 선전, 광고에 있어 다소의 과장, 허위가 수반되는 것은 그것이 일반 상거래의 관행과 신의칙에 비추어 시인될 수 있는 한 기망성이 결여된다고 하겠으나 거래에 있어서 중요한 사항에 관하

---

12) 대법원 2013. 3. 14. 선고 2011두7991 판결.

13) 표시광고법 제3조 제1항 제1호; 동법 시행령 제3조 제1항. 허위·과장의 광고는 사실과 다르게 광고하거나 사실을 지나치게 부풀려 광고하여 소비자를 속이거나 소비자로 하여금 잘못 알게 할 우려가 있는 광고행위로서 공정한 거래질서를 저해할 우려가 있는 광고를 말한다(대법원 2003. 6. 27. 선고 2002두6965 판결).

14) 대법원 2014. 4. 10. 선고 2011다82438,82445,82452 판결, 대법원 2010. 7. 22. 선고 2007다59066 판결, 대법원 2010. 8. 26. 선고 2009다67979,67986 판결 등 참조.

여 구체적 사실을 거래상의 신의성실의 의무에 비추어 비난받을 정도의 방법으로 허위로 고지한 경우에는 과장, 허위광고의 한계를 넘어 사기죄의 기망행위에 해당한다"고 판시하여 거래에 있어서 중요한 사항에 대한 허위의 범위에 대해 상거래의 관행, 신의성실의 원칙, 비난의 정도를 부당한 광고의 판정기준으로 삼고 있다.[15)]

단, 사업자가 거짓·과장의 광고를 하면서 반드시 그 행위에 대한 주관적인 인식을 가지고 있어야 하는 것은 아니다.[16)] 광고의 특성상 약간의 부풀리기(puffing privilege)는 허용되나, 부풀리기의 표현이 광고주로 하여금 거짓말을 할 수 있는 권한까지 부여한 것은 아니다. 예컨대 '가장 좋은(best)', '완벽한(perfect)',[17)] '최고의(prime)', '예외적인(exceptional)', '오리지널한(original)', '비교되는(comparable)', '훌륭한(wonderful)' 등의 표현은 허위적인 표현으로 인정될 가능성이 높다.

광고주가 광고시 다른 사업자의 제품보다 "우수하다"라고만 표현하였을 때에는 오인성이 없는 부풀리기에 해당하지만, 제품의 특정요소를 적시하여 "특정요소가 더 낫기 때문에 우수하다"라고 표현하였다면 사실에 기초하였기 때문에 부풀리기라고는 볼 수 없으며, 만약 그 기초사실이 허위이거나 과장되었을 때에는 거짓·과장의 광고행위가 된다. 따라서 광고의 허위나 과장은 그 내용이 일반 상거래의 관행과 신의칙에 비추어 시인될 수 있을 때에 한하여 허용된다.[18)]

허위나 과장광고는 형법상 사기죄의 기망행위가 될 수도 있는데, 이와 관련하여 대법원은 "일반적으로 상품의 선전, 광고에 있어 다소의 과장, 허위가 수반되는 것은 그것이 일반 상거래의 관행과 신의칙에 비추어 시인될 수 있는 한 기망성이 결여된다고 하겠으나 거래에 있어서 중요한 사항에 관하여 구체적 사실을 거래상의 신의성실의 의무에 비추어 비난받을 정도의 방법으로 허위로 고지한 경우에는 과장, 허위광고의 한계를 넘어 사기죄의 기망행위에 해당한다"고 함으로써[19)] 신의성실의 원칙에 반하는지를 기준으로 표시광고의 행정규제와 형사처벌을 달리 할 수 있음을 판시한 바가 있다.

---

15) 대법원 2014. 6. 12. 선고 2013다75892 판결; 대법원 2009. 4. 23. 선고 2009다1313 판결; 대법원 2008. 10. 23. 선고 2007다44194 판결; 대법원 2002. 2. 5. 선고 2001도5789 판결; 대법원 1997. 9. 9. 선고 97도1561 판결; 대법원 1993. 8. 13. 선고 92다52665 판결; 대법원 1992. 9. 14. 선고 91도2994 판결.

16) 대법원 2012. 6. 28. 선고 2010두24371 판결.

17) 미국 Dannon사는 자사의 요구르트에 대하여 'Dannon 요구르트는 과학이 발전시킨 자연의 완벽한 음식(perfect food)으로 알려져 있습니다'라는 광고표현을 사용하여 방송, 광고전단 및 팸플릿의 배포를 하였다. Dannon사는 '완벽한 음식(perfect food)'이라는 표현은 단순한 부풀리기라 하였으나 FTC는 음식이 '완벽하다'는 표현은 품질에 대한 부풀리기나 과장을 넘어 중요한 사실에 대한 허위적인 표현에 해당한다고 하였다: Dannon Milk Prods., Inc., 61 F.T.C. 840. 856 (1962).

18) 대법원 1993. 8. 13. 선고 92다52665 판결.

19) 대법원 2007. 1. 25. 선고 2004도45 판결; 대법원 2002. 2. 5. 선고 2001도5789 판결.

Ⅲ. 판례의 의의

표시광고법에 위반되는 행위 유형 가운데 허위(거짓), 과장 광고에 관해서는 법원을 통해 다수의 판례가 도출되어 왔다. 다만, 허위, 과장 여부는 사안에 따라 상반되게 판단되어 온 경향을 보이고 있다. 허위·과장광고 관련한 초기 판결에 해당하는 본 건은 소비자를 오인시킬 수 있는 전형적 허위 및 과장의 내용을 담고 있어서 사안의 법적 쟁점은 비교적 단순한 양상을 보이고 있다. 특히 광고된 정보의 진위 여부와 더불어 그로 인해 소비자들이 오인될 가능성이 있는지가 중점적으로 검토되었고 거짓광고가 문제된 후속 사례에서 선례로서 핵심기준을 제시했던 점에서 의미를 찾을 수 있는 판결이다.

26 허위·과장광고의 의미 및 그 판단기준 등

-대법원 2003. 6. 27. 선고 2002두6965 판결

박 정 원*

Ⅰ. 판례의 개요

1. 사안의 개요

원고들 중 농업협동중앙회는 회원조합을 위한 계통구매사업[1]을 하는 사업자단체이고, 나머지 원고들은 비료제조업자들이다(이하 총칭하여 '원고들'이라 한다[2]). 원고들은 광고를 함에 있어서, 실제로는 모든 개별주문에 대하여 비료가 사용될 토양을 분석하여 BB(입상배합)비료를 배합하여 공급하는 것이 아님에도 불구하고, 마치 모든 개별주문에 대하여 토양분석을 실시하여 그 토질과 작물에 맞는 맞춤비료를 공급하는 것처럼 사실과 다르게 허위·과장하는 광고행위를 하였다는 이유로 피고 공정거래위원회가 「표시·광고의공정화에관한법률」(이하 '표시광고법'이라 한다) 제3조 제1항 제1호, 제7조 제1항 제2호의 규정을 적용하여 법위반사실을 인정하는 내용의 공표명령을 하였다. 이후 위 시정명령과 동일한 내용으로 「독점규제및공정거래에관한법률」(이하 '공정거래법'이라 한다)상 법위반사실을 인

---

* 법무법인 광장 변호사.

1) 계통구매는 단위조합이나 개별농가의 취약한 거래 교섭력 보완을 목적으로 농업중앙회가 일괄구매하여 회원조합을 통하여 조합원인 농민에게 공급하는 것으로, 외형상 농협중앙회가 회원농협 등의 수요를 파악하여 구매납품계약에 정해진 가격조건으로 발주하는 거래를 의미한다. 그러나 실제로는 실수요자인 단위농협과 생산자가 협의하여 제품선택, 발주, 납품 등 거래조건을 정하고 이를 농협중앙회에 통보하는 방식으로 거래가 이루어지고 있으며, 농협중앙회는 단위농협이 전산망으로 통보한 거래내역의 집계, 대금지급의 역할을 하는 실정이다. 계통가격도 계약으로 결정되어 있지만 실제로는 생산자간의 경쟁이나 지역단위농협 등과 생산자간의 협의 결과에 따라 거래건별로 계약단가와 다르게 결정되거나 가격할인 등이 이루어지고 있어 구매납품계약상 단가는 기준가격으로서의 역할을 하고 구속력이 약한 실정이다. 이러한 구매형태는 지금은 시행되지 아니하고 있다.

2) 원고들 중 농협협동중앙회와 조비는 원심에서 처분이 취소되어서 상고를 하지 않았기 때문에 원심과 상고심에서 해당 당사자의 차이가 있다.

정하는 내용의 공표명령이 헌법재판소에 의하여 위헌이 선언된 이후 피고는 직권으로, 당초 법위반사실의 공표명령과 법적인 성질이 다른 법 제7조 제1항 제4호 '기타 위반행위의 시정을 위하여 필요한 조치'에 근거하여 '법을 위반하였다는 이유로 공정거래위원회로부터 시정명령을 받은 사실을 공표'하라는 명령으로 변경하였다.

2. 소송경과[3)]

가. 원심판결[4)]

농업협동중앙회와 6개 비료제조사업자들이 모두 공정거래위원회의 위 처분이 위법하다는 이유로 행정소송을 제기하였다. 원고들의 주된 주장은 다음과 같다. 1) 광고행위 기간이 이 사건 처분에 적용된 표시광고법의 시행 이전에 속한 행위 부분에 대해서는 동 법률이 아니라 시행 이전 동 행위를 불공정거래행위의 한 유형으로 규율하던 구 공정거래법을 적용해야 하는데 신법인 법을 잘못 적용하였음, 2) 원고들은 경제성을 감안하여 최소공급량(5톤)을 충족할 경우 토양을 분석하여 비료를 배합하여 공급한다는 것은 사실이고, 피고가 문제 삼는 것처럼 소비자 개인별로 토양을 분석하여 비료를 제조·공급한다는 표현을 사용한 사실은 없으므로 원고들이 허위·과장광고를 한 사실이 없음, 3) 만약 최소공급량을 제대로 표시하지 않아서 문제되는 것이라고 하면 소비자를 오인 시킬 우려가 있는 위 광고는 기만적인 광고행위에 대한 제재규정이 적용되어야 하는데 피고가 적용하는 허위·과장광고에 관한 규정을 적용한 것은 잘못되었음, 4) 해당 광고는 대량 구매자인 지역단위조합을 대상으로 한 것이고 소량 구매자인 개별농민의 경우는 소량 주문생산 등으로 그 비용에 비해서 판매이익이 적어서 원래 대상이 아니었음, 5) 비료광고의 경우는 법 제4조 소정의 중요사항으로 고시가 된 바가 없으므로 '소비자 개인별로 토양을 분석하여 비료를 공급한다'는 내용은 적극적으로 표시를 하거나 명확하게 표시를 할 중요한 사항이 아니므로 적극적으로 표시할 의무가 없음.

이에 대해서 서울고등법원은 1)의 주장은 인용하여 광고행위 기간이 이 처분에 적용된 법의 시행 이전에 속한 행위 부분에 대해서는 피고의 처분을 취소하였고 나머지는 다음과 같은 이유로 기각하였다. 즉 2) 해당 행위 표현은 소비자인 농민의 입장에서는 당연히 개별적 토양분석을 통하여 자신의 농지에 가장 적합한 비료가 공급될 것으로 인식하리라고 판단되고, 개개의 모든 제품에 대하여 토양분석을 실시하는 것이 어려워 당해 지역

3) 소송경과와 관련하여 원고들의 청구와 주장내용은 자료입수 문제로 실제 소장이나 준비서면이 아니라 원심판결과 대법원 판결에서 설시한 내용을 기초로 정리하였다.

4) 서울고등법원 2002. 7. 9. 선고 2001누9600 판결.

평균 토양의 시비처방서에 따른 비종을 주문받아서 공급할 필요가 있다고 하면 그러한 사항은 위 비료의 공급과 관련하여 매우 중요한 사항이므로 광고상에 명료한 형태로 표현되어야 하고, 그렇지 않으면 소비자인 농민으로 하여금 각자의 토질과 작물에 맞는 위 비료가 공급될 것이라고 오인하게 할 우려가 있음. 3) 법 제3조 제1항은 본문에서 소비자를 속이거나 소비자로 하여금 잘못 알게 할 우려가 있는 광고행위로서 공정한 거래질서를 저해할 우려가 있는 행위를 금지하면서 그 유형으로 허위·과장의 광고와 기만적인 광고를 제시하고 있는 것인바, '소비자를 속이거나 소비자로 하여금 잘못 알게 할 우려'라고 하는 '소비자오인성' 요건은 부당한 광고행위의 모든 유형에 공통되는 것임(기만광고에만 해당하는 것이 아님). 4) 법을 적용함에 있어서 소비자를 오인시킬 우려가 있으면 충분하고 원고들의 의도는 관계가 없을 뿐 아니라, 농민을 상대로 직접 위 비료를 판매하였고 농협중앙회가 비료관리법에 의한 비료계정에서 위 판매가격의 33%(단 1999년 이후는 22~24%)를 원고제조자들에게 보조금으로 지급하고 있음. 5) 비료광고가 법 제4조의 중요사항 고시제도의 적용대상이 아니라고 할지라도 같은 법 제3조의 규제대상에서 제외되는 것은 아님.

한편 서울고등법원은 이와 별도로 독점규제및공정거래에관한법률 제27조 중 '법 위반사실의 공표' 부분이 헌법에 위반된다는 헌법재판소의 결정을 하였고, 이 처분에 적용된 표시광고법의 해당 규정이 동일한 위헌요인을 가지고 있으므로 동 공표명령이 취소되어야 한다는 원고들 주장에 대해서는 피고가 위헌요인과 다른 조항에 의거하여 적법한 형태로 직권변경하였다고 보아 변경된 처분을 적법한 것으로 판단하여 원고들의 주장을 배척하였다.

나. 대법원 판결

법 시행 이전의 기간 동안에만 법위반행위를 하여 처분이 취소된 농업협동중앙회와 1개 비료제조사를 제외한 나머지 원고회사들이 위 판결에 대하여 상고를 하였다. 상고이유는 다음과 같다. 1) 피고가 직권변경한 처분은 행정청의 처분에 적용되는 「행정절차법」에 규정한 처분의 근거와 이유제시가 결여되어서 위법함. 2) 피고의 직권변경은 그 근거가 된 법 제7조 제1항 제4호 '기타 위반행위의 시정을 위하여 필요한 조치'의 법리를 오해하거나 실질적 법치주의를 위반하여 위법함. 3) 위 헌법재판소의 위헌결정을 신뢰한 행위에 대해서 신뢰보호의 원칙이 적용되어야 함. 4) 이 사건 행위는 피고가 주장하는 소비자가 오인한 내용을 표현한 사실이 없으며 같은 법 제4조 소정의 중요한 광고행위에 비료업종에 관하여 고시된 내용은 없으므로, 비료에 관한 중요한 내용을 광고하지 아니하였거나 애매하게 광고를 하였다고 하여도 허위·과장의 표시광고에 해당하지 않음. 5) 이 사건 광고는 대량구매자인 단위농업협동조합을 대상으로 한 것이고 개별 농민을 오인시킬 동기나 실익이 없었으므로 허위·과장광고는 성립하지 않음.

3. 판례의 요지

가. 「행정절차법」 제3조 제2항, 같은 법 시행령 제2조 제6호에 의하여, 공정거래위원회의 의결·결정을 거쳐 행하는 사항에는 「행정절차법」의 적용이 제외되므로(대법원 2001. 5. 8. 선고 2000두10212 판결 참조) 공정거래위원회의 의결을 거쳐 행한 이 사건 직권변경처분에는 처분의 근거와 이유제시에 관한 행정절차법 제23조는 적용되지 않는다고 할 것이다.

나. 헌법재판소에 의하여 위헌이 선언된 공정거래법 제27조 중 '법위반사실의 공표' 부분과 동일한 위헌요인이 법 제7조 제1항 제2호 소정의 '법위반사실의 공표' 부분에도 있으면 「행정절차법」에 따른 처분의 근거와 이유를 제시하지 않고 직권으로 그에 근거한 '법위반사실의 공표' 명령을 그와는 법적 성질이 다른 같은 항 제4호 소정의 '기타 위반행위의 시정을 위하여 필요한 조치'를 근거로 '법을 위반하였다는 이유로 공정거래위원회로부터 시정명령을 받은 사실'의 공표명령으로 변경할 수 있다고 할 것이다(대법원 2003. 2. 28. 선고 2002두6170 판결 참조). 또한 이 사건 직권변경처분은 당초의 법위반사실의 공표명령과는 법적 성질을 달리하는 것이라서 새로운 처분이라고 할 것임에도 원심이 당초의 법위반사실의 공표명령의 내용에 흡수되는 것으로 본 것은 잘못이라고 할 것이지만, 원심이 직권변경처분을 심판대상으로 그 적법 여부를 판단하여 「행정소송법」 제22조 소정의 처분의 변경으로 인한 소의 변경을 허가한 것으로 볼 수 있고 청구취지 및 청구원인변경도 「행정소송법」 제22조 제2항 소정의 기간 내에 이루어졌으므로 원심의 잘못은 판결 결과에 영향을 미쳤다고 할 수 없다.

다. 헌법재판소의 위헌결정은 행정청이 개인에 대하여 신뢰의 대상이 되는 공적인 견해를 표명한 것이라고 볼 수 없으므로, 그 결정에 관련한 개인의 행위에 대하여는 신뢰보호의 원칙이 적용되지 아니한다.

라. 한편 법 제3조 제1항 제1호, 같은 법 시행령 제3조 제1항에 의하여 허위·과장의 광고는 사실과 다르게 광고하거나 사실을 지나치게 부풀려 광고하여 소비자를 속이거나 소비자로 하여금 잘못 알게 할 우려가 있는 광고행위로서 공정한 거래질서를 저해할 우려가 있는 광고를 말하고, 광고가 소비자를 속이거나 소비자로 하여금 잘못 알게 할 우려가 있는지는 보통의 주의력을 가진 일반 소비자가 당해 광고를 받아들이는 전체적·궁극적 인상을 기준으로 하여 객관적으로 판단되어야 한다.

마. 소비자를 오인시킬 동기나 실익은 법 제3조 제1항 제1호 소정의 허위·과장광고의 성립요건이 아니라는 취지로 판단하고, 나아가 그 내세운 증거들에 의해서 이 사건 광고에서 원고 회사들이 허위·과장광고를 할 실익이 있다고 판단함에 있어서 원심의 사실인정은 정당하고 법리를 오해한 위법사유는 없다.

II. 해 설

이 사건에서 실제로 앞에서 본 바와 같이 허위·과장광고 이외의 쟁점이 많았지만 본 평석에서는 광고판례평석의 견지에서 허위·과장광고의 의미와 그 판단기준에 초점을 맞추어 설명한다.

1. 허위·과장광고의 의미

허위·과장광고는 사실과 다르게 광고하거나 사실을 지나치게 부풀려 광고하여 소비자를 속이거나 소비자로 하여금 잘못 알게 할 우려가 있는 광고행위로 공정한 거래질서를 해칠 우려가 있는 광고를 말한다(법 제3조 제1항 제1호). 이러한 정의는 일견 분명한 것처럼 보인다. 광고의 문언이 사실과 다른 경우 허위·과장광고행위에 해당될 수가 있음은 비교적 분명하다. 그런데 광고 표현의 단어 각각은 사실에 부합하더라도 전체적 인상이 사실과 다른 경우나, 광고 표현이 특정한 제한적인 조건 하에서는 사실에 부합하지만 그러한 제한적인 조건이 아닌 경우에는 사실에 부합하지 않는 경우도 허위·과장광고라고 할 수가 있는지가 문제가 될 수가 있다.

원고들도 원심에서, 경제성을 감안하여 최소공급량(5톤)을 충족할 경우여야 하지만 BB(입상배합)비료는 실제 토양을 분석하고 그에 따라 비료를 배합하여 공급한다는 것은 사실이고, 피고가 문제 삼는 것처럼 소비자 개인별로 토양을 분석하여 비료를 제조·공급한다는 표현을 사용한 사실은 없으므로 원고들이 허위·과장광고를 한 사실이 없다는 점을 주장하였다. 또한 만약 최소공급량을 제대로 표시하지 않아서 문제되는 것이라고 하면 소비자를 오인 시킬 우려가 있는 위 광고는 기만적인 광고행위에 대한 제재규정이 적용되어야 하는데, 피고가 적용하는 허위·과장 표시광고는 법적용이 잘못되었다고 주장하였다.

이에 대해서 원심은 해당 행위 표현은 소비자인 농민의 입장에서는 당연히 개별적 토양분석을 통하여 자신의 농지에 가장 적합한 비료가 공급될 것으로 인식하리라고 판단되고, 개개의 모든 제품에 대하여 토양분석을 실시하는 것이 어려워 당해 지역 평균 토양의 시비처방서에 따른 비종을 주문받아서 공급할 필요가 있다고 하면 그러한 사항은 위 비료의 공급과 관련하여 매우 중요한 사항이므로 광고상에 명료한 형태로 표현되어야 하고, 그렇지 않으면 소비자인 농민으로 하여금 각자의 토질과 작물에 맞는 위 비료가 공급될 것이라고 오인하게 할 우려가 있다고 인정하였다. 또한 법 제3조 제1항은 본문에서 소비자를 속이거나 소비자로 하여금 잘못 알게 할 우려가 있는 광고행위로서 공정한 거래질서를 저해할 우려가 있는 행위를 금지하면서 그 유형으로 허위·과장의 광고와 기만적인 광고를 제시하고 있는 것인바, 원고들이 주장하는 '소비자를 속이거나 소비자를 잘못 알게 할 우려'라고 하는 '소비자오인성'요건은 부당한 광고행위의 모든 유형에 공통되는 것이므로 기만적인 광고에만 해당하는 것이 아니라는 취지로 원고들의 주장을 기각하였고, 상고심인 대법원에서도 이러한 원심의 사실인정과 법리판단이 타당하였다고 판시하였다.

관련해서 기만적인 광고를 살펴볼 필요가 있다. 기만적인 광고는 사실을 은폐하거나 축소하는 등의 방법으로 광고를 하여 소비자를 속이거나 소비자를 잘못 알게 할 우려가 있는 광고이다. 허위·과장의 광고와는 소비자에게 사실과 다른 인식을 갖게 한다는 점에서는 공통되지만 그 방법 면에서는 차이가 있다. 즉 허위·과장의 광고는 진실하지 않은 진술 또는 표시를 적극적으로 제시하여 소비자의 오해 또는 사실과 다른 인식을 직접 초래하는 것이고, 기만적인 광고는 소극적으로 진실의 전부 또는 일부에 대하여 은폐, 누락하거나 또는 축소하는 방법으로 소비자의 오해 또는 사실과 다른 인식을 유도하는 것이다.

원고들이 주장하고자 하는 바는 본 사건 광고가 사실과 다른 것이 아니고 또한 경제성 때문에 일정 구매량을 구매할 경우라는 제한적 조건을 명확하게 표시하지 않았기 때문에 기만적인 광고로 보아야 하는데, 피고가 허위·과장광고 규제 규정을 잘못 적용하였다는 것으로 추측이 된다. 다만 원고들이 기만 광고를 주장하면서 은폐나 누락 사실을 적시하는 대신 원심판결에 따르면 소비자를 오인시킬 우려가 있다는 점을 기만적인 광고의 본질로 주장한 것 같은데, 이는 기만적 광고의 본질을 제대로 적시하지 못한 것이 아닌가 생각이 된다. 이 사건 광고는 전부 사실과 다르다고 할 수가 없으며, 굳이 허위·과장인지 기만적인지 여부를 구분하는 위 방법에 따르면 이러한 제한적인 조건을 명확하게 제시하지 않은 점에서 보면 기만적인 광고에 더 부합된다고 할 수가 있다. 따라서 원고들의 위 주장은 일면의 타당성이 있다고 생각한다. 하지만 이 사건 광고는 일반적인 기만 광고와는 달라서, 사실과 다른 허위·과장의 징표 또한 가지고 있다고 보인다. 피고의 이 사건 시정명령 등 처분에서 인정한 내용에 따르면, 농가당 연간 BB비료 주문건수가 1건이라고 가정하더라도 비료제조자별로 약 10~180건의 비료 주문 중 1건 만의 비율로 토양 분석을 실시하여 실제로 대다수는 개별 토양분석을 실시하지 않고 있다. 또한 동 비료를 사용했을 경우 그 효과로 수확이 증대한 정도를 구체적인 수치 표현까지 사용하면서 강조한 바를 감안하면, 위 광고의 표현이 사실에 부합하는데 일부 제한적인 조건을 표시하지 않은 것이 아니라 대체로 사실과 부합하지 않는다고 볼 수도 있어서 허위·과장 광고로 볼 요인도 약하다고 할 수가 없다. 그래서 이 사건의 경우는 허위·과장의 광고와 기만적 광고 모두의 요건을 충족하는 경우라 보이고, 이러한 측면에서 원고들의 주장을 기각한 원심과 대법원의 판단은 타당하다고 생각된다.

2. 허위·과장의 판단기준

허위·과장광고는 사실과 다르게 광고하거나 사실을 지나치게 부풀려 광고하여 소비자를 속이거나 소비자로 하여금 잘못 알게 할 우려가 있는 광고행위로 공정한 거래질서를 해칠 우려가 있는 광고를 말한다(법 제3조 제1항 제1호). 이에 허위·과장광고는 실제 소비자가 오인하는 결과를 요하는 것은 아니지만 '소비자를 속이거나 소비자를 잘못 알게 할 우려'는 있어야 한다. 즉 소비자를 오인하게 할 경향성은 인정되어야 한다는 의미이다.

소비자가 경험이 많고 교육을 많이 받은 경우에는 사실과 다른 표현이 있다고 하더라도 잘 속지 않을 것이다. 반면에 소비자가 어리거나 나이가 많아서 판단능력이 떨어지거나 교육이나 경험이 부족한 경우에는 오인할 경향성이 높아진다. 미국 연방거래위원회(Federal Trade Commission)가 불공정행위로서의 표시광고를 규제하는 기준에서 보면, 시대에 따라서 합리적인 소비자를 기준으로 하거나 취약층인 소비자를 기준으로 하는 등 변천을 보였지만 결국 일반적인 소비자를 기준으로 하도록 정착되었다.

우리 대법원 판례도 일찌감치 "허위·과장의 광고는 사실과 다르게 광고하거나 사실을 지나치게 부풀려 광고하여 소비자를 속이거나 소비자로 하여금 잘못 알게 할 우려가 있는 광고행위로서 공정한 거래질서를 저해할 우려가 있는 광고를 말하고 광고가 소비자를 속이거나 소비자로 하여금 잘못 알게 할 우려가 있는지는 보통의 주의력을 가진 일반 소비자가 당해 광고를 받아들이는 전체적·궁극적 인상을 기준으로 하여 객관적으로 판단되어야 한다(대법원 1998. 3. 27. 선고 96누5636 판결, 2000. 12. 12. 선고 99두12243 판결, 2003. 2. 28. 선고 2002두6170 판결, 2003. 4. 11. 선고 2002두806 판결 등 참조)"고 판시하였다.

원심에서 원고는 제조회사는 그 거래의 대상이 조합이고 개별농민에 대한 판매실익이나 의도가 없다고 주장하여 그 오인가능성의 기준을 개별 농민으로 삼아서는 안 된다는 취지로 주장을 하였다. 그러나 원심과 대법원도 이 사건 광고가 농민을 대상으로 하는 광고이므로, 보통의 주의력을 가진 일반 농민이 이 사건을 받아들이는 전체적·궁극적 인상을 기준으로 객관적으로 판단할 때 이 사건 광고의 소비자인 농민을 오인할 가능성이 있다고 판단하였다. 또한 소비자 일반의 오인가능성을 감안할 때 개별 농민의 토양 분석에 대해서 별도의 구매량 조건이 있다고 하면, 이러한 사항은 비료의 구매와 관련하여 중요한 사항이므로 명확하게 표현하지 않으면 이러한 오인가능성이 있다고 판단하였다.

실제로 원심에서 인정한 사실에 따르면 조합을 통하지 않고 개별 농민이 제조회사나 대리점에 직접 구매하는 경우가 상당히 있으며, 조합을 통하더라도 실제 소비자는 개별 농민인 점을 감안하면 이러한 원심과 대법원의 입장은 정당한 것으로 보인다.

Ⅲ. 판례의 의의

위 판결은 우선 기만적 광고의 성격을 지녔지만 허위·과장광고의 요건에도 해당된다고 하면 허위·과장의 광고로 규율하는 것이 적법하다는 점을 확인하였다고 볼 수 있다. 또한 허위·과장의 광고에 있어서 소비자오인성에 대해서 "보통의 주의력을 가진 일반 소비자"라는 기준을 재확인함과 동시에, 조합을 통한 비료 구매와 개별 농민의 구매가 혼재된 구매 방식에 대해서 일반소비자의 기준을 농민으로 판단하였다. 이러한 대법원 판결의 입장은 부당한 표시광고의 규제에 대한 법의 법문이나 체계에 부합되고 그 기준을 명확히 설시한 것으로서, 앞으로 공정거래위원회의 법집행 실무나 사업자들의 법적용에 대한 예측가능성에 도움이 될 것으로 생각된다.

27 학원유치부 모집광고에 대한 소비자의 오인성 여부 판단기준

－대법원 2003. 4. 11. 선고 2002두806 판결

이 충 훈*

Ⅰ. 판례의 개요

1. 사안의 개요

원고인 (주)D교육개발은 한국외국어대학교의 재단법인과 '교육·문화사업 제휴협정'을 체결하면서,[1] 한국외국어대학교의 학교명과 이에 부속된 로고를 협정목적에 부합하는 사업에 무상으로 사용할 수 있도록 합의하였다. D교육개발은 학원 가맹점사업자를 모집하기 위하여 제작한 광고표지에 '외대어학원'이라는 상호를 크게 표시되어 있고, 하단에는 D교육개발 및 한국외국어대학교명과 그 각 로고를 표시하였다. 다른 원고인 D교육개발 가맹점사업자인 Y는 학원유치부 신입생을 모집하기 위한 광고에서 '한국외국어대학교와 함께하는'이라는 부제와 '외대어학원'이라는 상호를 크게 표시하고 그 옆 부분에 그 보다 작은 글씨로 '(주)D교육개발 개금외대어학학원'이라고 표시하였다.

2. 소송경과

가. 공정거래위원회의 심결[2]

이러한 광고에 대하여 공정거래위원회는 "D교육개발은 학원 가맹점 사업자를 모집

* 인천대학교 법학부 교수.

1) 본래 원고와 피고의 실제명칭은 표기하지 않는 것이 원칙이나 이 사건의 경우 명칭이 본질적인 내용에 해당하여 부득이하게 실제명칭을 사용하였다.

2) 공정거래위원회 2000. 4. 28. 의결 제2000－71호.

함에 있어 자기회사 업무 소개 책자를 통하여 광고하면서, Y는 학원유치부 신입생에 대한 모집광고를 하면서, 자기의 실제 상호가 아닌 '외대어학원'이라는 상호를 사용함으로써 마치 한국외국어대학교가 직접 운영하는 학원인 것처럼 소비자를 오인시킬 우려가 있는 부당한 광고행위를 하여서는 아니 된다"고 의결하였다.

나. 원심판결[3)]

원심은 광고의 내용에 해당하는 부분의 문구는 한국외국어대학교의 독창적인 프로그램과 노하우를 적용하여 외국어 교습을 한다는 의미이지 한국외국어대학교가 그 학원을 직접 운영한다는 내용으로 보기 어렵다는 점, 한국외국어대학교는 영리를 목적으로 학교 밖에서 여러 곳의 외국어학원을 직접 운영한다거나 학원운영 가맹사업을 하는 것은 사실상 불가능한 점, 이 사건 광고의 실제 수요자인 학원 가맹희망자나 학원수강생, 학부모의 연령, 직업, 학력 등 특성과 그들이 외국어학원을 선택함에 있어 통상 기울일 것으로 보이는 주의의 정도 등 여러 사정을 감안하면, 원고인 (주)D교육개발이나 Y가 이 사건 광고의 표지부분 등에 '외대어학원'이라는 명칭을 사용하였다고 하여 학원 가맹희망자나 학부모 등 수요자로 하여금 한국외국어대학교가 직접 운영하는 학원인 것으로 오인시킬 우려가 있다고 단정하기는 어렵다고 판시하였다.

다. 대법원 판결[4)]

대법원은 어느 광고가 특정 소비자를 대상으로 하는 경우에는 그 오인성 여부는 보통의 주의력을 가진 특정소비자가 그 광고를 받아들이는 전체적인 인상을 기준으로 판단하여야 하는 것이므로, 학원 가맹사업자의 모집을 목적으로 한 학원가맹점 모집광고의 오인성 여부는 보통의 주의력을 가진 학원 가맹희망자들을, 외국어학원 유치부 신입생의 모집을 목적으로 한 학원유치부 모집 광고의 오인성 여부는 보통의 주의력을 가진 4~7세 아동의 학부모들을 각각 기준으로 하여 그들이 광고를 받아들이는 전체적인 인상을 기준으로 판단하여야 한다고 판시하면서 D교육개발의 광고내용과 Y의 광고내용은 특정소비자를 오인시킬 우려가 있는 부당한 표시·광고행위에 해당한다고 판시하였다.

---

3) 서울고등법원 2011. 11. 29. 선고 2000누6369 판결. 다만 원심판결문을 입수하지 못하여 대법원의 판결문을 통해 원심판결의 내용을 소개한다.
4) 대법원 2003. 4. 11. 선고 2002두806 판결.

II. 해 설

1. 표시·광고의 공정화에 관한 법률상의 부당한 표시·광고행위

가. 부당한 표시·광고의 개념

「표시·광고의 공정화에 관한 법률」(이하 '표시광고법'이라 한다) 제2조에서는 표시와 광고의 개념을 정의하고 있다. 우선 표시란 사업자 또는 사업자단체가 상품 또는 용역에 관한 ① 자기 또는 다른 사업자 등에 관한 사항, ② 자기 또는 다른 사업자 등의 상품 등의 내용, 거래조건 기타 그 거래에 관한 사항을 소비자에게 알리기 위하여 상품의 용기, 포장, 사업장 등의 게시물 또는 상품권, 회원권, 분양권 등 상품 등에 관한 권리를 나타내는 증서에 쓰거나 붙인 문자, 도형 및 상품의 특성을 나타내는 용기, 포장을 의미한다(표시광고법 제2조 제1호). 광고란 사업자 등이 상품에 관한 사항을 「신문 등의 자유와 기능보장에 관한 법률」 제2조 제1호에 의한 정기간행물(신문, 잡지, 기타 간행물), 동조 제5호의 규정에 의한 인터넷신문, 「방송법」 제2조 제1호의 규정에 의한 방송(텔레비전 방송, 라디오 방송, 데이터방송, 이동멀티미디어방송), 「전기통신기본법」 제2조 제1호의 규정에 의한 전기통신(유선·무선·광선 및 기타의 전자적 방식에 의하여 부호·문언·음향 또는 영상을 송신하거나 수신하는 것), 기타 대통령령이 정하는 방법(전단, 팸플릿, 견본 입장권, 인터넷 또는 PC통신, 포스터, 간판, 네온사인, 에드벌룬, 전광판, 비디오물, 음반, 서적, 간행물, 영화, 연극 등)으로 소비자에게 알리거나 제시하는 것을 말한다(표시광고법 제2조 제2호).

표시광고법에서는 사업자에게 소비자를 속이거나 소비자로 하여금 잘못 알게 할 우려가 있는 표시·광고행위로서 공정한 거래질서를 저해할 우려가 있는 표시나 광고를 부당한 표시·광고로 인정하고 부당한 표시·광고행위를 금지하고 있다. 부당한 표시·광고행위에는 ① 거짓·과장의 표시·광고, ② 기만적인 표시·광고, ③ 부당하게 비교하는 표시·광고, ④ 비방적인 표시·광고가 있다(표시광고법 제3조 제1항). ① 거짓·과장의 표시·광고는 사실과 다르게 표시·광고하거나 사실을 지나치게 부풀려 표시·광고하는 것을 말하고, ② 기만적인 표시·광고는 사실을 은폐하거나 축소하는 등의 방법으로 표시·광고하는 것을 말하며, ③ 부당하게 비교하는 표시·광고는 비교 대상 및 기준을 분명하게 밝히지 아니하거나 객관적인 근거 없이 자기 또는 자기의 상품이나 용역을 다른 사업자 또는 사업자단체나 다른 사업자등의 상품등과 비교하여 우량 또는 유리하다고 표시·광고하는 것을 말하며, ④ 비방적인 표시·광고는 다른 사업자등 또는 다른 사업자등의 상품등에 관하여 객관적인 근거가 없는 내용으로 표시·광고하여 비방하거나 불리한 사실만을 표시·

광고하여 비방하는 것을 말한다(표시광고법 시행령 제3조).

나. 부당한 표시·광고의 판단기준[5)]

(1) 내용이 거짓이거나 기만적인 표시·광고

표시·광고가 부당한 표시·광고가 되기 위해서는 그 표시·광고 내용이 거짓이거나 기만적이어야 한다(표시광고법 제1조, 제3조 제1항). 거짓이란 표시·광고가 객관적인 진실에 부합하지 않는 것을 말한다. 다만 거짓이나 기만적인 표시·광고라 하더라도 소비자의 오인을 유발하지 않는다면 부당한 광고라고 할 수 없다고 할 것이다. 따라서 여기에서 요구되는 거짓된 광고란 그 내용이 객관적인 사실에 부합하지 않으면서 소비자의 구매의사결정에 실질적으로 영향을 미치는 것을 의미한다고 해석해야 할 것이다.[6)]

이에 반하여 기만성이란 객관적인 사실을 은폐하거나 축소하는 등의 방법으로 표시하여 소비자의 합리적인 선택권을 방해하는 것을 말한다. 특히 기만성의 판단에 있어서는 소비자가 현혹되어 오판할 수 있는 추상적인 위험성만 있으면 족하고, 그 위험이 구체적으로 발생될 필요는 없다고 해석된다.[7)] 판례는 거래에 있어서 중요한 사항에 관하여 구체적인 사실을 거래상의 신의성실의 의무에 비추어 비난받을 정도의 방법으로 허위로 고지한 경우에는 과장, 허위의 광고의 한계를 넘어 사기적 기망행위에 해당한다고 판시하여, 거래에 있어서 중요한 사항에 대한 허위의 범위에 대해 상거래의 관행, 신의성실의 원칙, 비난의 정도를 판단기준으로 제시하고 있다.[8)]

(2) 오인가능성

허위성과 기만성이 사업자의 기만적인 행위에 중점을 둔 판단기준임에 반해, 소비자의 오인가능성은 소비자의 인식에 중점을 둔 개념으로서 소비자가 상품등을 구매함에 있어 사실과 다른 인식을 하도록 유인하는 상태를 말한다. 오인가능성의 판단에 있어서 그 위험은 일반적·추상적으로 판단되는 것이 아니라 개별적·구체적으로 판단되어야 한다.

오인의 주체는 당해 표시·광고가 대상으로 삼는 소비자 중 평균인의 통상적인 주의능력을 기준으로 결정된다. 우리나라의 판례도 "광고가 일반 소비자를 대상으로 하는 경

---

5) 그 밖의 요소로서 ① 표시·광고의 전체적 인상 또는 이미지, ② 표시·광고 문헌해석의 다양성 여부, ③ 표시·광고내용의 진실성 여부, ④ 중요한 내용을 표시·광고에서 누락시켰는지 여부, ⑤ 표시·광고주의 태도 등도 판단해야 할 것이다. 박수영, "부당한 표시·광고행위의 성립요건과 유형", 『기업법연구』, 제13집(한국기업법학회, 2003), 278면 이하.

6) 손수진, "부당광고의 규제에 관한 연구", 한양대학교 박사학위논문(1996), 35면 이하.

7) 김두진, "부당한 표시·광고의 위법성 판단 기준", 『소비자문제연구』, 제48권 제3호(한국소비자원, 2017), 166면 이하.

8) 대법원 2002. 2. 5. 선고 2001도5789 판결.

우 소비자를 오인시킬 우려가 있는지 여부는 전문가가 아닌 보통의 주의력을 가진 일반 소비자가 당해 광고를 받아들이는 전체적·궁극적 인상을 기준으로 하여 객관적으로 판단되어야 한다"고 판시[9]하여 평균적인 소비자를 기준으로 오인가능성을 판단한다고 해석된다.

또한 오인성을 판단함에 있어 표시·광고에서 주장된 구체적인 사실만을 고려할 것이 아니라 광고에서 주장된 전체적인 인상도 판단기준으로 평가되어야 한다. 오인가능성을 판단함에 있어 표시·광고의 오인야기성이 실재해야 한다. 즉 사업자의 표시·광고가 소비자의 구매의사결정에 실질적인 영향을 미치는 것이어야 한다.[10] 소비자의 구매의사결정에 실질적인 영향을 미치지 않는 사항에 대해서는 소비자가 실제로 오인을 하더라도 소비자의 합리적인 상품선택을 저해할 우려가 없기 때문이다.

(3) 공정거래저해성

부당한 표시·광고가 되기 위해서는 "공정한 거래질서를 저해할 우려"가 있어야 한다(동법 제3조 제1항). 공정한 거래질서를 저해할 우려는 전체적·일반적 거래질서에 미치는 영향을 그 기준으로 삼아야 하므로 사업자간의 관계, 개별적인 거래당사자간의 관계뿐만 아니라 표시광고법의 목적인 공정한 거래질서의 확립이라는 객관적 입장에서 종합적으로 그 위법성을 판단하여야 한다. 공정거래를 저해할 우려만 있으면 공정거래저해성에 해당하게 되므로 추상적인 위험성 즉 가능성만 있으면 충분하고 구체적인 위험성까지 존재할 필요는 없다고 할 것이다.[11]

2. 검 토

가. 부당한 표시·광고 해당 여부

표시·광고가 부당한 표시·광고에 해당하기 위하여는 그 표시·광고의 내용이 거짓이거나 기만적이어야 한다. 공정거래위원회에서는 D교육개발은 한국외국어대학교가 직접 운영하는 학원이 아닐 뿐만 아니라 협정에서 '외대어학원'이라는 학원 브랜드 명칭을 사용하기로 한 것도 아니고, 현재 한국외국어대학교와 실질적인 교류가 없는 상황에서 '외대어학원'이라는 명칭을 사용하고 있으므로 이는 기만적인 광고행위로 보아야 한다고 판단하였다. 또한 개금외대어학원은 한국외국어대학교가 직접 운용하는 학원이 아닐 뿐만

9) 대법원 2003. 2. 28. 선고 2002두6170 판결.
10) 이충훈, "사이버몰 운영자의 표시·광고책임", 『인터넷법률』, 통권 36호(법무부, 2006), 202면 이하.
11) 대법원 1990. 2. 9. 선고 89누6860 판결.

아니라 현재 한국외국어대학교로부터 교육관련 프로그램제공을 받는 등 학원업무와 관련한 실질적인 교류가 없으므로 이 역시 기만적인 광고행위로 보아야 한다고 판단하였다.

그러나 원심에서는 (주)D교육개발이나 Y가 제작한 광고의 내용은 한국외국어대학교의 독창적인 프로그램과 노하우를 적용하여 외국어교습을 한다는 의미이고, 한국외국어대학교는 영리를 목적으로 학교 밖에서 여러 곳의 외국어학원을 직접 운영한다거나 학원운영 가맹사업을 하는 것은 사실상 불가능하다는 점, 광고의 실제소유자인 학원 가맹희망자나 학원수강생, 학부모의 연령, 직업, 학력 등 특성 등을 감안하면 (주)D교육개발이나 Y가 광고의 표지부분 등에 '외대어학원'이라는 명칭을 사용한 것이 기만적인 광고행위에 해당하지 않는다고 판단하였다.

광고의 내용을 보면 '외대어학원은 미래를 선도하는 대학·외국어부문 최우수 국책대학·한국외국어대학교의 전통을 잇는 정통어학원', '한국외국어대학교의 외국어교육프로그램', '한국외국어대학교 40년 외국어교육의 전통을 이은 정통어학원', '40여년을 축적해온 한국외국어대학교의 독창적 프로그램과 노하우를 그대로 적용', '외대어학원은 한국외국어대학교의 지난 40여 년 간의 외국어교육 경험과 성과를 바탕으로 (주)D교육개발의 미래지향적인 기업이념이 결합되어 탄생한 외국어 전문 교육원' 등의 문구가 기재되어 있다. 이러한 내용을 보면 '외대어학원'은 한국외국어대학과 아주 밀접한 관계를 유지하면서 마치 한국외국어대학교가 운영하는 학원이라고 해석할 가능성이 매우 크다고 보인다. 더욱이 (주)D교육개발은 현재 한국외국어대학교와 실질적인 교류가 없고 한국외국어대학교가 직접 운영하는 학원이 아니라는 점에서 (주)D교육개발의 광고는 거짓이거나 기만적인 내용을 담고 있으므로 이 광고는 부당한 표시·광고에 해당한다고 판단하는 것이 타당하다고 할 것이다. 또한 Y가 제작한 광고에서는 '한국외국어대학교와 함께하는 외대어학원'이라는 상호가 크게 표시되어 있는데, 이 광고의 내용 역시 외대어학원이 한국외국어대학교와 공동으로 운영하는 학원이라고 해석할 가능성이 크다고 보인다. 더욱이 '외대어학원'이 한국외국어대학교와 실질적인 교류가 없음에도 불구하고 한국외국어대학교가 직접 운영하거나 공동으로 운영하는 학원처럼 광고하고 있으므로 이 역시 거짓이거나 기만적인 내용을 담고 있다고 평가하여야 할 것이다.

나. 오인가능성 해당 여부

오인가능성의 판단은 당해 표시·광고가 대상으로 삼는 소비자 중 평균인의 통상적인 주의능력을 기준으로 결정된다. 그러나 어느 광고가 특정 소비자를 대상으로 하는 경우에는 그 오인성 여부는 보통의 주의력을 가진 특정 소비자의 평균적인 주의능력이 기준이 되어야 할 것이다. 학원 가맹사업에 참여하고자 하는 학원가맹희망자의 평균적인 주의능력이 기준이 되어야 하고, 학원 유치부 신입생의 모집을 목적으로 하는 경우에는 보통의 주의력을 가진 유치부 아동의 학부모들을 각각 기준으로 판단하여야 할 것이라는 것이 대법원의 입장이다.

원심에서는 광고의 내용부분이 광고의 실제 수요자인 학원가맹희망자나 학원수강생, 학부모의 연령, 직업, 학력 등의 특성과 그들이 외국어학원을 선택함에 있어서 통상 기울일 것으로 보이는 주의의 정도 등 여러 사정을 감안하면, (주)D교육개발이나 Y가 '외대어학원'이라는 명칭을 사용하였다고 하여 학원 가맹희망자나 학부모 등 수요자들로 하여금 한국외국어대학교가 직접 운영하는 학원으로 오인시킬 우려가 있다고 단정하기는 어렵다고 판시하였다.

이 사건에서 '외대어학원'이라는 명칭의 사용이 문제될 수 있다. 학원 가맹희망자들이나 학부모들이 학교법인은 수익사업으로 학원을 운영할 수 없다는 사실을 인식할 수 있는가의 문제도 핵심적인 내용이다. 이 사건의 광고에서 사용된 '전통을 잇는', '한국외국어대학교의 외국어교육프로그램', '그대로 적용' '외대어학원은 … 한국외국어대학교와 D교육개발이 운영하는' 등의 표현은 '외대어학원'이라는 명칭이 보통의 주의력을 가진 학원 가맹희망자들이나 학부모들에게 단순히 한국외국어대학교의 독창적 프로그램과 노하우를 적용하여 외국어 교습을 한다는 의미를 넘어 한국외국어대학교가 직접 또는 D교육개발과 함께 운영하는 학원이라 오인될 가능성이 존재한다고 추정될 여지가 있다고 대법원은 판단하고 있다. 일반적으로 '외대'는 한국외국어대학교의 약칭이고 '외대어학원'은 한국외국어대학교어학원이라는 의미로 이해되어 한국외국어대학교와의 관계를 명백히 밝히지 않는 한 한국외국어대학교가 운영하는 학원이라고 오인할 수 있다고 대법원은 판단하고 있다.

(주)D교육개발이나 Y가 제작한 광고의 내용을 보면 '외대어학원'이 한국외국어대학교와 직접적으로 관련이 있다고 오인할만한 문장을 사용하고 있다고 판단하여야 할 것이다. '외대어학원은 D교육개발의 미래지향적 기업이념과 한국외국어대학교의 세계화 정신이 결합된 국제전문인력 양성의 메카', '외대어학원은 … 한국외국어대학교와 … D교육개발이 21세기 정보화사회를 능동적으로 이끌어갈 세계시민을 양성하고자 운영하는 외국어 전문학원' 등의 표현을 사용하고 있다. 이 문장을 보면 마치 외대어학원과 한국외국어대학교가 학원을 공동으로 운영하는 것처럼 기술하고 있다고 판단된다.

또한 '외대'라는 명칭은 '한국외국어대학교'를 지칭하는 것이 일반적인 상황이다.[12)]

---

12) 예를 들어 '연대'는 연세대학교를, '고대'는 고려대학교를, '성대'는 성균관대학교를 지칭한다고 보는

'외대어학원'이라는 표현은 보통의 주의력을 가진 소비자에게는 한국외국어대학교가 직접 운영하거나 공동으로 운영하는 어학원이라고 인식하도록 오인할 가능성이 대우 크다고 판단된다. 학원 운영의 주체가 대학교이거나 대학교와 관련이 있는 기관이 직접 또는 공동으로 운영하고 있다면 소비자 입장에서는 학원을 선택하는데 중요한 고려 요소로 작용할 것은 당연하다 할 것이다.

더욱이 학교법인이 수익사업으로 학원을 운영할 수 없도록 한 것은 교육인적자원부의 「학교법인의 학원운영여부에 대한 업무지침」에 규정된 내용이므로 이를 학원가맹 희망자나 학부모가 이러한 법적 제한을 알 수 있다고 보기에는 무리가 있다. (주)D교육개발이나 Y의 광고내용을 보면 보통의 주의력을 가진 학원가맹 희망자나 학원 유치부 학부모가 학교법인이 학원을 운영할 수 없다는 법률적 제한을 인지하기 어려운 상황에서 '외대어학원'은 한국외국어대학교가 직접 또는 공동으로 운영하는 학원이라고 오인할 가능성이 매우 높은 내용을 포함하고 있다고 생각된다.

Ⅲ. 판례의 의의

기존의 대법원 판결은 광고가 일반 소비자를 대상으로 하는 경우 소비자를 오인시킬 우려가 있는지 여부는 "전문가가 아닌 보통의 주의력을 가진 일반 소비자가 당해 광고를 받아들이는 전체적·궁극적 인상을 기준으로 하여 객관적으로 판단되어야 한다"고 판시[13] 한 바 있으나 이 판결에서는 어느 광고가 특정 소비자를 대상으로 하는 경우에는 그 오인성 여부는 보통의 주의력을 가진 특정 소비자가 그 광고를 받아들이는 전체적인 인상을 기준으로 판단하여야 한다고 판시함으로써 조금 더 구체적인 내용을 담고 있다는데 그 의미가 있다고 할 것이다.

대법원의 판결 내용은 타당하다고 생각된다. 오인가능성 여부는 보통의 주의력을 가진 일반 소비자를 기준으로 하여야 하지만, 특정소비자를 대상으로 광고를 한다면 오인가능성여부는 특정 소비자가 그 광고를 받아들이는 전체적인 인상을 그 기준으로 판단하여야 할 것이다. 본 사건에서 (주)D교육개발과 Y가 광고를 제작하면서 한국외국어대학교와 관계가 없음에도 불구하고 '외대어학원'이라는 명칭을 사용하였고, 광고의 내용에서 실질적으로 한국외국어대학교와 교류가 없음에도 불구하고 '전통을 잇는', '한국외국어대학교

것이 일반적이라 할 것이다.

13) 대법원 2003. 2. 28. 선고 2002두6170 판결.

의 외국어교육프로그램', '외대어학원은 한국외국어대학교와 D교육개발이 운영하는' 등의 표현을 사용하고 있다면 보통의 주의력을 가진 학원 가맹희망자들이나 4~7세 아동의 학부모들에게는 '외대어학원'이 한국외국어대학교가 직접 운영하는 어학원이거나 (주)D교육개발과 한국외국어대학교가 공동으로 운영하는 학원으로 오인하게 할 우려가 있는 부당한 광고에 해당한다고 판단하는 것이 타당하다고 생각된다. 또한 학교법인이 영리사업으로 학원운영을 금지하고 있는 법규를 전문가가 아닌 일반 소비자들이 인지할 수 있다고 단정하기도 어렵다고 할 것이다.

28 ‘1+1 광고’의 부당성 검토

-대법원 2018. 7. 12. 선고 2017두60109 판결

손 혁 상*

Ⅰ. 판례의 개요

1. 사안의 개요

원고는 소비자가 사용하는 상품을 다수 사업자로부터 납품받아 점포(매장)면적 합계 3,000㎡ 이상에서 판매하는 대규모 유통사업자로서 국내 대형마트 시장점유율 3위 사업자이다. 원고는 2015. 2. 5.[제1광고], 3. 11.[제2광고], 4. 2.[제3광고]에 실시한 3번의 전단광고를 통해 ‘1+1 행사’ 광고를 3 차례 진행하였다.[1] [제1광고]에서는 2015. 2. 5.자 전단 광고에 각기 다른 여러 상품들의 사진을 나열한 다음 그 각 상품 밑에 가격을 표시하였는데, 다른 상품들의 하단에는 그 가격만 표시한 것과 달리, 시모아 씨쉘 초콜릿과 시모아 트러플 초콜릿 3종 하단에는 붉은색 사각형 안에 흰색 글자로 ‘1+1’이라고 표기한 문양을 그 가격과 함께 표시하였다. [제2광고]에서도 광고에도 다른 상품들과 달리 브레프 변기세정제의 경우에만 상품 2개의 그림 위에 붉은색 원과 함께 ‘1+1’이라고 표기한 믄양을 표시하고 그 밑에 가격을 표시하였다. [제3광고]에서도 유독 청정원 고기 전용 쌈장은 상품 2개의 그림과 함께 검은색 사각형 안에 흰색 글자로 ‘1+1’이라고 표기한 문양을 그 가격과

* 한국공정거래조정원 공정거래연구센터 연구위원.

1) 이 사건에서 문제된 광고는 다음과 같다.

이 사건 [제1광고]

이 사건 [제2광고]

이 사건 [제3광고]

함께 표시하였다.

원고의 '1+1 행사' 광고에 관하여, 공정거래위원회는 '1+1 행사'를 '증정판매'와 '할인판매'의 양면적 성격을 띠기 때문에 50%의 할인판매의 성격으로 판단하였고, 광고행사에 있어서 표시·광고함에 있어 종전거래가격보다 인상된 가격을 기재할 경우, 허위의 종전거래가격을 비교기준가격으로 하여 할인율을 산출하였다는 점에서 일반 소비자들이 개당 종전거래가격 대비 50% 할인된 가격으로 오인하여 구매의사결정을 할 수 있는 점을 들어 거짓·과장 행위로 판단하여 시정명령 및 과징금납부명령을 부과하였다.[2)]

2. 소송경과

가. 원심판결[3)]

(1) 원고 주장의 요지

① '1+1 행사'는 1개의 제품을 구매하면 1개의 제품을 '덤'으로 제공하는 증정판매이고, 반드시 2개를 구매해야 혜택을 받을 수 있으므로 통상의 할인판매와 다르다.

② 관련 규정의 해석상 할인판매는 상품의 최종판매가격을 직접적으로 할인하여 할인율을 표시하는 경우만을 의미하므로, '1+1 행사'를 할인판매로 해석하는 것은 과잉금지원칙에 위반되므로, 원고의 '1+1행사' 상품의 판매가격을 종전거래가격으로 표시할 의무가 없으므로 거짓·과장성이 존재하지 아니한다.

③ 소비자들은 '1+1 행사'로 표시되는 가격이 판매자가 설정한 묶음 판매가격으로 이루어진다고 인식하고 있어 종전 1개 거래가격을 기준으로 이루어진다고 오인할 우려가 없고, '1+1 행사'시 판매가격을 낱개가격으로 환원하면 종전 가격보다 저렴하여 소비자 효용을 저해하지 아니하므로 소비자오인성과 공정거래저해성도 인정되지 않는다.

(2) 원심법원의 판단

원심은 '1+1 행사'에 관한 원고의 청구를 인용하여, 피고의 시정명령 제1의 나항의 적법여부('1+1 행사'에 대해 광고하면서 종전거래가격보다 인상된 판매가격을 기재하는 행위)에 대하여 '1+1 행사' 상품들의 판매가격을 종전거래가격으로 기재하지 아니하였다고 하더라도 당해 광고행위가 「표시·광고의 공정화에 관한 법률」(이하 '표시광고법'이라 한다)이 금지하는 거짓·과장광고에 해당한다고 볼 수 없다고 판단하였다.

원심은, ① 표시광고법 제3조 제2항, 같은 법 시행령 제3조 제5항에서 부당한 표시·광

2) 공정거래위원회 2016. 11. 24. 의결 2016-324호.
3) 서울고등법원 2017. 8. 17. 선고 2016누1068 판결.

고에 관한 세부유형 또는 기준을 공정거래위원회의 「부당한 표시·광고행위의 유형 및 기준 지정고시」[4]에 위임하고 있는데, '1+1 행사' 광고를 규율대상으로 하는 규정이 부재하다는 점, ② 공정거래위원회 고시 II. 3. 나. [참고]란에서 할인판매와 묶음판매의 성격을 모두 가지고 있는 '1+1 행사' 광고와 관련하여 기준이 되는 가격 개념과 할인율을 규정하지 않았다는 점, ③ '1+1 행사'는 반드시 2개 단위로 제품을 구매하여야만 혜택을 받을 수 있고, 1개 제품을 구매하는 경우 1개 가격에서 50% 할인된 가격으로 구매할 수 없기 때문에 이 사건 고시 II. 3. 라.에서 규정하고 있는 할인판매와 성격이 다르다는 점, ④ '1+1'이라는 표시만 하였고 구체적인 할인율을 기재하거나 1개당 가격을 산출하여 직접명시하지 않았다는 점, ⑤ '1+1 행사'에 대한 소비자들의 공통된 인식이 부재하다는 점을 고려하여 '1+1 행사' 광고에는 거짓·과장성이 인정되지 아니한다고 판단하여 피고의 시정명령 제1의 나항을 취소하였다.

나. 대법원 판결

대법원은 원심판결을 파기하고, 이 부분 사건을 환송하였다.

3. 판례의 요지

가. '1+1 광고'의 할인판매 광고성 여부

사업자의 광고행위 부당성 여부는 공정거래위원회 고시에서 '예시'한 내용에 해당하지는 여부를 기준으로 판단하는 것이 아니라 표시광고법 제3조 및 시행령 제3조의 규정에 따라 판단하여야 하고, 원고의 '1+1 행사' 광고에 '할인'이나 '특정한 할인율 숫자'를 기재하는 않았지만 행사 상품의 가격 옆에 색깔 또는 도형으로 형상을 강조하여 표시함으로써 단위당 가격만 표기한 다른 상품들과 대비되기 때문에 할인판매 광고에 해당한다.

나. 거짓·과장 광고성 여부

'1+1'을 강조하여 표기함으로써 소비자의 관점에서는 동 상품을 구매하면 종전의 1개 판매가격으로 2개를 구매하는 것보다 경제적으로 상당히 유리하다는 의미로 인식할 여지가 크고, '1+1 행사' 광고가 있기 전과 비교하여 소비자들이 얻을 수 있는 경제적 이익이 없고, '1+1 행사' 광고 전 근접한 기간에 실제 판매했던 그 상품의 1개 판매가격과 같거나 그보다 높은 가격으로 '광고상 판매가격'을 표시한 것이기 때문에 표시광고법 제3

4) 공정거래위원회 고시 제2012-10호.

조 제1항 제1호, 시행령 제3조 제1항에서 금지하는 거짓·과장광고에 해당한다.

다. 소비자오인성 및 공정거래저해성

이 사건 1+1 행사 광고는 '1+1'을 강조하여 표기하였으므로, 일반 소비자 관점에서 이를 적어도 "'1+1 행사'를 하는 상품을 구매하면 1개의 판매가격으로 2개 구매하는 것보다 경제적으로 상당히 유리하다"는 인식을 할 여지가 크고, 이로써 소비자를 속이거나 소비자로 하여금 잘못 알게 할 우려가 있는 것으로서 공정한 거래질서를 저해할 우려가 있는 광고에 해당한다.

II. 해 설

1. 가격이미지 형성과 '1+1 광고'

소매사업자에게 가격은 경쟁시장에서 사용할 수 있는 가장 중요한 마케팅도구이다. 또한 소비자는 자기가 방문할 대규모 유통사업자의 점포를 선택함에 있어서 각 점포가 갖고 있는 가격이미지, 즉 '각 소매상이 갖고 판매하는 상품들의 가격 높낮이에 대해서 소비자들이 대체로 갖고 있는 인상'의 영향을 크게 받게 되어, 구체적으로 (합리적 선택을 수반하는) 가격을 모르는 상품을 구매하고자 할 때 각 점포들의 가격이미지는 소비자의 점포선택에 있어 중요한 역할을 하게 된다. 따라서 소매사업자는 자사의 전반적으로 일관성을 갖춘 마케팅전략을 수립함으로써 자사의 가격이미지가 형성되도록 노력한다.[5)]

가격이미지의 형성과 관련하여서는 두 가지 가설이 있는데, (1) 그 하나는 '핵심품목 가설'로서 소비자들이 한 점포에 갖고 있는 가격이미지는 소수의 품목들, 특히 이른바 대표/핵심 품목이나 소매사업자들이 바겐세일이나 광고를 하는 품목들의 가격에 의해 형성된다는 것이고, (2) 다른 하나는 소비자들의 실제 구매경험에 의해 가격이미지가 형성되고, 한 점포에 대한 가격이미지 형성에 있어서는 많은 품목들의 가격을 고려하게 된다는 것이다.

소매업계에서는 '핵심품목 가설'이 맞는 것으로 받아들여지고 있고, 점포의 가격이미지 형성에 크게 영향을 미칠 품목들을 골라서 이런 품목들의 가격을 저렴하게 설정하고, 또 이들의 저렴한 가격(표시)을 광고·진열함으로써 널리 알리고 있다.[6)]

한편 광고주(소매사업자)는 일상적으로 제시된 가격으로 '특정 품목을 구매하는 것을

---

5) 유필화, 헤리만 지몬, 마틴 파스나하트(이하 '유필화 등'), 『가격관리론』 (박영사, 2012), 494면.
6) 유필화 등, 위의 책, 496면.

조건'으로 하여 소비자에게 추가적 상품의 형태를 제공하는 판매전략을 사용하여 점포의 전체매출을 증진하려고 하는 경우가 있다.[7] 이러한 할인에 대한 광고규제와 관련하여 미국 연방거래위원회는 「기만가격에 대한 가이드」[8]를 제정하였다. 동 가이드 §233.4(a)에서는 광고주에 의해 일상적으로 제시된 가격으로 특정품목을 구매하는 것으로 조건으로 하여 고객에게 제공될 수 있는 추가적 상품의 형태로 다양한 특별할인판매(bargain sale)를 제시하지만, 그 본질적인 목적과 효과는 동일함을 언급하고 있다. 또한 (b)에서 광고주는 특별할인판매의 유형으로 "Buy One – Get One Free(이하 'BOGO'라 한다)" 문구 등을 사용하여 소비자에게 추가적인 구매를 요구할 때, 구매요구된 해당품목의 정상가격을 인상하거나, 그 품목의 수량 및 품질을 떨어뜨리거나, 기타(구매자에게 '무료' 혹은 '1'의 추가상품에 대한 자격을 부여하기 위하여 해당품목이 구매되어야 하는 본래의 조건과 다른) 조건을 제시하는 경우에 소비자는 기만당할 수 있다고 규정하고 있다. 또한 (c)에서 '무료', 'BOGO' 등의 유사한 형태의 제시가 있을 때마다 그 제시에 따른 모든 조건은 처음부터 명확하여야 한다고 규정하고 있다.[9] 따라서 이 사건의 '1+1 광고' 판매도 사업자의 본질적으로 동일한 목적을 달성하기 위한 수단이고 이는 결국 할인판매를 통한 점포 또는 플랫폼의 가격이미지 형성이라고 할 수 있다.

2. 거짓 · 과장성

이 사건에서는 4개의 상품에는 '1+1'이라는 문구와 붉은색 음영 또는 원형을 이용하였고, 가격 표시와 관련하여서는 종전거래가격이 아닌 상품별 "각 ○○○원"이라고 광고하면서 종전거래가격을 비교기준가격으로 기재하지 아니하였다.

'1+1 광고'를 할인판매광고로 그 성격을 규정한다면 종전거래가격(비교기준가격)을 표시하고 개당 가격을 표시해야 하는데, 그 부당성을 판단함에 있어서 [제1광고]의 씨모아 씨쉘 초콜릿 상품[10]을 예시로 들어 다음과 같이 경우를 나누어 살펴본다.

가. '1+1' 자체가 구체적인 특정의 할인율을 의미하는 경우가 아니라면, 예컨대 제1광고에서는 "4,950원 → 광고상 표시가격" 형식으로 표시하여 구체적인 할인율을 표시하

---

7) 이러한 경우에는 통상 가격차별로 판단하지 않아 경쟁제한성은 부정되고 있다. Areeda *et al*, 3A Antitrust Law (3d ed.) (Aspen, 2008) p. 343.

8) FTC, "Guides Against Deceptive Pricing", 16 CFR 223.

9) 실제로 BOGO 다음 문언으로 'free' 또는 '50%'와 같은 구체적인 할인율을 표시하고 있다. 즉 "Buy One, Get One Free" 등으로 표시·광고된다.

10) [제1광고]에서 씨모아 씨쉘 초콜릿은 광고상 표시가격은 9,900원이고, 공정거래위원회 의결에서 종전거래가격을 4,950원으로 밝히고 있다.

여야 한다. 만약 '4,950원'이 실제 종전거래가격인데 이와 달리 더 높은 가격을 제시한다면 이는 거짓·과장성이 인정되는 부당한 광고가 된다.

나. '1+1' 자체가 50%의 할인율을 의미하는 경우에는, 종전거래가격(비교기준가격)을 표시하고 개당 가격을 표시해야 하는데, 예컨대 제1광고에서는 "개당 4,950원 → 2,475원(광고상 표시가격)" 형식으로 표시하여야 한다. 만약 광고상 표시가격이 2,475원이 아니라면 거짓·과장의 표시·광고에 해당한다.

그런데 이 사건에서처럼 (1)과 (2)의 경우에서 4,950원(종전거래가격)을 표시하지 않고 광고상 표시가격만 제시하였다면, 할인율이나 가격인하율 산출의 근거가 되는 비교기준가격을 생략(은폐 또는 누락)한 것이 되고 이는 기만적인 표시·광고가 될 수 있기 때문에 기만적인 표시·광고가 될 수 있는지를 살펴보아야 한다.

3. 기만적인 표시·광고성 검토

가. 고시상 '종전거래가격'과 '광고상 표시가격'

고시상 할인판매의 경우에는 반드시 종전거래가격(비교기준가격)을 명시하여야 하고, 이 종전거래가격이 거짓·과장인지 여부를 검토하여 부당한 표시·광고를 규정하고 있다.[11] 대상판결에서도 쟁점은 종전거래가격과 '1+1 광고'를 통한 판매가격(이하 '광고상 판매가격'이라 한다)을 비교하면서, 일반 소비자의 관점에서도 경제적으로 상당히 유리하다고 인식할 여지가 있었으며, 이를 긍정적으로 판단하고 있다.

고시 II. 3. 나. (1) <예시>에서도 통상 할인율 등을 표시함에 있어서 '종전거래가격(A) → 할인가격(B)'에 있어서 종전거래가격의 거짓·과장의 경우를 예시로 들고 있는데, 이 사건에서 '1+1광고'에서는 종전거래가격이 "생략"된 채 (B), 즉 '광고상 표시가격'만을 표시하고 있다. 이로써 원고는 '할인판매가 아니라 증정판매이기 때문에 종전거래가격을 생략하였다'고 주장하였다.

나. 기만적인 표시·광고 여부

통상 소매사업자가 수많은 상품의 개별 최적가격을 인지할 수는 없지만, 특별할인판매를 통하여 소비자를 점포로 유인하고자 함에는 해당 상품의 가격인하는 다른 상품의 판매량 확대로 할인판매로 인한 손실이 보전(recoupment)될 수 있다고 판단하기 때문일 것이다. 그러나 이 사건에서처럼 특별할인판매를 함에 있어서 사업자가 가격결정과 손익분석

11) 공정거래위원회 고시 II. 3. 라. (1) 및 (4).

을 함에 있어서 개별상품의 구매가격을 인상하면서 인하한 것으로 광고하면서 그 구체적인 내용을 언급하지 아니하는 경우는 통상의 허위·과장성 뿐만 아니라 기만성을 검토할 필요가 있다.

부당한 표시·광고 중에서 거짓·과장의 표시·광고와 기만적 표시·광고는 소비자를 속이거나 오인하도록 하는 방법을 적극적으로 사용하였는지 아니면 소극적으로 누락·은폐·축소하였는지로 구분한 분류이다.[12] 그런데 앞서 언급하였던 소매사업자의 '가격이미지'형성을 위해 소비자에게 불이익이 예상됨에도 불구하고 이 사건처럼 '1+1 광고'에서 (A)를 '누락'하였다면,[13] 이는 단순한 거짓·과장성과 다른 기만성으로 판단하여야 한다. 공정거래위원회, 원심 및 대상판결 모두 거짓·과장의 광고로만 판단하였지 기만적인 광고인지를 검토하지 않았다. 이러한 검토는 문제된 표시·광고가 적극적 수단에 의한 것(거짓·과장)이든 소극적 수단에 의한 것(기만)이든 제재의 측면에서는 실질적인 차이가 있는 것은 아니나, 명백하게 거짓·과장성을 입증하기 곤란한 경우에 있어서 기만적 표시·광고로 규제할 수 있기 때문이다.[14]

공정거래위원회 「기만적인 표시·광고 심시지침」(이하 '공정거래위원회 지침'이라 한다)[15]에서는 기만적인 표시·광고를 심사함에 있어서 (1) 특정 정보가 은폐·누락·축소되었다는 사실을 바탕으로 (2) 은폐·누락·축소한 사실이 소비자의 구매선택에 주요한 영향을 미쳤는지 여부 (3) 은폐·누락·축소함으로써 공고내용의 전후 맥락과 광고 전체 내용상 보통의 주의력을 가진 일반 소비자가 사업자나 상품에 대하여 그릇된 정보나 사실과 다른 인식을 가질 우려가 존재하는지 여부 (4) 이를 통해서 소비자의 합리적인 의사결정이 저해될 우려가 존재하는지 여부 등을 종합적으로 판단하도록 하고 있다.[16]

'소비자의 구매선택에 있어서 중요사항에 대한 은폐 또는 누락'은 "제조업자 등 사업자에 관한 정보, 상품 등의 품질·종류·수량 등에 관한 정보, 가격 또는 거래조건에 관한 정보, 사용방법·유효기간·보증 등 상품 등의 사용 또는 이용과정에서 소비자가 반드시 알아야할 정보 등 소비자의 구매선택에 있어 중요한 사항에 관한 정보의 전부 또는 일부에 대하여 은폐 또는 누락한 것을 말한다."[17] 또한 동 지침 V.4.에서도 사업자가 진실의

12) 이기종, "기만적 표시·광고의 규제 －미국법에 대한 비교법적 고찰을 중심으로", 『경제법연구』, 제10권 2호(한국경제법학회, 2011), 169면.
13) 따라서 가격은 소비자의 합리적인 선택에 있어서 상당한 이유가 되는 중요한 요소이기 때문에 이를 은폐하였다고 할 수 있다.
14) 이기종, 앞의 논문, 170면.
15) 공정거래위원회 예규 제268호, 2016. 12. 23. 시행.
16) 공정거래위원회 지침 IV. 일반원칙.
17) 공정거래위원회 지침 V. 세부심사지침. 이 사건 당시 지침내용(공정거래위원회 예규 제85호, 2010. 12. 31. 시행)은 III. I.에서 "제조업자 등 사업자에 관한 정보, 상품 등의 품질·종류·수량 등에 관한

일부를 누락하였을 경우에 거짓·과장의 표시·광고에 해당하는지 기만적인 표시·광고에 해당하는지 모호한 경우에는 표시광고법 제3조 제1항 제1호 및 제2호를 중복적용할 수 있다고 하였다.

대상판결에서는 '1+1 광고'를 표시광고법 제3조 제1항 1호의 '거짓·과장의 광고'로 판단하고 있다. 그러나 원심에서 언급하였던 이 사건과 유사한 특별(할인)판매 유형에서의 가격표시와 관련한 부당성 검토에서 '기만적 광고성'의 방법 또는 조건을 고려하여, 표시광고법 제3조 제1항 제1호 내지 제2호에 근거하여 판단하여야 할 것이다.[18]

Ⅲ. 판례의 의의

대상판결은 '1+1 광고'를 간접적으로 할인판매광고로 규정하여 소비자오인성을 검토한 최초의 판결이다. 먼저 '1+1 광고'를 할인판매에 해당하기 때문에 우리 표시광고법 제3조 제1항의 규정이 적용된다고 하였고, 소비자의 오인성을 종전의 판례와 마찬가지로 광고의 전체적·궁극적 인상에 근거하여 판단하였다.

다만, '1+1 광고'를 미국에서 일반적으로 통용되고 있는 'BOGO Free' 판매전략과 유사하게 판단하여 '할인'판매라는 측면만을 검토하였을 뿐 '다른 상품의 구매를 조건으로 하는 판매'로 판단하지 아니하였다. 또한 원심에서 언급한 다양한 판매유형(예컨대, N+N)에 대한 검토가 미흡했던 것으로 보인다. 파기환송심에서 이에 관한 상세한 검토가 이루어야 할 것이며, 또한 공정거래위원회 고시에서 광고에서의 조건판매 부분에 대한 명확한 설명이 이루어질 수 있도록 하여 수범자의 예측 가능성을 높일 수 있도록 하여야 할 것이다.

정보, 가격 또는 거래조건에 관한 정보, 사용방법·유효기간·보증 등 상품 등의 사용 또는 이용과정에서 소비자가 반드시 알아야할 정보 등 소비자의 구매선택에 있어 중요한 사항에 관한 정보의 전부 또는 일부에 대하여, 소비자가 인식하지 못하도록 감추거나 지나치게 작은 글씨로 표기하거나 지나치게 짧은 시간을 할애하는 등의 방법으로 소비자가 현실적으로 이를 사실에 부합하게 인식하기 어렵게 표시·광고하는 것(은폐) 또는 당초부터 아예 밝히지 않거나 빠뜨린 것(누락)을 말한다"라고 규정하고 있었다.

18) 또한 거래조건에 대한 명확한 표시가 부족하였다고 판단되는 경우(공정거래위원회 고시 II. 17. 나)도 판단근거에 포함되어야 할 것이다.

29 결혼정보회사 광고의 기만성과 소비자오인성 판단

-대법원 2014. 12. 24. 선고 2012두26078 판결

홍 대 식*

Ⅰ. 판례의 개요

1. 사안의 개요

결혼중개업 등을 영위하는 원고(A)는 2010. 11.부터 중앙일간지, 지하철역, 버스 외부 부착 등을 통하여 '결혼정보분야 1위'라는 표현이 포함된 광고(이하 '이 사건 제1광고'라 한다)를 하였는데, 2011. 5.경 이후부터는 이 사건 제1광고에 랭키순위에 관한 설명을 부가하였고 근거자료를 '랭키툴바 6만 명 패널의 인터넷 사용정보'로, 순위 기준으로 'User Session Visits'를 각 제시하였다.

A는 2010. 11. 1.부터 같은 해 12. 6.까지 중앙일간지를 통하여 5회에 걸쳐 '20만 회원이 선택한 서비스'라는 표현이 포함된 광고(이하 '이 사건 제2광고'라 한다)를 하였다. A의 회원은 유료회원과 무료회원으로 구분된다. 유료회원은 재직증명서·혼인관계증명서·졸업증명서 등의 제출을 통해 A로부터 신원검증을 받은 후 가입하게 되며, 일정 횟수의 이성소개 등 결혼중개업체의 실질적인 서비스를 받는다. 반면에 무료회원은 원고의 웹사이트에 결혼경력·핸드폰 번호·직종 등 몇 가지 개인정보만 입력하면 가입이 되며, 미팅파티 및 일반 이벤트와 리서치 참여, 원고의 사무실 방문 시 컨설팅 서비스 정도만 가능할 뿐 무료회원인 상태로는 이성 소개 등의 서비스를 제공받을 권리는 없다.

2. 소송경과

피고 공정거래위원회는 A의 이 사건 제1, 2광고가 「표시·광고의 공정화에 관한 법률」

---

* 서강대학교 법학전문대학원 교수.

(이하 '표시광고법'이라 한다) 제3조 제1항 제2호에 정한 기만적인 광고에 해당한다고 판단하여, A에 대하여 이 사건 제1광고와 관련해서는 행위중지명령, 이 사건 제2광고와 관련해서는 장래 반복금지명령을 내리고, 이와 함께 수명사실 공표명령을 내렸다.[1)]

공정거래위원회의 처분에 대하여 A가 원고로서 제기한 불복소송에서 서울고등법원은 2012. 10. 25. 이 사건 제1광고 중 2011. 5.경 이후의 광고와 관련된 행위중지명령과 수명사실 공표명령에 대한 원고의 청구를 받아들여 이를 각 취소하고, 원고의 나머지 청구를 기각하는 판결을 선고하였다.

이 판결에 대하여는 쌍방이 모두 상고하였는데, 대법원은 2014. 12. 24. 상고를 모두 기각하는 판결을 선고하였다[대상판결].

3. 판결의 요지

가. 원심판결[2)]

원고의 이 사건 제1광고 중 2010. 11.부터 2011. 4.까지 진행한 광고의 경우 1위를 정하는 방식에 대한 설명 없이 "결혼정보분야 1위(랭키닷컴 기준)"라고만 광고함으로써 인터넷 사용정보를 토대로 1위를 하였다는 사실을 은폐하거나 축소한 점에서 기만성이 인정된다. 그러나 랭키순위에 대한 설명이 부가된 2011. 5.경 이후의 광고는 랭키순위에 관한 설명이 부가된 광고를 접한 일반 소비자가 랭키순위의 의미를 모두 알 수는 없더라도 '인터넷 사용정보'와 'User', 'Visits' 등의 표현으로부터 랭키순위가 적어도 인터넷 사용자들의 웹사이트 방문기록을 토대로 정해진다는 사실을 알 수 있었을 것으로 보이므로 기만성이 있다고 보기 어렵다.

원고의 이 사건 제2광고의 경우 유료회원과 무료회원은 원고로부터 받을 수 있는 서비스의 차이가 현저하고, 원고의 전체 회원 293,202명 중 유료회원이 7,776명으로서 그 비율이 3%에 불과함에도(○○ 웹사이트 2011. 2. 23. 기준), 원고가 그 구분 없이 '20만 회원이 선택한 서비스'라고 광고한 것은 결혼중개업체로부터 본질적 서비스라 할 수 있는 이성소개 등의 서비스를 받을 수 있는 유료회원 수를 은폐하는 등 기만성이 인정되고, 이 사건 제2광고를 접한 보통의 주의력을 가진 소비자로서는 '20만 명' 모두가 소개받을 수 있는 유료회원인 것으로 오인하거나 오인할 우려가 있으며, 소비자에게 잘못된 정보를 제공하여 소비자의 합리적인 선택을 방해할 우려가 있는 등 공정거래저해성도 인정된다. 또한

1) 공정거래위원회 2012. 4. 18. 의결 제2012-052호.
2) 서울고법 2012. 10. 25. 선고 2012누14066 판결.

이 사건 제2광고의 크기, 횟수, 기간, 게재된 매체와 관련 업계에서 원고가 차지하는 지위 등에 비추어 보면, 이 사건 제2광고의 중지 또는 금지만으로 일반 소비자들에게 이미 형성된 원고에 대한 그릇된 정보가 완전히 제거된다고 보기는 어려우므로, 이를 위하여 중지·금지명령의 공표를 명할 필요가 있고, 이 사건 공표명령에 비례의 원칙을 위반하여 재량권을 일탈·남용한 위법이 없다.

나. 대법원 판결

표시광고법 제3조 제1항 제2호, 구 '표시·광고의 공정화에 관한 법률 시행령'(2012. 9. 5. 대통령령 제24081호로 개정되기 전의 것, 이하 '시행령'이라 한다) 제3조 제2항에 의하면, 기만적인 광고는 사실을 은폐하거나 축소하는 등의 방법으로 소비자를 속이거나 소비자로 하여금 잘못 알게 할 우려가 있는 광고행위로서 공정한 거래질서를 해칠 우려가 있는 광고를 말한다. 한편 일반 소비자는 광고에서 직접적으로 표현된 문장, 단어, 디자인, 도안, 소리 또는 이들의 결합에 의하여 제시되는 표현뿐만 아니라 거기에서 간접적으로 암시하고 있는 사항, 관례적이고 통상적인 상황 등도 종합하여 전체적·궁극적 인상을 형성하므로, 광고가 소비자를 속이거나 소비자로 하여금 잘못 알게 할 우려가 있는지는 보통의 주의력을 가진 일반 소비자가 그 광고를 받아들이는 전체적·궁극적 인상을 기준으로 하여 객관적으로 판단하여야 한다(대법원 2013. 6. 14. 선고 2011두82 판결 등 참조). 원심판결 이유를 이러한 법리와 기록에 비추어 보면, 원심의 판단은 정당한 것으로 수긍이 가고, 거기에 기만적인 광고의 성립범위에 관한 법리를 오해한 잘못이 없다.

또한 표시광고법 제7조 제1항 제2호, 제2항, 시행령 제8조에 따르면, 공정거래위원회는 부당한 표시·광고 행위를 한 사업자에 대하여 시정명령을 받은 사실의 공표를 명할 수 있다. 그 규정의 문언과 공표명령 제도의 취지 등을 고려하면, 공정거래위원회는 그 공표명령을 할 것인지 여부와 공표를 명할 경우에 어떠한 방법으로 공표하도록 할 것인지 등에 관하여 재량을 가진다고 볼 것이다(대법원 2014. 6. 26. 선고 2012두1525 판결 등 참조). 원심판결 이유를 이러한 법리와 기록에 비추어 보면, 원심의 판단은 정당한 것으로 수긍이 가고, 거기에 공표명령의 부과요건이나 재량권의 일탈·남용에 관한 법리를 오해한 잘못이 없다.

II. 해 설

1. 표시광고법상 규제 틀과 판단기준

표시광고법 제3조 제1항은 "사업자등은 소비자를 속이거나 소비자로 하여금 잘못 알게 할 우려가 있는 표시·광고 행위로서 공정한 거래질서를 해칠 우려가 있는 다음 각 호의 행위를 하거나 다른 사업자등으로 하여금 하게 하여서는 아니 된다"고 규정하고, 각 호의 행위 유형으로서 거짓·과장의 표시·광고(제1호), 기만적인 표시·광고(제2호), 부당하게 비교하는 표시·광고(제3호)와 비방적인 표시·광고(제4호)를 열거하고 있다.

법 규정에 따르면, 부당한 표시·광고 행위가 성립하기 위해서는 소비자를 속이거나 소비자로 하여금 잘못 알게 알 우려가 있는(소비자오인성) 거짓·과장, 기만, 부당비교 또는 비방의 표시·광고 행위(일정한 유형의 표시·광고 행위)로서 공정한 거래질서를 해칠 우려(공정거래저해성)가 있는 행위에 해당하여야 한다. 따라서 표시광고법상 부당한 표시·광고 행위의 요건은 ① 표시·광고 행위의 존재, ② 표시·광고 행위가 표시광고법이 열거하고 있는 일정한 유형에 해당할 것, ③ 그 표시·광고 행위에 소비자오인성이 인정될 것, ④ 그 표시·광고 행위에 공정거래저해성이 인정될 것이다. 형식적으로 볼 때, 이 중에서 ①, ②는 행위 요건에, ③, ④는 위법성 또는 부당성 요건에 해당한다.[3] 다만 ② 요건을 구성하는 거짓·과장, 기만, 부당비교 또는 비방 여부에 대한 판단은 사실에 대한 평가의 요소를 포함하고 있으므로, ③, ④의 요건에 대한 판단에 실질적으로 영향을 준다. 대상판결에서는 이 사건 제1, 2광고에 기만성이 있는지 여부가 주된 쟁점이 되었는데, 기만성 판단은 그 다음 단계인 ③, ④ 요건, 특히 소비자오인성 판단과 구별하여 행해졌다. 다만 일단 기만성이 인정된 경우 그 판단은 ③, ④ 요건에 대한 판단에 실질적으로 영향을 준 것으로 보인다.

2. 기만성

기만적인 광고는 사실을 은폐하거나 축소하는 등의 방법으로 광고하는 것을 말한다(시행령 제3조 제2항). 기만적인 광고는 소비자에게 객관적 사실과 다른 인식을 갖게 한다는 점에서 거짓·과장의 광고(시행령 제3조 제1항)와 공통된다. 다만 그 방법 면에서 두 광

3) ③, ④뿐만 아니라 ②도 부당성 요건으로 보는 견해는 이선희, "거짓·과장의 표시·광고에 있어서 부당성 판단", 『성균관법학』, 제29권 제1호(2017), 149면. 이선희 교수는 같은 논문, 163면에서 행위 요건에 포함된 거짓·과장성과 소비자오인성을 준별하고 있는 법률의 태도에 의문을 제기하고, 두 요건을 통합하는 방안을 입법론으로 제시한다.

고에 차이가 있다. 거짓·과장의 광고는 객관적 사실과 다르거나 특정 사실 또는 객관적 근거에 기초하지만 이를 지나치게 부풀린 내용을 적극적으로 표시하는 방법에 의하여 소비자에게 다른 인식을 갖도록 초래하는 것이다. 이에 반하여 기만적인 광고는 객관적 사실을 은폐하거나 축소하는 등의 방법으로 소비자가 객관적 사실에 부합하는 인식을 갖지 못하거나 그와 다른 인식을 갖도록 유도하는 것이다. 은폐 또는 축소 외의 방법으로는 거래에 있어서 지켜져야 할 기본적인 신의성실의 의무를 위반하여 알려야 할 것을 알리지 않는 방법이 포함될 수 있다.[4] 따라서 기만적 광고가 성립하려면 소비자가 인식해야 할 객관적 사실이 특정된다는 것을 전제로 사업자의 광고 내용만으로 소비자가 그와 같은 객관적 사실에 대한 인식을 갖지 못하거나 그와 다른 인식을 갖도록 유도된다고 인정되어야 한다. 즉 광고 내용을 기초로 한 소비자의 객관적 사실 인식가능성이 기만성의 판단기준이 된다.

이 사건 제1광고에서 문제된 부분은 A가 '결혼정보분야 1위'라고 표현한 부분이다. 순위에 대한 광고는 그 순위가 근거로 한 기준과 결합할 때 객관적 사실이 될 수 있다. A는 이와 관련하여 2010. 11.부터 2011. 4.까지 진행한 광고의 경우 랭키닷컴 기준이라는 점만을 밝혔고, 2011. 5.경 이후에는 랭키순위에 관한 설명으로 랭키순위가 최근 12주간의 랭키 툴바 6만 명 패널의 인터넷 사용정보를 자료로 User Session Visits 기준으로 집계한 순위라는 설명을 부가하였다. 이에 대하여 공정거래위원회가 랭키순위에 관한 설명 전후를 포함하여 전체 광고에 기만성이 있다고 인정한 반면에, 법원은 랭키순위에 관한 설명 전후를 나누어 그 전에는 기만성이 인정되지만 그 후에는 그렇지 않다고 판단하였다. 법원과 공정거래위원회의 판단의 차이는 기만성을 광고 내용을 기초로 한 소비자의 객관적 사실 인식가능성에 근거해서만 판단할 것인가 아니면 소비자오인성의 판단 요소까지 포함하여 판단할 것인가에 달려 있다.

공정거래위원회는 기만성 판단의 전제가 되는 객관적 사실로서 결혼정보분야 1위라는 의미가 A의 웹사이트 방문자 수와 관련된 순위라는 사실을 상정하였다. 공정거래위원회는 이러한 객관적 사실을 전제로 할 때 A가 단순히 랭키닷컴 기준이라는 점을 밝힌 시기는 물론이고 랭키순위에 관한 설명을 부가한 시기에도 그 설명만으로는 그 순위가 A의 웹사이트 방문자 수와 관련된 순위라는 사실을 인식하기 어렵다고 보았다. 공정거래위원회 의결서(13면)에는 "보통의 주의력을 가진 일반 소비자가 '랭키닷컴 기준'이라는 문구만을 보고, '결혼정보분야 1위'가 신뢰도, 성혼율 또는 소개받을 수 있는 회원 수 등 결혼중

---

4) 박해식, "부당표시광고에 대한 규제－표시·광고의 공정화에 관한 법률을 중심으로－", 『재판자료』, 제87집: 경제법의 제문제(법원도서관, 2000), 673면.

개업체 선택에 있어 중요한 사실에 대한 것이 아니라 단순히 랭키닷컴 사이트에서 피심인의 웹사이트 방문자 수와 관련된 순위라고 인식하기는 어려울 것으로 보인다"는 판단 부분이 있다. 이런 부분은 공정거래위원회가 소비자의 객관적 사실(랭키순위의 객관적 의미) 인식가능성 판단과 소비자의 거래상의 결정에 영향을 주는 상품 정보(순위가 선택에 영향을 주는 정보로서 갖는 의미)에 대한 오인가능성 판단을 혼동한 것이 아닌가 하는 의문을 갖게 한다.

이에 대하여 법원은 랭키순위에 대한 설명이 부가된 2011. 5.경 이후의 광고는 기만성이 있다고 보기 어렵다고 판단하였다. 법원의 판단은 랭키순위에 관한 설명이 부가된 광고를 접한 일반 소비자가 랭키순위의 의미를 모두 알 수는 없더라도 '인터넷 사용정보'와 'User', 'Visits' 등의 표현으로부터 랭키순위가 적어도 인터넷 사용자들의 웹사이트 방문기록을 토대로 정해진다는 사실을 알 수 있었을 것으로 보인다는 점 등을 그 이유로 한다. 이러한 판단은 랭키순위에 관한 설명에서 사용된 표현이 소비자가 쉽게 알기 어려운 표현이라고 본 공정거래위원회의 판단과 대비된다. 법원의 판단이 공정거래위원회의 판단과 달라진 데에는, 법원의 경우 공정거래위원회와 달리 소비자가 광고 표현을 통해 랭키순위의 객관적 의미를 인식할 수 있는지에 초점을 맞추어, 기만성 판단 과정에서 오인가능성 판단 단계에서 행하여야 할 '결혼정보분야 1위'라는 순위가 선택에 영향을 주는 정보로서 갖는 의미에 대한 평가를 고려하지 않았던 것이 주효한 것으로 생각한다.

이 사건 제2광고에서 문제된 부분은 A가 '20만 회원이 선택한 서비스'라고 표현한 부분이다. 서비스를 선택한 회원 수에 대한 광고는 그 회원이 실제로 서비스를 이용할 수 있어야 객관적 사실이 될 수 있다. A는 이와 관련하여 유료회원과 무료회원을 구별하지 않았고, 결혼중개업체로부터 본질적 서비스라 할 수 있는 이성소개 등의 서비스를 받을 수 있는 회원은 유료회원인데, 그 숫자는 7,776명으로서 그 비율이 3%에 불과하였다. 따라서 이 사건 제2광고만으로는 유료회원 수를 은폐할 경우 소비자가 A의 서비스를 선택한 회원 수라는 객관적 사실을 인식하기 어렵다는 점이 비교적 쉽게 인정될 수 있다. 공정거래위원회와 법원 모두 이를 근거로 기만성을 인정하였다.

3. 소비자오인성

표시광고법 제3조 제1항에 규정된 "소비자를 속이거나 소비자로 하여금 잘못 알게 할 우려"라는 요건은 흔히 소비자오인성 요건으로 이해된다.[5] 소비자오인성은 부당한 표

5) 법에서는 '소비자를 속이거나'라는 표현과 '소비자로 하여금 잘못 알게 할'이라는 표현을 모두 사용하고 있어 전자를 기만성, 후자를 오인야기성으로 구별하거나(박해식, 위의 논문, 656면), 전자를 광의

시·광고의 요건 중에서 가장 중심적인 요건으로 취급된다.[6] 법에 정한 요건 자체가 '우려'라는 표현을 사용하고 있으므로, 학설 및 판례는 소비자가 실제로 오인할 것을 요하지는 않고, 오인의 위험성 또는 개연성만 있으면 족하다고 한다.[7] 오인이라 함은 소비자의 상품 또는 용역에 대한 선택 및 결정에 영향을 미치는 것을 말하고, 오인의 우려라 함은 소비자의 상품 또는 용역의 선택에 영향을 미칠 가능성 또는 위험성을 말한다.[8]

상품 또는 용역에 대한 선택 및 결정에 대한 영향은 그 선택에 따른 거래상의 결정 그 자체와 구별되어야 한다. 상품 또는 용역에 대한 선택 및 결정에 대한 영향은 거래상의 결정 그 자체가 아니라 거래상의 결정의 기초가 되는 상품 정보에 대한 그릇된 인식을 하게 하여 상품 정보에 대한 인식에 영향을 미치는 것으로 나타난다. 소비자의 거래상의 결정은 결정의 기초가 되는 상품 정보와 그 정보에 근거한 결정을 내리는 소비자의 능력에 모두 의존하는데, 결정의 기초가 되는 상품 정보에 대한 인식에 미치는 영향과 결정을 내리는 소비자의 능력에 미치는 영향은 구별된다. 전자는 소비자오인성의 문제이고, 후자는 유인가능성의 문제이다.[9]

소비자오인성을 판단하는 소비자의 척도로서, 대법원은 전문가가 아닌 보통의 주의력을 가진 소비자 척도를 사용한다.[10] 보통의 주의력은 전문가는 아니지만 평균적 인식 수준을 기준으로 한다. 이는 특별한 사정이 없는 한 특히 평균적 인식 수준에 미달한 취약한 소비자가 있더라도 그러한 개별적인 특수성을 고려하지 않는다는 것을 의미한다. 광고가 일반 소비자를 대상으로 하는 경우에는 일반 소비자가,[11] 광고가 특정 소비자를 대상으로 하는 경우에는 특정 소비자가[12] 척도가 된다. 소비자오인성 판단의 방법은 보통의 주의력을 가진 일반 소비자가 당해 광고를 받아들이는 전체적·궁극적 인상을 기준으로

의 기만성이라고 구별하는(이기종, "기만적 표시·광고의 규제 －미국법에 대한 비교법적 고찰을 중심으로－", 『경제법연구』, 제10권 제2호(2011), 171면) 견해가 있다. 그러나 우리 법상 기만성은 기만적 광고의 행위 요소로 이미 평가되므로, 소비자오인성 판단 단계에서 기만성을 별개의 요소로 인정할 실익은 별로 없다.

6) 이호영, 『소비자보호법』, 제3판(홍문사, 2015), 66, 74면; 이선희, 앞의 논문, 164~165면.

7) 대법원 2003. 6. 27. 선고 2002두6965 판결 등; 박수영, "부당한 표시·광고행위의 성립요건과 유형", 『기업법연구』, 13권(2003), 280면; 정원준, "표시·광고행위의 부당성 판단기준", 『법학논총』, 제38권 제4호(단국대학교 법학연구소, 2014), 398면; 이선희, 앞의 논문, 165면.

8) 대법원 2002. 12. 26. 선고 2001두4306 판결.

9) 홍대식, "공정거래법상 위계에 의한 고객유인행위 판단의 법리", 『경쟁법연구』, 제36권(2017), 46면.

10) 대법원 2003. 2. 28. 선고 2002두6170 판결(한국투자신탁증권) 등.

11) 대법원 2003. 2. 28. 선고 2002두6170 판결(한국투자신탁증권) 등.

12) 대법원 2003. 4. 11. 선고 2002두806 판결(동성교육개발 외). 이 판결에서는 학원가맹점모집광고의 오인성 여부는 보통의 주의력을 가진 학원 가맹희망자들을, 외국어학원 유치부 신입생의 모집을 목적으로 한 학원유치부모집광고의 오인성 여부는 보통의 주의력을 가진 4~7세 아동의 학부모들을 각각 기준으로 하여야 한다고 판시하였다.

한 객관적인 판단의 방법이다. 이런 판단 방법을 취하는 이유는 일반 소비자는 광고에서 직접적으로 표현된 문장, 단어, 디자인, 도안, 소리 또는 이들의 결합에 의하여 제시되는 표현뿐만 아니라 거기에서 간접적으로 암시하고 있는 사항, 관례적이고 통상적인 상황 등도 종합하여 전체적·궁극적 인상을 형성하기 때문이다.[13]

요컨대, 오인가능성 여부의 판단은 ① 당해 소비자 집단의 평균적 수준에서 알고 있거나 알 수 있는 사실을 기초로 하여, ② 그 사실에 의할 경우 당해 소비자 집단의 평균적 수준에서 사업자가 제시한 내용 또는 조건이 상품 또는 용역의 선택에 관한 의사결정 과정이 왜곡될 정도로 영향을 미치거나 미칠 가능성이 있는지 여부에 따라 이루어져야 한다.[14]

이 사건 제1광고에서 2010. 11.부터 2011. 4.까지 진행한 광고의 경우 A의 웹사이트 방문자 수와 관련된 순위라는 객관적 사실에 대한 기만성이 인정되고, 그에 따라 소비자에게 순위가 선택에 영향을 주는 정보로서 갖는 의미가 잘못 전달되어 그 광고가 소비자의 상품 또는 용역에 대한 선택 및 결정에 영향을 미치거나 미칠 우려가 있다고 판단될 수 있다. 또한 이 사건 제2광고의 경우 A의 서비스를 선택한 회원 수라는 객관적 사실에 대한 기만성이 인정되고, 그에 따라 소비자에게 서비스 선택 회원 수가 선택에 영향을 주는 정보로서 갖는 의미가 잘못 전달되어 그 광고가 소비자의 상품 또는 용역에 대한 선택 및 결정에 영향을 미치거나 미칠 우려가 있다고 판단될 수 있다. 공정거래위원회와 법원 모두 기만성이 인정된 광고에 대해서는 소비자오인성도 인정하였다. 다만 그 판단의 근거를 보면, 소비자가 받을 서비스와 직접적인 관련이 있는 부분에서 1위를 한 것으로 오인할 가능성이 있다거나 '20만 명' 모두가 소개받을 수 있는 유료회원인 것으로 오인하거나 오인할 우려가 있다는 표현이 나오는데, 이는 그 내용으로 볼 때 기만성 판단과 별로 구별되지 않는다. 소비자오인성 고유의 성격에 부합하는 논증 방식이 아쉬운 대목이다.

4. 공정거래저해성

법원은 공정거래저해성 인정과 관련하여, 기만성과 소비자오인성이 인정되는 광고 부분이 소비자에게 잘못된 정보를 제공하여 소비자의 합리적인 선택을 방해할 우려가 있다는 표현을 사용하였다. 이는 소비자의 합리적인 선택을 공정거래저해성의 중심적인 요소로 보는 태도라고 할 수 있다. 법원의 태도는 '소비자에게 바르고 유용한 정보의 제공을

13) 대법원 2013. 6. 14. 선고 2011두82 판결 등.
14) 이현규, "표시광고법상 부당한 표시광고의 합헌적 판단 기준－서울고등법원 2010. 12. 2. 선고 2010누24311 판결(확정)의 의미", 『경쟁법연구』, 제23권(2011), 393면.

촉진함'이라는 표현을 사용하는 표시광고법 제1조의 목적 조항을 토대로 하고 있다. 공정거래위원회 역시 같은 태도를 취하였는데, 공정거래위원회 의결에서는 기만성의 대상이 된 순위 또는 유료회원 수가 일반 소비자가 결혼중개업체를 선택함에 있어 중요한 고려요인이라는 점을 판단의 근거로 하였다.

소비자의 합리적 선택이라는 요소는 「독점규제 및 공정거래에 관한 법률」(이하 '공정거래법'이라 한다) 제23조 제1항에 정한 불공정거래행위 유형 중 부당한 표시·광고와 유사한 행위 유형인 부당한 고객유인행위의 부당성 또는 공정거래저해성 판단기준으로도 작용한다.[15] 다만 표시광고법과 공정거래법의 입법 목적의 차이를 고려할 때, 공정거래저해성 판단에서 소비자의 합리적 선택이라는 요소가 차지하는 비중은 달리 해석될 수 있을 것이다.

III. 판례의 의의

대상판결은 기만적 광고의 기만성 판단을 소비자오인성 판단과 구별하여 광고 내용을 기초로 한 소비자의 객관적 사실 인식가능성을 판단 근거로 하였다는 점에 큰 의의가 있다. 이는 거짓·과장의 광고의 경우 그 거짓·과장성 판단에 소비자오인성 판단의 요소가 혼재되는 경향이 있는 것과 구별되는 것이다. 그러나 대상판결의 소비자오인성 판단이 소비자오인성 고유의 성격에 부합하는 논증 방식에 미치지 못하는 것은 아쉬운 대목이다.

또한 공정거래저해성 판단에서 소비자의 합리적인 선택을 중심적인 요소로 보는 태도가 나타난 것은 바람직한 방향이라고 생각한다. 행위 요건을 구성하는 기만성과 소비자오인성, 그리고 공정거래저해성의 관계를 어떻게 정립할 것인가 하는 점은 향후 판례 발전의 몫이다.

---

15) 대법원은 부당한 이익에 의한 고객유인행위에 해당하는 개별 사안에서 그 고객유인행위의 위법성을 판단함에 있어서는 이로 인하여 사업자와 경쟁사업자 상품 간의 가격 등 비교를 통한 소비자의 합리적인 선택이 저해되는지 여부, 해당 업계 사업자 간의 공정한 경쟁질서가 저해되는지 여부와 함께 사업자가 제공하는 경제적 이익의 정도, 그 제공의 방법, 제공기간, 이익 제공이 계속적·반복적인지 여부 등을 종합적으로 고려하여야 한다고 판시한다. 대법원 2014. 3. 27. 선고 2013다212066 판결(한국피엔지판매).

30 아우디폭스바겐코리아의 블로그 광고사건

–서울고등법원 2016. 4. 6. 선고 2015누35033 판결

심 재 한*

Ⅰ. 판례의 개요

1. 사안의 개요

아우디폭스바겐코리아(이하 '아우디'라 한다)는 2010. 6. 1. 온라인 광고대행사인 A에 자신의 자동차 제품 및 자신이 후원하는 공연 등의 온라인 마케팅과 관련된 제반 업무를 위임하는 온라인 마케팅 대행계약을 체결하였으며, A는 바이럴 마케팅 전문회사 B에 바이럴 마케팅 광고 업무를 재위임하였고, B는 다시 C에 같은 업무를 재재위임하였다. 이에 따라 C가 블로그 운영자들에게 아우디 자동차 제품들과 공연에 대한 내용 등을 블로그에 게시해 줄 것을 요청하고 그 대가로 블로그 운영자들에게 수수료를 지급하였다. 아우디는 A와 전화나 이메일 등을 통해 온라인 마케팅 광고 등에 필요한 정보나 자료, 블로그 운영자 섭외에 관한 진행 상황 등을 주고받았다. 아우디는 이 과정에서 A로부터 블로그에 게시될 내용을 미리 받아 검토한 후 그 내용이 부실하거나 부족한 경우 보완을 요청하기도 하였다. 아우디는 위와 같은 과정을 통해 블로그 운영자들로 하여금 아우디의 자동차 제품들 및 공연에 관한 광고를 해당 블로그에 게시하게 하고 이에 대한 경제적 대가를 지급한 사실이 있었음에도 불구하고 이와 같은 사실을 해당 블로그에 공개하지 않은 채 위 광고가 게시되도록 하였다.

* 영남대학교 법학전문대학원 교수.

2. 소송경과

가. 공정거래위원회 심결

공정거래위원회는 2015. 1. 13. 의결 제2015-009호로 아우디의 이 사건 각 광고행위가 「표시·광고의 공정화에 관한 법률」(이하 '표시광고법'이라 한다) 제3조 제1항 제2호의 기만적인 광고행위에 해당한다는 이유로 아우디에 대하여 같은 법 제7조 및 제9조, 같은 법 시행령 제12조, 제14조, 제15조, 구 표시·광고의 공정화에 관한 법률 위반사업자등에 대한 과징금부과 세부기준 등에 관한 고시[1)]에 따라 시정명령 및 과징금부과명령을 하였다.

나. 서울고등법원 판결

피고(공정거래위원회)의 이 사건 처분은 적법하고, 이를 다투는 원고(아우디)의 주장은 모두 이유 없다. 그렇다면, 원고(아우디)의 청구는 이유 없으므로 이를 기각한다.

3. 판례의 요지

가. 아우디가 표시광고법상 책임주체에 해당하는지 여부

원고(아우디)가 광고대행사인 A에 위임하여 이 사건 각 광고행위를 함에 있어 경제적 이해관계를 표시하지 않는 방식으로 상업적 목적인 것을 나타내지 아니하여 광고효과를 높일 것을 의도하였다고 봄이 상당하다. 따라서 원고는 이 사건 각 광고행위에 대한 법적 책임이 있는 주체라고 할 것이고, 원고에 대하여 이 사건 각 광고행위에 대한 책임을 인정하는 것이 자기책임의 원칙에 반한다고 볼 수도 없다.

나. 이 사건 광고행위가 기만적인 광고에 해당하는지 여부

이 사건 각 광고는 소비자의 구매의사 결정에 상당한 영향력을 미칠 수 있는 경제적 대가성 문구를 표시하지 않음으로써 표시광고법 제3조 제1항 제2호, 같은 법 시행령 제3조 제2항에서 정한 사실을 은폐하거나 축소하는 등의 방법으로 소비자를 속이거나 소비자로 하여금 잘못 알게 할 우려가 있는 광고에 해당된다고 인정하기에 충분하다.

1) 2014. 11. 28. 고시 제2014-12호로 개정되기 전의 것.

II. 해 설

1. 쟁점의 정리

대상판결의 사실관계에서 중요한 논점은 소위 파워블로그를 통한 바이럴 마케팅에서 블로그 운영자(블로거 blogger)에게 대가를 지급하면서 광고를 게재하였지만 이러한 사실을 블로그에 적시하지 않은 경우 표시광고법상 책임의 주체와 내용이 된다.

블로그(Blog)란 인터넷을 대표하는 웹(Web)과 기록된 자료를 뜻하는 로그(Log)의 합성어인 '웹로그(Weblog)'의 줄임말로 일반인들이 자신의 관심사를 일기·칼럼·기사 등과 같이 자유로운 형식으로 블로그에 포스팅하고 그 내용을 다른 사람들과 공유하는 1인 미디어를 뜻한다. 파워블로그(Power Blog)는 블로그 중 영향력이 뛰어난 블로그를 말하며, 파워블로거(Power Blogger)는 파워블로그를 운영하는 사람을 의미한다. 국내 포털 사이트들은 이러한 파워블로그에게 파워블로그를 상징하는 엠블럼을 수여하고, 또한 더욱 많은 이용자가 파워블로그의 정보를 공유할 수 있도록 노출 빈도를 높여 주기 위해 파워블로그들을 별도로 소개하는 지원프로그램 등을 제공하고 있다.[2] 이렇듯 파워블로그에 포스팅된 정보는 이 블로그에 방문한 인터넷 이용자들에게 점점 더 큰 영향을 미치게 되고, 따라서 사업자들은 이를 이용한 마케팅에 나서게 되는바 이를 소위 바이럴 마케팅(viral marketing)[3]이라 칭하고 있다.

그런데 이러한 블로그를 통한 바이럴 마케팅은 보통 사업자가 아닌 일반인들이 각종 정보를 포스팅하고, 인터넷 사용자들이 그 정보를 이해할 때 블로거 개인의 자발적이고 독립적인 평가라고 생각하게 되고 따라서 객관적이고 정직한 평가라는 인식을 하게 된다. 하지만 이때에도 사업자들이 개입하여 블로그에 포스팅된 정보의 내용을 자신들에게 유리하게 설정한다면 인터넷 사용자들은 그 정보를 객관적 정보로 오인하게 되고, 이는 상품의 구매 등에 영향을 끼치게 된다.

이를 규제하기 위해서는 표시광고법 적용 여부를 판단해야 하는바, 우선 관련 판례를 보면 본 평석의 대상판결인 아우디 판결 이전에 아래 관련 판례에서 볼 수 있는 바와 같이 서울고등법원에서 유사한 판결이 이루어졌고, 그 판결에서의 판단기준은 아우디 판결에서도 동일하게 이어지고 있음을 볼 수 있다.

---

2) 서울고등법원 2016. 4. 6. 선고 2015누35033 판결; 박수영, "블로그 광고에 대한 규제 -경제적 이해관계 미공개의 경우를 중심으로-", 『경쟁법연구』, 제32권(한국경쟁법학회, 2015), 355면 각주 4.

3) 바이럴 마케팅은 사업자가 누리꾼 등을 이용하여 인터넷 블로그 또는 이메일 등의 인터넷 매체를 통해 자신의 상품 등을 홍보하는 새로운 광고 기법의 일종으로 컴퓨터 바이러스처럼 퍼진다고 하여 바이럴 마케팅이라는 이름이 붙었다(서울고등법원 2016. 4. 6. 선고 2015누35033 판결 참조).

2. 관련 판례[4)]

가. 인터넷 블로그 운영자들에게 광고를 게시하게 한 사업자가 법상 책임주체인가?

원고는 커피전문점, 패밀리 레스토랑 등의 가맹사업을 하고 있는 사업자로서 블로그 운영자들로 하여금 각 해당 블로그에 자신의 가맹사업인 커피전문점과 패밀리 레스토랑에 대한 광고를 게시하게 하고, 이에 대한 경제적 대가를 블로그 운영자들에게 지급한 사실이 있었음에도 불구하고 위와 같은 사실을 해당 블로그에 공개하지 않은 채 위 광고가 게시되도록 하였다. ① 원고는 이 사건 각 광고행위를 기획하고 비용을 부담한 주체이며, 이 사건 각 광고행위는 원고가 운영하는 가맹사업인 커피전문점 및 패밀리 레스토랑에 관한 것으로서 그 경제적 효과가 원고에게 귀속된 점, ② 블로그라는 매체가 본래 쓰이는 목적 이외에 특정 상품이나 용역을 광고하는 수단으로서 이용될 경우 광고주와의 경제적 이해관계를 명시한다면 바이럴 마케팅으로서의 광고 효과가 현저히 떨어지게 되는 점, ③ 원고는 바이럴 마케팅의 특성을 인식하고 상업광고가 일반적으로 통용되는 신문 TV 라디오 방송 등의 전통적인 매체 대신 블로그와 같은 새로운 매체를 이용한 이 사건 각 광고행위를 함으로써 경제적 대가관계가 드러난 일반적인 상업적 광고형식을 탈피하여 소비자들의 진실한 경험을 표방한 자연스러운 광고 효과를 의도하였던 것으로 보이는 점, ④ 원고가 보고받은 사항 중에는 당시 이 사건 각 광고의 블로그 캡쳐화면 등이 포함되어 있었던 것으로 보아 적어도 원고는 이 사건 각 광고에 경제적 이해관계 등이 표시되지 않았다는 사실을 인식하였다고 볼 수 있는 점, ⑤ 일반 소비자가 이 사건 각 광고를 접하였을 경우 원고의 가맹사업에 대한 광고로 인식할 수밖에 없는 점 등을 종합하면, 원고는 광고대행사가 원고의 가맹사업에 관한 광고를 함에 있어 경제적 이해관계를 표시하지 아니할 것을 의도하였거나 묵인함으로써 이 사건 각 광고행위를 하게 하였다고 봄이 상당하다.

나. 인터넷 블로그 운영자들에게 광고를 게시하게 하면서 경제적 이해관계를 명시하지 않도록 한 행위가 법상 기만적 행위인가?

① 일반적으로 인터넷 블로그나 카페 등을 통하여 상품 등에 관한 정보를 취득하는 소비자로서는 경제적 이해관계에 대한 아무런 표시가 없을 경우 블로그나 카페 등에 게재된 상품 등에 관한 이용후기가 블로그 운영자나 카페 이용자의 진실한 경험에 근거하여 자발적으로 게재된 것으로 신뢰하고 이를 이용하는 것이 일반적인 점, ② 이러한 형태의 매체일수록 진실한 정보를 담고 있다고 보는 경향이 있어 소비자의 구매의사결정에 미치

4) 서울고등법원 2015. 11. 12. 선고 2015누34924 판결.

는 영향력이 상당하다고 볼 수 있는 점, ③ 이 사건 각 광고는 광고주의 의견이 아닌 광고주와 무관한 일반 소비자인 제3자의 독자적인 의견으로 인식될 수 있는 광고메시지로서 구 추천·보증 등에 관한 표시·광고 심사지침(2014. 6. 18. 피고 예규 제192호로 개정되기 전의 것) Ⅱ. 2. 가.에서 말하는 '추천·보증 등'에 해당하고 위 지침 Ⅴ.에 의하면 게시물에 경제적 대가를 지급받은 사실을 기재하지 않는 경우 이를 기만적인 표시·광고로 보고 있는 점, ④ 이 사건 각 광고 중 일부 내용은 원고가 운영하는 가맹사업의 상품에 대하여 비판적인 의견을 제시하고 있으나, 이는 오히려 위 광고내용이 블로그 운영자의 진정한 체험에 의한 것이라는 신뢰를 더욱 강하게 하여 더욱 기만적인 요소를 작용하는 점, ⑤ 블로그 게시물에 의한 홍보는 인터넷 매체를 이용한 광고 중 낮은 비중을 차지하고 있어 소비자의 선택에 미치는 영향이 매우 낮다는 원고의 주장은 블로그 게시물을 통한 이 사건 광고행위의 기만성을 판단함에 있어 고려대상이 아닌 점 등을 종합하면, 경제적 이해관계를 명시하는 것은 소비자의 구매선택에 중요한 영향을 미칠 수 있는 사실이나 내용이라 할 것이고, 원고는 이 사건 각 광고행위를 함에 있어 광고주와의 경제적 이해관계의 여부를 누락하거나 은폐하였으므로 이 사건 각 광고의 기만성이 인정된다고 봄이 상당하다.

3. 검 토

가. 판결의 분석 방안

본 아우디 판결에서 법원은 블로그를 통한 광고에 있어 표시광고법상 책임의 주체가 누구인가를 먼저 제시하고, 이어서 광고주와 블로그 사이에 경제적 이해관계가 있음을 표시하지 않은 것이 표시광고법 위반행위인지 여부를 살펴보았다. 이러한 구성은 앞서 본 관련 판례[5]에서도 동일하다. 이는 사건의 쟁점이 우선적으로 원고인 아우디의 책임이 있는지 여부였고, 따라서 가장 먼저 이를 판단하였기 때문일 것이라 생각한다.

하지만 논리적으로 보면 우선 어떤 행위의 법적용 여부가 가려진 후에 누가 그 위법행위의 책임을 질 것인지를 따져보는 것이 타당하다고 판단되며, 그에 따라 아래에서는 블로그에 경제적 이해관계를 표시하지 않은 행위의 위법성 여부를 먼저 살펴보고, 이후 그 책임의 주체를 살펴본다.

---

5) 서울고등법원 2015. 11. 12. 선고 2015누34924 판결.

나. 사실의 누락과 기만적 표시광고행위

(1) 의 의

표시광고행위를 규제해야 할 필요성이 있는 이유는 소비자들이 사업자들의 잘못된 표시광고행위로 인해 오인유발을 일으켜 구매 등의 판단을 제대로 하지 못하기 때문이다. 위법한 표시광고행위의 유형을 크게 분류해보면 한편으로는 사업자의 적극적인 거짓이나 과장 등의 작위행위에 관련된 유형이 있고, 다른 한편으로는 사업자가 상품 등에 관한 중요한 정보 등을 누락시켜 소비자들이 오인을 일으키도록 하는 부작위 유형이 있다.

우리나라의 표시광고법 제3조에 규정된 네 가지 유형인 ① 거짓·과장의 표시광고, ② 기만적인 표시광고, ③ 부당하게 비교하는 표시광고, ④ 비방적인 표시광고는 기본적으로는 작위에 의한 오인유발행위의 유형을 담고 있다. 상품 등에 관한 정보 누락과 같은 부작위에 의한 오인유발행위는 네 가지 유형 중 기만적인 표시광고에 해당되는 것이고, 따라서 블로그에 경제적 대가성 문구를 누락시킨 점에 대해 법위반 여부를 판시한 본 판결의 법원에서도 기만적인 광고에 해당하지 않는다는 원고의 주장에 대해 판단을 내렸다.

아래에서는 정보의 누락, 특히 블로그에 경제적 대가의 지급을 표시하지 않은 행위가 관련법 위반에 해당하는지에 관한 미국과 독일의 입법례를 알아보고, 본 판결이 정당한지 살펴본다.

(2) 입법례

(가) 미 국

미국 연방거래위원회법(FTC Act)과 랜햄법(Lanham Act)은 침묵(omissions)도 때로는 기만 표시광고에 해당할 수 있다고 보고 있다. 우선 연방거래위원회법의 경우 합리적인 소비자들이 표시광고로부터 거짓 또는 오인유발적인 인상을 받을 경우 침묵이 기만 행위에 해당할 수 있다고 본다. 이는 다시 두 경우로 나뉘어 하나는 표시광고가 부분 진실(half-truth)을 말하는데 그치고 추가적인 정보가 생략되어 오인유발을 하는 경우이고, 다른 하나는 광고에서의 침묵 자체가 묵시적인 허위진술을 구성하는 경우이다. 후자의 경우의 예로는 제품이 하자가 있거나 위험한 경우와 같이 그것이 공개되지 않을 경우 합리적인 소비자가 당연히 그런 것이 없으리라고 기대하게 되는 경우를 들 수 있다.[6]

미국에서 광고규제를 담당하는 연방거래위원회(FTC)에 따르면 제품의 광고주와 추천자 사이에 그 추천에 관해 영향을 미칠 수 있는 연관성이 있다면 이는 공개되어야 한다는

6) 이기종, “기만적 표시·광고의 규제 -미국법에 대한 비교법적 고찰을 중심으로-”, 『경제법연구』, 제10권 2호(한국경제법학회, 2011), 165면 이하.

점을 중요시하고 있다. 이에 대한 판단기준을 제공하기 위하여 연방거래위원회(FTC)는 Guides Concerning the Use of Endorsements and Testimonials in Advertising(광고에 있어 추천과 증언의 이용에 관한 가이드라인)을 제정하였다. 현행 가이드라인은 최근의 마케팅 기법을 업데이트하기 위하여 2009년 10월 개정되었고, 이를 통해 가이드라인이 기존의 TV, 인쇄, 라디오 등을 통한 광고뿐만 아니라 블로그 또는 입소문 광고(word-of-mouth advertising)에도 적용될 수 있도록 하였다.[7)]

광고에 있어 추천과 증언의 이용에 관한 가이드라인의 내용을 보면 § 255.5(Disclosure of material connections 물질적 연결의 공개) 항목에서는 "추천의 이전 혹은 추천의 대가로 보상의 지급이나 약속이 있는 경우 이를 명확하고 눈에 띄게 공개(clearly and conspicuously disclose)" 하도록 하고 있다.

(나) 독 일

1896년부터 시행되고 있는 부정경쟁방지법(UWG)은 오인유발적 광고, 원산지 허위표시, 영업비밀 누설, 경쟁자 비방행위 등 사업자가 부정한 경쟁수단을 사용하는 행위를 방지하기 위한 기능을 수행하고 있다. 독일 부정경쟁방지법상 오인유발적 광고는 정확하게 말하면 오인유발적 영업행위를 말하며, 제5조와 제5a조 및 부속목록(Anhang)에 규정되어 있다. 독일 부정경쟁방지법 제5조에서는 거짓이나 기만적 표시나 광고와 같은 영업행위에 의한 오인유발행위를 규정하고 있으며, 독일 부정경쟁방지법의 2008년 개정법 이후부터 사실의 누락과 같은 부작위로 인한 오인유발행위를 제5a조에서 규정하고 있다. 표시와 광고의 내용 등에 관하여 사업자의 정보제공의무가 존재하는 경우에는 그러한 설명이 배제됨으로써 오인유발적인 효과가 발생할 수 있기 때문이다. 특히 부정경쟁방지법 제5a조 제2항에서는 소비자에 대한 중요정보의 미제공 및 정보제공의무위반이 오인유발행위가 될 수 있음을 규정하고 있다.[8)]

부정경쟁방지법(UWG) 제3조는 부정경쟁행위를 금지(Verbot unlauterer geschäftlicher Handlungen)하는 일반조항으로서, 제3항에 따르면 "이 법의 부속목록(Anhang)에 열거된 소비자에 대한 영업행위는 항상 금지된다"고 하여 소위 블랙리스트(Black List) 목록을 작성하였다.[9)] 독일 부정경쟁방지법(UWG) 제3조 제3항 관련 부속목록(Anhang) 제11호에서는 "판매를 촉진할 목적으로 사업자가 편집 내용에 대하여 재정적 지원을 한 상호관계가 내용적으로나 또는 시각적이나 청각적인 표현 방법에 의해 명확하게 드러나지 않아 (정보로

---

7) https://www.ftc.gov/news-events/media-resources/truth-advertising/advertisement-endorsements
8) 심재한, "표시·광고시 사실의 누락으로 인한 오인유발행위 -독일 부정경쟁방지법의 내용을 중심으로-", 『법학연구』, 제21집 제1호(인하대학교 법학연구소, 2018), 42면 이하.
9) Köhler in Köhler/Bornkamm, UWG, 35. Aufl. 2017, § 3 Rn. 4.7.

위장된 광고)[10]"가 금지된다.

독일에서 온라인 매체를 통한 광고 혹은 상업적 정보전달에 대해 법적인 표시의무를 규정하고 있는 것은 방송·텔레미디어국가협약(Sataatsvertrag für Rundfunk und Telemedien, Rundfunkstaatsvertrag 또는 RStV),[11] 텔레미디어법(Telemediengesetz 또는 TMG)[12]이 있다. 이중에서 흔히 인터넷법이라 불리는 텔레미디어법은 전기통신서비스 또는 방송이 아닌 모든 기타의 정보통신 서비스가 적용대상[13]에 해당되고, 따라서 개인의 웹사이트나 블로그에 대해서도 텔레미디어법이 적용된다.[14] 텔레미디어법은 광고 혹은 상업적 정보전달에 대해 법적인 표시의무를 제6조 제1항 제1호에서 규정하고 있으며, 이에 따르면 상업적 정보전달이 이루어지는 경우 그것이 명확하게 인식되도록 표시하여야 한다. 이때 상업적 정보전달(kommerzielle Kommunikation)은 광고(Werbung)보다 넓은 개념이며, 따라서 모든 광고와 직접적 마케팅, 스폰서, 여론작업(Öffentlichkeitsarbeit), 자기소개(Selbstdarstellung), 이미지관리(Imagepflege)까지도 포함한다.[15] 간접적인 후원도 마찬가지로 포함된다. 한편 텔레미디어법은 정의 규정인 제2조 제5호 b)에서 상업적 정보전달(kommerzielle Kommunikation)에 해당하지 않는 것을 규정하고 있는데, 이에 따르면 "독립적이면서도 또한 특히 재정적 반대급부가 제공되지 않은(die unabhängig und insbesondere ohne finanzielle Gegenleistung gemacht werden) 정보"여야 한다.

---

10) der vom Unternehmer finanzierte Einsatz redaktioneller Inhalte zu Zwecken der Verkaufsförderung, ohne dass sich dieser Zusammenhang aus dem Inhalt oder aus der Art der optischen oder akustischen Darstellung eindeutig ergibt (als Information getarnte Werbung).

11) 독일에서는 나찌시대에 방송이 정치 선전 도구로 악용되었다는 반성을 바탕으로 연방이 아닌 각 주에서 입법권을 행사한다. 하지만 지상파, 케이블, 위성 등을 통해 전달되는 방송서비스의 '내용'과 관계되는 전 분야를 통합적으로 규제할 필요성이 있어 방송·텔레미디어국가협약(RStV)을 제정한 바, 이는 독일내 모든 주의 공·민영방송에 모두 적용되는 방송에 관한 공통규범이다. 지성우, "독일의 개정 텔레미디어법의 한국에서의 함의", 『언론과 법』, 제9권 제1호(한국언론법학회, 2010), 64면.

12) BGBl. I S.179. 이 법은 전자적인 정보 및 서비스에 관한 법적인 요구사항을 규율하고 그 내용을 통일하기 위해 2007년에 제정된 특정한 전자정보 및 통신서비스에 관한 규정의 통일에 관한 법률(Elektronischer Geschäftsverkehr Vereinheitlichungsgesetz)에 포함되어 있는 항목법률이다. 장병주, "독일의 원격매체서비스법(Telemediengesetz)에 관한 소고", 『법학논고』, 제31집(경북대학교 법학연구원, 2009), 608면.

13) 그리하여 인터넷으로 제공되는 거의 모든 서비스, 즉 직접적 주문의 가능성이 있는 물건 또는 급부에 의한 온라인 제공(예: 교통, 날씨, 환경 또는 주식 정보의 제공, 뉴스 그룹, 채팅방, 전자적 신문, TV 또는 라디오 텍스트, 텔레쇼핑), 주문형 비디오 시스템, 정보검색, 정보 접근 또는 정보조회를 위한 수단을 제공하는 온라인 서비스(예: 인터넷 검색엔진) 및 상품 또는 서비스 제공에 한 정보의 E-Mail에 의한 상업인 유포(예: 광고 메일)가 포함된다. 장병주, 위의 논문, 613~614면.

14) https://de.wikipedia.org/wiki/Telemediengesetz.

15) Europäische Kommission, Folgedokument zum Grünbuch über kommerzielle Kommunikation, KOM (1998) 121 endg., 24.

(3) 소 결

표시광고법 시행령 제3조 제2항에서는 법 제3조 제1항 제2호에 따른 기만적인 표시·광고가 사실을 은폐하거나 축소하는 등의 방법으로 표시광고하는 것으로 규정하고 있다. 기만성 판단기준과 관련하여 기만적인 표시광고의 대상이 되는 '사실'이라 함은 소비자의 구매선택에 중요한 영향을 미칠 수 있는 사실이나 내용을 말하며, 기만적인 표시광고 방법이란 이러한 사실의 전부 또는 일부를 '은폐', '누락' 또는 '축소'하는 것을 말한다.[16)]

블로그를 통해 광고를 실행하는 경우 블로그에 포스팅 된 정보에 대해 광고주의 재정적 반대급부가 있었다는 사실은 소비자의 구매선택에 중요한 영향을 미칠 수 있는 사실이라 할 수 있을 것이며, 이 사실을 '은폐'하거나 '누락'시킨 행위는 곧 기만적인 표시광고 방법에 해당한다 할 것이다. 이 점에 관하여 미국이나 독일 등 외국의 입법례에서도 일치된 규정을 찾을 수 있으며, 또한 평석 대상인 판례의 경우 우리나라의 관련 법령과 추천·보증 등에 관한 표시·광고 심사지침에서 같은 규정을 근거로 삼고 있는바, 이 부분에 대한 법원의 판단은 타당하다고 할 것이다.

다. 블로그 광고시 법률상 책임을 지는 주체

(1) 의 의

이 사건에서 원고(아우디)는 "온라인 광고대행사와 온라인 마케팅 광고 위임계약을 체결하여 광고대행업무 일체를 포괄적으로 위임하였을 뿐 광고대행사 내지 블로그 운영자들로 하여금 광고에 관하여 경제적 대가를 지급받은 사실을 은폐 또는 누락할 것을 지시하거나 요청한 바가 없다. 또한 블로그에 게시된 내용을 수정·삭제하는 권한도 블로그 운영자들이 갖고 있으므로 이 사건 각 광고행위의 경제적 이해관계를 표시하지 않은 주체는 광고대행업체나 블로그 운영자들이라 할 것이므로, 이러한 행위에 관하여 원고가 표시광고법상 책임을 부담하는 주체라고 볼 수 없다"고 주장하였다.

블로그에 대가를 지급하여 광고를 실행한 경우 표시광고법상의 위법행위 책임을 누가 지게 되는지에 관한 미국과 독일의 입법례 및 대법원의 유사 사건에 관한 판례도 참고하여 평석 대상 판례의 태도를 평가한다.

(2) 입법례

(가) 미 국

앞서 본 바와 같이 연방거래위원회(FTC)가 제정한 광고에 있어 추천과 증언의 이용에

16) 박수영, 앞의 논문, 359면.

관한 가이드라인에서는 "추천의 이전 혹은 추천의 대가로 보상의 지급이나 약속이 있는 경우 이를 명확하고 눈에 띄게 공개(clearly and conspicuously disclose)"하도록 하고 있고, 비공개에 따른 책임은 § 255.1(General considerations 일반적인 고려사항) 항목에서 설명하고 있다. 이에 따르면 "광고주들은 추천인을 통해 제공된 거짓 또는 근거 없는 진술에 대한 책임을 지거나, 자신과 그들의 추천인 사이의 물질적 연결을 공개하지 않은 것에 대해 책임을 진다"[17]고 하여 블로그 등을 통한 광고에서 경제적 대가가 제공되었음을 공개하지 않은 행위에 대해 일차적으로 광고주의 책임을 규정하고 있다. 한편 가이드라인은 § 255.1 (d) Example 5 하단에서 블로거 역시 광고의 대가를 받았음을 명확하고 눈에 띄게 공개(clearly and conspicuously disclose)하지 않았다면 책임이 있음을 규정하고 있다.[18]

가이드라인에 따르면 만약 광고주가 블로그를 통한 광고에 따른 책임을 면하고자 한다면 블로그에 게시된 문구가 진실되고 실증될 수 있는 내용이 되도록 블로거들을 지도해야 하고, 더욱이 블로거들이 광고주들로부터 포스팅에 대한 대가를 받는 경우라면 모니터링을 통해 사기적인 표현이 게시되지 않도록 해야 한다.[19]

(나) 독 일

독일 텔레미디어법 제6조 제1항에 위반하는 행위는 부정경쟁방지법(UWG) 제3a조[20]의 위법행위에 해당한다. 따라서 이 행위에 대해 부정경쟁방지법(UWG)상의 중지 및 손해배상소송이 제기될 수 있다.[21] 독일 부정경쟁방지법(UWG) 제3조 제3항 관련 부속목록(Anhang) 제11호와 제5a조 제4항에 위반하는 행위에 대해서는 제8조 제1항에 따른 중지청구권이 행사될 수 있다. 실무에서 경쟁자가 이를 청구하는 경우는 드물고, 대개 소비자보

---

17) § 255.1 General considerations.
(d) Advertisers are subject to liability for false or unsubstantiated statements made through endorsements, or for failing to disclose material connections between themselves and their endorsers [see § 255.5].

18) § 255.1 General considerations.
(d) Example 5: ..... The blogger is also liable if she fails to disclose clearly and conspicuously that she is being paid for her services [See § 255.5.].

19) In order to limit its potential liability, the advertiser should ensure that the advertising service provides guidance and training to its bloggers concerning the need to ensure that statements they make are truthful and substantiated. The advertiser should also monitor bloggers who are being paid to promote its products and take steps necessary to halt the continued publication of deceptive representations when they are discovered.

20) § 3a (위법행위) 시장참여자의 이익을 위하여 시장의 행위를 규율하기 위한 법규를 위반한 자로서 소비자 기타 시장참가자 또는 경쟁자의 이익을 현저히 해치는 위반행위를 한 자는 부정경쟁행위자이다. Unlauter handelt, wer einer gesetzlichen Vorschrift zuwiderhandelt, die auch dazu bestimmt ist, im Interesse der Marktteilnehmer das Marktverhalten zu regeln, und der Verstoß geeignet ist, die Interessen von Verbrauchern, sonstigen Marktteilnehmern oder Mitbewerbern spürbar zu beeinträchtigen.

21) Henning-Bodewig, Influencer-Marketing - der „Wilde Westen des Werbens"?, WRP 2017, 1416.

호를 위해 조직된 단체나 협회가 이를 행사한다.

이때 부정경쟁방지법(UWG) 제8조 제2항에 따라 광고주는 그의 수임자인 블로거의 행위에 대해 책임을 진다. 부정경쟁방지법(UWG) 제9조에 따라 경쟁자는 손해배상을 청구할 수 있지만, 손해액 증명의 어려움으로 인하여 많이 활용되지는 못하고 있다.[22)]

(3) 소 결

상가분양광고의 주체가 누구인지를 판단한 판례에서 대법원은 "이 사건 분양광고는 원고가 위 분양대행사들과 체결한 위 분양알선계약에 기하여 행하여진 원고의 상가임대분양에 관한 광고로서 그 효과가 원고에게 귀속되고, 소비자의 입장에서도 원고의 광고로 인식할 수밖에 없으며, 원고는 분양대행사들이 작성한 광고문안을 검토하여 이를 결정하였으므로, 원고가 위 분양대행사들로 하여금 이 사건 광고를 하게 한 것"이라 판단하였다.[23)]

평석 대상 사건에서 서울고등법원은 "광고에 따른 경제적 효과가 원고(아우디)에 귀속되고, 개별 블로그 포스팅의 내용에 관하여 수정을 요구하기도 하는 등 이 사건 각 광고행위 전반에 관하여 업무 지시"를 하였다는 등의 사실을 적시하며 표시광고법상 책임의 주체를 광고주인 원고(아우디)로 판단하였다. 양 판결의 판시사항 중 상기 대법원 판례에서는 광고에 대해 소비자가 원고의 광고로 인식하였지만, 평석 대상 판례에서 소비자는 블로그를 통해 원고의 광고가 이루어지고 있음을 알지 못한 기만적인 상황이 있었음에 차이가 있다. 그럼에도 불구하고 광고의 효과가 최종적으로 광고주에게 귀속하고, 또한 광고주가 광고의 내용에 적극적으로 개입하였다면 그 법적 책임을 광고주에 귀속시키는 것이 타당하다고 할 것이다.

이러한 판단 결과는 앞서 본 미국 및 독일의 입법례와도 다르지 않다. 물론 미국의 가이드라인에서 볼 수 있는 바와 같이 블로거의 책임을 인정할 수 있는 여지도 발생할 수 있지만 그렇다고 하여 광고주의 책임을 전적으로 배제시킬 수는 없을 것이다.

Ⅲ. 판례의 의의

인터넷의 활용은 현대 사회에 있어 필수적이며, 이를 통한 상업적 거래의 발전은 폭발적으로 확장되고 있다. 이러한 상황하에서 인터넷을 광고의 도구로 이용하려는 사업자

22) Gerecke, Kennzeichnung von werblichen Beiträgen im Online-Marketing GRUR 2018, 159.
23) 대법원 2005. 2. 18. 선고 2003두8203 판결.

들의 시도는 증가할 수밖에 없고, 인터넷상의 다양한 유형의 매체를 통한 광고행위에 대해 어떻게 표시광고법을 해석하고 적용할 것인가는 점점 더 중요한 주제로 떠오르게 될 것이다. 대상판결은 인터넷 블로그를 통한 광고에서 경제적 대가를 지급한 사실을 표시하지 않은 경우에 표시광고법상의 기만적 광고에 해당하며, 그 법적 책임은 광고주가 진다는 점을 다시 한 번 확인해 주었다.

한편 최근 인터넷을 통한 정보교류 수단의 발전은 블로그뿐만 아니라 각종 SNS(Social Network Service)를 통한 광고의 발전을 가져오고 있다. 즉 페이스북, 인스타그램, 트위터 등의 SNS가 발전을 하며 수만 명에서 수백만 명의 팔로워들을 보유하고 트랜드를 선도하거나 타인에게 영향을 미치는 사람들이 등장하고 있다. 또한 유튜브와 같은 콘텐츠 호스팅 웹사이트에서 활동하는 1인 방송인들도 수많은 시청자들을 끌어모으고 있다. 이렇듯 타인에게 영향을 미치는 사람들을 통해 마케팅을 펼치는 사례들이 다수 나타나고 있으며, 이러한 사례를 인플루언서 마케팅(Influencer marketing)이라 한다. 인플루언서는 타인에게 영향력을 끼치는 사람(Influence+er)이라는 뜻의 신조어이고, 이러한 인플루언서(영향력 있는 개인)를 활용한 마케팅이 활발하게 나타나고 있는 것이다.[24] 대상판결과 같이 블로그를 통한 광고와 관련된 표시광고법상의 쟁점은 인플루언서 마케팅 형태에서도 유사하게 나타날 가능성이 높으며, 이러한 유사형태의 문제에 대해서도 대상판결의 논지가 적용될 수 있는 의미있는 판결이라 생각한다.

---

24) https://ko.wikipedia.org/wiki/%EC%9D%B8%ED%94%8C%EB%A3%A8%EC%96%B8%EC%84%9C_%EB%A7%88%EC%BC%80%ED%8C%85.

31 유니버설 뮤직의 기만적 광고

－대법원 2002. 1. 11. 선고 2000두4255 판결

황 태 희*

Ⅰ. 판례의 개요

1. 사안의 개요

㈜유니버설 뮤직(당시 '폴리그램'이라는 상호에서 현재로 변경)[1]은 코미디 영화 '빈(Bean)'과 주연배우(Rowan Atkinson)가 같으나, 줄거리가 다른 TV 시리즈 코미디물인 '미스터 빈(Mr. Bean)'을 비디오로 제작·판매하기 위하여, 영국의 PolyGram Video International Ltd.

〈표〉 광고내용

매체명	광고일자	광고크기	광고형태	비고
월간 비디오가이드북	98. 2월호	A4	노란색 바탕에 주연배우의 특징적 얼굴 앞면사진 등을 배치	98.1.23~1.31(발매일)
월간 비디오데이타	98. 2월호	A4		98.1.21~1.26(발매일)
월간 비디오매거진	98. 2월호	A4		98.1.26~1.28(발매일)
월간 비디오채널뉴스	98. 2월호	A4		98.1.22~1.24(발매일)
스포츠조선	98. 2. 13.	17*16㎝	주연배우가 돌아보는 모습의 전신사진 등 사용	TV 시리즈물 표기
포스터	98. 2월 중	38*53㎝		15천부

* 성신여자대학교 법과대학 교수.

1) 피심인 폴리그램주식회사(이하 '폴리그램'이라 한다)는 영국의 PolyGram International(이하 'PGI'라 한다)사와 (주)성음의 합작법인(PGI : 560백만 원, 성음 : 140백만 원)으로 음반제작, 판매 및 영화, 비디오물을 수입·판매하는 사업자(1997년말 기준 자본금 : 700백만 원, 1997년도 매출액 : 24,922백만 원)이고, 피심인 주식회사 베어엔터테인먼트(이하 '베어'라 한다)는 순수 국내법인으로서 영화제작 및 비디오 유통업 등을 영위하는 사업자(1997년말 기준 자본금 : 300백만 원, 1997년도 매출액 : 4,242백만 원)로서 각각 「독점규제 및 공정거래에 관한 법률」(이하 '공정거래법'이라 한다) 제2조제1호의 규정에 의한 사업자에 해당된다.

(이하 'PVI'라 한다)로부터 원작을 수입하여, 비디오 유통업체인 베어에게 우선 원작 1~8편 중 1, 3편을 1개의 비디오로 제작하게 하고, 1998. 2. 5.부터 이를 출시하고자 베어를 통하여 <표>에서 보는 바와 같이 비디오채널뉴스 등 4개의 비디오 전문잡지 1998. 2월호(1998. 1. 21.~1998. 1. 31. 발매)에 광고를 하였다.

그런데, (주)하명중영화제작소가 1997. 9. 8. 영국의 PolyGram Film International Ltd.(위 PVI와 동일 기업집단 소속사임)와 코미디 영화 '빈'의 국내 판권계약을 맺고, 1998. 1. 17.부터 서울 등 전국 26개 영화관에서 상영할 예정(1998. 2. 27. 전국 주요 영화관에서 종영됨)이었고, 1997. 10월 중순경부터 신문, 잡지, 전단 등을 통하여 '노란색 바탕에 주연배우의 특징적인 얼굴모습의 앞면사진을 좌측에 배치하고 영화제목을 우측하단에 붉은 색으로 표기'하여 영화 '빈'을 광고하고 있었다([그림] 참조).

[그림] 영화 빈 포스터 광고

이에 유니버설 뮤직은 영화 '빈'의 광고와 도안 및 각 부분의 색상을 유사하게 하는 한편, 일반적으로 흥행실적의 표현으로 영화 등 매표의 방법으로 관람할 수 있는 것에 사용하는 "Box Office 석권"이란 용어를 TV상영물인 동 비디오의 광고문구에 사용하였다.

2. 소송경과

공정거래위원회는 위 피심인들의 광고가 첫째, 주연배우의 사진 배치 등 광고의 전체적인 도안 및 바탕색과 제목의 글자 중 '빈' 자의 글자체와 색상을 하명중영화사의 광고와 동일 또는 유사하게 처리한 점, 둘째, TV상영물의 비디오를 광고하면서 주로 매표의 방법으로 관람하는 것에 사용하고 있는 'Box Office 석권'이라는 문구를 사용한 점 등을 감안해 볼 때 마치 피심인들의 비디오 '미스터 빈'의 내용이 하명중영화제작소가 수입한 영화

'빈' 과 같은 영상물인 것처럼 소비자를 오인시킬 우려가 있는 기만적인 광고행위라고 하여 시정명령과 함께 시정명령을 받은 사실에 대한 광고명령을 하였다.

피심인들은 미스터 빈 시리즈의 경우 내용에 관계없이 모두 '미스터 빈'이라는 제목을 사용하고, 일반 소비자들도 같은 이름으로 영화·비디오·TV에서 상영되어도 동일한 내용의 작품으로 보지 않는 것이 통례라고 주장하였으나, 미스터 빈 시리즈의 경우 통상 내용과 관계없이 제목을 '미스터 빈' 이라고 하더라도 피심인의 비디오 '미스터 빈' 의 내용이 하명중영화제작소가 수입한 영화 '빈'과 동일한 영상물인 것처럼 소비자를 오인시킬 우려가 없다고 단정할 수 없으며, 상당수의 소비자는 Box Office 자체에 대한 개념은 정확히 알지 못할지라도 "Box Office 석권"이라는 표현을 볼 때에는 영화와 연관시켜 생각하기가 쉽고 더구나 표현의 자극성 및 광고에서 차지하고 있는 위치 등에 비추어 볼 때 소비자오인성이 결코 적다 할 수 없고, 이 오인성은 그 밑에 BBC시청률 60%이라고 기재하였다고 해서 제거된다고 볼 수 없다고 하였다.

3. 판례의 요지

원심[2)]은 원고 유니버설 뮤직과 베어 사이의 제작계약 및 판매계약의 내용에 의하여 알 수 있는 바와 같이 원고가 위 비디오물의 판매에 관하여 이해관계가 크다는 점, 원고가 베어에게 비디오물의 광고에 필요한 자료를 제공하고 그 광고에 원고의 로고를 사용하도록 하고 광고와 관련하여 원고와 베어 사이에 업무연락이 있어 왔던 점, 위 영화가 상영될 무렵에 원고가 영화제작소로부터 수차례에 걸쳐 비디오물의 광고나 출시로 인하여 위 영화의 흥행에 지장이 없도록 하여 줄 것을 부탁받기도 한 점 등에 비추어 보면 원고가 베어로 하여금 위 비디오물에 관한 광고를 하게 하고 그 이후의 광고제작과정에 계속 관여하였다는 점을 인정하였다.

또한, 위 비디오물 광고의 편집형식·색상·도안·구성·삽입된 문구의 내용 등을 살펴보면, 원고가 비디오물에 관하여 한 광고는 위 비디오물이 하명중 영화제작소가 수입, 상영한 영화 '빈'과 같은 내용의 영상물인 것처럼 소비자를 오인시킬 우려가 있는 광고에 해당한다는 것을 인정하고, 결국 원고가 위 비디오물 광고에 관여하여 베어로 하여금 위와 같은 광고를 하게 한 것은 '사실을 은폐하거나 기만적인 방법으로 소비자를 속이거나 속일 우려가 있는 내용으로 광고하여, 소비자를 오인시킬 우려가 있는 행위'로서 불공정거래행위에 해당하고, 따라서 그 시정을 명하는 공정거래위원회의 이 사건 처분은 적법하다

2) 서울고등법원 2000. 4. 25. 선고 99누235 판결.

고 판단하였다.

대법원은 원심의 이러한 판단을 받아들여 상고를 기각하였다.3)

II. 해 설

1. 쟁점의 정리

공정거래법은 제23조에서 불공정거래행위를 규제하고, 제1항 각호에서 불공정거래행위의 유형을 적시하고 있다. 1999년 법률 제5814호로 개정 전 동법 제23조 제1항 제6호에서는 "사업자, 상품 또는 용역에 관하여 허위 또는 소비자를 기만하거나 오인시킬 우려가 있는 표시·광고(상호의 사용을 포함한다)를 하는 행위"를 불공정거래행위의 일종으로 규정하고, 같은 법 시행령 제36조 제1항 관련 [별표] 일반 불공정거래행위의 유형 및 기준 제9호 나목에서 기만적인 광고행위를 열거하고 있다. 다만, 1999년 「표시·광고의 공정화에 관한 법률」(이하 '표시광고법'이라 한다)이 제정되어 기만광고에 대한 불공정거래행위의 동 규정은 더 이상 적용되지 않게 되었다. 이 사건 당시 불공정거래행위의 일종이었던 기만광고 행위는 위계에 의한 고객유인행위의 일 유형으로서 통설은 경쟁수단 또는 방법의 불공정성(unfairness)이 문제되는 행위유형으로 설명하고 있다. 대상판결은 1999년 표시광고법 제정 이전 사건으로서 표시광고법 위반행위가 아니라 불공정거래행위 위반사건으로서, 이 사건의 중요 쟁점은 TV 드라마 시리즈인 것을 누락한 행위가 기만광고로서 당시 불공정거래행위의 위계에 의한 고객유인행위 및 현재 기만적인 표시광고로서 성립될 수 있는지의 여부이다.

2. 관련 판례

원고는 온라인 광고업 및 온라인자료 제공업 등을 목적으로 하는 회사로서 표시광고법 제2조 제3호가 규정하는 사업자로서 경품이벤트 등의 방법으로 대량의 개인정보를 수집하여 대가를 받고 이를 이용하여 텔레마케팅 영업을 하는 보험회사 등에 제공하는 영업을 하고 있다.

2009. 1. 1.부터 2012. 2. 16.까지 옥션, 지마켓, 11번가 등 오픈마켓(일반적인 쇼핑몰 판매방식을 벗어나, 개인과 소규모 판매업체 등이 온라인상에서 자유롭게 상품을 거래하는 중개형 인

3) 대법원 2002. 1. 11. 선고 2000두4255 판결.

터넷 쇼핑몰) 사업자와 광고 집행 계약을 체결하고, 오픈마켓에 원고의 개인정보 수집 경품 이벤트 페이지(이하 '이 사건 개인정보 수집 페이지'라 한다)로 연결되는 배너·팝업 광고를 게시하면서 다음과 같은 광고행위(이하 '이 사건 광고'라 한다)를 하였다. 그 중 아래 ①, ② 부분 행위는 표시광고법 제3조 제1항 제2호의 '기만적인 광고'에 해당한다는 이유로 공정거래위원회가 2012. 8. 31. 의결 제2012－216호로 시정명령 및 공표명령(이하 '이 사건 처분'이라 한다)을 하였다.

> **① 경품행사에 대해 개인정보 수집 목적을 알리지 않고 오픈마켓 사업자가 진행하는 이벤트인 것처럼 광고한 행위**
> 배너·팝업 광고창 등에 '5천원 쿠폰 증정', '2월의 감사선물 확인하기', '소멸예정쿠폰이 2장 남아있습니다' 등의 문구를 사용하여 개인정보 수집 목적을 밝히지 않았고, 이 사건 개인정보 수집 페이지 상단에 이벤트 광고를 접한 소비자들이 직전에 방문했던 지마켓, 옥션, 11번가 등의 오픈마켓 로고(회사를 나타내는 특별한 디자인으로 된 상징)를 표시하여 이벤트 광고가 원고의 정보제공 수집을 위한 것이 아니라 오픈마켓 사업자가 진행하는 쿠폰 증정 이벤트인 것처럼 외형을 꾸몄음
>
> **② 할인쿠폰에 적용되는 사용제한 조건을 은폐하고 광고한 행위**
> 원고가 경품으로 제공하는 5천 원 할인쿠폰은 대략 한 달 이내에 소비자가 인증을 하여야 하고, 인증일로부터 15일 이내에, 5만 원 이상 주문 시에만 사용이 가능하나, 이용기간이 15일 이내로 제한된다는 사실은 이벤트 참여 이후 쿠폰지급을 안내하는 이메일에서 확인이 가능하고, 5만 원 이상 주문 시에만 사용 가능하다는 조건은 배너·팝업 광고에는 나타나지 않고, 이 사건 개인정보 수집 페이지에서 소비자가 스크롤을 내려야 확인할 수 있는 하단에 작게 안내하였음

이에 원고가 서울고등법원에 처분취소를 구하는 소를 제기하였다. 서울고등법원[4]은 원고는 보험회사인 동양생명, 라이나생명 등과 사이에 개인정보를 수집하여 이를 제공하면 그 대가로 수당을 받기로 약정한 후, 개인정보를 수집할 목적으로 옥션, 지마켓, 11번가 등과의 계약아래 소비자의 방문이 빈번한 위 오픈마켓에 "5천 원 쿠폰 증정", "2월의 감사선물 확인하기", "소멸 예정쿠폰이 2장 남아 있습니다." 등의 문구를 사용하여 쿠폰 등 경품을 제공한다는 배너·팝업 광고를 게시하여 소비자들을 유인하면서, 배너·팝업 광고를 클릭하면 원고가 관리하는 사이트로 이동하여 이 사건 개인정보 수집 페이지의 첫 화면이 열리게 되고, 소비자가 이 사건 개인정보 수집 페이지 첫 화면에서 이름과 주민등록번호를 기재한 후 '본인확인' 부분을 클릭하면, 두 번째 화면으로 이동하게 되는데, 여기에는 성명, 주민등록번호, 전화번호, 이메일 정보 등을 기입하도록 되어있고, 그 하단에는 개인정보 수집 및 제공에 관한 '동의표시'란이 존재하나, 원고는 이 또한 27인치 모니터를

4) 서울고등법원 2013. 12. 26. 선고 2012누40331 판결.

기준으로 화면을 구성하였으므로, 소비자가 사업자인 원고에게 자신의 개인정보를 제공하고, 그 정보가 제3자에게도 제공된다는 것은 소비자가 이벤트에 참여할지 여부를 결정함에 있어 핵심적 고려요소임에도, 원고는 배너·팝업 광고와 이와 연결된 이 사건 개인정보 수집 페이지 등을 통하여 개인정보 수집 목적을 은폐하거나 축소하는 방법으로 광고하였다고 봄이 상당하다고 판시하였다.

즉, 보통의 주의력을 가진 일반 소비자가 광고를 받아들이는 전체적 인상을 기준으로 할 때, 원고의 위와 같은 각 행위는 소비자가 원고의 이벤트 광고에 대하여 원고가 개인정보 수집을 목적으로 진행하는 이벤트가 아니라 오픈마켓이 마케팅의 일환으로 소비자에게 해당 오픈마켓의 할인쿠폰을 증정하는 이벤트로 오인할 우려가 있는 것 및 원고가 제공하는 할인쿠폰에 사용제한이 없거나 그와 같이 매우 엄격한 조건이 아닌 완화된 조건 아래에서의 사용이 가능한 것으로 오인할 우려가 있다고 보이므로 소비자오인성이 인정되고, 원고가 다수의 개인정보를 수집하여 매출을 증대시키기 위해 오픈마켓 및 자신의 홈페이지에 위와 같은 기만광고를 게시하여 개인정보 제공 이벤트에 참여할지 여부에 대한 소비자의 합리적인 선택을 방해하였으므로, 공정거래저해성이 인정된다고 판시하였다.

3. 검 토

공정거래위원회는 「부당한 표시·광고행위의 유형 및 기준 지정고시」와 별도로 2010년 「기만적인 표시·광고 심사지침」[5]을 제정하여 기만적인 표시·광고 심사에 있어서 일반원칙을 제시하였다. 이에 따르면 기만광고란 사실을 은폐하거나 축소하는 등의 방법으로 소비자의 선택이나 구매에 중요한 영향을 미칠 수 있는 사실을 빠뜨리거나 숨기는 것을 의미한다. 당초부터 아예 빠뜨리거나, 밝히지 않는 행위(누락)뿐만 아니라 소비자의 구매선택에 중요한 영향을 미칠 수 있는 사실이나 내용의 전부 또는 일부를 지나치게 작은 글씨로 표기하거나 지나치게 짧은 시간을 할애하는 등의 방법으로 소비자가 현실적으로 이를 인식하기 어렵게 표시·광고하는 행위(은폐)를 포함한다. 아울러 소비자의 구매선택에 중요한 영향을 미칠 수 있는 사실이나 내용을 표시 또는 설명하였으나, 지나치게 생략된 설명을 제공하는 등의 방법으로 보통의 주의력을 가진 소비자가 이를 사실대로 인식하기 어렵게 표시·광고하는 행위(축소)도 이에 해당한다.

기만적인 표시·광고를 심사할 때에는 특정 정보가 은폐·누락·축소되었다는 사실만으로 곧바로 부당한 표시·광고에 해당하는 것이 아니라, 은폐·누락·축소한 사실이 소비

5) 공정거래위원회 예규 제85호, 2010. 12. 31. 제정(최근 개정은 공정거래위원회 예규 제268호, 2016. 12. 23. 일부개정).

자의 구매선택에 중요한 영향을 미치는 것인지, 은폐·누락·축소함으로써 광고내용의 전후 맥락과 광고 전체 내용상 보통의 주의력을 가진 일반 소비자가 사업자나 상품에 대하여 그릇된 정보나 사실과 다른 인식을 가질 우려가 있는지, 이를 통해서 소비자의 합리적인 의사결정이 저해될 우려가 있는지 등을 종합적으로 고려하여 판단한다. 그리고 은폐·축소·누락한 사실이 소비자의 구매선택에 중요한 영향을 미칠 수 있는지 여부는 개별 표시·광고의 대상, 성격, 목적, 사용·이용방법 및 행태 등을 종합적으로 고려하여 판단한다. 즉, 기만광고에 해당하기 위해서는 기만에 의한 소비자오인성과 그로 인한 공정거래저해성이 있어야 한다.

여기에서 기만성은 사업자에게 소비자로 하여금 잘못된 믿음을 갖게 하려는 의도가 있었을 경우에 인정되므로 당해 표시광고에서 누락 내지 은폐·축소된 부분이 소비자를 기만하기 위한 점인지의 여부가 중요한 입증사항이라 볼 수 있다.

기만성이 인정되는 경우는 제조자·판매자·가공업자·중간유통업자 등 사업자에 관한 정보의 전부 또는 일부를 은폐 또는 누락하여 표시·광고하는 경우,[6] 제품 등의 품질·종류·수량 등에 관한 중요정보의 전부 또는 일부를 은폐 또는 누락하여 표시·광고하는 경우,[7] 제품 등의 가격 또는 거래조건에 관한 중요정보의 전부 또는 일부를 은폐 또는 누락하여 표시·광고하는 경우,[8] 제품 등의 사용 또는 이용과정에서 반드시 알아야 할 정보의 전부 또는 일부를 은폐 또는 누락하여 표시·광고하는 경우[9] 등 소비자의 구매선택에 있어 중요사항에 대하여 은폐 또는 누락시키거나, 중요한 사항에 관한 정보를 은폐 또는 누락하지 않고 표시 또는 설명하였으나 지나치게 생략된 설명을 제공하는 등의 방법으로 통상의 지적 능력을 지닌 소비자가 표시된 설명만으로는 이를 사실에 부합되도록 인식하기 어렵게 표시·광고하는 경우[10]와 같이 사업자가 소비자의 구매선택에 있어서 중요한 사항

---

6) 예컨대 TV홈쇼핑 방송을 통해 특정 제조사의 컴퓨터 본체와 다른 제조사들의 LCD모니터를 함께 판매하면서 이들 LCD모니터의 제조사들을 사실에 부합하게 표시하기는 하였으나 총 100분의 방송시간 동안 LCD모니터제조사들에 대한 어떠한 설명(방송멘트 등)도 없이 해당 방송화면 하단자막에서 1회 5초 정도의 시간 동안 각각 3회 및 5회 정도만을(총 40초에 불과) 표시·광고하는 경우.

7) 예컨대 주요 일간지에 오피스텔 분양광고를 하면서 “주변 아파트시세보다 싼 파격적인 분양가”라는 제목 아래 “평당가 440만 원대의 파격적인 분양가로 확실한 시세차익보장”이라고 표현하면서 동 분양물이 오피스텔이라는 사실을 밝히지 않고 표시·광고하는 경우.

8) 예컨대 공공임대아파트의 월 임대료 조건을 표시·광고하면서 임대주택법령상 표준임대료 산정 시 국민주택기금이자를 포함하도록 규정되어 있음에도 불구하고 국민주택기금이자를 포함하지 않고 임대료조건을 표시·광고하는 경우.

9) 예컨대 중앙일간지 등을 통하여 “○○주유소 △△캐쉬백포인트 6배 적립”행사를 광고하면서 기존의 적립비율을 초과하는 부분(초과적립률)에 대하여는 계열사(이동통신회사)의 이동통신서비스를 이용하는 가입회원들에게 지급되고 있는 멤버십포인트를 차감하여 △△포인트로 대체·적립한다는 사실을 밝히지 않은 경우.

10) 예컨대 의약품 광고를 하면서 오·남용 등에 따른 부작용이 있음을 사실대로 표시하기는 하였으나 구

에 대하여 축소하는 경우이다.

오인유발성은 사업자에게 그러한 의도가 있는지의 여부와 상관없이 인정될 수 있기 때문에 보통의 주의력을 가지는 일반 소비자의 관점에서 객관적으로 판단하여야 한다. 소비자는 광고의 문구, 단어, 디자인, 색채, 소리 등의 다양한 방법에 의한 표현과, 표현이 직·간접적으로 암시하고 있는 사항, 그리고 기존에 소비자가 관례적이고 통상적으로 알고 있는 사항 등도 종합하여 전체적·궁극적 인상을 형성하기 때문에 그것이 기준이 되어 소비자의 오인성을 판단하여야 한다.[11] 기만적인 영업관행을 금지하고 있는 미국 FTC법 제5조에 대한 미국 법원의 해석 또한 소비자에게 실질적인 오인을 가져올 수 있는 "경향과 능력"이 있는 관행이 불공정하다는 것이다.[12]

또한 공정거래저해성은 시장의 경쟁질서를 왜곡하거나 소비자의 합리적 선택을 방해하는 점에서 고려되어야 하는데, 기만광고가 행위유형으로 포함되어 있던 위계에 의한 고객유인행위의 경우에는 공정거래저해성을 판단할 때도 수단의 불공정성을 중심으로 평가하여야 한다.

Ⅲ. 판례의 의의

해당 광고가 기만광고에 해당하려면 소비자가 그 사실을 알았더라면 제품선택에 중요한 영향을 받았을 사항을 다르게 표현하거나, 생략하거나 숨기는 것[13]을 말하고, 행위자에게 고의성이 있는지의 여부는 묻지 않는다.[14] 이 사건에서 영화 '빈'과 비디오물 '미스터 빈'은 주인공이 같지만 내용 및 형식이 다른 두 상품이다. 주인공의 캐릭터가 워낙 강하여 제목이 유사한 이 두 작품은 소비자가 큰 주의를 기울이지 않으면 동일한 작품으로 볼 수 있는 여지가 충분하다. 이 사건 해당 광고에서는 이것이 영화 '빈'과 구분되는 TV시리즈를 비디오로 제작한 것인지를 명확하게 밝히는 대신에 "box office석권"이라는 문구, 영화 포스터와 유사한 표현방식 등을 사용하여 마치 영화 '빈'을 비디오로 제작한 것으로 소비자가 오인할 수 있도록 하였다. 그리고 이러한 소비자의 오인을 일으키는 광고라는 불공정한 경쟁수단의 사용을 통한 공정거래저해성이 인정된다고 할 것이다.

체적으로 어떤 부작용인지에 대한 설명 없이 단지 "부작용 있음"으로만 표시·광고하는 경우.

11) 대법원 2017. 4. 7. 선고 2016두61242 판결.

12) ABA, Antitrust law development (5th ed.), ABA, 2002, p. 616.

13) FTC, Policy Statement on Deception (1983. 10. 14.), https://www.ftc.gov/system/files/documents/public_statements/410531/831014deceptionstmt.pdf.

14) 이호영, 『소비자보호법』, 4판(홍문사, 2018), 89면.

다만, 공정거래위원회 의결과 해당 판결은 표시광고법이 아니라 공정거래법에 관한 사건이었음에도 공정거래저해성에 대한 언급은 하지 않았는데, 기만광고에 해당하기만 하면 공정거래저해성은 당연히 인정되는 것인지에 대하여 따로 판시하지 않았다. 생각건대 표시광고법에서도 공정거래저해성을 위법성의 표지로 삼고 있는 것을 고려한다면 기만성과 소비자의 오인가능성이 인정되면 특별한 사유가 없는 한 공정거래저해성은 인정된다고 보아야 할 것이다.

32 기만적인 표시·광고행위의 판단기준

－대법원 2000. 12. 12. 선고 99두12243 판결

박 성 범*

Ⅰ. 판례의 개요

1. 사안의 개요

원고 주식회사 신맥(이하 '신맥'이라 한다)과 주식회사 맥킴(이하 '맥킴'이라 한다)은 각각 미국 맥도날드사(McDonald's Corporation, 이하 '맥도날드사'라 한다)와 국내인이 합작투자한 회사[1])로서 음·식료품을 제조·판매하는 사업자이다. 피고 공정거래위원회(이하 '피고' 또는 '공정거래위원회'라 한다)는 (i) 원고들이 자신들이 제조·판매하는 햄버거인 불고기버거를 TV에 광고하면서 돼지고기를 원료로 하여 만들었음에도 이를 밝히지 아니한 채 단순히 불고기버거라고 광고함으로써 쇠고기를 사용한 제품인 것처럼 소비자들을 오인할 우려가 있는 광고행위를 하고(이하 '이 사건 광고행위'라 한다), (ii) 원고 신맥은 불고기버거의 광고지에 자신의 상호를 밝히지 아니한 채 'ⓒ 1988 McDonald's Corporation' 이라고 유명업체의 명칭만을 표시함으로써 광고전단지상의 제품을 맥도날드사가 직접 제조·판매한 것처럼 소비자들이 오인할 우려가 있는 광고·표시행위를 하였다(이하 '이 사건 표시행위'라 한다)는 이유로 시정명령(법위반행위중지·법위반사실공표명령) 및 과징금납부명령을 하였다(공정거래위원회 1998. 8. 31. 의결 제98－190호).[2])

---

* 법무법인(유한) 율촌 변호사.

1) 당시 맥도날드사는 신맥 주식의 69.4%, 맥킴 주식의 49%를 보유하였다.

2) 이 사건 의결 당시에는 「표시·광고의 공정화에 관한 법률」(1999. 2. 5. 제정, 이하 '표시광고법'이라 한다)이 입법되기 전이어서 「독점규제 및 공정거래에 관한 법률」(이하 '공정거래법'이라 한다) 제23조 제1항 제6호(사업자, 상품 또는 용역에 관하여 허위 또는 소비자를 기만하거나 오인시킬 우려가 있는 표시·광고(상호의 사용을 포함한다)를 하는 행위)가 적용되었고 그에 따라 시정조치가 이루어졌음을 주목할 필요가 있다. 위 공정거래법 제23조 제1항 제6호는 1999. 2. 5.자로 표시광고법의 제정과 동시에 삭제되었다. 따라서, 위 공정거래법 제23조 제1항 제6호가 규정한 기만적 표시·광고행위에 대한

이에 대해 원고들은 위 시정명령 등에 대해 이의신청을 하였으나, 피고가 이를 기각하는 재결(공정거래위원회 1998. 12. 16. 재결 제98-54호)을 하자 이 사건 행정소송을 제기하였다.

2. 소송경과 및 판례의 요지

가. 원심판결[3)]

(1) 원고 주장의 요지

① 불고기버거의 재료로 사용되는 국산 돼지고기는 일반 햄버거에 사용되는 수입 쇠고기보다 고급·고가의 재료이고, 불고기버거의 불고기라는 표현이 반드시 그 재료가 쇠고기라는 것만을 의미하지 않는 점 등에 비추어, 원고들이 열악한 제품을 우수한 제품인 것처럼 허위 광고한 것이 아니다.

② 원고들이 불고기버거라는 제품을 개발·판매하면서 포크버거라는 식으로 재료(돼지고기)를 제품명에 사용하지 않은 이유는 제품의 재료보다 제품의 특성, 즉 불고기 양념을 한 재료를 사용하였다는 점을 소비자들에게 강조하기 위한 것이었다.

③ 원고들이 불고기버거의 시판 중에 별도의 제품인 햄버거에 대한 TV광고를 하면서 맥도날드에서는 100% 순쇠고기 햄버거가 900원이라고 광고한 것은, 쇠고기라는 재료에 중점을 둔 것이 아니라 햄버거 제품은 일반적으로 1천 원 이상인데 900원짜리 햄버거를 판매하면서 가격의 저렴성을 강조하기 위한 것이었으므로, 위 광고로 인하여 가격대가 다른 불고기버거를 쇠고기로 만든 것으로 소비자가 오인할 가능성은 없다.

④ 불고기버거 제품에 대한 소비자들의 구매 기준은 재료로 사용되는 고기의 종류가 무엇인가라기보다 위 제품이 한국인의 취향에 맞게 기존의 햄버거와 달리 양념을 한 고기를 재료로 사용하였다는데 있으므로, 불고기버거라는 제품명이 소비자들의 상품 선택시 구매기준을 충분히 고려하지 아니하여 소비자들이 제품의 재료 등을 오인할 우려가 있다고 할 수 없다.

⑤ 원고 신맥이 자신의 상호를 밝히 아니한 채 '1988 McDonald's Corporation'이라고 표기한 것은 맥도날드사가 신맥의 69.4%의 지분을 보유하고 있고 라이선스 계약을 체결하고 있기 때문이므로 법리상 당연할 뿐만 아니라, 위와 같은 표기는 광고지에 포함된 1998년 프랑스 월드컵의 공식 레스토랑이라는 문구의 저작권이 맥도날드사에 있다는 점

판단기준은 현행 표시광고법 제3조 제1항 제2호가 규정한 기만적인 표시·광고의 판단기준과 사실상 동일하다고 볼 수 있다.

3) 서울고등법원 1999. 11. 24. 선고 99누884 판결.

을 표시하기 위한 것이므로, 맥도날드사가 광고·제품제조의 주체인 것으로 소비자가 오인할 우려가 없다. 또한, 햄버거라는 식품의 특성으로 인해 전적으로 미국에서 제조된 제품을 한국에서는 판매만 한다고 이해하는 소비자들은 거의 없으므로, 불고기버거의 광고지에 위와 같이 표시하였다고 하여 맥도날드사가 직접 제조한 제품이라고 소비자를 오인시킬 우려가 있다고 할 수 없다.

(2) 원심판결의 요지

(가) 이 사건 광고행위에 대하여

기만적 광고에 해당하기 위해서는 사실을 은폐하거나 기만적인 방법이라는 기만성과 그에 따른 소비자오인성의 요건을 충족하여야 한다. 어느 광고가 상품의 재료·성분 등에 관하여 소비자를 오인시킬 우려가 있는지 여부는 보통의 주의력을 가진 일반 소비자가 당해 광고를 받아들이는 전체적인 인상을 기준으로 판단하여야 한다. 이를 전제로 살펴보면, (i) 일반적으로 국내에선 쇠고기가 돼지고기에 비해 고급으로 인식되고 있고, 불고기라는 식품은 쇠고기를 재료로 사용해 왔으므로 소비자들은 보통 불고기하면 쇠고기로 만든 것으로 이해하고 있으며, 원고들이 제조·판매한 햄버거의 패티에도 쇠고기만을 사용하여 온 점에 비추어, 패티의 재료를 밝히지 않은 채 불고기버거라는 신제품을 광고하는 경우 소비자들로서는 이를 쇠고기로 만든 햄버거로 오인할 우려가 있다는 점, (ii) 원고들이 생선·닭고기를 재료로 사용하는 햄버거의 경우 휘시버거, 치킨버거와 같이 원재료의 종류를 알 수 있게 상품명을 표기하여 온 점에 비추어, 돼지고기를 사용한 햄버거를 제조·판매하면서 단지 불고기 양념을 사용하였다는 사실만으로 쇠고기를 전혀 사용하지 않은 제품에 대해 불고기버거라는 제품명을 사용하고 광고하는 것은 그것이 쇠고기를 재료로 한 햄버거라고 오해되기를 바라고 한 것이라고 추정할 여지가 충분하고, 이 경우 소비자들로서는 위 제품을 쇠고기로 만든 제품으로 오인할 우려가 있다는 점, (iii) 원고들이 불고기버거의 시판 중에 별도 제품인 햄버거에 대한 TV 광고를 하면서 맥도날드에서는 100% 순쇠고기 햄버거가 900원이라고 광고한 것은 이와 함께 불고기버거의 패티가 돼지고기임을 밝히지 아니할 경우, 소비자는 광고의 전체적인 이미지로 인하여 불고기버거도 쇠고기로 만든 것으로 오인할 우려가 있다는 점 및 (iv) 일반적으로 소비자의 상품 선택에 있어 음식의 재료가 쇠고기인지 돼지고기인지는 중요한 고려요소라 할 수 있는데, 위와 같은 내용으로 불고기버거를 광고할 경우 소비자들로서는 패티의 재료에 대하여 그릇된 정보를 가짐으로써 합리적인 의사결정이 저해될 우려가 있다는 점 등을 고려하여 원고들이 불고기버거에 대한 TV 광고를 하면서 주재료인 패티가 돼지고기라는 사실을 밝히지 않은 것은 사실을 은폐하거나 기만적인 방법을 사용하여 광고함으로써 소비자를 오인하였거나 오인하게 할 우려가 있는 광고행위에 해당한다.

(나) 이 사건 표시행위에 대하여

원고 신맥은 맥도날드사가 69.4%의 지분을 소유하고 있고, 맥도날드사의 라이선스 계약에 의하여 상호·상표 및 서비스표장을 사용할 수 있는 점, 신맥이 그동안 제조·판매한 햄버거 제품을 광고함에 있어서 제조회사를 맥도날드사라고 표시하였지 자신의 상호를 사용하지 않은 점 및 '© 1988 McDonald's Corporation'이라는 표시는 광고지에 표기된 1998년 월드컵 공식지정 레스토랑 문구의 저작권이 맥도날드사에 있다는 점을 밝히기 위한 것으로 보이는 점 등을 종합적으로 고려하면 이로써 맥도날드사가 그 표시·광고의 주체이고 불고기버거를 맥도날드사가 직접 제조·판매하는 것으로 오인하게 할 기만적인 표시행위에 해당한다고 볼 수 없다. 또한, 맥도날드사가 햄버거 패티 등 일부 재료를 소스·제조방법 등의 통제하에 현지에서 조달하여 균일한 제품으로 판매하고 있는 점, 햄버거라는 제품의 특성상 미국에 위치한 맥도날드사가 전적으로 제조한 제품을 한국에서 판매한다고 이해하는 소비자가 별로 없을 것으로 보이는 점 및 위 표시 문구를 본 소비자의 입장에선 원고 신맥이 맥도날드사와 모종의 계약을 맺고 그 상표 등을 적법하게 사용할 수 있다거나, 맥도날드사의 합작법인이 위 제품을 제조·판매하는 것으로 생각할 것이라는 점 등을 고려하면 원고 신맥의 이 사건 표시행위로 인해 맥도날드사가 직접 불고기버거를 제조·판매하는 것으로 소비자가 오인할 우려가 있다고 할 수 없다. 이에 따라, 원고 신맥에 대한 이 사건 표시행위에 관한 부분은 부당한 광고·표시행위에 해당한다고 볼 수 없으므로 이 사건 시정명령 중 이 사건 표시행위에 대한 부분은 위법하다.

나. 대법원 판결

대법원은 원고들의 이 사건 광고행위와 원고 신맥의 이 사건 표시행위 모두에 대하여 원심판결의 이유와 동일한 이유로 사실인정 및 판단이 정당한 것으로 수긍이 가고 거기에 법리오해 또는 채증법칙 위배로 인한 사실오인의 위법이 있다고 볼 수 없음을 이유로 관련 상고를 기각하고 원심판결을 확정하였다.[4]

4) 다만, 공정거래위원회의 법위반사실공표명령이 하나의 조항으로 이루어졌으나, 그 대상이 된 사업자의 광고행위와 표시행위로 인한 각 법위반사실이 별개로 특정될 수 있음에도 그 중 하나의 법위반사실이 인정되지 않는다고 하여 법위반사실공표명령 전부를 취소한 원심판결은 행정행위의 취소에 관한 법리를 오해하여 판결에 영향을 미친 위법이 있음을 이유로 이 부분 사건을 서울고등법원으로 파기환송하였다.

II. 해 설

1. 표시광고법상의 기만적 표시·광고의 성립요건

표시광고법 시행령 제3조 제2항은 기만적인 표시·광고는 사실을 은폐하거나 축소하는 등의 방법으로 표시·광고하는 것을 의미하는 것으로 규정한다. 기만이란 사전적 의미로 남을 유인하여 속이는 것을 말한다. 위 표시광고법 시행령은 기만의 수단을 '사실을 은폐하거나 축소하는 등의 방법'으로 규정하고 있다. 이런 규정에 대해 미국법상의 기만적 광고의 개념과 달리 우리나라 표시광고법상의 기만적 광고는 그 명칭에도 불구하고 실제로는 매우 제한적이라는 견해도 있다.[5] 그러나 현행 표시광고법 시행령 제3조 제2항이 기만의 수단을 사실 은폐 또는 축소에 한정하고 있다고 보기는 어려울 것이다. 오히려, 사실 은폐 또는 축소는 기만의 예시적 수단으로 보는 것이 타당하다. 소비자의 오인을 유발시키는 방법이라면 사실 은폐 또는 축소 이외의 방법을 사용하거나 이에 준하는 경우라도 기만적 표시·광고가 될 수 있을 것이다.[6] 참고로 위 시행령 규정은 기만적인 경우를 사실을 은폐 또는 축소하는 경우만을 예시하고 있으나, 공정거래위원회의 「기만적인 표시·광고 심사지침」(공정거래위원회 예규 제268호, 2016. 12. 23, 이하 '심사지침'이라 한다)은 은폐와 축소 이외에 '누락'의 경우도 규정하고 있다.[7]

2. 공정거래위원회의 기만적 표시·광고의 판단기준

심사지침은 기만적 표시·광고 여부의 심사를 위한 일반원칙으로 "기만적인 표시·광고를 심사할 때 특정 정보가 은폐·누락·축소되었다는 사실만으로 곧바로 부당한 표시·광고에 해당하는 것이 아니라 ① 은폐·누락·축소한 사실이 소비자의 구매선택에 중요한

5) 이선희, 온주 표시·광고의 공정화에 관한 법률 제3조(2018. 4. 2).

6) 위 이선희도 같은 의견으로, 그 구체적인 예로 애매모호한 표현의 사용, 전체적인 인상이 기만적인 경우, 제한적 용어의 기만적 사용, 경제적 이해관계를 밝히지 않은 이용후기 형식의 블로그 광고 등을 그 예로 제시한다.

7) 심사지침은 소비자의 구매선택에 중요한 영향을 미칠 수 있는 사실이나 내용의 전부 또는 일부에 대하여 ① '누락'이란 소비자가 인식하지 못하도록 당초부터 아예 밝히지 않거나 빠뜨리는 경우로, ② '은폐'란 지나치게 작은 글씨로 표시하거나 지나치게 짧은 시간을 할애하는 등의 방법으로 소비자가 현실적으로 인식하기 어렵게 표시·광고하는 경우로, ③ '축소'란 사실이나 내용을 표시 또는 설명하였으나, 지나치게 생략된 설명을 제공하는 등의 방법으로 보통의 주의력을 가진 소비자가 이를 사실대로 인식하기 어렵게 표시·광고하는 경우로 각 정의하고 있다(심사지침 III.). 다만, 심사지침은 위와 같은 정의 규정에도 불구하고 세부심사지침에서는 은폐 또는 누락의 경우와 축소의 경우를 구분하여 규정하고 있다는 점에서 표시광고법 시행령상의 은폐의 개념은 은폐와 누락의 경우를 모두 포함하는 것으로 해석될 여지가 있다(조재영, 『기만적 표시·광고』(커뮤니케이션북스, 2015), 30면 참조).

영향을 미친 것인지, ② 은폐·누락·축소함으로써 광고내용의 전후 맥락과 광고 전체 내용상 보통의 주의력을 가진 일반 소비자가 사업자나 상품에 대하여 그릇된 정보나 사실과 다른 인식을 가질 우려가 있는지, ③ 이를 통해서 소비자의 합리적인 의사결정이 저해될 우려가 있는지 등을 종합적으로 고려하여 판단한다. 또한, 은폐·축소·누락한 사실이 소비자의 구매선택에 중요한 영향을 미칠 수 있는지 여부는 개별 표시·광고의 대상, 성격, 목적, 사용·이용방법 및 행태 등을 종합적으로 고려하여 판단한다"라고 규정하고 있다(심사지침 IV.).

3. 이 사건의 경우

이 사건에서는 특히, '불고기'는 쇠고기로 만든 것이라고 이해하는 일반인들의 인식이 존재한다는 점과 함께 원고들이 생선이나 닭고기와 같은 쇠고기 이외의 재료를 사용하는 햄버거의 경우는 그 재료를 알 수 있도록 '휘시버거'나 '치킨버거' 등의 용어를 별도로 사용한 점 등을 주된 근거로 햄버거의 재료가 돼지고기라는 사실을 전혀 밝히지 않은 행위가 소비자의 구매선택을 위한 합리적인 의사결정을 저해할 우려가 있다는 이유로 기만적인 광고행위로 판단한 원심판결과 이를 정당한 것으로 확인한 대법원의 판결은 타당하다. 또한, 원고 신맥이 'ⓒ 1998 McDonald's Corporation'이라는 표시에 대해서 일반 소비자의 이해 또는 인식이나 그 표시 문구를 바라보면서 갖게 될 수용 태도 등을 기초로 소비자가 오인할 가능성이 있는 기만적인 표시행위에 해당한다고 보기 어렵다고 판시한 원심판결 및 그 정당성을 확인한 대법원 판결 역시 타당하다.

Ⅲ. 판례의 의의

이 사건 판결은 표시광고법 제정 이전에 존재하였던 공정거래법 제23조 제1항이 규정한 불공정거래행위의 한 유형이었던 기만적인 표시·광고행위의 해당 여부를 판단함에 있어서도 당시 공정거래법 시행령 [별표 1] 기준 9. 이 규정한 '기만성'과 '소비자오인성'의 요건이 충족되어야 함을 전제로, 특히 소비자를 오인시킬 우려와 관련하여서는 보통의 주의력을 가진 일반 소비자가 당해 광고를 받아들이는 전체적인 인상을 기준으로 하여야 한다는 판단기준을 명확히 제시하였다는 점에서 그 의의를 찾을 수 있다.

33 ‘기만적인 광고’의 위법성 판단기준

－대법원 2017. 4. 7. 선고 2016두61242 판결

최 인 선*

Ⅰ. 판례의 개요

1. 사안의 개요

원고 홈플러스 주식회사 및 원고 홈플러스스토어즈 주식회사[1](이하 편의상 ‘원고들’로 통칭한다)는 소비자가 사용하는 상품을 다수의 납품업자로부터 납품받아 매장면적 합계 3,000㎡ 이상의 점포에서 판매하는 사업자로서 「대규모유통업에서의 거래 공정화에 관한 법률」 제2조 제1호에 따른 대규모유통업자이다.[2]

원고들은 2011. 8. 11.부터 2014. 6. 18.까지 12회에 걸쳐 경품행사를 실시하면서 홈페이지, 구매영수증, 전단지 등을 통해 “홈플러스가 올해도 10대를 쏩니다”, “홈플러스 창립 14주년 고객 감사 대축제”, “2014 새해맞이 경품대축제”, “가정의 달 경품대축제” 등으로 광고(이하 ‘이 사건 광고’라 한다)를 하였다. 원고들은 위 홈페이지, 구매영수증, 전단지 등에 경품행사를 통해 수집된 고객들의 개인정보를 보험사 등에게 제공한다는 사실을 구체적으로 기재하지는 않았고, “자세한 사항은 응모권이나 홈페이지 참고”할 것을 명시하였다.

공정거래위원회는 원고들의 행위가 「표시·광고의 공정화에 관한 법률」(이하 ‘표시광고법’이라 한다) 제3조 제1항 제2호에서 금지하는 기만적인 표시·광고라고 판단하고, 원고들에 대하여 시정명령 및 과징금을 부과하였다. 공정거래위원회는, (i) 원고들의 경품행사

* 김·장 법률사무소 변호사.

1) 변경 전 상호는 ‘홈플러스테스코 주식회사’로, 2015. 10. 22.자로 ‘홈플러스스토어즈 주식회사’로 상호를 변경하였다. 홈플러스스토어즈 주식회사는 홈플러스 주식회사의 지분을 100% 보유하고 있다.

2) 원고들은 ‘홈플러스’라는 동일 상호를 사용하여 대형마트를 운영하고 있고, 영업활동, 의사결정, 상품 발주 등 경영과 사업 운영의 전반적인 업무는 홈플러스 주식회사를 중심으로 하나로 통합 관리·운영되고 있다(홈플러스(주) 및 홈플러스테스코(주)의 부당한 광고행위에 대한 건, 공정거래위원회 2015. 5. 1. 의결 제2015－138호, 2면 참조).

는 고객들이 이름, 성별, 생년월일, 핸드폰번호 등 자신의 개인정보를 기재하고 원고들이 이를 수집하여 보험사 등 제3자에게 제공하는 것에 동의한 고객들에 대해서만 추첨을 통해 경품을 지급하는 것으로, 이는 경품을 지급받기 위해 중요한 거래조건임에도 원고들이 이를 밝히지 않고 광고를 실시하였고(기만성), (ii) 보통의 주의력을 가진 일반 소비자는 이 사건 광고를 접할 경우, 이는 단순 고객 감사차원에서 진행하는 것으로서 '개인정보 수집 및 제3자 제공에 대한 동의'라는 조건 없이 추첨을 통해 경품을 제공하는 것으로 오인하거나 오인할 우려가 있으며(소비자오인성), (iii) 이로써 소비자들은 원고들의 경품행사가 개인정보 수집 및 제3자 제공·판매 목적에서 이루어진 것이라는 점은 인식하지 못한 채 그에 대한 참여여부를 결정하게 되었을 것이므로 이 사건 행위는 소비자의 합리적인 선택을 방해함으로써 공정한 거래질서를 저해할 우려가 있다고 판단하였다(공정거래저해성). 원고들은 공정거래위원회 처분에 불복하여 시정명령 및 과징금 납부명령의 취소를 구하는 행정소송을 제기하였다.

2. 소송경과

서울고등법원은 이 사건 광고가 기만적인 광고에 해당하지 않는다는 원고들의 주장을 배척하고 공정거래위원회 처분이 적법하다고 판시하였다.[3)] 서울고등법원은 이 사건 광고가 원고들이 소비자의 개인정보 수집 및 제공을 조건으로 경품을 지급한다는 사실을 은폐하고 마치 고객 사은행사의 일환으로 경품행사를 진행하는 것처럼 소비자를 기만하고 잘못 알게 할 우려가 있는 기만적인 광고에 해당하므로, 기만성, 소비자오인성 및 공정거래저해성이 모두 인정된다고 판시하였다.[4)]

원고들은 원심판결 중 '이 사건 광고에 기만성, 소비자오인성, 공정거래저해성이 존재하므로 기만적인 광고에 해당한다'고 본 원심판결의 판단에 불복하여 상고를 제기하였다. 그러나 대법원은 원심에는 이 사건 광고의 기만성, 소비자오인성, 공정거래저해성에 관한 법리를 오해하는 등의 잘못이 없다고 함으로써 공정거래위원회 처분이 적법함을 확인하였다.[5)]

---

3) 서울고등법원 2016. 10. 19. 선고 2015누45177 판결.

4) 한편, 서울고등법원 단계에서 원고들은 (i) 공정거래위원회 처분에 절차적 하자가 있다는 점, (ii) 이 사건 광고에는 표시광고법이 적용되지 않고, 적용되더라도 위법성이 인정되지 않는다는 점, (iii) 원고 홈플러스스토어즈 주식회사는 이 사건 광고에 아무런 관여를 하지 않았으므로 표시광고법상 위반행위 책임이 없다는 점, (iv) 과징금 납부명령에 하자가 있다는 점 등을 공정거래위원회 처분의 위법사유로 주장하였으나 서울고등법원은 원고들의 위 주장들을 모두 배척하였다.

5) 대법원 2017. 4. 7. 선고 2016두61242 판결.

3. 판례의 요지

대법원은 표시광고법이 부당한 광고행위를 금지하는 목적은 소비자에게 바르고 유용한 정보의 제공을 촉진하여 소비자로 하여금 올바른 상품 또는 용역의 선택과 합리적인 구매결정을 할 수 있도록 함으로써 공정한 거래질서를 확립하고 소비자를 보호하는 데 있다는 점을 확인하면서, '기만적인 광고'에 해당하는지 여부는 광고 그 자체를 대상으로 판단하면 되고 특별한 사정이 없는 한 광고가 이루어진 후 그와 관련된 상품이나 용역의 거래 과정에서 소비자가 알게 된 사정 등까지 고려하여야 하는 것은 아니라고 판시하였다.

II. 해 설

1. 쟁점의 정리

가. 기만적인 표시·광고의 판단 기준

기만적인 표시·광고는 사실을 은폐하거나 축소하는 등의 방법으로 표시·광고하여 소비자를 속이거나 소비자로 하여금 잘못 알게 할 우려가 있는 표시·광고 행위로서 공정한 거래질서를 해칠 우려가 있는 표시·광고를 말한다(표시광고법 제3조 제1항 제2호, 같은 법 시행령 제3조 제2항).

기만적인 표시·광고의 구체적인 심사기준을 제시하는 공정거래위원회의 「기만적인 표시·광고 심사지침」(공정거래위원회 예규 제268호, 2016. 12. 23. 이하 '심사지침'이라 한다)에서는 행위의 유형을 누락, 은폐, 축소로 구분하고 있다. "누락"은 소비자의 구매선택에 중요한 영향을 미칠 수 있는 사실이나 내용의 전부 또는 일부를 소비자가 인식하지 못하도록 당초부터 아예 밝히지 않거나 빠뜨리는 것, "은폐"는 이를 지나치게 작은 글씨로 표기하거나 지나치게 짧은 시간을 할애하는 등의 방법으로 소비자가 현실적으로 이를 인식하기 어렵게 표시·광고하는 것, "축소"는 이를 표시 또는 설명은 하였으나 지나치게 생략된 설명을 제공하는 등의 방법으로 보통의 주의력을 가진 소비자가 이를 사실대로 인식하기 어렵게 표시·광고하는 것을 말한다(심사지침 III.). 이에 따라 기만적인 표시·광고 행위는 (i) 소비자의 구매선택에 있어 중요한 사항에 대하여 은폐 또는 누락하여 행하는 표시·광고 행위와, (ii) 이를 축소하여 행하는 표시·광고 행위로 구분되는데, 위 유형 분류는 배타적인 것이 아니고 중복될 수 있으며 경우에 따라 명확히 구분되지 않는 경우도 있을 수 있다(심사지침 V.).

정보가 은폐·누락·축소되었다는 사실만으로 곧바로 부당한 표시·광고가 되는 아니고, (i) 그 사실이 소비자의 구매선택에 중요한 영향을 미치는 것인지, (ii) 광고내용의 전후 맥락과 광고 전체 내용상 보통의 주의력을 가진 일반 소비자가 사업자나 상품에 대하여 그릇된 정보나 사실과 다른 인식을 가질 우려가 있는지, (iii) 이를 통해서 소비자의 합리적인 의사결정이 저해될 우려가 있는지 등을 종합적으로 고려하여 위법성을 판단한다(심사지침 IV.).

나. 대법원 판결의 주요 논리

(1) 기만적인 광고의 판단 기준

대법원 판결은 표시광고법 제3조 제1항 제2호 및 같은 법 시행령 제3조 제2항에서 규정하는 기만적인 광고의 요건을 명시하면서, 일반 소비자는 광고에서 직접적으로 표현된 문장, 단어, 디자인, 도안, 소리 또는 이들의 결합에 의하여 제시되는 표현뿐만 아니라 거기에서 간접적으로 암시하고 있는 사항, 관례적이고 통상적인 상황 등도 종합하여 전체적·궁극적 인상을 형성하므로, 광고가 소비자를 속이거나 소비자로 하여금 잘못 알게 할 우려가 있는지는 보통의 주의력을 가진 일반 소비자가 그 광고를 받아들이는 전체적·궁극적 인상을 기준으로 하여 객관적으로 판단하여야 한다는 기존 대법원 판결의 입장을 재차 확인하였다.[6)]

(2) 기만적인 광고의 판단에 구체적으로 고려되는 요소

대법원 판결에서는 기만적인 광고를 판단함에 있어 고려되어야 하는 사정들이 쟁점으로 다루어졌는데, 법원은 '기만적인 광고'에 해당하는지 여부는 광고 그 자체를 대상으로 판단하면 되고 특별한 사정이 없는 한 광고가 이루어진 후 그와 관련된 상품이나 용역의 거래 과정에서 소비자가 알게 된 사정 등까지 고려하여야 하는 것은 아니라고 판시하였다.

원고들이 12회에 걸쳐 진행한 경품행사를 광고하면서 주민등록번호와 휴대전화번호 등 응모자의 개인정보를 수집하여 이를 보험회사에 제공하는 것에 동의하여야만 경품행사에 응모할 수 있다는 것을 기재하지 않은 것은, 소비자의 구매 선택에 중요한 영향을 미칠 수 있는 거래조건을 은폐하여 공정한 거래질서를 해칠 우려가 있는 것이므로 표시광고법 제3조 제1항 제2호에 정한 기만적인 광고에 해당하고, 소비자들이 광고 이후 응모권 작성 단계에서 비로소 올바른 정보를 얻어 잘못된 인식을 바로 잡을 가능성이 있다는 사정만으로는 달리 볼 수 없다는 것이 위 판결의 이유이다.[7)]

---

6) 대법원 2013. 6. 14. 선고 2011두82 판결 참조.

7) 참고로 이 쟁점과 관련한 원심판결의 주요 판시는 다음과 같다. (i) 이 사건 광고는 홈페이지, 구매영

2. 관련 판례

표시광고법 제3조 제1항 제1호의 거짓·과장광고에 대한 판결례에 비하여 제2호의 기만적인 표시·광고에 대한 판결례는 상대적으로 적은 것으로 보인다. 이 사건 대법원 판결에 제시된 "보통의 주의력을 가진 일반 소비자가 광고를 받아들이는 전체적·궁극적 인상"기준은 사실 기만적인 광고에 특유한 것은 아니라 거짓·과장광고에도 동일하게 적용되는 것[8]으로, 기만적인 표시·광고에 관한 다른 대법원 판례[9]에서도 위 기준을 그대로 인용하고 있다. 그 외에 특히 기만적인 광고의 판단에 고려하여야 할 요소나 판단기준 등에 관한 구체적인 쟁점을 다룬 대법원 판례는 아직 찾아보기 어렵다.

한편 이 사건 대법원 판결의 사안과 같이 사업자가 중요한 사실을 밝히지 않았다는 점이 문제된 사안으로 이른바 '불고기버거' 사안이 있다. 원고 주식회사 신맥 등은 '불고기버거'라는 표현을 사용하여 제품에 대한 TV광고를 하면서 '불고기버거'의 주재료인 패티(고기조각)가 돼지고기라는 사실을 전혀 밝히지 않았고, 공정거래위원회는 위 광고행위를 기만적인 광고행위에 해당한다고 판단하였다((주)신맥의 부당한 광고행위에 대한 건, 공정거래위원회 1998. 8. 31. 의결 제98-190호).

대법원은 위 광고행위가 기만적인 광고에 해당하기 위해서는 소비자오인성 요건이 충족되어야 하는 한편, 어느 광고가 상품의 재료·성분 등에 관하여 소비자를 오인시킬 우려가 있는지 여부는 보통의 주의력을 가진 일반 소비자가 당해 광고를 받아들이는 전체적인 인상을 기준으로 하여 판단하여야 한다는 전제 하에, (i) 소비자들은 보통 '불고기' 하면 쇠고기로 만든 것으로 이해하고 있으며, 원고들이 제조·판매한 햄버거의 패티에도 쇠고기만을 사용하여 왔으므로 패티의 재료를 밝히지 않은 채 단지 '불고기버거'라는 명칭으로 광고하는 경우 소비자들로서는 이를 쇠고기로 만든 햄버거로 오인할 우려가 있고, (ii) 원고들이 생선·닭고기를 재료로 사용하는 햄버거에 대하여 '휘시버거', '치킨버거'와

수증, 전단지를 통해 이루어지는 것이므로, 다수의 사람이 광고를 이미 접한 이후 그 중 경품에 응모하기로 한 일부 소비자가 비로소 응모권 뒷면과 홈페이지 응모화면에 기재된 글을 볼 기회를 얻게 된다고 하여도 다수의 사람이 접하는 광고 자체에는 그러한 내용이 포함되어 있다고 할 수 없다. (ii) 기만적인 광고로 소비자오인성과 공정거래저해성의 우려가 있으면 족하고 반드시 소비자가 오인하거나 공정한 거래질서를 해치는 결과가 실제로 발생하였음을 입증할 필요는 없다. 광고를 접한 모든 소비자가 예외 없이 실제로 오인을 하여 공정한 거래질서를 해할 것을 요구하는 것도 아니다. (iii) 경품행사가 개인정보 수집 및 제3자 제공을 대가로 이루어진다는 점은 가장 핵심적인 거래조건이므로 간략하게나마 개인정보가 제3자에게 제공된다는 것을 광고에 나타내고 상세한 내용은 홈페이지를 참작하라고 기재하는 방식도 어렵지 않게 가능한 것으로 보임에도, 실질적인 내용은 제외한 채 "자세한 사항은 응모권이나 홈페이지 참고"라고만 기재하였으므로 중요한 사실을 은폐한 것에 해당한다.

8) 위 2011두82 판결; 대법원 2018. 7. 12. 선고 2017두60109 판결.

9) 대법원 2014. 12. 24. 선고 2012두26708 판결.

같이 원재료의 종류를 알 수 있도록 상품명을 표기하여 왔음에도 돼지고기를 재료로 사용한 햄버거를 제조·판매하면서 단지 불고기 양념을 사용하였다는 사실만으로 쇠고기를 전혀 사용하지 아니한 제품에 대하여 '불고기버거'라는 제품명을 사용하여 광고하는 것은 쇠고기를 재료로 한 햄버거라고 오해되기를 바라고 한 것이라고 추정할 여지가 충분하며, (iii) 원고가 '불고기버거'의 시판 중에 별도의 제품인 햄버거에 대한 TV 광고를 하면서 '맥도날드에서는 100% 순쇠고기 햄버거가 900원'이라고 광고한 것은 이와 함께 '불고기버거'의 패티가 돼지고기임을 밝히지 아니할 경우에 소비자는 광고의 전체적인 이미지로 인하여 '불고기버거'도 쇠고기로 만든 것으로 오인할 우려가 있고, (iv) 일반적으로 음식의 재료가 쇠고기인지 돼지고기인지는 소비자의 상품 선택에 있어서 중요한 고려 요소라고 보았다. 이를 근거로 대법원은, 소비자 입장에서는 패티의 재료에 대하여 그릇된 정보를 가짐으로써 합리적인 의사결정이 저해될 우려가 있으므로 위 광고는 사실을 은폐하거나 기만적인 방법을 사용하여 광고함으로써 소비자를 오인하였거나 오인하게 할 우려가 있는 광고행위에 해당한다고 판단하였다.[10)]

3. 검 토

이 사건 대법원 판결의 요지는 광고 자체에 소비자의 선택에 필요한 사항이 제대로 포함되지 않았다면 소비자가 광고 이후 실제 거래과정에서 그 사항을 알게 되었거나 알 수 있었더라도 그러한 사정은 기만적인 광고인지 여부를 판단함에 있어 고려하지 않는다는 것이다. 즉, 이 사건 대법원 판결은 종전의 대법원 판결들에서 설시한 '보통의 주의력을 가진 일반 소비자가 그 광고를 받아들이는 전체적·궁극적 인상을 기준으로 객관적으로 판단'한다는 기준을 구체적인 사례에 해석·적용한 것으로 이해할 수 있다.

그런데 관련 규정, 기존 대법원 판결, 이 사건 대법원 및 원심판결의 설시를 종합하면, '기만적인 광고'란 기만성, 소비자오인성 및 공정거래저해성을 모두 충족함으로써 표시광고법상 위법한 광고를 의미한다는 점은 명확하다. 이러한 관점에서 이 사건 판결과 같이 광고 문언 그 자체를 기준으로 기만성 여부를 판단하는 것이, 전체적·궁극적 인상을 고려하여야 한다고 판시한 종전 대법원 판결의 궁극적인 취지는 물론 심사지침이 명시하는 위법성 판단기준에 부합하는지 여부에 관하여는 이견도 있을 수 있다.

먼저 위 2011두82 판결에서 대법원은 광고의 직접적인 표현뿐만 아니라 '거기에서 간접적으로 암시하고 있는 사항, 관례적이고 통상적인 상황 등'까지 종합하여 전체적·궁극

10) 대법원 2000. 12. 12. 선고 99두12243 판결.

적 인상을 고려한다고 하였다. 심사지침에서도 특정 정보가 누락되었다는 사실만으로 곧바로 부당한 표시·광고가 되는 것은 아니고, 광고내용의 전후 맥락과 광고 전체 내용상 보통의 주의력을 가진 소비자가 오인할 우려가 있는지, 이를 통해서 소비자의 합리적인 의사결정이 저해될 우려가 있는지 등을 종합적으로 고려하여 위법성을 판단한다고 규정하고 있다(심사지침 IV.). 그렇다면 이 사건에서는 원고가 경품행사 광고와 함께 보다 자세한 사항은 응모권이나 홈페이지를 참고하도록 명시함으로써 소비자들이 경품행사의 구체적인 조건을 알 수 있도록 하였다는 점, 일반적인 경품행사의 진행방식에 따르더라도 소비자들은 경품행사 응모 전에 응모과정 및 당첨 후의 절차를 상세하게 확인하는 것이 관례적이고 통상적이라는 점을 위법성 판단에 고려할 수 있었을 것이다. 소비자가 광고내용의 전후맥락을 통해 최종적으로 경품 응모를 결정하기 전에 자신의 정보가 제3자에게 제공된다는 사실을 알 수 있는 기회가 있었다면, 궁극적으로 표시광고법이 보호하고자 하는 소비자의 합리적인 의사결정은 저해되지 않았다고 볼 수 있기 때문이다.

앞서 본 ‘불고기버거’ 사안에서도 유사한 함의를 발견할 수 있다. ‘불고기버거’ 사안에서 법원은 원고가 ‘불고기버거’ 시판 중 별도의 제품인 햄버거에 대한 TV 광고를 하면서 “‘맥도날드에서는 100% 순쇠고기 햄버거가 900원’이라고 광고하였으니 이를 종합하면 소비자는 광고의 전체적인 이미지로 인하여 ‘불고기버거’도 쇠고기로 만든 것으로 오인할 수 있다”는 논리를 받아 들였는데, 이는 특정 광고가 주는 전체적·궁극적 인상을 판단함에 있어 문제된 그 광고 이외의 다른 주변 정황을 종합적으로 고려한 판단이라고 보아야 할 것이다. 반면 이 사건 대법원 판결은 전체적·궁극적 인상을 위법성 판단 기준으로 인용 하였지만 실제 판단 과정에서는 대상 광고 그 자체의 구체적인 인상에 보다 초점을 맞추었다는 점에서 위 ‘불고기버거’ 사안과 차이가 있는 것으로 보인다.

Ⅲ. 판례의 의의

이 사건 대법원 판결은 종전 대법원 판결들이 기만적인 광고의 위법성 판단기준으로 설시한 요건을 특히 위법성 판단 기준시점 및 고려요소의 측면에서 해석·적용한 사례라는 점에서 의의가 있다.

표시광고법상 규제에서는 직업수행의 자유, 표현의 자유, 소비자의 합리적인 의사결정 및 자유로운 선택권이 긴장관계에 놓이는 상황이 발생할 수 있다. 특히 기만적인 표시·광고는 표시광고법 제3조 제1항의 부당 표시·광고 유형(거짓·과장, 기만, 부당비교, 비방

표시·광고) 중에서도 그 위법성 판단에 소비자의 인식이 직·간접적으로 고려될 여지가 크다는 측면에서, 다양한 법익을 균형 있게 포섭하는 일률적인 기준 정립과 집행에도 어려움이 있을 수 있다. 특히 다양한 채널을 통해 소비자에게 제공되는 부가적 정보를 통해 합리적인 구매 결정을 할 수 있는 여건이 조성되어 있고 그에 따라 소비자의 구매 결정 관련 의식수준도 상당히 발달한 오늘날에는, 특정 광고 문언 자체만을 놓고 기만성을 단정하여 이를 거짓·과장·비방의 표시·광고와 동일한 평면에서 규제하는 데에는 더욱 신중할 필요가 있다. 따라서 이러한 고려를 아우르는 기만적인 표시·광고의 위법성 판단기준 정립은 중요하고, 집행 실무상 이에 상당한 노력도 필요할 것이다.

실제 규제 동향과 관련하여, 공정거래위원회 통계연보의 집행 사례에 따르면 거짓·과장 표시·광고의 규제 사례는 지속적으로 감소하는 반면 기만적인 표시·광고의 규제 사례에는 큰 변동이 없는데, 후자의 경우 사업자가 교묘한 방법을 사용하기 때문에 이를 제재할 필요성이 상대적으로 커지게 되고 공정거래위원회 심결 또는 판결에서 기만적 표시·광고에 해당한다고 판단함에 있어서도 소비자오인성 요건을 비교적 상세하게 설시하는 경향이 있다는 분석이 있다.[11] 이 역시 위법성 판단기준 확립의 중요성과 일맥상통하는 부분이 있다.

기만적인 표시·광고의 위법성 판단기준과 관련하여 향후 다양한 선례가 집적되고 이를 통하여 보다 구체적인 기준에 관한 논의도 활발히 이루어지기를 기대한다.

11) 이선희, 로앤비 온주 표시·광고의 공정화에 관한 법률 제3조, 3. 기만적인 표시·광고, 가. 개념 참조.

34 수의명칭 표시 사건

－대법원 2002. 6. 14. 선고 2001두6005 판결

조 성 국*

Ⅰ. 판례의 개요

1. 사안의 개요

가. 사실관계

원고는 자기가 운영하는 연세영동장례식장의 장의용품 판매장에 게시한 장의용품 가격표와 동 매장내의 수의진열장에 부착한 개별 표지판에 수의 명칭을 다음과 같이 표시하였다. 10여 종의 수의 중 중국으로부터 수입된 대마사를 순창지방에서 수직네틀로 직조한 원단을 안감으로 사용한 수의를 순창전통수의[1]로 표시하고, 중국으로부터 수입한 대마사와 저마사의 혼합사 또는 아마사 등 기타 수입마사의 혼합사를 사용하여 국내 삼베산지인 보성에서 수직베틀로 직조한 원단의 수의에 각각 보성수의(상), 보성수의로 표시하였다.

〈표〉 수의명칭 표시형태

품 명	규격 및 재질	가 격
순창전통수의	대마 50, 견 100%	1,120,000
보성수의(상)	보성수직, 대마 50, 마 50	1,200,000
보성수의	보성수직, 마 100%	839,000

* 중앙대학교 법학전문대학원 교수.

1) 순창전통수의는 안감은 삼베, 겉감은 명주를 사용한다.

나. 공정거래위원회의 처분[2)]

공정거래위원회는 위의 표시가 사실과 다르게 소비자를 오인시킬 우려가 있는 기만적인 표시로 인정된다고 판단하였다. ① 장의용품가격표 및 수의진열장표지판에 표시한 수의종류 중 순창전통수의의 안감과 보성수의(상) 및 보성수의 는 중국산 수입마사로 해당 지역에서 수직베틀로 짜기만 한 원단의 수의로서, 원단직조에 사용된 기초원자재인 실(麻絲)이 중국산이고, 수입실은 삼베원료인 대마사 뿐 아니라 저마사, 아마사 등으로 원단직조 시 이들을 섞어 짜거나 대마사가 아예 포함되지 않은 경우도 있다는 점, ② 노력과 솜씨가 가장 많이 요구되는 원사 제조공정이 표시된 해당 지역에서 이루어지지 않았으므로 산지의 특성이 반영되었다고 볼 수 없음에도 마사 및 원단의 수입여부, 마의 종류 등을 밝히지 않고 국내 삼베 산지명으로 수의명을 표시하였다는 점을 그 근거로 들었다.[3)]

공정거래위원회는 행위금지 명령 및 법위반사실 공표명령[4)]을 내렸다.

2. 소송경과

가. 원심판결[5)]

원고는 공정거래위원회의 처분에 불복하여 서울고등법원에 처분 취소소송을 제기하였으나 서울고등법원은 당해 표시의 소비자오인성에 대해서 공정거래위원회의 판단을 수용하여 원고의 청구를 기각하였다.

첫째 원고는 수의의 원료가 중국에서 수입한 실이라는 것을 몰랐다고 주장하였으나 법원은 대규모 장례식장을 운영하며 많은 수량의 수의를 구입하는 원고가 그 내용을 충분히 알고 있었다고 경험칙상 인정된다고 보았다. 둘째 원고는 삼베의 품질에 있어 원사의 품질보다는 직조기술이 더 중요하다고 주장하였으나 일단 상품에 대해 사실과 다르게 소비자를 오인시킬 수 있다면 그것은 기만적인 표시광고에 해당한다고 판단하였다. 셋째 공정거래위원회의 조사개시 이후 표시광고를 수정하였다고 하더라도 전통을 중요시하는 장례풍습의 특성을 감안한다면 위법성이 크기 때문에 당해 처분이 재량권을 일탈, 남용한 것으로 볼 수는 없다고 판단하였다.

---

2) 공정거래위원회 1999. 10. 7. 의결 제99－182호.

3) 사건 당시는 표시·광고에 대해 「독점규제 및 공정거래에 관한 법률」(이하 '공정거래법'이라 한다) 제23조 제1항 제6호 및 동법 시행령 별표 제9호 나.목에서 규제하고 있었는데 현 「표시·광고의 공정화에 관한 법률」(이하 '표시광고법'이라 한다) 제3조 제1항 제2호 및 동법 시행령 제3조 제2항에 해당한다.

4) 법위반사실 공표명령에 대해서는 본 평석에서는 세부적으로 다루지 아니한다.

5) 서울고등법원 2001. 6. 26. 선고 99누14562 판결.

나. 대법원 판결

대법원은 당해 표시의 소비자오인성 여부에 대해 원심판결을 수용하여 상고를 기각하였다. 다만 당해 처분 중 공표명령 부분과 관련하여서는 공정거래위원회가 헌법재판소의 공표명령 위헌결정에 따라 2002. 3. 8.에 이 처분을 직권취소 하였기 때문에 이 부분의 처분은 파기하고 소를 각하였다.

3. 판례의 요지

가. 수의에 대한 소비자의 인식

수의에 쓰는 삼베는 전래적으로 대마로 실을 만들고 이를 수직베틀로 짜는 일련의 모든 생산과정이 특정 지역 내에서 이루어져 왔고 그렇게 만들어진 원단에 그 지역의 고유한 특성이 반영됨으로써 통상 그 산지 명이 붙여져 안동포, 보성포 등으로 불리어져왔다. 따라서 수의에 특정 지역명을 붙여서 호칭하는 경우 소비자는 일반적으로 그 지역에서 모든 생산과정을 거쳐 그 직역의 특성이 반영된 삼베로 만든 수의로 인식된 가능성이 대단히 높다. 따라서 수입대마사 등으로 직조한 마직물 수의를 판매하면서 마사 및 원단의 수입여부나 마의 종류 등을 밝히지 않고 국내 삼베 산지명으로 수의명을 표시하면 소비자들은 자연스럽게 구내산으로 인식할 수 있게 된다.

나. 소비자오인성 여부

장의용품 판매장에 게시한 장의용품 가격표와 수의진열장에 부착한 거별 표지판의 기재가 이 사건 수의의 재료와 품질 등에 대하여 사실과 다르게 소비자를 으인시킬 우려가 있는 기만적인 표시에 해당한다고 하기에 충분하다. 설령 원고가 중국산 원사로 제조한 수의와 국내산 원사로 제조한 수의를 비교할 수 있게 함께 전시하거나 전문상담소를 배치해 충분한 설명을 해주었다고 하여도 달리 판단할 수는 없다.

다. 타 법령 등의 기준과의 관계

원고가 '마'라고 표시한 것이 원사직물시험연구원의 직물표시지침에 따랐다거나 구 대외무역법시행령 제55조 제1항 제2호에서 가공을 한 국가를 원산지로 표시할 수 있게 규정하고 있어 그에 따랐다 하더라도 표시광고법 상의 소비자오인성 판단과는 별개의 문제이다. 왜냐하면 당해 규정은 대외무역 규제를 목적으로 하는 대외무역법령의 해석·적용과 관련하여 수출 또는 수입물품에 대한 산업자원부 장관의 원산지 판정기준을 정한 것인 반면 이 사건의 쟁점은 수의의 재료와 품질 등에 관하여 소비자를 오인시킬 우려가 있는 기만적인 표시인가의 여부를 문제 삼기 때문이다.

II. 해 설

1. 쟁점의 정리

가. 소비자오인성의 판단기준

소비자오인성은 소비자로 하여금 상품선택을 오도(misleading)하게 할 우려가 있는지의 여부를 의미한다. 실제로 소비자가 오인하였을 필요는 없다. 소비자오인성은 전문가가 아니라 보통의 주의력을 가진 특정소비자가 그 광고를 보고 받아 들이는 전체적인 인상을 기준으로 판단한다. 본 사건에서 수의의 재료와 원산지, 품질 등에 대해 제대로 표시하지 않은 것은 보통의 주의력을 가진 소비자의 입장에서 본다면 불리한 사실을 감추기 위한 기만적인 표시로 볼 수 있다.

표시광고의 소비자오인성에 대한 판단은 표시광고 그 자체로 유발된 소비자오인성의 우려 여부를 판단하는 것이기 때문에 설령 소비자가 건축현장 방문을 통하여 오인된 인식을 바로잡을 가능성이 있다고 하더라도 소비자오인성에 영향을 미치는 것은 아니다.[6] 이 사건에서도 전문상담사를 배치하여 충분한 설명을 하도록 함으로써 소비자오인성을 바로잡을 가능성이 있었다 하더라도 그것이 소비자오인성을 치유할 수 있는 것은 아니라고 보았다.

나. 표시광고법과 타 법령과의 관계

표시광고법과 「대외무역법」 등은 그 목적과 취지, 규율내용이 상이하다. 설령 대외무역법 시행령에서 가공을 한 국가를 원산지로 표시할 수 있게 하고 있다 하더라도 그것은 수출 또는 수입물품에 대한 산업부장관의 원산지 판정에 관한 기준으로서 소비자오인성 여부를 판단하기 위한 기준과는 별개로 볼 수 있다.

대법원은 「식품위생법」과의 관계에 있어서도, 식품위생법 조항이 공정거래법 조항의 특별규정이라 할 수 없다는 전제에서 「식품위생법」이 금하는 식품의 품질에 관한 허위표

6) 서울고등법원 2000. 11. 28. 선고 2000누5977 판결.

시나 과대광고가 이를 오인한 소비자의 위생상의 위해를 방지할 필요가 있을 대에는 동법 제55조에 의한 시정명령을 할 수 있고, 동시에 그 광고가 경쟁사업자 간의 공정거래를 해하는 것일 때에는 사업자간의 자유로운 경쟁의 촉진을 위하여 공정거래법에 의한 시정명령을 할 수 있다고 판시하였다.[7] 다만 표시광고와 관련한 다양한 법들이 있고 일관성있는 법집행을 위해서는 행정청의 조사에서 업무협조가 필요하기 때문에 이에 대한 별도의 규정을 두고 있기도 하다.[8]

다. 표시주체의 주관적인 인식 여부

원고는 원료가 중국산이라는 사실을 잘 몰랐다고 주장하였지만 원칙적으르 표시광고의 부당성에 대해 원고가 반드시 알고 있어야 하는 것은 아닐 뿐만 아니라 본 사건에서는 장례식장 운영자의 전문성을 감안할 때 경험칙상 잘 몰랐다는 주장은 받아들여지기 어렵다.

라. 공정거래저해성 여부

부당한 표시·광고는 소비자의 합리적인 구매선택을 저해하기 때문에 특별한 사정이 없는 한 그 자체만으로도 공정한 거래를 저해하는 것으로 인정이 된다. 당해 사건에서 공정거래위원회는 공정거래저해성을 언급하거나 따로 입증하고 있지 않다. 대법원도 이에 대해 별다른 판단은 하고 있지 않다.

2. 소비자오인성 관련 판례

대법원은 소위 '고름우유'사건과 관련한 판결[9]에서 "이 사건에서 고름의 의미와 고름우유의 의미에 대하여는 소비자의 상식적인 인식을 기준으로 판단하여야 할 것이지 원고가 주장하는 바와 같이 전문적·의학적인 관점에서 판단할 것은 아니다"라고 판시하였다. 또한 "광고가 소비자를 속이거나 소비자로 하여금 잘못 알게 할 우려가 있는지는 보통의 주의력을 가진 일반 소비자가 당해 광고를 받아들이는 전체적·궁극적 인상을 기준으로 하여 객관적으로 판단하여야 한다"고 판시[10]하는 한편, 기만적인 표시광고의 소비자오인성에 대해 소위 '불고기버거' 사건에서는 소비자 입장에서 패티의 재료에 대하여 그릇된 정보를 가짐으로써 합리적인 의사결정이 저해될 우려가 있으면 기만적 광고가 될 수 있다

7) 대법원 1990. 10. 10. 선고 89누8200 판결.
8) 조성국, "부당한 표시광고의 규제에 관한 연구", 『법학논문집』, 제33집 제1호(중앙대학교 법학연구소, 2009), 188면.
9) 대법원 1998. 3. 27. 선고 96누5636 판결.
10) 대법원 2003. 6. 27. 선고 2002두6965 판결.

고 판시하였다.[11)]

3. 검 토

본 사건에서 적용법조 즉 표시의 부당성이 허위·과장이냐 아니면 기만이냐 하는 점을 한 번 더 생각해 볼 필요가 있다. 허위·과장은 진실이 아니거나 사실을 부풀리는 것인 반면 기만은 불리한 사실을 감추거나 축소하는 것이다. 당해 사건에서는 일단 마의 수입 여부나 마의 종류 등을 밝히지 않은 행위를 문제 삼고 있어 기만으로 보는 것은 큰 무리가 없다. 하지만 수입대마사 또는 혼합사를 마치 국산인 것처럼 '순창포수의' 등으로 표시한 것은 허위·과장 표시로 볼 여지도 있어 보인다. 실무적으로는 표시광고의 유형을 어느 하나로 분류하기 어려운 경우가 적지 않는 것이 사실이다.

대법원은 할부금융사들이 주택할부금융 광고를 하면서 대출금리의 변동가능성을 표시하지 않은 것과 관련하여 약관의 명시설명의무를 통해 소비자들이 알 수 있는 내용을 포함시키지 않았다고 하여 허위·과장의 광고는 아니라고 판시한 바 있다.[12)] 그런데 거래관행을 보면 소비자들은 약관보다는 광고전단의 내용을 통해 상품 등에 대해 판단을 하고 구매결정을 하는 경우가 많기 때문에 약관의 명시설명을 통해 상품 등의 내용에 대해 파악하는 것이 쉽지 않다는 점을 감안한다면 이러한 대법원의 입장은 당소 경직되어 보인다. 만약 공정거래위원회가 소비자의 판단에 중요한 사항을 누락시킨 것을 이유로 기만적인 광고로 판단하였다면 결론이 달라졌을까 생각해 볼 수도 있을 것이다.[13)]

이와 관련하여 표시광고의 유형을 현행 규정처럼 거짓과장, 기만, 부당비교, 비방 등으로 세분화하기보다는 이들을 통합하여 완전 예시규정화 또는 예시적 열거주의화 하자는 주장이 제기되기도 한다.[14)] 행정청의 재량권 남용을 감안하여 예시적 열거주의화가 바람직하다는 주장도 있다.[15)]

---

11) 대법원 2000. 12. 12. 선고 99두12243 판결.
12) 대법원 2002. 6. 14. 선고 2000두4187 판결.
13) 조성국, 앞의 논문, 188면.
14) 이선희, "거짓·과장의 표시·광고에 있어서 부당성 판단", 『성균관법학』, 제29권 제1호(성균관대학교 법학연구소, 2017), 169~170면.
15) 김두진, "부당한 표시·광고행위의 위법성 판단기준", 『소비자문제연구』, 제48권 제3호(한국소비자원, 2017), 168~169면.

Ⅲ. 판례의 의의

기만적인 표시·광고는 사실을 은폐하거나 축소하는 등의 방법으로 표시·광고하는 것을 의미한다. 사실의 은폐란 소비자가 그 사실을 안다면 상품선택에 중요한 영향을 받을 사항을 생략(ommission) 또는 숨기는 것을 말한다. 당해 수의명칭 표시사건은 수의명칭의 표시에 있어서 소비자들의 소비선택에 있어서 중요한 판단기준이 될 수 있는 원산지나 제조과정을 제대로 밝히지 않음으로써 소비자의 합리적인 구매선택을 저해한 것을 시정하였다는데 의의가 있다.

35 비교광고의 부당성 판단기준

-대법원 2003. 2. 26. 선고 2002다67062 판결

이 봉 의*

Ⅰ. 판례의 개요

1. 사안의 개요

「표시·광고의 공정화에 관한 법률」(이하 '표시광고법'이라 한다)은 소비자를 속이거나 소비자로 하여금 잘못 알게 할 우려가 있는 표시·광고행위로서 공정한 거래를 저해할 우려가 있는 것을 네 가지로 열거하고 있는바, 거짓·과장의 표시·광고, 기만적인 표시·광고, 비방적인 표시·광고와 더불어 '부당하게 비교하는' 표시·광고를 규정하고 있다(법 제3조 제1항 각호).

그런데 표시·광고법이 규제대상으로 삼고 있는 허위·과장광고나 기만 또는 비방광고는 행위 자체에 소비자의 오인가능성을 이미 내포하고 있어서 공정한 거래질서와 부합하기 어려운 반면, 비교광고는 소비자에게 경쟁사업자의 상품과 가격이나 품질, 거래조건 등을 인식하게 함으로써 그 자체로는 친소비자 내지 친경쟁적인 성격을 갖는다. 따라서 비교광고의 부당성을 판단함에 있어서도 허위·과장광고 등과 다른 접근을 요한다.

사안에서는 자동차 엔진내부세척제 시장에서 경쟁관계에 있는 중외산업이 자사의 '엔팍'을 유력 경쟁사업자인 ㈜불스원이 생산하는 '불스원샷'과 비교하면서 자사 제품의 품질과 성능이 더 우수하다는 취지로 광고한 것이 문제되었고, 이에 ㈜불스원이 중외산업을 상대로 서울지방법원에 해당 광고금지 가처분신청을 하기에 이르렀다.

2. 소송경과

가. 제1심 판결/항소심 판결

서울지방법원은 중외산업의 해당 광고가 부당한 비교광고로서 경쟁사업자인 ㈜불스

* 서울대학교 법학전문대학원 교수.

원에게 회복하기 어려운 피해가 발생할 우려가 있다는 점을 고려하여 가처분 결정을 내렸다.[1] 이에 중외산업이 항소하였으나, 서울고등법원 역시 동일한 이유로 항소를 기각하였다.[2] 이에 중외산업은 대법원에 상고하였다.

나. 대법원 판결

대법원은 원심과 같은 취지에서 중외산업의 해당 광고와 관련하여 그 비교기준이 적정하고 합리적으로 설정된 것으로 보기 어려우므로, 해당 광고행위는 소비자를 속이거나 소비자로 하여금 잘못 알게 할 우려가 있어 부당하다고 판시하였다.

3. 판례의 요지

가. 부당한 비교광고의 개념 및 요건

표시광고법 제3조 제1항 제3호는 소비자를 속이거나 소비자로 하여금 잘못 알게 할 우려가 있는 광고행위로서 공정한 거래질서를 저해할 우려가 있는 '부당하게 비교하는 광고' 행위를 금지하고 있고, 같은 법 시행령 제3조 제3항에 따르면 '부당하게 비교하는 광고'는 비교대상 및 기준을 명시하지 아니하거나 객관적인 근거 없이 자기 또는 자기의 상품이나 용역(이하 '상품등'이라 한다)을 다른 사업자 또는 사업자단체(이하 '사업자등'이라 한다)나 다른 사업자등의 상품등과 비교하여 우량 또는 유리하다고 광고하는 것을 뜻하므로, 자기의 상품과 다른 사업자의 상품을 비교하는 광고를 함에 있어서 그 비교기준이 적정하고 합리적으로 설정되지 아니한 때에는 '부당하게 비교하는 광고'에 해당한다.

나. 본건 비교광고의 부당성 여부

원심이 같은 취지에서, 중외산업이 일산화탄소 등 유해가스 배출량의 감소와 연료절감 등을 위하여 자동차 연료에 첨가하는 엔진내부세척제로 생산 판매하는 '엔팍'을 ㈜불스원이 생산·판매하는 엔진내부세척제인 '불스원샷'과 비교하는 광고를 신문 등에 게재하면서, 제작사·제작연도 및 차종이 다른 차량에 '엔팍'과 '불스원샷'을 각 사용하여 유해가스 배출량 감소비율을 측정한 결과 '엔팍'을 사용한 차량의 유해가스 배출량 감소비율이 2배 정도 커 '엔팍'의 품질과 성능이 더 우수하다는 취지로 광고하였는데, 비록 유해가스 배출량 감소비율 측정에 사용된 차량의 배기량이 비슷하고 그 배출가스허용기준이나 보

1) 서울지방법원 2002. 5. 24. 선고 2002카합1228 판결.
2) 서울고등법원 2002. 10. 23. 선고 2002나30376 판결.

증기간 등이 같다고 하더라도 차종이나 제작연도 등에 따라 유해가스 배출량이 달라질 수 있는 점 등에 비추어 보면 그 광고의 비교기준이 적정하고 합리적으로 설정된 것으로 보기 어려우므로, 중외산업의 위와 같은 광고행위는 소비자를 속이거나 소비자로 하여금 잘못 알게 할 우려가 있는 '부당하게 비교하는 광고'에 해당한다고 판단한 것은 옳고, 거기에 상고이유로 든 주장과 같은 잘못이 없다.

II. 해 설

1. 쟁점의 정리

가. 비교광고의 개념

비교광고란 말 그대로 자사의 상품이나 서비스를 다른 경쟁사업자의 그것과 비교하는 내용을 담고 있는 광고를 말한다. 비교광고는 직접비교와 간접비교로 나눌 수 있다. 전자는 경쟁사업자나 경쟁사업자의 상품 등이 구체적으로 적시되는 것으로서, 상품 등의 가격이나 품질까지 구체적으로 언급될 필요는 없더라도 광고의 전체적인 내용으로부터 직접 경쟁사업자나 경쟁상품을 특정 내지 식별할 수 있어야 한다. 반면, 후자는 직접적인 명시는 없으나 광고의 전체 구성과 맥락에 비추어 충분한 정도로 경쟁사업자나 경쟁사업자의 상품 등을 특정할 수 있는 광고를 말한다.

본건에서 중외산업은 자사의 '엔팍'을 경쟁사업자가 생산·판매하는 '불스원샷'과 직접 비교하여 자사 제품을 사용한 차량의 유해가스 배출량 감소비율이 2배 정도 크다는 취지로 광고하였는바, 다른 사업자의 상품과 비교하여 우량하다고 광고한 것으로서 표시광고법상 비교광고에 해당할 것이다.

나. 비교광고의 부당성

표시광고법상 비교광고의 경우 비교대상 및 기준을 분명하게 밝히지 않거나 객관적인 근거가 없는 경우에 부당한 것으로 평가될 여지가 있다. 문제는 본건과 같이 비교대상 및 기준이 나름 분명하고 객관적인 근거를 갖춘 경우에도 비교광고가 부당할 수 있는지 여부이다. 나아가 대법원이 판시한 바와 같이 해당 비교광고의 기준이 적정하고 합리적이지 않다는 이유로 부당성을 인정할 경우에, 그 밖에 소비자오인성이나 공정거래저해성을 어떻게 인정할 것인지도 살펴볼 필요가 있다.

2. 관련 판례

가. 거짓·과장광고와의 관계

비교대상 및 비교기준을 분명히 밝히지 않거나 객관적인 근거 없이 경쟁사업자의 상품이나 서비스 보다 우량 또는 유리하다는 내용을 광고하는 경우에는 현행법의 해석상 비교광고보다는 오히려 거짓·과장 또는 기만적인 광고에 해당할 수도 있다. 서울고등법원은 자사의 사운드카드와 경쟁사업자의 그것을 비교광고하면서 각 항목별로 '사실과 다르게' 경쟁사업자의 상품이 열등한 것으로 표현하거나 자사의 제품이 유리한 항목만을 비교하고 '불리한 항목은 누락'한 행위를 부당한 비교광고로 판시한 바 있다.[3] 이 경우에는 해당 광고의 본질이 비교보다는 거짓에 있다고 볼 경우에 거짓광고로 파악할 여지도 충분하다.

거짓·과장광고나 기만·비방광고는 그 행위에 이미 불법의 요소가 내포되어 있다는 점에서 일견 행위불법(Handlungsunwert) 내지 성과경쟁 위반으로 이해할 수 있다. 이 경우 표시광고법이 추가로 부당성을 요구하는 취지는 그로부터 당연히 도출되는 소비자의 오인가능성과 공정거래저해성의 유무와 정도를 고려하여, 그것이 어느 정도 중대한 경우에만 이를 금지하려는 것으로 이해할 수 있다. 예컨대, 광고의 내용에 일부 거짓이나 과장이 섞여 있더라도 사회통념상 또는 어느 정도 합리적인 소비자를 가정할 경우 실제 선택을 왜곡시킬 우려는 미미할 수 있기 때문이다.

반면, 비교광고 그 자체로는 아무런 불법의 요소가 없기 때문에, 부당성 판단에 있어서 일정한 비교형량의 과정을 거치게 된다. 즉, 비교광고의 적절성 여부에서 출발하여 그것이 소비자를 오인시킴으로써 공정거래를 저해할 우려 외에 비교광고가 가져올 사업자의 이익 및 경쟁촉진효과 등을 종합적으로 고려하여 위법성을 판단하여야 하는 것이다.

나. 조사방법이 타당하지 않은 경우

비교대상 및 비교기준이 명확하더라도 광고내용 중 사실에 관련된 사항을 보여주기 위한 조사가 객관적이고 타당한 방법으로 이루어지지 못한 경우에는 부당하게 비교하는 표시·광고에 해당될 수 있다.[4] 즉, 광고주가 자기의 광고내용 중 사실과 관련한 사항이 진실임에 대한 입증은 합리적·객관적 근거에 의하여야 하고, 조사결과를 합리적·객관적 근거로 사용하기 위해서는 그 조사는 법령에 의한 조사기관이나 사업자와 독립적으로 경영되는 조사기관 등에서 학술적 또는 산업계 등에서 일반적으로 인정된 방법 등 객관적이

3) 서울고등법원 1999. 2. 4. 선고 98누2463 판결.
4) 대법원 2003. 3. 31.자 2002마4109 결정.

고 타당한 방법으로 실시한 결과이어야 하며, 객관적이고 타당한 방법으로 실시한 조사가 되기 위해서는 조사기간, 표본설정, 질문사항, 인터뷰방법 등이 동일한 조건 등 합리적이고 공정한 조건하에 이루어진 조사이어야 하고, 조사결과가 왜곡될 가능성이 있는 특정한 조건하에서 이루어진 조사이어서는 아니된다고 할 것이므로, 조사결과가 왜곡될 가능성이 있는 특정한 조건 하에서 이루어진 것으로서 합리적·객관적 근거가 되지 못하는 경우에는 비록 그 조사결과를 인용한 비교광고가 비교대상 및 비교기준이 명확하더라도 부당하게 비교하는 표시·광고에 해당할 수 있다는 것이다.

3. 검 토

가. 비교광고의 위법성 요건: 일반론과 요건체계

표시광고법은 어떤 표시·광고를 금지하기 위해서 공통적으로 "공정한 거래질서를 해칠 우려"를 요구하고 있다. 즉, 어떤 표시·광고가 소비자에게 오인가능성이 있다고 하더라도 당연히 위법한 것이 아니고, 공정한 거래질서를 저해할 우려가 있는 경우에만 금지되는 것이다. 「비교표시·광고에 관한 심사지침」[5]은 "특정 행위가 이 심사지침에서 제시된 법 위반에 해당될 수 있는 행위(예시)에 해당되더라도 소비자를 오인시킬 우려가 없거나 공정한 거래질서를 저해할 우려가 없는 경우에는 부당하게 비교하는 표시·광고행위에 해당되지 않을 수 있다"고 적시함으로써(III. 4.), 위법한 비교광고의 요건을 ① 비교의 대상, 내용, 기준 및 방법 등의 부당성, ② 소비자오인성, ③ 공정거래저해성의 세 가지로 삼고 있다. 사업자의 고의·과실은 요구되지 않는다.[6]

소비자오인성 판단과 관련해서 어떤 광고가 소비자를 속이거나 소비자로 하여금 잘못 알게 할 우려가 있는지의 여부는 '보통의 주의력'을 가진 일반 소비자가 당해 광고를 받아들이는 전체적·궁극적 인상을 기준으로 하여 객관적으로 판단한다.[7] 비교광고에서 야기되는 소비자오인성은 말 그대로 '부당한 비교'에서 비롯되는 것이어야 하고, 단순히 거짓이나 과장, 기만[8] 등에서 비롯된 것이 아니어야 한다. 여기서 광고에 명시된 내용뿐만 아니라 비교광고가 제공하는 전체적인 인상 내지 이미지가 소비자오인성 여부를 판단하는데 매우 중요한 요소가 된다.[9] 비교광고를 통하여 경쟁사업자나 경쟁상품과 혼동이

---

5) 공정거래위원회 예규 제269호, 2016. 12. 23. 개정.
6) 이호영, 『소비자보호법』, 제3판(홍문사, 2015), 76면.
7) 대법원 2003. 6. 27. 선고 2002두6965 판결 참조
8) '기만'을 넓게 해석할 경우에는 소비자 오인과의 경계가 모호해질 수밖에 없다.
9) 대법원 2003. 4. 11. 선고 2002두806 판결; 2005. 2. 18. 선고 2003두8203 판결 등.

생길 우려(Verwechslungsgefahr)가 있는 경우 또한 소비자오인성을 인정할 수 있는 대표적인 사례일 것이다.10)

그 밖에 비교광고가 공정한 거래질서를 해칠 우려가 있어야 한다는 요건은 소비자의 합리적 선택을 방해하여 상품선택을 왜곡함으로써 자기와 거래하도록 만드는 것을 말한다. 그런데 어떤 비교광고가 소비자를 오인시킬 우려가 있다면 당연한 결과로 소비자의 합리적 선택이 왜곡될 것이기 때문에, 소비자오인성과 공정거래저해성은 엄밀하게 구분하기 어렵다. 공정거래위원회의 실무도 소비자오인성 외에 공정거래저해성을 별도의 요건으로 따지지 않고 있다.11)

나. 비교기준의 부당성

공정거래위원회의 심사지침은 소비자오인성이나 공정거래저해성에 관하여는 세부기준을 제시하지 않고, 법문상 요구된 "소비자를 속이거나 또는 소비자로 하여금 잘못 알게 할 우려"(소비자오인성)가 있는지 여부를 비교대상, 비교기준, 비교내용, 비교방법의 범주로 나누어 사례 중심으로 설명하고, 광고의 다양성과 발전속도 등에 비추어 개개의 사례별로 접근하되, 이들 모든 측면에서 부당하지 않은 비교광고만을 정당한 비교광고로 인정하고 있다.

비교기준과 관련하여 가격, 성능, 품질, 판매량, 서비스내용 등의 비교기준이 자기의 상품과 다른 사업자의 상품간에 동일하며, 비교기준이 적정하고 합리적으로 설정된 경우에는 부당하게 비교하는 표시·광고에 해당되지 않는다. 반면, 표시·광고에 나타나지 아니한 사항이 당해 표시·광고상 비교기준과 불가분의 직접적 관계에 있어 소비자의 선택에 중대한 영향을 미치는 사항임에도 불구하고, 이를 명시하지 아니함으로써 소비자를 속이거나 또는 소비자로 하여금 잘못 알게 할 우려가 있는 경우에도 부당한 비교광고가 성립한다.

III. 판례의 의의

공정거래위원회의 실무와 판례는 비교광고가 비교 대상 및 기준을 분명하게 밝히지 아니하거나 객관적인 근거 없이 이루어진 경우에 소비자를 속이거나 잘못 알게 할 우려가

10) Hasselblatt, in: Handbuch des Wettbewerbsrechts, 3. Aufl., 2005, §44 Rn. 63.
11) 이호영, 앞의 책, 77~78면.

있다는 이유만으로 부당성, 보다 정확하게는 위법성을 인정하고 있다. 비교광고의 특성 및 그에 따른 위법성 요건을 충분히 고려하지 않은 탓으로 보인다. 표시광고법은 부당한 비교광고 즉, 비교대상 및 기준을 분명하게 밝히지 아니하거나 객관적인 근거 없이 자기 또는 자기의 상품등을 다른 사업자등이나 다른 사업자등의 상품등과 비교하여 우량 또는 유리하다고 광고하는 행위 외에 소비자오인성과 공정거래저해성을 위법성 요건을 명정하고 있음을 상기할 필요가 있다.

생각건대, 향후 비교광고의 위법성 판단시 공정거래저해성에 나름의 독자적 의미를 부여할 필요가 있다. 비록 소비자오인성이 인정되더라고 공정거래를 저해하는 정도가 상당한 수준에 이르지 않는 경우에는 해당 비교광고를 허용할 필요가 있기 때문이다. 비교광고가 갖는 정보제공 및 경쟁촉진효과를 감안할 때, 문제된 비교광고가 경쟁과정 및 이해관계자에게 상당한 중요성을 갖는 경우에만 금지하여야 하는 것이다. 이를테면 수단·방법에 있어서 비교광고의 부당성이나 소비자 오인의 정도는 강하지만 비교적 소수의 소비자나 경쟁사업자에게만 영향을 미침으로써 공정한 거래질서를 해칠 우려가 크지 않다면 공정거래저해성을 부인하고 해당 비교광고를 가급적 허용하여야 할 것이다.

36 비교광고에 있어서 입증주체와 입증방법

－대법원 2003. 3. 31.자 2002마4109 결정

계 승 균*

Ⅰ. 판례의 개요

1. 사안의 개요

채권자는 ‘교차로’라는, 채무자는 ‘대구벼룩시장’이라는 생활정보신문을 대구에서 발행하고 있으며 서로 경쟁관계에 있다. 채무자는 ‘매출 1위 광고’, ‘발행부수 1위 광고’, ‘접촉률 1위 광고’라는 광고를 계속하고 있다. 이에 채권자가 채무자의 광고가 허위광고, 부당비교광고라는 이유로 광고금지 가처분 신청을 제기한 사안이다. 이에 대한 사실관계를 조금 상세하게 기술하면 다음과 같다.

발행부수 1위라는 광고에 대하여는 ① 채무자 발행의 대구벼룩시장은 대구지역 생활정보신문 중 유일하게 한국ABC협회에 가입하여 2001. 3.부터 발행부수 인증을 받고 같은 해 9.부터 이를 공개하여 오고 있는데, 그 협회가 인증한 대구벼룩시장의 2001년 매월 평균 발행부수는 84,201부인 사실, ② 한국ABC협회는 신문·잡지·웹사이트 등의 발행부수에 관하여 가장 공신력 있는 평가기구로 인정받고 있는 사실, ③ 채무자는 대구벼룩시장의 발행부수에 대한 신뢰를 높이기 위하여, 2001. 9. 3.부터 대구벼룩시장의 인쇄업체인 주식회사 대원인쇄에서 발행하는 세금계산서를 공개하고, 대구벼룩시장의 발행부수가 허위임을 밝히는 사람에게 1억 원을 지급하겠다는 내용의 광고를 하고 있으나 현재까지 허위임을 밝히는 신고가 된 적이 없다고 하였다.

그리고 접촉률이 1위라는 광고에 대하여는 채무자는 2002. 3. 전문조사기관인 한국갤럽조사연구소에 최근 3개월간 대구지역 ‘생활정보신문 인지도에 관한 조사’를 의뢰하였고, 한국갤럽조사연구소는 2002. 3. 11. ① 조사대상 : 대구지역 만 18~49세 일반 성인 남/여

* 부산대학교 법학전문대학원 교수.

410명, ② 표본추출방법 : 전화번호부를 이용한 무작위 추출법(다만, 연령대와 성비의 어그러짐을 방지하기 위해 통계청에서 발간한 2001. 주민등록인구를 근거로 성/연령별 표본을 확보), ③ 자료수집방법 : 한국갤럽조사연구소의 전문 면접원이 구조화된 질문지를 이용하여 1:1로 전화조사, ④ 조사내용 : 생활정보신문 최초인지도, 생활정보신문 총비보조인지도, 최근 3개월간 생활정보신문 접촉경험 등에 대한 조사를 실시한 사실, 한국갤럽조사연구소는 위 조사 중 최근 3개월간 생활정보신문 접촉경험 항목에서 조사대상자의 81.8%가 대구벼룩시장을, 68.5%가 대구교차로를 접촉한 것으로 응답하였고, 위 조사의 표본오차는 95% 신뢰수준에서 ±4.83%라고 분석한 사실, 채무자는 위 조사·분석결과를 근거로 2002. 5. 1.부터 대구벼룩시장 지면 등에 그 판시의 접촉률 1위 광고를 하면서, '접촉률 1위'라는 제목하에, 조사기관, 조사일시 및 대상을 밝히고 "최근 3개월 동안 생활정보지를 본 적이 있는 시민 중 81.8%가 벼룩시장을 접촉(중복응답)한 것으로 응답해 대구시민들은 벼룩시장을 가장 많이 이용하고 있는 것으로 드러났다"라는 취지로 게재한 사실이 있다.

2. 소송경과

가. 원심결정[1)]

채무자 발행의 대구벼룩시장의 발행부수는 한국ABC협회로부터의 발행부수 인증 결과와 동일하며, 나아가, 채무자가 위와 같이 발행부수를 인증받고 그 결과를 공개하고 있음에 대하여, 채권자는 이 사건 신청절차 내에서 채무자 발행의 대구벼룩시장의 발행부수에 대하여 다투고만 있을 뿐 자신이 발행하는 대구교차로의 발행부수는 밝히지 않고 있는데, 이는 채권자 발행의 대구교차로의 발행부수가 채무자 발행의 대구벼룩시장에 대한 한국ABC협회로부터의 발행부수 인증결과에 미치지 못하고 있기 때문이라고 볼 수밖에 없고, 대구지역 생활정보신문 중 채권자 발행의 대구교차로와 채무자 발행의 대구벼룩시장이 다른 생활정보신문과는 큰 차이를 두고 1, 2위를 다투고 있으므로, 발행부수와 관련하여서는, 대구지역 생활정보신문 중 채무자 발행의 대구벼룩시장이 최고라는 점에 대하여 소명이 있다고 할 것이어서 발행부수가 1위라는 내용광고(이하 '발행부수 1위 광고'라 한다)는 허위광고가 아니며, 또한 이 사건 발행부수 1위 광고는 대구지역 생활정보신문 전부를 비교대상으로 하고, 2001. 9. 이후의 발행부수를 비교기준으로 하고 있음이 광고문구 자체로 명백하고 객관적 근거도 있으므로, 이를 법 제3조 제1항 제3호 소정의 부당하게 비교하는 표시·광고에 해당한다고 할 수 없다고 판단하였다.

1) 대구고등법원 2002. 10. 15.자 2002라35 결정.

대구교차로와 대구벼룩시장의 접촉률에 관하여 채무자의 의뢰에 따라 전문조사기관인 한국갤럽조사연구소에 의해 조사가 이루어졌고, 그 조사결과 채무자가 이 사건 접촉률 1위 광고에 게재하고 있는 바와 같은 응답결과가 나온 것 자체는 객관적 사실이며, 채무자는 이 사건 접촉률 1위 광고에서 그 조사기관, 조사일시 및 조사대상, '접촉률'의 의미를 함께 밝히면서 조사결과를 발표하고 있으므로, 결국 이 사건 접촉률 1위 광고는 객관적 사실에 부합하는 광고로서 허위광고가 아니라고 판단하였다.

나아가, 채권자가 위 조사는 채무자의 의뢰에 따라 이루어진 것으로서 설문의 구성방법이나 조사대상의 선택방법에 따라서 조사결과가 왜곡될 수 있어 비교광고에 있어서 사실과 관련한 사항에 대한 객관적인 근거가 될 수 없어 이 사건 접촉률 1위 광고는 허위광고 내지 부당하게 비교하는 표시·광고에 해당한다고 주장한 데 대하여, 원심은 채권자 주장의 위 사유들은 그와 같은 조사결과를 소비자가 얼마나 신뢰할 것인가 하는 평가에 관한 문제일 뿐이고, 채무자가 그 조사결과가 곧 객관적 진실이라고까지 광고하고 있지 않은 한 허위광고의 문제는 아니며, 이 사건 접촉률 1위 광고는 비교대상이나 비교기준이 그 광고문구상 명백하고 객관적 근거도 있으므로 법 제3조 제1항 제3호 소정의 부당하게 비교하는 표시·광고에 해당하지 않는다고 판단하였다.

이에 채권자는 원심결정의 발행부수 1위 광고라는 점에 대해서는 입증책임분배에 관한 법리오해와 부당비교광고에 관한 법리오해를 이유로, 접촉률 1위 광고라는 점에 대해서는 부당비교광고에 관한 법리오해를 이유로 재항고를 신청하였다.

나. 대법원 결정

「표시·광고의공정화에관한법률」(이하 '표시광고법'이라 한다) 제3조 제1항 제3호, 제5조 제1항, 같은 법 시행령 제3조 제3항의 각 규정에 의하면, 표시·광고행위에 있어서 표시·광고행위를 한 사업자등에게 표시·광고에서 주장하는 내용 중 사실과 관련한 사항이 진실임을 합리적·객관적 근거에 의하여 입증할 책임이 있는 것이고, 입증책임이 있는 당사자가 그 주장사실을 증명할 만한 아무런 증거를 제출하지 않은 채 상대방에게 반대증거의 제출을 요구하였으나 상대방이 이에 응하지 않았다고 하여 그 주장사실이 추정되거나 또는 입증의 필요가 상대방에게 돌아가게 되는 것은 아니다.

표시광고법 제3조 제1항 제3호, 제5조, 같은법시행령 제3조 제3항, 제4조의 각 규정에 의하여, 광고주가 자기의 광고내용 중 사실과 관련한 사항이 진실임에 대한 입증은 합리적·객관적 근거에 의하여야 하고, 조사결과를 합리적·객관적 근거로 사용하기 위해서는 그 조사는 법령에 의한 조사기관이나 사업자와 독립적으로 경영되는 조사기관 등에서 학술적 또는 산업계 등에서 일반적으로 인정된 방법 등 객관적이고 타당한 방법으로 실시한 결과이어야 하며, 객관적이고 타당한 방법으로 실시한 조사가 되기 위해서는 조사기간, 표본설정, 질문사항, 인터뷰방법 등이 동일한 조건 등 합리적이고 공정한 조건하에서 이루어진 조사이어야 하고, 조사결과가 왜곡될 가능성 있는 특정한 조건하에서 이루어진 조사이어서는 아니된다고 할 것이므로, 조사결과가 왜곡될 가능성이 있는 특정한 조건하에서 이루어진 것으로서 합리적·객관적 근거가 되지 못하는 경우에는 비록 그 조사결과를 인용한 비교광고가 비교대상 및 비교기준이 명확하더라도 부당하게 비교하는 표시·광고에 해당할 수 있다.

II. 해 설

1. 쟁점의 정리

대상판결과 관련된 쟁점을 두 가지로 좁혀서 파악하고자 한다. 우선, 비교광고의 내용 중 사실이 진실하고, 이러한 진실성을 합리적·객관적 근거에 의하여 입증할 책임이 누구에게 있는지, 즉 입증책임의 소재에 관한 것이다. 둘째는 불특정인을 대상으로 의견이나 생각을 조사하여 이를 바탕으로 한 조사결과를 경쟁사업자의 상품과 비교하는 광고에서 조사결과의 객관성 내지 타당성에 대한 입증방법 및 신뢰성에 대한 판단 기준으로 파악하고자 한다.

2. 검 토

가. 부당한 비교광고

(1) 의 의

우리 표시광고법은 비교광고에 관해서 적극적으로 정의하지 않고 있다. 다만, 표시광고법 제3조에서 제1항 제3호에서 부당한 비교광고를 금지하고 있고, 같은 법 시행령 제3조 제3항에서 부당하게 비교하는 광고는 비교 대상 및 기준을 분명하게 밝히지 아니하거나 객관적인 근거 없이 자기 또는 자기의 상품이나 용역을 다른 사업자 또는 사업자단체나 다른 사업자등의 상품등과 비교하여 우량 또는 유리하다고 광고하는 것으로 규정하여 비교광고의 부당성의 내용에 대해서 정의하고 있다.

우리나라의 표시광고법은 부당한 광고 유형을 정하고, 부당한 광고의 성립요건의 하나로 부당성에 관한 요건을 제시하고 있을 따름이다. 따라서 본고에서는 비교광고의 부당성 요건에 관하여 간략히 설명하고자 한다.

(2) 부당성 요건

부당한 비교광고가 되기 위해서는 시행령에서 규정하고 있는 ① 비교대상 및 기준을 명시하지 않거나, ② 객관적인 근거 없이 자기 또는 자기의 상품이나 용역을 다른 사업자나 사업자 단체나 다른 사업자 등의 상품등과 비교하여 우량, 유리하다고 표시하는 것을 말한다.[2] 비교대상 및 비교기준의 명확성에 대해서는 우리나라의 공정거래위원회의 「비교표시·광고에 관한 심사지침」(공정거래위원회 예규 제269호, 2016. 12. 23. 일부개정)에서 상세한 예시와 함께 규정하고 있다. 그리고 객관적인 근거 없이 자기 또는 자기의 상품이나 용역을 다른 사업자나 사업자 단체나 다른 사업자 등의 상품등과 비교하여 우량, 유리하다고 표시하여서는 안 되는데 우리 표시광고법 제5조 제1항에서는 '실증(實證)'이라는 용어로 객관적 근거가 있는 비교광고를 할 것을 요구하고 있다. 실증의 방법에 대해서는 위 심사지침 일반원칙 3.에서 "비교 표시·광고는 법령에 의한 시험·조사기관이나 사업자와 독립적으로 경영되는 시험·조사기관에서 학술적 또는 산업계 등에서 일반적으로 인정된 방법 등 객관적이고 타당한 방법으로 실시한 시험·조사 결과에 의하여 실증된 사실에 근거하여야 한다"라는 기준을 제시하고 있다.

그런데 이러한 부당성 요건의 존재이유는 소비자보호에 있다. 즉 부당한 광고행위를 통해서 소비자를 속이거나 또는 소비자로 하여금 오인·혼동을 하여 소비행위를 함에 있어서 잘못된 판단을 할 우려가 없도록 하기 위한 일관된 방향성을 가지고 있다.[3]

(3) 부당성의 입증주체

누가 입증하여야 하는가 하는 문제와 관련해서는, 전통적인 증명책임에 관한 이론이자 통설과 판례의 태도인 법률요건분류설에 따르면 불법행위 등에는 권리주장자가 해당 규정의 요건사실에 대한 증명책임을 지게 된다.[4] 즉 권리의 존재를 주장하는 사람이 청구원인사실인 권리근거규정의 요건사실을 증명하여야 한다. 따라서 이러한 일반론에 의하면 부당한 비교광고에 있어서 부당성에 관한 사실, 비교대상 및 기준을 명시하지 않았다

2) 대법원 2003. 2. 26. 선고 2002다67062 판결.
3) 이호영, 『소비자보호법』, 제2판(홍문사, 2012), 62면; 계승균, "비교광고의 부당성에 관한 소고", 『법학연구』, 제46권 제1호(부산대학교, 2005), 83면; 대법원 2013. 9. 26. 선고 2011두7632 판결; 대법원 2010. 7. 22. 선고 2007다59066 판결.
4) 이시윤, 『신민사소송법』, 제7판(박영사, 2013), 516면; 최진수, 『요건사실과 주장증명책임』, 제7판(진원사, 2018), 8면.

거나, 객관적인 근거 없이 자기 또는 자기의 상품이나 용역을 다른 사업자나 사업자 단체나 다른 사업자 등의 상품등과 비교하여 우량, 유리하다고 표시하였다는 사실을 이를 주장하는 사람이 입증하여야 할 것이다.[5)]

그런데 본 사안과 관련해서 표시광고법 제3조 제1항과 제5조 제1항의 법조문을 종합하여 해석하면 광고주, 즉 광고행위를 한 사업자에게 자신이 행한 광고가 진실되고 합리적이고 객관적인 근거에 의하여 행하였다고 하는 것을 입증시키는 것이 맞다고 생각된다. 특히, 표시광고법 제5조 제1항에는 "사업자등은 자기가 한 표시·광고 중 사실과 관련한 사항에 대하여는 실증(實證)할 수 있어야 한다"라고 규정하고 있어서 광고주가 자신이 행한 광고가 진실되고 객관적이고 합리적인 내용이라는 것을 입증하여야 한다. 따라서 판결문에서 광고주가 입증의 주체라고 판시하고 있는 것은 법조문의 내용에 따른 것이라고 생각된다.

(4) 입증사항

무엇을 입증하여야 하는가 하는 점에 관해서는 비교광고의 특성을 살펴보아야 한다. 부당한 비교광고가 되기 위해서는 경쟁사업자의 상품 등의 속성과 가격, 품질 등을 명시적이거나 또는 전체적인 인상을 통해서 특정할 수 있어야 한다. 이러한 경우 반드시 경쟁사업자가 특정되지 않더라도 시장구조나 시장상황 등에 비추어 경쟁사업자를 소비자들이 특정할 수 있거나 비교상대가 떠오르게 하면 된다.[6)] 즉 비교대상이 존재하여야 한다.

본 사안과 같이 불특정인을 대상으로 어떤 생각이나 의견을 조사하여 그 결과를 바탕으로 자신의 상품과 경쟁사업자의 상품을 비교하는 광고의 경우에 있어서는 다음과 같

---

5) 평석대상 사안과 연관되어 다음과 같은 판시가 있었다. 대법원 2000. 9. 29. 선고 98두12772 판결. "구독점규제및공정거래에관한법률(1996. 12. 30. 법률 제5235호로 개정되기 전의 것) 제23조 제3항은 공정거래위원회가 불공정거래행위를 예방하기 위하여 필요한 경우 사업자가 준수하여야 할 지침을 제정·고시할 수 있다"고 규정하고 있으므로 위 위임규정에 근거하여 제정·고시된 표시·광고에관한공정거래지침의 여러 규정 중 불공정거래행위를 예방하기 위하여 사업자가 준수하여야 할 지침을 마련한 것으로 볼 수 있는 내용의 규정은 위 법의 위임범위 내에 있는 것으로서 위 법의 규정과 결합하여 법규적 효력을 가진다고 할 것이나, 위 지침 Ⅲ(규제대상 및 법 운용방침) 2(법운용방침) (나)호에서 정하고 있는 '문제되는 표시·광고내용에 대한 사실 여부 또는 진위 여부에 관한 입증책임은 당해 사업자가 진다'는 입증책임규정은 원래 공정거래위원회가 부담하고 있는 표시·광고 내용의 허위성 등에 관한 입증책임을 전환하여 사업자로 하여금 표시·광고 내용의 사실성 및 진실성에 관한 입증책임을 부담하게 하는 것으로서 사업자에게 중대한 불이익을 부과하는 규정이라 할 것이므로 이러한 사항을 지침으로 정하기 위하여는 법령상의 뚜렷한 위임근거가 있어야 할 것인데, 위 법규정은 공정거래위원회로 하여금 불공정거래행위를 예방하기 위하여 사업자가 준수하여야 할 사항을 정할 수 있도록 위임하였을 뿐 입증책임전환과 같은 위 법의 운용방침까지 정할 수 있도록 위임하였다고는 볼 수 없으므로 위 입증책임규정은 법령의 위임 한계를 벗어난 규정이어서 법규적 효력이 없다."

6) 이호영, 앞의 책, 85면; 박수영, "부당한 표시·광고행위의 성립요건과 유형", 『기업법연구』, 제13집(한국기업법학회, 2003), 298면; 송오식, 『소비자법』 (전남대학교출판부, 2013), 403면.

은 사실을 염두에 두어야 한다. 우선, '조사기관'에 대한 신뢰성이다. 조사기관이 법령에 의한 기관이거나 광고주와 관련성이 없는 독립된 경영기관이어야 한다. 앞서 언급한 심사지침 일반원칙 3.에서 규정되어 있는 법령에 의한 시험·조사기관이나 사업자와 독립적으로 경영되는 시험·조사기관이 신뢰성을 완벽하게 담보하지는 못하지만 조사주체에 대한 최소한의 공정성을 보인다고 판단된다. 둘째로 '조사방법'이다. 판결문과 심사지침 일반원칙에서 제시하고 있듯이 조사방법은 학계나 산업계에서 일반적으로 인정되는 방법으로 행하는 방법이어야 한다. 즉 누가 보더라도 객관적이고 타당한 방법이어야 한다. 조사방법은 조사의 대상, 조사의 내용에 따라 달라지겠지만, 조사와 관련된 상황에 따라 객관적이고 합리적이라고 판단되는 방법이어야 한다. 셋째로 '조사내용'이다. 비록 신뢰할 수 있는 기관이 객관적인 방법으로 조사한다고 하더라도 조사내용이 특정 결과를 유도하거나 조사결과가 왜곡될 형태로 나타나도록 한다면 이 또한 공정한 조사라고 할 수 없다. 조사내용, 즉 조사기간, 조사시간, 표본설정, 질문사항, 인터뷰방법 등이 합리적이그 공정하여야 한다. 넷째로 '조사결과'이다. 조사결과가 광고내용과 관련된 사항이 진실하다는 것에 대한 객관적, 합리적 근거가 될 수 있어야 한다. 조사결과가 객관적, 합리적 근거가 되지 못할 경우에는 비록 그 조사결과를 인용한 비교광고가 비교대상 및 비교기준이 명확하더라도 부당하게 비교하는 광고에 해당될 수 있다.

Ⅲ. 판례의 의의

대상판결은 부당한 비교광고에서 부당성에 관한 입증책임의 소재에 관한 원칙을 밝히고, 특히 불특정인을 대상으로 의견이나 생각을 조사하여 이를 바탕으로 한 조사결과를 경쟁사업자의 상품과 비교하는 광고에서 조사결과의 객관성 내지 타당성에 대한 입증방법 및 신뢰성에 대한 판단 기준을 제시하였다는 점에서 의의를 찾아볼 수 있다. 비록 15년 전의 판결이지만, 조사결과를 이용한 비교광고의 영역에서 부당성에 관한 판단기준과 입증책임의 주체를 구체적으로 밝히고 있는 등 일정한 가이드라인에 해당되는 법리를 제시하였다는 점에서 의미가 있다.

37 부당 비교광고의 부당성 판단

－대법원 2005. 3. 10. 선고 2004두9654 판결

홍 명 수*

Ⅰ. 판례의 개요

1. 사안의 개요

주식회사 수신오가피(이하 '수신오가피'라 한다)는 2002. 5. 23.부터 6. 21. 기간에 조선일보 등 13개 일간지에 자신이 판매하는 오가피류 건강보조식품과 다른 경쟁사업자가 판매하는 동종의 상품 간에 비교를 내용으로 하는 광고를 하였다. 동 광고에서는 "오가피를 아신다면 이 글을 꼭 읽어보십시오" 또는 "오가피를 아시는 모든 분께 또 다른 데이터를 공개합니다" 등의 제목 하에 "아칸토싸이드D 성분은 오가피의 지표물질입니다"라는 표현이 핵심적인 내용을 구성하였다. 동 광고는 이를 토대로 수신오가피의 상품에는 다량 함유되어 있는 반면 다른 경쟁사업자가 공급하는 상품에는 미미하거나 함유되어 있지 않은 '아칸토싸이드D' 성분을 비교의 주된 기준으로 삼고 있었다. 구체적으로 "국립대학교 2곳, 제약회사 1곳, 국가공인기관 1곳에서 시험한 내용입니다"라는 설명과 함께 자사 2개 제품과 타사 8개 제품의 "아칸토싸이드D성분 함량비교표"를 제시하면서, "아칸토싸이드D 성분이 들어있지 않은 제품은 가짜이며, 또 이 성분이 얼마나 들어있냐에 따라 정말로 제대로 된 원료를 사용했는지 또 원료를 얼마나 사용했는지 알 수 있다"고 광고하였고, 아울러 다음의 표를 게재하였다.

이에 대하여 공정거래위원회는 수신오가피의 행위가 부당한 비교 광고 등에 해당하는 것으로 판단하였다. 우선 공정거래위원회는 아칸토싸이드D 성분이 오가피의 가장 중요한 성분이라는 근거로서 피심인이 식품의약품안전청 생약규격과에서 아칸토싸이드D 성분을 오가피의 지표성분으로 선정한 용역 결과를 제시하였으나 이 용역결과는 단지 오

* 명지대학교 법과대학 교수.

〈표〉 수신오가피의 비교 광고 내용

업체명	제품명	아칸토싸이드D함량 (μg/g)
(주)수신오가피	수신토종오가피차골드	98.82 (153.150)
(주)한국자연과학	함박재가기오가피백두	16.52 (20.597)
(주)한국자연과학	함박재가시오가피해피니스	7.47 (9.414)
(주)바이오젠코리아	고려가시오가피	15.49 (19.658)
파진바이오(주)	경희가시오가피	21.32 (30.848)
고려한백인터내셔널	실크오가피Q	검출안됨(검출안됨)
대전충남염소농협	토종가시오가피	검출안됨(검출안됨)
고려인삼과학	토종야생가시오가피	7.00 (17.093)
(주)수신오가피	수신천사토종오가피	4957.75 (6129.749)
(주)파진바이오	진생성장원	504.90 (697.461)

* 괄호 안의 수치는 수신오가피가 법원의 광고집행금지 가처분결정(5. 30.) 이후 바뀐 수치로 광고한 내용임.

가피 품질표준화를 위한 내부 검토자료일 뿐 식품의약품안전청이 오가피의 지표물질을 선정한 사실이 없으며, 전문가들 사이에서도 오가피의 지표물질에 관한 견해가 서로 다르기 때문에 아칸토싸이드D 성분이 오가피의 지표물질로 확정된 것처럼 표현한 피심인의 광고행위는 소비자를 오인시킬 우려가 있는 허위·과장광고행위에 해당한다고 보았다.

또한 수신오가피는 동 광고에서 한국식품연구소와 충북대학교 등에 의뢰하여 분석한 결과를 토대로 지표물질인 아칸토싸이드D 성분이 들어 있지 않은 제품은 가짜이며 이 성분의 함량 정도에 따라 제대로 된 원료를 사용했는지 또는 원료를 얼마나 사용했는지 알 수 있다고 주장하였으나, 공정거래위원회는 이에 대하여 아칸토싸이드D 성분 비교 표에 제시된 타사 제품 8개 중 7개 제품은 피심인이 원료로 사용하고 있는 오가피가 아닌 가시오가피를 주원료로 생산된 제품으로 양자는 과실의 종자 수, 가시모양의 차이 및 효능 등에 차이가 있어 같은 종자로 볼 수 없는 제품을 비교하고 있을 뿐 아니라 피심인이 제출한 한국식품연구소의 시험결과 자료는 제출된 샘플 검체에 한해 유효한 결과이므로 이를 상업적 목적 및 홍보용으로 사용할 수 없다고 시험성적서에 명기되어 있다는 점을 지적하고, 따라서 객관적 비교분석 자료가 아닌 실험결과를 바탕으로 타사 제품의 품질이 자사 제품보다 열등한 것처럼 광고한 행위는 부당 비교광고행위에 해당한다고 판단하였다. 이에 기초하여 공정거래위원회는 수신오가피의 동 광고행위의 금지와 공표 및 과징금 납부

(1,800만 원)를 명하는 심결을 내렸다.[1] 수신오가피는 동 심결에 불복하고 이의신청을 하였지만 공정거래위원회는 문제가 된 비교광고 내용이 객관적이고 공정한 실험결과를 토대로 표현된 것이라는 주장을 받아들이지 않고 이의신청을 기각하였다.[2] 이후 피심인인 수신오가피는 동 심결의 취소소송을 제기하였고, 이에 서울고등법원은 공정거래위원회의 판단을 지지하면서 원고 패소 판결을 내렸다. 동 판결에 대한 원고의 상고로 이루어진 상고심에서 대법원은 상고를 기각하면서 최종적으로 문제가 되었던 공정거래위원회의 심결이 위법하지 않은 것으로 판결하였다. 동 사안은 「표시·광고의 공정화에 관한 법률」(이하 '표시광고법'이라 한다)상 부당한 표시광고의 유형 중 하나인 비교 표시광고의 부당성이 핵심적인 문제로 다루어진 사건으로서 의의가 있다. 이에 관한 대법원의 판결은 부당한 비교 표시광고에 관한 의미 있는 선례가 되고 있으며, 이하에서는 문제가 된 수신오가피의 광고행위 중, 특히 비교 광고행위에 초점을 맞추어 대법원 판결을 중심으로 상론하기로 한다.

2. 소송경과

공정거래위원회는 위에서 살펴본 수신오가피의 광고 행위가 표시광고법 제3조 제1항에 의하여 규제되는 부당한 표시광고에 해당하는 것으로 판단하였다. 전술한 것처럼 공정거래위원회는 수신오가피가 비교기준으로 삼은 '아칸토싸이드D' 성분이 지표물질이라는 전제 하에 해당 비교 광고를 하고 있지만 피심인의 주장처럼 식품의약품안전청에서 이를 지표물질로 선정한 바가 없다는 점 등에 근거하여 허위·과장광고에 해당하고, 또한 경쟁 사업자의 8개 오가피류 제품 중 7개 제품의 주원료는 가시오가피인데 피심인 제품 원료인 오가피와 가시오가피는 종(학)명(오가피: Eleutherococcus sessiliflorus, 가시오가피: Eleutherococcus senticosus), 과실의 종자수(오가피: 과실당 종자수 2개, 가시오가피 : 과실당 종자수 5개), 가시모양의 차이 및 효능 등에 차이가 있어 같은 종자로 볼 수 없는데 이를 비교 대상으로 삼은 점 등에 근거하여 부당한 비교광고행위로 인정하였다. 특히 후자와 관련하여 공정거래위원회는 수신오가피가 행한 비교 광고는 객관적 비교분석 자료에 근거한 비교로 볼 수 없으므로 표시광고법 제3조 제1항 제3호의 규제 대상인 부당한 비교 광고에 해당하는 것으로 보았다.

동 심결에 대한 취소소송에서 원심인 서울고등법원은 공정거래위원회의 판단을 수용하여 원고 패소 판결을 내렸으며,[3] 이에 원고의 상고에 의한 상고심에서 대법원 역시 상

1) 공정거래위원회 2002. 9. 9. 의결 제2002-186호.
2) 공정거래위원회 2002. 12. 23. 재결 제2002-039호.
3) 서울고등법원 2004. 7. 8. 선고 2003누1631 판결.

고를 기각하는 판결을 함으로써 공정거래위원회의 심결이 위법하지 않음을 확인하였다.

3. 판례의 요지

동 판결에서 대법원은 원고 제품에 유리한 한 성분만을 비교 대상으로 삼아 다른 사업자의 상품과 비교한 광고가 부당한 비교 광고에 해당하는 것으로 보았다. 그러나 이러한 판단이 단지 자신에게 유리한 성분만을 비교 대상으로 삼았다는 점에 근거한 것은 아니며, 동 판결은 비교 기준이 합리적이지 못한데 따른 것임을 적시하여 문제가 된 비교광고의 부당성을 밝히고 있다. 구체적으로 대법원은 "식료품 등의 제조 및 판대회사인 원고가 그가 제조한 제품들을 광고함에 있어 '아칸토싸이드D성분'이 들어있지 않은 제품은 가짜이며, 또 이 성분이 얼마나 들어있냐에 따라 정말로 제대로 된 원료를 사용했는지 또 원료를 얼마나 사용했는지 알 수 있다는 등의 내용을 포함시킨 사안에서, 위 제품들은 오가피를 원료로 만들었고, 비교대상이 된 다른 사업자의 제품은 오가피 또는 가시오가피를 원료로 만든 것인데, 오가피와 가시오가피는 종, 과실의 종자수, 가시모양, 효능이 달라, 이를 각 원료로 한 제품을 비교 대상으로 삼을 수는 없다 할 것이고, 게다가 비교대상 제품의 원료로는 가시오가피뿐만 아니라, 두충, 대추 등의 다른 여러 생약제 성분이 들어 있고, 그 조성비가 제품마다 다르며, 아칸토싸이드D 성분은 오가피속 식물뿐만 아니라 대혈, 겨우사리, 드릅나무 등에도 들어 있어 아칸토싸이드D 성분의 함유량만으로 각 제품의 원료의 진품 여부, 원료의 품질 정도, 원료의 사용량을 합리적으로 비교할 수 없으므로, 원고가 한 이 사건 광고는 종이 다른 원료의 성분 중 원고 제품에 유리한 한 성분만을 비교대상으로 삼아 자기에게 유리한 대상만을 다른 사업자의 상품과 비교하여 소비자를 속이거나 소비자로 하여금 잘못 알게 할 우려가 있어 「표시·광고의 공정화에 관한 법률」 제3조 제1항 제3호 소정의 부당 비교광고에 해당한다"고 판시하였다.[4)]

II. 해 설

1. 쟁점의 정리

앞의 <표> 수신오가피의 비교 광고 내용에서 알 수 있듯이, 문제가 된 사안에서 원고인 수신오가피의 광고 행위는 자신이 지표물질로 주장한 아칸토싸이드D 성분의 함유량

4) 대법원 2005. 3. 10. 선고 2004두9654 판결.

을 기준으로 타사의 동종 제품과 비교하는 것을 핵심적인 내용으로 하였다. 동 비교 광고행위가 객관적인 기준에 의하고 있다는 점을 밝히기 위하여 수신오가피는 국가공인기관인 한국식품연구소, 국립대학인 충북대학교 등에서 시험한 내용이라는 점을 광고에서 언급하고 있다. 그러나 공정거래위원회는 아칸토싸이드D 성분이 지표물질이라는 것이 식품의약품안전청에 의하여 인정된 것은 사실이 아니며, 무엇보다 자사 제품과 타사 제품의 주원료(오가피와 가시오가피)가 다른 상황에서 자사 제품의 주원료에 함유되어 있는 성분을 비교 기준으로 한 것은 객관적 근거에 의한 비교로 볼 수 없다고 판단하였다. 또한 시험검사기관 등에서의 시험 내용도 단지 제품들의 성분 조사일 뿐이고, 특히 시험검사기관의 하나인 한국식품연구소의 시험결과 자료는 제출된 샘플 검체에 한해 유효한 결과이므로 이를 상업적 목적 및 홍보용으로 사용할 수 없다고 시험성적서에 명기되어 있다는 점을 지적하였다. 이와 같은 부당 비교 광고에 관한 판단은 원심과 대법원 판결에서도 유지되었다.

동 사안에서 비교 광고행위에 관한 핵심 쟁점은 원고가 행한 '아칸토싸이드D' 성분을 기준으로 한 비교 광고가 객관적 근거를 갖고 있는지에 관한 것이었다. 최종적으로 대법원은 공정거래위원회와 동일하게 이러한 비교가 객관적 근거를 갖고 있지 않기 때문에 부당한 것으로 판단하였다.

2. 관련 판례

표시광고법 제3조 제1항 제3호에 의한 규제 대상인 부당한 비교 표시·광고에 해당하기 위해서는 비교가 합리적·객관적 근거에 의하여 행해져야 한다는 원칙은 다른 판례를 통해서도 확인할 수 있다.

건강식품과 의약품인 발기부전치료제의 임상실험결과를 비교하는 광고가 문제되었던 사건에서 공정거래위원회는 동일 시장의 주된 경쟁관계에 있지 않은 식품과 의약품을 비교 대상으로 하고, 또한 양자의 실험대상군에 현저한 차이가 있는 임상실험결과를 토대로 양자의 효능을 비교하여 양자가 대등한 효능을 갖는 것으로 광고를 한 행위는 부당한 비교 광고에 해당하는 것으로 판단하였고,[5] 동 심결에 대한 취소소송에서 대법원은 공정거래위원회의 판단을 유지하였다.[6]

또한 미디어월이 생활정보신문의 접촉률에 관하여 전문조사기관인 한국갤럽연구소에 의뢰한 조사 결과를 토대로 자사의 대구벼룩시장이 접촉률 1위라고 광고한 사건에서

5) 공정거래위원회 2003. 4. 7. 의결 제2003-089호.
6) 대법원 2004. 10. 14. 선고 2004두6112 판결.

대법원은 "광고주가 자기의 광고내용 중 사실과 관련한 사항이 진실임에 대한 입증은 합리적·객관적 근거에 의하여야 하고, 조사결과를 합리적·객관적 근거로 사용하기 위해서는 그 조사는 법령에 의한 조사기관이나 사업자와 독립적으로 경영되는 조사기관 등에서 학술적 또는 산업계 등에서 일반적으로 인정된 방법 등 객관적이고 타당한 방법으로 실시한 결과이어야 하며, 객관적이고 타당한 방법으로 실시한 조사가 되기 위해서는 조사기간, 표본설정, 질문사항, 인터뷰방법 등이 동일한 조건 등 합리적이고 공정한 조건하에 이루어진 조사이어야 하고, 조사결과가 왜곡될 가능성이 있는 특정한 조건하에서 이루어진 조사이어서는 아니된다고 할 것이므로, 조사결과가 왜곡될 가능성이 있는 특정한 조건하에서 이루어진 것으로서 합리적·객관적 근거가 되지 못하는 경우에는 비록 그 조사결과를 인용한 비교광고가 비교대상 및 비교기준이 명확하더라도 부당하게 비교하는 표시·광고에 해당할 수 있다"고 판시함으로써 전문적인 조사기관에 의한 조사라 하더라도 조사결과가 왜곡될 수 있는 기간에 부당하게 설정된 질문 내용에 따른 조사 결과를 비교 광고한 것은 객관적·합리적 근거가 없는 것으로서 부당한 비교 광고에 해당하는 것으로 판단하였다.[7)]

3. 검 토

표시광고법 제3조 제1항 제3호의 부당한 표시·광고에 해당하기 위해서는 비교대상 및 기준을 명확히 밝히지 않았거나 객관적 근거 없이 비교가 이루어진 경우이어야 한다. 공정거래위원회의 실무와 대법원 판결도 이러한 원칙에 의하고 있으며, 수신오가피가 자사 제품과 타사 제품의 성분을 비교하는 광고 행위가 문제가 되었던 당해 사안에서도 대법원은 이러한 원칙에 따라서 해당 광고 행위가 표시광고법상 부당한 비교 광고에 해당하는 것으로 판단하였다. 즉 대법원은 비교 대상인 제품들의 주원료가 다른 상황에서(오가피와 가시오가피) 어느 하나에 함유된 성분을 비교 기준으로 삼은 비교 결과는 객관적 근거가 없는 것으로 판단하였으며, 이러한 결론 부당한 비교 표시·광고를 판단하는 원칙에 비추어 타당한 것으로 볼 수 있다.

7) 대법원 2003. 3. 31.자 2002마4109 결정.

Ⅲ. 판례의 의의

동 판결은 부당한 비교 표시·광고에 관한 선례로서, 객관적 근거가 없는 비교 광고는 표시광고법상 부당한 비교 광고에 해당한다는 원칙을 밝힌 것으로서 의의가 있다.

그러나 동 판결에서 제시한 판시사항과 관련하여 주의를 요하는 부분도 있다. 우선 비교 표시·광고는 소비자에게 유용한 정보를 제공할 수 있기 때문에 바람직한 측면이 있다는 점에도 주의를 요한다. 비교 표시·광고란 사업자가 자사의 상품의 우수성을 더욱 부각시키기 위해 경쟁사의 동종 상품을 비판적으로 비교하는 것이라 할 수 있으며, 이 비교가 사실상 객관적이고 정확한 경우에는 소비자의 알 권리에 기여하면서 구매결정에 중요한 역할을 수행한다. 모든 광고의 목적은 자사의 상품이 경쟁사의 상품보다 더 우월하다고 소비자를 설득함으로써 구매를 촉진시키기 위한 것이라고 할 때 모든 광고에는 어느 정도의 비교적인 내용들이 포함되어 있는 것으로 볼 수 있으며, 사업자의 입장에서도 자사 상품의 우수성이 사실에 기초하여 객관적이고도 합리적으로 비교 광고를 통해 부각될 수 있다면 비교 광고는 효율적인 기능을 가진 광고방법이라 할 수 있다.[8] 나아가 비교 광고행위를 통하여 상품의 경쟁력이 제고될 수 있고, 이는 궁극적으로 소비자 후생에 긍정적인 영향을 미칠 수 있다. 시장참가자들의 불완전한 정보는 시장 실패(market failures)의 중요한 원인이 될 수 있으며,[9] 상품 간 비교를 통한 광고행위는 이와 같은 정보의 불완전성을 해소할 수 있는 수단이 될 수 있고, 이는 결과적으로 사업자들 간 장점(merits)에 의한 경쟁을 촉진하는 역할을 할 수 있다는 점도 염두에 둘 필요가 있다. 따라서 비교 표시·광고는 그 자체로 금지되는 것이 아니라 부당한 경우에만 금지 대상이 되며, 이때의 부당성 판단에 있어서도 이상에서 언급한 긍정적 측면의 가능성이 종합적으로 고려되어야 한다. 이러한 관점에서 자신에게 유리한 부분만 비교 대상으로 삼는 표시·광고의 경우에도 객관적 근거를 갖추고 있는 경우에는 허용될 수 있을 것이다.[10] 이러한 태도는 비교법적으로도 확인할 수 있는데, 독일 부정경쟁방지법(Gesetz gegen den unlauteren Wettbewerb; UWG) 제6조 제2항 제2호는 비교 광고가 객관적으로 본질적이고, 중요하고, 검증 가능하며, 전형적인 특성(wesentliche, relevante, nachprüfbare und typische Eigenschaften)에 관련되지 않거나 또는 상품의 가격(den Preis dieser Waren oder Dienstleistungen)에 관련되지 않은 경우에 불공정거래행위에 해당하는 것으로 규정하고 있다.[11]

---

8) 조재영, “부당한 비교표시·광고의 심결사례에 나타난 법리적 특성에 관한 연구”, 『한국언론학정보』, 제39호(2007), 440~441면 참조.
9) 홍명수, 『경제법론 IV』(경인문화사, 2018), 385면 참조.
10) 이호영, 『소비자보호법』(홍문사, 2018), 93면 참조.
11) 또한 이러한 행위는 “소비자를 대상으로 하거나 관련되는 거래 행위가 사업자로서의 주의를 결하고

이러한 관점에서 동 판결이 “원고가 한 이 사건 광고는 종이 다른 원료의 성분 중 원고 제품에 유리한 한 성분만을 비교대상으로 삼아 자기에게 유리한 대상만을 다른 사업자의 상품과 비교하여 소비자를 속이거나 소비자로 하여금 잘못 알게 할 으려가 있어 「표시·광고의 공정화에 관한 법률」 제3조 제1항 제3호 소정의 부당 비교광고에 해당한다”고 판시한 것이 비교 표시·광고의 긍정적 측면을 아울러 고려하고 유리한 부분의 비교 광고행위도 허용될 수 있는 것으로 보는 비교 광고행위의 부당성 판단의 원칙에 부합하지 않는 것으로 볼 수도 있을 것이다. 그러나 동 판결이 단지 유리한 부분만의 비교를 부당성 판단의 근거로 삼은 것으로 볼 수는 없다. 무엇보다 동 판결에서 원료가 다른 제품을 비교 대상으로 삼을 수 없고, 다양한 성분이 첨가된 상태에서 제품들을 합리적으로 비교할 수 없다고 판시한 것에서 알 수 있듯이, 동 판결은 당해 광고에서 비교 기준이 객관적 근거를 결하고 있다는 점을 부당성 판단의 기초로 삼은 것으로 보아야 할 것이다. 이러한 점에서 유리한 부분의 비교 광고가 허용될 수 있다는 것과 동 판결이 상충되는 것으로 볼 것은 아니며, 유리한 부분의 비교 광고가 부당한 것으로 평가받는 경우의 판단 근거를 명확히 하였다는 점에서 동 판결의 의의를 찾을 수 있을 것이다.

또한 소비자의 경제적 행위에 본질적인 영향을 미칠 경우에 불공정한(unlauter) 거래행위어 해당한다”고 규정한 부정경쟁방지법 제3조와의 종합적인 해석에 의하여 소비자의 결정에 본질적인(wesentlich) 영향을 미칠 경우에 금지 대상이 된다. 정주미, “공정거래법상 불공정거래행위의 위법성에 관한 연구”, 서울대학교 박사학위논문(2018), 114~115면 참조.

38 비방광고의 부당성 판단

-대법원 1998. 11. 27. 선고 96누5643 판결

홍 명 수*

Ⅰ. 판례의 개요

1. 사안의 개요

파스퇴르유업 주식회사(이하 '파스퇴르'라 한다)와 사단법인 한국유가공협회(유제품을 제조·판매하는 15개 사업자로 구성된 단체로서, 이하 '유가공협회'라 한다) 간에 전개된 '고름우유'를 둘러싼 상호 비방광고에 대하여 공정거래위원회는 파스퇴르와 유가공협회 쌍방에게 부당광고를 중지하고 법위반 사실을 공표하도록 하는 시정명령을 내렸다.[1] 유가공협회는 동 시정명령에 따라서 중앙일간지에 법위반 사실을 공표하는 광고를 하였다. 이후 파스퇴르는 자신도 동일한 사안에 대하여 시정명령을 받은 사실은 언급하지 않은 채, 다수의 중앙일간지에 '한국유가공협회가 파스퇴르에 대하여 부당광고한 자인광고임'이라는 제목으로 유가공협회의 시정광고를 전체적으로 인용하는 광고를 하였다.

이와 같은 파스퇴르의 광고 행위가 「독점규제 및 공정거래에 관한 법률」(이하 '공정거래법'이라 한다)상 불공정거래행위에 해당하는지가 문제되었으며, 공정거래위원회는 동 행위가 공정거래법 제23조 제1항 제6호 및 「불공정거래행위의 유형 및 기준」(공정거래위원회 고시 제1995-6호) 제9조에 해당하는 불공정거래행위로 판단하고,[2] 파스퇴르에 대하여 "자

---

* 명지대학교 법과대학 교수.

1) 공정거래위원회 1995. 11. 25. 의결 제95-283, 284호.

2) 1999년 「표시·광고의공정화에관한법률」(이하 '표시광고법'이라 한다) 제정 이전 부당한 표시·광고 행위는 공정거래법 제23조 제1항 제6호에 의한 불공정거래행위로서 규제되었으나, 표시광고법의 제정으로 부당한 표시·광고에 대한 규제는 동법 제3조 제1항에 의하여 이루어지게 되었다. 규제 근거 법률의 변경은 있었지만, 대상이 되는 행위 유형과 오인가능성 및 공정거래저해성에 의하는 부당성 판단 법리는 동일하게 유지되고 있으므로, 표시광고법 제정 이전 발생한 당해 사건의 판결은 현행 표시광고법 하에서도 의미를 갖는다. 표시광고법 제정 이전 공정거래법상 불공정거래행위로서 표시·광

신이 비방광고로 공정거래위원회의 시정명령을 받은 사실은 언급하지 않은 채 경쟁사업자들의 단체인 (사)한국유가공협회가 허위 및 비방광고 행위로 시정명령을 받고 이를 이행하기 위하여 일간지에 법위반사실을 공표한 내용을 인용하여 광고함으로써 마치 (사)한국유가공협회만이 허위 및 비방광고를 한 것으로 소비자를 오인시킬 우려가 있는 비방광고행위를 하여서는 아니되며 또한 이를 통한 기만적인 방법으로 우유의 품질에 관하여 소비자를 오인시킬 우려가 있는 부당한 광고행위를 하여서는 아니된다"는 내용의 시정명령을 내렸다.[3] 파스퇴르는 이에 불복하고 이의신청을 하였으며, 재결에서 공정거래위원회는 파스퇴르의 이의신청을 기각하였다.[4] 이후 파스퇴르는 공정거래위원회 심결의 취소를 구하는 소송을 제기하였다.

2. 소송경과

가. 원심판결

피심인인 파스퇴르가 제기한 취소소송에서 원심인 서울고등법원은 문제가 된 파스퇴르의 광고 행위가 불공정거래행위로 판단한 공정거래위원회의 심결을 취소하는 판결을 내렸다.[5] 동 법원은 공정거래위원회가 부당성 판단의 대상으로 한 행위사실을 인정하였다. 즉 원고인 파스퇴르와 유가공협회 사이에 이른바 '고름우유'를 둘러싼 상호 비방광고가 이루어지고 이에 대하여 피고인 공정거래위원회가 파스퇴르 및 유가공협회 쌍방에게 부당광고를 중지하고 법위반 사실을 공표하도록 시정명령을 한 사실, 그리고 유가공협회가 위 시정명령에 따라 법위반 사실을 공표하는 광고를 한 후에 원고인 파스퇴르가 '한국유가공협회가 파스퇴르에 대하여 부당광고한 자인광고임'이라는 제목으로 자신이 받은 시정명령에 대하여는 아무런 언급 없이 유가공협회가 한 시정광고를 전재한 광고한 사실을 인정하였다.

그러나 이러한 사실에 대한 법적 평가는 공정거래위원회와 달리하였는데, "이 사건 광고 내용이 진실이므로 특별한 사정이 없는 한 이 사건 광고가 소비자를 기만하거나 오인시킬 우려가 있다고 볼 수 없을 터인데, 보통의 주의력을 가진 일반 소비자가 이 사건 광고를 보고 유가공협회가 원고 회사 및 그 상품에 관하여 부당한 광고를 하여 피고로부터 시정명령을 받고 이를 스스로 자인하였다는 사실을 인식하는 데서 더 나아가 원고 회

고의 규제에 관하여, 황적인·권오승, 『경제법』(법문사, 1996), 184~185면 참조.

3) 공정거래위원회 1995. 12. 15. 의결 제95-300호.

4) 공정거래위원회 1996. 1. 29. 의결 제96-2호.

5) 서울고등법원 1996. 2. 27. 선고 95구37904 판결.

사와 유가공협회 쌍방 중 유가공협회만이 원고 회사에 대하여 허위·비방광고를 하여 피고로부터 시정명령을 받았다고 오인하거나 또는 원고 회사의 종전 광고 내용을 연상하여 유가공협회 소속 회사의 우유가 '고름우유'라고 오인할 우려가 없다"는 것을 이유로, "이 사건 광고가 유가공업계의 공정한 거래를 저해할 우려가 있는 행위에 해당하지 않는다"고 판시하였다. 이러한 판단에 따라서 공정거래위원회의 심결을 취소하는 원고 승소 판결을 내렸다.

나. 대법원 판결

원심판결에 대하여 피고인 공정거래위원회가 상고하였다. 대법원은 원심의 판단이 정당한 것으로 수긍이 가고, 거기에 상고이유로 주장하는 바와 같은 법리 오해의 위법이 없다는 것을 이유로 상고를 기각하는 판결을 내렸다.

3. 판례의 요지

당해 사안에서 문제가 된 행위는 부당한 표시광고 유형 중 비방적인 광고에 관한 것으로서, 현 표시광고법 제3조 제1항 제4호에 해당하는 행위이다. 피상고인인 파스퇴르의 경쟁사업자들로 구성된 사업자단체인 유가공협회가 공정거래위원회의 심결에 따라서 시정명령을 받은 사실을 공표한 것을 파스퇴르가 전재하는 방식으로 행한 광고 행위의 존재는 법원도 인정하였다. 그러나 공정거래위원회와 달리 법원은 동 행위가 부당한 광고행위에 해당하는 것으로 보지 않았다. 대법원은 원심의 판단을 유지하면서, "우유가공회사가 상호 비방광고에 대하여 경쟁사업자와 함께 공정거래위원회로부터 시정명령을 받았음에도 자신이 받은 시정명령에 대하여는 아무런 언급을 하지 않은 채 경쟁사업자가 위 시정명령에 따라 게재한 광고를 전재하여 광고한 경우, 소비자를 오인시킬 우려가 없어 불공정거래행위에 해당하지 않는다"고 판시하였다. 이와 같은 판단은 경쟁사업자의 시정명령에 따른 공표를 전재한 광고행위의 소비자 오인 가능성을 부인한 것이며, 나아가 비방적인 광고행위의 부당성 판단은 소비자의 오인가능성에 기초한다는 점을 밝힌 것이다.

II. 해 설

1. 쟁점의 정리

가. 비방광고에 해당하는지의 판단

사안에서 문제가 된 행위는 유가공협회가 공정거래위원회로부터 받은 시정명령을 중앙일간지에 공표한 것을 경쟁사업자인 파스퇴르가 공표 내용 전부를 인용하는 방식으로 광고한 것으로서 이러한 행위 사실 자체는 다툼 없이 법원에서도 인정되었다. 다만 이러한 행위가 비방적인 광고로서 부당한 표시광고에 해당하는지에 대하여 법원과 공정거래위원회는 상반된 입장을 취하였다. 공정거래위원회는 파스퇴르가 유가공협회의 공표를 전재하는 광고를 하였을 뿐만 아니라 자신도 동일한 내용의 시정명령을 받은 상황에서 이에 대한 언급 없이 이러한 행위를 하였다는 것에 주목하고, 부당한 표시광고에 해당하는 것으로 보았다. 이에 반하여 원심 법원은 광고 내용 자체는 진실하므로 특별한 사정이 없는 한 소비자를 기만하거나 오인시킬 우려가 없다는 것을 전제하고, 보통의 주의력을 가진 소비자가 이러한 광고를 보고 유가공협회가 공정거래위원회로부터 시정명령을 받은 후 이를 스스로 자인하였다는 사실을 넘어서 원고인 파스퇴르는 시정명령을 받지 않고 유가공협회만 시정명령을 받은 것으로 오인하거나 나아가 이전의 광고 내용을 연상하여 유가공협회 소속 회사의 우유를 '고름우유'로 오인할 우려가 없는 것으로 보았다. 이를 이유로 문제가 된 광고가 공정한 거래를 저해할 우려가 있는 행위에 해당하지 않는 것으로 판단하였으며, 이러한 판단은 대법원에서도 유지되었다.

공정거래위원회와 법원 판단의 차이는 파스퇴르가 자신 또한 시정명령을 받을 사실을 언급하지 않은 것에 대한 평가와 관련된다. 공정거래위원회는 파스퇴르와 유가공협회 간에 고름우유를 둘러싼 상호비방이 전개되었던 상황에서 양자가 모두 공정거래위원회의 시정명령을 받았음에도 불구하고 유가공협회의 시정명령에 관한 공표를 전재한 광고 행위는 자신은 시정명령을 받지 않은 것으로 오인하기에 충분한 행위라고 판단하였다. 이에 비하여 법원은 파스퇴르가 자신이 시정명령을 받은 사실을 언급하지 않은 것보다는 파스퇴르의 광고 내용이 진실하다는 것, 즉 유가공협회가 시정명령을 받고 이를 공표한 내용을 그대로 옮긴 파스퇴르의 광고가 사실에 반하지 않는다는 것을 지적하고,[6] 특별한 사정

---

6) 이러한 태도는 현행 표시광고법 제3조 제1항 제4호의 '비방적인 표시·광고'의 의의를 명확히 하고 있는 동법 시행령 제3조 제4항이 "비방적인 표시·광고는 다른 사업자등 또는 다른 사업자등의 상품등에 관하여 객관적인 근거가 없는 내용으로 표시·광고하여 비방하거나 불리한 사실단을 표시·광고하여 비방하는 것으로 한다"고 규정하고 있는 것에 부합하는 것이다.

이 없는 한 이로부터 자신은 시정명령을 받지 않은 것으로 또는 경쟁사업자의 우유가 고름우유라고 오인할 우려는 없는 것으로 판단하였다.

나. 비방광고의 오인가능성 판단

법원은 문제가 된 파스퇴르의 비방적 광고의 부당성 판단과 관련하여, 소비자의 오인가능성을 핵심적인 판단 기준으로 삼고 있다. 일반적으로 표시광고법에서 규제하는 표시·광고의 부당성은 표시·광고 행위가 표시광고법 제3조 제1항에서 규정하고 있는 행위에 해당하는지 그리고 이러한 행위가 소비자를 오인하고 공정한 거래를 저해할 우려가 있는지의 판단 과정을 거친다.[7] 특히 오인가능성은 부당성 판단에서 핵심적인 기준이며, 표시·광고 유형 중 하나인 비방적 광고의 부당성 판단에 있어서도 동일하게 적용된다. 즉 오인가능성에 관한 판단 없이 비방 자체에서 위법 판단을 구할 수 있는 것은 아니다. 이와 관련하여 법원은 소비자의 오인 가능성을 핵심적인 판단 기준으로 고려하고 최종적으로 원고인 파스퇴르의 광고 행위가 오인할 우려를 낳지 않는다는 결론을 내림으로써 비방적 표시·광고의 부당성 판단이 오인 가능성에 기초한다는 점을 명확히 하였다.

2. 관련 판례

동 판결은 원고인 파스퇴르의 광고 행위가 진실하다는 것을 판단의 기초로 삼고 있으며, 이는 비방광고에 해당하기 위하여 객관적인 근거가 없는 내용으로 광고할 것을 요구하는 현행 표시광고법 제3조 제4항의 규정에도 부합하는 것이다. 이러한 판단 원칙이 적용된 판례로서 내열강화유리의 광고에 관한 대법원 판결[8]을 들 수 있다. 포장용 유리용기를 제조하는 사업자인 원고 삼광유리(주)가 원심판결에 불복하고 상고한 사건에서 대법원은 경쟁사업자의 제품인 플라스틱 용기가 환경호르몬 등의 영향으로 인체에 유해하다는 내용의 원고가 행한 광고를 다루었다. 동 판결에서 대법원은 비방적 광고에 해당하기 위해서는 객관적 근거가 요구된다는 것을 전제하고, "어떠한 식품이나 그와 직접 연관된 제품의 인체 유해성에 관하여 어느 정도 객관적 근거를 갖춘 우려가 제기되어 현실적으로 논란이 되고 있다면, 그 유해성이나 유해 수준이 과학적으로 명백하게 입증되지는 않았다고 하더라도 경쟁 제품이 갖고 있는 위와 같은 유해의 가능성 또는 위험을 언급하거나 지적하는 내용의 광고에 대하여 함부로 공정한 거래질서를 저해할 우려가 있는 비방광고로서 금지하여야 한다고 단정할 것은 아니다"라는 것을 이유로 문제가 된 광고가 비방적 광

7) 이호영, 『소비자보호법』(홍문사, 2018), 76~81면 참조.
8) 대법원 2013. 3. 14. 선고 2011두7911 판결.

고에 해당하지 않는 것으로 판단하였다. 동 판결은 비방적 광고에 해당하기 위하여 객관적 근거가 요구된다는 기준을 유지하고 있지만, 객관적 근거의 존부를 판단함에 있어서 엄밀한 과학적 근거까지 요구하는 것은 아니고 유해 가능성을 지적하는 것만으로 충분하다는 입장을 취하고 있다는 점에서 주목할 만한 것이다.

3. 검 토

파스퇴르가 경쟁사업자의 시정명령에 따른 공표를 자신의 광고 내용으로 전재한 것에 대한 판결에서 대법원은 비방적 광고에 해당하는지를 객관적 근거에 의한 진실한 내용의 광고인지를 기준으로 판단하고 있으며, 또한 오인가능성을 핵심적 기준으로 고려하고 있다. 이러한 판단과정을 거쳐 당해 광고가 비방적 광고에 해당하지 않는다는 결론을 내렸다.

비방적 광고에 해당하는지를 객관적 근거의 존부에 따라서 판단하는 것은 현행 표시광고법에 의해서도 수용되고 있는 원칙이며, 이에 관한 판결의 태도에 의문은 없다. 그러나 사실관계에서 드러난 것처럼 파스퇴르는 경쟁사업자와 동일하게 공정거래위원회로부터 시정명령을 받았지만 문제가 된 광고에서 이에 관한 언급을 하지 않은 채 경쟁사업자의 시정명령에 따른 공표를 전재하는 광고를 하였고, 공정거래위원회는 자신이 시정명령을 받은 사실을 언급하지 않은 행위가 오인가능성을 낳는 행위로서 비방적 광고에 해당하는 것으로 보았다. 이에 반하여 대법원은 원고가 자신도 시정명령을 받은 사실을 언급하지 않은 사실을 광고의 객관적 근거를 판단함에 있어서 고려 대상으로 삼지 않았고, 따라서 문제가 된 광고가 비방적 광고에 해당하지 않는다는 결론에 이르고 있다.

판결은 이러한 결론을 도출함에 있어서 소비자의 오인가능성에 근거하고 있다. 즉 경쟁사업자와 동일한 내용의 시정명령을 받은 사실을 언급하지 않은 것이 소비자로 하여금 오인을 낳을 우려가 없다고 보았으며, 이를 비방적 광고에 해당하는지를 판단함에 있어서 주된 근거로 삼고 있다.

Ⅲ. 판례의 의의

동 판결은 문제가 된 광고 행위가 객관적 근거에 의하여 뒷받침되고 있는지에 기초하여 비방적 광고에 해당하는지를 판단하고 있으며, 또한 소비자의 오인가능성을 핵심적 고려 요소로서 검토하고 있다. 이러한 판단 과정은 부당한 표시광고의 유형으로서 비방적 표시·광고의 규제 법리를 명확히 하였다는 점에서 의의가 있다.

그러나 공정거래위원회와 법원의 판단이 달리하게 된 결정적 계기가 되었던 원고의 묵비 행위, 즉 자신도 경쟁사업자와 동일한 시정명령을 받은 사실을 광고에서 언급하지 않은 행위에 대한 평가에 있어서는 추가적인 논의가 이루어질 필요가 있을 것이다. 사실을 은폐하는 방식의 광고는 표시광고법 제3조 제1항 제2호의 기만적인 표시·광고로 규제될 수도 있으며, 이때 은폐된 사실 또는 사실의 일부만을 제시한 부분적 진실(half truth)이 소비자로 하여금 전체적, 궁극적으로 오인을 낳을 우려가 있을 경우에 이에 해당하게 된다. 물론 당해 사안에서 자신이 시정명령을 받은 사실은 경쟁사업자(유가공협회)에 관한 광고의 직접적 내용을 구성하는 것은 아니고, 경쟁사업자를 비방하는 것에 초점이 모아진 것으로 볼 수 있으므로 제4호의 비방적 표시광고로서 다루는 것이 보다 타당할 것이다. 그렇지만 사실을 은폐한 행위에 대한 평가가 전체적, 궁극적 소비자의 인상에 의한다는 법리는 동일하게 적용되는 것으로 볼 수 있다. 이와 관련하여 독일 부정경쟁방지법(Gesetz gegen den unlauteren Wettbewerb; UWG)이 오인을 유발하는 거래행위(Irreführende geschäftliche Handlungen, 제5조)뿐만 아니라 부작위에 의한 오인유발행위(Irreführung durch Unterlassen, 제5조a)도 거래의 결정에 영향을 미칠 경우에 불공정거래행위에 해당하는 것으로 보고 있는 것을 참고할 수 있을 것이다.[9] 이러한 관점에서 파스퇴르가 자신이 시정명령을 받은 사실을 밝히지 않은 것에 대한 평가가 이루어질 필요가 있으며, 앞에서 살펴본 것처럼 법원은 이러한 행위가 소비자 오인을 낳을 우려가 없는 것으로 판단하였다. 그러나 사안에서 문제가 된 파스퇴르의 광고는 오랫동안 고름우유를 둘러싼 상호 비방이 이어지던 상황에서 행해진 것이고, 소비자의 전체적, 궁극적 인상도 이러한 상황에서 형성될 수밖에 없었다는 점에 주목할 필요가 있다. 즉 자신도 경쟁 사업자인 유가공협회와 동일한 내용의 시정명령을 받은 사실을 언급하지 않은 채 경쟁 사업자가 시정명령을 받았다는 사실만을 지적하는 내용의 당해 광고에 대한 소비자의 전체적, 궁극적인 인상은 파스퇴르와 유가공협회 간에 상호비방이 계속되었던 상황 하에서 이루어질 수밖에 없으며, 동 판결의 오인가능성 판단에서 이러한 상황과 이것이 소비자 인식에 미칠 영향에 대한 충분한 고려가 있었는지에 의문이 남는다.

또한 동 판결이 규제 대상이 되는 비방적 표시광고에 해당하는지를 판단하기 위하여 소비자의 오인가능성을 고려한 것은 타당하지만, 비방적 표시광고 해당성과 오인가능성

9) 두 조항에 의한 규제의 의의에 관하여, 홍명수, "독일 부정경쟁방지법에 의한 불공정거래행위 규제의 의의와 시사점", 『명지법학』, 제15권 제1호(2016), 74면 참조.

을 법리적으로 명확히 구분하지 않고 있다는 점에 대한 지적도 가능할 것이다. 즉 동 판결에서 오인가능성이 행위의 성립과 부당성의 어느 단계에서의 판단에 관련되는 것인지가 명확히 드러나지는 않는다. 문제가 된 사건의 전개과정을 보면, 먼저 원고(피상고인)와 경쟁사업자가 모두 상호 비방하는 광고를 하였고, 공정거래위원회가 양자의 허위·비방광고행위에 대하여 시정명령을 내렸으며, 이후 원고가 경쟁사업자에게 시정명령이 부과된 사실을 적시한 광고를 한 행위에 대하여 공정거래위원회가 비방광고로서 불공정거래행위에 해당하는 것을 이유로 시정명령을 내렸다. 이에 대하여 서울고등법원은 "이 사건 광고 내용이 진실이므로 특별한 사정이 없는 한 이 사건 광고가 소비자를 기만하거나 오인시킬 우려가 없(다)"는 것을 전제하고, 원고의 경쟁사업자인 "유가공협회만이 원고 회사에 대하여 허위·비방광고를 하여 피고로부터 시정명령을 받았다고 오인할 우려가 없다"는 것을 이유로 "유가공업계의 공정한 거래를 저해할 우려가 있는 행위에 해당하지 않는다"고 보았으며, 이러한 판단은 대법원에서도 유지되었다. 이와 같은 법원의 판단과정을 보면, 법원이 소비자의 오인 우려가 없다는 것을 비방광고의 성립단계에서 고려한 것인지, 아니면 비방광고를 인정하고 이에 대한 부당성 판단에서 고려한 것인지가 불분명하다. 법리적인 측면에서 보면, 표시광고법상 규제 대상이 되는 부당한 표시광고의 위법성 판단은 소비자 오인성과 공정거래저해성을 기준으로 한다는 점에서[10] 오인가능성을 행위의 성립요건으로 보기는 어려울 것이다. 따라서 비방광고에 해당하는지 여부의 판단은 오인가능성 판단에 선행하며, 비방광고의 해당성 판단은 오인가능성과 별개로 비방성에 초점을 맞추어 이루어져야 한다.[11] 이러한 관점에서 동 판결에서 오인가능성이 행위의 성립과 부당성의 어느 단계에서의 판단에 관련되는 것인지가 명확하지 않다는 점에 대하여 일정한 문제제기가 가능할 것이다.

---

10) 신현윤, 『경제법』 (법문사, 2017), 472~473면 참조.

11) 표시광고법 시행령 제3조 제4항은 "비방적인 표시·광고는 다른 사업자등 또는 다른 사업자등의 상품등에 관하여 객관적인 근거가 없는 내용으로 표시·광고하여 비방하거나 불리한 사실만을 표시·광고하여 비방하는 것으로 한다"고 규정하고 있다.

39 비방광고금지청구의 법리

－대법원 1996. 4. 12. 선고 93다40614,40621 판결

권 영 준*

Ⅰ. 판례의 개요

1. 사안의 개요

피고(반소원고, 이하 '피고'라고만 한다)는 분유제조회사이다. 피고는 분유업계 후발주자로 원고(반소피고, 이하 '원고'라고만 한다) 등 기존 분유업체들과 치열한 경쟁을 벌이기 시작했다. 피고는 TV, 라디오, 일간신문 등 각종 매체를 통해 피고의 조제분유(파스퇴르 로－히트 분유)를 대대적으로 광고(이하 '이 사건 광고'라 한다)하였다. 이 광고는 피고의 조제분유와 경쟁자들의 조제분유를 비교하는 공격적인 광고였다. 원고도 이에 맞서 대응광고를 하였다.

원고는 피고의 이 사건 광고가 허위인데다가 원고를 비방하는 내용으로 가득 차 있는 위법한 광고라고 주장하며, 본소로써 비방광고금지, 손해배상 등을 구하였다. 피고는 오히려 원고의 대응광고가 피고의 명예를 훼손하였다고 주장하며, 반소로써 비방광고금지, 손해배상 등을 구하였다.

2. 소송경과

제1심 법원은 원고의 본소청구에 대하여, 피고의 이 사건 광고가 위법한 비방광고라고 판단한 뒤 비방광고금지를 명하고, 그 명령을 위반할 경우 위반광고 1건에 대하여 금 7,000만 원씩 지급하도록 명하며, 원고가 지출한 대응광고비용 중 일부에 관한 재산상 손해배상을 명하였다. 그러나 원고의 위자료청구와 사죄광고청구는 기각하였다. 한편 제1심

* 서울대학교 법학전문대학원 교수.

법원은 피고의 반소청구에 대하여, 원고의 대응광고가 위법하지 않다고 판단하여 반소청구를 기각하였다. 원심법원은 대체로 제1심 법원의 결론을 유지하되, 원고의 본소청구에 대한 손해배상액을 증액하고 위자료청구도 인용하는 것으로 변경하였다. 대법원은 피고의 상고를 기각하여 원심판결을 그대로 유지하였다.

3. 판례의 요지

대법원 판결(이하 '대상판결'이라 한다)의 요지는 아래와 같다.

[1] 비방광고들로 인한 피해를 최소한으로 줄이기 위하여 광고들이 실렸던 일간지마다 동일한 크기의 대응광고를 게재할 필요가 있었다면, 그 비용도 비방광고들로 인하여 입은 손해이다.

[2] 비방광고들로 인하여 인격과 명예, 신용 등이 훼손됨으로써 분유제조업체인 피해회사가 입은 손해의 종류와 성격, 피해 회사의 지명도와 영업의 신용도, 피해 희사의 규모 및 영업실적, 비방광고들의 허위성의 정도와 비방성의 강도, 비방광고 행태 전반에서 드러나는 악의성의 정도, 조제분유 제품을 선택하는 소비자들의 보수성, 부정적 광고가 미치는 영향의 즉각성과 지속성, 부정적 영향으로부터 회복함이 곤란한 점, 부정적 광고에 대하여 효율적인 구제수단인 사죄광고가 허용되지 아니하는 점, 비방광고 회사의 규모와 재산 정도 등 여러 사정을 참작하면 그 손해액을 금 300,000,000원으로 정한 원심판결은 타당하다.

[3] 인격권은 그 성질상 일단 침해된 후의 구제수단(금전배상이나 명예회복 처분 등)만으로는 그 피해의 완전한 회복이 어렵고 손해전보의 실효성을 기대하기 어려우므로, 인격권 침해에 대하여는 사전(예방적) 구제수단으로 침해행위 정지·방지 등의 금지청구권도 인정된다.

[4] 부작위채무를 명하는 판결의 실효성 있는 집행을 보장하기 위하여는, 부작위채무에 관한 소송절차의 변론종결 당시에서 보아 채무명의가 성립하더라도 채무자가 이를 단기간 내에 위반할 개연성이 있고, 또한 그 판결절차에서 민사소송법 제693조에 의하여 명할 적정한 배상액을 산정할 수 있는 경우에는, 그 부작위채무에 관한 판결절차에서도 위 법조에 의하여 장차 채무자가 그 채무를 불이행할 경우에 일정한 배상을 할 것을 명할 수 있다.

II. 해 설

1. 쟁점의 정리

대상판결에서 다루어진 법적 쟁점은 ① 비방광고로 인한 손해 판단(위 [1], [2] 부분), ② 인격권 침해에 대한 금지청구권(위 [3] 부분), ③ 판결절차에서 간접강제를 명할 수 있는지 여부(위 [4]부분)이다. 그 중 선례적 가치가 높은 판시 부분은 ②와 ③ 쟁점이다. 아래에서는 이 두 가지 쟁점, 즉 인격권 침해에 대한 금지청구권과 판결절차에서의 간접강제에 대해 설명한다.

2. 인격권 침해에 대한 금지청구권

불법행위에 관한 일반조항인 「민법」 제750조는 "고의 또는 과실로 인한 위법행위로 타인에게 손해를 가한 자는 그 손해를 배상할 책임이 있다"라고 규정한다. 이 조항에 따르면 불법행위에 따른 효과는 손해배상책임이다. 그런데 피해자는 불법행위를 이유로 가해자에게 금지청구권을 행사할 수 있는가? 「민법」은 이에 관하여 아무런 조항을 두고 있지 않다. 이러한 규정의 부재 때문에 불법행위에 대해서는 손해배상청구권을 행사할 수 있을 뿐, 금지청구권을 행사할 수 없다고 보는 것이 일반적인 견해였다.

물론 불법행위를 구성할 수 있는 행위에 대해 법률에서 별도로 금지청구를 허용하는 조항을 두고 있다면 그 조항에 의거하여 금지청구를 할 수 있다. 예컨대 「민법」 제214조는 물권에 대한 방해제거 및 방해예방청구권, 「민법」 제217조는 생활방해에 대한 금지청구권을 각각 인정한다. 이러한 물권방해 또는 생활방해행위는 동시에 불법행위의 요건도 충족하는 경우가 많다. 결과적으로 이러한 불법행위에 대해서는 금지청구가 허용되는 셈이다. 그러나 엄밀히 말하면 이는 그 행위가 불법행위이기 때문이라기보다는 물권방해 또는 생활방해행위이기 때문에 금지청구가 허용되는 것이다. 그 외에 「민법」 제764조는 명예훼손의 경우 법원은 피해자의 청구에 의하여 손해배상과 함께 "명예회복에 적당한 처분을 명할 수 있다"라고 규정하고 있는데, 이 역시 불법행위의 일종인 명예훼손에 관한 구제수단의 특칙이라고 볼 수 있다. 마찬가지로 「특허법」 제126조, 「실용신안법」 제30조, 「디자인보호법」 제62조, 「상표법」 제65조, 「저작권법」 제123조, 「컴퓨터프로그램보호법」 제31조, 「정보통신망 이용촉진 및 정보보호 등에 관한 법률」 제48조, 「부정경쟁방지 및 영업비밀보호에 관한 법률」(이하 '부정경쟁방지법'이라 한다) 제4조 및 제10조 등 다른 특별법에서도 그 법 위반 행위에 대한 금지청구를 인정한다. 이러한 법 위반 행위가 불법행위를 구성하는 경우에는 결과적으로 불법행위에 대한 금지청구가 허용되는 셈이다.

그런데 대상판결에서는 이러한 법률상 명문 근거 없이 인격권 침해를 내용으로 하는 불법행위에 대한 금지청구권을 인정하였다는 점에서 특징적이다. 우선 대상판결이 자연인이 아닌 법인의 인격권 침해 문제를 다루었다는 점에 주목할 필요가 있다. 인격권은 본래 자연인의 것이나, 법인도 법인의 속성에 반하지 않는 범위 내에서 인격권을 가질 수 있다. 가령 법인도 저작자가 될 수 있는데(「저작권법」 제9조), 이때 법인은 저작자로서 저작인격권을 향유한다(「저작권법」 제11조 내지 제13조). 또한 헌법재판소는 일찍이 법인의 양심의 자유를 비롯한 법인의 인격권을 인정하였고,[1] 대법원도 단체의 인격권을 인정한 바 있다.[2] 그러므로 대상판결의 사안에서 법인인 피고의 인격권 침해 문제가 다루어진 것은 종래의 판례에 비추어 볼 때 그리 부자연스러운 일이 아니다.

한편 대상판결은 최초로 인격권 침해행위에 대한 금지청구권을 인정한 판결이라는 점에서 주목받을 만한 판결이다. 대상판결에서는 그 근거로서 인격권은 그 성질상 일단 침해된 후의 구제수단만으로는 그 피해의 완전한 회복이 어렵고 손해전보의 실효성을 기대하기 어렵다는 점을 들었다. 물론 이러한 금지청구의 필요성이 있다는 이유만으로 그 금지청구권의 존재가 바로 규범적으로 정당화된다고는 할 수 없다. 이를 어떤 법 원리에 기초하여 정당화할 수 있는가는 별도의 문제이다. 결국 물권방해에 대해서는 금지청구권이 인정된다는 점, 인격권은 물권과 마찬가지로 절대권의 속성을 가진다는 점, 또한 명예훼손 특칙(제764조)에서 추지되듯이 인격권 침해에 대해서는 금지청구와 같은 실효성 있는 구제가 요구된다는 점, 따라서 물권방해에 대한 금지청구권 규정이나 명예훼손 특칙을 유추 적용하여 인격권 침해에 대한 금지청구권을 인정할 수 있다는 점으로 설명할 수 있다.

이러한 유추의 방법론은 비단 인격권 침해뿐만 아니라 일반적인 불법행위에 대한 금지청구권 문제로도 확장될 수 있다. 「민법」 제214조, 제217조, 제389조 제3항, 제764조, 부정경쟁방지법 제4조 및 제10조 등에 공통적으로 존재하는 법의 일반원칙은 '피해자는 침해로부터 회복될 수 있는 가장 적절하고 유효한 수단에 의하여 구제되어야 한다'는 원리이다. 이러한 원리에 기한 전체 유추의 방식에 따라 일반적인 불법행위에 대한 피해 예방과 회복 및 실효성 있는 손해전보를 위한 금지청구권도 인정할 수 있을 것이다. 아직 이러한 해석론이 전면적으로 받아들여지고 있지는 않지만, 대법원은 일정한 요건을 갖춘 부정한 경쟁행위가 「민법」상 불법행위에 해당한다고 한 뒤, 그러한 행위에 대한 금지청구가

1) 헌재 1991. 4. 1. 89헌마160; 헌재 2002. 1. 31. 2001헌바43.
2) 대법원 1990. 2. 27. 선고 89다카12775 판결; 대법원 1997. 10. 24. 선고 96다17851 판결; 대법원 2006. 5. 26. 선고 2004다62597 판결.

가능하다고 하여 이러한 해석론의 길을 열어 놓았다.[3)]

3. 판결절차에서의 간접강제

대상판결이 다룬 또 다른 중요한 쟁점은 판결절차에서의 간접강제 문제이다.

간접강제는 채무불이행에 대한 제재를 고지함으로써 그 제재를 면하기 위하여 채무를 이행하도록 동기부여하는 것을 목적으로 하는 집행방법이다.[4)] 간접강제금이 "채무자의 채무불이행에 대한 법정 제재금"의 성격을 가진다는 판례도 이러한 맥락에서 이해할 수 있다.[5)] 부작위의무나 부대체적 작위의무는 그 이행을 직접 강제하거나 제3자가 대체집행할 수 없으므로 채무자가 스스로 이행하기를 기대할 수밖에 없다. 간접강제는 이러한 상황에서 손해배상 등으로 채무자에게 심리적 압박을 가하여 채무를 이행하도록 유도 또는 사실상 강제하는 방법이다. 「민법」 제389조 제3항은 "그 채무가 부작위를 목적으로 한 경우에 채무자가 이를 위반한 때에는 채무자의 비용으로써 그 위반한 것을 제각하고 장래에 대한 적당한 처분을 법원에 청구할 수 있다"라고 규정하는데, 간접강제는 "장래에 대한 적당한 처분"의 일종으로 평가될 수 있다.

「민사집행법」 제261조는 이를 구체화하여 "채무의 성질이 간접강제를 할 수 있는 경우에 제1심 법원은 채권자의 신청에 따라 간접강제를 명하는 결정을 한다. 그 결정에는 채무의 이행의무 및 상당한 이행기간을 밝히고, 채무자가 그 기간 이내에 이행을 하지 아니하는 때에는 늦어진 기간에 따라 일정한 배상을 하도록 명하거나 즉시 손해배상을 하도록 명할 수 있다"라고 규정하고 있다. 독일과 같이 간접강제의 방법으로 손해배상 이외에 벌금을 부과하거나 채무자를 구금하는 입법례도 있다. 하지만 우리나라는 손해배상을 명하는 방법에 따른 간접강제만 허용하고 있다. 예컨대 퇴거 및 출입금지가처분결정을 하면서 이를 어길 경우 하루 100만 원씩을 지급하게 하는 것이다.

그런데 강제집행은 집행권원이 성립하여야 비로소 할 수 있다. 그러나 집행권원의 성립을 기다려서 다시 간접강제결정을 구하여야 한다면 그 기간 동안의 의무위반행위에 대해 충분히 대처할 수 없다. 즉 집행의 공백 기간이 발생하게 된다. 따라서 장래 부작위의무를 위반할 경우를 예상하여 미리 간접강제를 구할 수 있는가가 문제된다. 대상판결은 이 점을 정면으로 다루면서 이러한 간접강제가 가능하다는 점을 명백히 밝혔다.

또 다른 문제는 판결절차에서의 간접강제 허용 문제이다. 간접강제는 집행방법의 하

3) 대법원 2010. 8. 25.자 2008마1541 결정.
4) 대법원 2003. 10. 24. 선고 2003다36331 판결.
5) 대법원 2013. 2. 14. 선고 2012다26398 판결.

나인데, 이를 본안법원이 본안에 대한 판결에서 명할 수 있는가에 대한 의문이 생길 수 있기 때문이다. 그런데 비록 판결절차와 집행절차가 구분된다고 하더라도 본안법원이 집행절차에 관한 사항을 판단할 수 없는 것은 아니다. 어차피 당사자가 동일하고 쟁점이 연관되어 있으며 당사자의 절차보장의 기회가 충분히 보장되어 있다면, 굳이 별도의 절차를 거쳐 권리구제를 늦출 필요가 없다. 이행판결을 하면서 집행불능에 대비하여 대상판결(對象判決)을 함께 명하는 예에서 알 수 있듯이 본안판결에서 집행절차에 관련된 판단을 하는 것은 이미 허용되고 있다. 그 점에서 대상판결은 타당하다. 그 이후 대법원 판결들에서도 대상판결의 태도는 계속 유지되고 있다.[6)]

물론 이러한 간접강제가 허용되려면 일정한 요건이 요구된다. 대상판결은 부작위채무를 명하는 판결의 실효성 있는 집행을 보장하기 위해서는, 부작위채무에 관한 소송절차의 변론종결 당시에서 보아 집행권원이 성립하더라도 채무자가 이를 단기간 내에 위반할 개연성이 있고, 또한 그 판결절차에서 위반 시 지급해야 할 적절한 배상액을 산정할 수 있는 경우에 이러한 간접강제가 허용된다고 한다. 대상판결에서는 이 사건 사안에 관하여 이러한 요건이 충족되었다고 보았다.

Ⅲ. 판례의 의의

대상판결은 인격권 침해행위에 관하여 손해배상청구뿐만 아니라 금지청구도 가능하다고 본 점, 본안절차에서도 간접강제를 명할 수 있다고 본 점에서 선례적 가치를 가지는 중요한 판결이다. 형식에 치우친 법 도그마틱(가령 불법행위에 대해서는 손해배상청구만 가능하다거나, 판결절차와 집행절차는 분리되어야 하므로 본안절차에서 간접강제를 명할 수 없다는 등의 도그마틱)을 과감하게 극복하고 실효성 있는 권리 구제를 가능하게 하고 이를 통해 분쟁의 장기화를 통한 사회적 비용의 증가를 방지하였다는 점에서도 의미가 있는 판결이다. 또한 광고법의 관점에서 본다면, 회사에 대한 허위 비방광고가 그 회사의 신용, 명성 등 인격권에 대한 위법한 침해가 될 수 있다는 점을 다시 한 번 확인시켜 준 판결이기도 하다.

6) 예컨대 대법원 2013. 11. 28. 선고 2013다50367 판결.

40 드림코어 연수기 광고 사건

－대법원 2013. 9. 26. 선고 2011두7632 판결

최 난 설 헌*

Ⅰ. 판례의 개요

1. 사안의 개요

드림코어는 2008년 5월경부터 당사의 홈페이지를 통하여[1] 드림코어가 판매하는 연수기[2] 제품(▨▨▨ 샤워필터, 이하 '이 사건 제품'이라 한다)에 관하여 소비자들이 체험후기를 작성하는 이벤트를 실시하면서 "얼굴 트러블, 손발짓무름, 머리빠짐 등으로 고생하시는 분들도 지금 응모하세요"라고 광고하였다. 드림코어는 위 이벤트와 연계하여 홈페이지에

---

* 연세대학교 법학전문대학원 교수.

1) 공정거래위원회 조사과정에서 드림코어측은, 자신이 직접 이 사건 제품이 아토피성 피부염, 가려움증, 짓무름, 성인어른 탈모 증상 등의 개선에 효과가 있다는 내용을 홍보하기 위해 작성한 것이 아니라, 단지 소비자들이 올린 체험후기를 홈페이지에 게시한 것에 불과하므로 이 사건 행위는 광고에 해당되지 않는다고 주장하였으나, 공정거래위원회는 「표시·광고의 공정화에 관한 법률」(이하 '표시광고법'이라 한다) 제2조 제2호에서 규정한 광고란 "사업자 등이 상품 등에 관한 일정한 사항을 정기간행물, 방송, 전기통신, 인터넷 또는 PC통신, 전단 등의 방법으로 소비자에게 널리 알리거나 제시하는 것"을 말하는바, 이 사건 연수기가 아토피성 피부염 증상 등에 효과가 있는지 여부는 소비자가 연수기를 구입할 것인지를 결정하는데 큰 영향을 미치는 사항으로 법 제2조 제1호 나목 소정의 '상품 등의 내용 또는 기타 거래에 관한 사항'에 해당하고, 비록 체험후기 형식이기는 하나 그 내용이 일반 소비자 누구나 접근할 수 있는 피심인 홈페이지에 게시되어 있고, 피심인이 체험후기 관련 이벤트에서 "체험 후 작성하신 이용후기의 저작권은 캔프로코리아가 소유하며, 마케팅 등의 목적으로 사용할 수 있습니다"라고 기재하고 있으며, 단순히 소비자의 체험후기를 게시한 것이 아니라 '사진으로 보는 ▨▨▨ 개선사례'라는 항목을 만들어 피심인이 미리 소비자에게 알리고 싶은 내용을 부각하여 보여주고 있는 점 등을 고려하면 피심인이 소비자에게 널리 알리거나 제시하기 위하여 게시한 것으로 볼 수 있으므로, 법 제2조 제2호에서 규정한 광고에 해당된다고 보았다.

2) 연수기는 물속에 함유된 중금속 및 금속성 이온성분(납, 수은, 아연, 크롬, 철, 마그네슘 등)을 연수기 자체의 이온 교환수지를 통하여 흡착, 제거하는 경수 연화장치이며, 당시 국내 연수기 시장은 도입단계에 있었는데, 2006년을 기준으로 할 때 웅◑◑웨이 주식회사와 청▣▣이스 주식회사가 각각 40% 정도의 비율로 시장을 점유하고 있고, 그 밖에 원고를 비롯한 20여 개의 업체들이 사업을 영위하고 있었다.

'사진으로 보는 ▨▨▨ 개선사례'라는 항목을 만들어 "고객님께서 실제로 ▨▨▨ 샤워필터를 사용하시고 직접 올려주신 체험후기 중에 ▨▨▨ 설치사례와 개선효과를 생생한 사진과 함께 제공해 드리고자 합니다"라고 공지하고 그 아래에 오○○ 등 25인의 사례를 체험후기 형식으로 게시하였다.

아래 [그림]의 '사진으로 보는 ▨▨▨ 개선사례'는, 이 사건 제품을 사용하기 이전과 사용한 이후의 상태를 비교한 사진과 그 사진 아래에 간략하게 개선내용("아토증상 개선, 가려움, 짓무름 개선, 성인어른 탈모 개선 등")을 기술하여 보여주고 있으며, 각각의 사진을 클릭하면 세부내용을 볼 수 있는 화면으로 연결되도록 구성되어 있다.

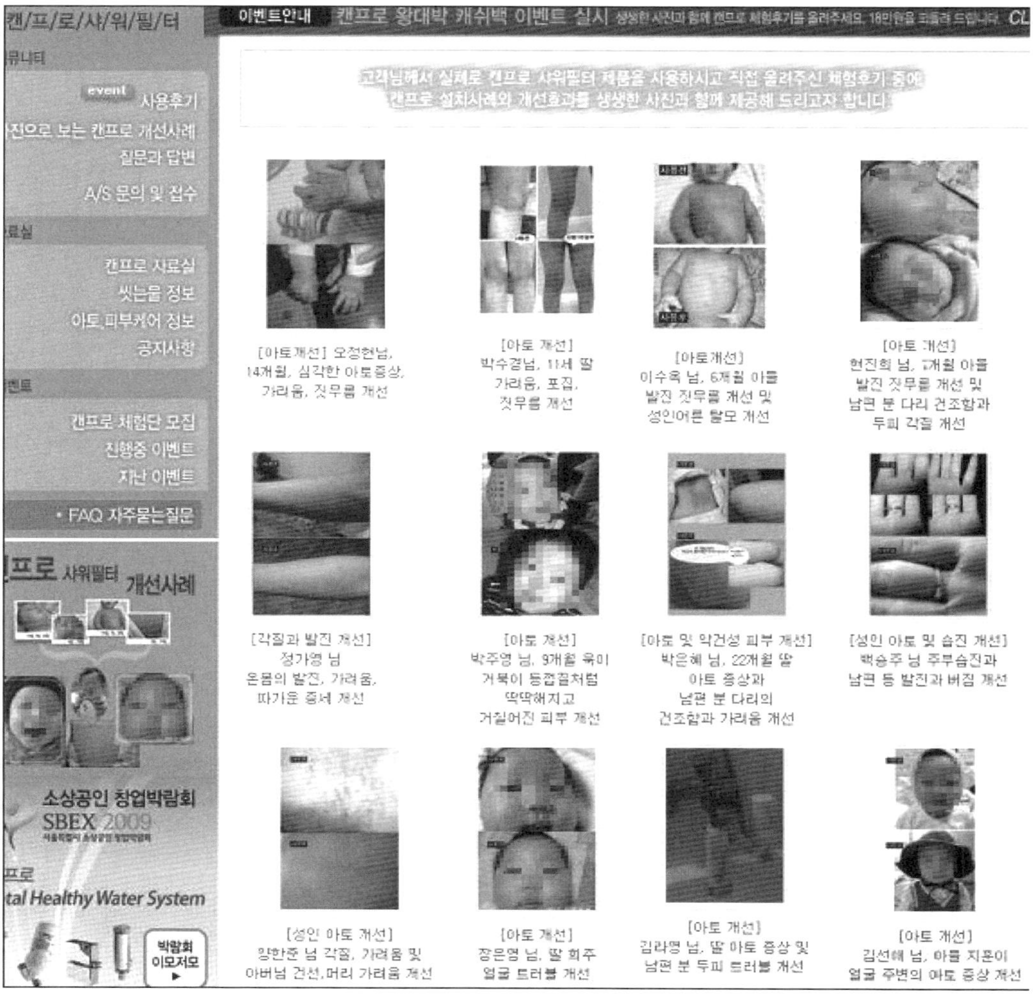

[그림] 드림코어 홈페이지에 게시된 '사진으로 보는 ▨▨▨ 개선사례'

2. 공정거래위원회 및 법원의 판단

가. 공정거래위원회 심결

공정거래위원회는 2010년 6월 9일 의결 제2010－056호(사건번호 2009서소2375)로 이 사건 광고행위가 표시광고법 제3조 제1항 제1호[3]와 동법 시행령 제3조 제1항[4]에서 규정하고 있는 '허위·과장 표시·광고'행위에 해당한다는 이유로 드림코어에 대하여 "소비자로 하여금 잘못 알게 할 우려가 있는 허위·과장의 광고행위를 다시 하여서는 아니되고, 시정명령을 받은 날로부터 30일 이내에 피심인의 홈페이지에 게시된 연수기 제품의 성능 및 효과에 대한 광고내용을 위 취지에 부합하도록 수정하거나 삭제하여야 한다"는 내용의 시정명령을 의결하였다.

한편, 공정거래위원회의 「부당한 표시·광고행위의 유형 및 기준 지정고시」에 따르면, 사업자 등이 자기가 공급하는 상품의 품질, 성능, 효능 등에 관하여 표시·광고할 경우 표시·광고된 상품의 성능이나 효능이 객관적으로 확인될 수 없거나 확인되지 아니하였는데도 불구하고 확실하게 발휘되는 것처럼 표시·광고하는 행위와 같이 사실과 다르게 또는 과장하여 표시·광고하거나 모호하게 표시·광고하여 소비자를 오인시킬 우려가 있는 표시·광고행위를 하는 경우 부당한 표시·광고가 된다.[5] 또한 「추천·보증 등에 관한 표시·광고 심사지침」상 '추천·보증 등의 표시·광고에 관한 일반원칙'에 의하면, 추천·보증 등의 내용이 '경험적 사실'에 근거한 경우에는 당해 추천·보증인이 실제로 경험한 사실에 부합하여야 하고, 추천·보증 등의 내용이 '전문적 판단'에 근거한 경우에는 해당 분야의 전문적 지식을 보유한 추천·보증인의 합리적 판단에 부합하여야 하며, 추천·보증인

---

3) **법 제3조(부당한 표시·광고행위의 금지)** ① 사업자 등은 소비자를 속이거나 소비자로 하여금 잘못 알게 할 우려가 있는 표시·광고행위로서 공정한 거래질서를 저해할 우려가 있는 다음 각 호의 행위를 하거나 다른 사업자 등으로 하여금 이를 행하게 하여서는 아니 된다.
1. 허위·과장의 표시·광고
2.~4. (생략)

4) **시행령 제3조(부당한 표시·광고의 내용)** ① 법 제3조 제1항 제1호의 규정에 의한 허위·과장의 표시·광고는 사실과 다르게 표시·광고하거나 사실을 지나치게 부풀려 표시·광고하는 것으로 한다.
②~⑤ (생략)

5) 「부당한 표시·광고행위의 유형 및 기준 지정고시」(2009. 8. 20. 공정거래위원회 고시 제2009－45호)
Ⅱ. 5. 품질, 성능, 효능 등에 관한 표시·광고
자기가 공급하는 상품의 품질, 성능, 효능 등에 관하여 표시·광고할 경우 아래와 같이 사실과 다르게 또는 과장하여 표시·광고하거나 모호하게 표시·광고하여 소비자를 오인시킬 우려가 있는 표시·광고행위는 부당한 표시·광고가 된다.
가.~다. (생략)
라. 표시·광고된 상품의 성능이나 효능이 객관적으로 확인될 수 없거나 확인되지 아니하였는데도 불구하고 확실하게 발휘되는 것처럼 표시·광고하는 행위

의 경험내용이나 판단내용이 일반 소비자들에게 보편적으로 발생하는 현상이 아니거나 학계·산업계 등 관련 전문분야에서 일반적으로 받아들여지고 있는 견해가 아닌 경우에는, 표시·광고의 전체적인 전달내용이 당해 경험내용이나 판단내용이 보편적으로 발생하거나 학계·산업계 등에서 일반적으로 받아들여지고 있는 견해인 것처럼 표현되어서는 아니 된다.6)

나. 원심판결7)

(1) 쟁점 및 판례의 요지 – 허위·과장광고의 판단기준 및 입증책임

표시광고법 제3조 제1항 제1호, 같은 법 시행령 제3조 제1항에 의하면, 허위·과장의 광고는 사실과 다르게 광고하거나 사실을 지나치게 부풀려 광고하여 소비자를 속이거나 소비자로 하여금 잘못 알게 할 우려가 있는 광고행위로서 공정한 거래질서를 저해할 우려가 있는 광고를 말하고, 광고가 소비자를 속이거나 소비자로 하여금 잘못 알게 할 우려가 있는지는 보통의 주의력을 가진 일반 소비자가 당해 광고를 받아들이는 전체적·궁극적 인상을 기준으로 하여 객관적으로 판단하여야 하고(대법원 2010. 7. 22. 선고 2007다59066 판결 참조), 표시광고법 제3조 제1항 제1호, 제5조 제1항, 같은 법 시행령 제3조 제1항의 각 규정에 의하면, 표시·광고행위에 있어서 표시·광고행위를 한 사업자 등에게 표시·광고에서 주장하는 내용 중 사실과 관련한 사항이 진실임을 합리적·객관적 근거에 의하여 입증할 책임이 있다(대법원 2003. 3. 31.자 2002마4109 결정 참조).

이때 소비자가 본인의 사용 경험에 근거하여 당해 상품을 효능, 효과, 성능 등의 면에서 좋은 상품으로 인정·평가하거나 당해 상품의 구매·사용을 권장하는 내용을 담은 추천·보증 등에 관한 표시·광고의 경우에도 표시·광고 행위를 한 사업자는 추천자가 추천하는 내용을 입증할 책임이 있는 것인바, 그 추천·보증의 내용이 당해 추천·보증인이 실제로 경험한 사실에 부합하여야 할 뿐만 아니라, 추천·보증인의 경험내용이나 판단내용

---

6) 「추천·보증 등에 관한 표시·광고 심사지침」(공정거래위원회 예규 제62호, 2009. 8. 12.)
Ⅲ. 추천·보증 등의 표시·광고에 관한 일반원칙
1. 추천·보증 등의 내용이 '경험적 사실'에 근거한 경우에는 당해 추천·보증인이 실제로 경험한 사실에 부합하여야 하고, 추천·보증 등의 내용이 '전문적 판단'에 근거한 경우에는 해당 분야의 전문적 지식을 보유한 추천·보증인의 합리적 판단에 부합하여야 한다.
2.~4. (생략)
5. 추천·보증인의 경험내용이나 판단내용이 일반 소비자들에게 보편적으로 발생하는 현상이 아니거나 학계·산업계 등 관련 전문분야에서 일반적으로 받아들여지고 있는 견해가 아닌 경우에는, 표시·광고의 전체적인 전달내용이 당해 경험내용이나 판단내용이 보편적으로 발생하거나 학계·산업계 등에서 일반적으로 받아들여지고 있는 견해인 것처럼 표현되어서는 아니 된다.

7) 서울고등법원 2011. 2. 10. 선고 2010누21442 판결.

이 일반 소비자들에게 보편적으로 발생하는 현상이 아니거나 학계 등 관련 전문분야에서 일반적으로 받아들여지고 있는 견해가 아닌 경우에는 표시·광고의 전체적인 전달내용이 당해 경험내용이나 판단내용이 보편적으로 발생하거나 학계 등에서 일반적으로 받아들여지고 있는 견해인 것처럼 표현되어서는 아니 되고, 특히 추천내용이 추천자의 개인적 경험을 넘어 일반 소비자들에게도 가능한 사실로 받아들여지는 경우에는 추천자가 추천하는 내용에 대해서도 입증하여야 한다.

(2) 서울고등법원의 판단

(가) 표시광고법 제2조 제2호 소정의 '광고' 해당 여부

표시광고법 제2조 제2호 소정의 광고는 '사업자 등이 상품 등에 관한 일정한 사항을 정기간행물 등의 매체를 통하여 소비자에게 널리 알리거나 제시하는 일체의 행위'를 가리키는 것이라고 할 수 있으므로 사업자 등이 인터넷 홈페이지를 통하여 표시광고법 제2조 제2호가 정하고 있는 사항을 널리 알리거나 제시하는 행위를 하였다면 이는 광고에 해당한다고 할 것인바(대법원 2009. 5. 28. 선고 2009두843 판결 참조), 소비자들의 체험후기 형식으로 게재되어 있는 이 사건 게시물은 이 사건 제품의 효능에 관한 것으로서 소비자들이 이 사건 제품을 구매할 것인지 여부를 결정하는데 영향을 미치는 것으로서 원고가 인터넷 홈페이지를 통하여 널리 소비자들에게 제시하거나 알리기 위하여 게시해 놓은 것이므로, 이 사건 게시물은 표시광고법 제2조 제2호 소정의 광고에 해당한다고 할 것이다.

(나) 표시광고법 제3조 제1항 제1호 소정의 허위·과장광고 해당 여부

비록 이 사건 광고가 이 사건 제품을 직접 사용해 본 소비자들이 아토피성 피부염, 가려움증, 짓무름, 성인어른 탈모 증상이 개선되는 이 사건 제품의 효능을 실제로 경험하고 이에 기초하여 이 사건 제품을 추천하는 내용으로 작성한 것이라고 하더라도, 연수기를 사용하는 경우 아토피 등의 피부질환 등이 개선된다는 점은 일반 소비자들에게 보편적으로 발생하는 현상이 아니고 학계 등 관련 전문분야에서 일반적으로 받아들여지고 있는 견해도 아니지만 추천자의 개인적 경험을 넘어 일반 소비자들에게도 가능한 사실로 받아들여질 수 있는 이상, 위와 같은 추천의 내용이 담긴 체험담을 표시·광고한 원고로서는 연수기를 사용하는 경우 아토피 등의 피부질환 등이 개선된다는 점에 관하여 이를 증명하여야 할 것인바, ㉮ 원고가 객관적으로 확인될 수 없거나 확인된 사실이 없음에도 불구하고 이 사건 제품의 사용으로 아토피성 피부염, 가려움증, 짓무름, 성인어른 탈모 증상 등이 개선되는 효과가 확실하게 나타나는 것처럼 광고한 행위는 사실과 다르거나 사실을 지나치게 부풀린 것으로서 허위·과장성이 인정되는 점(원고가 이벤트 당첨순위를 높일 수 있는 TIP으로 아○○, 여○○, 탈○, 습○ 등을 제시하고 위 문구에 따라 체험후기를 작성할 경우 보다

높은 순위에 선정될 수 있음을 명시적으로 고지함으로써 위와 같은 고객 체험담의 내용에 적지 않은 영향을 미쳤다고도 보인다), ㉯ 보통의 주의력을 가진 일반 소비자가 위와 같은 광고를 접할 경우 이 사건 제품을 사용하면 아토피성 피부염, 가려움증, 짓무름, 성인어른 탈모 증상 등이 개선되는 것으로 오인하거나 오인할 우려가 있는 점, ㉰ 소비자가 건강, 환경 관련 상품을 구매·선택함에 있어 중요한 요인으로 작용한다고 볼 수 있으므로 이 사건 광고는 소비자에게 잘못된 정보를 제공하여 소비자의 합리적인 선택을 방해함으로써 소비자 피해를 유발하고 공정한 거래를 저해할 우려가 있는 점 등에 비추어 볼 때, 이 사건 행위는 표시광고법 제3조 제1항 제1호 소정의 '허위·과장광고'에 해당한다고 할 것이다.

(다) 소 결

따라서 원고가 사실과 다르거나 사실을 지나치게 부풀린 내용으로 홈페이지에 고객 체험담을 게시한 이 사건 행위의 시정을 명한 이 사건 처분은 적법하다.

다. 대법원 판결[8)]

대법원은 표시광고법 제3조 제1항 제1호 소정의 '허위·과장광고'에 해당한다고 본 원심(서울고등법원 2011. 2. 10. 선고 2010누21442 판결)의 판단이 정당하고,[9)] 거기에 원고(드림코어)의 주장과 같이 심리를 다하지 아니한 채 논리와 경험의 법칙을 위배하고 자유심증주의의 한계를 벗어나거나 표시광고법 제3조 제1항 제1호 소정의 허위·과장 광고에 관한 법리오해, 재량권 일탈·남용에 관한 법리오해 등의 위법이 없음을 이유로 상고를 기각하였다.

II. 해 설

1. 허위·과장 광고의 해당성

거짓·과장의 표시·광고는 사실과 다르게 표시·광고하거나 사실을 지나치게 부풀려

8) 대법원 2013. 9. 26. 선고 2011두7632 판결.

9) 대법원은 동 판결에서 ① '허위·과장의 광고'의 의미 및 광고가 소비자를 속이거나 소비자로 하여금 잘못 알게 할 우려가 있는지 판단하는 기준과, ② 표시·광고에 소비자가 본인의 사용 경험에 근거하여 당해 상품을 좋은 상품으로 평가·보증하거나 상품의 구매·사용을 추천하는 내용이 포함되어 있고, 그 내용이 추천자의 개인적 경험을 넘어 일반소비자에게도 가능한 사실로 받아들여지는 경우, 소비자가 추천·보증하는 내용이 진실이라는 것에 관한 증명책임의 소재에 대한 원심(2011. 2. 10. 선고 2010누21442 판결) 판단이 정당함을 인정하였다.

표시·광고하는 것을 말한다(시행령 제3조 제1항). 여기에서 거짓, 즉 허위란 사실과 다름을 의미하며, 허위내용은 그 자체만으로 오인을 유발할 가능성이 크므로 허위사실만 입증되면 위의 요건을 충족하는 것으로 본다. 허위사실의 판단기준은 사회통념을 기준으로 하며, 자연과학적인 엄밀성을 요구하지 않는다. 표시·광고의 진실성 여부를 판단할 때에는 문구의 명료성, 글자 및 도안의 상대적인 위치와 크기 또는 색상, 보통의 소비자에게 전달되는 의미 등 표시·광고의 전체를 종합적으로 판단하여야 한다.[10)]

드림코어는 객관적으로 확인되지 않았음에도 불구하고 아토피성 질환 등에 효과를 본 것처럼 체험후기 등을 이용하여 "A님, 14개월, 심각한 아토증상, 가려움, 짓무름 개선", "B님, 6개월 아들, 발진 짓무름 개선 및 성인 어른 탈모 개선" 등으로 표현하는 등, 드림코어가 판매하는 연수기 제품과 아토피성 질환 간의 직접적인 인과관계가 객관적으로 확인되지 않았음에도 불구하고 마치 확실한 효과가 있는 것처럼 표현하고 있기 때문에 허위·과장 광고에 해당한다.

또한 표시·광고가 소비자를 속이거나 소비자로 하여금 잘못 알게 할 우려가 있는지는 보통의 주의력을 가진 일반 소비자가 당해 광고를 받아들이는 전체적·궁극적 인상을 기준으로 하여 객관적으로 판단하여야 한다.[11)]

2. 표시·광고 실증과 사업자의 입증책임

오늘날 상품이 복잡·다양해짐에 따라 사업자의 사실주장에 관한 진위 여부를 소비자가 판단하는 것이 곤란해졌으며, 이에 표시광고법은 표시·광고내용 중 사실과 관련한 주장에 대해서는 광고주가 객관적인 실증근거를 갖추도록 하고, 필요한 경우 실증자료를 공개할 수 있도록 하고 있다. 이는 사업자의 사실에 바탕을 둔 광고의무를 강조하고 부당한 광고를 예방하기 위함이다.[12)]

동 사안에서 문제된 광고는 2008. 5.경부터 원고(드림코어)의 홈페이지를 통해 원고가 판매하는 연수기 제품에 관하여 소비자들을 상대로 체험후기를 작성하면 그중 일부를 선별하여 경품을 주는 이벤트를 실시하여 소외인 등 25명의 사례들을 수집하고, 위 이벤트와 연계하여 홈페이지에 '사진으로 보는 ▨▨▨ 개선사례'라는 항목을 만들어 "고객님께서 실제로 ▨▨▨ 샤워필터를 사용하시고 직접 올려주신 체험후기 중에 ▨▨▨ 설치사례와 개선효과를 생생한 사진과 함께 제공해 드리고자 합니다"라고 공지하였다. 그리고 그

---

10) 신현윤, 『경제법』, 제7판(법문사, 2017), 473~474면.
11) 대법원 2003. 6. 27. 선고 2002두6965 판결; 대법원 2010. 7. 22. 선고 2007다59066 판결 등.
12) 신현윤, 앞의 책, 479~480면.

아래에 이를 체험후기 형식으로 게시하였으며, '사진으로 보는 ▨▨▨ 개선사례'는 이 사건 제품을 사용하기 이전과 사용한 이후의 상태를 비교한 사진과 그 사진 아래에 간략하게 개선내용(아토피증상 개선, 가려움, 짓무름 개선, 성인어른 탈모 개선 등)을 기술하여 보여주었고, 각각의 사진을 클릭하면 세부내용을 볼 수 있는 화면으로 연결되도록 구성되어 있었다. 즉, 이 사건 표시·광고에는 소비자 본인의 사용 경험에 근거하여 상품을 효능, 효과, 성능 등의 면에서 좋은 상품으로 평가·보증하거나 당해 상품의 구매·사용을 추천하는 내용이 포함되어 있었다.

표시광고법 제5조 제1항에 따르면, 사업자는 자기가 한 표시·광고 중 '사실과 관련된 사항'에 대하여는 실증할 수 있어야 한다.[13)]

이와 관련하여 원심(서울고등법원)과 대법원은 위 내용이 추천자의 개인적 경험을 넘어 일반 소비자들에게도 가능한 사실로 받아들여지는 경우라는 전제하에, 그러한 경우에는 그 추천·보증의 내용이 추천자가 실제로 경험한 사실에 부합한다고 하더라도 추천자의 경험내용이나 판단내용이 일반 소비자들에게 보편적으로 발생하는 현상이 아니거나 학계 등 관련 전문분야에서 일반적으로 받아들여지고 있는 견해가 아니라면 표시·광고행위를 한 사업자가 그 소비자가 추천·보증하는 내용이 진실임을 입증할 책임이 있다고 판시하였다. 그런데 사업자가 이러한 내용을 입증하지 못한 채, 객관적으로 확인될 수 없거나 확인된 사실이 없음에도 불구하고 제품의 사용으로 아토피성 피부염, 가려움증, 짓무름, 성인어른 탈모 증상 등이 개선되는 효과가 '확실하게' 나타나는 것처럼 광고한 행위는 사실과 다르거나 사실을 지나치게 부풀린 것으로서 거짓·과장성이 인정된다고 하였다.

판례는 광고에서 표현된 추천자의 개인적 경험이 설령 진실에 부합한다고 하더라도 그것만으로 표시·광고의 진실성을 입증하는 것이 아니라는 태도를 취한다. 즉 "그 내용이 추천자의 개인적 경험을 넘어 일반 소비자들에게도 가능한 사실로 받아들여지는 경우에는 그 추천·보증의 내용이 추천자가 실제로 경험한 사실에 부합한다고 하더라도 추천자의 경험내용이나 판단내용이 일반 소비자들에게 보편적으로 발생하는 현상이 아니거나 학계 등 관련 전문분야에서 일반적으로 받아들여지고 있는 견해가 아니라면 표시·광고행위를 한 사업자가 그 소비자가 추천·보증하는 내용이 진실임을 입증할 책임이 있다"고 판시함으로써, 그 추천·보증 내용을 보는 일반 소비자들의 입장에서는 자신에게도 가능한 사실로 받아들여진다면, 일반 소비자들에게도 추천·보증내용이 '확실하게' 적용됨을 입증하여야 한다는 취지이다. 표시·광고내용을 인식하는 일반 소비자를 상정한다는 점에

13) 광고는 그 속성상 어느 정도의 과장된 표현이 필요하므로 실증대상은 '사실과 관련도 사항'으로 한정된다.

서 광고 자체가 아닌 소비자의 인식에 중점을 둔 소비자오인성과 연결되고, 표시·광고 실증제에 의하여 진실성을 입증하여야 하는 대상이 표시·광고의 내용을 이루는 추천자의 개인적인 경험이 아닌 추천·보증내용의 보편성이라는 점에서 일반적인 거짓·과장의 대상과 차이가 있다.[14)]

Ⅲ. 판례의 의의

표시·광고가 구체적으로 어떠한 경우에 부당한 것으로 볼 수 있는지에 대하여 표시광고법 제3조 제1항은 "… 소비자를 속이거나 소비자로 하여금 잘못 알게 할 우려가 있는 표시·광고행위로서 공정한 거래질서를 해칠 우려가 있는 다음 각호의 행위를 하거나 다른 사업자등으로 하여금 하게 하여서는 아니 된다"고 규정하고 있다.

부당성의 구체적 판단기준으로서의 '소비자오인성'은 소비자를 기만하거나 오인시킬 우려가 있음을 의미하며, 오인의 개연성 내지 추상적 위험성이 있는 행위인지 여부는 동 사건에서 대법원이 판단한 바와 같이 "보통의 주의력을 가진 일반 소비자가 당해 광고를 받아들이는 전체적·궁극적 인상을 기준으로 하여 객관적으로 판단"하여야 한다. 즉, 평균인으로서의 일반 소비자에게 주는 전체적인 인상에 의하여 판단되기 때문에 설령 객관적인 진실성이 있더라도 소비자의 오인을 유발할 우려가 있는 경우에는 부당한 것으로 볼 수 있다.

아울러 동 판결은 이 사건처럼 광고의 내용이 추천자의 개인적 경험을 넘어 일반 소비자들에게도 가능한 사실로 받아들여지는 경우에는 그 추천·보증의 내용이 추천자가 실제로 경험한 사실에 부합한다고 하더라도 추천자의 경험내용이나 판단내용이 일반 소비자들에게 보편적으로 발생하는 현상이 아니라면, 그 진위 여부에 관한 입증책임은 당해 사업자가 부담한다는 점을 재차 확인해 준 판결이며, 이는 소비자의 합리적 선택을 위하여 사업자의 사실에 바탕을 둔 광고의무를 강조하고 부당한 광고를 예방하기 위한 취지로 해석된다.

---

14) 이선희, "거짓·과장의 표시·광고에 있어서 부당성판단", 『성균관법학』, 제29권 제1호(2017. 3), 153면.

41 생활정보신문업체의 순위광고

-서울고등법원 2004. 5. 19. 선고 2002누8130 판결

백 승 이*

Ⅰ. 판례의 개요

1. 사안의 개요

A사는 신문, 잡지 발간 및 각종 생활정보의 음성정보제공 등을 목적으로 설립된 회사로 대구에서 생활정보신문 X정보지를 발행하고 있고, B사는 신문, 잡지 발간업 등을 목적으로 설립된 회사로서 전국에 여러 지점을 두고 각 지역별로 생활정보신문을 발행하고 있는데 그 중 대구지점에서 생활정보신문 Y정보지를 발행하고 있다. X정보지와 Y정보지는 대구지역의 대표적인 2대 생활정보신문으로, 서로 대구지역 생활정보신문업계 1위임을 주장하며 각종 광고전을 치열하게 벌이면서 광고를 둘러싸고 수차례 법적 분쟁을 겪었다. 이 과정에서 다수의 판결이 나왔고 이 사건도 그 중 하나이다.

2. 사건 경위 및 판례의 요지

이 사건을 포함하여 A사와 B사간의 법적 분쟁 과정에서 발생한 각 사건의 경위 및 판결의 요지는 다음과 같다.

가. A사는 1996년경 X정보지에 대하여 '전국 최초 일간발행, 국내 최대의 정보량, 국내 최대 발행부수와 배부처, 국내 최초로 전국 PC 통신망을 이용한 생활정보 무료제공, 국내최초 케이블 TV를 통한 생활정보 영상화실현' 등의 광고를 하였다. 이에 대하여 B사는 공정거래위원회에 구 「독점규제 및 공정거래에 관한 법률」(이하 '공정거래법'이라 한다)[1)]

* 김·장 법률사무소 변호사.

1) 구 「독점규제및공정거래에관한법률」(1996. 12. 30. 법률 제5235로 개정되기 전의 것) 제23조 제6호.

위반 혐의로 A사를 신고하였다. 공정거래위원회는 1997. 7. 2. A사의 위 광고는 소비자를 오인시킬 수 있는 허위광고에 해당한다고 판단하여 A사에 대하여 시정명령[2]을 내렸고, A사는 서울고등법원에 위 명령의 취소를 구하는 행정소송을 제기하였다. 서울고등법원은 1998. 6. 19. 위 광고 내용 중 '전국 최초 일간발행'이라는 광고는 A사의 자체 조사 내용 및 전국 69개 지역 생활정보신문사의 중앙협의단체로 각 지역 생활정보신문의 현황을 조사하는 C협의회의 확인 내용에 따라 사실로 인정되며, '국내 최대의 정보량, 발행부수와 배부처'라는 광고 또한 위 C협의회의 조사 분석결과에 따라 사실로 인정할 수 있으므로 구 공정거래법에 위반하는 허위광고나 기만광고로 볼 수 없다고 판단하였다.[3] 이 판결에 대하여 피고가 상고하였으나, 대법원은 2000. 9. 29.자로 상고를 기각하였다.[4]

나. 위 대법원 판결 이후 A사는 2000. 10. 경부터 2001. 7.경까지 X정보지의 지면과 배부함 등을 통하여 X정보지에 관하여 '대법원 판결이 인정한 전국 최고 X정보지'라는 내용의 광고를 하였고, B사는 경쟁사의 X정보지에 관한 위 광고가 「표시·광고의 공정화에 관한 법률」(이하 '표시광고법'이라 한다)에 위반된다며 공정거래위원회에 신고하였다. 공정거래위원회는 위 광고는 구체적인 대법원 판결 일자를 명시하지 않음으로써 마치 현재 상황에서 대법원이 X정보지를 전국 최고라는 취지로 판결한 것처럼 소비자들을 오인시킬 수 있다고 판단하여 2001. 8. 6. A사에 대하여 경고조치를 하였다.

다. B사는 2001. 9.경부터 같은 해 10.경까지 Y정보지의 지면 및 일간신문에 Y정보지에 관하여 ① '대구최다발행부수 10만 부', ② '일일발행부수 전국최초! 10만 부 발행', ③ '1995년 업계 최초로 PC통신상의 정보제공', ④ A사가 발간하는 X정보지에 관하여 '눈가리고 아웅식으로 대구시민을 우롱하는 신문' 등의 광고를 하였고, A사는 이를 공정거래위원회에 신고하였다. 공정거래위원회는 위 ① 광고에 대하여는 10만부 발행사실이 인쇄현황부에 의해 확인되며 신고인인 A사가 반증자료를 제출하지 못하고 있다는 이유로 무혐의, 위 ② 광고에 대하여는 객관적인 사실확인이 곤란한 상태이므로 법 위반 여부 판단이 불가능하다는 이유로 심의절차종료, 위 ③, ④ 광고에 대하여는 거짓·과장광고 및 비방광고에 해당된다는 이유로 B사에 대하여 시정명령[5]을 부과하였다. B사는 서울고등법원에 위 시정명령의 취소를 구하는 행정소송을 제기하였으나 청구가 전부 기각[6]되었고, 위 판결은 확정되었다.

---

2) 공정거래위원회 1997. 7. 2. 의결 92-101호
3) 서울고등법원 1998. 6. 19. 선고 97구40447 판결.
4) 대법원 2000. 9. 29. 선고 98두12772 판결.
5) 공정거래위원회 2002. 5. 22. 의결 2002-099호.
6) 서울고등법원 2003. 3. 27. 선고 2002누9331 판결.

라. A사는 2000. 11.경부터 2001. 11.경까지 X정보지에 관하여, ① '국내 최고 발행부수, 최다 정보량, 최다 배부처의 생활정보신문임을 대법원이 확정판결로 인정하였습니다', ② '대법원 판결이 인정한 전국 최고 X정보지', ③ '전국 최고 발행부수, 최다 정보량, 최다 배부처 X정보지', ④ '전국 1위', ⑤ 'X정보지는 대구, 경북권내에서 가장 많이 읽히는 생활정보지', ⑥ '단 한푼도 외지로 유출하지 않고 고스란히 지역경제로 환원시키는 X정보지'라 표현하였으며, B사에 관하여 ⑦ '형제간에 주고 받는 세금계산서는 몇 십만 부짜리라도 당장 발행할 수 있습니다', ⑧ '대구시민을 속이는 외지업체의 한심한 잔꾀', ⑨ '서울에서 내려와 이곳에서 돈을 벌어가는 Y정보지'라는 내용의 광고를 하였다. 공정거래위원회는 위 ①~⑥ 광고는 거짓·과장광고에, 위 ⑦, ⑧, ⑨ 광고는 비방광고에 해당한다는 이유로 A사에게 시정명령[7]을 부과하였다. A사는 서울고등법원에 위 시정명령의 취소를 구하는 행정소송을 제기하였는데, 서울고등법원은, (i) 위 ①, ② 광고는 광고의 대상이 되는 순위에 관한 시기를 명시하지 않음으로써 마치 현재 시점에 광고된 순위가 확인된 것으로 소비자들을 오인시킬 수 있고, (ii) 위 ③~⑤ 광고는 A사가 광고 내용을 실증할 만한 자료를 제출하지 못하고 있으며, (iii) 위 ⑥ 광고는 X전문지의 수익금 전부가 지역경제를 위해 사용되고 있는 것처럼 표현하여 지나치게 과장한 광고라는 이유로 거짓·과장 광고에 해당한다고 판단하였으며, (iv) 위 ⑦~⑨ 광고는 객관적인 근거도 없이 소비자에게 다른 사업자에 대한 허위의 내용이나 불리한 사실만을 광고하는 행위로써 비방적인 광고에 해당한다고 보아 A사의 청구를 전부기각하였다(이 사건 판결). A사는 대법원에 상고하였으나 2004. 8. 31. 심리불속행 기각[8]되어 위 판결은 확정되었다.

마. B사가 2001. 10. 경부터 Y정보지에 관하여 ① '2001년 매출, 대구 업계 1위', ② '발행부수 1위', ③ '2002년 3월 한국갤럽 조사 결과 접촉률 1위'라는 광고를 하자, A사는 B사의 위 광고에 대하여 법원에 광고금지가처분을 신청하였다. 1심 법원은 해당 광고는 거짓광고 및 부당비교광고에 해당하지 않는다고 보고 A사의 신청을 전부 기각[9]하였다. A사의 항고에 대하여 2심 법원은 위 ① 광고의 경우 A사와 B사의 매출액은 그 산출기준이 서로 달라 비교 평가가 불가능하므로 그 내용이 객관적 사실에 부합한다는 점이 실증될 수 없어 거짓광고에 해당한다고 판단하였다.[10] A사의 재항고에 대하여 대법원은 위 ② 광고와 관련하여 B가사 배타성을 띤 절대적 표현의 비교표시광고를 하기 위해서는 Y전문지가 다른 모든 생활정보신문의 발행부수와 비교하여 가장 많다는 사실을 스스로 합리적,

7) 공정거래위원회 2002. 5. 22. 의결 제2002－100호.
8) 대법원 2004. 8. 31. 선고 2004두6402 판결.
9) 대구지방법원 2002. 6. 21.자 2002카합325 결정.
10) 대구지방법원 2002. 10. 15.자 2002라35 결정.

객관적 근거에 의하여 입증해야 함에도 이를 입증하지 못하였으므로 부당비교광고에 해당하며, 위 ③ 광고와 관련하여 B사가 제출한 전문조사기관의 조사 결과는 Y사가 이 사안에서 거짓광고로 판단된 위 ① 광고를 집행하던 시기에 이루어진 것으로 비교결과가 왜곡될 가능성이 있는 기간에 진행된 것이며, 부당하게 설정된 질문내용에 터잡아 이루어진 것이므로 비교광고에 있어서 합리적, 객관적 근거가 될 수 없다고 판단하여 원심결정 중 A사의 패소부분을 파기하였다.[11]

바. A사는 ① 2003. 4.경 자신의 홈페이지 및 X정보지 지면을 통하여 "한국브랜드협회 주최 스포츠투데이 후원 '2003 고객감동브랜드' 국내 생활정보신문 부문 1위 - X정보지"라 광고하고, ② 2003. 5. 7.자 일간스포츠 신문에 "현재 국내 최고 발행부수와 최다 정보량의 신문으로 업계 최고의 브랜드파워를 자랑하고 있는 X정보지"라는 표현을 사용하여 기사 형태의 광고를 게재하고, 2003. 5.경부터 2003. 10.경까지 X정보지 지면을 통하여 "일간스포츠 5월 7일자 보도내용"이라는 표현을 함께 사용하여 위와 같은 표현을 사용하여 광고하였다. 공정거래위원회는 위 ① 광고와 관련하여 해당 한국브랜드협회 인증서상 인증부문이 '생활정보지 대구'로 기재되어 있어 '국내 생활정보신문 부문 1위'라는 광고 표현은 거짓이고, 위 ② 광고와 관련하여 A사는 국내 발행부수와 최다 정보량의 신문임을 입증할 실증적 근거를 제시하지 않고 있으며, 기사형태의 광고에 대하여 '보도내용'이라고 표현한 것도 거짓이라고 판단하여, A사의 위 광고에 대하여 시정명령을 부과하였다.[12] A사는 서울고등법원에 위 시정명령의 취소를 구하는 행정소송을 제기하였으나 청구가 전부 기각[13]되었고, 위 판결은 확정되었다.

II. 해 설

1. 쟁점의 정리

가. 시기를 특정하지 않은 순위 광고

(1) 광고 내용

A사는 1996.경 "국내 최초의 일간 발행", "국내 최대의 정보량, 발행부수와 배부처"와 같은 내용으로 광고한 것이 구 공정거래법에 위반되는 허위광고에 해당한다는 이유로

11) 대법원 2002. 3. 31.자 2002마4109 결정.
12) 공정거래위원회 2004. 10. 18. 의결 제2004-278호.
13) 서울고등법원 2005. 9. 29. 선고 2004누23997 판결.

1997. 7.경 공정거래위원회로부터 시정명령을 받았는데, 서울고등법원 및 대법원은 위 광고 내용은 합리적인 근거가 있다는 이유로 공정거래위원회의 시정명령처분을 취소하였다.[14)]

A사는 위와 같은 법원의 판결을 이용하여 2001. 11.경 홍보용 메모지 및 지하도 전광판을 통해 ① "국내 최고 발행부수, 최다 정보량, 최다 배부처의 생활정보신문임을 대법원이 확정판결로 인정하였습니다", ② "대법원 판결이 인정한 전국 최고 X정보지"라고 광고하였다.

(2) 법원의 판단

이 사건 판결은 생활정보신문의 발행부수나 배부처 등의 순위에 관한 광고에 있어서 별도로 시기를 구체적으로 특정하여 명시하지 않았다면 당해 광고를 받아들이는 일반 소비자들로서는 그 용어나 어휘를 주의 깊게 연구하거나 고려하지 않은 채 그 광고가 이루어지는 시기 또는 그 직전 무렵에 그와 같은 발행부수나 배부처 등의 순위가 조사, 확인된 것이라고 인식하는 것이 통상적이므로, A사의 위 광고가 대법원 판결의 취지를 인용한 것이라 하더라도, 별도로 그 대법원 판결선고일이나 순위의 기준이 되는 시기를 구체적으로 명시하지 아니한 것은 광고의 내용이 그 당시와 상당한 차이가 있는 과거의 자료를 기초로 한 것임에도 대법원이 위 광고를 할 당시 X정보지가 최고의 발행부수, 최다 정보량, 최다 배부처를 가진 생활정보신문임을 판결로 인정한 것처럼 소비자를 오인시키는 행위로 표시광고법 제3조 제1항 제1호의 거짓·과장 광고행위에 해당한다고 판단하였다.

나. 생활정보신문의 발행부수 등의 순위에 대한 광고에 있어서 실증의 방법

(1) 광고 내용

A사는 2000. 11.경부터 2001. 11.경까지 X정보지 지면 및 홈페이지를 통해 ③ "전국최고 발행부수, 최다 정보량, 최다 배부처 X정보지", ④ "전국 1위", ⑤ "X정보지는 대구, 경북권내에서 가장 많이 읽히는 생활정보지"라 광고하였다.

(2) 법원의 판단

A사는 위 광고의 내용과 관련한 실증자료로 자신이 작성한 자료(X정보지와 Y정보지의 줄광고와 박스광고의 건수, 총 발행면수와 매출액, 광고의 크기, 광고 단가 등을 비교하여 작성한 자료)를 제출하였다. 이 사건 판결은 (i) 위 자료는 광고 이후에 A사가 자체적인 분석을 하여 작성한 것으로, 법령에 의한 조사기관이나 사업자와 독립적으로 경영되는 조사 기관

14) 위 I. 1. (1)항 사건과 동일 사건(대법원 2000. 9. 29. 선고 98두12772 판결).

등에서 학술적 또는 산업계 등에서 일반적으로 인정된 방법 등 객관적으로 타당한 방법으로 실시한 결과가 아니고, (ii) 위 자료의 기재만으로 X정보지가 전국 최고 발행부수, 최다 정보량, 최대 배부처를 가진 생활정보신문이라 인정할 수 없으며, (iii) 그 외 각 광고가 객관적인 근거에 의한 것임을 실증할 만한 자료를 제출하지 못하고 있으므로, 위 광고는 표시광고법 제3조 제1항 제1호 거짓·과장 광고행위에 해당한다고 판단하였다.

또한 생활정보신문의 경우 매출액을 광고수익에 의존하고 있어서 매출액이나 발행부수, 배부처, 정보량 등에서 다른 생활정보신문보다 우위를 유지하는 것은 일반 소비자들의 인지도와 신용 등의 평가로 이어져 매출이나 수익으로 직결되고, 일반 소비자들은 생활정보신문에 광고를 게재하거나 이를 구독함에 있어서 발행부수와 배부처 등을 우선적으로 고려하게 되므로 그러한 요소가 생활정보신문의 선택에 중대한 영향을 미친다고 할 것이므로, 이러한 정보에 대한 객관적 근거에 의하지 아니한 거짓·과장광고는 공정한 거래질서를 저해할 우려가 있는 행위에 해당한다고 판단하였다.

다. 수익의 지역경제 환원 관련 광고

(1) 광고 내용

A사는 2001. 4.경 X정보지 지면을 통하여 ⑥ “단 한푼도 외지로 유출하지 않고 고스란히 지역경제로 환원시키는 X정보지”라고 광고하였다.

(2) 법원의 판단

이 사건 판결은 위 광고는 객관적 근거 없이 광고를 할 당시에 X정보지가 다른 생활정보신문과 달리 수익금 전부가 모두 지역경제를 위해 사용되고 있는 것처럼 표현함으로써 그러한 사실을 지나치게 과장한 것이고 이로 인하여 소비자를 오인시킬 수 있으므로, 표시광고법 제3조 제1항 제1호의 거짓·과장 광고행위에 해당한다고 판단하였다.

라. B사에 대한 비방광고

(1) 광고 내용

A는 2001. 9.경 X정보지 및 일간지를 통해 B사에 대하여 ⑦ “형제간에 주고 받는 세금계산서는 몇 십만 부짜리라도 당장 발행할 수 있습니다”, ⑧ “대구시민을 속이는 외지업체의 한심한 잔꾀”, ⑨ “서울에서 내려와 이곳에서 돈을 벌어가는 Y정보지”라고 광고하였다.

(2) 법원의 판단

이 사건 판결은 위 ⑦ 광고는 B사가 공개한 세금계산서가 허위라고 볼 근거가 없고, 위 ⑧, ⑨ 광고는 B사가 다른 지역에 본점을 두고 있으나 대구 지점에서 Y정보지를 발행하면서 대구 지역의 고용 증대 등 지역경제발전에도 기여하고 있음에도 수익금 전부가 외지로 유출되고 있는 것처럼 광고하고 있으므로, 경쟁사의 신용이나 이미지를 실추시키거나 부정적인 기업 이미지를 심어주려는 의도에서 객관적인 근거도 없이 소비자에게 다른 사업자에 대한 허위의 내용이나 불리한 사실만을 광고하는 행위로 표시광고법 제3조 제1항 제4호의 비방적인 광고에 해당한다고 판단하였다.

2. 관련 판례

가. 서울고등법원 2014. 1. 12. 선고 2013누45784 판결

독학사 학위 관련 교육업체가 유료회원을 모집하면서 ① '합격률 1위', ② '21년 동안 수석 특별상 1위', ③ '2009년 전관왕 석권' 등과 같이 광고했던 사안이다. 법원은 위 ① 광고와 관련하여 해당 업체가 제출한 경쟁 교육업체의 합격자수는 경쟁 교육업체의 홈페이지에 게재된 합격수기의 개수를 센 것으로 보이고 다른 근거가 없는 점, 위 ② 광고의 경우에도 이를 증명할 근거가 존재하지 않는 점, 위 ③ 광고의 경우 2009년 독학사 학위수여식에서 총 14명에 대한 시상이 이루어진 반면 해당 업체의 수상자는 총 3명에 불과한 점을 고려하여 이들 광고는 표시광고법 제3조 제1항 제1호에 위반하는 거짓·과장 광고행위라고 판단하였다.

나. 서울고등법원 2011. 6. 15. 선고 2010누34691 판결

유가공업체가 일간지에 "지독한 품질고집으로 대한민국 유가공협회 1위를 지켜왔다"는 표현을 사용한 것과 관련하여, 법원은 해당 업체가 유가공협회 회원사 중 매출액이나 협회비 납부 순위에서 1위일 뿐임에도 불구하고 위와 같이 광고할 경우 보통의 주의력을 가진 일반 소비자들은 그 의미가 마치 해당 제품이 품질이나 안전성도 유가공협회 회원사 중에서 1위라고 그릇되게 이해할 우려가 있으므로 해당 광고는 사실을 은폐하거나 축소하는 등의 방법으로 광고한 것으로 표시광고법 제3조 제1항 제2호의 기만적인 광고에 해당한다고 판단하였다.

3. 검 토

가. 시기를 특정하지 않은 순위 광고

순위 광고에 있어서 그 순위의 기준이 되는 시기를 명시하지 않을 경우 보통의 주의력을 가진 일반 소비자들로서는 광고된 순위가 광고 시기 또는 그 직전 무렵의 순위라고 인식하거나 또는 광고 시기 이전의 상당 기간 동안 유지된 순위라고 인식할 가능성이 있으므로, 그 순위의 기준을 명확하게 표시할 필요가 있다.

다만 순위 광고를 하면서 그 순위의 기준이 되는 시기를 명시하지 않는 것은 소극적으로 진실의 일부를 은폐, 누락한 것으로 그 자체로 적극적으로 진실하지 않은 사실을 표시한 것이라기 보기는 어려우므로, 엄밀하게는 거짓·과장 광고(표시광고법 제3조 제1항 제1호) 보다는 기만적인 광고(동법 제3조 제1항 제2호)로 의율하는 것이 타당하다고 생각된다.

물론 문제된 표시광고행위를 거짓·과장으로 보든 기만적으로 보든 제재면에서 실질적 차이를 가져오는 것은 아니지만 법적용 기준을 명확히 하기 위해서는 표시광고에 표현된 내용이 명백히 거짓이 아니라면 기만적 표시광고로 해석하는 것이 바람직할 것이다. 이렇게 해석함으로써 문제된 표시광고가 명백한 거짓·과장의 표시광고로 보기 어려운 사례들에 있어서 이를 기만적 표시광고로 규제할 수 있는 여지가 확보될 수 있을 것이기 때문이다.[15)]

나. 생활정보신문의 발행부수 등 순위에 대한 광고에 있어서 실증의 방법

표시광고법 제5조 제1항에 의하면 사업자는 자기가 행한 표시광고 중 사실과 관련한 사항을 실증할 의무를 가지며, 동 시행령 제4조 제1항에 의하면 표시광고의 실증에 있어 조사를 하는 경우 조사의 방법은 학술적 또는 산업계에서 일반적으로 인정된 방법 등 객관적이고 타당한 방법이어야 하고, 조사는 법령에 의한 조사기관이나 사업자와 독립적으로 경영되는 기관에서 이행하여야 한다. 다만 법령에 의한 조사기관 또는 사업자와 독립적으로 경영되는 조사기관에 의한 조사가 불가능하거나 적당하지 아니하다고 인정되는 경우에는 그 외 기관에서 조사를 진행할 수 있다.

이 사건 광고는 X정보지의 발행부수, 정보량, 배부처를 전국 생활정보신문과 비교하여 X전문지가 1위임을 강조하는 비교광고로, 이러한 비교광고 내용을 실증하기 위해서는 X정보지 뿐 아니라 전국의 생활정보신문에 대한 조사가 요구된다. 이와 같은 조사를 사업자와 독립인 조사기관이 수행하는 것이 불가능하다거나 적당하지 아니하다고 인정될 만한 사정이 있을 것으로는 보이지 않는바, 다른 특별한 사정이 없는 한 독립적인 조사기관이 아닌 사업자가 자체적으로 작성한 자료는 적법한 실증자료로 인정할 수 없다고 본 이 사건 판결의 입장은 타당하다고 생각된다.

---

15) 한양여자대학교, 『표시광고규제제도 개선에 관한 연구』 (2013. 10), 25면.

Ⅲ. 판례의 의의

사업자들이 자기 또는 자기의 상품의 우월성을 강조하기 위하여 특정 순위를 광고하는 경우가 많이 있다. 이러한 순위광고는 자사나 자사의 상품을 경쟁사나 경쟁사의 상품과 비교하는 것으로 소비자들이 구매선택에 활용할 수 있는 정보를 제공해준다는 측면에서 순기능을 가진다고 볼 수 있으나, 비교광고로 인한 소비자의 오인가능성을 방지하기 위해서는 비교의 대상과 기준이 명확하고 비교의 내용과 방법이 적정해야 한다. 이 사건 판결은 특정 분야의 순위를 활용한 비교광고에 있어서 위법성 판단의 기준을 제시하였다는 점에 그 의의가 있다고 생각된다.

이 사건 판결 및 앞서 설시한 참고 판례들을 통하여 순위 광고에 있어서 주의해야 할 사항을 확인할 수 있었는바 간략히 정리해보면 아래와 같다. (1) 순위는 시기에 따라 변경될 수 있는 것이므로 순위 광고에는 광고된 순위의 기준이 되는 시기를 명시하여야 한다. (2) 광고된 순위를 실증하기 위하여 법령에 의한 조사기관이나 사업자와 독립적으로 경영되는 조사 기관 등에서 학술적 또는 산업계 등에서 일반적으로 인정된 방법 등 객관적으로 타당한 방법으로 실시한 조사 결과 등과 같은 실증자료가 존재하여야 한다. (3) 독립된 기관에서 발표한 순위라 하더라도 그 순위의 진정한 의미를 왜곡하여 조사되지 않은 다른 방면에서도 동일한 순위로 인정되었다는 취지로 광고해서는 안된다.

제 3 편

개별법상 광고 규제

42 개인정보 수집·제공에 대한 동의획득 방식의 적법성 기준

-대법원 2016. 6. 28. 선고 2014두2638 판결

권 헌 영*

Ⅰ. 판례의 개요

1. 사안의 개요

원고는 데이터베이스 및 온라인 자료제공업, 온라인 광고업 등을 목적으토 설립되어 오픈마켓 등 웹사이트상에 배너 및 이벤트 등을 실시하는 회사로, 보험회사 등 거래사의 요청에 따라 이벤트의 방법을 통해 이용자에게 경제적 이익을 제공하면서 텔레마케팅 자료로 사용할 이용자의 개인정보를 수집하여 거래사에 제공하는 형태로 영업을 하여왔다. 2012년 6월 방송통신위원회는 원고가 오픈마켓, 언론사, 포털 등 웹사이트의 배너 및 이벤트 광고 팝업창을 통해 이용자의 개인정보를 수집하면서 개인정보 수집항독 및 목적, 보유기간에 대한 안내 없이 '확인'을 선택하면 동의한 것으로 간주하는 등의 방법으로 명시적 동의를 받지 않았고, 또한 개인정보의 수집 동의를 받으면서 동의 철회방법에 대한 안내는 이용자가 찾아보기 어렵게 구성하여 「정보통신망 이용촉진 및 정보보흐 등에 관한 법률」(이하 '정보통신망법'이라 한다) 제22조 제1항 및 제24조의2 제1항, 제30조 제6항 등을 위반하였음을 이유로 과징금 및 과태료 처분과 시정조치 명령을 부과하였다.

2. 소송경과 및 판례의 요지

가. 제1심 판결[1)]

원고는 이용자의 개인정보를 수집하고 제공하는 과정에서 이용자에게 정도통신망법

* 고려대학교 정보보호대학원 교수.

1) 서울행정법원 2013. 5. 2. 선고 2012구합21154 판결.

상 요구되는 사항을 충분히 고지하고 적법하게 개인정보를 수집·제공 받았으므로 피고의 처분에는 사실에 대한 오인이 존재하고, 법률준수여부 확인을 위해 피고의 민원서비스를 통해 법률 위반사실이 없음을 확인받은 바 있음을 주장하며 처분의 취소소송을 제기하였다. 이에 서울행정법원은 원고가 이용자의 개인정보를 수집함에 있어 이용자로 하여금 수집·제공하는 것에 대한 고지사항을 명확하게 인식할 수 있도록 조치하지 않았으므로 피고의 처분에 사실오인의 위법이 없음을 확인하였다. 또한 신뢰보호원칙 위반의 주장에 대하여 원고의 질의사항에 대한 피고의 견해표명은 일반적이고 단편적 답변으로 원고의 행위 전반에 걸친 공적인 견해표명으로 볼 수 없다 하였으며, 피고의 처분행위가 기타 유사한 비교사례와 비교하여 재량권을 일탈·남용한 처분이 아니라고 하였다. 다만 법원은 과징금 부과시 개별 산정요소에 대한 기준이 제시되지 않았음을 이유로 과징금 처분에 대한 절차적 위법이 있음을 인정하여 이 부분에 대한 원고의 주장은 인용하였다.

나. 원심판결[2)]

원고의 패소부분 취소 항소에 대하여 서울고등법원은 ① 원고가 이 사건 이벤트 화면에서 법정 고지사항을 제일 하단에 배치한 것은 법정 고지사항을 미리 명확하게 인지·확인할 수 있게 배치한 것으로 볼 수 없는 점, ② 원고가 이 사건 이벤트 화면에 스크롤바를 설치한 것만으로는 개인정보 수집·이용 및 제3자 제공에 관한 동의를 구하고 있고 화면 하단에 법정 고지사항이 존재한다는 점을 쉽게 인지하여 이를 확인할 수 있는 형태라고 볼 수 없는 점, ③ 이 사건 이벤트 화면에서 개인정보의 수집·제공에 관한 동의 여부를 표시하도록 되어 있는 체크박스에 아무런 표시도 하지 아니한 채 이벤트에 참여하려 하면 일련의 팝업창이 뜨는데, 그 팝업창 문구 자체만으로는 수집·제공의 대상이 '개인정보'이고 제공처가 제3자인 보험회사라는 점을 쉽고 명확하게 밝힌 것으로 볼 수 없음에도 원고는 이용자가 팝업창에서 '확인' 버튼만 선택하면 개인정보 수집·제3자 제공에 동의한 것으로 간주되도록 한 점, ④ 원고가 이와 같은 방식으로 개인정보 수집 등을 할 수밖에 없는 불가피한 사정이 있다고 보기 어려운 점 등의 사정을 들어, 원고가 이 사건 이벤트 화면을 통하여 이용자의 개인정보 수집 등을 하면서 정보통신망법에 따른 개인정보의 수집·제3자 제공에 필요한 이용자의 적법한 동의를 받은 것으로 볼 수 없다는 취지로 판단하였다.

신뢰보호원칙 위반이라는 주장에 대하여도 피고의 답변이 행정청의 공적 견해표명이라 인정할 수 없다 하였고, 피고의 처분 또한 재량권을 일탈·남용한 위법이 없다고 하였

2) 서울고등법원 2014. 1. 9. 선고 2013누14476 판결.

다. 원고는 항소심에서 추가적으로 이 사건 이벤트를 통해 정보통신서비스를 제공하는 것은 원고가 아니므로 정보통신망법상의 정보통신서비스제공자가 아님을 주장하면서, 원고의 개인정보 수집·제공행위는 「개인정보 보호법」 제15조 제1항 제4호에 따라 '정보주체와의 계약 체결 및 이행을 위하여 불가피한 경우'에 해당하므로 동의 없이 개인정보를 수집할 수 있는 예외사항에 해당됨을 주장하였다. 이에 대하여 법원은 원고는 이벤트 화면을 통하여 이벤트에 관한 정보를 제공하거나 정보의 제공을 매개하는 자로 '정보통신서비스 제공자'에 해당하며, 이에 원고는 정보통신망법의 적용을 받아야 하므로 「개인정보 보호법」의 예외사항이 적용되지 않음을 이유로 원고의 주장을 배척하였다.

다. 대상판결[3)]

대법원은 원심을 확정하면서 원고는 '정보통신서비스 제공자'에 해당하며, 원고가 이용자의 적법한 동의를 받았는지 여부에 대하여 적법한 동의를 받은 것으로 볼 수 없다는 취지의 원심이 타당함을 확인하였다. 또한 이 사건 처분이 신뢰보호의 원칙에 위배되는지 여부에 대하여 신뢰보호원칙에 관한 법리오해 등의 위법이 없음과 피고의 재량권의 일탈·남용행위가 없음을 판단한 원심의 판단을 인정하면서 원고의 상고를 기각하였다.

(1) 원고가 정보통신서비스제공자에 해당하는지 여부

대법원은 원심이 원고를 영리를 목적으로 전기통신사업자의 전기통신역무를 이용하여 이 사건 이벤트 화면을 통하여 이벤트에 관한 정보를 제공하거나 그 정보의 제공을 매개하는 자로서 '정보통신서비스 제공자'에 해당하고 이 사건 이벤트 화면에 접속하여 이벤트에 참여하면서 개인정보를 제공한 자는 원고가 제공한 정보통신서비스를 이용한 '이용자'에 해당한다고 판단한 원심의 판결에 대하여 법리오해 등의 위법이 없다고 하였다.

(2) 개인정보 수집·제공행위의 적법성 판단

개인정보 수집·제공행위의 적법성의 판단에 있어서는 "정보통신서비스 제공자가 이용자로부터 개인정보 수집·제공에 관하여 정보통신망법에 따라 적법한 동의를 받기 위하여는, 이용자가 개인정보 제공에 관한 결정권을 충분히 자유롭게 행사할 수 있도록, 정보통신서비스 제공자가 미리 해당 인터넷 사이트에 통상의 이용자라면 용이하게 법정 고지사항의 구체적 내용을 알아볼 수 있을 정도로 법정 고지사항 전부를 명확하게 게재하여야 한다. 아울러, 법정 고지사항을 게재하는 부분과 이용자의 동의 여부를 표시할 수 있는 부분을 밀접하게 배치하여 이용자가 법정 고지사항을 인지하여 확인할 수 있는 상태에서 개

3) 대법원 2016. 6. 28. 선고 2014두2638 판결.

인정보의 수집·제공에 대한 동의 여부를 판단할 수 있어야 하고, 그에 따른 동의의 표시는 이용자가 개인정보의 수집·제공에 동의를 한다는 명확한 인식하에 행하여질 수 있도록 그 실행 방법이 마련되어야 한다"고 하면서 원심을 확정하였다.

(3) 신뢰보호의 원칙 위반 여부의 판단

신뢰보호원칙의 위반 여부에 대해서는 신뢰보호의 원칙이 적용되기 위해서는 첫째 행정청이 개인에 대하여 신뢰의 대상이 되는 공적인 견해표명을 하여야 하고, 둘째 행정청의 견해표명이 정당하다고 신뢰한 데 대하여 그 개인에게 귀책사유가 없어야 하며, 셋째 그 개인이 그 견해표명을 신뢰하고 이에 상응하는 어떠한 행위를 하였어야 하고, 넷째 행정청이 견해표명에 반하는 처분을 함으로써 그 견해표명을 신뢰한 개인의 이익이 침해되는 결과가 초래되어야 하며, 마지막으로 견해표명에 따른 행정처분을 할 경우 이로 인하여 공익 또는 제3자의 정당한 이익을 현저히 해할 우려가 있는 경우가 아니어야 한다는 기존 대법원의[4] 입장을 확인하면서 피고의 담당자가 원고 측의 고충민원 신청에 대하여 답변한 것은 그 내용이 전체적으로 '정보통신망법을 준수하였다면 적법하다'는 취지의 일반론적 견해표명일 뿐만 아니라, 원고 측이 일방적으로 제출한 자료만을 기초로 한 잠정적 답변인 점 등에 비추어 신뢰의 대상이 되는 행정청의 공적인 견해표명에 해당하지 아니하다고 한 원심의 판단을 그대로 확인하였다.

(4) 처분의 재량권 일탈·남용 여부의 판단

이 사건 각 처분이 재량권의 일탈·남용에 해당되는지에 대해서도 마찬가지로 ① 원고가 이용자의 명시적인 동의를 받지 아니하고 수집하거나 제3자에게 제공한 개인정보와 법정대리인의 동의를 받지 아니하고 수집된 만 14세 미만 아동의 개인정보에 관하여 피고의 별도의 동의를 받거나 파기하라는 시정조치는 헌법 규정에서 파생되는 개인정보자기결정권을 보호하기 위한 가장 적절한 수단이며, 이와 다른 경영개선조치 등은 위법하게 수집·제공된 개인정보의 보유를 용인하는 것으로서 적합하지 아니하다는 점과 ② 정보통신망법의 입법 취지에 따라 이 사건 각 처분으로 달성하려는 공익은 매우 큰 반면, 그로 인한 원고의 불이익은 그와 같은 공익에 비하여 크지 아니한 점, ③ 원고의 위법행위는 26,304,653건의 개인정보 수집, 13,420,204건의 개인정보 제3자 제공 등으로 비교사례보다 위법행위의 규모가 월등하게 큰 점 등의 사정을 들어, 이 사건 각 처분이 재량권을 일탈·남용한 경우에 해당하지 아니한다고 판단한 원심을 확정하였다.

---

4) 대법원 2006. 6. 9. 선고 2004두46 판결 참조.

II. 해 설

1. 쟁점의 정리

동 판결에서의 핵심쟁점은 정보통신서비스 제공자가 이용자의 개인정보를 수집하는 과정에서 수집 및 제공에 관한 동의를 획득하는 방식에 관한 것이다. 정보통신서비스 제공자가 이용자의 동의를 획득하였으나 획득시 이용자에게 고지하여야 하는 수집 및 이용 목적, 수집하려는 개인정보의 항목, 개인정보의 보유 기간, 개인정보를 제공받는 자와 제공받는 자의 개인정보 이용 목적 등의 법정 고지사항이 명확하게 이용자에게 고지된 것이 아니라면 정보통신망법에서 요구하는 명시적 동의를 득한 것으로 볼 수 없다는 것이다. 법원은 개인정보의 수집·제공은 사실상 이용자에게 개인정보자기결정권의 도기 또는 제한을 요구하는 것이므로 이용자가 개인정보의 수집·제공의 이유, 영향 등을 명확히 인식하는 것이 대단히 중요하다고 하면서 정보통신서비스 제공자가 이용자로부터 개인정보의 수집·제공에 대한 동의를 받는 경우에는 이용자에게 정보통신망법에 따른 동의를 얻어야 할 사항에 대한 단순한 인식 가능성만을 부여하는 것으로는 충분하지 않고 이용자가 동의를 얻어야 할 사항을 명확히 인식하고 확인함으로써 동의 의사를 명시적으로 표현할 수 있도록 하여야 한다고 보았다.

2. 관련 판례: 경품 응모권 1mm 글씨 고지 사건

대법원은 동 판결 이외에도 2017년 대형마트가 고객의 개인정보를 수집하여 판매할 목적으로 경품행사를 진행하면서 개인정보 처리에 관한 사항을 1mm 크기의 글씨로 기재하고 동의를 받은 사안에 대해「개인정보 보호법」위반이라 판단한 바 있다.[5] 해당 사건에서 원심[6]은「개인정보 보호법」상 개인정보의 수집 및 처리에 관하여 동의를 획득하는 과정에서 정보주체에게 알리도록 한 사항이 응모권에 모두 기재되어 있으며, 응모권에 기재된 약 1mm 크기의 글씨는 복권, 의약품 사용설명서 등 다양한 곳에서 통용되는 것으로 경품행사 응모자들이 읽을 수 있었던 점 등을 이유로 대형마트가「개인정보 보호법」을 위반한 것이 아니라 판단하였다. 그러나 대법원은 원심과는 달리 소비자 입장에서는 해당 경품행사가 단순한 사은행사인지 아니면 자신의 개인정보를 수집하여 보험회사 등 제3자에게 제공하는 대가로 경품을 제공하는 행사인지 여부가 이 사건 경품행사에 응모할 지

5) 대법원 2017. 4. 7. 선고 2016도13263 판결.
6) 서울중앙지방법원 2016. 8. 12. 선고 2016노223 판결.

여부에 영향을 미치는 중대한 요소라고 보았다. 이를 전제로 해당 사건의 경품행사를 위해 사용된 응모권 뒷면에 약 1mm의 크기로 기재되어 있는 동의 관련 사항은 소비자 입장에서 내용을 쉽게 파악하기 어려웠을 것이며, 이는 개인정보처리자가 정보주체의 동의를 받음에 있어서 각각의 동의사항을 구분하여 정보주체가 이를 명확하게 인지할 수 있도록 해야 한다는 「개인정보 보호법」상의 의무를 위반한 것으로 보았다. 동 사건에서 대법원은 개인정보처리자가 법 제72조 제2호상의 '거짓이나 그 밖의 부정한 수단이나 방법'을 통해 개인정보를 취득하는 것에 대한 의미는 개인정보를 취득하거나 그 처리에 관한 동의를 받기 위하여 사용하는 위계 기타 사회통념상 부정한 방법이라고 인정되는 것으로 개인정보의 취득 또는 그 처리에 동의할지에 관한 정보주체의 의사결정에 영향을 미칠 수 있는 적극적 또는 소극적 행위를 뜻한다고 하였다. 또한 동의를 받았는지를 판단할 때는 동의를 받는 행위 자체만을 분리하여 개별적으로 판단할 것이 아니라 동의의 전 과정을 살펴 수집의 동기와 목적, 수집목적과 개인정보의 관련성, 수집을 위하여 사용한 방법 등을 종합적으로 고려하여 사회통념에 따라 판단하여야 한다고 하였다.

3. 검 토

가. 개인정보자기결정권과 동의제도의 의미

개인정보 보호법제의 근간을 이루는 '동의제도'는 개인정보자기결정권을 가장 직접적이고 구체적으로 구현하는 제도로 개인정보자기결정권과 밀접한 관련성을 지니고 있다. 정보주체의 동의는 개인정보 보호법제가 요구하는 기본원칙들을 구현하는 방법 중의 하나로 정보주체에게 주어지는 권리이며, 정보처리 제한의 예외적 허용에 대한 조건으로 인정되는 것이다.[7] 개인정보보호의 기본원칙을 준수하기 위한 수단으로서, 개인정보자기결정권의 실현 도구로서의 동의제도가 법현실에서 정당성과 실효성을 확보하기 위해서는 정보주체에게 정보제공의 의사판단의 기초로서의 판단력, 인지력 나아가 정보력 등이 주어져야만 한다.[8] 즉, 정보주체가 자신의 권리를 충분히 인식한 상황에서 정보의 제공 목적과 범위 등과 관련하여 제대로 이해하고 판단한 끝에 행한 동의(informed consent)여야만 동의의 정당성을 확보할 수 있는 것이다. 개인정보보호의 내용을 다루는 정보통신망법[9]

7) 정찬모, "개인정보보호에 있어 정보주체의 동의", 『법학연구』, 제18집 제1호(인하대학교 법학연구소, 2015), 81면.

8) 서종희, "2017년 소비자 판례 회고", 『소비자법연구』, 제4권 제1호(한국소비자법학회, 2018), 59면.

9) **제22조(개인정보의 수집·이용 동의 등)** ① 정보통신서비스 제공자는 이용자의 개인정보를 이용하려고 수집하는 경우에는 다음 각 호의 모든 사항을 이용자에게 알리고 동의를 받아야 한다.(이하 생략)

과 「개인정보 보호법」[10]은 모두 개인정보의 수집과 이용을 정당화하는 수단으로 동의제도를 광범위하게 활용하고 있으나, 현재 우리의 동의제도는 지나치게 형식화되어 있다는 점과 정보주체가 충분한 이해하에 동의를 하는 것인지에 대한 의문, 동의에 의한 최소수집원칙의 형해화 등의 한계점을 드러내고 있다.[11] 이러한 상황에서 개인정보 수집·제공 시 정보주체의 동의를 획득함에 있어 정보주체의 동의가 실질성을 담보하기 위해서 개인정보의 수집·이용·제3자 제공 여부, 목적과 범위 등에 대하여 명확하게 정보주체에게 고지하여야 함을 확인한 대상판결은 동의제도의 실효성을 확보하고 개인정보자기결정권의 실현과 구체적 보장 방법을 확인한 것에 의미가 있다고 할 수 있다.

나. 개인정보 수집·제공에 대한 동의획득 방식의 적법성 기준과 판단

동 사건에서 항소심 법원은 정보통신망법은 제12조 제1항에서는 정보통신서비스 제공자는 동의를 얻어야 할 사항을 이용자가 명확하게 인지하고 확인할 수 있도록 표시하여야 한다고 규정하고 있으며, 이에 따른 개인정보의 수집·이용 및 제3자 제공에 필요한 이용자의 동의가 명시적인 동의가 되기 위해서는 단순히 정보통신서비스 제공자가 개인정보 수집 등에 관한 동의를 구하고 있는 사실 및 그 동의를 얻기 위하여 미리 고지하도록 정보통신망법이 규정한 고지사항에 관하여 이용자에게 인식 가능성만을 부여한 것으로는 충분하지 않다고 하였다. 이용자로 하여금 개인정보 수집·이용, 제3자 제공에 관한 동의를 구하고 있다는 사실 및 법정 고지사항을 명확히 인식·확인하게 한 상태에서 이용자의 자발적 의사에 따라 동의 여부를 판단·결정한 것이라고 볼 수 있어야 하며, 그러한 이용자의 동의가 형식적이지 않고 실질적인 동의라고 보려면 미리 법정 고지사항에 관하여 일반적으로 예상되는 방법으로 이해하기 쉽고 명확하게 표시하여 이를 이용자에게 알린 상태에서 동의를 받은 것이라고 평가할 수 있어야 할 것이라고 하였다. 대법원은 정보통신서비스 제공자가 인터넷 사이트에 통상의 이용자라면 용이하게 법정 고지사항의 구체적 내용을 알아볼 수 있을 정도로 법정 고지사항 전부를 명확하게 게재하여야 하고, 해당 게재사항과 동의 여부를 표시할 수 있는 부분을 밀접하게 배치하여 이용자가 법정 고지사항을 인지할 수 있는 상태에서 동의 여부를 판단할 수 있어야 하고, 그에 따른 동의의 표시는 이용자의 명확한 인식하에 행하여질 수 있도록 실행방법이 마련되어야 한다고 하였다.

정보주체가 개인정보를 제공함에 있어서 제공하는 정보의 이용목적, 이용범위, 제공

10) **제15조(개인정보의 수집·이용)** ① 개인정보처리자는 다음 각 호의 어느 하나에 해당하는 경우에는 개인정보를 수집할 수 있으며 그 수집 목적의 범위에서 이용할 수 있다.
1. 정보주체의 동의를 받은 경우(이하 생략)

11) 이에 대한 자세한 내용은 권영준, "개인정보 자기결정권과 동의제도에 대한 고찰", 『법학논총』, 제36권 제1호(전남대학교 법학연구소, 2016); 정찬모, 앞의 논문 참고.

의 대상 등 개인정보 제공과 관련한 필요한 정보를 인지함을 전제로 한 동의만이 개인정보보호법제에서 요구하는 수집의 정당한 근거가 될 수 있다는 점에서 정보를 수집하는 개인정보처리자 또는 정보통신서비스 제공자는 수집정보의 목적 및 이용범위와 제3자에게 제공여부 등이 정보주체가 명확히 인식할 수 있도록 하여야 한다. 다만, 정보주체가 명확한 정보를 취득한 상황에서 동의를 하였는지의 여부는 개인정보를 수집·처리·제공하는 전반의 과정을 종합적으로 고려하여 판단해야 한다. 개인정보는 다양한 분야에서 서로 다른 방식과 목적으로 수집·제공되고 있다. 따라서 어떠한 동의가 적법한 동의인지의 여부는 개인정보처리자 또는 정보통신서비스 제공자가 동의를 받는 행위와 형식 자체만을 판단하여야 할 것이 아니라 수집과 제공의 동기와 목적, 수집하는 정보의 범위, 수집을 위하여 활용한 수단, 제3자 제공 여부와 취득한 이익의 규모 등을 종합적으로 고려하여야 할 것이다. 이러한 점에서 이익 취득과 상업적 판매 목적으로 소비자의 개인정보를 보험회사 등 제3자에게 제공하기 위하여 수집하면서 동의를 획득하였다 하더라도 이와 같은 사실을 명확하게 고지하지 않은 조건에서 득한 동의는 적법하지 않음을 확인한 법원의 판단은 타당하다고 할 것이다.

Ⅲ. 판례의 의의

대상판결은 개인정보를 제공함에 있어 정보주체의 동의의사가 실효성을 확보하기 위한 최소한의 기준을 제시하였다는 점에 큰 의미가 있다. 개인정보의 상품적 가치가 개념적으로 통용되고 나아가 거래의 대상으로서 활용되고 있는 상황에서는 소비자인 정보주체에게 자기의 정보를 다루고 통제할 수 있는 환경을 조성하는 것이 매우 중요하다. 현행 개인정보 보호법제는 정보주체의 권리를 보호하기 위한 다양한 원칙과 보호방법들을 제시하고 있다. 그러나 이러한 제도적 보장사항들이 형해화되지 않고 법현실에서 구체적으로 실현될 수 있으려면 정보주체가 단순히 정보의 보호라는 관점에서 뿐만 아니라 자신의 정보를 스스로 사용하고 통제할 수 있도록 보장하여야 하고, 나아가 거래관계에서 발생할 수 있는 불균형을 조율할 수 있도록 하여야 한다. 나아가 개인정보가 거래의 대상이 되는 환경에서는 동 사건과는 반대의 경우로 정보주체의 권리가 남용됨으로써 발생되는 불균형도 고려해볼 수 있다. 따라서 동의를 획득하는 전 과정을 사회통념에 비추어 종합적으로 고려하여야 한다는 대법원의 견해는 향후 많은 개인정보의 분쟁에서도 의미가 있을 것으로 판단된다.

43 영리목적의 광고성 정보 전송자의 판단 기준

–대법원 2009. 9. 28.자 2009마817,818,819,820,821 결정

오 병 철*

Ⅰ. 판례의 개요

1. 사안의 개요

2006년 2월 경 <번호1>에서 <번호5>까지 각각 다른 유선 전화번호(02–◎◎◎–◎◎◎◎)에서 발신한 것으로 표시된 영리목적의 광고성 정보가 약 3,000명 가량의 수신자에게 사전동의 없이 전송되었다. 그리고 갑은 이 표시된 번호들의 가입 명의자이다.

2006년 3월 24일 법률 제7917호로 개정되기 전의 정보통신망 이용촉진 및 정보보호 등에 관한 법률[1](이하 '정보통신망법'이라 한다)에서는 제50조 제1항에서 "누구든지 전자우편 그 밖에 대통령령이 정하는 매체를 이용하여 수신자의 명시적인 수신거부의사에 반하는 영리목적의 광고성 정보를 전송하여서는 아니된다"고 규정하고 있고,[2] 제67조 제1항 제1호에서 제50조 제1항을 위반하여 영리목적의 광고성 정보를 전송한 자와 그러한 행위를 하도록 한 자에게는 3천만 원 이하의 과태료를 부과할 수 있도록 규정하고 있었다.

서울체신청장은 발신한 것으로 표시된 번호의 가입 명의자인 갑을 '영리목적의 광고성 정보를 전송한 자'로 보아 정보통신망법 제50조와 제67조를 적용하여, 2006년 7월 11일 각 회신번호당 1,800만 원(합 9,000만 원)의 과태료를 부과하였다. 이에 갑은 각 부과처분에 대해 이의신청을 제기하기에 이르렀다.

---

* 연세대학교 법학전문대학원 교수.

1) 본 판례 평석은 사건 당시의 개정전 법률에 따른다.

2) 동의를 요하지 않는 예외사유를 동조 동항 제1호와 제2호에서 규정하고 있으나 본 사안과는 관계없는 사유이다.

2. 소송경과

가. 제1심 결정

수원지방법원은 약식재판을 거친 후 2007년 12월 31일 갑을 각 과태료 1,800만 원(합 9,000만 원)에 처하는 결정을 하였다.

나. 항고심 결정

갑은 과거 신분증을 분실한 사실이 있고, 누군가 자신의 신분증을 습득하여 자신의 명의로 전화를 개설하여 영리목적의 광고성 정보를 보낸 것으로 자신은 영리목적의 광고성 정보를 보낸 사실이 전혀 없다고 주장하였다. 즉 명의도용으로 인한 피해자인데 오히려 과태료 부과처분을 받았으므로 이는 부당하다고 주장하였다.

이에 수원지방법원 합의부 항고심은 갑의 명의로 가입된 전화번호로 수신자의 사전동의 없이 수신자의 전화에 영리목적의 광고성 정보가 전송된 사실을 인정할 수 있고, 갑 이외의 다른 사람이 명의를 도용하여 이러한 전송행위를 한 사실을 인정할 증거가 없다고 판단하였다. 다만 제반 사정을 종합하면 제1심 법원이 갑에게 부과한 과태료 합계 9,000만 원은 다소 무거워 부당하므로 각 위반행위당 500만 원, 합계 과태료 2,500만 원에 처하는 결정을 하였다.

다. 대법원 결정

대법원은 "수신자의 전화에 영리목적의 광고성 정보가 특정번호를 발신번호로 표시하여 전송된 경우, 그 발신번호는 인터넷 또는 이동전화로 정보를 전송하면서 쉽게 조작될 수 있는 점에 비추어 보면 처분청으로서는 위 정보에 표시된 발신번호와 관계없이 실제로 위 정보에 이용된 진정한 발신번호가 무엇인지를 조사하여 '정보를 전송한 자'를 확인한 후 과태료 처분을 하여야"한다고 밝혔다.

또한 영리목적의 광고성 "정보에 발신번호와 별도로 이른바 회신번호가 표시되어 있거나 위 정보에 표시된 발신번호가 실제로는 회신번호에 불과한 경우, 위 정보를 직접 전송하지 않고 그 회신번호를 이용한 자에 대하여는 '정보를 전송하게 한 자'라는 이유로 과태료 처분을 할 수 있을 뿐"이라고 하여, 정보를 전송한 자와 정보를 전송하게 한 자를 엄격히 구분하였다.

따라서 "발신번호(정보에 표시된 발신번호가 아니라 실제 정보 전송에 이용된 발신번호를 의미한다) 및 회신번호의 가입명의자 신원은 '정보를 전송한 자' 또는 '정보를 전송하게 한

자'를 판단하는 일응의 기준이 될 수 있으나, 특히 회신번호 가입명의자라는 사실만으로는 '정보를 전송하게 한 자'라고 단정할 수 없으므로, 처분청으로서는 가입명의자의 신원 이외에 회신번호 개설 및 제공 경위, 회신번호 개설주소와 명의인과의 관련성, 회신번호 요금의 납부 방법, 전송번호 명의자와의 관계 등에 관한 기초적인 조사를 거쳐 '정보를 전송하게 한 자'로서 과태료 처분을 하여야 한다"고 판단 기준을 명확히 하였다.

그리고 "과태료 재판에서 부과처분의 대상자가 이를 다툴 경우에는 법원은 위와 같은 사정을 종합적으로 심리하여 회신번호 명의자가 위 정보 전송에 관여하였는지를 직권으로 탐지하여야 하고, 다투는 자에게 그 주장사실에 대한 증명책임을 부담시킬 수 없다"고 하여 갑에게 명의도용에 대한 증명책임을 지우는 것을 부정하였다.

대법원은 이 사건에서 활용된 유선전화번호는 실제로 문자메시지 전송에 이용된 발신번호가 아니라 수신자들에게 알리는 회신번호에 불과할 개연성이 높으므로, "원심으로서는 실제 문자메시지를 전송하는 데 이용된 발신번호가 위 회신번호와 동일한지, 다르다면 그 명의자는 동일한지 등을 살펴 재항고인이 문자메시지를 전송한 자인지를 확인하고, 재항고인이 문자메시지를 전송한 것이 아니라면 앞서 본 회신번호 개설 및 제공 경위 등의 사정을 살펴 문자메시지를 전송하게 한 자에 해당하는지 여부를 더 심리하였어야 한다. 그런데도 재항고인이 회신번호 명의자라는 이유만으로 문자메시지를 전송한 자로 보고, 재항고인의 명의도용 주장에 대하여 그 주장사실의 입증이 부족하다는 이유르 이를 배척한 원심 판단에는 사실오인, 심리미진, 과태료재판에서의 직권탐지주의에 대한 법리오해 등의 위법이 있다"고 하여 원심결정을 파기하고 수원지방법원 본원 합의부에 환송하였다.

3. 판례의 요지

가. 발신번호와 회신번호의 구분

영리목적의 광고성 정보를 전송하는 법현실을 살펴보면 크게 세 가지 유형으로 구분할 수 있다. 하나는 실제 정보 전송에 이용된 번호가 그대로 수신자의 전화에 발신번호로 나타나고 또 수신자가 그 광고성 정보에 관심을 갖고 회신을 하고자 하는 경우에도 그 발신번호를 그대로 이용하는 경우(실제 전송번호=발신 표시번호=회신번호)이다. 또 다른 하나는 실제 정보 전송에 이용된 번호가 아니라 변경된 번호가 수신자의 전화에 발신번호로 표시되고 또 수신자가 그 광고성 정보에 관심을 갖고 회신을 하고자 하는 경우에 그 표시된 번호에 연락을 하도록 하는 경우(실제 전송번호≠발신 표시번호=회신번호)이다.[3] 마지막

3) 물론 실제 정보 전송에 이용된 번호가 아니라 전혀 무의미한 번호가 수신자의 전화에 발신번호로 나

으로는 회신을 받을 의도 없이 제3자의 임의의 번호를 도용하여 수신자에게 표시되도록 하는 경우(실제 전송번호≠발신 표시번호≠회신번호)이다.

대법원 판례는 이러한 현실을 고려하여 실제로 전송에 이용된 번호와 회신을 받기 위해 변경된 발신자 표시번호를 개념적으로 구분하였다. 그리하여 실제로 전송에 이용된 번호를 '발신번호'로, 회신을 받기 위해 발신번호로 변경하여 표기된 번호를 '회신번호'로 용어법과 개념을 구분하였다. 따라서 수신자의 전화기에 표시된 번호라고 해서 반드시 발신번호가 되는 것은 아님을 분명히 하였다.

나. 정보를 전송한 자와 정보를 전송하게 한 자의 구분

대법원은 발신번호와 회신번호를 구분하는 논리를 확장하여 '정보를 전송한 자'와 '정보를 전송하게 한 자'를 엄격하게 구분하고 있다. 즉 실제 발신에 활용된 번호인 발신번호의 가입자만이 '정보를 전송한 자'에 해당되고, 실제 발신에 이용되지는 않았으나 회신을 받기 위한 번호의 가입자는 '정보를 전송하게 한 자'로 구분하였다. 예를 들어 02-123-4567 번호가 실제로 정보를 전송하였으나 수신자의 기기에는 02-123-7654에서 발신한 것으로 표시하여 그 번호로 회신을 받고자 하는 경우에 02-123-7654는 '정보를 전송하게 한 자'라고 구분하였다.

다. 전화번호 가입 명의자와 과태료 대상 정보전송자의 구분

원심에서는 회신번호로 표시된 번호의 가입자를 '정보를 전송한 자'로 만연히 단정하는 오류를 범하고 있으므로 회신번호 가입자가 '정보를 전송한 자'가 되려면 그가 진정으로 정보를 전송한 번호의 가입자와 동일인인가를 확인하여야만 했다고 대법원은 지적하고 있다. 또한 그러한 증명은 법원이 직권으로 탐지할 사항이지 과태료 부과 대상자가 실제로 전송한 번호의 가입자가 아님을 증명할 책임을 지는 것은 아니라고 하였다.

나아가 회신번호 가입자를 '정보를 전송하게 한 자'라고 하기 위해서는 회신번호 개설 및 제공 경위 등의 사정을 살펴 더 심리했어야 하는데 이를 원심이 제대로 하지 못했다고 지적하였다. 결국 회신번호 가입자를 '정보를 전송한 자'라고 단정할 수도 없고 그가 '정보를 전송하도록 한 자'라는 증명도 충분히 이루어지지 않았으므로, 회신번호 가입자를 '정보를 전송한 자'로 보아 과태료를 부과한 것은 위법이 있다고 판시하기에 이르렀다.

타나고 또 수신자가 그 광고성 정보에 관심을 갖고 회신을 하고자 하는 경우에 회신할 번호나 접속할 URL을 본문 중에 표시할 수도 있으나(실제 전송번호≠발신 표시번호≠회신번호), 이는 불법도박 광고와 같은 극히 예외적인 경우에 해당될 것이므로 굳이 다룰 필요는 없을 것이다.

Ⅱ. 해 설

1. 쟁점의 정리

가. 영리목적의 광고성 정보 전송 제한

정보통신망법은 제50조 제1항에서 '누구든지 전자우편 그 밖에 대통령령이 정하는 매체를 이용하여 수신자의 명시적인 수신거부의사에 반하는 영리목적의 광고성 정보를 전송하여서는 아니된다'고 규정하고 있다. 다만 ① 재화 및 용역의 거래관계를 통하여 수신자로부터 직접 연락처를 수집한 자가 그가 취급하는 재화 및 용역에 대한 영리목적의 광고성 정보를 전송하고자 하는 경우, ② 「전자상거래등에서의소비자보호에관한법률」 제13조 제1항의 규정에 의한 광고 및 「방문판매등에관한법률」 제6조 제3항의 규정에 의한 전화권유의 경우에는 수신자의 명시적 사전 동의를 받지 않아도 된다(동조 제2항 제1호 및 제2호). 나아가 오후 9시부터 그 다음날 오전 8시까지의 시간에 수신자의 전화·모사전송기기에 영리목적의 광고성 정보를 전송하고자 하는 자는 제2항의 규정에 불구하고 당해 수신자로부터 별도의 사전 동의를 얻어야 한다(동조 제3항).

전자적 전송매체를 이용하여 영리목적의 광고성 정보를 전송하는 것은 매우 효과적인 마케팅 활동이고 영업활동의 자유 영역에 속하는 행위이지만, 수신자로서는 원치 않는 광고성 정보를 수신하는 것은 귀찮거나 또는 불쾌한 일이 아닐 수 없다. 이에 정보통신망법은 수신자의 명시적 사전 동의를 받은 경우에만 영리목적의 광고성 정보를 전송할 수 있도록 제한하고 있는 것이고 이는 수긍할 수 있는 규제라고 할 수 있다.

나. 발신번호의 개념

(1) 발신자 번호표시 변경 행태

대법원 판례에서 잘 지적하는 바와 같이 수신자에게 나타나는 발신번호와 실제의 발신번호가 항상 일치하는 것은 아니다. 실제 발신하는 단말기의 번호와 수신자에게 나타나는 발신번호가 상이하게 되는 이유는 여러 가지가 있겠지만, 크게 두 가지 유형으로 구분해 볼 수 있다. 그 하나는 이동통신 단말기에서 발신번호를 임의로 입력하는 방법으로 발신번호를 변경하는 것이다. 그러나 최근의 이동통신 단말기에서는 이러한 변경 방법을 기술적으로 지원하지 않는 것이 일반적이므로 이러한 방법은 더 이상 찾아보기 어렵다.

다른 하나는 컴퓨터를 이용한 웹발신으로 문자메시지를 보내면서 임의로 발신번호를 표시하는 것이다. 이 방법에도 다시 두 가지 경우로 세분화할 수 있다. 그 하나는 발신번호를 무의미한 임의의 번호로 표시하는 것이고, 다른 하나는 의도적으로 회신을 받고자 하는 번호를 표시하는 것이다. 전자는 불법 인터넷 도박 사이트 링크를 표시한 문자메시지처럼 회신을 받을 필요없이 정보만을 일방적으로 제공하는 경우에 사용되고, 그 내용도 불법적인 경우가 대부분이다. 후자의 경우에는 영리목적의 광고성 정보를 불특정 다수에게 제공하고 그에 따라 회신번호로 연락이 올 것을 유도하는 것이다. 이와 같이 수신자에게 표시되는 번호가 실제 발신하는 단말기에 부여된 번호가 아닌 회신을 받기 원하는 번호로 변경된 사례는 누구나 일상생활에서 쉽게 경험할 수 있다.

(2) 발신번호와 회신번호의 구분

대법원은 판결에서 발신번호의 개념을 명확히 하였다. 즉 수신자에게 표시된 번호가 모두 발신번호에 해당하는 것이 아니라, 실제로 발신을 한 단말기의 번호만이 발신번호에 해당된다는 것이다. 그리고 수신자에 표시된 번호이지만 발신을 한 단말기의 번호가 아니고, 단지 수신자의 회신을 유도하기 위한 번호는 회신번호라고 구분하였다. 결국 수신자에 표시된 번호지만 발신번호도 회신번호도 아닌 도용된 임의의 번호는 아무런 법적 가치를 갖지 못한다. 따라서 표시된 번호 중 회신번호는 정보통신망법상의 발신번호가 아니라는 견해를 명확히 하였다.

다. 정보를 전송한 자의 개념

(1) 정보통신망법상의 수범 주체

정보통신망법 제67조 제1항 제1호에서 "제50조 제1항을 위반하여 영리목적의 광고성 정보를 전송한 자와 그러한 행위를 하도록 한 자"만을 수범주체로 하고 있다. 그러므로 정보를 직접 전송하거나 그러한 행위를 하도록 하여야 처벌대상이 되며, 단지 수신자에게 발신번호로 표시되었다고 해서 곧 '영리목적의 광고성 정보를 전송한 자' 또는 '그러한 행위를 하도록 한 자'라고 단정지어서는 아니된다. 이러한 점을 대법원은 명확히 지적하는 것이다. 이 판결에서는 "회신번호 명의자가 위 정보 전송에 관여하였는지를 직권으로 탐지"하지 않고 발신번호로 표시되어 있다는 사실만으로 '영리목적의 광고성 정보를 전송한 자'라고 판단한 잘못이 있음을 지적하였다.

(2) 정보를 전송한 자와 정보를 전송하게 한 자의 구분

대법원은 본 판결에서 실제 발신에 활용된 번호인 발신번호의 가입자만이 '정보를 전송한 자'에 해당되고, 실제 발신에 이용되지는 않았으나 회신을 받기 위한 번호의 가입자는 '정보를 전송하게 한 자'로 구분하였다. 즉 실제로 발신한 발신번호의 명의자는 '정보전송자'로, 실제 발신을 하지는 않았으나 회신을 유도한 회신번호의 명의자는 '정보를 전송하게 한 자'로 획일적으로 구분하고 있다.

2. 관련 판례

발신번호와 회신번호의 개념 그리고 정보통신망법상의 영리목적의 광고성 정보를 전송한 자 또는 그러한 행위를 하도록 한 자에 대한 우리 법원의 다른 판례는 검색되지 않는다.

3. 검 토

가. '발신번호' 및 '정보를 전송한 자'의 개념

대법원 판결과 같이 정보통신망법 제67조 제1항 제1호의 '정보를 전송한 자'를 실제로 영리목적의 광고성 정보를 전송한 이동통신 또는 유선전화의 단말기의 명의자로 보는 태도는 타당하다. 현실생활에서 수신자에게 표시되는 발신번호와 실제 정보를 전송하는 단말기의 번호가 일치하지 않는 경우가 빈번하기 때문에, 수신자에게 표시된 발신번호의 명의자를 '정보를 전송한 자'로 그대로 간주하는 것은 매우 위험하다. 그러므로 실제로 정보를 전송한 단말기가 무엇인지를 명확히 한 후에 그 단말기의 명의자를 '정보를 전송한 자'로 다루어야 한다. 다만 정보를 전송한 단말기가 분실 또는 도난당한 후에 타인이 무단으로 광고성 정보를 보내는 경우도 있을 수 있으나, 이 경우에는 단말기 명의자가 그 사실을 증명하여야 한다고 보아야 할 것이다. 만약 단말기 명의자가 분실 또는 도난 등의 예외적인 사유를 증명하지 못한다면, 법적 책임을 면하기 어려울 것이다.

나. '회신번호' 및 '정보를 전송하게 한 자'의 개념

대법원은 수신자의 회신을 유도하기 위해 표시한 번호를 '회신번호'라고 구분하며, 그 회신번호의 명의자는 정보통신망법 제67조 제1항 제1호의 '정보를 전송하게 한 자'가 될 수 있다고 판단하였다. 그리고 그 판단 기준으로서 "회신번호 개설 및 제공 경위, 회신번호 개설주소와 명의인과의 관련성, 회신번호 요금의 납부 방법, 전송번호 명의자와의 관계 등"을 제시하고 있다.

그러나 '정보를 전송하게 한 자'라 함은 정보전송을 '교사'하는 행위로 단순하게 해석하는 것이 자연스럽다. 즉 영리목적의 광고성 정보를 실제로 전송하게 교사한 자를 '정보를 전송하게 한 자'라고 판단해야 한다. 회신번호의 명의자는 영리목적의 광고성 정보 전송을 통해 이익을 보는 자로서, 현실적으로는 영리목적의 광고성 정보를 전송한 자와 회신번호 명의자는 '기능적으로 행위를 분담하여 공동으로 이익을 향유하는' 자일 가능성도 있다. 이러한 경우에는 정보를 직접 전송하지는 않았지만 정보를 전송하도록 교사한 것으로 인정할 수 있을 것이다.

다. 번호를 도용당한 자의 보호

현실적으로 자신도 모르는 사이에 자신의 단말기 번호가 발신번호로 도용되는 경우도 빈번하다. 단말기 번호를 도용당한 자는 설령 수신자의 단말기에 발신번호로 표시가 되었다고 하더라도 영리목적의 광고성 정보를 전송하는 행위와는 아무런 관계가 없으므로 법적으로 비난할 수 없다. 이러한 점에서 대법원 판례가 수신자에게 표시된 발신번호의 명의자를 곧바로 '영리목적의 광고성 정보를 전송한 자'로 본 하급심의 판단을 파기한 것은 극히 올바른 결정이라고 평가할 수 있다.

Ⅲ. 판례의 의의

대법원이 발신번호의 개념을 명확히 '영리목적의 광고성 정보를 전송한 단말기의 번호'라고 해석한 점, 수신자의 단말기에 표시된 번호라고 해서 그것을 발신번호라고 간주하는 것은 옳지 않다고 지적한 점, 진정으로 정보를 전송한 번호의 가입자가 누구인가에 대한 증명은 법원이 직권으로 탐지할 사항이지 과태료 부과 대상자가 면책증명을 할 책임을 지는 것은 아니라는 점을 밝힌 것은 매우 의미있다고 평가된다. 다만 정보통신망법 제67조 제1항 제1호의 '정보를 전송하게 한 자'는 정보전송을 '교사'하는 행위를 실제로 한 자로 해석하는 것이 더 법문에 충실한 해석이라고 생각된다.

44 인터넷 포털사이트 검색순위 조작의 형사책임

－대법원 2013. 3. 28. 선고 2010도14607 판결

구 길 모*

Ⅰ. 판례의 개요

1. 사안의 개요

갑 주식회사 대표이사인 피고인은 갑 회사가 운영하는 웹사이트에서 무료프로그램을 다운로드받을 경우 'eWeb.exe'라는 악성프로그램이 숨겨진 특정 프로그램을 필수적으로 컴퓨터 내에 설치하도록 유도하는 방법으로 컴퓨터 사용자들의 정보통신망에 침입하였다(악성프로그램 유포).

그 후 피고인은 컴퓨터 사용자들의 컴퓨터에 설치된 악성프로그램이 자동으로 갑 회사의 서버 컴퓨터로부터 내려받은 작업 리스트에 따라 인터넷 포털사이트의 검색창에 지시된 검색어를 입력하고 그 검색 결과에서 지시된 업체의 웹사이트를 클릭하도록 하여 해당 업체와 관련된 검색어에 대하여 '연관검색어', '자동완성어'를 생성하거나 해당 웹사이트 순위를 향상시킴으로써 정보통신망에 장애를 발생하게 하였다(연관검색어 생성 등).

또한 피고인은 악성프로그램이 설치된 피해 컴퓨터 사용자들이 실제로 인터넷 포털사이트에 해당 검색어로 검색하거나 검색 결과에서 해당 스폰서링크를 클릭하지 않았음에도 그와 같이 검색하고 클릭한 것처럼 인터넷 포털사이트의 관련 시스템 서버에 허위의 신호를 발송하는 방법으로 정보처리에 장애를 발생하게 하였다(경쟁업체 스폰서링크 광고 부정 클릭).

---

* 충남대학교 법학전문대학원 교수.

2. 소송경과

가. 제1심 판결[1)]

'eWeb.exe'라는 악성 프로그램을 일반인들에게 유포한 행위와 관련 정보통신망 침입죄[구 「정보통신망 이용촉진 및 정보보호 등에 관한 법률」(2008. 6. 13. 법률 제9119호로 일부 개정되기 전의 것, 이하 '정보통신망법'이라 한다) 제48조 제1항 위반죄]와 악성프로그램 전달·유포죄(정보통신망법 제48조 제2항 위반죄)의 실체적 경합범을 인정하였다.

연관검색어 생성 등과 관련하여 네이버 등 포털사이트들의 정보통신망의 안정적 운영을 방해할 목적으로 한 정보통신망 장애죄(정보통신망법 제48조 제3항 위반죄)와 네이버운영업체의 검색어 제공서비스 업무에 대한 컴퓨터등업무방해죄(「형법」 제314조 제2항)의 상상적 경합범을 인정하였다.

경쟁업체 스폰서링크 광고 부정 클릭과 관련하여 경쟁업체에 대한 컴퓨터등사용사기죄(「형법」 제314조 제2항) 및 경쟁업체의 광고 및 꽃배달 업무에 대한 컴퓨터등업무방해죄의 실체적 경합범을 인정하였다.

나. 항소심 판결[2)]

악성프로그램 유포 및 정보통신망 침입과 관련하여 'eWeb.exe'는 악성프로그램에 해당하고, 이용자들에게 이 사건 프로그램에 대한 정확한 정보를 주지 않았고, 이를 제공받았다면 이를 설치하지 않았을 것으로 보이므로 설치 동의가 있다고 볼 수 없고, 설치 후에는 이용자가 원하지 않게 다른 서버 컴퓨터의 지시를 받게 되므로 정보통신망 침입에 해당한다고 판단하였다.

연관검색어 생성 등과 관련하여 이러한 행위는 '부정한 명령'을 입력한 것에 해당하고, 이에 의하여 자동완성어, 연관검색어가 생성되거나 그 순위가 상향되는 결과가 발생한 이상, 네이버의 정보통신망에서 정보를 수집·가공·저장·검색함에 있어 장애가 현실적으로 발생하였다고 하여 정보통신망 장애죄가 인정되고, 포털사이트 운영회사의 통계집계시스템 서버에 허위의 클릭정보를 전송한 허위의 클릭정보가 실제로 통계에 반영되었으므로 검색순위 변동을 초래했는지 여부와 관계없이 이는 허위의 정보 내지 부정한 명령에 해당하므로 네이버의 검색어 제공서비스 등의 업무 또는 네이버의 스폰서링크 광고주들의 광고 업무 등이 방해되었으므로 컴퓨터등업무방해죄가 인정된다고 판단하였다.

---

1) 서울중앙지방법원 2010. 2. 5. 선고 2008고단6203,2008고단7319(병합),2008고단7521(병합) 판결.
2) 서울중앙지방법원 2010. 10. 14. 선고 2010노750 판결.

경쟁업체 스폰서링크 광고 부정 클릭과 관련하여 컴퓨터등업무방해죄를 인정하고, 스폰서링크 광고를 부정클릭 함으로써 네이버의 스폰서링크 광고대행사인 피해자에게 광고비를 지급하게 한 사실이 충분히 인정되므로 컴퓨터등사용사기죄도 인정된다고 판단하였다.

다. 대법원 판결

대법원은 다른 죄에 대하여는 유죄를 인정한 원심을 유지하되 정보통신망 장애죄에 대하여는 원심을 파기하였다.

3. 판례의 요지

가. 정보통신망 침입과 악성프로그램 유포의 의미

갑 주식회사 대표이사인 피고인이, 갑 회사가 운영하는 웹사이트에서 무료프로그램을 다운로드받을 경우 'eWeb.exe'이라는 악성프로그램이 몰래 숨겨진 'ActiveX'를 필수적으로 컴퓨터 내에 설치하도록 유도한 행위와 관련하여 피해 컴퓨터에 연결된 정보통신망을 이용한 악성프로그램의 피해 컴퓨터 내 설치 경위, 피해 컴퓨터 사용자들이 인식하지 못하는 상태에서 악성프로그램의 실행 및 피해 컴퓨터에 연결된 정보통신망을 이용한 갑 회사 서버 컴퓨터와의 통신, 그 통신에 의한 지시에 따라 피해 컴퓨터와 인터넷 포털사이트 '네이버' 시스템 사이에 연결되는 정보통신망을 이용한 네이버 시스템에 대한 허위 신호 발송 결과 등에 비추어 볼 때, 악성프로그램이 설치됨으로써 피해 컴퓨터 사용자들이 사용하는 정보통신망에 침입이 인정된다.

나. 정보통신망 장애죄의 해석

정보통신망법 제48조 제3항 및 제71조 제5호는 정보통신망의 안정적 운영을 방해할 목적으로 대량의 신호 또는 정보자료를 보내거나 부정한 명령을 처리하도록 하는 등의 방법으로 정보통신망에 장애가 발생하게 한 자를 처벌하도록 정하고 있으므로, 위 정보통신망 장애 행위로 처벌하기 위해서는 정보통신망의 안정적 운영을 방해하는 장애가 발생되어야 한다. 정보통신망은 전기통신기본법 제2조 제2호의 규정에 따른 전기통신설비를 이용하거나 전기통신설비와 컴퓨터 및 컴퓨터의 이용기술을 활용하여 정보를 수집·가공·저장·검색·송신 또는 수신하는 정보통신체제를 말하므로, 정보통신망의 안정적 운영을 방해하는 장애는 정보통신망에서 정보를 수집·가공·저장·검색·송신 또는 수신하는 기능을 물리적으로 수행하지 못하게 하거나 그 기능 수행을 저해하는 것을 의미한다고 보인다. 따라서 위 규정들에서 정하고 있는 '부정한 명령'은 '대량의 신호 또는 정보자료'를 보내는 것과 마찬가지로 정보통신망의 안정적 운영을 방해하는 장애가 발생될 수 있는 방법의 하나로서 그에 해당하는 명령이라고 해석하여야 하므로, 정보통신망의 운영을 방해할 수 있도록 정보통신망을 구성하는 컴퓨터시스템에 그 시스템의 목적상 예정하고 있지 않은 프로그램을 실행하게 하거나 그 시스템의 프로그램을 구성하는 개개의 명령을 부정하게 변경, 삭제, 추가하거나 프로그램 전체를 변경하게 하는 것이 이에 해당한다.

허위의 정보자료를 처리하게 하였다고 하더라도 그것이 정보통신망에서 처리가 예정된 종류의 정보자료인 이상 정보통신망법 제48조 제3항 및 제71조 제5호에서 정한 '부정한 명령'을 처리하게 한 것이라 할 수 없고, 나아가 그와 같이 허위의 자료를 처리하게 함으로써 정보통신망의 관리자나 이용자의 주관적 입장에서 보아 진실에 반하는 정보처리 결과를 만들어 내었다고 하더라도 정보통신망에서 정보를 수집·가공·저장·검색·송신 또는 수신하는 기능을 물리적으로 수행하지 못하게 하거나 그 기능 수행을 저해하지는 아니하는 이상 형법에서 정한 '정보처리 장애'에 해당하여 컴퓨터등장애업무방해죄가 성립될 수 있음은 별론으로 하고 위 규정들에서 정한 '정보통신망 장애'에 해당한다고 할 수 없으므로, 이를 정보통신망 장애에 의한 정보통신망법 위반죄로 처벌할 수는 없다.

다. 컴퓨터등업무방해죄의 해석

피고인의 행위는 객관적으로 진실에 반하는 내용의 정보인 '허위의 정보'를 입력한 것에 해당하고, 그 결과 네이버의 관련 시스템 서버에서 실제적으로 검색어가 입력되거나 특정 스폰서링크가 클릭된 것으로 인식하여 그에 따른 정보처리가 이루어졌으므로 이는 네이버의 관련 시스템 등 정보처리장치가 그 사용목적에 부합하는 기능을 하지 못하거나 사용목적과 다른 기능을 함으로써 정보처리의 장애가 현실적으로 발생하였고, 이로 인하여 네이버의 검색어 제공서비스 등의 업무나 네이버의 스폰서링크 광고주들의 광고 업무가 방해되었다.

II. 해 설

1. 쟁점의 정리

이 판례의 쟁점은 ① 정보통신망법상 악성프로그램 전달·유포죄에서 악성프로그램의 의미, ② 정보통신망법상 정보통신망 침입죄에 있어 침입의 의미, ③ 정보통신망법상 정보통신망 장애죄에 있어 '부정한 명령을 처리'와 '정보통신망 장애발생'의 의미, ④ 컴퓨터등업무방해죄의 의미이다. 대법원은 특히 ③ 정보통신망법상 '부정한 명령'과 '정보통신망 장애발생'의 의미에 대하여 원심판결을 파기하였고, 이 글에서는 이에 대하여 중점을 두어 살펴보기로 한다.

2. 관련 판례

가. 대법원 2009. 4. 9. 선고 2008도11978 판결

「형법」 제314조 제2항은 '컴퓨터 등 정보처리장치 또는 전자기록 등 특수매체기록을 손괴하거나 정보처리장치에 허위의 정보 또는 부정한 명령을 입력하거나 기타 방법으로 정보처리에 장애를 발생하게 하여 사람의 업무를 방해한 자'를 처벌하도록 규정하고 있는바, 위 죄가 성립하기 위해서는 위와 같은 가해행위 결과 정보처리장치가 그 사용목적에 부합하는 기능을 하지 못하거나 사용목적과 다른 기능을 하는 등 정보처리에 장애가 현실적으로 발생하였을 것을 요한다고 할 것이나, 정보처리에 장애를 발생하게 하여 업무방해의 결과를 초래할 위험이 발생한 이상, 나아가 업무방해의 결과가 실제로 발생하지 않더라도 위 죄가 성립하는 것이다.

따라서 포털사이트 운영회사의 통계집계시스템 서버에 허위의 클릭정보를 전송하여 검색순위 결정 과정에서 위와 같이 전송된 허위의 클릭정보가 실제로 통계에 반영됨으로써 정보처리에 장애가 현실적으로 발생하였다면, 그로 인하여 실제로 검색순위의 변동을 초래하지는 않았다 하더라도 컴퓨터 등 장애 업무방해죄가 성립하는 것이다.

나. 대법원 2009. 10. 15. 선고 2007도9334 판결

피고인들이 외관상으로는 엔에이치엔이 제공하는 한게임 웹사이트에서 정상적인 포커게임을 하고 있는 것처럼 가장하면서 통상적인 업무처리과정하에서 적발해 내기 어려운 한도우미 프로그램을 이용하여 약관에서 양도를 금지하고 있는 포커머니를 약속된 상대방에게 이전하여 준 사안에서 피고인들이 개발하여 유포한 한도우미 프로그램이 정보통신망법(2008. 6. 13. 법률 제9119호로 개정되기 전의 것) 제48조 제2항에서 정한 '악성프로그램'에 해당하지 않고, 한도우미 프로그램에 입력된 명령이 형법 제314조 제2항의 '부정한 명령의 입력'에 해당하지 않으며, 한도우미 프로그램의 사용으로 인하여 엔에이치엔이 운영하는 게임서버에 장애가 발생하였다고 볼 수 없다는 취지로 판단한 다음, 피고인들에 대한 이 사건 공소사실 중 정보통신망법위반(정보통신망침해등)의 점 및 컴퓨터 등 장애 업무방해의 점을 모두 무죄로 선고한 원심을 지지하였다.

이 판례에서 대법원은 「형법」 제314조 제2항의 '부정한 명령의 입력'의 의미를 구체적으로 설시하지는 않았지만 서비스제공자의 원래 의도와는 다르게 프로그램이 운영되게 만들었다는 점까지 컴퓨터등업무방해죄의 '부정한 명령의 입력'이 되는 것은 아니라고 판단한 것이라 할 수 있다.

다. 대법원 2010. 9. 30. 선고 2009도12238 판결

피고인들이 불특정 다수의 인터넷 이용자들에게 배포한 '업링크솔루션'이라는 프로그램은, 갑 회사의 네이버 포털사이트 서버가 이용자의 컴퓨터에 정보를 전송하는 데에는 아무런 영향을 주지 않고, 다만 이용자의 동의에 따라 위 프로그램이 설치된 컴퓨터 화면에서만 네이버 화면이 전송받은 원래 모습과는 달리 피고인들의 광고가 대체 혹은 삽입된 형태로 나타나도록 하는 것에 불과하므로, 이것만으로는 정보처리장치의 작동에 직접·간접으로 영향을 주어 그 사용목적에 부합하는 기능을 하지 못하게 하거나 사용목적과 다른 기능을 하게 하였다고 볼 수 없어 컴퓨터등장애업무방해죄로 의율할 수 없다고 본 원심판단을 수긍하였다.

라. 대법원 2013. 3. 14. 선고 2010도410 판결

「형법」 제314조 제2항의 컴퓨터 등 장애 업무방해죄는 "컴퓨터 등 정보처리장치 또는 전자기록 등 특수매체기록을 손괴하거나 정보처리장치에 허위의 정보 또는 부정한 명령을 입력하거나 기타 방법으로 정보처리에 장애를 발생하게 하여 사람의 업무를 방해한 자도 제1항의 형과 같다"라고 규정하고 있고, 여기서 '기타 방법'이란 컴퓨터의 정보처리에 장애를 초래하는 가해수단으로서 컴퓨터의 작동에 직접·간접으로 영향을 미치는 일체의 행위를 말하나, 위 죄가 성립하기 위해서는 위와 같은 가해행위의 결과 정보처리장치가 그 사용목적에 부합하는 기능을 하지 못하거나 사용목적과 다른 기능을 하는 등 정보처리의 장애가 현실적으로 발생하였을 것을 요한다. 아울러 정보통신망법 제48조 제3항은 "누구든지 정보통신망의 안정적 운영을 방해할 목적으로 대량의 신호 또는 데이터를 보내거나 부정한 명령을 처리하도록 하는 등의 방법으로 정보통신망에 장애가 발생하게 하여서는 아니 된다"라고 규정하고 있고, 이는 정보통신망의 안정적 운영 내지 적정한 작동을 보호하기 위한 규정이므로, 위 죄가 성립하기 위해서는 정보통신망이 그 사용목적에 부합하는 기능을 하지 못하거나 사용목적과 다른 기능을 하는 등 정보통신망의 장애가 현실적으로 발생하였을 것을 요한다고 할 것이다.

3. 검토 — 정보통신망 장애죄(정보통신망법 제48조 제3항) 해석

가. 법 익

정보통신망법 제1조에 따르면 "이 법은 정보통신망의 이용을 촉진하고 정보통신서비스를 이용하는 자의 개인정보를 보호함과 아울러 정보통신망을 건전하고 안전하게 이용할 수 있는 환경을 조성하여 국민생활의 향상과 공공복리의 증진에 이바지함을 목적으로 한다"고 규정한다. 즉, 정보통신망 자체에 대한 보호가 이 법의 취지이다.[3] 이에 비하여 「형법」상 제314조 제2항 컴퓨터등업무방해죄는 사람의 업무를 보호법익으로 한다. 이러한 점을 고려할 때 정보통신망 장애죄는 컴퓨터등업무방해죄와는 달리 해석되어야 한다. 그리고 이러한 보호법익의 차이에 더하여 정보통신망 장애죄는 침해범인 반면, 컴퓨터등업무방해죄는 위험범으로 해석된다.[4]

나. 행위태양

정보통신망 장애죄는 행위태양으로 '대량의 신호 또는 데이터를 보내거나 부정한 명령을 처리하도록 하는 등'의 방법을 규정하고 있다. 여기서 우선 위 문언 중 '등'의 의미가 단순히 앞에 나열한 두 가지를 의미하는 것인가, 아니면 다른 방법이 존재할 수 있다는 '기타'의 의미인지 불확실하다. 이 규정이 형사처벌 규정임을 고려할 때, 죄형법정주의에 충실하게 형법의 '등'의 일반적인 사용 예에 따라 이는 두 가지 방법의 제한적 나열로 해석하여야 한다. 따라서 본 범죄의 행위태양은 ① 대량의 신호 또는 데이터를 보내는 방법, ② 부정한 명령을 처리하도록 하는 방법의 두 가지만 가능하다.[5]

①과 관련하여서는 전자우편폭탄(E-mail Bomb)과 같은 서비스 거부(Dos, Denial of Service)공격, 분산서비스거부(DDos, Distributed Denial of Service)공격 같은 행위를 의미한다고 해석할 수 있다.[6] 그런데 ② '부정한 명령을 처리'하는 방법의 해석에는 문제가 있다.

---

3) 여기서 정보통신망에 '서비스를 제공하지 않는' 개인의 컴퓨터도 포함시킬 수 있는지에 대하여는 장윤식·김기범·이관희, "정보통신망법 상 정보통신망침입죄에 대한 비판적 고찰", 『경찰학 연구』, 제14권 제4호(경찰대학, 2014), 55~57면 참고.

4) 이주원, 『특별형법』, 제5판(홍문사, 2018), 720면.

5) 이러한 대량의 신호 또는 데이터를 보내는 방법으로 좀비PC를 만들어 이용하는 경우가 자주 발행한다. 이러한 경우 좀비PC로 이용되는 개인PC 이용자는 해당 구성요건에 대한 고의가 없어 처벌할 수 없고, 이를 이용한 자는 간접정범으로 이해될 수 있다(박상기·전지연·한상훈, 『형사특별법』, 제2판(집현재, 2016), 185면). 대상 판례의 경우도 악성프로그램을 통하여 다른 사람들의 PC를 이용하였으므로 동일한 구조라고 할 수 있다.

여기서 '명령'이란 정보통신망으로 하여금 어떠한 정보처리를 시키는 것을 의미한다. 그렇다면 '부정한 명령'이란 무엇인가? 이를 정보통신망 서비스제공자의 진정한 의사에 반하는 명령이면 모두 포함시키는 것으로 확대해석할 것인지, 아니면 정보통신망의 기본적 기능 수행 자체를 어렵게 하는 명령을 의미하는 것으로 축소해석할 것인지 문제된다. 나란히 규정된 '대량의 신호 또는 데이터를 보내는 방법'과 어느 정도 동등한 수준의 행위로 해석하여야 한다는 점, 이 범죄의 보호법익이 정보통신망 자체에 대한 보호라는 점을 고려할 때 정보통신망의 기본적 기능 수행 자체를 어렵게 하는 것을 요하는 쪽으로 축소해석하는 것이 타당하다.

이러한 관점에서 살펴볼 때, 대상판례에서 '부정한 명령'을 "정보통신망의 운영을 방해할 수 있도록 정보통신망을 구성하는 컴퓨터시스템에 그 시스템의 목적상 예정하고 있지 않은 프로그램을 실행하게 하거나 그 시스템의 프로그램을 구성하는 개개의 명령을 부정하게 변경, 삭제, 추가하거나 프로그램 전체를 변경하게 하는 것이 이에 해당한다"고 판시한 것은 적절한 해석이라고 할 수 있다.

「형법」 제347조의2를 통하여 형법이 ① 허위의 정보 입력, ② 부정한 명령을 입력, ③ 권한 없이 정보를 입력하는 행위태양을 구별하고 있다는 점을 알 수 있다. 대상판례에서 피고인이 네이버의 관련 시스템 서버에 마치 컴퓨터 사용자들이 실제로 네이버의 검색창에 검색어를 입력하였거나 해당 업체의 웹사이트를 클릭한 것처럼 사실과 다른 정보자료를 보낸 것은 '부정한 명령'에는 해당하지 않지만, '허위의 정보 입력'에 해당한다고 판시한 것도 타당하다.[7)]

다. 결 과

'정보통신망에 장애를 발생'하게 하는 것이 본 죄의 결과이다. 그 의미는 「형법」상 컴퓨터등업무방해죄에서 '정보처리에 장애를 발생'하게 하는 것과 구별함으로써 보다 명확해진다. 즉, 본조는 정보통신망 자체의 물리적 기능수행 가능구조 내지 상태에 장애를 발행시키는 것을 의미하고, 이에 비해 컴퓨터등업무방해죄는 정보통신망에 국한되지 않고 각 컴퓨터 등의 구체적인 기능 수행 과정, 즉 컴퓨터를 통한 업무의 처리과정에 장애를 발생시키는 것을 의미한다.

---

6) 김병식, "로봇 프로그램의 유포 및 이를 이용한 연관검색어 또는 자동완성어의 생성 등과 정보통신망법위반죄", 『사법』, 제26호(사법발전재단, 2013), 324면.

7) 이러한 행위가 '허위의 정보 입력'에도 해당하지 않는다는 견해로는 이정훈, "인터넷 검색광고와 형사책임 —대법원 2013. 3. 28. 선고 2010도14607 판결을 중심으로—", 『홍익법학』, 제19권 제1호(홍익대학교 법학연구소, 2018), 68면 이하 참고.

정보통신망법 상의 '악성프로그램'이 정보통신시스템, 데이터 또는 프로그램의 운용을 방해할 수 있는 프로그램 전반을 포괄적으로 지칭하는 것이라면, 정보통신망 장애란 특히 정보통신시스템의 물리적 기능수행 가능상태 그 자체를 방해하는 것을 의미하는 것이다.

따라서 대상판례에서 "정보통신망에서 정보를 수집·가공·저장·검색·송신 또는 수신하는 기능을 물리적으로 수행하지 못하게 하거나 그 기능 수행을 저해하지는 아니하는 이상 형법에서 정한 '정보처리 장애'에 해당하여 컴퓨터등장애업무방해죄가 성립될 수 있음은 별론으로 하고 위 규정들에서 정한 '정보통신망 장애'에 해당한다고 할 수 없다"고 판시한 것은 타당하다.

라. 주관적 구성요건인 '목적'의 해석

정보통신망 장애죄는 고의 외에 '정보통신망의 안정적 운영을 방해할 목적'을 필요로 하는 목적범이다. 형법은 그 구성요건이 확장될 위험이 있는 경우 목적을 규정하여 그 적용범위를 적절히 제한하는 방법을 취한다. 예를 들어 시험결과 발표날 등에 많은 사람들이 다수 접속하면서 서버가 다운되는 경우를 생각하여 보자. 이런 행위도 본죄의 행위태양과 결과발생에 해당할 수 있는 것이다. 다만, 그것이 '정보통신망의 안정적 운영을 방해할 목적'이 아니었다면 처벌하지 않겠다는 것이다. 이러한 취지에서 목적범의 규정은 이해될 수 있다. 또한 특히 '안정적 운영'을 방해할 목적이라 규정한 것을 고려할 때, 본 죄는 정보통신망이 그 내용과 관계없이 일단 물리적으로 정상적으로 기능한다면 적용이 배제된다고 하는 위에서 제시한 해석은 적절한 것이라고 할 수 있다.

마. 타 조문과의 관계

정보통신망법에는 정보통신망 장애발생 외에 정보통신망 침입(제71조 제1항 제9호, 제48조 제1항), 악성프로그램 전달·유포(제72조의2, 제48조 제2항)를 처벌하는 조항이 있다. 이러한 정보통신망법의 구조를 생각하여 볼 때도 굳이 본 조항을 확대해석할 필요가 없다고 생각된다. 정보통신망의 기능 보호와 관련하여 침입행위 악성프로그램 유포 외에 본 조항은 대량 명령 또는 부정 명령으로 정보통신망의 물리적 기능을 어렵게 하는 경우에 적용되는 것으로 한정하여 적용하면 충분하다.

Ⅲ. 판례의 의의

최근 광고시장에서 온라인광고는 TV, 신문과 더불어 3대 광고매체로 자리매김하고 있다.[8] 대상판결은 온라인광고와 관련하여 악성프로그램을 이용하여 연관검색어 생성, 스폰서링크 클릭 등 허위의 데이터를 생성시켜 광고시장의 질서를 어지럽히는 행위에 대하여 「형법」상 컴퓨터등업무방해죄·컴퓨터등사용사기죄와 정보통신망법을 통한 규율의 기준을 밝혔다는 점에 의미가 있다.

특히 정보통신망법 제48조 제3항의 '정보통신망 장애죄'와 관련하여 '부정한 명령' 및 '정보통신망 장애'의 각 의미를 밝혀 본 조의 구성요건에 관한 해석을 제시하였다는 점에 의미가 있다. 즉, 정보통신망 자체에 대한 침해 범죄인 '정보통신망 장애죄'와 정보통신을 이용하여 다른 법익을 침해하는 형법상 컴퓨터등업무방해죄의 구성요건을 비교·분석하여 차이점을 제시함으로써 정보통신과 관련한 여러 처벌 규정들의 구조를 밝혔다는 점에서 큰 의미가 있다.

8) 온라인광고에 대하여는 최호진, "인터넷 검색광고의 부정클릭과 부정한 명령입력", 『형사판례연구』, 제23권(박영사, 2015), 435~437면 참고.

45 경품광고의 개인정보 보호법 위반 여부 판단 기준

–대법원 2017. 4. 7. 선고 2016도13263 판결

김 희 균*

Ⅰ. 판례의 개요

1. 사안의 개요

피고인은 경품행사를 통해 취득하는 개인정보를 1건당 1,980원에 판매한다는 업무제휴약정을 각 체결하고, 경품행사를 가장하여 경품 당첨을 기대하고 응모하는 고객들의 개인정보를 수집하여 보험회사에 대가를 받고 팔아넘길 목적으로 경품행사를 기획·시행하기로 하였다.

피고인은 보험회사에 사전필터링을 제안하게 되었는데, 그 내용은 피고인 입장에서는 종전에 보험회사가 제3자 제공 동의를 받은 개인정보 데이터베이스를 건네받은 이후에 시행하던 필터링 절차를 고객들로부터 제3자 제공 동의를 받기 전에 시행하게 되면 불필요한 퍼미션 콜 절차를 줄일 수 있는 이점이 있고, 보험회사로서도 어차피 거쳐야 할 필터링 절차를 미리 시행하는 불편밖에 없으니 필터링을 사전에 시행하도록 해 달라는 것이었고, 보험회사도 위와 같은 요청을 받아들였다. 이에 따라 보험회사는 피고인의 웹하드를 통해 제공받은 개인정보 데이터베이스를 필터링하여(사전필터링) 다시 위 웹하드에 업로드 하였고, 피고인은 그 데이터베이스를 가지고 퍼미션 콜 작업을 수행한 후 동의를 받은 고객들의 개인정보를 다시 위 보험회사들에 제공하였다. 한편 보험회사는 사전필터링을 마친 개인정보 데이터베이스를 피고인들의 웹하드에 업로드한 후 자신들의 시스템에서는 이를 모두 삭제하였다.

---

* 서울시립대학교 법학전문대학원 교수.

2. 소송경과

가. 원심판결[1)]

피고인은 「개인정보 보호법」(이하 '법'이라 한다) 상 개인정보 수집 및 그 처리에 관한 동의를 받을 때 정보주체에게 알려야 하는 사항을 응모권에 모두 기재하였다.

응모권에 기재된 약 1mm 크기의 글씨는 복권, 의약품 사용설명서 등 다양한 곳에서 통용되는 것으로 경품행사 응모자들도 읽을 수 있었던 것으로 보이고, 응모함 옆에 응모권 확대 사진을 부착한 점 등에 비추어 볼 때 피고인이 의도적으로 글씨 크기를 작게 하여 그 내용을 읽을 수 없도록 방해하였다고 보기도 어려우며, 응모자들은 자신들의 개인정보가 보험회사에 마케팅 목적으로 제공된다는 사실을 충분히 인식할 수 있는 상태에서 그에 관한 동의를 하였다고 봄이 상당하다.

이른바 퍼미션 콜 업무나 그에 부수하여 퍼미션 콜 대상자를 선별하는 업무인 사전필터링은 피고인의 업무이고, 사전필터링에 따른 경제적 이익은 퍼미션 콜에 드는 시간과 비용을 절약할 수 있는 피고인에게 귀속되었을 뿐 사전필터링을 통해 보험회사가 유의미한 경제적 이익을 얻었다고 볼 수 없다. 사전필터링에 있어 보험회사는 피고인을 위하여 피고인의 퍼미션 콜 업무 일부를 수행한 수탁자로서의 지위를 가질 뿐, 법 제17조와 「정보통신망 이용촉진 및 정보보호 등에 관한 법률」(이하 '정보통신망법'이라 한다) 제24조의2에 정한 '제3자'로서의 지위를 가진다고 볼 수 없다.

나. 대법원 판결

「개인정보 보호법」 제72조 제2호에 규정된 '거짓이나 그 밖의 부정한 수단이나 방법'이란 개인정보를 취득하거나 또는 그 처리에 관한 동의를 받기 위하여 사용하는 위계 기타 사회통념상 부정한 방법이라고 인정되는 것으로서 개인정보 취득 또는 그 처리에 동의할지에 관한 정보주체의 의사결정에 영향을 미칠 수 있는 적극적 또는 소극적 행위를 뜻한다. 그리고 거짓이나 그 밖의 부정한 수단이나 방법으로 개인정보를 취득하거나 그 처리에 관한 동의를 받았는지를 판단할 때에는 개인정보처리자가 그에 관한 동의를 받는 행위 자체만을 분리하여 개별적으로 판단하여서는 안 되고, 개인정보처리자가 개인정보를 취득하거나 처리에 관한 동의를 받게 된 전 과정을 살펴보아 거기에서 드러난 개인정보 수집 등의 동기와 목적, 수집 목적과 수집 대상인 개인정보의 관련성, 수집 등을 위하여 사용한 구체적인 방법, 「개인정보 보호법」 등 관련 법령을 준수하였는지 및 취득한 개인

---

1) 서울중앙지방법원 2016. 8. 12. 선고 2016노223 판결.

정보의 내용과 규모, 특히 민감정보·고유식별정보 등의 포함 여부 등을 종합적으로 고려하여 사회통념에 따라 판단하여야 한다.

법 제17조 제1항 제1호, 제26조, 제71조 제1호, 정보통신망법 제24조의2 제1항, 제25조, 제71조 제3호의 문언 및 취지에 비추어 보면, 법 제17조와 정보통신망법 제24조의2에서 말하는 개인정보의 '제3자 제공'은 본래의 개인정보 수집·이용 목적의 범위를 넘어 정보를 제공받는 자의 업무처리와 이익을 위하여 개인정보가 이전되는 경우인 반면, 법 제26조와 정보통신망법 제25조에서 말하는 개인정보의 '처리위탁'은 본래의 개인정보 수집·이용 목적과 관련된 위탁자 본인의 업무 처리와 이익을 위하여 개인정보가 이전되는 경우를 의미한다. 개인정보 처리위탁에 있어 수탁자는 위탁자로부터 위탁사무 처리에 따른 대가를 지급받는 것 외에는 개인정보 처리에 관하여 독자적인 이익을 가지지 않고, 정보제공자의 관리·감독 아래 위탁받은 범위 내에서만 개인정보를 처리하게 되므로, 법 제17조와 정보통신망법 제24조의2에 정한 '제3자'에 해당하지 않는다.

한편 어떠한 행위가 개인정보의 제공인지 아니면 처리위탁인지는 개인정보의 취득 목적과 방법, 대가 수수 여부, 수탁자에 대한 실질적인 관리·감독 여부, 정보주체 또는 이용자의 개인정보 보호 필요성에 미치는 영향 및 이러한 개인정보를 이용할 필요가 있는 자가 실질적으로 누구인지 등을 종합하여 판단하여야 한다.

II. 해 설

1. 쟁점의 정리

가. 거짓이나 부정한 수단에 의한 개인정보 취득 또는 개인정보 처리에 대한 동의

인터넷을 통해 물건을 구입하거나 음원사이트 등에 회원가입을 하고 나서 유독 많은 스팸 메일이나 메시지 등을 받게 된 경험을 누구나 한 번쯤 가지고 있을 것이다. 그때 "내 정보가 어떻게 유출이 되었지?"라고 의아해할 수 있는데, 평석 대상판결이 바로 그 과정을 정확하게 보여주는 예다. 대상판결에서 피고인은 '벤츠 승용차와 진주목걸이' 등을 경품으로 내걸어서 그 경품에 혹한 고객들과 불특정 일반인들로부터 응모신청서를 받는 과정에서 개인정보를 광범위하게 수집하고, 제3자 제공에 대한 동의를 받은 다음, 이를 보험회사에 돈을 받고 팔아넘김으로써 부당한 이익을 취득하였는데, 취득한 개인정보의 양이 700만 건을 넘고, 그로 인한 수익이 100억 원을 넘는 등 조직적이고 계획적으로 개인정보

에 대한 침해행위가 이루어졌다.[2)]

2011년에 제정된 「개인정보 보호법」은 제59조에서 개인정보의 수집과 처리 과정에서 지켜야 할 내용을 규정해 놓고 있다.[3)] 제1호에 따르면 사업자 등은 특히 '거짓이나 부정한 수단'을 사용해서 개인정보를 취득하거나 개인정보 제공에 대한 동의를 받아서는 안 된다고 한다. 개인정보를 취득하고 처리하더라도 항상 정당한 방법과 절차를 통해서 정보주체의 동의를 받으라는 것이 법 제59조 제1호의 취지이다. 이를 보장하기 위하여 법은 제72조에서는 이를 위반한 자에 대해서는 다음과 같은 벌칙이 부과된다고 한다.[4)]

따라서 대상판결에서는 피고인들이 과연 '거짓이나 부정한 수단으로 개인정보를 취득하거나 개인정보 처리에 관한 동의를 받는 행위를 하였는지' 가 핵심 쟁점이 된다.

나. 개인정보 처리의 위탁과 제3자 제공

피고인 입장에서는 어렵게 공소외 3 회사에 위탁해서 허락을 받았는데 그 정보가 사후에 쓸모없어지면 안 되기 때문에 이번에는 보험회사와 거듭 계약을 맺어 보험회사가 피고인이 제공하는 정보를 한 번 거른 다음에 넘겨주면, 그 걸러진 고객에 대해서만 퍼미션콜을 하겠다고 제안한다. 보험회사가 이에 대해 동의를 하자, 보험회사의 사전 필터링을 위해 고객에 관한 정보를 넘기는데, 과연 이것이 법적으로 허용되는 행위인지 여부가 쟁점이 되었다.

법에 따르면 개인정보 처리를 위해서 제3자에게 정보를 넘기는 것 자체는 문제가 되지 않는다. 하지만 그것이 정보처리 위탁 차원을 넘어서 제3자에 대한 정보 제공으로 해석이 되면 그때는 법 제17조와 정보통신망법 제24조의2[5)] 위반이 된다.

---

2) 대법원 2017. 4. 7. 선고 2016도13263 판결 참조.

3) **제59조(금지행위)** 개인정보를 처리하거나 처리하였던 자는 다음 각 호의 어느 하나에 해당하는 행위를 하여서는 아니 된다.
   1. 거짓이나 그 밖의 부정한 수단이나 방법으로 개인정보를 취득하거나 처리에 관한 동의를 받는 행위
   2. 업무상 알게 된 개인정보를 누설하거나 권한 없이 다른 사람이 이용하도록 제공하는 행위
   3. 정당한 권한 없이 또는 허용된 권한을 초과하여 다른 사람의 개인정보를 훼손, 멸실, 변경, 위조 또는 유출하는 행위

4) **제72조(벌칙)** 다음 각 호의 어느 하나에 해당하는 자는 3년 이하의 징역 또는 3천만원 이하의 벌금에 처한다.
   2. 제59조제1호를 위반하여 거짓이나 그 밖의 부정한 수단이나 방법으로 개인정보를 취득하거나 개인정보 처리에 관한 동의를 받는 행위를 한 자 및 그 사정을 알면서도 영리 또는 부정한 목적으로 개인정보를 제공받은 자

5) **제24조의2(개인정보의 제공 동의 등)** ① 정보통신서비스 제공자는 이용자의 개인정보를 제3자에게 제공하려면 제22조제2항제2호 및 제3호에 해당하는 경우 외에는 다음 각 호의 모든 사항을 이용자에게 알리고 동의를 받아야 한다. 다음 각 호의 어느 하나의 사항이 변경되는 경우에도 또한 같다.
   1. 개인정보를 제공받는 자
   2. 개인정보를 제공받는 자의 개인정보 이용 목적

따라서 피고인이 사전필터링을 위해서 보험회사에게 고객의 개인정보를 넘긴 것이 처벌 대상이 아닌 정보처리의 위탁에 해당하는지, 아니면 처벌 대상인 제3자에 대한 정보제공이 되는지가 쟁점이다.

다. 부당한 광고

피고인 회사는 전단지, 인터넷 홈페이지, 물품구매 영수증 등을 통해 경품행사를 광고하였는데, 실제로는 경품을 지급할 의사가 전혀 없었고, 매출을 증대하는 데 있다기보다 처음부터 고객들의 개인정보를 수집하여 이를 보험회사에 대가를 받고 판매하는데 있었다.

기만적인 광고는 사실을 은폐하거나 축소하는 등의 방법으로 광고를 하는 것을 말하고, 거짓광고란 사실과 다르게 광고하거나 사실을 지나치게 부풀려 광고하는 것을 말한다(「표시·광고의 공정화에 관한 법률」(이하 '표시광고법'이라 한다) 시행령 제3조 제1항). 거짓광고는 적극적인 방법에 의해 진실하지 않은 주장 및 표시 등을 함으로써 소비자의 직접적인 오인을 초래하는 것이고, 기만광고는 소극적인 방법으로 진실의 전부 또는 일부를 은폐하거나 축소하는 등의 방법으로 행하는 것이다.

표시광고법은 제3조 제1항을 위반하여 부당한 표시·광고 행위를 하거나 다른 사업자등으로 하여금 하게 한 사업자등에 대하여 2년 이하의 징역 또는 1억5천만 원 이하의 벌금에 처하도록 하고 있다(제17조 제1항).[6)]

따라서 경품제공의 의사가 없는 경품광고가 거짓이나 기만광고에 해당하는지 여부도 중요한 쟁점이다.

2. 검 토

가. 원심판결

(1) 거짓이나 부정한 수단에 의한 개인정보 취득 또는 개인정보 처리에 대한 동의

원심판결은 피고인의 행위가 그 정도에는 이르지 않았다고 판단하여 무죄를 선고하

---

3. 제공하는 개인정보의 항목
4. 개인정보를 제공받는 자의 개인정보 보유 및 이용 기간

② 제1항에 따라 정보통신서비스 제공자로부터 이용자의 개인정보를 제공받은 자는 그 이용자의 동의가 있거나 다른 법률에 특별한 규정이 있는 경우 외에는 개인정보를 제3자에게 제공하거나 제공받은 목적 외의 용도로 이용하여서는 아니 된다.

6) **제17조(벌칙)** 다음 각 호의 어느 하나에 해당하는 자는 2년 이하의 징역 또는 1억5천만원 이하의 벌금에 처한다.

1. 제3조제1항을 위반하여 부당한 표시·광고 행위를 하거나 다른 사업자등으로 하여금 하게 한 사업자등

였다. 즉, 1mm 크기의 글자로 정보를 제공할 수밖에 없는 상황이었고, 그걸 확대한 사진을 현장에 붙여 놓는 등 정보제공에 관한 문구를 읽지 못하게 할 의도가 없었다는 점에 착안하여 거짓이나 부정한 수단을 사용한 것이 아니라고 판단한 것이다.

응모권에 기재된 약 1mm 크기의 글씨는 복권, 의약품 사용설명서 등 다양한 곳에서 통용되는 것으로 경품행사 응모자들도 읽을 수 있었던 것으로 보이고, 응모함 옆에 응모권 확대 사진을 부착한 점 등에 비추어 볼 때 피고인이 회사가 의도적으로 글씨 크기를 작게 하여 그 내용을 읽을 수 없도록 방해하였다고 보기도 어려우며, 응모자들은 자신들의 개인정보가 보험회사에 마케팅 목적으로 제공된다는 사실을 충분히 인식할 수 있는 상태에서 그에 관한 동의를 하였다고 봄이 상당하다.[7]

즉, "개인정보 수집 및 그 처리에 관한 동의를 받을 때 정보주체에게 알려야 하는 사항을 응모권에 모두 기재하였다"는 사실에 중시하여 피고인 등이 법에 어긋나는 행위를 한 것은 아니라고 판단한 것이다.

(2) 개인정보 처리의 위탁과 제3자 제공

원심판결은 보험회사가 사전필터링을 해 준 것은 정보수집 주체인 피고인 등으로부터 업무처리를 위탁받아 피고인을 위한 행위를 해 준 것이지, 제3자의 자격에서 피고인으로부터 정보를 받은 것은 아니라는 점에 착안하여 이런 행위는 '처리위탁'으로 법에 어긋나지 않는다고 보았다. 특히 보험회사는 정보처리 후에 그 정보를 삭제하고 더 이상 사용하지 않았으므로 정보를 제공받았다고 볼 수 없다고 하였다.

(3) 부당한 광고

원심판결은 제1심이 그와 같은 증거판단을 토대로 피고인들이 이 사건 경품행사에 따른 경품을 제대로 지급하지 아니한 행위는 개인정보 수집 이후의 사정에 불과하므로 피고인들이 거짓이나 그 밖의 부정한 수단이나 방법으로 고객들로 하여금 개인정보 수집에 동의하도록 하였다는 공소사실과 무관하고, 검사가 제출한 증거만으로는 피고인들이 당첨자들에게 경품을 지급할 의사가 없는데도 마치 개인정보 제공에 동의하면 경품에 당첨될 기회가 주어지는 것처럼 경품행사에 응모하는 사람들을 기망하는 수법으로 고객정보를 수집하거나 제3자 제공에 동의를 받았다는 점을 인정하기에 부족하며, 달리 이를 인정할 증거가 없다고 판단한 조처는 정당한 것으로 수긍이 되므로, 제1심 판결에 검사가 지적하는 바와 같은 사실오인 또는 법리오해의 위법이 있다고 판단되지 아니한다고 하였다.

---

7) 서울중앙지방법원 2016. 8. 12. 선고 2016노223 판결.

나. 대법원 판결

(1) 거짓이나 부정한 수단에 의한 개인정보 취득 또는 개인정보 처리에 대한 동의

대법원 판결은 원심판결과 견해를 달리하고 있다. 먼저 법에서 말하는 '거짓이나 부정한 수단'이라는 표현은 문언 그대로 '거짓'이 있었는지, '부정한 수단'을 사용하였는지에 중점을 둘 것이 아니라, 법의 제정목적, 행위자의 의도 등을 종합적으로 판단하여 그것이 정상적인 개인정보 처리 과정에서 어긋나는 것이면 법에서 금지하는 행위로 보아야 한다는 입장이다.

먼저 피고인의 경우는 정보수집의 목적이 경품을 제공하는 데 있지도 않았고, 수집 대상도 경품 지급과는 상관없는 정보들이 광범위하게 포함되어 있었으며, 주민등록번호 등 민감정보[8]까지 수집 대상으로 한 점, 법의 취지와는 다르게 정보 제공에 동의하지 않는 고객은 경품 지급 대상에서 고의적으로 제외하는 등 그 행위의 양상이 '거짓이나 부정한 수단'을 사용한 것과 다를 바 없다고 결론을 내렸다. 특히 1mm 크기로 중요한 내용을 축약시켜 자세히 읽어보지 못하도록 한 점은 피고인의 행위가 악의적이었다고 판단한 것이다.

사실 다른 법률에서도 범죄행위의 유형을 자세하게 기술할 수 없는 경우에 '거짓이나 부정한 수단' 등과 같은 포괄적인 문구를 사용하고 있는데, 그것은 외형적으로 볼 때 '거짓'도 아니고 '부정한 수단'도 아니라고 판단될 경우에도, 행위의 위법성과 관련하여 그 행위에 이르게 된 동기나 목적, 양태, 정황 등 제반사항을 고려할 것을 주문하고 있는 것이다. 마찬가지로 행위에 이르게 된 동기나 목적, 양태, 정황 등이 행위반가치 판단을 받기에 부족함이 없어 보이고, 대법원은 이런 점을 정확하게 지적하고 있는 것이다.

(2) 개인정보 처리의 위탁과 제3자 제공

어떠한 행위가 개인정보의 제공인지 아니면 처리위탁인지는 개인정보의 취득 목적과 방법, 대가 수수 여부, 수탁자에 대한 실질적인 관리·감독 여부, 정보주체 또는 이용자의 개인정보 보호 필요성에 미치는 영향 및 이러한 개인정보를 이용할 필요가 있는 자가 실질적으로 누구인지 등을 종합하여 판단하여야 한다.[9]

여기서 가장 중요한 것은 대법원이 적절하게 지적한 바와 같이, "개인정보를 이용할 필요가 있는 자가 실질적으로 누구"인가 하는 점이다. 피고인이 그 개인정보를 이용할 목

---

8) 법 제23조 제1항은 "사상·신념, 노동조합·정당의 가입·탈퇴, 정치적 견해, 건강, 성생활 등에 관한 정보, 그 밖에 정보주체의 사생활을 현저히 침해할 우려가 있는 개인정보로서 대통령령으로 정하는 정보"를 민감정보라고 정의한다.

9) 대법원 2017. 4. 7. 선고 2016도13263 판결.

적이었다면 보험회사의 행위는 '처리 위탁'이 되지만, 보험회사가 이용할 목적이었다면 그것은 보험회사가 정보를 제공받은 것에 해당한다는 뜻이다. 이 점은 보험회사가 피고인에게 필터링 결과를 전달한 후에 일단은 받은 정보를 삭제하고 더 이상 사용하지 않았다고 해도 마찬가지다. 보험회사 입장에서는 '더 잘 가공된 정보'가 곧 올 것이기 때문에 이미 받았던 정보를 삭제하는 것은 전혀 문제가 되지 않는다.

즉, 궁극적으로 정보를 받은 주체인 보험회사가 정보 가공에 가담하였다고 하여도 처음 정보를 건네받는 순간에 '정보가 제공되었다'고 보아야 한다는 것이 대법원의 판단이다.

(3) 부당한 광고

대법원 판결에 따르면, 이 사건 경품행사의 기획 및 실시 경위 등을 살펴보면, 이 사건 경품행사의 목적은 피고인 회사 고객들의 매장 방문을 유도하여 매출을 증대하는 데 있다기보다 처음부터 고객들의 개인정보를 수집하여 이를 보험회사에 대가를 받고 판매하는 데 있었음을 알 수 있다. 그럼에도 이 사건 경품행사를 광고하기 위한 수단인 전단지, 인터넷 홈페이지 등에는 '창립 14주년 고객감사 대축제', '그룹 탄생 5주년 기념', '브라질 월드컵 승리 기원', '피고인 회사가 올해도 10대를 쏩니다' 등의 문구를 경품사진과 함께 큰 글씨로 전면에 배치하여 경품행사를 광고하고 있을 뿐이고, 피고인 회사가 소비자의 개인정보를 수집하고 이를 제3자에게 제공한다는 점에 관한 기재가 누락되어 있다. 따라서 일반적인 소비자가 이 사건 광고를 접하게 되는 경우 소비자들은 오로지 고객에 대한 사은행사의 일환으로 경품행사를 실시하는 것으로 받아들일 가능성이 크다. 그런데 소비자의 입장에서는 이 사건 경품행사가 아무런 대가 없이 이루어지는 단순 사은행사인지 아니면 자신의 개인정보를 수집하여 보험회사 등 제3자에게 제공하는 대가로 경품을 제공하는 행사인지 여부가 이 사건 경품행사에 응모할지 여부에 영향을 미치는 중대한 요소라고 보인다. 따라서 피고인 회사가 이 사건 경품행사를 진행하면서 위와 같은 목적을 은폐하고 광고한 것은 '표시광고법' 제3조 제1항 제2호에서 말하는 '소비자를 속이거나 소비자로 하여금 잘못 알게 할 우려가 있는 광고 행위'에 해당한다.

Ⅲ. 판례의 의의

2011년 제정된 법은 개인정보에 대한 자기결정권과 동의를 두 가지 기둥으로 하고 있다.[10] 개인을 식별할 수 있는 정보에 대해서는 정보주체에게 제공에 관한 결정권이 있고, 그 결정권이 침해되지 않았음을 확인하는 방법으로 동의를 받도록 요구하고 있다. 대상판결은 그 동의를 받는 과정에서 정확한 정보가 제공되지 않은 경우 이를 법으로 처벌할 것인가 하는 점과 정보처리를 위하여 제3자에게 정보를 넘기는 것도 제공에 해당하는가에 대한 가이드라인을 제시하는 판결로 의미가 깊다고 할 것이다.

사실 정보제공에 관한 동의는 그동안 계속해서 문제가 되어 왔다.

개인정보처리자가 입증책임을 부담하지 않기 위해 무분별한 동의를 받다보니, 정보주체의 명확한 인식이 없는 동의가 남용되고 있[고,] 문제는 이러한 광범위하고 무분별하며, 복잡한 동의가 오히려 정보주체의 개인정보자기결정권 보장을 위해 제정된「개인정보 보호법」의 근본취지를 무색하게 할 만큼 형식화 되고 있어, 동의를 해 주는 정보주체의 입장에서도 동의를 받는 절차의 복잡함과 동의서 서식문구의 많은 분량과 복잡성으로 인해 자세히 문구를 살펴보지 않고 동의를 해주는 악순환이 계속되고 있다는 점이다.[11]

대상판결은 이런 형식화된 동의의 위험성에 대해 경종을 울리면서 법에 따른 절차를 정확하게 지키지 않는 경우에는 '거짓이나 부정한 수단을 사용'한 것으로 볼 수 있다는 점을 경고하고 있다.

다행히 "개인정보처리자의 동의절차 남용을 방지하기 위해 2016년 7월부터「개인정보 수집·제공 동의서 작성 가이드라인」을 제정하여 시행하고 있으며,"[12] 동의서 작성에 대한 보다 까다로운 지침을 제시하고 있다. 따라서 앞으로는 대상판결과 같은 사안에 대해서는 법원이 더 엄격한 잣대를 적용할 것으로 보인다.

정보통신망법이 규정하는 처리 위탁이라는 것이 실질적인 의미에서 '저공'의 경우에는 적용되지 않으며, 정보처리자의 이익을 위한 위탁의 경우는 '위탁'이라는 문언의 의미에 기속되지 않고 정보주체의 동의를 요구한다는 점에서 정보처리 명목으로 기업들이 정보를 공유하는 행태에 대해서도 법의 엄격한 심사가 있을 것임을 짐작하게 한다.

한편, 경품제공의 의사가 없으면서 경품광고를 하는 것은 사업자가 상품·용역의 품질·수량·종류 등에 관한 정보, 가격 또는 거래 조건에 관한 정보, 사용 방법·유효 기간·보증 등 상품·용역 등의 사용 또는 이용 과정에서 소비자가 반드시 알아야 할 정보 등을 은폐하거나 누락 또는 축소하는 등의 방법으로 소비자를 기망에 빠뜨리는 것이라고 할 수 있다. 대상판결은 소비자들에게 경품제공의 의사가 없는 경품광고가 표시광고법상 부당

10) 권영준, "개인정보 자기결정권과 동의제도에 대한 고찰",『법학논총』, 제36권 제1호, 674~675면.
11) 조수영, "개인정보보호법에서의 정보주체의 동의와 기본권 보장에 관한 연구",『법학연구』, 제18권 제1호, 331면.
12) 조수영, 위의 논문, 334면.

한 표시광고에 해당하는지 여부에 대하여 피고인 회사가 이 사건 경품행사를 진행하면서 위와 같은 목적을 은폐하고 광고한 것은 '표시광고법' 제3조 제1항 제2호에서 말하는 '소비자를 속이거나 소비자로 하여금 잘못 알게 할 우려가 있는 광고 행위'에 해당한다고 명시적으로 판단하였다는데 그 의의가 있다.

46 병행수입업자의 광고행위의 허용 여부

–대법원 2002. 9. 24. 선고 99다42322 판결

김 병 일*

Ⅰ. 판례의 개요

1. 사안의 개요

이 사건 판례는 병행수입업자의 상표사용 범위가 문제된 사안이다. 이 사건 대법원 판결은 병행수입을 원칙적으로 허용하고 나아가 병행수입업자가 병행수입 상품의 판매를 위하여 광고 등에 상표를 사용하는 행위도 실질적으로 상표권 침해의 위법성이 있다고 볼 수 없어 상표권 침해가 성립하지 아니한다고 하더라도, 그 사용태양 등에 비추어 영업표지로서의 기능을 갖는 경우에는 일반 수요자들로 하여금 병행수입업자가 외국 본사의 국내 공인 대리점 등으로 오인하게 할 우려가 있으므로, 이러한 사용행위는 「부정경쟁방지 및 영업비밀보호에 관한 법률」(이하 '부정경쟁방지법'이라 한다) 제2조의 영업주체 혼동행위에 해당될 수 있음을 명확하게 판시하였다.

이 사건 대법원 판결은 외부간판이나 현수막과 같이 매장외부에 상표를 표시하는 행위는 일반 수요자들로 하여금 병행수입업자가 외국 본사의 국내 공인 대리점 등으로 오인하게 할 우려가 있기 때문에 금지하면서도 매장내부 또는 포장지 등에 상표를 표시하는 행위는 그러한 염려가 없다는 이유로 허용하고 있다. 이 사건 대법원 판결은 병행수입이 상표권 침해에 해당하지 않는다는 점을 명확히 하면서도, 부정경쟁행위가 되기 위한 요건과 기준을 설명하고 있다.

---

* 한양대학교 법학전문대학원 교수.

2. 소송경과

가. 원심판결[1)]

영국 법인인 원고 버버리 리미티드(이하 '원고 버버리'라 한다)는 "BURBERRYS"의 문자상표(이하 '이 사건 표장'이라 한다)를 비롯한 1,154개의 상표를 국내외에서 등록하고 사용하여 오고 있고, 원고 유로통상 주식회사(이하 '원고 유로통상'이라 한다)가 원고 버버리와 독점적인 수입·판매대리점 계약을 체결하여 상품을 공급받으면서 버버리 상표를 영업에 사용할 수 있는 권한을 부여받아, 버버리 제품을 판매하여 왔고, 대규모 광고·판촉활동도 벌여 왔다. 그런데, 피고는 영국 등에서 원고 버버리가 생산한 제품(이른바 진정상품[2)])을 수입(병행수입)하여 자신의 직영매장에서 직접 판매하거나, 대리점을 모집하여 수입 제품을 국내 수요자들에게 공급해 왔다. 또한, 피고는 그 영업소나 매장 전면 간판에 버버리 표장을 부착하거나 표시하거나, 포장지나 쇼핑백, 직원들의 명함에도 이 사건 표장을 표시하는 한편, 이 사건 표장이 포함된 선전광고를 게재하기도 하였다.

원심은 위 사실을 인정한 다음, 병행수입 그 자체는 위법성이 없는 정당한 행위로서 상표권 침해 등을 구성하지 아니한다고 전제하고 나서, 병행수입업자의 상표 사용의 한계에 대하여 병행수입을 허용하는 취지를 살리는 차원에서 병행수입업자의 진정상품 판매와 밀접 불가분의 관계가 있는 경우 영업상 최소한도로 필요한 범위 내에서 상표의 사용을 허용하되, 그 범위를 넘어서 상표권자의 신용과 고객흡인력을 희석화하거나 국내 독점판매대리점과의 관계에서 영업주체의 혼동을 초래할 우려가 있는 상표의 사용은 금지하는 것이 병행수입을 둘러싼 이해관계인 사이에 합리적인 이익의 조화를 꾀할 수 있다고 보았다.

원심판결은 "이 사건 표장은 원고 버버리의 상표이자 그 공인대리점의 영업표지로서 국내에 널리 인식되었다고 할 것인바, 피고가 정당한 범위를 넘어 표장을 간판, 광고 등에 사용할 경우, 원고 버버리에 대해서는 상표권 침해를 구성하고,[3)] 원고 유로통상에 대해서는 영업주체 혼동으로 인한 부정경쟁행위에 해당한다고 보아야 한다"고 판시하였다. 나아

1) 서울고등법원 1999. 6. 22. 선고 98나35466 판결.
2) "진정상품"이라 함은 상표가 외국에서 적법하게 사용할 수 있는 권리가 있는 자에 의하여 부착되어 배포된 상품을 말한다. 한편, 외국에서 정당하게(with authorized) 생산되고 지불된 상품을 상표를 사용할 권리가 없는 시장에 수입하여 판매하는 경우에 그 상품을 회색상품(gray market goods)이라고 한다.
3) 이 사건 표장은 원고 버버리의 영업표지로 기능하기도 하므로 부정경쟁방지법 위반의 점도 문제되나, 위와 같이 이 사건에서 「상표법」 위반이 인정되는 이상 부정경쟁방지법 제15조 제1항에 의하여 동법은 적용되지 아니한다.

가 원심판결은 "상표권자의 상표와 똑같은 표지를 크게 부각시켜 제작한 간판을 매장 입구 또는 외부에 설치하거나 매장의 전면 외벽에 이러한 표지를 부착하는 행위는 병행수입업자에게 허용되는 선전광고의 범위를 벗어나 독립한 '영업표지'로 표장을 이용한 것임에 분명하고, 나아가 고객으로 하여금 병행수입업자의 매장을 외국 본사의 공인대리점 등으로 오인케 할 우려가 있으므로 이는 금지되어야 한다. 또한, 피고의 대표자 또는 직원들의 명함에 이 사건 표장과 동일한 도안을 넣는 행위 역시 단순한 상품표지가 아닌, 영업표지의 한 태양으로 상표를 사용한 것으로 판단되고, 명함을 교부받는 제3자의 입장에서 명함의 소지자를 외국 본사 또는 그 대리점의 구성원으로 오인할 여지가 있으므로 역시 금지되어야 한다"고 하여 피고의 책임을 인정하였으나, "매장 내의 내부 간판이나 표지는 외부 간판과 달리 독립적인 영업표지로서의 기능이 희박하고, 오히려 고객으로 하여금 업자가 전시한 상품의 위치를 쉽게 발견하게 하며 상품의 판매를 촉진하는 차원에서 표장을 사용한 것으로 볼 수 있으므로, 이는 특별한 사정이 없는 한 병행수입업자의 진정상품 판매에 수반되는 행위로서 허용된다. 또한, 포장지 및 쇼핑백은 진정상품의 판매에 부수되어 무상으로 제공되는 물품으로서 여기에 등록상표와 동일·유사한 표지를 도안으로 넣었다고 하여 이를 병행수입업자의 영업표지라 단정하기 어렵고, 고객의 입장에서도 이로 인하여 영업주체에 혼동을 가져올 우려는 없으므로, 이들을 매장에서 사용하는 행위 역시 병행수입업자에게 허용되는 판매에 필연적으로 수반되는 행위로서 위법성이 없다"고 하여 책임을 부정하였다.

또한 원심판결은 "매장의 벽에 부착되거나 각종 잡지에 게재되는 선전광고물은, 오늘날 상품의 판매에 필연적으로 수반되는 촉진수단이 광고라는 점을 감안할 때 진정상품을 판매하는 업자가 이를 광고하는 것 자체는 허용하여야 하고, 또 광고물에 진정상품의 표지인 상표를 기재하는 것은 어떤 상품이 판매되는가를 명백히 함으로써 상품명을 쉽게 부각시킬 수 있는 효과적 광고방법이며, 나아가 피고의 선전광고물에 병행수입업자의 매장이 마치 대리점인 것처럼 오인하게 할 수 있는 방식의 상표 기재가 있었다고 보기 어렵다"고 판시하여 진정상품을 판매에 수반되는 상표의 사용 범위와 한계를 설시하였다.

나. 대법원 판결

매장 내부 간판, 포장지 및 쇼핑백, 선전광고물은 영업표지로 볼 수 없거나 병행수입업자의 매장이 마치 대리점인 것처럼 오인하게 할 염려가 없어 상품의 표장의 사용이 허용되는 반면에, 사무소·영업소·매장의 외부 간판 및 명함은 영업표지로 사용한 것이어서 상품의 표장의 사용이 허용될 수 없다.

3. 판례의 요지

가. 상표법에 관한 판결의 요지

병행수입 그 자체는 위법성이 없는 정당한 행위로서 상표권 침해 등을 구성하지 아니하므로 병행수입업자가 상표권자의 상표가 부착된 상태에서 상품을 판매하는 행위는 당연히 허용될 것인바, 상표는 기본적으로 당해 상표가 부착된 상품의 출처가 특정한 영업주체임을 나타내는 상품출처표시기능과 이에 수반되는 품질보증기능이 주된 기능이라는 점 등에 비추어 볼 때, 병행수입업자가 위와 같이 소극적으로 상표를 사용하는 것에 그치지 아니하고 나아가 적극적으로 상표권자의 상표를 사용하여 광고·선전행위를 하더라도 그로 인하여 상표의 기능(상품출처표시기능과 이에 수반되는 품질보증기능)을 훼손할 우려가 없고 국내 일반 수요자들에게 상품의 출처나 품질에 관하여 오인·혼동을 불러일으킬 가능성도 없다면, 이러한 행위는 실질적으로 상표권 침해의 위법성이 있다고 볼 수 없을 것이므로, 상표권자는 상표권에 기하여 그 침해의 금지나 침해행위를 조성한 물건의 폐기 등을 청구할 수 없다고 봄이 상당하다.

나. 부정경쟁방지법에 관한 판결의 요지

병행수입업자가 적극적으로 상표권자의 상표를 사용하여 광고·선전행위를 한 것이 실질적으로 상표권 침해의 위법성이 있다고 볼 수 없어 상표권 침해가 성립하지 아니한다고 하더라도, 그 사용태양 등에 비추어 영업표지로서의 기능을 갖는 경우에는 일반 수요자들로 하여금 병행수입업자가 외국 본사의 국내 공인 대리점 등으로 오인하게 할 우려가 있으므로, 이러한 사용행위는 부정경쟁방지법 제2조 제1호 (나)목 소정의 영업주체혼동행위에 해당되어 허용될 수 없다.

II. 해 설

1. 쟁점의 정리 – 병행수입업자의 광고행위의 허용 여부

이 사건 대법원 판결은 병행수입 그 자체는 위법성이 없는 정당한 행위로서 상표권 침해 등을 구성하지 아니하므로 병행수입업자가 상표권자의 상표가 부착된 상태에서 상품을 판매하는 행위는 상표제도의 목적과 기능에 비추어 볼 때 당연히 허용되는 것으로 보고 있다. 요컨대, 진정상품의 병행수입의 허용여부는 상표권자와 소비자 및 병행수입업자의 이익이 첨예하게 대립되는 문제로서 병행수입이 과연 상표권을 침해하는 행위인가는 「상표법」의 목적과 제규정을 기초로 하고 상품유통의 촉진, 경쟁촉진, 물가안정 및 수요자의 후생증대와 같은 국가정책적인 목적을 고려하여 결정되어야 할 문제이다.

나아가 병행수입업자가 병행수입 상품의 판매 목적으로 광고나 매장 등에 상표를 사용하는 행위는 정당한 상표사용으로서 원칙적으로 상표권 침해를 구성하지 아니한다. 그러나 병행수입업자가 적극적으로 상표권자의 상표를 사용하여 광고·선전행위를 한 것이 실질적으로 상표권 침해의 위법성이 있다고 볼 수 없어 상표권 침해가 성립하지 아니한다고 하더라도, 그 사용태양 등에 따라서는 국내 독점유통업자 등과의 관계에서 일반 수요자들로 하여금 병행수입업자를 외국 본사의 국내 공인 대리점 등으로 오인하게 할 우려가 있으므로, 이러한 사용행위는 부정경쟁방지법 제2조 제1호 나목 소정의 영업주체 혼동행위에 해당되어 허용될 수 없는 것이다.[4)]

2. 관련 판례 – 대법원 2009. 1. 30. 선고 2008도7462 판결

피고인 1이 피고인 2와 공모하여 외국에서 병행수입한 나이키의류 등을 피고인 2에게 공급하면서, 피고인 2에게 상표권자인 나이키 인코포레이티드가 국내 특허청에 상표등록한 것과 동일한 표장이 인쇄된 간판을 설치하여 영업을 하라고 제의하고, 피고인 2는 위 표장이 인쇄된 현수막을 매장의 전면에 설치하여 그곳을 지나가는 불특정 다수의 손님들을 상대로 피고인 2가 운영하는 의류판매점에서 나이키 제품을 판매하였다. 이에 대하여 피고인들이 국내에서 널리 인식된 나이키의 표장을 사용하여 위 상표권자로부터 전용사용권을 부여받은 피해자인 주식회사 나이키스포츠의 영업상의 시설 또는 활동과 혼동을 하게 하는 부정경쟁행위(영업주체 혼동행위)를 하였다는 것을 이유로 공소 제기되었다.

대법원은 "병행수입업자가 적극적으로 상표권자의 상표를 사용하여 광고·선전행위를 한 것이 실질적으로 상표권 침해의 위법성이 있다고 볼 수 없어 상표권 침해가 성립하지 아니한다고 하더라도, 그 사용태양 등에 비추어 영업표지로서의 기능을 갖는 경우에는 일반 수요자들로 하여금 병행수입업자가 외국 본사의 국내 공인 대리점 등으로 오인하게 할 우려가 있으므로, 이러한 사용행위는 부정경쟁방지법상 영업주체 혼동행위에 해당되어 허용될 수 없는 것"이라는 대법원 99다42322 판결(버버리 사건)의 판단 법리를 적용하여, 피고인들이 판매점의 외부에 설치된 현수막 등에 국내에 널리 인식된 나이키의 표장

4) 대법원 2002. 9. 24. 선고 99다42322 판결 참조.

을 사용하여 영업한 것은 위 표장의 상표권자로부터 전용사용권을 부여받아 영업을 하는 주식회사 나이키스포츠의 영업상의 시설 또는 활동과 혼동하게 하는 것(영업주체 혼동행위)이라고 판결하였다.

대상판결의 관련 쟁점은 현수막에 피해자인 나이키스포츠가 공식적으로 사용하는 표장과 동일한 표장을 사용하고 있으나, '병행수입점'이 병기되어 있으므로, 피고인들이 영업주체 혼동행위를 하였다고 볼 수 없는 것인지의 여부이다. 대법원 판례에 따르면, 병행수입은 상표권 침해는 되지 않으나(따라서 부정경쟁방지법상 상품주체 혼동행위도 문제되지 않음), 이러한 병행수입상품의 수입행위에서 더 나아가 적극적인 사용, 예컨대 상표권자의 상표를 사용하여 광고·선전을 하는 행위는 별개의 독립된 상표사용행위이므로, 수입 자체는 적법하다고 하더라도 광고의 적법성 여부는 별개의 차원에서 취급되어야 할 것이며, 이와 같은 광고행위는 부정경쟁방지법상 영업주체 혼동행위로 해석하여 규제할 수 있다고 보았다.[5]

3. 검 토

가. 진정상품의 병행수입

(1) 의의 및 허용 여부에 대한 학설

'진정상품의 병행수입'이란 진정상품을 권원 없는 제3자가 타국의 상표권자 또는 전용사용권자의 허락없이 수입하여 판매하는 행위"를 말한다. 진정상품의 병행수입은 보통 수입국의 상품가격이 타국보다 현저히 높을 때 발생하는데, 그것을 상표권 침해행위로 보아 규제할 것인지 아니면 전체적으로 이익이 되는 것으로 보아서 허용할 것인지 여부가 문제되고 있다.[6]

병행수입의 허용여부에 관해서는 학설이 대립하고 있다. 병행수입의 금지론은 파리협약 제6조 제3항에 의한 속지주의 원칙(the principle of territoriality)에 근거한다. 즉 상표권은 각국마다 독립적이므로 상표권의 효력은 당해 국가에 한정되는 것이고 따라서 진정상품인지의 여부에 관계없이 수입국의 상표권자 또는 전용사용권자의 허락없이 동일한 상표가 부착된 상표품을 수입하는 것은 상표권의 침해라고 한다. 반면, 허용론은 상표를 일

---

5) 나이키 사건에 대해서 일반 수요자의 인식과 실체적인 거래관계를 간과하거나 영업주체 혼동행위의 적용에 관한 기존의 판단 법리를 다소 확대 해석하고 있는 법원의 판결에 대한 비판적 분석은, 정태호, "부정경쟁방지법상 형사 판결에서의 영업주체 혼동행위 판단에 관한 비판적 검토", 『형사법의 신동향』, 제48호(2015. 9), 190면 이하 참조.

6) 사법연수원, 『상표법』 (2015), 244면.

단 적법하게 사용하여 상표품을 유통하였으면 국내외를 막론하고 상표권은 이미 소진되어 버린 것이라거나(국제적 소진이론: the doctrine of exhaustion of rights) 또는 상표의 출처표시기능을 해하지 않고 공중에게 오인·혼동을 생기게 할 위험성이 없는 때에는 상표의 기능이 침해당하는 것이 아니므로 상표권의 침해가 아니라고 한다(상표기능론 또는 공중오인설).[7]

(2) 진정상품의 병행수입 허용 여부의 판단

병행수입이 허용되기 위해서는 ① 수입상품이 진정상품이어야 하며, ② 광의의 출처원이 동일하여야 할 뿐만 아니라 ③ 품질보증기능이 침해되지 않도록 상품형태의 변경 또는 품질의 변화가 있거나 또는 재포장되거나 내용물이 교체되어서는 아니 된다.[8] 그러나 상표권자 자신이 나라마다 상품의 소재·품질 등을 달리한 경우라면 상표권자의 신용을 해하는 바가 없으므로 상표권 침해는 부정된다.[9]

나. 상표의 광고적 사용과 상표권 침해/영업주체 혼동행위

상표권의 침해, 부정경쟁행위(영업주체 혼동행위)가 성립하려면 우선 상표의 사용이 전제되어야 한다. 또한 전통적으로 상표권침해가 인정되려면 '상표를 상업적으로 사용'하여 '출처의 혼동을 초래'할 것을 요한다. 따라서 병행수입업자의 광고행위가 상표권 침해에 해당하기 위해서는 그것이 상표의 "사용"에 해당하여야 하며 상표의 사용이 상품출처의 혼동을 일으킬 염려(likelihood of confusion)가 있어야 한다.

우리 「상표법」은 상품에 관한 광고에 상표를 표시하고 전시(display) 또는 반포하는 행위를 상표의 사용으로 보고 있으며, 자기의 상품에 관한 광고 문장 중에 동종 상품에 관한 타인의 등록상표를 기재하는 경우에도 상표의 사용에 해당한다고 보고 있다.[10] 다만 상표권의 침해가 성립하기 위해서는 당해 상표가 형식적으로 상품에 사용되었다는 것만으로는 부족하고 자타상품의 식별표지로 사용되어 상품의 출처표시기능을 해치는 형태로 사용되어야 한다.[11] 게다가 상표권의 효력이 제한되거나 기타 항변 사유가 존재하는 경우

---

7) 허용론의 자세한 분석은, 박준석, "상표상품만의 병행수입론 논의를 넘어 특허-상표-저작권 전반의 권리소진이론으로", 『저스티스』, 제132호(2012. 10), 212~215면.

8) 수입된 상품과 우리나라의 상표권자가 등록상표를 부착한 상품 사이에 품질에 있어 실질적인 차이가 없어야 하고, 여기에서 품질의 차이란 제품 자체의 성능, 내구성 등의 차이를 의미하는 것이지 그에 부수되는 서비스로서의 고객지원, 무상수리, 부품교체 등의 유무에 따른 차이를 말하는 것이 아니다(대법원 2006.10.13. 선고 2006다40423 판결-Starcraft).

9) 田村善之, 『商標法概説』(弘文堂, 2000), 477~480頁.

10) 송영식 외 6인, 『송영식 지적소유권법(상)』, 제2판(육법사, 2013), 231면.

11) 대법원 2004. 10. 28. 선고 2003후2027 판결. 출처표시 기능을 수행하는 태양으로서의 상표의 사용을 소위 '상표적 사용'이라 한다. 송영식 외 6인, 앞의 책, 232~233면.

에는 상표권 침해로 인한 책임을 지지 아니한다. 예컨대, 상표권자나 전용사용권자가 정당하게 유통시킨 상품을 재판매하거나 판매할 목적으로 상표를 사용하는 행위, 상표권의 효력이 제한되는 범위 내에서 상표를 사용하는 행위 또는 외견적으로는 권리침해 행위가 있더라도 실질적인 위법성을 결여하고 있는 행위, 예를 들면 진정상품의 병행수입의 경우는 적법한 것으로 위법성이 조각된다.

Ⅲ. 판례의 의의

병행수입에 관하여 광고가 행하여지는 경우는 상표가 부착된 병행수입품의 단순한 수입판매(소극적 행위)가 아닌 적극적 행위를 포함하므로 상표권침해가 성립한다는 견해도 있을 수 있으나, 진정상품에 관한 출처, 식별기능을 해치는 것은 아니므로 상표권침해가 되지 아니한다. 그러나 병행수입이 허용되었다고 해서 병행수입업자가 상표를 사용할 정당한 권원을 갖는 것은 아니므로 그 광고행위도 원칙적으로 상표권 소진의 효과가 미치는 범위 내, 즉 병행수입된 대상물품 그 자체의 판매행위에 한정해야 할 것이다. 이 사건 대법원 판결은 「상표법」상 상표사용이 허용되는 경우라 할지라도 구체적 사용 태양에 따라서 부정경쟁방지법상 혼동초래행위로서 그 상표 사용이 금지될 수 있음을 명확히 한 최초의 대법원 판례라는 점에서 그 의미가 있다.

47 인터넷 광고의 상표권 침해

－대법원 2012. 5. 24. 선고 2010후3073 판결

권 창 환*

Ⅰ. 판례의 개요

1. 사안의 개요

가. 원고는 지정상품을 "전압급승압 방지기, 전압안정장치, 차단기" 등으로 하고 표장을 "VSP"로 하여 상표권 등록을 한 등록상표(등록번호 제737132호, 이하 '이 사건 등록상표'라 한다)의 상표권자이고, 피고는 서지보호기, 순간정전보상장치, 뇌(雷)보호시스템[1])을 판매하는 A 회사는 대표이사이다.

나. 피고는 인터넷 포털사이트인 '다음(www.daum.net)'(이하 '이 사건 포털사이트'라 한다)으로부터 "VSP"라는 키워드를 구입하여 인터넷 사용자가 그 포털사이트의 검색창에 "VSP"를 입력하면 검색결과 화면에 '스폰서링크'[2])로서 "VSP 엔티씨"(이하 '이 사건 표장'이라 한다)라는 표제가 나타나고 그 아래 줄에 서지보호기, 순간정전보상장치 등의 상품의 종류가 표시되며 그 다음 줄에 A 회사의 홈페이지 주소인 "http://www.dipfree.com"(이하 '이 사건 홈페이지'라 한다)이 나타나며, 그 검색결과 화면에서 다시 이 사건 표장이나 홈페이지 주소 부분을 클릭하면 이 사건 홈페이지로 이동하는 방식으로 되어 있는 인터넷 키워드 검색광고를 하였는데, 이 사건 홈페이지에는 피고 등이 등록한 "논트립(Nontrip)",

---

* 서울남부지방법원 판사.

1) 서지보호기는 급격한 과전압, 즉 서지(surge)가 생긴 경우 전류 변화를 억제하는 기계를 말하고, 순간정전보상기(Voltage Sag Protector) 및 뇌(雷)보호시스템은 낙뢰 등에 의한 순간 정전으로부터 피해를 방지하기 위한 장치이다.

2) 스폰서 링크란 보통 광고주들이 소비자가 물품이나 용역을 구매하려 할 때 소비자가 입력할 것이라고 예상되는 키워드를 놓으면, 사용자가 광고주의 키워드 목록에 일치하는 키워드 질의를 쳐 넣었을 경우나 관련 내용을 담은 웹페이지를 볼 때면 광고주들의 광고가 웹페이지 위에 따게 하는 광고들을 말한다(위키백과사전).

"딥프리(dipfree)", "새그프리(Sag Free)" 등의 상표가 사용된 제품만 표시될 뿐 "VSP"라는 표장은 사용되고 있지 않았다. 한편 "VSP"는 거래계에서 순간정전보상장치를 뜻하는 영어 단어 "Voltage Sag Protector"의 약어로서 통용되고 있다.

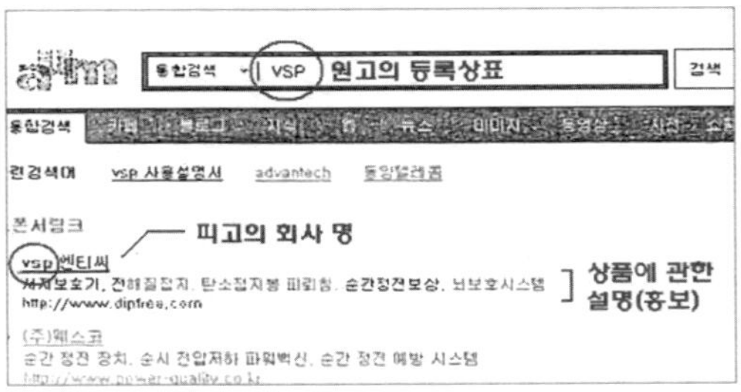

다. 피고는 원고를 상대로 위와 같이 검색광고(스폰서링크)에서 이 사건 표장을 서지보호기 등에 사용하는 것은 이 사건 등록상표의 권리범위에 속하지 아니한다는 소극적 권리범위 확인심판을 청구하였다.

2. 소송경과

가. 특허심판원 심결[3) : 인용

특허심판원은, 이 사건 표장이 이 사건 웹사이트를 통해 전시, 판매되고 있는 서지보호기 등의 출처표시기능을 한다고 보기는 어렵고, 단순히 일반인들을 이 사건 웹사이트로 유인하는 역할만 하여 "스폰서링크"가 갖는 본질적인 기능에 해당한다는 이유에서 「상표법」상 상표로서의 사용으로 보지 않아 이 사건 등록상표의 권리범위에 속하지 않는다고 판단하였다.

나. 원심판결[4) : 청구기각

특허법원은, ① 이 사건 표장은 이 사건 포털사이트에서 일반수요자나 거래자를 이 사건 홈페이지로 유인하는 역할을 하는 것으로서, 그 스폰서링크에 의해서 연결된 이 사건 홈페이지 화면에 이 사건 표장이 전혀 표시되지 않고 피고 등의 상표만이 사용되었다는 이유에서 상품의 출처표시를 위하여 사용한 것으로는 보기 어렵고, 또한 ② 스폰서링크 아래에 별도로 제품을 표시하는 것은 인터넷 사용자에게 광고주가 생산하거나 판매하는 제품의 정보를 미리 알려주는 정도의 의미만 갖고 있을 뿐이고, 한편으로 이 사건 포

3) 특허심판원 2010. 4. 28.자 2009당2430 심결.
4) 특허법원 2010. 9. 15. 선고 2010허3271 판결.

털사이트의 검색화면에서 이 사건 표장의 아래 부분에 제품을 표시하는 행위 그 자체는 「상표법」이 규정한 "상표의 사용"으로 볼 여지는 없다고 판단하였으며, ③ 가정적으로 상표의 사용으로 볼 경우에도 이 사건 표장의 전반부인 "VSP" 부분은 그 식별력이 상대적으로 미약하므로 별도의 식별력을 갖는 후반부의 "엔티씨" 부분까지 합쳐서 본다면, 이 사건 표장은 이 사건 등록상표와 전체적으로 보아서 비유사한 것으로 볼 여지가 많다는 이유에서 특허심판원의 심결이 적법하다고 판단하였다.

다. 대법원 판결[5] : 상고기각

대법원은, '상표의 사용'에 해당하는지에 관하여는 원심과 달리 이 사건 표장의 사용태양이 자타상품의 출처표시를 위하여 사용된 것으로 볼 수 있다고 판단하였으나, '상표의 유사성'에 관하여는 원심과 같이 비유사한 것으로 판단하여 결과적으로 상표권의 침해를 부정하였다.

3. 판례의 요지

가. 상표로서의 사용

(1) 인터넷 포털사이트 운영자로부터 특정 단어나 문구(이하 '키워드'라 한다)의 이용권을 구입하여 일반 인터넷 사용자가 단어나 문구를 검색창에 입력하면 검색결과 화면에 키워드 구입자의 홈페이지로 이동할 수 있는 스폰서링크나 홈페이지 주소 등이 나타나는 경우에, 검색결과 화면에 나타난 표장이 자타상품의 출처표시를 위하여 사용된 것으로 볼 수 있다면 이는 상표권의 권리범위확인심판의 전제가 되는 '상표로서의 사용'에 해당한다 할 것이다. 그리고 상표로서의 사용의 일종인 상품의 '광고'에는 신문, 잡지, 카탈로그, 간판, TV 뿐 아니라 인터넷 검색결과 화면을 통하여 일반소비자에게 상품에 관한 정보를 시각적으로 알리는 것도 포함된다.

(2) 위 인터넷 키워드 검색결과 화면은 이 사건 표장을 붙여 상품에 관한 정보를 일반 소비자에게 시각적으로 알림으로써 광고한 것으로 보기에 충분하다 할 것이다. 따라서 피고가 위와 같이 인터넷 키워드 검색결과 화면에서 이 사건 표장을 표시하여 한 광고행위는 구 「상표법」(2011. 12. 2. 법률 제11113호로 개정되기 전의 것) 제2조 제1항 제6호 다목이 정한 '상품에 관한 광고에 상표를 표시하고 전시하는 행위'에 해당한다 할 것이니, 이 사건 표장은 자타상품의 출처를 표시하는 상표로 사용되었다고 할 것이다.

---

5) 대법원 2012. 5. 24. 선고 2010후3073 판결.

나. 상표의 유사성과 혼동가능성

이 사건 표장의 "VSP" 부분은 사용상품들과의 관계에서 그 효능이나 용도를 표시하는 것으로서 식별력이 미약하여 요부가 될 수 없고, 식별력이 있어 그 요부를 이루는 "엔티씨" 부분은 등록상표 "VSP"와 외관, 호칭 및 관념에서 뚜렷한 차이가 있어 이 사건 등록상표와 이 사건 표장을 동일·유사한 상품에 사용하더라도 일반 수요자나 거래자로 하여금 상품출처에 관하여 오인·혼동을 일으키게 할 염려가 없다.

II. 해 설

1. 인터넷 광고에서의 상표사용은 상표법상 상표사용의 개념에 포섭되는가

가. 쟁점의 정리

「상표법」은 상표권의 효력에 관하여 '상표권자는 지정상품에 관하여 그 등록상표를 사용할 권리를 독점'하는 것으로 규정하면서(「상표법」 제89조), '상표'는 자기의 상품과 타인의 상품을 식별하기 위하여 사용하는 표장(기호, 문자, 도형, 소리, 냄새, 입체적 형상, 홀로그램·동작 또는 색채 등으로서 그 구성이나 표현방식에 상관없이 상품의 출처를 나타내기 위하여 사용하는 모든 표시)으로(「상표법」 제2조 제1항 제1호, 제2호), '상표의 사용'은 ① 상품 또는 상품의 포장에 상표를 표시하는 행위(이른바 표시행위), ② 상품 또는 상품의 포장에 상표를 표시한 것을 양도 또는 인도하거나 양도 또는 인도할 목적으로 전시·수출 또는 수입하는 행위(이른바 유통행위), ③ 상품에 관하여 광고·정가표·거래서류, 그 밖의 수단에 상표를 표시하고 전시하거나 널리 알리는 행위(이른바 광고행위)로 각각 정의하고 있다.[6)]

그런데 상표의 사용행위 중 표시행위에 대하여는 통상 시각적으로 상품과 함께 표시하는 행위만을 의미하는 것으로 해석하고 있는데, 위와 같은 '상표의 사용' 개념은 오프라인상의 상표사용 행위를 염두에 둔 규정으로서 이미 일상생활의 한 부분이 된 인터넷 환경(cyberspace)이라는 변화된 사정을 반영하지는 못하는 듯하다.[7)]

---

6) 상표권의 효력을 규정하는 방식은 상표의 사용 혹은 특허발명의 실시 전반에 관해 1개의 포괄적인 권리를 독점권으로 부여하면서 상표의 사용 혹은 특허발명의 실시의 개념을 정의규정에서 별도로 규정한다는 점에서 특허법과는 유사하나, 저작물의 이용의 개념을 별도로 규정하지 않고 복제권, 공연권 등의 개별권리를 부여하는 방식을 취하는 저작권법과는 상이하다[대표편집 정상조(박준석 집필부분), 『상표법주해 I』, 제1판(박영사, 2018), 198~199면].

7) 참고로 '상표의 사용'이라는 정의에 대해서 구 상표법(1973. 2. 8. 법률 제2506호로 전문개정되어

이와 같은 상표권의 효력에 관한 규정형식과 상표권의 사용 개념의 환경변화에 따라 인터넷상의 광고행위에서 상표를 사용하는 태양이 상표권의 침해가 되는지 여부는 몇 가지 점에서 문제가 되고 있다. 그 대표적인 예로서는 상표의 시각적 사용태양(visible use of trademark)에 있어서는 키워드 검색광고,[8] 도메인이름 등을, 상표의 비시각적 사용태양(invisible use of trademark)에 있어서는 키워드 검색광고, 메타태그(meta tag),[9] 팝업광고(pop up advertising) 내지 팝언더광고[10] 등을 들 수 있다. 상표의 시각적 사용태양에 관하여는 상표의 '표시'에 해당되는 것이 명백하므로 주로 표장이 상표로서 사용되었는지, 즉 자타상품 출처표시의 기능을 수행하는지 여부가 문제된다. 상표의 비시각적 사용태양에 관하여는 자타상품 출처표시의 기능을 수행하는 것을 전제로, '표시'행위에 해당하는지 여부에 대하여 첨예하게 다투어지고 있다. 키워드 검색광고의 경우 키워드로 입력된 표장이 검색결과 화면에 표시되면 시각적 사용태양이 문제될 것이고, 표시되지 않으면 비시각적 사용태양이 문제될 것이다.

나. 관련 판례

(1) 타인의 등록상표를 그 지정상품과 동일 또는 유사한 상품에 사용하면 타인의 상

1974. 1. 1. 시행된 것) 제2조 제3항에서는 '표시하는 행위'라는 용어 대신 '붙이는 행위'라고 규정하였고, 이는 구 「상표법」(1990. 1. 13. 법률 제4210호로 전문개정되어 1990. 9. 1. 시행되기 전의 것)까지 유지되었다.

8) 소비자가 인터넷 포털사이트 등의 검색창에 특정 검색어를 입력하였을 때 사업자가 자기의 인터넷 홈페이지 등이 검색결과에 나타나게 하여 광고하는 것을 말한다(공정거래위원회 인터넷 광고에 관한 심사지침).

9) 디지털 마케팅 및 온라인 광고에서 검색엔진(search engine)의 색인(index)에 관하여 정교한 조작을 하는 것을 스팸덱싱(spamdexing)이라고 하는데, 이는 검색엔진의 인덱싱 시스템(indexing system)에 부적합한 웹사이트나 데이터 소스를 링크하여 검색결과로 제시하는 것을 목표로 한다. 여기에는 내용 스팸(content spam)과 링크 스팸(link spam) 등이 있고, 내용 스팸의 대표적인 것으로 메타 태그 스터핑(meta tag stuffing)을 들 수 있다(위키디피아 참조). 메타 태그(meta tag)는 하이퍼텍스트 생성언어(HTML) 문서의 맨 위쪽에 위치하는 태그로서 헤드(HEAD) 태그 사이 또는 뒤에 있어도 되지만, 반드시 바디(BODY) 태그 앞쪽에 위치해야 하고, 브라우저와 검색 엔진을 사용할 수 있도록 문서의 정보를 포함하고 있다(한국정보통신기술협회 IT용어사전). 메타 태그에 등록상표를 입력함으로써 포털 검색에서 우선 순위를 차지하여 상표권자의 신용을 부당하게 이용하는 광고행위를 할 수 있기 때문에 문제되었으나, 현재 구글 등 대부분의 검색 서비스(search engine)는 인덱싱 시스템을 구축하는데 있어서 더 이상 메타 태그를 이용하지 않는 것으로 알려져 있다.

10) 소비자가 사업자의 인터넷 홈페이지 등에 접속할 때 해당 인터넷 홈페이지 등의 화면 앞 또는 뒤에 새로운 인터넷 페이지가 나타나게 하여 광고하는 것을 말하는데(공정거래위원회 인터넷 광고에 관한 심사지침), 소비자의 컴퓨터에 어떤 경로로 애드웨어(adware)가 설치되고 애드웨어의 제작자가 애드웨어 목록(광고목록) 속에 광고주의 도메인이름 등을 포함시켜 소비자가 브라우저 주소창에 어떤 주소를 입력하면 이와 연관된 내용을 표시하거나 광고주의 웹사이트로 이동한다. 애드웨어 목록이 소비자의 컴퓨터 화면에 표시되지 않기 때문에 광고주가 상표권자의 경쟁자인 경우 상표의 비시각적 사용에 관한 문제가 발생한다.

표권을 침해하는 행위가 된다고 할 것이나, 타인의 등록상표를 이용한 경우라고 하더라도 그것이 상표의 본질적인 기능이라고 할 수 있는 출처표시를 위한 것이 아니어서 상표의 사용으로 인식될 수 없는 경우에는 등록상표의 상표권을 침해한 행위로 볼 수 없다고 할 것이고, 그것이 상표로서 사용되고 있는지의 여부를 판단하기 위하여는, 상품과의 관계, 당해 표장의 사용 태양(즉, 상품 등에 표시된 위치, 크기 등), 등록상표의 주지 저명성 그리고 사용자의 의도와 사용경위 등을 종합하여 실제 거래계에서 그 표시된 표장이 상품의 식별 표지로서 사용되고 있는지 여부를 종합하여 판단하여야 할 것이다(대법원 2003. 4. 11. 선고 2002도3445 판결－이른바 후지필름 사건).

(2) 구 「상표법」(2016. 2. 29. 법률 제14033호로 전부개정되어 2016. 9. 1. 시행되기 전의 것) 제2조 제1항 제6호 (다)목에서 말하는 '광고'에는 신문잡지, 팸플릿, 카탈로그, 전단지, 달력, 간판, 가두네온사인, TV 등에 의한 시각으로 인식할 수 있는 것이 포함되며, 그 '광고'의 내용 및 형식에 관하여 상표법이 특별히 규정하는 바가 없으므로, 상품에 관한 정보를 일반소비자에게 시각적으로 알리는 정도의 그림이나 글이면 위 '광고'로서의 요건을 충족하고, 반드시 상품명이나 제조원이 표시되어야만 하는 것이라고는 할 수 없다(대법원 2007. 1. 26. 선고 2005후179 판결－이른바 보온냉수통 사건).

다. 검 토

(1) 상표의 시각적 사용(visible use of trademark)

인터넷 광고를 하면서 상표를 시각적으로 사용한 경우에는 주로 상표로서 사용되었는지 즉 사용된 표장이 상표법 제2조 제1항 제1호 및 제2호의 정의에 따라 상품의 출처표시 기능을 수행하는지가 문제되고 이는 오프라인상의 상표사용의 문제와 크게 다르지 않다.

상표의 설명적·기술적 사용,[11] 비교광고에서의 사용,[12] 디자인으로서의 사용,[13] 도

---

11) 원격조정기(리모콘) 표면 하단에 '만능eZ 소니전용'이라고 표장을 표시한 것은 '소니에서 나온 기기에 사용하기에 적합한 것'이라는 설명적 사용이어서 등록상표 'SONY'를 사용한 것으로 볼 수 없다는 대법원 2005. 6. 10. 선고 2005도1637 판결 참조[그 외에도 대법원 2001. 7. 13. 선고 2001도1355 판결(에어클리너 사건, 용도표시), 대법원 2003. 6. 13. 선고 2001다79068 판결(방독마스크 사건, 규격표시), 대법원 2003. 10. 10. 선고 2002다63640 판결(Windows 사건, 사용설명서) 등이 있다].

12) 해당되는 판례를 찾기 어려우나, 상표의 사용에 해당하지 않는다고 보는 견해[박성수, "상표의 요건과 상표적 사용", 『대법원판례해설』(법원도서관, 2005), 50면], 상표법이 상표사용을 자신의 상품에 사용하는 경우로 제한하지 않으므로 상표의 사용에는 해당하나 혼동가능성이 없다고 보는 견해[대표편집 정상조(박준석 집필부분), 앞의 책, 207면] 등 대체로 상표권 침해를 부정하는 듯하다.

13) 대법원 1997. 2. 14. 선고 96도1424 판결(GARFIELD 봉제완구 사건); 대법원 2003. 2. 14. 선고 2002후1324 판결(가구 문손잡이 사건); 대법원 2005. 10. 7. 선고 2004후1458 판결(척주동해비 사건) 등 참조. 다만 대법원 2000. 12. 26. 선고 98도2743 판결에서는 슬리퍼의 갑피 부분에 부착한 상표의 태양은 의장등록을 받았더라도 자타상품의 출처를 위하여 사용된 것이므로 상표의 사용에 해당한다고 보았다.

메인이름으로서의 사용[14] 등이 이에 관련된 사안들이나, 법원은 대부분의 사안에서 상품의 출처표시기능을 수행하지 않는다는 이유로 상표적 사용이 아니라고 판단하였다. 그러나 위 판례들에서 모두 무조건적으로 상표사용을 부정한 것이 아니라 사용된 표장이 상품의 출처표시기능을 수행하는지 여부를 기준으로 판단하되 구체적 사정을 고려할 때 상표사용에 해당하지 않는다는 논리구조를 취하고 있음에 주의해야만 한다.

대상판결의 원심은 이러한 법리를 선언하면서도 스폰서링크에 의해서 연결된 이 사건 홈페이지 화면에 이 사건 표장이 전혀 표시되지 않고 피고 등의 상표만이 사용되었다는 이유에서 상품의 출처표시를 위하여 사용한 것으로는 보기 어렵다고 판단하였으나, 대상판결의 설시와 같이 위와 같은 사정은 이 사건 표장이 키워드 검색결과 화면 자체에서 이미 상표로 사용된 이후의 사정일 뿐, 이 사건의 주요쟁점은 이 사건 표장이 이 사건 등록상표의 지정상품과 동일·유사한 물건의 명칭과 함께 표시되어 있는 검색결과 화면에서의 사용이 상표적 사용이 되는지 여부라 할 것이다.

원심은 이에 대하여도 스폰서링크 아래에 별도로 제품을 표시하는 것은 인터넷 사용자에게 광고주가 생산하거나 판매하는 제품의 정보를 미리 알려주는 정도의 의미만 갖고 있을 뿐이라는 이유에서 상표적 사용을 부정하였는데, 이는 검색광고와 외양적으로 유사한 구조[15]를 갖는 한글인터넷도메인이름 관련 사건인 파출박사 사건(대법원 2007. 10. 12. 선고 2007다31174 판결)에서 한글인터넷도메인이름은 웹사이트 접속을 쉽도록 도와주는 것일 뿐 출처표시로 사용할 목적으로 만들어진 것이 아닌 점이 부정의 근거로 제시되었다는 것을 떠올리게 한다.

그러나 대법원은 위 파출박사 사건 이후 장수온돌 사건(대법원 2008. 9. 25. 선고 2006다51577 판결)에서 한글인터넷도메인이름은 일반적인 도메인이름보다 상품의 출처표시 내지 광고선전 기능이 더 강하다고 설시하면서 상표의 사용을 긍정하였는데, 이러한 영

14) 대법원 2004. 2. 13. 선고 2001다57709 판결(Rollsroyce 판결, rolls－royce.co.kr)에서는 해당 웹사이트에서 지정상품과 동일·유사한 상품을 취급하지 않았다는 이유에서 상표권침해 주장을 부정하였고, 대법원 2004. 5. 14. 선고 2002다13782 판결(Viagra 판결, viagra.co.kr)에서는 해당 웹사이트에서 독자적인 상표를 사용하였다는 이유에서 부정경쟁방지 및 영업비밀보호에 관한 법률상 상품의 출처표시기능을 수행하지는 않는다고 판단하였다(다만 후자의 경우 희석화 중 식별력 손상행위에 해당한다고 판단하였다). 또한 대법원 2007. 10. 12. 선고 2007다31174 판결(파출박사 사건)에서는 한글인터넷도메인이름은 웹사이트 접속이 쉽도록 도와주는 것일 뿐 출처표시로 사용할 목적으로 만들어진 것이 아닌 점, 일반적인 도메인이름과 달리 해당 웹사이트 화면(www.pachulpaksa.com)에는 표시되지 않는 점 등을 들어 서비스표의 사용을 부정하였다. 반면 대법원 2008. 9. 25. 선고 2006다51577 판결(장수온돌 사건)에서는 한글인터넷도메인이름(한글인터넷주소)은 일반적인 도메인이름보다 상품의 출처표시 내지 광고선전 기능이 더 강한 점, 해당 웹사이트 화면(www.jangsuondol.com)에 등록상표와 동일·유사한 표장을 사용하고 있는 점 등을 들어 상표의 사용을 긍정하였다.

15) 검색창 내지 주소창에 해당 키워드를 입력한 뒤 해당 웹사이트로 접속하게 하는 구조를 뜻한다.

향 때문인지 검색광고에 관한 대상판결에서도 위와 같은 검색결과 화면은 이 사건 표장을 붙여 상품에 관한 정보를 일반 소비자에게 시각적으로 알림으로써 광고한 것으로 보기에 충분하고 이 사건 표장은 자타상품의 출처를 표시하는 상표로 사용되었다고 판단하였다.

이러한 대법원의 판단은, ① 검색광고와 같은 온라인상의 상표사용태양이 오프라인에서의 상표사용태양과 크게 다르지 않다는 사정에 더하여 ② 인터넷 환경의 특수성, 즉 (a) 웹브라우저 안에서 순간적인 화면전환이 가능하여 여러 화면의 정보가 동일한 화면을 구성하는 것과 같은 효과를 가지고 또 이용자가 원하지 않는 정보를 접촉(distracting)하거나 원치 않는 웹사이트로 유도(hijacking)될 수 있다는 기술적 특성과 (b) 이용자가 위와 같은 기술적 특성을 갖는 공간에서 검색기능 등의 능동적인 활동을 함으로써 지각을 통한 연상작용(관념)이 배가된다는 행태적·인지적 특성 및 ③ 아래에서 보는 바와 같이 상표의 비시각적 사용을 폭넓게 인정해야 할 필요성이 크다는 점 등까지 종합하여 고려해 볼 때에 타당한 결정이라고 할 것이다.

(2) 상표의 비시각적 사용(invisible use of trademark)

인터넷에서의 상표 사용은 오프라인상에서의 사용과 달리 비시각적 사용을 통해 타인의 상표가 취득한 신용력을 부정하게 이용할 수 있다는 기술적 특수성이 있다. 인터넷 이용자의 화면에서는 직접적으로 보이지 않지만 메타태그, 검색엔진의 인덱스, 애드웨어의 리스트 등에 상표를 표시하는 방법 등이 이에 해당한다.

인터넷상에서의 상표의 비시각적 사용이 상표사용에 해당하는지 여부에 관한 논의는 미국을 중심으로 발전되었다.[16] 미국 상표법(Lanham Act) 제32조(상표권의 침해에 관한 규정),[17] 제43조(희석화에 관한 규정),[18] 제45조(상표 및 상표사용 등의 정의에 관한 규정)[19]의 해석에 관련된 논의이기도 한데, 상표권 침해요건과 상표의 개념정의 내지 등록요건에 포함되는 상업적 사용(use in commerce)이라는 요건에 대하여 '상품에 부착되어야 하는 것(placed on)'을 요구하도록 규정된 것에 기인한다.

미국에서의 상표권 침해는 혼동의 우려(Likelihood of confusion)를 중심으로 다루어지고 있는데, 미국 법원은 1999년 Brookfield 사건[20]과 2002년 Promatek 사건[21]에서 메타태

16) 상표의 비시각적 사용에 관한 상세한 내용은 L. Donald Prutzman, "The Developing U.S. Law Regarding the Invisible Use of the Trademarks of Others in Cyberspace", NYSBA Internation Law Practicum, Vol. 2, No. 2(2010) 등 참조.
17) 15 U.S. Code §1114.
18) 15 U.S. Code §1125.
19) 15 U.S. Code §1127.
20) Brookfield Communications, Inc. v. West Coast Entertainment Corp., 174 F.3d 1036 (9th Cir, 1999).

그에 타인의 등록상표를 사용하는 것은 상표의 사용이 된다는 전제에서 이른바 최초 관심에서의 혼동이론(initial interest confusion) 내지 판매전 혼동이론(pre-sale confusion)을 적용하여 전통적으로 인정되어 온 혼동가능성의 시점을 상품 구매시점보다 앞당겨 당해 상품에 대하여 처음 관심을 가지게 된 시점에 존재하던 혼동까지로 확장하였다.[22] 그런데 상표권의 보호범위가 확대되는 이와 같은 경향에 대하여 상표의 정보제공기능을 지나치게 제한한다는 비판적 인식을 바탕으로 상표의 혼동가능성의 판단에 앞서 그 전제조건으로 상품에 부착되어야 하는 것(placed on)을 요구하는 상표로서의 사용행위 자체가 있었는지를 살펴서 그 보호범위를 제한해야 한다는 상표사용론(trademark use theory)[23]이 대두되었다. 미국 제2연방항소법원은 2005년 팝업광고에 관한 1-800 Contacts 판결[24]에서 이와 같은 상표사용론을 받아들여 상표의 사용이 아니라고 판단하였으나 2009년에는 키워드 검색광고(스폰서링크)에 관한 Rescuecom 판결[25]에서 팝업광고와 달리 도메인이름이 아닌 상표를 사용하였고 구글은 키워드 선택 툴(keyword selection tool)을 통해 광고주에게 상표를 시각적으로 제시하는 등의 행동을 하였다는 점에서 차이가 있다고 하면서 상표의 사용을 긍정하였다.[26] 특히 Rescuecom 판결에서는 '상표법(Lanham Act) 제32조 및 제43조의 상업적 사용(use in commerce)의 의미에 관하여'라는 제목으로 장문의 부가논의(Appendix)를 하면서 상표 등록요건으로서의 상업적 사용이 상표법(Lanham Act) 제32조의 침해단계에서도 적용되는 것은 아니라고 설시하였다. 이러한 판례의 변화흐름에 따라 미국실무에서는 상표의 비시각적 사용의 문제도 상표의 사용문제가 아니라 혼동가능성의 문제나 그

21) Promatek Industries, Ltd. v. Equitrac Corp., 300 F.3d 808(7th Cir., 2002).

22) 상세한 내용은 대표편집 정상조(박준석 집필부분), 앞의 책, 215~217면 참조.

23) Stacey L. Dogan & Mark A. Lemley, 'Trademarks and consumer search costs on the internet', 41 Houston L. Rev.(2004) 등. 상표사용론에 관한 상세한 내용은 조영선, "상표의 사용개념에 대한 입법론적 고찰", 『저스티스』, 통권 제105호(한국법학원, 2008), 137~140면; 김원오, "상표법상 '상표의 사용'을 둘러싼 법적 쟁점과 과제, 『정보법학』, 제14권 제1호(한국정보법학회, 2010), 57면; 대표편집 정상조(박준석 집필부분), 앞의 책, 218~224면 등 참조.

24) 1-800 contacts, Inc. v. Whenu.com, Inc., 414 F.3d 400 (2d Cir., 2005).

25) Rescuecom Crop. v. Google, Inc., 562 F.3d 123 (2d Cir., 2009).

26) 키워드 검색광고에 관한 최초의 사례로는 배너광고에 관한 Playboy Entertainment Inc. v. Netscape Communications Corp. 354 F.3d 1020(9th Cir., 2004)가 있는데, 상표의 비시각적 사용이 상표 사용에 해당함을 전제로 혼동가능성이 없다는 이유에서 상표권 침해를 부정하였다. 한편 이 사건에서 Marsha Berzon 판사는 보충의견으로 같은 법원에서 판결한 Brookfield 사건의 메타태그를 통한 팝업광고의 납치(hijacking)과 Playboy 사건의 검색광고의 관심분산(distracting)은 큰 차이가 있음에도 Brookfield 판결의 최초관심혼동이론에 따르면 혼동가능성을 인정해야 하므로 Brookfield 판결은 변경되어야 한다고 설시했는데, 이는 상표의 비시각적 사용과 관련하여 소비자의 이익이론적 근거(consumer benefit rationale)에 초점을 맞춘 첫 번째 판시라고 평가되고 있다[L. Donald Prutzman, "The Developing U.S. Law Regarding the Invisible Use of the Trademarks of Others in Cyberspace", NYSBA Internation Law Practicum, Vol. 2, No. 2 (2010), pp. 96~97].

이후의 공정이용의 문제로 다루어지고 있는 듯하다.[27]

한편 유럽의 경우, 유럽연합사법재판소는 프랑스 파기원(Cour de cassation)이 유럽엽합 공동체상표규정[28] 제1조, 제2조[29] 등에 대한 해석을 의뢰한 Louis Vuitton 사건[30]에서 상표를 상품에 부착(affixing)할 것을 요구하는 위 규정은 상표사용의 예시적 규정(non-exhaustive list of the kinds of use)에 불과하고 새로운 인터넷 환경 등장 이전에 입법된 규정이라고 설시하면서 광고자의 의도와 이용자의 인식과 행태 등을 고려하여 키워드 검색광고(internet referencing service)에서의 상표사용을 긍정하고, 상품의 출처나 경제적 연관성에 혼동을 준다면 상표권 침해를 인정할 수 있다고 판시하였다.[31]

상표의 비시각적 사용에 관한 우리나라의 학설은 주로 「상표법」 제2조 제1항 제11호에서 규정한 '상표의 사용'에 있어서 '표시'의 의미를 시각적·물리적 의미로 제한할지 여부에 관하여 의견이 갈리는데, 상표의 비시각적 사용은 상표의 사용에 해당하지 않는다고 보는 부정설[32]과 상표의 비시각적 사용도 상표의 사용에 해당한다고 보는 긍정설[33]로 나뉘고 있다.[34]

구 「상표법」(2011. 12. 2. 법률 제11113호로 개정되어 2012. 3. 15. 시행된 것)에서는 '소리·냄새 등 시각적으로 인식할 수 없는 것'도 새로이 상표로서 허용하면서 소리 또는 냄새로

27) L. Donald Prutzman, op. cit., p. 98 참조.
28) Article 9 of Regulation No 40/94, entitled 'Rights conferred by a Community trademark' 등.
29) 2. The following, inter alia, may be prohibited under paragraph 1:
(a) affixing the sign to the goods or to the packaging thereof;
30) Google France SARL v. Louis Vuitton Malletier Sa, C-236/08, C-237/08 & C-238/08(European Court of Justice, 2010).
31) 미국의 논의와는 달리 인터넷 검색 서비스 제공자(internet referencing service provider)인 구글의 직접책임은 부정하고 간접책임만 문제된다고 판단하였다.
32) 남효순 편저(김기영 집필부분), "Google의 키워드광고와 상표권 침해 및 부정경쟁행위", 『인터넷과 법률 III』 서울대 법대 전문분야 연구과정 제13권(박영사, 2010), 497, 499~500면; 김금선, 『팝업광고 및 키워드 광고의 위법성에 대한 고찰: 상표법 및 부정경쟁방지법을 중심으로』, 석사학위논문(서울대학교, 2009), 93~95면 등.
33) 검색광고의 일련의 과정을 종합하여 보면 순차적 시차가 존재하더라도 이를 지각하는 사용자들로서는 상호연관된 것으로 인식한다는 점에서 광고에 표시하는 행위와 같이 평가해야 한다는 견해[백강진, "인터넷에서의 상표사용의 개념", 『Law & Technology』, 제5권 제5호(서울대학교 기술과법센터, 2009), 64~65면], 메타태그와 관련하여 검색엔진을 이용한다는 것은 마치 상표를 시각적으로 보는 것과 마찬가지이고, 메타태그를 통해 자신의 웹사이트로 유인하는 것은 광고에 상표를 표시하는 것으로 볼 수 있어 상표의 침해로 볼수 있다는 견해[최성준, "인터넷상에서의 상표법상 문제점", 저스티스 통권 제87호(한국법학원, 2005), 41면], 상표법은 인터넷의 등장을 반영하고 있지 않아 해석론이 아주 유연해야 하고, 상표법이 시각적으로 인식가능한 것만 상표로 인정한다는 점은 그 상표의 사용에서 시각적 활용만이 인정된다는 의미로 직결되지는 않는다는 점은 등을 고려하여 상표의 비시각적 사용도 상표의 사용에 해당할 수 있다는 견해[대표편집 정상조(박준석 집필부분), 앞의 책, 235~241면] 등이 있다.
34) 대표편집 정상조(박준석 집필부분), 앞의 책, 232~233면에 따르면 메타태그에 관해서는 긍정설이 다수설이고, 키워드검색광고에 관해서는 부정설이 다수설인 듯하다.

표시하는 것도 표시행위로 규정하였고, 그 후 2016. 2. 29. 「상표법」이 전부개정되면서 '전기통신회선을 통하여 제공되는 정보에 전자적 방법으로 표시하는 행위'도 표시행위로 추가되었다. 그런데 이와 같이 추가된 표시행위의 태양에 관한 법규정의 체계와 내용은 연혁적인 관점에서 볼 때와 달리 소리상표나 냄새상표에 한정하고 있지 않기 때문에, 문자상표를 소리로 표시하는 경우와 같이 상표를 비시각적으로 사용하는 경우도 상표의 표시행위에 해당한다고 해석될 여지가 생겼다. 나아가 문자상표를 '전기통신회선을 통하여 제공되는 정보에 전자적 방법으로 표시하는 행위'에서의 '표시하는 행위'는 반드시 사용자의 화면에 표시되는 경우로만 한정된다고 해석되지는 않는다.

특히 대상판결의 키워드 검색광고는 이용자가 키워드를 검색창에 직접 입력하고 그 결과화면을 클릭하여 대상 웹페이지로 이동하는 시간적 간격이 극히 짧아 자신이 입력한 키워드와 대상 웹페이지 사이에 특정한 연관이 있다고 인식하는 경우가 일반적이다. 더욱이 키워드를 유상으로 구입하는 광고주의 목적을 고려하면 등록상표의 신용력을 적극적으로 이용하고자 하는 의도가 있다고 볼 것이다.

더욱이 상표사용태양 중 '광고행위(상품에 관한 광고에 상표를 표시하고 전시하거나 널리 알리는 행위)'에서 말하는 '광고'는 손님을 끌어서 구매력을 발휘하기 위하여 상품이나 서비스에 관한 정보를 시청각 등의 감각을 통하여 소비자에게 널리 알려 구매자나 찬동자를 얻으려고 하는 의도적 활동 또는 그 내용을 뜻하는 것[35]으로 그 내용과 형식에 제한이 없고,[36] 상품에 직접 상표를 표시하는 '표시행위'나 '유통행위'보다 그 범위가 넓고 비한정적이다.

이와 같은 표시행위에 관한 상표법의 체계와 '표시'의 의미 및 '광고'의 비한정적 성격, 인터넷 환경의 특수성, 그리고 상표제도가 목적으로 하는 상표사용자의 신용유지의 필요성 등을 종합적으로 고려할 때에는 상표의 비시각적 사용의 경우에도 출처표시의 기능을 수행한다면 상표의 사용에 해당한다고 봄이 타당하다.

---

35) 광고란 매체의 제한 없이 상품의 내용 등을 소비자에게 널리 알리거나 제시하는 것을 말한다. 표시·광고의 공정화에 관한 법률 제2조 제2호에서는 "광고"란 사업자등이 상품등에 관한 제1호 각 목의 어느 하나(자기 또는 다른 사업자등에 관한 사항, 자기 또는 다른 사업자등의 상품등의 내용, 거래 조건, 그 밖에 그 거래에 관한 사항)에 해당하는 사항을 「신문 등의 진흥에 관한 법률」 제2조 제1호 및 제2호에 따른 신문·인터넷신문, 「잡지 등 정기간행물의 진흥에 관한 법률」 제2조 제1호에 따른 정기간행물, 「방송법」 제2조 제1호에 따른 방송, 「전기통신기본법」 제2조 제1호에 따른 전기통신, 그 밖에 대통령령으로 정하는 방법으로 소비자에게 널리 알리거나 제시하는 것을 말하는 것으로 규정하고 있고, 위 대통령령이 정하는 방법은 같은 법률 시행령 제2조에서 "1. 전단·팸플릿·견본 또는 입장권, 2. 인터넷 또는 PC통신, 3. 포스터·간판·네온사인·애드벌룬 또는 전광판, 4. 비디오물·음반·서적·간행물·영화 또는 연극, 5. 자기 상품 외의 다른 상품, 6. 그 밖에 제1호부터 제5호까지의 규정에 따른 매체 또는 수단과 유사한 매체 또는 수단"으로 규정하고 있다.

36) 유영선, "인터넷 광고와 상표의 사용", 『대법원 판례해설』, 92호(법원도서관, 2012), 437면.

2. 식별력 없는 표장에 관한 상표의 유사성 내지 혼동가능성

가. 쟁점의 정리

상표의 사용에 해당하는 경우에도 상표권 침해를 구성하기 위해서는 상품의 동일·유사성 및 상표의 동일·유사성이 인정되어야 한다(「상표법」 제89조, 제108조 제1항 제1호). 상표의 동일·유사성은 일반적으로, 대비되는 두 개의 상표가 외관(外觀, 시각을 통한 인상), 호칭(呼稱, 청각을 통한 기억), 관념(觀念, 지각을 통한 연상)의 면에서 근사(近似) 즉 전부 또는 일부가 유사하여 이를 동일·유사 상품에 사용할 경우 거래통념상 상품출처의 혼동을 일으킬 염려가 있는 것을 말한다.37)

그런데 광고업자가 사용한 표장이 식별력 없는 표장38)이거나 이를 부분으로서 포함한 경우 이러한 식별력 없는 표장은 누구나 사용할 수 있도록 해야 하는 표장이므로 상표의 동일·유사성을 판단할 때 어떻게 취급해야할지가 문제된다. 광고에 사용된 표장에 식별력 없는 표장이 포함된 경우 외에도 등록상표에 식별력 없는 표장이 부분으로서 포함되어 있거나 등록상표 자체가 식별력 없는 표장인 경우에도 동일한 문제가 제기된다. 이는 언론의 자유와 표현의 자유에 관한 문제이기도 한데, 상표법은 이러한 식별력 없는 표장에 대하여 상표등록을 받을 수 없고(「상표법」 제33조 제1항), 상표등록이 된 경우에도 무효심판을 제기할 수 있을 뿐 아니라 보통으로 사용하거나 상거래 관행에 따라 사용한 경우에는 상표권의 효력이 미치지 않도록 규정하고 있다(「상표법」 제90조 제1항, 제117조 제1항 제1호).

나. 관련 판례

(1) 상표의 유사 여부는 그 지정상품의 거래에서 일반적인 수요자나 거래자가 상표에 대하여 느끼는 직관적 인식을 기준으로 상품의 출처에 대하여 오인·혼동의 우려가 있는지 여부에 따라 판단하여야 하므로 두 상표 사이에 유사한 부분이 있다고 하더라도 그 요

---

37) 상표의 유사성은 원래 상표 구성상의 근사성만을 의미하는 것으로 해석되었으나, 상표법의 본질적 기능이 상품이나 서비스의 출처의 혼동을 방지하는 것이므로, 외관·칭호·관념의 유사는 형식적 기준이고 상품출처의 혼동 염려가 실질적 기준이 되는 것이 오늘날의 지배적인 학설이고 대법원의 확립된 판례이며, 이는 일본과 독일의 경우에도 동일하나, 미국은 상표의 유사성(the degree of similarity between the two marks)이 혼동의 우려(Likelihood of confusion)를 판단하는 요소 중의 하나인 하위개념으로 작동하는 점에서 차이가 있고, 다만 상표의 유사성을 보통 위 세 가지 속성을 고려하여 판단하므로 결국 우리와 유사하다고 할 것이다[대표편집 정상조(한동수 집필부분), 앞의 책, 552~553면].

38) 보통명칭, 관용상표, 기술적 표장, 현저한 지리적 명칭이나 약서, 흔히 있는 성 또는 명칭, 간단하고 흔한 표장 등을 말한다.

부를 이루는 부분이 서로 달라 전체적으로 관찰할 때 명확히 출처의 혼동을 피할 수 있는 경우에는 유사상표라고 할 수 없고, 지정상품의 품질, 원재료 등을 나타내는 기술적 표장은 식별력이 없어 상표의 요부가 될 수 없다(대법원 1997. 6. 24. 선고 96후2258 판결–이른바 내츄럴브랜드 사건).

(2) 상표권의 권리범위확인심판 및 그 심결취소청구 사건에서 등록상표와 확인대상표장의 유사 여부를 판단하기 위한 요소가 되는 등록상표의 식별력은 상표의 유사 여부를 판단하는 기준시인 심결 시를 기준으로 판단하여야 한다. 그러므로 등록상표의 전부 또는 일부 구성이 등록결정 당시에는 식별력이 없거나 미약하였다고 하더라도 그 등록상표를 전체로서 또는 일부 구성 부분을 분리하여 사용함으로써 권리범위확인심판의 심결 시점에 이르러서는 수요자 사이에 누구의 상품을 표시하는 것인지 현저하게 인식될 정도가 되어 중심적 식별력을 가지게 된 경우에는, 이를 기초로 상표의 유사 여부를 판단하여야 한다(대법원 2014. 3. 20. 선고 2011후3698 전원합의체 판결–이른바 뉴발란스 사건).

다. 검 토

상표의 유사여부는 외관, 칭호, 관념을 일반 수요자나 거래자의 입장에서 전체적, 객관적, 이격적으로 관찰하여 출처의 오인·혼동가능을 일으킬 우려가 있는지에 의하여 판단하는데, 전체관찰이 원칙이고 전체표장 가운데 분리가능한 요부가 있는 경우에는 예외적으로 요부관찰이 허용되며, 1개의 상표에 2개 이상의 요부를 가지는 결합상표의 경우 각 요부를 분리하여 각각이 가지는 외관 등에 의하여 유사여부를 판단하는 분리관찰도 가능하다.[39]

그런데 등록상표나 사용표장에 기술적 표장 등 식별력이 없는 표장이 포함된 경우에는 표현의 자유나 자유로운 상거래를 위하여 특정인이 독점하는 것이 부적당할 뿐 아니라 상품의 출처표시로 기능하기 어려운 점이 있기 때문에, 요부관찰에서 제외하는 것이 확립된 법리이다.

그러나 식별력이 있는 표장이더라도 특정인이 장기간 상당한 노력을 기울여 사용한 결과 특정인의 상품 출처표시로서 신용력을 획득한 경우라면 상표로서 보호할 필요가 있어 상표법 제33조 제2항에서는 이러한 상표의 등록을 허용하고 있다. 나아가 우리 대법원은 뉴발란스 사건에서 권리범위확인심판 등에 있어서 심결 시를 기준으로 식별력이 없는 표장의 식별력의 취득 여부를 판단하여야 하고 이렇게 식별력을 취득한 표장은 요부판단에서 상표의 요부가 될 수 있다고 판시하였다. 식별력이 없는 표장에 관한 판례의 위와

39) 대표편집 정상조(한동수 집필부분), 앞의 책 567~569면.

같은 태도는 상표법의 체계와 입법목적에도 부합하는 합리적인 해석이라 할 것이다.[40]

대상판결에서 "VSP"라는 표장은 사용상품들과의 관계에서 그 효능이나 용도를 표시하는 것으로서 식별력이 미약하여 요부가 될 수 없다고 판단한 것은 타당한 결론이라 할 것이나, 만일 위 표장이 "현대"와 같이 식별력을 취득한 표장으로서 인정된다면, 이 사건 표장의 요부는 "VSP"로 볼 수 있고, 이 사건 등록상표와 분리관찰함으로써 상표의 동일·유사성을 인정할 수 있을 것이다. 따라서 광고주로서는 대상판결을 참고하여 식별력 없는 상표가 식별력을 취득하였을 경우에는 결과가 달라질 수 있다는 점을 염두에 두어야 할 것이다.

Ⅲ. 판례의 의의

대상판결은 순수한 키워드 검색광고 즉 상표의 비시각적 사용에 관한 사안은 아니나 인터넷 광고 중 가장 많이 활용되는 검색광고에 관한 보기 드문 대법원 판례로서 선례적 가치를 가진다 할 것이다.[41] 비록 '상품을 붙여'라든가 '시각적으로 알림으로써'라는 등의 표현을 사용함으로써 전통적인 입장에서 상표의 시각적 활용을 중시하는 듯한 입장을 견지하여 아쉬움이 남기는 하지만, 추상적인 상품명칭만이 제시되었음에도 상표 사용을 긍정한 전향적인 입장을 취하였다고도 평가된다.[42]

광고주나 광고업자로서 주의해야 할 점은 대상판결에서 상표사용의 한 태양으로서 광고행위에 신문, 잡지, 카탈로그, 간판, TV뿐 아니라 인터넷 검색결과 화면을 통하여 일반소비자에게 상품에 관한 정보를 시각적으로 알리는 것도 포함된다고 판시하여 광고의 범위에 제한을 두지 않았다는 점뿐만 아니라 검색 키워드와 함께 추상적인 상품명칭 내지 제품의 종류를 함께 나열한 것만으로도 상품의 출처표시기능을 수행하는 것으로 보았다는 점이다.

대상판결의 위와 같은 유연한 결론은 타인의 신용력에 부당편승하는 상표의 비시각적 사용행위에 대한 세계적 흐름에도 부합되는 것으로 향후 순수한 검색광고나 새로운 기법의 광고행위가 소송화된 경우에도 유사한 결론이 내려질 수 있다고 예상된다.[43] 따라서

40) 김동규, "등록상표의 구성 중 등록 이후 사용에 의한 식별력을 취득한 부분의 효력", 『양승태 대법원장 재임 3년 주요 판례평석』(사법발전재단, 2015), 758면.

41) 유영선, 앞의 논문, 451면.

42) 대표편집 정상조(박준석 집필부분), 앞의 책, 234~235면.

43) 유영선, 앞의 논문, 447면도 같은 취지로 보인다.

광고주나 광고업자로서는 인터넷에서 광고행위를 할 때에 상표의 시각적 사용뿐만 아니라 비시각적 사용의 경우에도 이와 같은 판결의 태도와 흐름에 유의하여 등록상표와 동일·유사한 표장이 출처표시기능을 수행하는지, 출처의 혼동을 일으킬 우려가 있는지 등을 면밀히 살펴야 할 것이다. 인터넷 광고를 하면서 등록상표와 동일·유사한 표장을 상품의 출처표시를 위하여 사용함으로써 출처의 오인·혼동을 발생시킬 우려가 있다면 비교광고, 설명적·기술적 사용 등의 예외에 해당하지 않는 이상 비록 상표의 시각적 사용뿐만 아니라 비시각적 사용의 경우에도 상표권자의 권리를 침해할 수 있다는 점에 주의해야 한다.

48 외국 간행물에 게재된 상표광고가 등록상표의 사용에 해당하기 위한 요건

-대법원 1994. 12. 27. 선고 93후893 판결

이 규 호*

Ⅰ. 판례의 개요

1. 사안의 개요

가. 당사자

이 사안에서 상표등록취소심판의 청구인은 주식회사 농심이고, 피청구인은 크래프트 제네랄 후우즈 인코포레이티드이다.

나. 사실관계

피청구인이 상표구분 제3류 아이스케이크·아이스크림·크래커·쿠키·도우넛 등을 지정상품으로 하여 1985. 9. 7. 출원하여 1986. 9. 3. 상표등록번호 제129836호·제129837호·제129838호로 상표등록을 받은 이 사건 상표들의 지정상품은 크래커·쿠키 등 과자류이다. 이 사건 청구인은 피청구인이 지정상품에 상표를 사용하지 않은 것을 이유로 상표등록 취소심판을 청구하였다.

2. 소송경과

가. 원심결[1)]

원심결은, 피심판청구인이 상표구분 제3류 아이스케이크·아이스크림·크래커·쿠키·

---

* 중앙대학교 법학전문대학원 교수.

1) 특허청 항고심판소 1992. 3. 25.자 90항당142,90항당143(병합),90항당144(병합) 심결.

도우넛 등을 지정상품으로 하여 1985. 9. 7. 출원하여 1986. 9. 3. 상표등록번호 제129836호·제129837호·제129838호로 상표등록을 받은 이 사건 상표들의 지정상품은 크래커·쿠키 등 과자류로서, 이를 제조·판매하기 위해서는 식품위생법 제22조의 규정에 의하여 보건사회부장관 등의 허가를 받아야 하는데, 피심판청구인이 그 지정상품에 관하여 위 허가를 받은 사실이 없고, 특허청 소재지에서 사업자등록을 한 일이나 세적도 없으므로, 피심판청구인이 정당한 이유 없이 국내에서 등록상표를 그 지정상품에 계속하여(상표등록을 받은 때로부터) 1년 이상 사용하지 아니하였을 때에 해당한다는 이유로, 이 사건 상표들에 관한 상표등록의 취소를 구하는 심판청구인의 이 사건 심판청구를 인용하였다.

나. 환송판결[2)]

(1) 구 「식품위생법」(1991.12.14. 법률 제4432호로 개정되기 전의 것, 이하 '법'이라 한다)과 같은 법 시행령(이하 '영'이라 한다)에 의하면, 과자류의 제조업을 하고자 하는 자는 보건사회부장관의 허가를 받아야 되지만(법 제22조 제1항 및 제2항, 제21조 제1항 및 제2항, 영 제7조 제1호), 판매를 목적으로 식품을 수입하고자 하는 자는 보건사회부장관에게 신고만 하면 되도록(법 제16조 제1항) 규정되어 있으므로, 피심판청구인이 그 지정상품인 과자류의 제조·판매업에 관하여 '법'에 의한 허가를 받은 사실이 없다고 하여, 피심판청구인이 국내에서 이 사건 상표들을 그 지정상품에 사용하지 아니하였다고 단정할 수는 없을 것이다. 그렇다면 원심으로서는 피심판청구인이 보건사회부장관에게 신고를 하고 이 사건 상표들의 지정상품을 수입한 일이 있는지의 여부에 관하여 심리를 하여본 다음, 그 결과에 따라 피심판청구인이 국내에서 이 사건 상표들을 그 지정상품에 사용한 일이 있는지의 여부를 판단하였어야 할 것임에도 불구하고, 원심은 그 점에 관하여는 전혀 심리판단하지 아니한 채 피심판청구인이 이 사건 상표들의 지정상품의 제조·판매에 관하여 '법' 제22조의 규정에 의한 허가를 받은 사실이 없다는 이유만으로, 피심판청구인이 국내에서 이 사건 상표들을 그 지정상품에 사용하지 아니하였다고 단정하였으니, 원심결에는 '법' 제45조 제1항 제3호에 관한 법리를 오해하여 심리를 제대로 하지 못한 위법이 있다고 하지 않을 수 없고, 위와 같은 위법은 심결에 영향을 미친 것임이 분명하므로, 이 점을 지적하는 논지는 이유가 있다.

(2) 구 상표법(1990. 1. 13. 법률 제4210호로 전문개정되기 전의 것) 제45조 제3항에는 "제1항 제3호의 적용에 있어서 상표권자가 상표원부에 등록된 국내의 자기나 대리인의 주소 또는 영업소의 행정구역인 시·군(서울특별시의 구)에서(국내에 주소 또는 영업소가 없는 자로

2) 대법원 1993. 1. 12. 선고 92후612 판결.

서 그 대리인의 등록이 없는 경우에는 특허청의 소재지에서) 그의 등록상표의 지정상품에 대하여 그 등록상표를 사용하지 아니하였을 때에는 그 상품에 대하여 그 상표를 사용하지 아니한 것으로 추정한다"고 규정되어 있는바, 위 규정에서 "특허청의 소재지"라 함은 특허청이 소재한 행정구역인 서울특별시의 구를 의미하는 것으로 해석함이 상당하다. 그럼에도 불구하고 원심결은 국내에 주소 또는 영업소가 없는 피심판청구인이 특허청의 소재지를 관할하는 개포세무서에 사업자등록을 한 일이나 국세를 납부한 실적이 없었다는 사실만을 인정하고, 그 사실만으로 피심판청구인이 특허청의 소재지인 강남구에서 이 사건 상표들을 그 지정상품에 사용하지 아니하였다고 단정하였으니, 원심결에는 구 상표법 제45조 제3항에 관한 법리를 오해하여 심리를 제대로 하지 아니한 위법이 있다고 하지 않을 수 없다.

(3) 그러므로 피심판청구인 소송대리인들의 그 밖의 상고이유에 대하여는 판단하지 아니한 채 원심결을 파기하고, 다시 심리판단하게 하기 위하여 사건을 특허청 항고심판소에 환송하였다.

다. 환송판결 이후 원심결[3)]

원심결은 상품에 관한 광고에 상표를 붙이고 전시 또는 반포하는 행위는 구 상표법 제2조 제4항 제3호 소정의 상표 사용행위에 해당하고, 그 광고는 국내에서 이루어져야 하나 간행물을 통한 선전광고의 방법에 있어서는 외국에서 발행된 간행물이라도 우리나라에 수입 반포되고 있으면 국내의 수요자가 그 간행물에 게재된 상표광고에 접할 수 있는 것이어서 이러한 외국발행 간행물을 통한 국내에서의 상표광고 행위도 상표의 사용에 해당한다고 설시한 다음 이 사건 등록상표 중의 하나인 'POST'에 대하여 1987. 3.부터 1987. 11.까지 및 1988. 8.부터 1989. 6.까지 사이에 각 발행된 'Readers Digest'와 1988. 4.부터 1989. 1.까지 사이에 각 발행된 'Newsweek', 그리고 1989.6.12. 발행된 "People Weekly" 등의 잡지에 상표광고가 게재된 사실이 있고, 위 'Newsweek', 'Readers Digest'는 미국문화원 발행의 복사비 영수증 사본에 의하여 국내에 반포된 간행물임을 인정할 수 있으며, 특히 'Readers Digest'는 이미 오래 전부터 국내에서 한국어 번역판이 발간되어 널리 일반인에게 구독되어져 왔음은 이미 알려진 사실이므로 이 사건 등록상표들에 대하여는 구 「상표법」 제2조 제4항 제3호 소정의 상표의 사용이 있었다고 판단하였다.

3) 특허청 1993. 6. 18.자 93항당33 심결.

3. 판례의 요지[4)]

가. 상표광고가 게재된 외국의 간행물이 국내에 수입 반포되었다면 이를 광고를 통한 상표의 사용으로 볼 수 있음은 원심의 설시와 같다고 하더라도 그 간행물이 국내에 반포되었다고 하려면 어느 정도 시중에 보급되었어야 할 것이고, 미국문화원과 같은 특수한 곳에 비치되거나 소장되어 희망자에게 열람 또는 복사를 허용한 것만으로는 국내에 반포되었다고 보기 어렵다 할 것이며, 또한 'Newsweek', 'Readers Digest' 등의 잡지는 미국 판과 아시아판, 한국판 등이 있는데 그 광고가 서로 다른 경우가 많고, 우리나라에 배포되는 잡지들은 주로 아시아판 또는 한국판이라는 것도 이미 알려진 사실이므로, 광고에 의하여 이 사건 등록상표가 사용되었다고 인정하기 위해서는 위와 같이 상표광고가 실려 있는 잡지들이 국내에 배포되었다거나 실제로 국내에 배포된 잡지들에도 그와 같은 상표광고가 게재되어 있었다는 사실이 인정되어야만 할 것인데, 제출된 증거들만으로는 이를 인정하기에 부족하다.

나. 뿐만 아니라 구 상표법 제45조 제1항 제3호에는 "정당한 이유 없이 국내에서 등록상표를 그 지정상품에 계속하여 1년 이상 사용하지 아니하였을 때"를 취소사유로 규정하여 등록상표를 그 지정상품에 사용한 경우에만 취소를 면할 수 있도록 하였는바, 이 사건 등록상표의 지정상품은 상품류구분 제3류의 아이스 케이크, 아이스크림, 호트 케이크, 크래커, 쿠키, 캔디, 도넛, 식빵, 설탕, 떡 등이나 위와 같이 잡지에 광고된 상품은 모두 시리얼(Cereal, 곡물식), 프레이크(Flake, 낟알을 얇게 으깬 식품) 등의 상품으로서, 상표법시행규칙 소정의 상품류구분표상 제2류에 속하는 것들뿐이고 위 지정상품에 대한 광고는 찾아볼 수 없으므로(피심판청구인은 '프레이크'가 위 지정상품 중 '크래커'에 해당한다고 주장하나, '크래커'는 '비스켓'의 일종으로서 과자류에 해당되고, '프레이크'는 식사대용이나 간식용으로 사용되는 가공곡물이므로 '프레이크'를 '크래커'의 일종으로 볼 수는 없다), 이 사건 등록상표가 그 지정상품에 사용되었다고 인정할 수도 없다고 할 것이다.

다. 그럼에도 불구하고 원심이 미국문화원 등에 비치된 잡지들에 이 사건 등록상표 중의 하나와 같은 상표 'POST'의 광고가 게재되어 있고, 같은 제호의 잡지들이 시중에 널리 배포되었다는 사실만으로 위 등록상표에 관한 광고가 국내에 반포됨으로써 그 상표가 사용되었다고 인정한 것은 구 상표법상의 상표의 사용에 관한 법리를 오해하여 심리를 다하지 아니하고, 이 사건 등록상표가 그 지정상품에 사용되었는지에 대한 판단을 유탈하여 심결결과에 영향을 미친 위법을 범한 것이라 아니할 수 없다.

---

4) 대법원 1994. 12. 27. 선고 93후893 판결.

II. 해 설

1. 쟁점의 정리

이 사건은 상표등록취소심판사유로서의 상표의 불사용이 핵심 쟁점이 되었다. 특히 이 쟁점은 아래와 같은 구 「상표법」과 현행 「상표법」의 개정과도 관련이 있다.

구 상표법(1990.1.13. 법률 제4210호로 전문 개정되기 전의 것)[5] 제45조 제1항 제3호(현행 제2조 제1항 제6호 참조) 제45조(상표등록의 취소 사유) ① 상표권자가 다음 각 호의 1에 해당할 경우에는 심판에 의하여 그 상표등록을 취소하여야 한다.[중략]

3. 정당한 이유 없이 국내에서 등록상표를 그 지정 상품에 계속하여 1년 이상 사용하지 아니하였을 때. 다만, 연합상표인 경우에 등록상표중 1상표라도 사용하였을 때 또는 등록상표의 지정상품 중 1상품에라도 그 등록상표를 사용하였을 때에는 예외로 한다.

구 상표법(1990.1.13. 법률 제4210호로 전문(개정되기 전의 것)[6] 제2조 ④ 이 법에서 상표의 사용이라 함은 다음에 게기하는 행위를 말한다.

1. 상품 또는 상품의 포장에 상표를 붙이는 행위
2. 상품 또는 상품의 포장에 상표를 붙인 것을 양도 또는 인도하거나 그 목적으로 전시·수출 또는 수입하는 행위.
3. 상품에 관한 광고, 정가표, 거래서류, 간판 또는 표찰에 상표를 붙이고 전시 또는 반포하는 행위

현행 상표법[7] 제119조(상표등록의 취소심판) ① 등록상표가 다음 각 호의 어느 하나에 해당하는 경우에는 그 상표등록의 취소심판을 청구할 수 있다.

3. 상표권자·전용사용권자 또는 통상사용권자 중 어느 누구도 정당한 이유 없이 등록상표를 그 지정상품에 대하여 취소심판청구일 전 계속하여 3년 이상 국내에서 사용하고 있지 아니한 경우

현행 상표법 제2조 제1항

11. "상표의 사용"이란 다음 각 목의 어느 하나에 해당하는 행위를 말한다.

가. 상품 또는 상품의 포장에 상표를 표시하는 행위

나. 상품 또는 상품의 포장에 상표를 표시한 것을 양도 또는 인도하거나 양도 또는 인도할 목적으로 전시·수출 또는 수입하는 행위

다. 상품에 관한 광고·정가표(定價票)·거래서류, 그 밖의 수단에 상표를 표시하고 전시하거

---

5) [시행 1986. 12. 31.] [법률 제3892호, 1986. 12. 31, 일부개정].
6) [시행 1986. 12. 31.] [법률 제3892호, 1986. 12. 31. 일부개정].
7) [시행 2018. 10. 18.] [법률 제15581호, 2018. 4. 17. 일부개정].

나 널리 알리는 행위"라고 규정하고, 제2조 제2항에서는 "제1항 제11호 각 목에 따른 상표를 표시하는 행위에는 다음 각 호의 어느 하나의 방법으로 표시하는 행위가 포함된다.
1. 표장의 형상이나 소리 또는 냄새로 상표를 표시하는 행위
2. 전기통신회선을 통하여 제공되는 정보에 전자적 방법으로 표시하는 행위

법 개정을 통해 상표등록취소사유가 변경되었지만, 여전히 상품에 관한 광고로 상표를 표시하는 것은 상표의 사용에 해당한다는 것을 알 수 있다. 따라서 이 판결의 요지는 현행 상표법 하에서도 여전히 영향을 미칠 수 있다고 생각한다.

특히, 이 사안은 광고매체가 되는 외국 간행물에 상표를 표시한 경우 이를 상표의 사용이라고 볼 수 있는지 여부가 쟁점이 된 사안이다.

2. 관련 판례

대법원 1995. 9. 29. 선고 94다31365,31372(반소) 판결에서는 원고가 영위하는 아파트 건축업은 상표법시행규칙상의 서비스류 구분 제104류의 제1군 토목, 건축업에 속하고 있어 원고가 그 자신의 상호에 해당하는 '동성'이라는 표시를 원고 회사가 건축 분양하는 아파트 분양광고 및 아파트 벽면에 표시하는 경우 이를 순수하게 상호로서만 사용되었다고 보기는 어렵다 할 것이고 상호를 서비스표로서 사용한 것으로 보아야 한다고 판시한 바 있다.

3. 검 토

상표의 사용행위 정의 규정에 상품에 관한 광고에 상표를 붙이고 전시 또는 반포하는 행위를 포함한다(현행 「상표법」 제2조 제4항 제3호).

상표의 사용은 상품 또는 상품의 포장에 상표를 붙이는 행위 등 지정상품에 직접적으로 사용하는 경우뿐만 아니라 상품에 관한 광고에 상표를 붙이고 전시 또는 반포하는 행위 즉 상표에 관한 선전, 광고행위를 포함하는 것인바, 상표에 대한 선전, 광고행위는 지정상품에 관련하여 행하여져야 하는 것일 뿐만 아니라 그 지정상품이 국내에서 현실적으로 유통되고 있거나 적어도 유통을 예정, 준비하고 있는 상태에서 행하여진 것이어야 상표의 사용이 있었던 것으로 볼 수 있다.[8)]

여기에서 '상품'의 정의와 관련하여 상품이란 '그 자체가 교환가치를 가지고 독립된 상거래의 목적물이 되는 물품'이라는 판례[9)] 내지 상품이란 '운반 가능한 유체물로서 반복

8) 대법원 1992. 8. 18. 선고 92후209 판결.

하여 거래의 대상이 될 수 있는 것'이라는 학설[10]이 존재한다. 이와 관련하여 상품의 구성요건으로서 (i) 유체물이어야 하고(유체성), (ii) 운반 가능한 것이어야 하고(유통성), (iii) 반복거래가 가능한 것(계속성 및 거래성)을 요구하는 것이 타당할 것으로 보인다.[11]

상품의 광고행위가 상표의 사용에 해당하는지 여부와 관련하여, 판례는 등록상표를 선전, 광고한 신문에 등록상표의 등록번호와 상표를 기재하고 그 상표에 대하여 컴퓨터 및 전자오락기구를 오인, 혼동하여 현혹 없기를 바란다고 기재하고 있어서, 그 광고문안의 취지를 지정상품에 관한 광고라고 하기 어렵고 또 광고 당시 그 지정상품이 현실적으로 유통되고 있거나 적어도 유통을 예정, 준비하고 있는 상태에 있었다고 보기도 어렵다고 보아 그 신문광고만으로는 지정상품에 관한 광고에 상표를 붙인 행위라고 할 수 없다고 판시하였다.[12] 상품 자체가 아니라 그 광고에 상표를 사용하는 경우에는 불사용 취소사유에 관한 조항만의 특색이 가미되어서인지 '상표의 사용'이 있었음을 인정함에 있어 비교적 엄격한 입장을 취한 판례가 다수라고 평가할 수 있다.[13]

Ⅲ. 판례의 의의

상표광고가 게재된 외국의 간행물이 국내에 수입되어 반포되었다면 이를 광고를 통한 상표의 사용으로 볼 수 있다.[14] 그런데 이 사건 대법원 판결은 그 외국 간행물이 국내에 반포되었다고 하려면 어느 정도 시중에 보급되었어야 할 것이고, 미국문화원과 같은 특수한 곳에 비치되거나 소장되어 희망자에게 열람 또는 복사를 허용한 것만으로는 국내에 반포되었다고 보기 어렵다 할 것이라고 판시하여 광고를 통한 상표의 사용과 관련하여 외국 간행물이 국내에 반포된 것으로 볼 수 있는지 여부에 대한 판단기준을 제시하고 있다.

---

9) 김원준, 『상표법개론』 (피앤씨미디어, 2017), 24면; 대법원 1999. 6. 25. 선고 98후58 판결; 대법원 2004. 5. 28. 선고 2002후123 판결.

10) 송영식·이상정·김병일, 『지적재산법』, 9정판(세창출판사, 2008), 172면; 특허청, 『조문별 상표법 해설』 (특허청 행정법무팀, 2007), 8면.

11) 이규호, 『상표법』 (진원사, 2018), 114면.

12) 대법원 1992. 8. 18. 선고 92후209 판결.

13) 정상조 편, 『상표법주해 Ⅰ』(박준석, 제2조 제1항 제11호 집필부분) (박영사, 2018), 204면.

14) 최정열, "상표권자가 국내에서 상표를 사용하는 것의 의미", 『정보법 판례백선 Ⅰ』 (박영사, 2006), 295~301면; 강기중, "국내의 수입업자가 외국에서 상표가 부착된 상품을 수입하여 국내에 유통한 것이 외국에서 상표를 부착한 상표권자의 국내에서의 상표 사용으로 인정되는지 여부(적극)", 『대법원판례해설』, 48호(2004. 7), 212~230면; 이회기, "2005년도 특허법원 상표사건 판결 요약", 『특허소송연구』, 3집, 597~621면; 권택수, "이른바 '광고매체가 되는 물품'에 상표를 표시한 경우 이를 상표의 사용이라고 볼 수 있는지의 여부", 『대법원판례해설』, 32호(1999. 10), 621~634면.

49 천연(天然) 원재료 사용을 오인시킨 "천연(泉淵)사이다" 음료광고

-대법원 1990. 2. 9. 선고 89누6860 판결

김 도 년*

Ⅰ. 판례의 개요

1. 사안의 개요

㈜초정약수는 "천연(泉淵)"이란 연합상표등록을 하고, "천연(泉淵)사이다"란 제품명으로 청량음료제조허가를 받아 청량음료를 제조하는 회사이다. ㈜초정약수는 상품 및 신문 등에 다음과 같은 표시·광고를 하였다. ① 자사의 사이다제품인 천연사이다의 용기에 "천연사이다"라고 한글로 크게 표시하고 "泉淵"이라는 한자병기는 한글표시에 비해 작게 표시하였다. ② 영자로 "Mineral Water"라고 표시하였다. ③ 천연사이다를 1987. 8. 13.자 동아일보를 통해 광고하면서 "세계 3대 광천수중의 하나인 초정영천광천수의 신비한 맛 … 간직한 천연 사이다"·"75년 역사의 천연사이다"·"지금까지의 사이다와는 전혀 다른 사이다" 등의 문구를 사용하였다.

이와 같은 표시·광고에 대하여 공정거래위원회는 소비자오인성을 초래하는 부당한 표시·광고라고 판단하고(「독점규제 및 공정거래에 관한 법률」(법률 제3875호, 1986. 12. 31. 일부개정, 이하 '공정거래법'이라 한다) 제15조 제1항 6호),[1] 부당한 표시·광고행위를 중지할 것

* 한국소비자원 정책연구실 책임연구원.

1) 공정거래위원회는 사안의 개요 중 ①번에 대하여 등록된 상표 泉淵이라는 한자는 크고 천연이라는 한글표기는 적은데도 불구하고 상기표시 및 광고에 있어서는 "천연사이다"라는 한글표기는 크게 하고 "泉淵"이라는 한자병기는 한글표시에 비해 현저히 작게 표시하였으며 또한 광고내용 중 일부에서는 "천연사이다"라고 한글로만 표시하고 있어 동 제품을 소비자에게 "天然" 사이다로 오인시킬 우려가 있다고 보았다. 사안의 개요 ②번에 대해서는 "Mineral Water"라고 표시한 것도 사이다가 아닌 광천수로 오인시킬 우려가 있는 객관적 근거가 없는 표시라고 할 것이라고 보았다. 사안의 개요 ③에 대해서는 광고의 내용이 객관적으로 인정된 것으로 볼 수 없을 뿐만 아니라 보건사회부로 (주)초정약

을 심의·의결하였다.[2] ㈜초정약수는 공정거래위원회의 부당표시행위 시정조치처분에 대하여 취소를 구하고자 서울고등법원에 소를 제기하였고, 위 법원은 그 청구를 인용하였으나, 대법원에서는 상품용기인 유리병에 표기된 "천연(한자 없음)"의 상태, "MINERAL WATER"와 "CIDER" 등의 표기 상태, "천연사이다 시대 개막선언" 등의 표현 등에서 소비자오인성이 있고, ㈜초정약수가 소비자오인성을 유발하는 표시광고를 사용할 수밖에 없는 특별한 사정이 없다면 부당한 표시광고에 해당한다고 보아 파기환송하였다.

〈표〉 1971년 특허청에 등록된 상표. 한자 '泉淵'이 한글 '천연'에 비해 크게 표시되어 있다.

수가 천연(泉淵)사이다 제조에 사용하는 초정영천 광천수가 세계 3대 광천수의 하나인지 여부에 대한 것은 조사 또는 공인된 바 없고, ㈜초정약수가 천연사이다를 생산한 것은 1971년 이후로서 그 역사가 약 16년에 지나지 않는데도 불구하고 "75년 역사의 천연사이다"라고 광고한 것은 마치 피심인이 천연사이다를 75년 동안 생산해온 것처럼 소비자를 오인케 하는 것이며, ㈜초정약수는 자사의 사이다와 타사의 사이다와의 차이점을 증빙할 자료를 제시하지 못하면서 자사의 사이다에는 광천수를 사용하고 타사의 사이다에는 일반지하수를 사용하므로 그 맛에 차이가 있다는 것만으로 자사제품이 지금까지의 사이다와 전혀 다르다고 광고한 행위는 객관적 근거 없이 자사제품이 경쟁사업자의 제품에 비하여 우량한 것으로 소비자를 오인하게 하는 허위·과장광고행위라고 보았다(공정거래위원회 1988. 5. 4. 의결 제88-40호 ((주)초정약수의 부당표시 및 허위·과장광고행위에 대한 건) 중 부당표시 및 허위·과장광고 판단부분 참고).

2) 공정거래위원회는 ① "천연사이다"라고 한글로 크게 표시하고 "(泉淵)"이라고 한자로 작게 병기하거나 병기하지 않음으로써 소비자로 하여금 "天然사이다"로 오인케 하거나 또한 용기에 영자로 "Mineral Water"라고 표시함으로써 소비자로 하여금 사이다가 아닌 광천수(鑛泉水)로 오인케 하는 행위를 하지 말아야 하고, ② ㈜초정약수는 자사제품인 천연사이다를 광고함에 있어서 '75년 역사의 천연사이다' 등 동 제품의 역사에 대하여 소비자를 오인케 하거나 "세계 3대 광천수의 하나" 등 원료로 사용하는 "초정영천"의 수질에 대하여 소비자를 오인케 할 우려가 있는 표현을 사용하지 말아야 하며, ③ ㈜초정약수는 객관적 근거 없이 자사제품인 천연사이다가 지금까지의 사이다와는 전혀 다른 제품인 것처럼 광고하지 말아야 한다고 의결하였다(공정거래위원회 1988. 5. 4. 의결 제88-40호((주)초정약수의 부당표시 및 허위·과장광고행위에 대한 건) 중 주문 참고).

2. 소송경과

가. 원심판결[3)]

(1) 부당표시 및 허위·과장광고 행위 판단

① ㈜초정약수의 등록상표는 천연이라는 글자와 물방울 모양의 형상으로 이루어져 있으며 "천연"이란 한글보다 "泉淵"이란 한자가 다소 크게 표시되어 있으나 그 주된 구성요소 즉 요부는 한글과 한자가 병기된 "천연, 泉淵"이라 할 것이므로 비록 한자 "泉淵"과 한글 "천연"을 병기함에 있어서 한자부분이나 한글부분 중 어느 한 부분이 다른 부분에 비하여 다소 작게 표시되었다 하더라도 이는 상표권의 정당한 권리 행사범위 내에 있다고 할 것이므로 이를 가리켜 위 불공정거래행위지정고시 제7호(부당표시), 제12호(허위, 과장, 비방광고행위)에 해당하는 행위라고 할 수 없다고 하였다.

② ㈜초정약수가 제조 판매하는 사이다는 천연탄산수 88.849, 설탕 9.9, 사이다에센스 0.057, 구연산 0.08, 탄산가스 1.114의 비율로 배합하여 만든 사이다임을 알 수 있는바 원고가 위에서 인정한 바와 같이 그 용기 상에 비록 "MINERAL WATER"라고 표시하였다고 하여도 그 아래 같은 크기의 문자로 "CIDER"라고 표시한 이상 이는 광천수(MINERAL WATER)로 만든 사이다라고 이해될지언정 천연적으로 생성된 사이다라고 오인될 염려가 있다고 할 수 없으므로 위 표시 역시 위 지정고시 제7호, 제12호의 부당표시, 허위·과장·비방광고행위에 해당한다고 할 수 없다고 하였다.

③ ㈜초정약수가 1987. 8. 13. 동아일보에 위 사이다의 상품광고를 게재함에 있어 일부 한자를 병기하지 아니한 채 "천연사이다"라고 표시한 부분이 있음은 위에서 인정한 바와 같으나 그 광고를 검토하여 보면 "천연사이다시대 개막선언"이란 제목부분과 [ ] 표시와= 표시로서 강조한 소제목 부분에 각 표시된 천연사이다의 표시에는 "천연"이란 한자가 병기되어 있고 다만 작은 문자로 상품을 설명하는 부분과 광고 중앙 두 줄의 설명문 및 우측하단에 표기된 천연사이다의 표시에는 한자가 병기되어 있지 아니한 사실을 알 수 있는 바 이를 위 광고에 표시된 용기의 사진과 함께 전체적으로 고찰하면 이는 광천수로 만든 사이다의 상품광고일 뿐 피고가 주장하는 바와 같이 천연적으로 생성된 사이다를 광고하는 것은 아니라고 할 것이고 또한 일반인의 입장에서 볼 때 그와 같은 천연사이다로서 오인될 염려가 있다고 인정할 수 없다고 하였다.

(2) 판시사항

㈜초정약수의 위 광고가 허위·과장광고로서 피고의 지정고시를 위반하였다고 판단

3) 서울고등법원 1989. 9. 5. 선고 88구9482 판결.

한 경제기획원의 조치는 위법하므로, 피고의 시정조치의 취소를 구하는 원고의 청구를 이유 있다고 하여 인용하였다.

나. 대상판결[4)]

(1) 부당표시 및 허위·과장광고 행위 판단

① ㈜초정약수가 상품명을 "천연사이다"로 한 청량음료제조업허가를 받고 "천연"이란 연합 상표등록을 받은 이상 그 상품을 천연사이다라고 표시하여 광고하는 행위는 상표권의 정당한 권리행사가 될 수 있으나, 상품용기인 유리병에 한글로 크게 천연사이다라고 표시하면서 한글 "천연" 다음에 바로 한자 천연을 써 넣지 않고 다른 줄에 작은 한문자로 천연이라고 기재하였다면 그것이 천연적으로 생산된 사이다라고 오해되기를 바라고 한 것이라고 볼 여지가 충분하다고 보았다.

② 영문자로 MINERAL WATER와 CIDER를 각각 분리 표시한 것도 그 제품을 광천수로 보이게 하려는 의도가 없다고 보기 어렵다고 보았다.

③ "천연사이다시대 개막선언"이란 표제의 신간광고를 하였다면 그 표제는 보는 사람으로 하여금 지금부터 천연적으로 생산되는 사이다가 나오는 시대가 되었다는 뜻으로 받아들여질 염려가 충분한 것으로 생각할 수 있다고 판시하였다.

(2) 판시사항

대법원은 위 일련의 상품선전 내지 광고행위는 특단의 사정이 없는 한 허위·과장광고행위에 해당하지 않는다고 하기 어렵다고 전제한 다음, 원심으로서는 원고가 상품표시나 광고를 위와 같이 하게 된 동기나 의도를 석명 심리하여 그렇게 할 수밖에 없었던 합리적인 이유가 있다면 모르거니와 그와 같은 심리를 하지 아니하고 원고의 광고행위가 적법한 상표권의 행사로서 적법하다고 할 수 없다고 보아 원심판결을 파기하고 환송하였다.

3. 대상판결의 요지

대상판결은 소비자오인성과 관련하여 보통의 주의력을 가진 소비자의, 사업자가 표시·광고한 내용을 받아들이는 전체적·궁극적 인상을 기준으로 객관적으로 판단하고 있는데, 우선 ㈜초정약수는 "천연(한글표기 강조)"과 "MINERAL WATER" 표현 방법 문제로 인한 소비자오인성과 더불어, 객관적 근거가 없는 표현 등의 부당성을 지적하였다.

원심판결은 ㈜초정약수가 "천연(한글표기 강조)"이라는 표현을 상표권의 정당한 권리

---

4) 대법원 1990. 2. 9. 선고 89누6860 판결.

행사 범위에 포함된다고 주장하였으나, 대상판결은 ㈜초정약수가 상표와 부분적으로 달리하는 표시를 통해 소비자의 오인을 유도할 의사가 없었음을 입증하지 못하는 한 상표권의 부당한 행사로 보았다.

뿐만 아니라 대상판결은 MINERAL WATER와 CIDER의 분리 표시 및 "천연사이다 시대 개막선언" 등의 표시·광고 등으로 인해 소비자로 하여금 천연적으로 생산되는 사이다가 나오는 시대가 되었다고 오인케 하는데 충분하다고 판단하고, 특단의 사정이 없는 한 허위·과장광고에 해당한다고 보았다.

II. 해 설

1. 쟁점의 정리

대상판결은 ㈜초정약수의 상표사용과 재료 및 품질 등에 대한 소비자오인성 여부를 판단하고 있다. 대상판결은 거짓·과장의 표시·광고를 판단함에 있어서도 "사실의 판단기준"으로 "보통의 소비자가 그 광고를 받아들이는 전체적·궁극적 인상"을 포함하고 있다.

한편 대상판결은 소비자의 오인성을 유발하는 상표사용을 공정거래법[5]상의 부당한 표시광고로 판단함에 따라, 상표권자의 상표사용 범위도 간접적으로 보여주고 있다. 또한 대상판결은 표시광고의 사실여부 등은 상표권의 상표사용으로 소비자에게 전달하고자 하는 의미에 영향을 미친다고 보고 있다.

2. '천연'의 표시·광고와 거짓·과장 여부 판단

공정거래법상 부당한 표시광고는 "허위 또는 과장"된 표시광고에서 출발한다.[6] 허위(거짓)란 사실과 다르게 객관적인 근거가 없는 내용을 표시·광고하는 것이고, 과장이란 표시·광고상의 주장이 사실이나 객관적인 근거에 기초하고 있지만 그 내용을 지나치게 부풀려서 표시·광고하는 것을 말한다. 일반적으로는 표시·광고의 거짓·과장을 판단함에

---

5) 부당한 표시광고는 종래 공정거래법상 불공정거래행위의 한 유형으로 규제되었으나, 부당한 표시광고를 효과적으로 시정하기 위한 목적으로 표시·광고의 공정화에 관한 법률(법률 제5814호, 1999. 2. 5. 제정, 이하 '표시광고법'이라 한다)을 제정하여 별도로 규정하고 있다.

6) 구 공정거래법상 부당한 표시광고 조항 및 2011년 9월 개정 전의 표시광고법에서는 '허위·과장의 표시·광고'라고 표현하고 있었으나, 최근 표시광고법에서는 '거짓·과장의 표시·광고'라고 규정하고 있다.

있어서 양자를 구분하지 않은 채 사회통념을 기준으로 한다.[7)] 그리고 표시·광고의 진실성 여부를 판단할 때에는 문구의 명료성, 글자 및 도안의 상대적인 위치와 크기 또는 색상 보통의 소비자에게 전달되는 의미 등 종합적으로 판단한다.[8)]

대상판결은 "천연"이라는 표현이 가지는 이중성(한자에 따라 다른 의미를 가짐)과 더불어 천연(天然) 원재료 사용으로 오인시키는 ① 泉淵의 소극적 표시(상표와 다른 작은 표시), ② Mineral Water와 CIDER의 구분 표시, ③ 천연사이다시대 개막선언 등은 인공적 합성 음료를 천연(天然) 원재료 사용 음료라고 오인을 유발시키는 잘못된 표시광고라고 종합적으로 판단하였다. ① 泉淵의 소극적 표시는 상표사용과 관련한 표시로 거짓이 있다고 보기는 어려우나, ② Mineral Water와 CIDER의 구분 표시 및 ③ 천연사이다시대 개막선언 등은 소비자의 오인성을 유발한다고 보았기 때문이다. 대법원은 거짓·과장성을 판단함에 있어서 단순히 광고 자체가 객관적 사실에 부합하는지를 보는 것이 아니라 광고주의 의도 및 소비자오인성 등의 요소도 복합적으로 고려한 종합적 판단을 하고 있다.[9)]

3. 상표사용과 소비자오인성

가. 유사 상표사용과 수요자의 혼동가능성

상표란 자기의 상품과 타인의 상품을 식별하기 위하여 사용하는 표장을 말하며(「상표법」 제2조 제1항 제1호), 「상표법」상 상품에는 지리적 표시가 사용되는 상품의 경우를 제외하고는 서비스 또는 서비스의 제공에 관련된 물건을 포함한다. 상표에는 광고·선전기능이 있는데,[10)] 상표의 상품에 대한 심리적인 연상 작용을 동적인 측면에서 파악하는 것으로 상품거래사회에서 판매촉진수단으로 활용되고 있다.[11)] 상표법은 상표의 출처식별 및 품질보증의 각 기능을 보호함으로써 상표의 사용에 의하여 축조된 상표권자의 기업신뢰 이익을 보호하고, 상품 출처의 동일성을 식별하게 하여 수요자가 요구하는 일정한 품질의

---

7) 공정거래위원회로부터 시정명령을 받은 사실의 공표에 관한 운영지침(공정거래위원회 예규 제206호, 2015. 1. 1 개정)의 별표3에서는 명백한 허위광고, 과도한 과장광고, 단순한 과장광고 등을 구분하고 있다.

8) 객관적 사실의 진위가 문제되는 거짓의 표시·광고에도 사회통념에 기초하여 판단한다는 것은 개념상 혼란을 가져올 수 있다고 지적한다(이선희, "거짓·과장의 표시·광고에 있어서 부당성 판단", 『성균관법학』, 제29권 제1호(성균관대학교 법학연구소, 2017), 151면).

9) 이선희, 위의 논문, 170면에서는 거짓·과장의 표시·광고에 있어서 거짓 여부의 판정은 사실인정의 문제임에도 불구하고 판례는 사회통념과 같은 가치판단을 개입하거나 별개의 요건인 소비자오인성을 고려하는 점을 지적한다.

10) 황적인, 『경제법판례연구』 (선학사, 1997), 584면 참고.

11) http://www.kipo.go.k/kpo/user.td?a=user.html.HtmlApp&c=10003&catmenu=m04_01_04 "상표의 이해" 참고.

상품구입을 가능하게 함으로써 수요자의 이익을 보호한다.[12] 사안에서 "천연(泉淵)"은 성질표시적 상표로서 원재료 및 품질 등을 표시하고 있다고 볼 수 있다.

상표권자의 권리행사는 유사 상표를 사용하는 자에 대한 상표권 침해주장으로 나타난다. 상표권자의 상표권 침해자에 대한 권리주장은 유사상표 사용으로 인한 수요자의 혼동가능성을 배제시키고자 하는 것인데, 상표권 등록 과정에서의 상표의 유사여부를 판단하는 것도 이를 고려한 것이다. 즉 동일 유사한 상표를 동일 유사한 상품에 사용할 경우 일반수요자에게 혼동가능성이 발생한다고 하는 형식적 기준(추상적·일반적 기준)에 따라 등록상표를 보호하고 있다.[13]

나. 상표의 광고·선전기능과 소비자오인성

상표권은 기본적으로 사적 재산권적 성질을 가지지만 소비시장에서의 수요자의 이익보호를 포함하기 때문에 그 보호범위는 사회적 제약을 받는다. 「상표법」은 '혼돈의 방지에 필요한 범위 내'에서 상표권을 보호하는 규정으로 합리적인 소비자의 선택을 보호하는 역할을 수행한다. 상품에 대한 소비자의 혼동가능성을 야기하는 행위 또는 상품의 식별기능을 보호하기 위한 상표권의 본질에 부합하지 않는 행위, 혹은 상품의 식별성을 보호하기 위한 「상표법」상의 관련규정을 회피하는 행위들이 정당하지 않은 상표권 행사 행위로 열거될 수 있다.[14]

위와 같은 「상표법」의 입법목적을 고려하면 상표권자가 자신의 상표를 표시하는데 있어서도 상품에 대한 소비자의 혼동을 유발해서는 안 된다. ㈜초정약수의 "천연" 상표를 제3자가 유사하게 사용하여 소비시장에 혼동을 초래해서도 안 되지만, ㈜초정약수도 자신의 상표를 등록한 상표와 다르게 사용하여 상품의 혼동을 야기해서도 안 되는 것이다. 「상표법」이 후자를 긍정한다면 상표권자 보호를 통해 반사이익을 얻는 「상표법」상 수요자에게 불이익을 주게 된다.

「상표법」상 수요자의 혼동가능성 판단은 수요자의 상품 선택의 어려움을 유발시키지 않도록 위한 것으로 공정거래법상의 소비자오인성 판단의 목적과 매우 근접하다. 때문에 「상표법」상의 수요자의 혼동가능성은 소비자오인성과 접점을 이루고 있다고 볼 수 있다. 대상판결은 상표권자의 상표사용 남용이 아닌 공정거래법상 소비자오인성의 문제로 접근

---

12) 대법원 1995. 11. 7. 선고 94도3287 판결(부정경쟁방지법위반).

13) 윤태식, "상표법상 상표의 유사 여부 판단에 관한 연구", 『사법논집』, 제59집(법원도서관, 2014), 175면 이하 참고.

14) 오승한, "상표권 라이센스 조항의 효력을 부인하기 위한 독점금지법에 근거한 항변과 그 문제점", 『비교사법』, 제13권 제2호(통권 제33호)(한국비교사법학회, 2006), 37면.

하고 있다. 공정거래법 제15조(불공정거래행위의 금지) 제1항 6호의 부당한 표시광고 여부를 판단하는데 있어서 상표권자의 상표의 정당한 사용을 고려하고 있다. 상표권자의 상표대로의 표시가 아닌 유사한 형태로 변형하여 사용함에 따라 소비자오인성이 유발되었다면 상표권자의 그와 같은 상표사용행위에 대한 정당한 이유가 필요하다고 판시하고 있기 때문이다.

상표의 표시광고 기능으로 인해 상표법 및 공정거래법의 접점을 가지는 가운데, 소비자오인성(수요자 혼동가능성) 요소는 부당한 표시광고 여부를 판단하는 기준인 동시에 상표권자의 정당한 사용을 판단하는 기준의 하나로 작용하고 있다.

Ⅲ. 판례의 의의

상표는 사업자와 상품을 알리는 등 다양한 기능을 수행하고 있는데, 상품의 표시광고 기능으로 인해 공정거래법상 부당 표시광고와 접점을 이루고 있다. 공정거래법상 부당한 표시광고의 요건이 되는 소비자오인성은 표시광고의 전체적 인상을 통해서 판단하고 있다. 대상판결에서는 상표권자의 상표 사용행위는 전체적인 인상에 영향을 주는 요소임을 확인하고 있다. 특히 상표권자가 상표를 변형하여 사용하고 있는 경우, 소비자오인성을 판단함에 있어서는 상표를 둘러싼 다른 표시광고 내용 등도 고려하였다.

상표권의 사용은 상표권자의 정당한 권리행사이나, 상표에 내재하고 있는 품질 등의 표시광고의 기능으로 인해 공정거래법에서 완전히 자유로울 수는 없다. 대상판결은 상표권의 행사 이면에 이루어진 사업자의 부당 표시광고 행위를 제재한 판결로서 그 의의가 있다.

50 상표의 광고선전기능과 기술적 표장 그리고 사용에 의한 식별력 취득

－대법원 1990. 2. 9. 선고 89후1189 판결

이 규 홍*

Ⅰ. 판례의 개요

1. 사안의 개요

주식회사 A는 인삼을 넣어 만든 화장비누와 세탁비누를 지정상품으로 한 출원상표 "Ginseng Soap" 인 삼 비 누 (이하 '이 사건 등록상표'라 한다)를 1975. 5. 19. 제40－8885호로 등록받은 상표권자이고, 이 사건 등록상표에 관하여 1985. 5. 18. 상표권존속기간갱신등록 결정이 내려졌다. 그러자 주식회사 B는 1986. 3. 5. 위 갱신등록의 무효를 구하는 심판과 B의 상표가 이 사건 등록상표의 권리범위에 속하지 않는다는 확인심판을 각 청구하였고 전자가 86당173호로 진행되다가 기각되자 87당22로 항고심판청구를 하였으나 역시 기각되었다. 이에 B는 대법원에 위 항고기각심결의 취소를 구하는 소송을 제기하였다.[1] 대법원은 대상판결로 원심결을 파기하고, 사건을 특허청 항고심판소에 환송하였다.

2. 관련제도와 대상판결의 요지 등

가. 관련제도 개요

(1) 상표제도와 광고

상표는 일반적으로 식별기능, 출처표시기능, 품질보증기능과 광고선전기능을 한다고 설명되는데, 품질이 낮은 상품은 살아남을 수조차 없게 된 현대사회에서 상품구매에 미치

---

* 특허법원 부장판사, 법학박사.

1) 특허정보넷 키프리스(http://www.kipris.or.kr/khome/main.jsp)에서 검색한 결과를 정리한 것이다.

는 가격, 브랜드충성도 등 요인의 비중이 커졌고 특히 전통적으로 상대적 중요성이 낮게 평가되던 광고선전기능이 점점 그 빛을 발하게 되었다. 그런데 「상표법」은 본디 상표 자체를 보호하는 것이 아니라 상표로 먼저 채택(adoption)되어 거래상 사용됨에 따라 축적되는 사용자의 신용과 재산적 가치를 보호하여 결과적으로 상표사용자와 소비자를 함께 보호하는 공익성이 강한 법률로 창작법이 아닌 표지법(보호대상이 영업상의 표지에 화체된 영업상의 신용이다)의 성격을 갖는 것이다. 그러므로 광고선전기능을 염두에 둔 「상표법」 해석에 있어서도 공적인 요소가 고려되어야 하고 여기에는 상표권의 영구적 존속기간 인정에 따른 강화된 재산권성[2]의 통제, 전통적으로 문자를 포함하고 그 '호칭'이 중요한 비중을 차지하고 있는 사용현실에 기한 표현의 자유와의 갈등,[3] 상표는 상업 활동에 사용되는 것이라는 점에서 타인의 직업수행의 자유, 평등권과의 불가피한 상충 등의 논의가 포함될 수밖에 없을 것이다.[4]

이를 광고 내지 마케팅의 측면에서 접근한다면 보통명칭[5]이나 관용표장에 가까울수록 유리한 고지를 선점할 수 있을 것이나, 앞서 본 바와 같은 공익적인 면을 고려하여야 하므로 등록제한 입법이 불가피하게 논의될 수밖에 없다. 한편 상품의 성질을 기술하거나 설명하는 용어로 이루어진 기술적(記述的) 표장(Descriptive Mark)의 경우 역시 같은 이유로 상표등록이 배제되지만, 보통명칭 등과 달리 사용에 의해 2차적 의미를 갖게 되는 경우 식별력의 취득을 인정하여 등록을 받을 수 있다.

---

2) "식·음료 브랜드 가치 '네슬레' '코카콜라' 최고" 이덕규 기자 약업닷컴 기사입력 2018. 7. 13., "'네슬레'는 브랜드 가치(Brand Value)를 금액으로 환산했을 때 193억 7,019만 달러에 달해 다시 한번 세계에서 가장 가치 있는 식품 브랜드임을 과시했다...청량음료 브랜드 부문으로 눈길을 돌리면 '코카콜라'가 전년도에 비해 브랜드 가치가 5% 뒷걸음치면서 303억 7,830만 달러를 기록하는 데 그쳤지만, 여전히 2위를 차지한 '펩시콜라'를 100억 달러 이상의 격차로 추월하면서 확고한 1위 자리를 고수했다."

3) 육소영, "상표의 보호와 표현의 자유", 『중앙법학』, 제9집 제3호(2007. 10), 658면(우리 상표법에서는 상표 사용의 개념을 법정하고, 상표권의 효력이 미치지 않는 범위를 명시적으로 법에 기술하는 등 상표권의 행사가 표현자유권을 제한할 수 있는 가능성을 염두에 둔 규정을 두고 있다고 한다).

4) 표지법의 영역에 속하는 권리들은 지식재산권 중 창작법(「특허법」, 「저작권법」)과 달리 「헌법」 제22조 제2항의 중첩적 보장을 인정하지 않고 「헌법」 제23조에 의하여만 보장받는다는 것이 통설적 입장이다. 상표권은 권리부여절차부터 국가가 심사의 방식으로 개입하며, 권리소멸에도 마찬가지로 별도의 절차가 마련되어 있다. 이규홍, "등록무효심결이 확정된 선등록상표도 비교대상상표로 될 수 있다는 상표법조항의 위헌성–헌재 2009. 4. 30. 2006헌바113,114(병합) 결정–", 『Law & Technology』, 제6권 제1호(2010. 1).

5) 지정상품이 '사과'인 경우 'Apple'이라는 표장을 독점하여 상표로 사용하게 한다면 상표권자는 매우 유리한 위치를 점할 것이지만 'Apple'은 해당 제품에 대한 (영문)보통명칭에 해당하므로 경쟁업자들은 그 보통명칭을 사용하지 못하게 되는 매우 불합리한 결과가 야기될 것이다. 그러나 만일 지정상품이 컴퓨터라면 보통명칭이 아니므로 등록을 할 수 있는 것이다(미국의 '애플 컴퓨터').

(2) 상표 관련 소송제도의 변천 개요[6)]

1949. 11. 28. 제정·공포된 후 1995. 1. 5. 개정되기까지 줄곧 우리「상표법」은, 무효심판 등을 포함한 심결에 불복하는 분쟁해결 절차에 관하여 또 다른 심판절차, 즉 항고심판을 거치도록 규정하고 그런 항고심판의 결과에 대하여는 오직 대법원에 법령위반을 이유로 상고할 가능성만을 열어둠으로써 법원의 사실심 재판대상에서 제외하여 왔다. 그러나 지식재산권에 대한 선진국의 보호압력이 강해지고 특히 한국도 서서히 지식재산권 창출국으로서의 면모가 강해지자 위 심리구조가 3권 분립의 원칙과 사법국가주의에 위반될 뿐만 아니라, 사실심의 생략으로 국민의 재판받을 권리를 침해한다는 이유로, 고등법원급의 특허법원을 신설하여 심결취소소송에 대하여 제1심을 관할하고, 특허청 심판소를 항고심판소에 흡수 통합하여 특허심판원을 설치하는 것으로 관련법을 개정하여 1998. 3. 1.부터 시행하고 있다.

(3) 존속기간갱신등록 제도

「상표법」은 상표권을 10년으로 한정함으로써 사용하지 않는 상표권이 자연스럽게 소멸하는 계기가 될 수 있게 하는 한편, 지속해서 갱신할 수 있게 함으로써 사용하고 있는 상표권을 영구적으로 유지할 수 있도록 하고 있다. 즉 특허권, 저작권 및 디자인권 등 다른 지식재산권의 경우 원칙적으로 존속기간이 연장되지 않음에 반하여 상표권은 그 취지상 장기간 사용되어야 상표권자의 신용과 소비자의 그에 대한 신뢰가 동시에 축적되어 공적인 기능에 이바지 한다는 점에서 갱신제도를 통하여 영구적으로 상표권을 보유할 수 있는 것으로 제도가 설계되어 있는 것이다.

갱신등록 절차에 관하여는 1997년「상표법」 개정 이전에는 등록심사 사유 중 갱신등록 제외 대상을 규정하고 갱신등록출원이 그에 해당하는지 여부에 대하여 심사를 하도록 규정하였으나 1997년 개정법은 2002년 가입한 상표법조약(Trademark Law Treaty)에 대비하고 또 갱신등록출원이 거절되는 비율이 매우 낮다는 점을 고려하여 신청제로 변경하고 실체심사절차를 거치지 않는 것으로 하였다.[7)]

---

6) 상세는 이규홍, "지식재산권법에 관련된 헌법적 쟁점과 향후 과제",『저스티스』, 통권 제170-3호 (2019. 2), 206면 이하 참조.
http://www.lawsociety.or.kr/modules/bbs/index.php?code=convention&mode=list&___M_ID=163.

7) 정상조(편집대표)·김기영,『상표법 주해 Ⅱ』(박영사, 2018), 7~9면; 참고로「특허법」 제88조는 특허권은 설정등록한 날부터 특허출원일 후 20년이 되는 날까지로,「저작권법」 제39조는 저작재산권은 특별한 규정이 있는 경우를 제외하고는 저작자가 생존하는 동안과 사망한 후 70년간 존속하는 것으로 각 규정하고 있다.

나. 대상판결의 요지

(1) 본건의 경우 위에서 본 바와 같이 이 사건 등록상표에 관하여 실체심사를 거쳐 상표권존속기간갱신등록 결정이 내려졌으나 B가 존속기간갱신등록이 무효라고 주장하며 심판을 청구한 사안인데, 특허법원이 생기기 이전 사안이었으므로 특허청 항고심판소를 거쳐 바로 대법원에서 판단이 내려진 것이고, 주문도 아래에서 보는 이유로 '원심결을 파기하고, 사건을 특허청 항고심판소에 환송'하는 것으로 되었다.

(2) 「상표법」 제8조 제1항 제3호[8]는 '그 상품의 산지, 품질, 원재료, 효능, 용도, 수량, 형상, 가격, 생산방법, 가공방법, 사용방법 또는 시기를 보통으로 사용하는 방법으로 표시한 표장만으로 된 상표'는 등록을 받을 수 없다고 규정하고 있는데, 그 취지는 그와 같은 것들은 통상 상품의 유통과정에서 필요한 표시이므로 누구라도 이를 사용할 필요가 있고, 그 사용을 원하기 때문에 이를 특정인에게 독점·배타적으로 사용케 할 수 없다는 공익상의 요청과 이와 같은 상표를 허용할 경우에는 타인의 동종상품과의 관계에서 식별이 어렵다는 점에 그 이유가 있다 할 것이므로 어느 상표가 이에 해당하는지의 여부는 그 상표가 지니고 있는 관념, 지정상품과의 관계 및 거래회사의 실정 등을 감안하여 객관적으로 판단하여야 할 것이다. 기록에 의하면 본원상표는 인삼을 넣어 만든 화장비누와 세탁비누를 지정상품으로 하여 이 사건 등록상표처럼 표기되어 있는 바, 'Ginseng Soap'는 한글 '인삼비누'를 그대로 번역한 것에 지나지 아니하고, 각종 원재료 등을 표시하여 상품의 품질, 성능 등을 과시하고 있는 오늘날의 상품거래계의 실정에서 '인삼'이라는 단어를 지정상품인 제13류 '화장비누, 세탁비누'에 사용하게 되면 <u>그 수요자들이 인삼성분이 함유된 비누를 표시한 것이라고 직감하게 되는 것이 일반적일 것이므로, 본원상표는 그 상표의 원재료 등 그 성질을 보통으로 사용하는 방법으로 표시한 표장만으로 된 상표</u>라 할 것이어서 <u>지정상품에 관하여 자타상품을 식별할 수 있는 특별현저성이 없는 경우에 해당하고 이러한 이유에서 일반에게 그 사용을 개방하여야 할 것이며, 상표로서 독점사용을 인정할 것은 아니라</u>고 할 것이다.

또한 「상표법」 제8조 제2항의 수요자간에 그 상표가 누구의 상표인지 현저하게 인식되었다는 사실은 그 <u>상표가 어느 정도 선전, 광고된 사실이 있다는 것만으로 이를 추정할 수 없고, 그 선전광고를 통하여 구체적으로 그 상표자체가 수요자간에 현저하게 인식되었다는 것이 증거에 의하여 명확하게 되어야 할 것</u>인 바, 기록에 의하여 살펴보아도 소론의 증거들만으로는 수요자간에 본원상표를 붙인 상품이 피심청구인의 상품임을 인식할 정도

---

8) 판결 당시의 조문을 그대로 적은 것이다. 제8조가 현행법 제33조인 점 외에 항 및 호는 유사하다. 이하 밑줄은 필자가 부가한 것이다.

에 이르렀다고 인정되지 아니한다.

II. 해 설

본건의 경우에서 보듯이 상표권의 (갱신)등록에는 원칙적 제한 사유가 존재하고 일정한 경우 그 예외가 규정되어 있다. 그러므로 우선 전자(원칙)인 「상표법」 제33조 제1항 제3호가 정하는 '기술적 표장'의 문제를 쟁점 1로, 후자(예외)인 제33조 제2항이 정하는 '사용에 의한 식별력 취득'의 문제를 쟁점 2로 하여 논의한다.

1. 쟁점 1 – 기술적 표장

가. 평 가

기술적 표장의 경우 주된 기능이 상품 자체 또는 상품의 어떤 특징을 설명하거나 그에 관한 정보를 전달하기 위한 것이지 상품의 출처를 표시하기 위한 것은 아니라는 점에서 자타상품식별력이 없고[9] 경쟁자도 그 상품의 특성을 설명하려면 그 용어를 자유롭게 사용하여야 한다는 의미에서 상품등록을 받을 수 없다. 본건의 경우 상표의 원재료(인삼) 등 그 성질을 보통으로 사용하는 방법으로 표시한 것이어서 이에 해당한다고 본 것이다. 참고로 이와 구별하여야 할 것이 '사칭기술표장(deceptively misdescriptive mark)'으로 만일 본건과 같은 '인삼비누'라는 표장을 사용한 상품에 인삼성분이 포함되지 않았다면 이는 소비자 보호의 차원에서 어느 경우이든 등록에서 배제되어야 할 것이다.

나. 관련 판례 – 단박대출 사건[10]

'단박'은 '그 자리에서 바로를 이르는 말' 등의 의미를 갖는 것으로 사전에 기재되어 있다. 이 사건 출원서비스표('단박대출')가 지정서비스업인 대부업에 사용되는 경우 '그 자리에서 바로 이루어지는 대출', '그 자리에서 신속하게 이루어지는 대출'의 의미로 직감될 것으로 보인다. 한편, 이 사건 출원서비스표의 지정서비스업인 대부업에서는 통상적으로 대출을 위하여 신용상태·담보 등의 조사와 평가를 위하여 상당한 시간이 소요되는 점을

---

9) 최성우, "현저한 지리적 명칭을 포함하는 상표의 식별력", 『특별법연구』, 제14권(사법발전재단, 2017), 434면.

10) 특허법원 2015. 11. 12. 선고 2015허2914 판결. 이 부분은 상고심에서는 쟁점이 아니었고, 상고심에서는 쟁점 2에서 설명할 사용에 의한 식별력 인정 부분만 다투어졌다.

감안하면, 신속하게 대출을 해주는 서비스의 신속성은 서비스의 품질 등에 있어 매우 중요한 의미를 갖는다고 할 것이다. 따라서 이 사건 출원서비스표가 지정서비스업인 대부업에 사용되는 경우 지정서비스업의 품질 내지 효능의 우수성을 직접적으로 표시하는 표장에 해당한다 할 것이다.

2. 쟁점 2 – 사용에 의한 식별력 취득

가. 평 가

"식별력이 없거나 미약한 상표였더라도 특정인이 상당한 기간에 걸쳐 독점적, 계속적으로 그 상표를 사용한 결과 일반 수요자나 거래자에게 그 상표가 누구의 업무에 관련된 상품을 표시하는가가 충분히 인식되어 식별력을 취득하였다면, 그러한 정도에 이른 상표는 상표로서 기능을 수행할 수 있을 뿐만 아니라 누구나 자유롭게 사용할 수 있도록 하여야 할 공익상의 필요성도 상실되었거나 극히 적어졌다고 할 것이고, 오히려 그러한 상표에 대한 등록을 허용하는 것이 상표사용자와 일반 수요자의 이익보호라는 상표법의 목적에 부합한다"고 설명된다.[11] 그리고 대상판결은 앞서 본바와 같이 증거부족을 이유로 사용[12]에 의한 식별력 취득주장을 배척하고 있다.

이렇듯 본 쟁점은 실제 소송에서 사실관계 입증의 문제로 다루어지고 있고 설문조사의 방법이 증명방법의 한 가지로 유력하게 논의되고 있다.[13] 그러나 미국에서는 설문조사의 비중이 점점 높아지며 널리 사용되는데 반하여 우리나라에서는 사례가 별로 없음을 지

---

11) 특허법원 지적재산소송 실무연구회, 『지적재산소송실무』, 제4판(박영사, 2019), 802면; 특허청, 『상표심사기준(2016. 9. 1. 기준)』 제4부 제9장, 171면(사용에 의한 식별력은 원래 식별력이 없는 표장에 대세적인 권리를 부여하는 것이므로 과거에는 그 기준을 엄격하게 해석·적용하여야 한다고 보고 '현저하게 인식'된 경우로 주지상표보다 높은 인식도를 요구하였으나, 외국의 입법례에 비해서 요건이 너무 높고 제3자의 부정경쟁 목적의 사용으로 진정한 상표사용자의 이익 침해는 물론 수요자의 상품 품질 및 출처의 오인·혼동을 초래하여 상거래 질서를 어지럽히는 폐해가 커 2014. 6. 11. 시행한 개정 「상표법」에서 '특정인의 상품에 관한 출처를 표시하는 것으로 식별할 수 있게 된 경우'로 인식도 요건을 완화하였다).

12) 여기서 상표의 '사용'은 「상표법」 제2조 제1항 제11호에서 규정하는 "가. 상품 또는 상품의 포장에 상표를 표시하는 행위, 나. 상품 또는 상품의 포장에 상표를 표시한 것을 양도 또는 인도하거나 양도 또는 인도할 목적으로 전시·수출 또는 수입하는 행위, 다. 상품에 관한 광고·정가표·거래서류, 그 밖의 수단에 상표를 표시하고 전시하거나 널리 알리는 행위"를 의미하므로 광고에 사용되는 것도 당연히 포함된다. 광고로서의 사용의 상세는 박종태, "상표권 침해적 상표사용의 제유형", 『상표권 침해소송의 이론과 실무』(법문사, 2016), 175면 참조.

13) 사용에 의한 식별력 취득 여부 문제는 단순히 소비자가 그 상표를 알고 있는가가 문제되므로 어느 정도 범위의 수요자가 인식하면 식별력을 취득하였다고 할 것인가에 관하여 '일반적인 여론조사와 같은 방법'이 채택되고 있다고 한다. 우라옥, "상표소송에 있어 설문조사의 이용", 『특허소송연구』, 제4집(2008), 355면.

적하고, 미국에서 사용에 의한 식별력인정을 위한 설문조사에서는 응답자들이 당해 표지를 특정한 출처와 연관시켜 인식하고 있는지에 관하여 질문하여야 하는 것이지, 당해 표지를 보유하고 있는 자의 명칭에 관해 질문하여서는 아니 된다고 하며, 대체로 혼동가능성보다 높은 수준의 응답률을 요구하는 것으로 보여 일반적으로 50%가 넘는 경우 식별력 취득을 인정한다는 설명이 있다.[14)]

나. 관련 판례 – 단박대출 사건[15)]

구 「상표법」 제6조 제2항은 원래 식별력이 없는 표장이어서 특정인에게 독점사용토록 하는 것이 적당하지 않은 표장에 대하여 대세적 권리를 부여하는 것이므로 그 기준은 엄격하게 해석·적용되어야 하지만, 상표의 사용기간, 사용횟수 및 사용의 계속성, 그 상표가 부착된 상품의 생산·판매량 및 시장점유율, 광고·선전의 방법, 횟수, 내용, 기간 및 그 액수, 상품품질의 우수성, 상표사용자의 명성과 신용, 상표의 경합적 사용의 정도 및 태양 등을 종합적으로 고려할 때 당해 상표가 사용된 상품에 관한 수요자의 대다수에게 특정인의 상품을 표시하는 것으로 인식되기에 이르렀다면 사용에 의한 식별력의 취득을 인정할 수 있다.

이는 상표의 구체적 사용실태가 문제되는 대표적인 경우로 실제로 사용한 상표 그 자체만 식별력을 취득하는 것이고 그와 동일성이 인정되는 상표의 사용은 식별력 취득에 도움이 되는 요소에 불과하다고 한다. 이 사건에서 대법원은 실사용표장들 1, 2가 이 사건 출원서비스표를 중심으로 하여 이를 강조하는 내용으로 구성되어 있고, 이 사건 출원서비스표와 동일성이 인정되는 부분과 함께 사용된 문자 부분은 운영주체인 원고를 나타내는 것으로 인식되는 '웰컴론'이나 대출을 신청하는 방법에 해당하는 '전화', '인터넷' 등 대부업에서 흔히 쓰이는 표지에 불과한 점 등을 들고 여기에 이 사건 출원서비스표와 관련된 직접대출방식의 대출 규모, 신문·방송 등을 통한 광고 횟수와 기간, 원고가 대부업체로서 알려진 정도[16)] 등을 종합하여 사용에 의한 식별력 취득을 인정하고 있다.

---

14) 상세한 설명은 송재섭, "미국상표소송에서 설문조사의 활용현황 분석", 『상표권 침해소송의 이론과 실무』(법문사, 2016), 142, 164면 등 참조(한국에서 설문조사가 잘 이루어지지 않는 이유로 비용부담, 소송관계자의 무관심을 들면서도 가장 큰 장애로 설문조사결과의 정확성·객관성·공정성을 담보할 수 없다는 우려를 들고 있다).

15) 대법원 2017. 9. 12. 선고 2015후2174 판결(상고기각, 앞서 본 2015허2914 판결의 상고심이다). 상세는 김정아, "구 상표법 제6조 제2항의 사용에 의한 식별력에 관하여", 『대법원판례해설』, 제114호(2018), 293면 이하 참조.

16) 원심인 2015허2914 판결에서는 원고 측의 2회에 걸친, 수요자가 '단박대출' 서비스표를 인식하고 있는지에 관한 조사 결과(최대 71%가 인식)도 인정사실에 기재하고 있다.

Ⅲ. 판례의 의의

점점 그 중요성을 더하여가는 상표의 광고선전기능의 측면에서 보았을 때 '기술적 표장'을 상표로 등록하는 것이 마케팅 전략상 유리할 것이지만 대상판결은 법리상 그 한계가 엄격함을 지적하면서, 한편 기술적 표장이어도 사용에 의한 식별력을 인정받아 등록(갱신)이 되기 위하여 필요한 요건을 명시하고 있다. 즉 선전광고 등을 통한 '상표의 사용'에 의하여 구체적으로 그 상표자체가 현저하게 인식되었다는 것이 명확하게 입증되어야 한다고 판시하고 있으므로 향후 그 증거방법의 개발에 주목할 필요성을 제시하고 있고, 실무적으로는 외국에서 많이 사용되는 설문조사 방식을 신뢰성 제고 등을 통하여 활성화하려는 논의가 기대된다.

51 상표의 구성 중 식별력이 없거나 미약한 부분이 그 부분만으로 요부가 될 수 있는지 여부

-대법원 2006. 5. 25. 선고 2004후912 판결

이 대 희*

Ⅰ. 판례의 개요

1. 사안의 개요

이 사건의 대상이 된 상표는 "칼라2중주, 우린 소중하잖아요"(2000. 9. 29. 출원 / 2002. 11. 11. 등록)와 "로레알, 전 소중하니까요."(1999. 12. 6. 출원 / 2001. 9. 17. 등록)이다. 전자는 이 사건 당시의 상품류 구분[1] 제3류 라벤더유, 스킨밀크, 화장용탈지면, 미용비누, 샴푸, 치약, 향수, 립스틱, 아이섀도, 매니큐어를 지정상품으로 하고, 후자도 제3류 향수, 일반화장수, 목욕; 샤워용 젤, 비의료용 목욕; 샤워용 염, 화장비누, 인체용 방취제, 훼이스크림, 바디크림, 핸드크림, 훼이스밀크, 바디밀크, 핸드밀크, 훼이스로션, 바디로션, 핸드로션 등을 지정상품으로 하고 있었다.

"로레알, 전 소중하니까요."(인용상표)의 권리자는 "칼라2중주, 우린 소중하잖아요"(이 사건 등록상표)에 대하여 등록무효심판을 청구하였다. 곧 인용상표의 권리자는, 이 사건 등록상표가 인용상표와 유사하고, 이 사건 등록상표가 부당한 이익을 얻을 목적으로 국내외에서 피고의 상표로 널리 인식되어 있는 인용상표를 모방하여 출원·등록된 것으로서 수요자를 기만할 염려가 있으므로, 선출원주의 및 등록될 수 없는 상표를 규정하고 있는 상표법 제35조, 제34조 제1항 제4, 11, 12호[2]에 해당하여 그 등록이 무효로 되어야 한다고

---

* 고려대학교 법학전문대학원 교수.

1) 상표를 등록받으려는 자는 지정상품 및 상품류를 적은 상표등록출원서를 특허청장에게 제출하여야 하는데(「상표법」 제36조 제1항), 상표법 시행규칙은 이러한 상품류를 상세히 규정하고 있다(제28조 제1항).

2) 「상표법」이 개정되었지만 조문만 변경되었으므로, 이 글은 변경된 조문에 따라 표기하기로 한다.

주장하면서, 특허심판원에 등록무효심판을 청구하였다.[3)]

2. 소송경과

인용상표 권리자(청구인)의 등록무효심판 청구에 대하여 특허심판원은 이 사건 등록상표가 「상표법」 제35조 및 제34조 제1항 제4, 11, 12호에 해당하여 등록이 무효라는 심결을 내렸다. 이 사건 등록상표의 권리자(원고)가 무효심결을 취소하고자 제기한 소송에서 특허법원은 이 사건 등록상표가 선출원된 인용상표와 그 표장 및 지정상품이 서로 동일 또는 유사하므로 「상표법」 제35조에 해당하는 것으로서 그 등록이 무효로 되어야 한다고 결론을 내렸다.

대법원은 양 상표가 유사하지 않다고 판단하여 특허법원의 판단을 파기환송하였다. 특허법원은 환송취소심에서 대법원의 판단에 따라 양 상표가 유사하지 않으며 제35조 및 제34조 제1항 제4, 11, 12호에 해당하지 않는 것으로서 이 사건 등록상표의 등록이 무효사유에 해당하지 않는다고 판단하였다.

3. 판례의 요지

가. 특허심판원

특허심판원은 "칼라2중주"와 "우린 소중하잖아요"의 결합으로 구성되어 있는 이 사건 등록상표와 "로레알"과 "전 소중하니까요."의 결합으로 구성되어 있는 인용상표 중에서, "우린 소중하잖아요" 및 "전 소중하니까요." 부분이 각각 분리되어 호칭·관념될 수 있고, 그 지정상품에 대하여 일반적으로 사용되는 구호나 슬로건으로 보이지 아니하고 그 지정상품의 출처를 표시하는 것으로 인식되어 식별력이 있다고 판단하였다.

따라서 첫째, "칼라2중주" 및 "로레알" 부분으로부터 분리하여 호칭·관념되는 "우린 소중하잖아요" 및 "전 소중하니까요." 부분이 매우 유사하여 전체적으로 서로 유사한 상표에 해당하므로, 이 사건 등록상표가 상표법 제35조의 선출원주의 위반에 해당한다고 결

3) 「상표법」 제35조는 동일·유사한 상품에 사용할 동일·유사한 상표에 대하여 다른 날에 둘 이상의 상표등록출원이 있는 경우에는 먼저 출원한 자만이 그 상표를 등록받을 수 있도록 하는 선출원주의를 규정하고 있다. 제34조 제1항은 등록될 수 없는 상표로서, 수요자에게 주는 의미와 내용 등이 일반인의 통상적인 도덕관념인 선량한 풍속에 어긋나거나 공공의 질서를 해칠 우려가 있거나(제4호), 상품의 품질을 오인하게 하거나 수요자를 기만할 염려가 있거나(제11호), 국내 또는 외국의 수요자간에 특정인의 상품을 표시하는 것이라고 인식되어 있는 상표와 동일 또는 유사한 상표로서 부당한 이익을 얻으려 하거나 그 특정인에게 손해를 가하려고 하는 등 부정한 목적을 가지고 사용하는 상표(제12호)에 대하여 상표등록을 받을 수 없다고 규정하고 있다.

론내렸다.

둘째, 특허심판원은 인용상표가 이 사건 등록상표의 등록을 결정할 때에 이미 일반 소비자나 거래자들에게 피고의 상표로 널리 인식되어 있었으므로, 인용상표와 유사한 이 사건 등록상표를 그 지정상품에 사용할 경우 일반 수요자로 하여금 상품의 출처에 관하여 오인·혼동을 일으켜 수요자를 기만할 염려가 있고, 이에 따라 이 사건 등록상표가 「상표법」 제34조 제1항 제11호에 해당한다고 결론내렸다.

「상표법」 제35조 및 제34조 제1항 위반은 상표의 등록무효 사유에 해당하므로,[4] 특허심판원은 이 사건 등록상표의 등록이 무효라는 심결을 내렸다.[5]

나. 특허법원

등록무효 심결에 대하여 이 사건 등록상표의 권리자는 특허법원에 특허심판원의 심결을 취소하기 위한 소송을 제기하였다. 원고는 인용상표의 '전 소중하니까요.' 부분이 실제 광고에서 상품의 선전 문구 바로 밑에서 '당신은 소중하니까요'라고 표기되어 있는 점 등에 비추어 볼 때 단순한 상품의 선전문구인 슬로건(slogan)으로만 인식될 뿐 자타 상품을 식별할 만한 특별현저성은 없으므로 인용상표의 요부는 나머지 부분인 '로레알'이라고 할 수 있고, 따라서 이 사건 등록상표와 인용상표의 요부는 그 외관, 칭호 및 관념이 서로 달라 유사하다고 볼 수 없다고 주장하였다.

특허법원은 이 사건 등록상표와 선출원된 인용상표가 서로 유사한지 여부에 대하여 다음과 같은 근거에 의하여 특허심판원의 심결을 인용하여 서로 유사하다고 결론을 내렸다.[6] 첫째, 양자는 결합상표로서 전체적인 외관은 다르지만, 그 호칭 및 관념에 있어서 2개의 구성 부분이 불가분적으로 결합되어 있지 않은 것으로서 그 일부만에 의하여 간략하게 호칭, 관념될 수 있다.

둘째, '우린 소중하잖아요' 및 '전 소중하니까요'는 그 문장의 내용이나 방식, 그 밖에 일반 수요자의 인식 등을 고려하면, 그 지정상품인 화장용품, 치약, 향수 등에 있어서 일반적으로 흔히 쓰일 수 있는 구호나 광고문안 정도에 불과한 것이 아니고, 오히려 일반 거래자들이 그 지정상품의 출처를 인식할 수 있는 식별력이 있는 것이다.

셋째, 어떤 상표가 자타 상품의 출처를 식별할 만한 특별현저성이 있는지 여부는 그 상표가 지니고 있는 관념, 지정상품과의 관계 및 거래사회의 실정 등을 감안하여 객관적

4) 「상표법」 제111조 제1항은 등록된 상표에 대하여 무효심판을 제기할 수 있는 사유를 규정하고 있는데, 이러한 사유 중에 제34조 및 제35조를 규정하고 있다.
5) 특허심판원 2003.7. 11.자 2002당3082 심결.
6) 특허법원 2004. 3. 5. 선고 2003허4320 판결.

으로 결정하여야 하는 것으로서, 상표의 구성 일부가 그 지정상품의 선전문구에 포함되어 사용된 적이 있다는 사정만으로 곧바로 그 부분이 식별력이 없다고 볼 수는 없다.

넷째, 양 상표의 지정상품은 모두 화장품류, 치약, 향수 등으로서 그 용도, 품질, 생산자, 판매경로 및 소비자의 범위 등을 같이 하고 있으므로 서로 동일 또는 유사하다.

이에 따라 특허법원은 이 사건 등록상표가 선출원된 인용상표와 그 표장 및 지정상품이 서로 동일 또는 유사하므로 상표법 제35조에 해당하는 것으로서 그 등록이 무효로 되어야 한다고 결론을 내렸다.

다. 대법원

대법원은 이 사건 등록상표 및 인용상표의 일부분을 구성하는 '우린 소중하잖아요' 및 '전 소중하니까요.' 부분이 다음의 근거에 의하여 식별력이 없거나 미약하여 요부에 해당한다고 볼 수 없다고 판단하였다. 첫째, 양자 모두 주어와 술어로 구성된 짧은 문장의 형식으로 이루어지는 부분은 그 구성의 형식과 의미내용을 고려할 경우 일반수요자나 거래자가 거래사회에서 흔히 쓰일 수 있는 광고문안이나 구호 정도로 인식하기 쉽고 상품의 출처를 표시하기보다 상품구매를 권유하는 압축된 설명문으로 인식될 가능성이 높다.

둘째, 인용상표의 권리자인 피고 상품의 선전광고 문안 속에 기재되어 있는 "당신은 소중하니까요"라는 문구는 다른 광고문안의 기재 내용과 함께 '광고카피'로서 기능하고 있을 뿐이고, 피고 상품의 출처표시로서 기능하고 있지 않다.

셋째, 이 사건에서 문제된 부분과 같은 문구는 모든 사람에게 그 사용이 개방되어야 하는 표현이므로 공익상 어느 한 사람에게 독점시키는 것 또한 적절하지 않다.

이에 따라 대법원은 이 사건 등록상표의 구성 중 '우린 소중하잖아요' 부분과 인용상표의 구성 중 '전 소중하니까요.' 부분이 식별력이 없거나 미약하여 요부에 해당하지 않으므로 이 부분만으로 유사여부를 판단하여서는 아니되고, 전체 상표인 '칼라2중주, 우린 소중하잖아요' 및 '로레알, 전 소중하니까요.' 또는 요부에 해당하는 '칼라2중주' 및 '로레알'의 유사성을 판단하여야 한다고 지적하였다. 이에 따라 양 상표는 그 호칭 및 관념이 서로 다르고 양 상표가 동일·유사한 상품에 함께 사용되더라도 상품 출처의 오인·혼동을 일으킬 염려가 없다고 하여, 하급심 법원의 판단을 파기환송하였다.[7)]

7) 대법원 2006. 5. 25. 선고 2004후912 판결.

라. 특허법원

특허법원은 취소환송심에서 대법원과 동일한 취지로 양 상표가 유사하지 않다고 하고, 따라서 상표의 동일 또는 유사를 전제로 하는 제35조 및 제34조 제1항에 해당하지 않는다고 판단하였다.

Ⅱ. 해 설

1. 쟁점의 정리

이 사건의 쟁점은 이 사건 등록상표와 인용상표가 동일 또는 유사한가 여부에 관한 것이지만, 2개의 각기 다른 부분이 결합되어 이루어진 문자상표에서 식별력이 없는 상표의 구성부분이 요부가 될 수 있는지, 그리고 동일 또는 유사성의 판단대상이 되는 부분이 식별력이 있는지 여부에 관한 것이다.

2. 상표의 구성 중 식별력이 없거나 미약한 부분이 그 부분만으로 요부가 될 수 있는지 여부

하나의 문구로 이루어지는 상표의 동일·유사성 여부 판단은 해당 문자로만 비교하면 충분하다. 그러나 여러 개의 문구 내지 요소로 구성되어 있고, 이러한 개별 문구나 요소가 식별력이 없는 경우에는 어떻게 판단할 것인가 문제된다. 이러한 상표의 동일·유사성에 대한 판단은 요부에 해당하는 부분을 비교·관찰하면 되는데, 여러 개의 문구나 도형으로 구성된 결합상표의 요부를 판단하는 것에 대하여 대법원은 적절한 기준을 제시하고 있다.

곧, "둘 이상의 문자 또는 도형의 조합으로 이루어진 결합상표는 그 구성 부분 전체의 외관, 호칭, 관념을 기준으로 상표의 유사 여부를 판단하는 것이 원칙이나, 상표 중에서 일반 수요자에게 그 상표에 관한 인상을 심어주거나 기억 연상을 하게 함으로써 그 부분만으로 독립하여 상품의 출처표시기능을 수행하는 부분, 즉 요부가 있는 경우 적절한 전체관찰의 결론을 유도하기 위해서는 그 요부를 가지고 상표의 유사 여부를 대비 판단하는 것이 필요하다. 그리고 상표의 구성 부분이 요부인지 여부는 그 부분이 주지 저명하거나 일반 수요자에게 강한 인상을 주는 부분인지, 전체 상표에서 높은 비중을 차지하는 부분인지 등의 요소를 따져 보되, 여기에 다른 구성 부분과 비교한 상대적인 식별력 수준이나 그와의 결합상태와 정도, 지정상품과의 관계, 거래실정 등까지 종합적으로 고려하여 판단하여야 한다. 결합상표 중 일부 구성 부분이 요부로 기능할 수 있는 식별력이 없거나 미약한지 여부를 판단할 때는 해당 구성 부분을 포함하는 상표가 그 지정상품과 동일 유사한 상품에 관하여 다수 등록되어 있거나 출원공고되어 있는 사정도 고려할 수 있으므로, 등록 또는 출원공고된 상표의 수나 출원인 또는 상표권자의 수, 해당 구성 부분의 본질적인 식별력의 정도 및 지정상품과의 관계, 공익상 특정인에게 독점시키는 것이 적당하지 않다고 보이는 사정의 유무 등을 종합적으로 고려하여 판단하여야 한다."[8)]

2개의 문구로 구성된 상표를 대상으로 하는 이 사건에서 대법원은 어떠한 문구가 요부가 되어야 하는가를 판단하지 않고, 2개의 문구 중에서 어느 부분이 식별력이 없는가 여부를 판단함으로써 식별력이 없는 부분이 요부가 되지 않는다고 판단하였다. 특허법원은 요부를 언급하지 않았지만, 역시 하나의 문구가 식별력이 있는지 여부를 먼저 판단하였다. 따라서 결국 식별력 여부를 먼저 판단하고 요부 여부를 판단한 것이라 할 수 있다. 따라서 이 사건에서의 관건은 상표를 구성하는 문구가 식별력 내지 특별현저성이 있는가 여부에 따라 결정된다.

"자기의 상품을 다른 업자의 상품과 구별할 수 있는 표준이 되는 특별·현저성의 유무는 어느 상표와 그 지정상품과의 관계에 있어서 일반거래자나 수요자들이 당해 상표에 의하여 그 상품의 출처를 인식할 수 있느냐의 여부에 의하여 객관적으로 결정"되며,[9)] "상표가 특별현저성을 가진 상표인가 여부는 어느 상표가 일정한 상품과의 관계에 있어서 일반수요자가 당해 상품에 대하여 그 상품의 출처를 인식할 수 있느냐 없느냐에 따라 결정된다."[10)]

Ⅲ. 판례의 의의

1. 상표 일부분과 요부

이 사건의 쟁점은 2개의 부분으로 이루어진 등록상표와 인용상표가 유사한가 여부에 관한 것이다. 2개의 상표가 동일 또는 유사한가 여부를 판단하는 기준은 양자를 전체적으로 관찰하여 비교하는 것이다. 따라서 상표 상호간에 유사한 부분이 있다 하더라도 요부

8) 대법원 2018. 9. 13. 선고 2017후2932 판결.
9) 대법원 1996. 3. 8. 선고 95후1081 판결.
10) 대법원 1994. 9. 27. 선고 94후906 판결.

를 이루는 부분이 서로 달라 전체적으로 관찰할 때 거래상 상품의 출처에 관하여 오인, 혼동을 일으킬 우려가 없으면 유사상표가 아니라고 보아야 한다. 그런데 상표의 구성요소 중 보통명칭이나 관용표장 또는 기술적 표장 등으로 표시된 부분은 자타상품의 식별력이 없어 상표의 요부가 된다고 볼 수 없으므로 상표의 유사 여부를 판단함에 있어서 이를 제외한 나머지 부분만을 비교하여 관찰하여야 한다.[11] 또한 2개 이상의 문자들의 조합으로 이루어진 결합상표는 상표를 구성하는 전체 문자에 의해 생기는 외관, 호칭, 관념에 의해 상표의 유사 여부를 판단하는 것이 원칙이지만, 문자들의 결합관계 등에 따라 '독립하여 자타상품을 식별할 수 있는 구성부분', 즉 요부만으로도 거래에 놓일 수 있다고 인정할 수 있는 경우에는 그 요부를 분리 내지 추출하여 그 부분에 의해 생기는 호칭 또는 관념에 의해 상표의 유사 여부를 판단할 수 있다.[12] 전자의 기준이 유사 여부를 판단하기 위하여 요부에서 제외되어야 하는 부분을 언급하는 것이라면, 후자의 기준은 요부가 될 수 있는 부분을 언급하는 것이라 할 수 있다.

2. 식별력에 따른 요부의 인정

특허법원은 이 사건에서 문제가 되는 구절(슬로건)인 '우린 소중하잖아요'와 '로레알, 전 소중하니까요.'라는 부분이 후자의 기준에 따라 요부가 될 수 있는 것이라 판단하고, 대법원은 전자의 기준에 따라 요부가 될 수 없다고 판단한 것이라 할 수 있다. 특허법원은 요부에 대하여 언급하지 않았지만 문제가 되는 슬로건이 요부가 된다는 것을 전제로 판단했다고 할 수 있다. 따라서 이러한 부분에 있어서는 특허법원 및 대법원이 적용한 기준이 달랐다고 할 수는 없다. 양 주체의 판단이 차이가 나는 점은 문제되는 구절이 식별력이 있는가 여부에 대한 것이다.

그렇다면 이 사건에서는 "칼라2중주, 우린 소중하잖아요"와 "로레알, 전 소중하니까요."의 유사성을 판단함에 있어서 지정상품과 관련하여 보통명칭, 관용표장, 기술적 표장 등이 있는지를 판단하고, 이러한 명칭 내지 표장이 존재한다면 요부에 해당하지 않는 것으로 판단하여야 할 것이다. 특허심판원과 특허법원은 양 상표가 '우린 소중하잖아요'와 '로레알, 전 소중하니까요.'라는 일부에 의하여서만 의하여 간략하게 호칭·관념될 수 있고, 일반적으로 흔히 쓰일 수 있는 구호나 광고문안 정도에 해당하는 것이 아니라 식별력이 있는 것이라고 판단하였다. 이에 반하여 대법원은 이와 정반대로, 거래사회에서 흔히 쓰일 수 있는 광고문안이나 구호 정도 또는 상품구매를 권유하는 압축된 설명문으로 인식

11) 대법원 1993. 6. 29. 선고 93후84 판결.
12) 대법원 2007. 3. 29. 선고 2006후3502 판결.

될 가능성이 높고, '광고카피'로서 기능하고 있을 뿐이어서, 출처표시로서의 기능을 하지 않는다고 판단하였다. 특허법원이나 대법원은 식별력 내지 특별현저성을 판단함에 있어서 "그 상표가 지니고 있는 관념, 지정상품과의 관계 및 거래사회의 실정 등을 감안하여 객관적으로 결정하여야 한다"는 기준[13)]을 적용한 점에 있어서는 동일하다. 동일한 기준을 적용하였으나 양 법원이 각기 달리 판단한 것에 불과하다. 대법원이 이 사건의 슬로건에 대하여 보통명칭, 관용표장, 기술적 표장 중의 어느 하나에 해당한다고 명시하지는 않았지만, 식별력이 없거나 미약하다고 한 것은 마찬가지이다. 이 사건에서 상표를 구성하는 부분의 식별력에 대한 특허법원과 대법원의 판단의 차이는 상표 전체의 동일·유사성을 판단하는데 있어서 결정적인 차이점으로 작용하게 된다.

3. 식별력 있는 요부에 의한 동일·유사성 판단

상표의 구성요소 중에서 식별력이 없거나 미약한 부분은 그 부분만으로 요부가 된다고 할 수 없고, 요부가 될 수 없다면 일반수요자나 거래자들이 식별력이 없거나 미약한 부분만으로 간략하게 호칭하거나 관념하지 않는 것이 되고, 이러한 논리는 식별력이 없거나 미약한 부분이 다른 문자 등과 결합하는 경우에도 마찬가지이다.[14)] 대법원은 '우린 소중하잖아요'라는 슬로건이 식별력이 없거나 미약하므로 상표에서 요부가 될 수 없고 따라서 동일·유사성을 판단하는 대상이 되지 않는다고 판단하였다.

특허법원은 문제되는 슬로건이 식별력이 있다고 판단하면서도 요부에 대해서는 언급하지 않았다. 특허법원의 판단에 요부라는 요소를 대입하게 되면, 문제되는 슬로건이 요부가 되거나 슬로건이 포함된 상표 전체가 요부가 된다고 판단한 것이라 할 수 있다. 이와 달리 대법원은 식별력 없는 부분을 제외한 부분인 '칼라2중주'와 '로레알'이 요부에 해당하고 따라서 양 상표가 동일하거나 유사하지 않다고 판단하였다.

4. 상표와 공익의 보호

대법원은 이 사건에서 문제가 된 슬로건이 식별력이 없거나 미약하다고 판단하였다. 상표의 구성 부분이 식별력이 있는지 여부는 그 상표가 지니고 있는 관념, 지정상품과의 관계 및 거래사회의 실정 등을 감안하여 객관적으로 결정하여야 한다.[15)] 그런데 대법원은

13) 대법원 1997. 2. 28. 선고 96후979 판결.
14) 대법원 2001. 12. 14. 선고 2001후1808 판결.
15) 대법원 1997. 2. 28. 선고 96후979 판결.

사회통념상 자타상품의 식별력을 인정하기 곤란하거나 공익상으로 보아 특정인에게 독점시키는 것이 적당하지 않은 것으로 인정되는 경우에는 '식별력 있는 요부'에 해당하지 않는다고 판단하였다.

대법원의 이러한 지적은 독점적인 권리인 지적재산권과 일반 공중의 이익을 균형 시키는 매우 적절한 것이라 할 수 있다. 상표의 가장 기본적인 기능이 바로 식별력(distinction)이기도 하지만, 「상표법」이 등록의 기준으로서 식별력을 요구하는 것(법 제33조 참조)은 표현의 자유나 상품의 비교와 같은 공익과 독점적인 권리로서의 사익을 균형 시키기 위한 것이다. 곧 예컨대 자동차를 지정상품으로 하는 '자동차'와 같이, 일반명칭을 상표의 부등록사유로 규정한 것은 일반 공중의 영역(public domain)에 있는 것을 특정인이 독점하지 못하도록 하기 위한 것이다. 「부정경쟁방지 및 영업비밀보호에 관한 법률」이 상표의 희석을 부정경쟁행위의 하나로 규정하면서도 비상업적 사용하거나 뉴스보도 및 뉴스논평에 사용하는 경우에 대하여 예외를 인정하는 것(법 제2조 제1호, 시행령 제1조의2)도 마찬가지 취지이다.

52 옥내전시 미술저작물에 대한 광고주 및 광고대행회사의 저작권침해와 저작재산권 제한

-서울중앙지방법원 2007. 5. 17. 선고 2006가합104292 판결

김 성 천*

Ⅰ. 판례의 개요

1. 사안의 개요

원고(미술작가)는 2002년 1월 무렵 서울 소재 A호텔 1층 라운지의 한 쪽 벽면에 평원을 질주하는 말의 군상을 형상화한 설치 작품을 제작하였다. A호텔은 인테리어 업체를 통하여 원고로부터 이 작품을 구입하여 호텔라운지에 설치했다. 작품에는 원고의 성명이나 작품의 제목이 표시되어 있지 않았다.

피고 1(건설회사)은 자사의 아파트 브랜드를 홍보하기 위하여 피고 2(광고기획사)에게 아파트에 관한 동영상 광고제작을 의뢰하였고, 피고 2는 위와 같은 피고 1로부터 아파트 방송광고의 대행을 의뢰받은 후 시장조사 등을 거쳐 광고전략을 수립하고, 광고전략에 부합한 광고시안을 준비하여 광고주인 피고 1에게 이를 제시, 설명하고, 피고 1이 최종적으로 광고 촬영안을 결정하였고, 이에 따라 피고 2는 광고제작사인 프로덕션X에 구체적인 광고제작을 위탁하였다.

프로덕션X는 구체적인 촬영계획을 세우고, 제작전 회의에서 방송광고 촬영장소를 섭외하는 일을 전문으로 하는 로케이션 매니저인 Y의 섭외로 A호텔 1층 라운지에서 위 아파트 광고를 촬영할 것을 피고들에게 추천하여, 피고들은 그곳에서 광고촬영을 결정하였다.

프로덕션X의 프로듀서는 2006년 2월 9일 원고의 작품이 설치되어 있는 라운지에서 TV 광고작품을 촬영하였다. 완성된 광고작품의 처음 부분 10초간 원고 작품이 광고 출연자의 뒷부분 배경 화면으로 나오며, 원고 작품에 대한 저작자의 표시가 되어 있지 않았다.

---

* 한국소비자원 정책연구실 전문위원.

피고 1은 위 광고작품을 2006년 3월 1일부터 TV를 통하여 방영하였고, 인터넷 홈페이지(2곳)의 서버에 올렸다. 그런데 원고로부터 저작권침해의 주장이 제기되자 피고들은 TV광고는 2006년 5월 24일부터, 인터넷 홈페이지에 올려진 동영상 광고는 2006년 5월 22일부터 그 배경에서 이 사건 작품이 보이지 않도록 삭제되었다.

2. 소송경과

가. 당사자의 주장

(1) 원고의 주장

원고는 광고주와 광고대행회사인 피고들을 상대로 하여 원고의 미술저작물을 피고들이 공동으로 복제하여 광고에 사용하고 방송내지 전송한 행위가 원고의 미술저작물에 대한 원고의 저작권재산권(복제권, 방송권, 전송권)과 저작인격권(성명표시권, 동일성유지권)을 침해한다고 주장하여 그 손해배상을 구한다.

(2) 피고들의 주장

피고들은 원고의 작품에는 비록 그 저작자나 작품 제목이 표시되어 있지 않아 일반 인테리어인 줄로만 알았으므로 저작권침해의 고의, 과실이 없었다고 주장하고, 또한 원고의 미술저작물은 광고를 촬영하는 장소인 A호텔 1층 라운지에 전시되어 있던 것으로 이는 일반 공중에게 개방된 장소에 항시 전시된 미술저작물로서 어떠한 방법으로든지 묻지 않고 이를 복제할 수 있으므로 피고들이 만든 광고는 구「저작권법」제32조[1] 제2항에 따라 저작권자의 허락을 받지 않아도 복제권 등의 침해에 해당하지 않는다고 주장한다.

나. 사건의 쟁점

이 사건의 쟁점은 광고주와 광고회사의 이 사건 미술저작물에 대한 원고의 저작권을 침해한 행위에 대한 과실을 인정할 수 있는지의 여부와 호텔라운지가 구「저작권법」제32조 제2항의 '일반 공중에게 공개된 장소'로 볼 수 있는지 여부이다.

3. 판례의 요지

가. 전시 작품의 미술저작물성 인정

원고의 작품은 말의 모양을 본 뜬 입체감 있게 표현된 알루미늄 철망을 벽면에서

---

1) 현행「저작권법」제35조.

5cm~15cm 정도 떨어진 상태로 고정시키고, 여기에 조명으로 망을 비추어 그 그림자와 철망의 모습이 함께 어우러져 말이 역동적으로 움직이는 이미지를 나타내어 평원을 질주하는 말의 군상을 형상화한 미술작품으로서 그 독특한 표현기법에 비추어 보면 원고 작품이 원고의 개성을 발휘한 미술저작물에 해당하는 것은 의심의 여지가 없다. 이와 같은 원고의 작품에는 비록 그 저작자나 작품 제목이 표시되어 있지 않았지만, 그 표현기법, 예술성, 조형미 등에 의하여 외관상 일반 인테리어 장식이 아닌 미술저작물임을 쉽게 알 수 있었다.

나. 광고주와 광고대행회사의 과실 인정

광고주와 광고대행회사인 피고들은 동영상광고를 제작함에 있어서 광고 내용이 다른 사람의 저작권을 침해하는 일이 없도록 해야 할 주의의무가 있는데, 광고의 배경으로 나오는 원고의 작품이 미술저작물에 해당하는지 여부와 이를 그대로 동영상광고의 배경으로 사용함으로써 원고의 저작권을 침해하는지 여부를 고려하지 않고, 만연히 미술저작물을 단순히 벽면에 설치된 인테리어라고 단정하고 이를 배경으로 하여 동영상광고를 제작하여 방송 내지 전송하므로 피고들에게는 위와 같은 주의의무를 다하지 않은 과실이 있다.

다. 저작재산권(복제권, 방송권, 전송권)의 침해 인정

피고들은 동영상광고의 제작과정에서 긴밀히 협력하면서 소외 프로덕션X의 제작을 실질적으로 지휘, 감독하면서 관여하였고, 저작재산권자인 원고의 이용허락을 받지 아니하고, 원고의 미술저작물에 의거해서 이를 배경으로 동영상광고를 제작하였으므로 피고들은 공동으로 원고의 미술저작물에 대한 복제권을 침해하였다. 또 위와 같이 이러한 동영상광고를 일반 공중으로 하여금 동시에 수신하게 할 목적으로 TV를 통하여 송신하였으므로 원고의 미술저작물에 대한 방송권을 침해하고, 일반 공중이 선택한 시간과 장소에서 이용할 수 있도록 인터넷 홈페이지에 그 동영상을 올려 이용에 제공함으로써 원고의 미술저작물에 대한 전송권을 침해하였다.

라. 저작인격권의 침해 부정

(1) 성명표시권의 침해 부정

원고가 원고의 미술저작물에 저작자로서 원고의 실명 또는 이명을 표시한 바 없으므로, 피고들이 광고에 원고의 미술저작물을 동영상광고의 배경으로 이용하면서 저작자인 원고의 설명을 표시하지 않았다고 하더라고 원고의 성명표시권을 침해하였다고 단정할 수 없다.

(2) 동일성유지권 침해 부정

인터넷 홈페이지에 올려진 이 사건 광고물 하단에 '저작권: ㅇㅇ건설(주)'라는 자막이 표시된 사실을 인정할 수 있으나, 이러한 자막으로 인하여 이 사건 작품의 내용, 형식 및 제호에 어떠한 변경도 가하여졌다고 볼 수 없다.

마. 구 저작권법 제32조 제2항 해당 부정

구「저작권법」제32조의 입법취지와 조문의 형식과 구조 등을 고려할 때 구「저작권법」제32조 제2항에 정해진 '일반 공중에게 개방된 장소'라고 함은 도로나 공원 기타 일반 공중이 자유롭게 출입할 수 있는 '옥외의 장소'와 건조물의 외벽 기타 일반 공중이 보기 쉬운 '옥외의 장소'를 말하는 것이고, '옥내의 장소'는 비록 일반 공중이 자유롭게 출입할 수 있다고 하더라도 일반 공중이 쉽게 볼 수 있는 곳이라고 볼 수 없으므로 이에 해당하지 않는다고 봄이 상당하다.

호텔 1층 라운지는 일반 공중의 출입이 제한되지 아니하여 누구든지 자유롭게 출입할 수 있는 장소에 해당하지만 호텔 내부 공간으로서 구「저작권법」제32조 제2항의 '일반 공중에게 개방된 장소'에 해당하지 않는다.

바. 저작재산권 양도 부정

원고가 호텔에게 원고의 미술저작물에 관한 저작재산권을 양도하였다는 사실을 인정하기에 부족하다.

사. 묵시적 사용허락 부정

원고가 호텔에 원고 미술저작물의 소유권을 양도할 당시에 동시에 호텔이 제3자의 원고의 미술저작물에 대한 저작재산권의 이용에 대하여 허락할 권한을 주었거나, 또는 묵시적으로 직접 제3자의 저작재산권 이용을 허락했다는 점에 대하여 이를 인정할 증거가 없다.

II. 해 설

광고를 둘러싼 논의는 광고물의 저작권 법적 보호의 범위와 광고물 구성요소에 의한 저작권 침해로 나뉜다.[2] 전자는 광고물을 저작권법적으로 보호할 수 있는가의 문제이고 후자는 광고물 또는 광고 배경에서 저작권자의 저작권을 침해하는 범위와 자유이용의 범위의 경계선이 어디까지인가의 문제이다.

우선 대부분의 광고물은 미술저작물 중 응용미술저작물(「저작권법」 제4조 제1항 제4호[3])로서 「저작권법」이 적용되고, 광고물을 구성하는 요소들이 저작물의 요건을 갖추고 있다면 별도로 저작권의 보호대상이 된다.

한편, 광고물을 구성하는 요소나 배경에 관련 자료를 사용하는 경우 해당 자료가 저작권의 보호를 받는 저작물인지 공공영역에 해당되어 있는지를 확인해야 한다. 다시 말해 광고에 사용되는 저작물이 있다면 「저작권법」상 저작재산권의 제한 규정에 해당하는지 여부를 확인해야 한다. 그 중 하나가 미술저작물등의 전시 또는 복제에 관한 현행 「저작권법」 제35조이다. 「저작권법」은 저작권자와 소유자, 그리고 일반 공중의 이해관계를 조정하기 위해 저작재산권의 제한에 관한 규정을 두어 저작물의 자유이용을 허용하고 있다. 미술저작물과 관련하여 구 「저작권법」 제32조 제2항은 미술저작물 등의 복제에 대한 원칙과 예외를 규정하고 있었다.

이 판례에서 광고주와 광고대행회사가 동영상광고를 제작함에 있어서는 광고 내용이 미술저작물 저작권자의 저작권을 침해하는 일이 없도록 해야 할 주의의무가 있다는 점은 이론의 여지가 없지만, 핵심 쟁점은 구 「저작권법」 제32조 제2항에 의한 저작권자의 저작재산권이 제한되는가의 여부이다.

이 사건에서 광고주와 광고대행회사는 저작권자의 미술저작물은 광고를 촬영한 장소인 호텔 1층 라운지에 전시되어 있는 것으로 이는 일반 공중에게 개방된 장소에 항시 전시된 미술저작물로서 어떠한 방법으로든지 묻지 않고 이를 복제할 수 있으므로 자신들이 만든 광고는 구 「저작권법」 제35조 제2항에 따라 저작재산권자의 허락을 받지 않아도 복제권 등의 침해에 해당하지 않는다고 주장한다.

이에 대해 서울중앙지방법원은 개방된 장소의 범위를 좁게 해석하여 원고 미술저작물의 자유이용에 해당하지 않고 저작권침해라고 보았다. 즉 구 「저작권법」 제32조 제2항에 정해진 '일반 공중에게 개방된 장소'라고 함은 도로나 공원 기타 일반 공중이 자유롭게 출입할 수 있는 '옥외의 장소'와 건조물의 외벽 기타 일반 공중이 보기 쉬운 '옥외의 장소'를 말하는 것이고, '옥내의 장소'는 비록 일반 공중이 자유롭게 출입할 수 있다고 하더라도 일반 공중이 쉽게 볼 수 있는 곳이라고 볼 수 없으므로 이에 해당하지 않는다고 판단

2) 광고와 저작권에 대해서는 이구현, 『광고법학』(법문사, 1997), 209면 이하 참조.
3) 「저작권법」 제4조 제1항 제4호. 회화·서예·조각·판화·공예·응용미술저작물 그 밖의 미술저작물.

하면서 호텔 1층 라운지는 일반 공중의 출입이 제한되지 아니하여 누구든지 자유롭게 출입할 수 있는 장소에 해당하지만 호텔의 내부공간으로서 구 「저작권법」 제32조 제2항의 '일반 공중에게 개방된 장소'에 해당하지 않는다고 판시한다.

1. 관련 판례 및 화해

가. 달력사진의 별도 전시 판례[4)]

(1) 사안의 개요

원고(사진작가)는 1996.경부터 1997.경 사이에 한라산, 금강산, 설악산 등의 자연풍경을 피사체로 하여 사진을 촬영함에 있어서 피사체의 계절적인 특성을 표현할 수 있는 영상을 담기 위하여 스스로 촬영의도에 따라 구도를 정하고, 셔터찬스를 포착하여 사진 11점을 각각 촬영하였고, 이후 이를 자신의 사진작품집인 '강산아리랑'에 게재하는 한편 개인 사진 전시회에 전시하였다.

L씨는 ○○문화사라는 상호로 달력의 제작 및 공급업을 운영하면서 2000년도 달력에 게재할 사진으로 사용하기 위하여 원고와 사이에 각 사진에 대하여 사진 1점당 사용료 금 800,000원, 사용기간 2000. 1. 1.부터 같은 해 12. 31.까지로 각 정하여 사용계약을 체결한 후 이 사건 각 사진을 1월부터 12월까지의 해당 월에 각 게재한 2000년도 달력을 제작하여 거래처 및 시중에 공급 및 판매하였다.

피고(병원) 소속 직원인 P씨는 1999. 12.경 병원에 걸어 둘 목적으로 서울시내 상호불상의 가게에서 달력 1개를 구입하여 병원에 걸어 두었다.

피고 병원은 2000. 11. 말경 직원들을 통하여 환경미화작업을 실시함에 있어 달력 중 1월부터 11월까지 달력에 게재된 사진을 오려낸 후 액자에 넣은 다음, 원고로부터 별도의 허락을 받지 아니한 채 일반 공중에 개방되어 있는 병원 복도의 벽에 걸어 두었는데, 이후 같은 12. 4. 이와 같은 각 사진이 전시된 장면을 목격한 원고의 항의를 받고서 이를 곧바로 철거하였다.

한편, 달력에 게재된 각 사진에는 사진의 저작자 등에 관련하여 아무런 언급이 없었다.

이에 원고는 피고가 고의 또는 과실로 저작권자의 허락 없이 달력에서 각 사진을 오려낸 후 액자에 넣어 일반 공중이 볼 수 있는 장소에 전시함으로써 각 사진에 대한 원고의 전시권을 침해하였으므로 원고에게 그로 인한 손해를 배상할 책임 있다고 소송을 제기했다.

---

4) 서울중앙지방법원 2004. 11. 11. 선고 2003나51230 판결.

제1심[5]은 원고가 패소했고, 원고는 서울중앙지방법원에 항소했다.

(2) 판결 요지

달력을 구입한 사람들이 달력에 게재된 방법으로 각 사진을 전시하지 아니하고 달력에서 이 사건 각 사진을 오려낸 후 액자에 넣어 일반 공중이 볼 수 있는 장소에 전시하는 행위는 허락된 범위를 넘는 것이라고 할 것이다.

그리고 피고가 병원의 환경미화를 위하여 각 사진을 병원복도의 벽에 게시한 행위를 두고 이러한 자유이용이 허용된 경우에 해당한다고 보기 어렵다.

(3) 의 의

이 판례는 달력제작과 사진사용의 허용범위 및 자유이용(Fair use)에 의한 저작권의 제한 여부에 대한 허락범위 해석의 쟁점을 제시한다.

나. 벽화의 광고사용에 따른 저작권 침해 화해[6]

(1) 사안의 개요

H대학교 미술대학은 구청의 후원을 받아 1994. 10. 7.부터 같은 달 9.까지 거리미술제를 개최하였는바, 원고들(H대학교 미술대학 회화과 4학년 재학생, 변화의 저작권자들)은 거리미술제 행사의 하나로 미술전문 서점 '아티누수'의 벽면에 저작물인 벽화를 공동으로 제작하였는데 저작물에는 원고들의 서명이 기재되어 있다.

피고 1(주식회사 S컴퓨터)은 광고의 제작을 피고 2(주식회사 D광고회사)에 의뢰하고, 피고 2는 저작권자의 동의나 허락을 받지 않고 저작물의 일부를 무단으로 광고의 배경화면으로 사용한 광고를 중앙일간지와 컴퓨터잡지에 게재하였으며, 광고는 1995년도 광고대상후보에도 오르기도 하였다.

게다가 피고들은 저작물의 전부가 아닌 일부만을 임의로 선택하여 광고의 배경화면으로 사용하여 벽화의 의미를 훼손하였고, 일정한 의미를 내포하고 있는 그림을 마치 광

---

5) 서울중앙지방법원 2003. 9. 18. 선고 2003가단215194 판결("원고는 달력 제조업자가 위 각 사진을 이용하여 위 달력을 제조하고, 달력제조업자로부터 위 달력을 구입하거나, 기타 방법으로 위 달력을 얻은 사람이나 기관이 위 달력을 벽이나 기타 장소에 걸어두는 형태로 위 각 사진을 전시하는 것을 허락하였다 할 것이고, 비록 위 달력에서 위 각 사진만을 오려내었다 하더라도 위 각 사진은 여전히 위 달력의 일부임에 변함이 없다 할 것이어서, 위 달력에서 오려낸 위 각 사진을 별도의 액자에 넣어 전시하였다 하더라도 이는 위 달력을 전시하는 형태로 위 각 사진을 전시한 것에 지나지 않는다 할 것이므로, 결국 피고의 위 행위는 위 각 사진의 이용에 대하여 원고가 허락한 범위 내에서 이루어진 것이라 할 것이다. 따라서 피고의 위 행위는 원고의 저작권을 침해하는 행위로 볼 수 없다").

6) 서울지방법원 제12민사부 1995. 12. 11. 화해조서, 95가합71495 손해배상(기). 저작권심의조정위원회, 『한국 저작권 판례집 [7]』, 저작권관계자료집 42(2003), 19~23면.

고에 등장하는 여자가 그린 것처럼 표현하면서 '내 생각대로, 내 마음대로' 칠한 그림이라고 하여 저작물의 의미를 왜곡하였으며 피고들은 저작물의 저작권자도 표시하지 않고, 단순히 '홍대앞 모퉁이의 그래피티'라고만 표시했다.

(2) 화해요지

피고들은 연대하여 원고들에게 금 11,000,000원을 지급하고, 원고들이 저작권을 가지고 있는 벽화를 광고에 이용하여서는 아니된다.

(3) 의 의

이 화해는 일반 공중에게 개방된 장소에 항시 전시되어 있는 미술제작물은 어떠한 방법으로든지 이를 복제할 수 있으나 판매의 목적으로 복제할 수는 없다는 구 「저작권법」 제32조 제2항의 원칙과 예외에 따라 저작물을 판매 및 그 증진을 위하여 광고의 배경으로 사용하는 경우 구 「저작권법」 제32조 제2항 제4호의 판매할 목적으로 복제하였으므로 저작권침해를 인정한다.

2. 검 토

이 판례는 미술저작물의 저작재산권 제한규정인 구 「저작권법」 제32조 제2항 본문의 해석에 관한 것이다. 구 「저작권법」 제32조 제2항은 미술저작물로서 가로·공원·건축물의 외벽 그 밖의 일반 공중에게 개방된 장소에 항시 전시되어 있는 경우에는 일정한 예외사유에 해당하지 않는 한 어떠한 방법으로든지 이를 복제할 수 있도록 인정하고 있다. 이는 미술저작물의 원작품이 불특정 사람이 자유롭게 볼 수 있는 개방된 장소에 항상 설치되어 있는 경우에 만약 해당 저작물의 복제에 의한 이용에 대해 저작재산권에 기초한 권리주장을 아무런 제한없이 인정하게 되면 일반인의 행동의 자유를 지나치게 억제하게 되어 바람직하지 않게 되고, 이러한 경우에는 일반인에게 자유로운 복제를 어용하는 것이 사회적 관행에 합치하기 때문에 개방된 장소에 항상 설치되어 있는 미술저작물에 대해서는 일반인에 의한 복제할 자유롭게 한 것이다. 다만, 제1항은 미술저작물 등의 원작품의 소유자 또는 그의 동의를 받은 자는 그 저작물은 원작품에 의하여 전시될 수 있도록 하되, 다만, 가로·공원·건축물의 외벽 그 밖의 일반 공중에게 개방된 장소에 항시 전시하려고 하는 경우에는 저작권자의 허락을 받아야 한다고 규정하고 있었다.

이 판례는 항시 전시된 미술저작물에 대해 '일반 공중에게 부여된 자유를 어디까지 인정할 것인가'에 대한 문제에 대해 구 「저작권법」 제32조 제2항에 규정된 '일반 공중에게 개방된 장소'의 범위에 대해 좁게 해석한 것이다. 즉 옥내라고 하면 무조건 구 「저작권법」

제32조 제1항 단서에 규정된 '가로·공원·건축물의 외벽 그 밖에 공중에게 개방된 장소'에 해당하지 않는다고 판단한 것이다.

이 판례와 같이 '공중에게 개방된 장소'의 예로서 가로·공원·건축물의 외벽을 예시하고 있는 것에서 알 수 있듯이 이는 '옥외 장소'를 의미하는 것이고 건물 안의 '실내 장소를 의미하는 것이 아니라는 견해[7)]가 있는데, 구「저작권법」제32조 제1항의 '그 밖에 공중에게 개방된 장소'에 옥내장소가 무조건 제외될 이유가 없고, 호텔 라운지에 전시된 미술저작물이 옥내에 있다는 이유만으로 적용가능성을 전면적으로 배제하는 것은 무리한 해석이라면 이 판례를 비판하며 구「저작권법」제32조 제1항 본문의 요건은 충족하는 것으로 해석해야 할 것이라는 견해[8)]가 있다.

한편 개방된 장소에 항시 전시된 미술저작물을 광고로 이용한 경우 구「저작권법」제32조 제2항 제4호에 해당하는가에 대해서는 선전, 광고 등이 영리를 목적으로 하는 것이라도 무료로 배포되는 것이라면 제4호에 해당하지 않는다는 견해[9)]와 판매 및 그 증진을 위하여 광고의 배경으로 사용하는 경우에는 제4호에 해당한다는 견해[10)]가 있다.

Ⅲ. 판례의 의의

이 판례는 광고를 제작함에 있어 광고주와 광고대행회사에게 광고 내용이 다른 사람의 저작권을 침해하는 일이 없도록 해야 할 주의의무가 있음을 명확하게 했고, 구「저작권법」제32조 제2항의 '일반 공중에게 개방된 장소'의 범위에 관하여 '옥내의 장소'는 비록 일반 공중이 자유롭게 출입할 수 있다고 하더라도 일반 공중이 쉽게 볼 수 있는 곳이라고 볼 수 없으므로 이에 해당하지 않는다는 미술저작물의 저작재산권 제한 법리를 제시했다.

---

7) 박성호,『저작권법의 이론과 현실』(현암사, 2006), 587면; 이해완,『저작권법』, 제2판(전면개정판)(박영사, 2012), 497면("적어도 가로. 공원, 건축물의 외벽 등과 동일하게 볼 수 있는 정도로 개방된 곳을 의미하고, 단순히 공중이 볼 수 있는 곳이며 모두 이에 해당하는 것이 아님은 분명하다").

8) 최진원, "미술저작물의 전시와 파노라마의 자유 – 오크 라운지 사건(서울중앙지방법원 2007. 5. 17. 선고 2006가합104292 판결)을 중심으로",『정보법학』, 제12권 제1호(한국정보법학회, 2008), 18면.

9) 이해완, 앞의 책; 499면; 허희성,『2011 신저작권법 축조개설 (상)』(명문프리컴, 2011), 275면; 오승종,『저작권법 강의』, 제2판(박영사, 2018), 461면.

10) 명호인,『한국저작권법』(육법사, 2012), 349면. 이 견해를 취하는 근거로 벽화의 광고사용에 따른 저작권 침해 화해(서울지방법원 제12민사부 1995. 12. 11. 화해조서, 95가합71495손해배상(기))를 인용하고 있다.

53 과대 의료광고의 위법성 판단기준

- 대법원 2003. 4. 11. 선고 2002두12342 판결

김 두 진*

Ⅰ. 판례의 개요

1. 사안의 개요

X는 경북 영천시 소재 건물의 2층에서 내과의원을 개설·운영하는 내과 전문의 겸 한의사이고, Y는 같은 건물의 1층에서 한의원을 운영하고 있는 한의사이다. X와 Y는 각자의 의료기관의 개설을 안내하는 광고전단지를 배포하면서 1장으로 된 광고지에 '양·한방 협진 검사 안내'라는 난을 만들고 그 곳에 '양·한방 종합검진' 등의 문구와 아울러 각종 진료내용과 검사 내용을 기재하여 영천시내에 배포하였고, Y는 현수막 광고도 하였다. 영천시장은 X와 Y의 이러한 광고행위에 대하여 "의료법인·의료기관 또는 의료인은 의료업무에 관하여 허위 또는 과대한 광고를 하지 못한다"는 구 의료법(2002. 3. 30. 법률 제6686호로 개정되기 전의 것) 제46조 제1항의 규정을 위반하여 의료업무에 관하여 과대광고를 한 것으로 보고 2001. 9. 20. X에게는 업무정지 1월과 과징금 225만 원을 선택적으로, Y에게는 업무정지 1월과 과징금 180만 원을 선택적으로 부과하는 처분(이하 '이 사건 처분'이라 한다)을 하였다.

2. 소송경과

가. 원심판결

원심인 대구고등법원은 구 의료법시행규칙(2003. 10. 1. 보건복지부령 제261호로 개정되기 전의 것) 제33조 제1항에 정한 허용범위를 넘는 의료광고는 그 점만으로도 구 의료법

* 부경대학교 법학과 교수.

제46조 제1항의 과대광고에 해당한다고 할 것이고, X와 Y가 그 판시와 같이 진료내용이나 각종 검사방법 등을 전단지나 현수막을 통하여 광고한 것은 의료법시행규칙 제33조 제1항에 정한 허용범위를 벗어난 것이라고 판단하였다.

원심법원은 구「의료법」제53조의3에 따라 행정처분의 세부적 기준을 정한 의료관계행정처분규칙 제4조에 의한 [별표] 행정처분기준 2. 나. (17)은 '법 제46조 제1항의 규정을 위반하여 의료업무에 관하여 과대광고를 한 때'에 대하여는 업무정지 1월을 규정하고 있으나 영천시장이 업무정지 처분 대신에 과징금 부과처분을 한 것에 대하여서는 의료관계행정처분규칙 제4조는 행정기관 내부의 사무처리준칙을 정한 것에 불과할 뿐 법규적 효력이 없다는 전제 아래, 이 사건 처분에 재량권을 일탈 또는 남용한 위법이 없다고 판시하였다.

나. 대법원 판결

대법원은 구「의료법」제46조 제1항은 "의료법인·의료기관 또는 의료인은 의료업무에 관하여 허위 또는 과대한 광고를 하지 못한다"고, 같은 조 제4항은 "의료업무에 관한 광고의 범위 기타 의료광고에 필요한 사항은 보건복지부령으로 정한다"고 각 규정하고 있고, 위 제4항에 따라 의료법시행규칙 제33조 제1항이 허용되는 의료광고의 범위에 대해 규정하고 있는데 구「의료법」제53조의3에 따라 행정처분의 세부적 기준을 정한 의료관계행정처분규칙 제4조에 의한 [별표] 행정처분기준 2. 나. (17)은 '법 제46조 제1항의 규정을 위반하여 의료업무에 관하여 과대광고를 한 때'에 대하여는 업무정지 1월을 규정하고 있는 반면에, (19)는 '법 제46조 제4항 및 규칙 제33조 제2항의 규정을 위반하여 광고한 때'에 대하여 시정명령을 규정하고 있을 뿐, 법 제46조 제4항 및 규칙 제33조 제1항의 규정을 위반하여 광고한 때에 대한 처분기준은 두고 있지 아니하여, 구 의료법 제46조 제1항 위반행위와 같은 조 제4항 및 의료법시행규칙 제33조 제1항 위반행위에 대한 각 제재의 내용과 강도를 달리하고 있을 뿐만 아니라, 위 각 규정의 내용을 살펴보더라도 의료법시행규칙 제33조 제1항에 정한 허용범위를 넘는 의료광고가 곧바로 구 의료법 제46조 제1항의 과대광고에 해당한다고는 볼 수 없으므로, 이 점에 관한 원심의 판단은 수긍하기 어렵다고 보았다.

그러나 원심이 채용한 증거 등 기록에 의하면, 원고 X와 원심공동원고 Y가 그 건물의 1, 2층을 각각 사용하면서 독립된 의료기관을 운영하고 있고 의료장비도 각각 구입하여 비치한 관계로 각자의 의료장비를 이용하여 각 그 해당 분야에 관하여 각자 개별적으로 각종 검사와 진료를 할 수 있을 뿐 한의원과 내과의원을 하나의 의료기관으로 설립하여 공동으로 운영하는 것이 아님을 알 수 있으므로, 원고와 원심공동원고가 다른 일방에게 그의 해당 분야에 관한 검사와 진료를 받아보도록 권유하는 정도의 협조밖에 할 수 없는데도, 원고와 원심공동원고가 각자 독립된 두 개의 의료기관의 개설을 안내하는 광고전단지를 배포하면서 1장으로 된 광고지에 '양·한방 협진 검사 안내'라는 난을 만들고 그 곳에 '양·한방 종합검진' 등의 문구와 아울러 각종 진료내용과 검사 내용을 기재한 것은, 의료지식이 부족한 일반 환자로 하여금 그 두 개의 의료기관 중 어느 한 곳에만 가면 마치 병원급 의료기관에서 각 진료분야별 전문의들이 조직적이고 유기적인 협조체제 아래 각종 질병에 관하여 종합적인 검사와 진료가 행해지는 것처럼, 한의사와 내과의사의 긴밀하고 유기적인 협조 아래 한방과 양방의 종합적인 검사와 진료를 받을 수 있는 것으로 오인하게 할 염려가 있다고 할 것이므로, 원고와 원심공동원고의 그와 같은 광고행위는 구 의료법 제46조 제1항에서 금지하는 과대광고에 해당한다고 보아야 할 것이라고 보았다.

따라서 원심이 원고의 광고행위를 구 의료법 제46조 제1항에서 금지하는 과대광고에 해당한다고 판단한 결론은 옳은 것으로 수긍이 가고, 앞서 본 바와 같은 원심의 법리오해는 그 판결의 결론에는 영향이 없다고 보았다.

나아가서 대법원은 비록 의료기관의 검사방법이나 각종 클리닉에 대한 광고허용범위를 벗어난 광고가 그 지역 의원급 의료기관에서 빈번히 행해지고 있기는 하지만, 원고가 광고허용범위를 벗어난 광고에서 더 나아가 과대광고를 함으로써 환자의 의료기관 선택에 혼란을 야기한 점, 의료행위를 대상으로 한 광고의 경우에는 일반 국민의 건강에 직접적인 영향을 미치게 되는 관계로 허위 또는 과대광고를 엄격히 규제해야 할 공익상의 필요가 큰 점, 피고는 원고에 대한 의료업 정지처분이 국민보건에 큰 위해를 가져올 우려가 있고 개원한지 오래 되지 아니한 원고가 입게 될 경제적 불이익을 고려하여 업무정지 1월에 갈음하는 과징금 부과처분을 한 것으로 보이는 점 등에 비추어 보면, 원심이 의료관계 행정처분규칙 제4조는 행정기관 내부의 사무처리준칙을 정한 것에 불과할 뿐 법규적 효력이 없다는 전제 아래, 그 판시와 같은 이유를 들어 이 사건 처분에 재량권을 일탈 또는 남용한 위법이 없다고 한 판단도 옳은 것으로 수긍이 가고, 거기에 관련 법령에 대한 해석을 그르치는 등의 위법이 있다고 할 수 없다고 보고 상고를 기각하였다.

3. 판례의 요지 – 과대의료광고의 의미

구 의료법시행규칙(2003. 10. 1. 보건복지부령 제261호로 개정되기 전의 것) 제33조 제1항에 정한 허용범위를 넘는 의료광고는 그 점만으로는 구 「의료법」(2002. 3. 30. 법률 제6686호로 개정되기 전의 것) 제46조 제1항의 과대광고에 해당하지는 않는다.

그러나 같은 건물의 1, 2층을 각각 사용하면서 독립된 의료기관을 운영하고 있고 의료장비도 각각 구입하여 비치한 관계로 각자의 의료장비를 이용하여 각 그 해당 분야에 관하여 각자 개별적으로 각종 검사와 진료를 할 수 있을 뿐 한의원과 내과의원을 하나의 의료기관으로 설립하여 공동으로 운영하는 것이 아닌 한의사와 내과의사가 각자의 의료기관의 개설을 안내하는 광고전단지를 배포하면서 1장으로 된 광고지에 '양·한방 협진 검사 안내'라는 난을 만들고 그 곳에 '양·한방 종합검진' 등의 문구와 아울러 각종 진료내용과 검사 내용을 기재하였고, 현수막을 통하여 광고한 행위는 구 의료법 제46조 제1항의 과대광고에 해당한다.

II. 해 설

1. 쟁점의 정리

가. 부당한 의료광고의 규제

부당한 의료광고에 대해서는 「표시·광고의 공정화에 관한 법률」(이하 '표시광고법'이라 한다) 제3조와 「의료법」이 함께 적용된다. 일반적으로 "광고"란 사업자등이 ① 자기 또는 다른 사업자등에 관한 사항 또는 ② 자기 또는 다른 사업자등의 상품 또는 용역의 내용, 거래 조건, 그 밖에 그 거래에 관한 사항을 신문·인터넷신문, 정기간행물, 방송, 전기통신, 그 밖에 대통령령으로 정하는 방법으로 소비자에게 널리 알리거나 제시하는 것을 말한다(표시광고법 제2조 제2항). 그리고 의료법상 "의료광고"란 의료기관 개설자, 의료기관의 장 또는 의료인(이하 "의료인등"이라 한다)이 신문·잡지·음성·음향·영상·인터넷·인쇄물·간판, 그 밖의 방법에 의하여 의료행위, 의료기관 및 의료인등에 대한 정보를 소비자에게 나타내거나 알리는 행위를 말한다(의료법 제56조 제1항).

상업광고의 경우에는 전통적으로 헌법상의 직업수행의 자유 및 표현의 자유라는 기본권의 보호대상이 되는 것으로 인정되어 왔다.[1] 그러나 "의료는 인체의 생명과 건강에

1) 상업적 광고에 대해서 이같은 취지의 결정으로 헌재 1998. 2. 27. 96헌바2(옥외광고물설치에 사전허가를 받도록 한 법조항에 대한 위헌소원 사건); 헌재 2002. 12. 18. 2000헌마764(교통수단을 이용하여 타인의 광고를 할 수 없도록 한 옥외광고물등관리법시행령에 대한 헌법소원 사건); 헌재 2000. 3. 30. 99헌마143(식품이나 식품의 용기·포장에 "음주전후" 또는 "숙취해소"라는 표시를 금지하고 있는 식품등의표시기준(1998. 10. 7. 식품의약품안전청고시 제1998-96호로 제정) 제7조『별지1』식품등의 세부표시기준 1.가.10)카) 중 "음주전후" 및 "숙취해소" 표시를 금지하는 부분에 대한 헌법소원 사건).

직접적인 효과를 미칠 수 있는 업무"라는[2] 의료의 공공성을 이유로 하여 의료광고는 일반적인 상업광고에 비하여 훨씬 높은 수준의 규제를 받는다.[3]

나. 의료광고의 규제

(1) 의료광고 방법·내용의 제한

의사의 의료서비스 제공행위는 사회관념상 국민보건에 관련된 공공성을 갖는 역무로 인정되는 점에서 영업적 상행위(「상법」 제4조) 또는 준상행위(「상법」 제5조)로 인정되지 아니한다. 따라서 상인이 아닌 의사가 제공하는 의료서비스는 국민보건의 관점에서 공공성을 갖는 역무라는 점에서 그에 관한 의료광고에 대하여 일반 상업광고에 비하여 보다 엄격한 규제가 행해지는 것은 일응 당연한 것이다.

현재 의료광고는 「방송법」 제2조 제1호의 방송의 방법으로는 하지 못한다(「의료법」 제56조 제3항 제1호).[4] 또한 「의료법」은 "그 밖에 국민의 보건과 건전한 의료경쟁의 질서를 유지하기 위하여 제한할 필요가 있는 경우로서 대통령령으로 정하는 방법"으로는 의료광고를 하지 못한다(「의료법」 제56조 제3항 제2호)고 규정하고 있지만 후자의 금지를 구체화하기 위한 하위법령은 마련되어 있지 않으므로 현재 의료광고 방법의 유일한 금지로서 방송을 통한 의료광고만이 금지되고 있다. 이것은 방송을 통한 의료광고가 의료서비스의 수요자인 국민들에게 선택권과 알권리를 보장하는 차원을 넘어서 국민의 보건과 건전한 의료경쟁의 질서를 어지럽게 할 수 있다는 입법자의 정책판단에 근거한 것으로 짐작된다. 따라서 그 이외의 방법, 즉 「옥외광고물 등의 관리와 옥외광고산업 진흥에 관한 법률」(이하 '옥외광고물법'이라 한다) 제2조 제1호의 옥외광고물,[5] 「신문 등의 진흥에 관한 법률」 제2조에 따른 신문·인터넷신문·인터넷뉴스서비스, 「잡지 등 정기간행물의 진흥에 관한 법률」 제2조 제1호에 따른 정기간행물 등에 의한 광고는 원칙적으로 허용되고 있다.

그러나 의료광고의 내용에 관해서는 보다 폭넓은 규제가 현재 행해지고 있다. 다만 의료광고 내용에 대한 규제도 그 방법에 대한 규제와 함께 시간의 흐름에 따라 완화되는

2) 전현희, "한국에서 의료기관 설립과 운영상의 새로운 과제", 『의료법학』, 제6권 제1호(한국사법행정학회, 2005), 238면.

3) 의료광고에 대한 규제와 같은 취지에서 의약품등의 광고에 대하여 「약사법」 제68조에서 특별히 규제하고 있다. 독일에서도 처방약과 수면제의 광고는 의사를 대상으로 하는 경우에만 예외적으로 허용되며(Heilmittelwerbegesetz: HWG, § 10), 환자가 질병에 시달리는 장면을 보여주는 약품광고는 금지된다(HWG, § 11 Subsec. 5).

4) 「방송법」 제2조제1호의 방송이란 공중에게 전기통신설비에 의하여 송신하는 텔레비전방송, 라디오방송, 데이터방송 또는 이동멀티미디어방송을 가리킨다.

5) 옥외광고물법 제2조제1호의 옥외광고물이란 공중에게 항상 또는 일정 기간 계속 노출되어 공중이 자유로이 통행하는 장소에서 볼 수 있는 (택시·버스·지하철 등의 교통수단에 표시되는 것을 포함하는) 간판·디지털광고물·입간판·현수막(懸垂幕)·벽보·전단(傳單)과 그 밖에 이와 유사한 것을 말한다.

추세를 보여왔다. 구 「의료법」(대상판례에서 적용된 것을 포함하여 2007. 1. 3. 공포, 2007. 4. 4. 시행된 법률 제8203호 이전의 것)의 의료광고에 대한 규율 태도는 현행보다 훨씬 더 엄격하였고, 과도한 측면이 있었다. 즉 대상판결에서 적용된 구 「의료법」(2002. 3. 30. 법률 제6686호로 개정되기 전의 것)상 의료인등의 '허위 또는 과대 광고'의 금지(제46조 제1항)뿐 아니라 누구든지 "특정의료기관이나 특정의료인의 기능·진료방법·조산방법이나 경력 또는 약효 등에 관하여 대중광고·암시적 기재·사진·유인물·방송·도안등에 의하여 광고"를 하지 못하도록 금지하고(제46조 제3항),[6] 그에 위반시 300만 원 이하의 벌금에 처하도록 규정하고 있었으며(제69조), 다시 의료인등이 "학술목적 이외의 목적으로 예방의학적·임상의학적 연구결과, 기능, 약효, 진료 또는 조산방법등에 관한 광고"를 하지 못하도록 금지하고(제47조), 허용되는 의료업무에 관한 광고의 범위 기타 의료광고에 필요한 사항은 보건복지부령으로 정하도록 위임하였다(제46조 제4항). 그에 따라 구 의료법 시행규칙(1997. 8. 4. 보건복지부령 제54호로 개정된 이래 2007. 4. 6. 개정되기 전까지의 것) 제33조에서는 허용되는 의료광고의 범위를 명시적으로 규정하고 그 이외의 모든 의료광고를 금지하는 이른바 positive 규제를 하고 있었다.

그러다가 헌법재판소에서 "특정의료기관이나 특정의료인의 기능·진료방법"에 관한 광고를 금지하는 구 「의료법」 제46조 제3항 및 그 위반시 300만 원 이하의 벌금에 처하도록 하는 동법 제69조가 헌법 제37조 제2항의 비례의 원칙에 위배하여 표현의 자유와 직업수행의 자유를 침해한다는 위헌결정[7]이 내려졌다. 그에 따라 구 「의료법」(2007. 1. 3. 공포, 2007. 4. 4. 시행된 법률 제8203호)이 개정되어 의료광고를 원칙적으로 허용하되 부당한 광고만을 금지하는 negative 규제로 전환하고 구 의료법 시행규칙(보건복지부령 제393호, 2007. 4. 6. 개정된 것)상 의료광고의 허용 범위를 정하던 규정을 삭제하였다. 현행 의료법 제56조 제2항의 부당한 의료광고의 금지규정은 이러한 연혁을 갖고 있다.

---

6) 2002. 3. 30. 법률 제6686호로 개정된 의료법에서는 동호의 "경력"을 삭제하여 특정의료인의 경력에 관한 광고는 할 수 있도록 개정하였지만 나머지는 광고금지는 그대로 유지하였다.
7) 헌재 2005. 10. 27. 2003헌가3(헌법재판소는 "이 사건 조항이 아니더라도 의료법 제46조 제1항, 표시·광고의공정화에관한법률, 소비자보호법, 독점규제및공정거래에관한법률, 옥외광고물등관리법 등에 의하여 '의료인의 기능이나 진료방법' 관한 허위·기만·과장광고를 통제할 수 있"으므로 이 사건 조항은 "입법목적을 달성하기 위하여 필요한 범위를 넘어선 것이므로, '피해의 최소성' 원칙에 위반"되며, "이 사건 조항이 보호하고자 하는 공익의 달성 여부는 불분명한 것인 반면, 이 사건 조항은 의료인에게 자신의 기능과 진료방법에 관한 광고와 선전을 할 기회를 박탈함으로써 표현의 자유를 제한하고, 다른 의료인과의 영업상 경쟁을 효율적으로 수행하는 것을 방해함으로써 직업수행의 자유를 제한하고 있고, 소비자의 의료정보에 대한 알 권리를 제약하게 된다. 따라서 보호하고자 하는 공익보다 제한되는 사익이 더 중하다고 볼 것이므로 이 사건 조항은 '법익의 균형성' 원칙에도 위배된다"고 보았다).

(2) 의료광고 방법·내용의 자율심의

구 「의료법」에서는 의료법인·의료기관·의료인이 의료광고를 하려면 미리 광고의 내용과 방법 등에 관하여 보건복지가족부장관의 심의를 받도록 하고(제57조) 그러한 사전심의를 받지 아니하거나 심의 받은 내용과 다른 내용의 의료광고를 금지하고(제56조 제2항 제9호) 이를 위반한 경우 처벌하였다(제89조).

그러나 2015년에 헌법재판소가 「의료법」(2009. 1. 30. 법률 제9386호로 개정된 것) 제56조 제2항 제9호 중 부분 및 「의료법」(2010. 7. 23. 법률 제10387호로 개정된 것) 제89조 가운데 제56조 제2항 제9호 중 '제57조에 따른 심의를 받지 아니한 광고' 부분은 표현의 자유에 대한 사전검열금지원칙에 위배되어 헌법에 위반된다고 단순위헌 결정을 내렸고,[8] 이에 따라 국회는 2018. 3. 27. 의료인등이 신문 등 정기간행물, 현수막(懸垂幕), 벽보, 전단(傳單) 및 교통시설·교통수단에 표시(교통수단 내부에 표시되거나 영상·음성·음향 및 이들의 조합으로 이루어지는 광고를 포함한다)되는 옥외광고물, 전광판, 대통령령으로 정하는 인터넷 매체[이동통신단말장치에서 사용되는 애플리케이션(Application)을 포함한다] 등의 일정한 매체를 이용하여 의료광고를 하려는 경우 해당 의료광고의 내용에 대해서 민간의 자율심의기구에 의한 심의를 받도록(제57조 제1항) 의료법을 개정하였다.[9] 다만, 의료인등은 「의료법」 제57조 제1항에도 불구하고 다음 각 호의 사항으로만 구성된 의료광고에 대해서는 자율심의기구의 심의를 받지 아니할 수 있다(「의료법」 제57조 제3항).

1. 의료기관의 명칭·소재지·전화번호
2. 의료기관이 설치·운영하는 진료과목(제43조 제5항에 따른 진료과목을 말한다)
3. 의료기관에 소속된 의료인의 성명·성별 및 면허의 종류
4. 그 밖에 대통령령으로 정하는 사항

(3) 부당한 의료광고의 금지

「의료법」 제56조 제3항의 방법과 내용의 제한을 따르고 동법 제57조의 자율심의를 받

---

8) 헌재 2015. 12. 23. 2015헌바75.

9) 의료광고의 자율심의기구는 의료광고를 심의하기 위하여 다음 각 호의 구분에 따른 심의위원회를 설치·운영하여야 한다(「의료법」 제57조의2).
 1. 의료광고심의위원회: 의사, 의원, 의원의 개설자, 병원, 병원의 개설자, 요양병원(한의사가 개설한 경우는 제외한다), 요양병원의 개설자, 종합병원(치과는 제외한다. 이하 이 호에서 같다), 종합병원의 개설자, 조산사, 조산원, 조산원의 개설자가 하는 의료광고의 심의
 2. 치과의료광고심의위원회: 치과의사, 치과의원, 치과의원의 개설자, 치과병원, 치과병원의 개설자, 종합병원(치과만 해당한다. 이하 이 호에서 같다), 종합병원의 개설자가 하는 의료광고의 심의
 3. 한방의료광고심의위원회: 한의사, 한의원, 한의원의 개설자, 한방병원, 한방병원의 개설자, 요양병원(한의사가 개설한 경우만 해당한다. 이하 이 호에서 같다), 요양병원의 개설자가 하는 의료광고의 심의

더라도 다음 각 호의 어느 하나에 해당하는 부당한 의료광고는 하지 못한다(제56조 제2항).

1. 제53조에 따른 평가를 받지 아니한 신의료기술에 관한 광고
2. 환자에 관한 치료경험담 등 소비자로 하여금 치료 효과를 오인하게 할 우려가 있는 내용의 광고
3. 거짓된 내용을 표시하는 광고
4. 다른 의료인등의 기능 또는 진료 방법과 비교하는 내용의 광고
5. 다른 의료인등을 비방하는 내용의 광고
6. 수술 장면 등 직접적인 시술행위를 노출하는 내용의 광고
7. 의료인등의 기능, 진료 방법과 관련하여 심각한 부작용 등 중요한 정보를 누락하는 광고
8. 객관적인 사실을 과장하는 내용의 광고
9. 법적 근거가 없는 자격이나 명칭을 표방하는 내용의 광고
10. 신문, 방송, 잡지 등을 이용하여 기사(記事) 또는 전문가의 의견 형태로 표현되는 광고
11. 제57조에 따른 심의를 받지 아니하거나 심의받은 내용과 다른 내용의 광고
12. 제27조제3항에 따라 외국인환자를 유치하기 위한 국내광고
13. 소비자를 속이거나 소비자로 하여금 잘못 알게 할 우려가 있는 방법으로 제45조에 따른 비급여 진료비용을 할인하거나 면제하는 내용의 광고
14. 각종 상장·감사장 등을 이용하는 광고 또는 인증·보증·추천을 받았다는 내용을 사용하거나 이와 유사한 내용을 표현하는 광고. 다만, 다음 각 목의 어느 하나에 해당하는 경우는 제외한다.
    가. 제58조에 따른 의료기관 인증을 표시한 광고
    나. 「정부조직법」 제2조부터 제4조까지의 규정에 따른 중앙행정기관·특별지방행정기관 및 그 부속기관, 「지방자치법」 제2조에 따른 지방자치단체 또는 「공공기관의 운영에 관한 법률」 제4조에 따른 공공기관으로부터 받은 인증·보증을 표시한 광고
    다. 다른 법령에 따라 받은 인증·보증을 표시한 광고
    라. 세계보건기구와 협력을 맺은 국제평가기구로부터 받은 인증을 표시한 광고 등 대통령령으로 정하는 광고
15. 그 밖에 의료광고의 방법 또는 내용이 국민의 보건과 건전한 의료경쟁의 질서를 해치거나 소비자에게 피해를 줄 우려가 있는 것으로서 대통령령으로 정하는 내용의 광고

다. 부당한 의료광고의 위법성 판단기준

현재 「의료법」상 대상판례가 적용한 「의료법」상 과대의료광고를 금지하는 규정 자체는 존재하지 아니한다. 「의료법」은 몇 차례 개정을 거쳐서 제56조 제2항에서 표시광고법상 허위광고에 상응하는 "거짓된 내용을 표시하는 광고"(제3호)와 표시광고법상 과대광고에 상응하는 "객관적인 사실을 과장하는 내용의 광고"(제8호)를 금지하고 있으며, 이를 포

함하여 보다 구체적이고 상세하게 총15가지의 금지되는 부당한 의료광고의 유형을 규정하고 있다. 그러므로 현행법은 대상판례가 취한 제1설에 따라 허위과대광고의 의미를 전제로 「의료법」상 금지되는 부당한 의료광고에 관한 규정을 정리한 것이라고 볼 수 있다.

표시광고법 제3조의 부당한 광고는 그 실질을 기준으로 '허위광고'와 '기만적 광고' 두 가지 부류로 나눠질 수 있다. 표시광고법에 따른 '허위광고'는 법문상 "거짓·과장·부당비교·비방" 광고에 대응한다. 여기에서의 허위성(falsity)은 객관적 사실에 부합하지 아니하는 거짓사실을 광고하거나, 완전한 허위는 아니더라도 전달되는 내용이 객관적 사실을 허용되는 한도를 넘어서 부풀린 광고(표시광고법 제3조 제2항, 동법 시행령 제3조 제1항), 비교 대상 및 기준을 분명하게 밝히지 아니하거나 객관적인 근거 없이 자기 또는 자기의 상품이나 용역(상품등)을 다른 사업자 또는 사업자단체(사업자등)나 다른 사업자등의 상품등과 비교하여 우량 또는 유리하다고 홍보하는 광고(동법 시행령 제3조 제3항) 또는 다른 사업자등 또는 다른 사업자등의 상품등에 관하여 객관적인 근거가 없는 내용으로 광고하여 비방하거나 불리한 사실만을 광고하여 비방하는 광고(동법 시행령 제3조 제4항) 등의 경우에 인정된다.[10] 또한 '기만적 광고'에 있어서 기만(Deception)은 사전적 의미로는 적극적으로 허위 사실을 적시하여 소비자를 속이는 것은 물론 소극적으로 당연히 광고 중에서 공시해야 할 사항을 누락(Omission)하여 알리지 않음으로써 소비자를 간접적으로 속이는 것도 포함되지만, 표시광고법상 부당한 광고가 성립하기 위하여 허위성이 인정되는 경우는 별도로 정해져 있으므로, 당연히 광고 중에서 공시해야 할 사항을 소극적으로 누락하여 알리지 않음으로써 소비자를 간접적으로 속이는 광고만이 기만적 광고라고 본다.[11] 표시광고법 시행령은 "기만적인 표시·광고는 사실을 은폐하거나 축소하는 등의 방법으로 표

---

10) 김두진, "부당한 표시·광고 행위의 위법성 판단기준", 『소비자문제연구』, 제48권 제3호(한국소비자원, 2017), 166면. 대법원 1990. 2. 9. 선고 89누6860 판결(泉淵사이다가 천연적으로 생산된 사이다라고 오인되기를 바라고 광고한 행위에 대하여 허위·과장 광고행위로 판시), 대법원 2003. 6. 27. 선고 2002두6965 판결(지역 평균 토양의 시비처방서에 따른 비종(肥種)을 주문받아 공급하고 있으면서도 마치 모든 개별주문에 대하여 토양분석을 실시하여 그 토질과 작물에 맞는 맞춤비료를 공급하는 것처럼 광고한 행위를 허위·과장 광고행위로 판시), 대법원 2005. 2. 18. 선고 2003두8203 판결(분양하는 점포가 근거 없이 높은 재산가치가 보장되거나, 확정적 투자수익 또는 영업수익이 가능한 것처럼 광고한 행위를 허위·과장 광고행위로 판시) 등이 이 부류에 속한다.

11) 김두진, 앞의 논문, 167면. 대법원 2017. 4. 7. 선고 2016두61242 판결(12회에 걸쳐 진행한 경품행사를 광고하면서 주민등록번호와 휴대전화번호 등 응모자의 개인정보를 수집하여 이를 보험회사에 제공하는 것에 동의하여야만 경품행사에 응모할 수 있다는 것을 기재하지 않은 행위에 대하여 기만적 광고로 판시), 대법원 2017. 4. 7. 선고 2014두1925 판결(경품행사에 대해 개인정보 수집 목적을 알리지 않고 오픈마켓 사업자가 진행하는 이벤트인 것처럼 광고한 행위, 할인쿠폰에 적용되는 사용제한조건을 은폐하거나 축소하고 광고한 행위 및 이용자들이 직접 작성한 사용 후기 중에 자기에게 유리한 사용 후기만을 게시한 행위 등에 대하여 기만적 광고로 판시. 다만 위의 세 가지 행위 중 마지막 것은 이와 함께 거짓·과장 광고에도 해당한다고 볼 수 있다고 하였다) 등이 이 유형에 속한다.

시·광고하는 것으로 한다"고 구체화하고 있다(표시광고법 시행령 제3조 제2항).

그리고 이러한 '허위광고'나 '기만적 광고'가 표시광고법상 부당한 광고로 인정되기 위해서는 당해 허위 또는 기만적인 표시·광고행위를 통하여 소비자를 속이거나 소비자로 하여금 잘못 알게 할 우려가 있음을 의미하는 오인가능성(Misleading)이 추가적으로 요구된다.[12] 그런데 부당한 광고의 위법성 판단기준과 관련하여 표시·광고가 진실한 것임에도 불구하고 소비자의 오인을 유발하여 부당한 표시·광고로 되는 경우가 있을 수 있다는 견해[13]가 있지만 표시·광고가 진실하다면 소비자오인성이나 공정거래저해성에 대해서는 나아가 살펴볼 필요 없이 거짓·과장의 표시·광고는 성립하지 아니한다.[14]

Ⅲ. 판례의 의의

대상판례는 의료광고의 허용범위가 의료법 시행규칙에 정해져 있던 이른바 positive 규제 하에서 의료인이 그 허용범위[15]를 벗어나면서 동시에 허위·과장 광고에 해당하는

12) 이들 요건 외에 표시광고법상 부당한 광고행위가 성립하기 위해서는 공정거래저해성(Unfair Restraint of Trade)이 요구된다. 공정거래저해성은 광고의 수단이나 내용이 "자유경쟁성, 경쟁수단의 공정성, 거래결정의 자주성, 또는 거래내용의 공평성"에 반하는 것이고, 그 효과로서 "경쟁의 공정성" 자체, "경쟁자의 보호"와 나아가서 "소비자의 보호"에 반하는 결과를 가져오는 것을 말한다. 그러나 허위성이나 기만성 및 오인가능성과 같은 다른 성립요건이 충족되는데 공정거래저해성이 부정되는 광고는 생각하기 어렵고 실무상 그러한 사례도 발견되지 아니한다. 김두진, 앞의 논문, 173면.

13) 이은영 편저, 『소비자법』(신영수 집필 부분), (박영사, 2013), 139면; 박수영, "부당한 표시·광고행위의 성립요건과 유형", 『기업법연구』, 제13권(한국기업법학회, 2003), 278면.

14) 동지: 이선희, "거짓·과장의 표시·광고에 있어서 부당선 판단", 『성균관법학』, 제29권 제1호(성균관대학교 법학연구소, 2017), 150면.

15) 구 의료법 시행규칙(2003. 10. 1. 보건복지부령 제261호로 개정되기 전의 것) 제33조에서 허용되던 의료광고의 범위는 다음 각호와 같았다.

1. 진료담당의료인의 성명·성별 및 그 면허의 종류
2. 전문과목 및 진료과목
3. 의료기관의 명칭 및 그 소재지와 전화번호
4. 진료일·진료시간
5. 응급의료 전문인력·시설·장비등 응급의료시설 운영에 관한 사항
6. 예약진료의 진료시간·접수시간·진료인력·진료과목등에 관한 사항
7. 야간 및 휴일진료의 진료일자·진료시간·진료인력등에 관한 사항
8. 주차장에 관한 사항

이후 구 의료법 시행규칙(2003. 10. 1. 보건복지부령 제261호로 개정된 것)에서는 다음과 같이 허용범위를 확대하였다.

1. 진료담당의료인의 성명·성별 및 그 면허의 종류
2. 전문과목 및 진료과목
3. 의료기관의 명칭 및 그 소재지와 전화번호 및 인터넷 홈페이지 주소
4. 진료일·진료시간

의료광고를 한 상황에서 내려졌다. 대상판례의 사실관계는 동일한 건물의 1, 2층을 각각 사용하면서 독립된 의료기관을 운영하고 있고 한의원과 내과의원을 하나의 의료기관으로 설립하여 공동으로 운영하는 것이 아닌 한의사와 내과의사가 각자의 의료기관의 개설을 안내하는 광고전단지를 배포하면서 1장으로 된 광고지에 '양·한방 협진 검사 안내'라는 난을 만들고 그 곳에 '양·한방 종합검진' 등의 문구와 아울러 각종 진료내용과 검사 내용을 기재하였고, 현수막을 통하여 광고한 행위(이하 '이 사건 광고'라 한다)가 문제되었다. 이 사건에서 대법원은 구 의료법시행규칙(2003. 10. 1. 보건복지부령 제261호로 개정되기 전의 것) 제33조 제1항에 정한 허용범위를 넘는 의료광고를 하였더라도 그 점만으로는 구 「의료법」(2002. 3. 30. 법률 제6686호로 개정되기 전의 것) 제46조 제1항의 과대광고에 해당하지는 않는다는 점을 분명히 하고, 이 사건 광고는 전달되는 내용이 객관적 사실을 허용되는 한도를 넘어서 부풀린 광고로서 의료지식이 부족한 일반 환자로 하여금 오인하게 할 염려가 있는 점에서 구 「의료법」(2002. 3. 30. 법률 제6686호로 개정되기 전의 것) 제46조 제1항의 과대광고에 해당한다고 판시하였다.

대상판례에서 적용된 구 「의료법」(2002. 3. 30. 법률 제6686호로 개정되기 전의 것) 제46조 제1항의 '과대광고'의 의미에 관해서 당시 다음과 같은 견해가 가능하였다. 즉 표시광고법상의 과장광고와 같은 의미라고 보는 견해(제1설), 표시광고법상의 과장광고외에 구 의료법 제46조 제3항에서 금지하는 광고(특정의료기관이나 특정의료인의 기능·진료방법·조산방법이나 경력 또는 약효등에 관하여 대중광고·암시적 기재·사진·유인물·방송·도안등에 의한 광고) 또는 제46조 제4항 위반의 광고(보건복지부령으로 정해진 의료업무에 관한 광고의 허용범위 기타 의료광고에 필요한 사항을 위반한 광고)까지 포함하는 것으로 보는 견해(제2설), 그리고 표시광고법상의 과장광고를 포함하지 않고 구 의료법 제46조 제3항에서 금지하는 광고 또는 제46조 제4항 위반의 광고와 같은 의미로 보는 견해(제3설).[16]

이 문제에 관하여 1983년의 대법원 판례[17]는 제3설의 입장을 취하였다. 그 판례의 사실관계에서는 원고가 1981. 12. 10. 부산광역시 소재의 주소지에서 동부산정형외과의원을

---

5. 응급의료 전문인력·시설·장비등 응급의료시설 운영에 관한 사항
6. 예약진료의 진료시간·접수시간·진료인력·진료과목등에 관한 사항
7. 야간 및 휴일진료의 진료일자·진료시간·진료인력등에 관한 사항
8. 주차장에 관한 사항
9. <u>의료인 및 보건의료인의 환자수에 대한 배치비율 및 각 인원수</u>
10. <u>의료인의 해당 분야에서의 1년 이상 임상경력</u>
11. <u>법 제32조의3의 규정에 의한 시설 등의 공동이용에 관한 사항</u>
12. <u>법 제47조의2의 규정에 의한 최근 3년 이내의 의료기관 평가결과</u>

16) 이동신, "구 의료법 제46조 제1항의 과대광고의 의의와 그 범위", 『대법원판례해설』, 제45권(법원도서관, 2004), 82면에서 제시한 가능한 학설의 내용을 조금 수정하였다.

17) 대법원 1983. 4. 12. 선고 82누408 판결.

개설하면서 "국군부산통합병원 진료부장 및 정형외과 과장, 대동병원, 녹십자병원, 유성병원 등의 각 정형외과 과장으로 재직하면서 익혀온 경험을 바탕으로 각종 관절염 및 척추환자 전문치료시설인 특수광선치료실을 설치하여 개원하오니 변함없는 성원을 바란다"는 요지와 "동부산정형외과, 신경외과병원 원장 전문의 강창효" 라고 기재한 개원인사장 1,000매를 인쇄하여 그중 200매를 이웃 집집마다 배포하였던 것이 문제되었다. 부산직할시장은 원고의 행위가 구 「의료법」(1981. 12. 31. 법률 제3504호로 개정되기 전의 것. 이하 이 사건에서 같다) 제46조에 위반된다고 같은 법 제51조 제1항 제5호 보건사회부훈령 제241호(의료관계행정처분기준령)에 의하여 1982. 1. 21. 원고의 의료업을 1982. 2. 1.부터 같은 해 4. 1.까지 2개월간 정지하는 처분을 내렸다. 이에 대하여 원고가 의료기관업무정지처분을 취소하여 달라고 제기한 행정소송에서 대법원은 "구 「의료법」 제36조는 '의료기관의 진료과목은 보건사회부령으로 정하는 바에 의하여 표시하여야 한다'라고 규정하고 이에 따른 「의료법」시행규칙 제30조 제6항은 '의료기관의 진료과목 표시판에는 진료과목이라는 글자와 진료과목의 명칭을 표시한다. 다만 전문의인 경우에는 법 제55조 제3항의 규정에 의하여 진료과목 표시판에 진료과목 외에 전문과목이라는 글자와 전문과목의 명칭을 표시할 수 있다'고 정하고 있고 한편 「의료법」 제46조 제1항은 의료법인 의료기관 의료인의 의료업무에 관한 허위 과대광고를, 그 제3항은 특정의료기관이나 특정의료인의 기능, 진료방법, 조산방법이나 경력 또는 약효 등에 관하여 대중광고, 암시적 기재, 사진, 유인물, 방송, 도안 등에 의한 광고를 각 금지하고 있고 의료법시행규칙 제33조는 의료광고의 범위를 (1) 진료담당 의료인의 성명, 성별 및 그 면허의 종류, (2) 전문과목 및 진료과목, (3) 의료기관의 명칭 및 그 소재지와 전화번호, (4) 진료일, 진료시간 등에 한하되 이 광고는 일간신문, 의료관계전문지, 「의료법」 제39조 제1항의 규정에 의하여 허가받은 연구소 등의 기관지 및 전화부에 한하여 할 수 있고 이 경우 일간신문에 의한 광고는 월 1회를 초과할 수 없으나 의료기관이 새로 개설되거나 휴업, 폐업, 재개업 또는 이전한 때에는 일간신문에 그 사실을 월 2회에 한하여 게재광고를 할 수 있도록 규제하고 있(다)"고 전제하고 원고의 행위는 "경력과 진료방법에 관하여 의료법시행규칙 제33조가 정한 바에 따르지 아니한 유인물을 인쇄하여 배부하는 방법에 의하여 광고를 하였고 그 기재에 「의료법」 소정의 병원이 아닌 의원을 병원으로 기재하고, 진료과목인 신경외과와 전문과목인 정형외과를 따로 표시하지 아니하고 '정형외과, 신경외과 병원 원장, 전문의' 라고 표시하여 마치 정형외과와 신경외과 양과의 전문의인 것처럼 오인 혼동을 일으키게 할 수 있는 기재"를 하여 광고한 것으로서 이러한 광고는 허위과대 광고에 해당하여 「의료법」 제46조 제1항, 제3항의 규정에 위반함이 명백하다고 판시하였다.

평석 대상 사건에서 원심법원은 제3설을 취하였는데, 위의 1983년의 대법원 판례를 추종한 것으로 보인다. 그러나 대법원은 대상판례에서 원심법원의 판단에 대하여 "(과대광고 금지규정 위반행위와 허용되는 의료광고의 범위를 정한 규정) 위반행위에 대한 각 제재의 내용과 강도를 달리하고 있을 뿐만 아니라, 위 각 규정의 내용을 살펴보더라도 의료법시행규칙 제33조 제1항에 정한 허용범위를 넘는 의료광고가 곧바로 구 「의료법」 제46조 제1항의 과대광고에 해당한다고는 볼 수 없"다는 타당한 이유를 들어서 비판하고 제1설을 취하였다. 생각건대 '과대(誇大)'라는 단어의 국어사전적 의미는 "작은 것을 큰 것처럼 과장한다"는 것이므로 '과장(誇張)'과 유사한 의미를 갖고 있다는 점,[18] 구 「의료법」 제46조 제1항에서 별개의 다른 조항(구 「의료법」 제46조 제3항 또는 동조 제4항)에 위반되는 것까지 포함하여 다시 과대광고로서 금지하는 것이라고 해석할 필요도 없다는 점, 그리고 제2설이나 제3설을 취하는 것은 수범자의 예측가능성이 극히 낮아서 법적 안정성 측면에서 문제가 있는 해석이라는 점 등을 고려하면 제1설이 타당하다. 대상판례가 제1설을 취한 이후 2009년의 대법원 판례[19]는 구 「의료법」 제46조 제1항에서 금지하는 '허위 또는 과대한 광고'라 함은 "진실이 아니거나 실제보다 지나치게 부풀려진 내용을 담고 있어 의료지식이 부족한 일반인으로 하여금 오인·혼동하게 할 염려가 있는 광고"를 의미한다고 정의하고, 한의원의 인터넷 홈페이지에 사실과 달리 "국내 최초 양·한방 협진의원 개설, 국내 최상품 청정한약재 처방, ○ Children's Clinic, ○소아 한의원은 아이질병을 소아과가 아닌 한의원에서 치료할 수 있다는 인식을 최초로 심어 준 대표적 소아전문 한의원입니다"라고 게재한 것은 허위과대광고에 해당한다고 판시하여 대상판례의 입장(제1설)을 따랐다.

18) '과대(誇大)'와 동음이어인 '과대(過大)'는 정도가 지나치게 크다거나 정해진 범위를 넘어서 양적 한도를 초과한다는 의미를 갖고 있지만 과대광고에서 사용되는 과대는 전자이다.

19) 대법원 2009. 2. 26. 선고 2006도9311 판결(특히 이 판례에서는 판결이유 중에서 '분명히' 언급하였다).

54 의료광고에 대한 기소유예처분

-헌재 2013. 12. 26. 2011헌마651

정 재 도*

Ⅰ. 판례의 개요

1. 사안의 개요

이 사건 헌법소원심판을 청구한 청구인은 성형외과 전문의로서 성형외과를 경영하는 자인데, 2011. 3. 22.경 자신이 경영하는 성형외과의 인터넷 홈페이지에 ① "코 수술 후 머리 감기가 불편하십니까, 얼굴에 붕대 및 반창고를 붙이고 퇴원하시기가 부끄럽습니까. 이 모든 문제를 해결해드립니다. 타 병원에서 경험하지 못했던 환상적인 서비스를 경험할 수 있습니다."라는 광고(이하 '이 사건 제1광고'라 한다)와 ② 안면윤곽술에 관한 설명 중 "재발과 흉터의 염려는 이제 윤곽에서는 하지 않으셔도 됩니다. 무통 수면마취. 흉터 없는 앞트임"이라는 광고(이하 '이 사건 제2광고'라 한다)를 하였다. 이후 청구인은 부산지방검찰청 검사(이 사건 헌법소원심판의 피청구인)로부터 제1광고에 대해서는 다른 의료기관·의료인의 기능 또는 진료 방법과 비교하는 내용의 의료광고를 하였다는 이유로(비교광고), 제2광고에 대해서는 과장된 내용의 의료광고를 하였다는 이유로(허위·과장광고) 의료법위반 혐의로 기소유예처분(부산지방검찰청 2011년 형제49659호, 이하 '이 사건 기소유예처분'이라 한다)을 받았다.[1)]

---

* 서강대학교 법학연구소 연구원.

1) **의료법(2009. 1. 30. 법률 제9386호로 개정된 것, 이하 '의료법'이라 한다) 제56조(의료광고의 금지 등)**
① 의료법인·의료기관 또는 의료인이 아닌 자는 의료에 관한 광고를 하지 못한다.
② 의료법인·의료기관 또는 의료인은 다음 각 호의 어느 하나에 해당하는 의료광고를 하지 못한다. <개정 2009. 1. 30.>
1. 생략
2. 치료효과를 보장하는 등 소비자를 현혹할 우려가 있는 내용의 광고
3. 다른 의료기관·의료인의 기능 또는 진료 방법과 비교하는 내용의 광고

이에 청구인은 이 사건 기소유예처분이 청구인의 평등권 및 행복추구권을 침해한다고 주장하면서, 2011. 10. 26. 그 취소를 구하는 이 사건 헌법소원심판을 청구하였다.

2. 판례의 요지

가. 결정요지

(1) 의료법(2009. 1. 30. 법률 제9386호로 개정된 것, 이하 '의료법'이라 한다) 제56조 제2항 제3호 및 제89조에 의하여 금지되는 의료광고의 내용이 의료행위에 관한 것이어야 하는지 여부

「의료법」 제56조 제2항 제3호 및 같은 법 제89조 그리고 의료법 시행령 제23조 제3호는 비교광고를 금지하고 이에 대한 벌칙을 규정하고 있다. 의료광고에 관한 이러한 규제는 의료인이 다른 의료기관이나 의료인의 기능 또는 진료 방법을 비교하는 내용의 광고를 통하여 국민을 기만하거나, 국민으로 하여금 의료인의 기능 또는 진료 방법을 오인하게 할 우려를 방지함으로써 국민의 건강보호와 의료시장의 공정성을 보장하기 위한 것으로 이해할 수 있다. 따라서 금지되는 '의료광고'에 해당한다고 하기 위해서는 그 광고 내용이 의료행위에 관한 것이어야 한다(대법원 2009. 11. 12. 선고 2009도7455 판결 참조).

(2) 의료법 제56조 제3항의 '거짓이나 과장된 내용의 의료광고'의 의미

「의료법」 제56조 제3항의 '거짓이나 과장된 내용의 의료광고'는 '진실이 아니거나 실제보다 지나치게 부풀려진 내용을 담고 있어 의료지식이 부족한 일반인으로 하여금 오인·혼동하게 할 염려가 있는 광고'를 의미한다. 의료행위가 사람의 생명·신체에 직접적이고 중대한 영향을 미치는 것임에 비추어 객관적 사실이 아니거나 근거가 없는, 또는 현대의학상 안전성 및 유효성이 과학적으로 검증되지 않은 내용을 기재하여 의료서비스 소비자에게 막연하거나 헛된 의학적 기대를 갖게 하는 광고는 허위 또는 과대광고로서 금지되어야 한다(대법원 2010. 5. 27. 선고 2006도9083 판결).

4.~11. 생략
③ 의료법인·의료기관 또는 의료인은 거짓이나 과장된 내용의 의료광고를 하지 못한다.
④ 생략
⑤ 제1항이나 제2항에 따라 금지되는 의료광고의 구체적인 기준 등 의료광고에 관하여 필요한 사항은 대통령령으로 정한다.
제89조(벌칙) 제15조제1항, 제17조제1항·제2항(제1항 단서 후단과 제2항 단서는 제외한다), 제56조제1항부터 제4항까지, 제57조제1항을 위반한 자는 1년 이하의 징역이나 500만원 이하의 벌금에 처한다.

나. 주 문

부산지방검찰청 2011년 형제49659호 의료법위반 피의사건에서 피청구인이 2011. 7. 28. 청구인에 대하여 한 기소유예처분은 청구인의 평등권과 행복추구권을 침해한 것이므로 이를 취소한다.

II. 해 설

1. 쟁점의 정리

이 사건 헌법재판소 결정(이하 '이 사건 결정'이라 한다)에서 쟁점이 되는 것은 첫째, 의료법 제56조가 규제하고 있는 의료광고는 그 내용이 '의료행위'로 한정되므로 의료행위가 아닌 경우에는 의료법 제56조의 규제대상에서 제외되는지 여부와 둘째, 제2광고가 의료법 제56조 제3항의 허위·과장광고 해당하는지 여부이다.

2. 관련 판례

가. 대법원 2009. 11. 12. 선고 2009도7455 판결

이 사건 결정에서 헌법재판소는 대법원 2009. 11. 12. 선고 2009도7455 판결을 인용하여, 「의료법」 제56조에서 금지하는 '의료에 관한 광고'에 해당하기 위해서는 그 광고 내용이 '의료행위'에 관한 것이어야 한다고 판시하고 있다. 아울러 위 대법원 판결은 '의료행위'의 개념에 대해서 대법원 2004. 10. 28. 선고 2004도3405 판결을 인용하고 있는 바, 이에 따르면, "의료행위라 함은 의학적 전문지식을 기초로 하는 경험과 기능으로 진료, 검안, 처방, 투약 또는 외과적 시술을 시행하여 하는 질병의 예방 또는 치료행위 및 그 밖에 의료인이 행하지 아니하면 보건위생상 위해가 생길 우려가 있는 행위를 의미한다"라고 한다.

나. 대법원 2010. 5. 27. 선고 2006도9083 판결

이 사건 결정에서 헌법재판소는 제2광고가 허위·과장광고에 해당하는지와 관련하여 대법원 2010. 5. 27. 선고 2006도9083 판결의 "의료광고가 의료법상의 '허위 또는 과대광고'로서 금지되는 경우"에 대한 판시사항을 인용하고 있다.

대법원은 동 판결에서 "의료광고가 객관적인 사실에 기인한 것으로서 의료소비자에게 해당 의료인의 의료기술이나 진료방법을 과장 없이 알려주는 것이라면, 이는 소비자의 합리적 선택에 도움을 주고, 의료인들 사이에 공정한 경쟁을 촉진시켜 공익을 증진시킬 수 있으므로 허용되어야 할 것이지만, 의료행위가 사람의 생명·신체에 직접적이고 중대한 영향을 미치는 것임에 비추어 객관적 사실이 아니거나 근거가 없는, 또는 현대의학상 안전성 및 유효성이 과학적으로 검증되지 않은 내용을 기재하여 의료서비스 소비자에게 막연하거나 헛된 의학적 기대를 갖게 하는 광고는 허위 또는 과대광고로서 금지되어야 한다"라고 판시하였다.

3. 검 토

가. 의료광고의 의의와 특성

의료광고는 "의료법인·의료기관 또는 의료인이 자신들이 제공하고자 하는 의료행위와 관련된 정보를 불특정 다수의 일반인에게 알릴 목적으로 행하는 일체의 행위"라고 정의할 수 있다.[2] 현행 「의료법」(2018. 3. 27. 법률 제15540호로 개정된 것) 제56조 제1항도 "의료기관 개설자, 의료기관의 장 또는 의료인(이하 "의료인등"이라 한다)이 아닌 자는 의료에 관한 광고(의료인등이 신문·잡지·음성·음향·영상·인터넷·인쇄물·간판, 그 밖의 방법에 의하여 의료행위, 의료기관 및 의료인등에 대한 정보를 소비자에게 나타내거나 알리는 행위를 말한다. 이하 "의료광고"라 한다)를 하지 못한다"라고 규정하고 있다.

이러한 의료광고는 의료행위를 필요로 하는 의료소비자들이 그에 대한 자율적인 결정을 내리는데 관련된 정보를 의료인이나 의료기관으로부터 제공받을 수 있다는 점에서 '공익성'을 갖는다.[3] 그리고 이 점은 의료소비자들의 자기결정권을 보호하는 기능을 수행한다.[4] 다만, 의료행위에서 나타나는 "정보의 비대칭성, 환자의 의료정보에 대한 접근이 용이하지 않은 특성, 의료행위로 인한 결과가 돌이킬 수 없는 생명·신체에 대한 손상을 야기할 수 있다는 특성 등"으로 인하여, 의료광고는 가능한 중립적인 입장에서 관련 정보들을 제공해야 한다.[5] 그런 점에서, 의료광고가 갖는 영리적인 측면을 배제할 수는 없지만, 의료광고의 공익성을 최대한 확보하여 의료소비자의 권리를 보호할 수 있는 방안을

2) 정규원, "의료광고에 대한 법적 규율", 『법학논총』, 제31집 제3호(한양대학교 법학연구소, 2014), 4면.
3) 최현숙, "의료법 제56조 의료광고금지 조항의 개선방향에 관한 고찰", 『법학연구』, 제60집(한국법학회, 2015), 38~39면.
4) "(의료계약 체결 전 정보의 수집단계에서) 새로운 의학정보를 제공받는 것부터 의료소비자의 알권리를 보장하는 것이 되고, 결과적으로는 의료소비자의 자기결정권을 보호하는 것이 된다." 최현숙, 위의 논문, 44면.
5) 정규원, 앞의 논문, 5면.

모색하는 것이 필요하다고 할 수 있다. 현행 「의료법」은 제56조에서 의료광고를 원칙적으로 허용하고, 예외적으로 허위나 과장광고, 비교광고, 우회적인 방법을 이용한 광고 등을 금지하는 네거티브 방식을 택하고 있다.[6]

나. 의료광고의 내용이 의료행위로 한정되는지 여부

(1) 문제점

헌법재판소는 이 사건 결정에서 대법원 2009. 11. 12. 선고 2009도7455 판결을 인용하여 "금지되는 의료광고에 해당하기 위해서는 그 광고내용이 의료행위에 관한 것이어야 한다"라고 판시하였다. 그런데 이러한 판시가 의료광고를 의료행위에 관한 광고로 한정하고 있는 것은 아닌지에 대해서는 의문이 있으므로 이를 살펴본다.[7]

(2) 검 토

의료광고는, 환자로 하여금 의료행위를 받을지 여부를 결정하는데 필요하고 적절한 정보를 습득할 수 있게 돕는다는 점에서, "잠재적 환자들에게 필요로 하는 의료행위가 무엇이며, 그 의료행위를 제공하는 의료인의 기술과 능력은 어떠한지에 대한 정보 등을 제공한다는 긍정적인 기능"[8]을 갖고 있다. 이런 점에 비추어 보면, 의료광고에는 의료행위뿐만 아니라 의료기술이나 의료인 등에 대한 정보도 포함되어야 하는 것으로 이해할 수 있다.[9]

한편, 대법원은 2016년 판결을 통해서 의료광고에 대하여 "'의료광고'라 함은 의료법인·의료기관 또는 의료인이 그 업무 및 기능, 경력, 시설, 진료방법 등 의료기술과 의료행위 등에 관한 정보를 신문·인터넷신문, 정기간행물, 방송, 전기통신 등의 매체나 수단을 이용하여 널리 알리는 행위를 의미한다"라고 판시하였다.[10] 또한 현행 「의료법」도 제56조에서 "의료기관 개설자, 의료기관의 장 또는 의료인이 아닌 자는 의료에 관한 광고를 하지 못한다"고 규정하면서 '의료에 관한 광고'의 내용으로서 '의료행위' 뿐만 아니라 '의료

---

6) 김한나·김계현·이얼, 『의료광고 규제 현황 및 개선방향』, 대한의사협회 의료정책연구소 연구보고서(대한의사협회 의료정책연구소, 2017. 2), 31면; 정규원, 앞의 논문, 2~3면. 한편 현행 의료법의 의료광고에 대한 네거티브 규제방식에 대해서, "정보제공의 공익성을 확대하기 위해서 반드시 기재해야 하는 사항을 규정하여두는 포지티브 방식을 일부 도입하는 것이 현명한 해결방식이 될 것이다"라는 견해도 있다. 최현숙, 앞의 논문, 48면.

7) 광주지방법원 2014. 11. 13. 선고 2014노650 판결은 이 사건 헌법재판소 결정 및 대법원 2009. 11. 12. 선고 2009도7455판결에 비추어 의료광고가 의료행위에 관한 광고에 한정되는지 여부에 대해서 판단한 바 있다.

8) 정규원, 앞의 논문, 6면.

9) 김한나·김계현·이얼, 앞의 보고서, 11면.

10) 대법원 2016. 6. 23. 선고 2014도16577 판결.

기관 및 의료인 등에 대한 정보'를 함께 규정하고 있다. 보건복지부의 「의료광고 심의기준」도 의료광고를 "의료인·의료기관·의료법인이 의료서비스에 관한 사항(건강을 유지하고 질병을 예방하거나 경감 혹은 치료하기 위하여 적용되는 과학 및 기술상의 제반활동)과 의료인, 의료기관에 관한 사항(경력, 시설, 기술 등)을 신문, 잡지 등의 매체를 이용하여 소비자에게 널리 알리거나 제시하는 것을 말한다"라고 규정하고 있다.[11]

이처럼 학설과 현행 「의료법」 및 위 대법원 판결[12]의 내용 등을 종합해 보면, 의료광고에는 의료행위뿐만 아니라 의료기술이나 의료인에 대한 정보도 포함되어 있음을 알 수 있다. 이 점은 의료광고를 통하여 이루어지는 소비자에 대한 정보제공의 측면에서도 바람직한 태도라고 할 수 있다.[13] 그런 점에서 이 사건 결정 및 대법원 2009. 11. 12. 선고 2009도7455 판결에서 "의료광고에 해당한다고 하기 위해서는 그 광고 내용이 의료행위에 관한 것이어야 한다"라고 판시한 것을 두고 의료광고를 의료행위로 한정한 것으로 해석하는 것은 현행법의 태도 및 의료광고의 기능과 역할에 비추어 볼 때 타당하지 않다고 생각한다.[14]

다. 제2광고가 의료법 제56조 제3항의 허위·과장광고에 해당하는지 여부

(1) 문제점

이 사건 결정의 청구인은 제2광고는 시술방법에 대한 특징이나 장점을 설명한 것으로서 실제로도 사실과 부합하는 것이거나 수술방법과 일치하는 의료광고에 해당하므로 허위·과장광고에 해당하지 않는다고 주장하였다. 이와 관련하여 의료광고에서 문제가 되는 허위·과장광고의 판단기준을 살펴보고 이를 바탕으로 이 사건 결정에 대해서 판단하도록 한다.

(2) 허위·과장광고의 의의와 판단기준

허위광고 및 과장광고에 대한 정의는 다음과 같다 : "허위광고란 광고가 객관적인 진

---

11) 보건복지부 의료정책팀, 대한의사협회/대한치과의사협회/대한한의사협회 의료광고심의위원회, "의료광고 심의기준"(2007. 7. 19), 2면.

12) 대법원 2016. 6. 23. 선고 2014도16577 판결.

13) 정문성·김광석·박부연·송설경, "의료광고에 대한 의료법 제56조의 태도", 『한국엔터테인먼트산업학회 논문지』, 제10권 제5호(한국엔터테인먼트산업학회, 2016), 221면.

14) 실제로 이 사건 결정에서 문제가 된 제1광고 부분은 의료인이 담당하는 의료행위도 아니고, 의료기관 및 의료인에 대한 정보에 속하는 것도 아니었다. 이 사건 결정에서 문제가 된 것은 의사가 담당하는 의료행위 부분을 제외하고 소속 병원의 제반 서비스와 상담, 경영지원 등을 담당하는 코디네이터(coordinator)의 서비스와 관련된 것이었다(헌재 2013. 12. 26. 2011헌마651, 공보 제207호, 172면). 따라서 의료광고를 의료행위로 한정하는 입장이나, 의료기술 및 의료인에 대한 정보도 포함하는 입장이나 이 사건 결정에서 문제가 된 제1광고는 의료광고에 속하지 않는 것이라고 할 수 있다.

실에 부합하지 않는 것을 의미하고, 과대광고(과장광고)는 광고의 내용이 사실을 과장한 것, 즉 사실보다 지나치게 부풀려 나타내는 것을 의미한다."[15]

문제가 되는 것은 어떤 경우에 허위 또는 과장광고에 해당하는가 하는 점이다.[16] 허위 또는 과장광고라고 하기 위해서는, 첫째, 광고의 내용이 진실이 아니거나 사실을 과장한 것이어야 한다. 허위성이란 진실에 부합하지 않는 것을 말한다.[17] 다만, 대부분의 광고가 그 속성상 다소의 과장된 사실을 포함하고 있으므로, 광고의 주요한 내용이 허위·과장되었을 때에만 허위·과장광고에 해당한다고 보는 것이 적절하다. 둘째, 허위·과장광고에 해당하기 위해서는 소비자를 속이거나 소비자로 하여금 잘못 알게 할 우려, 즉 오인의 위험성이 있어야 한다. 이에 대한 판단은 평균인의 통상적인 주의능력을 기준으로 하여 개별적·구체적으로 판단해야 한다. 그리고 만일 광고상의 허위·과장이 "거래에 있어서 중요한 사항에 관하여 구체적 사실을 거래상의 신의성실의 의무에 비추어 비난받을 정도의 방법으로 허위로 고지한 경우에는 사기죄의 기망행위에 해당"[18]할 수 있다. 광고규제 일반이론에서 규제대상이 되는 이러한 허위·과장광고는 의료광고에서도 규제대상이 될 수 있다.[19]

(3) 의료광고에 있어서 허위·과장광고의 내용과 판단기준

이 사건 결정과 관련하여 의료법 제56조는 제3항에서 "거짓이나 과장된 내용의 의료광고"를 금지하고 있다. 그리고 제2항 제6호에서는 "의료인의 기능, 진료방법과 관련하여 심각한 부작용 등 중요한 정보를 누락하는 광고"를 금지하며, 제2항 제7호에서는 "객관적으로 인정되지 아니하거나 근거가 없는 내용을 포함하는 광고"를 금지하고 있는데, 이러한 규정들은 "의료행위 또는 의료인의 기능과 관련된 허위광고 혹은 과장광고를 규율하는 규정들"이다.[20]

헌법재판소는 어떠한 의료광고가 허위·과장광고에 해당하는지에 대해서, 대법원 2010. 5. 27. 선고 2006도9083 판결을 인용하여 "「의료법」 제56조 제3항의 '거짓이나 과장된 내용의 의료광고'는 '진실이 아니거나 실제보다 지나치게 부풀려진 내용을 담고 있어 의료지식이 부족한 일반인으로 하여금 오인·혼동하게 할 염려가 있는 광고'를 의미한다"

---

15) 이경권·곽명섭·오승준, 『의료광고 : 이론 및 판례』(법무법인 대세, 2011), 251면.
16) 이하의 내용은 이경권·곽명섭·오승준, 위의 책, 251~253면의 내용을 요약·정리한 것이다.
17) "허위는 표시 대상물과 표현된 내용을 비교하여 표현이 대상과 상이할 때 발생하는 개념이다." 이구현, 『광고법학』(법문사, 2001), 276면.
18) 대법원 2002. 2. 5. 선고 2001도5789 판결
19) 박성용·오동현, "의료법상 의료광고규제체계 개선방안 연구 : 의료법 제56조를 중심으로", 『소비자문제연구』(한국소비자원, 2012. 4), 136면.
20) 정규원, 앞의 논문, 8~9면.

라고[21] 판시함으로써, 의료광고에 있어서 허위·과장광고의 판단기준에 대해서 일반적인 허위·과장광고의 판단기준과 동일한 기준을 제시하고 있다.

(4) 검 토

이상의 내용을 기초로 이 사건 결정에서 문제된 제2광고를 살펴보면, 제2광고의 내용은 헌법재판소의 결정에서 판시하고 있듯이 "청구인의 수술법의 특징이나 장점을 구체적으로 설명하고, 수면마취를 통해 통증을 느끼지 않도록 하는 마취법을 제공한다는 점을 설명한 것에 불과"[22]하다고 할 수 있다. 그렇다면 이는 의료광고의 주요한 내용이 허위·과장된 것으로 볼 수는 없으며 그로 인하여 소비자로 하여금 오인의 위험성을 갖게 한 것이라고도 할 수 없다. 그런 점에서 헌법재판소의 결정은 허위·과장광고에 대한 판단기준에 위배되지 않았다고 할 수 있다.

Ⅲ. 판례의 의의

이 사건 결정과 관련해서 가장 문제가 된 부분은 의료광고의 내용에 '의료행위' 외에 '의료인 및 의료기관에 관한 정보(경력, 시설, 기술 등)'도 포함시킬 수 있는가 하는 점이라고 할 수 있다. 이 사건 결정에서는 "금지되는 '의료광고'에 해당하기 위해서는 그 광고 내용이 의료행위에 관한 것이어야 한다"라고 판시하였다. 그 결과, 이후에 이 사건 결정을 근거로 하여 의료광고의 내용이 의료행위로 한정되는지에 대한 논의가 다른 재판에서[23] 구체적인 쟁점으로 다투어지게 되었다는 점에서 이 사건 결정의 의미를 찾을 수 있다.

생각건대, 의료광고가 갖는 의료소비자에 대한 정보제공이라는 공익적인 측면을 고려하다면, 의료소비자의 의료행위의 판단에 필요한 정보로서 의료기관 및 의료인에 대한 정보(경력, 시설, 기술 등)는 의료행위에 대한 정보 못지않게 중요하다고 할 수 있다. 그런 의미에서 의료행위 외에 의료인이나 의료기관에 관한 정보도 현재의 입법 및 판례와 같이 의료광고의 내용에 포함시키는 것은 타당하다고 할 수 있다. 다만 이러한 내용들을 광고함에 있어서 특히 의료소비자의 알권리와 자기결정권을 보장하는데 필요한 중요한 사항들은 관련 법령 등을 통해서 구체적으로 적시함으로서 소비자들이 정확히 알 수 있도록 하는 포지티브적인 방식을 도입하는 것도 입법론으로서 검토해 볼 필요가 있다고 생각한다.

---

21) 헌재 2013. 12. 26. 2011헌마651, 공보 제207호, 173면.
22) 헌재 2013. 12. 26. 2011헌마651, 공보 제207호, 173면.
23) 광주지방법원 2014. 11. 13. 선고 2014노650 판결.

55 의료광고 내용의 '소비자 현혹의 우려' 해당성과 그 제재의 적정성에 관한 심사척도

－대법원 2010. 3. 25. 선고 2009두21345 판결

이 민 영*

Ⅰ. 판례의 개요

1. 사안의 개요

해당 판결은 자신의 의료기관 인터넷홈페이지에 임플란트 시술과 관련하여 "레이저를 이용하여 치아나 잇몸을 절삭, 절개하여 통증과 출혈이 거의 없습니다."라는 내용의 광고를 한 치과의사(이하 '원고'라 한다)에 대하여 보건복지가족부장관(이하 '피고'라 한다)이 위 광고가 「의료법」(이하 '법'이라 한다) 제56조 제2항 제2호에 해당한다는 이유로 치과의사면허자격정지처분을 한 사안에 관한 것이다.[1] 대법원은, '위 광고는 레이저에 의한 임플란트 시술이 다른 시술방법에 비해 부작용이 적다는 의료정보를 제공하는 측면이 있는 것임'과 '그 표현방식 역시 치료기 제조사에서 만든 책자 내용을 참고로 레이저에 의한 임플란트 시술의 장점을 의료소비자들에게 전달하는 차원에서 사용된 것임' 등을 근거로 "위 광고가 곧바로 '치료효과를 보장하는 등 소비자를 현혹할 우려가 있는 내용의 광고'에 해당한다고 볼 수 없다"고 판시하였다.

---

* 가톨릭대학교 법학전공 교수.

1) 「의료법(2008. 2.29. 법률 제8852호로 개정되기 전의 것, 이하 같다)」 제56조(의료광고의 금지 등) ② 의료법인·의료기관 또는 의료인은 다음 각 호의 어느 하나에 해당하는 의료광고를 하지 못한다.
  1. 제53조에 따른 평가를 받지 아니한 신의료기술에 관한 광고
  2. 치료효과를 보장하는 등 소비자를 현혹할 우려가 있는 내용의 광고

2. 소송경과

가. 제1심 판결[2)]

위 사안의 제1심 판결은 다음과 같이 판단하였다.

첫째, 원고에 대한 자격정지처분과 관련하여, ① 의료광고는 의료기관이 의료서비스에 관한 사항과 의료기관에 관한 사항을 신문·잡지 등의 매체를 이용하여 소비자에게 널리 알리거나 제시하는 것을 의미하므로 어떤 매체를 이용하든 그 내용이 위와 같은 의료광고의 범주에 속한다면 법에 의한 규제를 받는 의료광고에 해당하기 때문에 인터넷에서 임플란트 치료를 받을 병원에 관한 정보를 찾던 소비자가 위 인터넷광고를 보고 이 사건 의료기관을 선택할 여지가 충분하므로 사안의 인터넷광고는 법의 규제를 받는 의료광고에 해당한다는 점, ② 의료기관이 치료 효과나 방법의 우수성 등을 알리는 내용을 포함한 의료광고를 함에 있어서 객관적 사실에 근거한 정확하고 의문의 여지 없는 표현을 사용할 수 있음에도 소비자를 유인할 의도로 불확정적이고 의심의 여지 있는 문구를 사용하여 광고를 접한 의료소비자의 판단을 흐리게 하는 정도에 이른다면 이는 '소비자를 현혹할 우려'가 있는 내용의 의료광고에 해당하는 까닭에 레이저시술은 그 시술과정에서 통증이나 출혈을 상대적으로 완화할 수 있다는 것에 불과하여 그로 인해 통증이나 출혈이 없게 되는 것은 아니라고 할 것인데, 위 인터넷광고에 사용된 '통증과 출혈이 거의 없다'라는 표현은 '통증과 출혈이 완화된다'라는 표현과 그 의미가 분명히 다를 뿐만 아니라 치료를 원하는 의료소비자들로 하여금 확률적으로 0% 및 100%를 의미하는 '통증과 출혈이 없다'거나 '전혀 없다'라는 의미로 이해될 여지가 있고, 이는 '통증과 출혈의 발생'이라는 사실을 왜곡하여 사실과 다른 내용으로 '통증과 출혈의 미발생'을 나타내는 정도의 과장된 표현면서 객관적으로 보아 시술방법이나 시술효과에 있어 소비자에게 혼란을 야기하여 이 사건 의료기관과 시술방법을 선택하는 데에 영향을 미치는 정도에 이르렀으므로 사안의 인터넷광고는 '소비자를 현혹할 우려가 있는 내용의 광고'에 해당한다는 점 등을 적시하고 있다.

둘째, 원고에 대한 경고통지처분과 관련하여, ① 법 제56·57·66·89조와 법 시행령 제23·24·26조의 입법취지 및 의료광고의 엄격한 규제 필요성을 고려할 때 심의받은 내용이 변경되지 아니하더라도 그 표현을 수정하거나 삭제하는 것을 넘어서 새로운 표현이나 내용을 추가한 광고는 법에 정한 '심의 받은 내용과 다른 내용의 광고'에 해당한다고 해석함이 타당하고 원고가 심의 받은 광고내용에 새로운 표현과 사진을 추가하여 무료일간지

2) 서울행정법원 2009. 4. 17. 선고 2008구합45726 판결.

에 광고한 사실이 인정된다는 점, ② 원고가 두 차례에 걸쳐 심의 받은 내용과 다른 내용의 광고를 무료일간지에 게재함으로써 법을 위반한 사실이 인정되는 점, 국민의 건강권 및 선택권을 보호하기 위하여 의료광고를 규제하여야 할 공익성의 필요가 강하게 요구되는 점, 이러한 공익성 달성을 위한 의료광고 사전심의제의 실효성을 확보할 필요성이 있는 점, 이 사건 지면광고로 인한 법위반에 대하여 여러 정상이 참작되어 원고에게 기소유예처분이 내려진 점 등의 여러 사정을 인정사실과 종합할 때, 이 사건 경고통지처분이 원고의 영업의 자유 또는 표현의 자유를 과도하게 침해한다거나 그 처분을 통하여 달성하려는 국민의 건강권보호라는 공익성에 비추어 지나치게 가혹하다고 보기 어렵다는 점 등을 판시하고 있다.

나. 항소심 판결[3)]

위 사안의 항소심에서 서울고등법원은 위 사안에 관하여 판시할 이유가 제1심 판결 이유 기재와 같으므로 「행정소송법」 제8조제2항 등에 따라 이를 그대로 인용하면서, "원고가 공익상의 필요가 큰 의료광고의 성질상 허용되는 범위를 벗어나 소비자를 현혹할 우려가 있는 내용의 광고를 하여 의료소비자로 하여금 의료기관 및 시술방법의 선택에 혼란을 야기할 수도 있었던 점에 비추어 이 사건 자격정지처분에 과잉금지원칙·비례원칙의 위배나 재량권 일탈·남용의 위법이 있다고 할 수 없다"는 판단으로 원고의 청구를 기각하였다.

다. 대법원 판결

위 사안에 대하여 대법원은 아래의 논지로 원고의 상고를 받아들였다.

첫째, 법이 '허위·과장 광고'를 금지하는 것과는 별개로 '치료효과를 보장하는 등 소비자를 현혹할 우려가 있는 내용의 광고'를 금지하고 있는 취지는, 공익상의 요구 등에 의한 의료광고 규제의 필요성과 더불어 의료광고의 경우에는 그 표현내용의 진실성 여부와 상관없이 일정한 표현 방식·방법만으로도 의료소비자의 절박하고 간절한 심리상태에 편승하여 의료기관이나 치료방법의 선택에 관한 판단을 흐리게 하고 그것이 실제 국민들의 건강보호나 의료제도에 영향을 미칠 가능성이 매우 큰 점을 고려하여 일정한 표현 방식·방법에 의한 광고를 규제하겠다는 것으로 해석된다.

둘째, 어떠한 광고가 '치료효과를 보장하는 등 소비자를 현혹할 우려가 있는 내용의 광고'에 해당하는 것인지를 판단할 때에는, 표현방식과 치료효과 보장 등의 연관성, 표현

3) 서울고등법원 2009. 10. 29. 선고 2009누13100 판결.

방식 자체가 의료정보 제공에서 불가피한 것인지 여부, 광고가 이루어진 매체의 성격과 그 제작·배포의 경위, 광고의 표현방식이 의료소비자의 판단에 미치는 영향 등을 종합적으로 고려하여 보통의 주의력을 가진 의료소비자가 당해 광고를 받아들이는 전체적·궁극적 인상을 기준으로 객관적으로 판단하여야 한다.

II. 해 설

1. 쟁점의 정리

가. 허위·과장 광고와 소비자 현혹의 우려가 있는 내용의 광고에 관한 준별 척도

원고는 위 자격정지처분이 ① 위 인터넷광고는 치료수단과 치료방법인 레이저치료기에 의한 시술의 장점을 사실대로 표현한 것일 뿐이므로 치료효과를 보장하여 소비자를 현혹할 우려가 없고 거기에 나타난 "통증과 출혈이 거의 없습니다."라는 문구 역시 소비자를 현혹할 우려가 있다고 보기 어렵고, ② 홈페이지 팝업창에 게재된 위 인터넷광고에 대한 이 사건 자격정지처분은 원고의 영업의 자유 또는 표현의 자유를 과도하게 침해하는 것이고 그 처분으로 달성하려는 국민의 건강권보호라는 공익성에 비추어 지나치게 가혹하기에, 위법하다는 입장을 유지하였다. 판례는 허위·과장 광고와 소비자를 오인·혼동시킬 우려가 있는 광고를 구별하면서 허위·과장에 해당하지 않고 사실에 부합하는 광고라도 그 표현·편집 방식에 소비자를 오인·혼동시킬 우려가 있는 경우 규제대상으로 보고 있다.[4)]

사안의 인터넷광고에 대하여 대법원은 의료광고 규제의 일반론을 전제로, "이 사건 광고는 레이저에 의한 임플란트 시술이 다른 시술법에 비해 부작용이 적다는 의료정보를 제공하는 측면이 있는 것으로 보일 뿐 아니라 그 표현방식도 레이저 제조사의 책자 내용을 참고로 레이저에 의한 임플란트 시술의 장점을 의료소비자들에게 전달하는 차원에서 사용된 것이었음을 알 수 있다. 나아가 이 사건 광고와 같이 수치로 환산하기 어려운 통증 정도 등을 표현하는 광고에서 '많다, 적다, 거의 없다'와 같은 다소 불확정적 개념을 사용하는 것은 불가피 판단될 뿐 아니라 이 사건 광고에서 사용된 '통증과 출혈이 거의 없다'라는 표현이 곧바로 '통증과 출혈이 없다' 또는 '전혀 없다'라는 의미로 인식되어 의료소비자의 판단에 어떠한 영향을 미칠 것이라 보기도 어렵다. 그 표현내용상 이 사건 광고

4) 대법원 2014. 10. 6. 선고 2014두37863 판결 등 참조.

의 '허위·과장 광고' 해당성 여부는 별론으로 하더라도 이로써 이를 곧바로 '치료효과를 보장하는 등 소비자를 현혹할 우려가 있는 내용의 광고'라고 볼 수는 없다"라고 매듭지었다.

나. 치료효과를 보장하는 등 소비자 현혹의 우려가 있는 광고내용의 판별시금석

한편, 원고는 위 지면광고에 대한 경고통지처분도 자신의 영업권 또는 표현의 자유를 과도하게 침해하는 것이고 그 처분으로 달성하려는 국민의 건강권보호라는 공익성에 비추어 지나치게 가혹하므로 경고통지처분의 취소를 구하였다. 상고심에서 대법원은 "의료광고 규제의 현실적 필요성을 지나치게 강조함으로써 합리적 근거 없는 의료광고 제공의 봉쇄는 의료인의 표현의 자유나 직업수행의 자유를 침해하거나 종국적으로는 의료소비자의 합리적인 선택권마저 침해할 가능성을 배제할 수 없게 된다. 따라서 특정 광고의 '치료효과를 보장하는 등 소비자를 현혹할 우려가 있는 내용의 광고' 해당성 여부를 판단함에 있어서는, 표현방식과 치료효과 보장 등의 연관성, 표현방식 자체가 의료정보 제공에서 불가피한지 여부, 광고매체의 성격과 그 제작·배포의 경위, 그 표현방식이 의료소비자의 판단에 미치는 영향 등을 종합적으로 고려하여 보통의 주의력을 가진 의료소비자가 당해 광고를 받아들이는 전체적·궁극적 인상을 기준으로 객관적으로 판단하여야 한다"고 하였다. 하지만 원고의 상고이유서에 자격정지처분 부분만 기재되어 있고 경고통지처분 부분의 법령위반에 관한 언급이 전혀 없었으므로 피고의 경고통지처분에 대하여는 상고를 기각하였다.

2. 관련 판례

가. 대법원 2013. 12. 12. 선고 2013도8032 판결

의사인 피고인이 자신의 병원에서 VBAC(제왕절개 후 자연분만) 시술을 받은 환자들이 병원 홈페이지에 후기를 게시하면 분만비를 할인해주는 방법으로 의료광고를 하여 기소된 사안에서 그 경험담은 법 시행령 제23조제1항제2호에서 금지하는 '환자의 치료경험담'으로서 시술의 위험성과 경험담의 구체적 내용에 비추어 볼 때 소비자를 현혹하거나 국민건강에 중대한 위해를 발생케 할 우려가 있는 의료광고에 해당한다고 본 사례이다.

나. 헌법재판소 2014. 9. 25. 2013헌바28

이는 '소비자를 현혹할 우려 있는 내용의 광고가 그 내용의 진실성·객관성을 불문하고 의료서비스의 긍정적 측면만 강조하는 취지의 표현을 써서 의료소비자를 혼란시키고 합리적 선택을 방해할 것으로 걱정되는 광고로 새겨져 법은 죄형법정주의의 명확성원칙에 위배되지 아니함'과 '부당한 의료광고 표현에 대한 규제가 적절히 이루어지지 않으면 의료인의 비정상적 광고경쟁을 유발할 수 있고 이러한 과당경쟁은 소비자의 심리를 자극하기 위한 의료광고의 급증으로 이어져 문란한 국민의료질서를 조장할 위험성이 높고 결국 그 피해는 소비자인 국민에게 돌아오기에, 당해 법령이 과잉금지원칙을 위배하여 의료인의 표현의 자유나 직업수행의 자유를 침해한다고 볼 수 없음'을 확인한 것이다.

다. 헌법재판소 2013. 11. 28. 2011헌마652

여기에는 "청구인이 환자들에게 치료경험담을 작성토록 독려했거나 청구인에게 유리한 치료경험담만 게시했는지가 확인되지 않아 청구인이 소비자를 현혹할 우려 있는 치료경험담을 광고하였다고 보기 어렵고, 특정 시술에 관한 '부작용 걱정이 없음, 붓기와 멍이 거의 없음, 흉터 걱정이 없음' 등은 '흉터·부작용·멍 등이 전혀 없다'는 취지의 설명은 아니며, 의학전문 자료에 나타난 그 시술의 특장점을 설명한 것에 불과하여 실제 사실과 부합하는 취지의 의료광고라 할 것임에도 피의사실 인정을 전제로 한 이 사건 기소유예처분에는 수사미진과 법리오해의 잘못이 있다"라는 판단이 담겨 있다. 다만, 헌법재판소는 이보다 먼저 보건복지부고시에 관하여 설시하고 있는바,[5] 위임입법 부작위의 위헌 여부라는 측면에 있어서는 재검토를 요한다.[6]

3. 검 토

가. 행정의 실효성 확보수단에 관한 일반적 검토

사안의 자격정지처분은 행정형벌이며, 경고통지처분은 행정제재이나 행정형벌은 아니다. 전자(前者)는 법 제64조 제1항 제5호의 의료기관 폐쇄명령이나 제65조 제1항의 면허취소 또는 제65조제1항의 자격정지와 다르지만, 후자(後者) 역시 제재적 규제로서 행정의 실효성 확보수단에 속한다. 그런데 법위반에 대한 판정은 법 제57조 및 그 위임입법에 따라 보건복지부장관의 의료광고 심의업무를 수탁한 의료광고심의위원회 등이 행하고 이에 따라 보건복지부가 그 결과를 알려 법규효과를 발하는 것이어서 전자는 확인에 그리고 후

5) "의료인 자신이 운영하는 홈페이지에 의료광고를 하는 경우에 금지되는 의료광고의 세부적인 기준을 보건복지부장관으로 하여금 고시할 수 있도록 규정하고 있는 이 사건 법률조항은 법 규정의 위임에 따라 비로소 구성요건적 금지행위를 창설하는 새로운 금지규정이라기보다는, 단지 이미 구성요건적 금지행위를 정하고 있는 법의 규정을 보완하는 보충적인 규정에 불과하므로, 보건복지부장관의 금지되는 의료광고의 세부적인 기준 고시가 없다고 하더라도 법위반죄로 처벌할 수 있다."

6) 사안과 직접 관련되는 대목은 아니므로 이에 관한 논의는 생략한다.

자는 통지에 속하며, 둘 다 준법률행위적 행정행위이다.[7] 따라서 쟁송상 처분성 인정은 논란의 대상이 아니다. 관건은 사실관계의 포섭이 아니라 법규의 해석·적용에 있어서 제재적 규제의 정합성이다. 이는 법규의 목적과 취지에 관한 응답이다.

나. 행정벌과 형사벌의 구별에 따른 사안의 해석

사안에서 자격정지처분은 제재적 처분이며, 무릇 '제재적 처분이 사회통념상 재량권의 일탈·남용에 해당하는지 여부는 처분사유로 된 위반행위의 내용과 당해 처분으로 달성하려는 공익목적 및 이에 따른 제반사정 등을 객관적으로 심리하여 공익침해의 정도와 개인의 불이익을 비교·형량해야 함'[8]과 '제재적 처분의 기준이 행정사무처리준칙을 정한 것에 그친다 해도 그 처분기준 자체로 법합치성에 어긋나 처분기준에 따른 제재적 처분이 그 처분사유가 된 위반행위와 관계법규의 내용에 비추어 현저히 부당하지 않는 한 선불리 그 처분에 재량권의 일탈·남용이 있다고 봐서는 안 된다는 점'[9]이 판례의 동향으로 읽힌다.

피고는 사안의 지면광고가 법 제56조 제2항 제9호에 규정된 '심의 받은 내용과 다른 내용의 광고'에 해당한다는 이유로 부령인 「의료관계 행정처분 규칙(이하 '규칙'이라 한다)」 제4조 및 [별표] 2. 나. 21)에 따라 경고통지처분을 하였는바, 그 심사척도인 위 규칙의 법적 성격은 재량준칙이다. 하지만 법은 제56조 제2항 제9호는 '제57조에 따른 심의를 받지 아니하거나 심의받은 내용과 다른 내용의 광고'를 규정하고 있고 제89조 제1호는 이를 구성요건으로 하여 그 위반에 대하여 1년 이하 징역이나 1천만 원 이하 벌금의 형을 규율하고 있다. 경고통지의 대상은 명백한데 행정제재로서 행정형벌에 처할 사안이 현혹된 것이다. 아마도 자격정지처분이 그 폐지에 있어 경고통지처분보다 원고에게는 결정적인 까닭에 쟁송절차에서 그 대상을 하나로 집중하겠다는 의도가 상고이유 미기재로 들어났다고 본다. 이 같은 추측이 진짜라면 이 사안은 의료광고를 활용하는 의료서비스의 제공자로서 그 공익적 가치보다 상업적 사익에 경도된 단면을 품고 있다. 치명적인 형벌적 처분의 취소에 사활을 건 것이다. 인터넷광고에 관한 자격정지는 취소되고 별론의 형벌대상은 직권탐지의 손아귀를 벗어난 형국이다.

---

7) 김철용, 『행정법』, 제7판(고시계사, 2018), 151~153면 참조.
8) 대법원 2007. 7. 19. 선고 2006두19297 전원합의체 판결 등 참조.
9) 대법원 2007. 9. 20. 선고 2007두6946 판결 등 참조.

Ⅲ. 판례의 의의

상고심 설시처럼, 의료광고는 상업적 광고로만 볼 수 없고 의료서비스 소비자인 국민들의 건강에 직접 영향을 미치게 되므로 의료광고를 규제해야 할 공익상의 필요성이 클 뿐만 아니라 전문적 의학지식이 없고 질병치료를 앞두어 객관적으로 판단능력이 저하된 상태에서 의료인에게 의존해야 할 처지에 놓인 의료소비자의 선택권을 보호해야 할 필요성이 강하게 요구된다. 사안의 법리적 쟁점이 '치료효과를 보장하는 등 소비자를 현혹할 우려가 있는 내용의 광고' 여부라는 자격정지처분에 관한 행정형벌의 적용에 관한 법규요건으로 함몰되어 '심의받은 내용과 다른 내용의 광고'에 대한 행정제재의 정합성을 되짚어보지 못한 대법원은 경고통지처분으로 자족한 보건복지부만큼이나 심리미진에 대한 준엄한 책임에서 자유롭지 못한 것이다.

56 의료법상 허위 또는 과대광고의 판단기준

－대법원 2010. 5. 27. 선고 2006도9083 판결

윤 해 성* · 김 계 환**

Ⅰ. 판례의 개요

1. 사안의 개요

피고인은 ○○한의원을 운영하던 한의사로, ① 무면허의료업자인 공소외 1과 공모하여, 공소외 1로 하여금 말기암환자들(677명)을 상대로 치료를 하게하고 치료비 명목으로 돈을 지급받는 등 영리를 목적으로 의료행위를 업으로 하여 보건범죄단속에 관한 특별조치법 위반(부정의료업자)의 점, ② 약사·한약사·한의사 자격이 없는 공소외 2와 공모하여, 환자들에게 한약을 조제하게 하고 합계 2억 6,656만 4,000원을 받는 등 한약 조제행위를 한 점(약사법 위반의 점), ③ 2002. 8.경부터 같은 해 10. 17.경까지 사이에 위 ○○한의원에서 인터넷 홈페이지(www.○○○.com)에 "세계 최고 수준의 말기암 치료 효율을 실현하고 있는 ○○한의원", "약침요법이라는 특별한 치료법으로 암환자들을 치료하는 ○○한방병원이다"(이하 '약침광고'라 한다), "우선 치료실로 들어가면 말기암 환자들이 몸 어느 부위엔가 커다란 구멍이 뚫려 있고, 그곳에서 고름이 흘러내리고 있다. … 고름이 흘러나오는 것은 소위 내장에 있는 암의 독이 약침의 효력으로 몸 밖으로 빠져 나오고 있는 것이라는 게 피고인 원장의 설명"(이하 '고름광고'라 한다)이라는 내용을 게재하여 의료 업무에 관한 과대한 광고를 하였다는 의료법위반의 점으로 기소되었다. 이하에서는 이중 의료법위반의 점에 대하여만 살펴보기로 한다.

---

* 한국형사정책연구원 연구위원.
** 법무법인 감우 변호사.

2. 소송경과

가. 제1심 판결

제1심[1]은 "약침요법이라는 특별한 치료법으로 암환자들을 치료하는 ○○한방병원이다"(약침광고)라는 부분은 피고인이 실제로 약침요법을 이용하여 암환자들을 치료하였으므로 과대광고라고 할 수 없고, "우선 치료실로 들어가면 말기암 환자들이 몸 어느 부위엔가 커다란 구멍이 뚫려 있고, 그곳에서 고름이 흘러내리고 있다. … 고름이 흘러나오는 것은 소위 내장에 있는 암의 독이 약침의 효력으로 몸 밖으로 빠져 나오고 있는 것이라는 게 피고인 원장의 설명"(고름광고)이라는 부분은 그 내용이 실제 치료과정 중에 일어난 것인지, 아니면 사실을 과장하여 표현한 것인지 판단할 증거가 없다는 이유로 각 무죄로 판단하였다("세계 최고 수준의 말기암 치료 효율을 실현하고 있는 ○○한의원" 부분은 유죄로 판단).

나. 항소심 판결

항소심[2]은 제1심이 무죄로 판단한 "약침요법이라는 특별한 치료법으로 암환자들을 치료하는 ○○한방병원이다"(약침광고)라는 공소사실 부분에 대하여 피고인이 암환자들을 상대로 자신이 직접 개발한 한약액을 주사기로 주입하는 시술을 한 사실을 인정할 수 있는바, 위 인정사실에 의하면 피고인이 약침요법이라는 치료법으로 암환자를 치료한 이상 그 치료효과에 관계없이 이 부분 광고가 과대광고라고 볼 수는 없다고 판단하였다. 다음으로 "우선 치료실로 들어가면 말기암 환자들이 몸 어느 부위엔가 커다란 구멍이 뚫려 있고, 그곳에서 고름이 흘러내리고 있다. … 고름이 흘러나오는 것은 소위 내장에 있는 암의 독이 약침의 효력으로 몸 밖으로 빠져 나오고 있는 것이라는 게 피고인 원장의 설명"(고름광고)이라는 공소사실 부분은 그 내용이 실제와 달리 과장하여 표현한 것이라고 인정하기에 부족하여 이 부분 광고가 과대광고라고 단정할 수는 없다는 이유로(피고인은 약침요법으로 암환자의 몸속에 있는 종양이 녹아 실제로 고름으로 나온 사례가 있다고 주장), 제1심과 결론을 같이하였다.

3. 판례의 요지

가. 구 의료법(2007. 1. 3. 법률 제8203호로 개정되기 전의 것, 이하 '구 의료법'이라 한다) 제46조 제1항은 "의료법인·의료기관 또는 의료인은 의료업무 또는 의료인의 경력에 관하여

1) 서울중앙지방법원 2006. 2. 16. 선고 2003고단9933 판결.
2) 서울중앙지방법원 2006. 11. 23. 선고 2006노681 판결.

허위 또는 과대한 광고를 하지 못한다"고 규정하고 있는바, 여기서 '허위 또는 과대한 광고'라 함은 진실이 아니거나 실제보다 지나치게 부풀려진 내용을 담고 있어 의료지식이 부족한 일반인으로 하여금 오인·혼동하게 할 염려가 있는 광고를 의미한다.

나. 의료광고가 객관적인 사실에 기인한 것으로서 의료소비자에게 해당 의료인의 의료기술이나 진료방법을 과장 없이 알려주는 것이라면, 이는 소비자의 합리적 선택에 도움을 주고, 의료인들 사이에 공정한 경쟁을 촉진시켜 공익을 증진시킬 수 있으므로 허용되어야 할 것이지만, 의료행위가 사람의 생명·신체에 직접적이고 중대한 영향을 미치는 것임에 비추어 객관적 사실이 아니거나 근거가 없는, 또는 현대의학상 안전성 및 유효성이 과학적으로 검증되지 않은 내용을 기재하여 의료서비스 소비자에게 막연하거나 헛된 의학적 기대를 갖게 하는 광고는 허위 또는 과대광고로서 금지되어야 한다. 이 사건 약침광고는 피고인이 실제로 자신 운영의 ○○한의원에 내원하는 환자들을 상대로 약침요법을 사용하여 치료한 사실이 있으므로 위 약침광고 문구는 사실의 적시에 불과하고, 그것이 사실이 아니라거나 내용이 부풀려진 것이라고 보기 어렵다. 반면, 이 사건 고름광고와 관련하여서는 현대의학의 기준에서 보면, 암환자가 아닌 일반인의 경우에도 일정 신체 부위에 집중적으로 주사와 쑥뜸을 반복함으로써 당해 부위에 화상을 입혀 상처를 나게 하고 그곳에 고약을 바르면 고름이 나오는 것은 당연한 현상이고, 이러한 증상이 피고인의 시술로 인하여 그 치료 효과로서 나타나는 특별한 현상이라고 보기는 어려우므로, 이 사건 고름광고는 실제와 달리 과장하여 표현한 것이다(의료법위반의 점에 대하여 약침광고 부분은 무죄로, 고름광고 부분은 유죄로 판단).

II. 해 설

1. 쟁점의 정리

구 「의료법」(2007. 1. 3. 법률 제8203호로 개정되기 전의 것) 제46조 제1항, 최근 2018. 3. 27. 법률 제15540호로 개정되기 전의 구 「의료법」 제56조 제3항은 거짓이나 과장된 내용의 의료광고[3]를 하지 못한다는 내용의 다소 개괄적인 금지규정을 두고 있었다. 객관적 진

3) 「의료법」은 '의료광고'에 대한 정의규정을 따로 두고 있지 않으나, 대법원은 의료법인·의료기관 또는 의료인이 그 업무 및 기능, 경력, 시설, 진료방법 등 의료기술과 의료행위 등에 관한 정보를 신문·인터넷신문, 정기간행물, 방송, 전기통신 등의 매체나 수단을 이용하여 널리 알리는 행위로 정의하고 있다(대법원 2016. 6. 23. 선고 2014도16577 판결).

실에 반하는 것임이 비교적 명백한 허위의 내용을 담은 광고라면 위 금지규정에 저촉되는지 여부의 판단이 쉽겠지만, 그렇지 않은 경우는 그 판단이 쉽지 않다. 대상판결은 이와 관련하여 어떠한 의료광고가 허위 또는 과장된 광고인지의 일반적 판단기준, 특히 광고내용이 허위인지 여부가 명확히 밝혀지지 않았지만, 해당 의료기술의 안전성 및 유효성에 대한 검증이 이루어지지 않은 단계의 의료기술에 대한 광고의 경우 어떻게 판단할 것인가가 문제되었다.

2. 관련 판례

대상판결이 나오기 전에도 대법원 2009. 2. 26. 선고 2006도9311 판결 역시 금지되는 '허위 또는 과대한 광고'라 함은 진실이 아니거나 실제보다 지나치게 부풀려진 내용을 담고 있어 의료지식이 부족한 일반인으로 하여금 오인·혼동하게 할 염려가 있는 광고를 의미한다는 전제 하에, '국내 최초', '국내 최상품', '대표적' 등의 문구는 이를 객관적으로 조사하거나 그에 관한 결정기준을 마련하기 곤란하여 그 자체로 진실에 반하거나 실제보다 과장된 것으로 보일 뿐 아니라 위 피고인 스스로도 명확한 근거를 제시한 바 없으므로, 위 광고는 일반인으로 하여금 오인·혼동하게 할 염려가 있는 광고로서, '허위 또는 과대한 광고'에 해당한다고 판단한 바 있다. 객관적 검증이 어려운 표현으로 일반인에게 오인·혼동하게 할 염려가 있는 광고 역시 허위 또는 과대한 광고에 해당한다는 취지이다.

한편, 대법원 2010. 3. 25. 선고 2009두21345 판결은 「의료법」 제56조 제2항 제2호('치료효과를 보장하는 등 소비자를 현혹할 우려가 있는 내용의 광고')는 '허위·과장광고'를 금지하는 것과는 별개로 일정한 표현방식 내지 표현방법에 의한 광고를 규제하겠다는 것으로 해석하고, 치과의사인 원고가 자신의 의료기관 인터넷 홈페이지에 임플란트 시술과 관련하여 "레이저를 이용하여 치아나 잇몸을 절삭, 절개하여 통증과 출혈이 거의 없습니다."라는 내용의 광고를 한 사건에서, '통증과 출혈이 거의 없다'라는 표현이 곧바로 '통증과 출혈이 없다' 또는 '전혀 없다'라는 의미로 의료서비스 소비자들에게 인식됨으로써 그들의 판단에 어떠한 영향을 미칠 것이라고 보기도 어렵다고 보고, 이 사건 광고가 그 표현내용에 있어서 '허위·과장광고'에 해당하는 것인지 여부는 별론으로 하더라도 이를 들어 곧바로 '치료효과를 보장하는 등 소비자를 현혹[4]할 우려가 있는 내용의 광고'에 해당한다고 볼 수는 없다고 판단하였다.

---

4) 현행 「의료법」 제56조 제2호는 '소비자를 현혹할 우려가 있는' 부분을 '소비자로 하여금 치료 효과를 오인하게 할 우려가 있는'으로 개정하였다.

3. 검 토

의료영역은 다른 영역에 비하여 유독 광고에 대한 규제가 심한 편이다. 헌재 2005. 10. 27. 2003헌가3 결정[5] 이전까지는 포괄적이고 광범위한 의료광고 규제가 있었고, 이후 「의료법」 개정으로 많이 완화되었다고는 하지만, 다른 분야에 비하여 여전히 광고에 대한 규제가 심한 편이다. 이는 의료행위가 사람의 신체를 치료하고 생명을 다루는 것이므로 일반 상행위와는 본질적으로 다르고, 따라서 의술에 대한 상업적 광고는 일반 상품이나 용역에 대한 것과는 차이가 있을 수밖에 없다는 점에 근거한다.[6] 그리고 의료광고가 소비자들을 기만하는 것이거나, 소비자들에게 정당화되지 않은 의학적 기대를 초래 또는 오인하게 할 우려가 있거나, 공정한 경쟁을 저해하는 것이라면, 국민의 보건과 건전한 의료경쟁 질서를 위하여 규제가 필요하다[7]는 현실적 이유도 있다. 이에 위 헌재결정 이후 2007. 1. 3. 법률 제8203호로 「의료법」상 의료광고에 대한 규정이 대폭 개정된 이후로도, 의료광고의 내용과 방법에 있어 소비자를 기만할 우려가 있는 경우에 대하여는 매우 엄격히 규제하고 있다. 위와 같은 의료광고 규제의 필요에 의해, 여전히 현행 「의료법」[8] 제56조는 의료광고를 의료광고의 주체(의료법인·의료기관 또는 의료인으로 제한, 제1항), 내용 및 방법(제2항 각호), 매체(제3항 각호)의 측면에서 다각도로 규제하고 있다. 대상판결은 위 헌재결정 이전의 포괄적 규제를 하고 있던 구 「의료법」과 관련된 것이기는 하나, 현행 「의료법」 제56조 제2항 역시 거짓된 내용을 표시하는 광고(제3호)와 객관적인 사실을 과장하는 내용의 광고(제8호)를 금지하고 있다. 현행 「의료법」은 의료광고의 경우 이를 원칙적으로 허용하고, 예외적으로 금지조항을 두고 있는데, 그 금지조항을 살펴보면, 환자가 광고를 통해 오인할 수 있는 부분을 상정하여 이를 규제하고 있는 것으로도 볼 수 있다.[9] 하지만, 구체적인 사안에서 허위 또는 과장된 것인지 여부의 판단은 쉽지 않다. 대상판결은 의료광고가 허위 또는 과장된 것인지를 판단하는 기준을 어떻게 볼 것인지, 특히 해당 광고의 내용이 진실에 반하는 것인지를 쉽게 판단할 수 없는 경우는 어떻게 판단할 것인지가 문제된 사안이다.

---

5) 위 헌재결정은 "누구든지 특정의료기관이나 특정의료인의 기능·진료방법·조산방법이나 경력 또는 약효 등에 관하여 대중광고·암시적 기재·사진·유인물·방송·도안 등에 의하여 광고를 하지 못한다"고 포괄적인 광고규제를 한 구 의료법(2002. 3. 30. 법률 제6686호로 개정되기 전의 것) 제46조 제3항에 대하여 위헌으로 판단하였다.

6) 헌재 2005. 10. 27. 2003헌가3 반대의견에서 인용.

7) 헌재 2005. 10. 27. 2003헌가3 다수의견에서 인용.

8) 2018. 3. 27. 법률 제15540호로 개정되어 2018. 9. 28. 시행되는 것.

9) 최현숙, "의료법 제56조의 의료광고금지 조항의 개선방향에 관한 고찰", 『법학연구』, 60권(한국법학회, 2015), 55면.

이와 관련하여, 대상판결은 허위 또는 과장광고에 대하여 진실이 아니거나 실제보다 지나치게 부풀려진 내용을 담고 있어 의료지식이 부족한 일반인으로 하여금 오인·혼동하게 할 염려가 있는 것으로 정의한다. 그리고 이에는 객관적 사실이 아닌 경우(허위인 경우) 뿐 아니라, 그 근거가 없는 경우와 현대의학상 안전성 및 유효성이 과학적으로 검증되지 않은 내용이 포함된 경우도 일반인으로 하여금 오인·혼동하게 할 염려가 있다고 보아 과장광고로 판단하였다. 2018. 3. 27. 법률 제15540호로 개정되기 전의 구「의료법」제56조는 제2항 제7호에서는 객관적으로 인정되지 아니하거나 근거가 없는 내용을 포함하는 광고를 금지하였는데, 이는 대상판결이 허위 또는 과장광고로 본 유형 중 하나로 볼 수 있다. 대상판결은 고름광고의 경우 암환자에게 고름이 나오는 것이 피고인이 시술하는 약침의 효능에 기한 것인지 불분명하고, 그 효능이 객관적으로 검증된 것이 아님에도 불구하고, 마치 암의 독이 약침의 효력으로 고름의 형태로 배출되는 것처럼 광고한 것이기 때문에, 약침의 효력을 실제보다 과장한 것으로 본 것이다(현행 의료법상으로는 고름광고의 경우 제56조 제2항 제2호의 소비자로 하여금 치료 효과를 오인하게 할 우려가 있는 내용의 광고로도 볼 수 있을 것이다).

더 나아가 법원이 객관적 사실이 아닌 경우로서 허위의 의료광고로 본 예를 찾아보면, 한의원과 내과의원을 각자 별도로 운영하면서도 같은 건물 내에 있다는 것만으로 2개의 의료기관 개설을 안내하는 1장의 광고전단지에 '양·한방 협진 검사 안내'라는 문구 등을 넣어 광고한 경우(대법원 2003. 4. 11. 선고 2002두12342 판결), 의료법 소정의 병원이 아닌 의원을 병원으로 기재[10]하고, 진료과목인 신경외과와 전문과목인 정형외과를 따로 표시하지 아니하고 "정형외과, 신경외과 병원 원장, 전문의"라고 표시하여 마치 정형외과와 신경외과 양과의 전문의인 것처럼 오인 혼동을 일으키게 할 수 있는 기재를 한 경우(대법원 1983. 4. 12. 선고 82누408 판결) 등이 있다. 관련 판례에서 언급한 2006도9311 판결은 '세계 최고 수준의', '국내 최초', '국내 최상품', '대표적' 등과 같이 의학적으로 검증되기 어려운 경우도 실제보다 과장된 광고로 본 예이다. 반면, 관련 판례에서 언급한 2009두21345 판결의 경우 '통증과 출혈이 없다' 또는 '전혀 없다'는 것은 통증이나 출혈이 없다는 것으로서 소비자를 현혹할 정도의 수준은 아니라고 보았는데, 통증이 거의 없다는 표현 역시 객관적으로 검증된 것이 아닌 이상 환자에게 치료 효과를 보장하는 것과 다름없는 점, 이러한 표현 역시 환자로 하여금 치료효과를 오인·혼동할 수 있게 한다는 점에서 허위 또는 과장광고로 볼 여지가 없지는 않다.[11]

---

10) 이는 의료기관으로 하여금 제3조 제2항에 따른 의료기관의 종류에 따르는 명칭 외의 명칭을 사용하지 못하도록 규제하고 있는 의료법 제42조 제1항에 위반되는 것이기도 하다.

11) 다만, 대한의사협회 의료광고심의 가이드에서는 '통증 없이'라는 표현은 허용되지 않지만, '통증 거의

참고로 대한의사협회의 의료광고심의 가이드에서는 객관적 근거가 없는 내용을 표현하거나 시술에 대한 구체적인 부작용을 누락하여 광고하는 경우를 금지되는 광고로 규정하고, 이에는 공인되지 않은 치료법, 시술명, 약재명 등을 예로 들고 있다. 또한 질병이나 질병의 치료에 대한 내용의 근거를 학술지에서 인용한 경우 해당 학술지는 공인받은 것일 것을 요구하고 있는 등 치료의 안전성과 유효성과 관련한 객관적 근거를 요구하고 있다.[12)]

Ⅲ. 판례의 의의

현재 국내 의료시장은 공급자간의 과잉경쟁으로 인한 부작용에 시달리고 있다고 해도 과언이 아니다. 이러한 과잉경쟁은 결국 의료소비자를 유치하기 위한 의료광고 경쟁으로 이어지고, 의료소비자의 관심을 끌기 위한 허위·과다 광고도 적지 않게 발생하고 있다. 한편, 의료소비자의 의료서비스 선택을 위한 정보제공 욕구 역시 증가하는 추세이다. 이처럼, 의료소비자에 대한 정보제공의 필요성과 의료진과 의료행위를 대상으로 하는 의료광고의 특성상 질병이나 질병치료법을 포함한 광고가 주를 이룰 수밖에 없다. 그럼에도 불구하고, 의료분야가 워낙 전문적인 분야이고, 의료정보를 담은 광고내용 역시 일반소비자가 쉽게 판단하기 어려운 영역이다 보니, 허용되는 광고의 기준을 어떻게 정할 것인지는 늘 어려운 과제였다. 대상판결은 의료광고가 객관적인 사실에 기인한 것인 경우 공익을 증진시킬 수 있으므로 허용되어야 하지만, 현대의학상 안전성 및 유효성이 과학적으로 검증되지 않은 내용을 기재한 광고 역시 허위 또는 과대광고로서 금지됨을 분명히 한 판결이다.

없이(적게)'는 허용되는 것으로 보고 있다(대한의사협회, 『의료광고심의가이드』(의료광고심의위원회, 2013), 9면).

12) 대한의사협회, 위 의료광고심의 가이드, 10면.

57 의료광고의 한계로서의 환자유인행위

-대법원 2012. 9. 13. **선고** 2010**도**1763 **판결**
대법원 2012. 10. 25. **선고** 2010**도**6527 **판결**

한 승 혁*

Ⅰ. 판례의 개요[1][2]

1. 사안의 개요

안과전문의인 甲은 온라인 광고대행 회사 A(대표이사 乙)와 광고대행계약을 체결하고, 2008. 3. 1.부터 같은 달 24.까지 '(인터넷 사이트 이름 생략)과 함께하는 라식/라섹 90만원 체험단 모집'이라는 제목으로 "응모만 해도 강남 유명 안과에서 라식/라섹 수술이 양

* 법무법인(유한) 율촌 변호사.

1) 이 판결에 대한 평석으로는 문현호, "의료법상 금지되는 환자유인행위와 허용되는 의료광고의 관계", 『대법원판례해설』, 제94호(법원도서관, 2013), 954~1009면; 백경희, "의료법상 환자유인행위와 의료광고의 관계에 관한 일별", 『한국의료법학회지』, 제20권 제2호(한국의료법학회, 2012), 135~161면; 정진환, "의료광고와 영리목적의 환자소개·알선·유인행위", 『법률신문』 (2012. 10) 등 참조.

2) 대법원 2012. 9. 13. 선고 2010두1763 판결과 대법원 2012. 10. 25. 선고 2010도6527 판결의 사실관계와 판결의 요지는 대동소이한데, 전자의 판결은 환자유인행위에 관한 의료법 조항의 입법취지와 관련법익, 의료광고 조항의 내용 및 연혁·취지 등에 대하여 자세하게 설시하고 있으므로, 주로 전자의 판결을 가지고 평석을 진행하도록 한다. 참고로 대법원 2012. 10. 25. 선고 2010도6527 판결의 사실관계 및 판결의 요지는 다음과 같다.
안과의사인 피고인 丙이 피고인 B 회사의 대표이사 피고인 丁과 공모하여, 특정 인터넷 카페 회원들에게 'MEDICAL SURVEY VOL.1 라식수술 500명 선착순 지원'이라는 제목으로 '라식수술 서베이 참여 50만원 지원! 서베이 기간 중 선착순 500명, 현금 50만원 지원, 라식 검사 무료지원'이라는 내용 및 '라식(시력교정)수술에 대한 서베이(Survey)'라는 제목으로 '서베이 참여자 신청시 시력 무료검사 지원, 서베이 참여자에 한하여 선착순 50명, 70만원 수술비 지원'이라는 내용의 이벤트 광고 내용을 이메일로 발송하여 그 응모신청자 중 3명이 위 이벤트 광고내용대로 라섹수술을 받도록 하였다는 공소사실에 대하여 원심판결(서울중앙지방법원 2010. 5. 13. 선고 2010도1763 판결)은 구 의료법(2009. 1. 30. 법률 제9386호로 개정되기 전의 것) 제27조 제3항 위반에 해당한다고 판단하였으나, 대법원은 피고인들의 의료광고 행위가 환자의 '유인'에 해당하지 아니하고, 위 광고행위가 피고인 B 회사 등을 통하여 이루어졌더라도 환자의 '소개·알선' 또는 그 '사주'에 해당한다고 볼 수 없는데도, 이를 달리 보아 유죄를 인정한 원심판결에 법리오해 등 위법이 있다고 판단하였다.

안 90만 원 OK, 응모하신 분 중 단 1명에게는 무조건 라식/라섹 체험의 기회를 드립니다"라는 내용의 이벤트광고(이하 '체험단 모집 광고'라 한다)를, ① A사가 운영하는 인터넷 사이트 홈페이지 이벤트창에 게재하고(이하 '홈페이지 광고 게재 행위'라 한다), ② A사가 운영하는 인터넷 사이트의 30만 명의 회원들에게 이메일로 2회 발송하여(이하 '이메일 발송 행위'라 한다) 그 응모신청자 중 20명이 위 이벤트 광고 내용대로 90만 원에 라식·라섹수술 등을 받도록 하였다.

이에 대해 검사는 구 「의료법」(2009. 1. 30. 법률 제9386호로 개정되기 전의 것) 제27조 제3항[3] 본문에 따라 누구든지 영리를 목적으로 환자를 의료기관이나 의료인에게 소개·알선·유인하는 행위 및 이를 사주하는 행위를 하여서는 아니됨에도 불구하고, 甲과 乙은 공모하여 영리를 목적으로 환자를 의료기관이나 의료인에게 소개·알선·유인하는 행위 및 이를 사주하는 행위를 하고, A사는 A사의 대표이사인 乙이 위와 같이 영리를 목적으로 환자를 의료기관이나 의료인에게 소개·알선·유인하였다고 하여 구 「의료법」 위반죄로 공소를 제기하였다.

2. 소송경과

가. 제1심 판결[4]

제1심 법원은 체험단 모집 광고에 대한 ① 홈페이지 광고 게재 행위와 ② 이메일 발송행위 모두 구 「의료법」 제27조 제3항 위반이라고 보아 甲, 乙 및 A에 대하여 유죄판결을 하였다.

나. 항소심 판결 / 원심판결[5]

항소심 법원은 먼저 의료기관 또는 의료인이 스스로 자신에게 환자를 유치하는 행위가 구 「의료법」 제27조 제3항이 금지하는 환자유인행위에 해당하기 위하여는 그 과정에서 환자 또는 행위자에게 금품이 제공되거나 의료시장의 질서를 근본적으로 해하는 등에 이르러야 한다고 전제한 후, 안과전문의 甲이 A사(대표이사 乙)를 통하여 한 ① 홈페이지

---

3) **구 의료법 제27조** ③ 누구든지 「국민건강보험법」이나 「의료급여법」에 따른 본인부담금을 면제하거나 할인하는 행위, 금품 등을 제공하거나 불특정 다수인에게 교통편의를 제공하는 행위 등 영리를 목적으로 환자를 의료기관이나 의료인에게 소개·알선·유인하는 행위 및 이를 사주하는 행위를 하여서는 아니 된다. 다만, 환자의 경제 사정 등 특정한 사정이 있어서 관할 시장·군수·구청장의 사전승인을 받은 경우에는 그러하지 아니하다.

4) 서울중앙지방법원 2009. 7. 22. 선고 2009고단1757 판결.

5) 서울중앙지방법원 2010. 1. 20. 선고 2009노2495 판결.

광고 게재 행위와 ② 이메일 발송행위가 구「의료법」제27조 제3항이 정하는 유인에 해당하는지 여부를 각각 달리 판단함으로써 결국 각 행위에 대한 유무죄 판단도 달리하였다.

즉, ① 홈페이지 광고 게재 행위는 체험단 모집 광고를 특정 사이트에 게재하기만 한 경우 이에 관심이 있는 사람들이 인터넷 검색 등을 통하여 여러 가지 정보를 확인하고 스스로의 판단하에 접근하게 된다는 점을 등을 고려할 때 그 유인성이 과당경쟁을 발생시킬 정도로 클 수 없어 의료시장의 질서를 근본적으로 해한다고 볼 수 없으므로 구「의료법」제27조 제3항이 정하는 유인에 해당한다고 볼 수 없다고 보았다. 그에 따라 甲, 乙 및 A 모두 무죄라고 판단하였다.

반면, ② 이메일 발송행위는 의료시장의 질서를 근본적으로 해할 위험과 우려가 있으므로 구「의료법」제27조 제3항이 정하는 유인에 해당한다고 판단하여, 甲, 乙 및 A 모두 유죄로 판단하였다. 구체적으로, (i) 특정 사이트에 환자를 유인하는 광고를 한 경우와 달리 불특정다수인에게 직접 수령되는 전자메일을 발송하여 위와 같은 광고를 한 경우에는 그 방법이 소극적인 유인이 아니라 일방적으로 잠재적 환자들에게 정보를 제공하여 적극적으로 환자를 유인하는 것이며, 전자메일은 특정 개인들에 대한 서신과 동일한 수단으로서 그 직접성이나 대면성이 매우 크다고 할 것이고, 그러한 유인수단은 전자메일 수신자들의 진료 및 수술 선택에 대한 의사결정에 있어 훨씬 강한 영향을 줄 수 있으므로 그 유인력이 전자의 경우보다 훨씬 강하다고 하는 점, (ii) 위와 같은 방식의 유인수단을 그대로 방치할 경우 같은 업종에 종사하는 의료인들로서도 동일한 방법으로 환자 유치를 할 것이라는 점을 충분히 예상할 수 있으며, 또한 그에 따른 가격, 수술방식, 효과 등 환자들이 쉽게 판단할 수 없는 내용을 내세워 환자유치 경쟁 역시 심해질 수밖에 없다는 점, (iii) 과도한 방식과 내용, 매체이용방법 등을 이용한 과당경쟁을 방치할 경우 단순한 저가 마케팅에 의하여 적절한 의료수준을 보장하지 못하게 되어 잘못된 치료에 따른 불필요한 국민총의료비의 증가만 불러온다는 점을 종합해 볼 때, ② 이메일 발송행위는 의료시장의 질서를 근본적으로 해할 위험과 우려가 있다고 판단한 것이다.

다. 대법원 판결[6)]

대법원은 원심판결이 이미 구「의료법」제27조 제3항 본문에서 금지하는 유인이 아니라고 본 ① 홈페이지 광고 게재 행위뿐만 아니라, 원심판결과 달리 ② 이메일 발송행위도 불특정 다수인을 상대로 한 의료광고에 해당하므로 특별한 사정이 없는 한 구 의료법 제27조 제3항의 환자의 '유인'이라고 볼 수 없고, 위와 같은 광고 등 행위가 피고인 甲 의

6) 대법원 2012. 9. 13. 선고 2010도1763 판결.

부탁을 받은 피고인 A회사 등을 통하여 이루어졌더라도 환자의 '소개·알선' 또는 그 '사주'에 해당하지 아니한다고 판단함으로써, 甲, 乙 및 A 모두에 대하여 무죄 취지로 원심판결을 파기하고 사건을 원심인 서울중앙지방법원에 환송하였다.[7)]

3. 판례의 요지

가. 법 리

환자유인행위에 관한 조항의 입법취지와 관련 법익, 의료광고 조항의 내용 및 연혁·취지 등을 고려하면, 의료광고행위는 그것이 구 「의료법」 제27조 제3항 본문에서 명문으로 금지하는 개별적 행위유형에 준하는 것으로 평가될 수 있거나 또는 의료시장의 질서를 현저하게 해치는 것인 등의 특별한 사정이 없는 한 구 「의료법」 제27조 제3항에서 정하는 환자의 '유인'에 해당하지 아니하고, 그러한 광고행위가 의료인의 직원 또는 의료인의 부탁을 받은 제3자를 통하여 행하여졌다고 하더라도 이를 환자의 '소개·알선' 또는 그 '사주'에 해당하지 아니한다고 봄이 상당하다.

나. 논 거

(1) 환자유인행위에 관한 의료법 조항(구 의료법 제27조 제3항)의 입법취지와 관련 법익

의료광고는 그 성질상 기본적으로 환자를 유인하는 성격을 지닌다. 그런데 이를 구 「의료법」 제27조 제3항에서 금지하는 환자유인행위에 해당한다고 하면, 이는 의료인의 직업수행의 자유 및 표현의 자유는 물론이고 의료소비자의 '알 권리'를 지나치게 제약하고, 나아가 새로운 의료인이 의료시장에 진입하는 것을 제한함으로써 의료인 사이의 경쟁을 통한 건전한 발전을 저해할 우려가 적지 아니하므로, 의료광고에 대한 관계에서는 위 법 규정에서 금지하는 환자유인행위를 제한적으로 해석할 필요가 있다.

의료광고가 원칙적으로 금지되던 시기인 1981. 12. 31. 법률 제3504호로 처음 도입된 후에 그 기본적 내용에 있어서 큰 변화가 없는 앞서 본 구 「의료법」 제27조 제3항은 그 입법취지가 병고에 지쳐 있는 환자의 어려운 처지를 악용하여 영리를 추구할 목적으로 환자 유치를 둘러싸고 금품수수 등의 비리가 발생하는 것을 막고, 또한 의료인 사이의 불필요한 과당경쟁에 의한 각종의 폐해를 방지하고자 하는 데 있다고 할 것이다. 그러나 환자의 유치를 위하여 광고를 하는 것은 무엇보다도 환자도 광고된 의료서비스를 이용할 것인

---

7) 원심판결의 무죄 부분(① 홈페이지 광고 게재 행위)은 파기되는 유죄 부분(② 이메일 발송행위)과 포괄일죄의 관계에 있어 함께 파기되었다.

지 여부 등을 생각할 기회를 가진다는 점에서도 일반적으로 위 법조항의 입법취지에 반한다고 할 수 없는 것이다.

(2) 의료광고 조항(구 의료법 제56조 및 제57조)의 내용 및 연혁 · 취지

「의료법」은 원래 구 「국민의료법」 당시부터 의료광고를 원칙적으로 금지하는 태도를 취하고 있었다(2007. 1. 3. 법률 제8203호로 개정되기 전 「의료법」 제46조 참조). 이에 대하여 헌법재판소는 2005. 10. 27. 선고 2003헌가3 결정에서 특정 의료기관이나 특정 의료인의 기능 · 진료방법에 관한 광고금지조항이 헌법상 비례의 원칙을 위배하여 표현의 자유와 직업수행의 자유를 침해한다는 이유로 위헌결정을 하였다. 이에 따라 2007. 1. 3. 법률 제8203호로 개정된 「의료법」은 의료광고를 원칙적으로 허용하되 일정한 유형의 의료광고를 예외적으로 금지함으로써 의료광고는 일반적으로 허용되기에 이르렀고, 이는 구 「의료법」 그리고 오늘날에 이르기까지 다름이 없다.

그리하여 구 「의료법」 제56조 제2항은 치료효과를 보장하는 등 소비자를 현혹할 우려가 있는 내용의 광고를 비롯하여 그 규정에서 열거된 것 외에 의료광고의 내용이 국민건강에 중대한 위해를 발생하게 하거나 발생하게 할 우려가 있는 것으로서 대통령령으로 정하는 내용의 광고를 금지한다. 또한 같은 조 제4항은 광고방법과 관련하여서도, 방송법에 의한 방송 등 열거된 것 외에 국민의 보건과 건전한 의료경쟁의 질서를 유지하기 위하여 제한할 필요가 있는 경우로서 대통령령으로 정하는 방법에 의한 광고를 금지하는 등 일반규정을 두어 규제한다. 뿐만 아니라 제57조 제1항은 신문 · 정기간행물 등의 매체를 이용하여 의료광고를 하는 경우에는 미리 광고의 내용과 방법 등에 관하여 보건복지부장관의 심의를 받도록 하고 있다. 이와 같이 의료광고에 대하여는 그로 인하여 발생할 우려가 있는 폐해를 방지하기 위하여 그 자체로 일정한 한계가 설정되어 있다고 할 것이므로, 의료광고행위에 대하여는 가능한 한 그와 관련한 처벌 기타 제재에 맡기는 것이 바람직하다고 할 것이다.

아울러 세계 각국에서도 의료광고를 일정 범위 내에서 금지하고 있는 입법례가 대부분이지만 점차 허용하는 범위가 넓어지는 추세이며, 금지되지 아니하는 광고에 대하여 별도로 유인행위 등의 명목으로 처벌하는 입법례는 찾아보기 어렵다.

II. 해 설

1. 쟁점의 정리: 의료법상 허용되는 의료광고와 의료법상 금지되는 환자유인 행위의 구분기준

구 「의료법」 제27조 제3항 본문은 「국민건강보험법」이나 「의료급여법」에 따른 본인부담금을 면제하거나 할인하는 행위, 금품 등을 제공하거나 불특정 다수인에게 교통편의를 제공하는 행위 등 영리를 목적으로 환자를 의료기관이나 의료인에게 소개·알선·유인하는 행위 및 이를 사주하는 행위를 금지하고 있다. 이는 현행 「의료법」 제27조 제3항 본문도 마찬가지이다. 이와 같이 「의료법」에서 영리 목적의 환자유인행위를 원칙적으로 금지하는 취지는 기본적으로 의료행위의 비영리성과 공공성이라는 특성[8]을 고려한 것으로서 환자 유치를 둘러싸고 금품수수 등의 비리를 방지하고 의료인 사이의 불필요한 과당경쟁에 의한 각종의 폐해를 방지하기 위해서이다.[9]

반면, 의료인의 표현의 자유 및 직업수행의 자유, 의료소비자의 의료정보에 대한 알 권리 보장 차원에서, 「의료법」상 광고는 「의료법」 제56조 등에서 열거한 특정한 경우[10]를 제외하고는 원칙적으로 허용되고 있다.

그런데, 대상판결인 대법원 2012. 9. 13. 선고 2010도1763판결에서 지적하다시피, 의료광고[11]는 의료서비스 등에 대한 정보를 소비자에게 알리고 그 소비자로 하여금 그 의료서비스 등을 제공받도록 유도하는 것을 내용으로 하므로, 기본적으로 영리 목적으로 환

---

8) 백경희, “비급여의료에 관한 환자유인행위의 판단기준에 관한 고찰”, 『법학논총』, 제40집(숭실대학교 법학연구소, 2018. 1), 184면.

9) 문현호, “의료법상 금지되는 환자유인행위와 허용되는 의료광고의 관계”, 『대법원판례해설』, 제94호(법원도서관, 2013), 995~996면에 의하면, 「의료법」 제27조 제3항 신설 및 개정 당시 입법자료상 입법취지는 “의료기관 주위에서 환자를 유인함으로써 그동안 사회적으로 많은 물의를 일으킨 바 있는 환자유인 브로커 등의 횡행으로 인한 폐해를 방지”하고, “일부 사회복지법인에 부설된 의료기관이 주로 노인들을 대상으로 점심 등을 제공하여 유인한 뒤 건강검진 정도의 저급한 진료행위를 무료로 제공하면서 그에 따른 요양급여비용을 대거 청구함으로써 건강보험재정의 부실화를 촉진한데 대하여 환자유인행위를 금지하려는 것”이라고 한다.

10) 2007. 1. 3. 법률 제8203호로 개정된 후의 「의료법」 제46조 및 2007. 4. 11. 법률 제8366호로 전부개정된 후 현재까지 「의료법」 제56조는 광고주체와 관련하여, 제1항에서 의료법인·의료기관 또는 의료인이 아닌 자는 의료에 관한 광고를 하지 못하도록 하고 있고, 광고내용과 관련하여, 제3항에서 거짓이나 과장된 광고를 행하지 못하도록 하면서 제2항에서는 보건복지부장관의 신의료기술 평가를 받지 아니한 신의료기술에 관한 광고 등 특정한 내용의 광고를 금지하고 있다. 또한, 광고형식과 관련하여서는 제4항에서 「방송법」상 방송 등을 통한 광고를 하지 못하도록 규제하고 있다.

11) 2018. 3. 27. 법률 제15540호로 일부개정되어 2018. 9. 28.부터 시행되는 의료법 제56조 제1항은 ‘의료광고’를 “의료인등이 신문·잡지·음성·음향·영상·인터넷·인쇄물·간판, 그 밖의 방법에 의하여 의료행위, 의료기관 및 의료인등에 대한 정보를 소비자에게 나타내거나 알리는 행위”라고 정의하고 있다.

자를 유인하는 행위의 성격을 지닐 수밖에 없다.

이와 같이 본질적으로 소비자 유인이라는 성격을 공유하는 의료광고와 환자유인행위에 대한 「의료법」의 기본 입장에 차이가 남에 따라, 「의료법」상 원칙적으로 허용되는 의료광고와 「의료법」상 원칙적으로 금지되는 영리목적 환자유인행위와의 관계를 어떻게 볼 것인지가 문제된다. 즉, 「의료법」 제56조 등에 따라 허용되는 의료광고에 해당되면 당연히 「의료법」 제27조 제3항의 영리목적 환자유인행위에는 해당되지 않는 것인지의 문제이다.

2. 검 토

「의료법」상 예외적인 금지 유형에 해당하지 않아 허용되는 의료광고가 「의료법」상 금지되는 환자유인행위에 해당할 수 있는지에 대하여는 원칙적으로 부정하는 것이 타당하다고 생각한다. 의료광고가 환자를 유인하는 성격을 가지고 있다고 하더라도, 「의료법」 제27조 제3항에 대한 입법자료상 의료법이 영리목적의 환자유인행위를 금지하는 취지는 의료광고를 규제하기 위함이라기보다는 브로커 등 환자유치와 관련된 금품수수 등의 폐해를 막기 위함이라고 보아야하기 때문이다.[12] 또한, 의료광고를 영리목적의 환자유인행위에 해당한다고 보아 적극적으로 규제하는 경우, 의료인의 직업의 자유 및 표현의 자유와 같은 헌법적 권리의 침해가 발생할 수 있는 반면, 현재까지 우리 의료시장이 의료광고 활성화에 따른 의료인 사이의 과다경쟁으로 의료수준의 저하를 우려할 정도의 상황은 아닌 것으로 보인다. 오히려 다양한 매체를 통하여 수집한 의료정보를 바탕으로 독자적인 판단능력에 따라 자신에게 맞는 의료서비스를 취사선택할 수 있는 능력을 갖추어 가는 현대적인 소비자상에 비추어 볼 때, 의료광고 규제 완화를 통하여 의료소비자의 알권리를 적극적으로 보장할 필요가 있다는 점에서, 의료광고에 대한 관계에서 영리목적의 환자유인행위 금지 규정을 제한적으로 해석할 필요가 있다.

다만, 「의료법」이 의료광고에 대한 규제 외에 영리목적의 환자유인행위에 대하여 별도로 규제하고 있는 이상, 「의료법」상 허용되는 의료광고라고 하여 「의료법」 제27조 제3항의 독자적인 의미를 아예 무시하기는 어려울 것이다. 즉, 의료광고가 「의료법」상 허용된다면 원칙적으로 영리목적의 환자유인행위로서 금지된다고 보기는 어려울 것이지만, 그 의료광고가 「의료법」 제27조 제3항 본문에서 명문으로 금지하는 개별적 행위유형에 준하는 것으로 평가되는 등 「의료법」 제27조 제3항의 입법취지에 반하는 특별한 사정이

12) 각주에서 소개한 「의료법」 제27조 제3항에 대한 제정 및 개정 입법자료 내용 참조. 문현호, 앞의 논문, 997~998면.

있다면, 이는 「의료법」 제27조 제3항에 따라 규제할 필요가 있을 것이다. 물론 「의료법」상 허용되는 의료광고에 대한 「의료법」 제27조 제3항의 규제는 소극적인 한계로서의 규제 기능에 충실하여야 할 것이다. 이러한 측면에서 대상판결인 대법원 2012. 9. 13. 선고 2010도1763 판결에서 설시하는 법리는 지극히 타당하다고 생각한다.

Ⅲ. 판례의 의의

대상판결인 대법원 2012. 9. 13. 선고 2010도1763 판결은 구 「의료법」에서 예외적으로 금지되는 유형에 해당하지 않는 의료광고가 「의료법」상 금지되는 환자유인행위에 해당할 수 있는지에 대하여 그 의료광고가 구 「의료법」 제27조 제3항 본문에서 명문으로 금지하는 개별적 행위유형에 준하는 것으로 평가될 수 있거나 또는 의료시장의 질서를 현저하게 해치는 것인 등의 특별한 사정이 없는 한, 구 「의료법」 제27조 제3항에서 정하는 환자의 '유인'에 해당하지 아니한다는 판단기준을 제시한 판결로서 의의가 있다. 즉, 의료소비자의 알권리와 의료인의 직업수행의 자유 및 표현의 자유가 보장될 수 있도록 구 「의료법」 제56조 등에서 금지되는 의료광고 유형 심사를 통과한 의료광고를 원칙적으로 허용하면서, 병고에 지쳐 있는 환자의 어려운 처지를 악용하여 영리를 추구할 목적으로 환자 유치를 둘러싸고 금품수수 등의 비리가 발생하는 것을 막고 의료인 사이의 불필요한 과당경쟁에 의한 각종 폐해를 방지하고자 하는 차원에서 구 「의료법」 제27조 제3항의 입법취지를 고려한 특별한 사정이라는 소극적인 한계를 둔 것으로 이해된다.

나아가, 구 「의료법」 제27조 제3항의 '유인'에 해당하지 않는 의료광고가 의료인의 직원 또는 의료인의 부탁을 받은 제3자를 통하여 행하여졌다고 하더라도 이를 역시 구 「의료법」 제27조 제3항의 환자의 '소개·알선' 또는 그 '사주'에 해당하지 않는다고 판시함으로써, 의료인이 직접 하지 않고 제3자를 통하여 의료광고행위를 하더라도 역시 구 「의료법」 제27조 제3항의 '유인'에 해당할 수 있는 특별한 사정이 없는 한, 허용된다는 점 역시 분명히 하였다.[13)]

다만, 대상판결인 대법원 2012. 9. 13. 선고 2010도1763 판결에 있어서 아쉬운 점은 원칙적으로 허용되는 의료광고가 예외적으로 구 「의료법」 제27조 제3항의 '유인'에 해당하여 금지될 수 있는 특별한 사정, 특히 '의료시장의 질서를 현저하게 해치는 경우'의 구체적인 판단기준을 구 「의료법」 제27조 제3항의 입법취지에 비추어 구체적으로 규명하여

13) 정진환, "의료광고와 영리목적의 환자소개·알선·유인행위", 『법률신문』 (2012. 10).

제시하지 아니하였다는 점이다.[14][15]

관련하여, 다른 대상판결인 대법원 2012. 10. 25. 선고 2010도6527 판결은 구 「의료법」 제27조 제3항의 환자의 '유인'에 해당하는 특별한 사정과 관련하여, 문제된 이메일 광고 중 '현금 50만원 지원, 70만원 수술비 지원' 및 '라식 사전 검사 무료지원, 시력 무료검사 지원'이라는 표현이 각각 구 「의료법」 제27조 제3항 본문에서 명문으로 금지하는 개별적 행위유형 중 금품 등을 제공하는 행위 및 「국민건강보험법」이나 「의료급여법」에 따른 본인부담금을 면제하거나 할인하는 행위에 해당하지 않는다고 판단한 후, 이들 행위가 구 「의료법」 제27조 제3항 본문에서 명문으로 금지하는 개별적 행위유형에 준하는 것으로 평가할 수 있거나 또는 의료시장의 질서를 현저하게 해치는 것으로 볼 수 없다고 보았다. 그러나 이 판결 역시 '의료시장의 질서를 현저하게 해치는 경우'에 대한 구체적인 판단기준을 제시해 준다고 보기는 어렵다. 이들 행위가 구 「의료법」 제27조 제3항 본문에서 명문으로 금지하는 개별적 행위유형에 준하는 것이기 때문에 의료시장의 질서를 현저하게 해치는 것으로 볼 수 없는지 아니면 구 「의료법」 제27조 제3항 본문에서 명문으로 금지하는 개별적 행위유형 해당 여부와 별도로 보더라도 '의료시장의 질서를 현저하게 해치는 경우'에 해당한다고 볼 수 없는 것인지도 명확하지 않아 보인다.[16]

이에 따라, 「의료법」상 금지되는 행위 유형에 해당되지 않는 의료광고가 어떠한 경우에 예외적으로 환자유인행위에 해당하여 금지될 수 있는지에 대한 예측가능성이 떨어지는 문제가 여전히 남게 되었고, 이 문제는 입법적인 해결[17] 외에 향후 '의료시장의 질서를 현저하게 해치는 경우'에 대한 판례의 축적을 통해 해결해 가야 할 것으로 생각된다.

---

14) 이러한 점에서, 비록 파기되기는 하였지만 그 당부를 떠나 원심판결이 위 I. 2. 나. 기재와 같이 ② 이메일 발송행위가 어떠한 근거에서 의료시장의 질서를 근본적으로 해할 우려가 있는지에 대하여 구체적으로 설명하고자 한 시도에 대하여는 평가할 만하다고 생각한다.

15) 비급여 진료 할인에 의한 환자 유인행위는 적어도 적정진료 수준, 즉 의료비용을 고려한 의료행위의 수준에 미치지 못하는 의료가 이루어지도록 할 우려가 있는 이상, 의료법 제27조 제3항의 규율대상이 되어야 한다고 보는 등으로 의료시장의 근본질서의 의미를 구체화하려는 시도로는 김나경, "의료법상 환자유인행위의 위법성 판단 구조 분석－법해석학적 방법론에 기초한 법원 논증의 비판적 이해", 『저스티스』, 통권 제143호(한국법학원, 2014. 8), 227면 이하가 있다. 그 밖에, 의료시장질서의 근본적 침해 여부를 법규정에 명시적 기준으로 도입하자는 의견으로는 장연화, "의료법상 환자유인금지규정에 관한 연구", 『비교형사법연구』, 제11권 제2호, 184면 참조.

16) 백경희, 앞의 논문, 184면은 후자로 해석하고 있는 것으로 보인다.

17) 입법정책적으로 의료법 제27조 제3항에서 유인행위라는 포괄적인 용어를 사용하는 대신 금지되는 행위 유형을 구체화하고 의료광고는 유인행위 조항에서 배제하는 방안이 명확성 및 법 체계적 측면에서 바람직하다는 취지의 의견으로는 문현호, 앞의 논문, 1007면 참조.

58 허위·미심의 의료광고

-대법원 2016. 6. 23. 선고 2014도16577 판결

김 성 천*

Ⅰ. 판례의 개요

1. 사안의 개요

치과의원을 운영하던 피고인 甲은 의료광고와 관련하여 두 가지 행위가 문제가 되어 검찰에 의하여 기소되었다. 첫 번째로 피고인은 '미국 치주과학회 정회원'이 아님에도 불구하고 마치 자신이 그러한 것처럼 '미국 치주과학회 정회원'이라는 문구가 포함된 약력사항을 작성하여 유리액자에 넣어서 자신이 운영하던 치과의원 대기실 벽면에 게시하였다(제1 행위). 두 번째로 피고인은 신문기사 형태로 의료광고를 내면서 사전에 「의료법」 제57조 제1항에서 정하는 심의를 받지 않았다(제2 행위).

2. 소송경과

가. 제1심 및 항소심 판결

하급심은 우선 제1 행위와 관련하여 피고인 甲이 '미국 치주과학회 정회원'이라는 점은 허위의 사실이고 이를 포함시킨 약력사항을 액자에 넣어 환자들이 앉아서 대기하는 방에 걸어둔 것은 「의료법」 제56조 제3항이 금지하는 '거짓 내용의 의료광고'에 해당하므로 같은 법 제89조에 따라 형사처벌 대상이 된다고 판단하였다.

제2 행위에 대해서는 구 「의료법」 제57조 제1항에 따라 같은 항 제1호의 매체인 신문을 이용하여 의료광고를 하려는 경우에는 미리 광고의 내용과 방법 등에 관해서 보건복지부장관의 심의를 받아야 함에도 이를 받지 아니하였으므로 이 또한 제89조에 의거하여 형

---

* 중앙대학교 법학전문대학원 교수.

사처벌 대상이 된다고 하였다.

나. 대법원 판결

제1 행위와 관련하여 상고심은 하급심과 달리 약력서를 유리액자에 담아서 벽에 걸어두는 행위를 광고에 해당하지 않는다고 보았다. 대법원에 의하면 의료광고라 함은 "의료법인·의료기관 또는 의료인이 그 업무 및 기능, 경력, 시설, 진료방법 등 의료기술과 의료행위 등에 관한 정보를 신문·인터넷신문, 정기간행물, 방송, 전기통신 등의 매체나 수단을 이용하여 널리 알리는 행위"를 의미한다는 것이다. 피고인은 신문, 잡지, 방송 또는 그에 준하는 대량전달 매체를 이용하지 않고 액자를 걸어 놓음으로써 의원을 방문하는 사람이 보게 하는 정도에 그쳤기 때문에 광고라고 할 수 없다는 취지이다. 의원을 방문하는 사람들이 보고 이를 다른 사람에게 전달하는 것은 신문, 잡지, 방송 등에 의한 전파가능성과 비교해 볼 때 매우 낮은 수준이어서 널리 알린다는 의미의 광고라고 하기에 부족하다고 한다. 따라서 이를 의료광고로 보고 처벌가능성을 인정한 원심의 판단은 위법하다고 결론지었다.

제2 행위의 경우 구「의료법」제57조 제1항에서 정하고 있는 보건복지부장관에 의한 의료광고 사전심의는 헌법상 금지되는 사전검열에 해당되기 때문에 이를 위반하였다고 해서 같은 법 제89조에 따라 형사처벌 대상으로 할 수 없다고 판단하였다. 헌법재판소가 2015년 12월 23일에 2015헌바75 사건에 대하여 위헌결정을 선고하였는바, 사전검열은 예외 없이 금지되는데 구「의료법」제57조 제1항은 사전심의를 받지 않으면 의료광고를 할 수 없도록 금지하고 있고, 같은 법 제89조는 이를 위반한 경우에 형사처벌을 부과하도록 하고 있는데 모두 사전검열을 규정하는 것으로서 위헌이라는 것이다. 따라서 위헌인 법률을 근거로 유죄 판단을 내린 원심은 위법하다는 결론이다.

3. 판례의 요지

가. 광고와 표시

甲의 행위시법인 구「의료법」은 '의료광고'의 개념을 명시하고 있지 않았다. 다만 다른 법인「표시·광고의 공정화에 관한 법률」(이하 '표시광고법'이라 한다) 제2조 제2호는 '광고란 사업자 등이 상품 등에 관한 제1호 각 목의 어느 하나(자기 또는 다른 사업자 등에 관한 사항 및 자기 또는 다른 사업자 등의 상품 등의 내용, 거래 조건, 그 밖에 그 거래에 관한 사항)에 해당하는 사항을「신문 등의 진흥에 관한 법률」제2조 제1호 및 제2호에 따른 신문·인터넷신문, 「잡지 등 정기간행물의 진흥에 관한 법률」 제2조 제1호에 따른 정기간행물, 「방송법」 제2조 제1호에 따른 방송, 「전기통신기본법」 제2조 제1호에 따른 전기통신, 그 밖에 대통령령으로 정하는 방법으로 소비자에게 널리 알리거나 제시하는 것을 말한다'고 정하고 있었다.

대법원은 판결문에서 의료광고의 개념을 "의료법인·의료기관 또는 의료인이 그 업무 및 기능, 경력, 시설, 진료방법 등 의료기술과 의료행위 등에 관한 정보를 신문·인터넷신문, 정기간행물, 방송, 전기통신 등의 매체나 수단을 이용하여 널리 알리는 행위"로 정의하였다. 표시광고법 제2조 제2호와 내용이 일치한다. 이러한 개념 정의에 따라 광고라고 하기 위해서는 신문·인터넷신문, 정기간행물, 방송, 전기통신 등과 같은 수준으로 널리 알리는 기능을 하는 매체 또는 수단을 통해서 이용자들에게 널리 알리는 것이어야 한다. 하급심은 이에 해당한다고 보았고 상고심은 그렇지 않다고 판단한 것이다.

대신 액자에 넣어 벽에 걸어두는 행위가 표시광고법 제2조 제1호에서 말하는 '표시'에 해당하는 것으로 보았다. 이 규정에 따르면 표시란 '사업자 또는 사업자단체가 상품 또는 용역에 관한 자기 또는 다른 사업자 등에 관한 사항 및 자기 또는 다른 사업자 등의 상품 등의 내용, 거래 조건, 그 밖에 그 거래에 관한 사항을 소비자에게 알리기 위하여 상품의 용기·포장, 사업장 등의 게시물 또는 상품권·회원권·분양권 등 상품 등에 관한 권리를 나타내는 증서에 쓰거나 붙인 문자·도형과 상품의 특성을 나타내는 용기·포장'을 말한다. 허위의 약력을 사업장에 게시한 것으로서 표시광고법 제3조 제1항에서 금지하는 '거짓 표시'에 해당한다는 것은 별론으로 하고, "「의료법」 제56조 제3항의 거짓 의료광고에 해당한다고는 볼 수 없다"는 것이 결론이다.

나. 사전검열의 금지

甲의 행위시법인 구 「의료법」(2009. 1. 30. 법률 제9386호로 개정된 것)은 제57조 제1항에서 "의료법인·의료기관·의료인이 다음 각 호의 어느 하나에 해당하는 매체를 이용하여 의료광고를 하려는 경우 미리 광고의 내용과 방법 등에 관하여 보건복지부장관의 심의를 받아야 한다"고 하는 규정에 따라 의료광고에 대한 사전심의를 의무화 하고 있었다. 그런데 이 조문은 2015년 12월 23일에 있었던 헌법재판소의 2015헌바75 선고에 의해서 위헌이라는 판단이 내려졌다.[1)]

---

1) 「헌법」 제21조 제1항에 따라 "모든 국민은 언론·출판의 자유"를 가지는데, 이러한 자유에 포함되어 있는 의사표현의 자유와 관련하여 "의사표현 또는 전파의 매개체는 어떠한 형태이건 가능하며, 그 제한이 없다는 것이다. 그래서 상업적 광고표현 또한 보호 대상이 된다"고 한다. "헌법 제21조 제2항은 언론·출판에 대한 허가나 검열은 인정되지 아니한다고 규정하고 있다. 여기서 말하는 검열은 그 명칭

‘위헌으로 결정된 법률의 조항은 그 결정이 있는 날로부터 효력을 상실’하는 것이 원칙이다(「헌법재판소법」 제47조 제2항). 그러나 ‘형벌에 관한 법률의 조항은 소급하여 그 효력을 상실한다’(「헌법재판소법」 제47조 제3항 본문). “다만, 해당 법률 또는 법률의 조항에 대하여 종전에 합헌으로 결정한 사건이 있는 경우에는 그 결정이 있는 날의 다음 날로 소급하여 효력을 상실한다(「헌법재판소법」 제47조 제3항 단서).” 해당 의료법 조문의 경우 이에 대하여 종전에 합헌 결정이 내려진 바가 없으므로 해당 처벌규정은 처음부터 위헌인 조문으로서 소급하여 효력이 상실된다.

“이에 비추어 원심으로서는 「의료법」 제89조, 제57조 제1항을 적용하여 기소된 이 부분 공소사실에 대하여 위헌 여부 또는 그 적용에 따른 위헌적 결과를 피하기 위한 공소장 변경 절차의 필요 유무, 예비적 공소사실의 성립 여부 등에 관하여 심리·판단하였어야 함에도 이를 살펴보지 아니한 채 이 부분 공소사실을 유죄로 인정함으로써 판결에 영향을 미친 위법이 있다.”[2)]

행정기관인 보건복지부가 광고의 내용을 미리 심의하게 되면 국가가 국민의 의사표현을 사전에 검열하는 것이 되고, 부적절한 의료광고에 의해서 야기되는 위험이 아무리 크다 할지라도 사전검열은 어떠한 경우에도 금지되기 때문에 사전검열을 강제하는 해당 처벌규정은 위헌이다. 원심은 이를 반영하지 않았기 때문에 대법원에 의해서 파기된 것이다.

II. 해 설

1. 의료광고의 금지

가. 행위객체 : 거짓된 내용

헌재 2015. 12. 23. 2015헌바75 결정에 의해서 의료광고에 대한 사전심의를 의무화하는 구 「의료법」 제56조 제1항 제9호, 제57조 제1항 및 제89조 등이 위헌으로 결정되기 이전에 구 「의료법」은 제56조 제3항에서 “의료법인·의료기관 또는 의료인은 거짓이나 과장

이나 형식과 관계없이 실질적으로 행정권이 주체가 되어 사상이나 의견 등이 발표되기 이전에 예방적 조치로서 그 내용을 심사, 선별하여 발표를 사전에 억제하는, 즉 허가받지 아니한 것의 발표를 금지하는 제도를 뜻하고, 이러한 사전검열은 법률에 의하더라도 불가능하다.” 사전검열 금지에는 예외가 있을 수 없으므로 의료광고라고 하더라도 행정기관에 의한 사전검열에 해당하는 사전심의 제도를 법적으로 강제할 수는 없는 것이고 이에 따라 이를 강제하는 해당 의료법 조문은 위헌이라는 취지이다.

2) 대법원 2016. 6. 23. 선고 2014도16577 판결.

된 내용의 의료광고를 하지 못한다"고 정하고 있었다. 헌법재판소의 위헌 결정 이후에 개정된 현행 「의료법」은 같은 내용을 제56조 제1항 제3호로 이동시키고 "거짓된 내용을 표시하는 광고"를 금지하고 있다.

내용이 참인가 거짓인가 하는 점은 사실과 관련된 사항이다. 사실이란 "인간의 인식체계를 통한 인식이 가능해서 증명이 가능한 것"을 말한다.[3] 사실과 구별해야 할 개념이 가치판단인데 경우에 따라서는 가치판단인가 아니면 사실인가의 구별이 쉽지 않을 수도 있다. 예를 들어서 목포시장이 일본에 의해서 강제로 목포를 개항하게 된 날을 '시민의 날'로 지정하기로 하자, 목포 지역 향토사학자들이 크게 반발하면서 ① 지역신문인 △△신문의 표지에 일장기를 배경으로 피해자(목포시장) ×××가 두 손을 앞으로 모아 힘껏 쥐고 있는 모습의 합성사진을 싣고, ② 그 밑에 "친일매국", "××× 역사관 확인 수순", "향토사학자 해직", "10월 1일 시민의 날 고수"라고 기재하였으며, ③ 신문의 내용에 "민선시대 최초 해직당한 ○○○ 문화원 전사무국장"이라는 제목으로 "1897년 10월 1일 7인의 일본인들만이 참석한 가운데 열린 제1회 개항 기념식은 조선 서남단에 자신들의 교두보 확보를 자축하는 자리였다.… 이 같은 역사적 사실 앞에 목포문화원 소속 향토사가들은 지난 91년 이후… 백주년 기념행사와 시민의 날에 대한 반역사성을 제기하였다.… 계속적인 문제제기 과정에서 결국 민선시장 출범 후 최초로 강제 해직당한 향토사가 목포문화원 ○○○ 전사무국장, 개항 백주년 행사를 개최하려는 백년회 회장 출신의 민선시장과 불협화음 속에 도중 하차하는 신세가 되어 버린 것이다"라고 기재한 바 있다.[4] 이 사건에서 피해자인 목포시장이 일장기 앞에 두 손을 모아 쥐고 서있는 모습을 게재한 것은 피해자가 실제로 그러한 행동을 한 사실이 있다고 주장한 것이라고 보기는 어렵다. 그보다는 피해자가 친일파라는 가치판단의 의견을 표시한 것이라고 볼 수 있다. 대법원도 이를 사실의 적시라고 보지 않았다.

그러나 대상판례의 경우에는 피고인 甲이 '미국 치주과학회 정회원' 약력을 가지고 있다고 스스로 주장하면서 이를 포함한 약력사항을 유리액자 속에 넣어 의원 대기실에 게시하였다. 미국 치주과학회 정회원은 아무나 할 수 없는 것이므로 자신이 상당한 수준의 의사라는 점을 말하고 싶었던 것이므로 자신에 대한 가치판단을 내 보인 측면도 있다. 하지만 위 목포시장 사건과는 분명히 다른 점이 있다. 목포시장 사건의 신문 보도는 누가 보더라도 사실을 주장하는 것이 아니라 일종의 패러디라는 점을 알 수 있다. 대상판례의 경우에는 그렇지 않다. 액자를 본 사람들이 사실이라고 믿을 만하기 때문이다. 그러므로

3) 김성천·김형준, 『형법각론』, 제6판(도서출판 소진, 2017), 248면.
4) 대법원 2000. 2. 25. 선고 98도2188 판결.

피고인은 이를 통해서 거짓인 사실을 적시한 것이라고 볼 수 있다.

나. 행위내용 : 광고

문제는 액자에 넣어 걸어 둔 것이 광고에 해당하는가 하는 점이다. 현행 「의료법」 제56조 제1항에 따르면 의료광고란 "의료인 등이 신문·잡지·음성·음향·영상·인터넷·인쇄물·간판, 그 밖의 방법에 의하여 의료행위, 의료기관 및 의료인 등에 대한 정보를 소비자에게 나타내거나 알리는 행위를 말한다." 이 개념규정에서 '신문·잡지·음성·음향·영상·인터넷·인쇄물·간판, 그 밖의 방법'이라고 하는 부분이 없다면 자신의 약력을 액자에 넣어 환자 대기실에 걸어두는 것도 의료인에 대한 정보를 소비자에게 알리는 행위이므로 광고라고 할 수 있을 것이다.

하지만 '신문·잡지·음성·음향·영상·인터넷·인쇄물·간판, 그 밖의 방법'이라고 하는 예시가 있기 때문에, 그 뒤에 나와 있는 '소비자에게 나타내거나 알리는 행위'에 해당하는 유형인가 하는 점은 '제한적 일반화 원칙(ejusdem generis)'에 따라 제한적인 범위 내에서만 인정되어야 할 것이다. 일단 대기실 내 게시물이 신문이나 잡지와 같은 수준의 전파력이 있다고 보기는 어렵다. 음성·음향·영상의 경우에는 정보통신망을 통해서 전달되는 것이라고 할 수 있고 그렇기 때문에 역시 전파력이 대기실 내 게시물보다 월등하게 높다고 볼 수 있다. 인터넷의 전파력은 폭발적이기 때문에 비교할 수 없다. 인쇄물은 신문이나 잡지 정도는 아니더라도 대량으로 제작되어 배포되는 것이므로 대기실 내 게시물보다 훨씬 전파력이 높다. 그나마 비교할 수 있는 것이 간판인데 간판은 옥외에 설치되어 불특정 다수가 이를 인지할 수 있는 반면, 대기실 내 게시물은 대기실에 와서 대기하고 있는 환자 또는 보호자만 인식할 수 있다. 이러한 측면에서 보면 대기실 내에 게시되어 있는 액자는 광고물이라고 보기 어렵다. 같은 취지의 대법원 판단은 합당한 것으로 보인다.

2. 사전심의

"2007. 1. 3. 법률 제8203호로 개정된 「의료법」은 의료광고를 규제함에 있어 종전의 원칙적 금지, 예외적 허용방식에서 원칙적 허용, 예외적 금지방식으로 전환하였다. 즉 허위 또는 과대한 내용의 의료광고 등 일정한 유형의 광고를 금지하면서 이에 해당하는 것 이외의 광고는 허용하였다. 개정된 「의료법」은 이와 동시에 의료광고 허용범위의 확대로 야기될 수 있는 국민의 피해를 방지하기 위하여 의료법인·의료기관·의료인이 일정한 매체를 이용하여 의료광고를 하고자 하는 경우 사전에 심의를 받도록 하였고(제46조의2 제1

항), 사전심의를 받지 아니한 의료광고를 금지하였다(제46조 제2항 제9호). 이후 2007. 4. 11. 법률 제8366호로 전부개정된 「의료법」은 의료광고 사전심의와 사전심의를 받지 아니한 의료 광고의 금지에 관한 조문의 위치를 제57조 및 제56조 제2항 제9호로 옮겼다."[5)]

「헌법」 제21조 제1항이 보장하고 있는 표현의 자유는 의사표현이나 매체의 형태와 관계없이 모두 보호대상이다. 상업적 광고표현이라고 해서 예외는 아니다. 한편 「헌법」 제21조 제2항은 언론·출판에 대한 허가나 검열은 인정되지 아니한다고 규정하고 있다. "여기서 말하는 검열은 그 명칭이나 형식과 관계없이 실질적으로 행정권이 주체가 되어 사상이나 의견 등이 발표되기 이전에 예방적 조치로서 그 내용을 심사, 선별하여 발표를 사전에 억제하는, 즉 허가받지 아니한 것의 발표를 금지하는 제도를 뜻하고, 이러한 사전 검열은 법률에 의하더라도 불가능하다."[6)]

보건복지부장관이 사전에 심의하고 승인한 광고만 허용하고 미심의 광고 행위에 대해서는 형사처벌을 가하고 있던 구 「의료법」은 이와 같은 헌법 해석에 정면으로 위배되는 입법이었다. 이처럼 위헌인 법률을 근거로 형사처벌을 할 수는 없는 일이므로 원심의 판단은 위법하다. 이를 지적하고 파기한 대법원의 판단은 합당하다고 할 수 있다. 해당 조문에 대한 위헌 결정 이후 개정된 현행 「의료법」은 '자율심의기구'에서 광고를 심의하도록 내용을 변경하였고 이를 위반하는 경우에 대한 처벌규정도 삭제하였다.

Ⅲ. 판례의 의의

대상판례는 '광고'의 개념범위를 정확하게 판단함으로써 의료광고와 관련하여 금지되는 행위유형의 내용을 구체화 하였다. 형벌의 보충성 원칙 측면에서 매우 합당한 판단이라고 생각된다. 또한 위헌인 법률 규정을 근거로 하는 형사처벌은 있을 수 없다고 하는 원칙을 적용함으로써 대한민국 법질서의 정당성을 확인하는 역할을 충실하게 이행하고 있다. 대상판례는 모든 측면에서 합당한 판단을 하고 있고 특히 사전검열 금지와 관련하여 중요한 시사점을 주고 있다.

---

5) 헌재 2015. 12. 23. 2015헌바75, 635면.
6) 헌재 2015. 12. 23. 2015헌바75, 637면.

59 기사형 광고에 대한 규제

－대법원 2002. 1. 22. 선고 2001도5530 판결

권 창 범*

Ⅰ. 판례의 개요

1. 사안의 개요

피고인들은 공모하여 1999. 6. 5. A일보 제12면에 “제니센터치포인터(이하 ‘이 사건 의료용구’라 한다)는 자기, 원적외선, 음이온 등을 동시에 방출해 기혈막힘으로 인한 근육강직과 두통, 관절통, 소화불량 등에 효과가 있다.”라는 광고를 게재하여 제니센터치포인터 제품에 대하여 과대광고를 한 것이다.

2. 소송경과

가. 원심판결[1)]

원심은 위 공소사실에 대하여 다음과 같은 이유로 범죄의 증명이 없는 경우에 해당한다고 하여 무죄를 선고하였다.

「위 공소사실에 관한 증거로는 B의 진술 및 A일보 기사 사본과 원심에서의 A일보사에 대한 사실조회 결과가 있는바, 우선 B의 진술은 위 A일보에 게재된 내용이 광고라는 주장으로서 의견의 진술에 불과하여 이로써 곧 위 게재 내용이 광고라고 단정할 수 없다.

한편 1999. 6. 5.자 A일보 제12면은 경제면으로서 전면광고 등으로 광고를 전문적으로 싣는 면이 아니며 주로 업계의 동정을 싣고 있고, 이 사건 제니센터치포인터에 관한 내용은 “기업파일”이라는 제목 하에 좌측 하단 박스기사로 처리되어 있고, 위 “기업파일”

---

* 법무법인 인(仁) 변호사.

1) 서울지방법원 2001. 9. 18. 선고 2001노774 판결

은 7개업체의 이벤트, 목표치 달성, 상품에 관한 소개 또는 외자유치에 관한 사항 등이 기재되어 있는데, 이 사건 의료용구에 관하여는 "공소외 주식회사는 자기, 원적외선, 음이온 등을 동시에 방출해 기혈막힘으로 인한 근육경직과 두통, 관절통, 소화불량 등에 효과가 있는 샤프펜슬 모양의 가정용 치료기 제니센터치포인터를 시판하기 시작했다고 4일 밝혔다."라고 기재되어 있고, 제품의 사진이 같이 게재되어 있으며, 위 신문의 기업파일 난(欄)은 기업체들이 보도를 요청하여 신문사에 보내온 자료 중 신문에 소개할 만한 가치가 있다고 판단한 자료를 선정하고 취재기자가 전화통화 등으로 내용확인을 거쳐 게재하는 것인데, 위 신문사는 하루에 적어도 수십 건씩 위와 같은 보도를 요청하는 자료를 받고 있다.

그런데 이 사건 기사가 포함된 "기업파일"이라는 내용이 단순히 상품소개 뿐만 아니라 각종 이벤트 및 목표달성, 외자유치 등을 게재하고 있는 점에 비추어 보면 위 난이 광고란에 해당한다고 보기 어렵고, 이 사건 의료용구가 시판된 것은 위 기사가 게재되기 수년 전부터인데도 그 게재 무렵에 시판되기 시작한 것처럼 게재된 점 등에 비추어 보면 위 기사가 광고로서 피고인들이 그 게재요청을 하였다고 보기 어렵고, 가사 피고인들이 광고 목적으로 자료를 신문사에 송부하였고 기자의 확인에 응하여 다소 설명을 한 바 있더라도 그것이 광고라고 할 수도 없으며, 달리 증거가 없다.」

나. 대상판결[2)]

대법원은, 원심과는 달리 신문게재내용이 기사의 형식을 빌린 광고로서 광고의 범위를 벗어난 과대광고에 해당한다고 하여, 원심이 위 공소사실이 범죄의 증명이 없는 때에 해당한다고 판단한 데에는 「약사법」 제63조 제1항 소정의 '과대한 광고'에 관한 법리를 오해하거나 심리를 다하지 아니하여 사실을 오인함으로써 판결 결과에 영향을 미친 위법이 있다고 판단하고 파기환송의 판결을 내렸다.

3. 판례의 요지

대상판결의 주된 쟁점은 "「약사법」 제63조 제1항 소정의 '광고'의 의미 및 기사 형식에 의한 광고가 여기에 포함되는지 여부" 인데 이에 대한 대상판결의 요지는 다음과 같다.

"「약사법」 제63조[3)]는 제1항에서 의약품·의약외품 또는 의료용구(이하 '의약품 등'이라

---

2) 대법원 2002. 1. 22. 선고 2001도5530 판결.

3) **구 약사법 제63조(과대광고등의 금지)(현행 약사법 제68조 제1항에 해당)** ① 의약품등의 명칭·제조방법·효능이나 성능에 관하여 허위 또는 과대한 광고를 하지 못한다.
② 의약품등의 효능이나 성능에 관하여 의사·치과의사·한의사·수의사 또는 기타의 자가 이를 보증한 것으로 오해할 염려가 있는 기사는 사용하지 못한다. <개정 1965. 4. 3, 1986. 5. 10.>

한다)의 명칭·제조방법·효능이나 성능에 관한 허위 또는 과대한 광고를, 제3항에서 의약품 등의 효능이나 성능에 관한 암시적 기사·사진·도안 기타 암시적 방법에 의한 광고를, 제5항에서 허가나 신고 이전의 의약품 등의 명칭·제조방법·효능이나 성능에 관한 광고를 각 금지하고 있는바, 이러한 규제의 내용 및 의약품 등이 국민의 건강과 직결되어 있는데도 국민들로서는 그 유효성, 안전성 등을 용이하게 판단할 수 없고 적정한 정보가 제공되지 않을 경우 각종 보건위생상의 위해가 생길 염려가 있기 때문에 의약품 등의 광고를 규제할 필요가 있는 점 등에 비추어 보면, 위 제63조 제1항에서의 '광고'는 널리 불특정 다수의 일반인에게 알릴 목적으로 이루어지는 일체의 수단을 말하는 것으로 여기에는 기사 형식에 의한 광고도 포함된다 할 것이다.

이 사건에 관하여 보건대, 원심이 인정한 사실관계 및 기록에 의하면 이 사건 신문게재내용은 비록 정식의 광고란이 아니라 업체들의 이벤트, 목표치 달성, 외자유치에 관한 사항 및 상품에 관한 소개 등을 싣는 "기업파일"란에 게재되었다 하더라도 그 게재된 문구의 의미와 제품의 사진 및 공소외 주식회사의 연락처까지 함께 게재한 점에 비추어 이 사건 의료용구의 명칭·효능이나 성능을 널리 알리는 것으로서 기사의 형식을 빌린 광고라고 봄이 타당하다. 또한, 원심이 설시한 바와 같이 "기업파일"란은 기업체측에서 먼저 게재를 요청하여 신문사에 자료를 보내야만 게재될 수 있는 것이라면 피고인들이 광고의 목적으로 위 신문사에 자료를 보내 게재를 요청하였고 위 신문사에서는 이를 받아들여 게재한 것임을 충분히 짐작할 수 있다.

나아가 「약사법」 제63조 제6항의 규정에 따라 의약품 등의 광고의 범위 등에 관하여 필요한 사항을 정한 구 약사법시행규칙(2000. 3. 3. 보건복지부령 제145호로 개정되기 전의 것) 제79조 제1항 제1호[4]는 제품의 명칭·품질·제조방법·용법·용량 또는 효능이나 성능 등

---

③ 의약품등의 효능이나 성능에 관하여 암시적 기사·사진·도안 기타 암시적 방법에 의한 광고를 하지 못한다.
④ 의약품 또는 의료용구에 관하여 낙태를 암시하는 문서나 도안은 사용하지 못한다.
⑤ 제26조제1항 또는 제34조제1항의 규정에 의한 허가를 받거나 신고를 한 후가 아니면 의약품등의 명칭·제조방법·효능이나 성능에 관하여 광고를 하지 못한다. <신설 1991. 12. 31.>
⑥ 의약품등의 광고의 범위 및 기타에 관하여 필요한 사항은 보건복지부령으로 정한다.

4) **구 약사법 시행규칙 제79조(의약품등의 광고의 범위등)** ① 법 제63조제6항의 규정에 의하여 의약품등의 광고는 명칭·제조방법·효능이나 성능등에 관하여 다음의 광고(사진이나 도화의 이용, 라디오·텔레비젼등의 방송에 있어서의 음곡·화상·색채등의 효과이용 또는 의약품등의 용기나 포장에 기재하는 경우를 포함한다)를 하여서는 아니된다. <개정 1996. 7. 19.>
1. 제품의 명칭·품질·제조방법·용법·용량 또는 효능이나 성능등에 관하여 법 제26조 또는 법 제34조제1항의 규정에 의하여 허가를 받거나 신고한 사항외의 광고. 다만, 보건복지부장관이 인정하는 공정서 또는 의약품집에 실려있는 내용이나 의학적·약학적으로 공인된 범위안의 임상결과등 근거문헌을 인용하는 경우에는 그러하지 아니하다. 이 경우 인용문헌의 본뜻을 정확히 전달하여야 하며, 또한 연구자의 성명·문헌명과 발표연월일을 명시하여야 한다.

에 관하여 허가를 받거나 신고한 사항 외의 광고는 하여서는 아니된다고 규정하고 있는데, 이 사건 의료용구는 식품의약품안전청으로부터 "접촉부위의 결림 및 통증완화" 효능으로 제조허가를 받은 데에 불과함이 기록상 분명하므로, 이 사건 신문게재내용은 위 시행규칙 조항에 위배된 것으로서 과대한 광고에 해당한다고 보아야 한다."

II. 해 설

1. 대상판결의 의미 – 기사형 광고에 대한 규제

구 「약사법」 제63조 제1항은 "의약품등의 명칭·제조방법·효능이나 성능에 관하여 허위 또는 과대한 광고를 하지 못한다"고 하여 허위·과대광고를 금지하고 있고, 제3항에서 의약품 등의 효능이나 성능에 관한 암시적 기사·사진·도안 기타 암시적 방법에 의한 광고를 금지하고 있긴 하나, 기사와 광고를 구별하는 기준에 대해서는 명확한 규정을 두고 있지 아니하였다.

그런데 대상판결은, 구 「약사법」 제63조 제1항에서의 '광고'의 의미를 널리 불특정 다수의 일반인에게 알릴 목적으로 이루어지는 일체의 수단이라고 해석하고, 기사의 형식을 빌린 경우라고 하더라도 그 실질이 광고인 경우 그 내용에 허위 또는 과대한 광고에 해당된다면 구 약사법 제63조 제1항이 적용될 수 있음을 명확히 하였다.

광고해당여부에 대한 구체적인 판단에 있어서, 원심은 A일보의 '기업파일'이라는 란이 주로 업계의 동정을 싣는 란이라는 점 등을 이유로 광고로 보지 아니하였으나, 대상판결에서 대법원은 ① 제품의 사진 및 회사의 연락처까지 함께 게재된 점, ② 기업체측에서 광고의 목적으로 먼저 게재를 요청하여 신문사에 자료를 보내야만 게재될 수 있는 점 등을 이유로 광고에 해당된다고 판단을 하였다.

이와 같이, 대상판결은 소비자가 기사로 인식할 가능성이 있는 형태의 광고 즉, 기사성 광고에 대한 구체적인 규제 기준을 마련하였다는 점에서 의의가 있다.

이하에서는 대상판결 이후 기사형 광고에 대한 전반적인 규제에 관하여 상술한다.

---

2. 사실과 다르거나, 부분적으로는 사실이라고 하더라도 전체적으로 보아 소비자가 오인할 우려가 있는 광고 또는 소비자를 속이거나 소비자가 속을 우려가 있는 광고
(이하 생략)

2. 광고표시에 관한 규제 마련

대상판결 이후 언론기관의 광고표시에 관한 규제도 마련되었다. 구「신문등의자유와기능보장에관한법률」(이하 '신문법'이라 한다)이 2005년 전부개정되면서, 독자의 권익보호와 언론의 사회적 책임을 보장하기 위한 제도적 장치가 마련되었는데, 기사와 광고를 혼동하지 않게 편집할 의무(구 신문법 제11조)도 그 중 하나였다. 이를 위반할 경우 과태료 제재규정도 두었다.[5)]

이와 관련하여, 문화관광부는 2006년 기사형 광고의 경우 광고임을 알리는 '광고' 등의 문구를 표시하도록 하는 내용을 포함한 '기사형 광고 가이드라인'을 마련한 바 있다.

그런데 2009년 신문법이 전부개정되면서, 위 기사와 광고에 관하여 혼동하지 않게 편집할 의무를 과태료 대상에서 제외하면서, 자율규제에 맡겨지게 되었다.[6)]

3. 의료법상 기사형 광고에 대한 규제

의료분야에 있어서 광고에 관한 규제는「약사법」뿐만 아니라「의료법」(56조)이나「의료기기법」(24조)에도 있다.

특히 구「의료법」제46조 제3항에 대한 위헌결정[7)] 이후 전부개정된「의료법」은 제56조 제2항 제8호에서 "신문, 방송, 잡지 등을 이용하여 기사(記事) 또는 전문가의 의견 형태로 표현되는 광고"를 금지함으로써 기사형 광고에 대한 직접적인 규제 규정을 마련하였다.

---

5) **구 신문법[법률 제7369호, 2005.1.27., 전부개정] 제11조(광고)** ① 정기간행물사업자는 광고로 인하여 독자의 권익이 부당하게 침해당하지 아니하도록 노력하여야 하며, 광고의 내용이 사회윤리, 타인의 명예나 기본권을 명백히 침해한다고 판단되는 경우에는 그 게재를 거부할 수 있다.
② 정기간행물의 편집인은 독자가 기사와 광고를 혼동하지 않도록 명확하게 구분하여 편집하여야 한다.
제43조(과태료) ① 다음 각호의 1에 해당하는 자는 2천만원 이하의 과태료에 처한다.
1. 제11조제2항의 규정을 위반하여 편집을 한 자
(이하 생략)

6) 구 신문법상 제11조 제2항은 개정법상 제6조(독자의 권리보호)의 내용으로 편재되어 자율규제의 대상이 되었다.
신문법 제6조(독자의 권리보호) ① 신문사업자·인터넷신문사업자 및 인터넷뉴스서비스사업자는 편집 또는 제작의 기본방침이 독자의 이익에 충실하도록 노력하여야 한다.
② 신문사업자·인터넷신문사업자 및 인터넷뉴스서비스사업자는 독자의 권익을 보호하기 위한 자문기구로 독자권익위원회를 둘 수 있다.
③ 신문·인터넷신문의 편집인 및 인터넷뉴스서비스의 기사배열책임자는 독자가 기사와 광고를 혼동하지 아니하도록 명확하게 구분하여 편집하여야 한다.

7) 헌재 2005. 10. 27. 2003헌가3 의료법 제69조 등 위헌제청
헌법재판소는 특정의료기관이나 특정의료인의 기능·진료방법"에 관한 광고를 금지하는 의료법 제46조 제3항 및 그 위반시 300만 원 이하의 벌금에 처하도록 하는 동법 제69조가 표현의 자유 내지 직업수행의 자유를 침해한다는 이유로 위헌결정을 내렸다.

이를 구체화한 의료법 시행령 23조 제1항에서는, 대상판결에서 광고해당여부의 기준으로 삼은 '회사의 연락처 게재'를 포함하여 "특정 의료기관·의료인의 기능 또는 진료 방법에 관한 기사나 전문가의 의견을 「신문 등의 진흥에 관한 법률」 제2조에 따른 신문·인터넷신문 또는 「잡지 등 정기간행물의 진흥에 관한 법률」에 따른 정기간행물이나 「방송법」 제2조제1호에 따른 방송에 싣거나 방송하면서 특정 의료기관·의료인의 연락처나 약도 등의 정보도 함께 싣거나 방송하여 광고하는 것"(제10호)을 금지하고 있다.

종래 한국소비자보호원은, 광고비 명목의 비용이 지불되는지 여부에 따라, 광고비 명목의 비용이 공식적으로 지불되는 경우를 기사형 광고, 그렇지 않은 경우를 광고성 기사로 구분한 바 있는데[8] 이러한 기준은 소비자의 입장에서 광고비 지불여부를 알 수 없다는 문제점이 있는 반면, 위 규정은 기사 내용 자체에서 "의료기관·의료인의 연락처나 약도 등의 정보를 제시하는 것"을 알 수 있기 때문에 더 명확한 기준이라고 할 것이다.

4. 기사형 광고에 대한 언론기관의 책임

기사형 광고는 광고주와 기사형 광고를 게재하는 매체와의 공조 속에서 이루어지는 만큼 그 피해방지를 위해서는, 언론기관에 대한 실질적인 규제가 필요하다.

최근 대법원은 신문사 등이 광고주로부터 전달받은 허위 또는 과장 광고에 해당하는 내용을 보도기사로 게재하거나 광고주로부터 전달받은 내용을 바탕으로 허위 내용을 작성하여 보도기사로 게재함으로써, 이를 광고가 아닌 보도기사로 신뢰한 독자가 광고주와 상거래를 하는 등으로 피해를 입은 경우, 신문사 등이 방조에 의한 공동불법행위책임을 진다는 판결을 내린바 있다(대법원 2018. 1. 25. 선고 2015다210231 판결).

동 판결은 광고해당여부에 대하여 기본적으로 대상판결의 동일한 입장을 전제하고 있으며, 구체적인 판시사항은 다음과 같다.

"광고란 널리 불특정 다수의 일반인에게 알릴 목적으로 이루어지는 일체의 수단을 말한다. 그런데 실질은 광고이지만 기사의 형식을 빌린 이른바 '기사형 광고'도 광고의 일종이다. 이러한 기사형 광고는 구성이나 내용, 편집 방법 등에 따라서는 일반 독자로 하여금 '광고'가 아닌 '보도기사'로 쉽게 오인하게 할 수 있다. 즉, 일반 독자는 광고를 보도기사로 알고 신문사나 인터넷신문사 등(이하 '신문사 등'이라 한다)이 정보 수집 능력을 토대로 보도기사 작성에 필요한 직무상 주의의무를 다하여 내용을 작성한 것으로 신뢰하고 이를 사실로 받아들일 가능성이 크다. 신문 등의 진흥에 관한 법률 제6조 제3항에서 "신문·인

8) 한국소비자보호원, 『기사성 광고 실태 및 소비자인식에 관한 조사』 (2001), 3면.

터넷신문의 편집인 및 인터넷뉴스서비스의 기사배열책임자는 독자가 기사와 광고를 혼동하지 아니하도록 명확하게 구분하여 편집하여야 한다"라고 규정하고 있는 것도 위와 같은 오인이나 혼동을 방지하여 독자의 권익을 보호하기 위한 취지이다.

따라서 신문사 등이 광고주로부터 특정 상품 등을 홍보하는 내용을 전달받아 기사형 광고를 게재하는 경우에는, 독자가 광고임을 전제로 정보의 가치를 판단하여 합리적 선택과 결정을 할 수 있도록 그것이 광고임을 명확히 표시하여야 하고, 보도기사로 오인할 수 있는 표시나 표현을 사용하여서는 아니 된다.

신문사 등이 광고주로부터 전달받은 허위 또는 과장 광고에 해당하는 내용을 보도기사로 게재하거나 광고주로부터 전달받은 내용을 바탕으로 허위 내용을 작성하여 보도기사로 게재함으로써 이를 광고가 아닌 보도기사로 신뢰한 독자가 광고주와 상거래를 하는 등으로 피해를 입었다면, 기사형 광고 게재행위와 독자의 손해 발생 사이에 상당인과관계가 인정되는 범위 내에서는 신문사 등도 방조에 의한 공동불법행위책임을 부담할 수 있다."

Ⅲ. 판례의 의의

기사형태의 광고인 경우, 광고임이 명확히 표시되지 않는다면, 전문 지식이 없는 일반인들의 입장에서, 광고인지, 허위의 내용인지 등을 식별해내기는 어렵다. 병마에 시달리는 환자와 가족들이 기사형 광고로 인하여 잘못된 치료방법을 선택할 경우 심각한 피해를 초래할 수도 있을 것이다.

대상판결은 기사형 광고에 대하여 구체적인 규제 기준을 마련하였다는 점에서 의의가 있다.

대상판결 이후 기사형 광고에 대한 경각심이 환기되었고 이에 대한 규제들이 마련되었지만, 인터넷신문 등 새로운 매체를 이용한 기사형 광고가 더 다양해졌으며 SNS를 이용한 바이럴 마케팅 등 소비자를 현혹하는 다양한 형태의 광고가 여전히 범람하고 있다. 변화된 광고환경에 대응하는 새로운 규제 기준을 마련할 시점이다.

60 질병치료에 효능이 있는 일반식품의 과대광고 판단

-대법원 2002. 11. 26. 선고 2002도2998 판결

이 승 준*

Ⅰ. 판례의 개요

1. 사안의 개요

피고인 갑은 건강보조식품 판매업체인 주식회사 '올바른 사○○'의 대표이사로, 피고인 을은 위 회사 영업부장, 피고인 병은 위 회사 영업차장으로 근무하였다.

이들은 서로 공모하여, 2000. 10. 4.자 스포츠조○ 신문에 위 회사에서 판매하는 건강보조식품(바란스 등)에 대하여 '단 한 번에 잘~ 빠졌다'는 제목으로, 3개월에 12kg 및 14kg을 각 감량한 소비자들의 체험수기를 게재하였고, 'MBC 아침 생방송 <아주 특별한 아침> 도전! 다이어트 코너 협찬 중'라는 내용의 전면광고를 게재하였으며, 같은 해 1월경부터 같은 해 11월경까지 중○일보 등의 일간지와 스포츠조○ 등의 스포츠신문에 위와 같은 내용의 광고를 평균 1주일에 2회 내지 3회 게재하여 과장광고를 하였다. 마찬가지로 2000. 10. 24.자 한○일보에 '단 한 번에 잘 빠졌다', 3개월에 12kg을 감량하였다는 등의 소비자들의 체험수기와 체험수기 중 '끝까지 (원샷다이어트 프로그램의) 영양사님과 함께 한 결과는 대성공'이라는 내용 등이 게재된 과장광고를 하였다. 또한 2001. 2. 5.자 스포츠서○에 위 회사에서 판매하는 다이어트 식품에 대하여 '마술 부린 듯 빠지는 살이 신기해요'라는 제목으로, '풍선에서 바람이 빠지듯 감량되었다'며 12kg에서부터 25kg까지 감량한 소비자들의 체험 수기와, '원샷다이어트 프로그램의 제품 중 바란스는 아○대학병원 임상실험을 거친 특수영양식으로 안전하고 건강한 감량이 가능한 믿을 수 있는 다이어트입니다' 등의 내용이 들어간 전면광고를 게재하여 과장광고를 하였다.

---

* 충북대학교 법학전문대학원 교수.

2. 소송경과

가. 원심판결[1)]

원심은 피고인들의 이 사건 광고는 이를 보는 사람들로 하여금 바란스 등의 건강보조식품이 마치 비만을 치유하는데 특별한 효능이 있는 것으로 인식하도록 할 가능성이 크다고 할 것이어서, 식품위생법시행규칙 제6조 제1항이 규정하는 '질병의 치료에 효능이 있다는 내용 또는 의약품으로 혼동할 우려가 있는 내용의 표시·광고(제2호)', '체험기 등을 이용하는 광고(제6호)', '모호한 표현으로 소비자를 현혹시키거나 현혹시킬 우려가 있는 표시·광고(제9호)' 등에 해당하는 과대광고라 할 것이므로, 검사의 주장은 이유가 있다고 판단하였다. 그 결과 제1심의 무죄부분을 파기하고, 피고인 갑과 주식회사 '올바른 사○○'에게 각 벌금 오백만 원을, 피고인 을과 피고인 병에게 각 벌금 이백만 원을 선고하였다.

나. 대법원 판결

대법원은 원심과 마찬가지로, 피고인들이 판매한 일반식품이 질병의 치료에 효능이 있는 것이 사실이라 할지라도, 그 제품을 「식품위생법」에 의하여 식품으로 공인받았을 뿐 의약품으로 공인받지 않은 이상, 그 식품을 표시하거나 광고함에 있어서 의약품과 혼동할 우려가 있는 표현을 사용한다면 그것은 식품에 관한 표시나 광고로서의 범위를 벗어나 그 자체로 식품의 품질에 관한 허위표시나 과대광고로서 소비자의 위생에 위해를 가할 우려가 있으며, 그 결과 식품으로 인한 위생상의 위해를 방지한다는 관점에서 식품에 관한 표시와 광고를 규제하는 「식품위생법」 제11조, 같은 법 시행규칙 제6조 제1항 제2호에 위반되는 과대광고라고 인정하였다. 이러한 논리 전개는 식품위생법의 규제대상인 식품에는 그 제2조 제1호에 의하여 처음부터 의약품은 제외되어 있다는 논거에 기초하였다.

3. 판례의 요지

가. 식품을 의약품과 혼동할 우려가 있는 표현으로 표시하거나 광고하는 행위

일반식품이 질병의 치료에 효능이 있는 것이 사실이라 할지라도, 그 제품을 「식품위생법」에 의하여 식품으로 공인받았을 뿐 의약품으로 공인받지 아니한 이상, 「식품위생법」의 규제대상인 식품에는 그 제2조 제1호에 의하여 처음부터 의약품은 제외되어 있으므로, 그 식품을 표시하거나 광고함에 있어서 의약품과 혼동할 우려가 있는 표현을 사용한다면

---

1) 서울지방법원 2002. 5. 29. 선고 2001노11274 판결.

그것은 식품에 관한 표시나 광고로서의 범위를 벗어나 그 자체로 식품의 품질에 관한 허위표시나 과대광고로서 소비자의 위생에 위해를 가할 우려가 있다고 할 것이어서, 식품으로 인한 위생상의 위해를 방지한다는 관점에서 식품에 관한 표시와 광고를 규제하는 식품위생법 제11조, 같은 법 시행규칙 제6조 제1항 제2호에 위반되게 되는 것이다.

나. 건강보조식품의 비만치유 광고와 과대광고

일간지 등에 게재한 건강보조식품에 관한 광고가 이를 보는 사람들로 하여금 마치 비만을 치유하는 데 특별한 효능이 있는 것으로 인식하게 할 가능성이 크다고 보아 과대광고에 해당한다.

II. 해 설

1. 쟁점의 정리

광고는 상품을 소비자들에게 선전하는 효율적이며 효과적인 수단이다. 그러나 광고는 상품이나 용역의 판매 증대를 위해 일정 정도 과장적 요소를 포함할 수밖에 없으며, 그 정도가 소비자들이 감수할 수 있는 수준을 넘어설 경우에는 기망으로 볼 수 있다. 과대·허위광고는 기본적으로 「표시·광고의 공정화에 관한 법률」(이하 '표시광고법'이라 한다)에 따라 규율된다. 그리고 식품에 대한 과대·허위광고는 행정단속규정, 즉 국민보건의 증진을 위해 「식품위생법」, 「약사법」 등에 의해 규율되고 있으며, 경우에 따라 형법적으로 사기죄의 성립가능성도 있다.[2)]

대상판결의 경우 문제된 피고인들의 행위는 우후죽순 늘어나던 다이어트 식품과 그 광고가 사회적 문제로 대두되던 시점에서, 비만 감소, 체중감량에 대한 신문 광고행위로 「식품위생법」에서 금지하고 있는 행위에 해당하는지, 동 시행규칙에서 규정하고 있는 예외사유에 해당하는 것은 아닌지가 쟁점이었다.

2) 「식품 등의 표시·광고에 관한 법률」(이하 '식품표시광고법'이라 한다)이 2018. 3. 13. [법률 제15483호]로 제정되었고, 2019. 3. 14. 시행되었다. 따라서 2019. 3. 14. 이후에는 식품에 관한 표시·광고는 「식품위생법」이 아닌 식품표시광고법이 규율하게 된다.

2. 관련 판례[3)]

위 법령조항[4)]의 의미를 해석함에 있어 위 규정이 식품의 약리적 효능에 관한 표시·광고를 전부 금지하고 있다고 볼 수는 없고, 그러한 내용의 표시·광고라 하더라도 그것이 식품으로서 갖는 효능이라는 본질적 한계 내에서 식품에 부수되거나 영양섭취의 결과 나타나는 효과임을 표시·광고하는 것과 같은 경우에는 허용된다고 보아야 하므로, 결국 위 법령조항은 식품 등에 대하여 마치 특정 질병의 치료·예방 등을 직접적이고 주된 목적으로 하는 것인 양 표시·광고하여 소비자로 하여금 의약품으로 혼동·오인하게 하는 표시·광고만을 규제한다고 한정적으로 해석하여야 하며, 어떠한 표시·광고가 식품광고로서의 한계를 벗어나 의약품으로 혼동·오인하게 하는지는 사회일반인의 평균적 인식을 기준으로 법적용기관이 구체적으로 판단하여야 한다.

3. 검 토

가. 식품위생법 제11조의 해석

「식품위생법」은 식품으로 인하여 생기는 위생상의 위해(危害)를 방지하고 식품영양의 질적 향상을 도모하며 식품에 관한 올바른 정보를 제공하여 국민보건의 증진에 이바지함을 목적으로 한다. 이러한 목적 달성을 위하여 행정조사나 행정처분을 규정하고 있다. 아울러 이러한 목적을 위해 중대하고 심각한 위반행위에 대해서는 형사처벌도 규정하고 있다.

피고인들의 행위 당시 시행 중이던 「식품위생법」(법률 제6154호, 2000. 1. 12.)은 제11조 허위표시등의 금지 제하에 제1항에서 "식품 등의 명칭·제조방법 및 품질에 관하여는 허위표시 또는 과대광고를 하지 못하고, 포장에 있어서는 과대포장을 하지 못하며, 식품·식품첨가물의 표시에 있어서는 의약품과 혼동할 우려가 있는 표시를 하거나 광고를 하여서는 아니된다"고 규정하고 있었으며, 제2항에서는 "제1항의 규정에 의한 허위표시·과대광고·과대포장의 범위 기타 필요한 사항은 보건복지부령으로 정한다"고 규정하고 있었다. 이에 따라 같은 법 시행규칙(보건복지부령 제166호, 2000. 8. 8.) 제6조 제1항은 허위표시·과대광고 및 과대포장의 범위를 구체적으로 규정하였다. 즉 법 제11조의 규정에 의한 허위표시·과대광고의 범위는 용기·포장 및 라디오·텔레비전·신문·잡지·음곡·영상·인쇄물·간판 기타의 방법에 의하여 식품 등의 명칭·제조방법·품질·영양가·원재료·성분 또는

3) 대법원 2008. 8. 11. 선고 2007도7415 판결.
4) 구 「식품위생법」(2005. 12. 23. 법률 제7735호로 개정되기 전의 것, 이하 '법'이라 한다) 제11조 제1항.

사용에 대한 정보를 나타내거나 알리는 행위 중 다음 각 호의 1에 해당하는 것으로 한다고 하면서, 각 호는 ① 법 제22조의 규정에 의하여 허가·신고 또는 보고한 사항이나 제11조의 규정에 의하여 수입신고한 사항과 다른 내용의 표시·광고, ② 질병의 치료에 효능이 있다는 내용 또는 의약품으로 혼동할 우려가 있는 내용의 표시·광고 등 12개의 호를 규정하였다.

생각건대 「식품위생법」 제11조에 있어, 피고인들의 행위는 「식품위생법」 제11조, 같은 법 시행규칙 제6조 제1항 제2호의 '질병의 치료에 효능이 있다는 내용 또는 의약품으로 혼동할 우려가 있는 내용의 표시·광고'를 하였는지가 쟁점이다. 그리고 이러한 구성요건해당성 판단의 전제는 제11조와 시행규칙 제6조 제1항 제2호의 합리적인 해석이다. 이 같은 제11조의 적용에서 핵심은 시행규칙 제6조 제1항 제2호인데, '질병의 치료에 효능이 있다는 내용 또는 의약품으로 혼동할 우려가 있는 내용의 표시·광고'에 대하여 동 시행규칙 제2항은 "제1항의 규정에 의한 허위표시·과대광고로 보지 아니하는 표시 및 광고의 범위와 그 적용대상식품은 별표 3[5]과 같다"고 하여 유용성 및 용도 등을 기준으로 법령에 의해 위법성이 조각되는 행위, 정당행위를 다시 규정하고 있다. 결국 제11조 위반 여부는 시행규칙 제6조 제1항 제2호에 의해 위법성이 조각되는 범위의 해석으로 귀결된다.

생각건대 식품의 경우에도 그 자체나 함유된 영양소가 경우에 따라 일정한 약리적 작용을 할 수 있고 사람의 건강증진과 질병의 치료 및 예방에 일정한 역할을 수행할 수 있으며, 식품은 제조 및 판매 등이 허가제로 엄격히 관리되는 의약품과 달리 일반적으로 인체의 건강을 해할 우려가 있는 위해식품의 판매 등을 금지하는 방식으로 관리되고 있다. 그러므로 식품제조업자 등의 영업의 자유, 소비자의 행복추구권에 비추어 「식품위생법」의 표시·광고 규정은 식품의 약리적 효능에 관한 표시·광고 전부를 금지하고 있는 것이 아니라 식품 등에 대해 마치 특정 질병의 치료·예방 등을 직접적이고 주된 목적으로 하는 것인 양 표시·광고하여 소비자로 하여금 의약품으로 혼동·오인하게 하는 것만을 규제하고 있는 것으로 한정적으로 해석하여야 할 것이다.[6]

나. 피고인들의 광고행위와 과대광고 해당 여부

과대·허위광고가 법적으로 규제되어야 할 것인가에 대해 대체로 기만성과 오인가능

---

5) 허위표시·과대광고로 보지 아니하는 표시 및 광고의 범위와 그 적용 대상 식품의 주요 내용 중 유용성과 관련하여서는 신체조직 기능의 일반적인 증진을 주목적으로 하는 표현, 다만, 질병의 예방과 치료에 관한 사항을 표현할 수 없음(예시 : 건강유지, 건강증진, 체질개선, 식이요법 등의 표현은 가능하나 당뇨병, 변비 등 질병예방과 치료라는 표현 등은 할 수 없다) 등이다.

6) 헌재 2000. 3. 30. 97헌마108 전원재판부.

성을 기준으로 하고 있다.[7] 이는 표시광고법 제3조의 정의와 이를 바탕으로 한 대법원 판례[8]의 입장에 영향을 받은 것으로 보인다.

피고인들의 공소사실에 의하면 피고인들의 행위가 건강보조'식품'을 '질병의 치료에 효능이 있다는 내용' 또는 '의약품으로 혼동할 우려가 있는 내용'으로 표시·광고하였는지가 과대광고의 쟁점이다.

대상판결에서 대법원은 피고인들에게 유죄를 인정했는데, 그러한 논리전개의 핵심은 다음과 같다. "일반식품이 질병치료의 효능이 있더라도 식품으로 공인을 받았다 → 의약품이 아니므로 「식품위생법」의 규제대상이다 → 의약품으로 혼동할 우려가 있는 표현을 사용하면 식품의 품질에 관한 허위표시나 과대광고로서 소비자의 위생에 위해를 가할 우려가 있다". 그리고 이러한 논리전개 과정에 식품으로 공인받은 이상 의약품과 혼동할 우려가 있는 표현을 사용하는 것은 식품에 관한 표시나 광고로서의 범위를 벗어나 '그 자체로' 식품의 품질에 관한 허위표시나 과대광고의 우려가 있다는 추정을 하고 있다.

「식품위생법」이나 「약사법」은 '국민보건'의 향상이라는 최종 목표는 같지만 식품인지 의약품인지에 따라, 그리고 위생상의 위해 방지 측면인지, 질병을 진단·치료·경감·처치 또는 예방의 측면인지에 따라 규율을 달리하고 있다. 의약품의 경우 '의약품이 아닌 것은 그 용기·포장 또는 첨부문서에 의학적 효능·효과 등이 있는 것으로 오인될 우려가 있는 표시를 하거나 이와 같은 내용의 광고를 하는 행위'에 대해서는 「약사법」 위반행위 중 가장 중한 위법행위로 규정하고 있다. 이 같이 규정한 이유는 식품으로 공인받았다고 하여 의약품과 혼동될 수 있는 표시 내지 광고마저 허용할 경우 「약사법」상의 의약품이 아닌 것을 의약적 효능·효과가 있는 것처럼 표시 내지 광고하는 행위의 금지 규정을 형해화할 것이며 제조, 판매 등에 대해 엄격한 요건을 규정하고 있는 약사법을 우회하여 안전성·유효성을 담보하려는 취지를 잠탈할 수 있기 때문이다. 「식품위생법」이 음식물 중 의약으로 섭취하는 것은 제외하고 있음도 양자를 엄격히 구분하는 취지에 기초하고 있기 때문이다.

대법원은 대상판결 이전부터 「약사법」 위반사건에서 「약사법」에서 말하는 의약품은 반드시 약리작용상 어떠한 효능의 유무와 관계없이 그 성분, 형상, 명칭, 거기에 표시된 사용목적, 효능, 효과, 용법, 용량, 판매할 때의 선전 또는 설명 등을 종합적으로 판단하여 사회일반인이 볼 때 한 눈으로 식품으로 인식되는 것을 제외하고는, 그것이 위 목적에 사용되는 것으로 인식되거나 약효가 있다고 표방된 경우에는 이를 모두 의약품으로 보아 약

7) 이승준, "과장·허위광고와 사기죄의 기망 -판례를 중심으로-", 『형사법연구』, 제21권 제1호(2009), 338면; 정완, "일반식품에 대한 과대광고의 범위 및 처벌기준 -특히, 식품의 약리적 효능 내지 유용성에 대한 표시·광고와 관련하여-", 『인천법조』, 제7집(2005), 121면 이하.

8) 대법원 2005. 2. 18. 선고 2003두8203 판결; 대법원 1992. 9. 14. 선고 91도2994 판결 등.

사법의 규제대상이 된다고 보았다.[9] 동시에 식품을 표시하거나 광고함에 있어서 의약품과 혼동할 우려가 있는 표현을 사용한다면 그것은 식품에 관한 표시나 광고로서의 범위를 벗어나 그 자체로 식품의 품질에 관한 허위표시나 과대광고로서 소비자의 위생에 위해를 가할 우려가 있으며 약사법 위반죄와 식품위생법 위반죄는 상상적 경합관계라고 판단하였다.

「식품위생법」 제11조 및 동 시행규칙 제6조 제1항의 위반행위를 형벌로 처벌하는 취지는 식품을 의약품으로 오인할 수 있는 의학적 효능 내지 효과가 있는 것으로 표시·광고하는 행위는 식품의 품질에 대해 기망한 것이며 이는 소비자의 위생에 위해를 가할 우려가 있으므로 허용되지 않는다는 것이다. 이러한 관점에서 대상판결은 97도2925 판결의 연장선상에 나온 판결로 그 논리를 이어받은 판결로 볼 수 있다.

그렇다고 하더라도 여전히 남는 문제는 피고인들의 행위가 위법성조각사유를 규정하고 있는 식품위생법 시행규칙 제6조 제2항의 별표에 해당하는지 여부이다. 동 별표에 의할 때 피고인들의 행위는 우선 적용대상식품인 건강보조식품에 대하여 신문에 광고한 것은 명확하다. 유용성에서 문제가 되는데, 허용되는 신체조직 기능의 일반적인 증진을 주목적으로 하는 표현(건강유지, 건강증진 등)인지, 금지되는 질병의 예방과 치료에 관한 사항(당뇨병, 변비 등 질병예방과 치료라는 표현 등)인지 검토되어야 한다. 생각건대 피고인들의 신문광고는 광고의 구체적인 내용을 보면 피고인들의 주장과 달리 식품위생법의 적용대상이 아닌 '다이어트프로그램'이 아니라 다이어트프로그램에 포함된 다이어트'식품'에 대한 광고이며, 그 정도도 일반적인 식품의 품질[10]상 건강유지 내지 건강증진이라는 신체조직 기능의 일반적인 증진에 주목적이 있다기보다는 '질병의 예방과 치료', 특히 특정 질병인 비만의 치료 등을 직접적이고 주된 목적으로 하는 광고라고 볼 수 있을 것이다. 품질 중 기능적 특성, 생체조절기능에 대해 식품을 넘어 의학적 효능·효과에 있어 구체적으로 입증가능한 유효성에 관해 과대광고하였기 때문이다. 피고인들의 행위는 사회의 평균적인 소비자의 관점에서 판단할 때 비만이라는 질병의 치료에 효능이 있어 의약품으로 혼동할 우려가 크며 금지되는 광고행위로 인정하는 것이 타당하다.

이러한 관점에서 대법원의 결론은 타당하다고 하겠다. 그러나 비록 식품위생법 제11조의 규정을 위험범으로 이해하더라도, 규정 체계에 따라 형사처벌의 확정을 위해서는 비만이 '질병'인지 여부를 필히 검토하였어야 한다. 피고인들의 행위가 '건강유지 내지 증진'

---

9) 대법원 1998. 2. 13. 선고 97도2925 판결.

10) 식품과학기술대사전은 식품의 품질을 기본적 특성과 기능적 특성으로 , 기본적 특성은 다시 영양특성과 안전성으로, 기능적 특성은 기호특성과 생체조절기능(항종양성, 혈압조절 등), 유동특성, 부가특성으로 이루어진다고 보고 있다.

차원에서 체중의 감량을 넘어 질병인 비만의 치료를 위한 다이어트인지 여부에 대해 신중히 살펴볼 필요가 있는 것이다. 비만에 병리학적 실체를 인정할 수 있는가가 의학계에서도 의견이 나뉘나 1990년대 들어 비만이 병인요소가 아니라 독립적인 질환으로 주목받기 시작했으며 이후 현재까지 독립적인 질병이자 다양한 다른 질병을 악화시키거나 발생시키는 원인으로 받아들여지고 있다.[11] 우리나라 통계청이 편찬한 한국표준질병사인분류표는 비만을 질병(E66)으로 인정하고 있으며,[12] 세계보건기구도 1996년 비만을 치료가 필요한 병이라고 한 이후 지구 전체의 건강을 위협하는 전염병으로 선언하였다. 현실적으로 미국 국립보건원(NIH)은 물론 우리나라에서도 비만에 질병분류에 코드가 부여되어 있는 상황에서 비만은 단순히 관리가 필요한 신체상태를 넘어 질병으로 인정할 수 있을 것이다.[13]

Ⅲ. 판례의 의의

이 판결은 당시 남발되던 다이어트 식품 광고가 어떠한 경우에 과대광고가 되는지에 관하여 일응의 기준을 제시하였다는 점에서 의의를 찾기도 한다.[14]

비만을 질병으로 볼 수 있는 이상 대상판결에서 피고인들의 신문광고 행위를 식품위생법 위반행위로 판단한 것은 타당하다고 하겠다. 대상판결은 식품의 품질에 대한 과대·과장광고에 관한 기존의 판시, 즉 이전 82도3054 판결[15]이나 97도2925 판결[16]을 계승한 것이며, 이러한 입장은 이후 판결에도 이어지고 있다.[17] 이러한 흐름에 비추어 본다면 대상판결은 큰 문제가 없어 보인다. 그러나 애초 97도2925 판결처럼 식품위생법 위반 여부에 대해 사실상의 추정에 가까운 논리를 전개한 것이 타당한지는 의문이다. 시행규칙 제6조 제2항 별표의 위법성조각사유를 적극적으로 판단해 보아야 하기 때문이다.

---

11) 자세한 논의는 박혜경, “비만의 질병지위 획득 메커니즘”, 『과학기술학연구』, 제14권 제2호(2014), 174면 이하 참조.
12) 질병분류정보센터(http://www.koicd.kr/2016/kcd/v7.do?#4.7.2&y) 자료(2018. 9. 1. 확인).
13) 같은 취지로 황적화, 『대법원 판례해설』, 제43호(2003), 690면.
14) 황적화, 위의 논문, 691면.
15) 대법원 1983. 2. 22. 선고 82도3054 판결.
16) 대법원 1998. 2. 13. 선고 97도2925 판결.
17) 대법원 2006. 6. 2. 선고 2006도2034 판결; 대법원 2013. 3. 28. 선고 2012도16383 판결 등.

61 의약품과 혼동할 우려가 있는 식품·식품첨가물 광고행위의 의미 및 그 판단 기준

-대법원 2008. 8. 21. 선고 2007도7415 판결

홍 태 석*

Ⅰ. 판례의 개요

1. 사안의 개요

피고인은 유통업에 종사하면서 2006. 3. 초순경 성남시 분당구 ○○동 ○○-○○에서 '헬스키퍼'(www.hkeeper.com)라는 인터넷 홈페이지를 통하여 홍삼제품을 판매하면서 위 홈페이지의 건강정보란에 홍삼이 '고혈압을 치료(혈중콜레스테롤 저하 및 혈압강화 효과)하고, 두뇌활동촉진(노인성치매예방, 항혈전화촉진기능)과 성기능장애개선(발기부전 치료효과)을 하며, 암에 대한 효과(발암물질인 다이옥신 퇴치)가 있다'는 등 마치 홍삼제품이 질병치료에 효능이 있다는 내용으로 표시를 함으로써 식품인 홍삼제품의 표시에 있어 의약품과 혼동할 우려가 있는 광고를 하였다.

2. 소송경과

가. 원심판결[1)]

원심판결은 검사가 당심에 이르러 이 사건 공소사실에 다음에서 인정하는 범죄사실 기재와 같은 내용의 공소사실, 즉 피고인에 대하여 당초 공소제기되었다가 건강기능식품에관한법률위반의 공소사실로 공소장변경되기 전의 식품위생법위반 공소사실을 예비적으로 추가하는 2007. 5. 15.자 공소장변경허가신청을 하였고, 이 법원이 이를 허가함으로

* 원광대학교 법학전문대학원 교수.

1) 수원지방법원 2007. 8. 21. 선고 2006노4263 판결.

써 그 심판의 대상이 달라졌으므로, 당초에 제기된 공소사실을 전제로 하는 제1심 판결은 그대로 유지될 수 없다고 판단하였다.

원심판결은 피고인의 주장에 대하여 이 사건 기록에 의하여 인정되는 다음과 같은 사정들, 즉 ① 「건강기능식품에관한법률」은 제3조 제1호에서 '건강기능식품'을 '인체에 유용한 기능성을 가진 원료나 성분을 사용하여 정제·캅셀·분말·과립·액상·환 등의 형태로 제조·가공한 식품'이라 정의하고 있고, 제14조 제1항에서 '식품의약품안전청장은 판매를 목적으로 하는 건강기능식품의 제조·사용 및 보존 등에 관한 기준과 규격을 정하여 고시한다'고 규정하고 있으며, 이에 식품의약품안전청장이 정한 '건강기능식품의 기준 및 규격'은 홍삼제품을 건강기능식품의 하나로 고시하면서 '홍삼성분함유제품'을 '홍삼농축액, 홍삼농축액분말, 홍삼분말 또는 가용성홍삼성분을 주원료[가용성홍삼성분(홍삼사포닌 70.0mg/g을 기준으로 할 때)으로서 10.0% 이상]로 하여 제조한 것'이라 정의하고 있고, 홍삼성분함유 제품의 제조기준에 대해서는 '최종제품의 홍삼성분의 함량이 7.0mg/g 이상'으로 규정하고 있는데, 피고인이 이 사건 인터넷 사이트를 통해 판매한 홍삼제품은 홍삼농축액(고형분 60%)이 1.5% 함유된 제품에 불과하여 가용성홍삼성분이 10% 이상이어야 한다는 위 규정에 미달하는 것으로 보이는 점, ② 한국인삼공사가 해당관청에 이 사건 홍삼제품을 건강기능식품이 아닌 단순 식품인 홍삼음료로 식품(첨가물)품목제조보고를 한 점 등을 종합하여 볼 때, 피고인이 판매한 이 사건 홍삼제품은 건강기능식품이 아닌 단순한 식품으로 보이고, 달리 위 홍삼제품이 건강기능식품이라고 인정할 증거가 없다고 판단하였다.

원심은, "피고인은 2006. 3. 초순경 '헬스키퍼'(www.hkeeper.com)라는 인터넷 홈페이지를 통하여 홍삼제품을 판매하면서 위 홈페이지의 건강정보란에 홍삼이 '고혈압을 치료(혈중콜레스테롤 저하 및 혈압강화 효과)하고, 두뇌활동촉진(노인성치매예방, 항혈전화촉진기능)하고, 성기능장애개선(발기부전 치료효과)하며, 암에 대한 효과(발암물질인 다이옥신 퇴치)가 있다'는 등 마치 홍삼제품이 질병치료에 효능이 있다는 내용으로 표시를 함으로써 식품인 홍삼제품의 표시에 있어서 의약품과 혼동할 우려가 있는 광고를 하였다"는 이 사건 예비적 공소사실에 대하여, 구 「식품위생법」(2005. 12. 23. 법률 제7735호로 개정되기 전의 것) 제77조 제1호, 제11조 제1항을 적용하여 유죄로 인정하였다.

나. 대법원 판결

대법원은 원심판결을 파기하고, 사건을 수원지방법원 본원 합의부에 환송하였다.

3. 판례의 요지

가. 피고인 운영의 이 사건 인터넷 홈페이지에서 피고인이 판매하는 이 사건 천▽홍삼에 대한 설명은 '카테고리'라는 상위 항목 아래의 '정♡장 홍삼제품'이라는 세부 항목 속의 웹페이지에 게시되어 있는 반면, 그 원료 중의 하나인 홍삼의 효능·효과 등에 대한 정보는 '컨텐츠'라는 상위 항목 아래의 '건강정보'라는 세부 항목 속의 웹페이지에 들어 있는 '홍삼이란?' 제목의 글 속에 게시되어 있어 그 게시 공간이 서로 분리되어 있고 시간적·공간적으로 연결되어 있지 않는 한편, 위 인터넷 홈페이지에는 그 외에도 위 '카테고리'라는 상위 항목 아래에 '정♡장 홍삼제품'이라는 세부 항목 외에 피고인이 판매하는 다른 건강 관련 제품들에 관한 별도의 세부 항목들이 들어 있으며, 위 '컨텐츠'라는 상위 항목 아래에도 '건강정보' 외에 '제품문의 q&a'와 '자유게시판'이라는 별도의 세부 항목들이 들어 있고, 위 '건강정보'라는 세부 항목 속에는 이 사건 홍삼에 관한 글 외에도 건강과 관련한 음식이나 운동 정보에 관한 다른 글들이 게시되어 있음을 인정할 수 있는바, 사정이 이와 같다면 피고인이 이 사건 인터넷 홈페이지에서 자신이 판매하는 제품과 이에 대한 설명이 들어 있는 웹페이지와는 시간적·공간적으로 구분되어 있는 별도의 '건강정보'라는 웹페이지에서 일반적으로 널리 알려진 홍삼의 약리적 효능 및 효과를 기재한 글을 게시한 행위는 피고인이 판매하는 '천▽홍삼' 또는 그와 같은 홍삼제품의 원재료 중의 하나인 홍삼에 대하여 소비자로 하여금 의약품과 혼동·오인하게 할 우려가 있는 표시 또는 광고를 하였다기보다는, 피고인이 판매하는 홍삼제품의 판매를 촉진하고자 하는 의도에서 이 사건 인터넷 홈페이지를 이용하는 소비자들에게 홍삼에 대한 정보를 제공하는 정도에 그친다고 봄이 상당하다.

나. 대법원 판결은 인터넷 홈페이지를 통해 홍삼제품을 판매하는 사람이 그 홈페이지에서 판매용 홍삼제품을 설명하는 웹페이지와 구분된 별도의 웹페이지인 건강정보란에 다른 건강 관련 정보와 함께 일반적으로 널리 알려진 홍삼의 약리적 효능 및 효과에 관한 글을 게시한 사안에서, 이는 구 식품위생법 제11조 제1항에서 금지하는 '의약품과 혼동·오인하게 할 우려가 있는 표시 또는 광고'에 해당하지 않는다고 보았다.

II. 해 설

1. 쟁점의 정리

상품의 편익을 과대 포장한 광고, 즉 과대광고는 광고윤리에 반할 수 있으며 궁극적으로는 반사회적 행위로 볼 수 있으나 과대광고는 우리 사회에서 흔히 볼 수 있는 일이 되었다. 이러한 과대광고로 인하여 소비자나 우리 사회에 대하여 잘못된 정보를 전달하고 정보로서의 기능을 상실할 뿐만 아니라 광고 자체에 대한 신뢰감을 상실시킬 수도 있다.

특히 고도의 산업화 사회를 살아가는 현대인들은 날이면 날마다 광고의 홍수 속에서 살아간다고 해도 과언이 아니다. 특히 신문, 잡지, 방송 등 대중 매체의 발달로 이들에 의한 광고는 양적으로도 엄청나지만, 질적으로도 교묘해지고 있다. 예를 들면 "세계 최초, 첨단, 완전 해결, 만능, 무슨무슨 상에 빛나는 …" 등의 문안으로 소비자를 현혹하려고 온갖 미사여구를 동원하고 있다. 한마디로 과장광고, 과대광고라 볼 수 있다.

그렇다면 과장·과대광고는 형법상 사기 행위에 해당하는 지에 대한 검토가 필요하다. 상거래에 있어서 어느 정도의 과장광고나 선전은 관행으로서 사회적으로 허용된다고 보아 한계를 크게 넘지 않는 한 사기죄를 구성하지 않는다고 보는 것이 일반적 견해이다.

2. 관련 판례

가. 대법원 1998. 2. 13. 선고 97도2925 판결

「약사법」에서 말하는 의약품은 제2조 제4항 제1호의 대한약전에 수재된 것 외에 사람 또는 동물의 질병의 진단, 치료, 경감, 처치 또는 예방에 사용됨을 목적으로 하는 것이거나 혹은 사람 또는 동물의 신체의 구조 또는 기능에 약리적 기능을 미치게 하는 것이 목적으로 되어 있는 것을 모두 포함하는 개념(단 기계기구, 화장품 제외)이라고 할 것이고 반드시 약리작용상 어떠한 효능의 유무와 관계없이 그 성분, 형상(용기, 포장, 의장 등), 명칭, 거기에 표시된 사용목적, 효능, 효과, 용법, 용량, 판매할 때의 선전 또는 설명 등을 종합적으로 판단하여 사회일반인이 볼 때 한 눈으로 식품으로 인식되는 것을 제외하고는, 그것이 위 목적에 사용되는 것으로 인식되거나 약효가 있다고 표방된 경우에는 이를 모두 의약품으로 보아 「약사법」의 규제대상이 된다.

비록 「식품위생법」에 의하여 그 기준과 규격을 공인받은 품목허가의 식품이라고 할지라도, 식품위생법의 규제대상인 식품에는 그 제2조 제1호에 의하여 처음부터 의약품은 제외되어 있으므로, 그 식품을 표시하거나 광고함에 있어서 의약품과 혼동할 우려가 있는 표현을 사용한다면 그것은 식품에 관한 표시나 광고로서의 범위를 벗어나 그 자체로 식품의 품질에 관한 허위표시나 과대광고로서 소비자의 위생에 위해를 가할 우려가 있다고 할 것이고, 따라서 식품으로 인한 위생상의 위해를 방지한다는 관점에서 식품에 관한 표시와 광고를 규제하는 「식품위생법」 제11조, 같은 법 시행규칙 제6조 제1항 제2호에 위반되게 됨은 물론, 다른 한편, 그 제품이 사회일반인이 볼 때 한 눈으로 식품으로 인식되어 의약품이 아닌 것임이 명백한 경우라고 할지라도 그 표시나 광고의 내용이 의학적 효능·효과가 있는 것으로 오인될 우려가 있는 표현이 포함되어 있는 경우에는 약사에 관한 사항을 규정하고 그 적정을 기하여 국민보건 향상에 기여한다는 관점에서 규정된 「약사법」 제55조 제2항에도 위반된다.

의약품이 아닌 식품에 대한 규제는 그로 인한 위생상의 위해방지에 관련된 범위 내에서는 일차적으로 「식품위생법」의 규정에 따라야 할 것이므로 식품위생법시행규칙 제6조 제2항 [별표 3]에서 건강보조식품 등을 대상으로 허위표시·과대광고로 보지 않도록 규정한 것, 즉 (1) 질병의 예방과 치료에 관한 사항을 포함하지 않는 범위 내에서 신체조직 기능의 일반적인 증진을 주목적으로 하는 표현, (2) 임신수유기영양보급, 노약자영양보급 등과 같이 식품영양학적으로 공인된 사실의 표현, (3) 제품의 함유된 주요영양성분의 식품영양학적 기능·작용에 대한 표현, (4) 특정질병을 지칭하지 아니하는 단순한 권장내용의 표현 등은 「약사법」 제55조 제2항 소정의 의약품이 갖는 의학적 효능·효과와 오인될 우려가 있는 표시나 광고에 해당하지 않는다고 해석함이 상당하다.

나. 대법원 2008. 10. 23. 선고 2008도6549 판결

사기죄의 성립과 관련하여 "사기죄의 요건으로서의 기망(欺罔)은 널리 재산상의 거래관계에 있어서 서로 지켜야 할 신의와 성실의 의무를 저버리는 모든 적극적 및 소극적 행위로서 사람으로 하여금 착오를 일으키게 하는 것을 말하며, 사기죄의 본질은 기망에 의한 재물이나 재산상 이익의 취득에 있고, 상대방에게 현실적으로 재산상 손해가 발생함을 그 요건으로 하지 아니하는바, 일반적으로 상품의 선전광고에 있어 다소의 과장, 허위가 수반되는 것은 그것이 일반 상거래의 관행과 신의칙에 비추어 시인될 수 있는 한 기망성이 결여된다고 하겠으나 거래에 있어서 중요한 사항에 관하여 구체적 사실을 거래상 신의성실의 의무에 비추어 비난받을 정도의 방법으로 허위로 고지한 경우에는 과장, 허위광고의 한계를 넘어 사기죄의 기망행위에 해당한다"고 보고 있다.

이렇듯 우리의 판례는 일반적 상업광고에 있어 상거래의 관행과 신의칙에 크게 반하지 않는 한 '기망성(欺罔性)'이 없는 것으로 보아 사기죄의 성립을 부정하고 있다.

다. 서울고등법원 1997. 2. 25. 선고 97노7 판결

문제는 "어느 정도가 허용되는 한계인가"인데, 그 판단 기준은 상거래에 있어서 신의성실의 원칙에 반하는가 아닌가에 따라야 한다는 것이 다수설이다(신의성실원칙설). 판례도 이에 입각해 성능이 지극히 불량한 약품을 마치 특효약인 것처럼 홍보하고 바람잡이 고객을 동원해 선량한 소비자를 속인 경우, 모방한 작품을 진품이라고 하거나 오랜 시대의 것인 양 가장한 경우, 골동품의 출처를 속인 경우에는 사기죄를 인정한 경우도 있다(서울고등법원 1997. 2. 25. 선고 97노7 판결).

하지만 일상생활에 있어 상인이 상품을 판매할 때 상품의 광고선전에 다소의 과장이 수반되는 것은 일반적 현상이므로 사회생활에 있어서 일반적으로 인정되는 정도의 선전이나 광고는 「경범죄처벌법」 제1조 제11호(허위광고), 「약사법」 제68조(과대광고 등의 금지), 「의료법」 제56조 제3항(과대광고 등의 금지)의 규율대상은 될지언정 사기죄는 성립되지 않는다 볼 수 있다. 즉, 사회생활에 있어서 일반적으로 인정되는 정도의 선전·광고 등에 대해서는 상거래관행이나 신의성실의 원칙을 그 판단기준으로 삼고 있다.

3. 검 토

20세기말 인터넷 기술은 급속한 발전을 이루었고 21세기로 넘어와서는 인터넷 정보의 홍수 속에 살고 있다고 해도 과언이 아닐 정도이다. 이러한 인터넷 기술의 발전으로 온라인을 통한 상품판매 또한 급속히 증가하고 이에 편승하여 인터넷을 통한 각종 상품의 광고홍수 속에 살고 있다. 특히 최근에는 스마트폰의 보급으로 우리는 온라인 광고를 쉽게 접할 수 있으며, 이러한 온라인 광고는 이젠 우리 삶의 일부분이 되었다 해도 과언이 아닐 정도이다.

판매자들은 소비자들을 현혹시키기 위하여 여러 과장된 문구를 사용하고 소비자들의 지갑을 열기 위하여 많은 미사어구 등을 사용하고 있다. 광고는 대량생산, 대량소비 경제구조가 원활하게 운용될 수 있도록 정보를 전달하고 동기를 유발하는 커뮤니케이션이다.[2] 이렇듯 광고란 간단히 말해 소비자의 지갑을 열기 위한 '하나의 도구'라 할 수 있다. 여기서 문제되는 것이 '하나의 도구'에 있어 어느 정도까지 허위·과장광고의 범위를 수용할 수 있을 것인가에 대한 허용범위의 문제이다.

---

2) 정균화, 『부당 표시·광고 행위 규제에 대한 개선방향』(한국과학기술정보연구원(KISTI), 1996), 22면.

우리는 소비자를 현혹시키기 위하여 허위·과장광고를 주위에서 쉽게 접할 수 있고 관련 뉴스나 기사[3]도 자주 접하게 되는 것이 사실이다. 대상 판례는 이러한 수용범위를 한계지우는 역할을 하고 있다 평가할 수 있다.

구 「식품위생법」 제11조(허위표시등의 금지) 제1항은 "식품 등의 명칭·제조방법, 품질, 영양표시, 제10조의3의 규정에 따른 쌀의 원산지 및 식육의 원산지 등 표시에 관하여는 허위표시 또는 과대광고를 하지 못하고, 포장에 있어서는 과대포장을 하지 못하며, 식품·식품첨가물의 표시에 있어서는 의약품과 혼동할 우려가 있는 표시를 하거나 광고를 하여서는 아니 된다. 식품·식품첨가물의 영양가·원재료·성분 및 용도에 관하여도 또한 같다"고 규정하고 있었다.

Ⅲ. 판례의 의의

대상판례는 여기서 "의약품과 혼동할 우려가 있는 표시를 하거나 광고를 하여서는 아니된다"라는 규정과 관련한 해석론을 제시하고 있다. 즉, 식품표시에 의약품과 혼동할 우려가 있는 표시·광고를 전부 금지하고 있다고 볼 수 없으며, 이러한 내용의 표시·광고라 하더라도 그것이 식품으로서 갖는 효능이라는 본질적 한계 내에서 식품에 부수되거나 영양섭취결과 나타나는 효과임을 표시·광고하는 경우에는 허용되며, 식품광고로서의 한계를 벗어나 의약품으로 혼동·오인하게 하는지는 사회일반인의 평균적 인식을 기준으로 판단하여야 한다는 것을 밝히고 있다. 또한 단지 판매하는 제품의 판매를 촉진하고자 하는 의도에서 소비자들에게 정보를 제공한 정도에는 해당 법률의 위법소지가 없다고 볼 수 있다는 점을 확실히 한 것으로 생각되며,[4] 온라인상에서 게재되고 있는 각종 광고 형태 중 허위·과장광고 등 다양한 불법행위가 이루어지고 있는 온라인을 통한 광고와 관련하여 허위·과장광고의 한계를 규명한 판례로 볼 수 있다.

---

3) 허위·과장광고의 문구를 사용하는 온라인 기사의 문제점은 다음의 세 가지로 집약된다고 한다. ①제공되는 정보의 신뢰성이 부족하다는 점, ②허위광고의 증가에 따른 저널리즘이 훼손되고 있는 점, ③선정적인 정보에 대한 통제의 사각지대에 놓여 있다는 점 등이다(마윤성·황호형, "온라인 기사형 광고의 허위 및 과대·과장광고로써의 법률적 접근과 해석", 『Journal of Digital Convergence』 (2016. 5), 392면).

4) 한편 이러한 온라인상의 규제를 위해서는 각종의 정책적 개선과 함께 '자율규제의 활성화'를 강조한 견해도 보인다(정완, 『사이버공간상 불법·유해정보의 합리적 규제방안』 (한국형사정책연구원, 2005. 12), 120면).

62 건강기능식품의 오인·혼동 광고

－대법원 2014. 10. 16. 선고 2014두37863 판결

목 지 향*

Ⅰ. 판례의 개요

1. 사안의 개요

가. 처분의 경위

원고는 건강기능식품 판매 등을 하는 B를 운영하는 영업자로서 「건강기능식품에 관한 법률」(이하 '건강기능식품법'이라 한다)에 따라 신고된 건강기능식품에 해당하는 'C' 식이섬유를 함유한 절식－보식 제품(이하 '이 사건 제품'이라 한다) 등을 제조하여 판매하고 있다.

원고는 B 홈페이지(D)에 소비자를 기만하거나 오인, 혼동시킬 우려가 있는 광고를 체험기(이하 '이 사건 체험기'라 한다) 형식으로 등록(이하 '이 사건 위반행위'라 한다)하였다는 이유로 2013. 5. 7. 피고로부터 영업정지 30일에 갈음하는 과징금 18,000,000원의 처분(이하 '이 사건 처분'이라 한다)을 받았다.

나. 인정사실

B 홈페이지 고객센터 게시판에는 이 사건 제품 등을 이용한 고객들의 이용후기가 게시되어 있는데, 그 중에는 제품의 다이어트 효과를 인정하는 후기도 있고 효과를 인정하지 않는 후기도 있다.

E는 위 게시판에 이 사건 제품이 다이어트 효과가 크며, 자신은 체중이 100kg이 초과하는데 3달 동안 이 사건 제품을 섭취한 다음 첫 달에 8~10kg, 둘째 달에 10~19kg, 셋째

* 법무법인 참진 변호사.

달에 20~28kg까지 감량하는 등 체중이 60kg 정도가 됨으로써 40kg 정도 감량하였다는 글을 올렸고, 체중 감량 상태를 확인할 수 있는 전후 사진도 함께 게시하였다.

이에 원고는 E가 올린 후기 및 사진 등을 종합하여 2012. 2. 8.경 "40kg 감량 이후－기존 후기＋후기 추가" 라는 제목으로 위 홈페이지 공지사항에 게시하였고, 위 게시물의 조회수도 1,400회가 넘는다. 한편, 위 공지사항은 홈페이지 관리자가 게시 및 관리하는 것으로서 홈페이지 첫 화면의 좌측 하단에 B와 관련한 언론보도 등과 함께 게시되어 있다.

2. 소송경과

가. 원심판결[1)]

(1) 원고 주장의 요지

① 이 사건 체험기는 E가 이 사건 제품을 섭취함과 동시에 약 1년 6개월 동안 원고의 지시를 철저히 지켜가며 음식물 섭취를 줄인 결과 40kg 감량했다는 내용으로 사실 그대로 작성한 것이므로, 이 사건 제품을 섭취하기만 하면 3개월여 만에 40kg의 체중을 감량했다고 오인하게 할 우려가 없고, 허위이거나 과장된 내용도 아니다.

② 구 건강기능식품법(2012. 10. 22. 법률 제11508호로 개정되기 전의 것)은 영업정지 이외에 제29조에 시정명령도 규정하고 있는 점에서 피고가 원고의 위반행위에 대해 시정명령을 할 수 있었음에도 불구하고 필요 이상의 행정제재인 이 사건 처분을 한 것은 비례의 원칙에 위배되어 재량권을 일탈·남용한 것으로 위법하다.

(2) 원심법원의 판단

원심법원은, 위와 같은 원고의 주장을 모두 배척하고 원고의 청구를 기각하였다.

먼저, 원고의 ①주장에 대하여 구 건강기능식품법 제18조 제1항은 제2호에서 '사실과 다르거나 과장된 표시·광고'를, 제3호에서 '소비자를 기만하거나 오인·혼동시킬 우려가 있는 표시·광고'를 허위·과대광고로 열거하고 있어 '허위·과장'광고와 '소비자를 오인·혼동시킬 우려'가 있는 광고를 구별하고 있는바, 허위·과장에 해당하지 않고 사실에 부합하는 광고라고 하더라도 그 표현 방식이나 편집 방식에 있어 소비자를 오인·혼동시킬 우려가 있는 경우에는 위 제3호의 규제대상이 된다고 하였다. 또한 이 사건 체험기에는 'C에 절식 보식을 주문하여 3달을 꼬박 원장님께서 시키는 대로 하였다'는 등 그 표현 방식에 있어 읽는 사람으로 하여금 체중감량 성공의 최대 요인이 이 사건 제품인 듯한 인상을 주는 점, 이 사건 체험기는 '이때 100키로 넘었어요', '첫 달 8~10kg, 둘째 달 10~19kg, 셋째

1) 서울고등법원 2013. 12. 26. 선고 2012누40331 판결.

달 20~28kg 살이 빠졌습니다'라고 하는 등 그 표현 방식에 있어 '첫 달, 둘째 달, 셋째 달'을 강조하고 최종적으로 '40kg 이상 뺀 것'을 강조하고 있어 자세히 읽어 보지 않으면 마치 3개월여 만에 40kg 이상 체중감량을 한 것처럼 보이는 점 등을 종합하여 보면, 이 사건 체험기는 소비자들로 하여금 마치 이 사건 제품이 체중감량의 주된 원인이고 섭취하기만 하면 3개월여 만에 40kg의 체중을 감량할 수 있는 것처럼 오인하게 할 우려가 있는 광고에 해당한다고 판시하였다.

원고의 ②주장에 대하여 제재적 행정처분의 기준이 부령의 형식으로 규정되어 있더라도 그것은 행정청 내부의 사무처리준칙을 정한 것에 지나지 아니하여 대외적으로 국민이나 법원을 기속하는 효력이 없고, 당해 처분의 적법 여부는 위 처분기준만이 아니라 관계 법령의 규정 내용과 취지에 따라 판단되어야 하므로, 피고가 원고의 위반행위에 대하여 시정명령이 아니라 구 건강기능식품법 및 그 시행령, 시행규칙에 따라 영업정지 1개월에 갈음하는 과징금 부과처분을 한 것이 피고에게 주어진 재량권의 범위를 일탈하거나 피고가 그 재량권을 남용한 것에 해당한다고는 보기는 어렵다고 판시하였다.

나. 대법원 판결

대법원은 원심의 판단을 모두 수긍하면서 원고의 상고를 기각하였다.

3. 판례의 요지

가. 허위·과대광고에 해당하는지 여부

구 건강기능식품법(2012. 10. 22. 법률 제11508호로 개정되기 전의 것) 제18조 제1항은 '허위·과대의 표시·광고'에 관하여 제2호에서 '사실과 다르거나 과장된 표시·광고'를, 제3호에서 '소비자를 기만하거나 오인·혼동시킬 우려가 있는 표시·광고'를 열거함으로써 '허위·과장' 광고와 '소비자를 오인·혼동시킬 우려'가 있는 광고를 구별하고 있는바, 허위·과장에 해당하지 않고 사실에 부합하는 광고라고 하더라도 그 표현 방식이나 편집 방식에 있어 소비자를 오인·혼동시킬 우려가 있는 경우에는 위 제3호의 규제대상이 된다고 판결하였다.

나. 재량권 일탈·남용 여부에 관하여

건강기능식품법 제18조 제1항 제3호가 소비자를 오인시킬 우려가 있는 광고를 허위·과대광고로 보아 금지하는 것은 그러한 허위·과대광고가 소비자를 현혹하여 구매를 유도하는 것을 방지하여 건강기능식품의 건전한 유통·판매를 도모함으로써 국민의 건강 증진과 소비자보호에 이바지하는 데 그 규정 취지가 있고, 이 사건 부과처분으로 원고가 입게 될 불이익이 그로 인해 달성되는 공익보다 현저하게 크다고 보기 어려운 점 등을 근거로 피고가 원고의 위반행위에 대하여 시정명령이 아니라 건강기능식품법 및 그 시행령, 시행규칙에 따라 이 사건 부과처분을 한 것이 피고에게 주어진 재량권의 범위를 일탈하거나 피고가 그 재량권을 남용한 것에 해당한다고 볼 수 없다고 판결하였다.

II. 해 설

1. 부당한 표시광고의 규율체계

가. 우리나라 부당한 표시광고 규제의 발전과정

표시·광고의 규제 체계가 전체적으로 조망되어 진행된 것은 1999년 「표시·광고의 공정화에 관한 법률」(이하 '표시광고법'이라 한다)이 제정되어 규제의 제도적 기반이 체계적으로 정착되면서부터이다. 표시광고법은 미국의 영향을 많이 받아 발전해 간 반면에, 식품위생법은 표시광고법과는 별도로 독자적으로 일본 식품위생법의 영향을 받아 위생상 위해예방을 목적으로 표시광고를 규율하였다.

초기 「식품위생법」은 소비자 보호라는 개념이 들어오기 전이라 공중위생상 위해 우려 예방을 목적으로 두었으나, 점차 공중위생 위해 우려의 목적이 확장되어 공정거래의 목적도 조금씩 들어오기 시작하였다.[2] 2002년 건강기능식품법이 제정되어 공중위생 위해 우려의 목적뿐만 아니라 '공정거래의 목적'을 천명하면서 이후 식품법상 부당한 표시·광고 금지의 규제는 상표법 등 타법의 영역이 명확한 부분을 제외하고는 식품관련 모든 부당한 표시·광고 금지를 규제하는 법제로 발전하고 있다.

나. 식품위생법과 건강기능식품법의 관계

2002년 건강기능식품법은 우리 사회에서 제조 판매되고 있는 다양한 건강기능식품의 안전성과 기능성을 평가하고 유통질서를 관리하기 위한 목적으로 제정되었다.

대법원은 건강기능식품법이 시행된 2003. 8. 27. 이후 영업자가 건강기능식품에 관하

2) 이주형·조근형, 『식품안전 분야 규제 연구 -판례분석을 통한 부당한 표시·광고 규제의 개선에 관한 연구』 (식품안전정보원, 2016), 88면.

여 허위·과대의 표시·광고를 한 경우에는 같은 법 제44조 제4호, 제18조 제1항에 의하여 처벌할 수 있을 뿐이고, 「식품위생법」상의 처벌규정(제77조 제1호, 제11조 제1항)은 그 적용이 배제된다고 보았다.[3)]

다. 표시광고법과 개별법규와의 관계

표시광고법과 부당한 광고를 규제하는 개별법규와의 관계에 대하여 광고에 관한 개별법규는 표시광고법과는 입법목적 및 적용영역을 달리하기 때문에 일방은 타방에 대하여 병렬적 지위를 갖는다는 견해[4)]와 개별법규가 특별법적 지위를 갖는다는 견해로 나뉜다.

대법원은 「식품위생법」 제11조 제1항이 금하는 식품의 품질에 관한 허위표시나 과대광고를 오인한 소비자의 위생상의 위해를 방지할 필요가 있을 때에는 같은 법 제55조에 의한 시정명령을 할 수 있고, 동시에 그 광고가 경쟁사업자간의 공정거래를 해하는 것일 때에는 사업자간의 자유로운 경쟁의 촉진을 위하여 「독점규제및공정거래에관한법률」(이하 '공정거래법'이라 한다) 제16조에 의한 시정명령을 할 수 있다고 보아 병렬적 지위에 있음을 전제로 하고 있다.[5)] 표시광고법과 개별법규의 목적이 상이한 점에서 병렬적 지위에서 법이 적용된다고 보는 견해가 타당하다.

다만 최근 공정거래위원회에서 「식품위생법」상 과대광고로 식품의약품안전처에서

---

3) 대법원 2005. 12. 22. 선고 2005도7167 판결.

4) 박해식, "부당표시광고에 대한 규제 －표시광고의공정화에관한법률을 중심으로－", 『재판자료: 경제법의 제문제』, 제87집(법원도서관, 2000), 640면.

5) 공정거래법(1990. 1. 13. 법률 제4198호로 개정되기 전의 것) 제15조 제6호, 제16조에 의하면, 사업자가 상품 또는 용역에 관하여 허위 또는 과장된 표시 광고를 한 때에는 경제기획원장관이 시정명령을 할 수 있도록 규정하고 있고, 「식품위생법」 제11조 제1항, 제55조에 의하면 식품 등에 관하여 허위표시 또는 과대광고 등을 한 때에는 보건사회부장관 또는 시, 도지사가 시정명령을 할 수 있도록 규정되어 있는바, 공정거래법에서 상품 등에 관하여 허위 또는 과장된 표시 또는 광고를 금지하고 이에 위반된 때에는 그 시정명령을 하도록 규정하고 있는 것은 동법의 목적인 사업자의 시장지배적 지위의 남용과 과도한 경제력의 집중을 방지하고, 부당한 공동행위 및 불공정거래행위를 규제하여, 공정하고 자유로운 경쟁을 촉진하기 위한 것이고(동법 제1조 참조), 한편 「식품위생법」이 식품 등의 허위표시 또는 과대광고 등을 금지하고 이에 위반한 때에는 그 시정명령을 할 수 있도록 한 것은 그 법의 목적이 식품으로 인한 위생상의 위해를 방지하고 식품영양의 질적 향샹을 도모함으로써 국민보건의 증진에 이바지하기 위한 것으로 위 양자는 그 목적 및 제도의 취지가 상이하기 때문에 「식품위생법」 제11조 제1항 및 제55조가 위 공정거래법 제15조 제6호및 제16조의 특별규정이라 할 수 없다. 따라서 「식품위생법」 제11조 제1항이 금하는 식품의 품질에 관한 허위표시나 과대광고가 이를 오인한 소비자의 위생상의 위해를 방지할 필요가 있을 때에는 같은법 제55조에 의한 시정명령을 할 수 있고, 동시에 그 광고가 경쟁사업자 간의 공정거래를 해하는 것일 때에는 사업자간의 자유로운 경쟁의 촉진을 위하여 공정거래법 제16조에 의한 시정명령을 할 수 있는 것이다. 원심이 같은 취지에서 피고의 이 사건 처분을 권한 없는 자에 의하여 이루어진 처분이 아니라고 판단한 것은 옳고, 이와 반대의 견해에서 식품의 허위 광고에 관하여는 오로지 「식품위생법」상의 시정명령만이 가능하고 공정거래법상의 시정명령은 할 수 없다는 논지는 이유없다(대법원 1990. 9. 25. 선고 89누8200 판결).

수사를 받은 영업자를 대상으로 조사한 결과 표시광고법을 적용하는 사례가 발생하면서 관련 법령에 대한 이중규제의 문제가 대두되고 있다. 단속 또는 수사기관이 다르다는 이유로 동일한 내용에 대해서 이중 규제를 받게 되는 것인데, 병렬적 지위에 있는 양 법이 적용된다 할지라도 사업자 입장에서 가혹한 조치가 될 수 있으므로 관련 부처 간의 협의하에 내용조정이 필요할 것으로 보인다.[6)]

2. 사실에 부합하더라도 소비자를 오인 혼동시킬 우려가 있는 경우 건강기능식품법상 규제대상이 되는지 여부

가. 표시광고법의 규제

표시광고법 및 그 시행령 규정에 의하면, '기만적인 광고'는 사실을 은폐하거나 축소하는 등의 방법으로, '거짓·과장의 광고'는 사실과 다르게 광고하거나 사실을 지나치게 부풀려 광고하여, 소비자를 속이거나 소비자로 하여금 잘못 알게 할 우려가 있는 광고행위로서 공정한 거래질서를 저해할 우려가 있는 광고를 말한다.

공정거래위원회 「기만적인 표시·광고 심사지침(이하 '공정위 지침'이라 한다)」에서는 기만적인 표시·광고를 심사함에 있어서 특정 정보가 은폐·누락·축소되었다는 사실만으로 곧바로 부당한 표시·광고에 해당하는 것이 아니라 ① 은폐·누락·축소한 사실이 소비자의 구매선택에 주요한 영향을 미쳤는지 여부, ② 은폐·누락·축소함으로써 공고내용의 전후 맥락과 광고 전체 내용상 보통의 주의력을 가진 일반 소비자가 사업자나 상품에 대하여 그릇된 정보나 사실과 다른 인식을 가질 우려가 존재하는지 여부, ③ 이를 통해서 소비자의 합리적인 의사결정이 저해될 우려가 존재하는지 여부 등을 종합적으로 판단하도록 하고 있다(공정위 지침 Ⅳ.).

'소비자의 구매선택에 있어서 중요사항에 대한 은폐 또는 누락'은 제조업자 등 사업자에 관한 정보, 상품 등의 품질·종류·수량 등에 관한 정보, 가격 또는 거래조건에 관한 정보, 사용방법·유효기간·보증 등 상품 등의 사용 또는 이용과정에서 소비자가 반드시 알아야할 정보 등 소비자의 구매선택에 있어 중요한 사항에 관한 정보의 전부 또는 일부에 대하여 은폐 또는 누락한 것을 말한다(공정위 지침 Ⅴ.1). 또한 동 지침 Ⅴ.4.에서도 사업자가 진실의 일부를 누락하였을 경우에 거짓·과장의 표시·광고에 해당하는지 기만적인 표시·광고에 해당하는지 모호한 경우에는 표시광고법 제3조 제1항 제1호 및 제2호를 중복 적용할 수 있다고 하였다.

6) 이주형·조근형, 앞의 논문, 294면.

이에 따라 최근의 공정거래위원회 심결례들은 기만적 광고의 성립요건을 (1) 기만성, (2) 소비자오인성, (3) 공정거래저해성으로 보고, 특히 (2)의 소비자오인성을 판단함에 있어서는 일반소비자들은 사업자가 광고를 통해 제시하는 정보에 주로 의존하고 있다는 점에 주목하고 있다.7) 대법원은 소비자오인성은 보통의 주의력을 가진 일반소비자가 당해 광고를 받아들이는 전체적·궁극적 인상을 기준으로 하여 객관적으로 판단하여야 한다고 판단하고 있다.8)

나. 건강기능식품법의 규제

건강기능식품법 제18조는 허위·과대의 표시·광고의 금지사항을 적시하고 있는데, 동조 제1항 제2호는 '사실과 다르거나 과장된 표시·광고', 제3호는 '소비자를 기만하거나 오인·혼동시킬 우려가 있는 광고'를 구분하여 기재하고 있다. 동법 시행규칙 [별표 5] 제3호에서 '소비자를 기만하거나 오인·혼동시킬 우려가 있는 광고'를 세분화하고 있다. 대상판결은 [별표 5] 제3호 가목에 해당하는 경우이다. 가목은 각종의 감사장 또는 체험기 등을 이용하거나 "주문쇄도", "단체추천" 또는 이와 유사한 내용을 표현하는 광고를 말한다.9)

---

7) 공정거래위원회 2018. 4. 26. 의결 제2018-044호; 공정거래위원회 2018. 3. 19. 의결 제2018-093호(가습기 살균제 사건); 공정거래위원회 2017. 12. 14. 의결 제2017-372호 등.

8) 대법원 2005. 2. 18. 선고 2003두8203 판결(분양대행사에 의한 밀리오레의 상가임대분양광고에 마치 밀리오레가 직접 분양하는 것으로 오인케 하는 경우) 등.

9) **구 건강기능식품법(2012. 10. 22. 법률 제11508호로 개정되기 전의 것) 제18조(허위·과대의 표시·광고 금지)** ① 영업자는 건강기능식품의 명칭, 원재료, 제조방법, 영양소, 성분, 사용방법, 품질 및 건강기능식품이력추적관리 등에 관하여 다음 각호에 해당하는 허위·과대의 표시·광고를 하여서는 아니된다.
  1. 질병의 예방 및 치료에 효능·효과가 있거나 의약품으로 오인·혼동할 우려가 있는 내용의 표시·광고
  2. 사실과 다르거나 과장된 표시·광고
  3. 소비자를 기만하거나 오인·혼동시킬 우려가 있는 표시·광고
  4. 의약품의 용도로만 사용되는 명칭(한약의 처방명을 포함한다)의 표시·광고
  5. 제16조제1항의 규정에 의하여 심의를 받지 아니하거나 심의 받은 내용과 다른 내용의 표시·광고
  ② 제1항의 규정에 의한 허위·과대의 표시·광고의 범위 등에 관하여 필요한 사항은 총리령으로 정한다.
  건강기능식품에 관한 법률 시행규칙(2014. 3. 18. 총리령 제1071호로 개정되기 전의 것) 제21조(허위·과대·비방의 표시·광고의 범위) 법 제18조제2항에 따른 허위·과대·비방의 표시·광고의 범위는 별표 5와 같다.
  [별표 5] 허위·과대의 표시·광고의 범위(제21조관련)
  3. 소비자를 기만하거나 오인·혼동시킬 우려가 있는 표시·광고에 해당하는 경우
    가. 각종의 감사장 또는 체험기 등을 이용하거나 "주문쇄도", "단체추천" 또는 이와 유사한 내용을 표현하는 광고
    나. 의사, 치과의사, 한의사, 수의사, 약사, 한약사, 대학교수 또는 그 밖의 자가 제품의 기능성을 보증하거나, 제품을 지정·공인·추천·지도 또는 사용하고 있다는 내용 등의 표시·광고. 다만, 해당제품의 연구·개발에 직접 참여한 사실을 표시·광고하는 경우를 제외한다.
    다. 외국어의 사용 등으로 외국제품으로 혼동할 우려가 있는 표시·광고 또는 외국과 기술 제휴한 것으로 혼동할 우려가 있는 내용의 표시·광고

이에 대하여 "소비자를 기만하거나 오인·혼동시킬 우려"가 있는 경우 객관적 사실에 근거하더라도 광고를 금지하고 있는 [별표 5] 제3호의 각 목의 기재사항을 비판하면서 제2호 라목의 경우와 같이 "객관적인 사실에 근거하지 아니한 경우"로 제한하는 것이 타당하다고 보는 견해가 있다.[10] "객관적인 사실에 근거한 경우"는 소비자를 기만하거나 오인·혼동시킬 우려가 있는 광고라기보다는 오히려 소비자들에게 제품에 대한 정확한 정보를 제공하는 것으로 보아야 한다는 것이 이유이다. 그러나 "객관적인 사실에 근거한 경우"로 한정한다면 사실에 근거하나 소비자의 오인가능성을 유발하는 광고를 규제할 수 없는 입법흠결이 발생할 수 있는 점, 거짓·과장광고와 기만광고의 경계가 모호하거나 두 영역이 중첩되는 광고가 존재할 수 있다는 점에서 당해 조항을 객관적 사실에 근거하지 아니한 경우로 제한할 필요는 없다고 본다.

III. 판례의 의의

사실에 부합하는 광고라 할지라도 표현 방식이나 편집 방식에서 소비자를 오인·혼동시킬 우려가 있는 경우 구 건강기능식품법 제18조 제1항 제3호에서 이를 규제하고 있음을 대상판결을 통하여 명백히 하였다. 다만 표시광고법에 위배되는 기만광고인지 여부에 대하여는 별도로 판단하지 않았다. 편집방식에 있어서 소비자의 체험후기를 공지게시판 첫 번째 위치에 걸어두면서 제목에 ○○kg 감량을 강조하는 방식을 취한 점, 표현방식에 있어서 '첫 달, 둘째 달, 셋째 달'을 강조하고 최종적으로 '40kg 이상 뺀 것'을 강조하고 있는 점을 언급하였다. 결과적으로 소비자가 체험후기를 자세히 읽지 않으면 해당 건강기능식품의 3개월 섭취만으로 40kg을 감량하였다고 오인할 수 있다는 점에 특히 주목하고 있다.

기만적 광고를 인정한 판례가 많지 않으나 교묘히 사실관계를 생략하거나 광고의 배치를 달리하여 소비자로 하여금 잘못된 인식을 유발할 가능성이 있는 광고가 늘어나고 있는 실정이다. 이에 대상판결은 광고가 사실에 부합한다 하여도 사실의 은폐·축소의 방법 등으로 소비자 오인가능성이 인정된다면 부당한 광고로 평가될 수 있음을 확인하였다는 점에서 의의가 있다.

라. 해당 제품의 제조방법·품질·영양소·원재료·성분 또는 효과와 직접 관련이 적은 내용을 강조함으로써 다른 업소의 제품을 간접적으로 다르게 인식되게 하는 광고

마. 비교표시·광고의 경우 그 비교대상 및 비교기준이 명확하지 아니하거나 비교내용 및 비교방법이 적정하지 아니한 내용의 표시·광고

10) 한견우·장연화, "건강기능식품의 광고규제에 관한 법적 문제점과 개선방안", 『공법연구』, 第36집 제2호(한국공법학회, 2007. 12), 284면.

63 협찬고지 규율 형식과 포괄위임입법금지 원칙

- 헌재 2003. 12. 18. 2002헌바49

정 필 운*

Ⅰ. 판례의 개요[1)]

1. 사안의 개요

청구인은 민영방송사업자로서, '문화유산을 지키자'라는 프로그램에서 담배 제조·판매업체인 구 한국담배인삼공사(2002. 12. '주식회사 케이티앤지'로 상호변경되었다)를 협찬주로 고지한 내용을 2001. 6. 30.부터 같은 해 7. 21.까지 사이에 매일 2회씩 총 46회 방송하였다. 이에 방송위원회는 같은 해 8. 16. 위 협찬고지가 방송법 제74조 제1항의 규정에 위반되었음을 사유로 청구인에게 「방송법」 제108조 제1항 제11호에 의하여 과태료 500만원을 부과하였다. 청구인은 위 과태료 부과처분에 대하여 인천지방법원 2001과2369호로 이의신청(이하 '당해사건'이라 한다)을 제기하였고, 당해사건 계속 중 위 법원에 방송법 제74조 등에 대하여 위헌제청신청을 하였으나 위 법원은 이를 기각하였다. 이에 청구인은 헌법재판소법 제68조 제2항의 헌법소원심판청구를 하였다.

2. 소송경과

청구인은 「방송법」 제74조 전부에 대하여 위헌이라고 주장하면서 이 사건 심판청구를 하였다. 그리고 심판청구확장청구서에서, 협찬고지의 개념해석 및 적용한계는 방송광고의 개념과 논리적 견련성 및 밀접불가분성이 있고, 방송법 제73조 제2항이 방송광고의 개념을 구체화하는 역할을 하는데 이 조항도 포괄위임입법금지의 원칙에 위배되어 위헌이라고 주장하면서 위 조항을 추가하는 심판청구확장을 구하였다.

---

* 한국교원대학교 일반사회교육과 교수.

1) 대상 결정에서 가져온 것이다.

그러나 헌법재판소는 「방송법」 제74조 제2항은 당해사건에 적용되지 아니하여 재판의 전제성이 없다고 판단하였다. 그리고 청구인의 심판대상 법률조항을 추가하는 형식의 확장청구는 추가적 청구의 변경에 해당하고 그 추가된 부분의 청구는 새로운 헌법소원제기의 성격을 갖는데, 법원의 위헌제청신청기각 또는 각하결정의 대상이 되지 아니한 규정들에 대하여 헌법소원심판청구를 추가한 경우 그 부분에 대한 심판청구는 「헌법재판소법」 제68조 제2항의 규정에 의한 헌법소원심판의 대상이 되지 아니하여 부적법한데, 「방송법」 제73조 제2항은 법원의 위헌제청신청기각결정의 대상이 되지 아니하였음이 명백하므로 위 조항에 대한 심판청구확장 청구는 「헌법재판소법」 제68조 제2항에 따른 적법요건을 갖추지 못하여 부적법하므로 「방송법」 제73조 제2항을 이 사건 심판대상으로 삼지 않았다. 결론적으로 이 사건 심판대상은 이 사건 심판 대상을 방송법(2000. 1. 12. 법률 제6139호로 전문 개정된 것, 이하 같다) 제74조 제1항(이하 '이 사건 법률조항'이라 한다)[2]이 헌법에 위반되는지 여부이다.

3. 판례의 요지

협찬고지의 허용범위를 대통령령에 위임하고 있는 「방송법」 제74조 제1항이 「헌법」상 포괄위임입법금지의 원칙, 죄형법정주의 등에 위배되는지 여부에 대한 헌법적 판단을 내린 이 결정에서 6인의 재판관은 합헌의견을, 3인의 재판관(재판관 김영일, 재판관 권성, 재판관 주선회)은 위헌의견을 제시하였다. 따라서 헌법재판소는 이 사건 법률조항은 헌법에 위반되지 아니한다고 판단하였다. 이 결정의 쟁점과 그에 따른 다수의견과 소수의견의 판시는 해설에서 자세히 소개하고 검토한다.

II. 해 설

1. 쟁점의 정리

이 결정에서 다수의견과 소수의견은 다음 두 가지 쟁점에서 상반된 견해를 제시하였다. 첫째, 방송의 자유를 형성하는 법률의 성격이 포괄위임입법금지의 판단에 직접적인 영향을 미치는지에 대하여 다수의견은 그것이 직접적인 영향을 미친다고 판단하였고, 소

---

2) **방송법 제74조 제1항(협찬고지)** ① 방송사업자는 대통령령이 정하는 범위 안에서 협찬고지를 할 수 있다.

수의견은 그것이 직접적인 영향을 미치지 않는다고 판단하였다. 둘째, 이 사건 법률조항이 포괄위임입법금지 원칙에 위배되는지에 대하여 다수의견은 합헌이라고 판단하였고, 소수의견은 위헌이라고 판단하였다. 아래에서 자세히 소개하고 검토한다.

2. 쟁점 1: 방송의 자유를 형성하는 법률의 성격이 포괄위임입법금지의 판단에 직접적인 영향을 미치는지

가. 다수의견[3]

(1) 이 사건 법률조항의 내용과 입법목적

이 사건 법률조항은 (1) 협찬고지를 허용하되, (2) 그 허용범위는 대통령령에 위임한다는 두 가지 내용을 규율하고 있다. 또한 이 사건 법률조항은, 과태료부과규정인 방송법 제108조 제1항 제11호와 결합하여 그 허용범위에서 벗어난 협찬고지 행위에 대하여 방송사업자에게 과태료를 부과할 수 있도록 규율하고 있다. 이 사건 법률조항의 입법목적은 방송사업의 운영에 필수적인 재원을 조달하기 위하여 음성적으로 행해져온 협찬관행을 합법화하는 한편 그 허용범위는 종전 수준으로 제한하여 그 범위를 벗어난 협찬고지를 규제하는 근거규정을 입법함으로써 방만한 협찬으로 협찬주 등의 사적 이익이 방송프로그램 제작과정에 부당한 영향력을 행사하여 방송프로그램의 상업성을 부채질하거나 방송편성의 자유와 독립을 해할 우려를 방지하고, 방송광고로서 금지 내지 규제되는 사항을 우회적으로 달성하거나 한국방송광고공사를 통한 위탁광고제도를 비켜가기 위한 수단으로 협찬고지를 이용하는 것을 방지하여 건전한 방송문화 정착과 광고질서 확립을 통하여 방송의 공정성과 공익성을 기하고, 나아가 방송의 자유를 실질적으로 보장하기 위한 것이다.

(2) 이 사건 법률조항의 성격

방송의 자유는 주관적 권리로서의 성격과 함께 신문의 자유와 마찬가지로 자유로운 의견형성이나 여론형성을 위해 필수적인 기능을 행하는 객관적 규범질서로서 제도적 보장의 성격을 함께 가진다.

협찬고지란, 방송사업자가 방송제작에 관여하지 않는 자로부터 방송프로그램의 제작에 직·간접적으로 필요한 경비·물품·용역·인력 또는 장소 등을 제공받고 그 협찬주의 명칭 또는 상호 등을 방송으로 고지하는 행위(「방송법」 제2조 제22호)로서, 그 본질은 협찬주가 협찬이라는 명목으로 협찬주의 명칭 또는 상호, 이미지 또는 상품을 홍보하기 위해

---

3) 대상결정에서 가져온 것이다.

프로그램 등에 재원을 보조한다는 점에서 상업광고의 한 형태라고 할 수 있고, 그 표현방식과 내용이 방송프로그램에 삽입하는 음성, 자막, 화상 등의 형태로 협찬주의 명칭 또는 상호만을 고지하는 것이라는 점에서 방송광고와 구별되어 규율되고 있다.

앞서 본 입법 경위와 목적 및 이 사건 법률조항의 문면을 종합하면, 입법자는 이 사건 법률조항의 신설에 의해 협찬고지를 방송운영의 자유의 한 부분으로서 허용하는 동시에 그 허용범위를 형성하였다고 볼 수 있으므로 이 사건 법률조항은 이러한 영역을 규율하는 형성 법률인 것이다.

(3) 이 사건 법률조항의 성격이 포괄위임입법금지의 판단에 직접적인 영향을 미치는지

이 사건 법률조항의 주된 성격이 형성적, 허용적 규정으로서 위임의 구체성·명확성의 요구정도가 국민의 기본권을 직접적으로 침해하거나 제한할 소지가 있는 법규보다는 완화된다고 할 것인데, 이 사건 법률조항의 위임에 의하여 대통령령으로 정하여질 협찬고지의 허용범위는 위에서 본 바와 같이 한정된다는 점에서 위임의 구체성·명확성의 요건이 충족되었다고 볼 수 있다.

나. 소수의견[4)]

「헌법」상 보장된 방송의 자유가 방송사업자의 주관적 방어권이자 동시에 민주국가에서 자유로운 여론형성에 기여하는 중대한 기능을 가지고 있다는 점이 인정되고 이에 따라 방송의 자유에 있어서 방송사업자로 하여금 국민의 다양한 의견을 반영하고 국가권력이나 사회세력으로부터 독립된 공정하고 객관적인 방송을 실현할 수 있도록 하기 위하여 입법자에 의한 조직적·절차적 형성을 필요로 한다는 점은 인정되지만, 이와 같은 관점이 이 사건 법률조항이 포괄위임에 위반되는지의 판단에 직접적인 영향을 미치는 것은 아니다. 「헌법」 제75조가 규정하는 입법위임의 명확성의 요청은 일차적으로 입법권을 위임하는 입법자와 이를 위임받는 행정부의 관계에 관한 문제이고, 「헌법」 제75조의 주된 목적은 행정부에 위임된 입법권의 행사를 입법자의 의사에 종속시킴으로써 헌법상 입법자에 부여된 입법권을 보호하고 유지하고자 하는 것이다.

다. 검 토

기본권 형성적 법률유보란 기본권이 보장하고자 하는 생활관계와 생활영역이 아직 확정되어 있지 않은 경우 법률에 의하여 이를 구체적으로 형성하라는 헌법적 명령을 의미한다. 따라서 이것은 기본권을 보장하고 그것을 제한할 필요가 있는 경우 법률에 의하여

4) 대상 결정에서 가져온 것이다.

이를 제한하라는 헌법적 명령을 의미하는 기본권 제한적 법률유보와 구별된다. 양자를 구별하는 실익은 전자의 경우 입법자의 입법권은 기본권 실현을 위하여 행사하는 것이고, 입법재량권이 후자에 비하여 크므로 입법재량에 대한 헌법통제를 상대적으로 완화하여야 한다는 점 등이다.[5] 그러나 이러한 구별이 헌법 제75조의 포괄위임입법금지 원칙에서 위임의 구체성·명확성 판단 기준을 정하는데 직접적인 영향을 미치는 것은 아니다. 소수의견이 판시하고 있는 것처럼 이 사건 법률조항이 기본권 형성적 법률유보인지 기본권 제한적 법률유보인지라는 문제와 헌법 제75조의 포괄위임입법금지 원칙에서 위임의 구체성·명확성 판단 기준과는 논리적으로 별개의 문제이다. "수권법률의 명확성의 정도에 대한 요구는 일반적으로 확정될 수 있는 성질의 것이 아니라, '규율하고자 하는 생활영역이 입법자로 하여금 어느 정도로 상세하고 명확하게 규정하는 것을 가능하게 하는가' 하는 규율대상의 특수성 및 수권법률이 당사자에 미치는 규율효과에 따라"[6] 정할 문제이다. 이렇게 보았을 때 다수의견의 "이 사건 법률조항의 주된 성격이 형성적, 허용적 규정으로서 위임의 구체성·명확성의 요구정도가 국민의 기본권을 직접적으로 침해하거나 제한할 소지가 있는 법규보다는 완화된다고 할 것"이라는 판시는 헌법이론적인 관점에서 받아들이기 힘든 주장이다.

3. 쟁점 2: 이 사건 법률조항이 포괄위임입법금지 원칙에 위배되는지

가. 다수의견[7]

「헌법」 제75조에서 위임입법이 용인되는 한계인 '법률에서 구체적으로 범위를 정하여 위임받은 사항'이라 함은 법률에 이미 대통령령으로 규정될 내용 및 범위의 기본사항이 구체적이고 명확하게 규정되어 있어서 누구라도 당해 법률 그 자체로부터 대통령령에 규정될 내용의 대강을 예측할 수 있어야 한다는 것을 의미한다.

이러한 예측가능성의 유무는 당해 특정조항 하나만을 가지고 판단할 것은 아니고 관련 법조항 전체를 유기적·체계적으로 종합판단하여야 하며 각 대상법률의 성질에 따라 구체적·개별적으로 검토하여야 한다. 위임입법의 위와 같은 구체성, 명확성의 요구 정도는 각종 법률이 규제하고자 하는 대상의 종류와 성질에 따라 달라질 것이지만, 특히 처벌법규나 조세법규와 같이 국민의 기본권을 직접적으로 제한하거나 침해할 소지가 있는 법규에서는 구체성, 명확성의 요구가 강화되어 그 위임의 요건과 범위가 일반적인 급부행정

5) 이상 장영수, 『헌법학』(홍문사, 2017), 512~519면.
6) 소수의견의 판시에서 가져온 것이다.
7) 대상 결정에서 가져온 것이다.

법규의 경우보다 더 엄격하게 제한적으로 규정되어야 하는 반면에, 규율대상이 지극히 다양하거나 수시로 변화하는 성질의 것일 때에는 위임의 구체성, 명확성의 요건이 완화된다(헌재 1995. 11. 30. 91헌바1등, 판례집 7-2, 562, 591; 헌재 1999. 1. 28. 97헌가8, 판례집 11-1, 1, 8 등 참조).

이 사건 법률조항의 입법 경위와 목적, 방송법의 전반적 체제 및 협찬고지의 본질에 비추어 이 사건 법률조항의 위임에 의하여 대통령령으로 정하여질 협찬고지의 내재적 허용범위는 실정법상 광고방송이 허용되는 범위 내에서 건전한 방송문화 및 광고질서 확립을 통하여 방송의 공정성과 공익성을 기하고 나아가 방송의 자유를 실질적으로 보장하는 데 기여할 수 있는 범위로 한정될 것이므로 당해사건의 협찬주인 구 한국담배인삼공사와 같이 방송광고가 금지된 담배 등의 상품이나 용역을 제조·판매 또는 제공하는 자로부터 협찬을 받거나 협찬고지할 수 없음은 충분히 예측할 수 있다.

더구나 이 사건 법률조항의 수규자는 방송사업자로서, 「방송법」 제9조의 규정에 의하여 해당 방송사업의 허가나 승인 등을 받으면서 그 사업운영의 영역을 형성, 규율하는 관련 방송법규의 내용을 숙지하여 협찬고지의 허용범위가 대체적으로 어떠한 것이라는 것을 충분히 예측할 수 있는 지위에 있는 자라고 할 것이다.

또한 방송의 기술성·전문성 및 다양성·급변성 등에 비추어 협찬고지의 허용범위를 미리 법률로 상세하게 정하기는 입법기술상 어려운 반면 시대상황 등에 능동적·탄력적인 대응을 하기 위하여 행정입법에 위임하는 것이 합리적이다. 한편, 이 사건 법률조항의 주된 성격이 형성적, 허용적 규정으로서 위임의 구체성·명확성의 요구정도가 국민의 기본권을 직접적으로 침해하거나 제한할 소지가 있는 법규보다는 완화된다고 할 것인데, 이 사건 법률조항의 위임에 의하여 대통령령으로 정하여질 협찬고지의 허용범위는 위에서 본 바와 같이 한정된다는 점에서 위임의 구체성·명확성의 요건이 충족되었다고 볼 수 있다.

그렇다면, 이 사건 법률조항은 입법자가 그 권한 범위 내에서 형성의 재량을 행사한 것으로서 그 위임에 의하여 대통령령으로 정하여질 협찬고지의 허용범위의 대강을 예측할 수 있으므로 포괄위임입법금지의 원칙에 위배되지 아니한다.

나. 소수의견[8)]

수권법률의 명확성의 정도에 대한 요구는 일반적으로 확정될 수 있는 성질의 것이 아니라, '규율하고자 하는 생활영역이 입법자로 하여금 어느 정도로 상세하고 명확하게 규정하는 것을 가능하게 하는가' 하는 규율대상의 특수성 및 수권법률이 당사자에 미치는

8) 대상 결정에서 가져온 것이다.

규율효과에 따라 다르다. 즉 다양한 형태의 사실관계를 규율하거나 규율대상인 사실관계가 상황에 따라 자주 변화하리라고 예상된다면, 규율대상인 사실관계의 특성을 고려하여 명확성에 대하여 엄격한 요구를 할 수 없으며, 위임에 의하여 제정된 행정입법이 국민의 기본권을 침해하는 성격이 강할수록 보다 명확한 수권이 요구된다는 것이다.

이 사건 법률조항은 입법권을 행정부에 위임하면서 행정부가 위임된 입법권을 행사함에 있어서 준수해야 할 기본방침을 전혀 제시하고 있지 않으므로, 「헌법」 제75조의 요청에 부합하는지 하는 의문이 제기된다.

물론, 입법권을 위임하는 법률이 충분히 명확한지의 여부는 당해 법률조항만이 아니라 그 규범이 위치하는 법률 전체를 포함한 관련법조항의 체계적인 해석을 통하여 판단해야 하고, 특히 이 경우 당해 법률조항의 입법목적은 중요한 의미를 가진다. 그러나 다수의견이 '이 사건 법률조항의 입법목적, 방송법의 전반적 체계 및 협찬고지의 본질에 비추어, 협찬고지의 허용범위에 대한 예측이 가능하다'고 주장하는 바와는 달리, 방송법규정 전반을 고려하더라도 방송사업자의 입장에서는 어느 범위에서 어떠한 경우에 협찬고지가 허용되는지의 대강의 내용을 전혀 예측할 수 없다.

우선, 이 사건 법률조항의 입법목적을 보건대, 입법목적이 단지 '방송의 운영을 위하여 필요한 협찬 및 그에 따른 협찬고지를 대통령령에 의하여 규율되는 범위 내에서 허용하고자 하는 관점' 외에는 입법위임의 구체적 목적이나 범위를 파악할 수 있는 다른 어떠한 관점도 시사하고 있지 않기 때문에, 이와 같은 입법목적으로부터는 행정부가 위임받은 입법권을 행사함에 있어서 준수해야 할 어떠한 지침이나 기준을 이끌어낼 수 없다. 또한, 비록 협찬고지가 상업광고의 한 형태라고는 하나, 광고와 협찬고지는 그 성격상 본질적으로 상이한 것으로서 방송법상 방송광고에 적용되는 규제방식이나 규제원칙이 그대로 적용되는 것이 아니라 방송광고와는 다른 방식에 의한 규제가 필요하며, 바로 이러한 이유에서 「방송법」은 광고방송과 협찬고지를 각 별도의 규정에서 나누어 서로 다른 방식으로 규율하고 있다. 따라서 광고방송이 허용되는 범위 내에서 협찬고지가 허용되는 것은 아니라는 점에서도, 「방송법」의 다른 관련조항으로부터도 대통령령에 규정될 대강의 내용을 예측할 수 있는 아무런 단서를 찾을 수 없는 것이다. 마찬가지로, 협찬고지의 개념을 정의하는 규정인 「방송법」 제2조 제22호는 단지 가치중립적인 정의규정으로서, 어떠한 경우에 협찬이 허용되는지에 관하여 판단할 수 있는 어떠한 기준도 제시하고 있지 않다. 그렇다면, 이 사건의 경우, 협찬고지의 개념을 정의하는 규정인 법 제2조 제22호, 이 사건 법률조항의 입법목적, 그 외의 다른 관련조항을 종합적으로 고려하더라도, 대통령령에 규정될 내용의 대강을 전혀 예측할 수가 없다고 할 것이다.

더욱이, 방송사업자가 이 사건 법률조항에 위반하여 협찬고지를 한 경우, 이 사건 법률조항은 과태료부과조항인 「방송법」 제108조 제1항 제11호와 결합하여 방송사업자에게 과태료를 부과하는 구성요건적 조항이 되므로, 비록 이 사건 법률조항이 형법법규는 아니라 하더라도 이와 유사하게 기본권을 제한하는 요소가 강하다는 점에서, 위임의 명확성에 대하여 형법법규에 버금가는 엄격한 요구를 해야 한다고 생각한다. 즉, 위임법률에 의한 기본권제한의 효과가 크므로, 당사자는 규율의 내용에 관하여 보다 확실하게 파악해야 할 필요성이 있는 것이다.

뿐만 아니라, 이 사건 법률조항이 내포하는 위임의 불명확성은 규율대상의 다양성이나 변화가능성과 같은 규율대상의 특성에 의해서도 정당화될 수 없다. 협찬고지란, 「방송법」 제2조 제22호에서 정의하고 있는 바와 같이, 협찬을 받고 그 협찬주의 명칭 또는 상호만을 고지하는 것에 불과하여, 규율대상이 사회현상의 변화에 따라 수시로 변화하거나 다양한 형태의 사실관계를 포함한다고 볼 수 없다. 즉 협찬고지가 허용되는 범위에 관한 한, 이와 같은 규율대상은 지극히 기술적·전문적 문제에 관한 것도 아니고, 규율하고자 하는 사실관계가 지극히 광범위하거나 다양한 것도 아니기 때문에, 입법자가 허용기준의 대강을 스스로 정함에 있어서 입법기술상 큰 어려움이 있다고 할 수 없다.

결론적으로, 이 사건 법률조항으로부터 대통령령이 정할 내용의 대강을 전혀 예측할 수 없고, 다른 한편으로는 협찬고지가 허용되는 범위에 관하여 전적으로 행정부에 위임하는 것을 정당화하는 합리적인 사유를 발견할 수 없으므로, 이 사건 법률조항은 입법위임의 명확성을 요청하는 헌법 제75조에 위반되는 규정으로서 위헌으로 판단되어야 한다.

다. 검 토[9)]

우리나라의 법체계는 헌법－법률－명령－행정규칙으로 단계적 구조를 이루고 있다. 이러한 법단계설에 따르면 하위법은 상위법에 근거하여야 한다. 또한 하위법은 상위법에 위배되어서는 아니된다. 따라서 만약 하위법이 상위법에 위배되는 경우에는 이를 무효화시킬 수 있는 절차를 확보하여야 한다. 위헌법률심판(헌법 제107조 제1항, 제111조 제1항)과 위헌·위법의 명령·규칙·처분 심사(헌법 제107조 제2항)가 바로 그것이다.[10)]

이와 같은 헌법, 법률, 명령이라는 법형식이 규정하여야 할 내용은 다음과 같다. 우선 헌법은 국민의 기본적인 합의이므로 국민사회에 적용되는 장기적이고 기본적인 사항을

9) 정필운·차조일·원준호, “민주주의 교육과 교육법제 －한국과 독일의 비교를 중심으로－”, 『교육법학연구』, 제26권 제3호(2014), 244~245면; 정경오·김희경·정필운·안정민, 『협찬 제도 및 관련 법령 개선 방안 연구』, 방송통신위원회 연구보고서(2018. 10)에 재수록.

10) 전광석, 『한국헌법론』 (집현재, 2014), 30면.

담는다. 이에 대비되어 법률 이하의 규범은 그때그때 사회에서 발생하는 문제에 대한 해결방안을 담는다.[11] 법률 이하의 법형식간 구체적인 기능 분담은 다음과 같다. 우선 법률은 국가를 구성하고 운영하는데 본질적인 사항을 담는다. 국민의 권리와 의무에 관한 사항, 국가기관의 구성과 운영에 관한 기본적인 사항 등이 그것이다. 법률이 이와 같은 사항을 규정하여야 한다는 이론을 본질성 이론(Wesentlichkeitstheorie)이라고 하며 그것이 현재 우리 헌법학계의 일반적인 견해이다. 그리고 명령은 국가를 구성하고 운영하는데 비본질적이고 좀 더 구체적인 사항을 담는다. 요컨대, 우리 헌법은 제40조 국회입법중심주의를 선언하고, 국가를 구성하고 운영하는데 본질적인 사항은 국회가 독점적으로 법률이라는 법형식에 의하여 정하도록 하고 있다. 이를 의회 유보 원칙(Parlamentsvorbehalt) 또는 법률유보의 원칙(Vorbehalt des Gesetzes)이라고 한다.[12]

한편, 법률은 법규명령의 내용과 목적 등을 구체적으로 위임하여야 한다. 즉 법규명령이 아니라 법률 규정에 의해 시민의 법적 지위를 명확히 알 수 있거나 예측할 수 있어야 한다. 이러한 위임의 구체성이 충족되어야 시민은 법률을 기준으로 자신의 법적 지위를 예측할 수 있고 자신의 행위를 형성할 수 있다. 그러므로 규범의 내용을 행정입법에 포괄적으로 위임하는 것은 위헌이다.[13]

이러한 의회유보원칙과 포괄위임금지 원칙에 비추어 보았을 때 협찬고지를 인정하면서도 그 인정 범위를 "대통령령으로 정하는 범위 안에서 협찬고지를 할 수 있"도록 규정하고 있는 이 사건 법률조항은 위헌으로 판단된다. 따라서 이 쟁점에 대한 판시도 다수의 견보다는 소수의견이 타당하다.

Ⅲ. 판례의 의의

광고법적 관점에서 보았을 때 이 결정은 국내에서 최초로 헌법재판소가 방송법상 협찬고지의 입법 목적, 법적 본질을 판단하고, 현재 규율 현황에 대하여 헌법적 판단을 하였다는 점에서 의미가 있다. 그리고 헌법적 관점에서 보았을 때 「헌법」 제75조의 포괄위임입법금지 원칙에서 위임의 구체성·명확성 판단 기준을 설정하는데 문제되는 법률조항이 기본권 형성적 법률유보인지 기본권 제한적 법률유보인지가 직접적으로 연관되어 있는 문제인지라는 새로운 쟁점을 제기하였다는 점에서 의미가 있다.

---

11) 전광석, 위의 책, 30면.
12) 정종섭, 『헌법학원론』 (박영사, 2013), 1017면; 헌재 1999. 5. 27. 98헌바70.
13) 이상 전광석, 앞의 책, 729면; 헌재 2014. 7. 24. 2013헌바183등.

법정의견이 된 다수의견이 방송의 자유를 형성하는 법률의 성격이 포괄적 위임입법이냐의 판단에 직접적인 영향을 미치는지에 대하여 "이 사건 법률조항의 주된 성격이 형성적, 허용적 규정으로서 위임의 구체성·명확성의 요구정도가 국민의 기본권을 직접적으로 침해하거나 제한할 소지가 있는 법규보다는 완화된다고 할 것"이라는 판단과, 이 사건 법률조항이 위헌인지에 대하여 "입법자가 그 권한 범위 내에서 형성의 재량을 행사한 것으로서 그 위임에 의하여 대통령령으로 정하여질 협찬고지의 허용범위의 대강을 예측할 수 있으므로 포괄위임입법금지의 원칙에 위배되지 아니한다"는 결론은 헌법이론적인 관점에서 수긍하기 어렵다. 앞으로 헌법재판소의 전향적인 결정을 기대한다.

협찬고지와 관련하여 방송법 제74조 제1항 외에 다른 규정들은 이번 결정에서 재판의 전제성이 없어 헌법적 판단을 하지 않았다. 그런데 현행 방송법은 협찬과 협찬고지에 대하여 적절하게 규율하지 못하고 있다. 헌법이론적 관점에서 보았을 때 방송법 제74조 제2항[14]도 근본적인 문제가 있다. 방송법 시행령에서 협찬고지의 세부기준 및 방법 등에 관한 기본적인 사항을 정하도록 하고, 협찬고지의 세부기준 및 방법 등에 관한 전문적·기술적 사항이나 경미한 사항으로서 업무의 성질상 위임이 불가피한 사항만을 「협찬고지 등에 관한 규칙」에서 정하는 방향으로 개정하는 것이 타당하다. 또한 입법론적으로 보았을 때 협찬고지뿐 아니라 협찬 자체도 직접 규율하고, 중대한 규율 사항 위반의 경우 이를 위반하여 얻을 수 있는 이익보다 큰 법적 제재를 가하는 방향으로 규율이 필요하다.[15]

14) **제74조(협찬고지)** ②협찬고지의 세부기준 및 방법등에 관하여 필요한 사항은 방송통신위원회규칙으로 정한다.

15) 이상 현행 방송법에서 협찬과 협찬고지 규율의 문제점과 개선 방안에 관해서 자세한 것은 정경오 외, 앞의 보고서 참고.

64 방송광고 판매대행 제도의 위헌성

- 헌재 2008. 11. 27. 2006헌마352

안 성 경*

Ⅰ. 판례의 개요

1. 사안의 개요

청구인은 국내외 지상파 방송광고 판매대행 사업 및 국내외 CATV, 위성방송, DMB 등의 방송광고 판매대행 사업 등을 목적으로 2006. 2. 7. 한국방송광고공사의 출자 없이 설립된 주식회사(이른바 '미디어렙'[1])로서 현재 CATV나 위성방송, DMB 등에 대하여 방송광고 판매대행 사업을 하고 있다. 그런데 지상파방송사의 방송광고 판매대행 사업을 하지 못하고 있다. 「방송법」 제73조 제5항(2000. 1. 12. 법률 제6139호로 폐지·제정되고, 2007. 1. 26. 법률 제8301호로 일부 개정되기 전의 것, 이하 '구 방송법'이라 한다)은, 지상파 방송사업자는 한국방송광고공사 또는 대통령령이 정하는 방송광고 판매대행사가 위탁하는 방송광고물 이외에는 방송광고를 할 수 없도록 하고 있고, 방송법시행령 제59조 제3항(2000. 3. 13. 대통령령 제16751호로 폐지·제정되고, 2007. 8. 7. 대통령령 제20219호로 개정되기 전의 것, 이하 '구 방송법시행령'이라 한다)에서는 대통령령이 정하는 방송광고 판매대행사를 방송광고 판매대행을 위하여 설립된 주식회사로서 한국방송광고공사가 출자한 회사로 한정하고 있기 때문이다. 이에 청구인은 위 규정들이 청구인의 직업선택의 자유와 평등권 등을 침해한다고 주장하며, 2006. 3. 16. 이 사건 헌법소원심판을 청구하였다.

한편, 「방송법」 제73조 제5항은 2007. 1. 26. 법률 제8301호로 개정(이하 '신 방송법'이라 한다)되어 지상파방송사업자에 지상파방송사업자와 방송채널사용계약을 체결하고 그

* 국회도서관 독일법조사관.

1) 미디어렙은 매체사를 대신하여 광고주나 광고회사에 광고시간이나 지면을 대신 판매해주고, 매체사로부터 판매대행 수수료를 받는 회사를 의미하는 것으로, 매체를 뜻하는 미디어(Media)와 대표자를 뜻하는 레프리젠터티브(Representative)의 합성어이다. 이 결정 판시에서 인용.

채널을 사용하여 지상파방송을 하는 방송채널사용사업자를 포함시켰으며, 방송법시행령 제59조 제3항은 2007. 8. 7. 대통령령 제20219호로 개정(이하 '신 방송법시행령'이라 한다)되면서 조항의 위치를 제5항으로 옮겼다.

2. 심판대상

헌법재판소는 구 방송법 제73조 제5항과 구 방송법시행령 제59조 제3항뿐 아니라, 구 방송법과 구방송법시행령과 그 내용에 있어 동일한 신 방송법과 신 방송법시행령 규정도 법질서의 정합성과 소송경제 측면을 고려하여 이 사건 규정과 함께 심판대상 규정에 포함시키기로 결정하였다.[2] 헌법재판소가 개정 전의 규정들에 대해서만 위헌 여부를 판단하여 위헌을 선언하는 경우, 그 위헌의 효력은 현행법에는 미치지 못할 것이어서 지상파 방송광고 판매대행 사업의 시장형태와 관련한 위헌 상태는 계속될 것이기 때문이다.

3. 판례의 요지

지상파방송사업자는 한국방송광고공사 또는 대통령령이 정하는 방송광고판매대행사에게만 지상파방송사업자에게 방송광고를 판매할 수 있도록 규정한 「방송법」과 대통령령이 정하는 방송광고 판매대행사를 방송광고 판매대행을 위하여 한국방송광고공사가 출자한 주식회사로 규정한 방송법시행령에 대하여 헌법적 판단을 한 이 결정에서 6인의 재판관(이강국, 김희옥, 김종대, 민형기, 목영준, 송두환)은 헌법불합치 의견을, 1인의 재판관(이공현)은 단순위헌의견을, 1인의 재판관(조대현)은 전부위헌의견을, 1인의 재판관(이동흡)은 방송법 규정은 각하, 방송법시행령은 헌법불합치의견을 제시하였다. 이에 따라 헌법재판소는 구 방송법 제73조 제5항, 구 방송법시행령 제59조 제3항, 신 방송법 제73조 제5항,

---

2) **구 방송법 제73조(방송광고 등)** ⑤ 지상파방송사업자는 한국방송광고공사 또는 대통령령이 정하는 방송광고판매대행사가 위탁하는 방송광고물 이외에는 방송광고를 할 수 없다. 다만, 대통령령이 정하는 방송광고에 대하여는 그러하지 아니하다.

구 방송법시행령 제59조(방송광고) ③ 법 제73조 제5항 본문에서 "대통령령이 정하는 방송광고 판매대행사"라 함은 방송광고 판매대행을 위하여 설립된 주식회사로서 한국방송광고공사가 출자한 회사를 말한다.

신 방송법 제73조(방송광고 등) ⑤ 지상파방송사업자(지상파방송사업자와 방송채널사용계약을 체결하고 그 채널을 사용하여 지상파방송을 하는 방송채널사용사업자를 포함한다)는 한국방송광고공사 또는 대통령령이 정하는 방송광고 판매대행사가 위탁하는 방송광고물 이외에는 방송광고를 할 수 없다. 다만, 대통령령이 정하는 방송광고에 대하여는 그러하지 아니하다.

신 방송법시행령 제59조 ⑤ 법 제73조 제5항 본문에서 "대통령령이 정하는 방송광고 판매대행사"라 함은 방송광고 판매대행을 위하여 설립된 주식회사로서 한국방송광고공사가 출자한 회사를 말한다.

신 방송법 시행령 제59조 제5항은 헌법에 합치되지 아니하며(헌법불합치 결정), 위 규정들은 2009. 12. 31.을 시한으로 개정될 때까지 계속 적용된다고 결정하였다(잠정적용). 이 결정의 쟁점과 그에 대한 각 의견은 아래에서 소개하고 검토한다.

II. 해 설

1. 쟁점의 정리

이 결정에서 법정의견이 된 다수의견과 소수의견은 다음 몇 가지 쟁점에서 서로 다른 견해를 제시하였다. 첫째, 다수의견은 심판대상을 「방송법」과 방송법시행령 각 규정으로 판단한 반면, 이동흡 재판관은 방송법 규정의 심판대상성을 부인하였다. 둘째, 다수의견은 방송법 제73조 제5항 위탁강제제도(지상파 방송광고 판매를 대행사에게 위탁하도록 강제하는 내용)와 대행제한제도(지상파 방송광고 판매 대행하는 자격을 제한하는 내용)를 함께 규정하고 있는데, 다수의견은 이 중 대행제한제도만을 헌법불합치라고 판단한 반면, 조대현 재판관은 위탁강제제도와 대행제한제도 모두 위헌이라고 판단하였다. 셋째, 다수의견은 단순위헌결정을 하면 지상파 방송광고 판매대행을 규제하는 근거 규정이 사라져 방송광고 판매대행사업자가 난립하여 방송광고 판매대행 시장이 무질서한 상태에 빠지므로 헌법불합치로 판단한 반면, 이공현 재판관은 위헌결정을 하더라도 시장의 일반원리에 따라 운영이 될 것이므로 단순위헌으로 판단하였다. 이하에서 자세히 서술하고 검토한다.

2. 쟁점 1: 심판대상에 대한 검토

다수의견은 구 방송법 제73조 제5항과 구 방송법시행령 제59조 제3항이 불가분적으로 결합하여 일체를 이루는 것으로 보고 기본권침해의 직접성을 인정함은 물론 이 사건 법률조항과 이 사건 시행령조항 모두 헌법에 합치되지 아니한다고 판단하였다.

반면 이동흡 재판관은 이 사건 법률조항과 이 사건 시행령조항은 불가분적으로 결합하여 일체를 이루는 것이 아니라 각기 분리 가능한 독자적인 의미를 지니고 있고 그 위헌성 심사의 범위나 내용에도 차이가 있으므로 당연히 이를 구분하여 심사하여야 한다고 판단하였다. 그는 이 사건 법률조항이 독점체제를 폐지하고 복수경쟁체제를 도입하기 위하여 지상파 방송광고 판매대행사의 허용범위를 '한국방송광고공사 또는 대통령령이 정하는 방송광고판매대행사'로 규정하고 있으므로 청구인은 이 사건 법률조항의 수범자도 아니며, 청구인이 지상파 방송광고 판매대행업을 영위할 수 있는지는 이 사건 법률조항이 아니라 이 사건 시행령조항에 의하여 확정되므로 이 사건 법률조항에 대한 헌법소원심판 청구는 기본권침해의 직접성을 인정할 수 없어 부적법 각하되어야 한다고 주장한다.

논리적으로 보면 다수의견보다 이동흡 재판관의 의견이 돋보인다. 그러나 이 두 의견은 대행제한제도만 위헌이라는 것을 전제로 할 때만 타당하다. 나중에 서술하는 것처럼 위탁강제제도도 위헌이라고 판단하는 필자의 관점에서는 그 결론은 다수의견과 같이 한다.

3. 문제되는 기본권: 직업수행의 자유와 평등권

헌법재판소는 한국방송광고공사가 출자하지 않은 민영 방송광고 판매대행업자는 지상파방송사업자에 방송광고판매를 할 수 없도록 하고 있으므로 이 사건 대상 조항이 직업수행의 자유를 제한하고 있다고 판단하였다. 따라서 이 사건 대상 조항이 과잉금지의 원칙을 위반하여 직업수행의 자유를 침해하는지 판단을 하였다. 또한 헌법재판소는 이 사건 대상 조항이 순수한 민영 방송광고 판매대행사를 다르게 대우하고 있다고 판단하였다. 따라서 이 사건 대상 조항이 순수한 민영 방송광고 판매대행사의 평등권을 침해하는지 판단을 하였다. 문제되는 기본권에 관해서는 특별한 소수의견이 없었다.

4. 쟁점 2: 대행제한제도와 위탁강제제도의 위헌성에 대한 검토

가. 다수의견

(1) 직업수행의 자유의 침해 여부에 대한 판단

(가) 심사기준

다수의견은 지상파방송사업자에 대한 방송광고 판매대행을 한국방송광고공사나 이로부터 출자를 받은 방송광고 판매대행사만 하도록 하는 것은 청구인과 같은 민영 방송광고 판매대행사의 직업수행의 자유를 유명무실하게 할 우려가 있다고 전제하고, 이와 같이 직업수행의 자유에 대한 제한이지만 그 실질이 직업수행의 자유를 형해화시키는 경우에는 그것이 직업선택이 아닌 직업수행의 자유에 대한 제한이라고 하더라도 엄격한 심사기준이 적용하여야 한다고 판단하였다.

(나) 과잉금지의 원칙 위배 여부에 대한 판단

헌법재판소는 이 사건 규정은 지상파 방송광고 판매대행 시장에 제한적 경쟁체제를 도입함과 동시에 방송의 공정성과 공익성, 그리고 다양성을 확보하기 위한 것으로 이 사건 규정의 입법목적은 정당하다고 판단하였다.

그러나 다음과 같은 이유에서 수단의 적합성은 충족하지 못하였다고 판단하였다. 다수의견에 따르면 이 사건 제도를 도입하게 된 것은 지상파 방송광고 시장의 활성화를 위해서는 지상파 방송광고 판매대행 시장에 있어 제한적으로라도 경쟁체제를 도입하여야 한다는 주장에 부응하기 위한 것이었다. 그런데 이 사건 규정이 제도 도입 취지에 부합하는 제도인지 의문이라는 것이다. 이 사건 규정은 외관상으로는 제한적 경쟁체제를 도입한 것이나, 그 출자 여부가 오로지 한국방송광고공사의 판단에 의해 좌우되도록 함으로써 한국방송광고공사가 출자를 결정하지 않으면 결국 한국방송광고공사의 독점체제가 여전히 유지될 수 있도록 하고 있다. 설령, 한국방송광고공사가 출자를 한다고 하더라도 이 역시 한국방송광고공사가 방송광고 판매대행과 지상파 방송광고 시장의 규제기관으로서 독점적 지위를 유지해 온 기존 체제의 연장선일 뿐, 제한적으로라도 시장경쟁의 원리를 도입한 것이라고 볼 수 없다. 그러므로 한국방송광고공사의 출자 방식은 이 사건 규정의 입법목적에 기여하는 수단이라고 볼 수 없다.

또한 다수의견은 이 사건 규정의 입법목적을 달성하는 적절한 수단이 아님은 물론, 기본권 제한을 최소화하는 방법도 될 수 없으며, 기본권 제한 수단을 선택할 경우에는 보다 덜 침해적인 수단을 선택하여야 한다는 기본권 침해의 최소침해성원칙을 위반하였다고 판단하였다.

결론적으로 다수의견은 이 사건 규정은 과잉금지원칙을 위반하여 청구인의 직업수행의 자유를 침해한다고 판단하였다.

(2) 평등권 침해 여부에 대한 판단

(가) 심사기준

다수의견은 이 사건 규정은 한국방송광고공사나 이로부터 출자를 받은 민영 방송광고 판매대행 사업자가 아니면 지상파 방송사업자에 방송광고 판매대행을 전혀 할 수 없도록 하여 일반 민영 방송광고 판매대행 사업자의 직업수행의 자유에 중대한 제한을 초래하고 있으므로 엄격한 비례심사를 하여야 한다고 판단하였다.

(나) 평등권 침해 여부 심사

다수의견은 다음과 같은 논리로 이 사건 규정이 청구인의 평등권을 침해한다고 판단하였다.

헌법재판소에 따르면 한국방송광고공사나 이로부터 출자를 받은 회사에게만 지상파 방송광고 판매대행을 맡길 이유는 없다. 방송광고가 순수한 사적 영역이 아니라 공공성과 공익성이 요구되는 특수한 분야이기는 하나, 민영 방송광고 판매대행사를 통하는 경우라 하더라도 그 요건을 허가제로 하거나 중소방송사에 대한 광고판매대행 할당제를 설정하거나 정해진 기준을 위반하는 경우 허가를 취소하거나 하는 등의 사전 또는 사후의 철저한 관리를 하면, 지상파 방송광고 판매대행업의 제한적 경쟁체제를 유지하고, 방송의 공공성, 공익성, 다양성을 달성할 수 있기 때문이다. 위와 같은 입법목적의 달성은 한국방송광고공사이거나 이로부터 출자를 받았는지 여부로 좌우되지 않는다. 그럼에도 불구하고 이 사건 규정은 민영 방송광고 판매대행사는 사적 이익만을 위해 설립된 회사라고 단정하고 한국방송광고공사와 이로부터 출자를 받은 회사에만 지상파방송사업자에 대한 방송광고 판매대행을 할 수 있도록 하고 있는바, 이는 차별목적과 수단 사이에 비례성을 상실한 것이다.

나. 조대현 재판관의 의견

구 방송법 제73조 제5항은 위탁강제제도와 대행제한제도를 함께 규정하고 있다. 다수의견은 주문에서는 방송법 제73조 제5항의 헌법불합치를 선언하고 있으나, 이유를 보면 이 중 대행제한제도만 심판대상으로 삼아 헌법에 합치되지 아니한다고 판단하고 있다.

그러나 조대현 재판관은 다음과 같은 이유로 대행제한제도는 물론 위탁강제제도도 청구인의 기본권을 침해한다고 판단하였다.

위탁강제부분은 지상파방송사업자가 방송광고주나 방송광고대행사와 직접 방송광고 계약을 체결하는 것을 금지하고 지상파 방송광고를 반드시 특정 대행사에게 위탁하여 수주하도록 강제하는 것이다. 이로 인하여 지상파방송사업자는 자신이 방송할 광고물을 스스로 주문받지 못하고 특정의 방송광고대행사에게 위탁하여 수주하여야 하며, 방송광고의 내용(심사)·시간·방법·요금 등도 방송광고대행사의 결정에 맡기게 된다. 이는 지상파 방송사업에 필요한 주요 수입원을 특정의 방송광고대행사에게 전부 맡기는 것이어서 지상파방송사업의 자주적 생존과 자율성을 치명적으로 침해한다. 따라서 위탁강제제도는 지상파방송사업의 자유(직업수행의 자유와 언론의 자유)를 중대하게 침해한다. 또한 방송광고주와 그 대행사의 계약체결의 자유도 제한한다.

다. 검 토

필자는 다음과 같은 이유로 다수의견보다 조대현 재판관의 의견이 타당하다고 생각한다. 첫째, 다수의견처럼 "방송광고도 판매자와 구매자 사이에 거래되는 사적 재화이다." 그럼에도 그것이 일반적인 재화와 달리 방송의 특성, 즉 전파는 모든 시민이 공유하는 한정된 자원이라는 특성 때문에 그 제한을 정당화한다. 그러나 방송통신융합이 진전된 현재에는 이와 같은 정당화의 존재 근거가 미약해졌다.[3] 그리고 방송은 동시적이며, 누구나 쉽게 접근할 수 있어서 통제하기가 어려울 뿐만 아니라 방송영상의 구성, 기법, 시간배정 또는 내용배정에 따라서는 대중 조작도 가능하다는 이유도 다른 방송사업이나 인터넷 서비스 제공 사업과 비교하여 보면 지상파방송만의 특성이라고 하기 어렵다. 둘째, 다수의견은 위탁강제를 하는 이유로 (ⅰ) "방송사가 광고를 유치하기 위해 광고주에게 압력을 행사하거나, 반대로 자본가인 광고주가 광고를 빌미로 방송사에게 영향을 끼치는 것을 막기 위해서", (ⅱ) "방송의 편성 및 제작을 광고영업과 분리시켜 전문화, 효율화를 꾀함으로써 방송경영의 합리화와 수익성을 제고할 수 있고, 광고주의 입장에서도 미디어렙이 시청률 조사 등의 분석 자료를 통해 광고주들에게 적합한 방송광고를 제시해 주고, 사후 광고효과 분석과 같은 방송광고에 관련된 제반 서비스를 제공해 주므로 자신의 조건에 맞는 최적의 프로그램을 찾아 원하는 목적을 달성할 수 있게" 되기 때문이라고 한다. 그러나 조대현 재판관이 설시할 것처럼 전자와 같은 "입법목적은 지상파방송사업자와 광고주가 광고계약을 기화로 서로 부당한 영향을 주지 못하게 규제하는 방법으로 충분히 달성할 수 있다." 그리고 후자와 같은 것은 사업자가 자율적으로 판단하여 필요하다면 자연스럽게 선택하면 된다. 이러한 판단을 전제로 위탁강제제도를 두는 것은 후견국가를 자처하는 것으로 우리 헌법 질서와 조화되기 어려운 입법 태도이다. 셋째, 다수의견에서 설명하고 있는 것처럼 위탁강제제도는 1980년 언론통폐합 과정에서 제정된 '한국방송광고공사법'에 따라 국내에 도입된 제도이다. "한국방송광고공사는 지상파 방송광고 요금 규제 및 끼워팔기 등으로 방송광고 시장에 심각한 비효율을 초래하고 있다는 점, 그리고 정부의 규제 보호막 속에서 경쟁에 노출되지 않아 국내는 물론 국제적인 광고 산업의 경쟁력을 저하시키고 있다." 무엇보다 1980년 당시와 비교하여 현재 우리 미디어 환경이 매우 달라졌다. 현재 시점에서 위탁강제제도는 득보다 실이 많다. 이러한 점에서 과잉금지원칙 중 목적의 정당성은 인정될 수 있을지라도 수단의 적합성, 최소침해성, 법익의 균형성을 충족하기 어렵다. 넷째, 다수의견은 "대부분의 국가에서는 미디어렙을 통해 방송광고의 판매와 구매를 하도록 하고 있다"고 판시하고 있다. 그러나 미국, 영국, 일본 등 주요국의 규율 현황을 고려하면 어디에 근거하여 이와 같은 판단을 한 것인지 의문이다.[4]

---

3) 이에 관해서는 권오상 외, 『방송법연구』 (법문사, 2019), 16면 이하 참고.

4) 주요국의 방송광고판매대행제도에 관해서는 우선 박찬표, 『주요국의 미디어렙 제도 연구』 (한국방송광고공사 광고연구소, 2004); 김여라, 『방송광고판매 경쟁체제 도입과 쟁점』 (국회 입법조사처, 2009) 참고.

5. 쟁점 3: 심판대상 확장 및 헌법불합치 결정과 잠정적용 명령

가. 다수의견

이 사건 규정인 구 방송법 제73조 제5항은 2007년 개정으로 지상파방송사업자에 지상파방송사업자와 방송채널사용계약을 체결하고 그 채널을 사용하여 지상파방송을 하는 방송채널사용사업자를 포함시켰으며, 구 방송법시행령 제59조 제3항은 2007년 개정으로 조항의 위치만 제3항에서 제5항으로 옮겼다. 그런데 위 개정된 규정들과 이 사건 규정 사이에는 본질적인 차이가 없으므로 개정된 규정들에 대해서도 이 사건 규정의 위헌 문제가 발생한다. 따라서 헌법재판소는 신 방송법 제73조 제5항, 신 방송법시행령 제59조 제5항에 대해서도 위헌을 선언하기로 한다.

그런데 이 사건 심판대상규정들은 헌법에 위반되므로 원칙적으로 위헌결정을 하여야 할 것이지만, 단순위헌결정을 하여 당장 그 효력을 상실시킬 경우에는 지상파 방송광고 판매대행을 규제하는 근거 규정이 사라져 방송광고 판매대행사업자가 난립함으로써 지상파 방송광고 판매대행 시장을 무질서한 상태에 빠뜨리게 될 것이다.

따라서 단순위헌결정을 하는 대신 헌법불합치결정을 하기로 하는바, 「방송법」 제73조 제5항과 방송법시행령 제59조 제5항은 그 위헌성이 제거될 때까지 잠정적으로 적용되어야 하고, 늦어도 2009. 12. 31.까지는 개정을 하여야 할 것이다.

나. 이공현 재판관의 단순위헌의견

이공현 재판관은 이 사건 대상규정들에 대하여 단순위헌 결정을 하여 지상파 방송광고 판매대행을 규제하는 근거규정이 사라지면 시장의 일반원리에 입각하여 이루어지게 될 것인데, 지상파 방송광고 외의 다른 방송광고의 예에 비추어보면 민영 방송광고 판매대행업자의 수의 증가나 그들 상호간의 경쟁 등이 방송의 공공성, 공익성 등을 결정적으로 훼손시키고, 법치국가적 법적 안정성을 심각하게 저해하는 결과를 가져오지 않을 것이라 전망하였다. 그러므로 이에 대하여 헌법불합치결정을 해야 할 예외적 사유를 긍정하기 어려우므로 원칙에 따라 단순위헌을 선고하는 것이 타당하다는 견해를 제시하였다.

다. 조대현 재판관의 단순위헌의견

조대현 재판관은 구 방송법 규정 중 대행제한제도와 위탁강제제도를 포함하여 전부 헌법에 위반된다고 선언하여야 한다면서 위탁강제부분이 위헌인 이상 대행제한부분도 개선시켜 존치시킬 필요가 없다고 할 것이고, 방송법 제73조 제5항 본문이 전부 위헌인 이상 그 시행령 규정의 위헌 여부는 더 나아가 따져볼 필요가 없다고 판단하였다.

라. 검 토

심판대상을 확장한 것은 타당하다. 그러나 이미 설명한 것처럼 필자는 대행제한부분은 물론 위탁강제부분도 위헌이라고 판단하므로 헌법불합치를 선언할 이유가 없고, 따라서 단순위헌을 선언하는 것이 타당했다고 생각한다.

Ⅲ. 판례의 의의

광고법적 관점에서 보았을 때 이 결정은 법원이나 헌법재판소의 광고에 관한 여러 재판 중 방송광고 시장 구조 변화에 매우 큰 영향을 끼친 재판이라는 점에서 의미가 있다. 국회는 이 결정 이후 2012년 2월 22일 「방송광고판매대행 등에 관한 법률」을 제정하여 한국방송공사(KBS), 문화방송(MBC), 한국교육방송(EBS)은 한국방송광고진흥공사(KOBACO)가, 그 밖의 지상파방송사업자, 지상파방송채널사용사업자, 종합편성방송채널사용사업자는 다른 광고판매대행자가 판매대행하도록 하였다.[5] 이에 따라 현재는 1공영·다민영체제로 운영되고 있다.

그리고 헌법재판소가 방송광고의 특성에 관한 판시를 비교적 자세히 한 점도 광고법적 관점에서 의미가 있다. 그러나 유감스럽게도 이 결정에서 보여준 방송광고에 대한 헌법재판소의 이해는 다소 진부하다. 헌법재판소가 방송광고에 대하여 이해가 부족하다기보다는 결론을 먼저 선택하고 그 논거를 찾다보니 빚어진 일이 아닌가 선해한다.

「방송법」에서 방송의 공공성 확보는 매우 중요한 공익이다. 그러나 지상파방송광고에 있어 위탁강제제도만이 이를 달성할 수 있는 수단은 아니다. 입법자는 어렵지만 공익을 달성할 수 있는 적정하고, 시민의 기본권 제한이 최소화될 수 있는 수단을 찾아 입법하여야 한다. 이런 의미에서 이 결정은 매우 중요한 결정이면서 다소 아쉬운 결정이다. 현재 시점에서 그와 같은 아쉬움은 입법자가 채워야 할 몫이다.

---

5) 법률 제11373호, 2012. 2. 22. 제정, 2012. 5. 23. 시행. 이에 대한 분석적 소개는 홍문기, “방송광고 시장경쟁 체제 도입에 따른 바람직한 미디어렙 제도 구축 방안에 대한 연구－미디어렙 제도 변화에 따른 법적, 제도적 쟁점들을 중심으로－”, 『정치커뮤니케이션 연구』, 통권 27호(한국정치커뮤니케이션학회, 2012. 12), 409~464면. 이 법률 중 문화방송(MBC)을 한국방송광고진흥공사(KOBACO)만이 대행하도록 한 규정의 위헌 여부에 관한 판단은 헌재 2013. 9. 26. 2012헌마271(이 책의 65번 판례) 참고.

65 문화방송의 방송광고 판매방식 제한과 공영방송의 판단기준

-헌재 2013. 9. 26. 2012헌마271

강 일 신*

Ⅰ. 판례의 개요

1. 사안의 개요

문화방송은 공익재단인 방송문화진흥회가 대주주로서 그 경영을 그 광고수익에 의존하는 주식회사 형태의 방송사업자이다. 「방송광고판매대행 등에 관한 법률」은 제5조 제1항에서 방송사업자로 하여금 판매대행사를 통해서만 방송광고를 판매할 수 있도록 하면서, 제2항에서 방송문화진흥회가 최다출자자인 방송사업자의 경우 한국방송공사·한국교육방송공사와 함께 한국방송광고진흥공사를 통해서만 방송광고를 판매할 수 있도록 규정하고 있다. 이에, 민영 판매대행사를 통해 방송광고를 판매하기를 원하는 문화방송이 「방송광고판매대행 등에 관한 법률」 제5조 제2항이 위헌이라고 다투면서 헌법소원심판을 청구한 사건이다.

2. 소송경과

2007. 1. 26. 개정전 「방송법」과 2007년 8. 7. 개정전 「방송법 시행령」에 따르면(이하 '구 방송법령'이라 한다), 지상파 방송사업자는 현 한국방송광고진흥공사(이하 '신 공사'라 한다) 전신인 한국방송광고공사(이하 '구 공사'라 한다) 등이 위탁하는 방송광고물 이외에는 방송광고를 할 수 없도록 하면서, 구 공사로 하여금 방송광고 판매대행을 독점하도록 하고 있었다. 이에 대해, 지상파 방송광고 판매대행업을 수행하기를 원하는 자가 헌법소원

* 헌법재판연구원 책임연구관.

심판을 청구하였고, 헌법재판소는 2008. 11. 27. 2006헌마352 결정에서, 구 공사를 통해서만 방송광고를 판매할 수 있도록 규정한 구 방송법령에 대해서, 청구인의 직업수행의 자유와 평등권을 침해한다는 이유로 헌법불합치결정을 선고하였다.

이 헌법불합치결정에 따라, 국회는 2012. 2. 22. 개선입법으로「방송광고판매대행 등에 관한 법률」을 제정하였는데, 이 법률 제6조에서는 구 공사가 독점하던 지상파 방송광고 판매대행업에 허가제를 도입함으로써 복수의 방송광고 판매대행업자가 경쟁할 수 있도록 하였다. 다만, 이 법률 제5조 제2항에서는 한국방송공사·한국교육방송공사와 함께 방송문화진흥회가 최다출자자인 방송사업자의 경우에는 신 공사가 위탁하는 방송광고에 한하여 방송광고를 할 수 있도록 하여 이들의 방송광고 판매대행사 선택의 자유를 제한하였다.

이에, 방송문화진흥회가 최다출자자인 방송사업자인 문화방송은「방송광고판매대행 등에 관한 법률」제5조 제2항에 대해 헌법소원심판을 청구하면서, 이 사건 법률조항이 ① 청구인으로 하여금 공사 이외의 대행사를 통해서는 방송광고를 판매하지 못하도록 함으로써 직업수행의 자유와 계약 상대방 선택의 자유를 침해하고, ② 청구인과 유사한 지위에 있는 주식회사 형태의 민영 방송사업자인 서울방송에 대해서는 민영 판매대행사를 통해 방송광고를 판매할 수 있도록 허용하면서도 그 수익구조나 설립근거가 비슷한 청구인에 대해서는 이를 제한하여 평등권을 침해하며, ③ 광고 판매대행 시장에서 독점 구조를 타파하도록 명령한 2006헌마352 결정 취지에 반하여 헌법재판소 결정의 기속력에도 반한다고 주장하였다.

3. 판례의 요지

헌법재판소는 청구인 문화방송이 민영 방송사업자인 서울방송보다는 공법인인 한국방송공사·한국교육방송공사와 유사한 지위에 있는 공영방송임을 전제로, 청구인으로 하여금 공영 판매대행사인 신 공사만을 통해서 방송광고를 판매하도록 하는 것이 청구인의 직업수행의 자유를 침해하지 않는다고 하여 이 사건 헌법소원심판청구를 기각하였다.

II. 해 설

1. 쟁점의 정리

이 결정에서는 첫째, 공법상 재단법인이 최다출자자인 방송사업자에게 기본권 주체성이 인정되는지 여부, 둘째, 이 사건 법률조항이 과잉금지원칙에 위반되어 청구인의 직업수행의 자유를 침해하는지 여부, 셋째, 「방송광고판매대행 등에 관한 법률」 제5조 제2항 중 "방송문화진흥회법에 따라 설립된 방송문화진흥회가 최다출자자인 방송사업자" 부분이 구 방송법령에 대한 헌법불합치결정의 기속력에 반하는지 여부 등이 쟁점이었다.

2. 관련 판례 및 후속입법

소송경과 부분에서 살펴본 바와 같이, 헌법재판소는 2008. 11. 27. 2006헌마352 결정에서 광고판매대행사(이하 '미디어렙'이라 한다)를 통해서만 방송광고의 판매와 구매를 하도록 하는 방송광고 판매방식 제한에 대해서는 그 합헌성을 인정하면서도, 법률에 근거하여 방송광고 판매대행업에서 독점 체제를 형성하는 것은 독점에서 배제된 사업자의 직업수행의 자유와 평등권을 침해하는 것이라는 판단을 내렸다.[1] 2000년 「방송법」 개정 당시, 구 공사가 출자한 회사로 공사 아닌 다른 회사도 방송광고 판매대행을 할 수 있도록 하는 규정을 두었지만, 공사는 민영 미디어렙에 출자를 하지 않았고 공사만이 유일한 지상파 방송광고 미디어렙으로 활동하고 있었던바, 이를 근거로 헌법재판소는 지상파 방송광고 판매대행 시장에서 제한적 경쟁체제는 이루어지지 않고 있다고 판단했던 것이다. 헌법재판소의 결정에 따라, 국회는 현행 「방송광고판매대행 등에 관한 법률」을 제정하여 제한적 경쟁체제를 도입하였는데, 제정 법률은 청구인 문화방송에 대해서 유사한 법적 지위에 있는 서울방송과는 달리 공법인인 한국방송공사·한국교육방송공사와 함께, 공영 미디어렙인 신 공사만을 통해서 방송광고를 판매하도록 하는 규정을 두었고, 이 규정의 합헌성을 판단함에 있어서 문화방송의 법적 지위, 그 방송광고 판매방식 제한의 정당성, 이전 헌법재판소 결정의 기속력 범위 등이 문제되었다.

3. 검 토

가. 청구인의 법적 지위

우선, 헌법재판소는 '공영방송'이라는 매개 개념을 원용하여, 청구인 문화방송을 공법인에 준하는 지위를 가진 자로 보았다. 헌법재판소는 문화방송은 「상법」에 의해 설립된 주식회사로서 정부의 재정지원 없이 운영에 필요한 대부분의 재원을 광고수익으로 조달하고 있음을 인정하면서도, 첫째, 공법인인 방송문화진흥회가 청구인 주식의 70%를 보유

---

1) 이 책의 64번 판례 참고.

하고 있고 방송문화진흥회가 청구인을 실질적으로 지배하고 있으며 방송문화진흥회는 국가의 관리감독을 받는바, 결국 청구인은 방송문화진흥회를 매개로 국가의 관리감독을 받고 있다는 점, 둘째, 「방송문화진흥회법」이 방송문화진흥회가 최다출자자인 방송사업자의 공적 책임을 실현하는 것을 목적으로 하고 있는바, 청구인에게도 한국방송공사·한국교육방송공사와 같은 특별한 공적 책임이 부여되어 있다는 점, 셋째, 「방송법」에서 청구인이 한국방송공사·한국교육방송공사와 함께 특별한 취급을 받고 있고 「공직선거법」이나 「정당법」에서도 특별한 권한과 책임을 부여받고 있다는 점 등을 근거로 청구인을 공법인에 준하는 지위를 갖는 공영방송으로 보았다.

한편, 헌법재판소는 공법인이나 이에 준하는 지위를 가진 자라 하더라도 공무를 수행하거나 고권적 행위를 하는 경우가 아닌 사경제 주체로서 활동하는 경우나 조직법상 국가로부터 독립한 고유 업무를 수행하는 경우, 그리고 다른 공권력 주체와의 관계에서 지배복종관계가 성립되어 일반 사인처럼 그 지배하에 있는 경우 등에는 기본권 주체가 될 수 있다고 보았다. 헌법재판소는 문화방송의 경우 「방송법」 등 관련규정에 의하여 공법상의 의무를 부담하고 있지만, 설립목적은 언론의 자유의 핵심 영역인 방송사업이므로 이러한 업무 수행과 관련하여 당연히 기본권 주체가 될 수 있고, 그 운영을 광고수익에 전적으로 의존하고 있는 만큼 이를 위해 사경제 주체로서 활동하는 경우에도 기본권 주체가 될 수 있다고 하였다. 결과적으로, 헌법재판소는 이 사건에서 청구인은 그 운영을 위한 영업활동의 일환으로 방송광고를 판매하는 지위에서 그 제한을 다투는 것이므로 그 기본권 주체성을 인정할 수 있다고 하였다.

나. 기본권침해 여부

헌법재판소는 다음과 같은 이유로 이 사건 법률조항이 청구인의 직업수행의 자유에 대한 과도한 제한이 아니라고 판단하였다.

우선, 헌법재판소는 「방송광고판매대행 등에 관한 법률」이 공영방송사의 경우 공영미디어렙만을 통해 방송광고 판매를 하도록 한 것은 미디어렙간 경쟁 체제에서 나타날 수 있는 방송의 상업화 등 부작용을 방지하고, 공영방송사에 대한 광고주나 특정인의 부당한 영향력 행사를 차단하여 방송의 공공성·공정성·다양성을 확보하기 위한 것으로서 그 입법목적은 정당하다고 보았다. 아울러, 청구인에 대해 공영 미디어렙인 공사를 통해서만 방송광고를 판매하도록 하면 공영 미디어렙에 대한 적절한 규제를 통해 방송의 상업화 방지는 물론, 공공성·다양성 등을 확보할 수 있다는 점에서 이 사건 법률조항은 입법목적 달성에 기여하는 적절한 수단이 된다고 보았다.

다음으로, 헌법재판소는 방송사업자가 방송광고를 어떤 방법으로 누구에게 판매할 것인가의 문제는 프로그램을 제작·편성하여 내보내는 좁은 의미에서의 방송에는 포함되지 않지만, 방송내용과 시청률은 방송광고를 매수하는 광고주에게 지대한 영향을 미친다는 점에서 방송광고 판매는 좁은 의미의 방송과도 불가분의 관계에 있으므로, 방송광고 판매에 대한 규제는 방송의 공공성 측면에서 불가피하다고 보았다. 특히 투입된 재원의 원천이 국민의 재산인 공영방송사의 경우 그 존립근거나 운영주체의 특성상 상대적으로 더 높은 수준의 공공성을 요구받을 것이므로 방송광고의 가격이나 광고총량을 통제함으로써 방송이 시청률 위주의 지나친 상업적 방송이 되는 것을 막고, 시청률은 낮더라도 공익성이 높은 프로그램의 경우에는 적정한 가격에 방송광고를 판매할 수 있도록 그 규제가 가능한 공영 미디어렙을 통해 방송광고를 판매하도록 하는 것은 지나친 제한이 아니라고 보았다. 아울러, 민영 미디어렙에 대해서도 미디어렙 허가제도, 결합판매 의무제도, 허가취소제도, 겸영금지제도 등을 통해 일정 수준의 공공성을 담보하는 제도적 장치를 마련하고 있지만, 민영 미디어렙은 기본적으로 민간의 출자에 의해 설립되는 회사이므로 방송의 공공성 보장을 위한 최소한의 조치 이외에 더 높은 수준의 부담을 기대하기 어렵고, 민영 미디어렙에 대한 소유 지분 상한 40%는 특정 방송사 또는 특정인이 미디어렙을 충분히 지배할 수 있도록 하는 구조라는 점에서 공영방송사가 그 방송광고 판매와 관련하여 공적 책임을 다하도록 하려면 공영 미디어렙을 이용하게 하는 것이 불가피하다고 보았다.

마지막으로, 헌법재판소는 당해 법률을 통해 달성하고자 하는 공익은 방송의 공공성·공익성·다양성 확보로서 매우 중대한 반면, 청구인이 제한받는 것은 방송광고 판매 자체가 아니라 공사를 통해서만 방송광고를 판매하도록 하는 영업방식에 대한 제한에 불과하므로 그 제한이 공익에 비해 중대하다고 할 수 없다고 보았다.

다. 기속력 위반 여부

헌법재판소가 2008. 11. 27. 2006헌마352 결정에서 구 방송법령 규정에 대해 헌법불합치결정을 내린 이유는 구 방송법령 규정이 지상파 방송광고 판매대행 시장에 제한적 경쟁체제를 도입함과 동시에 방송의 공정성·공익성·다양성 확보를 위해 구 공사와 이로부터 출자를 받은 미디어렙에서 방송광고 판매대행을 할 수 있도록 규정하였으나, 구 공사의 재량적 판단에 방송광고 판매대행 시장의 경쟁체제 실현 여부를 맡겨 놓음으로써, 구 공사가 방송광고 판매대행을 독점하도록 한 것이 헌법에 위반된다는 것이었다.

위 헌법불합치결정에 따라 제정된 「방송광고판매대행 등에 관한 법률」에서는 공영

미디어렙 이외에 민영 미디어렙도 방송광고 판매대행을 할 수 있도록 하는 제한적 경쟁체제를 도입하고 있고, 지상파방송사업자·지상파방송채널사용사업자 또는 종편사업자와 같은 방송사업자의 경우 민영 미디어렙이 위탁하는 방송광고를 할 수 있도록 하였는바, 헌법재판소는 이 사건 법률조항이 독점의 위헌성을 지적하였던 종전 헌법불합치결정의 기속력에 반한다고는 볼 수 없다고 판단하였다.

헌법재판소가 구 방송법령에 대해 헌법불합치결정을 내린 취지는 방송사업자가 자신이 판매할 방송광고 판매대행업체를 자유롭게 선택할 수 있도록 하여야 한다는 것이 아니라 기존의 구 공사 독점체제를 제거하여 방송광고 판매대행 시장에 제한적이나마 실질적인 경쟁체제가 이루어질 수 있도록 하여야 한다는 것이었다. 이에, 「방송광고판매대행 등에 관한 법률」이 공영과 민영 복수의 미디어렙 설립을 허용하여 실질적으로 제한적 경쟁체제를 도입하였다. 이 사건 법률조항이 청구인과 같은 특수한 지위에 있는 공영방송에 대해서는 국가의 관리감독이 엄격하게 미치는 공영 미디어렙에서 위탁한 방송광고에 한정하여 방송광고를 할 수 있도록 한 결과 청구인이 신 공사만을 통해 방송광고 판매를 할 수밖에 없게 되었다고 하더라도, 그것이 구 방송법령에 대한 종전 헌법불합치결정의 취지에 반하는 입법이라고 볼 수 없다는 것이다.

Ⅲ. 판례의 의의

방송사업자의 운영 재원에서 가장 큰 비중을 차지하는 것 중 하나가 방송광고 매출이다. 특히, 수신료 등 공적 운영재원이 투입되지 않는 방송사업자에 있어서 방송광고는 그 운영에 중대한 영향을 미친다. 방송광고도 판매자와 구매자 사이에 거래되는 사적 재화이고, 그 판매는 사적 자치 원칙에 따라 판매자와 구매자가 자유롭게 교섭하여 그 내용을 정할 수 있음이 원칙이다. 따라서, 방송광고 판매방식에 대한 제한은 방송사업자의 계약의 자유와 직업수행의 자유를 제한하는 것이고, 이 중 더 밀접한 관련성을 갖는 기본권은 직업수행의 자유라고 할 수 있다.

다른 한편, 방송광고는 시장 방임을 배제하고 엄격한 규제를 정당화하는 특성도 지니고 있다. 그 매개 수단인 방송의 공공재적 성격 때문인데, 방송전파는 전 국민이 공유하는 한정된 자원이고 방송전파에 의존하는 방송에는 공공성과 공익성이 요구되며 방송의 주요 재원 역할을 하는 방송광고 역시 방송전파에 의존하여야 한다는 점에서 공공성과 공익성이 요구된다. 이와 같은 방송의 공공재적 성격 때문에 다른 매체 광고와는 달리 방송광고에 대해서는 엄격한 법적 규제가 정당화된다.

이러한 방송광고에 대한 법적 규제 중 중요한 부분이 바로 판매방식 제한으로서 이른바 미디어렙 제도이다. 미디어렙은 매체사를 대신하여 광고주나 광고회사에 광고시간이나 지면을 대신 판매해주고, 매체사로부터 판매대행 수수료를 받는 회사를 뜻하는 매체를 뜻하는 미디어와 대표자를 뜻하는 레프리젠터티브의 합성어이다. 방송광고 판매와 관련하여 당사자 간의 직거래를 제한하고 미디어렙을 통해서만 이를 할 수 있도록 하는 이유는 방송사가 광고를 유치하기 위해 광고주에게 압력을 행사하거나, 반대로 자본가인 광고주가 광고를 빌미로 방송사에게 영향을 끼치는 것을 막기 위함이다. 2006헌마352 결정에서 헌법재판소는 방송광고 판매방식 제한으로서 이러한 미디어렙제도 자체에 대해서는 합헌성을 승인하면서, 다만 그 독점 체제에 대해서는 위헌성을 지적하였다.

이 결정은 이러한 2006헌마352 결정 취지를 따르면서 방송광고 규제에 대한 정당성 근거를 보강하고 공영 미디어렙제도의 존재이유를 구체적으로 밝혔다는 점에서 의의가 있다. 이 결정에서 법적 쟁점은 청구인 문화방송에 대해 미디어렙 선택권을 인정하지 않고 공영 미디어렙을 통해서만 방송광고를 판매하도록 하는 것이 헌법적으로 정당화되는지 여부였다. 헌법재판소가 지적하고 있듯이, 한국방송공사나 한국교육방송공사와 같이 공법인 형태를 취하면서 그 주된 운영재원을 수신료로 충당하는 방송사업자에게 공영 미디어렙을 통해서만 방송광고를 판매하도록 하는 것이 헌법적으로 허용됨에는 문제가 없다. 문제는 청구인과 같이 상법상 주식회사로서 그 운영재원을 광고 수익으로 충당하는 방송사업자의 경우, 그 지배구조와 개별 법률상 인정되는 공적 책임만을 근거로 공법인에 준하는 지위를 인정할 수 있는지 여부이다. 설치근거법이 따로 존재하는 한국방송공사 등과 달리 「방송문화진흥회법」은 문화방송의 설치근거법이 아니라는 점에서 청구인을 공법인으로 의제하는 데는 무리가 있고, 방송의 공적 책임 또한 공법인이 아니더라도 유한한 전파자원을 사용하는 민영 방송사업자에게도 얼마든지 부여될 수 있다는 점에서 문화방송을 공법인으로 전제하고 판단한 것에도 논란이 있을 수 있다.[2] 따라서, 공영방송에 대한 명확한 개념 정의 또는 법적 성격 해명없이 이러한 매개 개념을 일종의 수사(修辭)로 동원하여 청구인에 대하여 공법인에 준하는 지위를 인정하는 것은 논리적 비약이라고 할 수 있다. 설령 결론에 있어서는 이 사건 법률조항의 합헌성을 승인할 수 있다고 하더라도, 그 설립근거나 수익구조 측면에서 유사한 지위에 있는 비교집단이 서울방송이었다는 점을 고려해보면, 무리하게 문화방송을 공법인으로 전제하기보다는 오히려 평등원칙 관점

---

2) 고민수, "헌법재판소의 공영방송 판단기준에 관한 비판적 고찰 −2013. 9. 26. 2012헌마271 결정논거를 중심으로−", 『방송과 커뮤니케이션』, 제16권 제1호(방송문화진흥회, 2015), 5~33면 참조.

에서 서울방송과의 차별점을 논증하면서 문화방송에 대한 방송광고 판매방식 제한의 정당성을 판단하는 것이 적절했을 수 있다는 아쉬움이 남는다.[3)]

3) 같은 취지의 비판으로는, 함석천, “방송광고판매대행 등에 관한 법률 제5조 제2항 위헌 확인 등”, 한국정보법학회 편, 『정보법 판례백선 (Ⅱ)』(박영사, 2016), 752면 참조.

66 인터넷 포털사이트에서의 팝업(Pop-up)방식의 제3자 광고행위

-대법원 2012. 5. 24. 선고 2011도13783 판결

장 준 영*

Ⅰ. 판례의 개요

1. 사안의 개요 및 소송경과

가. 피고인 1은 2006. 5.경부터 2008. 3. 2.경까지 자신이 운영하는 A회사의 인터넷홈페이지 사이트 및 제휴사들의 인터넷 홈페이지를 통하여 불특정 다수의 인터넷 이용자들에게 '다국어검색지원서비스'라는 프로그램(이하 '이 사건 프로그램'이라 한다)을 배포·설치하게 한 다음, 이 사건 프로그램을 설치한 이용자들이 당시 NHN 주식회사(이하 '피해자'라 한다)가 운영·제공하는 인터넷 포털사이트인 네이버 홈페이지(www.naver.com)에 접속할 경우 A회사의 서버에 저장되어 있는 광고가 마치 피해자가 제공하는 광고서비스인 것처럼 이용자의 컴퓨터에 보이는 네이버 화면에 나타나도록 하였다.

나. 피고인 2는 2007. 7. 10.경부터 2008. 1. 초순경까지 자신이 운영하는 광고대행업체인 B회사의 인터넷 홈페이지에 업무제휴나 협력계약을 체결한 바 없는 피해자가 운영하는 인터넷 포털사이트인 네이버 등을 '협력사' 또는 '파트너사'로 게시하여 놓고, 회사 광고상품 전화판매직원인 甲 등으로 하여금 이 사건 프로그램을 포함한 광고상품을 판매하도록 하면서 인터넷사이트 또는 전화판매를 통해 B회사가 네이버 등 업체들과 업무협력을 한 것처럼 설명하여 광고주를 모집하였고, 이후 피고인 1로부터 구입한 이 사건 프로그램이 B회사 홈페이지 또는 광고주들의 인터넷홈페이지 사이트들을 통하여 불특정 다수의 인터넷 이용자들에게 이 사건 프로그램이 배포·설치하게 한 다음 위 피고인 1과 같

---

* 법무법인 세종 변호사.

은 행위를 하였다.

다. 피고인들은 구 「부정경쟁방지 및 영업비밀보호에 관한 법률」(2008. 12. 26. 법률 제9225호로 개정되기 전의 것, 이하 '구 부정경쟁방지법'이라 한다) 제2조 제1호 나목의 부정경쟁행위를 하였다는 공소사실로 기소되었다.

라. 제1심[1]에서는 검사가 공소제기한 주위적 공소사실에 대해서는 각 무죄를, 예비적 공소사실에 대해서는 각 유죄를 선고하였으나, 원심[2] 단계에서 검사가 주위적 공소사실을 일부 변경하였고 이에 원심은 모두 유죄로 판단하여 피고인 1에 대해서는 벌금 4,000,000원을, 피고인 2에 대해서는 벌금 1,500,000원을 선고하였다.

마. 대법원 역시 피고인들의 구 부정경쟁방지법 위반의 점에 대해 원심과 같이 판단하였다.

2. 판례의 요지

가. 원심판결

'다국어검색지원서비스'라는 프로그램이 별도로 설치되어 있는 컴퓨터 화면상에 해당 프로그램을 제공하는 피고인들이 제공하는 광고를 국내에 널리 인식된 피해자의 영업표지가 표시되어 있는 인터넷 포털화면의 일부로 끼워 넣어 피해자의 광고를 피고인들의 광고로 덮어씌우거나, 피해자 인터넷 포털사이트의 좌우측 여백에 피고인들의 광고를 노출시킴으로써 피해자의 인터넷 포털화면에 흡착되고 일체화된 형태로 나타나도록 하였고, 나아가 피해자의 인터넷 포털 초기화면에 접속과 동시에 출처 표시가 없고 그 둘레에 별도의 테두리가 없는 이른바 레이어 팝업(Layer Pop-up) 형태로 나타나도록 함으로써, 피해자의 영업표지의 식별력에 기대어 피고인들의 광고의 출처를 표시하는 영업표지로 사용하였는바, 이로써 해당 광고가 마치 피해자에 의해 제공된 것처럼 오인하게 하여 피해자의 광고영업 활동과 혼동하게 한 행위는 구 부정경쟁방지법 제2조 제2호 나목의 부정경쟁행위(영업주체 혼동야기행위)에 해당하고, 설령 피고인들이 '다국어검색지원서비스' 프로그램의 설치 과정에 '약관에 동의합니다'라는 항목을 클릭하여야만 프로그램을 다운로드 받을 수 있고, 액티브엑스(ActiveX) 방식의 보안경고창을 통하여 프로그램이 설치된다고 하더라도 부정경쟁행위가 인정되지 않는 것은 아니다.

---

1) 서울남부지방법원 2009. 10. 12. 선고 2008고정3943 판결.
2) 서울남부지방법원 2011. 9. 30. 선고 2009노1968 판결.

나. 대법원 판결

피고인들은 인터넷 홈페이지에 있는 피해자의 영업표지 식별력에 기대어 피고인들의 광고의 출처를 표시하는 영업표지로 사용함으로써 피해자의 광고영업 활동과 혼동하게 하였다고 보아 원심과 같이 판단하였다.

II. 해 설

1. 쟁점의 정리

가. 구 부정경쟁방지법 위반죄(영업주체 혼동야기행위) 일반론

대상판결에 따르면, 구 부정경쟁방지법 제2조 제1호 나목이 규정하고 있는 부정경쟁행위는 등록 여부와 관계없이 사실상 국내에 널리 인식된 타인의 성명·상호·표장 기타 타인의 영업임을 표시하는 표지와 동일하거나 이와 유사한 것을 사용하여 타인의 영업상의 시설 또는 활동과 혼동을 하게 하는 일체의 행위를 뜻한다.

여기서 영업표지를 사용하는 방법 및 형태 등에는 특별한 제한이 없다고 보는바, ① 인터넷 웹페이지상의 팝업광고 행위가 팝업창 자체의 출처표시 유무, ② 웹페이지 내에서의 팝업창의 형태 및 구성, ③ 웹페이지의 운영목적과 내용, ④ 팝업창의 출현 과정과 방식 등에 비추어 웹페이지상에 표시된 국내에 널리 인식된 타인의 영업표지를 그 팝업광고의 출처표시로 사용한 것으로 인식되고 이로써 팝업광고의 영업활동이 타인의 광고영업 활동인 것처럼 혼동하게 하는 경우에는 영업주체 혼동야기행위로서의 부정경쟁행위에 해당한다.[3)]

즉, 구 부정경쟁방지법 제2조 제1호 나목의 영업주체 혼동야기행위로서의 부정경쟁행위가 인정되기 위해서는 객관적 구성요건으로서 ① 타인의 영업임을 표시하는 표지(표지성), ② 타인의 표지가 국내에 널리 인식되었을 것(주지성), ③ 타인의 표지와 동일·유사한 것의 사용(표지의 동일·유사성 및 표지로서의 사용), ④ 타인의 영업상 시설 또는 활동과 혼동(혼동가능성)의 요건을 충족해야 할 것이고,[4)] 주관적 구성요건으로서 고의가 인정되어

3) 대법원 2010. 9. 30. 선고 2009도12238 판결, 동 판결은 세계 최초로 시도된 것으로 보이는 레이어 팝업 광고 형태에 대한 최초의 대법원 판결이다.

4) 유영선, “인터넷 포털 광고행위를 방해하는 이른바 ‘레이어 팝업(Layer Pop－up) 광고행위’의 규제”, 『정보법판례백선 2』(박영사, 2016), 374면.

야 할 것이다.

나. 객관적 구성요건

(1) 표지성

구 부정경쟁방지법에서 말하는 '표지'란 자기의 상품 또는 영업을 타인의 상품 또는 영업과 구별하기 위하여 사용하는 기호·문자·도형·색채(타 요소에 결합된 경우) 또는 이들을 결합한 것으로서 성명, 명칭, 상호, 서명, 필명, 이들의 약칭과 상표, 서비스표, 업무표장, 포장, 캐릭터, 캐치 프레이즈(catch phrase) 또는 영업의 식별기능, 출처표시기능 등 본원적 기능과 재산적 기능, 광고적 기능, 보호적 기능, 경쟁적 기능 등 파생적 기능을 가진 것을 말한다.[5] 즉, 영업의 표지는 그 영업의 출처를 알리는 식별의 수단으로서 그 영업이 누구의 영업상의 시설 또는 영업활동인가를 구별시켜 줌으로써 타인의 영업상의 시설이나 영업활동과 혼동을 방지시켜 주는 기능을 지닌다.

이와 같은 표지는 상표법 등에 따라 등록된 표지만을 의미하는 것이 아니라 등록되지 않은 표지도 포함하며, 그 표지가 반드시 先사용자의 표지와 동일할 필요는 없고 유사한 표지도 포함한다 할 것이다. 또한 당해 표지가 국내에 널리 인식되어 있어야 하지만 반드시 전국일원일 필요는 없고, 영업권이 미치는 일정지역이라도 무방하다 할 것이다.[6]

이러한 표지성의 개념요소에 비추어 볼 때, 대상판결에서의 피해자 인터넷 포털사이트인 네이버(www.naver.com)는 그 자체로 표지성을 충분히 갖추고 있다고 할 것이고, 대상판결 역시 피해자는 인터넷에서 정보검색, 커뮤니티, 오락 등의 서비스를 제공하는 국내 최대의 인터넷 포털사이트인 네이버를 운영하는 회사로서 "NAVER" 표장과 함께 네이버를 상징하는 모자 로고 " "를 영업표지로 보아 해당 영업표지는 피해자의 광고영업을 표시하는 표지로서 국내에 널리 인식된 표지로 보았다.

(2) 주지성

주지성이란 특정인의 상품 또는 영업활동임을 표시하는 표지가 상당한 범위(국내전역에 걸쳐 모든 사람에게 알려질 필요는 없으나 영업권이 미치는 국내의 일정한 지역범위 안에서 거래자 또는 수요자들 사이에 알려진 정도의 범위) 내의 거래자 또는 수요자 사이에서 널리 알려져 있는 상태에 있는 것을 의미하는 것으로 해석된다.[7] 이와 같은 주지표지의 보호는 경업질서에 있어서 일정한 이익상태를 보호하는 것이므로 이러한 사실상태

5) 황의창·황광연, 『부정경쟁방지 및 영업비밀보호법』 (세창출판사, 2009), 43면.
6) 황의창·황광연, 위의 책, 43면.
7) 대법원 1980. 12. 9. 선고 80다829 판결.

가 형성되어 있는 이상 이를 주지표지에 해당한다고 해석하는 것은 타당하다.

또한, 주지성은 주관적으로 널리 알려져 있다는 것만으로는 부족하고 적어도 널리 알려져 있다는 것이 객관적으로 인정될 경우에만 성립될 것이다.[8] 즉, 특정 상품 또는 영업활동을 수행하는 사업자의 영업규모, 제품의 종류 및 내역, 판매액수, 광고 및 홍보활동의 방법 및 빈도, 해당 사업자가 그 상호를 사용한 기간 및 사용 태양 등에 비추어 사실심 변론종결 당시를 기준으로 해당 상품 내지 영업활동의 출처를 표시하는 표지로서 국내 거래자 또는 수요자들 사이에 널리 알려져 있었는지 여부가 판단될 것이다.[9]

대상판결의 경우, 앞서 살핀바와 같이, 피해자를 국내 최대의 인터넷 포털사이트인 네이버를 운영하는 회사로 보고 네이버 화면상의 영업표지를 국내에 널리 인식된 표지로 봄으로써 주지성 역시 충족하고 있는 것으로 판단하였다.

(3) 표지의 동일·유사성 및 표지로서의 사용

구 부정경쟁방지법 제2조 제1호 나목은 국내에 널리 인식된 주지의 표지와 동일 또는 유사한 것을 사용함으로써 국내에 널리 인식된 영업표지와의 혼동 야기를 방지하려는 데 목적이 있다고 보아야 할 것인바, 「상표법」과는 달리 타인의 주지표지의 사용 그 자체를 규제하려는 것이 주목적이 아니고 사용을 통해 일어나는 혼동을 방지하려는 것이 주목적이기 때문에 부차적 목적에 불과한 표지사용 그 자체에 관한 태양이나 범위를 엄격히 해석할 필요는 없을 것이다. 따라서, 영업표지를 매체로 해서 상품 또는 영업의 출처에 대해 혼동을 일으키는 사용행위는 그 방법, 형태 등을 묻지 않고 이에 모두 포함된다고 할 것이고,[10] 대법원 역시 동일한 취지로 판시해 오고 있다.[11]

대상판결의 경우에도 기본적으로 동일한 입장에서 판단한 것으로 보이는바, 다만 모든 팝업광고 행위를 영업표지 사용으로 본 것은 아니라고 이해해야 할 것이다. 즉, 팝업창 자체의 출처표시 유무, 웹페이지 내에서의 팝업창의 형태 및 구성, 웹페이지의 운영목적과 내용, 팝업창 실행시 별도 프로그램의 활성상태 표시 여부 등 출현과정과 방식 등 구체적인 사실관계의 종합적 판단을 통해 웹페이지 상에 표시된 타인의 영업표지를 그 팝업광고의 출처표시로 사용한 것으로 인식되고 이로써 팝업광고의 영업활동이 타인의 광고영업 활동인 것처럼 혼동하게 사용한 경우 영업표지의 사용으로 의율할 수 있다고 보아야 할 것이다.

본 사안의 경우, ① 피고인들이 이 사건 프로그램을 불특정 다수의 인터넷 이용자들

8) 황의창·황광연, 앞의 책, 39면.
9) 대법원 2004. 3. 25. 선고 2002다9011 판결.
10) 사법연수원, 『부정경쟁방지법』(2008), 46면.
11) 대법원 1999. 4. 23. 선고 97도322 판결.

에게 배포하여 그 설치에 동의한 이용자들의 컴퓨터에 설치하도록 하였고, ② 이 사건 프로그램이 설치된 컴퓨터로 네이버에 접속할 경우 해당 인터넷 포털화면에 피해자의 광고만 노출되는 것이 아니라 피해자의 배너광고를 피고인들의 배너광고로 덮어쓰거나 인터넷 포털화면 좌우측 여백에 피고인들의 배너광고를 노출하는 방식으로 피고인들이 광고행위를 하였으며, ③ 피고인들의 광고의 경우 그 둘레에 별도의 테두리가 없는 이른바 레이어 팝업(Layer Pop-up)의 형태로 나타나고 이 사건 프로그램이 이와 같이 동작하는 과정에서 작업 표시줄에 별도로 활성 상태로 표시되지 않을 뿐만 아니라 피고인들의 광고 자체에 그 출처가 전혀 표시되지 않은 점 등을 종합적으로 고려할 때, 피고인들은 이 사건 프로그램이 설치되어 있는 컴퓨터 화면상에 그들이 제공하는 광고를 피해자의 영업표지가 표시되어 있는 네이버 화면에 일부로 끼워 넣어 그 화면에 흡착되고 일체화된 형태로 나타나도록 하거나 네이버 화면 접속과 동시에 출처의 표시가 없는 레이어 팝업 형태로 나타나도록 함으로써 네이버 화면에 있는 영업표지의 식별력에 기대어 이를 피고인들의 광고의 출처를 표시하는 영업표지로 사용한 것으로 보았다.

(4) 혼동가능성

구 부정경쟁방지법상 혼동이란 국내에 널리 알려진 타인의 영업표지를 사용함으로써 타인의 영업상의 시설 또는 영업활동과 혼동하게 하는 행위를 말하는바, 영업주체 혼동이라 함은 영업자의 시설 또는 활동 사이에 혼동이 있는 것을 말하며, 혼동의 위험까지 포함하는 개념으로 보아야 할 것이다.[12] 대법원 역시 “단지 영업의 주체가 동일한 것으로 오인될 경우뿐만 아니라 두 영업자의 시설이나 활동 사이에 영업상·조직상·재정상 또는 계약상 어떤 관계가 있는 것으로 오인될 경우도 포함”된다고 하여 혼동의 범위를 폭넓게 이해하고 있는 것으로 보이고,[13] 혼동 여부에 관하여는 “영업표지의 주지성, 식별력의 정도, 표지의 유사 정도, 영업 실태, 고객층의 중복 등으로 인한 경업·경합관계 존부 그리고 모방자의 악의 유무 등을 종합적으로 판단하여야 한다”고 판시하고 있다.[14]

대상판결의 경우, 앞서 설명한 바와 같이 피고인들의 광고가 피해자의 영업표지가 표시되어 있는 네이버 화면의 일부로 끼워 넣어 그 화면에 흡착되고 일체화된 형태로 나타나거나 네이버 초기화면 접속과 동시에 출처의 표시가 없는 레이어 팝업 형태로 나타남으로써 네이버 화면의 영업표지의 식별력에 기대어 피고인들의 광고 출처를 표시하는 영업표지로 사용하였는바, 결국 피고인들의 광고가 마치 피해자 회사에 의해 제공된 것처럼

12) 유영선, 앞의 논문, 377면.
13) 대법원 1997. 12. 12. 선고 96도2650 판결.
14) 대법원 2009. 4. 23. 선고 2007다4899 판결.

오인하게 하여 피해자의 광고영업 활동과 혼동을 하게 한 것으로 판단하였다.

한편, 피고인들은 ① 자신들의 광고행위의 경우 네이버 초기화면의 중앙에 약 20초 동안 나타난 다음에 자동으로 없어지고, ② 자신들의 광고 팝업창 오른쪽 하단 모서리에 작은 'X CLOSE' 모양의 닫기 버튼을 두어 사용자가 이를 클릭하면 해당 광고가 화면에서 사라짐과 동시에 네이버의 원래 광고가 보이도록 하였으며, ③ 이 사건 프로그램 설치 과정상 이 사건 프로그램의 기능을 설명하고 동의를 구하는 내용의 이용약관이 기재되어 있는 팝업창에 '약관에 동의합니다' 항목에 클릭하여야 만 이 사건 프로그램을 다운로드 받을 수 있다는 점 등을 이유로 피해자의 광고영업 활동과의 혼동이 방지되었다고 주장하였다. 이에 대해 원심과 대법원에서는 ① 피고인들의 광고가 네이버 화면에 흡착되고 일체화된 형태 내지 출처의 표시가 없는 레이어 팝업의 형태로 나타난 이상, 이 사건 프로그램의 설치 당사자도 피고인들의 광고를 피해자 회사가 제공한 광고와 구분하여 인식하기가 쉽지 않아 보이고, ② 이 사건 프로그램 설치 과정상 이루어지는 이용약관의 동의에 대해서는, 해당 약관상 피고인들의 광고방식에 대한 설명이 부족할 뿐만 아니라 해당 이용약관을 끝까지 스크롤을 내려 확인하지 않더라도 이 사건 프로그램이 설치될 수 있어 실제 이용자들이 이용약관을 전부 확인하는 경우가 드물며, 이 사건 프로그램과 같이 엑티브 엑스(Active X) 방식의 보안경고창을 통해 프로그램이 설치되는 경우 이용자들은 계속적인 보안경고창 표시로 인한 불편함 때문에 특별한 고려 없이 해당 프로그램의 내용 여하와 무관하게 프로그램을 설치하는 것이 일반적이라는 점 등을 이유로 피고인들의 주장을 배척하고 혼동가능성을 인정하였다.

다. 주관적 구성요건(고의)

구 부정경쟁방지법 제2조 제1호 나목 위반의 경우 동법 제18조 제3항 제1호에 따라 3년 이하의 징역 또는 3천만 원 이하의 벌금에 처해질 수 있는바, 형사범죄의 구성요건으로서 영업주체 혼동행위에 대한 고의(적어도 미필적 고의)가 인정되어야 영업주체 혼동행위에 따른 형사처벌을 할 수 있을 것이다.

본 사안에서 피고인들은 이 사건 프로그램이 특허등록을 받은 기술이고, 텔레비전 등에서 공개적으로 방송도 된 적이 있어 이 사건 프로그램을 이용한 광고행위가 부정경쟁행위에 해당한다고 인식한 사실이 없어 고의가 없다는 주장을 하였으나, 원심과 대법원에서는 ① 이 사건 프로그램 자체가 네이버 등 인터넷 포털사이트의 홈페이지 화면을 이용하여 광고행위를 하는 것을 전제로 하고 있고, ② 피고인들도 이를 전제로 광고주들을 모집하여 실제로 네이버 화면을 이용한 광고행위를 하여 온 점 등에 비추어 볼 때 적어도 미필적 고의가 있었다고 봄이 상당하고, ③ 피고인 1이 특허등록을 받은 이 사건 프로그램의 특허 내용에는 '상기 광고 파일의 윈도우는 검색결과 페이지를 제공하는 사이트에서 광고하는 것처럼 보이기 위하여 작업 표시줄에 활성 상태가 표시되지 않는 것을 특징으로 하는 광고 시스템이다'라고 기재되어 있어 피고인들은 이 사건 프로그램을 개발할 당시부터 인터넷 포털사이트 회사들의 광고영업 활동과 혼동을 하게 하려는 명확한 인식이 있었다고 보았다.

2. 검 토

국내에 널리 알려진 인터넷 포털사이트의 영업표지 식별력에 기대어 제3자가 팝업방식 등을 통한 광고행위를 하는 경우, ① 해당 팝업창 자체의 출처표시 유무, ② 인터넷 포털사이트 화면 내 팝업창의 형태 및 구성, ③ 팝업창의 출현과정과 방식 등 구체적인 사실관계에 비추어 해당 광고행위가 제3자가 아닌 인터넷 포털사이트에서 제공하는 것처럼 오인시키는 경우로서 해당 영업주체 혼동야기행위에 표지성, 주지성, 표지의 동일·유사성, 표지로서의 사용 및 혼동가능성이 인정되는 경우라면 구 부정경쟁방지법상 영업주체 혼동야기행위로 의율하는데에 특별한 문제가 없을 것이다.

III. 판례의 의의

최근 국내를 비롯한 대부분의 해외 국가에서는 4차산업혁명이라는 변화의 물결이 감지되고 있는바, 이는 인터넷, 정보통신의 기술의 비약적 발전에 기인하고 있다. 특히 AI(Artificial Intelligence)를 필두로 하는 ICBM(Iot, Cloud, Big data, Mobile)의 기술발전은 향후 인터넷 환경을 어떻게 변화시킬지 모르는 상황이다.

대상판결의 경우, 이른바 레이어 팝업광고에 대한 최초 선례인 대법원 2010. 9. 30. 선고 2009도12238 판결과 마찬가지로 인터넷상 팝업광고 방식 등 새로운 기술을 이용한 영업주체의 혼동야기행위는 여러 구체적 사실관계를 종합적으로 판단하여 혼동야기 여부를 판단해야 한다는 원칙을 재확인하였다는 점에서 그 의의가 크다고 할 것이다.

기술발전이 어떻게 발전해나갈지 한치 앞도 내다볼 수 없는 상황 하에서 다양하고 새로운 형태의 인터넷 광고행위는 수시로 발생하고 있고, 이에 따른 다양한 이해관계의 충돌이 예상되는 상황인바, 대상판결은 향후 새로운 유형의 인터넷 광고행위의 영업주체 혼동야기 판단기준으로서 중요 기준점이 될 것으로 생각된다.

67 타인의 영업표지 사용에 따른 혼동 유발에 의한 부정경쟁

－대법원 2010. 9. 30. 선고 2009도12238 판결

정 혜 욱*

Ⅰ. 판례의 개요

1. 사안의 개요

「부정경쟁방지 및 영업비밀보호에 관한 법률」(이하 '부정경쟁방지법'이라 한다) 제2조 제1호 나목은 "국내에 널리 인식된 타인의 성명, 상호, 표장(標章), 그 밖에 타인의 영업임을 표시하는 표지(상품 판매·서비스 제공방법 또는 간판·외관·실내장식 등 영업제공 장소의 전체적인 외관을 포함한다)와 동일하거나 유사한 것을 사용하여 타인의 영업상의 시설 또는 활동과 혼동하게 하는 행위"를 부정경쟁행위의 하나로 정하고 있으며 이와 같은 행위를 한 자는 같은 법 제18조 제3항 제1호에 따라 형사처벌 대상이 된다.

피해자 회사 네이버(도메인 이름은 'www.naver.com')는 1999년경부터 자신의 홈페이지에 녹색의 영문 대문자로 구성된 다음 [그림]과 같은 표장과 모자 모양의 로고를 사용하면서 배너광고를 게재하거나 우선순위 검색결과 도출서비스를 제공하는 방식으로 영업을 해왔다.

[그림] 피해자 회사의 영업표지(표장과 로고)

* 위덕대학교 경찰행정학과 교수.

피고인들은 '업링크솔루션'이라는 명칭의 '다국어검색지원서비스' 프로그램을 개발하여 자신들이 운영하는 인터넷채널21이라는 명칭의 사이트를 통해서 불특정 다수에게 배포하여 그 프로그램을 설치하는데 동의하는 이용자가 자신의 개인컴퓨터에 이를 설치하도록 하였다. 이 프로그램은 액티브엑스(ActiveX) 컨트롤 방식의 플러그인 프로그램으로서 이용자가 설치에 동의하는 버튼을 클릭하면 자동으로 설치되는 것이었다.[1] 이 프로그램은 이를 설치한 컴퓨터로 네이버 홈페이지에 접속하게 되면 ① 네이버가 제공하는 배너광고가 자동으로 피고인들이 제공하는 같은 크기의 배너광고로 대체되고(대체광고 방식), ② 화면의 여백에 피고인들의 배너광고가 노출되며(여백광고 방식), ③ 검색창에 검색어를 입력하면 최상위의 검색결과에 피고인들의 키워드광고가 삽입되도록(키워드삽입광고 방식) 설계되어 있었다.

피고인들의 이러한 광고는 레이어 팝업(Layer pop-up) 형식을 취하고 있어서 별도의 테두리가 없었으며 광고의 출처에 대한 표시가 전혀 되어 있지 않았다. 다만 피고인들은 자신들의 대체광고와 여백광고의 한쪽 모서리에 작은 'x'자 표시를 해서 이용자가 이를 클릭하면 네이버가 원래 제공하던 광고가 나타나게 하는 조치는 취하고 있었다.

2. 소송경과

가. 제1심 판결

검찰은 피고인들이 인터넷채널21 사이트를 통해 업링크솔루션 프로그램을 배포하여 이용자들이 이를 설치하게 하였고, 이를 설치한 이용자들이 자신의 컴퓨터에서 네이버 사이트에 연결을 하면 인터넷채널21 서버에 저장되어 있던 광고가 네이버 사이트 화면에 나타나도록 함으로써, 피해자의 영업표지를 '사용'하여 타인의 영업활동으로 혼동하게 만들었다는 취지에서 부정경쟁방지법 위반임을 주장하였다.

이에 대하여 제1심 법원은 검찰의 주장을 수용하지 아니하였다.[2] 일단 네이버가 1999년부터 사용하고 있는 영업표지(표장과 로고)가 몇 차례 디자인 변경이 있었지만 "피해자 회사의 광고영업을 표시하는 표지로서 국내에 널리 인식"되어 있는 것임은 인정하

---

1) 피고인들이 운영하는 사이트에 접속을 하면 ① 웹브라우저의 주소표시 밑에 프로그램 설치를 안내하는 메시지가 표시되고, ② 이 메시지를 클릭하면, ③ 다시 '액티브엑스 컨트롤 설치' 박스가 떠서 이를 클릭하면, ④ … 프로그램을 설치하시겠습니까? 라고 묻는 보안경고 창이 팝업으로 뜨고, ⑤ 그 팝업창에서 '설치' 버튼을 클릭하면, ⑥ '서비스 이용약관 및 설치동의'를 알리는 창이 열리고, ⑦ 여기서 '약관에 동의합니다' 항목에 클릭을 한 후, ⑧ '설치동의' 버튼을 클릭하면 비로소 프로그램이 설치되는 방식이었다.

2) 서울중앙지방법원 2009. 1. 16. 선고 2008고합312 판결.

였다. 그러나 피고인들이 네이버가 운영하는 포털사이트의 '화면의 일부'를 사용한 것일 뿐이지 네이버의 '영업표지'를 사용한 것으로 보기는 어렵다고 결론을 내렸다. 피고인들의 행위가 네이버의 광고영업을 다소 방해한 것으로 볼 여지는 있지만 피고인들의 광고행위가 네이버의 영업표지를 사용하여 네이버의 광고행위인 것으로 혼동하게 한 것으로 보기는 어렵다는 것이다.

나. 항소심 판결

항소심도 제1심 법원과 같은 결론을 내렸다.[3] 검찰의 주장을 배척한 이유는 다음과 같이 다소 장황하다. ① 피고인들이 자신들의 광고영업을 위해서 네이버의 인터넷 공간을 활용한 것을 두고 네이버의 영업표지를 자신들의 광고의 출처를 표시하는 것처럼 보이게 하여 그 식별력을 이용한 것이라고 하기는 어렵다는 것이고, ② 네이버 홈페이지를 이용하는 사람의 입장에서는 네이버가 포털사이트로서 제공하는 정보가 중요한 것이지 네이버 홈페이지 공간에서 눈에 들어오는 광고를 누가 게재한 것인지는 중요하지 않다는 것이며, ③ 피고인들이 제공하는 프로그램의 설치에 동의한 이용자만 피고인들이 게시하는 광고에 접하도록 설계되어 있었으므로 피고인들이 네이버 홈페이지를 이용하여 광고행위를 한다는 점에 대한 이용자들의 인식이 존재하였다는 것이고, ④ 네이버가 자신의 홈페이지를 이용해서 광고영업을 한 것은 사실이지만 그와 같은 영업활동을 하는 과정에서 네이버 영업표지의 식별력에 크게 의존한 것으로 보기도 어렵다는 것이다.

다. 대법원 판결

상고심의 판단은 정반대의 결론에 도달하였다.[4] 그 판단내용을 보자면 우선 "… 부정경쟁방지법 … 이 규정하고 있는 부정경쟁행위는 등록 여부와 관계없이 사실상 국내에 널리 인식된 타인의 성명·상호·표장 기타 타인의 영업임을 표시하는 표지와 동일하거나 이와 유사한 것을 사용하여 타인의 영업상의 시설 또는 활동과 혼동을 하게 하는 일체의 행위를 의미하는 것이다 …. 따라서 여기서 영업표지를 사용하는 방법 및 형태 등에는 특별한 제한이 없으므로, 인터넷 웹페이지상의 팝업광고 행위가 팝업창 자체의 출처표시 유무, 웹페이지 내에서의 팝업창의 형태 및 구성, 웹페이지의 운영목적과 내용, 팝업창의 출현 과정과 방식 등에 비추어 웹페이지 상에 표시된 국내에 널리 인식된 타인의 영업표지를 그 팝업광고의 출처표시로 사용한 것으로 인식되고 이로써 팝업광고의 영업 활동이 타

3) 서울고등법원 2009. 10. 22. 선고 2009노300 판결.
4) 대법원 2010. 9. 30. 선고 2009도12238 판결.

인의 광고영업 활동인 것처럼 혼동하게 하는 경우에는 위 법조 소정의 부정경쟁행위에 해당한다 …"고 하고 있다.[5)]

그러면서 "… 피고인들은 이 사건 프로그램이 설치되어 있는 컴퓨터 화면상에 그들이 제공하는 광고를 이 사건 영업표지가 표시되어 있는 네이버 화면의 일부로 끼워 넣어 그 화면에 흡착되고 일체화된 형태로 나타나도록 함으로써 네이버 화면에 있는 이 사건 영업표지의 식별력에 기대어 이를 피고인들 광고의 출처를 표시하는 영업표지로 사용하였다 할 것이고, 이로써 피고인들의 광고가 마치 피해자 회사에 의해 제공된 것처럼 오인하게 하여 피해자 회사의 광고영업 활동과 혼동을 하게 하였다고 할 것이다"라고 부정경쟁방지법 위반이라는 결론을 내리고 있다.[6)]

3. 판례의 요지

가. 행위객체 : 타인의 영업표지

부정경쟁방지법 제2조 제1호 나목(처벌규정 제18조 제3항 제1호)에서 정하고 있는 행위객체는 '국내에 널리 인식된·타인의 영업을 표시하는 표지'이다. 타인의 영업을 표시하는 표지이면서 국내에 널리 인식되어 있는 표지라고 하는 두 가지 요건이 병렬적으로 모두 충족되어야 행위객체로 볼 수 있다는 취지로 이해된다.

대상판례는 네이버의 영업표지인 표장과 로고가 국내에 널리 인식되어 있다고 하는 점에 대한 판단을 네이버가 1999년부터 사건이 발생한 2006년 ~ 2007년까지 같은 영업표지를 사용하고 있었다는 점을 근거로 삼고 있다. 7년 동안 같은 표장과 로고를 사용한다고 해서 그것이 자동적으로 널리 인식되는 영업표지가 되는 것은 아닐 텐데 그와 같은 결론을 내린 것은 네이버가 워낙 국내에서 유명한 사이트이기 때문일 것으로 보인다. 당연한 사실이기 때문에 굳이 입증할 필요가 없는 것으로 판단한 것으로 생각된다.

행위객체로서의 영업표지는 대상판례가 명확하게 지적하고 있는 것처럼 녹색 영문 대문자로 구성된 네이버의 표지와 모자 모양의 로고이다. 이와 관련하여 하급심 법원은 이 사건 사실관계를 두고 네이버가 운영하는 포털사이트의 '화면의 일부'를 사용한 것일 뿐이지 네이버의 '영업표지'를 사용한 것으로 보기는 어렵다는 이유에서 부정경쟁방지법 위반이 아니라고 결론 내린 바 있다. 이러한 하급심의 판결을 상고심이 파기한 것은 사실이지만 그렇다고 해서 대법원이 네이버의 포털사이트 화면 전체가 영업표지라고 본 것은

5) 대법원 2010. 9. 30. 선고 2009도12238 판결.
6) 대법원 2010. 9. 30. 선고 2009도12238 판결.

아니다. 왜냐하면 상고심도 행위객체를 "웹페이지 상에 표시된 국내에 널리 인식된 타인의 영업표지"라고 하고 있기 때문이다. '웹페이지' 자체를 영업표지로 본 것은 분명히 아니다.

이렇게 보면 행위객체 부분에 대해서는 하급심이나 상고심 모두 정확하게 네이버의 영문 대문자 표장과 모자 모양 로고를 영업표지로 보아야 한다는 점에서 일치하고 있다. 상·하급심 사이에서 견해가 달라진 것은 행위내용인 '사용하여 혼동을 유발한다'고 하는 부분이라고 할 수 있다.

나. 행위 : 사용하여 혼동 유발

대상판례는 부정경쟁방지법 제2조 제1호 나목상의 구성요건 가운데 "… 을 사용하여 … 과 혼동을 하게 하는 행위"라고 하는 부분을 결과범이 아니라 거동범으로 이해하고 있는 것으로 보인다. 이는 형법 제314조의 업무방해죄 구성요건이 '위계 또는 위력으로써 사람의 업무를 방해'하는 것으로 되어 있는데, 여기서 방해를 업무방해의 결과를 초래할 위험을 의미하는 것으로 파악하는 판례[7]의 입장과 같다고 할 수 있다.

판결문에 "혼동을 하게 하였다고 할 것이다"라고 하는 표현은 나오지만 사용하는 행위와 이용자들이 혼동을 하게 된 결과 사이의 인과관계에 대한 판단은 찾아볼 수 없다. 피고인들의 행위가 혼동을 하게 하는 것인가에 대한 판단만 있으므로 피고인들의 행위가 혼동을 야기하는 속성(가능성)을 가지고 있는가에 대한 판단만 있는 것이라고 할 수 있다.

따라서 부정경쟁방지법 제2조 제1호 나목상의 구성요건은 행위객체인 타인의 영업표지를 사용하여 혼동하게 하는 행위를 하면 충족되는 것으로서 혼동이라는 결과의 발생이 확인되어야 하는 것도 아니고 사용과 혼동 사이의 인과관계가 입증되어야 하는 것도 아니다. 다만 사용이 이루어져야 하고 그 사용행위가 혼동을 야기할 위험성을 가지고 있으면 구성요건에 해당한다고 결론을 내릴 수 있게 되는 것이다.

하급심과 상급심의 판단의 차이는 '사용'의 개념에 대한 이해의 상이함에서 연유하는 것으로 보인다. 하급심은 네이버 홈페이지의 공간에 피고인들이 수주한 광고가 노출되도록 조치하는 것은 타인의 영업표지를 사용하는 것이 아니라고 판단하였다. 이에 반하여 상고심은 '피고인들이 제공하는 광고를 네이버의 영업표지가 표시되어 있는 홈페이지 화면의 일부로 끼워 넣어 그 화면에 흡착되고 일체화된 형태로 나타나도록'하는 것이 네이

7) 대법원 1991. 6. 28. 선고 91도944 판결; 대법원 1999. 5. 14. 선고 98도3767 판결; 대법원 2004. 3. 26. 선고 2003도7927 판결; 대법원 2005. 5. 27. 선고 2004도8447 판결. "업무방해죄의 성립에 있어서는 업무방해의 결과가 실제로 발생함을 요하는 것이 아니고 업무방해의 결과를 초래할 위험이 발생하는 것이면 족하다."

버의 영업표지를 사용하는 것이라고 보았다.

네이버 홈페이지에 흡착되어 일체화된 형태로 피고인들이 제공하는 광고가 표시되도록 하는 것이 혼동을 유발하는 것인가에 대해서도 하급심과 상고심은 서로 다른 결론에 도달하였다. 하급심은 이 사건 업링크솔루션 프로그램을 이용자들이 스스로 동의하여 설치하였고, 네이버에서 제공하는 광고를 대체하는 피고인들 제공의 광고가 게시될 때 게시물의 오른쪽 상단에 작은 x표시가 부가되고, 이를 클릭하면 피고인들이 게시하는 광고 대신 본래 네이버가 제공하는 광고가 다시 나타나도록 설계되어 있었다는 점 등을 이유로 이용자들이 누가 게시하는 광고인가에 대하여 혼동할 위험성이 확실하게 존재하였다고 할 수 없다고 보았다. 반면 대법원은 혼동할 위험이 충분하다고 판단하였다.

원심과 상고심 모두 부정경쟁방지법 제2조 제1호 나목(처벌규정 제18조 제3항 제1호)에서 정하는 "… 을 사용하여 …과 혼동을 하게 하는 행위"를 범죄유형상 거동범에 해당하는 것으로 본다는 측면에서는 일치한다. 다만 이 사건 피고인들의 행위가 '혼동의 결과를 초래할 위험'으로 보기에 충분한가에 대하여서는 결론이 서로 달랐다고 할 수 있다.

II. 해 설

1. 행위객체

부정경쟁방지법 제2조 제1호 나목이 정하고 있는 바 행위객체는 '국내에 널리 인식된·타인의 영업을 표시하는 표지'이다. 여기서 '국내에 널리 인식된 것'인가(이른바 '주지성')에 대한 판단도 경우에 따라서는 문제가 될 수 있을 것이다. 이와 관련하여 판례는 "국내에 널리 인식된 타인의 영업임을 표시하는 표지 … 는 국내의 전역 또는 일정한 범위 내에서 거래자 또는 수요자들이 그것을 통하여 특정의 영업을 다른 영업으로부터 구별하여 널리 인식하는 경우를 말하는 것으로서 … 그 사용의 기간, 방법, 태양, 사용량, 거래범위 등과 거래의 실정 및 사회통념상 객관적으로 널리 알려졌는지 여부"를 기준으로 판단하여야 한다고 하고 있다.[8)]

주지성 여부와 관련하여 예를 들어 '한국교직원공제회'라는 명칭은 "전국적으로 교직원들 사이에 알려져 있어 주지성이 인정"된다고 하는 것이 판례의 입장이다.[9)] 일반인이라면 대략 누구나 다 알고 있어야 할 정도에 이르지 않더라도 상당히 많은 수의 사람들이

8) 대법원 2011. 12. 22. 선고 2011다9822 판결.
9) 대법원 2011. 12. 22. 선고 2011다9822 판결.

알고 있다면 주지성을 인정할 수 있다는 취지로 읽힌다. 이러한 측면에서 대한민국 최고의 인터넷 포털사이트인 네이버의 주지성을 인정하는 것은 전혀 문제가 되지 않는 것으로 보인다. 그 때문에 부정경쟁방지법 위반임을 부정한 하급심도 네이버 홈페이지의 주지성에 대해서는 전혀 문제를 삼지 않았다.

2. 행위내용

사용과 혼동 유발이라는 행위내용의 개념범위에 대한 판단은 하급심과 상고심이 서로 결론을 달리 하고 있다.

가. 사 용

원심은 타인의 홈페이지 공간에 자신들이 게시하고자 하는 광고가 현출되도록 프로그램을 조작하는 행위는 그 홈페이지의 공간을 사용하는 것에 불과하고, 그 홈페이지에 표시되어 있는 영업표지(표장 및 로고)까지 사용하는 것이라고 볼 수 없다는 판단을 하였다. 이에 반하여 대법원 판례는 피고인들이 원하는 광고물을 홈페이지 화면에 "흡착되고 일체화된 형태로 나타나"게 하는 것은 홈페이지 화면 전체를 사용하는 것이고 결국 홈페이지 화면의 일부인 영업표지도 함께 사용하는 것이라고 보아야 한다는 결론에 도달하였다.

사용의 사전적 의미는 '사람이나 물건 등을 쓰거나 부리는 것'이다. 이는 이용과 유사한 개념이라고 할 수 있는데 이용이란 '방편으로 하거나 남을 부려 쓰는 것'을 말한다. 부정경쟁에 해당하는가와 관련해서 문제가 되는 것은 이윤 추구의 방편이 공정한가 하는 점이다. 따라서 부정경쟁 여부와 관련하여 사용이란 '방편으로 이용하는 것'으로 이해하는 것이 타당하다.

네이버가 인터넷 홈페이지 광고로 많은 수입을 올릴 수 있었던 것은 포털 사이트인 네이버에 접속하는 이용자의 수가 국내 어떠한 포털 사이트보다 많았기 때문이다. 접속자 수가 많은 포털 사이트에 광고를 올리면 광고 효과가 높을 것이고 그에 따라 광고료도 높게 책정될 것이다. 네이버 사이트의 접속자 수가 많은 것은 네이버 사이트의 정보가 다른 사이트의 정보보다 이용자 입장에서 우수하다고 판단되기 때문이다.

이렇게 접속자 수가 많은 네이버 포털사이트에 다른 사람들이 임의로 자신들의 광고가 뜨도록 조치를 한다면 이러한 광고는 네이버의 접속자 흡인력을 이용하여 광고 효과를 얻을 수 있게 된다. 그렇다면 이는 네이버 포털사이트의 우수성을 자신들의 광고를 위한 방편으로 이용하는 것이라고 할 수 있다. 따라서 '사용'에 해당한다. 대상판례는 이러한 네이버 홈페이지의 흡인력 및 우수성을 '식별력'이라고 표현하고 있다.

나. 혼동 유발

피고인들은 네이버 홈페이지에 게시되는 광고물이 자신들이 올리고자 하는 광고물로 그 크기와 형태가 정확하게 일치하여 대치되도록 프로그램을 설계하였다. 다만 대체되는 광고물의 오른쪽 상단에 작은 x자 표시가 있어서 이를 클릭하면 원래 네이버에서 올리는 광고가 나타나도록 조치를 해 두었을 뿐이다. 그러나 인터넷 이용자들은 액티브엑스 플러그인 프로그램 설치 여부를 묻는 메시지에 대하여 무의식적으로 동의를 해서 설치하게 하는 성향을 가지고 있고, 광고물에 작은 x자 표시가 있다고 해서 그것이 해당 사이트에서 제공하는 광고물이 아니라는 인식을 하지는 못하는 성향을 가지고 있다. 따라서 피고인들이 자신들의 올리는 광고물이 네이버 홈페이지에 현출되게 한 행위는 어느 회사의 광고영업인가에 대하여 이용자의 혼동을 야기하는 것에 해당한다.

Ⅲ. 판례의 의의

피고인들이 제공하는 액티브엑스(ActiveX) 기반 플러그인 프로그램을 설치한 이용자가 네이버에 접속을 하게 되면 네이버에서 올리는 광고물 대신 자신들이 제공하는 광고물이 같은 크기 및 같은 형태로 대체되도록 프로그램을 설계하고 배포한 것이 사건의 내용이다. 이에 대하여 하급심은 피고인들이 배포한 프로그램에 의해서 네이버 홈페이지의 광고물이 피고인들의 광고물로 대체되도록 하는 것은 타인의 영업표지(표장 및 로고)를 사용하는 것이라고 할 수 없다고 하였다. 네이버 홈페이지의 화면의 일부를 활용한 것일 뿐 영업표지를 사용한 것이라고 할 수는 없다는 것이 그 이유이었다.

그러나 사용의 의미를 '방편으로 이용하는 것'이라고 이해한다면 네이버의 이용자 흡인력(대상판례의 표현에 의하면 '식별력')에 기대어 손쉽게 광고효과를 올리고 이를 통하여 이윤을 취하고자 한 피고인들의 행위는 실질적인 측면에서 사용에 해당한다고 볼 수 있다. 대법원 판례는 이처럼 사용의 의미를 실질적인 측면에서 이해한 것으로서 부정경쟁방지법의 입법취지에 매우 부합하는 결론이라고 생각된다. 타인의 영업표지를 사용하는 비교적 새로운 유형의 부정경쟁행위에 대한 판단으로서 매우 선진적인 판결이라고 할 수 있다.

68 한국방송공사의 협찬품 고지방송이 부가가치세 과세 대상인 광고용역의 유상공급에 해당하는지 여부

-대법원 1997. 10. 10. 선고 96누3463 판결

박 종 수*

Ⅰ. 판례의 개요

1. 사안의 개요

원고(한국방송공사)는 1992. 10. 1.부터 같은 해 12. 31.까지 기간에 일부 방송프로그램을 제작하는 과정에서 협찬업체들로부터 합계 금 232,002,118원 상당의 물품을 협찬받아 이를 시청자 및 청취자 또는 출연자 등(이하 '시청취자'라 한다)에게 추첨 등을 통하여 시상품으로 주면서, 프로그램 진행 중간에 진행자가 "○○○에게는 ○○○업체에서 제공하는 ○○○물품을 드리겠습니다"라는 내용의 제공업체 및 상품 소개를 하고, 텔레비전 프로그램의 경우 상품의 사진과 자막이 들어 있는 판넬 화면을 보여주는 방법으로 협찬품에 대한 고지방송을 실시하였다. 그러나 원고는 1992년 2기 확정분 부가가치세 신고납부시 이러한 협찬품 고지방송 부분을 포함시키지 아니하였고, 피고(여의도 세무서장)는 협찬품 고지방송이 구 「부가가치세법」 제7조 제1항, 제12조 제1항 제7호 단서 규정에 의하여 부가가치세 과세대상이 되는 용역의 공급인 광고에 해당된다고 보아, 1993. 9. 16. 위 협찬품의 가액을 과세표준으로 하여 1992년 2기 확정분 부가가치세(가산세 포함) 금 30,160,270원을 원고에게 부과 고지하였다(이하 '이 사건 처분'이라 한다).

2. 소송경과

가. 원고의 주장

원고는 협찬품 고지방송은 광고방송에 대한 관계 법령의 규정, 협찬품의 전달과정,

---

* 고려대학교 법학전문대학원 교수.

방송의 내용, 원고가 제정한 협찬품관리기준, 부대사업업무규정 등에 비추어 광고방송으로 볼 수 없고, 원고는 단지 협찬품이 협찬업체로부터 출연자 또는 시청취자 등에게 직접 제공되는 과정에서 중간매개자의 역할을 함에 그칠 뿐 협찬품을 원고가 취득하는 것이 아니어서 위 협찬품 고지방송을 물품의 제공과 대가관계에 있는 것이라고 볼 수 없어 부가가치세의 과세대상인 광고방송이 아니라고 주장하였다.

나. 원심판결[1)]

원심은 ① 원고가 제정한 협찬품관리기준에 의하면, 협찬업체의 선정과 협찬계약은 부대사업 운영관리부서의 심의를 거쳐 해당 프로그램 제작국에서 체결하고, 프로그램을 방영하지 않을 때에는 협찬품을 즉시 협찬업체에 반납하되 협찬계약의 지속 시에는 차감수불 정리하며, 시청취자로부터 반송되어 온 협찬품은 해당 실·국에서 보관하고 3월 이내에 인수해가지 않을 때에는 자체 품의 후 타목적으로 전용할 수 있도록 규정하고 있었던 점, ② 협찬업체는 원고와 협찬계약을 체결하면서, 협찬품(현품교환권)을 프로그램 방송 1주일 이전에 원고의 담당자에게 전달하고 원고로부터 인수증을 교부받으며, 협찬 고지방송 내용을 사전에 제작하여 담당 연출자에게 제출하고, 교환권 소지자에게는 표시품과 상이없는 현품을 지급하기로 약정한 점, ③ 원고는 협찬 희망업체로부터 협찬제의가 있으면 방송목적 적합성에 관한 내부 심의를 거쳐 적합하다고 판단되는 경우에는 협찬업체에 제공의사와 제공수량을 확인한 후 방송일자를 통보하고, 교환권은 해당 프로그램의 제작이나 방송이 끝난 후 물품제공자가 시청취자 등에게 직접 전달하거나 담당 연출자가 교부받았다가 시청취자 등에게 교부하면 그 교환권 소지인이 협찬업체가 지정하는 장소에서 물품을 수령한 점, ④ 원고는 해당 프로그램이 방송되지 못하거나 교환권이 반송되는 등 교환권을 시청취자에게 전달할 수 없는 경우에는 이를 협찬업체에 돌려주거나 다른 프로그램에서 시청취자 등에게 다시 전달하였던 점, ⑤ 협찬품은 협찬업체가 직접 제조하거나 판매하는 상품인 경우도 있고 타업체가 제조·판매하는 상품인 경우도 있었던 점, ⑥ 원고는 협찬업체로부터 프로그램 제작에 필요한 협찬금을 받는 경우에는 회계장부에 협찬 내역을 기재하여 수익처리하고 방송을 통하여 시청취자들에게 협찬업체와 협찬취지를 알려주며 이에 대한 부가가치세를 신고납부하여 왔던 점, ⑦ 방송관계 법령이 광고방송에 관하여 엄격하게 규제하고 있는 점 및 ⑧ 원고는 협찬품이 출연자나 시청취자 등에게 전달되도록 할 뿐 이를 직접 취득하지는 아니하고 협찬품 제공자와 협찬품의 명칭만을 고지하는 점 등 인정사실에 비추어, 원고는 협찬품의 전달을 매개하는 역할을 하는 것으로 보여

---

1) 서울고등법원 1996. 1. 25. 선고 94구16665 판결.

질 뿐 협찬품을 전달하면서 그 협찬업체와 협찬상품명을 고지하고 아울러 그 협찬품의 처리에 관하여 내부적 규정을 두거나 협찬업체와 위와 같은 협찬약정을 하였다는 사실만으로는 협찬품 고지방송이 대가성 있는 유상의 광고방송이라고 단정하기 부족하고 달리 이를 인정할 증거가 없다는 이유로, 협찬품 고지방송을 유상의 광고방송임을 전제로 하는 피고의 이 사건 처분은 위법하다고 판단하였다.

다. 대법원 판결

대법원은 원고의 협찬품관리기준 및 협찬업체와 사이에 체결된 협찬계약의 내용, 협찬품의 제공 및 전달과정, 고지방송의 내용 등을 종합해 보면, 협찬품 고지방송이 시청취자 등에게 당해 상품 또는 협찬업체의 지명도와 신뢰도를 제고하여 구매욕구를 유발시키는 등의 광고효과가 있음을 부인할 수 없고, 협찬업체로서도 그에 따른 광고효과를 기대하고 그 반대급부로 협찬품을 제공한다고 보아야 할 것이며, 위 공사로서는 협찬품을 시청취자 등에게 제공함으로써 프로그램에 대한 관심과 흥미를 증가시키고 참여를 촉진하여 결과적으로 방송제작의 효율성과 시청취율을 높이고 협찬품 가액에 상당하는 제작비용을 절감할 수 있고, 그 밖에 일정한 경우에는 위 공사가 협찬품을 임의로 전용할 수 있도록 되어 있는 점 등에 비추어, 위 공사의 협찬품 고지방송과 협찬업체의 협찬품 제공은 실질적·경제적 대가관계에 있다고 보아야 할 것이어서 협찬업체가 시청취자 등에게 협찬품을 제공하는 과정에서 위 공사는 전달만 하거나 매개하였을 뿐이라고는 할 수 없다 할 것이므로, 협찬품 고지방송은 광고용역의 유상공급에 해당한다고 판시함으로써, 원심판결을 파기환송하였다.

3. 판례의 요지

위 대법원 판결이 그 판시이유에서 설시하는 내용의 주된 요지는 다음과 같이 요약할 수 있다.

가. 협찬품 고지방송이 광고용역의 무상공급인지 여부

협찬품 고지방송이 대가를 받고 이루어진 것이라고 하기 위하여는 그 공급한 용역과 협찬업체로부터 제공받은 협찬품의 취득이 서로 실질적·경제적 대가관계에 있어야 한다고 할 것인바,[2] 원고의 협찬품관리기준 및 협찬업체와 사이에 체결된 협찬계약의 내용, 협찬품의 제공 및 전달과정, 고지방송의 내용 등을 종합해 보면, 협찬품 고지방송이 시청취자 등에게 당해 상품 또는 협찬업체의 지명도와 신뢰도를 제고하여 구매욕구를 유발시

2) 대법원 1991. 3. 22. 선고 90누7357 판결; 1993. 12. 10. 선고 93누12503 판결 등 참조.

키는 등의 광고효과가 있음을 부인할 수 없고, 협찬업체로서도 그에 따른 광고효과를 기대하고 그 반대급부로 협찬품을 제공한다고 보아야 할 것이며, 원고로서는 협찬품을 시청취자 등에게 제공함으로써 프로그램에 대한 관심과 흥미를 증가시키고 참여를 촉진하여 결과적으로 방송제작의 효율성과 시청취율을 높이고 협찬품 가액에 상당하는 제작비용을 절감할 수 있고, 그 밖에 일정한 경우에는 원고가 협찬품을 임의로 전용할 수 있도록 되어 있는 점 등에 비추어, 원고의 협찬품 고지방송과 협찬업체의 협찬품 제공은 실질적·경제적 대가관계에 있다고 보아야 할 것이어서 협찬업체가 시청취자 등에게 협찬품을 제공하는 과정에서 원고는 전달만 하거나 매개하였을 뿐이라고는 할 수 없다 할 것이므로, 협찬품 고지방송은 광고용역의 무상공급에 해당하지 아니한다.

나. 방송법에 따른 광고방송에 해당하여야만 부가가치세법상 과세대상인 광고용역의 공급에 해당하는지 여부

구「방송법」제2조 제6호에서 광고방송은 광고를 목적으로 행하는 유상의 방송을 말한다고 하면서 제35조 제1항에서 방송국이 광고방송을 하는 때에는 광고임을 알 수 있도록 표시하거나 구분하도록 규정하고 있고, 구「한국방송광고공사법」제15조에서 방송국은 원칙적으로 한국방송광고공사가 위탁하는 방송광고물 외에는 광고방송을 할 수 없도록 규정하고 있어 원고의 협찬품 고지방송이 구 방송법 등에 규정된 광고방송에 해당한다고 볼 수 없다 하더라도, 방송법령과 부가가치세법령은 그 입법취지를 달리하는 것으로 구 방송법 등의 규정에 의한 광고방송에 해당하여야만 구「부가가치세법」제12조 제1항 제7호 단서에 규정된 부가가치세 과세대상인 광고용역의 공급으로 될 수 있는 것은 아니고, 부가가치세법의 입장에서 그 실질내용에 따라 판단되어야 할 것이므로 협찬품 고지방송이 구 방송법 등에 규정된 광고방송에 해당하지 아니한다고 하여 부가가치세 과세대상인 광고용역의 공급이 될 수 없는 것은 아니다.

II. 해 설

1. 쟁점의 정리

가. 협찬품 고지방송이 용역의 무상공급인지 여부

본 사안에서의 협찬품 고지방송이 용역의 제공에 해당한다고 함은 다툼의 여지가 없을 것이다. 그러나 이에 대한 「부가가치세법」상의 취급과 관련하여 중요한 점은 이것이 유상으로 이루어진 것인가 아니면 무상으로 이루어진 것인가에 있다. 왜냐하면 「부가가치세법」상 용역의 무상제공은 과세대상이 아니고 유상제공만이 과세대상에 해당하기 때문이다. 즉, 구 「부가가치세법」 제7조 제3항은 대가를 받지 아니하고 용역을 공급하는 것은 부가가치세 과세대상인 용역의 공급으로 보지 아니하도록 규정하고 있고, 같은 법 제12조 제1항 제7호는 도서·신문·잡지·관보·통신 및 방송으로서 대통령령이 정하는 것은 부가가치세가 면제되나 '광고'는 제외하도록 규정하고 있다. 따라서 본 사안에서의 첫 번째 중요한 쟁점은 협찬품 고지방송이 이러한 부가가치세가 면제되는 광고(방송)에 해당하는지의 여부이다.

일반적으로 유상거래라 함은 거래상대방과의 사이에 계약관계가 존재하고 일방이 제공하는 재화나 용역에 대한 대가관계가 명확히 드러날 것을 요한다고 할 것이다. 이 점을 본 사안에 적용해보면 원고가 한 협찬품 고지방송이라는 용역과 시청취자들이 협찬업체로부터 제공받는 협찬품의 취득이 상호 대가관계에 있고, 이러한 내용이 협찬업체와 체결한 협찬계약에서 명확히 드러날 것을 요한다고 할 것이다.

그런데 이 사건 인정사실에 의하면 원고는 협찬업체와 협찬계약을 체결하면서 ① 협찬품 자체가 아닌 그 현품교환권을 프로그램 방송 1주일 이전에 월 단위로 원고의 프로그램 제작부서의 협찬품 담당자가 전달받고 원고는 협찬업체에 대하여 인수증을 발행 교부하며, ② 협찬업체는 현품교환권 소지자에게 표시품과 상이 없는 현품을 지급하고, ③ 협찬업체는 협찬고지방송 내용(판넬, 멘트 등)을 사전에 제작하여 방송녹화 1주일 이전에 담당 연출자에게 제출하며, ④ 협찬업체는 기제작된 프로그램이 원고의 편의상 또는 기타 사유로 불가피하게 방송되지 못하였을 경우에도 시청자에게 기제공된 현품교환권에 대하여는 현품을 지급하여야 한다는 내용으로 약정하였다.

이러한 사실에서 원고는 계약내용상 당해 협찬품 자체를 직접 취득한 바가 없고 단지 시청취자가 협찬품을 협찬업체로부터 취득하는 것을 방송을 통해 매개하였을 뿐이라고 주장하였다.

그러나 대법원은 이 사건 협찬품 고지방송이 그 내용상 적극적으로 자신의 상품를 광고하는 광고방송과는 달리 단지 그 협찬업체와 협찬상품명을 고지함에 그치는 것이라 하더라도, 원고의 협찬품관리기준 및 협찬업체와의 사이에 체결된 협찬계약의 내용, 협찬품의 제공 및 전달과정, 고지방송의 내용 등을 종합해 보면, 협찬품 고지방송이 시청취자 등에게 당해 상품 또는 협찬업체의 지명도와 신뢰도를 제고하여 구매욕구를 유발시키는 등의 광고효과가 있음을 부인할 수 없고, 협찬업체로서도 그에 따른 광고효과를 기대하고 그 반대급부로 협찬품을 제공한다고 할 것이며, 원고로서는 협찬품을 시청취자 등에게 제공함으로써 프로그램에 대한 관심과 흥미를 증가시키고 참여를 촉진하여 결과적으로 방송제작의 효율성과 시청취율을 높이고 협찬품 가액에 상당하는 제작비용을 절감할 수 있고, 그 밖에 일정한 경우에는 원고가 협찬품을 임의로 전용할 수 있도록 되어 있는 점 등에 비추어, 원고의 협찬품 고지방송과 협찬업체의 협찬품 제공은 서로 대가관계에 있다고 보아야 할 것이고, 협찬업체가 시청취자 등에게 협찬품을 제공하는 과정에서 원고는 전달만 하거나 매개하였을 뿐이라고는 보기 어렵다고 판단하였다.

이는 「부가가치세법」상 부가가치세가 면제되는 광고에 해당하는지 여부를 실질적, 경제적 관점에서 접근하는 것으로서 「국세기본법」 제14조가 규정하는 거래내용의 실질주의에 부합한 판단을 한 것이다.

나. 방송법상 광고가 아닌 것도 부가가치세법상 광고로 취급이 가능한지 여부

두 번째 쟁점은 앞서 첫 번째 쟁점과도 연장선에 있지만, 과연 방송법령상 광고방송에 해당하지 않는 대상을 부가가치세법상 취급에서는 이를 광고방송으로 다룰 수 있는지의 문제이다. 앞서 본 바와 같이 구 「부가가치세법」 제7조 제3항은 대가를 받지 아니하고 용역을 공급하는 것은 부가가치세 과세대상인 용역의 공급으로 보지 아니하도록 규정하고 있고, 같은 법 제12조 제1항 제7호는 도서·신문·잡지·관보·통신 및 방송으로서 대통령령이 정하는 것은 부가가치세가 면제되나 '광고'는 제외하도록 규정하고 있을 뿐, '광고'가 무엇인지에 대해서는 스스로 정의를 두고 있지 아니하다. 일반적으로 세법이 독자적인 정의규정을 두고 있지 아니한 대상의 개념을 파악함에 있어서는 각 법이 특별히 달리 규정하는 바가 없다면 해당 관련 법령상의 동일 개념을 그 의미대로 해석하여 세법을 적용하는 것이 일반적일 것이다.

협찬고지가 어떤 성질의 것인지는 1차적으로 방송관계법령에서 그 의미를 도출할 수 있을 것인데, 한편, 구 「방송법」 제2조 제1호는 방송이라 함은 정치·경제·사회·문화·시사 등에 관한 보도, 논평 및 여론과 교양, 음악, 오락, 연예 등을 공중에게 전파함을 목적으로 방송국이 행하는 무선통신의 방송을 말한다고 규정하고, 제6호는 광고방송이라 함은 광고를 목적으로 행하는 유상의 방송을 말한다고 규정하며, 제35조 제1항은 방송국이 광고방송을 하는 때에는 광고임을 알 수 있도록 표시하거나 구분하여야 하고, 제2항은 광고방송의 시간과 회수는 대통령령으로 정하며, 제3항은 광고방송에 관한 수익은 「한국방송광고공사법」이 정하는 바에 따라 방송진흥사업 및 예술진흥사업을 위하여 이를 사용할 수 있다고 각 규정하고, 동법 시행령 제31조 제1항(1994. 10. 15. 대통령령 제14403호로 개정되기 전의 것)은 방송순서의 광고(이하 '프로그램광고'라 한다)·토막광고·자막광고 등의 위 법 제35조 제2항의 규정에 의한 광고방송의 시간과 회수를 구체적으로 열거하고 있으며, 공공에 봉사하는 방송광고질서를 확립하고 방송광고영업의 대행에 의한 방송광고수입의 일부를 재원으로 하여 방송과 문화 예술의 진흥사업을 지원하게 함으로써 국민의 건전한 문화생활과 방송문화의 발전 및 방송광고진흥에 이바지함을 목적으로 하는 구 「한국방송광고공사법」 제14조 제1호는 방송국의 방송광고의 대행에 관한 사항을 업무의 하나로 들고 있고, 제15조는 국내 각 방송국은 공사가 위탁하는 방송광고물 외에는 광고방송을 할 수 없되 대통령령이 정하는 광고방송에 대하여는 그러하지 아니하다고 규정하고 있으며, 동법 시행령 제4조(1998. 2. 28. 대통령령 제15722호로 개정되기 전의 것)는 위 법 제15조 단서에서 정한 광고방송으로 1. 국가 또는 지방자치단체의 방송광고물, 2. 각 방송국의 자체행사 또는 그 사업을 소개하는 방송광고물, 3. 기타 공익을 목적으로 하는 방송광고물 중 공보처장관이 정하는 방송광고물을 열거하고 있다. 이러한 방송관계법령의 규율태도에 의하면 이 사건 협찬고지방송은 방송관계법령상의 광고방송과는 구별된다고 보인다. 대법원도 이 점은 인정하였다.

그러나 대법원은 「방송법」과 「부가가치세법」은 그 입법취지가 다르기 때문에 방송법 등에 규정된 광고방송에 해당하여야만 구 「부가가치세법」 제12조 제1항 제7호 단서에 규정된 부가가치세 과세대상인 광고용역의 공급으로 될 수 있는 것은 아니고 부가가치세법의 입장에서 그 실질내용에 따라 광고방송 해당 여부를 판단하여야 한다고 보았고, 그러한 점에서 협찬품 고지방송이 방송법 등에 규정된 광고방송에 해당하지 아니한다고 하여 부가가치세 과세대상인 광고용역의 공급으로 될 수 없는 것은 아니라고 설시하였다.

2. 관련 판례

협찬품 고지방송이 「부가가치세법」상 과세대상인 광고용역의 유상공급이 된다면, 실제로 과세가 되기 위해서는 이에서 더 나아가 관련 용역거래의 부가가치세 과세표준이 계산될 수 있어야 한다. 그러나 본 대상판결에서 대법원은 이 문제에 대하여 판시이유에서 전혀 언급하고 있지 않다. 그런데 대법원이 대상판결과 같은 날 선고한 96누9614 환송판결에 의한 서울고등법원 1999. 3. 24. 선고 97구50567 판결에서 마찬가지로 협찬품 고지방송의 과세여부에 대하여 대상판결과 동일한 결론을 취하면서, 이에서 더 나아가 그 과세표준과 관련하여도 판단하였는바, 재판부는 피고는 원고와 각 협찬업체 사이의 협찬계약상 협찬품 고지방송의 가액에 관한 명시적인 약정은 없으나 협찬업체들이 협찬품 고지방송에 대한 대가로 협찬품을 제공하였고 원고와 특수관계에 있지 아니한 점 등에 비추어 협찬품 고지방송이 협찬품과 등가로 거래된 것으로 봄이 상당하다는 취지로 주장하나, 구 「부가가치세법」 제13조 제1항, 동법 시행령 제50조 제1항(1995. 12. 30. 대통령령 제14863호로 개정되기 전의 것)의 규정 취지를 종합하면 사업자가 용역을 공급하고 금전 이외의 대가를 받은 경우에는 그 대가로 받은 현물 등의 가액이 아니라 공급한 용역의 시가가 과세표준으로 되고, 그 시가는 정상적인 거래에 의하여 형성된 객관적인 교환가격을 의미한다고 할 것인바, 피고 주장과 같은 사유만으로 협찬품 고지방송의 용역시가가 그 협찬품의 가액과 등가관계를 이룬다고는 보기 어렵고, 그 밖에 달리 이를 인정할만한 증거가 없고, 또 그 시가가 원고 주장과 같이 단지 해당 시간에 대한 전파발사를 위한 시설장비운영비로 한정된다는 것은 앞서 본 협찬품 고지방송의 광고로서의 성격을 전혀 도외시한 것으로서 받아들일 수 없다고 보았다. 오히려 재판부는 협찬품 고지방송은 「방송법」 등에 규정된 광고방송 자체에는 해당되지 않는다 하더라도, 앞서 본 바와 같이 협찬사의 경우 그 광고효과를 기대하고 있으며, 원고로서도 방송제작의 효율성과 시청취율을 높이고 협찬품 가액에 상당하는 제작비용을 절감하는 효과를 가져와 협찬품의 제공과 고지방송 사이에는 서로 대가관계에 있는 것이므로, 그 성격은 「방송법」상의 광고방송과 크게 다르지 않다 할 것이니, 그 용역의 시가 역시 그에 준하여야 할 것으로 보았다. 그러한 점에서 재판부는 협찬품 고지방송은 프로그램 중간에 이루어지는 것이므로, 토막광고나 자막광고와는 그 성격이 다르고, 프로그램 광고와 가장 그 성격이 유사하다 할 것이나, 프로그램 광고는 적극적인 광고로서 방송사 제작의 방송물 전후에 부수시켜 하나의 프로그램을 만드는 방법에 의한 것이고, 협찬품 고지방송은 단지 소극적으로 협찬업체와 협찬상품명을 고지함에 그치는 점 등의 차이를 감안할 때, 협찬품 고지방송의 시가로서의 광고료는 프로그램 광고의 경우와는 달리 앞서 본 프로그램 광고료에서 방송물 제작비 상당의 금액은 이를 제외하고, 광고방송지역 및 광고시간대별 구분에 따라 초당 가격으로 정해진 방송순서전파료에 국한된다고 봄이 상당하다 보았다.[3)]

3. 검 토

대상판결은 협찬품 고지방송이 방송사는 물론 협찬사 양측 모두의 이해관계에 있어서 실질적 및 경제적으로 광고방송과 다를 바 없이 유상의 용역제공에 해당한다는 점을 명확히 하였다. 나아가 그러한 판단을 함에 있어서 설사 「방송법」등에서 협찬품 고지방송

3) 서울고등법원 1999. 3. 24. 선고 97구50567 판결.

이 광고방송에 해당하지 않는다고 하더라도 세법상 과세여부를 판단함에 있어서는 그와 달리 실질과세원칙에 따라 판단대상의 성질을 파악할 수 있음을 선언하였다. 다만, 대상 판결에서는 과세대상으로 파악하는 협찬품 고지방송이 유상의 용역제공이라고 볼 때 그 과세표준을 어떻게 계산하여야 하는지에 대해서는 명확히 하지 못한 한계가 있다. 이 점은 위에서 본 바와 같이 후속 판결을 통해서 보완될 수 있으리라고 생각되며, 위 서울고등법원에서 판단한 과세표준의 계산방법이 일응 한 기준을 제시해주었다고 평가할 수 있을 것이다.

Ⅲ. 판례의 의의

대상판결은 협찬품 고지방송을 실질적, 경제적 관점에서 「부가가치세법」상 광고방송과 동일한 취급을 할 수 있다는 점을 제시한 최초의 판결이라는 점에서 그 의의가 있다. 다만, 과세대상 여부의 확인에만 그치고 그 구체적인 과세표준의 계산에 관하여는 여하한 설명이나 기준을 제시하지 못한 한계는 있지만, 후속되는 판결들을 통해 이러한 점들은 보완될 것으로 보인다.

물론 후속판결 중 협찬품 고지방송의 부가가치세 과세표준을 광고방송지역 및 광고시간대별 구분에 따라 초당 가격으로 정해진 방송순서전파료로 본 것도 정확한 판단이라고 보장할 수는 없을 것이다. 이를 위해서는 더 심도 있는 논의와 숙의가 필요할 것이고 서울고등법원의 97구50567 판결은 그 한 가능성을 제시해준 사례로 볼 수 있을 것이다. 향후 이 문제에 관한 종합적인 판단이 있어야 할 것으로 판단된다.

69 광고선전비와 접대비의 구별

-대법원 2002. 4. 12. 선고 2000두2990 판결

최 원*

Ⅰ. 판례의 개요

1. 사안의 개요

내국법인인 주식회사 A 백화점(이하 'A 백화점'이라 한다)이 그 백화점 신용카드회원을 모집함에 있어서 거래실적이 우수한 회원에게는 각종 선물을 증정한다는 내용의 문구를 신용카드입회안내문 및 신용카드입회신청서에 기재하고, 1992년 구정을 맞이하여 1991년 하반기 동안 80만 원 이상 A 백화점의 물품을 구매한 회원에게 9,900원 상당의 찜기세트 선물증정권을 자택으로 우송하여 그 회원이 신용카드와 선물증정권을 A 백화점으로 가지고 오면 위 선물과 교환하여 주는 방법으로 1994. 9.까지 매년 구정 및 추석 2회에 걸쳐 사은품을 지급하였다.

A 백화점은 이러한 사은품의 구입비용을 광고선전비로 보아 전액 손금 산입하여 법인세를 납부하였으나 과세관청은 이를 접대비로 보아 일정 한도액 이상의 금액은 손금 부인하여 추가로 법인세를 과세하였다.

2. 소송경과

A 백화점은 과세관청의 결정에 불복하여 행정소송에 이르렀는데, 원심판결[1]에서는 A 백화점의 청구를 인용하여 과세관청의 과세처분을 취소하였고, 대법원은 이 글의 평석의 대상인 2002. 4. 12. 선고 2000두2990 판결(이하 '이 사건 판결'이라 한다)에서 과세관청의

* 아주대학교 법학전문대학원 교수.

1) 서울고등법원 2000. 4. 6. 선고 99누8864 판결.

상고를 기각하여 원심판결을 확정하였다.

3. 판례의 요지

거래실적이 우수한 불특정고객에게 선물을 증정한다고 사전에 홍보하고 사은품을 지급하여 왔다면 이는 소비자의 구매의욕을 자극함으로써 판매를 촉진하기 위한 것이므로 그 구입에 소요된 비용은 상품의 판매를 위한 광고선전 목적으로 불특정 다수인을 상대로 지출한 광고선전비에 해당한다"고 판단하였다.

II. 해 설

1. 쟁점의 정리

법인세는 익금에서 손금을 빼서 각 사업연도 소득금액을 정하고 이를 토대로 과세표준을 구하고 거기에 세율을 곱하여 세액을 산정한다. 따라서 법인[2)]이 지출한 각종 비용을 전액 손금으로 인정받는 것이 납부할 세액을 줄이는데 있어서 매우 중요한 조세전략이 된다. 그런데 법인이 업무와 관련하여 지출한 비용[3)] 중에서 접대비는 조세정책적인 이유로 손금 산입에 일정한 제한을 두고 있다.[4)] 그에 반하여 광고선전비는 통상 인정되는 비용으로서 그 손금산입에 제한이 없다. 그러므로 법인은 그 법인세를 산정함에 있어서 업무와 관련되어 지출한 비용이 접대비로 분류되는 것보다는 광고선전비로 분류되기를 원한다. 그런데 실제 기업의 과세현장에서 접대비와 광고선전비의 구별은 용이하지 않다.

대법원은 이 사건 판결에서 "법인이 사업을 위하여 지출한 비용 가운데 상대방이 사업에 관련 있는 자들이고 지출의 목적이 접대 등의 행위에 의하여 사업관계자들과의 사이에 친목을 두텁게 하여 거래관계의 원활한 진행을 도모하는 데 있다면 접대비라고 할 것이나, 지출의 상대방이 불특정다수인이고 지출의 목적이 구매의욕을 자극하는 데 있다면 광고선전비라고 할 것이다"라고 판시하면서 광고선전비와 접대비의 구별기준을 제시하였다.

---

2) 영리내국법인을 전제로 하고, 이하 '법인'이라고만 한다.
3) 업무와 관련 없이 무상으로 지출하는 비용은 '기부금'으로 보아 원칙적으로 손금산입을 허용하지 않는다(법인세법 제24조 제1항).
4) 「법인세법」 제25조 제1항.

2. 관련 판례

대법원의 이러한 광고선전비와 접대비의 구별기준에 관한 판시는 이 사건 판결이 처음이 아니라 대법원 1987. 4. 14. 선고 86누378 판결에서 시작하여 비교적 최근인 대법원 2010. 6. 24. 선고 2007두18000 판결까지 수차에 걸쳐 일관되게 계속되고 있다.

가. 광고선전비로 본 판결

(1) 대법원 1987. 4. 14. 선고 86누378 판결

콘도미니엄 분양 회사가 아파트 단지 등의 가정이나 기업체에 안내광고문을 발송하여 예상고객에게 회사가 비용부담하는 현지시찰초청장을 보내 이에 응하는 사람들을 콘도미니엄 현장으로 안내하고 그 여비 및 숙식비를 지출한 것은 광고선전비이다.

(2) 대법원 1988. 12. 6. 선고 88누933 판결

주유소 사업자가 왕래 차량이 소원한 주유소 입지의 부족함을 극복하기 위하여 운전자들이 사용하는 면장갑, 화장지, 온도계, 구두주걱 등에다가 그 주유소의 상호등을 인쇄하여 주유하는 고객에게 나누어 주거나 이를 세차장, 주차장, 화물터미날등에 배포하고 또 주유소에 온 운전자들에게 사탕, 껌, 과자류를 제공한 것은 광고선전비이다.

(3) 대법원 1993. 1. 19. 선고 92누8293 판결

식품판매 회사 소속 외판원들이 시식용 상품을 친척이나 평소 알고 있는 사람에게 한정하지 않고 그들로부터 소개받은 사람이나 전혀 모르는 사람도 대상으로 호별방문을 하여 상품을 설명하고 시식용 상품을 제공하여 시식케 한 후 판매한 경우, 그 시식용 상품의 구입비용은 노상배포를 하지 않았거나 기존고객 또는 예비고객에게 배포하였다 하더라도 광고선전비이다.

(4) 대법원 1993. 9. 14. 선고 92누16249 판결

예식장 경영 사업자가 예식장을 개설, 경영하면서 예식장을 이용하는 고객이면 누구나에게 특정기간 동안 개업기념 사은품 명목으로 개당 금 20,000원 상당의 벽시계를 증정하고, 위 예식장에 대한 신문광고시 그 이용고객을 확보할 목적으로 예식장을 이용하는 고객에게는 개업기념 사은품으로 벽시계를 증정한다는 내용의 문안도 써넣은 경우, 그 시계구입비는 광고선전비이다.

(5) 대법원 2010. 6. 24. 선고 2007두18000 판결

언론기관인 신문사가 다수의 내방객 등에게 각종 선물을 지급하였는데 그 내방객 등이 누구인지를 특정할 자료가 없어 그들이 해당 신문사와 거래관계를 맺고 있는 특정인들이라고 보기 어렵고, 따라서 그들에게 선물을 지급한 것도 그들과의 거래관계를 원활하게 하기 위한 것이었다기보다는 대외적으로 해당 신문사를 홍보하여 그 이미지를 개선하기 위한 목적이 있는 것이므로 그 선물구입비는 광고선전비이다.

나. 접대비로 본 판결

위에서 본 대법원 2010. 6. 24. 선고 2007두18000 판결에서 신문사의 거래처 직원들에 대한 선물비, 각종 행사의 진행요원과 심사위원 등에 대한 식사비, 용역회사의 직원들에 대한 격려금, 신문지국장들의 단합대회 경비, 특정인에게 제공하기 위하여 만들어진 상패의 제작비는 접대비에 해당한다고 하였다.

3. 검 토

광고선전비와 접대비는 모두 법인이 업무와 관련하여 지출한 비용이라는 점에서 공통점이 있다. 업무와 무관하게 법인이 지출한 비용은 기부금에 해당한다. 업무와 관련하여 지출한 비용 중에서도 광고선전비와 접대비는 그 계정과목에 따라 과세표준과 세액의 다과에 영향을 미치므로 그 구별이 매우 중요하다.

가. 법인세법상 규정

「법인세법」상으로 광고선전비는 그 법인의 사업과 관련하여 발생하거나 지출된 손실 또는 비용으로서 일반적으로 인정되는 통상적인 것이거나 수익과 직접 관련된 손금에 해당한다.[5] 광고선전비의 손금산입과 관련하여 세법에 별다른 제한이 없으므로 전액이 손금에 산입된다. 접대비 역시 법인세법상 그 법인에 귀속되었거나 귀속될 손비로서 손금에 해당하나,[6][7] 연간 1,200만 원(중소기업의 경우에는 1,800만 원)에 해당 사업연도의 수입금액에 일정 적용률[8]을 곱하여 산출한 금액을 더한 금액을 초과하는 금액은 손금불산입한다.[9] 「법인세법」상 접대비는 "접대비 및 교제비, 사례금 그 밖에 어떠한 명목이든 상관없

5) 「법인세법」 제19조 제2항, 같은 법 시행령 제19조 제18호.

6) 「법인세법」 제19조 제2항, 같은 법 시행령 제19조 제22호.

7) 이에 대하여 접대비는 개인단계의 과세를 피하면서 기업의 돈으로 놀고 즐기는 유흥비용(entertainment expense)에 해당하여 애초에 손금이 아니라는 견해가 있다. 이창희, 『세법강의』, 제16판(박영사, 2018), 958~961면 참조.

8) 적용률은 수입금액이 100억원 이하인 구간에서는 1만분의 20, 100억원 초과 500억원 이하인 구간에서는 1만분의 10, 500억원 초과인 구간에서는 1만분의 3이다.

9) 「법인세법」 제25조 제1항.

이 이와 유사한 성질의 비용으로서 법인이 업무와 관련하여 지출한 금액"이라고 하면서 다소 포괄적으로 정의되어 있다.[10] 광고선전목적으로 특정인에게 기증한 물품으로서 연간 3만 원 이내의 금액은 손금이다.[11] 특정인에게 기증한 점은 접대비의 성질에 부합하는 것이기는 하나, 법령에서 광고선전 목적으로 기증한 물품의 구입비용을 손금으로 보는 규정의 괄호 안에서 이를 설시하고 있는 점으로 보면 광고선전비의 일종으로 법령이 인정하는 특칙이라고 볼 것이다. 특정인에게 연간 3만 원을 초과하여 지급한 물품은 접대비에 해당한다고 볼 것이다.[12]

나. 대법원 판례

대법원이 광고선전비와 접대비의 구별에 관하여 이 사건 판결을 비롯한 다수의 판례에서 일관되게 제시하고 있는 기준은 두 가지이다. 첫째는 비용지출의 상대방이 특정인인지, 불특정인인지 여부이다. 즉 그 지출의 상대방이 특정인이면 접대비, 불특정인이면 광고선전비이다. 둘째는 비용지출의 목적이다. 비용지출의 목적이 사업관계자들과의 사이에 친목을 두텁게 하여 거래관계의 원활한 진행을 도모하는 데 있다면 접대비이고, 기업의 상표 또는 상품을 소개하거나 판매 성과를 올리기 위한 활동 등으로 매입자 또는 소비자의 구매의욕을 자극하는데 있다면 광고선전비이다.

다. 구별기준의 불명확성

대법원 판례 자체는 구별기준을 비용지출의 상대방 및 그 목적의 차이로 제시하고 있으나, 현실세계에서 발생하는 수 많은 손비의 지출을 위 기준에 의하여 쉽게 구분할 수 있는 것은 아니다. 우선 그 목적의 차이를 보건대, 거래관계의 원활을 위하여 친목을 두텁게 하기 위한 것인지 구매의욕을 자극하는 것인지가 일도양단적으로 쉽게 구별되지 않는다. 사안에 따라서는 친목을 두텁게 하는 목적과 구매의욕을 자극하는 목적이 동시에 있을 수도 있다. 예를 들어서 법인이 거래처를 확보하기 위하여 매입자에게 일정기간 상품을 무상으로 공급하는 경우를 놓고 보면 이는 친목을 두텁게 하는 목적과 구매의욕을 자극하기 위한 목적이 모두 존재한다고 볼 수 있다.[13] 다음으로 특정인과 불특정인으로 구별하는 비용 지출의 상대방의 차이를 보건대, 이 사건 판례의 사안에서 보듯이 백화점의 신용카드 회원 중 일정기간 일정액 이상의 구입을 한 자, 위의 다수의 대법원 판결에서

10) 「법인세법」 제25조 제5항.
11) 「법인세법」 시행령 제19조 제18호.
12) 김완석·황남석, 『법인세법론』(삼일인포마인, 2018), 403면.
13) 同旨: 김재승, "법인세법상 접대비 관련 규정의 해석", 『법학논총』, 30집 1호(2010), 381면 참조.

보듯이 콘도미니엄을 분양받고자 현장시찰에 참가한 자, 주유소에서 주유를 한 자, 시식용 상품의 기존고객, 예식장을 이용한 고객, 신문사를 내방하여 사은품을 받은 자가 특정인인지 불특정인인지 쉽게 판별되지 않는다.

대법원의 이러한 구별기준은 그 불명확성으로 인하여 과세관청과 납세자 간에 접대비와 광고선전비의 구별 여부를 놓고 분쟁이 일어나는 경우가 종종 발생할 수 있음을 의미한다. 이와 같은 문제에 접하여 가능한 한 과세관청과의 분쟁을 줄이고자 하는 납세자로서는 최대한으로 대법원의 구별기준에 관한 이 사건 판결의 판시에 부합하는 증거자료를 미리 하나라도 성실하게 챙겨두는 방법 외에는 달리 대처할 방법이 마땅하지 않다.

Ⅲ. 판례의 의의

법인의 입장에서 법인세를 줄이기 위해서는 사업과 관련하여 지출한 비용 중 손금산입에 제한이 있는 접대비 보다는 손금 산입에 제한이 없는 광고선전비로 분류되기를 희망할 것이다. 그런데 과세현장에서는 광고선전비와 접대비의 구별이 그리 간단하지 않다. 대법원은 이에 대하여 일관되게 그 비용 지출의 상대방이 특정인이면 접대비, 불특정인이면 광고선전비, 그 비용 지출의 목적이 친목을 두텁게 하여 거래관계를 원활하게 하는 것이라면 접대비, 구매의욕을 자극하기 위한 것이라면 광고선전비라는 기준을 제시하여 왔다. 이 사건 판결은 그러한 취지를 거듭 확인하고 있는 판결이고, 현재까지도 이러한 기준은 유지되고 있다. 사업을 경영하는 기업주로서는 이러한 대법원 판결의 취지를 십분 이해하고 조세전략을 세워야 할 것이다.

70 ‘Law School’ 명칭 사용 사설학원광고의 위법성

–서울행정법원 1999. 12. 14. 선고 99구15319 판결

김 민 호*

Ⅰ. 판례의 개요

1. 사안의 개요

원고는 1998. 11. 3. 피고(서울특별시 강남교육청 교육장)에게 학원설립등록을 마치고 서울 강남구 삼성동 162의 23 소재 건물에서 ‘코아벨스 한미성인고시학원’이라는 상호로 학원을 운영하여 왔다.

그런데, 피고는 위 학원에 대한 실태조사를 거쳐 1999. 5. 6. ‘원고가 위 학원의 운영과 관련하여 ① 등록시설 규모변경, ② 수강료 초과 징수(30% 미만), ③ 수강료 징수기간 위반, ④ 강사 채용 미통보, ⑤ 운영과 관련된 부조리(과실)–수익자 부담금 징수(프린트물·교재비), ⑥ 과대광고(경미)의 위법행위를 하였다’는 이유로 「학원의 설립·운영에 관한 법률」(이하 ‘법’이라 한다) 제17조, 「서울특별시 학원의 설립운영에 관한 조례」(이하 ‘조례’라 한다) 제10조, 조례시행규칙 제15조의 규정을 각 적용하여 1999. 6. 1.부터 1999. 8. 31.까지 3개월간 위 학원의 교습정지를 명하는 내용의 이 사건 처분을 하였다.

이 사건 처분 이유 중 ‘과대 광고의 위법행위’와 관련한 사실관계를 살펴보면, 원고가 학원 홍보를 위하여 배포한 광고지의 상단에 “미국 국제 변호사”라는 표제가 기재되어 있고, 그 하단에 “국내에서 정식 등록기관으로서 미 변호사 양성전문 기관은 코아벨스 밖에 없습니다. 국가등록번호 제5144호”라고 기재되어 있으며, ‘고시연구’의 광고란에 학원 홍보를 하면서 “KOA–BELLS”라는 학원 이름 밑에 “Korea America Bar Exam Law School”이라는 표현을 부기하였고, 그 하단에 “국내에 미 변호사 양성 기관으로 국가에서 허가 받은 곳은 코아벨스밖에 없습니다. 관허 제5144호”라는 표현을 사용하였다.

* 성균관대학교 법학전문대학원 교수.

2. 소송경과

제1심(서울행정법원) 판결로 사건이 종료되어 따로 적시할 소송의 경과는 없다.

3. 판례의 요지

법 제17조 제1항 제7호 소정의 '과대 또는 허위의 광고에 해당하는지' 여부는 광고의 일부 문구만으로 판단하여서는 아니 되고, 광고의 전체적인 체제, 문제되는 문구가 그 광고에서 차지하는 비중, 그러한 표현을 사용함으로써 거래의 상대방을 오인·혼동케 할 우려가 있는지 등을 종합적으로 고려하여 판단하여야 할 것인바, 원고가 위와 같은 광고를 하면서 학원 설립 목적, 강사진 등을 상세히 기재하여 사설 학원임을 알 수 있도록 한 점, 원고가 "Law School"이라는 명칭을 사용하였다 하더라도 위 학원을 이용하는 수강생들의 지적 수준 등에 비추어 그들이 원고의 학원을 미국 "Law School"의 한국 분원으로 쉽사리 오인·혼동할 것으로는 보이지 않는 점 등에 비추어 이를 과대광고라고 보기는 어렵고, 원고가 "등록"과 "허가"를 혼동하여 사용하였다거나 위 학원이 정식 등록된 기관임을 강조하는 표현을 사용하였다 하더라도 달리 볼 수는 없다. 따라서 법 제17조 제1항 제7호 소정의 '과대 또는 허위의 광고'에 해당하지 않는다.

II. 해 설

1. 쟁점의 정리

가. 과장광고의 의의

이른바 '과대광고'에 대해 규정하고 있는 법률은 「농수산물 품질관리법」, 「농약관리법」, 「의료기기법」, 「학원의 설립·운영 및 과외교습에 관한 법률」 등 10개 정도, '과장광고'에 대해 규정하고 있는 법률은 「표시·광고의 공정화에 관한 법률」을 비롯하여 20여개에 이른다. 하지만 '과대광고' 또는 '과장광고'의 의미를 명확히 규정하고 있지는 않다.

판례는 '과대광고'를 '실제와 달리 과장하여 표현한 광고'라고 설명하고 있다.[1] 판례에 따를 경우 과대광고는 ① '실제와 다를 것'과 ② '과장하여 표현할 것'을 요건으로 하고 있다. '실제'와 어느 정도 달라야 '과장'이 되는지에 대해서는 여전히 해석이 필요하다.

---

1) 대법원 2010. 5. 27. 선고 2006도9083 판결.

국어사전은 '과대'를 '작은 것을 큰 것처럼 과장함'이라 설명하고 있고, '과장'은 '사실보다 지나치게 불려서 나타냄'이라 설명하고 있다. 한편 일반적으로 '과대광고'란 '상품의 내용을 실제보다 과장하여 광고하는 일'이라고 설명하고 있다. 현행 법률이 '과대광고'와 '과장광고'를 혼용하여 쓰고 있는데, 그 의미상 '과장광고'로 통일하여 씀이 적절할 것으로 보인다. 결국 '과대광고' 또는 '과장광고'란 '사실보다 지나치게 불려서 광고하는 것'으로 해석된다.

나. 과장광고 판단기준

과장광고인지 여부를 판단함에 있어서 우리 판례가 제시하고 있는 기준을 살펴보면 다음과 같다.

건강기능식품 광고와 관련하여 '제품을 의약품이 아니라 식품이라고 명시하고 있다 할지라도 그 표시나 광고의 내용에 의학적 효능·효과가 있는 것으로 오인될 우려가 있는 표현'을 사용한 때에는 과장광고에 해당한다고 판시하였다.[2)]

병원 광고와 관련하여 '허위 또는 과대한 광고'라 함은 진실이 아니거나 실제보다 지나치게 부풀려진 내용을 담고 있어 의료지식이 부족한 일반인으로 하여금 오인·혼동하게 할 염려가 있는 광고'를 과장광고라고 판단하였다.[3)]

다. 허가와 등록

이 사건 원고는 "국내에 미 변호사 양성 기관으로 국가에서 허가 받은 곳은 코아벨스 밖에 없습니다. 관허 제5144호"라는 표현을 사용하였다. 마치 원고의 학원이 '국가가 허가한 학원'인 것처럼 표현하고 있다.

허가라 함은 법규에 의해 일반적·상대적으로 금지되어 있는 것을 특정한 경우에 해제시켜주는 행위를 말한다. 다시 말해서 인간이 원래부터 가지고 있던 자연적 자유를 행정목적상 법규에 의하여 금지시키고 특정한 경우에 한하여 그 금지를 해제시켜줌으로써 인간의 자연적 자유를 회복시키는 것을 의미한다. 예컨대 음식을 만들어서 파는 행위는 인간의 자연적 자유이지만 이를 무작정 허용할 경우 공중위생을 위태롭게 할 우려가 있어 법령으로 음식점영업행위를 일단 금지하고, 다만 보건검사, 조리자격, 조리시설 등을 갖춘 자에게는 음식점영업행위를 허용하는 행위를 말한다. 따라서 허가는 음식점영업행위, 건축행위 등과 같이 금지의 해제가 가능한 상대적 금지에 대해서만 가능하고 살인 등과

2) 대법원 2002. 6. 14. 선고 2001도4633 판결.
3) 대법원 2009. 2. 26. 선고 2006도9311 판결.

같이 어떠한 경우에는 해제될 수 없는 절대적 금지의 경우에는 허가가 허용되지 않는다. 허가의 상대방은 원칙적으로 특정인이지만 경우에 따라서는 불특정 다수인에 대한 허가도 가능하다. 아울러 허가는 허가를 희망하는 자의 출원을 통하여 이루어지나 경우에 따라서는 상대방의 출원 없이도 가능하다. 예컨대 통행금지의 해제 등이 이에 해당한다.[4)]

한편 등록이란 행정법상 일정한 법률사실 또는 법률관계를 행정청 등 특정한 등록기관에 비치된 장부에 기재하는 일을 말한다. 등록은 어떤 사실이나 법률관계의 존재를 공적으로 공시 또는 증명하는 이른바 준법률행위적 행정행위로서 공증행위에 해당하는 경우도 있고, 현황파악을 위해 행정청이 실시하는 행정조사에 응하는 이른바 사실행위인 경우도 있다. 따라서 그 효과 역시 구체적 상황에 따라 다르다. 공증력이 발생하는 경우도 있고, 주민등록처럼 주민이 되는 요건인 경우도 있고, 실용신안·의장(意匠) 또는 상표의 등록처럼 권리발생의 요건인 경우도 있다. 어업권의 등록, 자동차의 등록, 항공기의 등록처럼 제3자에 대한 대항요건인 경우도 있다.

이 사건에서처럼 학원등록은 건설업자의 등록, 의사의 등록, 농약제조업자 및 수입업자의 등록과 같이 일정한 영업을 개시하기 위한 요건에 해당하는 것으로 보인다. 이러한 '등록'은 그 요건에 대한 심사의 경중에 따라 이른바 사실상의 허가, 허가, 특허 등 다양한 성질을 가진다. 이 사건의 학원 등록에 있어서 그 요건의 심사가 어느 정도 엄격한 것인지를 정확히 알 수 없으나 만약 그 요건의 심사가 형식적 심사는 물론 실질적 심사까지 이루어진다면 여기서의 등록은 사실상의 허가 또는 강학상 허가에 해당하는 것으로 볼 수 있다.

2. 관련 판례

가. 의료법 위반 사례[5)]

구 「의료법」(2007. 1. 3. 법률 제8203호로 개정되기 전의 것) 제46조 제1항은 "의료법인·의료기관 또는 의료인은 의료업무 또는 의료인의 경력에 관하여 허위 또는 과대한 광고를 하지 못한다"고 규정하고 있다. 여기서 '허위 또는 과대한 광고'라 함은 진실이 아니거나 실제보다 지나치게 부풀려진 내용을 담고 있어 의료지식이 부족한 일반인으로 하여금 오인·혼동하게 할 염려가 있는 광고를 의미한다. 한의원의 인터넷 홈페이지에 '국내 최초', '국내 최상품', '대표적' 등의 문구를 사용한 광고를 게재한 사안에서, 구 「의료법」(2007. 1.

4) 김민호, 『행정법』(박영사, 2018), 145면.
5) 대법원 2009. 2. 26. 선고 2006도9311 판결.

3. 법률 제8203호로 개정되기 전의 것) 제46조 제1항에서 금지하는 과대광고에 해당한다.

나. 약사법 위반 사례[6)]

「약사법」 제63조는 제1항에서 의약품·의약외품 또는 의료용구의 명칭·제조방법·효능이나 성능에 관한 허위 또는 과대한 광고를, 제3항에서 의약품 등의 효능이나 성능에 관한 암시적 기사·사진·도안 기타 암시적 방법에 의한 광고를, 제5항에서 허가나 신고 이전의 의약품 등의 명칭·제조방법·효능이나 성능에 관한 광고를 각 금지하고 있는바, 이러한 규제의 내용 및 의약품 등이 국민의 건강과 직결되어 있는데도 국민들로서는 그 유효성, 안전성 등을 용이하게 판단할 수 없고 적정한 정보가 제공되지 않을 경우 각종 보건위생상의 위해가 생길 염려가 있기 때문에 의약품 등의 광고를 규제할 필요가 있는 점 등에 비추어 보면, 위 제63조 제1항에서의 '광고'는 널리 불특정 다수의 일반인에게 알릴 목적으로 이루어지는 일체의 수단을 말하는 것으로 여기에는 기사 형식에 의한 광고도 포함된다. 신문게재내용이 기사의 형식을 빌린 광고로서 광고의 범위를 벗어난 과대광고에 해당한다.

3. 검 토

가. Law School 명칭 사용의 과장광고 해당 여부

법원은 원고가 "Law School"이라는 명칭을 사용하였다 하더라도 위 학원을 이용하는 수강생들의 지적 수준 등에 비추어 그들이 원고의 학원을 미국 "Law School"의 한국 분원으로 쉽사리 오인·혼동할 것으로는 보이지 않는다고 보아 과장광고가 아니라고 판단하였다.

그런데 앞의 「의료법」 위반 사례[7)]에서 살펴본 것처럼 법원은 '의료지식이 부족한 일반인'을 기준으로 '오인 또는 혼동할 우려(염려)' 여부를 판단하였다.

전자는 '학원수강생의 지적 수준'을, 후자는 '의료지식이 부족한 일반인'을 각각 그 판단기준으로 삼고 있다. 다시 말해서 전자는 광고의 타깃(target) 그룹을, 후자는 일반인을 기준으로 '오인 또는 혼동할 우려(염려)' 여부를 판단하였다. 학원의 경우에는 그 학원에 수강 가능성이 있는 사람의 범주가 제한되지만 병원의 경우에는 모든 사람이 광고의 대상이 되므로 결국 양자는 모두 '광고의 대상이 되는 사람들'을 기준으로 '오인 또는 혼동할

6) 대법원 2002. 1. 22. 선고 2001도5530 판결.
7) 대법원 2009. 2. 26. 선고 2006도9311 판결.

우려(염려)' 여부를 판단한 것으로 보여 진다.

하지만 판례에서도 밝히고 있는 것처럼 '광고'는 '널리 불특정 다수의 일반인에게 알릴 목적으로 이루어지는 일체의 수단'[8]을 말하는 것이므로 광고의 대상이 되는 사람이 반드시 특정된다고 단정할 수는 없다.

이 사건 학원의 경우에도 당해 광고의 타깃 그룹은 미국 변호사를 희망하는 사람들일 것으로 예상되지만 미국 변호사를 희망하는 사람 외에 부모, 배우자, 친인척, 지인 등도 얼마든지 당해 광고에 관심 또는 영향을 받을 수 있다. 특히 미국 로스쿨 제도에 무지한 사람에게 이 학원을 수강 중인 사람이 당해 광고를 보여주며 자신이 이 학원을 수료하면 마치 미국 변호사가 되는 것처럼 속이는 행위를 할 수도 있는 것이다.

물론 극단적 가정일 수 있다. 하지만 광고법리는 대다수의 사람이 과장 또는 허위 광고라는 것을 인식할 수 있을지라도 정보취약자 등 소수의 사람이 그 광고를 신뢰하여 경제적 불이익이나 건강상의 위해를 입을 가능성이 존재한다면 이를 규제하는 것이다. 따라서 이러한 가정을 극단적인 것으로 평가하여 '오인 또는 혼동할 우려(염려)' 여부를 '학원 수강생의 지적 수준'으로 판단한 것은 문제가 있어 보인다.

"Law School", "미국 변호사 양성기관" 등과 같은 허위의 사실을 적시하고 있음에도 당해 광고에 관심을 가질 것으로 예상되는 수강생의 지적수준을 고려할 때 그들이 이를 신뢰하거나 오인할 가능성이 희박하다고 판단한 것은 전말이 전도된 논리구조다. 허위의 사실이 적시된 이상 그것에 대한 신뢰 또는 오인 가능성 여부를 따로 판단할 이유가 없다. '신뢰 또는 오인 가능성' 판단은 광고에 적시된 사실이 불명확하거나 애매할 때 추가적으로 판단해야 할 사항이다.

결론적으로 이 사건 광고는 "Law School", "미국 변호사 양성기관" 등 허위의 사실을 적시하고 있으므로 이에 대한 신뢰 또는 오인 가능성 여부를 따로 판단할 필요 없이 과장광고의 요건을 이미 충족하였다.

나. '국가에서 허가 받은 곳'의 과장광고 해당 여부

이 사건에서 법원은 원고가 "등록"과 "허가"를 혼동하여 사용하였다할지라도 이 학원이 정식 등록된 기관인 점을 인정하여 과장광고에 해당되지 않는 것으로 판단하였다.

강학상 '등록'의 법적 성질을 명확히 규명하기가 쉽지 않다. 앞에서 살펴본 것처럼 원래 의미의 등록은 어떠한 사실이나 현황 등을 행정청에 등재하는 것을 말한다. 하지만 규제완화의 일환으로 종래 진입규제수단으로 사용되던 허가나 특허를 신고나 등록으로 완

8) 대법원 2002. 1. 22. 선고 2001도5530 판결.

화하는 일이 빈번해지다 보니 신고, 등록, 허가가 서로 어떻게 다른 것인지 규명하는 것이 쉽지 않게 되었다. 이들의 구별은 요건에 대한 심사의 엄격성으로 판단할 수밖에 없다. 행정청이 매우 형식적인 요건만을 심사하는 때에는 '신고', 형식적 요건에 대한 양적·질적 심사가 이루어지는 때에는 '등록', 형식적 요건은 물론 실질적 심사까지 이루어지는 때에는 '허가'로 보는 것이 타당하다.[9)]

「학원의 설립·운영 및 과외교습에 관한 법률」 제6조 제1항은 '학원을 설립·운영하려는 자는 제8조에 따른 시설과 설비를 갖추어 대통령령으로 정하는 바에 따라 설립자의 인적사항, 교습과정, 강사명단, 교습비등, 시설·설비 등을 학원설립·운영등록신청서에 기재하여 교육감에게 등록하여야 한다'고 규정하고 있다. 법 문언의 해석상 행정청(교육감)이 설립자의 인적사항, 교습과정, 강사명단, 교습비, 시설·설비 등 학원 설립 요건에 대한 심사를 어느 정도할 수 있는지 명확하지 않다. 제출 서류에 기재된 사항을 확인하는 정도인지 아니면 기재된 사항의 진위에 대한 실질 조사까지 하는 것인지 알 수 없다. 따라서 학원의 '등록'은 강학상 '등록'일 수도 '허가'일 수도 있다.

이처럼 법전문가도 명확히 규명하기 어려운 사항을 일반인에게 기대하는 것은 무리다. 이 사건에서 '등록' 대신 '허가'라는 표현을 사용한 것을 과장광고로 보기는 어렵다. 또한 광고 수용자의 입장에서도 '등록'과 '허가'를 구분하기 어려울 뿐만 아니라 구분의 실익도 있어 보이지 않는다. 결론적으로 '국가에서 허가 받은 곳'이라는 표현은 과장광고라고 보기 어렵다. 판례의 태도가 타당하다.

Ⅲ. 판례의 의의

이 사건 판례는 KOA－BELLS라는 학원 이름 밑에 'Korea America Bar Exam Law School'이라는 표현을 사용한 것, '국내에 미 변호사 양성 기관으로 국가에서 허가 받은 곳은 코아벨스 밖에 없습니다.'라는 표현을 사용한 것이 과장광고에 해당하지 않는 것으로 판단하였다.

규제의 정도를 결정하는 것은 매우 어려운 문제다. 과잉규제와 규제공백이라는 극단적 위험을 항상 내포하고 있기 때문이다. 광고규제도 마찬가지다. 광고는 소비자의 관심을 끄는 것이 목적이다. 나쁜 점은 숨기고 좋은 점은 과장하는 것이 광고의 생리다. 이러한 광고의 기본적 생리를 원천적으로 제한하는 것은 과잉규제다. 하지만 과장된 광고로

9) 김민호, 앞의 책, 145~147면 참조.

인한 신체적·경제적 침해를 방지하지 않는 것은 규제공백이다. 양 극단을 조화롭게 하는 것이 광고규제의 존재의의이다. 우리나라는 대체로 의료, 식품 등의 광고에 대한 규제를 많이 하고 있다. 의료분야는 사전규제까지 하고 있는 실정이다. 규제공백에 대한 우려보다는 과잉규제에 대한 비판적 목소리가 높은 것이 현실이다. 복수의 규제기관으로 인한 중복 규제의 문제도 심각하다. 이런 분위기에서 이 사건 판례가 과장광고의 해당 여부를 판단함에 있어서 막연한 우려가 아닌 구체적 우려를 파악하려고 노력한 점은 매우 의미 있어 보인다.

하지만 광고의 본질상 광고의 수용자는 '모든 사람'이다. 분명 타깃 그룹은 존재하지만 광고의 영향이 반드시 타깃 그룹에게만 미치는 것은 아니다. 그럼에도 이 사건 판례는 이 학원의 수강 학생의 지적 수준을 고려할 때 미국 'Law School'이라는 표현을 사용하였더라도 이를 신뢰 또는 오인할 우려는 없었을 것으로 판단하고 있다. 하지만 이 사건 광고의 타깃 그룹이 학원수강학생인 것은 사실이나 광고에 대한 관심이나 영향이 이들에게만 미친다고 볼 수는 없다. '학원수강생의 지적 수준'을 기준으로 '오인 또는 혼동할 우려(염려)'를 판단한 것은 광고의 수용자를 지나치게 좁게 보는 오류로 보인다.

'등록' 대신에 '허가'라는 표현을 사용한 것을 과장광고로 보지 아니한 것은 적절한 것으로 보인다. 강학상 등록과 허가의 구분이 어려울 뿐만 아니라 일반인에게 그 구별을 기대하기도 어렵고 광고 수용자 입장에서도 양자의 혼동 사용으로 인한 실질적인 피해 발생 가능성은 희박할 것으로 보인다.

71 변호사의 부동산 중개시장 진출 분쟁

–서울고등법원 2017. 12. 13. 선고 2016노3746 판결

강 신 욱*

Ⅰ. 판례의 개요

1. 사안의 개요

갑 주식회사의 설립·운영자로 변호사 자격을 보유한 피고인은 등록관청에 중개사무소의 개설등록을 하지 않은 채 '갑 부동산'이라는 명칭으로 인터넷사이트(홈페이지) 및 블로그, 페이스북(이하 '인터넷사이트 등'이라 한다)을 개설하여 부동산 중개시장에 진출하였다. 피고인은 법률전문가인 변호사가 부동산 거래와 관련한 일체의 법률자문을 제공한다는 점을 장점으로 내세웠지만, 공인중개사업계는 피고인을 「공인중개사법」 위반 혐의로 고발하는 등 강력히 반발하였다. 검찰은 피고인이 개업공인중개사가 아님에도 부동산 거래를 알선하고 일정한 보수를 받는 등 중개사무소의 개설등록 없이 중개업을 영위하고(공소사실1), 그 과정에서 공인중개사무소, 부동산중개와 유사한 명칭을 사용하였으며(공소사실2), 위 인터넷사이트 등에 특정 지역의 거래 대상 부동산들에 대한 정보를 게시하는 방법으로 중개대상물에 대한 표시·광고를 하였다고 하여(공소사실3) 구 「공인중개사법」(2016. 12. 2. 법률 제14334호로 개정되기 전의 것) 위반으로 기소하였다.

2. 소송경과

가. 제1심 판결 / 원심판결[1)]

제1심 판결은 국민참여재판으로 진행되었고 피고인은 공소사실 전부에 대해 무죄를

---

* 법무법인 세종 변호사.

1) 서울중앙지방법원 2016. 11. 7. 선고 2016고합833 판결.

선고 받았다. 당시 재판에서는 변호사가 부동산 중개 등 공인중개사 업무를 할 수 있는지 여부, 피고인이 받은 보수가 법률자문에 대한 대가인지 중개업에 대가인지 여부 등이 쟁점이 되었다.

배심원단은 검사가 제출한 증거들만으로는 피고인이 「공인중개사법」 제2조 제3호에 규정된 바와 같이 '다른 사람의 의뢰에 의하여 일정한 보수를 받고 중개를 업'으로 행하였다거나 그와 같은 중개업을 하기 위하여 중개대상물에 대한 표시·광고를 하였다는 점 및 "공인중개사사무소", "부동산중개" 또는 이와 유사한 명칭을 사용하였다는 사실이 합리적인 의심의 여지가 없이 증명되었다고 단정할 수 없다고 보아 피고인에 대한 3가지 공소사실에 대해 각각 4대 3의 의견으로 모두 무죄 평결했고, 제1심 재판부는 이를 그대로 받아들여 무죄를 선고하였다.

나. 항소심 판결[2)]

항소심은 공소사실 전부에 대해 유죄를 선고하여 공소사실 전부를 무죄로 판단한 원심판결을 파기하였다. 항소심은 피고인이 부동산 거래와 관련하여 법률자문 등 일부 법률사무를 수행하기는 하였으나, 반면 이에 수반된 중개행위를 하고 실질적으로 그 대가에 해당하는 일부 보수를 지급받음으로써 중개사무소 개설등록 없이 중개업을 하였고, '갑 부동산'이라는 명칭으로 인터넷사이트 등을 개설·운영한 것은 일반인으로 하여금 피고인이 공인중개사사무소를 운영하거나 부동산중개를 하는 공인중개사인 것으로 오인하도록 할 위험성이 있어 「공인중개사법」 제18조제2항에서 금지하는 유사명칭사용행위에 해당하며, 중개업을 영위하면서 특정 지역의 부동산들에 대한 정보를 위 인터넷사이트 등에 게시한 행위는 「공인중개사법」 제18조의2 제2항에서 금지하는 개업공인중개사가 아닌 자의 중개대상물 표시·광고 행위에 해당한다고 판단하였다. 피고인은 항소심 판결에 대해 대법원에 상고하였으나 이내 상고를 취하하여 항소심 판결이 확정되었다.

3. 판례의 요지

가. 무등록 중개업의 점

비록 부동산의 매도인 및 매수인에게 계약 조건 협상, 법적 위험 조언 등 법률자문 업무를 일부 수행하였고, 위 매도인 및 매수인이 합의한 '부동산거래계약'에 피고인이 지급받는 보수는 법률사무를 수행한 데 대한 대가이며 매매·임대 상대방을 알선한 데 대한

2) 서울고등법원 2017. 12. 13. 선고 2016노3746 판결.

대가는 0원으로 한다는 규정이 포함되어 있기는 하나, 피고인이 거래 당사자로부터 받은 보수는 그 명목 여하를 불문하고 그 중 적어도 일부는 법률사무에 수반된 중개행위의 대가로 보아야 하며, 피고인이 부동산 매매와 관련하여 거래당사자들에게 제공한 서비스에는 중개행위가 포함되어 있다고 인정되므로 피고인은 중개사무소의 개설등록 없이 중개업을 하였다고 판단된다.

나. 유사명칭 사용의 점

피고인이 ‘갑 부동산’이라는 명칭과 함께 부동산 전문가 등의 문구를 기재하고 거래 목적물에 대한 상세한 기재를 한 점, ‘○○부동산’이라는 표현은 일상생활에서 ‘부동산중개’ 또는 ‘부동산중개사무소’를 줄여 이를 뜻하는 말로 흔히 사용된다는 점, 변호사가 그 업무를 수행한다는 점을 명시했다고 하더라도 일반인들은 변호사가 적법하게 중개 업무를 수행하고 있는 것으로 오인할 가능성이 높다는 점을 고려할 때 업무수행의 주체를 변호사로 명시하였다고 하더라도 유사명칭 사용에 따른 혼동의 위험이 없다고 볼 수 없다.

다. 중개대상물 표시·광고의 점

피고인은 중개사무소 개설등록을 한 개업공인중개사가 아님에도 중개업을 영위하였고, 서울, 경기지역에 있는 매매, 전세 및 월세 등 거래 대상 부동산 정보를 인터넷사이트 등에 게시한 사실이 인정되어 ‘개업공인중개사 아닌 자의 중개대상물 표시·광고 행위’에 해당한다고 판단된다.

II. 해 설

1. 쟁점의 정리

가. 수행한 행위가 법률사무인지 중개업인지 여부

“중개업”이라 함은 다른 사람의 의뢰에 의하여 일정한 보수를 받고 중개를 업으로 행하는 것을 말하므로(「공인중개사법」 제2조 제3호) 중개업이 성립하기 위한 요건은 ① 중개행위를 수행하고, ② 이를 업으로써 행하며, ③ 중개행위에 대한 보수를 받을 것으로 구성된다. 본 사안에서 피고인은 법률사무 수행에 따른 보수를 받았을 뿐 중개업에 대해 받은 것이 아니라고 주장하였는데, 피고인이 행한 업무의 성격에 대한 판단이 쟁점이 되었다.

나. 업무수행주체를 명시한 것이 오인가능성을 없애는지 여부

「공인중개사법」 제8조에 따르면 공인중개사가 아닌 자는 공인중개사 또는 이와 유사한 명칭을 사용하지 못하고, 제18조 제2항에 의하면 개업공인중개사가 아닌 자는 "공인중개사사무소", "부동산중개" 또는 이와 유사한 명칭을 사용하여서는 아니 된다. 피고인은 업무수행주체를 변호사라고 명시하였으므로 일반인들이 공인중개사 또는 공인중개사사무소에서 중개를 하는 것으로 오인할 염려가 없다고 주장하였는바, 업무수행주체를 명시할 경우 유사 명칭 사용에 해당되지 않는지가 쟁점이 되었다.

다. 공인중개사법 상 중개대상물 표시·광고 시 준수해야 할 요건

「공인중개사법」 제18조의2는 개업공인중개사가 아닌 자는 중개대상물 표시·광고를 할 수 없는데 피고인은 개업공인중개사가 아님에도 중개업을 영위하였고 인터넷 상에 서울·경기 지역 거래 대상 부동산에 대한 정보를 게시하여 중개대상물 표시·광고의 요건을 위반하였는바, 「공인중개사법」상 중개대상물 표시·광고 시 일정한 요건을 준수하도록 한 입법 취지와 그 효과에 대해 검토할 필요가 있다.

2. 관련 판례

가. 중개업의 판단기준

(1) 중개업자의 행위를 객관적으로 판단

어떠한 행위가 중개행위에 해당하는지는 거래당사자의 보호에 목적을 둔 「공인중개사법」 규정의 취지에 비추어 볼 때, 중개업자가 거래당사자를 위하여 거래를 알선·중개하려는 의사를 가지고 있었느냐라고 하는 중개업자의 주관적 의사에 의하여 결정할 것이 아니라, 중개업자의 행위를 객관적으로 보아 사회통념상 거래의 알선·중개를 위한 행위라고 인정되는지에 의하여 결정하여야 한다.[3]

(2) 업으로써 중개행위 수행

부동산 중개행위가 다른 행위에 부수하여 이루어졌다고 하여 이를 중개업에 해당하지 않는다고 볼 것은 아니고,[4] '중개를 업으로 한다'라고 함은 반복 계속하여 영업으로 중개를 하는 것을 가리키는 것이므로 실제로 중개를 업으로 하였는지 여부는 중개행위의 반

---

3) 대법원 1999. 7. 23. 선고 98도1914 판결; 대법원 2014. 7. 10. 선고 2013도1393 판결 등 참조.
4) 대법원 2000. 6. 19. 선고 2000도837 판결; 대법원 2007. 1. 11. 선고 2006도7594 판결 등 참조.

복 계속성, 영업성 등의 유무와 그 행위의 목적이나 규모, 횟수, 기간, 태양 등 여러 사정을 종합적으로 고려하여 사회통념에 따라 판단하여야 할 것인데, 반복 계속하여 보수를 받고 중개행위를 한 것은 물론 반복 계속할 의사로써 중개행위를 하였다면 비록 단 한 번의 행위였다고 하더라도 여기에 해당된다.[5)]

(3) 변호사의 법률사무에 중개행위가 포함되는지

「변호사법」 제3조에서 규정한 법률사무는 거래당사자의 행위를 사실상 보조하는 업무를 수행하는 데 그치는 구 「부동산중개업법」(2005. 7. 29. 법률 제7638호 「공인중개사의 업무 및 부동산 거래신고에 관한 법률」로 전문 개정되기 전의 것) 제2조 제1호 소정의 중개행위와는 구별되는 것이고, 일반의 법률사무에 중개행위가 당연히 포함되는 것이라고 해석할 수 없다. 이와 같은 법리는 구 「부동산중개업법」이 중개업자에게 부동산중개와 관련하여 매매계약서 등을 작성하거나 중개대상물에 대한 확인·설명의무를 부과하고 있기 때문에, 부동산중개업자가 중개업무와 직접적으로 연관관계에 있고 구 「부동산중개업법」에서 부과한 작위의무를 이행하는 과정에서 변호사의 직무와 일부 관련이 있는 위와 같은 업무를 행할 수 있다고 하여 달리 볼 것은 아니다.[6)]

나. 유사한 명칭의 판단기준

「공인중개사법」 제8조에 의하면 공인중개사가 아닌 자는 공인중개사 또는 이와 유사한 명칭을 사용하지 못하고, 제18조 제2항에 의하면 개업공인중개사가 아닌 자는 "공인중개사사무소", "부동산중개" 또는 이와 유사한 명칭을 사용하여서는 아니 된다. 그리고 이러한 유사한 명칭에 해당하는지는 일반인으로 하여금 그 명칭을 사용하는 자를 공인중개사 또는 개업공인중개사로 오인하도록 할 위험성이 있는지 여부에 따라 판단해야 한다.[7)]

3. 검　토

가. 무등록 중개업의 점

(1) 피고인이 행한 업무의 객관적인 성격

피고인은 법률자문을 할 의사였을 뿐, 중개행위를 할 의사가 아니었다고 주장하였으나 관련 판례의 태도에 따를 때 중개행위인지 여부는 객관적으로 판단되어야 한다. 피고

5) 대법원 2006. 12. 7. 선고 2006도5082 판결 등 참조.
6) 대법원 2006. 5. 11. 선고 2003두14888 판결.
7) 대법원 2015. 7. 23. 선고 2014도12437 판결 참조.

인은 인터넷사이트 등에 이용자로부터 매도·임대 등 거래를 의뢰받은 부동산의 정보, 사진, 위치지도를 게시하고, 위 부동산의 매수·임차 등 거래를 희망하는 다른 이용자의 신청을 받아 양 당사자 사이에서 거래 여부 및 거래 조건 조율, 현장방문 주선, 계약서 작성 등 용역을 제공하는 업무를 수행하였다. 또한 거래과정에서 거래당사자의 인적사항, 연락처 등을 공개하지 않아 거래당사자들은 계약서를 작성하기 전까지는 상대방과 직접 교섭 없이 피고인을 통하여 거래 조건을 조율하는 방식으로 거래를 진행했으며, 피고인 역시 법정 및 수사기관에서 중개행위를 사실행위로서 한 것은 인정한다고 진술하였다는 점을 고려하면 피고인은 중개행위를 하였다고 판단된다.

(2) 중개를 업으로 수행해 왔는지 여부

부동산 중개행위가 피고인의 법률자문 업무에 부수한 행위라고 하여 중개업에 해당하지 않는다고 볼 수 없고, 피고인은 주식회사 형태로 '갑 주식회사'를 설립하고 6명의 상근직원을 고용하였으며, 인터넷사이트 등을 개설·운영하고 사무실 등 설비를 갖추었으며, 다수의 부동산을 위 인터넷사이트 등에 게시하여 중개가 가능하도록 하였으므로 중개행위를 계속적으로 반복할 의사가 있었음이 인정된다.

(3) 지급받은 보수가 중개행위에 대한 대가의 성격을 갖는지 여부

지급받은 보수가 중개행위에 대한 대가의 성격을 갖는지 여부를 실질에 따라 평가하기 위해서는 개별·구체적인 사실관계를 살펴보아야 한다. 매도인과 매수인이 작성한 '부동산거래계약'(이하 '거래약관'이라 한다)에는 피고인에게 법률사무 수행에 대한 대가를 지급하고 중개행위에 대해서는 비용을 0원으로 한다고 규정하고 있더라도, ① 보수의 지급의무가 매매·임대차 등 계약이 체결된 때 비로소 발생한다고 규정한 점에 비추어 볼 때 법률자문에 대한 대가라기보다 거래를 알선하여 성립시킨 데 대한 대가라고 보는 것이 자연스럽고, ② 매매 또는 임대차 목적물의 가액에 따라 그 보수를 45만 원 또는 99만 원으로 차등하여 지급받는다고 규정하는 등 순수한 법률사무 수행에 대한 대가라고 보기에는 이례적인 사실이 존재한다는 점, ③ '갑 법률사무소'에 귀속되는 보수의 일부가 '갑 부동산'의 운영비용에 사용되는 점, ④ "최대 99만 원, 합리적인 중개수수료", "중개수수료는 거래가격에 따라 45만 원 또는 99만 원입니다."라는 등의 광고문구를 사용하여 거래당사자들은 부동산 중개행위에 대한 보수를 지급한다고 인식하였을 가능성이 높은 점, ⑤ 대부분의 법률자문이 계약체결을 위한 교섭과정에서 구두로 제공되었을 뿐만 아니라 유일하게 서면으로 제공되었던 권리분석보고서는 갑 회사의 인터넷사이트 등에서 무료 또는 9,900원의 소액을 결제하면 누구든지 열람할 수 있었던 것으로 당사자들이 지급한 보수인

45만 원 또는 99만 원에 위 권리분석보고서에 대한 대가가 포함된 것으로 보기는 어렵고 그중 상당 부분은 중개행위에 대한 대가라고 보는 것이 합리적인 점, ⑥ '갑 부동산'이 부동산 거래와 관련된 법률자문 업무를 '갑 법률사무소'에 위임하여 위 사무소 소속 변호사들이 업무를 실제로 수행하는 과정에서 당사자를 직접 접촉하여 거래 조건을 조율하는 등 중개행위에 해당하는 업무를 함께 수행한 것에 비추어 보면 위 사무소에 지급된 보수가 전적으로 법률사무에 대한 것이라고 보기는 어렵다는 점을 고려했을 때, 피고인이 지급받은 보수 중 일부는 법률사무에 수반된 중개행위에 대한 대가라고 판단하였다.

나. 유사명칭 사용의 점

유사명칭 사용 여부는 일반인으로 하여금 그 명칭을 사용하는 자를 공인중개사 또는 개업공인중개사로 오인하도록 할 위험성이 있는지 여부에 따라 판단하는데 피고인은 갑 회사의 인터넷사이트 등에 변호사가 업무를 수행한다고 기재하여 업무수행주체를 명시하였기 때문에 오인의 위험성이 없다고 주장하였다. 그러나 갑 회사 인터넷사이트 등을 통하여 '변호사가 부동산 업무를 수행한다'는 내용을 접하는 일반인의 입장에서는 변호사가 할 수 있는 업무 범위에 대해 잘 알지 못하기 때문에 적법하게 중개업무를 수행하고 있는 것으로 오인할 가능성이 높다고 보았다. 특히 갑 회사의 인터넷사이트 등에 기재된 광고 문구나 표현을 살펴보면 '갑 부동산'이라는 명칭과 함께 '우리 집을 거래하는 가장 믿음직한 길 / 당신만의 부동산 전문가', '최고의 부동산거래 전문가 / 최대 99만 원, 합리적인 중개수수료', '방문한 듯 생생하게 / 모든 매물을 일일이 방문해서 들러볼 수 있다면 얼마나 좋을까요? 3D동영상으로 실내를 직접 걸어다니면서 구경하세요', '저희는 변호사들입니다. 저희가 첫 번째로 택한 일은 부동산 중개입니다'라는 문구를 기재하여 변호사가 적법하게 부동산 중개업무를 할 수 있는 것처럼 광고를 하고 있으므로 유사명칭에 따른 혼동의 위험이 존재하지 않는다고 보기 어렵다.

다. 중개대상물에 대한 표시·광고의 점

중개대상물 표시·광고를 할 경우 「공인중개사법」 제18조의2의 규정에 따라 중개사무소, 개업공인중개사에 관한 사항을 명시해야 하고, 개업공인중개사가 아닌 자의 중개업영위를 위한 광고행위는 금지된다. 이는 부동산에 대한 허위·과장광고, 중개거래를 직거래로 위장신고하거나 거짓신고를 조장·방조하는 행위 등 거래질서 문란 행위에 대하여 개업공인중개사의 광고 실명화 및 위반 시 과태료 부과 등을 통하여 부동산 거래질서를 확립하고자 하는 목적에서 도입된 조항이다.

부동산중개업자의 수 증가로 인해 개업공인중개사 상호 간의 경쟁이 치열해지고 있는 가운데, 고객 유인을 위해 인터넷 등에 허위매물정보를 등록하는 사례가 발생하고 있는바, 소비자들의 혼란을 초래하는 한편 거래질서를 문란하게 하는 문제가 발생하고 있다. 이에 중개대상물에 대한 표시·광고를 할 수 있는 주체를 등록된 개업공인중개사로 한정하고 광고실명제를 도입하여 매물정보에 대한 책임과 신뢰성을 제고하고자 하였다. 또한, 중개대상물에 대한 표시·광고는 중개업의 일환으로 행해지는 것이고, 「공인중개사법」 제2조 및 제9조에 따르면 중개사무소를 개설등록한 개업공인중개사만 중개업을 영위할 수 있는바, 개업공인중개사가 아닌 자의 중개대상물에 대한 표시·광고를 금지한 것은 타당한 것으로 보인다.

피고인은 개업공인중개사로 등록하지 않은 채 인터넷 홈페이지 등에 매물 의뢰를 받은 아파트에 대하여 '희망가격 매매 12억 원, 공급면적 131m^2(40평), 건물종류 아파트, 공급/전용면적 130.93/101.94m^2(39.6평), 해당층/총층 고층/15층, 내부구조 단층, 4bay, 발코니 확장, 현관구조 계단식' 등과 주변 교통, 아파트 단지 정보 및 아파트 외부 사진 및 위치 지도 등을 게시하는 등의 표시·광고 행위를 하였으므로 '개업공인중개사 아닌 자의 중개대상물 표시·광고 행위'에 해당한다고 판단된다.

Ⅲ. 판례의 의의

피고인은 자신이 제시하는 용역비(법률자문료)가 현행 「공인중개사법」이 규정하고 있는 중개보수보다 저렴하다는 점을 내세워 자신이 제공하는 용역이 소비자의 이익에 부합한다고 주장하였고, 이에 따라 제1심의 국민참여재판에서는 승소를 이끌어내었다. 그러나 「공인중개사법」 위반 여부에 대한 법리적, 사실적 판단에 의해 항소심에서는 유죄를 선고받게 되었다. 이 판결은 전문자격을 요하는 직역 간의 업권침범이 문제가 된 사건으로 피고인이 법률사무를 수행한 것인지 중개업을 수행한 것인지가 쟁점이 되었다. 사실관계를 살펴보았을 때 피고인이 행한 행위는 중개업에 해당된다고 보아 「공인중개사법」 위반이 인정되었는데 피고인이 기재한 표시·광고 문구도 업무의 실질파악 및 유사명칭 사용에 따른 오인가능성을 판단하는데 중요한 단서가 되었다. 이 판례로 인해 법률사무라는 명목으로 업무를 수행하고 보수를 지급받더라도 실제 수행한 업무의 내용에 거래당사자간의 중개대상물 알선이 포함되고 지급받은 보수의 일부도 실질적으로 중개행위에 대한 보수라고 볼 수 있다면 「공인중개사법」에 따라 규율되는 중개업에 해당한다고 보게 된바, 직역간의 업무침범이 실질적으로 방지될 것으로 보인다.

또한「공인중개사법」은 부동산에 대한 허위·과장 광고를 방지하기 위해 중개대상물 표시·광고의 주체를 개업공인중개사로 한정하고 표시·광고의 내용 중에 중개사무소와 개업공인중개사에 대한 사항을 명시하도록 하고 있으며, 개업공인중개사로 오인될 수 있는 유사명칭 사용을 금지함으로써 공인중개사만이 중개업무를 수행하도록 하고 있다. 판례는 일반인의 오인가능성을 유사명칭 사용의 판단 기준으로 삼음으로써 현실에서의 거래양태를 반영하여 유사명칭 사용을 실질적으로 방지하고 있다. 이 판례에 따라 등록된 공인중개사만이 중개업을 수행할 수 있다는 점이 더욱 확고히 정립되었고 중개업에 수반되는 중개대상물 표시·광고 행위 및 공인중개사 명칭 사용행위 역시 실질에 따라 법정요건 준수여부가 판단될 것으로 보인다.

72 공직선거법상 기부행위와 기타 광고물 해당 여부

－대전고등법원 2003. 11. 7. 선고 2003노438 판결

박 민 철*

Ⅰ. 판례의 개요

1. 사안의 개요

대전고등법원은 2003. 11. 7. '노무현을 사랑하는 사람들의 모임'(이하 '노사모'라 한다)의 전 대전지역 대표이자 새천년민주당 선거대책위원회 산하 국민참여운동본부(이하 '국참'이라 한다) 대전시지부 부본부장으로 활동하던 자와 노사모 회원인 자들이 제16대 대통령 선거에서 새천년민주당 대통령 후보로 입후보할 예정인 노무현을 위하여 일명 '희망돼지' 저금통(시가 160원 상당)을 일반인에게 배부한 행위가 「공직선거및선거부정방지법」(이하 '공직선거법'이라 한다) 제115조 소정의 '기부행위'에 해당하고, 해당 '희망돼지' 저금통도 같은 법 제90조에 따른 '기타의 광고물'에 해당한다고 판시하여 원심의 판단을 유지하고 각 피고인에 대해 유죄를 선고하였다.

즉 공직선거법 제115조[1]에 따라 선거일전 180일부터 선거일까지 기부행위가 제한되어 있음에도 불구하고 희망돼지 저금통을 배부한 것은 기부행위 제한에 위반된다는 판단과 함께, 공직선거법 제90조에 따르면 '누구든지 선거일 전 180일부터 선거일까지 선거에 영향을 미치게 하기 위하여 이 법의 규정에 의한 것을 제외하고는 화환·풍선·간판·현수

---

* 김·장 법률사무소 변호사.

1) 제115조(제삼자의 기부행위제한) 제113조(후보자등의 기부행위제한) 또는 제114조(정당 및 후보자의 가족등의 기부행위제한)에 규정되지 아니한 자라도 누구든지 기부행위제한기간중에 당해 선거에 관하여 후보자(후보자가 되고자 하는 자를 포함한다. 이하 이 조에서 같다) 또는 그 소속정당(창당준비위원회를 포함한다. 이하 이 조에서 같다)을 위하여 기부행위를 하거나 하게 할 수 없다. 이 경우 후보자 또는 그 소속정당의 명의를 밝혀 기부행위를 하거나 후보자 또는 그 소속정당의 명의를 추정할 수 있는 방법으로 기부행위를 하는 것은 당해 선거에 관하여 후보자 또는 정당을 위한 기부행위로 본다.

막·애드벌룬·기구류 또는 선전탑 기타의 광고물이나 광고시설을 설치·진열·게시·배부하거나 하게 할 수 없음'에도 불구하고, 희망돼지 저금통을 배부한 것은 기타의 광고물을 배부한 것으로 동 조항에 위반된다고 판단한 것이다.

2. 소송경과

가. 제1심 판결 / 원심판결[2)]

대전지방법원은 2003. 8. 20. 피고인들은 대통령 후보로 입후보할 예정인 노무현을 위하여 일명 '희망돼지' 저금통(시가 160원 상당)을 일반인에게 배부하여 위 노무현의 지지를 높이기로 공모하고, 노무현을 위하여 제작한 '보통사람들이 만드는 살맛나는 세상 희망돼지'라는 문구가 기재된 '희망돼지' 저금통을 제공하여, 기부행위 제한기간 중 노무현을 위하여 기부행위를 함과 동시에 제16대 대통령 선거에 영향을 미치게 하기 위하여 노무현 후보 예정자를 표시하는 광고물(선전물)인 위 희망돼지 저금통을 배부하여, 공직선거법 제90조 및 제115조를 위반하였다고 판단하면서, 피고인들에게 각 유죄를 인정하였다.

나. 항소심 판결[3)]

항소심 또한 원심판결과 같이, 대통령 선거과정에서 후보자가 소속된 정당과 후보자를 지지하는 모임의 회원들이 일반 시민들에게 '희망돼지 저금통'을 교부한 행위가 공직선거법 제115조 소정의 '기부행위'에 해당한다고 하였고, 공직선거법 제90조 소정의 '기타 광고물'을 「옥외광고물등관리법」 제2조 제1호 소정의 '옥외광고물'에 대한 정의 규정에 따라 해석할 수 없다고 하면서, 대통령 선거과정에서 후보자가 소속된 정당과 후보자를 지지하는 모임의 회원들이 일반 시민들에게 교부한 '희망돼지 저금통'이 공직선거법 제90조 소정의 '기타의 광고물'에 해당한다고 하여 피고인들의 항소를 기각하고 원심을 유지하였다.

다. 관련 대법원 판결

유사한 사례에서 대법원은 희망돼지 저금통이 개당 시가가 불과 몇백 원 상당이라고 하더라도 재물에 해당하고, 그 배부에 관하여 당연히 비용지출이 따르는 것이어서 피고인이 희망돼지저금통을 배부한 행위는 공직선거법 제112조 제1항 제1호소정의 '이익이 되는 물품의 제공행위'에 해당한다 할 것이므로, 피고인이 노무현 후보를 위하여 희망돼지 저

2) 대전지방법원 2003. 8. 20. 선고 2003고합175 판결.
3) 대전고등법원 2003. 11. 7. 선고 2003노438 판결.

금통을 배부한 이상, 공직선거법 제115조 소정의 기부행위를 한 것이라고 할 것이고, 이와 같은 희망돼지 저금통 배부행위를 의례적이거나 직무상의 행위로서 기부행위로 보지 않는 공직선거법 제112조 제2항에 해당한다고 볼 수 없다고 판단하여 피고인의 위 행위를 유죄로 인정하였다.[4)]

또한, 돼지저금통의 본래 용도가 가정 등 일반 공중이 볼 수 없는 장소에 비치되어 돈을 모으는 데에 사용되는 것이더라도 대통령 선거에서 특정 후보자를 위하여 배부한 이른바 '희망돼지'라는 이름의 돼지저금통은 공직선거법 제90조의 광고물 또는 같은 법 제256조 제1항 제2호 아목의 선전물에 해당한다고 한 판시하였다.[5)]

3. 판례의 요지

가. 공직선거법상 '기부행위' 해당 여부

대통령 선거과정에서 후보자가 소속된 정당과 후보자를 지지하는 모임의 회원들이 일반 시민들에게 교부한 '희망돼지 저금통'의 제조원가가 미미하고 그 교부의 목적이 깨끗한 정치자금을 모금하기 위한 것이었다 할지라도, 공직선거법 제112조에서 기부행위를 포괄적으로 제한하고 있는 취지가 비용이 적게 드는 선거풍토의 지향에 있는 것이지 기부행위를 받는 선거구민으로 하여금 재산적 가치가 있는 금품이나 이익을 보유하는 것을 금지하는 데 있는 것이 아닌 것으로 보이는 점 등에 비추어 볼 때, 위 희망돼지 저금통의 교부행위가 공직선거법 제115조 소정의 '기부행위'에 해당한다고 판시하였다.

나. 공직선거법상 '기타 광고물'의 해석

「옥외광고물등관리법」과 공직선거법의 입법 취지가 전혀 다른 점 등을 감안하면, 공직선거법 제90조 소정의 '기타 광고물'을 「옥외광고물등관리법」 제2조 제1호 소정의 '옥외광고물'에 대한 정의 규정에 따라 해석할 수는 없어, 해당 희망돼지 저금통이 「옥외광고물등관리법」에 따른 광고물의 정의에 해당되지 않는다고 하더라도 공직선거법상 기타광고물에 해당될 수 있고, 또한, 대통령 선거과정에서 후보자가 소속된 정당과 후보자를 지지하는 모임의 회원들이 일반 시민들에게 교부한 '희망돼지 저금통'이 후보자를 널리 알리는 데 사용된 물건이라고 보지 않을 수 없어 광고물이라는 문언적 의미에도 부합하므로, 공직선거법 제90조 소정의 '기타의 광고물'에 해당한다고 판시하였다.

---

4) 대법원 2004. 4. 9. 선고 2003도8168 판결.
5) 대법원 2004. 4. 23. 선고 2004도1242 판결.

II. 해 설

1. 쟁점의 정리

가. 공직선거법상 '기부행위'

(1) 기부행위라고 볼 수 없다는 주장의 근거(피고인 측 주장)

피고인들은 희망돼지 저금통 배부행위는 다음과 같은 이유에서 기부행위라고 볼 수 없다고 주장하였다. ① 이 사건 희망돼지 저금통은 제조원가가 200원에도 미치지 못하는 것으로서 기존의 금품·타락선거의 풍토를 깨끗한 선거문화로 바꾸어 보기 위하여 깨끗한 정치자금을 모금하기 위한 수단으로 배포했던 것일 뿐 유권자들에게 희망돼지 저금통이라는 금품을 전달함으로써 노무현 후보의 지지를 얻으려고 했던 것이 아니어서 공직선거법 제115조 소정의 '기부행위'로 볼 수 없고, ② 또한, 공직선거법 제115조 소정의 '기부행위'에 해당하기 위하여는 교부자가 교부받는 자에게 교부물을 궁극적으로 귀속시키려는 의사를 가지고 교부하여야 하는데, 피고인이 교부한 희망돼지 저금통은 깨끗한 정치자금의 모금에 동의하는 자들로 하여금 거기에 소정의 금원을 넣어 다시 반환하도록 할 의사로서 교부한 것이므로, 위 법조 소정의 기부행위에 해당한다고 볼 수 없다.

(2) 기부행위라고 판단한 근거(피고인 주장에 대한 법원의 판단)

이상의 피고인들의 주장에 대해 법원은 다음과 같은 이유를 들어 희망돼지 저금통 배부행위가 기부행위에 해당된다고 판시하였다. ① 우선, 이 사건 희망돼지 저금통의 제조원가가 200원에도 미치지 못하고 그 교부의 목적이 깨끗한 정치자금을 모금하기 위한 수단이었다 할지라도, 이 사건 희망돼지 저금통은 일반적인 돼지 저금통과 별로 다르지 않으므로 그 재산적 가치가 전혀 없다고 볼 수 없는 점, 법조에서 기부행위를 포괄적으로 제한하고 있는 취지는 비용이 적게 드는 선거풍토의 지향에 있는 것이지 기부행위를 받는 선거구민으로 하여금 재산적 가치가 있는 금품이나 이익을 보유하는 것을 금지하는 데 목적이 있는 것이 아닌 것으로 보이는 점(서울고등법원 1998. 4. 3. 선고 97노2263 판결), 따라서 이 사건 희망돼지 저금통을 교부받은 사람들의 입장에서는 위 저금통이 재산적 가치가 별로 없는 것에 불과하다고 볼 수 있으나 이를 교부한 위 피고인들 또는 위 피고인들에게 희망돼지 저금통을 공급한 측에서는 당연히 금전적인 비용 지출이 따를 수밖에 없는 점 등을 종합하여 보면, 위 피고인들의 이 사건 희망돼지 저금통의 교부행위가 공직선거법 제115조 소정의 '기부행위'에 해당하지 않는다고 볼 수 없다. ② 그리고, 인정된 사실 관계에 따르면, 희망돼지 저금통에는 '보통사람들이 만드는 살맛나는 세상 희망돼지,

02－784－****'라는 문구가 기재되어 있을 뿐 그 회수를 위하여 분양받은 사람의 연락처를 기재할 수 있는 스티커가 부착되어 있지 않았고, 여기에다가 실제로 이 사건의 경우 사람들이 저금통에 돈을 넣어 반환한 사정이 엿보이지 않은 점 등을 종합하여 보면, 피고인들이 이 사건 희망돼지 저금통을 다시 반환받을 의사로 교부하였다고 볼 수 없고, 적어도 교부 당시에는 피고인들에게 미필적으로라도 이 사건 희망돼지 저금통을 다시 반환받을 의사가 없었음을 인정할 수 있다고 보았다.

나. 공직선거법상 '기타 광고물'

(1) 기타 광고물이라고 볼 수 없다는 주장의 근거(피고인 측 주장)

피고인들은 희망돼지 저금통이 다음과 같은 이유로 공직선거법상 기타 광고물에 해당될 수 없다고 주장하였다. 공직선거법 제90조 소정의 '기타의 광고물'이라 함은 '문자, 도형, 그림이나 기타 이에 준하는 표시를 통해 특정한 사항이나 정보를 널리 사람들에게 알리는 매체물 전부'를 의미하는 것이 아니라, 「옥외광고물등관리법」 제2조 제1호가, '옥외광고물이라 함은 상시 또는 일정기간 계속하여 공중에게 표시되어 공중이 자유로이 통행할 수 있는 장소에서 볼 수 있는 것으로서 간판, 입간판, 현수막, 벽보, 전단 기타 이와 유사한 것을 말한다'라고 규정하고 있는 점에 비추어, '상시 또는 일정기간 계속하여 공중에게 표시되는 것으로서, 화환, 풍선, 간판, 현수막, 애드벌룬, 기구류 또는 선전탑과 유사한 것'만을 의미한다고 보아야 할 것인데, 이 사건 희망돼지 저금통은 일반인들로부터 깨끗한 정치자금을 모금하는 수단으로 사용된 것으로서 그 돼지 저금통 자체는 개개인의 가정 등 일반 공중이 볼 수 없는 장소에 비치되어 돈을 모으는 용도로 사용되는 것일 뿐 그 자체가 상시 또는 일반 공중에게 표시되어 광고의 목적을 달성하는 광고물이 아니라고 할 것이다.

(2) 기타 광고물이라고 판단한 근거(피고인 주장에 대한 법원의 판단)

이상의 피고인들의 주장에 대해 법원은 공직선거법과 「옥외광고물등관리법」의 입법취지가 다른 점과 공직선거법의 목적을 감안할 때, 희망돼지 저금통은 공직선거법상 기타 광고물에 해당된다고 아래와 같은 이유를 들어 판시하였다.

「옥외광고물등관리법」은 옥외광고물의 표시방법 등에 관하여 필요한 사항을 규정함으로써 미관풍치와 미풍양속을 유지하고 공중에 대한 위해를 방지하며 건강하고 쾌적한 생활환경을 조성함을 목적으로 하는 것인 데(제1조) 반해, 공직선거법은 선거가 국민의 자유로운 의사와 민주적인 절차에 의하여 공정히 행하여지도록 하고 선거와 관련한 부정을 방지함으로써 민주정치의 발전에 기여함을 목적으로 하고 있고(제1조), 이에 따라 공직선거법 제90조는 선거에 영향을 미치기 위한 광고물이나 광고시설 등의 설치·배부 등을 금지함으로써 선거분위기의 과열을 방지하고 탈법적인 선거운동을 규제하며 후보자간의 공정경쟁과 기회균등을 보장하기 위한 것이어서, 그 입법취지가 전혀 다른 점, 특히 공직선거법 제90조는 '화환·풍선'을 광고물의 하나로 예시하고 있는데 이는 「옥외광고물등관리법」상의 광고물에 대한 정의에 따를 경우 광고물에 해당한다고 볼 수 없는 점 등에 비추어 보면, 공직선거법 제90조 소정의 '기타 광고물'을 「옥외광고물등관리법」 제2조 제1호 소정의 '옥외광고물'에 대한 정의 규정에 따라 해석할 수는 없다고 할 것이다.

이 사건 희망돼지 저금통에 써져 있는 문구와 교부 당시 위 피고인들의 언행, 당시의 사회분위기 등을 종합하여 보면, 위 피고인들이 이 사건 희망돼지 저금통을 일반 시민들에게 교부할 당시 위 저금통이 새천년민주당의 노무현 대통령후보를 상징하는 의미를 가지고 있었고, 피고인들은 이를 통하여 노무현 후보의 인지도를 상승시키고 그와 동시에 그의 청렴성과 개혁성을 홍보하여 결과적으로 선거에 영향을 미치게 할 목적이 있었던 것으로 인정되는바, 그렇다면 이 사건 희망돼지 저금통은 노무현 후보를 일반 시민들에게 널리 알리는 데 사용된 물건이라고 보지 않을 수 없고, 따라서 이 사건 희망돼지 저금통은 공직선거법 제90조 소정의 '기타의 광고물'에 해당한다고 보아야 한다.

2. 관련 판례

가. 공직선거법상 기부행위 관련 판례 – 대법원 2002. 2. 21. 선고 2001도2819 전원합의체 판결

공직선거법 제113조에서 후보자와 그 배우자로 하여금 선거 전 일정 기간(기부행위제한기간) 내에 당해 선거에 관한 여부를 불문하고 일체의 기부행위를 할 수 없도록 규정한 취지는, 그러한 기부행위가 후보자의 지지기반을 조성하는 데에 기여하거나 매수행위와 결부될 가능성이 높아 이를 허용할 경우 선거 자체가 후보자의 인물·식견 및 정책 등을 평가받는 기회가 되기보다는 후보자의 자금력을 겨루는 과정으로 타락할 위험성이 있어 이를 방지하기 위한 것이라는 취지를 바탕으로, 후보자의 배우자와 선거사무원 사이의 현금 수수까지 기부행위로 판시하였다.

즉, 대법원은 전원합의체 판결로 기부행위의 해석과 관련하여, 금권선거 방지라는 입법목적을 최대한 달성할 수 있도록 취지에 맞추어 비교적 넓게 해석하는 입장을 밝힌 것으로 보인다. 해당 대법원 판결이 희망돼지 저금통 배부행위를 기부행위로 본 것과 직접적인 관련성이 있다고 보기는 어려우나, 기부행위의 해석이 형벌을 전제로 한 것으로 형벌법규의 해석과 관련한 대법원의 입장 검토를 통해 공직선거법에 대한 해석의 일관성을 엿볼 수 있을 듯 하다.

나. 광고 규제 적용 관련 판례

본 판결에서 공직선거법상 '기타 광고물'을 판단하면서, 공직선거법의 입법취지와 광고라는 문언적 의미를 통해 희망돼지 저금통이 광고물에 해당된다고 판시하였는바, 광고 관련 규제법에서 광고로 판단하여 규제한 판례를 참고해본다.

(1) 서울형사지방법원 1991. 9. 4. 선고 91노3346 판결

자가용 차량의 양측면 및 전후면에 광고글자("나성칼라 현상소"의 상호 및 전화번호, "45분 완성")와 그림(업소 소재지 약도와 사진) 등을 표시하고 운행하거나 주차시켜 놓은 행위가 구 「광고물등관리법」 위반이 된다고 본 사례에서, 이와 같은 표시를 통하여 피고인 경영의 사진현상소를 광고하려는 목적 내지 인식이 있었다고 보기에 충분한 점을 들어 광고물로 판단하였다.

(2) 대법원 2017. 4. 7. 선고 2014두1925 판결

광고는 '사업자 등이 상품 등에 관한 일정한 사항을 전기통신, 인터넷 등의 매체를 통하여 소비자에게 널리 알리거나 제시하는 일체의 행위'를 가리키므로, 사업자 등이 인터넷 홈페이지 등을 통하여 표시광고법 제2조 제2호가 정하고 있는 사항을 널리 알리거나 제시하는 행위는 광고에 해당한다(대법원 2009. 5. 28. 선고 2009두843 판결 참조)고 전제하면서, 오픈마켓에 쿠폰 등의 경품을 제공한다는 배너·팝업 광고를 게시하면서 소비자가 배너·팝업 광고를 클릭하면 개인정보 수집 경품 이벤트 페이지로 연결되도록 하였고, 해당 개인정보 수집 페이지의 내용은 소비자가 원고의 경품 이벤트라는 용역에 참여할 경우 원고가 그 대가로 할인쿠폰을 제공한다는 것으로서, 「표시·광고의 공정화에 관한 법률」(이하 '표시광고법'이라 한다) 제2조 제1호 나목에서 정한 '상품 등의 거래 조건에 관한 사항'에 해당하고, 배너·팝업 광고와 이 사건 개인정보 수집 페이지를 통하여 이를 소비자에게 널리 알리거나 제시하였으므로, 표시광고법 제2조 제2호에서 정한 광고에 해당한다고 판단하였다.

3. 검토 — 형벌법규의 해석

본 판결은 공직선거법상 기부행위와 기타 광고물에 대한 해석을 하면서, 형벌법규에 해당하는 조항에 대한 해석의 전제를 명백히 밝히고, 이를 기초로 본 사안의 해석을 일관적으로 적용하고 있다. 즉, 형벌법규는 문언에 따라 엄격하게 해석·적용하여야 하고 피고인에게 불리한 방향으로 지나치게 확장해석하거나 유추해석하여서는 아니 되지만, 형벌법규의 해석에서도 법률 문언의 통상적인 의미를 벗어나지 않는 한 그 법률의 입법취지와 목적, 입법연혁 등을 고려한 목적론적 해석이 배제되는 것은 아니고(대법원 2002. 2. 21. 선고 2001도2819 전원합의체 판결, 대법원 2003. 1. 10. 선고 2002도2363 판결 등 참조), 또한 법률 문언의 해석 특히 형벌법규의 해석은 '사물의 변별능력을 제대로 갖춘 일반인의 이해와 판단'에 따라 문언의 통상적 의미를 바탕으로 행해져야 하는 것이므로, 공직선거법에 광고물에 대한 정의 규정이 없는 이상, 위 법 제90조의 입법취지와 목적 등을 고려하여 '광고물'이라는 문언의 통상적인 의미에 따라 이를 해석·적용하여야 할 것이라고 하면서, 일관된 위 해석의 기준에 맞추어 판시하였다.

문제는 이러한 기준에 따르면, 공직선거법의 입법취지에 맞추고, 광고라는 사전적으로 넓은 개념을 적용하는 경우, 결과적으로 선거와 관련하여서는 강한 규제가 적용될 수 밖에 없는 결과가 된다는 것이다. 대법원 2002. 2. 21. 선고 2001도2819 전원합의체 판결에서도, 금전 등 물품을 제3자에게 전달하여 달라는 용도로 상대방에게 교부하는 것은 기부행위에 해당하지 아니함에도 다수의견과 같이 선거사무원에 대한 금전 교부행위가 기부행위에 해당한다고 보는 것은 형벌법규의 유추해석을 금지하는 죄형법정주의에도 어긋나는 위헌적인 법률해석이라는 반대 의견이 있었다.

Ⅲ. 판례의 의의

본건 공직선거법 판례는 일명 희망돼지 저금통 사건으로, 새로운 정치자금 모금 관행 확립이라는 차원에서 유죄여부에 대해 관심이 집중되었다. 후원금 모금용으로 만든 희망돼지 저금통을 다수의 유권자에게 배부하고 유권자가 원하는 만큼 후원금을 해당 희망돼지 저금통에 넣어 이를 반환하는 방식으로 보다 투명하고 많은 사람들이 소액으로 정치에 참여할 수 있도록 하는 방식이었다. 하지만, 법원은 공직선거법상 "'광고물'이라고 하는 것은 반드시 후보자의 성명이나 외모가 기재·묘사된 것이 아니더라도 특정 후보의 인지도를 상승시키거나 이미지를 고양시키기 위해 사용되는 제반 시설물과 용구로 봐야 한다"며 "선거법에 의해 금지되는 기부행위의 대상은 반드시 재산적 가치가 클 필요는 없다"고 덧붙였고, "현행 선거법이 금지하는 '광고물'은 피고인 주장처럼 선거에 영향을 미치는 일체의 광고물이 아니므로 지나치게 추상적이고 애매한 표현이라 볼 수 없고 이런 것들의 설치, 게시, 배부를 무분별하게 허용하면 후보자간 경제력 차이에 따른 불평등이 심화돼 선거의 공정을 해치므로 제한이 필요하다"고 하였다.

물론, 이러한 판단을 위한 사실관계 인정에서, 희망돼지 저금통을 배부한 뒤 이를 반환받기 위한 것이라고 했지만, 배부한 행위이후 반환받지 않았고, 반환받지 않아도 좋다는 미필적 고의를 인정하였다는 점과 희망돼지 저금통이 특정 후보의 상징성을 나타내고 이미지를 좋게 함으로써 선거에 영향을 미칠 수 있다는 점을 전제한 판단이라는 것이 중요하다. 즉, 희망돼지 저금통은 반환받기 위한 것이 아니라면 그 재산적 가치가 얼마 되지 않아도 기부행위로 인정될 수 있다는 것을 명백히 하였고, 공직선거법상 '기타 광고물'은 입법취지와 광고의 사전적 의미를 기초로 특정후보의 이미지를 고양할 수 있는 것이라면 해당된다는 다소 넓은 해석 기준을 제시하였다.

해당 판결이 기존의 공직선거법상 판례의 입장에 반하거나 광고규제와 관련한 판례의 입장에 반한다고 보기 어렵다. 오히려 공직선거법 및 광고규제와 관련하여, 형벌법규임에도 불구하고 해당 입법취지와 사전적 의미를 기반으로 다소 넓게 규제해야 한다는 기존의 입장을 구체적인 사안에서 확인한 것으로 보인다. 다만, 이러한 과정에서 지나치게 입법취지 달성의 측면이 강조되어 해석되거나 심지어 사실관계 인정에서도 쉽게 행위자의 의도를 단정하는 면이 없는지 항상 주의가 필요하다고 하겠다.

73 계열사 광고와 공정거래법상 부당지원행위

－대법원 2005. 9. 15. 선고 2003두12059 판결

주 진 열*

Ⅰ. 판례의 개요

1. 사안의 개요

대상판결 사건에서 계열사 광고와 관련한 행위가 「독점규제 및 공정거래에 관한 법률」(이하 '공정거래법' 또는 '법'이라 한다) 제23조 제1항 제7호의 부당지원행위에 해당되는지가 최초로 문제되었다. 이 사건 당시 주식회사 조선일보사(이하 회사명에서 '주식회사'는 모두 생략), 디지틀조선일보, 디지털조선게임은 모두 계열회사 관계에 있었다.

조선일보사는 2000. 5. ~ 2001. 2. 기간 중 광고 대행사를 통하여 지하철 벽면광고에 자기 소유인 조선닷컴에 관한 내용과 함께 디지틀조선일보를 의미하는 'DIZZO'(디조)라는 문구와 디조커뮤니티 포털사이트에 관한 내용을 포함시켜 광고(이하 '이 사건 광고'라 한다) 하면서 디지틀조선일보에게 광고비 분담을 요구하지 않고 다음과 같은 이 사건 광고비 9,622만원을 부담하였다(이하 '조선일보사의 광고비 부담'이라 한다).

디지틀조선일보는 2000. 8.부터 2001. 2.까지 약 7개월 동안 스포츠조선에 디지털조선게임의 광고를 게재하고 광고비 1,150만 원 전액을 부담하였다(이하 '디지틀조선일보의 광고비 부담'이라고 하고, '조선일보사의 광고비 부담'과 모두 통칭할 때에는 '이 사건 행위들'이라고만 한다).

2. 소송경과

공정거래위원회는 이 사건 행위들은 구법 제23조 제1항 제7호의 부당지원행위, 구체

---

* 부산대학교 법학전문대학원 교수.

〈표〉 벽면조명광고 현황 및 광고비 지급내역

(단위 : 천원, 부가세 포함)

대행사 (노선)	수량 (A)	광고실제게재기간 (월수:B)	월단가 (C)	지급광고비 (A×B×C)	비고 (실제계약기간)
(주)코애드 (5호선)	2	2000.5~2001.1. (9월) 2001.2월 (1월)	1,320 1,254	23,760 2,508	2002.2.6까지
	2	2000.5~2001.1. (9월) 2001.2월 (1월)	880 836	15,840 1,672	2002.2.6까지
(주)비주얼라인 (1호선)	4	2000.5~2000.12.(8월) 2001.1~2월 (1월)	880 836	28,160 6,688	2001.12.31
(주)전홍 (1호선)	2	2000.5~2001.2.(10월)	880	17,600	2001.12.20
소 계	10			96,228	

출처: 공정거래위원회 2001. 7. 11. 제2001－104호(이하 '이 사건 공정거래위원회 의결서'라 한다), 10면.

적으로는 같은 법 시행령[1] 제36조 제1항에 의한 [별표 1] 제10호의 '부당한 자금·자산·인력지원'에 해당된다고 보고, 조선일보사, 디지틀조선일보에게 시정조치 및 과징금납부명령을 부과하였다.

원심은 이 사건 행위들은 부당지원행위에 해당되지 않는다고 보고 공정거래위원회 처분을 취소하였다(서울고법 2003. 9. 23. 선고 2002누1047 판결, 원고들 승). 대법원은 원심 판단에 일부 부적절한 점은 있으나 결론은 정당하다고 하였다(대법원 2005. 9. 15. 선고 2003두12059 판결).

3. 판례의 요지

대상판결은 이 사건 행위들은 지원행위에 해당되지만, 공정거래위원회가 이 사건 행위들로 인하여 지원객체의 관련시장에서 경쟁이 저해되거나 경제력 집중이 야기되는 등으로 공정한 거래가 저해될 우려가 있다는 점을 증명하지 못했기 때문에, 이 사건 행위들의 부당성은 인정되지 않는다고 하였다.

가. 조선일보사의 광고비 부담

(1) 지원행위 여부: 적극

원심은 조선일보사와 디지틀조선일보 사이에 직접 거래가 없었고, 디지틀조선일보는

1) 2002. 3. 30. 대통령령 제17564호로 개정되기 전의 것.

이 사건 광고로 인하여 반사적인 효과를 얻은 것에 불과하다는 등의 이유로 조선일보사의 광고비 부담은 부당지원행위가 아니라고 하였다. 이처럼 원심은 이 사건 광고로 디지틀조선일보가 얻은 이익은 반사적 효과가 불과하다고 하였는데, 이는 결국 조선일보사의 광고비 부담은 지원행위가 아니라는 의미이다. 즉 원심은 조선일보사의 광고비 부담은 아예 지원행위에 해당되지 않거나 해당되더라도 부당지원행위가 아니라고 본 것이다.

그러나 대상판결은 위와 같은 원심판단에 부적절한 점이 있음을 지적하고 조선일보사의 광고비 부담은 다음과 같은 이유로 지원행위에 해당된다고 하였다: ① 조선일보사의 광고가 조선일보사와 디지틀조선일보 사이의 직접적인 거래관계에 따른 것이 아니라 조선일보사와 광고대행사 사이의 광고대행계약에 따른 것이라도 디지틀조선일보에 대한 지원행위는 성립될 수 있다; ② 둘째, 이 사건 광고는 그 형태로 볼 때 조선일보사의 소유인 조선닷컴을 알리고 그 인터넷 접속을 유도하려는 데 그 중점이 있고 디지틀조선일보를 알리고 그 포털사이트의 접속을 유도하려는 데 그 중점이 있다고 볼 수는 없지만, 이러한 광고로 인하여 디지틀조선일보는 그 인지도의 향상 및 포털사이트에 대한 접속의 증가 등 경영여건이 개선되는 효과를 거둘 수 있다; ③ 이 사건 광고가 조선일보사의 영업상 필요에 의한 것이라고 보기는 어렵고, 조선일보사가 광고를 하면서 조선닷컴에 대한 광고 등 자신의 광고에 활용할 광고면을 디지틀조선일보를 위한 광고에 할애하고도 디지틀조선으로부터 그 대가를 지급받지 않은 것은 계열사인 디지틀조선일보를 지원할 의도에 기한 것이다.

(2) 부당성 여부: 소극

대상판결은 다음과 같은 이유로 조선일보사의 광고비 부담은 '관련시장에서 공정경쟁을 저해할 우려'가 있었다고 할 수 없다고 하였다: ① 지원액 900만 원은 디지틀조선일보의 규모와 현황(2000. 9. 말 기준 자산총액 898억 원, 자본금 143억 원, 부채 514억 원, 매출액 364억 원, 순이익 36억 원, 2000년 인터넷 정보서비스업 시장에서 시장점유율 37.4%)에 비추어보면 극히 미미한 수준에 불과하다; ② 이 사건 광고 당시 디지틀조선일보의 재무상태가 나쁜 상태도 아니었다; ③ 인터넷 정보서비스업의 시장상황 등 다른 요소를 참작해 보더라도 이러한 정도의 지원행위로 인하여 디지틀조선일보가 관련시장에서의 경쟁조건이 다른 경쟁사업자에 비하여 유리하게 되거나 그 퇴출이 저지될 우려가 있었다고 보기 어렵다.

나. 디지틀조선일보의 광고비 부담

(1) 지원행위 여부: 적극

원심과 대상판결 모두 디지틀조선일보의 광고비 부담은 디지틀조선게임에 대한 지원행위에 해당된다고 하였다.

(2) 부당성 여부: 소극

대상판결은 다음과 같은 이유로 디지틀조선일보의 광고비 부담은 '관련시장에서 공정경쟁을 저해할 우려'가 있었다고 할 수 없다고 하였다: ① 지원액이 디지털조선게임의 자산총액(1999년 말 3,390억 원)이나 자본금의 0.5% 남짓이고, 4개월 매출액의 3% 정도에 불과하다; ② 디지틀조선게임이 관련시장에 신규로 진입함으로써 관련 업계에 대한 잠재적 경쟁촉진효과가 있고, 관련시장에서 차지하는 비중도 매우 낮기 때문에, 위와 같은 정도의 지원행위로 인하여 디지틀조선게임의 관련시장에서 경쟁조건이 다른 경쟁사업자에 비하여 유리하게 되거나 그 퇴출이 저지될 우려가 있었다고 보기 어렵다.

II. 해 설

1. 쟁점의 정리

어떤 행위가 부당지원행위에 해당된다고 하기 위해서는 먼저 해당 행위가 공정거래법상 지원행위에 해당되어야 하고, 그 다음 해당 지원행위가 부당한 것이어야 한다. 대상판결 사건에서는 조선일보사의 광고행위가 지원행위에 해당되는지 여부와 함께, 이 사건 행위들의 부당성이 인정되는지가 문제되었다.

2. 관련 판례

구법 제23조 제1항 제7호의 부당성 내용과 판단기준에 대한 판례의 입장은 다음과 같이 정리할 수 있다.

먼저 부당성이란 "지원객체의 관련시장에서 경쟁이 저해되거나 경제력 집중이 야기되는 등으로 공정한 거래가 저해될 우려"(대법원 2004. 3. 12. 선고 2001두7220 판결) 또는 "지원객체가 직접 또는 간접적으로 속한 시장에서 경쟁이 저해되거나 경제력이 집중되는 등으로 공정한 거래를 저해할 우려"(대법원 2004. 9. 24. 선고 2001두6364 판결)를 의미한다.

부당성 여부 판단에서 "지원주체와 지원객체와의 관계, 지원행위의 목적과 의도, 지원객체가 속한 시장의 구조와 특성, 지원성 거래규모와 지원행위로 인한 경제상 이익 및 지원기간, 지원행위로 인하여 지원객체가 속한 시장에서의 경쟁제한이나 경제력 집중의 효과, 중소기업 및 여타 경쟁사업자의 경쟁능력과 경쟁여건의 변화 정도, 지원행위 전후의 지원객체의 시장점유율의 추이, 시장개방의 정도” 등을 종합적으로 고려할 수 있고(대법원 2004. 3. 12. 선고 2001두7220 판결), 공정거래질서와 관계가 있으면 “공익적 목적, 소비자 이익, 사업경영상 또는 거래상의 필요성 내지 합리성”도 고려할 수 있다(대법원 2004. 10. 14. 선고 2001두2935 판결).

3. 검 토

가. 지원행위 관련

디지틀조선일보의 광고비 부담의 경우 지원행위에 해당된다는 점에 다툼이 없었지만, 조선일보사의 광고비 부담의 경우 지원행위에 해당되는지가 문제되었다. 후자가 지원행위라는 대상판결과 관련하여서는 다음과 같은 두 가지 문제가 제기될 수 있다.

첫째, 어떤 회사가 자기광고에 계열사를 넣었다고 해서 지원행위라고 할 수 있는가? 대상판결의 설시처럼 회사들 사이의 지원행위는 계약에 기한 거래 형식을 요하지 않는다. 따라서 회사들 사이에 직접 거래가 없었더라도 지원행위는 성립할 수 있다. 예컨대, X가 Y를 지원하기 위해 Z와 광고계약을 체결하여 광고비를 지출하면, X와 Y 사이에 직접 거래가 없지만 Y에 대한 지원행위는 얼마든지 성립될 수 있다. 따라서 조선일보사가 이 사건 광고처럼 자신의 광고에 디지틀조선일보까지 광고해 준 것은 일응 디지틀조선일보에 대한 지원행위로 여겨질 수 있다. 그런데 1990년대 후반 급변하는 인터넷 미디어 환경에서 조선일보사가 인터넷에 익숙한 젊은 층에 조선일보를 홍보하기 위해서는 조선 ‘닷컴’ 외에도 ‘디지틀’ 조선일보의 홍보가 필요한지 여부는 전형적인 경영판단의 문제이다. 그럼에도 불구하고 대상판결은 디지털조선일보의 홍보 필요성을 부인하였는데, 이 사건 광고와 같이 구체적이고 실무적인 사안에서 회사의 경영판단을 무시하는 것이 과연 옳은지 의문이다.

조선일보사와 디지틀조선일보는 법적으로는 서로 독립된 개별 회사이지만, 현실에서 보통 사람들은 신문용지에 인쇄된 조선일보와 온라인상의 디지틀조선일보를 동일하게 여긴다. 디지틀조선일보는 조선일보사가 인터넷 미디어에 대응하기 위해 만든 계열사이므로, 보다 젊은 이미지를 추구한 조선일보사로서는 자신의 광고에서도 ‘디지틀조선일보’라는 명칭이 필요했다는 점은 분명해 보인다. 이처럼 조선일보사가 인터넷 미디어 시대에 대응을 위해 조선닷컴과 디지틀조선일보를 만들고 조선일보사의 젊은 이미지 형성을 위해 이들을 모두 같이 광고한 것이라면, 조선일보사가 디지틀조선일보에게 광고비를 분담하라고 요청할 수 없다. 설령 조선일보사가 광고비 분담을 요청하더라도 디지틀조선일보가 이에 응할 의무가 없다. 이 사건 광고는 조선일보사 자신을 위한 것이고, 이로 인해 디지틀조선일보가 얻은 무료광고 효과는 반사적 효과에 불과하다고 볼 수밖에 없다.

둘째, 어떤 회사가 자기광고에 계열사를 포함시킨 행위가 지원행위라고 할 때 지원액을 어떻게 추단할 수 있는가? 앞서 언급한 것처럼 공정거래위원회는 이 사건 광고로 조선일보사가 디지틀조선일보를 지원한 금액을 900만 원이라고 하였는데, 대상판결도 공정거래위원회의 논리에 따라 지원액을 900만 원으로 보았다. 그러나 조선일보사가 광고대행사들에게 지급한 이 사건 광고비를 지원성 거래규모라고 보기는 어렵다. 왜냐하면 '지원성 거래'라는 말은 어떤 거래가 실제로는 거래당사자 일방에게 특히 유리하여 통상적인 거래가 아니라 지원행위라고 할 수 있을 정도의 것을 말하는데, 조선일보사와 광고대행사들 사이의 거래에서 통상적인 거래를 벗어나 전자가 후자를 또는 후자가 전자를 지원하였다고 볼만한 근거가 전혀 없기 때문이다. 이 거래에서 디지틀조선일보는 원심이 말한 것처럼 반사적 이익을 얻는 제3자일 뿐이다. 따라서 조선일보사와 광고대행사들 사이의 거래는 지원성 거래가 아니고, 그렇다면 조선일보사가 광고대행사들에게 지급한 이 사건 광고비 9,600여만 원을 지원성 거래규모라고 하는 것은 부적절하고, 그 액수의 약 10%인 900만 원을 지원액이라고 하는 것도 납득하기 어렵다.

위와 같은 점들을 고려하면 조선일보사의 광고비 부담을 지원행위로 볼 수 없다는 원심판단이 더 타당해 보인다.

나. 부당성

대상판결에서 대법원이 원용한 부당성 판단기준은 2004년 판례에서 제시된 것인데 비해, 공정거래위원회의 이 사건 처분은 2001년에 내려진 것이다. 즉 이 사건 처분 당시인 2001년 공정거래위원회는 2004년 판례에서 제시된 부당성 판단기준인 "지원주체와 지원객체와의 관계, 지원행위의 목적과 의도, 지원객체가 속한 시장의 구조와 특성, 지원성 거래규모와 지원행위로 인한 경제상 이익 및 지원기간, 지원객체가 속한 시장에서의 경쟁제한이나 경제력집중의 효과 등을 종합적으로 고려하여 당해 지원행위로 인하여 지원객체의 관련시장에서 경쟁이 저해되거나 경제력 집중이 야기되는 등으로 공정한 거래가 저해될 우려가 있는지 여부"를 전혀 고려할 수 없었다. 실제로 이 사건 공정거래위원회 의결서에는 위와 같은 부당성 판단기준이 반영됐다고 볼만한 사정을 찾아볼 수 없다. 따라서 대상판결이 이 사건 행위들의 부당성을 부인한 원심을 수긍한 것은 타당하다고 본다.

한편 대상판결은 이 사건 행위들로 인한 지원액이 지원객체의 규모에 비해 극히 미미하다는 점을 부당성 부정의 근거로 들었는데, 그 이유는 지원액의 규모가 상대적으로

극히 미미한 경우 관련시장의 경쟁에 어떤 영향을 미치기가 사실상 불가능하다는 판단이 전제된 것으로 보인다. 지원액이 지원객체의 어떤 규모에 비해 어느 정도 비율이면 부당성이 인정될 수 있다는 의미가 아니라. 지원액이 극히 미미한 경우를 지원주체에 대한 일종의 안전항(safe harbor)으로서 고려한 것으로 보인다.

한편 판례에 나타난 부당성 판단기준의 핵심은 결국 "지원객체가 속한 시장에서의 경쟁제한이나 경제력집중의 효과" 또는 "지원객체의 관련시장에서 경쟁이 저해되거나 경제력 집중의 야기"이다. 여기서 '경쟁저해'는 '경쟁제한'과 같은 의미로서 가격상승, 생산량 감소, 혁신저해 등과 같은 객관적 경쟁제한효과로 이해하는 것이 타당하다고 본다. 다른 한편 '경제력집중'이란 용어가 구체적으로 무엇을 의미하는지 너무나 불분명하여 위법성 판단기준으로 삼기에는 대단히 부적절하다.[2] 더욱이 경제력집중 그 자체가 위법이 아니므로 어떤 행위가 경제력집중을 야기했다고 해서 이를 위법이라고 할 수는 없다. 계열사 관계 여부를 불문하고 회사들 사이의 상호 우호적인 지원행위가 경쟁제한행위가 아니라면 이를 금지해야 할 어떠한 합리적 이유를 찾기 어렵다는 점에서, 지원행위의 부당성 내용과 판단기준은 '경쟁제한성'으로 국한하는 것이 타당하다고 생각된다.

Ⅲ. 판례의 의의

대상판결 사건은 계열사 광고와 관련하여 공정거래법상 부당지원행위 조항이 최초로 적용된 사건이다. 대상판결은 조선일보사의 광고비 부담을 공정거래법상 지원행위로는 인정하였다. 이에 따르면, 지원주체가 지원객체에게 전혀 알리지 않고 지원주체가 일방적으로 자기 광고에 지원객체를 포함시키더라도, 지원행위로 인정되어 공정거래법의 적용대상이 된다. 만약 이러한 행위의 부당성이 인정되면, 구법과 달리 현행법에는 제24조의2 제2항[3]이 신설되어 지원객체에게도 관련 매출액의 5% 범위 내에서 과징금이 부과될 수 있다는 점에 주의를 요한다.

---

2) 보다 자세한 설명은 다음을 참조. 주진열, "공정거래법상 부당지원행위 규제에 대한 비판적 고찰", 『서울대학교 법학』, 제53권 제1호(2012), 649~655면.

3) "공정거래위원회는 제23조(불공정거래행위의 금지) 제1항 제7호 … 위반하는 행위가 있을 때에는 해당 특수관계인 또는 회사에 대하여 대통령령으로 정하는 매출액에 100분의 5를 곱한 금액을 초과하지 아니하는 범위에서 과징금을 부과할 수 있다."

제 4 편

광고와 책임

74 주상복합건물 분양광고의 허위·과장광고 여부

-대법원 2014. 4. 10. 선고 2011다72011,72028 판결

이 원 석*

Ⅰ. 판례의 개요

1. 사안의 개요

피고는 서울 광진구 군자동에서 지하 5층 지상 20층 2개동 규모의 공동주택(지상 3층부터 총 90세대) 및 판매·영업시설(지상 2층 이하)로 구성된 주상복합건물(이하 '이 사건 주상복합건물'이라고 한다)을 신축분양한 시행사이고, 원고들은 피고와 이 사건 주상복합건물의 각 해당 구분소유 부분에 관하여 분양계약을 체결한 수분양자들이다.

원고들은 피고가 이 사건 주상복합건물의 분양과정에서 ① 전용면적은 외벽 내부선을 기준으로 산정하여야 하는데도 외벽 중심선을 기준으로 산정하여 전용면적을 부풀리는 허위표시를 하였고, ② 이 사건 주상복합건물과 어린이대공원역을 연결하는 지하아케이드(길이 300m 가량의 지하 쇼핑몰, 이하 '이 사건 지하아케이드'라고 한다) 조성계획은 이 사건 주상복합건물 부지를 포함한 그 일대가 서울시의 뉴타운지구 후보지에서 제외됨으로써 원고들이 분양을 받을 당시에는 이미 무산되었음에도 구체적인 조감도와 모형까지 제작하여 마치 위 조성계획이 확실히 실현될 것처럼 허위광고를 하였다고 주장하면서, 피고를 상대로 허위·과장광고로 인한 불법행위에 따른 손해배상을 청구하였다.

2. 소송경과와 판례의 요지

가. 제1심 판결 및 항소심 판결

제1심 법원은 ① 전용면적은 외벽 내부선을 기준으로 산정하여야 하나 법령의 해석

* 수원지방법원 부장판사.

상 의문이 있을 수 있고 그러한 상황에서 법집행기관인 관할구청의 해석을 좇아 중심선을 기준으로 전용면적을 산정한 것이므로 이를 두고 부당한 표시광고행위에 해당한다고 할 수 없다는 이유로 원고들의 전용면적에 관한 주장을 배척하였고, ② 이 사건 지하아케이드 조성계획이 계획단계의 막연한 비전에 불과하다거나 관할구청에서 이미 포기한 과거의 구상에 불과하다고 단정할 수 없어 이를 두고 부당한 표시광고행위에 해당한다고 할 수 없다는 이유로 원고들의 지하아케이드에 관한 주장도 배척하였다.

항소심 법원은 ① 제1심 법원과 같은 이유로 원고들의 전용면적에 관한 주장은 배척하였으나, ② 이 사건 지하아케이드와 관련하여서는, 2005. 8. 말경 그 설치 전망의 유력한 근거가 되었던 서울시의 뉴타운지구 후보지에서 이 사건 주상복합건물이 포함된 화양지구가 제외됨으로써 이 사건 주상복합건물의 분양 개시 당시인 2005. 9.경 이미 이 사건 지하아케이드 조성계획은 단기간 내에는 성사 여부가 불투명한 다소 막연한 전망으로 그 실현가능성이 대폭 줄어드는 중대한 변화가 발생하였음에도, 피고는 이 사건 지하아케이드가 단기간 내에 설치될 예정인 것처럼 광고하였고, 이러한 행위는 보통의 주의력을 가진 일반 소비자가 그 광고를 받아들이는 전체적·궁극적 인상을 기준으로 할 때 그 실현가능성을 지나치게 부풀림으로써 소비자로 하여금 잘못 알게 할 우려가 있는 광고행위에 해당하고 공정한 거래질서를 저해할 우려가 있으므로 표시·광고의 공정화에 관한 법률(이하 '표시광고법'이라 한다)에 정한 허위·과장광고에 해당한다고 하여 피고의 손해배상책임을 인정하였다.

나. 대법원 판결

항소심 판결 중 전용면적과 관련하여서는 원고들이 상고하였고 이 사건 지하아케이드와 관련하여서는 피고가 상고하였는데, 대법원은 전자에 관하여는 특별한 이유 설시 없이 전용면적과 관련한 항소심 판결이 정당하다고 하였고, 후자에 관하여는 "표시광고법 제3조 제1항 제1호, 같은 법 시행령 제3조 제1항에 의하면, 허위·과장광고는 사실과 다르게 광고하거나 사실을 지나치게 부풀려 광고하여 소비자를 속이거나 소비자로 하여금 잘못 알게 할 우려가 있는 광고행위로서 공정한 거래질서를 저해할 우려가 있는 광고를 말하고, 광고가 소비자를 속이거나 소비자로 하여금 잘못 알게 할 우려가 있는지는 보통의 주의력을 가진 일반 소비자가 당해 광고를 받아들이는 전체적·궁극적인 인상을 기준으로 객관적으로 판단하여야 한다"는 기존의 법리를 확인한 다음 이 사건 지하아케이드와 관련한 항소심 판결이 정당하다고 하였다.

II. 해 설

1. 쟁점의 정리

이 사건의 쟁점은 이 사건 주상복합건물의 분양과정에서 피고가 행한 전용면적에 관한 표시와 이 사건 지하아케이드에 관한 광고가 표시광고법에 정한 허위·과장광고에 해당하여 피고에게 그로 인한 손해배상책임이 인정되는지 여부이다. 이하에서는 허위·과장광고에 대한 민사적 구제수단을 표시광고법에 따른 손해배상책임을 중심으로 살펴본 다음 이 사건에서 문제된 표시 내지 광고에 관하여 본다.

2. 허위·과장광고에 대한 민사적 구제수단

가. 채무불이행을 이유로 한 계약의 해제 또는 손해배상청구

상품의 광고행위는 일반적으로는 청약의 유인에 불과하여 계약의 내용이 될 수 없지만, 광고의 내용 중 구체적인 거래조건에 관한 것으로서 사회통념상 상대방이 그 이행을 청구할 수 있다고 보이는 사항은 묵시적으로 계약의 내용으로 편입된 것으로 볼 수 있다. 예컨대 아파트 분양광고를 하면서 바닥재를 원목마루로 한다든지, 아파트 단지 내에 온천을 개발한다든지 하는 것이 이에 해당하고 휴양시설과 제휴하여 입주자들 누구나 콘도회원으로서 이를 이용할 수 있다든지 하는 것도 이에 준하여 볼 수 있다.[1)]

나. 사기를 이유로 한 계약의 취소 또는 손해배상청구

광고에 다소의 과장 허위가 수반되는 것은 그것이 일반 상거래의 관행과 신의칙에 비추어 시인될 수 있는 한 기망성이 결여되지만, 광고에 있어 거래의 중요한 사항에 관하여 구체적 사실을 신의성실의 의무에 비추어 비난받을 정도의 방법으로 허위로 고지한 경우에는 기망행위에 해당한다.[2)] 판례는 아파트나 상가의 입지조건이나 예상수익에 관한 광고와 관련하여 일부 사건에서 광고의 기망성을 인정하기도 하였으나[3)] 대부분의 사건에

---

1) 대법원 2007. 6. 1. 선고 2005다5812,5829,5836 판결.
2) 대법원 2001. 5. 29. 선고 99다55601,55618 판결 외 다수. 광고는 소비자의 감정과 희망을 자극하여 구매욕구를 일으키는 데에 그 목적이 있어 다소의 허위나 과장을 수반하는 것이 통상적임을 감안한 것이다.
3) 대법원 2007. 6. 1. 선고 2005다5812,5829,5836 판결; 대법원 2012. 5. 24. 선고 2011다56675 판결. 전자의 경우 단순히 손해배상만을 구하지 않고 계약의 취소까지 구하였다고 하더라도 기망성을 인정하였을지에 관하여는 의문이 있다.

서는 광고의 기망성을 부정하였다.[4)]

다. 착오를 이유로 한 계약의 취소

광고에 의한 착오는 동기의 착오에 불과하나 한편 유발된 동기의 착오에 해당하고 이 경우 동기가 표시되지 않는 경우에도 법률행위의 취소가 인정될 수 있다. 그러나 이때에도 그 동기가 당사자 쌍방이 공유하는 효과의사의 전제사실이 되어야 하고 또 그 착오가 없었더라면 당해 법률행위를 하지 아니하였을 정도의 것이어야 법률행위 중요 부분의 착오로 인정될 수 있다.[5)] 실제로 광고에 의하여 착오가 발생하였다는 것을 이유로 법률행위 취소를 인정한 사례는 보이지 않는다.

라. 표시광고법 위반을 이유로 한 손해배상청구

(1) 손해배상책임의 성립요건

광고가 사실과 다르거나 지나치게 부풀려져 소비자가 속거나 잘못 생각할 우려가 있고 공정거래질서를 해할 우려가 있다면 이는 표시광고법상 허위·과장광고에 해당하고, 이로 인하여 피해를 입은 자는 표시광고법 제10조에 의한 손해배상청구를 할 수 있다.

'광고의 허위·과장성'이란 광고가 사실과 다르거나 사실을 지나치게 부풀린 것을 의미한다. '소비자의 오인가능성'은 보통의 주의력을 가진 일반소비자가 당해 광고를 받아들이는 전체적·궁극적 인상을 기준으로 하여 객관적으로 판단하여야 한다.[6)] 그리고 '공정거래저해우려성'은 공정하고 자유로운 경쟁의 유지·촉진에 반하는 행위는 물론 소비자의 합리적인 선택을 방해할 추상적인 위험성 내지 가능성을 의미한다.

한편 표시광고법상의 손해배상책임도 그 법적 성격은 「민법」상의 불법행위책임이므

---

4) 상가의 수익에 관한 광고는 수익이란 장래의 불확실한 예상이라는 점과 수익에 대한 판단은 투자자의 자기책임에 속하는 것이라는 점 등이 고려되어 기망성이 부정되었고(대법원 2001. 5. 29. 선고 99다55601,55618 판결; 대법원 2005. 6. 10. 선고 2003다54940 판결), 아파트나 상가의 입지조건에 대한 광고 역시 광고의 내용이 된 교통환경이나 주변시설이 실제로 계획되어 추진되고 있던 것이었거나 또는 광고에 기재된 시기에 실현될 수 없는 내용이더라도 그 시기에 실현될 것으로 볼 수도 있는 사정이 있는 경우에는 기망성이나 기망의 고의가 부정되었다(대법원 2009. 3. 16. 선고 2008다1842 판결; 대법원 2009. 8. 20. 선고 2008다19355 판결; 대법원 2013. 11. 14. 선고 2013다8991,9000,9048,9017,9031,9055,9062,9024 판결; 대법원 2014. 1. 29. 선고 2011다107627 판결; 대법원 2014. 12. 11. 선고 2012다16087 판결 등).

5) 대법원 1978. 7. 11. 선고 78다719 판결; 대법원 1991. 3. 27. 선고 90다카27440 판결; 대법원 1994. 6. 10. 선고 93다24810 판결; 대법원 1997. 8. 26. 선고 97다6063 판결 등.

6) 대법원 2013. 6. 14. 선고 2011두82 판결 등. 특히 위 판결은, 일반 소비자는 광고에서 직접적으로 표현된 문장, 단어, 디자인, 도안, 소리 또는 이들의 결합에 의하여 제시되는 표현뿐만 아니라 거기에서 간접적으로 암시하고 있는 사항, 관례적이고 통상적인 상황 등도 종합하여 전체적·궁극적 인상을 형성한다고 하였다.

로 원칙적으로 불법행위의 일반원칙이 적용된다. 따라서 표시광고법 제10조 제2항에 따라 사업자의 고의·과실은 요건으로 하지 않지만, 광고의 허위·과장성 외에 손해의 발생, 허위·과장광고와 손해 사이의 인과관계라는 요건이 갖추어져야 한다.

(2) 허위·과장광고의 인정사례와 부정사례

아파트나 상가의 분양광고에 있어 표시광고법상 허위·과장광고로 인정된 사례는 ① 광고내용이 사실과 다른 경우(허위 사례), ② 개발주체의 추상적인 검토를 구체적이고 확정적인 계획으로 광고한 경우(실현가능성 과장 사례), ③ 객관적으로 불가능한 시기에 개발계획이 완성된다고 광고하거나 개발계획의 완성시기를 알 수 없음에도 특정시기에 완성된다고 광고한 경우(실현시기 과장 사례)로 분류해 볼 수 있다. 판례 중 위 ①에 해당하는 것으로는 ㉠ 아파트 주변의 군부대 주둔지를 근린공원이라고만 표시하여 광고한 경우,[7] ㉡ 기존 노선의 체계적 관리를 위하여 대로 1－21을 대로 1－43과 대로 1－44로 노선분리(도로명칭 변경)한다는 고시만 있었음에도 대로 1－21과 별도로 아파트와 도심의 중심도로를 연결하는 대로 1－43이 신설되는 것처럼 광고한 경우[8]가 있고, 위 ②에 해당하는 것으로는 ㉠ 장기적으로 운정역을 남쪽으로 이전한다는 추상적인 계획(계획목표연도 2016년)만 있었는데 경의선 복선전철의 개통과 더불어 기존의 운정역과 별개로 아파트 인근에 신운정역이 신설될 것으로 광고한 경우,[9] ㉡ 아파트 단지 전면 녹지를 대형할인매장 부지로 변경하는 것을 검토해 달라는 요청을 받았을 뿐인데 단지 전면에 대형할인매장이 입주할 것으로 광고한 경우,[10] ㉢ 해당 부지는 자연녹지지역이어서 용도변경 등을 통하여 광고내용과 같은 시설물을 신축할 수 있을지, 거기에 어느 정도 시간이 소요될지 알 수 없었음에도 아파트 준공 무렵 아파트 앞 해안가에 호텔·컨벤션센터 등으로 구성된 해양공원이 조성된다고 광고한 경우[11]가 있으며, 위 ③에 해당하는 것으로는 ㉠ 오피스텔이 건설되는 지구와 인천공항을 잇는 모노레일 설치계획이 있었으나 2008년 이후로 미루어져 있었음에도 2005년 모노레일이 완공될 것으로 광고한 경우,[12] ㉡ 객관적으로 2014년까지 영종도와 육지를 연결하는 제3연륙교가 완공될 수 없는 상황임에도 2014년까지 제3연륙교가 완공되어 아파트 입주 후 얼마 지나지 않아 이를 이용할 수 있을 것으로 광고한 경우[13]가 있다.

---

7) 대법원 2013. 11. 14. 선고 2013다8991,9000,9048,9017,9031,9055,9062,9024 판결.
8) 대법원 2014. 1. 23. 선고 2012다84417,84424,84431 판결.
9) 대법원 2010. 7. 22. 선고 2007다59066 판결.
10) 대법원 2010. 8. 26. 선고 2009다67979,67986 판결.
11) 대법원 2015. 7. 23. 선고 2012다15336,15343,15350,15367,15374,15381,15398,15404 판결.
12) 대법원 2009. 8. 20. 선고 2008다19355 판결.
13) 대법원 2015. 5. 28. 선고 2014다10793,10809,10816,10823 판결.

그리고 아파트나 상가의 분양광고에 있어 허위·과장광고로 인정되지 않은 사례는 ① 광고내용이 입지조건의 우수함을 강조하는 추상적인 기재에 불과한 경우(추상적 광고 사례), ② 개발계획의 진행상황을 정확히 표시하였는데 이후 사정이 변경된 경우(사정변경 사례), ③ 추상적이고 장기적인 개발계획에 대하여 실현가능성이나 실현시기를 지나치게 과장하지 않은 경우(추상적·장기적 개발계획 사례)로 나누어 볼 수 있다. 판례 중 위 ①에 해당하는 것으로는 주거환경평가라는 것이 없음에도 "주거환경평가에서 최적의 전원요지로 평가받을 만큼 …"이라고 광고하였으나, 주거환경이 우수함을 강조한 표현에 불과하므로 허위·과장광고가 아니라고 한 사례[14]가 있고, 위 ②에 해당하는 것으로는 아파트 분양광고 당시에는 초등학교가 2008. 3. 개교 예정이어서 그대로 광고하였으나 분양 이후 개교시기가 2012년으로 연기된 것이므로 허위·과장광고가 아니라고 한 사례[15]가 있으며, 위 ③에 해당하는 것으로는 ㉠ 경기도가 GTX 계획을 발표하였을 뿐 국가계획으로 결정되지 않았음에도 'GTX 계획 중'이라고 광고하였으나, 광고가 계획의 확정을 의미하는 것이 아니고 언론 등을 통하여도 GTX의 추진경과를 알 수 있으므로 허위·과장광고가 아니라고 한 사례,[16] ㉡ 학교설립이 확정되지 않았음에도 '학교예정부지'라고 광고하였으나, 실제로 학교용지가 지정되어 있었고 학교설립이 확정되었다고 광고하지 않았으므로 허위·과장광고가 아니라고 한 사례,[17] ㉢ 비록 도시철도기본계획은 장기적이고 전체적인 계획으로서 계획의 수립이 곧 착공 및 운행을 의미하는 것은 아니지만, 부산시의 도시철도기본계획에 따라 부산지하철 2호선과 아파트 단지를 연결하는 경전철이 신설될 예정이라고 광고한 것은 허위·과장광고가 아니라고 한 사례,[18] ㉣ 광고내용인 개발계획이 실현되지 않았으나, 광고 당시 개발계획의 실현가능성이 있었고 광고에서 그 완공시기를 명시하지 않았으며 개발계획의 변경가능성을 고지하였으므로 허위·과장광고가 아니라고 한 사례[19]가 있다.

위 사례들 중 허위·과장광고 여부의 판단이 가장 어려운 것은 실현가능성 또는 실현시기가 과장되었다고 주장되는 경우인데, 그 허위·과장성 여부는 ① 광고 당시를 기준으로 하여 ② ㉠ 일반소비자가 광고로부터 받는 당해 개발계획의 실현가능성이나 실현시기에 관한 전체적·궁극적 인상과 ㉡ 당해 개발계획에 대한 객관적인 실현가능성이나 실현시기를 비교하여 판단하고 있다.

14) 대법원 2003. 9. 26. 선고 2001두11229 판결.
15) 대법원 2010. 1. 14.자 2009다76997,77006 결정(심리불속행 기각 판결).
16) 대법원 2011. 4. 28.자 2011두334 결정(심리불속행 기각 판결).
17) 대법원 2013. 11. 14. 선고 2013다8991,9000,9048,9017,9031,9055,9062,9024 판결.
18) 대법원 2015. 7. 23. 선고 2012다15336,15343,15350,15367,15374,15381,15398,15404 판결.
19) 대법원 2014. 12. 24. 선고 2014다18186,18193 판결.

(3) 손해배상책임의 범위

허위·과장광고로 인한 손해배상책임의 범위에 관하여는 거래상대방이 실제로 지급한 대금과 계약 체결 당시를 기준으로 하여 허위·과장광고가 없었을 경우 거래목적물의 적정 대금 사이의 차액을 그 손해로 본다.[20] 손해의 개념에 관한 차액설을 일관한 것이다. 허위과장광고로 인한 손해배상책임의 범위와 관련하여서는 법원이 제반사정을 참작하여 재산상 손해액을 산정한 사례도 있고[21] 재산상 손해액 산정곤란을 이유로 재산상 손해액을 위자료 산정에 감안한 사례도 있는데,[22] 전자가 원칙적인 손해액 산정방식이라고 할 것이다.[23]

3. 검 토

가. 전용면적에 관한 표시의 허위·과장성 여부

법령상으로는 이 사건 주상복합건물의 전용면적 산정기준이 외벽 내부선인지 아니면 중심선인지 분명하지 않다. 「주택법」 시행규칙 제2조 제2항 제2호, 주택건설기준 등에 관한 규칙(국토건설교통부령) 제3조 제1호, 주택의 설계도서작성기준(국토건설교통부 고시)은 외벽 내부선을 기준으로 주택의 전용면적을 산정하도록 규정하고 있지만, 이 사건 주상복합건물은 국민주택이 아니고 「주택법」에 의한 주택건설사업계획을 얻어 건설하는 주택이 아니며 벽식 구조의 공동주택이 아니어서 위 규정들의 적용대상에 해당하지 않는다. 이러한 상황에서 피고는 관할구청의 해석에 따라 외벽 중심선을 기준으로 전용면적을 산정하여 이를 입주자모집공고 등에 표시하였다.

제1심 법원과 항소심 법원은, 관련규정의 취지에 비추어 보면 이 사건 주상복합건물에 관하여도 외벽 내부선을 기준으로 전용면적을 산정하여야 하나, 피고가 관할구청의 해석에 따라 외벽 중심선을 기준으로 전용면적을 산정한 이상 그 표시를 두고 표시광고법상 허위·과장광고에 해당한다고 볼 수 없다고 하였고, 대법원은 이러한 판단이 정당하다고 한 것이다.

---

20) 대법원 2013. 11. 14. 선고 2013다8991,9000,9048,9017,9031,9055,9062,9024 판결; 대법원 2014. 1. 23. 선고 2012다84417,84424,84431 판결.

21) 대법원 2009. 8. 20. 선고 2008다19355 판결; 대법원 2013. 11. 14. 선고 2013다8991,9000,9048,9017,9031,9055,9062,9024 판결; 대법원 2014. 1. 23. 선고 2012다84417,84424,84431 판결.

22) 대법원 2007. 6. 1. 선고 2005다5812,5829,5836 판결; 대법원 2010. 8. 26. 선고 2009다67979,67986 판결 등.

23) 허위과장광고가 없었을 경우의 적정 대금을 산정하는 것이 쉬운 일이 아니어서 허위과장광고로 인한 손해 자체의 산정에 어려움이 발생하고 그러한 이유로 후자의 방법에 의한 손해액을 산정한 사례가 많으나, 민사소송법 제202조의2의 규정을 활용하여 전자의 방법에 의하여 재산상 손해를 산정하는 것이 원칙이다.

나. 이 사건 지하아케이드에 관한 광고의 허위·과장성 여부

이 사건 지하아케이드 조성계획에 관하여는 2005. 8. 말경 그 설치 전망의 유력한 근거였던 서울시의 뉴타운지구 후보지에서 이 사건 주상복합건물이 포함된 화양지구가 제외되었고, 다수의 언론이 위 무렵 이러한 사실을 보도하였다. 한편 광진구는 이 사건 지하아케이드 조성사업과 연계하여 추진되던 광진광장 조성계획을 그대로 추진한다고 발표하였다.

제1심 법원은 이 사건 지하아케이드 조성계획과 광진광장 조성계획이 한 묶음의 계획으로 추진되었고 광진구가 후자의 계속 추진을 발표한 점 등에 비추어 이 사건 지하아케이드 조성계획이 막연한 구상 또는 이미 철회된 계획에 불과한 것이 아니라고 하였으나, 항소심 법원은 서울시의 뉴타운지구 후보지에서 화양지구가 제외됨으로써 이 사건 주상복합건물의 분양 개시 당시 이미 이 사건 지하아케이드 조성계획은 단기간 내에는 성사 여부가 불투명한 다소 막연한 전망으로 그 실현가능성이 대폭 줄어드는 중대한 변화가 발생하였는데도, 피고는 이 사건 지하아케이드 조성사업의 계속 추진 여부 등에 관한 정확한 확인을 하지 아니한 채 이 사건 지하아케이드가 단기간 내에 설치될 것처럼 광고하였고, 이는 일반 소비자가 그 광고를 받아들이는 전체적·궁극적 인상을 기준으로 하여 볼 때 그 실현가능성을 지나치게 부풀림으로써 소비자로 하여금 잘못 알게 할 우려가 있는 광고행위로서 허위·과장광고에 해당한다고 하였다. 대법원은 이러한 항소심의 판단이 정당하다고 한 것이다.

Ⅲ. 판례의 의의

대상판결은 주상복합건물의 전용면적 및 입지조건에 관한 표시·광고가 허위·과장광고에 해당하는지 여부에 관한 것으로서, 법령의 해석상 논란이 있는 상황에서 관할구청의 해석에 따른 표시를 한 것은 허위·과장광고에 해당하지 않고, 실현가능성에 관한 중대한 변경이 있음에도 조만간 주변 개발계획이 실현될 것으로 광고한 것은 허위·과장광고에 해당한다고 하였다. 대상판결은 허위·과장광고 해당 여부에 관한 기존 대법원의 판단기준을 다시 확인하고 있으며, 아파트나 상가의 입지조건에 해당하는 개발계획의 실현가능성에 관한 허위·과장광고 여부는 광고 당시를 기준으로 하여 일반소비자가 광고로부터 받는 당해 개발계획의 실현가능성에 관한 전체적·궁극적 인상과 당해 개발계획의 객관적인 실현가능성을 비교하여 판단하여야 함을 보여주고 있다.

75 허위·과장광고(변칙세일)의 기망행위 해당성
-대법원 1993. 8. 13. 선고 92다52665 판결

박 동 진*

Ⅰ. 판례의 개요

1. 사안의 개요

평석이 대상이 되는 대법원 1993. 8. 13. 선고 92다52665 판결(이하 '대상판결'이라 한다)의 사실관계는 다음과 같다: 피고 A백화점과 B백화점은 입점업체에게 백화점 내의 일정구역을 매장으로 할애하여 자기의 브랜드를 부착한 자기의 상품을 자기의 책임하에 자기의 판매사원이 판매할 수 있도록 하고 백화점 측은 판매액의 일정비율에 해당하는 매장임대료로 받고 있었다.

입점업체들은 판매량을 늘려 수익을 늘리기 위하여 이른바 변칙세일을 시도하였다. 즉 이미 시중에 출하된 상품은 종전 판매가격을 실제보다 높게 다시 표시하여 할인판매를 가장한 정상판매를 기도하고, 신상품의 경우 출하할 때부터 실제 판매를 희망하는 가격보다 높게 종전 판매가격 내지 정상 판매가격을 표시하고 실제 판매희망가격을 특별할인된 가격으로 표시하였다. 이를 통하여 입점업체들은 당해 상품들이 종전에는 높은 가격으로 판매되던 것인데 할인특매기간에 한하여 특별히 대폭 할인된 가격으로 판매하는 것처럼 꾸몄다. 그런데 실제로는 할인판매기간이 끝난 후에도 판매가격등 환원하지 아니하고 할인특매기간 중의 가격으로 상품판매를 계속하였다.

피고 백화점 측은 수수료의 증대를 위한 매장관리의 일환으로 입점업체의 이러한 변칙세일을 승인하고 백화점 명의로 일간지나 광고전단 등을 통하여 소비자들에게 할인특매행사에 관한 광고를 하였다. 나아가 통일된 가격표를 작성해 주고, 매장 내에는 어떤 내용으로 할인판매를 하고 있다는 내용을 적은 소위 매장내 광고대(POP)를 작성하여 게시

* 연세대학교 법학전문대학원 교수.

하였다.

이에 원고들은 피고 백화점들이 대형유통업체로서 고도의 신용을 바탕으로 정찰제와 품질보증제를 시행하고 있는 것으로 알고 특별히 세일기간에 한하여 가격이 할인된 것으로 오인하여 위 변칙세일 상품을 구입하였다. 나중에 이와 같은 사정을 알게 된 원고들은 피고 백화점을 상대로 「민법」상 불법행위책임을 물었다.

2. 소송경과(원심의 판단)

원심[1)]은 위와 같은 변칙세일은 사회적으로 용인될 수 있는 상술의 정도를 넘는 기망행위로 위법하다고 판단하였다. 변칙세일이 소비자들의 그릇된 소비심리에 편승한 것이라는 점, 소비자들도 나름대로 가격을 비교하여 물품을 구매했을 것이라는 점도 기망행위의 성립에 아무런 영향이 없다고 보았다.

피고 백화점들은 입점업체와 공동불법행위자로서 책임을 부담한다고 보았다. 그 논거로 할인판매 여부 및 할인판매가격과 할인율은 주로 입점업체가 결정하더라도 피고 백화점들도 할인판매가격 및 할인율에 따라 취득하는 수수료가 달라지므로 이와 같은 변칙세일에 대해서 협의했다는 점, 또한 변칙세일의 내용을 알고 있음에도 각 백화점 명의로 일간 신문이나 전단 또는 매장내 광고대를 통하여 광고를 할 뿐만 아니라 상품의 반입에도 관여하고 있다는 점이 그 논거로 제시되었다.

책임내용으로는 재산권 침해로 인한 위자료 배상책임도 인정하였다. 즉 재산권 침해의 경우 재산적 손해의 배상으로 정신적 고통도 회복됨이 원칙이나, 백화점의 세일과 같이 고도의 사회적 신뢰에 기하여 이루어지는 거래에 있어서 그 거래의 내용이 사회적 신뢰에 어긋나는 것일 때에는 거래의 상대방은 재산적 이익을 침해당하는 손해 이외에 그와 같은 고도의 신뢰를 침해당한 데에 따른 별도의 정신적 고통을 받게 된다 할 것인바, 이러한 고도의 사회적 신뢰를 공유함으로써 그 사회의 구성원인 개인들이 누리는 안정감과 만족감 그리고 약간은 자랑스러워하는 마음 등은 법이 마땅히 보호하여야 할 인격적 법익에 해당한다 할 것이다. 따라서 이러한 인격적 법익을 침해한 불법행위자는 이로 인한 정신적 고통에 대한 손해도 따로 배상하도록 했다.

3. 판례의 요지

대상판결에서는 상고를 기각하여 원심의 판결을 유지하였다. 특히 변칙세일의 의미

1) 서울고등법원 1992. 10. 30. 선고 92나23102 판결.

를 다시 한 번 확인하고 그 위법성을 인정했다. 즉 변칙세일이란 '이미 시중에 출하된 상품의 경우에는 종전판매가격을 실제보다 높게 표시하여 할인판매를 가장한 정상판매를 기도하거나 할인율을 기망하고, 신상품의 경우에도 출하할 때부터 제조업체에서 실제로 판매를 희망하는 가격을 일단 할인판매가격으로 표시하고 할인율을 감안하여 임의로 책정한 정상판매가격을 정하여 당해 상품들이 종전에는 높은 가격으로 판매되던 것인데 할인특매기간에 한하여 특별히 대폭 할인된 가격으로 판매되는 것처럼 광고하고, 할인판매기간이 끝난 후에도 판매가격을 환원하지 아니하고 할인특매기간 중의 가격으로 판매하는 판매기법을 말하며, 이와 같은 과장광고의 위법성을 인정하였다.

II. 해 설

1. 쟁점의 정리

가. 기망행위로 인한 불법행위책임의 성립

「민법」상 불법행위가 성립하기 위해서는 먼저 기망행위가 있어야 한다. 기망행위란 표의자를 속여 그릇된 관념이나 판단을 하게 하거나 그와 같은 판단을 강화·유지하려는 일련의 행태로 정의할 수 있다. 이와 같은 기망행위는 적극적인 작위에 의한 경우뿐만 아니라, 부작위에 의해서도 가능하다. 전자는 진실에 반하는 명시적, 묵시적 주장을 의미한다. 침묵 등 부작위에 의한 기망이 인정되기 위해서는 신의칙상 고지의무가 있어야 한다. 예컨대 교환계약에서 당사자가 목적물의 시가를 묵비하여 상대방에게 고지하지 않았더라도 자기이익을 최대화하기 위한 시장경제의 구조상 목적물의 시가를 고지할 의무가 언제나 인정되는 것은 아니다. 나아가 상대방에게 시가보다 높은 가액을 시가라고 허위로 고지한 경우에도 기망행위가 인정되지 않을 수 있다고 한다. 다만 예외적으로 상대방의 의사결정에 대한 불법적 간섭으로 인정되면 기망행위라고 판정될 수 있다.[2]

그러한 기망행위는 위법해야 한다. 다만 이러한 위법성의 요구는 기망행위의 개념에 내재해 있는 것인지, 아니면 기망행위에서 독립된 별개의 요건인지에 대해서 논의가 있다. 기망행위의 위법성을 별개의 책임요건으로 파악하면 어떤 행위가 기망행위에는 해당되지만 위법하지 않다는 설명이 가능하다. 그러나 기망행위의 개념에 위법성을 포함하게 되면 위법하지 않은 기망행위란 존재할 수 없게 된다. 대상판결을 포함하여 판례는 기망

2) 대법원 2002. 9. 4. 선고 2000다54406,54413 판결.

행위의 개념에는 내재적으로 위법성이 포함되어 있다고 본다. 판례의 입장을 따른다면 위법성은 사기취소의 독자적 요건이 아니라 기망행위의 개념에 포함되어 검토되어야 할 것이다.

기망행위와 손해 사이에 인관관계가 요구된다. 또한 기망행위자에게 고의 또는 과실이 있어야 한다.

나. 허위·과장광고의 의의

광고란 '사업자가 자신 또는 경쟁사업자에 관한 사항이나, 자기 또는 경쟁사업자가 공급하는 상품의 거래내용이나 거래조건 등에 관한 사항에 대하여 여러 가지 광고매체를 이용하여 일반소비자에게 널리 알리거나 제시하는 것'을 말한다(「표시·광고의 공정화에 관한 법률」(이하 '표시광고법'이라 한다) 제2조 참조). 그런데 광고의 내용이 사실에 반하거나 부풀려진 경우 그러한 광고에 대해서 손해배상책임을 인정할 것인지가 문제된다. 다소 사실에 반하거나 부풀려진 광고에 대해서 언제나 손해배상책임이 인정되는 것은 아니다. 그러한 광고가 (위법한) 허위·과장광고에 해당되는 경우에만 손해배상책임이 인정된다. 따라서 어떤 경우에 허위·과장광고가 되는지를 정하는 판단기준이 중요하다.

다. 위법한 허위·과장광고에 대한 민사 책임

대상판결에서와 같이 「민법」상 불법행위로 인한 손해배상책임(「민법」 제750조), 또는 표시광고법 제10조에 의하여 손해배상책임이 인정될 수 있다. 나아가 허위·과장된 광고가 계약의 내용이 되었음에도 불구하고 광고주가 광고 내용대로 이행하지 못했다면 상대방은 채무불이행책임을 묻거나(「민법」 제390조), 계약을 해제할 수 있다(「민법」 제544조, 제546조 참조). 나아가 기망행위를 이유로 사기를 이유로 계약을 취소할 수도 있다(「민법」 제110조).

2. 관련 판례

허위·과장광고는 주로 아파트나 상가의 분양광고와 관련하여 축적되어 왔다. 그런데 과장된 내용이 있거나 사실과 부합하지 않은 광고가 있더라도 불법행위책임을 항상 인정한 것은 아니다. 결국 과장되었거나 사실에 부합하지 않는 내용의 정도를 고려하고 그러한 광고가 계약의 성립 내지 손해의 발생에 미친 영향을 고려하여 사안별로 책임의 인정 여부를 판단하고 있다. 이러한 점에서 개별적 사건에 나타난 사실관계의 특성을 살펴볼 필요가 있다.

가. 허위·과장광고에 대한 책임을 인정한 판결례

광고내용이 사실과 명백히 다른 허위의 광고인 경우에는 그 책임이 인정되었다. 예컨대 아파트 주변의 군부대 주둔지를 근린공원이라고만 표시하여 광고한 경우,[3] 설계도와 모델하우스에는 온돌마루로 되어 있는 바닥을 카탈로그에 수입원목마루로 기재한 경우,[4] 아파트 최상층에는 벽면에 책상과 의자를 배치하여 일상 생활공간으로 사용할 수 있을 정도의 구조와 크기를 가진 다락이 있다고 광고하여 그 분양가격이 기준층에 비해 높게 책정되어 계약을 체결했으나 그 다락이 책상과 의자를 배치하여 일상적으로 사용할 수 없는 정도인 경우[5] 등이 이에 해당된다. 둘째, 단지 추상적인 상태에 있는 계획을 구체적이고 확정된 계획으로 광고한 경우에도 책임이 인정되었다. 예컨대 아파트 단지 전면의 녹지를 대형할인매장 부지로 변경할 것으로 요청만 받았음에도 대형할인매장이 입주할 것으로 광고한 경우,[6] 오피스텔 분양 시 인천국제공항의 모노레일사업설치계획에 대한 확인 또는 문의도 없이, 모노레일 2005년 완공예정이라는 취지의 광고를 한 경우,[7] 도로개발계획도 세워지지 않았음에도 불구하고 아파트 분양광고에 '단지 옆 ○○번도로(예정도로)를 통해 광교신도시를 이웃집 놀러가듯 왕래할 수 있습니다'라고 광고한 경우,[8] 43평형의 수분양자들이 다른 일반 아파트의 43평형 보다 전용면적이 더 넓어질 것으로 오인하게끔 광고한 경우,[9] 등이 이에 해당된다.

나. 허위·과장광고에 대한 책임을 부정한 판결례

첫째, 단순히 추상적인 내용만을 강조한 경우에는 그 책임이 부정된다.[10] 둘째, 허위·과장 광고가 해당 계약체결에 중요한 내용이 되지 않았던 경우에 그 책임이 부정된다. 상가건물 분양광고에서 '이 건물은 전용 연결로를 통해 ◇◇호수공원의 중심으로 바로 접근이 가능하다'고 광고된 경우 육교가 실제로 있고, 공원의 중심으로 바로 접근되는 것은 아니지만 중심으로 접근이 가능하다면, 그 접근성을 다소 과장했더라도 이것이 일반 상거래

3) 대법원 2013. 11. 14. 선고 2013다22553 판결.
4) 대법원 2008. 11. 13. 선고 2008두6646 판결.
5) 대법원 2009. 4. 23. 선고 2009다1313 판결.
6) 대법원 2010. 7. 22. 선고 2007다59066 판결.
7) 대법원 2009. 8. 20. 선고 2008다19355 판결.
8) 대법원 2014. 1. 23. 선고 2012다84417,84424,84431 판결.
9) 대법원 2008. 10. 23. 선고 2007다44194 판결.
10) 예컨대 과장된 입지조건에 대한 조감도를 광고하면서 '본 조감도 및 사진은 소비자의 이해를 돕기 위한 이미지 컷으로 실제와 다를 수 있습니다'라는 내용을 기재한 경우에는 추상적인 사안을 언급한 것으로 보아야 한다.

의 관행과 신의칙에 비추어 시인될 수 있는 정도를 넘은 것은 아니라고 판시했다.11) 또한 사실관계와 다른 광고라도 그 사실이 특별히 분양계약의 체결에 직접적이고 중요한 사항이라고 보기 어려운 경우에는 그로 인한 손해배상책임을 인정하지 않았다.

셋째, 아파트 주변의 개발계획에 대한 진행상황을 표시했는데 그 이후 사정이 변경된 경우에도 광고에 대한 책임이 부정된다. 예컨대 아파트 분양광고에 입주 시까지 이 사건 아파트 앞 바닷가에 콘도·호텔·워터파크·쇼핑몰·광장 등으로 구성된 해양공원이 조성될 것이라는 내용과 아파트에서 지하철 ○호선으로 연결되는 경전철이 2010년 무렵 완공될 것이라는 내용이 포함되어 있더라도 이를 허위·과장 광고로 보지 않았다.12) 피고는 실제 해양공원 조성계획이 있었고 그 계획을 제출했다는 점, 경전철신설예정은 ○○시에서 발표한 내용을 그대로 원용했다는 점에서 광고당시의 상황에 비추어 사실과 다르거나 사실을 지나치게 부풀려 소비자들의 오인가능성을 야기한 것으로 판단하지 않았다.

3. 검 토

가. 허위·과장광고의 의의

광고는 그 속성상 기본적으로 어느 정도 과장성을 내포하고 있다. 광고주는 광고활동을 통하여 자기 상품과 거래조건을 알려 소비자의 구매의욕을 창출하여 이윤을 극대화하려고 노력하게 된다. 즉 광고주는 상대방과의 관계에서 유리한 조건으로 계약체결을 희망하는 이해상반의 지위에 있고, 자신의 지식과 경험을 이용하여 이익을 최대한으로 도모할 것이므로 상대방도 광고가 다소 과장되거나 사실에 반할 수 있다는 점을 인식해야 할 것이다. 그러한 점에서 광고에 다소의 허위나 과장이 있더라도 그것이 사회생활상 용인될 수 있을 범위 내 있다면 광고주의 손해배상책임이 부정될 수 있다.

그러나 광고주의 허위·과장 광고가 위법한 기망행위에 해당되는 경우에는 불법행위를 이유로 손해배상을 청구할 수 있다(「민법」 제750조). 기망행위로 분양계약을 체결한 수분양자들이 기망을 이유로 분양계약을 취소할 수도 있지만(「민법」 제110조), 취소하지 않고 손해배상만을 청구하는 것도 가능하다.13)

결국 어떤 허위·과장 광고가 위법한 행위로 평가되어 손해배상책임이 인정되는 경우

11) 대법원 2014. 1. 29. 선고 2011다107627 판결.
12) 대법원 2015. 7. 23. 선고 2012다15336,15343,15350,15367,15374,15381,15398,15404 판결.
13) 대법원 2006. 10. 12. 선고 2004다48515 판결. 이 판결에서는 허위·과장 광고가 문제된 것이 아니라 아파트 단지 근처에 쓰레기 매립장이 건설예정인 사실을 고지하지 않았음을 이유로 손해배상책임이 인정되었다.

와 그렇지 않은 경우를 구별하는 기준설정이 매우 중요해 진다. 대상판결은 허위·과장 광고가 기망행위에 해당되는지의 여부를 판단하는 기준을 제시해 주고 있다.

나. 허위·과장광고의 기망행위 해당여부 판단기준

대상판결에 따르면 상품의 선전이나 광고에서 상거래의 관행과 신의칙에 비추어 시인될 수 있는 범위 안에서 다소의 과장이나 허위가 수반되는 경우에는 기망성이 부정되지만, 거래에 있어서 중요한 사항에 관하여 구체적 사실을 신의성실의 의무에 비추어 비난받을 정도의 방법으로 허위로 고지한 경우에는 기망행위에 해당한다고 판단한다. 결국 거래의 관행, 거래의 목적물, 광고의 방법 등 개별적인 사정을 고려하여 사안별로 기망행위성이 판단되어야 함을 의미한다.

나아가 허위·과장광고로 인한 불법행위책임이 인정되기 위해서는 불법행위의 다른 성립요건인 허위·과장광고와 손해와의 인과관계가 필요하다. 허위·과장광고가 있어도 상대방의 의사결정에 불법적 간섭을 하지 않았다면 손해배상책임을 부담하지 않는다.[14] 허위·과장 광고로 인하여 손해가 발생한 것이 아니기 때문에 인과관계가 부정되기 때문이다. 예컨대 아파트분양 광고내용에 허위 또는 과장된 내용이 있었더라도 광고된 내용의 진실여부와 관계없이 분양계약을 체결했었을 것이 인정되는 경우에는 허위·과장 광고와 손해와의 인과관계가 없으므로 손해배상책임이 부정된다.[15]

다. 백화점 변칙세일에 대한 허위·과장광고의 기망행위성

백화점이 제공하는 정보에 대해서 소비자의 의존성은 매우 크다는 점에서 백화점의 변칙세일에 대한 허위·과장 광고는 기망행위로 인정될 가능성이 매우 높다. 현대산업화 사회에서 소비자가 상품의 품질이나 가격등에 대하여 갖는 정보는 대부분 생산자 및 유통업자의 광고로 전달된다. 특히 상이한 가격대로 판매되는 유사한 상품이 많은 경우, 소비자는 광고를 통하여 백화점과 같은 대형유통업체에서 판매되는 상품의 품질과 가격에 대하여 신뢰하게 된다는 점에서 백화점의 광고에 대한 소비자의 신뢰는 특별히 보호되어야 한다. 이러한 점에서 변칙세일은 물품구매동기에 있어서 중요한 요소인 가격조건에 관하여 백화점의 기망이 있었던 것으로 그 속임수의 정도가 사회적으로 용인될 수 있는 상술의 정도를 넘은 것이어서 위법성이 인정될 가능성이 매우 높다.

---

14) 박동진, 『계약법강의』(법문사, 2016), 871면.
15) 대법원 2014. 1. 29. 선고 2011다107627 판결.

라. 표시광고법의 적용가능성

대상판결은 표시광고법이 제정되기 전에 판결된 것이다. 표시광고법이 제정된 후에 이 사건과 같이 손해배상책임이 다투어진 경우 피해자는 표시광고법상 손해배상청구권을 청구할 수도 있을 것이다(표시광고법 제10조 제1항).[16)]

「민법」 이외에 표시광고법상 손해배상청구권의 성립요건도 갖추어 졌다면 피해자는 자유로운 선택에 따라 어떤 청구권도 행사할 수 있다. 이러한 점에서 표시광고법상 손해배상청구권은 「민법」상 손해배상청구와 청구권경합관계에 있다. 그러나 피해자는 「민법」보다는 표시광고법에 의하여 손해배상을 청구하는 것이 훨씬 유리하다. 표시광고법상 손해배상책임은 성립요건상 광고자에게 고의/과실이 요구되지 않는 무과실책임이라는 점에서 광고주의 책임이 인정될 가능성이 더 크기 때문이다.

대상판결의 사실관계를 보면 피해자는 표시광고법상 손해배상도 청구할 수 있을 것이다. 피고 백화점들은 사업자의 지위에 있을 뿐만 아니라(표시광고법 제2조 제1호) 일간신문 등을 통하여 광고행위를 했으며(같은 조 제2호), 피해자인 원고는 소비자에 해당되기 때문이다(같은 조 제5호).

Ⅲ. 판례의 의의

대상판결은 백화점이 변칙세일에 관한 허위 광고를 통하여 소비자를 기망한 경우 불법행위책임이 성립함을 밝히고, 허위·과장 광고의 위법성 판단기준을 명확히 설시해 주고 있다.

허위·과장 광고로 계약이 체결된 경우 상대방은 광고주에게 불법행위책임을 물을 수 있지만 채무불이행책임도 물을 수 있으며, 광고가 계약의 내용이 되는 경우에는 사기를 이유로 계약을 취소할 수도 있다. 불법행위로 손해배상책임을 묻는 경우 피해자는 표시광고법에 의하여 책임을 묻는 경우 유리할 것이다. 광고주(사업자)에게 고의 또는 과실이 없더라도 손해배상책임이 인정되기 때문이다. 다만 대상판결은 표시광고법이 시행되기 전에 판단되어 「민법」상 불법행위책임만이 검토되었을 뿐이다.

대상판결은 광고내용이 다소 사실에 반하거나 부풀려진 경우에도 그것이 신의성실의 의무에 비추어 비난받을 정도의 방법으로 허위로 고지하지 않았다면 기망행위가 아니므

---

16) 표시광고법의 자세한 내용에 대해서는 신현윤, 『경제법』, 제7판(법문사, 2017), 488면 참조.

로 불법행위책임이 성립하지 않는다고 설시한다. 손해배상책임의 인정여부는 광고에 대하여 가졌던 소비자의 신뢰를 보호하고 및 의사결정 과정에서 허위·과장 광고로 부당하게 간섭받지 않도록 소비자를 보호해야 한다는 점에서 출발해야 한다. 다른 한편 광고주도 법질서에 반하지 않는 범위에서는 자신의 이익을 극대화하기 위한 노력도 보호되어야 한다. 이러한 점을 고려하면 허위·과장광고로 피해를 입은 소비자를 보호할지는 개별적 사안에 나타난 사실관계를 분석하여 판단할 수밖에 없다.

허위·과장 광고로 인한 법률 분쟁은 대부분 아파트 분양광고의 경우에 발생하고 있어 아파트 및 상가 분양광고 판결례의 내용을 분석해 보았다.

76 아파트분양광고에 대한 표시광고법상의 손해배상책임

-대법원 2010. 7. 22. 선고 2007다59066 판결

이 선 희*

Ⅰ. 판례의 개요

1. 사안의 개요

피고는 2002. 4.경부터 파주시 교하읍 야당리에 건축될 1,096세대의 자유로 아이파크 아파트(이하 '이 사건 아파트'라 한다)를 분양하였는데, 이 사건 아파트는 2004. 8. 하순경부터 임시사용이 승인되고 2004. 10. 15. 소유권보존등기가 마쳐졌다. 원고들은 이 사건 아파트의 수분양자 또는 그 지위를 양수받은 자들이다.

이 사건 아파트 단지의 동쪽으로 경의선 철로가 남북 방향으로 놓여 있고, 북쪽에는 파주 운정역, 남쪽에는 일산 탄현역이 위치하고 있다.

건설교통부는 1996년경부터 경의선 철도 중 용산과 문산 사이의 약 50km 구간을 단선에서 복선 전철로 변경하는 사업을 추진하여 왔는데(2008년경 개통 예정으로, 개통될 경우 위 구간 운행 시간이 상당히 줄어든다), 파주시가 국토연구원에 용역 의뢰하여 2001. 2.경 작성된 '파주시 도시계획재정비를 위한 1단계 개발계획'에는 그와 관련한 철도·전철 관련 계획의 일환으로 '운정역을 남쪽으로 이전함과 동시에 역세권 개발을 유도'한다는 내용이 포함되어 있고, 기반시설 계획 현황도면상에는 그 이전 예정지가 이 사건 아파트 단지 인근에 표시되어 있으며, 위 개발계획은 일반에 공고·공람 되었다. 그러나 위 개발계획은 건설교통부의 승인을 받은 바 없고 달리 관련 기관에서 운정역 이전이나 신운정역 신설에 대한 계획을 수립한 바 없었다.

피고는 2002. 4.경 고양시 일산구 장항동에 이 사건 아파트 모델하우스를 설치하여 분양 홍보 활동을 하였는데, 당시 모델하우스 내에 있던 이 사건 아파트 단지 조감 모형

* 성균관대학교 법학전문대학원 교수.

및 위치도에는 단지 맞은편에 '신운정역'이 표시되어 있었고, 홍보 활동을 수행하던 직원들은 방문객들에게 그와 같은 위치에 '신운정역'이 신설되므로 경의선에 의한 서울 왕래가 편리해지며, 이 사건 아파트는 역세권에 위치하게 된다는 취지의 말을 하였고, 셔틀버스를 이용하여 방문객들을 이 사건 아파트 공사현장에 데려갔을 때에는 맞은편을 가리키면서 그 장소가 '신운정역'이 신설될 곳이라고 홍보하기도 하였다.

또한 피고가 그 무렵 배포한 이 사건 아파트 분양홍보책자에 실린 이 사건 아파트 단지 부근 약도에는, 이 사건 아파트 단지의 길 건너 철로 표시에 이미 설치되어 있는 남쪽의 탄현역과 북쪽의 운정역이 붉은 동그라미로 표시되고 그 역명이 검은 글씨로 기재되어 있는데, 양 역 사이의 위 단지 바로 길 건너편에 해당하는 위치에 위 역들과 동일한 붉은 동그라미가 표시되고 그 옆에 위 역명과 동일한 글자체로 '신운정역'(신설예정)이라고 기재되었으며, 이 사건 아파트 단지 부근 조감도에는, 탄현역과 운정역('구운정역'이라 표시)과 동일한 글자체로 이 사건 아파트 단지 길 건너 맞은편에 해당하는 위치에 '신운정역'(예정)이라 표시되어 있었다.

그러나 위 분양홍보책자는 교통과 관련하여 "경의선 운정역 : 용산~문산 간 경의선 복선전철(2005년 완공 예정)의 운정역이 단지와 인접하여 서울까지 연결됩니다."라고 하고 기존의 지하철역, 도로망에 대하여 비교적 자세하게 소개하면서도 '신운정역'에 관해서는 본문 중에 언급하지 않았고, 당시 피고가 작성, 배포한 다른 분양 광고 전단에도 '신운정역'에 대한 언급은 하지 않았다.

한편 위 분양 홍보 무렵 이 사건 아파트를 소개한 언론기사 및 부동산 관련 업체들이 인터넷 게시물에는 이 사건 아파트 단지 인근에 새로운 역이 신설되는 것이 확정적이라는 취지의 내용이 다수 포함되어 있었고, 이 사건 아파트를 중개하던 중개업자들은 피고의 분양 홍보 내용 등을 바탕으로 고객들에게 이 사건 아파트 단지 인근에 '신운정역'이 신설되어 역세권 아파트가 될 것이라는 취지의 홍보를 하였다.

원고들은 이 사건 아파트의 분양과정에서 신운정역 신설에 관한 피고의 위와 같은 표시·광고행위가 「표시·광고의 공정화에 관한 법률」(이하 '표시광고법'이라 한다)에 위반하는 허위·과장의 광고에 해당하고, 아파트 거래에 있어서 중요한 사항에 관하여 구체적인 사실을 신의성실의 의무에 비추어 비난받을 정도의 방법으로 허위로 고지한 경우에 해당한다고 주장하면서, 표시광고법 제10조 제1항 및 「민법」 제750조에 기한 손해배상을 구하는 소송을 제기하였다.

2. 소송경과

가. 제1심 판결[1)]

제1심 법원은 피고의 허위·과장광고 및 위법한 기망에 관한 원고들의 주장을 받아들여 표시광고법 제10조 제1항 및 「민법」 제750조에 기하여 위 광고로 인하여 원고들이 입은 손해를 피고가 배상할 책임이 있다고 판단하였다.

손해배상의 범위에 관하여는 세대당 위자료로 300만 원씩 지급을 명하였다. 그러나 적극적 손해의 청구에 대해서는, 이 사건 아파트의 분양가에 역세권 프리미엄이 포함되어 객관적인 조건 하에서 책정되었을 분양대금에 비하여 10% 상승하였다는 원고들의 주장을 인정할 증거가 없다는 이유로 배척하였다. 또한 소극적 손해의 청구에 대해서도, 현실적으로 신운정역이 신설될 계획이 없었던 이상 피고의 광고대로 신운정역이 신설되었을 것을 전제로 한 손해의 주장을 인정하기 어렵다는 이유로 배척하였다.

나. 원심판결[2)]

원심법원은 제1심 법원과는 달리 판단하였다.

먼저, 피고가 파주시의 도시계획재정비를 위한 개발계획에 근거하여 '신운정역' 신설예정이라고 표현한 것은 전혀 근거 없이 광고한 것이 아닐 뿐만 아니라 파주시의 계획대로 '신운정역' 신설예정이라고만 기재한 것이고, 이러한 점은 일반 상거래의 관행이나 신의칙에 비추어 충분히 시인될 수 있는 한도 내로 보이므로, 기망행위에 해당한다고 볼 수 없다고 판단하였다.

그리고 '신운정역' 신설예정이라는 광고내용은 아파트의 외형이나 재질과 관계가 없을 뿐만 아니라 사회통념에 비추어 보더라도 수분양자들 입장에서 분양자가 그 광고내용을 스스로 이행한다는 취지가 아니므로 그 광고 내용이 그대로 분양계약의 내용을 이룬다고 볼 수 없어, 위와 같은 분양광고의 내용은 청약의 유인에 불과하며, 통상적으로 아파트 구매 의사가 있는 자의 입장에서 제반 사정들을 종합적으로 고려하여 분양계약을 체결하는 것이 통례인 것에 비추어 보면 그 여러 여건 중 교통여건, 그 중에서도 경의선 '신운정역'의 신설예정이라는 분양광고가 이 사건 아파트의 분양계약체결 여부를 좌우하는 중요한 사항이 될 수 없다고 봄이 상당하다고 판단하였다.

그와 같은 이유로 원심법원은 원고들의 주장을 나머지 점에 관하여 더 나아가 살피지 아니하고 원고들의 청구를 기각하였다.

---

1) 서울중앙지방법원 2006. 9. 15. 선고 2005가합107461 판결.
2) 서울고등법원 2007. 7. 25. 선고 2006나95159 판결.

다. 대법원 판결

대법원은 이 사건 광고의 허위·과장성을 인정하여, 원고들의 청구를 기각한 원심판결을 파기환송하였다.

대법원은, 피고가 이 사건 아파트 분양광고의 근거로 하였다는 '파주시 도시계획 재정비를 위한 1단계 개발계획'은 파주시가 장기적으로 기존의 '운정역'을 남쪽으로 이전한다는 추상적인 계획에 불과하고 기존의 '운정역'과 별개로 '신운정역'을 신설한다는 계획이 아닐 뿐더러 '운정역'의 이전 위치나 공사기간 등 구체적인 계획을 포함한 것이 아니었고, 위 개발계획은 파주시의 일방적인 계획에 불과하여 그 시행이 확정되지도 않았다고 보았다. 그럼에도 불구하고 피고가 위와 같이 이 사건 아파트 분양홍보 책자와 이 사건 아파트의 모델하우스에서의 분양홍보 활동을 통하여 '신운정역'의 신설이 예정되어 있다는 취지로 이 사건 아파트 분양광고를 한 것은, 사실과 다르거나 사실을 지나치게 부풀려 마치 경의선 복선전철의 개통과 더불어 '신운정역'의 신설이 확실한 것처럼 소비자를 속이거나 소비자로 하여금 잘못 알게 할 우려가 있는 광고를 한 것으로서, 이는 공정한 거래질서를 저해할 우려가 있는 광고에 해당한다고 보기에 충분하다고 판단하였다 그리하여 피고는 표시광고법에서 말하는 허위·과장의 광고행위를 한 것이고, 같은 법 제10조에 의하여 그 피해자인 원고들에 대하여 손해배상책임을 진다고 판시하였다.

그럼에도 불구하고 원심이 이 사건 아파트 분양광고가 표시광고법상 허위·과장의 광고에 해당하지 않는다고 판단하여 피고의 손해배상 범위에 관하여 심리를 하지 아니한 채 곧바로 원고들의 청구를 모두 기각한 것은 잘못이라고 판단하였다.

3. 판례의 요지

가. 표시광고법상 허위·과장 광고의 판단기준

표시광고법 제3조 제1항 제1호, 같은 법 시행령 제3조 제1항에 의하면, 허위·과장의 광고는 사실과 다르게 광고하거나 사실을 지나치게 부풀려 광고하여 소비자를 속이거나 소비자로 하여금 잘못 알게 할 우려가 있는 광고행위로서 공정한 거래질서를 저해할 우려가 있는 광고를 말하고, 광고가 소비자를 속이거나 소비자로 하여금 잘못 알게 할 우려가 있는지는 보통의 주의력을 가진 일반 소비자가 당해 광고를 받아들이는 전체적·궁극적 인상을 기준으로 하여 객관적으로 판단하여야 한다.

나. 표시광고법상 허위·과장 광고로 인한 손해배상책임의 인정 여부

지방자치단체의 추상적·일방적 개발계획에 근거하여 그 시행이 확정되지 않았음에도, 건설회사가 아파트 단지 맞은편에 경의선 복선전철화와 관련하여 역사가 신설될 예정이라는 취지로 아파트 분양광고를 한 것은 사실과 다르거나 사실을 지나치게 부풀려 소비자를 속이거나 소비자로 하여금 잘못 알게 할 우려가 있는 광고를 한 것으로서, 공정한 거래질서를 저해할 우려가 있는 광고에 해당하므로 위 건설회사는 수분양자들에 대하여 표시광고법이 정한 허위·과장 광고로 인한 손해배상책임을 부담한다.

II. 해 설

1. 쟁점의 정리

가. 아파트 분양광고에 있어서 '예정' 등의 표현에 대한 허위·과장성 판단

부동산 분양광고에서, 철도 등의 대중교통망이나 공중이용시설에 대한 광고 문안에 사용된 '예정' 또는 '계획'이라는 표현을 둘러싸고 그 허위·과장성이 자주 문제된다. 아파트 등 부동산에 있어서 주변 환경이나 도시계획 등은 분양당시 뿐 아니라 향후의 재화의 가액에 영향을 줄 수 있고, 더구나 법령상 사전분양이 허용되는 경우에 분양당시와 완공시점 간에 어느 정도 시간적 간격이 있어 주변 환경이나 도시계획 등이 변경될 가능성이 있기 때문에 더욱 그러하다.[3] 위와 같은 부동산 분양 표시·광고에 허위 또는 과장된 표현이 포함되는 경우에, 위 표시·광고를 신뢰하여 분양계약을 체결한 소비자가 추후 기망을 이유로 분양계약을 취소·해제하거나 분양대금의 감액 또는 손해배상을 청구할 수 있는지 여부가 민사소송에서 많이 다투어진다는 점도 특징이다.[4]

그런데 이와 같은 분양광고상 '예정' 등의 표현에 대한 허위·과장성을 판단함에 있어서 그 사전적 의미를 중요시할 것인지, 아니면 광고 문언 외의 제반 사정을 종합하여 광고물을 전체적·궁극적 인상을 기준할 것인지가 문제될 수 있다. 대상판결은 후자의 입장을 취하였다.

나. 허위·과장광고[5]로 인한 손해배상책임

대상판결의 원심은 피고의 손해배상책임 여부를 판단함에 있어서 이 사건 분양광고

3) 이선희, 온주 표시·광고 등의 공정화에 관한 법률, 제3조 IV. 2. 마. 2). 가) 해당부분, 로앤비, 2018.
4) 이호영, 『소비자보호법』, 제3판(홍문사, 2015), 102~105면.
5) 2011. 9. 개정된 표시광고법은 이를 '거짓·과장'의 표시·광고라고 표현하고 있는데, 이는 어려운 용어를 한글로 바꾼다는 취지에서 표현이 변경되었을 뿐, 그 의미는 동일하다. 이하 본고에는 편의상 법 개정 전후를 불문하고 대상판결 당시의 법률상 표현에 따라 '거짓' 대신에 '허위'라는 표현으로 통일하여 기술하기로 한다.

의 기망행위성과 계약편입 여부, 분양광고가 분양계약을 좌우할 만큼 중요한 사항인지 여부만을 따졌다. 이러한 원심의 논거는 표시광고법의 법리가 아닌, 「민법」상 기망행위에 관한 법리이다.[6] 그리고 기망행위성 등이 인정되지 않는다는 이유로 나머지 점에 대하여는 판단하지 않고 원고들의 청구를 기각하였다.

이에 대하여 대법원은 이 사건 광고는 표시광고법상 부당한 광고행위에 해당하고 동법 제10조에 의한 손해배상책임이 인정된다고 판시하였다.

표시광고법 위반행위가 바로 「민법」상 위법한 행위로 평가되는 것이 아니라면, 표시광고법상 부당한 표시·광고행위의 요건을 충족하여 동법 제10조의 손해배상책임은 성립하더라도 「민법」상 불법행위책임은 성립하지 않을 수 있다. 표시광고법 제10조에 의한 손해배상책임과 민법상 손해배상책임과의 관계가 문제된다.

2. 관련 판례

대상판결이 인용하고 있는 관련판례는 남해화학 비료사건[7]이다.

위 판결에서는 원고회사들이 "토양을 정밀 분석하여 경작물에 맞도록 시비 처방한 후 제조", "당해 토양 및 작물에 맞게 정확한 시비처방에 의거", "내 토양, 내 작물에 딱 맞는", "맞춤형비료", "주문자의 토양을 분석하여 그 결과에 따라 개개의 토양에 적합하도록 제조·공급하는 비료"이기 때문에 "수확량 증대", "토양 및 환경오염 방지", "비료대 절감" 등의 좋은 효과가 있다고 표현한 것의 허위·과장성이 문제되었다.

법원은, 원고 회사들이 실제로는 지역별·작목반별로 토양분석을 실시하여 당해 지역 평균 토양의 시비처방서에 따른 비종(肥種)을 주문받아 공급하고 있음에도 불구하고, 마치 모든 개별주문에 대하여 토양분석을 실시하여 그 토질과 작물에 맞는 맞춤비료를 공급하는 것처럼 오인하게 할 우려가 있다는 이유로 위 광고의 허위·과장성을 인정하면서, 소비자오인성은 보통의 주의력을 가진 일반소비자가 그 표시·광고를 받아들이는 전체적·궁극적 인상을 기준으로 객관적으로 판단하여야 한다고 판시하였다.

3. 검 토

가. 표시광고법상 허위·과장광고의 판단기준

대상판결에서 대법원은 '예정'이라는 문언을 사용한 아파트 분양광고에 있어서, 아파트

---

6) 이수영, "전철역 신설예정이라는 아파트 분양광고가 '허위·과장의 광고'에 해당하는지 여부", 『대법원 판례해설』, 85호(법원도서관, 2011), 679면.
7) 대법원 2003. 6. 27. 선고 2002두6965 판결.

모델하우스 내 아파트 단지 조감 모형 및 위치도상의 표시방법, 모델하우스의 방문객들이나 셔틀버스를 통한 공사현장 방문 시의 분양홍보활동, 분양홍보 책자에 실린 내용 및 표시방법 등을 종합하여 볼 때, 소비자의 입장에서 새로운 역사의 설치가 예정되어 있다고 사실과 다른 인식을 하도록 유도하였다는 점을 중시하여 허위·과장성을 인정하였다. 이는 단순히 광고문언상 '예정'이라는 단어의 사전적 의미에 한정하지 않고, 다른 분양홍보활동에서 나타난 제반 사정까지 종합하여 광고물을 전체적·궁극적 인상을 기준으로 판단한 것이다.

대상판결 선고 후에도 하급심 판결 중에는 '예정'이란 사전적 의미가 '예상' 또는 '계획' 등과는 명백히 구분됨을 전제로, 내용이 어느 정도 정해지지 않았음에도 불구하고 광고문언에 '예정'이라는 용어를 사용하였다는 이유로 허위·과장성을 인정한 것이 있다.[8] 그러나 해당 사건에서 대법원은 '계획' 또는 '예상'이 아닌, '예정'되었다는 단정적 표현을 사용하였다는 점을 들어 허위·과장 광고에 해당한다고 원심법원이 판시한 부분은 적절하지 않지만, 광고문구의 배치·구성 및 표현방법 등에 비추어 허위·과장성을 인정할 수 있으므로 결론을 수긍할 수 있다고 판단하였는바,[9] 이는 대상판결과 궤를 같이 하는 것으로 볼 수 있다. 그 후 선고된 하급심 판결은, 대상판결 및 위 대법원판결의 취지에 따라, 분양광고 책자에 '제2공항철도(예정)'이라는 문구를 사용하였음에도 불구하고 다른 사정들에 비추어 허위·과장 광고에 해당하지 않는다고 판단하였다.[10]

소비자는 통상 광고에 나타나는 개개의 용어나 어휘를 주의 깊게 고려하지 않고 또 실제로 표현되고 있는 것뿐만 아니라 그것으로부터 연상되고 암시되는 것까지 유추하여 자신만의 주관적인 관념과 혼합하여 총체적으로 발생한 궁극적 인상에 기초하여 광고내용을 이해한다.[11] 이러한 견지에서도 대상판결의 태도는 타당하다.

나. 표시광고법상 손해배상책임과 민법상 불법행위책임 간의 관계

과거 부당한 표시·광고에 대한 내용은 「독점규제 및 공정거래에 관한 법률」(이하 '공정거래법'이라 한다)에 포함되어 있었는데, 공정거래법상의 손해배상청구권과 민법상 불법행위에 기한 손해배상청구권의 관계에 대하여 청구권경합설이 다수였고,[12] 1996년 공정

---

8) 서울고등법원 2011. 1. 12. 선고 2010누17344 판결. 위와 같은 관념 하에 서울고등법원 2010. 12. 2. 선고 2010누24311 판결은 광고문언에서 '예정'이라는 단정적인 표현이 아니라 '계획'이라는 용어를 사용하였다는 점에서 소비자오인성이 없다고 판단하였다.

9) 대법원 2013. 12. 26. 선고 2011두4930 판결.

10) 서울고등법원 2014. 1. 29. 선고 2013나23763 판결.

11) 조재영, "부당한 비교 표시·광고의 심결사례에 나타난 법리적 특성에 관한 연구", 『한국언론정보학보』, 제39호(2007), 439면.

12) 김영호, "독점규제법위반행위와 손해배상", 황적인박사화갑기념논문집 『손해배상법의 제문제』 (1990), 497면; 오진환, "독점규제법 위반으로 인한 손해배상", 『법조』, 제40권 제1호(법조협회, 1991. 1), 126

거래법 개정 시 제57조 제1항 단서의 규정에 의하여 입법적으로 지지를 받았다. 그 후 부당한 표시·광고에 대한 내용이 1999. 7. 1. 제정된 표시광고법에 의해 별도로 규율되고, 2004년에는 공정거래법과 더불어 표시광고법에 손해배상청구에 대한 시정전치주의의 폐지나 소멸시효에 관한 특별규정이 삭제되었다. 대상판결은 2004년 개정 전 표시광고법이 적용된 사안이다.

공정거래법 또는 표시광고법상의 손해배상책임과 민법상 불법행위책임의 관계를 어떻게 볼 것인지에 대하여, 학설상 견해가 일치하지는 않는다.[13] 공정거래법 또는 표시광고법 위반행위가 바로 민법상 위법한 행위로 평가받을 수 있는가 하는 근본적인 점도 문제된다.

대법원은 대상판결에서 해당 광고가 기망행위를 구성하는지 여부에 대해서는 판단하지 않은 채, 표시광고법상의 허위·과장광고에 해당한다고 하여 위 법 제10조에 의한 손해배상책임을 인정하였다. 이는 표시광고법상 부당한 표시·광고행위의 유형 중 하나인 허위·과장의 표시·광고에 해당하더라도 민법상 불법행위의 구성요건인 위법성 요건을 당연히 충족하는 것은 아니라는 입장을 취한 것으로 보인다.

원심이 이 사건 아파트 분양광고가 표시광고법상 허위·과장의 광고에 해당하는지 여부는 판단하지 않았음에도 불구하고, 이에 해당한다고 원심이 판단하였다고 판시한 점이나, 표시광고법과 민법상 손해배상책임의 관계에 대하여 명백히 판시하지 않은 점은 아쉽지만,[14] 민법상 불법행위 책임이 인정되지 않는 경우에도 표시·광고의 공정화라는 규제목적의 관철과 소비자보호의 견지에서 표시광고법상의 손해배상책임을 인정한 결론에는 찬성한다.

Ⅲ. 판례의 의의

대상판결은 아파트의 교통 등 입지여건에 관한 분양광고의 허위·과장 여부를 최초로 판시한 판결이다.[15] 허위·과장광고가 기망행위를 구성하는지 여부나 허위·과장광고의 대상이 된 내용이 분양계약에 편입되는지 여부와는 관계없이 표시광고법상의 손해배상책임이 성립될 수 있음을 판시하였다는 점에 의의가 있다.

면; 김영갑, “독점규제법상의 손해배상책임”, 『저스티스』, 30권 4호(한국법학원, 1997), 69면; 오세빈, “독점규제법 위반행위에 대한 사법적 규제”, 『사법연구자료』, 제21집(법원행정처, 1994), 553면 등.

13) 이에 대한 상세는 이선희, 『독점규제법상 부당한 공동행위에 대한 손해배상청구』(경인문화사, 2013), 97~100면.

14) 김영호, “허위과장 광고와 손해배상책임 : 아파트 분양광고 시 허위광고를 한 경우의 분양자의 손해배상책임에 관하여”, 횡천이기수선생정년기념논문집 『세계화시대의 기업법』(박영사, 2010), 593면.

15) 이수영, 앞의 논문, 694면.

77 기사형 광고와 손해배상의 판단기준

- 대법원 2018. 1. 25. 선고 2015다210231 판결

황 원 재*

Ⅰ. 판례의 개요

1. 사안의 개요

소외 丙 등은 2011년 10월경 상품권을 25% 할인하여 3개월에서 6개월 분할 배송하는 것으로 위장하여 대금을 편취하기로 공모하고 2011년 11월경 A라는 인터넷 사이트를 만들어 2011년 11월 27일경부터 상품권의 할인판매를 시작하였다. 한편, 피고 甲의 직원 소외 B는 A 사이트가 본격적으로 개설되기 전인 2011년 11월 말경 소외 丙에게 전화하여 240만원을 주면 A에 대한 『기사』와 『중소기업브랜드대상』을 받게 해 주겠다고 하였고, 이에 소외 丙은 2011년 12월 2일 피고 甲에게 중소기업브랜드대상 수상업체로 선정해 달라는 내용을 담고 있는 파트너 요청서를 보냈다. 그리고 실제로 2011년 12월 5일 피고 甲은 A를 2011년 하반기 중소기업브랜드대상 수상업체로 선정하고 이를 공표하였다.

또한 피고 甲은 A 사이트의 직원이 작성한 기사 초안을 토대로 2011년 12월 5일 자신의 사이트에 "믿을 수 없는 소셜커머스 … 해결책은?"이라는 제목으로 『기사』를 게재하고, 소외 丙은 이 기사와 관련하여 피고 甲에게 약 240만원을 지급하였다. 이 기사가 나간 후, 2011년 12월 20일 피고 乙은 자신의 인터넷 사이트 비즈니스정보란에 "신뢰가 바탕이 된 ISO 인증획득 소셜커머스 A"라는 제목의 『기사』를 게재하였다. 원고들은 2011년 12월 5일부터 2012년 1월 9일 사이에 피고 甲과 乙의 기사를 믿고 상품권 대금을 입금하였고, 이로 인하여 피해를 보았다고 주장하였다. 원고들은 기사의 형식으로 작성된 피고 甲과

---

* 계명대학교 법학과 교수.
이 글은 2018년 11월 15일에 개최된 '2018 한국광고법학회 정기학술대회'에서 발표한 글을 수정·보완하여 『고려법학』, 제91호(2018. 12.)에 게재한 것을 축약·정리한 것이다.

乙의 광고가 소외 丙의 불법행위를 용이하게 하였음을 근거로 피고 甲과 乙에게 손해배상을 청구하였다.

2. 소송경과

가. 제1심 판결[1)]

제1심 법원은 피고 甲이 이 사건 중소기업브랜드대상을 수여하면서 ISO 인증획득 사실을 확인하였고 소비자만족도 설문조사를 실시하였으며, 이 사건 기사의 게재와 관련해서는 이 사건 기사가 기사형 광고임을 일반인들이 어렵지 않게 인식할 수 있었고 기사형 광고의 내용 일부가 사실에 부합하며 일부 과장된 표현이 사용되었으나 표현의 과장성 및 허위성이 신의칙상 허용되는 범위를 벗어나지 않았다고 보아, 피고 甲이 이 사건 대상의 수여나 이 사건 기사의 게재에 있어 불법행위의 발생을 예견할 수 있었음에도 신의칙상 사실확인의무를 해태한 과실이 있었던 것은 아니라고 보았다. 피고 乙의 기사는 그 내용, 형식, 게재 경위 등을 볼 때 광고성 기사이며, 일반인도 이를 쉽게 알 수 있었으며, 또한 피고 乙은 그 기사의 내용을 확인하였기 때문에 피고 乙에게 신의칙상 요구되는 확인의무를 해태하여 불법행위를 용이하게 한 과실이 있다고 보기 어렵다고 보았다. 결과적으로 제1심 법원은 피고 甲 및 피고 乙에 대한 청구 모두 이유가 없다고 보아 기각하였다.

나. 항소심 판결[2)]

항소심 법원은 광고행위가 광고주의 제작행위 외에도 광고매체의 게재행위를 통해 완성되며 신문, 방송과 같은 언론기관이 광고매체인 경우라면 보도기사의 신뢰가 광고로 전이될 수 있으므로 신문사에게 독자가 기사와 광고를 혼동하지 않도록 명확하게 구분하여 편집할 의무를 인정하고, 더 나아가 광고가 기사와 유사할수록 신문사에게 광고의 내용에 대한 조사·확인의무를 보도기사와 유사하게 부과할 필요가 있다고 보았다. 이러한 사실을 전제로 항소심은 피고 甲이 광고임을 명시하지 않고 기사형 광고를 작성하며, 허위의 사실을 조사·확인하지 않고 게재하여 독자의 보호의무, 광고와 기사의 구분의무, 직무상 안전의무를 위반하여 소외 丙의 불법행위에 도움을 주었다고 보았다. 다만, 원고들의 과실을 고려하여 피고 甲의 책임을 전체 손해액의 40%로 제한하였다. 이와 달리, 피고 乙은 이 사건 기사형 광고가 광고임을 명시하였고 구분하여 편집하였으며 기사의 작성자

1) 서울중앙지방법원 2013. 11. 20. 선고 2012가합542086 판결.
2) 서울고등법원 2015. 2. 6. 선고 2014나2000602 판결.

가 명시되지도 않아 통상의 독자들이 보도기사로 오인할 가능성이 없으므로 광고내용의 진실성을 의심할 특별한 사정이 없다면 이를 조사·확인할 의무가 없다고 보아 손해배상 책임을 부정하였다.

다. 대법원 판결[3)]

대법원에 의하면 기사형 광고는 그 구성이나 내용, 편집방법 등에 따라서 일반 독자가 '광고'가 아닌 '보도기사'로 오인할 수 있으므로 「신문 등의 진흥에 관한 법률」(이하 '신문법'이라 한다) 제6조 제3항은 기사와 광고의 명확한 구분편집의무를 규정하고 있는 것이며, 따라서 신문사 등은 광고임을 명확히 표시하고 보도기사로 오인할 수 있는 표시나 표현을 사용하지 않아야 한다고 보았다. 따라서 대법원은 신문사 등이 허위 또는 과장 광고를 보도기사로 게재함으로써 독자가 이를 광고가 아닌 기사로 신뢰하여 피해를 입었다면, 기사형 광고의 게재행위와 손해발생 간에 상당인과관계가 인정되는 범위 내에서 신문사 등은 방조에 의한 공동불법행위책임을 부담한다고 보았다. 그런데 피고 甲은 이 사건 기사를 게재하면서 광고라는 표시를 전혀 하지 않아 광고와 기사의 구분의무를 위반하였고 허위의 내용을 기재하였으며, 피고 甲의 기사게재와 소외 丙의 불법행위 및 원고들의 손해발생 간에는 상당인과관계가 있어 피고 甲은 소외 丙과 공동불법행위 책임을 부담한다고 보았다. 다만, 피고 乙은 상고를 하지 않아 별도로 다루어지지 않았다.

3. 판례의 요지

대상판결은 원고들이 기사형 광고를 보도기사로 오인하고 신뢰하여 상품을 구매하였다면 자신에게 발생한 손해의 배상을 광고매체인 언론기관에 청구할 수 있다는 점을 확인한 판결이다. 청구의 법적 근거는 「민법」 제760조 제1항과 제3항이다. 「민법」 제760조 제1항에 따르면 수인이 공동의 불법행위로 타인에게 손해를 가한 경우, 이 수인은 연대하여 그 손해를 배상할 책임이 있으며, 동조 제3항에 의하면 불법행위의 방조자 역시 공동행위자로 보게 된다. 따라서 원고들은 피고 甲이 기사형 광고를 기사와 명확하게 구분하여 편집하지 않아 원고들이 기사와 광고를 혼동하였고 광고의 내용적인 측면에서도 피고 甲이 허위의 사실을 담고 있는 광고를 부주의하게 자신의 인터넷 사이트에 게시함으로써 불법행위에 도움을 주지 말아야 할 주의의무를 위반하였기 때문에 피고 甲의 기사형 광고 게시행위는 소외 丙 등의 대금편취행위에 대한 과실방조에 해당하며, 결과적으로 피고 甲은

3) 대법원 2018. 1. 25. 선고 2015다210231 판결.

원고들에게 손해배상책임을 부담한다는 것이다.

II. 해 설

1. 쟁점의 정리

가. 광고기법의 변화와 구분편집의무의 한계

신문법 제6조 제1항에 따르면 신문사업자, 인터넷 신문사업자 및 인터넷뉴스서비스 사업자는, 즉 신문, 인터넷신문의 발행인 또는 인터넷뉴스서비스 경영인은 신문을 편집하거나 제작할 때 독자의 이익을 충실히 고려하여야 한다. 보다 구체적으로 동조 제3항은 독자가 높은 신뢰를 부여하는 보도기사와 낮은 신뢰를 부여하는 광고를 혼동의 가능성 없이 분명하게 구분하여 편집할 것을 요구하고 있다.[4] 따라서 신문, 인터넷신문의 편집인 또는 인터넷뉴스서비스의 기사배열책임자는 보도기사의 신뢰가 광고로 전이되는 것을 막고, 독자의 이익을 보호하기 위하여 독자가 기사와 광고를 혼동하지 않도록 분명하게 구분하여 편집할 책임을 진다.

그러나 최근 광고의 기법이 다양해짐에 따라서 신문법 제6조 제3항에서 정하고 있는 "기사 및 광고의 명백한 구분편집의무"는 그 한계를 드러내고 있다. 보도기사가 광고성 내용을 갖기도 하고, 광고가 기사의 형식을 취하기도 한다. 전자를 광고성 기사 또는 협찬기사라 할 수 있고, 후자는 기사형 광고(Advertorials) 또는 네이티브 광고(Native Ad)라 할 수 있다.[5] 결과적으로 과거와 달리 단순히 기사와 광고를 구분하여 편집하는 것만으로는 보도기사에 대한 독자의 신뢰가 광고내용으로 전이되는 것을 막지 못하게 되었다. 따라서 독자의 이익을 보호하기 위하여 신문법 제6조 제3항에서 규정하고 있는 "기사 및 광고의 명백한 구분편집의무" 외에 별도의 추가적인 보호수단이 필요하게 되었다.

나. 불법행위책임을 통한 독자의 이익보호

기사와 광고의 경계가 모호해짐에 따라서, 독자의 이익을 보호하기 위한 민사적 대응방안으로 위법하고 진실하지 않은 광고를 게재한 언론매체에게 불법행위책임을 인정하는 방안을 고려할 필요가 있다. 대상판결 역시 기사 및 광고의 구분편집의무만으로는 보호되

4) 광고의 정의에 대해서는 표시·광고의 공정화에 관한 법률 제2조 제2호 참고.
5) 네이티브 광고에 대해서 자세한 것은 이희옥, "네이티브 광고와 소비자보호에 관한 법적 연구", 『인하대학교 법학연구』, 제21집 제2호(인하대학교 법학연구소, 2018), 105면 이하 참고.

지 않는 독자의 이익을 보호하기 위하여 진실하지 않은 광고를 게재한 언론매체에게 과실방조에 의한 공동불법행위책임을 인정하고 있다.[6)]

우선, 언론매체가 신문법 제6조 제3항에 반하여 기사와 광고를 명확하게 구분하여 편집하지 않았고, 이로 인하여 독자가 광고를 기사로 믿고 손해를 입었다면 피해자인 독자는 언론매체를 대상으로 직접 불법행위책임을 물을 수 있다. 신문 등의 편집인이나 인터넷뉴스서비스의 기사배열책임자는 자신의 직업군에 요구되는 주의를 가지고 독자의 이익을 위하여 독자가 기사와 광고를 혼동하지 않도록 최선의 노력을 다해야 하며,[7)] 신문법 제6조 제3항은 이러한 주의의무의 최소한을 정한 것이기 때문이다. 물론 피해자의 손해는 단순히 광고를 기사로 오인하였기 때문에 발생한 것이 아니라, 위법하거나 사실이 아닌 광고를 피해자가 기사로 오인하고 신뢰하였기 때문에 발생한 것이다. 따라서 손해배상책임은 구분편집의무 위반으로 기사로 오인되는 광고의 내용을 광고매체가 부주의하게 조사·확인하지 않을 때 인정된다. 다만, 이 경우 기사와 광고가 구분편집 되지 않았기 때문에, 광고내용의 위법성과 허위성에 대한 조사·확인의무는 기사의 그것에 준하게 된다.[8)] 이와 달리 편집인 또는 기사배열책임자가 신문법 제6조 제3항을 준수하였다면 구분편집의무 자체는 문제 되지 않고 구분 편집된 광고내용의 위법성과 허위성이 바로 문제 된다. 따라서 위법하고 진실하지 않은 광고로 독자에게 인과관계 있는 손해가 발생하였고, 언론매체는 광고내용의 위법성과 허위성을 조사하거나 확인하지 않았는지가 문제의 중심이 된다.

다. 광고내용에 대한 조사·확인의무

보도기사와 달리 광고는 광고주가 작성하며, 광고매체는 광고주가 작성한 광고를 매체에 게재할 뿐이므로 광고의 내용형성에는 넓은 자유가 인정되며 광고매체는 원칙적으로 광고주가 작성한 광고에 대하여 책임을 부담하지 않는다.[9)] 그러나 광고매체가 광고주의 광고를 게재하고 공중에게 전달하여야 광고(廣告)가 완성되므로, 광고에서 광고매체의 게재행위가 갖는 의미를 경시할 수만은 없게 된다. 따라서 광고매체는 위법한 광고내용을 게재하지 않고 광고내용이 허위라고 의심되는 경우라면 광고내용을 조사하고 확인할 의무를 부담하게 된다. 특히, 언론기관이 광고매체인 경우라면 언론의 공적 역할에 근거한

6) 과실 방조에 의한 공동불법행위책임에 관해서는 대법원 2009. 4. 23. 선고 2009다1313 판결 참고.
7) 주의의무의 정도에 대해서는 이연갑 등, 『주석민법 채권각칙(8)』, 4판(한국사법행정학회, 2016), 162~63면 참고.
8) 대법원 2002. 5. 10. 선고 2000다50213 판결 참고.
9) 광고와 정보에 구별에 대해서는 이병준, "인터넷광고와 투명성", 『상사편례연구』, 제31집 제1권(한국상사판례학회, 2018), 13면.

신뢰와 이 신뢰로 인한 언론기관의 공공에 대한 영향력 때문에 언론기관인 광고매체는 광고내용에 대한 조사·확인의무를 강하게 부담하게 된다.

다만, 언론기관 역시 자신의 공적 역할수행을 위한 필수비용을 충당하기 위하여 경제적 이익을 부수적으로 추구하지 않을 수 없고, 언론기관에게 광고는 중요한 경제적 존립기반이 되기 때문에 언론기관은 광고의 내용에 대하여 광고주에게 넓은 자유를 인정할 수밖에 없으며 보도기사와 같은 정도로 광고내용을 조사·확인할 일반적 의무를 부여할 수는 없다. 그러나 (ㄱ) 광고내용의 진실성에 대하여 의심을 갖게 되는 특별한 사정이 있는 경우, (ㄴ) 광고 상품이나 용역에 위험성이나 불법성이 있음이 분명한 경우, (ㄷ) 광고의 존재가 피해자에게 중요한 기망수단이 되고, 광고매체는 피해를 용이하게 예방할 수 있는 경우 등이라면 언론기관인 광고매체에게 광고내용의 진실성을 조사·확인할 예외적 의무를 부담시킬 수 있다.

2. 관련 판례

가. 대법원 2002. 5. 10. 선고 2000다50213 판결

일반 독자들은 언론기관의 권위와 신뢰 때문에 보도 내용을 진실로 받아들이는 경향이 있고 보도기사가 가지는 광범위하고 신속한 전파력 때문에 피해자가 입게 되는 피해는 심각할 수밖에 없으므로, 언론기관은 보도에 앞서 보도기사의 진실성을 적절하고 충분히 취재하여야 한다. 특히, 기자가 타 신문사의 기사와 피의자에 대한 구속영장 사본을 열람한 것만으로는 기사 내용의 진실성을 적절히 조사·확인한 것이 아니다.

나. 대법원 2009. 4. 23. 선고 2009다1313 판결

상품을 선전·광고함에 있어서 다소의 과장이나 허위가 포함되는 것은 일반 상거래의 관행과 신의칙에 비추어 용인되는 한 허용된다. 그러나 거래에서 중요한 사항을 신의칙에 비추어 비난받을 정도로 허위고지한 경우라면 기망행위에 해당한다. 한편, 수인이 공동하여 타인에게 손해를 가하는 민법 제760조의 공동불법행위에 있어 방조라 함은 불법행위를 용이하게 하는 모든 직·간접의 행위를 의미하며, 고의는 물론 과실에 의한 방조도 가능하다. 이 경우, 과실은 불법행위에 도움을 주지 않아야 할 주의의무가 있음에도 이를 위반하는 것을 의미한다.

3. 검 토

가. 기사형 광고

"기사형 광고(Advertorials)"는 기사형식(editorial)을 택하여 행해지는 광고(advertising)를 의미한다.[10) 기사형 광고는 독자가 기사와 달리 광고를 보지 않고, 보는 경우라도 주목하지 않고, 주목하는 경우라도 신뢰하지 않는 문제를 해결하기 위하여 광고를 기사와 같은 형식으로 제작하는 광고방식을 말한다. 즉 기사형 광고는 해당 언론매체의 보도기사의 신뢰도를 직접 광고에 전이시켜 광고효과를 얻는다. 따라서 기사형 광고의 경우 해당 내용이 광고임을 표시하여 독자의 혼동을 예방하는 것이 무엇보다 중요하다. 특히, 기사형 광고의 경우 광고임을 알리는 광고표시는 쉽게 잊히나, 반대로 기사형 광고의 광고내용은 출처가 잊힌 상태에서 계속 기억에 남기 때문에 광고임을 표시하는 것만으로 독자의 오인 가능성을 충분히 제거한 것이 아니다. 따라서 기사형 광고의 경우 명확하게 구분하여 편집하고 광고임을 표시하는 외에도 독자가 기사로 오인하지 않도록 신문사업자 등은 기사형 광고를 언어적, 비언어적으로 명확하게 구분될 수 있도록 주의를 기울일 의무가 있다.

기사형 광고는 기사와 언어적, 비언어적으로 구분하기 어려울수록 그 광고내용의 위법성과 허위성을 확인하고 조사할 필요성이 커진다. 따라서 기사형 광고가 기사의 외관을 더 많이 띄고 있을수록, 신문사업자 등은 광고의 내용이 적법하고 진실한지를 검증하고 취재할 주의의무를 더 많이 부담한다. 신문사업자 등이 이러한 주의의무를 위반하여 독자가 기사형 광고를 기사로 오인하고 그 내용을 신뢰하였다면, 그리고 해당 기사형 광고가 위법하거나 거짓된 정보를 싣고 있어 그로 인한 손해가 발생했다면 신문사업자 등은 그 손해를 배상할 책임을 지게 된다.

나. 과실 방조에 의한 공동불법행위책임

이 사건의 원고들은 피고 甲 및 乙의 주의의무 위반행위가 소외 丙의 대금편취행위를 직접·간접적으로 용이하게 하였다는 점을 근거로 방조에 의한 공동불법행위책임을 묻고 있다. 특히, 피고 甲 및 乙의 방조행위를 광고내용의 위법성 또는 허위성을 조사하고 확인할 주의의무 해태에서 찾아 과실 방조에 의한 공동불법행위책임이 문제 되었다. 피고 甲 및 乙이 광고의 내용을 적절히 확인하고 조사하지 않고 광고를 게재한 과실이 소외 丙의 대금 편취행위를 용이하게 한 것으로 볼 수 있기 때문이다. 다만, 과실 방조행위를 넓게 인정하면 공동불법행위자의 성립범위가 지나치게 넓어지는 문제가 있어, 이를 제한하

10) 한국언론재단, 『신문의 기사형 광고』 (한국언론재단, 2006), 7면.

기 위하여 방조행위와 피해자의 손해 발생 사이에 상당인과관계가 있을 것을 엄격하게 요구하고 있다. 상당인과관계가 있는지는 “과실에 의한 방조가 피해 발생에 끼친 영향, 피해자의 신뢰 형성에 기여한 정도, 피해자 스스로 쉽게 피해 방지를 할 수 있었는지 등을 종합적으로 고려하여” 판단하게 된다.[11] 특히, 과실의 방조행위가 불법행위를 용이하게 한다는 점에 대하여 과실 방조자가 예견할 수 있을 것을 요구하고 있다.[12]

이 사건에서 기사로 오인할 가능성이 높은 기사형 광고를 게재한 피고 甲의 행위는 원고들의 소외 丙에 대한 거래상의 신뢰에 중대한 영향을 미쳤으며, 실재로도 6,000만 원 정도에 불과하던 구매주문이 이 광고가 게재되고 나서는 약 10억 원으로 증가하였으므로 피고 甲의 과실에 의한 방조가 원고들의 피해발생에 중대한 영향을 미쳤음을 알 수 있다. 또한 피고 甲은 보도기사로 오인할 수 있는 기사형 광고를 기사와 구분하지 않고 게시하였으며, 심지어 그 내용의 허위성을 사전에 일부 인지하였음에도 태만히 이를 게시하여 불법행위의 위험성을 높이고 용이하게 하였다. 따라서 피고 甲의 과실 방조행위와 원고들의 손해발생 간에는 상당인과관계를 인정할 수 있다.

한편, 과실 방조는 “불법행위에 도움을 주지 않아야 할 주의의무가 있음을 전제로 하여 이 의무에 위반하는 것”을 의미하며,[13] 구체적으로는 개별 사안별로 주의의무의 정도가 결정된다. 이 사건의 경우 “불법행위에 도움을 주지 않아야 할 주의의무”는 보도기사가 문제 되는 경우라면 신문사업자 등이 보도기사의 내용을 조사·확인하여 위법하고 허위의 내용이 보도기사로 게재되는 것을 막을 의무를 의미하며, 광고가 문제 되는 경우라면 일반적으로 광고의 내용을 조사하고 확인할 의무는 없지만 (ㄱ) 광고내용의 진실성에 대하여 의심을 갖게 되는 특별한 사정이 있는 경우, (ㄴ) 광고 상품이나 용역에 위험성이나 불법성이 있음이 분명한 경우, (ㄷ) 광고의 존재가 피해자에게 중요한 기망수단이 되고, 광고매체는 피해를 용이하게 예방할 수 있는 경우에 예외적으로 광고의 내용을 조사하고 확인하여 위법하고 허위의 내용이 광고로 게재되는 것을 막을 의무를 의미하게 된다.

따라서 이 사건에서 피고 甲은 「민법」 제760조 제3항에 따라서 과실 방조에 의한 공동불법행위책임을 소외 丙과 함께 부담한다. 피고 甲은 신문법 제6조 제3항에 반하여 기사와 광고를 명확하게 구분하여 편집하지 않았고, 따라서 기사로 오인되는 기사형 광고의 내용이 위법하거나 허위인지를 일반 보도기사의 경우와 같이 조사하고 확인하여 위법하거나 허위의 광고가 게재되지 않도록 할 주의의무를 부담하기 때문이다. 피고 甲은 스스로 독자가 구분 편집되지 않은 광고를 기사로 오인하지 않았음을 증명하지 못하는 한 그

11) 대법원 2014. 3. 27. 선고 2013다91597 판결 참고.
12) 대법원 2014. 12. 24. 선고 2013다98222 판결 참고.
13) 대법원 2009. 4. 23. 선고 2009다1313 판결 참고.

로 인한 불이익을 부담해야 할 것이다.

반면에 피고 乙은 해당 기사형 광고가 광고임을 표시하고 기사와 명백하게 구분하여 편집하였기 때문에 독자의 오해를 막고 이익을 보호하는 데 필요한 최소한의 주의의무를 다하였다. 또한 광고대상의 불법성이 분명하거나 광고내용의 진실성을 의심할 만한 특별한 사정이 존재하지도 않고, 기사와 광고를 오인의 가능성이 없도록 분명하게 구분하고 있어 기사의 신뢰가 광고로 전이된 바가 없으므로 광고의 존재가 피해자에게 중요한 기망수단이 된다고도 할 수도 없다. 결과적으로 피고 乙에게는 과실이 있다고 할 수 없으므로 피고 乙에게 과실 방조에 관한 민법 제760조 제3항의 공동불법행위책임을 물을 수는 없다.

Ⅲ. 판례의 의의

이 판결은 기사형 광고의 본질이 기사인지 아니면 광고인지를 다시 한 번 확인해 주었으며, 기사형 광고를 게재하는 경우 이 기사형 광고가 광고임을 명시적으로 표시하고 기사와 분명하게 구분하여 편집함으로써 독자의 오인을 예방해야 하며, 기사로 오인할 수 있는 언어적 또는 비언어적 표현을 지양해야 할 광고매체의 주의의무를 다시 한 번 확인해 주었다는 점에서 의미가 있다. 특히, 최근 광고의 기법이 다양해짐에 따라서 기사의 신뢰가 광고로 전이되어 독자에게 손해가 발생하는 것을 막기 위하여 신문법 제6조 제3항에서 정하는 "기사와 광고의 명백한 구분편집의무"를 다시 한 번 강조하고, 더불어 독자의 이익을 보호하기 위하여 위법하고 진실하지 않은 기사형 광고의 내용을 조사하거나 확인하지 않고 부주의하게 게재한 언론매체에게 과실 방조에 의한 공동불법행위책임을 인정하였다는 점에서 이 판결의 의미를 찾을 수 있다. 또한 기사형 광고를 게재한 언론매체가 기사와 광고의 구분편집의무를 지켰는지에 따라서 과실을 판단하는 직무상 주의의무의 정도를 달리하였다는 점과 광고내용을 예외적으로 조사하고 확인할 의무를 신문사 등이 부담하는 경우를 구체적으로 언급하였다는 점에서 의미가 있는 판결이라고 할 수 있다. 끝으로, 이 사건은 인터넷 상거래가 문제 된 경우이기 때문에 소외 丙에 대한 신뢰가 거래의 중요한 요소로 작용하였고, 따라서 피고 甲의 기사형 광고가 소외 丙의 불법행위에, 그리고 원고의 손해발생에 중대한 영향을 미칠 수 있었다는 점도 주의할 필요가 있다.

78 허위·과장광고에 의한 분양계약과 분양권 양도, 해제

－대법원 2015. 7. 23. 선고 2012다15336 등 판결

이 동 진*

Ⅰ. 판례의 개요

1. 사안의 개요

피고 1은 부산광역시 내 '이기대 자연공원' 남쪽 바닷가 언덕 오륙도가 가까운 곳에 위치한 이 사건 부지 1에 '오륙도 SK View 아파트'를 신축, 분양하는 사업(이하 '이 사건 아파트 신축·분양사업'이라 한다)의 시행사이고, 유명 건설회사인 피고 2는 그 사업의 시공사이며, 원고들은 그 수분양자들, 또는 그 분양권 양수인들이다.

피고 1은 이 사건 아파트 신축·분양사업 이외에 이 사건 부지 1 앞 바닷가에 위치한 이 사건 부지 2에 대규모 해양공원을 신축하는 사업도 진행하고 있었다. 피고 1은 2004. 12. 2. 이 사건 아파트의 분양을 개시하면서 분양안내서, 홍보책자, 인터넷 홈페이지와 동영상광고, 견본주택 등에서 이 사건 아파트 인근에 해양공원이 설치되어 다양한 해양스포츠를 즐기고 씨푸드 레스토랑과 국내외 유명 브랜드샵에 쉽게 접근할 수 있음을 강조하였고, 또 단지 내 부산 지하철 2호선 경성대·부경대역과 연결되는 경전철이 신설될 예정임을 홍보하였다. 피고 2는 이 사건 아파트에 유명 건설회사인 피고 2의 브랜드명을 쓰게 한 이외에 이 사건 아파트 분양과정에서 피고 1이 피고 2의 상호가 기재된 휘장, 안내문, 명함 등을 쓰는 것을 묵인하였고, 분양대금 입금계좌도 피고 2의 명의로 개설되었으며, 중도금 대출도 피고 2의 연대보증 하에 이루어지도록 하는 등 분양에 관여하였다.

원고들이 이 사건 아파트를 분양받아 입주를 마친 2009년은 물론, 현재에 이르기까지 이 사건 아파트 인근의 해양공원 공사는 착공조차 하지 못한 상태이고, 경전철은 민자유

* 서울대학교 법학전문대학원 교수.

치가 이루어지지 아니하여 구체적으로 진행되고 있지 아니하다. 이 사건 아파트는 분양가격이 다른 아파트보다 비싼 편이였는데, 분양 이후 사실심 변론종결 시에 이르기까지 그 시가가 거의 상승하지 아니하였다.

공정거래위원회는 2008. 11.경 피고 2에 대하여 위 분양광고가 사실과 다르게 소비자를 오인시킬 우려가 있는 부당한 광고행위라는 이유로 '경고조치'를 하였다.

2. 소송경과

가. 원심판결[1)]

원고들은 주위적으로는 원고들과 피고 1 사이의 이 사건 분양계약이 피고 1의 해양공원 완공 등 채무의 불이행을 원인으로 해제되었거나 사기, 착오 또는 폭리행위, 불공정약관 등으로 무효이거나 취소되었다면서 피고 1은 분양자의, 피고 2는 '실질적 계약당사자'의 지위에서 각자 기 납입분양대금 및 그에 대한 법정이자 내지 지연손해금의 지급을 구하고, 예비적으로는 해양공원 완공 등 채무의 불이행 또는 해양공원, 경전철 등에 대한 허위·과장광고를 원인으로 하는, 후자에 대하여는 「표시·광고의 공정화에 관한 법률」(이하 '표시광고법'이라 한다)에 터 잡은, 손해배상을 구하는 소를 제기하였다. 원심은, (1) 피고 2는 실질적 계약당사자에 해당하나, (2) 해양공원 완공은 피고 1이 시행하는 사업이기는 하나 이 사건 아파트 신축·분양과는 별개의 사업으로 계약의 내용이 되지 아니하고, (3) 해양공원이 완공되지 아니하거나 경전철이 개통되지 아니할 것임을 알면서 그와 같이 광고하였다고 보기 어려우며, 위와 같은 점이 수분양자의 분양계약 체결의 동기가 되었다 하더라도 그러한 동기가 계약내용이 되었다고 보기 어렵고, (4) 이를 폭리행위, 불공정 약관이라고 할 수도 없다는 이유로 주위적 청구와 예비적 청구 중 채무불이행책임 부분을 모두 기각하고, 해양공원과 경전철에 관한 광고가 신의성실에 반하여 비난받을 만한 정도의 허위광고라고 볼 수 있다면서 표시광고법상의 손해배상청구를 인용하였다. 그리고 그 재산적 손해, 즉 분양가격과 시가 내지 적정가격의 차액을 산정할 수 없다면서 위자료 배상을 인정하였다. 다른 한편, 원고들 중 일부는 위와 같은 사유를 들어 분양계약이 적법하게 해제되었다고 주장하면서 분양대금 중도금의 납입을 지체하였고, 이에 피고 1이 분양계약을 해제하였는데, 원심은 이들 원고들에 대하여는 이미 분양계약이 해제된 이상, 계약책임은 물론 불법행위책임도 물을 수 없다면서 청구를 모두 기각하였다.

---

1) 부산고등법원 2011. 11. 6. 선고 2009나11501 등 판결.

나. 대법원 판결[2)]

이에 원고들 중 일부와 피고들이 쌍방 상고하였다.

대법원은 원심의 판단 중 경전철에 관한 광고가 기본계획단계에 그쳐 불확실성이 매우 높은 상황임을 알리지 아니하여 허위광고라는 부분에 대하여는, 광고의 내용과 그때까지 경전철 사업의 진행경과에 '계약에서 일방 당사자가 상대방 당사자의 이익을 보호하거나 배려하여야 할 의무를 부담한다고 볼 수는 없음이 원칙이고, 통상의 거래관념에 의하더라도 광고를 하는 사업자가 자신에게 불리한 내용을 유리한 내용과 동일한 정도로 설명할 것이라고 기대하기는 어려운 점'을 보태어 허위·과장광고에 관한 법리 오해의 위법이 있다고 지적한 이외에 대부분의 쟁점에서 원심을 지지하였고, 분양계약이 적법하게 해제되면 수분양자로서는 계약책임은 물론 불법행위책임도 물을 수 없게 된다는 판단에 대하여는 그 결론을 지지하면서 아래 3. 나.와 같이 논거를 제시하였다. 그러나 원심판결 중 본래의 수분양자가 아닌 분양권 양수인들의 청구 부분에 대하여는, 아래 3. 가.와 같은 점을 문제 삼아 이를 파기·환송하였다.[3)]

3. 판례의 요지

가. 분양권 양도와 손해배상청구

표시광고법상 허위·과장광고로 인한 손해배상청구권은 불법행위에 기한 손해배상청구권의 성격을 가진다고 할 것인데, 계약상 지위의 양도에 의하여 계약당사자로서의 지위가 제3자에게 이전되는 경우 계약상의 지위를 전제로 한 권리관계만이 이전될 뿐 불법행위에 기한 손해배상청구권은 별도의 채권양도절차 없이 제3자에게 당연히 이전되는 것이 아니므로, 표시광고법상 허위·과장광고로 인한 손해배상청구권을 가지고 있던 아파트 수분양자가 수분양자의 지위를 제3자에게 양도하였다는 사정만으로 그 양수인이 당연히 위 손해배상청구권을 행사할 수 있다고 볼 수는 없고, 다만, 허위·과장광고를 그대로 믿고 허위·과장광고로 높아진 가격에 수분양자 지위를 양수하는 등으로 양수인이 수분양자 지위를 양도받으면서 허위·과장광고로 인한 손해를 입었다는 등의 특별한 사정이 있는 경우에만 양수인이 그 손해배상청구권을 행사할 수 있다고 할 것이다.

---

2) 대법원 2015. 7. 23. 선고 2012다15336 등 판결.

3) 해설로, 이원석, "아파트 허위·과장광고로 인한 표시광고법상 손해배상책임에 있어 수분양자 지위가 양도된 경우와 분양계약이 해제된 경우의 법률관계", 『대법원판례해설』, 제105호(2016), 495면 이하, 평석으로 이동진, "분양광고에 의하여 유발된 착오와 표시광고법상 책임", 『재산법연구』, 제35권 제4호(2019. 2), 31면 이하.

나. 분양계약의 해제와 손해배상청구

아파트 분양과 관련된 표시광고법상 허위·과장광고로 인한 손해배상청구에서 손해는 수분양권의 실제 가격과 허위·과장광고가 없었을 경우 수분양권의 적정한 가격 사이의 차액이라고 할 것인데, 수분양자가 허위·과장광고로 인한 손해배상청구권을 보유하고 있던 중 분양계약이 해제로 소급하여 소멸하게 되면 해제의 효과로서 당시까지 납입하였던 분양대금에 대하여는 반환청구권을 가지게 되고 향후의 분양대금 지급채무는 소멸하게 되므로, 분양계약이 유효하게 존재함을 전제로 하는 위와 같은 차액 상당의 손해도 없어지게 된다.

II. 해 설

1. 허위·과장광고로 인한 손해배상과 분양계약의 해제

가. 허위·과장광고로 분양계약을 체결한 상대방의 사법(私法)상 구제 일반

분양사업자가 허위·과장광고를 하여 그 수분양자가 분양계약을 체결한 경우는 광고법의 사법(私法)적 측면과 관련하여 가장 빈번하게 문제되는 사안유형이다. 이때 수분양자로서는 (1) 계약법적으로는 광고의 계약내용 편입을 전제로 한 계약책임과 사기, 착오를 이유로 하는 취소 및 사정변경을 원인으로 하는 해제 등을, (2) 불법행위법적으로는 표시광고법상의 손해배상책임을 주장하는 것이 보통이다. 판례는 광고 중 목적물에 관한 부분은 이의의 유보가 없는 한 계약에 편입되어 계약책임이 인정되나, 그 이외의 사정에 관한 부분은 계약에 편입될 수 없고, 사안에 따라 다르기는 하나, 사기는 고의를 요하고 착오는 대개 동기의 착오에 불과할 뿐 아니라 중요부분에 관한 착오가 되지 아니하며 예견불가능한 사정변경이 발생하였다고 할 수도 없다는 등의 이유로 계약법상의 구제를 모두 부인한 다음, 표시광고법상 손해배상책임을 인정하는 것이 일반적이다.

대상판결은 이러한 일반적인 해결을 거의 그대로 답습하고 있고, 그 당부는 별론, 이러한 해결과 관련하여 새로운 법리를 제시하지는 아니한다. 다만 대상판결의 사안에서는 피고 1이 이 사건 아파트 신축·분양과 해양공원 조성의 두 사업을 다 추진하고 있었다는 특징이 있었고, 때문에 원고들은 해양공원 조성에 관한 광고도 분양계약에 편입되어 있음을 전제로 계약책임을 물었으나, 대상판결은 두 사업이 별개의 사업이고 아파트 주민이

해양공원 이용에 관하여 특별한 권리나 법적 지위를 부여받는 것도 아님을 들어 해양공원 조성에 관한 광고는 분양계약에 편입되지 아니한다고 하였는데, 이 부분 판단은 주목하여 볼 필요가 있다.

나. 분양계약의 해제와 재산적 손해의 소멸

나아가 대상판결은 허위·과장광고를 이유로 표시광고법상의 손해배상책임을 묻는 경우 그 손해액은 수분양권의 실제 가격과 허위·과장광고가 없었을 경우 수분양권의 적정한 가격 사이의 차액이고, 그 증명 내지 산정이 곤란한 경우에는 위자료를 인정할 수도 있다고 한다. 이 또한 확립된 판례를 재확인한 것이다.

그러나 분양계약이 해제된 경우 위 손해가 소멸한다는 법리는 대상판결이 처음 제시한 것이고, 검토할 필요가 있다.

이 법리는 일견 기이한 느낌을 준다. 일단 발생한 손해는 그 손해 자체가 복구되어 손해배상청구권의 요건이 사후에 탈락하거나 손해배상금이 변제 등으로 만족되어야 소멸하는데, 분양계약의 해제는 이들 중 어느 것에도 해당하지 아니하기 때문이다. 그럼에도 불구하고 위 법리는 결론적으로 타당하다. 손해배상법상 손해는 기본적으로 차액설에 의하여 파악된다. 위법행위가 있는 실제 재산상태와 위법행위가 없었더라면 있었을 가정적 재산상태의 차이가 곧 손해인 것이다. 허위·과장광고로 분양계약을 체결한 수분양자의 현재의 재산상태는 허위·과장광고에 의하여 많은 돈을 주고 분양 목적물을 취득한 상태이다. 문제는 허위·과장광고가 없었더라면 존재하였을 가정적 재산상태인데, 판례는 이를 더 적은 돈, 즉 이른바 적정한 가격을 주고 분양 목적물을 취득한 상태라고 이해한다. 양자는 분양 목적물을 보유한다는 점에서는 같으나 지출한 돈이 실제 분양가격과 적정한 분양가격으로 차이가 있고, 그 차이가 곧 (순수 경제적 손해(pure economic loss) 로서) 배상의 대상이 된다. 그런데 분양계약 자체가 해제되면 허위·과장광고 유무와 관계없이 피해자는 분양 목적물을 취득하지 아니하고 분양가격 상당의 돈도 그대로 보유한다. 즉, 가정적으로 위법행위 전후의 재산상태가 똑같아지는 것이다. 그러니 그 차액도 영(零, 0)이 될 수밖에 없다. 매우 이례적이지만, 논리적으로는 별 흠이 없는 결론이기도 하다.

다. 분양계약의 해제와 이른바 위자료의 보완적 기능

대상판결은 별다른 논증 없이 위와 같은 이유만으로 분양계약이 해제된 원고들의 손해배상청구를 모두 기각하였다. 그러나 분양계약이 해제되지 아니한 원고들의 청구를 인용하면서 대상판결의 원심이 허위·과장광고를 신뢰하고 분양계약을 체결하였다가 이 사건 아파트가 위 광고와 같은 주거환경과 교통환경을 갖추지 못함을 알게 되어 정신적 고통을 받았음이 경험칙상 인정된다면서 위자료를 인정하였다는 점을 생각해본다면 이러한 결론에는 약간의 의문이 남는다. 위자료는 정신적 고통에 대한 배상인데, 그 결과 분양계약이 해제되었다면, 그것도 정신적 고통을 입은 원고들에 의하여서가 아니라 그러한 점을 들어 다투는 과정에서 중도금을 납입하지 아니하였다는 이유로 피고 측에 의하여 분양계약이 해제되었다면 정신적 고통은 배가되었으면 배가되었지 분양계약 해제로 소멸할 수는 없기 때문이다.

이러한 문제가 생기는 것은 여기에서 위자료가 재산적 손해의 증명곤란을 피하기 위한, 즉 이른바 보완적 기능을 위한 위자료로서, 위자료의 이름을 빌린 재산적 손해에 대한 배상이기 때문이다. 대상판결은 이른바 위자료의 보완적 기능이 전혀 고유한 위자료가 아니고 재산적 손해를 우회적으로 인정하는 것임을 간접적으로 보여준 셈이다. 허위·과장광고와 분양계약에 관한 리딩 케이스(leading case)인 대법원 2007. 6. 1. 선고 2005다5812, 5829, 5836 판결이 이러한 위자료 배상을 인정한 원심을 유지하는 바람에 이 영역에서는 재판실무상 아직도 위자료의 보완적 기능이 널리 활용되고 있다. 그러나 성질상 손해액의 증명이 곤란할 때 법관이 상당한 금액의 배상을 명할 수 있음이 일반적으로 인정되고 있는 오늘날 이와 같은 법리는 필요하지 아니하다. 폐기되어야 할 것이다.

2. 허위·과장광고로 인한 손해배상과 분양권 양도

가. 분양권 양도의 법적 성질

대상판결에서 좀 더 중요한 쟁점은 위와 같은 손해배상청구권을 분양권 양수인이 행사할 수 있는가 하는 점이었다.

분양권 양도는 분양계약의 당사자로서의 지위의 양도, 즉 분양계약의 인수이다. 선분양 후시공의 경우 계약체결 당시에는 부지확보와 기초공사 정도만 이루어져 있거나 부지만 확보한 채 착공도 하지 아니한 상태이고, 이후 수분양자들로부터 분양대금을 납입 받아 그 돈으로 계속 공사를 진행하게 된다. 따라서 분양계약 체결 후 입주에 이르기까지 상당한 시일, 보통 수년이 소요되는데, 이미 그 사이에 분양계약 당사자로서의 지위 자체에 가격(이른바 프리미엄)이 형성되고 또 분양대금 중도금 및 잔금을 납입하여야 하는데 수분양자로서는 이를 납입할 자력과 신용이 없거나 없게 될 수도 있으며 더는 그 부동산을 원하지 아니하게 될 수도 있다. 분양권 시장이 형성되고, 투기 등을 조장한다 하여 규제의 대상이 되곤 한 까닭이다. 그런데 이때 수분양자는 분양대금 등을 납입할 의무와 그 대가로 목적 부동산을 취득할 권리를 가지고 있고, 분양권 양도는 양자 모두를 포괄하므로 채권양도나 면책적 채무인수로 축소될 수 없다. 분양권 양도는 체결 후 아직 다 이행되지 아니한 분양계약 당사자의 지위의 양도일 수밖에 없는 까닭이 여기에 있다.

계약상 지위의 양도 내지 계약인수는 본래의 계약의 당사자와 그 상대방 및 양수인 세 사람의 합의에 의하여 이루어진다. 분양권 양도의 경우 분양자와 수분양자, 양수인의 합의가 필요하다. 이러한 삼자 합의는 한 번에 이루어질 수도 있지만, 수분양자와 양수인 사이에 이루어지고 분양자는 사전 또는 사후에 동의할 수도 있다. 실무상으로는 분양자가 미리 분양권 양도에, 특별한 사정이 없는 한 일정 횟수 내에서는, 동의하기로 하는 계약조항을 두는 예가 많다.

나. 허위·과장광고로 인한 손해배상과 분양권 양도

계약상 지위의 양도 내지 계약인수는 하나의 단일한 법률행위라는 것이 판례·통설이다. 그러나 구체적으로 이전되는 권리·의무의 범위는 어디까지나 해석의 문제로써, 양도대상이 된 계약상 권리·의무라 하더라도 일부만 양도하는 것도 얼마든지 가능하다.

그렇다면 허위·과장광고로 인한 손해배상청구권은 분양권 양도의 범위에 포함되는가. 대상판결은 허위·과장광고로 인한 손해배상청구권의 법적 성질이 불법행위책임에 속함을 들어 이를 부정하면서, "허위·과장광고를 그대로 믿고 허위·과장광고로 높아진 가격에 수분양자 지위를 양수하는 등으로 양수인이 수분양자 지위를 양도받으면서 허위·과장광고로 인한 손해를 입었다는 등의 특별한 사정이 있는 경우"에 한하여 양수인이 손해배상청구권을 행사할 수 있다고 한다.

먼저, 불법행위법적 측면을 본다.

허위·과장광고로 인한 손해배상청구권은 허위·과장광고가 위법함을 전제한다. 그로 인한 피해자의 범위에는 별 제한이 없으므로 분양계약 등 계약관계가 존재할 필요도 없다. 본래 표시광고법은 불공정한 광고 등의 행위를 부정경쟁행위로 제재하는 법이고, 비교 및 비방광고는 물론 허위·과장광고도 불법적인 경쟁수단을 제재하기 위한 것이므로, 피해자에는 광고주와는 직접 계약관계가 없는 경쟁자, 경업자(競業者)가 포함되는 것이 당연하다. 어느 모로 보아도 이것이 불법행위를 원인으로 하는 손해배상청구권이라는 점은 부정할 수 없다. 또한 허위·과장광고로 인하여 분양계약이 체결된 경우, 판례에 따르면, 높은 분양가격을 부담한 것 자체가 손해이고, 그러한 손해는 수분양자가 분양계약을 체결함으로써 이미 그에게 발생한다.

그러나 허위·과장광고가 시장가격에 영향을 주어 가격이 높게 형성되어 있는 상황에서 분양권 양도가 이루어지는 경우 분양권 양수인도 허위·과장광고로 높은 가격에 분양권을 양수하였다고 할 수 있고, 그 범위에서 '높은 가격'이라는 손해를 직접 입는다. 이는 시장에서 허위·과장광고의 영향이 제거되지 아니한 이상 일반적으로 긍정될 수 있을 것이다. 대상판결은 분양권 양수인이 '허위·과장광고를 믿고' 거래하였을 것을 요구하나, 광고가 시장가격에 영향을 미치고 그 가격에 거래한 이상 인과관계가 긍정된다고 봄이 상당하다(이른바 시장에 대한 사기 이론, fraud-on-the-market theory). 대상판결은 직접 언급하지 아니하나, 이처럼 분양권 양수인이 같은 허위·과장광고의 영향 하에 높은 가격에 분양계약의 당사자로서의 지위를 양수하였다면 그로써 수분양자는 자신의 손해를 분양권 양수인에게 전가(轉嫁; pass-on)한 것이고, 따라서 수분양자의 손해는 소멸하였다고 보아야 한다. 그 법적 근거로는 손익상계가 적절하다.

결국 어떤 광고가 허위이거나 과장된 것임이 분양권 양도 전 드러나 시장가격이 하락한 상태에서 분양권 양도가 이루어진 경우에는 수분양자는 분양권 양수인에게 분양권을 더 싼 값에 팔 수 밖에 없으나, 그 대신 스스로 분양자 내지 광고주를 상대로 표시광고법상 손해배상을 청구할 수 있다. 반면, 그러한 점이 분양권 양도 후 드러난 경우에는 분양권 양수인은 더 높은 가격에 분양권을 매수한 대신 광고주를 상대로 표시광고법상 손해배상을 청구할 수 있고, 수분양자는 손해가 소멸하여 그 범위에서 광고주에게 아무런 청구도 할 수 없게 되는 것이다.

그러나 일견 합리적으로 보이는 이러한 해결에는, 계약법적 관점에서, 문제가 있다. 이 점을 단적으로 보여주는 상황이 앞서 언급한 분양계약의 해제이다. 분양권 양도는 계약상 지위의 양도이고, 그 결과 원칙적으로 수분양자는 계약 당사자의 지위를 상실하며 분양권 양수인이 새로운 계약 당사자가 된다. 분양계약이 해제될지 여부는 이제 분양자와 분양권 양수인의 손에 달려 있고, 수분양자와는 무관한 것이다. 분양자나 분양권 양수인이 어떠한 사유, 가령 대금지급지체나 분양 목적물이 약속한 바와 현저히 다르다는 등의 이유로 적법하게 해제하거나 분양계약을 합의 해제하는 것을 막을 수는 없다. 이때 수분양자에게 남아 있던 손해배상청구권은 어떻게 되는가. 소멸하는가, 아니면 이때에는 예외적으로 남는다고 보아야 하는가. 계약상 지위의 이전에 수반하는 권리·의무의 범위는 계약상 지위를 이전하기로 하는 약정해석의 문제이므로, 청구권이 불법행위책임인지 계약책임 내지 계약유사책임인지가 중요한지 의문이다.

이러한 문제는 허위·과장광고로 인한 수분양자의, 분양가격과 적정한 가격의 차액 상당의 손해배상청구권이 분양계약을 전제하여야 가능하다는 점에서 비롯한다. 이익상황에 비추어볼 때 오히려 특별한 사정이 없는 한 위와 같은 손해배상청구권은 분양권 양도에 당연히 수반하는 것으로 ‘해석’하거나, 그러한 청구권의 존재가 분명하지 아니한 때에는 당연히 수반하는 것으로 봄이 상당하다.

Ⅲ. 판례의 의의

대상판결은 분양광고와 분양계약에 관한 일련의 판례 법리를 종합하는 판결이다. 종전의 법리를 재확인하고, 어떠한 광고내용이 계약에 편입되는지에 관하여 종전의 법리를 좀 더 세밀하게 다듬었다. 특히 주목되는 점은 대상판결이 분양계약이 해제되면 손해배상을 구할 수 없게 된다는 점과 분양권이 양도된다 하더라도 위 손해배상청구권이 당연히 이전하는 것은 아니고, 특히 허위·과장광고임이 분양권 양도 전 밝혀진 경우에는 수분양자에게는 여전히 손해배상청구권이 있는 반면 분양권 양수인에게는 손해배상청구권이 없다는 점을 분명히 하였다는 것이다. 위 두 쟁점에 관하여는 대상판결이 최초의 판결이자 선례이다.

위 두 판시 중 분양계약의 해제된 경우 손해배상청구권이 소멸한다는 부분은 일견 불법행위법 내지 손해배상법의 기본 법리로부터 당연히 도출되는 것처럼 보이지만, 이때 손해배상청구권은 분양계약상 대금감액의 실질을 가진다는 점을 여실히 드러낸다. 그리하여 아직까지도 분양광고 영역에서는 활발히 활용되고 있는 이른바 재산적 손해를 보완하는 위자료의 문제를 부각시키고, 대상판결의 또 다른 주요 법리, 즉 분양권 양도시 손해배상청구권이 당연히 수반하지는 아니한다는 법리의 문제점도 보여준다. 불법행위를 원인으로 하는 손해배상청구권은 계약상 지위의 양도에 당연히 포섭되지는 아니한다는, 즉 청구권의 법적 성질이 문제가 된다는 접근도, 일반적으로 타당하다고 할 수 없다.

79 포털사이트의 광고를 변경하는 프로그램의 위법성 판단기준

-대법원 2016. 4. 29. 선고 2013다42953 판결

임 상 혁*

Ⅰ. 판례의 개요

1. 사안의 개요

원고가 개발한 소프트웨어 프로그램(이하 '클라우드웹(Cloudweb)'이라 한다)은 주요 검색 포털사이트인 다음, 네이버, 네이트, 구글 등에서 제공되는 콘텐츠 구성을 추가, 삭제 혹은 순서를 변경하거나, 해당 포털사이트의 전체적인 디자인, 스킨, 글꼴 등을 변경할 수 있는 기능을 가지고 있다. 이러한 프로그램이 사용자들 사이에 배포되기 시작하자, 피고(포털사이트 '다음')는 원고가 자신의 신용과 고객흡입력을 무단으로 이용하고, 피고가 기존에 제공하는 광고들과 유사한 디자인을 사용함으로써 피고의 영업을 방해하고 피고가 얻어야 할 광고영업의 이익을 무단으로 침해하였다고 사용중지를 요청했다. 그러자 원고는 자신들의 프로그램이 피고의 권리를 침해한 것이 아니라면서 본 채무부존재확인 소송을 제기한 것이다.

2. 소송경과

이렇게 소송이 제기되자, 피고는 원고가 인터넷 사용자들에게 이 사건 프로그램을 제공, 배포하는 행위는 피고의 검색광고 영업을 방해한 것이고, 포털사이트 디자인을 무단으로 변경하여 저작권법상의 권리를 침해한 것일 뿐만 아니라, 「부정경쟁방지 및 영업비

* 법무법인 세종 변호사, 법학박사.

밀보호에 관한 법률」(이하 '부정경쟁방지법'이라 한다)의 영업주체혼동행위에 해당하므로 피고는 원고에게 불법행위에 따른 손해배상의무가 있다고 주장했다. 그러나 이 사건에서 제1심[1)]과 제2심,[2)] 그리고 대법원[3)] 모두 원고의 주장을 받아들여 본 프로그램의 개발과 유포가 피고의 권리에 대한 침해가 아니라고 판결을 했다.

3. 판례의 요지

본 사건에서 법원의 판단은 다음과 같다. (1) 이 사건 프로그램은 동의한 사용자의 컴퓨터 내에서만 설치·실행되고, 위 프로그램이 실행된다고 하더라도 해당 포털사이트 자체에 직접 작용하거나 어떤 변경을 일으키지는 않으며, 나아가 인터넷 관련 기술의 발전이나 다양한 웹브라우저 환경의 이용가능성 등을 감안할 때 개별 인터넷 사용자들은 자신의 컴퓨터 내에서 그 기호에 따라 포털사이트가 제공하는 정보 및 이미지를 변경하여 열람할 권리가 있다고 보아야 하고, 포털사이트 제작자는 자신의 저작권을 이유로 개별 사용자들의 선택에 따른 개인적 화면 변경의 행태까지 규제할 수는 없다. (2) 인터넷 사용자들이 이 사건 프로그램을 이용하여 화면 설정을 변경한 결과로 피고가 의도한 바와 다르게 피고의 포털사이트에 피고가 유치한 광고주의 광고가 노출되지 않거나, 다른 포털사이트의 광고가 피고의 포털사이트에 삽입되어 나타나거나, 피고의 포털사이트 내에서 다른 포털사이트의 광고가 피고의 광고보다 더 상위에 나타남으로써 피고가 예상한 광고수익을 얻지 못하게 된다 하더라도, 이는 개별 사용자들이 이 사건 프로그램을 이용하여 개인화면 설정을 변경한 결과로 발생하는 사실상의 효과일 뿐이며, 이러한 피고의 광고수익 감소가 원고의 위 프로그램 제공, 배포행위로 인하여 직접적으로 초래된 결과라고는 보기는 어렵다. (3) 인터넷 홈페이지도 그 구성형식, 소재의 선택이나 배열에 있어서 창작성이 있는 경우에는 이른바 편집저작물에 해당하여 독자적인 저작물로 보호받을 수 있는 것이 원칙이다. 하지만 개별 인터넷 사용자들에게 자신의 컴퓨터에서 개인적으로 화면 설정을 변경할 자유가 있는 이상 각 사용자들이 포털사이트가 제공하는 디자인을 그대로 사용할지, 원고가 제공하는 디자인 틀 중에 하나를 택하여 사용할지, 아니면 또 다른 방식으로 화면을 변경하여 사용할지는 개별 사용자들의 기호와 선택에 따른 결과라고 보아야 하는 점 등을 감안하여 볼 때, 원고가 제공·배포한 이 사건 프로그램이 기존 포털사이트의 디자인을 변경하는 기능을 가지고 있다는 사실만으로는 이것이 피고의 포털사이트 화면 자

1) 서울중앙지방법원 2011. 8. 11. 선고 2010가합111327 판결.
2) 서울고등법원 2013. 5. 3. 선고 2011나66544 판결.
3) 대법원 2016. 4. 29. 선고 2013다42953 판결.

체의 동일성을 손상할 정도로 그 내용이나 형식을 변경함으로써 위 포털사이트의 제작·운영자인 피고의 권리를 침해한 것이라고 인정하기는 부족하다. (4) 피고의 회원약관의 규제내용은, 포털 사이트 사용자들의 특정한 행위가 다른 사용자들, 다른 회원들에 대한 피고의 정상적인 서비스를 불가능하게 하는 경우를 금지하는 것으로 해석될 뿐이고, 사용자가 자신의 사적인 공간인 컴퓨터 화면에 그 스스로의 선택에 따라 모니터에 현출되는 내용을 다르게 편집하는 경우까지 금지하는 것으로 보기는 어렵다. 또한 이 사건 프로그램은 개별 사용자가 콘텐츠를 취사, 선택하면 그에 따라 컴퓨터의 화면상 해당 콘텐츠가 추가되거나 삭제되어 디스플레이되는 것일 뿐, 어떤 콘텐츠 자체를 복제하거나 공중송신하는 기능은 없어, 이 사건 프로그램의 실행만으로 피고의 저작권이나 데이터베이스 제작자의 권리를 침해되었다고 하였다고 보기는 어렵다. (5) 부정경쟁방지법상의 부정경쟁행위는 행위자가 타인의 영업임을 표시하는 표지와 동일, 유사한 것을 사용할 것을 요건으로 하고, 타인의 영업표지를 사용한다고 하기 위해서는 적어도 타인의 영업표지를 행위자 자신의 영업의 출처를 나타내는 방법으로 사용해야 하는데, 화면에 피고와 관련이 없음을 표시[4)]하는 등을 살펴보면, 원고가 피고와 자신을 혼동하도록 하기 위해서 피고의 상호를 사용하였다거나, 피고와 제휴관계에 있는 것으로 보이기 위해 피고의 상호를 사용하였다고 보기는 어렵다.

II. 해 설

1. 쟁점의 정리

이 사건은 원고가 개별 사용자로 하여금 '네이버·다음·네이트·구글'의 4대 포털사이트가 제공하는 화면에서 원하는 콘텐츠의 추가·삭제·위치변경 및 스킨과 색상을 포함한 전체 디자인의 변경을 가능하게 해주는 '클라우드 웹'이라는 이름의 개인화 툴 프로그램을 제공하여 배포하였는데, 이러한 원고의 행위가 피고 포털사이트에 대한 불법행위가 성립하는지 여부가 쟁점이다.

이에 대하여 법원은 원고가 이 사건 프로그램을 제공·배포함으로써 피고의 광고영업 수익에 대응하는 다른 영업적 이익을 얻었다고 볼 수 없고, 피고의 광고 수익 감소는 개

4) 화면 하단에는 "클라우드웹 서비스는 사용자의 인터넷 검색의 편의와 자율성을 위해 만들어졌으며, 네이버, 네이트, '다음', 구글, 빙 등의 검색서비스와는 어떠한 제휴관계가 아님을 알려 드립니다"는 내용이 명시되어 있다.

별 사용자들이 개인화면 설정을 변경한 결과로 발생하는 사실상의 효과일 뿐이라고 보았다. 즉 이 사건 프로그램은 웹페이지 화면을 개인 컴퓨터 내에서 변경할 수 있게 하는 것에 불과하므로 피고의 영업을 방해하는 위법행위라고 볼 수 없고, 피고의 광고영업 수익이 감소하는 결과가 발생하였다 하더라도 이것이 원고의 행위와 상당인과관계가 있는 손해라고 볼 수도 없다는 것이다. 또한 이 사건 프로그램을 통하여 개별 사용자의 컴퓨터 내에서만 사용자가 설정하는 바에 따라 화면이 변형되어 보일 뿐이고, 피고의 포털사이트 자체의 동일성이 손상되었다고 볼 수 없다. 그리고 개별 사용자들이 자신들의 컴퓨터 화면만을 변경하는 행위를 위법하다고 볼 수는 없으므로, 이 사건 프로그램을 제공·배포한 행위만으로 원고에게 불법행위에 대한 방조책임을 물을 수도 없다고 보았다.

이는 원고가 이 사건 프로그램을 개별 인터넷 사용자들에게 제공·배포하여 그 개별 사용자들이 자신의 사용자 화면을 일부 변화시켜서 본다고 하더라도, 그로써 개별 사용자의 컴퓨터에 전송되는 HTML 코드가 변경되지는 않는 것이므로, 원고의 위와 같은 프로그램 제공·배포행위로 인하여 피고의 포털사이트 웹페이지의 동일성이 손상된다고 볼 수는 없다고 본 것이다. 또한 포털사이트에 접속한 개별 사용자들이 거기에서 제공되는 광고 등 콘텐츠를 본래의 형태와 내용 그대로 열람하여야 할 법령상 또는 계약상의 의무를 부담한다고 볼 근거가 없는 이상, 개별 사용자들이 이 사건 프로그램을 사용함으로써 피고가 제공한 광고가 차단되거나 다른 사이트의 광고로 대체되는 등으로 포털사이트의 광고효과가 감소되는 불이익이 발생한다고 하더라도, 이는 최종소비자가 각자의 선호에 따라 이용 방식을 변경함으로써 생기는 사실상의 효과일 뿐이므로, 원고가 이 사건 프로그램을 제공·배포한 것만으로 부당한 수단을 사용하여 개별 인터넷 사용자와 피고 사이 또는 광고주들과 피고 사이에 존재하는 계약의 이행을 방해하거나 권리를 침해하는 등의 불법행위가 성립하지 않는다는 것이다.

2. 관련 판례

한편, 원고는 이 사건 프로그램과 함께 원고가 미리 설정한 스타일로 웹 화면의 스타일을 자동으로 변경시켜 주는 오토스타일링 플러그인(Auto-Styling Plugin) 프로그램을 동반 설치 방식으로 배포하기도 하였는데, 이 사건 프로그램과 오토스타일링이 함께 설치되면, 각 포털사이트의 광고링크를 인터넷 사용자의 개인 PC에서 자동적으로 삭제하고, '시퀀스링크'라는 광고링크를 불러오는 기능을 한다. 즉, 이 사건 프로그램과 오토스타일링이 설치된 후 인터넷 사용자가 피고나 네이버, 네이트 등 포털사이트에 접속하여 특정 키워드를 입력하여 검색할 경우, 사용자 컴퓨터의 포털사이트 검색결과 화면에 각 위 포털사이트들이 제공하는 광고가 삭제되고, 시퀀스링크를 제공하는 (주)애드앤클릭의 서버에 연결되어 있는 광고가 나타난다('시퀀스링크 연결효과'). 원고는 위와 같은 시퀀스링크 연결효과로 인하여, 2012. 11. 29. 피고, 네이버, 네이트 등의 광고서비스 영업활동과 혼동하게 하는 행위를 하여 부정경쟁방지법을 위반하였다는 혐의로 형사기소되었다.

이 형사사건에서 법원은 다음과 같은 사유로 원고에 대해 부정경쟁방지법을 위반하였다고 판단하고 유죄 판결을 했다.[5] 즉, ① 피고인들은 이 사건 프로그램이 설치된 사용자의 컴퓨터 화면에 피고인들이 제공하는 광고를 국내에 널리 인식된 피해자 회사들의 영업표지가 표시된 화면의 일부로 끼워 넣어 그 화면에 흡착되고 일체화된 형태로 나타나도록 한 점, ② '시퀀스링크'라는 제목과 cw라는 아이콘이 표시되어 있고, 상호 왼쪽에 '·' 표시가 있으며, 업체에 대한 설명이 상호와 같은 줄에, 홈페이지 주소가 상호 아래 줄에 있는 등 피고인들이 제공하는 광고가 피해자 회사들의 광고와 일부 다른 부분이 있으나, 검색 결과 내용 중 서로 대응하는 부분들의 글씨체, 글자 크기, 색상, 밑줄 등이 동일하고, cw라는 아이콘의 박스 형태 및 크기도 동일하며, 우측 상단의 '등록' 표시 부분도 형태, 색상, 크기가 서로 동일하여 두 광고가 전체적인 구성 및 형태, 거기에서 느끼는 지배적 인상이 매우 유사하고 구별되지 아니하는 점, ③ 시퀀스링크 광고가 검색 결과 최상단에 자리하고 있고, 시퀀스링크 광고 영역 내에 출처 표시가 현출되지 않아 시각적으로 검색 결과와 함께 즉시 확인할 수 없는 점, ④ cw 위에 마우스를 대면 "아래 컨텐츠는 네이버에서 제공하지 않으며 클라우드웹을 통해서 제공되는 검색결과 컨텐츠입니다"라는 문구가 나타나거나, 화면 우측 하단에 있는 구름 모양의 아이콘을 클릭하면 '애드앤클릭'이 제공하는 '시퀀스링크'를 "인공지능화된 고급 정보를 제공"하는 것으로 설명하는 화면이 나타나거나, 검색 결과 화면 제일 하단에 "cw 표시된 컨텐츠는 개인의 검색 자유화를 위하여 클라우드웹을 통해서 제공되는 컨텐츠이며, 클라우드웹은 네이버(또는 사이트별로 '다음'이나 '네이트')와는 어떠한 제휴관계도 없습니다"라는 문구가 표시되어 있기는 하지만, 키워드 검색 중인 사용자가 검색 결과에 주의를 집중할 것이 명백한 상황에서 cw 또는 우측 하단의 구름 모양 아이콘 위에 마우스를 대거나 검색 결과 화면 최하단의 문구를 확인하는 등의 방법으로 광고의 출처를 확인할 것을 기대하기는 어렵고, '시퀀스링크'를 "인공지능화된 고급 정보를 제공"하는 것으로 설명한 것만으로 광고의 출처를 표시하였다고 보기도 어려운 점, ⑤ 오토스타일링 플러그인 프로그램 설치 후 웹브라우저에 접속하면

5) 서울중앙지방법원 2013. 8. 20. 선고 2012고단6484 판결(제1심); 서울중앙지방법원 2013. 11. 8. 선고 2013도2909 판결(제2심); 대법원 2014. 1. 23. 선고 2013도14449 판결(제3심).

화면 우측 하단에 포털사이트별로 추가된 콘텐츠와 삭제된 콘텐츠가 무엇인지 알려주는 '플로팅 팝업창'이 나타나기는 하나, 플로팅 팝업창은 1회적으로 5초 정도 나타났다 사라지는 것이어서 그 출현 형태와 시간상 구체적인 내용을 파악하기 어렵고, 단지 추가되고 삭제되는 콘텐츠가 무엇인지 알려줄 뿐이어서 광고 출처 표시 기능을 한다고 보기도 어려운 점 등에 비추어 볼 때, 피고인들은 피해자 회사 영업표지의 식별력에 기대어 이를 피고인들 광고의 출처를 표시하는 영업표지로 사용하였고, 이로써 피고인들의 광고가 마치 피해자 회사에 의해 제공된 것처럼 오인하게 하여 피해자 회사의 광고영업 활동과 혼동을 하게 한 사실이 인정된다는 것이다.

3. 검 토

언뜻 보면 하나의 사건을 놓고 민사소송의 결론과 형사소송의 결론이 서로 모순된 것이 아닌가 생각할 수 있다. 하지만 민사소송에서는 인터넷 포털의 사용자들이 스스로 자신의 컴퓨터 화면상의 포털사이트의 인터페이스 구성을 바꿀 수 있는 개인화 툴을 제공한 행위의 적법성 문제이고, 형사소송은 이러한 툴을 제공하는 것을 넘어서 프로그램 개발자가 임의로 광고를 대체하는 기술을 적용한 자동 프로그램을 제공한 행위의 적법성 문제이므로 두 판결이 서로 모순되는 것은 아니다. 즉 민사소송에서는 프로그램을 사용자에게 제공한 행위와 사용자가 이를 이용하여 포털의 구성을 바꾸는 행위, 그리고 그러한 사용자의 변경행위와 포털의 광고수입 감소 등 연결에 있어서 각각의 인과관계가 결여되어 있기 때문에 원고의 프로그램 개발·배포행위는 포털에 대해서 위법하지 않다는 것이다. 하지만 형사소송에서는 포털 사용자의 별도 행위의 개입이 없이도 해당 프로그램이 자동으로 작동하여 웹 화면을 임의로 변경하여 기존 포털의 광고 대신에 자신들의 광고가 나타나도록 한 것('시퀀스 링크')은 포털의 광고서비스의 영업활동에 대한 직접적인 방해행위이므로 그래서 위법하다고 본 것이다.

Ⅲ. 판례의 의의

IT 기술의 발전에 따라 하루가 다르게 새로운 비즈니스모델이 등장하고 있다. 최근의 IT업계의 지적재산권 분쟁은 이러한 새로운 비즈니스모델의 적법성과 관련된 것들이 적지 않다. 특히 인터넷업계에서 늘 새로운 비즈니스모델이 탄생하지만, 이러한 비즈니스모델의 생존 사이클(life cycle)이 워낙 짧다보니 분쟁이 발생해도 법원까지 가는 경우는 별로 없고, 특히 제1심과 제2심을 거쳐 대법원 판결까지 남는 경우는 매우 드문 실정이다. 이와 같이 비즈니스모델의 적법성과 관련된 판례가 쌓이지 않고 그밖에 법률 등 뚜렷한 기준이 별로 없는 실정이다 보니 인터넷산업의 종사자들로서는 어떤 새로운 비즈니스모델을 개발하고 진행할지 여부를 판단하는데 적지 않은 혼란을 겪고 있다. 법적인 문제에 대한 막연한 불안감(vagueness)은 우리나라의 스타트업 정신을 억누르는 부작용으로 나타나기도 한다. 따라서 IT 비즈니스모델의 적법성에 대한 법원의 판결은 업계에서도 매우 중요한 기준이나 가이드라인으로 작용한다. 여기서 소개하는 판결들은 인터넷 포털사이트에 새로운 기술을 적용하는 프로그램 개발행위에 대하여 적법성을 판단했고, 그래서 더욱 중요한 시사점을 제공하고 있다.

이 사건과 비교할 만한 사건이 과거에도 있었다. 즉, 포털사이트 네이버의 광고 부분을 다른 광고로 대체하는 프로그램(MyAD 프로그램)에 대한 판결이다.[6] 이 사건에서 법원은 다음과 같은 이유로 위 MyAD 프로그램의 불법성을 인정했다. 즉, ① 채무자가 제공한 이 사건 프로그램을 설치한 인터넷 사용자들이 네이버를 방문하면 그 화면에 채권자의 광고 대신 같은 크기의 채무자의 배너광고가 나타나거나(이른바 '대체광고 방식'), 화면의 여백에 채무자의 배너광고가 나타나거나(이른바 '여백광고 방식'), 검색창에 키워드를 입력하면 검색결과 화면의 최상단에 위치한 검색창과 채권자의 키워드광고 사이에 채무자의 키워드광고가 나타나는(이른바 '키워드삽입광고 방식') 등으로, 채무자의 광고가 대체 혹은 삽입된 형태로 나타남을 알 수 있다. ② 그런데 채무자의 이러한 광고는 위와 같이 인터넷 사용자들이 네이버에서 제공하는 서비스 등을 이용하기 위하여 네이버를 방문할 때 나타나는 것이므로, 이는 결국 네이버가 가지는 신용과 고객흡인력을 무단으로 이용하는 셈이 된다. ③ 뿐만 아니라 그 광고방식도 채권자가 제공하는 광고를 모두 사라지게 하거나(대체광고 방식) 채권자가 제공하는 검색결과의 순위를 뒤로 밀리게 하는(키워드삽입광고 방식) 등의 방법을 사용함으로써 채권자의 영업을 방해하면서 채권자가 얻어야 할 광고영업의 이익을 무단으로 가로채는 것이다. 따라서 ④ 채무자의 위와 같은 광고행위는 인터넷을 이용한 광고영업 분야에서 서로 경쟁자의 관계에 있는 채권자가 상당한 노력과 투자에 의하여 구축한 네이버를 상도덕이나 공정한 경쟁질서에 반하여 자신의 영업을 위하여 무단으로 이용함으로써, 채권자의 노력과 투자에 편승하여 부당하게 이익을 얻는 한편, 법률상 보호할 가치가 있는 이익인 네이버를 통한 채권자의 광고영업 이익을 침해하는 부정한 경쟁행위로서 민법상 불법행위[7]에 해당한다고 본 것이다. 위에서 검토한 클라우드웹 민

6) 대법원 2010. 8. 25.자 2008마1541 결정.

사사건은 이와 같은 MyAD 프로그램 판결에서 나타난 기준을 우회하기 위해서 포털사이트의 사용자에게 선택권을 부여하고 이러한 사용자의 행위를 매개로 하여 위법성의 고리를 끊은 것이다.

미국에서 광고를 삭제하는 기능을 가진 기술에 대해서 대표적인 것은 Dish 사건[8]이다. Dish Network은 시청자가 인터넷 환경에서는 언제든지 방송프로그램을 녹화할 수 있도록 하는 일종의 DVR 서비스(Dish Anywhere)를 제공하면서, 시청자가 Fox 등 방송사의 프라임 타임 프로그램의 광고를 자동적으로 스킵하여 녹화할 수 있는 서비스(Autohop)도 제공했다. 이에 Fox는 저작권법 위반이라고 소송을 제기했는데, 법원은 이러한 서비스가 시청자들에게 스스로 녹화하는 것을 제공하였을 뿐이므로 위법하지 않다고 판결했다. 녹화하고 전송하가 불법인지는 시청자의 영역이라는 것이다. 아울러 Autohop 서비스도 시청자의 의사에 따른 녹음이고, 시청자가 Autohop을 사용한 녹화행위는 Sony 사건[9]과 마찬가지로 공정이용에 해당한다고 판시했다. 결국 Dish 사건에서도 미국 법원은 시청자에게 행위의 개입이 있는 경우에는 서비스제공자에게 면책을 부여한 것이다.

콘텐츠 사업자 특히 인터넷 플랫폼 사업자들에게는 콘텐츠의 직접적인 판매수익보다는 콘텐츠의 판매와 연결된 광고수익이 더 많은 경우가 흔하다. 특히 포털 사업자들에게 있어서 광고수익이 차지하는 비중은 거의 절대적이라고 볼 수 있다. 한편으로 이러한 포털 사이트에 기대어 독자적인 수익을 발생시키거나 포털 사이트의 수익을 직접으로 혹은 간접적으로 대체하려는 비즈니스모델이 종종 문제가 된다. 자유로운 경쟁과 영업의 자유는 사유재산제도만큼이나 「헌법」상 중요한 가치이며, 이러한 가치들이 서로 충돌될 때 그 위법성을 어떻게 판단할지는 매우 어렵고도 중요한 문제이다. 저작권법에 있어서는 저작자의 독점적인 이익과 이용자의 자유로운 이용행위 보장이라는 두 가지 가치가 충돌하는 경우가 항상 전제되어 있고, 이에 저작권법은 이용에 있어서의 적법성 판단기준을 세우기 위해 노력해왔으며, 그 기준도 판례에 의해서 점점 세분화하면서 개별 사안에 있어서 구체적인 타당성 있는 결론을 도출하고 있다. 우리나라 「저작권법」도 저작물의 이용행위가 적법한지의 판단기준으로 ① 이용의 목적 및 성격, ② 저작물의 종류 및 용도, ③ 이용된 부분이 저작물 전체에서 차지하는 비중과 그 중요성, ④ 저작물의 이용이 그 저작물의 현

7) 위와 같은 행위는 소위 헬로키티판결(대법원 2012. 3. 29. 선고 2010다20044 판결)에서 민법 제750조의 불법행위로 인정되었는데, 그 후 부정경쟁방지법의 개정을 통해 법률상의 위법행위로 규정되었다.
부정경쟁방지 및 영업비밀보호에 관한 법률 제2조
카. 그 밖에 타인의 상당한 투자나 노력으로 만들어진 성과 등을 공정한 상거래 관행이나 경쟁질서에 반하는 방법으로 자신의 영업을 위하여 무단으로 사용함으로써 타인의 경제적 이익을 침해하는 행위

8) Fox Broadcasting Company, Inc. v. Dish Network LLC, (9th Cir. 2013).

9) Sony Corp. of America v. Universal City Studios, Inc., 464 U.S. 417 (1984).

재 시장 또는 가치나 잠재적인 시장 또는 가치에 미치는 영향 등 4가지를 제시하고 있는데,[10] 이는 미국 판례[11]상으로 발전하여 저작권법에 수용된 공정이용(fair use) 조항[12]과 사실상 거의 동일하다. 포털 사이트나 방송사의 주 수익원인 광고를 동의없이 대체하려는 기술과 관련된 국내외의 여러 판례가 제시하는 판단요소들도 위와 같은 공정이용조항에서 제시하는 기준들과 사실상 유사하다고 볼 수 있다. 미국에서는 위 네 가지 판단기준 중에서 권리자의 '경제적 이익의 침해가능성'(the effect of the use upon the potential market for or value of the copyrighted work)을 가장 중요한 요소로 보고 있다. 그런데 사실 자본주의 사회에서 사업행위 혹은 경쟁행위는 어느 면에서나 타인의 경제적 이익의 침해논란으로 쉽게 연결되기 때문에, 타인의 자유를 위해서라도 이를 지나치게 넓게 해석해서는 안될 것이고 그래서 이를 제한하는 기준도 발달해 왔다. 그런 입장에서 판례들이 권리자의 경제적 이익의 침해가 행위자의 행위로 인하여 직접 발생하였는지를 중요하게 생각하고 있으며, 만일 경제적 이익의 침해가능성은 있지만 기술 중립적인 수단만을 제공하고 제3자(이용자)의 판단이나 행위의 개입이 있는 경우에는 위법성을 부정하는 경향을 보이고 있다. 권리자의 이익 보장과 경쟁자 혹은 이용자의 행위 자유 사이의 본질적인 긴장관계(inherent tension)에 있어서 경쟁자의 행위 자유가 지나치게 제한을 받지 않고 헌법상 자유로운 경쟁이 유지되도록 하는데 있어서 불가피한 측면으로 해석된다. 다만, 이로 인하여 권리자의 권리의 본질적인 부분이 침해되거나 권리자의 비즈니스모델에 중대한 장애사유가 되지 않도록 유의할 필요가 있을 것이다.

---

10) 저작권법 제35조의3 제2항.

11) Campbell v. Acuff−Rose Music, Inc., 510 U.S. 569 (1994) 등.

12) 17 U.S.C. § 107.

80 금융투자상품의 판매자료(광고지 등)에 나타난 투자자를 오도하는 기재에 관한 불법행위 책임

-대법원 2011. 7. 28. 선고 2010다101752 판결

정 성 구*

Ⅰ. 판례의 개요

1. 사안의 개요

피고 우리자산운용 주식회사(이하 '우리운용'이라 한다)는 구 「간접투자자산운용업법」(이하 '간투법'이라 한다)상 자산운용회사로서 동법에 의거한 2개의 투자신탁(이하 '이 사건 펀드'라 한다), 일명 '우리파워인컴 파생상품 투자신탁 제1호'(이하 '제1호 펀드'라 한다)와 '우리파워인컴 파생상품 투자신탁 제2호'(이하 '제2호 펀드'라 한다)를 설정하였다. 제1호 펀드는 설정일을 2005. 11. 11.로, 만기를 2011. 11. 22.로 하며, 제2호 펀드는 설정일을 2005. 12. 28.로, 만기를 2011. 12. 26.로 하는데, 모두 각각의 신탁자산의 대부분을 합성부채담보부증권(Synthetic Collateralized Debt Obligation, 이하 'CDO증권'이라 한다)에 투자하는데 사용하며,[1] 이 CDO증권은 해외주식가격을 기초자산으로 하는 주식부도스왑(Equity Default Swap)에서 발생하는 수익을 상환재원으로 하는 것으로서 신용평가회사인 무디스(Moody's)로부터 A3의 투자적격 신용등급을 받은 것이었다.[2]

우리운용은 제1호 및 제2호 펀드에 관한 수익증권(이하 '이 사건 수익증권'이라 한다)을 간투법상 판매회사인 피고 주식회사 우리은행(이하 '우리은행'이라 한다)과 피고 주식회사 경남은행(이하 '경남은행'이라 한다)을 통해 투자자들에게 판매하였다. 이 사건 펀드들은 모

---

* 김·장 법률사무소 변호사.

1) 판례 원문에는 이를 '장외파생상품'이라고 언급하고 있으나, 이는 엄밀히 말하여 장외파생상품에 연계된 증권(파생결합증권)이므로 본문에서는 이를 CDO증권이라고 부르기로 한다.

2) CDO증권의 내용은 대단히 복잡하고, 판결 원문에서도 이를 설명하는데 상당한 부분을 할애하고 있으나, 이 문건의 목적상 해당 상품의 구조를 분석할 필요는 없으므로 생략하기로 한다.

두 원금 손실의 위험이 있으나 만기에 회수되는 원금이 얼마인지에 관계없이 설정일로부터 만기일까지 매 분기마다 최초투자신탁 설정일의 5년 만기 국고채금리에 연 1.2%를 더한 확정수익금을 투자자에게 지급하도록 설계되어 있었는데, 우리운용이 작성하여 우리은행 및 경남은행에게 제공한 상품요약서, 상품제안서, 광고지 및 판매직원들을 위한 Q&A에는 이 사건 펀드들에 관하여 다음과 같은 내용을 포함하고 있었다.

제1호 펀드 상품요약서: A4 용지 1장 분량으로서 여기에는 "6년간 매 분기마다 고정금리 지급", "세계적인 신용평가회사인 무디스가 A3 신용등급(대한민국 국가 신용등급과 동일한 등급)을 부여해 원금상환의 가능성이 국채 수준의 안전성을 가진 것으로 평가함", "매 분기마다 투자신탁 설정일의 5년 만기 국고채금리+연 1.2% 수준 수익 지급"이라는 표현이 있었다. 또한, "펀드 가입을 결정하기 전에 투자대상, 환매방법 및 보수 등에 관하여 투자설명서를 읽어 보시기 바랍니다. 본 상품은 간투법에 의하여 수탁회사에 안전하게 보관, 관리되고 있으며 운용실적에 따라 이익 또는 손실이 발생될 수 있으며 그 결과는 투자자에게 귀속됩니다."라는 경고문구가 기재되어 있었다.

제2호 펀드 상품요약서: A4 용지 2장 분량으로서, "대한민국 국가 신용등급인 A3 등급 획득한 장외파생상품에 투자", "6년 동안 [5년 만기 국고채 금리+1.2%]로 매 분기 확정 수익 지급", "만기 이전에 조기상환 시 보너스 쿠폰 4% 추가 지급", "국고채 금리 5.5% 일 때: 6.2%의 수익률, 조기상환 시 투자원금+1.65%+보너스 4.0%, 만기 시 투자원금+1.65%를 지급한다는 내용의 그래프", "시중 고금리 상품과의 수익률을 비교하는 표"가 기재되어 있었다. 또한, 하단에 "펀드 가입을 결정하기 전에 투자대상, 환매방법 및 보수 등에 관하여 투자설명서를 읽어 보시기 바랍니다. 본 상품은 간투법에 의하여 수탁회사에 안전하게 보관, 관리되고 있으며 운용실적에 따라 이익 또는 손실이 발생될 수 있으며 그 결과는 투자자에게 귀속됩니다"라는 경고문구가 기재되어 있었다.

제1호 펀드 상품제안서: A4 용지 20여장 분량으로서 첫 장 하단에 "본 상품은 실적배당상품으로 원금이 보장되지 아니하며, 손익은 투자자에게 귀속됩니다"라는 경고 문언이 기재되어 있고, 제1호 펀드 소개 부분에서는 "대한민국 국가 신용등급인 A3등급 획득한 장외파생상품에 투자", "6년 동안 [5년 만기 국고채금리+연 1.2%(예상)]로 매 분기 확정 수익 지급", "동일 만기의 시중 고금리 상품과의 비교표", "최근 성황리에 판매된 은행 후순위채 대비 더 높은 신용등급에 더 높은 금리 제안", "장외파생상품의 수익구조 및 무디스의 신용등급 등의 내용" 등이 포함되어 있었다.

제2호 펀드 상품제안서: 위 제1호 펀드 상품제안서와 유사하며 "조기상환 시: 원금+분기 이자+보너스 쿠폰 4% 지급, 만기 시: 원금+분기 이자 지급, 원금은 펀드에 투자된 장외파생상품의 수익구조에 따라 손실 가능성이 있으나, 세계적 신용평가기관인 무디스가 대한민국 국가 신용등급과 같은 A3등급을 부여해 펀드의 원금 손실가능성은 동일한 신용등급인 외화표시 국채의 부도 확률과 유사한 수준의 안전성을 갖고 있는 것으로 평가함"이라는 기재가 포함된 정도가 차이점이다.

제1호 펀드 광고지(참고로, 판례에는 제2호 펀드의 광고지에 관한 내용은 소개되어 있지 않다): "Most Innovative Product!! 우리 Power Income 파생상품 투자신탁 제1호"라는 제목의 광고지를 만들어 2005. 10. 26.경 자산운용등록협회의 사전심의를 마쳤는데, 사전심의 용도의 광고지 원안의 앞면 하단에는 "신용평가기관인 무디스(Moody's)로부터 A3등급(대한민국 국가 신용등급)을 부여받은 장외파생상품에 투자하여 국채 수준의 안정성으로 6년 동안 매 분기 고정금리 [5년 만기 국고채 금리+1.2%(예상)]으로 수익을 추구하고 만기에 사전에 결정된 방식으로 손익을 확정하는 파생상품 간접투자신탁입니다"라는 문구가 기재되어 있고, 뒷면 중간 부분에는 '펀드의 수익구조'라는 제목 아래 "원금은 펀드에 투자된 장외파생상품의 수익구조에 따라 손실가능성이 있으나, 세계적인 신용평가기관인 무디스(Moody')가 대한민국 국가 신용등급과 같은 A3등급을 부여해 원금손실 가능성은 대한민국 국채의 부도확률과 유사한 수준의 안정성을 갖고 있는 것으로 평가함"이라는 문구가 기재되어 있으며, '동일만기의 시중고금리 상품과의 비교'라는 제목 아래 이 사건 펀드의 연수익률(6.20%)을 시중은행 후순위채권(5.43%) 및 국민주택채권(5.10%)의 각 수익률과 비교하는 내용의 표가 그려져 있었고, 뒷면 하단에는 구 간투법 제59조에 따라 "간접투자상품은 운용결과에 따라 이익 또는 손실이 발생될 수 있으며, 그 결과는 투자자에게 귀속됩니다. 가입하시기 전에 투자대상, 환매방법, 보수 등에 관하여 투자설명서를 반드시 읽어보시기 바랍니다. 펀드 수익은 상황에 따라(주가지수연계증권, 장외파생상품 발행사의 파산 등) 원금손실이 발생할 수도 있습니다. 본 상품은 운용실적과 환율변동에 따라 이익 또는 손실이 발생할 수 있으며 그 결과는 투자자에게 귀속됩니다"라는 내용의 경고문언이 기재되어 있었다. 그런데, 우리운용은 광고지 디자인의 최종안을 확정할 때 뒷면 하단에 있는 경고 문언 부분의 글씨 크기를 7포인트에서 6포인트로 축소하고, 앞면 제목 아래에 "대한민국 국가 신용등급(무디스 'A3')으로 '국고채 금리+1.2%' 수익추구, 6년간 매 분기 고정금리로 지급"이라는 문구와 신용등급 A3를 강조하는 내용의 도안 등을 추가하여 판매회사를 통해 투자자들에게 배부하였다.

제1호 펀드 Q&A: 판매회사의 담당직원에 대한 교육용도로 작성된 것으로서 다음과 같은 문답이 기재되어 있었다.

Q1. 이 사건 펀드의 특징은? [① 대한민국 국가 신용등급(무디스 A3)으로, ② "5년 만

기 국고채금리(설정일 금리 기준)+1.2%" 수준의 매력적인 금리를, ③ 6년 동안 매 분기마다 확정적으로 지급하는 새로운 개념의 파생상품 펀드입니다.]

Q3. 원금보존은 되나요? [채권의 경우 발행회사가 부도나는 경우 원금손실이 발생하는 것과 마찬가지로 이 사건 펀드도 펀드에 투자된 장외파생상품의 수익구조에 따라 극단적인 경우 손실이 발생할 수도 있습니다. 그러나 세계적인 신용평가기관인 무디스(Moody's)가 본 펀드에 대한민국 국가신용등급과 같은 'A3'등급을 부여했다는 것은 펀드의 원금손실 가능성이 대한민국 국채의 부도확률과 유사한 수준으로 본 펀드는 매우 높은 안전성을 가지고 있다고 할 수 있습니다. 일반적으로 시중의 원금보존형 펀드들이 대부분 은행채 정도의 채권을 편입해 원금 보존을 추구하는 구조로 되어 있는데 이 사건 펀드는 시중은행채(대부분 무디스 신용등급 Baa1~Baa2)보다 높은 신용등급(무디스 신용등급 A3)으로 안전성이 훨씬 높습니다.]

Q6. 펀드의 Marketing Point를 간략히 말씀해 주세요! [국채 수준의 안정성으로 국채금리보다 높은 금리를 확정적으로 6년 동안이나 지급한다는 게 본 펀드의 Sales 포인트입니다.]

Q9. 어떤 고객에게 가장 적합한 상품인가요? [① 퇴직금이나 기타 여유자금을 안정적으로 운용하고자 하시는 고객, ② 후순위채에 투자하고 싶었으나 발행규모의 제한으로 투자하지 못하시고, 다른 투자 대안을 찾고 계신 고객, ③ 연금식으로 '분기 단위 생활자금'을 사용하고 싶으신 고객, ④ 이자 분산지급을 통해 금융소득종합과세를 대비하고자 하는 거액 자산가분들에게 매력적인 상품입니다. 결론적으로 6년 뒤 사용할 여유자금을 안정적으로 운용하면서 매 분기 안정적인 이자를 받고자 하시는 분들에게 적합한 상품이라고 하겠습니다.]

제2호 펀드 Q&A: 다음과 같은 문구를 포함하고 있었다. 제1호 펀드와 동일한 내용은 생략한다.

Q1. 이 사건 제2호 펀드의 특징은? [이 사건 제2호 펀드는 시중 금리에 비해 훨씬 높은 금리(설정일 5년 만기 국고채 금리+1.2%)를 펀드 상환 시까지 매 분기 고정적으로 지급하는 파생상품 펀드입니다. 펀드에 편입되는 장외파생상품은 세계적인 신용평가기관인 무디스로부터 대한민국 국가신용등급과 같은 A3 등급을 받은 구조화 채권이므로 수익구조의 안전성을 공식적으로 인정받은 상품입니다. 보수를 제하고도 같은 등급의 국고채 금리보다 무려 1.2%나 더 높은 금리를 지급하기 때문에 위험 대비 수익이 아주 높은 매력적인 상품입니다. 펀드의 만기는 기본적으로 6년이지만, 3년 이후 시점부터 매 분기 장외파생상품 운용사가 동의할 경우 조기 상환이 가능하기 때문에 가장 짧게는 3년 만에 조기상

환될 수도 있습니다. 만약에 조기상환이 될 경우에는 분기이자 외에 추가적으로 보너스쿠폰 4%를 지급하므로 수익률은 더욱 높아집니다.]

Q4. 원금은 보존되는 것인가요? [일반 채권의 경우 발행회사가 부도나는 경우 원금손실이 발생하는 것과 마찬가지로 이 사건 제2호 펀드도 펀드에 투자된 구조화 채권의 수익구조에 따라 극단적인 경우 손실이 발생할 수도 있습니다. 그러나 세계적인 신용평가기관인 무디스(Moody's)가 본 펀드에 대한민국 국가 신용등급과 같은 'A3'등급을 부여했다는 것은 펀드의 원금손실 가능성이 동일 신용등급인 외화표시 대한민국 국채, 산업은행 채권, 기업은행 채권 등의 부도 확률과 유사한 수준으로 펀드의 안전성이 매우 높다는 것을 객관적으로 판단한 겁니다. 대부분의 시중은행들의 신용등급이 "Baa1"수준이고 증권사들의 신용등급은 그보다 훨씬 낮기 때문에 무디스라는 세계 제1의 신용평가사의 기준으로 볼 때 파워인컴 펀드는 은행예금보다 원금보존의 가능성이 더 높다고 할 수 있습니다. 또한 이 사건 제2호 펀드의 경우 3년 경과시점부터 매 분기 조기상환 가능성이 있기 때문에 그 경우에는 당연히 원금이 무조건 지급됩니다.]

Q8. 펀드의 Marketing Point를 간략히 말씀해 주세요! [첫 번째 포인트는 이 사건 제2호 펀드는 무디스라는 세계 제1의 신용평가사의 기준으로 볼 때, 대한민국 국채 수준의 안전성으로 국채금리보다 훨씬 높은 금리를 제공한다는 것입니다. 두 번째 포인트는 설정 시에 확정된 금리를 펀드 상환 시까지 매 분기 고정 지급한다는 것입니다. 세 번째 포인트는 3년 경과시점부터 장외파생상품 운용사가 동의할 경우에는 조기상환이 가능하므로 최대 만기인 6년 10일 이전에 조기상환 기회가 주어지고 조기상환 시에는 4$의 보너스 쿠폰도 지급해 투자 수익을 높일 수 있다는 점입니다.]

Q12. 펀드의 수익구조와 내용을 들으니 좋은 상품이라는 느낌은 들지만 사실 이해하기가 쉽지 않고 고객에게 설명하기는 더욱 어렵습니다. 그냥 쉽게 "무디스 A3 등급을 받은 채권"이라고 설명하고 판매해도 되는지요? [파워인컴 펀드에 편입되는 구조화 채권에 대해서 완벽하게 위험요인을 다 파악할 수 있을 정도라면 파생상품에 대해서 전문가 수준에 도달했다고 무방할 정도로 깊이 있는 지식이 필요합니다. 그러한 점에서 파워인컴 펀드는 비록 아주 복잡하고 난해한 구조화 채권이 편입되는 펀드지만, 펀드의 위험성에 대해서는 세계 제1의 신용평가사인 무디스로부터 신용평가를 받고 공식적으로 신용등급을 받은 상품이기 때문에 오히려 객관적으로 위험을 설명하기 더 좋은 상품이라는 큰 장점을 가지고 있습니다. 질문에 나온 표현대로 "무디스 A3 등급을 받은 채권"에 투자하는 것으로 표현한다고 하더라도 틀린 표현은 아닙니다. 그렇지만 파워인컴 펀드의 위험성에 대해서 좀 더 자세하게 다음과 같은 표현을 쓰기를 권장합니다: "파워인컴 펀드에 편입되는

구조화 채권은 만기 시에 정해진 수익구조에 따라 원금손실의 가능성이 있습니다. 다만, 그 원금 손실 가능성에 대해서 세계적인 신용평가사인 무디스로부터 A3의 신용등급을 받았기 때문에 파워인컴 펀드에 투자할 때 원금손실의 위험은 무디스라는 세계 제1의 신용평가사의 기준으로 볼 때 동일한 A3 등급 채권인 대한민국 정부가 발행한 외화표시 국채, 산업은행 채권, 기업은행 채권 등에 투자하는 것과 비슷한 수준의 위험을 지고 투자하는 것입니다."]

우리은행과 경남은행의 판매담당 직원들은 이 사건 수익증권을 개인을 포함하여 퇴직금이나 여유자금을 연금식으로 안정적으로 운용하려는 투자자들에게 판매하면서 이 사건 펀드의 구조에 대하여 제대로 교육을 받지 아니하여 그 특성이나 위험성을 이해하지 못하였다. 단지, 위와 같이 우리운용이 제공한 자료에 근거하여 투자자들에게 "우리파워인컴 펀드는 대한민국 신용등급으로 '5년 만기 국고채금리+연 1.2%' 수준의 고정금리로 확정수익금을 6년 동안 매 분기마다 지급하는 안정한 파생상품이다"라고 설명함으로써 이 사건 펀드가 고수익상품으로서 안전하다는 점만을 강조하고, 만기에 지급되는 상환금액이 결정되는 구조와 위험성에 대하여는 제대로 설명하지 아니하였다. 그러나 실제 CDO증권을 발행하고 평가하는 기관인 크레디트 스위스 퍼스트 보스톤 인터내셔널(이하 'CSFBi'이라 한다)이 우리운용에 송부한 파생상품거래확인서의 추가정보부록에는 '투자시 고려사항'이라는 제목으로 "CDO증권은 상당한 위험을 수반하므로 장외파생상품 투자의 위험 및 장단점을 평가하는 데 필요한 금융 및 경영문제에 대한 지식 및 경험을 보유한 투자자로서 투자결정 전 제반 위험요소를 스스로 검토하고, 필요한 조사를 하여 궁극적으로 투자금 전액의 손실 위험을 감수할 수 있는 자에게만 적합하다"는 취지로 기재되어 있었다.

제1호 펀드는 설정 직후인 2005. 11. 11. ~ 2006. 2. 10. 사이에는 수익률이 1.15%였으나, 2006. 2. 11. ~ 2006. 5. 10. 수익률이 -1.5%가 되면서 설정일 이후 지속적으로 마이너스의 수익률을 기록하다가 2008. 1.경부터는 수익률이 급격히 감소하여 2009. 6. 4.경 수익률은 약 -75%까지 이르게 되었고, 이 사건 제2호 펀드 역시 설정일 이후 지속적으로 마이너스의 수익률을 기록하다가 2008. 1.경부터는 수익률이 급격히 감소하여 2009. 4.경 약 -91%까지 이르게 되었다. 우리운용은 2008. 8. 25.경에 이르러 전체 투자자들에게 "이 사건 펀드의 평가금액이 급락하여 2011년 펀드 만기 시 원금손실의 가능성이 상당이 높을 것으로 예상되며 현재 시점에서 중도해지를 한다면 -40% 내외 수준의 원금손실을 입게 됨을 의미합니다. 본 펀드의 만기 시까지 가입을 유지하면서 그 결과를 지켜보실 것인지, 아니면 펀드의 중도환매를 하실 것인지 여부를 신중히 생각해 보시기 바랍니다"라는 내용의 안내문을 일괄 발송하였다. 이에 원고들을 포함한 대부분의 투자자들이 만기 이전에 수익증권의 중도환매를 청구하여 투자원금에 훨씬 못 미치는 중도환매대금을 수령하였고 (물론 중도환매 전까지 분기별로 확정수익금을 수령하였다), 이 중 일부가 우리운용, 우리은행, 경남은행에 대하여 불법행위를 이유로 한 손해배상 소송을 제기하게 된 것이다.

2. 소송경과

대법원은 2011. 7. 28. 이 사건 펀드 투자자들이 제기한 2건의 상고심 사건을 함께 판결하였다. 하나는 대법원 2011. 7. 28. 선고 2010다101752 판결이며, 다른 하나는 대법원 2011. 7. 28. 선고 2010다76368 판결이다. 2건의 경우 당사자가[3] 다르다는 점을 제외하면 동일한 사실관계에 근거한 것이므로, 두 대법원 판결의 판시사항 또한 동일하다. 따라서, 아래에는 후자인 2010다76368 판결을 중심으로 소송경과를 살피기로 한다.

가. 제1심 판결[4]

경남은행이 판매한 제1호 펀드 및 제2호 펀드의 수익증권을 매수한 투자자들 중 7인이 우리운용과 경남은행에 대하여 손해배상을 청구하였다. 원고들은 주위적 청구로서, 경남은행이 원금손실의 위험이 높은 상품을 마치 원금이 보장되는 정기예금 또는 이에 준하는 상품인 것처럼 오인되도록 설명을 함으로써 원고들이 착오로써 수익증권을 매수하게 되었으니 수익증권 매매거래 자체를 착오를 이유로 취소하고 원상회복을 구하였으나, 법원은 우리은행이 원금보장상품이라 설명한 바 없고, 설사 착오가 있더라도 이런 착오를 한 원고들에게 중대한 과실이 있다는 이유로 기각하였다.

원고들은 예비적 청구로서 경남은행의 판매담당 직원들은 경험이 부족한 일반 투자자들인 원고들에게 거래행위에 필연적으로 수반되는 위험성에 관한 올바른 인식형성을 방해하고, 원고들의 투자상황에 비추어 과대한 위험을 수반하는 거래를 마치 아무런 위험이 없는 것처럼 허위·과장하여 적극적으로 권유하였으며, 우리운용의 직원들도 고객보호의무를 다하기 위하여서는 정확한 정보를 제공하여야 할 것인데도 이 사건 펀드들이 대한민국 국채와 유사하여 원금손실위험이 없다는 내용의 광고지와 Q&A 자료를 만들어 투자자들에게 잘못된 정보를 제공한 것이니, 공히 투자자보호의무를 위반한 불법행위를 하였음을 주장하면서 손해배상을 구하였다. 법원은 이 예비적 청구에 관하여는 원고들의 주장을 인용하여 우리운용과 경남은행에게 위 공동불법행위를 행한 직원들의 사용자로서

3) 전자의 판결의 경우에는 피고가 우리운용, 경남은행, 우리은행이며, 후자의 판결의 경우에는 피고가 우리운용, 경남은행이다.
4) 서울남부지방법원 2009. 8. 14. 선고 2008가합21038 판결.

손해배상책임이 있음을 인정하였다.[5)]

나. 항소심 판결[6)]

제1심의 원고와 피고들이 모두 원고의 예비적 청구 일부 인용부분에 관하여 항소를 하였다(원고는 주위적 청구 기각에 대하여는 항소하지 않았다). 항소심은 제1심과 동일한 사실관계를 인정하고, 우리운용의 담당직원들은 설명의무를 위반하여 판매회사인 경남은행으로 하여금 투자자에게 당해 거래에 수반하는 위험성이나 투자내용에 관하여 정확한 인식을 형성하는데 장애를 초래할 정도의 균형성을 상실한 정보를 경남은행에게 제공하였고, 경남은행의 담당직원들의 펀드가입권유행위는 원고에게 거래행위에 필연적으로 수반되는 위험성에 관한 올바른 인식형성을 방해하거나 또는 원고들의 투자상황에 비추어 과대한 위험성을 수반하는 거래를 적극적으로 권유한 행위로서 고객인 원고들에 대한 보호의무를 저버린 것으로 불법행위를 구성한다고 판시함으로써 제1심의 결론을 그대로 유지하였다.

다. 대법원 판결[7)]

원고들 전원과 피고들 전원이 모두 상고하였다. 대법원은 제1심과 항소심에서 인정한 사실관계를 모두 인정하고 우리운용과 경남은행이 고객보호의무를 위반한 직원들의 사용자로서 공동불법행위 책임이 있음을 판시하였다.

상고심에서는 간투법상의 판매회사인 경남은행이 수익증권의 판매에 있어서 단순히 운용회사인 우리운용의 대리인에 불과하다는 논지가 다투어졌다. 이에 대하여 대법원은 판매회사는 자산운용사의 대리인이 아니라 투자자의 거래상대방의 지위에서 판매회사 본인의 이름으로 투자자에게 투자를 권유하고 수익증권을 판매하는 지위에 있기 때문에, 자산운용회사가 제공한 투자설명서의 내용을 숙지하고, 그 의미가 명확하지 않은 부분은 자산운용회사로부터 정확한 설명을 들어 그 내용을 스스로 명확하게 이해한 다음, 투자자에게 그 투자신탁의 운용방법이나 투자계획 및 그로 인한 수익과 위험을 투자자가 정확하고 균형 있게 이해할 수 있도록 설명하여야 하고, 단지 자산운용회사로부터 제공받은 판매보조자료의 내용이 정확하고 충분하다고 믿고 그것에 의존하여 투자신탁에 관하여 설명하였다는 점만으로는 투자자보호의무를 다하였다고 볼 수 없다는 점을 명확히 하였다.

---

5) 손해액은 이 사건 펀드들의 가입원금에서 중도환매수령금과 분기별확정수익금을 공제한 잔액으로 보았고, 원고들의 책임비율을 60%~85% 사이에서 인정하여 과실상계를 적용하였다.
6) 서울고등법원 2010. 8. 12. 선고 2009나87867 판결.
7) 대법원 2011. 7. 28. 선고 2010다76368 판결.

3. 판례의 요지

가. 판매회사의 투자자보호의무

간투법상 수익증권의 판매회사는 투자자에게 수익증권의 취득을 권유하면서 자산운용회사에게서 제공받은 투자설명서를 투자자에게 제공하고 주요내용을 설명하여야 하며, 투자자에게 중요한 사항에 대하여 오해를 유발할 수 있는 표시행위, 투자자에게 실적배당 및 원본의 손실가능성 등 간접투자의 특성과 투자위험에 관한 신탁약관 및 투자설명서의 주요내용을 충분하고 정확하게 알리지 아니하는 행위 등을 하지 말아야 할 의무 등 판매행위준칙을 준수할 의무를 부담한다(간투법 제56조 제2항, 제57조 제1항). 따라서 판매회사는 자산운용회사가 제공한 투자설명서의 내용을 숙지하고, 의미가 명확하지 않은 부분은 자산운용회사에게서 정확한 설명을 들어 내용을 스스로 명확하게 이해한 다음, 투자자에게 투자신탁의 운용방법이나 투자계획 및 그로 인한 수익과 위험을 투자자가 정확하고 균형있게 이해할 수 있도록 설명하여야 하고, 단지 자산운용회사한테서 제공받은 판매보조자료의 내용이 정확하고 충분하다고 믿고 그것에 의존하여 투자신탁에 관하여 설명하였다는 점만으로는 투자자보호의무를 다하였다고 볼 수 없다.

나. 자산운용사의 투자자보호의무

간투법상 자산운용회사는 판매회사나 투자자에게 투자신탁의 수익구조와 위험요인에 관한 올바른 정보를 제공함으로써 투자자가 정보를 바탕으로 합리적인 투자판단을 할 수 있도록 투자자를 보호하여야 할 주의의무와 이에 따른 불법행위책임을 부담한다. 자산운용회사가 수익증권의 판매과정에서 제공하는 정보는 기본적으로 투자설명서의 내용일 것이나, 자산운용회사가 투자설명서 이외에 투자설명서의 내용을 숙지하는 데 도움이 되는 판매보조자료나 투자신탁의 특성을 알리는 광고 내용을 직접 작성하여 판매회사와 투자자에게 제공·전달하는 경우에 판매보조자료나 광고가 투자자에게 중요한 사항에 대하여 오해를 유발할 수 있는 표시나 투자신탁의 수익과 위험에 관하여 균형성을 상실한 정보를 담고 있었고, 그것이 판매회사의 수익증권 판매과정에서 결과적으로 투자자의 투자판단에 영향을 주었다면, 단지 자산운용회사가 판매회사에 제공한 투자설명서에 충실한 정보를 담고 있었다는 점만으로 자산운용회사가 투자자보호의무를 다하였다고 볼 수는 없다.

다. 이 사건 피고들의 투자자보호의무의 위반

자산운용회사가 위험성이 상당히 높은 장외파생상품(즉, CDO증권)에 신탁자산 대부분을 투자하는 펀드의 수익증권을 발행하면서 장외파생상품 운용회사(즉, CSFBi)에게서 '이 상품은 장외파생상품 투자의 위험 등을 평가하는 데 필요한 금융 및 경영 문제에 대한 지식과 경험이 풍부한 투자자로서 투자금 전액의 손실 위험을 감수할 수 있는 자에게만 적합하다'는 내용의 서류를 송부받았음에도, 광고지와 Q&A 자료 등 판매보조자료에 해외 신용평가기관이 장외파생상품에 투자적격 등급인 A3의 신용등급을 부여한 점의 의미만을 과도하게 부각시켜 장외파생상품과 대한민국 국고채, 시중은행 후순위채 등을 직접 비교하는 등 중요한 사항에 관하여 오해를 유발할 수 있는 표시를 사용하거나 투자신탁의 수익과 위험에 관하여 균형성을 상실하는 정보를 판매회사와 투자자들에게 제공하고, 판매회사는 자산운용회사가 제공한 정보에 의존하여 투자자들에게 펀드 가입을 적극 권유하여, 투자자들이 위험성을 정확하게 인식하지 못한 채 펀드에 가입하여 손해를 입은 사안에서, 자산운용회사와 판매회사는 그들의 공동불법행위로 투자자들이 입은 손해를 배상하여야 한다.

II. 해 설

1. 쟁점의 정리

대법원 판결은 자산운용사와 판매회사의 투자자보호의무의 위반에 관한 문제와 투자자보호의무 위반으로 인한 불법행위를 인정한 후에 그로 인한 손해배상액의 산정에 관한 문제를 다루고 있다. 이 글에서는 전자의 쟁점에 관련된 부분만을 살피고자 한다.

우리운용은 간투법상의 자산운용사(현재는 간투법을 대체한 「자본시장과 금융투자업에 관한 법률」(이하 '자본시장법'이라 한다)에 따른 집합투자업자에 해당한다. 그러나 현재도 자산운용사라는 말을 일반적으로 사용하므로 계속 자산운용사로 부른다)로서 실제 수익증권의 판매행위에는 관여하지 않고, 투자설명서와 같은 등록서류의 준비 및 판매회사가 사용할 판매자료 등을 제공하는 방법으로 간접적으로 판매에 기여한다. 한편, 판매회사의 경우에는 투자자에게 직접 투자권유를 하면서 수익증권을 판매하기 때문에 판매와 관련된 문제에 관하여는 투자자에 대하여 1차적 책임이 있다. 그러나 금융전문가인 판매회사라도 수익증권의 제조사인 자산운용사만큼 수익증권의 구조를 이해하기는 현실적으로 어려울 수 있으므로, 수익증권의 판매와 관련된 자료는 대부분 자산운용사의 설명에 의존한다. 그러므로, 판매회사가 투자자에 제공한 자료의 부실기재가 자산운용사가 판매회사에 제공한 자료를 이용하였기 때문이라면, 판매회사의 책임이 경감되어야 하는 것이 아닌가의 문제가 있다. 즉, 이 사건의 해결을 위하여는 먼저 자산운용사, 판매회사, 투자자들의 관계에서 판매자료의 부실과 관련하여 투자자에게 책임을 져야 하는 당사자가 누구인가의 쟁점이 선결되어야 한다. 그런데, 이 사건에서는 각 심급의 법원이 자산운용사, 판매회사, 투자자들의 관계를 법적으로 정의하지 않고 맞바로 자산운용사와 판매회사의 불법행위 책임을 인정하는 형식을 취하여 이 쟁점은 부각되지 않았다.

한편, 이 사건에서는 우리운용이 판매회사에 제공한 판매보조자료에 기재된 내용이 부실하다는 점이 불법행위의 근거가 된 것인데, 우리운용이 판매회사에 별도로 제공한 이 사건 수익증권의 투자설명서에는 수익증권에 관한 보다 정확하고 상세한 내용이 기재되어 있었고, 투자설명서를 살펴야 한다는 경고문언도 포함되어 있었다. 즉, 판매회사로서도 이 사건 수익증권을 투자자에게 판매하기 전에는 투자설명서를 살폈어야 하는 책임이 있었다. 투자설명서가 법률이 정한 공식적인 투자권유문서라는 점을 감안할 때, 그 부분적 내용만 포함한 판매보조자료의 부실기재가 투자자보호의무 위반의 근거가 될 수 있는가가 두 번째의 쟁점이 될 수 있다.

2. 관련 판례

가. 대법원 2007. 9. 6. 선고 2004다53197 판결

이 사건 판결 중 자산운용회사인 우리운용의 책임부분은 간투법의 전신인 구 「증권투자신탁업법」 하에서 자산운용사의 지위를 갖던 위탁회사의 책임에 관한 대법원 2007. 9. 6. 선고 2004다53197 판결을 그대로 따른 것이다(공교롭게도 이 판결의 피고 또한 우리운용의 전신인 우리증권투자신탁운용 주식회사였다).

이 판결에서 문제가 된 것은 우리운용이 설정한 한빛중기공사채 투자신탁 제1호와 한빛장기공사채 투자신탁 제1호의 판매회사인 삼성증권이 투자자인 원고에게 교부한, 우리운용 작성의 '한빛중기공사채 투자신탁운용계획'이라는 문건이었다. 동 서면에는 ① 투자자산의 평가방식은 채권의 경우 시가평가로, 유동성자산의 경우 장부가평가로 한다는 내용, ② 'Trading을 통한 수익률 제고방안 강구', '국공채 및 우량회사채 위주 운용', '일정부분 유동성자산 편입으로 최저수익률 확보' 등의 내용, ③ 예상수익률이라는 제목하에 연 7.2% 내지 12.9%로 제시하면서 그 산출 근거로서 펀드구성(Trading과 Buy&Hold), 투자대상(국공채, 회사채, 기업어음 등), 투자비중을 기재하였는데, 펀드구성 중 Trading에 국공채, BBB+등급 이상의 회사채, A0등급 이상의 금융기관채를 대상으로 80%를 투자하고,

Buy&Hold에 A3－등급 이상의 기업어음(CP), CD, 정기예금, 발행어음을 대상으로 20%를 투자하면 예상수익률이 최저 7.29%, 최고 12.91%로 계산된다는 내용이 기재되어 있었다. 그런데, 우리운용은 1999. 7.경 대우계열사의 기업어음을 편입시켰는바, 대우그룹의 자금상태는 그 전인 1999. 4.경부터 급격히 악화되어 1999. 5.경에는 주식회사 대우가 1999. 5. 4. A3－등급에서 B등급으로, 대우중공업이 1999. 5. 21. A3－등급에서 B＋등급으로, 대우할부금융이 1999. 5. 31. A3－등급에서 B＋등급으로 모두 하향조정되어 있었다.

대법원은 이 판결에서 증권투자신탁에서의 위탁회사가 작성하여 판매회사를 통하여 고객에게 전달된 투자신탁운용계획서는 그 작성 목적과 명의, 형식 및 내용 등에 비추어 위탁회사와 수익자 간의 개별약정으로서 위탁회사에게 구속력을 가진다고 볼 수는 없다고 하였다. 그러나 대법원은 위 운용계획서가 특별한 사정이 없는 한 우리운용이 수익률 산정의 근거로 제시한 투자대상인 일정 등급 이상의 기업어음에 투자하리라는 신뢰 내지 기대를 준 것이며, 이로써 우리운용은 기업어음 투자 등급에 관하여 잘못된 정보를 제공함으로써 투자자가 이 사건 수익증권을 매수하는 데 수반하는 위험성이나 투자내용에 관하여 정확한 인식을 형성하지 못하는 데 중요한 원인을 제공하여 투자자가 정확한 정보에 기초한 합리적인 투자판단을 할 수 없도록 한 것으로서 투자자보호의무를 위반한 것이라고 판단하였다.

나. 대법원 1998. 10. 27. 선고 97다47989 판결

이 사건 판결 중 판매회사인 경남은행의 책임부분 또한 구 「증권투자신탁업법」상의 선행 판례의 취지를 그대로 인용하고 있다. 이 판결의 사안은 원고인 상호신용금고(현재의 저축은행)에 대하여 실적배당상품인 주식형 수익증권을 판매하면서, 판매자인 투자신탁회사의 직원이 1년간 투자하면 원금에 대한 연 14% 이상의 수익을 보장하고, 실제 수익률이 그에 못 미치는 경우에도 원금에 대한 연 14%의 비율에 해당하는 수익금을 지급하기로 약정한 사실이다.

대법원은 먼저 수익보장약정은 강행법규인 「증권투자신탁업법」에 위반하여 무효라고 하여 그 이행을 구하는 원고의 주장은 받아들이지 않았다. 그러나 판매자의 직원이 보수적으로 자금운용을 하여 온 지역금융기관인 원고를 직접 찾아와 높은 수익을 보장하면서 주식형 수익증권의 매입을 적극 권유하며 4회에 걸쳐 수익보장확약서를 작성하여 주고, 나아가 만기에 예탁원리금의 반환을 요구하는 원고에게 재차 수익보장의 약속을 하며 만기를 연장하여 줄 것을 적극 요구하여 원고가 이를 믿고 수익증권의 매수 및 그 만기연장을 한 경우, 그 거래 경위와 거래 방법, 고객의 투자 상황, 거래의 위험도 및 이에 관한 투자신탁회사의 설명 정도 등을 모두 고려하여 보면, 그 직원의 권유행위는 수익증권의 매입에 필연적으로 수반되는 위험성에 관한 고객의 올바른 인식 형성을 방해하여 투자 판단을 그르치게 한 경우에 해당되거나 고객에게 과대한 위험성을 수반하는 거래를 적극적으로 권유한 경우에 해당하여 결국 고객에 대한 보호의무를 저버린 위법한 행위가 된다고 함으로써 피고이자 수익증권의 판매자인 투자신탁회사의 불법행위로 인한 사용자책임을 인정하였다.

3. 검 토

가. 운용회사, 판매회사 및 투자자의 관계

구 「증권투자신탁업법」에서부터 간투법을 거쳐 자본시장법에 이르기까지 위탁회사와 투자자의 관계에 관하여는 명확한 판례가 없이 다양한 학설이 논의되고 있다. 학설로는 투자자로부터 투자관리를 위탁받은 위탁회사가 수탁받은 업무 중의 일부인 신탁재산의 보관과 관리업무만을 수탁회사에 다시 신탁한다고 보는 견해(이른바 법적신탁관계설 또는 이중적신탁설),[8] 투자자는 수익증권을 매수함으로써 위탁회사와 수탁회사간의 신탁계약의 내용을 추인하는 형식으로 가담하는 것이라는 견해(이른바 실질적 신탁관계설), 위탁회사와 수탁회사가 자산의 보유도구로서 신탁이라는 방법을 채택한 투자신탁계획에 투자자가 참여하는 집단적 조직계약이라는 견해(이른바 조직계약설) 등이 있는 것으로 보인다.[9] 어느 학설에 의하건 투자자와 자산운용사를 완전히 무관한 관계로 보지는 아니하고, 단지 투자자와 자산운용사의 관계를 신탁관계로 보느냐(법적신탁관계설과 조직계약설의 견해), 신탁유사관계로 보느냐(실질적신탁관계설의 견해), 또는 투자자와 자산운용사의 관계가 주된 신탁관계인가(법적신탁관계설의 견해) 아니면 자산운용사와 수탁회사의 관계가 주된 신탁계약관계인가(조직계약설의 견해) 정도의 차이만을 두고 있다.

실제 수익증권의 매매와 관련하여서는 투자자는 자산운용사를 접할 일이 없고, 자산운용사와 직접 체결하는 계약도 없다. 또한 투자자가 수익증권 매수를 통해 제공하는 금전이 자산운용사에게 직접 전달되는 것은 아니다. 이런 관계로 다양한 학설에도 불구하고, 판례가 설명하는 투자자보호의무를 투자자와 자산운용사 사이의 계약관계에서 찾는 것은 용이하지 않다. 이 사건 대법원의 판시 또한 투자자와 자산운용사 사이의 법률관계를 전혀 설명하지 않고, 자산운용회사가 수익증권의 판매에 직접적인 이해관계가 있을 뿐

8) 김건식·정순섭, 『자본시장법』 (두성사, 2013), 879면.

9) 박삼철·이중기, "'제도'로서의 투자신탁법제의 기본구조와 발전전략", 『홍익법학』, 제15권 제1호(2014) 545면.

아니라 투자신탁의 설정자 및 운용자로서 투자신탁에 대하여 제1차적으로 정보를 생산하고 유통시켜야 할 지위에 있다는 점을 자산운용사의 투자자보호의무의 근거로 삼고 있는데, 이는 간투법 제86조 제1항의 선관주의 의무에 근거한 것이다.[10] 제1심과 항소심 판결에서는 이 점이 보다 명확하다.

반면, 판매회사와 투자자의 관계에 관하여는 명확한 판례가 많다. 구 「증권투자신탁업법」상의 판매회사에 대하여 대법원은 '판매회사는 증권투자신탁에 있어 단순히 위탁회사의 대리인에 불과한 것이 아니라 자신의 책임으로 수익증권 판매업무등을 수행하는 독립된 당사자로 보아야 할 것이다'라고 판시하고, 이를 일관되게 유지하여 판매회사를 독립된 당사자로 보아 판매회사의 환매책임을 인정하였다.[11] 이 사건 대법원 판결에서도 이와 동일한 문구를 되풀이하면서 판매회사인 우리은행, 경남은행은 수익증권 매매거래에 있어서 투자자의 반대당사자 즉, 매도인의 지위를 갖는다고 판시하였다. 그러므로, 법원은 매매거래에 있어서의 기망이나 착오 등을 이유로 투자자 보호의 법리를 적용할 수도 있었다. 실제로 제1심에서는 원고가 착오를 이유로 거래를 취소하는 것이 주위적 청구였는데, 이는 거래를 원상회복함으로써 기대할 수 있는 금전이 더 많기 때문이었을 것이다. 단, 제1심 법원은 판매회사가 이 상품을 원본보장상품으로 오인케 할 정도의 판매활동을 하지 않은 것으로 사실인정하였다.

대법원이 판매회사의 책임을 인정한 근거도 간투법 제56조 제2항, 제57조 제1항에[12] 정한 판매회사의 수익증권 판매시 준수할 법정의무이다. 대법원은 위 조항을 열거하면서 판매회사는 자산운용회사가 제공한 투자설명서의 내용을 숙지하고, 그 의미가 명확하지 않은 부분은 자산운용회사로부터 정확한 설명을 들어 그 내용을 스스로 명확하게 이해한 다음, 투자자에게 그 투자신탁의 운용방법이나 투자계획 및 그로 인한 수익과 위험을 투자자가 정확하고 균형 있게 이해할 수 있도록 설명하여야 하고, 단지 자산운용회사로부터 제공받은 판매보조자료의 내용이 정확하고 충분하다고 믿고 그것에 의존하여 투자신탁에 관

10) **간투법 제86조(자산운용회사 등의 선관의무 등)** ① 투자신탁의 자산운용회사 및 투자회사는 선량한 관리자의 주의로써 간접투자재산을 관리하여야 하며, 간접투자자의 이익을 보호하여야 한다.
또한, 대법원 판결의 문구는 위에서 관련 판례로 본 「증권투자신탁업법」상의 투자신탁에 관한 대법원 2007. 9. 6. 선고 2004다53197 판결의 문구를 그대로 답습한 것인데, 이 대법원 200453197 판결 또한 구 「증권투자신탁업법」 제17조 제1항의 선관주의의무를 투자자보호의무의 근거로 삼고 있다.

11) 대법원 2006. 12. 8. 선고 2002다19018 판결; 대법원 2008. 6. 12. 선고 2007다70100 판결.

12) **제56조(투자설명서)** ② 판매회사는 투자자에게 간접투자증권의 취득을 권유함에 있어 제1항의 투자설명서를 제공하고 그 주요내용을 설명하여야 한다.
제57조(판매행위준칙 등) ① 판매회사는 다음 각호의 행위를 금지하는 내용을 포함하는 판매행위준칙(이하 이 조에서 "판매행위준칙"이라 한다)을 제정하여 금융감독위원회에 보고하여야 한다. 판매행위준칙을 변경하는 경우에도 또한 같다.
4. 허위표시 또는 중요한 사항에 대하여 오해를 유발할 수 있는 표시행위

하여 설명하였다는 점만으로는 투자자보호의무를 다하였다고 볼 수 없다고 판시하였다.

대법원은 위와 같이 간투법의 법문에 근거하여 투자자보호의무를 도출하고 이를 위반한 사실관계를 적시함으로써, 불법행위에 의한 손해배상책임을 도출하였다. 이로써 투자자와 자산운용사의 법률관계에 관한 복잡한 논의는 피할 수 있었지만, 반면 투자자와 판매회사의 법률관계는 논의할 필요가 없는데도 논의를 한 것은 모순적으로 보인다. 한편으로는, 불법행위 이전에 계약상의 책임을 인정함으로써 투자자를 더 두텁게 보호할 수 있는 시도도 가능했다고 보이는데, 제1심 이후에는 원고도 이 방향의 주장을 포기한 것으로 보이므로 법원도 이를 거론하지 않았던 것으로 보인다.

나. 투자설명서와 판매보조자료의 관계

이 사건에서 문제가 된 부분은 판매보조자료에 나타난 투자자를 오도하는 기재 문구이다. 판매보조자료로서 열거된 것은 상품요약서, 상품제안서, 광고지, Q&A인데, 실제 이 중에서 투자자에게 교부된 것으로 판결문에서 사실인정된 것은 광고지뿐이다. 제1심 판결에서는 원고들이 이 사건 펀드들에 가입하면서 투자신탁상품 신규가입·청약신청서를 작성하고, 투자설명서 교부 및 주요내용 설명확인서, 고객상담서에 서명 또는 날인을 하여 이를 피고 은행에 교부하였다고 하고, 고객상담서에는 부동문자로 "이 상품은 실적배당형 상품임을 설명 들었음", "이 상품의 수익구조에 대해 충분히 설명 들었음"등의 내용이 기재되어 있었고, 원고들이 각 확인란에 "0" 표시를 하였다는 점이 인정되어 있다. 그러나 위 상품요약서, 상품제안서, Q&A 자료들의 내용이 어떤 방식으로든 투자자들에게 전달되었음은 쉽게 추정될 수 있었을 것이다. 실제 제1심에서부터 판매담당직원들이 상품요약서, 상품제안서, Q&A 자료등의 내용에 기초하여 (구두로) 권유활동을 한 사실은 인정되어 있다.

수익증권 판매에 관한 가장 원칙적인 투자권유문서는 투자설명서이다. 따라서 이외의 모든 투자권유 관련 자료는 투자권유문서의 요약 내지는 변형에 다름 아니다. 그러나 실제 수익증권을 포함한 금융투자상품의 판매에서 투자자가 수백 페이지의 투자설명서를 꼼꼼하게 읽고 투자판단을 할 것을 기대하기는 어렵다. 특히 이 사건 수익증권과 같이 고도로 복잡한 CDO증권에 기초한 경우에는 전문가도 그 내용을 파악하여 위험을 분석하기 어려운 것이다. 이에 투자자들이 그들이 가장 주목하는 몇몇 특장점(예상수익률, 만기, 신용등급 등)에만 주목하여 투자판단을 내릴 것이라는 점을 예상하기는 어렵지 않다. 또한, 간투법(이를 계승한 자본시장법)에서는 금융투자상품에 있어서 판매회사와 투자자의 관계를 동등한 지위에서 파악하고 있지 않다(즉, 수익증권의 판매회사는 투자자를 보호할 의무가 있다). 수익증권의 판매인력은 매수인에 관한 정확한 정보를 파악하여(고객확인의무), 매수인에게 맞는 가장 적절한 상품을 찾아(적합성 원칙) 매수인에게 해당 상품을 정확하게 설명하여(설명의무), 매수인의 올바른 투자판단을 유도할 의무가 있다. 그런데, 이 사건에서는 판매인력 조차도 이 사건 수익증권의 내용에 관하여 독자적으로 이를 이해할 능력이 없었던 것으로 보인다. 결국 이 사건 수익증권의 판매과정에서 투자설명서에 포함된 상세한 내용은 판매에 관여한 당사자들에게 별다른 영향을 주지 못하였다.

이 사건에서 법원은 제1심부터 일관하여 광고지에 경고문언이 기재되어 있음에 관하여 특별한 평가를 하지 않았다. 투자를 유도하는 다른 문구와 광고지의 도안 판매담당인력의 구두설명 내용을 고려하였을 때, 투자권유문구가 경고문언을 압도했을 것으로 평가한 것이다. 실제 경고문언의 내용은 원금손실의 가능성을 제시하는 통상적 문구를 반복한 것에 불과하고 대부분의 내용을 투자설명서에 미루고 있으며 글자체도 매우 작았다. 반면, 투자를 권유하는 문구 중에는 '고정금리 지급', '대한민국 국가신용등급' 등 쉽게 이해될 수 있는 내용이 포함되어 있어 광고내용에 있어서 경고문안의 기능이 제대로 인식되기 어려웠을 것으로 판단하였다.

따라서, 이 사건에서 대법원은 수익증권과 같은 금융투자상품의 판매에 있어서 광고 등 판매보조자료의 내용은 이를 제조한 자산운용사와 이를 판매에 이용한 판매회사에 있어서 투자자보호의무 이행에 관한 중요한 증거이자 책임의 근거로 작용할 수 있다고 판단하였다.

Ⅲ. 판례의 의의

이 판례는 수익증권의 판매에 관한 자산운용사와 판매회사의 책임에 관한 종래의 판례를 확인한 것이고 새로운 법리를 제시한 것은 아니다. 이러한 판례를 통해서 형성된 투자자보호의무의 원칙은 현재의 자본시장법에 그대로 수계되어 있다. 동일한 사실관계에서 현재 자본시장법을 적용해 본다면, 자산운용회사는 종래와 같이 자본시장법 제79조 제2항의 선관주의의무를 위반하였다고 볼 것이고, 자본시장법 제57조 제4항, 동법 시행령 제60조 제3항, 금융투자업규정 제4-12조, 금융투자협회규정인 금융투자회사의 영업 및 업무에 관한 규정의 위반이 문제될 가능성이 높다(참고로, 현재 규정상 위험고지와 관련된 경고문언은 바탕색과 구별되는 색상으로 선명하게, A4용지 기준 9포인트 이상의 활자체로, 투자자가 쉽게 알아볼 수 있도록 기재하여야 하며, 투자자가 손실보전 또는 이익보장으로 잘못 인식할 우려가 있는 표시를 하거나, 상환조건별 예상수익률을 표시하면서 예상손실률을 근접 기재하지 않거나 크기, 색상, 배열 등에 있어 동등하지 않은 수준으로 표시하는 행위, 다른 상품과 부당하게 비교하는 행위 등이 금지되어 있기 때문이다).[13] 판매회사에 대하여도 자본시장법 제46조(고객확인의무와 적합성 원칙), 제47조(설명의무) 위반 및 제50조(투자권유준칙)에 자율적으로 설치한 투자권유준칙에 위반되는 행위로 평가될 것이다.[14]

이와 같이 현행 규정에 부실한 투자권유로 투자자를 오도하는 행위에 대하여 충분한 제재와 배상의 근거가 존재함은 명백하며, 이후의 판례는 자산운용사와 판매회사의 투자자보호의무에는 이들이 펀드의 투자대상에 관한 (사실관계의) 조사의무(일명 Know Your Security)까지 포함하는 것으로까지 발전하였다.[15] 따라서, 이 사건의 사실관계와 같이 자산운용회사나 판매회사 공히 펀드의 기본적인 구조와 위험의 설명을 부실하게 한 것에 대한 책임의 소재는 더 이상 법적논란의 대상이 될 수 없을 것이다.

참고로, 이 사건의 경우 자산운용사와 판매회사 중 어느 회사가 책임을 져야 하는가는 판결의 대상이 아니었는데, 일반적으로는 투자자와의 접점에 있는 판매회사가 더 많은 책임을 져야 한다고 보지만,[16] 본건의 경우에는 자산운용사 스스로 작성한 판매보조자료에 부실한 기재가 포함되어 있어 예외적으로 50 : 50의 책임은 인정될 수 있었을 것으로 생각된다.

이 판례는 대표적인 광고판례의 하나로 선정되었다. 이 판례의 사안이 부실한 투자권유 기재가 광고지에도 포함된 흔치 않은 예이기 때문으로 이해된다. 광고란 기본적으로 재화나 용역의 구매를 권유하는 내용을 포함하는 것이 통례이지만, 금융투자상품의 광고에 있어서 이러한 권유는 그 형식과 내용면에서 엄격한 사전, 사후 통제가 존재하며, 광고내용의 공정성이 가장 엄격하게 요구된다는 특징이 있다. 투자광고에 관한 선도적 판례(leading case)가 될 것으로 이해된다.

---

13) 금융투자회사의 영업 및 업무에 관한 규정 제2-37조, 제2-38조, 별표 10 참조.

14) 단, 자본시장법상 이러한 의무는 일반투자자에 대하여만 적용된다. 이 사건 사안의 경우 원고에는 저축은행 등 전문투자자도 존재하는 것으로 보이므로 이 경우에는 자본시장법상 설명의무가 아닌 일반 민사법상의 설명의무가 적용될 것이다. 대법원은 투자설명서 교부의무가 면제되는 사모투자신탁의 경우에도 투자자보호의무가 적용될 수 있다고 판시한 바 있다. 대법원 2012. 12. 26. 선고 2010다86815 판결 참조.

15) 대법원 2015. 11. 12. 선고 2014다15996 판결.

16) 전욱, "펀드운용사와 펀드발행사의 책임부담", 『법학연구』, 제20권 제3호(2012. 10), 363면.

81 상가 분양광고의 기망성

-대법원 2001. 5. 29. 선고 99다55601,55618 판결

정 진 명*

Ⅰ. 판례의 개요[1)]

1. 사안의 개요

乙(피고, 임대인)은 1996년경 지하 4층, 지상 5층의 상가건물을 신축하여 그 중 2층 및 3층 합계 756평(이하 '이 사건 상가'라 한다)을 오락타운으로 만들고, 이 사건 상가에 대한 권리를 1구좌 당 6평씩 총 126구좌로 나누어 그 중 26구좌는 乙이 소유하고, 나머지 100구좌는 일반에게 분양할 계획하에 공사를 진행하였다.

乙은 1996. 3. 초순경부터 수차례에 걸쳐 이 사건 상가에 대한 일반분양광고를 하면서 이 사건 상가는 분양계약자들에게 상가에 관한 지분소유권이전등기를 경료해 주는 지분상가로서, 개장예정 시기는 1997. 5.경이고, 공유지분권자들이 이 사건 상가를 담보로 금융기관으로부터 대출받은 시설자금으로 이 사건 상가에 컴퓨터 게임기기 등의 설비를 갖춘 첨단 오락타운을 만들되, 오락타운의 경영·관리는 전문경영인에게 위탁경영하는 방식으로 공동으로 오락타운을 경영함으로써 공유지분 1구좌 당 월 100만원의 임대 및 운용수익을 확보할 수 있다는 취지로 광고를 하였고, 분양상담이나 계약체결 시에도 이와 같은 내용을 甲(원고, 임차인)에게 설명하여 주었다.

그러나 경기침체로 인하여 오락타운의 사업전망이 불투명해지면서 乙은 甲과 협의 끝에 1998. 4.경 이 사건 상가 중 2층 전부와 3층의 4분의 1 정도를 컴퓨터 게임기기 관련 공급업체에 분할임대를 주어 개장하였는데, 이러한 분할임대 방안에 의한 甲의 1구좌 당

---

* 단국대학교 법과대학 교수.

1) 이에 대한 평석으로는 박동진, "과장광고의 기망성", 『로스쿨 민법총칙』(청림출판, 2006), 354~359면; 박성호, "투자자 보호의무", 『부산법조』, 제22호(2005. 1), 30~33면; 연기영, "청약의 유인", 『로스쿨 채권법』(청림출판, 2006), 177~178면.

월 임대수입 예상액은 금 133,000원(분양대금의 0.33%) 정도이다.

이에 대하여 甲은, ① 乙이 월 100만 원의 수익을 보장해 주어야 할 의무가 있음에도 이를 이행하지 못한 점, ② 개장일이 1997. 5.이었음에도 불구하고 이를 1년 이상 지체한 점, ③ 총 분양면적이 756평이 아닌 514평에 불과하여 면적이 부족한 점을 이유로 해제를 주장하였다.

또한 甲은 이 사건 상가를 첨단 오락타운으로 조성하고 전문경영인의 위탁경영을 통해 분양계약자인 원고들에게 월 100만원 이상의 임대 및 사업수익을 보장할 것이라는 乙의 광고 및 분양계약 체결 시의 설명을 믿고 이 사건 상가 분양계약을 체결한 것으로서 이러한 첨단 오락타운의 조성 및 운영은 이 사건 상가 분양계약의 가장 중요한 부분이라 할 것인데, 사실상 이러한 첨단 오락타운의 조성 및 운영이 불가능해졌으므로, 결국 이 사건 상가 분양계약은 乙의 기망행위에 의하여 체결된 것이거나 甲이 상가분양계약의 중요 부분에 관하여 착오를 일으켜 체결된 것이라고 할 것인바, 甲은 乙의 기망 또는 甲의 착오를 이유로 이 사건 상가 분양계약의 취소를 주장하였다.

2. 원심판결[2)]

원심은 甲의 해제 주장에 대하여, ① 수익 보장 내용이 이 사건 상가 분양계약서에 기재되지 않았고, 위와 같은 광고 및 분양계약 체결시의 설명은 청약의 유인에 불과할 뿐 甲과 乙의 이 사건 상가 분양계약의 내용으로 되었다고 볼 수 없고, 따라서 乙이 甲에 대하여 이 사건 상가를 첨단 오락타운으로 조성·운영하거나 일정한 수익을 보장할 의무를 부담한다고 할 수 없으며, ② 입주지정일은 乙이 별도로 분양계약자인 원고들에게 통보하도록 되어 있는 점에 비추어 볼 때, 이러한 광고사실만으로 乙이 1997. 5.경 이 사건 상가를 개장하여야 할 분양계약상의 의무를 부담한다고 할 수 없으며, ③ 甲은 이 사건 상가의 공용부분을 포함하여 분양받았으며, 구조상 공용부분은 등기하지 아니한다고 하였으므로 이 사건 상가의 등기면적이 514평인 사실만으로는 이 사건 상가의 분양면적이 부족하게 되었다고 단정할 수 없다는 이유로 해제 주장을 배척하였다.

또한 일반적으로 상품의 선전 광고에 있어 다소의 과장 허위가 수반되는 것은 그것이 일반 상거래의 관행과 신의칙에 비추어 시인될 수 있는 한 기망성이 결여된다고 할 것이고, 이 사건 상가와 같이 그 용도가 특정된 특수시설을 분양받을 경우 그 운영을 어떻게 하고, 그 수익은 얼마나 될 것인지와 같은 사항은 투자자인 甲의 책임과 판단 하에 결

2) 서울고등법원 1999. 8. 13. 선고 99나10518,10525 판결.

정될 성질의 것이라는 이유로 취소 주장을 배척하였다.

3. 판례의 요지

대법원은 "상가를 분양하면서 그 곳에 첨단 오락타운을 조성·운영하고 전문경영인에 의한 위탁경영을 통하여 분양계약자들에게 일정액 이상의 수익을 보장한다는 광고를 하고, 분양계약 체결시 이러한 광고내용을 계약상대방에게 설명하였더라도, 체결된 분양계약서에는 이러한 내용이 기재되지 않은 점과, 그 후의 위 상가 임대운영경위 등에 비추어 볼 때, 위와 같은 광고 및 분양계약 체결시의 설명은 청약의 유인에 불과할 뿐 상가 분양계약의 내용으로 되었다고 볼 수 없고, 따라서 분양 회사는 위 상가를 첨단 오락타운으로 조성·운영하거나 일정한 수익을 보장할 의무를 부담하지 않는다"고 원심판결을 인용하였다.

또한 대법원은 "상품의 선전 광고에 있어서 거래의 중요한 사항에 관하여 구체적 사실을 신의성실의 의무에 비추어 비난받을 정도의 방법으로 허위로 고지한 경우에는 기망행위에 해당한다고 할 것이나, 그 선전 광고에 다소의 과장 허위가 수반되는 것은 그것이 일반 상거래의 관행과 신의칙에 비추어 시인될 수 있는 한 기망성이 결여된다고 할 것이고, 또한 용도가 특정된 특수시설을 분양받을 경우 그 운영을 어떻게 하고, 그 수익은 얼마나 될 것인지와 같은 사항은 투자자들의 책임과 판단 하에 결정될 성질의 것이므로, 상가를 분양하면서 그 곳에 첨단 오락타운을 조성하고 전문경영인에 의한 위탁경영을 통하여 일정 수익을 보장한다는 취지의 광고를 하였다고 하여 이로써 상대방을 기망하여 분양계약을 체결하게 하였다거나 상대방이 계약의 중요부분에 관하여 착오를 일으켜 분양계약을 체결하게 된 것이라 볼 수 없다"고 원심판결을 인용하였다.

II. 해 설

1. 쟁점의 정리

대법원은 ① 이 사건 상가 광고 및 분양계약 체결시의 설명이 분양계약서에 기재되어 있지 않다면 이러한 광고 및 분양계약 체결시의 설명은 청약의 유인에 불과하여 분양계약의 내용으로 되었다고 볼 수 없고, ② 이 사건 상가 광고는 다소의 과장 허위가 수반된 것은 사실이나 일반 상거래 관행과 신의칙에 비추어 허용범위 안에 있는 것이고, ③

이 사건 상가와 같이 그 용도가 특정된 특수시설을 분양받을 경우 그 운영을 어떻게 하고, 그 수익은 얼마나 될 것인지와 같은 사항은 투자자들의 책임과 판단 하에 결정될 성질의 것이라고 한다.

2. 관련 판례

상가 분양광고의 법적 성질과 관련하여 참고할 만한 사례로는 아파트 분양광고의 사례를 들 수 있다. 대법원은 일반적인 아파트 분양광고의 법적 성질을 “청약은 이에 대응하는 상대방의 승낙과 결합하여 일정한 내용의 계약을 성립시킬 것을 목적으로 하는 확정적인 의사표시인 반면, 청약의 유인은 이와 달리 합의를 구성하는 의사표시가 되지 못하므로 피유인자가 그에 대응하여 의사표시를 하더라도 계약은 성립하지 않고 다시 유인한 자가 승낙의 의사표시를 함으로써 비로소 계약이 성립하는 것으로서 서로 구분되는 것이다. 그리고 위와 같은 구분 기준에 따르자면, 상가나 아파트의 분양광고의 내용은 청약의 유인으로서의 성질을 갖는 데 불과한 것이 일반적이라 할 수 있다”고 판시하고 있다.[3)]

3. 검　토

가. 상가 분양광고의 법적 성질

‘상가 분양광고’라 함은 분양사업자가 분양계약의 체결을 목적으로 불특정 다수인에게 다양한 방법으로 상가 분양 실시를 널리 알리는 행위라고 할 수 있다. 상가 분양광고는 상가 분양 실시를 외부에 알리는 행위로서 상가 분양계약의 체결과정에 있어 중요한 요소이므로 상가 분양광고의 법적 성질이 무엇인지가 문제된다.

상품의 광고는 불특정 다수인에게 공급될 상품에 관한 정보를 제공하면서 그 표시된 내용에 따라 계약을 체결할 준비가 되어 있음을 알려 상대방으로 하여금 청약을 하도록 촉구하는 의미만 가진다. 그러므로 상품의 광고는 법적 구속력을 갖는 청약이 아니라 청약의 유인이라고 한다. 상가 분양광고의 경우 통상적으로 그 광고의 내용이 곧 계약으로 성립될 수 있을 정도로 구체적이지 않고, 또한 분양사업자는 광고를 보고 분양신청을 하는 자의 분양능력이나 자금지급능력 등을 고려하여 계약체결 의사를 결정하기 때문에 광고에는 분양사업자의 계약체결 의사가 확정적으로 들어 있지 않다. 따라서 다수설과 판례는 상가 분양광고를 법적 구속력 없는 청약의 유인으로 보고 있다.[4)]

3) 대법원 2007. 6. 1. 선고 2005다5812,5829,5836 판결.
4) 곽윤직, 『민법주해(XII)』, 채권(5), 제1판(박영사, 1997), 177~179면(지원림 교수 집필 부분).

이에 대해서 청약과 청약의 유인 사이의 구별은 합리적 수령자 시각에 따른 법적 구속의사의 존재 여부에 관한 해석의 문제이며, 따라서 불특정 다수인에게 행하여지는 상품공급의 경우에도 확정적 구속의사가 확인될 수 있는 한 청약으로서 의미를 가질 수 있다는 견해가 있다. 이 견해는 상가 분양광고의 경우에도 개별적으로 판단하여 분양사업자의 확정적 구속의사가 확인될 수 있는 경우에는 청약으로서의 효력을 인정할 수 있다고 한다. 예컨대, 분양사업자가 일정한 임대수익률을 선전하면서 실제 수익이 이에 미치지 못한다면 그 차액에 대한 지급을 보장한다는 내용으로 수익보장을 광고하는 경우에는 그에 관한 확정적 구속의사를 갖고 있다고 해석할 수 있다고 한다.[5]

상가 분양광고가 청약인지 아니면 청약의 유인인지의 여부는 분양사업자의 의사표시의 존재에 대한 해석의 문제로서 상가 분양방법 및 분양광고 내용의 다양성, 상가 분양에서 입주까지의 장기간성 등으로 인하여 거래당사자의 의사를 일정 시점에 일률적으로 판단하기가 쉽지 않다. 즉 상가 분양광고에는 분양계약의 체결에 대한 분양사업자의 확정적 구속의사가 존재한다고 보기 어렵기 때문에 분양광고의 법적 성질은 청약의 유인으로 보는 것이 타당하다.

대상판결이 이 사건 상가 분양광고 및 분양계약 체결시의 설명이 분양계약서에 기재되어 있지 않다면 그에 대한 분양사업자의 확정적 구속의사가 존재하지 않는다고 해석하여 청약의 유인이라고 판단한 것은 타당하다고 할 수 있다.[6]

나. 과장광고의 기망성

(1) 고지의무

상품의 표시·광고와 관련하여 계약당사자는 상대방에게 계약체결 여부나 그 내용에 영향을 미치는 사항에 관하여 진실에 부합하는 사실만을 고지하여야 하며, 나아가 일정한 경우에는 상대방의 요청이 없더라도 계약체결에 중요한 의미를 가지는 사항에 관하여 설명할 의무를 부담한다. 이러한 고지·설명의무는 계약교섭 과정에서 개별적으로 행하여진 잘못된 진술의 경우에만 한정되지 않고, 이와 동일한 신뢰를 발생시킬 수 있는 계약관련 사정이 상품의 표시·광고를 통해 이미 개별 교섭 이전에 공개적으로 전달된 경우에도 인정될 수 있다.[7] 판례도 "부동산 거래에 있어 거래 상대방이 일정한 사정에 관한 고지를 받았더라면 그 거래를 하지 않았을 것임이 경험칙상 명백한 경우에는 신의성실의 원칙상 사전에 상대방에게 그와 같은 사정을 고지할 의무가 있으며, 그와 같은 고지의무의 대상

5) 김상중, "상표의 표시·광고와 계약의 내용", 『서강법학』, 제8권(2006. 10), 7~8면.
6) 연기영, 앞의 논문, 178면.
7) 김상중, 앞의 논문, 15면.

이 되는 것은 직접적인 법령의 규정뿐 아니라 널리 계약상, 관습상 또는 조리상의 일반원칙에 의하여도 인정될 수 있다"고 한다(대법원 2006. 10. 12. 선고 2004다48515 판결). 그리고 "일단 고지의무의 대상이 되는 사실이라고 판단되는 경우 이미 알고 있는 자에 대하여는 고지할 의무가 별도로 인정될 여지가 없지만, 상대방에게 스스로 확인할 의무가 인정되거나 거래관행상 상대방이 당연히 알고 있을 것으로 예상되는 예외적인 경우가 아닌 한, 실제 그 대상이 되는 사실을 알지 못하였던 상대방에 대하여는 비록 알 수 있었음에도 알지 못한 과실이 있다 하더라도 그 점을 들어 추후 책임을 일부 제한할 여지가 있음은 별론으로 하고 고지할 의무 자체를 면하게 된다고 할 수는 없다"고 판시하고 있다.[8]

대상판결은 그 용도가 특정된 특수시설을 분양받을 경우 그 운영을 어떻게 하고, 그 수익은 얼마나 될 것인지와 같은 사항은 투자자들의 책임과 판단 하에 결정될 성질의 것이라고 보고 있다. 이러한 대법원 견해는 지극히 타당하다. 그러나 이 사건 상가가 첨단오락타운으로 조성·운영되고 전문경영인에 의한 위탁경영이 되어져야 한다는 점과 일반투자자들이 이 사건 상가 운영 내지 투자수익에 관하여 자신들의 책임과 판단 하에 결정하여야 한다는 점은 명백하게 구별되어져야 한다.[9] 즉 분양사업자가 계약당사자들에게 정확한 정보를 제공하였음에도 불구하고 일반 투자자들이 판단을 잘못하여 발생한 손실에 대하여는 일반 투자자들이 책임을 져야 할 것이다. 그러나 분양사업자가 계약당사자들에게 고의적으로 부정확한 정보를 마치 정확한 정보인 양 제공하여 일반 투자자들로 하여금 정확한 판단을 하지 못하도록 하여 발생한 손실에 대하여도 일반 투자자들에게 전적으로 책임을 지우는 것은 옳지 못하다.[10] 이러한 측면에서 대상판결은 이 사건 상가 분양광고가 계약당사자들에게 고의적으로 부정확한 정보를 마치 정확한 정보인 양 제공하였는지의 여부에 대한 추가적인 판단이 필요하다고 생각된다.[11]

(2) 기망행위

분양계약자가 분양사업자의 허위·과장광고를 믿고 분양계약을 체결한 경우에 분양계약자는 자유로운 의사결정에 의하여 분양계약을 체결한 것이 아닌 만큼 그 분양계약을 취소함으로써 계약의 구속으로부터 벗어날 수 있다. 이 경우 분양사업자의 사기에 의한 의사표시가 성립하기 위해서는 분양사업자의 고의에 의한 기망행위가 있어야 한다. 여기서 '기망행위'는 표의자에게 그릇된 관념이나 판단을 야기하거나 이를 강화·유지하려는

8) 대법원 2007. 6. 1. 선고 2005다5812,5829,5836 판결.
9) 박성호, 앞의 논문, 31면.
10) 박성호, 위의 논문, 32면.
11) 이와 같은 취지에서 "피고에게 기망행위에 대한 고의가 있었는지의 여부를 검토하였어야" 한다는 견해가 있다(박동진, 앞의 논문, 359면).

모든 형태를 말한다. 이러한 기망행위는 적극적인 작위에 의한 방법과 부작위에 의한 방법이 가능하며, 부작위에 의한 기망은 신의성실의 원칙 및 거래관념에 비추어 어떤 사항을 고지할 의무가 있음에도 이를 고지하지 않음으로써 표의자에게 실제와 다른 관념이나 판단을 야기하거나 이를 강화·유지하려는 것이다.[12] 그런데 고지의무 위반이라는 위법행위는 고의에 의하여 이루어질 수 있고 과실에 의하여 이루어질 수도 있다. 고의에 의한 경우에는 기망행위로 인정되어 분양계약이 취소될 수 있고, 과실에 의한 경우에는 기망행위는 성립하지 않고 단순히 고지의무 위반으로 인한 손해배상책임만 인정된다.

대상판결은 분양사업자가 적극적으로 일반 투자자들을 상대로 이 사건 상가에 첨단 오락타운을 조성·운영하고 전문경영인에 의한 위탁경영을 통하여 분양계약자들에게 일정액 이상의 수익을 보장한다는 광고를 하였으므로 고의에 의한 기망행위에 해당한다.

(3) 기망행위의 위법성

기망행위는 위법하여야 한다. 사회생활에서 타인의 부지나 착오를 이용하는 것이 어느 정도 허용되어야 하므로 모든 기망행위가 위법하다고 할 수 없다. 그러므로 구체적인 경우에 위법성이 존재하는지의 여부는 신의칙 및 거래관념에 의하여 판단하여야 한다. 이 경우 기망행위의 위법성은 표의자의 의사표시 결과가 예상과 달리 자신에게 불이익한지의 여부가 아니라 의사결정의 자유가 침해되었는지의 여부를 기준으로 정하여야 한다.[13]

대상판결은 이 사건 상가 분양광고가 다소의 허위·과장 광고가 수반된 것은 사실이나 일반 상거래 관행과 신의칙에 비추어 허용범위 안에 있다고 판단하였다. 즉 상가 분양광고에서 수익은 장래의 불확실한 예상이라는 점과 수익에 대한 판단은 투자자들의 자기책임에 속한다고 하여 이 사건 상가 광고의 기망성을 부정하였다. 그러나 분양사업자가 적극적으로 일반 투자자들을 상대로 이 사건 상가에 첨단 오락타운을 조성·운영하고 전문경영인에 의한 위탁경영을 통하여 분양계약자들에게 일정액 이상의 수익을 보장한다는 광고를 하였고, 또한 분양계약 체결시 설명을 통해서 분양계약자들로 하여금 이러한 광고내용을 믿도록 하였음에도 불구하고 이 사건 상가 분양광고가 신의칙상 허용된다고 볼 수 있는 것인지 의문이다.[14]

---

12) 곽윤직, 『민법주해(II)』, 총칙(2), 제1판(박영사, 1992), 554면(송덕수 교수 집필 부분).
13) 박동진, 앞의 논문, 358면.
14) 박성호, 앞의 논문, 31면.

Ⅲ. 판례의 의의

상가 분양계약에서 분양광고가 분양계약의 내용으로 편입되는지의 여부는 법이론적으로 중요한 구분이지만 실무적으로는 허위·과장광고에 대해서 손해배상을 인정할 것인지 아니면 계약해소를 인정할 것인지의 여부가 더 중요하다. 우리나라의 판례는 분양광고가 분양계약의 내용으로 편입되면 분양사업자의 계약책임을 인정하고, 분양광고가 분양계약의 내용으로 편입될 수 없는 사항이면 불법행위책임을 인정할 것인지의 여부를 판단한다. 즉 선전·광고에는 다소의 과장·허위가 수반되는 것을 전제로 그것이 일반 상거래 관행과 신의칙에 비추어 시인될 수 있으면 기망성이 결여된다고 하고, 거래의 중요한 사항에 관하여 구체적 사실을 신의성실의 의무에 비추어 비난받을 정도의 방법으로 허위로 고지한 경우에는 기망행위에 해당한다고 한다. 이 경우 분양계약자들은 분양계약을 취소하거나 손해배상을 청구할 수 있도록 하고 있다. 이는 분양사업자의 광고의 자유와 분양계약자들의 허위·과장 광고에 대한 신뢰 보호를 형량하여 그 경계를 확정하고자 한 것이다.

대상판결은 기존 판례에 따라 이 사건 상가 분양광고는 청약의 유인에 불과할 뿐 상가 분양계약의 내용으로 되었다고 볼 수 없다고 판단한 다음, 이 사건 상가 분양광고는 일반 상거래 관행과 신의칙에 비추어 기망성이 결여되었다고 기망행위의 위법성 판단근거를 제시하고 있다. 또한 용도가 특정된 특수시설을 분양받을 경우 그 운영을 어떻게 하고, 그 수익은 얼마나 될 것인지와 같은 사항은 투자자들의 책임과 판단 하에 결정될 성질의 것이라고 판시하여 의사표시 결과의 불이익에 대한 자기책임 원칙을 강조한 것에 의미가 있다.

82 아파트 분양광고의 기망성과 허위·과장성의 판단

－대법원 2015. 5. 28. 선고 2014다24327,24334,24341,24358,24365,24372 판결

윤 성 운*

Ⅰ. 판례의 개요

1. 사안의 개요

본 사안은 영종하늘도시에 건설된 대규모 아파트 단지와 관련된 사안이다. 영종하늘도시는 인천시, 한국토지공사, 인천도시공사 등이 영종도를 새로운 국제도시로 조성하겠다는 포부 하에 조성한 신도시이지만, 섬이라는 지리적 입지 때문에 수도권과의 접근성에 문제가 있었다. 또 주변에 기반시설이 없어 인기 있는 주거지가 되기에는 문화 및 교육 인프라가 부족하다는 문제도 있었다. 영종하늘도시에 아파트를 분양하려는 건설사들은 곧 제3연륙교가 건립되고 국제도시에 걸맞은 여러 기반시설이 들어설 것이라고 홍보하였다. 2009년 10월 분양이 시작되었을 때에는 영종하늘도시의 아파트들의 인기가 높았으나 경제침체의 영향으로 기반시설 설립계획은 대부분 무산되었다. 이후 영종하늘도시 분양 아파트들은 "미분양무덤"이라고 불릴 정도로 분양률이 떨어졌고, 미분양된 아파트들은 할인분양이 되기도 했다. 이러한 상황에서 분양계약을 체결한 수분양자들은 분양광고에 포함된 기반시설사업의 무산 등을 근거로 사기, 착오, 사정변경, 채무불이행 등을 이유로 한 분양계약의 취소 내지 해제를 주장(즉, 기 납부한 분양대금을 반환받고, 잔금 등의 납부의무를 면하고자 함) 하는 한편 「표시·광고의 공정화에 관한 법률」(이하 '표시광고법'이라 한다) 제3조 제1항 제1호가 금지하고 있는 허위·과장의 광고나 불법행위를 이유로 한 손해배상(계약을 취소하거나 해제하지 못하더라도 분양대금을 감액 받고자 함)을 주장하면서 다수의 소를 제기하였다(본고에서 검토하는 대법원 2015. 5. 28. 선고 2014다24327,24334,24341, 24358,24365,24372 판결의 사안은 원고들이 기존의 유사사건에서 쟁점이 되었던 법리들을 거의 망라하여 제기하였던 사안이다).

---

* 법무법인 태평양 변호사.

대상 대법원 판결에서 검토된 제3연륙교에 대한 광고의 구체적 내용과 주의사항의 기재 내용[1)]은 아래와 같다.[2)]

조감도, 교통체계도, 개발계획도 등에 청라지구와 연결되는 다리가 그려져 있고 '제3연륙교(예정)'라고 표기되어 있으며, 광고전단지, 카탈로그 등에 '제3연륙교(예정)'라고 표시하고, '제3연륙교 건설 급진전되나'라는 제목의 신문기사(동아일보 2009. 12. 3.자)를 인용하고 있다. 홈페이지에 링크된 블로그, 분양광고 영상, 홍보용 기사 등에 제3연륙교 이미지와 제3연륙교 건설 예정이라는 취지가 나타나고, 영종하늘도시 동시분양 소책자에 '서울 및 주요도시와 통하는 쾌속교통망'이라는 제목 아래 '제3연륙교(2014년 예정)가 청라－경인고속도로와 바로 연결되면 서울 진입이 한층 수월해집니다'라고 기재되어 있다. 한편, 광고전단지, 카탈로그, 동시분양 홈페이지, 소책자 등의 각 페이지 하단에 '위의 이미지는 소비자의 이해를 돕기 위한 이미지 컷으로 실제와 차이가 있을 수 있습니다', '당사업자의 인근 교통시설과 주변환경 및 개발계획 등은 해당 기관의 사업추진 중 변경 및 취소 될 수 있습니다'라는 취지가 기재되어 있다. 또한, 입주자 모집공고 전면광고 유의사항에 '사이버견본주택, 홍보 카탈로그, 안내문 등에 표시된 각종사실(학교, 도로망 등)은 영종하늘도시 지구단위계획의 변경, 허가관청 및 국가 시책에 따라 변경될 수 있음', '영광역 교통 및 철도 등 광역교통망은 국가기관, 지방자치단체에서 계획하여 진행하는 사항으로 일부 변경되거나 취소될 수 있으며, 또한 개통지연 등이 발생할 수 있음'이라고 기재되어 있다.

원심판결이 기술하고 있는 제3연륙교와 관련한 분양 전후 사항을 아래와 같다.

① 제3연륙교는 영종지구와 청라지구를 연결할 교량으로, 그 건설사업의 주무관청은 인천경제자유구역청이고 실시계획승인권자는 인천광역시장이나, 그 사업의 시행을 위해서는 국토해양부 등과의 협의가 필요하다.

② 인천시가 2006. 5. 수립한 '2020년 인천도시기본계획'에 인천과 서울 서부·강북 축을 강화시키기 위해 제3연륙교를 건설하여 경인고속도를 영종도까지 직선화를 추진한다는 계획이 수립되어 있다. 지식경제부 경제자유구역기획단이 2009. 2. 발표한 '인천경제자유구역 영종지구 영종하늘도시 개발사업 제1종 지구단위계획(이하 '2009. 2. 지구단위계획'이라 한다)에는 제3연륙교의 건설계획이 포함되어 있다.

③ 인천도시공사와 한국토지주택공사는 2007. 4. 6.부터 2007. 4. 26.까지 영종지구 공동주택 용지 및 주상복합용지에 대한 공급공고를 실시하면서 토지공급안내문 등을 통해

---

1) 실제 광고내용과 진행경과 등의 구체적 내용은 대상 광고가 사소한 과장에 불과한지, 허위·과장의 광고에 해당하는지, 허위·과장의 광고를 넘어 기망행위로까지 볼 수 있는지를 평가함에 있어 어떠한 요소들이 중요하게 작용하는지를 검토, 이해하는데 필수적이므로, 원심판결을 참고하여, 가능한 그 내용을 구체적으로 기술하였다.

2) 원심판결 10～11면.

제3연륙교가 신설될 예정이라고 광고하였고, 제3연륙교 건설비용을 용지조성원가에 반영하였다. 영종지구 사업부문에서 2,000억 원, 청라지구 사업부분에서 3,000억 원, 합계 5,000억 원이 제3연륙교 건설비용으로 확보되어 있는 상태이다.

④ 인천시는 제3연륙교 건설을 위해 국토해양부 등과 계속 협의를 하였으나, 국토해양부는 영종대교의 교통량이 적어 민간사업자와의 최소운영수입보장협약에 따라 매년 700억 원 내지 1,100억 원 상당의 손실을 보전하여 주고 있는 실정이고, 인천대교가 2009. 10.경 개통되면 교통량이 분산되어 지원 부담이 더 커질 상황이라면서 제3연륙교 건설 사업을 반대하였다.

⑤ 대상아파트 분양 직전인 2009. 7.에서 2009. 10.경까지 '2009. 10. 23. 개통될 예정인 인천대교 통행료가 5,000원에서 6,000원 정도로 결정될 것으로 보이고 제3연륙교 건설도 불확실해 분양이 쉽지 않을 것이다', '9월 분양에 나설 건설업체들이 제3연륙교 건설이 지지부진하자 한국토지주택공사와 인천시를 상대로 손해배상청구소송을 준비하고 있다', '한국토지주택공사는 제3연륙교 건설비 5,000억 원을 확보해 놓고 영종·청라 주민에 한해 무료통행을 보장하는 방안을 검토하고 있으나, 국토해양부가 최소운용수입보장제도에 따라 영종대교에 매년 700억 원 ~ 1,100억 원을 지원하고 있는데 인천대교가 건설되면 통행량이 분산되어 지원 부담이 더 커질 전망이다. 인천대교 개통 후 최소 1년 간 교통량을 근거로 전문기관의 연구용역을 통해 제3연륙교 타당성 여부를 검토해야 한다는 것이 국토해양부의 입장이다', '당초 인천시가 밝힌 2014년 개통은 국토해양부의 반대로 불투명하다. 인천경제자유구역청 관계자는 2014년까지 제3연륙교가 건설될 수 있도록 최선을 다하겠다고 말했다'는 내용의 기사가 신문에 보도되었다.

⑥ 국토해양부, 인천시, 인천도시공사 및 한국토지주택공사는 2010. 4. 8. 국토연구원에서 제3연륙교에 대한 사업성 검토 연구용역을 발주하였고, 국토연구원은 2011. 7. '영종-청라연결도로(제3연륙교) 사업성 검토 용역 최종보고서'를 제출하였고, 인천시는 국토해양부와 계속 제3연륙교 건설을 위한 협의를 진행 중이나, 손실보전금 부담 주체 및 재원 마련 방안 등에 대하여 관계기관 간의 합의가 이루어지지 못하여 제3연륙교 사업은 진행되지 못하고 있다.

2. 소송경과

가. 원심판결

원심판결은 '상품의 선전 광고에서 거래의 중요한 사항에 관하여 구체적 사실을 신의성실의 의무에 비추어 비난받을 정도의 방법으로 허위로 고지한 경우에는 기망행위에 해당할 것이나, 그 선전 광고에 다소의 과장이 수반되었다고 하더라도 그것이 일반 상거래의 관행과 신의칙에 비추어 시인될 수 있는 것이라면 이를 기망행위라고 할 수 없'고(대법원 2001. 5. 29. 선고 99다55601,55618 판결 등 참조), '구 표시광고법(2011. 9. 15. 법률 제11050호로 개정되기 전의 것) 제3조 제1항 제1호에서 말하는 '허위·과장의 광고'는 사실과 다르게 광고하거나 사실을 지나치게 부풀려 광고하여 소비자를 속이거나 소비자로 하여금 잘못 알게 할 우려가 있는 광고행위로서 공정한 거래질서를 저해할 우려가 있는 광고를 말하고, 광고가 소비자를 속이거나 소비자로 하여금 잘못 알게 할 우려가 있는지는 보통의 주의력을 가진 일반 소비자가 당해 광고를 받아들이는 전체적·궁극적 인상을 기준으로 하여 객관적으로 판단하여야 한다'(대법원 2003. 6. 27. 선고 2002두6965 판결 등 참조)는 허위·과장성에 관한 대법원 판결의 판시사항을 확인하는 한편 여기서 허위·과장의 광고는 광고내용에 적극적으로 허위·과장의 내용을 포함시킨 경우뿐만 아니라 신의칙상 알려야 할 사항을 묵비한 경우도 포함된다'라고 판시하여 대법원의 입장을 좀 더 구체적으로 판시하였다.

원심판결은 위 판시 내용들과 관련하여, '사업자가 자신의 상품을 선전, 광고함에 있어 일체의 과장을 금지하는 것은 현실적으로 기대할 수 없는 것이므로 일반 상거래의 관행과 신의칙에 비추어 사회적으로 용인될 수 있는 사소한 과장은 의사표시 취소의 사유가 되는 기망이나 불법행위를 구성하는 허위·과장의 광고에 해당되지 아니한다고 할 것이며, 일반 상거래의 관행과 신의칙에 비추어 사회적으로 용인될 수 있는 한도를 넘은 과장이나 허위를 담은 선전, 광고는 법적으로 허용될 수 없지만 법적으로 허용되지 않는 과장 또는 허위가 있었다고 하여 언제나 의사표시의 취소 사유가 되는 기망에 해당하는 것은 아니고 그 과장 또는 허위의 정도와 중요성, 그 광고에 대한 책임의 정도 등이 중대한 경우에는 의사표시의 취소사유가 되는 기망행위를 인정할 수 있지만, 그 정도가 의사표시 취소의 사유가 되는 기망행위까지는 인정되지 않고 손해배상책임의 원인이 되는 불법행위만을 구성하는 경우도 있다'고 판시하면서 이 사건 분양광고가 기망행위에 해당하지 않는다고 판단되더라도 표시광고법상 허위·과장의 광고에 해당하는지 여부는 별도의 판단 대상이 된다고 판시하였다.

이러한 판시에 기초하여 원심판결에서는 기반시설사업 중 제3연륙교와 관련한 표시·광고에 대해 표시광고법 제3조 제1항 제1호가 금지하고 있는 허위·과장의 광고에 해당함을 인정하였고, 이 위반에 대한 손해배상과 관련하여서는, 재산적 손해액은 이를 산정하는 것이 사실상 불가능하다고 보고, 대신 재산적 손해를 위자료 액수의 산정에 참작하겠다고 하면서 결과적으로 분양대금의 5%를 손해배상액으로 인정하였다.

나. 대법원 판결

대법원 판결은 제3연륙교 관련 광고가 기망행위에 해당하는지와 관련하여, ① 대상

아파트 분양광고에서 대상아파트 입지조건의 내용으로 광고된 제3연륙교는 인천시의 도시기본계획이나 지식경제부 경제자유구역기획단의 지구단위계획 등에 포함되어 인천시와 각 개발주체들에 의하여 실제로 추진되고 있던 사업들이었던 점, ② 피고들의 광고내용은 인천경제자유구역청의 발표내용이나 이 사건 아파트의 부지를 분양한 인천도시공사와 한국토지주택공사의 광고내용을 그대로 인용한 것인 점, ③ 피고들이 이 사건 아파트의 분양광고를 할 무렵 이 사건 개발사업의 진행이 지연되고 있기는 하였으나 당시로는 각 사업이 무산되거나 그 실현가능성이 현저히 낮아졌다고 보기는 어려웠고 위 사업들의 경과는 언론을 통하여 여러 차례 보도되기도 한 점, ④ 피고들은 광고를 하면서 이 사건 개발사업이 '예정' 또는 '추진 중'임을 명시하였고 아울러 국가기관, 지방자치단체 및 각 개발주체들의 사정에 따라 사업이 취소·변경·지연될 수 있음을 고지한 점 등에 비추어 보면, 대상아파트 분양광고에 기망성이 있다거나 피고들에게 기망의 고의가 인정된다고 볼 수 없다는 이유로, 사기를 이유로 한 원고들의 대상아파트 분양계약의 취소 주장을 배척한 원심의 판단을 정당한 것으로 판단하였다.

한편 대상판결은 제3연륙교 관련 광고가 허위·과장의 광고에 해당하는지와 관련하여 ① 대상아파트 분양광고 당시 제3연륙교가 인천시의 도시기본계획 등에 포함되어 있기는 하였으나 건설시기·사업비 부담주체 등에 관한 구체적인 계획이 수립되어 있지는 아니하였던 점, ② 대상아파트 분양광고 당시 제3연륙교를 2014년까지 완공하겠다는 인천시의 발표가 있었지만 국토해양부는 영종대교와 인천대교의 손실보전금 부담 문제 때문에 제3연륙교의 건설을 반대하고 있었고 단기간 내에 이에 관한 해법을 찾기 어려웠으며 국토해양부가 찬성을 하더라도 설계와 시공에는 수년의 시간이 소요되고, 달리 제3연륙교가 2014년까지 완공될 수 있다고 볼 만한 사정이 없었던 점 등에 비추어 보면, 제3연륙교가 2014년에 개통될 것이라는 광고는 2014년까지 제3연륙교 이용이 가능할 것처럼 그 실현가능성과 완공시기를 부풀려 소비자에게 오인가능성을 야기한 표시광고법상의 허위·과장광고에 해당한다고 한 원심의 판단은 정당하다고 보았다.

3. 판례의 요지

대법원 판결은 '상품의 선전 광고에서 거래의 중요한 사항에 관하여 구체적 사실을 신의성실의 의무에 비추어 비난받을 정도의 방법으로 허위로 고지한 경우에는 기망행위에 해당할 것이나, 그 선전 광고에 다소의 과장이 수반되었다고 하더라도 그것이 일반 상거래의 관행과 신의칙에 비추어 시인될 수 있는 것이라면 이를 기망행위라고 할 수 없다고 본 점에서 기존 대법원 판결들과 입장을 같이 한다(대법원 2001. 5. 29. 선고 99다55601,55618 판결 등 참조).

II. 해 설

1. 쟁점의 정리

대규모 단지의 아파트 분양광고에는 여러 기반시설사업과 관련한 내용이 포함되는 경우가 많다. 광고에 포함된 기반시설사업의 전부 또는 일부가 무산된 경우, 수분양자들은 어떠한 법적 보호를 받을 수 있는지, 수분양자들에게 어떤 구제수단이 허용될 것인지가 문제된다. 원고들은 대상아파트에 대한 분양계약을 해소(분양계약에 따른 의무를 면하게 되는 것)하기 위해 사기를 이유로 한 취소, 동기의 착오를 이유로 한 취소, 사정변경에 의한 해제, 이행불능에 의한 계약해제 등을 주장하였지만 모두 받아들여지지 않았다.

다만, 대상판결에서는 기반시설사업 중 제3연륙교와 관련한 표시·광고에 대해 표시광고법 제3조 제1항 제1호가 금지하고 있는 허위·과장의 광고에 해당함을 인정하였고, 이 위반에 대한 손해배상과 관련하여서는, 재산적 손해액은 이를 산정하는 것이 사실상 불가능하다고 보고, 대신 재산적 손해를 위자료 액수의 산정에 참작하겠다고 하면서 결과적으로 분양대금의 5%를 손해배상액으로 인정하였다.

대상판결에서는 광고대상이었던 제3연륙교가 무산된 것이 계약의 취소 사유가 되는 기망행위에 해당하는지 여부 또는 계약을 취소할 수 있는 정도에는 미치지 못하고 단순히 허위·과장의 광고의 정도에 그치는지 여부, 아니면 그에도 미치지 못하고 다소의 과장에 불과한지 여부를 구체적으로 판단하였기 때문에 이러한 판단에 있어 중요한 고려사항이나 고려요소가 무엇인지를 검토할 필요가 있다. 의사표시의 취소 사유가 되는 기망이나 불법행위를 구성하는 과장광고에 해당되지 아니한다고 볼 수 있는 '사소한 과장', 일반 상거래의 관행과 신의칙에 비추어 사회적으로 용인될 수 있는 한도를 넘은 과장이나 허위를 담은 광고이지만 의사표시의 취소 사유가 되는 기망에는 해당하지 않는 경우, 의사표시의 취소 사유가 되는 기망으로 인정되는 경우를 구분하는 기준과 이를 평가함에 있어서 주요하게 고려되는 사정을 살펴볼 필요가 있다.

2. 관련 판례

대법원은 종전의 다수의 판결에서 '상품의 선전 광고에서 거래의 중요한 사항에 관하여 구체적 사실을 신의성실의 의무에 비추어 비난받을 정도의 방법으로 허위로 고지한 경우에는 기망행위에 해당할 것이나, 그 선전 광고에 다소의 과장이 수반되었다고 하더라도 그것이 일반 상거래의 관행과 신의칙에 비추어 시인될 수 있는 것이라면 이를 기망행위라고 할 수 없다'고 판시하였고(대법원 2001. 5. 29. 선고 99다55601,55618 판결 등 참조), '구 표시광고법(2011. 9.

15. 법률 제11050호로 개정되기 전의 것) 제3조 제1항 제1호에서 말하는 '허위·과장의 광고'는 사실과 다르게 광고하거나 사실을 지나치게 부풀려 광고하여 소비자를 속이거나 소비자로 하여금 잘못 알게 할 우려가 있는 광고행위로서 공정한 거래질서를 저해할 우려가 있는 광고를 말하고, 광고가 소비자를 속이거나 소비자로 하여금 잘못 알게 할 우려가 있는지는 보통의 주의력을 가진 일반 소비자가 당해 광고를 받아들이는 전체적·궁극적 인상을 기준으로 하여 객관적으로 판단하여야 한다'고 판시하였다(대법원 2003. 6. 27. 선고 2002두6965 판결 등 참조).

3. 검 토

앞서 살펴본 대법원 판결의 구체적 판단내용을 보면, 대상 사업이 실제 추진되는 것이었는지, 해당 광고가 구매의사 결정에 어떠한 정도로 중요성을 가지는 사항인지, 관련 행정기관이나 제3자의 계획 내용이나 홍보 내용이나 광고 내용을 그대로 인용하였는지 아니면 추가적인 (중요한) 내용을 보태었는지, 해당 광고 당시의 상황이 해당 사업의 진행이 무산되었다고 볼 정도였는지 아니면 사업에 난항이나 어려움이 있었던 정도에 불과한지, 해당 사업과 관련하여 중요한 변경이 있었는지, 그 시점 및 이러한 내용을 광고에 반영하였는지(광고 내용의 변경 등), 광고에 사용한 표현의 문언적 의미와 소비자에 대한 인상 및 표현의 형태와 광고 횟수, 완공이나 사업개시 시점 등을 특정하였는지, 해당 사업의 무산이나 어려움을 분양계약자가 인식할 가능성이 충분했는지, 그 당시의 언론보도의 내용, 광고에서 해당 사업의 변경가능성 등을 고지하였는지 여부와 그 구체적 내용과 형태 등이 기망행위 및 허위·과장의 광고 여부 평가 시 주요하게 고려된 요소들이다.

원심판결은 이러한 제반 요소들을 구체적으로 살펴본 후 연륙교 관련 광고가 기망행위에 해당한다고 볼 수 없으나 허위·과장의 광고에 해당한다고 판단하였다.

대법원 판결이 구체적으로 검토한 이와 같은 사정들은 기망성이 인정되는지 여부나 기망의 고의가 있는지, 또 허위·과장의 광고에 있어 허위나 과장의 외형에 해당하는 광고가 인정되는지 여부나 소비자의 오인가능성이 있는지를 규범적으로 평가하는데 중요한 사항들이다. 따라서 이러한 사항들을 구체적으로 검토하고 그에 기초하여 대상 광고가 허위나 과장이 아닌 경우인지, 다소의 과장이지만 오인가능성이 없어 허위·과장의 광고라고 볼 수 없는지, 허위나 과장에 해당하고 오인가능성도 있는 경우인지, 기망성이 없는 경우인지, 기망성은 있으나, 기망의 고의가 인정되기 어려운 경우인지 등을 구체적으로 평가하는 접근은 적절하고 타당하다. 다만 대상판결은 여러 판단 요소들에 대한 구체적 사실을 병렬적으로 나열한 후 기망성이 없거나 기망의 고의가 인정되지 않는다는 원심판결이 정당하거나 수긍된다고 하고 있으나, 기망성이 인정되지 않는 것인지 아니면 기망의 고의가 없다고 본 것인지를 구분하지 않은 부분에서는 아쉬움이 있다.

한편 제3연륙교의 개통 시기는 분양계약 체결 여부에 있어 중요한 정보인 점, 개통예정이라는 용어의 일반적인 의미와 인상, 개통예정이라고 광고한 2014년에 개통이 어려울 것인 점을 알 수 있었던 상황인 점, 건설회사들이 제공하는 정보에 대한 수분양자들의 신뢰의 정도 등을 고려하면, 제3연륙교에 관한 광고는 2014년경에 제3연륙교 이용이 가능할 것처럼 그 실현가능성과 완공시기를 부풀려 광고한 것에 해당하며, 나아가 규범적 측면에서 기망행위에도 해당하는 것으로 평가될 수도 있다.

그러나 피고들이 제3연륙교와 관련된 광고를 하면서 '예정' 또는 '추진중'이라는 문구를 부가하였고, 사업의 변경, 취소 및 지연가능성에 대하여도 고지하였던 점, 인천시, 인천경제자유구역청 등이 발표한 계획이나 인천도시공사, 한국토지주택공사가 피고들을 상대로 한 광고를 그대로 인용하여 대상아파트의 분양광고를 하였고 인천시 등의 발표내용 외에 다른 내용이나 표현을 새로이 부가하지는 않은 것으로 보이는 점, 대상아파트 분양광고 당시 국토해양부가 제3연륙교 건설을 반대하고 있었으나 제3연륙교 건설을 위한 5,000억 원의 재원이 이미 마련되어 있었고 2014년에 인천아시안게임 개최가 예정되어 있는 등 제3연륙교가 건설될 것으로 볼 수 있는 사정도 존재하였던 점, 국토해양부가 제3연륙교 건설을 반대하고 있다는 사정은 제3연륙교의 건설 가능성을 다소 낮출 수는 있어도 제3연륙교의 건설을 확정적으로 무산시키는 사정이라고 보기는 어려운 점 등을 고려하면, 피고들에게 기망의 고의를 인정하기는 어려울 것이다. 이러한 점에서, 원심판결을 수긍한 대법원 판결의 결론은 타당하다고 생각한다.

다만 계약의 취소사유인 기망(사기에 의한 의사표시)이 성립하려면 기망으로 규범적으로 평가할 수 있는 외형적 행위에 더하여 기망의 고의가 있어야 하며, 기망행위와 기망의 고의는 별개의 요건이다. 그리고 제3연륙교와 관련한 광고 내용이 외형적으로 기망행위에 해당할 가능성이 있는지에 대해 판단을 하여 주는 것은 사업자들이 유사한 상황에서 어떠한 광고 내용으로 광고를 할 것인지를 결정함에 있어 구체적인 판단기준을 제시해 줄 수 있다. 이러한 점에서, 원심판결과 대상판결이 기망성과 기망의 고의를 분리하여 검토하고 그 해당 여부에 대해 개별적으로 판단을 하였다면 더 적절했을 것이라는 아쉬움이 남는다.

광고에 대하여 사기에 의한 의사표시 여부인지를 규범적으로 평가함에 있어서는 기망행위라는 요건이 인정되지 않는 것인지 아니면 고의가 없다고 평가되는지 여부 등을 분리하여 검토하는 것이 바람직하다. 특히 대기업의 소비자를 대상으로 한 광고에 대한 법적 평가에 있어 요건사실에 기초하여 개별적이고 구체적인 평가를 하지 않는 경우 종합적 평가라는 우산 아래 기망행위에는 해당할 수 있고, 기망의 고의가 인정되지 않아 사기에 해당하지 않는 경우들도 기망행위 자체가 아닌 것으로 오해될 수 있다. 이는 허위나 과장된 정보로부터 소비자 보호를 강화하고, 소비자와 기업 사이의 정보의 비대칭을 가능한 최소화하며, 기업으로 하여금 정확하고 올바른 정보를 제공하게 함으로써 공정하고 자유로운 소비자 선택이 이루어지도록 하고자 하는 표시광고법의 역할과 판례를 통해 이러한 목적에 기여할 법원의 책무를 충분히 수행하는 데에는 미흡하다는 생각이다.[3)]

Ⅲ. 판례의 의의

대상판결 사안에서 법원은 제3연륙교 개발사업이 무산된 것과 관련하여 허위·과장의 광고를 인정하고 분양가의 5%의 손해배상[4)]을 인정하였다. 대법원은 사기취소 주장에 대해서는 선전 광고에 다소의 과장이 수반되었다고 하더라도 그것이 일반 상거래의 관행과 신의칙에 비추어 시인될 수 있는 것이라면 이를 기망행위라고 할 수 없다는 이유로 취소를 부정했다.[5)] 본고에서는 기망에 기초한 계약의 취소가 인정될지 여부에 대해 대상판결의 결론에 동의하면서도 대상판결을 비판적으로 검토하였다.

광고에 대하여 사기에 의한 취소의 가능 여부, 즉 사기에 의한 의사표시인지를 규범적으로 평가함에 있어서는 기망행위라는 요건이 인정되지 않는 것인지 아니면 기망의 고의가 없다고 평가되는지 여부 등을 분리하여 검토하는 것이 바람직하다. 대기업의 소비자에 대한 광고에 대한 법적 평가에 있어 요건사실에 기초하여 개별적이고 구체적인 평가를 하지 않는 경우 종합적 평가라는 우산 아래 기망행위에는 해당하지만 단지 기망의 고의가 인정되지 않아 사기에 해당하지 않는 경우들도 기망행위 자체가 아닌 것으로 오해될 수 있다. 이는 허위나 과장된 정보로부터 소비자 보호를 강화하고, 소비자와 기업 사이의 정보의 비대칭을 가능한 최소화하며, 기업으로 하여금 정확하고 올바른 정보를 제공하게 함으로써 공정하고 자유로운 소비자 선택이 이루어지도록 하고자 하는 표시광고법의 목적에 판례를 통해 기여할 법원의 책무에 부합하지 않기 때문이다.

---

3) 김수정, "아파트분양광고에 포함된 주변 개발사업이 무산된 경우의 법률관계 – 대법원 2015. 5. 28. 선고 2014다24327 판결에 대한 평석 –", 『서울대학교 법학』, 제58권 제2호(2017. 6), 137~138면도 유사한 입장을 밝히고 있다.

4) 대법원은 이 위반에 대한 손해배상으로, 재산적 손해액은 산정하는 것이 사실상 불가능하다는 이유로 배척하고, 대신 재산적 손해를 위자료 액수의 산정에 참작하겠다고 하면서 결과적으로 분양대금의 5%를 손해배상액으로 인정했던바, 이와 같은 방식이 적절하고 기존 선례와 부합하는지는 대상판결의 또 다른 쟁점이나 본고에서는 이를 다루지 않았다.

5) 착오취소 주장에 대해서는, 원고들의 착오는 동기의 착오인데 제3연륙교가 이 사건 아파트에 입주할 무렵 모두 실현될 것이 아파트 분양계약의 내용으로 되었다거나 분양계약 내용의 중요부분에 해당한다고 볼 수 없다는 이유로 취소를 부정했다.

83 인터넷 포털사이트에 있어서 광고의 차단, 삽입과 부정한 경쟁행위로서의 금지 여부

–서울고등법원 2008. 9. 23.자 2008라618 결정

김 화*

Ⅰ. 판례의 개요

1. 사안의 개요

신청인은 인터넷 포털사이트 네이버를 운영하는 회사로서 장기간 상당한 노력과 투자에 의하여서 정보검색 등의 다양한 서비스를 제공하는 인터넷 포털사이트 네이버를 구축하였다. 신청인은 영업모델로서 네이버를 방문하는 사용자들에게 배너광고를 노출시키거나 우선순위 검색결과 도출서비스를 제공하는 등의 방법으로 광고를 통한 수익을 얻고 있었다. 피신청인은 인터넷 사이트를 이용한 광고시스템인 프로그램을 개발하였고, 다음과 같은 방식으로 광고영업을 하였다. 즉, 피신청인의 프로그램을 설치한 인터넷 사용자들이 네이버를 방문하면 화면에 네이버가 제공하는 광고 대신 같은 크기의 피신청인이 제공하는 배너광고가 나타나거나(대체광고 방식), 네이버의 인터넷 사이트의 여백을 검색하여 그 여백 위치에 피신청인의 배너광고를 삽입하거나(여백광고 방식), 또는 네이버의 검색창에 키워드를 입력하면 검색 결과 화면의 검색창과 네이버의 키워드광고 사이에 피신청인이 제공하는 키워드광고가 나타나게 하는 방식(키워드 삽입광고 방식)으로 광고영업을 하였다. 이러한 피신청인의 프로그램은 자유롭게 다운로드를 받아 자신의 컴퓨터에 설치할 수 있고, 설치과정에서 이러한 광고방법과 설치여부, 사용자가 원하지 않는 경우 프로그램을 영구히 삭제할 수 있다는 내용에 대하여서 모두 설명하고 확인하게 하였다. 또한 위 프로그램을 통한 광고의 경우 이를 원하지 않는 사용자는 화면을 클릭하는 것을 통하여서

* 전남대학교 법학전문대학원 교수.

원래의 네이버 화면으로 복구하는 것도 가능하였다. 피신청인의 프로그램에 의해서 표시되는 광고에는 위 광고가 피신청인이 제공하는 것임을 표시함으로써 기존의 네이버에서 제공하는 광고와 구별된다는 점도 사용자가 확인할 수 있도록 하였다. 이러한 피신청인의 광고영업행위에 대하여서 신청인은 자신의 광고영업이 방해되었음을 이유로 이러한 영업행위의 금지를 명하는 가처분을 신청하였다.

2. 소송경과

가. 제1심 결정[1)]

신청인은 이 사건 프로그램이 「정보통신망 이용촉진 및 정보보호 등에 관한 법률」(이하 '정보통신망법'이라 한다) 제48조 제2항[2)] 소정의 악성프로그램에 해당되며, 「컴퓨터프로그램 보호법」 및 「저작권법」을 위반하였고, 「부정경쟁방지 및 영업비밀보호에 관한 법률」(이하 '부정경쟁방지법'이라 한다) 제2조 제1호 나목[3)] 및 다목[4)]의 부정경쟁행위에 해당하며, 업무방해로 인한 불법행위에 해당함을 신청원인으로 하여서 서울중앙지방법원에 피신청인의 이 사건 프로그램의 제조, 사용, 판매 및 배포를 금지하는 가처분 신청을 구하였고, 이는 전부인용되었다. 이에 대하여서 피신청인은 가처분이의 신청을 하였고 이에 대하여서 서울중앙지방법원은 가처분결정을 일부 변경[5)]하여서 신청인의 가처분신청을 일부 기각하였다. 위 결정에 대하여서 신청인 및 피신청인 모두 항고하였다.

나. 항고심 결정[6)]

서울고등법원은 항고심 결정[7)]에서 피신청인은 신청인이 운영하는 인터넷 사이트 네

---

1) 서울중앙지방법원 2007. 12. 31.자 2007카합2250 결정.

2) 누구든지 정당한 사유 없이 정보통신시스템, 데이터 또는 프로그램 등을 훼손·멸실·변경·위조하거나 그 운용을 방해할 수 있는 프로그램(이하 '악성프로그램'이라 한다)을 전달 또는 유포하여서는 아니 된다.

3) 나. 국내에 널리 인식된 타인의 성명·상호·표장 기타 타인의 영업임을 표시하는 표지와 동일하거나 이와 유사한 것을 사용하여 타인의 영업상의 시설 또는 활동과 혼동을 하게 하는 행위.

4) 다. 가목 또는 나목의 규정에 의한 혼동을 하게 하는 행위외에 비상업적 사용 등 대통령령이 정하는 정당한 사유없이 국내에 널리 인식된 타인의 성명·상호·상표·상품의 용기·포장 그 밖에 타인의 상품 또는 영업임을 표시한 표지와 동일하거나 이와 유사한 것을 사용하거나 이러한 것을 사용한 상품을 판매·반포 또는 수입·수출하여 타인의 표지의 식별력이나 명성을 손상하게 하는 행위.

5) 본 가처분이의 결정에서 서울중앙지방법원 2008. 2. 18.자 2007카합45 결정에서 피신청인은 네이버에 접속한 사용자의 모니터에 당해 프로그램을 통한 광고를 하거나 프로그램 설치를 위한 보안경고창을 게시하여서는 아니된다는 내용으로 가처분 결정을 하였다.

6) 서울고등법원 2008. 9. 23.자 2008라618 결정.

7) 위 항고심 결정에 대하여서 신청인과 피신청인 모두 재항고를 하였고 대법원은 대법원 2010. 8. 25.자

이버에 접속하는 컴퓨터 사용자에게 본 사건의 프로그램을 이용한 광고행위를 해서는 안된다는 내용으로 가처분이의결정을 변경하여 신청인의 가처분신청을 일부 기각하였다. 위 결정에서 부정경쟁방지법의 위반 여부에 대해서는 당해 프로그램에서 보여지는 광고는 피신청인에 의하여 제공되는 것임을 표시하였으므로 부정경쟁방지법에서 규정하고 있는 부정경쟁행위에 해당한다고 할 수 없다고 판단하였다. 문제가 된 것은 피신청인의 행위가 부정경쟁방지법에서 열거하고 있는 부정경쟁행위의 목록에는 해당되지 않는다고 하더라도 「민법」의 불법행위에 해당될 수 있는가라는 점과 불법행위에 해당된다면 이를 기초로 업무방해행위의 금지를 내용으로 하는 가처분을 구할 수 있는가라는 점이었다. 이에 대하여서 서울고등법원은 피신청인의 행위는 업무방해행위로서 불법행위에 해당되며 이를 기초로 업무방해행위 금지를 구하는 가처분도 인정될 수 있다고 판단하였다.

3. 판례의 요지

가. 정보통신망법 위반 여부

피신청인의 프로그램은 사용자의 명시적 동의에 따라서 해당 사용자의 컴퓨터 내에서만 실행되는 점, 프로그램이 실행된다고 하더라도 광고가 표시되는 해당 사이트의 콘텐츠 자체에는 아무런 변경도 일으키지 아니하며 해당 사이트의 운영에도 아무런 영향을 미치지 아니하고 프로그램을 원하지 않는 사용자는 이를 영구적으로 삭제할 수 있다는 점에서 피신청인의 프로그램을 정보통신망법상의 악성 프로그램으로 볼 수 없다고 판단하였다.

나. 저작권법 및 컴퓨터프로그램 보호법 위반 여부

피신청인의 프로그램은 신청인의 홈페이지의 콘텐츠에 직접 작용하여서 어떠한 변경

2008마1541 결정(이 결정은 이 책의 84번 판례 참조)에서 재항고를 모두 기각하고 원심결정을 인용하는 결정을 하였다. 대법원은 신청인이 장기간 상당한 노력과 투자를 통하여서 사용자에게 다양한 서비스를 제공하는 인터넷 사이트 네이버를 구축하여 인터넷 사용자들을 확보하였고, 이렇게 확보된 사용자들에게 배너광고나 우선순위 검색결과 도출서비스 등을 통한 광고영업을 하여 왔음을 인정하고, 신청인의 이러한 광고영업을 통하여 얻는 이익은 법률상 보호가치가 있는 이익으로 판단하였다. 이에 대하여서 피신청인이 자신의 프로그램을 통하여서 네이버를 이용하기 위하여서 방문하는 사용자들에 대하여서 자신의 광고가 표시되게 하거나 신청인이 제공하는 검색결과의 순위를 뒤로 밀리게 하는 방법을 통하여서 광고영업을 하는 것은 네이버가 가지는 신용과 고객흡인력을 무단으로 이용하여서 부당한 이익을 얻는 것으로, 이는 이른바 부정한 경쟁행위로서 민법상 불법행위에 해당한다고 보았다. 이러한 부정한 경쟁행위로서의 불법행위는 계속되는 것이므로 금전배상을 명하는 것만으로는 피해자 구제의 실효성을 기대하기 어렵고 무단이용을 금지함을 통해서 보호되는 신청인의 이익과 이로 인하여 발생하는 피신청인의 불이익을 비교, 교량하여 볼 때 신청인의 이익이 더 크다고 판단되므로 이러한 행위의 금지 또는 예방을 청구할 수 있다고 보았다.

을 일으키는 것이 아니라 프로그램의 설치에 동의한 사용자의 컴퓨터 화면 내에서만 실행되는 것으로 신청인의 홈페이지 화면과는 어느 정도 구분되어 표시되어 있으며, 사용자는 자신이 원하는 경우에는 당해 프로그램을 영구히 삭제할 수도 있고, 그렇지 않은 경우에도 화면을 클릭하는 방식으로 피신청인이 제공하는 광고를 제거할 수 있는 점에 비추어 보면 신청인의 인터넷 홈페이지에 대한 저작인격권으로서의 동일성유지권을 침해했다고 볼 수는 없다고 판단하였다. 또한 프로그램저작권의 침해여부와 관련해서도 일반적인 HTML 문서 자체는 웹 문서를 정리하여 나타내기 위한 문법을 기술한 태그(Tag)에 불과하여 별도의 창작물이라고 보기 곤란하고, 당해 프로그램이 원본 HTML 파일을 변경하는 것도 아닌 점에 비추어 볼 때 프로그램저작물에 대한 동일성유지권을 침해했다고 보기 어렵다고 판단하였다.

다. 부정경쟁방지법 위반 여부

부정경쟁방지법 제2조 제1호 나, 다목에 정한 부정경쟁행위는 모두 행위자가 타인의 영업임을 표시하는 표지와 동일 또는 유시한 것을 사용할 것을 그 요건으로 하고 있으나 당해 프로그램을 통한 광고는 광고 내에서 위 광고가 피신청인이 제공하는 것임이 표시되도록 하고 있고 이는 그 영업의 출처를 명시하여 출처혼동의 가능성을 제거하고 있다는 점에서 부정경쟁방지법에서 말하는 부정경쟁행위에 해당한다고 볼 수는 없다고 판단하였다.

라. 업무방해를 통한 민법상 불법행위의 성립 여부

피신청인의 행위는 부정경쟁방지법 제2조에서 한정적으로 열거하고 있는 부정경쟁행위 중의 하나에 해당되지는 않는다고 하더라도 그러한 행위가 보호할 만한 가치가 있는 법익의 침해에 해당하거나 또는 상도덕이나 관습에 반하는 정도가 공서양속 위반에까지 이를 정도로 불공정하여 위법성이 인정되며 이로 인하여서 신청인의 업무방해 또는 손해가 인정된다면 이는 「민법」상 불법행위에 해당할 수 있다고 판단하였다. 당해 프로그램에 따른 광고는 결국 신청인의 인터넷 포털사이트의 신용과 고객흡인력을 자신의 영업을 위하여서 무단으로 이용하고 신청인이 장기간의 노력과 투자에 의해서 구축한 인터넷 포털사이트의 콘텐츠에 무임승차하려는 것으로 공정한 경쟁질서 내지 상거래 질서에 위반하는 행위로서 이를 통해 신청인의 영업상 이익을 침해할 위험이 크므로 이는 결국 업무를 방해하는 부정경쟁행위로서 불법행위에 해당한다고 판단하였다.

마. 가처분에 있어서 보전의 필요성 및 가처분의 범위

피신청인의 업무방해행위는 불법행위로서 일반적인 불법행위와 달리 일회적으로 일어나는 것이 아니라 계속적, 반복적으로 이루어지며 사후의 금전배상만으로는 피해의 완전한 회복이 어려울 것으로 예상되므로 신청인으로서는 계속되는 권리관계에 끼칠 현저한 손해를 피하거나 급박한 위험을 막기 위한 사전 예방조치로서 그 업무방해행위의 금지를 구하는 가처분을 구할 수 있다고 판단하였다. 다만 그 가처분의 범위와 관련하여서 당해 프로그램의 기술 자체가 불공정한 것은 아니어서 얼마든지 적법한 방식으로 운영될 수 있고, 현재까지 이 프로그램을 이용한 영업은 초창기 단계에 불과하므로 신청인의 인터넷 사이트에 접속한 컴퓨터 사용자의 모니터에 피신청인의 프로그램을 이용한 광고행위를 하는 것을 금지하는 것을 가처분의 내용으로 하는 것으로 충분하다고 판단하였다.

II. 해 설

1. 쟁점의 정리

가. 부정경쟁방지법상 부정경쟁행위에 대한 한정열거주의의 문제

우리나라는 자유시장 경제질서를 기본적 경제질서로 채택하고 있으므로 이러한 경쟁질서 내에서 일정한 경쟁자 간의 경쟁은 법적으로 허용된다. 따라서 일정한 경쟁을 통하여서 영업상 손해를 입었다고 하더라도 이는 법적으로 보상되어야 할 손해라고 할 수 없고, 당연히 경쟁자에 대해서도 경쟁행위의 금지를 청구할 수도 없다.[8] 그러나 자유시장경제라고 하더라도 이러한 경쟁은 어디까지나 법적으로 허용된 범위 내에서의 경쟁을 의미하는 것이지 완전한 자유방임을 허용하고 있는 것은 아니다. 진정한 의미의 자유로운 경쟁질서를 확보하기 위하여서 불공정한 경쟁행위에 대해서는 부정경쟁방지법에서 이를 금지하고 있고 또한 이에 대하여서 법적인 구제수단을 마련해 주고 있다. 우리 부정경쟁방지법은 당해 결정이 선고될 당시에는 모든 부정경쟁행위에 대하여서 이를 포괄할 수 있는 일반규정을 마련하지 않고, 대신에 여러 가지 유형의 부정경쟁행위를 열거하고 이렇게 열거된 부정경쟁행위에 대해서만 이를 적용대상으로 삼고 있었다.[9] 그러나 이러한 한정열

8) 유영선, “불법행위자로서 부정한 경쟁행위 및 그에 기한 금지청구권의 성립 요건 등에 관하여”, 『민사재판의 제문제』(한국사법행정학회, 2015), 464면.

9) 최민수, “부정경쟁행위와 불법행위법상 금지청구권”, 『법조』, 통권 제676호(법조협회, 2013), 262면.

거주의가 가지는 한계는 위 유형에 해당하지 않는 부당한 경쟁행위에 대해서는 부정경쟁방지법으로는 규제할 수 없다는 것에서 나타났고 이는 당해 판례 사안에서 명확하게 보여주고 있다. 이러한 한정열거주의에 따른 한계에 대해서 영미법이나 독일법 상의 부정경쟁방지법에서와 같이 모든 부정경쟁행위를 포괄할 수 있는 일반규정의 필요성이 판례 사안을 통하여서 분명하게 되었고, 이에 따라서 현행 부정경쟁방지법에서는 제2조 제1호 카목에서 "그 밖에 타인의 상당한 투자나 노력으로 만들어진 성과 등을 공정한 상거래 관행이나 경쟁질서에 반하는 방법으로 자신의 영업을 위하여 무단으로 사용함으로써 타인의 경제적 이익을 침해하는 행위"를 규정함으로써 이른바 보충적 일반규정을 마련하였다.[10] 그러나 위 판례가 나올 당시에는 이러한 보충적 일반조항이 존재하지 않았고 따라서 당해 결정에서는 피신청인의 프로그램을 사용한 광고행위가 적어도 당시의 부정경쟁방지법에서 정해여 둔 행위유형에 속하지 않아서 부정경쟁방지법 상 부정경쟁행위의 금지[11]나 부정경쟁행위로 인하여 발생한 영업상 이익침해에 따른 손해배상[12]을 청구할 수 없었다.

나. 부정경쟁행위와 불법행위와의 관계

(1) 부정한 경쟁행위가 불법행위에 해당되는지 여부

피신청인의 프로그램을 통한 광고행위가 적어도 당시의 부정경쟁방지법 상의 부정경쟁행위에 해당되지 않았으므로 이에 대한 구제를 위하여서 이러한 행위가 「민법」상 불법행위에 해당되는지 여부가 문제가 되었다. 부정한 경쟁행위가 불법행위에 해당될 수 있는지 자체에 대해서는 부정경쟁방지법의 본질상 크게 문제되지 않는다. 왜냐하면 연혁적으로도 부정경쟁방지법은 불법행위의 특수 영역으로서 경쟁자 보호의 관점에서 독립되어 나온 것이었기 때문이다.[13] 문제가 되는 것은 부당한 경쟁행위와 관련하여서 불법행위법에 따른 판단의 핵심적 표지라고 할 수 있는 위법성 여부를 어떻게 판단할 수 있는가이다. 부정경쟁방지법의 행위 유형에 포함되지 않는 부당한 경쟁행위에 대해서 그 위법성 여부를 어떻게 판단할 수 있는가의 문제는 결국 위법성이라는 불확정적인 개념을 어떻게 구체화, 유형화할 수 있는가의 문제이다.[14] 이와 관련하여서 우리 대법원은 당해 사안에서 경쟁자가 상당한 노력과 투자에 의하여 구축한 성과물을 "상도덕이나 공정한 경쟁질

---

10) 우리 부정경쟁방지법의 연혁에 대해서는 이규홍, "부정경쟁방지법 제2조 제1호 차목(변경 후 카목)에 대한 연구", 『정보법학』, 제22권 제2호(정보법학회, 2018), 71면 이하 참조.

11) 부정경쟁방지법 제4조 참조.

12) 부정경쟁방지법 제5조 참조.

13) 유영선, "부정한 경쟁행위와 관련한 불법행위 성립요건 및 그에 기한 금지청구권 허용 여부", 『사법논집』, 제53집(법원도서관, 2011), 122면.

14) 최민수, 앞의 논문, 266면; 김병일, "인터넷 웹페이지에서의 광고의 삽입·차단 등을 둘러싼 법적 문제", 『사법』, 제16호(사법연구지원재단, 2011), 60면 이하 참조.

서에 반하여" 자신의 영업을 위하여 무단으로 이용함으로써 부당한 이익을 얻고 경쟁자의 법률상 보호가치가 있는 이익을 침해한 행위를 부정한 경쟁행위로서 「민법」상 불법행위에 해당한다고 구체화하였다.[15] 이러한 구체화 내지 유형화와 관련하여서는 불법행위에 의한 손해발생이라는 표지와 관련하여서 경쟁자의 법률상 보호가치 있는 이익의 침해라는 점에서 이를 분명히 하였고, 위법성과 관련하여서는 상도덕이나 공정한 경쟁질서에 반하는 부당한 경쟁행위여야 한다는 점을 명시하였다.[16]

(2) 불법행위에 기한 금지청구권이 가능한지 여부

부당한 경쟁행위의 위법성이 인정되어 「민법」상 불법행위에 해당한다고 하더라도 우리 「민법」은 불법행위의 효과로서 손해배상청구권만을 규정하고 있다. 따라서 「민법」상 불법행위에 해당하는 부당한 경쟁행위에 대하여서 이를 금지하는 금지청구권을 인정할 수 있을 것인가 여부는 또다른 쟁점이 되었다. 당해 판례에서 가처분의 보전의 필요성에서 판시하고 있듯이 이러한 사안에서 사후적으로 침해된 영업이익에 대하여 손해배상만을 청구하는 것은 신청인의 침해되는 이익을 보호하는데 있어서 큰 실용성이 없다. 따라서 불법행위에 기하여 해당 행위를 금지할 수 있는가라는 점이 신청인에게는 중요한 의미를 갖게 된다. 이와 관련하여서 우리 대법원은 피신청인의 불법행위가 계속적으로 반복되는 것이며, 금전배상만을 명하는 것으로는 신청인의 법익 구제의 실효성을 기대하기 어렵고, 이와 같은 부당한 경쟁행위를 금지하는 것으로 인하여 발생하는 신청인의 이익과 피신청인의 불이익을 비교, 형량하여 볼 때 그 이익이 더 크므로 이러한 경우라면 불법행위에 기한 금지청구도 가능하다고 판단하였다.

2. 검 토

부정경쟁방지법상의 한정열거주의가 갖던 한계와 관련하여서는 부정경쟁방지법의 개정을 통하여서 보충적 일반규정인 부정경쟁방지법 제2조 제1호 카목이 규정되었으므로 이는 상당부분 해결되었다고 보아야 할 것이다. 이러한 부정경쟁방지법 상의 일반규정과 민법상 불법행위법 사이의 관계는 어떠한 것인지, 카목의 각 요건들은 어떻게 구체화할 것인지 등은 앞으로 판례와 학설들을 통하여서 해결되어야 할 문제이다.[17] 그러나 개정된

15) 대법원 2010. 8. 25.자 2008마1541 결정.

16) 유영선, 앞의 논문(각주 8), 478면: 그러나 대법원 결정에서 설시하고 있는 다양한 요소들을 종합적으로 판단하여 당해 행위가 부당한 경쟁행위로서 위법성이 인정될 수 있다는 점을 설명하고 있다고도 볼 수 있을 것이다.

17) 이규홍, 앞의 논문, 79면 이하.

부정경쟁방지법을 통하여서 본 결정에서 문제가 된 많은 부당한 경쟁행위의 사안들이 해결되리라는 것은 쉽게 짐작할 수 있다. 즉, 「민법」상 불법행위로 포섭하여 이를 해결할 필요성은 상당 부분은 줄어들었다고 할 수 있다.

부당한 경쟁행위가 불법행위에 해당하는가에 대해서는 앞서 언급한 바와 같이 어떠한 행위가 우리 시장경제질서가 인정하는 적법한 경쟁행위이고 어떠한 행위가 위법성이 인정되는 부당한 경쟁행위인가를 구별하는 것이 그 핵심이라고 할 수 있다. 영업상 경쟁관계에 있는 자들 사이의 경쟁행위에 대해서 위법상의 포섭 범위를 너무 넓히게 되면 자유경쟁질서가 위축되게 되고, 위법성의 범위를 지나치게 좁게 판단하면 우리 시장경제질서가 지향하는 진정한 의미에서의 자유롭고 공정한 경쟁이 침해될 여지가 있기 때문이다.[18] 이러한 의미에서 위법성에 대한 판단의 기준은 어떠한 영업활동이 자유로운 영업활동으로서 인정되어야 하고 어떠한 영업활동이 부당한 경쟁행위로서 그 행사의 자유에 제한을 받아야 하는지를 판단하는 중요한 기준이 될 수 있다. 이러한 판단에 있어서 우리 대법원은 상도덕이나 공정한 경쟁질서를 그 중요한 기준으로 들고 있다. 그러나 이러한 기준은 지나치게 일반적이어서 이를 구체화할 보충적 표지가 필요하다. 이에 대하여서 우리 대법원은 침해되는 법익이 상당한 노력과 투자에 의하여 구축된 성과물일 것과 자신의 영업을 위하여 이러한 성과물을 무단이용함으로써 부당하게 이익을 얻을 것을 또한 추가적인 표지로 삼고 있다.[19] 그러나 결국 위법성의 판단을 위해서는 이익형량을 통해서 어떠한 경쟁행위가 통해서 법률적으로 허용될 수 없는 경쟁행위인가를 판단해 낼 수밖에는 없다.[20] 이러한 이익형량의 문제는 부당한 경쟁행위의 위법성의 판단의 문제 뿐 만 아니라 불법행위에 기한 금지청구권을 인정할 것인가의 문제에 대해서도 마찬가지로 드러난다. 구제수단이란 침해되는 일정한 법익의 보호를 위하여서 필요한 범위 내에서 그 상대방에 대한 최소한의 침해로 가능하게 하는 방법, 즉 상당성의 원칙이 적용되어야 한다. 이러한 의미에서 우리 대법원이 불법행위를 근거로 한 금지청구권의 인정근거로서 그 구제수단으로서의 실효성, 구제수단을 통하여서 보호되는 이익과 제한되는 불이익 사이의 이익형량을 그 근거로 설시한 것은 적절하다고 할 수 있다.[21]

---

18) 이와 같은 문제에 대해서는 유영선, 앞의 논문(각주 13), 120면 이하 참조.

19) 이러한 구체화에 대한 설명으로는 유영선, 앞의 논문(각주 8), 478면 이하 참조.

20) 윤태영, "영업이익의 침해와 위법성", 『민사법학』, 제30호(민사법학회, 2005), 106면 이하.

21) 이러한 불법행위에 따른 금지청구 인정의 문제를 이른바 부정경쟁방지법상의 금지청구권 규정의 유추적용으로 설명하려는 견해가 있으나(예를 들어 유영선, 앞의 논문(각주 8), 500면), 대법원의 판시사항만으로는 이러한 점을 읽기 어렵고 오히려 법률상 보호되는 영업상 이익이라는 법익의 보호와 이를 통해서 제한될 수 있는 자유로운 경쟁행위 사이의 이익형량을 통하여서 그 부당한 경쟁행위의 위법성 및 그에 대한 구제수단 인정여부를 판단할 수 있다는 것으로 해석할 수 있다.

Ⅲ. 판례의 의의

본 결정은 이른바 법적으로 허용될 수 없는 부당한 경쟁행위는 어디까지 인정될 수 있는가, 또한 이를 통하여서 일정한 영업상의 이익은 어디까지 보호되어야 하는가라는 근본적인 문제를 「민법」상 불법행위의 구성요건인 위법성의 판단을 통하여서 판단한 중요한 결정이라고 볼 수 있다. 부당한 경쟁행위에 대한 판단은 현행 부정경쟁방지법이 부당한 경쟁행위의 유형에 관한 보충적 일반조항을 마련함으로 인하여서 많은 부분 이러한 일반조항의 판단의 몫으로 넘어가게 되었다. 그럼에도 불구하고 특별법들에서 처리되지 못하는 영업과 관련된 법익의 보호의 문제는 언제든지 그 공백이 민법상 불법행위를 통하여서 보충될 수 있는 여지가 있다. 본 결정을 통하여서 그러한 법익에 대한 침해행위에 대해서는 어떠한 경우에 구제수단이 부여될 수 있는지, 또한 그 구제수단은 어디까지 인정될 수 있는지의 문제에 대하여 이익형량을 통한 판단의 필요성을 나타냄과 동시에 이러한 이익형량을 구체화하기 위한 일정한 표지들을 제시하였다는 점에서 그 의의가 있다.

84 인터넷 광고에 관한 부정경쟁행위 금지청구권

-대법원 2010. 8. 25.자 2008마1541 결정

김 건 호*

Ⅰ. 판례의 개요

1. 사안의 개요

가. 엔에이치엔 주식회사[1)]의 인터넷 포털사이트 'NAVER' 서비스

엔에이치엔 주식회사(이하 "NHN"이라 한다)는 국내 최대의 인터넷 포털사이트 'NAVER' (www.naver.com, 이하 '네이버'라 한다)를 구축하여 정보검색, 커뮤니티, 오락 등의 다양한 서비스를 제공하여 인터넷 사용자들로 하여금 위 서비스 이용 등을 위하여 네이버를 방문하도록 하고, 이와 같이 확보한 방문객에게 배너광고를 노출시키거나 우선순위 검색결과 도출서비스를 제공하는 방법 등으로 광고영업을 해오고 있다.

나. 업링크솔루션 프로그램을 통한 인터넷채널21의 광고행위

인터넷채널이십일 주식회사(이하 '인터넷채널21'이라 한다)는 업링크솔루션(uplink solution, 이하 '이 사건 프로그램'이라 한다)이라는 프로그램을 개발하여 자신의 웹사이트인 http://www.uplink.co.kr을 통하여 배포하고, 위 사이트에 접속한 인터넷 사용자가 이 사건 프로그램을 설치한 후 인터넷상의 어떤 특정사이트(주로 포털사이트)를 방문하였을 때, 인터넷채널21에서 제공하는 일정한 메시지(주로 배너광고)가 인터넷 사용자의 컴퓨터에 직접 나타내보이도록 하여, ① 인터넷 포털사이트의 여백에 노출하는 방식(이하 '여백광고방식'이라 한

* 충북대학교 법학전문대학원 교수.

1) 인터넷 포털사이트인 'NAVER' 서비스를 운영하고 있는 네이버 주식회사의 2007년 이 사건 발생 당시 사명이다. 이후 2013년 8월에 기존 사업을 분할하여 정리하면서 사명을 네이버 주식회사로 변경하였다.

다), ② 인터넷 포털사이트 사업자가 제공하고 있는 광고란을 덮는 방식(이하 '대체광고방식'이라 한다) 또는 ③ 인터넷 포털사이트의 검색창 하단과 키워드 광고 사이에 삽입하는 방식(이하 '키워드삽입광고방식'이라 한다)으로 각 작동되도록 하였다.

따라서 이 사건 프로그램을 설치한 인터넷 사용자들이 네이버를 방문하면 그 화면에 채권자의 광고 대신 같은 크기의 채무자의 배너광고가 나타나거나(대체광고 방식), 검색창에 키워드를 입력하면 검색결과 화면의 최상단에 위치한 검색창과 채권자의 키워드광고 사이에 채무자의 키워드광고가 나타나는(키워드삽입광고 방식) 등으로 채무자의 광고가 대체 혹은 삽입된 형태로 나타나게 되었다.

다. 이 사건 프로그램에 대한 NHN의 가처분 신청

위와 같은 인터넷채널21의 광고는 인터넷 사용자들이 네이버에서 제공하는 서비스 등을 이용하기 위하여 네이버를 방문할 때 나타나는 것으로서 결국 네이버가 가지는 신용과 고객흡인력을 무단으로 이용하는 것이며, 그 광고방식도 네이버에서 제공하는 광고를 모두 사라지게 하거나(대체광고 방식), 네이버가 제공하는 검색결과의 순위를 뒤로 밀리게 하는(키워드삽입광고 방식) 등의 방법을 사용함으로써 NHN의 영업을 방해하면서 NHN이 얻어야 할 광고영업의 이익을 무단으로 가로채는 것으로서 위법한 것이므로, NHN은 법원에 인터넷채널21을 상대방(피신청인)으로 하여 이 사건 프로그램의 전면적인 제조, 사용, 판매 및 배포의 금지와 위 프로그램 등에 대한 인터넷채널21의 점유해제 및 집행보관까지 구하는 취지로 가처분 신청을 하였으며, 서울중앙지방법원은 2007. 12. 31. 신청인 NHN의 신청을 인용하여 이 사건 프로그램에 대한 제조, 사용, 판매 및 배포를 금지하는 결정[2]을 하였다.

라. 가처분 인용 결정에 대한 인터넷채널21의 이의신청

피신청인 인터넷채널21은 서울중앙지방법원 2007. 12. 31.자 2007카합2250 결정에 대하여 이의를 제기하였으며, 법원은 2008. 2. 18. 기존 가처분 결정을 일부 변경하여 이 사건 프로그램을 통한 광고를 하거나 위 프로그램의 설치를 위한 보안경고(인증)창을 게시하는 것을 금지하는 결정[3]을 하였으며, 이에 피신청인 인터넷채널21은 위 결정에 대하여 항고하였다.

---

2) 서울중앙지방법원 2007. 12. 31.자 2007카합2250 결정.
3) 서울중앙지방법원 2008. 2. 18.자 2008카합45 결정.

2. 소송경과

가. 원심결정[4)]

원심은 피신청인 인터넷채널21의 항고에 대하여, 이 사건 프로그램이 ① 악성프로그램이라고 단정하기는 어려우므로 「정보통신망 이용촉진 및 정보보호 등에 관한 법률」에 위반하지는 않으며, ② 어떠한 저작재산권 침해 또는 프로그램 저작물에 대한 침해가 아니므로 「저작권법」 또는 「컴퓨터프로그램 보호법」 위반이 아니라고 보았다. 또한, ③ 「부정경쟁방지 및 영업비밀보호에 관한 법률」(이하 '부정경쟁방지법'이라 한다)에서 말하는 타인의 영업표지를 '사용'하였다고 볼 수도 없어 부정경쟁방지법위반에 해당하지 않는다고 보았다. 다만, ④ 피신청인의 행위가 부정경쟁방지법 제2조에 한정적으로 열거되어 있는 부정경쟁행위 중 하나에 해당되지 않는다 하더라도, 신청인의 인터넷 사이트에 관한 업무를 방해하는 부정경쟁행위로서 불법행위에 해당한다고 판시하였다.

피신청인 인터넷채널21은 이 사건 프로그램의 설치 및 이용은 사용자의 권리이고 피신청인이 보유한 특허의 실시로서 사용자들의 오인, 혼동 우려가 없고, 마이크로소프트사에 의하여 공개된 방법을 사용한 것이므로 정당하다고 주장하였으나, 위 주장은 모두 받아들여지지 않았다.

또한, 피신청인의 이 사건 업무방해 행위는 일회적인 불법행위와는 달리 계속, 반복적으로 이루어지고 사후의 금전적 배상만으로는 피해의 완전한 회복이 어려울 것으로 예상되는 점 등을 종합하여 보면 신청인 NHN으로서는 사전 예방 조치로서 그 업무방해행위의 금지를 구할 보전의 필요성이 충분히 소명된다고 판단하였다.

그러나 '신청인의 인터넷 사이트에 접속한 컴퓨터 사용자의 모니터에 이 사건 프로그램을 이용한 광고행위를 하는 것을 금지'하는 것만으로 신청인의 목적을 달성할 수 있을 것으로 보이므로, 제1심 결정을 일부 변경하는 결정을 하였다.

나. 대법원 결정

경쟁자가 상당한 노력과 투자에 의하여 구축한 성과물을 상도덕이나 공정한 경쟁질서에 반하여 자신의 영업을 위하여 무단으로 이용함으로써 경쟁자의 노력과 투자에 편승하여 부당하게 이익을 얻고 경쟁자의 법률상 보호할 가치가 있는 이익을 침해하는 행위가 부정한 경쟁행위로서 「민법」상 불법행위에 해당하므로 그와 같은 불법행위의 금지 또는 예방을 청구할 수 있으며, 피신청인 인터넷채널21이 인터넷 사이트를 이용한 광고시스템

4) 서울고등법원 2008. 9. 23.자 2008라618 결정(이 책의 83번 판례 참조).

프로그램을 제공하여 이를 설치한 인터넷 사용자들이 신청인 NHN이 운영하는 인터넷 포털사이트에 방문하면 그 화면에 신청인이 제공하는 광고 대신 피신청인의 광고가 대체 혹은 삽입된 형태로 나타나게 한 사안에서, 피신청인의 위와 같은 광고행위는 부정한 경쟁행위로서 「민법」상 불법행위에 해당하고, 신청인은 피신청인에 대하여 위 프로그램을 이용한 광고행위를 하는 것의 금지 또는 예방을 청구할 피보전권리와 보전의 필요성이 소명되었다고 본 원심결정이 정당하다고 보아 피신청인의 재항고를 기각하는 결정[5](이하 '이 사건 결정'이라 한다)을 하였다.

3. 판례의 요지

가. 민법상 불법행위에 대한 금지청구권의 인정 요건

이 사건 결정은 부정경쟁방지법에 한정적으로 열거되어 있는 부정경쟁행위 중 하나에 해당되지 않는다 하더라도, 일반법으로서 「민법」의 불법행위 규정을 적용할 수 있다고 보면서 그러한 불법행위에 대한 금지청구권이 인정되기 위한 요건으로, ① 경쟁자가 상당한 노력과 투자에 의하여 구축한 성과물이 존재할 것, ② 위와 같은 성과물을 상도덕이나 공정한 경쟁질서에 반하여 자신의 영업을 위하여 무단으로 이용함으로써 경쟁자의 노력과 투자에 편승하여 부당하게 이익을 얻고 경쟁자의 법률상 보호할 가치가 있는 이익을 침해할 것, ③ 위와 같은 무단이용 상태가 계속되어 금전배상을 명하는 것만으로는 피해자 구제의 실효성을 기대하기 어렵고 무단이용의 금지로 인하여 보호되는 피해자의 이익과 그로 인한 가해자의 불이익을 비교·교량할 때 피해자의 이익이 더 큰 경우에 해당할 것을 요건으로 보았다.

나. 부정한 경쟁행위인 광고행위에 대한 금지청구권

대법원은 구체적으로 피신청인 인터넷채널21이 인터넷 사이트를 이용한 광고시스템 프로그램을 인터넷 사용자들에게 제공하여 이를 설치한 인터넷 사용자들이 신청인 NHN이 운영하는 인터넷 포털사이트를 방문하면 그 화면에 신청인 이 제공하는 광고 대신 피신청인의 광고가 대체 혹은 삽입된 형태로 나타나게 한 사안에서, 피신청인의 위와 같은 광고행위는 위 인터넷 포털사이트가 가지는 신용과 고객흡인력을 무단으로 이용하는 셈이 될 뿐만 아니라 신청인의 영업을 방해하면서 신청인이 얻어야 할 광고영업의 이익을 무단으로 가로채는 부정한 경쟁행위로서 「민법」상 불법행위에 해당하고, 한편 피신청인

5) 대법원 2010. 8. 25.자 2008마1541 결정.

의 위와 같은 광고행위가 일회적인 것이 아니라 계속적으로 반복되며, 피신청인에게 금전배상을 명하는 것만으로는 신청인 구제의 실효성을 기대하기 어렵고, 피신청인의 위와 같은 광고행위를 금지함으로써 보호되는 신청인의 이익이 그로 인한 피신청인의 영업의 자유에 대한 손실보다 더 크므로, 신청인은 피신청인에 대하여 위 인터넷 포털사이트에 접속한 인터넷 사용자들의 모니터에서 위 프로그램을 이용한 광고행위를 하는 것의 금지 또는 예방을 청구할 피보전권리와 보전의 필요성이 소명되었다고 보아 부정한 경쟁행위인 광고행위에 대하여 민법상 불법행위의 효과로서 금지청구권을 인정하였다.

II. 해 설

1. 쟁점의 정리

이 사건 결정은 당시 한정적 열거주의를 취하고 있던 부정경쟁방지법[6] 제2조의 부정경쟁행위에 해당하지 않는 그 밖의 부정경쟁행위의 경우에도 일반불법행위로서 「민법」을 적용할 수 있는지가 쟁점이 되었다. 더 나아가 민법상 불법행위에 대한 손해배상청구권 외에 금지청구권까지도 인정할 수 있는지도 쟁점으로 다뤄졌다.

2. 관련 판례

가. 대법원 2012. 3. 29. 선고 2010다20044 판결

이후 대법원은 이 사건 결정의 취지 및 법리를 그대로 적용하여, 갑 주식회사가 자신이 운영하는 홈페이지에서 한국방송공사와 을 방송사가 방영한 “겨울연가”, “황진이”, “대장금”, “주몽” 등 제호하에 위 드라마가 연상되는 의상, 소품, 모습, 배경 등으로 꾸민 “HELLO KITTY” 제품을 제조·판매한 사안에서, 제반 사정에 비추어 갑 회사가 드라마를 이용한 상품화 사업 분야에서 경쟁자 관계에 있는 한국방송공사 등의 상당한 노력과 투자에 편승하여 각 드라마의 명성과 고객흡인력을 자신의 영업을 위하여 무단으로 이용하여 법률상 보호할 가치가 있는 한국방송공사 등의 해당 드라마에 관한 상품화 사업을 통한 영업상 이익을 침해하였다고 보아, 갑 회사의 제조·판매 행위는 부정한 경쟁행위로서 「민법」상 불법행위에 해당한다고 판단하였다.

---

6) 부정경쟁방지법[시행 2005. 7. 1. 법률 제7289호, 2004. 12. 31. 타법개정].

나. 대법원 2017. 11. 9. 선고 2014다49180 판결

대법원은 2017. 11. 9. 선고 2014다49180 판결을 통하여 경쟁자가 상당한 노력과 투자에 의하여 구축한 성과물을 상도덕이나 공정한 경쟁질서에 반하여 자신의 영업을 위하여 무단으로 이용함으로써 경쟁자의 노력과 투자에 편승하여 부당하게 이익을 얻고 경쟁자의 법률상 보호할 가치가 있는 이익을 침해하는 행위는 부정한 경쟁행위로서 민법상 불법행위에 해당한다고 하여 이 사건 결정의 법리를 다시 한 번 확인시켜 주었다.

그러나 리얼리티 방송 프로그램에 속하는 원고 영상물과 달리 피고 영상물은 성인대상 코미디 프로그램으로서 그 장르가 다를 뿐만 아니라, 피고가 비록 원고 영상물의 기본적인 모티브나 일부 구성을 차용하여 피고 영상물을 제작하였지만 피고 자신의 독자적인 아이디어를 바탕으로 비용과 노력을 들여 원고 영상물에 존재하지 아니하는 다양한 창작적 요소를 담아 영상물을 제작한 이상, 피고의 이러한 행위가 위와 같은 불법행위에 해당한다고 보기 어렵다고 판단하여 구체적인 사실관계에 의하여 결론을 달리하였다.

3. 검 토

오늘날 다양한 사회 현상의 출현 및 변화로 인하여 경쟁행위의 유형 역시 복잡·다양화되어 가고 있음에도 불구하고 기존 법률에 한정적으로 열거된 부정경쟁행위에 해당하지 않는다는 이유로 법률상 보호할 가치가 있는 이익을 침해하는 행위가 존재하는 경우까지 그 위반행위에 대한 책임 및 예방 조치를 인정하지 않는 것은 타당하지 않다 할 것이므로, 기존 부정경쟁방지법 제2조에 한정적으로 열거된 부정경쟁행위 외의 부정경쟁행위에 대하여 「민법」상 불법행위의 성립을 인정하는 한편 그와 같은 무단이용 상태가 계속되어 금전배상을 명하는 것만으로는 피해자 구제의 실효성을 기대하기 어렵고 무단이용의 금지로 인하여 보호되는 피해자의 이익과 그로 인한 가해자의 불이익을 비교·교량할 때 피해자의 이익이 더 큰 경우에는 금지청구권을 인정하는 것이 타당할 것이다.

Ⅲ. 판례의 의의

1. 불법행위로서 일반부정경쟁방지행위의 인정

가. 일반부정경쟁방지행위의 인정 선례 및 판례법적 역할

부정경쟁행위란 민법상 불법행위법의 특칙으로서 부정경쟁방지법에서 금지하는 불공정한 경쟁행위에 해당하는 것으로서 이로 인하여 손해를 입은 자는 그 법에 규정된 손해배상청구권 등을 주장할 수 있으며 그러한 불공정경쟁행위가 불법행위에 해당되면 「민법」에 따른 손해배상 등의 법률적 구제도 가능하다고 할 것이다.[7)]

이 사건 결정 역시 위 견해와 연장선상에서 부정경쟁행위에 해당하지 않는 경우에도 이른바 일반부정경쟁방지행위로서 「민법」의 불법행위에 해당할 수 있음을 인정한 선례적 결정으로서 의의가 있으며, 피해자의 구제를 위하여 법률의 미비점을 보완·형성하는 판례법적 역할로서도 의의가 있다고 할 것이다.

나. 부정경쟁행위에 관한 보충적 일반조항 신설

부정경쟁방지법은 이 사건 결정 이후 2013. 7. 30.자 법률 제11963호 개정을 통하여 제2조 제1호 차목에 "그 밖에 타인의 상당한 투자나 노력으로 만들어진 성과 등을 공정한 상거래 관행이나 경쟁질서에 반하는 방법으로 자신의 영업을 위하여 무단으로 사용함으로써 타인의 경제적 이익을 침해하는 행위"를 규정하여 부정경쟁행위에 관한 보충적 일반조항을 신설하였다.

위 조항의 신설로 인하여 이와 동일한 사안에 있어서 이 사건 결정의 의미는 다소 감소되었다고 볼 것이나, 현행 부정경쟁방지법으로도 포섭되지 않는 것으로서 규제의 틈에 존재하는 다른 형태의 불법행위[8)]들에 대하여도 선례적 결정으로서 기능하는 데에 의의가 있을 것이다.

2. 민법상 불법행위에 대한 효과로서 금지청구권의 인정

오늘날 불법행위의 행위태양 및 이익침해는 다양한 형태로 나타나고 있으며, 명백한 권리침해나 실정법 위반이 없음에도 불구하고 행위태양 또는 피침해이익이 상당한 반사회성을 가진 경우 가운데 경제적 이익을 침해하는 일련의 위법행위를 이른바 "경제적 불법행위"라고 유형화하기도 한다. 이러한 경제적 불법행위는 전통적인 불법행위와 달리, 그 위법성의 구체적인 판단기준과 불법행위 성립시 구제수단에 관한 별도의 독자적인 법리가 새롭게 형성되는 과정에 있다.[9)]

---

7) 최민수, "부정경쟁행위와 불법행위법상 금지청구권", 『법조』, 62권 1호(법조협회, 2013), 262면.

8) 요컨대, 현행 부정경쟁방지법에 열거되어 있는 부정경쟁행위에는 해당되지 않지만 소비자를 기망하거나 경쟁업자의 투자나 명성에 무임편승하여 부당한 이익을 도모하는 행위는 넓은 의미의 부정경쟁행위로 볼 수 있기 때문에, 현행 부정경쟁방지법에 열거되어 있는 부정경쟁행위에 유사한 구제를 해 줄 필요가 있다고 보는 견해가 있다. 정상조, 『부정경쟁방지법 원론』 (세창출판사 2007), 9면.

9) 정상조, "경제적 불법행위 시론 -아이디어의 유통을 둘러싼 민사법적 문제", 『민사판례연구』, 34호

이 사건 결정 역시 인터넷에서 이 사건 프로그램을 이용한 광고행위가 적법한 것인지 여부가 주된 쟁점으로서 그 위법성에 대한 판단과 관련하여 관계법률 및 이 사건 프로그램의 구현방법과 관련하여 기술적·사실적 측면에서 다양하게 판결이유에 설시하고 있으며, 부정경쟁방지법상 부정경쟁행위에 해당하지 않는 경우라 하더라도 경쟁자가 상당한 노력과 투자에 의하여 구축한 성과물을 상도덕이나 공정한 경쟁질서에 반하여 자신의 영업을 위하여 무단으로 이용함으로써 경쟁자의 노력과 투자에 편승하여 부당하게 이익을 얻고 경쟁자의 법률상 보호할 가치가 있는 이익을 침해하는 행위를 부정한 경쟁행위로서 민법상 불법행위에 포섭하고 그와 같은 불법행위의 금지 또는 예방을 청구할 수 있다고 하여 불법행위의 성립뿐만 아니라 그 구제수단으로서 금지청구권 또는 예방청구권을 인정하였다는 점에서 큰 의미가 있다.

한편, 이 사건 결정은 부정경쟁행위에 대한 금지청구권을 인정하면서도 그 근거를 명확히 밝히지는 아니하여, 그 근거를 부정경쟁방지법 제4조 제1항을 유추적용하여 금지청구권을 인정한 것으로 해석하는 견해,[10] 민법상 불법행위의 효과로서 금지청구권을 인정하는 견해,[11] 물권법상 방해배제 및 예방청구권의 유추적용에서 인정하는 견해[12]로 크게 나뉘어져 있으나, 이 사건 결정이 부정경쟁행위의 한 유형으로서 「민법」상 불법행위에 해당하는 것으로 파악한 점에 비추어 부정경쟁방지법이 적용되는 부정경쟁행위와의 체계적인 관계에서 동일한 효과 및 결과를 가져오기 위하여 부정경쟁방지법 제4조 제1항으로 유추적용한 것으로 보는 것이 타당하다고 본다.

이와 같은 금지청구권의 인정은 사후적 책임으로서 손해배상책임보다 더욱 넓은 범위에서 피해자의 권리를 보호하는 측면이 있다고 할 것이나, 기업의 경쟁활동의 자유를 제약하는 측면이 있으므로 엄격하게 고려되어야 할 것이고, 더 나아가서는 기업의 예측가능성을 높여주기 위하여 구체적인 경우를 상정하여 명문화하는 것이 바람직할 것이다.

(민사판례연구회, 2012), 834면.

10) 최민수, 앞의 논문, 295면.

11) 송오식 “불법행위의 효과로서 금지 및 예방청구권 －대법원 2010. 8. 25.자 2008마1541 결정－”, 『법학논총』, 31집 1호(전남대학교 법학연구소, 2011) 549~550면.

12) 김천수, “2010년 민사(채권법) 중요판례”, 『인권과 정의』, 제415호(대한변호사협회, 2011), 49면.

85 방송사업자의 방송편성의 자유의 성격과 범위

－대법원 2014. 5. 29. 선고 2011다31225 판결

박 지 연*

Ⅰ. 판례의 개요

1. 사안의 개요

피고는 TV를 통한 광고서비스사업을 하는 사업자이고, 원고들은 가입자를 모집하여 이들을 상대로 종합유선방송서비스를 제공하는 종합유선방송사업자들이다. 피고는 원고들의 가입자들 중 음식점, 찜질방 등 다수 고객 상대 업체(이하 '설치 대상 업체'라 한다)를 회원으로 모집한 후 해당 회원들이 보유한 TV수상기와 원고들 소유의 케이블방송수신용 셋톱박스(이하 '셋톱박스'라 한다)에 피고 소유의 광고영상송출기기(이하 'CF박스'라 한다)를 설치하여, 원고가 전송한 방송프로그램의 화면의 가로세로 비율을 조정하여 TV 화면 상단에는 원고가 송출하는 방송프로그램이 나오게 하고 하단(화면의 약 11.6%)에는 피고가 별도로 모집한 광고주들로부터 의뢰받아 CF박스에 저장하였던 자막광고를 함께 내보내고, 이에 대하여 광고주들로부터 대가를 받는 방식으로 영업을 하였다. 아울러, 피고는 제3자와 지점계약을 체결하였는데, 그 지점사업자들은 설치대상업체와 자막광고 서비스 계약을 체결한 뒤 무상으로 CF박스를 설치해 주고, 설치대상 업체 상호 간의 자막광고를 무상으로 제공하였다.

이에 대하여 원고들은 피고가 원고들 소유의 셋톱박스에 CF박스를 연결하여 원고들의 방송신호를 가공·변조함으로써 원고들의 「방송법」상 방송권 또는 셋톱박스에 대한 관리사용권을 침해하고 있다고 주장하면서, 피고에 대하여 그 침해행위의 금지 및 간접강제를 구하였다.

---

* 법무법인 태평양 변호사.

2. 소송경과

제1심에서는 원고들의 청구 중 피고가 원고들의 방송구역 내에서 직접 또는 제3자로 하여금 원고들 소유의 셋톱박스에 CF박스를 연결하는 행위와 CF박스를 이용하여 원고들이 전송한 방송신호를 가공·변조하는 행위의 금지 청구는 인용하였으나, 간접강제청구는 기각하였다.

이에 원고들과 피고가 모두 항소하였는바, 항소심에서는 원고들의 금지청구를 인용하면서 아울러 1회 위반 시 5천만 원의 간접강제금을 지급하도록 판결하였다. 이에 원고들은 간접강제금의 증액을 구하면서, 피고는 금지청구 및 간접강제 신청의 기각을 구하면서 상고한 사건이다(상고 기각).

3. 판례의 요지

가. 원심판결의 요지

「방송법」에서 보장하고 있는 방송의 자유와 독립의 구체적인 내용으로는 방송편성의 자유와 독립이 있고, 방송편성의 자유는 방송프로그램의 내용에 대하여 간섭받지 아니할 자유를 포함하므로, 방송신호의 가공·변조 등으로 방송프로그램의 내용이 방송사업자인 원고의 의도와 다르게 왜곡되어 방송되는 정도에 이른 경우에는 방송법에서 보장하고 있는 방송사업자의 방송내용에 대한 자유가 침해된 것인바, 그 침해를 당한 원고는 침해 배제를 위하여 방송신호의 가공·변조 행위의 금지를 청구할 권리가 있다.

나. 대법원 판결의 요지

(1) 방송편성의 자유의 내용

방송의 자유를 구체화한 방송편성의 자유에는 방송사업자가 방송프로그램을 기획, 편성 또는 제작하는 데에 간섭을 받지 않을 자유뿐만 아니라, 방송사업자가 공중에게 방송프로그램을 송신하는 과정에서 내용에 변경이 가해지는 등의 간섭을 받지 않을 자유도 포함된다. 다만, TV를 통한 광고서비스업을 하는 피고가 방송사업자인 원고들 소유의 셋톱박스에 CF박스를 연결하여 원고들이 전송한 방송프로그램 화면의 하단에 피고가 광고주들로부터 의뢰받아 CF박스에 저장하였던 자막광고가 나오도록 한 경우, 이는 방송프로그램의 송신단계에서 화면조작이 이루어진 것이 아니어서 피고의 CF박스 설치로 원고의 방송편성의 자유가 침해되었다고 볼 수는 없으나, 피고의 이와 같은 행위는 경쟁사업자 관계에 있는 방송사업자인 원고의 광고영업 이익을 침해하는 부정한 경쟁행위로서 금지를 청구할 수 있다.

(2) 광고영업 이익 침해에 따른 불법행위책임과 금지청구

TV를 통한 광고서비스사업 등을 하는 갑 주식회사가 종합유선방송사업자들인 을 주식회사 등의 종합유선방송 가입자들 가운데 회원을 모집한 후 해당 회원들이 보유한 개별 TV 수상기와 을 회사 등 소유의 케이블방송수신용 셋톱박스 사이에 광고영상송출기기를 연결하여 자막광고를 한 사안에서, 갑 회사의 광고행위는 을 회사 등의 광고영업 이익을 침해하여 「민법」상 불법행위에 해당하고, 을 회사 등은 갑 회사가 위와 같은 행위를 하는 것과 제3자에게 이를 하게 하는 것의 금지를 청구할 수 있다.

II. 해 설

1. 쟁점의 정리

이 사건 판결은 방송법상 방송편성의 자유의 근거와 범위와 관련하여 방송의 자유를 구체화한 '방송편성의 자유'에 방송사업자가 공중에게 방송프로그램을 송신하는 과정에서 내용에 변경이 가해지는 등의 간섭을 받지 않을 자유가 포함되는지의 여부와 방송사업자의 광고영업이익 침해행위에 대한 불법행위책임의 성립 여부와 금지청구의 인정 여부가 쟁점이 되었다.

2. 관련 판례[1)]

가. 비방광고들로 인한 피해를 최소한으로 줄이기 위하여 광고들이 실렸던 일간지마다 동일한 크기의 대응광고를 게재할 필요가 있었다면, 그 비용도 비방광고들로 인하여 입은 손해이다.

나. 비방광고들로 인하여 인격과 명예, 신용 등이 훼손됨으로써 분유제조업체인 피해 회사가 입은 손해의 종류와 성격, 피해 회사의 지명도와 영업의 신용도, 피해 회사의 규모 및 영업실적, 비방광고들의 허위성의 정도와 비방성의 강도, 비방광고 행태 전반에서 드러나는 악의성의 정도, 조제분유 제품을 선택하는 소비자들의 보수성, 부정적 광고가 미치는 영향의 즉각성과 지속성, 부정적 영향으로부터 회복함이 곤란한 점, 부정적 광고에

---

1) 대법원 1996. 4. 12. 선고 93다40614,40621 판결.

대하여 효율적인 구제수단인 사죄광고가 허용되지 아니하는 점, 비방광고 회사의 규모와 재산 정도 등 여러 사정을 참작하여 그 손해액을 산정한다.

다. 인격권은 그 성질상 일단 침해된 후의 구제수단(금전배상이나 명예회복 처분 등)만으로는 그 피해의 완전한 회복이 어렵고 손해전보의 실효성을 기대하기 어려우므로, 인격권 침해에 대하여는 사전(예방적) 구제수단으로 침해행위 정지·방지 등의 금지청구권도 인정된다는 이유로 광고중지 청구를 인정한다.

라. 부작위채무를 명하는 판결의 실효성 있는 집행을 보장하기 위하여는, 부작위채무에 관한 소송절차의 변론종결 당시에서 보아 채무명의가 성립하더라도 채무자가 이를 단기간 내에 위반할 개연성이 있고, 또한 그 판결절차에서 「민사소송법」 제693조에 의하여 명할 적정한 배상액을 산정할 수 있는 경우에는, 그 부작위채무에 관한 판결절차에서도 위 법조에 의하여 장차 채무자가 그 채무를 불이행할 경우에 일정한 배상을 할 것을 명할 수 있다.

3. 검 토

가. 방송법상 방송편성의 자유의 성격 및 범위

(1) 관련 법령

「방송법」은 '방송'을 방송프로그램을 기획, 편성 또는 제작하여 이를 공중(개별계약에 의한 수신자를 포함한다)에게 전기통신설비에 의하여 송신하는 것으로서 텔레비전방송, 라디오방송, 데이터방송 및 이동멀티미디어방송으로 정의하는 한편(제1조 제1호), '방송편성'은 방송되는 사항의 종류, 내용, 분량, 시각, 배열을 정하는 것으로 정의하고 있다(동법 제1조 제15호). 한편, 「방송법」은 방송편성의 자유와 독립은 보장되고(제4조 제1항), 누구든지 방송편성에 관하여 이 법 또는 다른 법률에 의하지 아니하고는 어떠한 규제나 간섭도 할 수 없다고 규정함으로써(제4조 제2항), 방송사업자의 방송편성의 자유와 독립에 대하여 명시적으로 규정하고 있다.

(2) 방송법상 방송편성의 자유의 근거

대상판결은 「방송법」상 제4조에 규정된 방송편성의 자유의 근거를 「헌법」 제21조 제1항의 언론출판의 자유 및 방송법의 목적이 방송의 자유와 독립을 보장하는 것에 있다고 규정한 「방송법」 제1조 등에서 찾고 있다. 「헌법」 제21조 제1항은 "모든 국민은 언론출판의 자유와 집회결사의 자유를 가진다"고 규정하고 있는바, 이러한 언론출판의 자유에는 방송의 자유가 포함된다. 「방송법」에 규정된 방송사업자의 편성의 자유는 이와 같이 「헌법」상 인정되는 방송의 자유의 내용을 구성하는 권리로서, 언론매체의 설립과 운영, 편집, 보도 등에서 국가의 간섭을 배제할 수 있는 주관적 기본권을 의미하는 동시에, 자유로운 의견형성이나 여론형성을 위해 필수적인 기능을 행하는 객관적 규범질서로서 제도적 보장의 성격을 가진다.[2] 「방송법」은 「헌법」상 방송의 자유에 바탕을 두고 이를 객관적 규범질서로서 실현하기 위하여 입법된 것으로서, 방송편성의 자유에 관하여 규정하고 있는 「방송법」 제4조도 「헌법」상 방송의 자유에서 비롯된 것임은 부인할 수 없다. 그런데, 「헌법」상 주관적 기본권으로서의 방송의 자유는 그 기본권 주체인 방송사업자의 인격발현 또는 이익추구를 주된 목적으로 하는 기본권이라기보다는 언론으로서의 기능을 행사하기 위하여 방송프로그램의 종류, 내용, 분량, 시각, 배열에 있어서 국가의 간섭을 배제할 수 있는 자유권적 기본권의 성질을 가지고 있다고 이해되고 있다.[3] 따라서 방송법상 방송편성의 자유의 근거를 「헌법」상 방송의 자유에서만 찾는다면 제3자가 방송내용의 가공 등을 통하여 방송사업자의 영업이익을 침해한 대상 사건과 같은 경우 방송편성의 자유 침해의 문제로 보기 어려운 점이 있다.

「방송법」은 전통적으로 언론으로서의 역할을 수행하여 왔던 지상파방송사업자나 보도프로그램 편성권을 보유하고 있어 언론으로서의 기능을 수행하는 종합편성 또는 뉴스에 관한 전문편성을 하는 방송채널사용사업자 이외에도 언론 기능과는 다소 거리가 있는 오락 프로그램 등의 편성을 전문으로 하는 방송채널사용사업자나 종합유선방송사업자 등과 같은 플랫폼 사업자에 대해서도 규정하고 있다. 이에 따라, 「방송법」에는 방송의 자유와 독립을 실현하기 위한 규정만 있는 것이 아니고, 방송사업자에게 사업권을 부여하고 이를 행사하게 함으로써 사익을 실현하는 것을 보호하기 위한 규정도 존재한다. 원심판결이 명시한 바와 같이, 「방송법」상 종합유선방송사업을 하고자 하는 자는 일정한 시설과 기술을 갖추어 방송통신위원회의 허가를 받아야 하고(제9조 제2항), 허가를 받은 종합유선방송사업자는 일정한 방송구역 안에서 사업을 운영할 수 있는 권리를 부여받으며(제12조), 이에 따라 약관을 마련하고 이용요금을 정하여 사업을 영위할 수 있다(제77조).

아울러, 방송사업자는 언론기관으로서의 기능을 함으로써 방송의 자유를 실현하기 위해서 방송편성권을 행사할 뿐만 아니라, 사적 이익 추구를 위한 방송사업 영위의 목적으로도 방송편성권을 행사하며, 현실적으로 방송사업자는 「방송법」상 편성권 행사에 관한 제한 내에서 사적 이익 실현을 위하여 방송편성권을 행사하는 경우가 더 많은 것

---

2) 헌재 2003. 12. 18. 2002헌바49.

3) 이춘구, "방송편성의 자유와 규제 논쟁", 『법학연구』, 제41집(전북대학교법학연구소, 2014. 5), 439면.

으로 보인다.

따라서 「방송법」의 성격이나 취지, 방송사업자의 편성권 행사의 범위 등을 고려할 때, 「방송법」에서 규정하는 방송사업자의 편성의 자유에는 방송사업자가 언론 기능의 수행을 위하여 편성권을 행사함에 있어서 국가로부터 개입을 받지 않을 자유뿐 아니라, 영리 활동으로서 방송사업을 영위하기 위하여 편성권을 행사함에 있어서 제3자로부터 방해받지 않을 권리까지 포함한다고 넓게 해석할 필요가 있는 것으로 생각된다. 「방송법」상 방송사업자의 편성의 자유를 범위를 판단함에 있어서 방송사업자의 영업권 등을 인정한 규정도 함께 고려하여야, 대상 사건과 같이 제3자가 방송신호의 가공·변조 등을 통하여 방송사업자의 영업이익을 침해하는 경우를 방송사업자의 편성의 자유 침해로 해석하는 것도 보다 자연스러울 것으로 생각된다.

이러한 점에서, 종합유선방송사업자의 방송편성권의 보호와 관련하여 「방송법」 제1조, 제4조뿐만 아니라 종합유선방송사업자의 허가 및 지역사업권 부여에 관한 제9조, 제12조 등을 「방송법」상 종합유선방송사업자의 방송사업자의 방송편성의 자유에 관한 근거 규정으로 설시하고 있는 원심판결의 판시 내용은 의미가 있는 것으로 보인다.

(3) 방송법상 방송편성의 자유의 범위

대상판결은 방송편성의 자유에는 방송사업자가 방송프로그램을 기획, 편성, 제작하는 데 간섭을 받지 않을 자유뿐만 아니라 방송프로그램을 송신하는 과정에서 그 내용에 변경이 가해지는 등 간섭을 받지 않을 자유도 포함된다고 판단하였으나, CF박스를 설치하여 종합유선방송사업자의 가입자가 시청하는 방송프로그램이 당초 방송사업자가 의도한 방송프로그램과 다르게 보이도록 하는 것은 ① 방송프로그램이 송신된 후 전송과정에서 아무런 조작이나 변경이 없고 단지 CF박스가 설치된 TV화면에서만 화면의 가로세로 비율이 조정되면서 그 하단에 자막광고가 나오게 된 것이고, ② 원고들의 다른 종합유선방송 가입자들의 TV화면에는 아무런 영향을 미치지 않으므로, 원고들이 공중에게 방송프로그램을 송신하는 과정에서 화면조작이 이루어진 것이 아니어서 종합유선방송사업자의 편성의 자유가 침해되었다고 볼 수 없다는 입장을 취하였다. 즉, 대상판결은 최소한 방송의 전송 단계까지에서 개입이나 간섭이 있는 경우만을 방송 편성권 침해로 인정하고 있는 것으로 보인다.

그러나 방송편성권을 보호하는 이유가 방송편성권자가 당초 편성권 행사를 통하여 전달하고자 했던 방송내용을 그대로 시청자에게 전달할 수 있게 하려는 것이라는 점을 고려하면 방송편성의 자유의 보호 범위를 전송 단계까지로 제한할 이유는 없어 보인다. 방송편성권에 대한 침해 태양을 보더라도 국가와 같은 권력기관이 개입하는 경우 방송 기획, 편성, 제작, 송신 단계에서부터 방송편성에 개입할 수 있는 반면, 사적 기업 간에 편성권 침해가 문제되는 경우 방송의 기획, 편성, 제작, 송신 단계에서 방송신호의 가공·변조 등을 통하여 방송편성에 간섭하는 경우보다는 상대적으로 접근이 용이한 수신 단계에서 방송사업자가 편성한 방송프로그램의 내용이나 형식에 변경을 가하는 경우가 더 많을 것으로 보인다. 마지막으로, 대상판결은 방송의 수신단계에서의 조작은 원고들의 다른 가입자가 시청하는 방송에는 영향을 미치지 않으므로 원고의 방송의 자유를 침해하는 것이 아니라고 보았는데, 이는 방송사업자가 편성하여 일괄적으로 송신한 방송프로그램을 공중이 일방적으로 동시 수신하는 일방향 방송 개념을 전제로 하여, 적어도 방송사업자의 방송 송신단계에서 조작이 이루어져 해당 방송사업자의 모든 가입자에게 영향을 미치는 경우에만 방송 편성권이 침해된 것이라는 입장을 취한 것으로 보인다. 그러나 인터넷멀티미디어방송의 도입으로 개별성과 양방향성을 가진 방송이 등장함에 따라 방송사업자가 송신하는 방송이 개별 가입자별로 달라질 수 있게 되었는바, 이러한 상황에서 위와 같은 판례의 기준을 적용하는 경우 편성의 자유의 보호 범위가 방송프로그램의 송신 이전 단계로 오히려 축소될 우려가 있다.

이러한 점을 고려하면, 방송법에서 규정하고 있는 방송편성의 자유를 대상판결에서와 같이 방송의 기획, 편성, 제작, 송신 단계에서 방송편성에 대한 간섭을 받지 않을 자유로 제한적으로 해석할 것이 아니라, 원심판결과 같이 방송 수신 단계에서 방송편성권자가 원하지 않는 방송내용에 대한 가공이나 변조 등이 이루어지지 않음으로써 방송사업자의 의도대로 방송프로그램이 방송될 자유까지 포함하는 것이 합리적인 것으로 보인다.

나. 광고영업이익침해에 대한 금지청구권의 근거

원심판결은 방송 수신 단계에서 방송신호를 가공·변조하여 방송프로그램의 내용이 방송사업자의 의도와 다르게 왜곡되어 방송되는 것은 방송편성의 자유의 내용을 이루는 방송내용의 자유를 침해하므로, 침해를 받은 방송사업자는 침해배제를 위하여 방송신호의 가공·변조행위의 금지를 청구할 권리가 있다고 판시하였다. 즉, 「방송법」상 방송편성의 자유를 직접적인 근거로 하여 방송사업자에게 방송신호의 가공·변조행위의 금지청구권을 인정하였다.

반면, 대상판결은 앞서 본 바와 같이 방송 수신 단계에서의 방송신호의 가공·변조는 방송편성의 자유 침해로 보지 않았으므로, 방송편성의 자유에 근거하여 방송신호의 가공·변조행위에 대한 금지청구권을 인정하지 않았다. 다만, 피고들의 CF박스를 이용한 광고행위는 방송광고와 관련하여 경쟁 관계에 있는 원고들이 상당한 노력과 투자에 의하여 구축한 방송설비와 방송프로그램을 자신의 영업에 무단 이용하는 부정경쟁행위로 보고, 이 경우 금전배상을 명하는 것만으로 원고들에 대한 구제 실효성을 기대하기 어렵고 피고의 광고행위를 금지함으로써 보호되는 원고들의 이익이 그로 인한 피고의 영업의 자유에 대한 손실보다 현저히 크다고 보아 예외적으로 불법행위에 대한 금지청구권을 인정하였다.

Ⅲ. 판례의 의의

대상판결은 「방송법」상 방송편성의 자유가 방송프로그램 기획, 편성, 제작에 간섭을 받지 아니할 자유뿐만 아니라, 송신 단계에서 내용에 변경이 가해지는 등의 간섭을 받지 않을 권리까지 포함하는 권리임을 확인하고, 이와 같은 방송편성의 자유가 국가 등 권력기관은 물론 사인에 의해서도 침해될 수 있는 권리임을 인정하였다는 점에 의의가 있다. 아울러 광고영업이익침해에 대한 불법행위책임의 성립을 인정하고, 그 구제수단으로 금지청구권을 인정하였다는 점에 의의가 있다.

86 실제 인물이나 사건을 모델로 한 영화 및 그 광고·홍보에 대한 명예훼손 성립요건

-대법원 2010. 7. 15. 선고 2007다3483 판결

김 현 경*

Ⅰ. 판례의 개요

1. 사안의 개요

소설가 백동호는 1968년 4월 경 창설된 '684부대'가 창설된 이후 해체될 때까지의 역사적 사실을 소재로 하여 1999년 '백동호 장편소설 실미도'를 집필하였고, 피고(시네마서비스, 한맥영화, 강우석 감독)는 이 소설을 원작으로 한 영화 실미도를 제작하여 2003년 12월 24일 개봉하였다. 원고들은 648부대의 훈련병이었던 망인들의 유가족들로서, 영화 실미도가 이 사건 망인들의 명예 내지 인격권을 침해하였다며 피고에 대하여 영화의 상영, 제작, 배포 등을 금지하고 불법행위에 기한 손해를 배상할 것을 청구한 사건이다. 원심은 원고들의 청구를 받아들이지 않았고 원고들이 상고하였으나, 기각되었다.

2. 소송경과

가. 원심 및 항소심 판결

영화의 창작·표현에 있어서는 언론매체를 통한 사실의 보도와 같은 수준의 엄격한 진실성의 담보를 요구할 수는 없으며, 영화 '실미도'의 제작자들이 영화의 모델인 훈련병들을 살인범 또는 사형수 등으로 표현한 부분이 이를 진실이라고 믿을 만한 상당한 이유가 있으므로 명예훼손으로 인한 불법행위를 구성하지 않는다. 또한 역사적 사실과 극적

---

* 서울과학기술대학교 IT정책전문대학원 교수.

허구 사이의 적절한 조화와 선택을 요소로 하는 상업영화에 있어서 영화의 내용이 '진실'이라고 홍보하였다고 하여 그 영화의 모든 내용이 진실이라는 의미라고 보아서는 안 되고, 전체적으로 역사적 사실에 바탕을 하였으며 극적 허구와의 조화 속에서 확인된 사실관계를 최대한 반영하였다는 취지로 이해하여야 하며, 영화제작 당시까지 밝혀진 사실관계를 토대로 하여 영화제작자가 그 광고·홍보 중 사실을 적시한 내용을 진실이라고 믿었고 또 그렇게 믿을 만한 상당한 이유가 있으면 영화제작자에게 그 명예훼손에 대한 책임을 물을 수 없다.

이러한 이유로 영화 '실미도' 북파 공작훈련병의 유족들이 영화제작사를 상대로 한 영화상영금지가처분 신청사건은 제1심에서 기각 되었고, 항소심에서도 기각되었다.

나. 대법원 판결

영상저작물의 표현이 제3자의 명예를 훼손할 여지가 있는 경우에도 행위자가 그것을 진실이라고 믿었고 또 그렇게 믿을 만한 상당한 이유가 있으면 그 행위에 대한 고의·과실이 없다고 보아야 할 것이며, 본 사안은 영화의 내용 중 훈련병들의 출신에 대한 표현은 피고가 이를 진실이라고 믿을 상당한 이유가 있었다고 봄이 상당하다. 또한 실제 인물을 모델로 한 영화에서 묘사된 사실이 이야기의 구성이나 극적 효과를 연출하기 위한 것에 불과하고 일반 관객이 보통의 주의와 방법에 의하여 그것을 사실의 묘사라고 받아들이지 아니할 정도인 경우에는 명예훼손이 되지 않으므로 본 사안에서 훈련병들이 북한 군가인 '적기가'를 부른 것으로 묘사한 장면은 이야기의 극적효과를 연출하기 위한 것에 불과할 뿐 일반 관객이 보통의 주의와 방법에 의하여 그것을 사실의 묘사라 받아들일 것으로 보이지 않으므로 명예훼손이 성립되지 않는다. 영화의 광고·홍보물에 대하여도 영화에 대하여 명예훼손으로 인한 불법행위책임을 물을 수 없다면 그 광고·홍보의 내용이 영화에서 묘사된 허위의 사실을 넘어서는 등의 특별한 사정이 없는 한 그 광고·홍보행위가 별도로 명예훼손의 불법행위를 구성한다고 볼 수 없다.

3. 판례의 요지

가. 실제 인물이나 사건을 모델로 한 영화의 명예훼손책임 인정 여부에 관한 판단 기준

실제 인물이나 사건을 모델로 한 영화가 허위의 사실을 적시하여 개인의 명예를 훼손하는 행위를 한 경우에도 그것이 공공의 이해에 관한 사항으로서 그 목적이 공공의 이익을 위한 것일 때에는 행위자가 적시된 사실을 진실이라고 믿었고 또 그렇게 믿을 만한 상당한 이유가 있으면 그 행위자에게 불법행위책임을 물을 수 없다. 그와 같은 상당한 이유가 있는지 여부를 판단함에 있어서는 적시된 사실의 내용, 진실이라고 믿게 된 근거나 자료의 확실성, 표현 방법, 피해자의 피해 정도 등 여러 사정을 종합하여 판단하여야 하고, 특히 적시된 사실이 역사적 사실인 경우 시간이 경과함에 따라 점차 망인이나 그 유족의 명예보다는 역사적 사실에 대한 탐구 또는 표현의 자유가 보호되어야 하며 또 진실 여부를 확인할 수 있는 객관적 자료의 한계로 인하여 진실 여부를 확인하는 작업이 용이하지 아니한 점 등도 고려되어야 한다. 아울러 영리적 목적 하에 일반 대중을 관람층으로 예정하여 제작되는 상업영화의 경우에는 역사적 사실을 토대로 하더라도 영화제작진이 상업적 흥행이나 관객의 감동 고양을 위하여 역사적 사실을 다소간 각색하는 것은 의도적인 악의의 표출에 이르지 않는 한 상업영화의 본질적 영역으로 용인될 수 있으며, 또한 상업영화를 접하는 일반 관객으로서도 영화의 모든 내용이 실제 사실과 일치하지는 않는다는 전제에서 이러한 역사적 사실과 극적 허구 사이의 긴장관계를 인식·유지하면서 영화를 관람할 것인 점도 그 판단에 참작할 필요가 있다.

나. 영화의 내용이 특정인의 명예를 훼손하는 내용을 담고 있는지 여부에 관한 판단 기준

영화의 내용이 특정인의 명예를 훼손하는 내용을 담고 있는지의 여부는 당해 영화의 객관적인 내용과 아울러 일반의 관객이 보통의 주의로 영화를 접하는 방법을 전제로, 영화 내용의 전체적인 흐름, 이야기와 화면의 구성방식, 사용된 대사의 통상적인 의미와 그 연결 방법 등을 종합적으로 고려하여 그 영화 내용이 관객에게 주는 전체적인 인상도 그 판단 기준으로 삼아야 하고, 여기에다가 당해 영화가 내포하고 있는 보다 넓은 주제나 배경이 되는 사회적 흐름 등도 함께 고려하여야 한다.

다. 영화 내용에 관하여 명예훼손이 성립하지 않는 경우에도, 그 광고·홍보 자체만을 들어 별도로 명예훼손책임을 물을 수 있는지 여부

실제 인물이나 역사적 사건을 모델로 한 영화라 하더라도 상업영화의 경우에는 대중적 관심을 이끌어 내고 이를 확산하기 위하여 통상적으로 광고·홍보행위가 수반되는바, 영화가 허위의 사실을 표현하여 개인의 명예를 훼손한 경우에도 행위자가 그것을 진실이라고 믿었고 또 그렇게 믿을 만한 상당한 이유가 있어 그 행위자에게 명예훼손으로 인한 불법행위책임을 물을 수 없다면 그 광고·홍보의 내용이 영화에서 묘사된 허위의 사실을 넘어서는 등의 특별한 사정이 없는 한 그 광고·홍보행위가 별도로 명예훼손의 불법행위를 구성한다고 볼 수 없다. 나아가 이러한 상업영화에 있어서 그 내용의 특정 부분을 적시하지 않은 채 진실이라고 광고·홍보하였다고 하더라도 특별한 사정이 없는 한 그 영화의 모든 내용이 진실이라는 의미라고 보아서는 아니 되고 전체적으로 역사적 사실에 바탕을 두었으며 극적 허구와의 조화 속에서 확인된 사실관계를 최대한 반영하였다는 취지로 이해하여야 할 것이다.

Ⅱ. 해　설

1. 쟁점의 정리

가. 상업영화의 명예훼손 판단기준

예술의 자유는 창작소재, 창작형태 및 창작과정 등에 대한 임의로운 결정권을 포함한 예술창작활동의 자유와 창작한 예술작품을 일반 대중에게 전시·공연·보급할 수 있는 예술표현의 자유 등을 포괄하는 것이지만, 이러한 예술의 자유가 무제한적인 기본권은 아니기 때문에 타인의 권리와 명예를 침해하여서는 아니 된다. 따라서 실제 인물이나 사건을 모델로 한 영화가 허위사실을 적시하여 역사적 사실을 왜곡하는 등의 방법으로 그 모델이 된 인물의 명예를 훼손하는 경우에는 비록 그것이 예술작품의 창작과 표현 활동의 영역에서 발생한 일이라 하더라도 그 행위자에게 명예훼손으로 인한 불법행위책임 등을 물을 수 있다.[1] 다만 적시된 사실이 진실한 사실이고, 그 목적이 오로지 공공의 이익을 위한 것인 경우 또한 행위자가 그것을 진실이라고 믿을 상당한 이유[2]가 있는 경우에는 명예훼손이 성립하지 않는다. '상당한 이유'가 있는지 여부는 적시된 사실의 내용, 진실이라고 믿게 된 경위 등 여러 사정을 종합하여 판단하여야 하고, 특히 판례가 언급한 바와 같이 적시된 사실이 역사적 사실인 경우 시간이 경과함에 따라 점차 망인이나 그 유족의 명예보다는 역사적 사실에 대한 탐구 또는 표현의 자유가 보호되어야 하며 또 진실 여부를 확인할 수 있는 객관적 자료의 한계로 인하여 진실 여부를 확인하는 작업이 용이하지 아니한 점 등도 고려되어야 한다.

특히 실존 인물이나 사건을 대상으로 한 영상물이 사실보도, 교육 등 공공의 이익을 위한 다큐멘터리나 시사보도의 형태로 만들어지지 않는 한, 상업적 흥행을 고려하지 않을 수 없다. 이러한 경우 관객이나 시청자들에게 흥미와 감동을 주기 위하여 스토리 전개상

1) 대법원 2010. 4. 29. 선고 2007도8411 판결.
2) 대법원 1994. 10. 11. 선고 93다36622 판결; 대법원 1995. 6. 16. 선고 94다35718 판결 등.

인물이나 사건에 부분적으로 상상이나 예측에 해당되는 내용이 각색, 가미될 수밖에 없다. 따라서 '상업영화'의 상당성 판단에는 그러한 각색이 '의도적인 악의의 표출'에 해당되는지, 또한 상업영화를 접하는 일반 관객이 이러한 '허구가능성을 인식, 유지할 수 있는지'도 참작할 필요가 있다.

나. 영화의 광고·홍보 자체만을 들어 명예훼손책임을 물을 수 있는지 여부

영화나 드라마의 광고·홍보물의 경우 그 영상물과는 별개의 것으로 만들어진다. 다만 짧은 시간에 광고홍보 효과를 극대화하기 위하여 영화의 내용을 부분적으로 편집, 각색하는 경우가 대부분이다. 따라서 각색된 사실을 마치 진실한 것처럼 적극적으로 홍보하는 내용의 광고·홍보물이 영화나 드라마의 내용과는 별도로 판단되어져야 하는지, 또는 영화의 내용의 명예훼손 판단여부에 영향을 받는지는 영화의 광고·홍보에 대한 명예훼손 판단에 있어서 매우 중요하다. 본 사안에서는 "이 사건 영화에 관한 시작자막 및 광고·홍보가 영화에서 묘사된 내용 이외의 것을 담고 있지는 않다는 전제에서, 이 사건 영화의 내용에 관하여 피고들의 명예훼손이 성립하지 않는다고 보는 이상 위 시작자막과 광고·홍보 자체만을 들어 피고들에게 명예훼손으로 인한 불법행위책임을 묻기는 어렵다"고 판단하였다.

2. 관련 판례

가. 드라마 '서울 1945' 사건[3)]

'서울 1945'는 1945년 해방공간과 한국전쟁이라는 한국 현대사를 모델로 삼아 창작, 연출한 드라마이다. 원고는 장면 중 '장택상, 이승만이 친일파로서 친일경찰을 통해 정판사 사건을 해결하고, 이승만이 여운형의 암살을 암시적으로 지시하고, 친일경찰이 이에 부응하여 여운형을 암살하려고 하는 것처럼 묘사'한 것에 대하여 공연히 허위사실을 적시하여 위 이승만 등의 명예를 훼손하였다고 주장하였다.

이에 대하여 역사적 인물을 소재로 한 드라마의 경우, 역사적 사실은 당대에 있어서도 그 객관적 평가가 쉽지 아니하고 시간의 경과에 따라 그 실체적 진실의 확인이 더욱 어려워지는 관계로 이를 소재로 드라마를 창작, 연출함에 있어서는 명백하여 다툼이 없거나 객관적 자료로 뒷받침되는 단편적 사실만을 묶어 현실감 있는 이야기를 전개해 가기에는 근본적 한계가 있으므로, 그 필연적 현상으로 허구적 묘사를 통해서 객관적 사실들 사

3) 대법원 2010. 4. 29. 선고 2007도8411 판결.

이의 간극을 메우기 마련이라 할 것이고, 합리적인 시청자라면 역사적 사실의 서술을 주로 하는 기록물이 아닌 허구적 성격의 역사드라마의 경우 이를 당연한 전제로 시청할 것으로 예상되는 이상, 위 허구적 묘사가 역사적 개연성을 잃지 않고 있는 한 그 부분만 따로 떼어 역사적 진실성에 대한 증명이 없다는 이유로 허위라거나 연출자에게 그 허위의 점에 대한 인식이 있었다고 단정하여서는 아니된다고 판시하였다. 역사적 인물을 모델로 한 드라마가 그 소재가 된 역사적 인물의 명예를 훼손할 수 있는 허위사실을 적시하였는지 여부를 판단할 때에는 적시된 사실의 내용, 진실이라고 믿게 된 근거나 자료의 신빙성, 예술적 표현의 자유로 얻어지는 가치와 인격권의 보호에 의해 달성되는 가치의 이익형량은 물론 역사드라마의 특성에 따르는 여러 사정과 드라마의 주된 제작목적, 드라마에 등장하는 역사적 인물과 사건이 이야기의 중심인지 배경인지 여부, 실존인물에 의한 역사적 사실과 가상인물에 의한 허구적 이야기가 드라마 내에서 차지하는 비중, 드라마상에서 실존인물과 가상인물이 결합된 구조와 방식, 묘사된 사실이 이야기 전개상 상당한 정도 허구로 승화되어 시청자의 입장에서 그것이 실제로 일어난 역사적 사실로 오해되지 않을 정도에 이른 것으로 볼 수 있는지 여부 등을 종합적으로 고려하여야만 한다.

나. 드라마 '김구' 사건[4]

김구 선생의 일대기를 그린 '광복 50주년 기획드라마 김구'라는 제목의 드라마를 제작, 방영한 사건으로, 드라마에서 백범 암살을 암시·선동하고, 암살자의 뒤를 돌보아 준 것으로 묘사한 것에 대하여 명예훼손 및 민법상 불법행위책임이 문제된 사안이다.

이에 대하여 방송 등 언론 매체가 사실을 적시하여 개인의 명예를 훼손하는 행위를 한 경우에도 그것이 공공의 이해에 관한 사항으로서 그 목적이 오로지 공공의 이익을 위한 것일 때에는 적시된 사실이 진실이라는 증명이 있으면 그 행위에 위법성이 없다 할 것이고, 그 증명이 없다 하더라도 행위자가 그것을 진실이라고 믿었고 또 그렇게 믿을 상당한 이유가 있으면 그 행위에 대한 고의, 과실이 없다고 보아야 할 것인바, 적시된 사실이 진실이라고 믿을 상당한 이유가 있는지의 여부를 판단함에 있어서는 적시된 사실의 내용, 진실이라고 믿게 된 근거나 자료의 확실성, 표현 방법 등 여러 사정을 종합하여 판단하여야 하고, 특히 적시된 사실이 역사적 사실인 경우 시간이 경과함에 따라 점차 망인이나 그 유족의 명예보다는 역사적 사실에 대한 탐구 또는 표현의 자유가 보호되어야 하고 또 진실 여부를 확인할 수 있는 객관적 자료에도 한계가 있어 진실 여부를 확인하는 것이 용이하지 아니한 점도 고려되어야 할 것이다. 백범 김구 선생 암살사건의 논픽션드라마에서

4) 대법원 1998. 2. 27. 선고 97다19038 판결.

배후로 묘사된 자의 명예훼손에 대하여, 방송사가 그 방송 내용이 진실하다고 믿었고 또 그렇게 믿을만한 상당한 이유가 있어 불법행위책임이 성립되지 않는다고 판시하였다.

3. 검 토

가. 실존인물을 소재로 한 상업영화의 불법행위 책임

예술의 자유가 무제한적인 기본권은 아니기 때문에 실제 인물이나 사건을 모델로 한 영화가 허위사실을 적시하여 역사적 사실을 왜곡하는 등의 방법으로 그 모델이 된 인물의 명예를 훼손하는 경우에는 명예훼손으로 인한 불법행위책임 등을 물을 수 있다.[5] 다만 실제 인물이나 사건을 모델로 한 영화가 허위의 사실을 적시하여 개인의 명예를 훼손하는 행위를 한 경우에도 타인의 명예를 훼손하는 행위를 한 경우에도 적시된 사실이 진실한 사실이고(진실성) 그 목적이 오로지 공공의 이익을 위한 것(공공성)으로서 그 행위에 위법성이 없으며, 또한 행위자가 그것을 진실이라고 믿을 상당한 이유(상당성)[6]가 있는 경우에는 명예훼손이 성립하지 않는다.

특히 상당성 기준은 망인(亡人)인 경우 상당히 완화되며[7] 또한 적시된 사실이 역사적 사실인 경우에 시간이 경과함에 따라 망인이나 유족의 명예보다는 역사적 사실에 대한 탐구 또는 표현의 자유가 보호되어야 하고 진실을 확인 할 수 있는 객관적 자료 등에도 한계가 있으므로 이를 확인하는데 어려움이 있다는 점 등에서 상당성 기준은 더욱 완화된다.[8] 또한 공공적이고 사회적인 의미를 가진 사안에 대한 표현의 경우에는 여론의 자유로운 형성과 전달을 통하여 민주적 정치질서를 생성하고 유지하는 기능을 고려하여 최대한 보장되며, 특히 공직자의 도덕성, 청렴성이나 그 업무처리의 정당성 여부에 대한 감시와 비판은 그 표현이 악의적이거나 현저히 상당성을 잃은 공격이 아닌 한 더 넓은 표현의 자유가 인정된다.[9] 본 사안에서 피고들이 이 사건 영화를 제작할 당시에는 정부에 의한 공식적인 사실 확인이 이루어지지 않아 훈련병들의 전과관계와 모집경위는 물론 그 신원마저 명확하게 알 수 없는 상황이었다는 점, 실미도 사건이 있은 지 30년 이상이 경과한 후에 제작되었고 등장인물 중 상당부분이 사망했다는 점, 그럼에도 불구하고 이 사건 영화 제작 이전에 존재하던 실미도 사건에 관한 국회회의록, 언론보도, 고위공직자의 진술 등

---

5) 대법원 2010. 4. 29. 선고 2007도8411 판결 참조.
6) 대법원 1994. 10. 11. 선고 93다36622 판결; 대법원 1995. 6. 16. 선고 94다35718 판결 등.
7) 대법원 1998. 2. 27. 선고 97다19038 판결.
8) 박선영, '언론에 의한 명예훼손의 법리 －우리나라와 미국의 판례를 중심으로－', 『공법연구』, 제27집 제1호(1998. 12), 293면.
9) 서울중앙지법 2006. 8. 10. 선고 2005카합16572 판결.

공적인 자료를 종합적으로 검토한 결과를 반영한 점 등에 비추어 볼 때 피고들이 이 사건 영화 내용 중 문제되는 부분을 표현함에 있어 '의도적인 악의의 표출'에 해당된다고 볼 수 없고, 이 영화의 관객이 이러한 '허구가능성을 인식, 유지할 수 있는지'도 진실이라고 믿을 상당한 이유가 있었다고 볼 수 있으므로 피고들에게는 불법행위책임이 인정되지 아니한다고 판단한 것은 타당하다고 생각된다.

나. 영화의 광고·홍보 명예훼손의 판단에 있어서 고려할 점

본 사안에서 판례는 광고·홍보의 내용에 추가적 사항 없이 영화의 내용을 그대로 담고 있는 한, 영화의 내용이 명예훼손에 성립하지 않는다면, 그 내용의 일부를 편집, 차용하여 만든 광고·홍보의 경우도 명예훼손에 해당되지 않는다고 하였다. 즉 상업영화의 광고·홍보행위는 상업영화와 별도로 명예훼손의 불법행위를 구성하지 않는다고 판시한 것이다. 영화 광고·홍보물의 명예훼손 판단에 있어서 영화나 드라마의 내용과는 별도로 판단되는 것이 아니라, 그에 상당부분 종속되어 판단된다고 한 것으로 볼 수 있다.

그러나 영화의 경우 판례가 밝히듯이 전개과정, 상영시간, 인물 간 관계 등 전체적 맥락 등에 비추어 볼 때 일반 관객으로서도 영화의 모든 내용이 실제 사실과 일치하지는 않을 수 있다는 전제에서 영화를 관람할 것이 상당하나, 광고·홍보물의 경우 전체적 맥락 등이 상당부분 생략된 채 단시간에 영화의 극적 효과를 높이고자 편집·각색을 통해 만들어지게 된다. 또한 영화의 광고·홍보를 접한 모든 사람들이 영화를 관람하는 것이 아니므로, 영화 전체를 관람하지 아니한 채 광고·홍보만을 접하였을 경우 시청자가 그 내용이 실제 사실과 일치하지는 않을 수 있다는 상당성을 가질 수 있는지에 대하여는 재고의 여지가 있다고 본다. 즉 영화를 관람하지 않은 채 영화의 광고·홍보물만 접한 사람이 다수임을 고려한다면, 그리고 영화의 극적 효과를 최대화 하고자 하는 의도로 편집·각색된 광고·홍보물의 성격상 영화 관람객의 사실과 일치 판단 기준을 그대로 광고·홍보 수용자에게 적용할 수 있는지에 대하여는 신중할 필요가 있다고 생각한다. 따라서 상업영화 광고·홍보물의 명예훼손 판단 시 영화가 불법행위에 해당되지 않는다 할지라고 그 광고·홍보물의 불법행위 여부를 판단할 때에는 '편집·각색의 정도'에 따라 달리 판단될 여지가 있다고 본다.

Ⅲ. 판례의 의의

이 사건 판례는 영화 '실미도'의 소재가 되었던 특수부대 훈련병 유가족들이 영화감독과 제작회사를 상대로 영화가 허위사실을 묘사하고, 훈련병들을 살인범 또는 사형수라거나, 용공주의자로 보이게 하여 망인들과 그 유족인 원고들의 명예나 인격권을 훼손하였다는 주장에 대하여 명예훼손이 성립되지 않는 것으로 판단하였다. 특히 실존인물이나 사건을 소재로 하는 상업영화의 경우 상업적 흥행을 고려하지 않을 수 없는바 필연적으로 수반되는 각색에 대하여 그러한 각색이 '의도적인 악의의 표출'에 해당되는지 않는 한, 또한 상업영화를 접하는 일반 관객이 이러한 '허구가능성을 인식, 유지할 수 있는 한' 명예훼손에 해당되지 않는다고 하였다. 즉 실존인물이나 사건을 소재로 하는 상업영화의 제작자등이 '진실이라고 믿을 상당한 이유'를 판단함에 있어서 기존의 판단요소들 외에 상업영화의 특성을 반영하였다는 점에서 의의가 있다고 본다.

그러나 광고·홍보물의 내용에 추가적 사항 없이 영화의 내용을 그대로 담고 있는 한, 영화의 내용이 명예훼손에 성립하지 않는다면, 그 내용의 일부를 편집, 차용하여 만든 광고·홍보물의 경우도 명예훼손에 해당되지 않는다고 판단한 것은, 전체적 맥락 등이 상당부분 생략된 채 단시간에 영화의 극적 효과를 높이고자 편집·각색을 통해 영화 광고·홍보물이 만들어진다는 점, 영화를 관람하지 않은 채 영화의 광고·홍보물만 접한 사람이 다수라는 점에 대한 고려가 미흡했다고 보이는 바, 추후 이러한 부분에 대한 검토가 이루어질 필요가 있다.

87 유명인의 초상 등을 영리적으로 적극 활용할 재산적 이익의 보호

-서울민사지방법원 1991. 7. 25. 선고 90가합76280 판결

박 준 석*

Ⅰ. 판례의 개요

1. 사안의 개요

원고 윤정(본명 최애숙)은 90년대를 풍미한 대표적 톱모델이고, 피고들은 스위스에 본사를 둔 다국적기업 네슬레(Nestle)사의 한국법인들이다.

원고는 피고 회사들과의 사이에 1989. 5. 31. 텔레비전 광고출연계약(이하 '이 사건 광고출연계약'이라 한다)을 체결하였다. 그 계약에서, 원고는 소정의 '계약기간' 동안 피고회사들이 생산, 수입하는 커피 등의 선전용 텔레비전 광고방송물의 제작 및 기타 광고 인쇄물의 작성에 있어 모델로서 용역을 제공하고, 반면 피고는 그 대가로 소정의 '보수'를 지급하기로 약정하였다. 이때 '계약기간'에 관해서는, 원고가 최초로 용역을 제공하는 날에 시작하고 위 출연계약에 따라 제작된 상업광고의 첫 방영일로부터 6개월간으로 일단 정하되, 피고들은 계약기간이 만료되기 1개월 이전에 서면통지의 방식으로 선택권을 행사하여 추가로 6개월 간 그 계약기간을 연장할 수 있고 그 이후에도 위 연장된 계약기간이 만료되기 1개월 이전에 같은 방법으로 6개월간씩 계속하여 계약기간을 연장할 수 있다고 정하였다. 한편 '보수'에 관해서는 최초 계약기간에 대하여 금 10,000,000원으로 하되, 피고들이 위 선택권을 행사하여 계약기간이 연장되는 때에는 위 광고물의 계속적인 이용에 대한 대가로 금 5,000,000원 및 그 기간 중에 제공되는 개인적인 용역에 대하여 신의칙에 따라 합의된 금원을 지급하기로 약정하였다.

이후 그 계약에 따라 피고 회사들은 원고를 출연시켜 자사제품인 '테이스터스 초이스

* 서울대학교 법학전문대학원 교수.

커피'의 방송광고를 촬영완료하여 1989. 7. 23.부터 텔레비전방송사의 방송망을 통하여 전국에 이를 방영하기 시작하였다. 그런데 피고 회사들은 앞서 약속한 선택권을 행사하여 계약기간을 연장하지 아니한 채로 계약기간 6개월이 만료된 1990. 1. 22. 이후에도 계속하여 위 방송광고를 계속 방영하였고, 원고는 이에 항의하였다. 1990. 2. 15.에 이르러 피고 회사들의 요청에 따라 원고는 같은 방송광고를 같은 해 7. 22.까지만 방영하도록 뒤늦게 허락하였다. 그런데 피고 회사들은 위와 같이 연장된 계약기간의 만료일로부터 1개월 이전에 재차 계약을 연장하기 위해 선택권을 행사하겠다는 의사를 원고에게 통지한 다음 그 이후에도 계속 광고를 방영하였다.

2. 소송경과

원고의 제소에 대항하여 피고들은, 원고가 1990. 2. 15. 뒤늦게 계약연장을 허락함으로써 피고들의 광고 사용행위를 추인한 것이고 이렇게 추인에 의해 적법하게 연장된 광고출연계약에서 미리 합의한 선택권을 피고들이 행사함으로써 당해 계약이 재차 연장된 상태이므로 아무런 문제가 없다고 다투었다. 하지만 법원은 제반사정[1)]을 참작하여 볼 때, 원고의 추인행위는 피고들이 1990. 7. 22.까지만 광고를 방영하여도 좋다는 제한적인 의미에 그칠 뿐 더 나아가 피고들에 의한 선택권 행사가 없어 이미 1990. 1. 22.로 종료한 '이 사건 광고출연계약'의 전부를 다시 되살리려는 추인행위가 아니라고 판단하였다. 결국 법원은 피고들이 1990. 7. 22.을 지나서도 광고를 계속 방영한 행위는 원고의 허락 없는 불법행위라고 보았다.

나아가, 그 불법행위로 인한 정신적 손해배상 및 재산적 손해배상에 관해서는 바로 아래 항목과 같이 다소 상이한 기준으로 손해배상 가능성을 판시한 다음 최종적으로 피고 회사들에게 연대하여 원고에게 금 11,684,782원을 지급하라는 판결을 내렸다. 이런 법원의 판결은 항소 없이 그대로 확정되었다.

3. 판례의 요지

가. 개인은 그의 허락이나 동의 없이 자신의 성명과 초상이 제3자에 의하여 공포되지

---

1) 이 부분 추인의 범위 및 법원이 참작한 제반사정의 내용은 이 판결에 대한 평석의 핵심을 벗어나는 쟁점에 불과하다. 따라서 아주 간략히만 설명보자면 법원은, 피고들을 위한 광고출연으로 모델가치가 급상승한 원고가 1990. 2. 15. 추인행위를 할 무렵 다른 회사들로부터 훨씬 높은 광고출연료를 받을 수 있었으므로 굳이 피고들과의 광고를 지속할 이유가 없었고 그런 취지를 표명하였던 점 등을 중요하게 고려하였다.

아니할 인격적 이익을 가지고 있고 이를 침해한 자에 대하여는 불법행위를 이유로 정신적 고통에 대한 손해배상청구권을 가지며, 모델 등 대중과의 접촉을 직업으로 하는 사람에 있어서는 통상 자기의 성명이나 초상이 널리 일반대중에 공개되는 것을 희망 또는 의욕하는 점에 비추어 그 사용방법, 태양, 목적 등으로부터 보아 그의 모델로서의 평가, 명성, 인상 등을 훼손 또는 저하시키는 경우, 기타 자기의 성명이나 초상을 상품선전에 이용하지 않는 것을 의욕한 경우와 같이 특별한 사정이 있는 경우에 한하여 정신적 고통이 있다 할 수 있고, 따라서 손해배상청구권이 인정되는 경우도 제한된다 할 것이나, 한편 위와 같은 모델 등은 자기가 얻은 명성으로 인하여 자기의 성명이나 초상을 대가를 얻고 제3자에게 전속적으로 이용하게 할 수 있는 경제적 이익을 가지고 있어서 이를 침해한 자에 대하여 그 불법사용에 대한 사용료 상당의 손해를 재산상 손해로서 배상을 청구할 수 있으므로, 상품선전용 텔레비전 광고 출연계약 기간만료 후에도 광고주가 광고를 계속 방영하였다면, 그로 인하여 그 광고모델의 인격적 및 경제적 이익을 침해하였다 할 것이므로 광고주는 위 모델이 입은 재산상 및 정신상의 모든 손해를 배상할 책임이 있다.

나. 위 1항의 경우 위 광고모델이 위 계약에서 이미 보수를 받기로 약정하고 용역을 제공한 것이라면 자기의 성명과 초상에 관하여 재산적 이익을 가지고 있다고 인정되고, 광고주는 모델의 승낙이나 동의를 받지 않고 그의 성명과 초상을 상품의 선전광고에 이용한 셈이 되어 그 방영에 의하여 모델의 위와 같은 재산적 이익을 침해하였다 할 것이며, 위 재산상 손해란 모델이 자유처분할 수 있는 그의 성명 및 초상의 이용가치에 대한 평가를 의미하므로 비록 모델이 그 불법방영기간 동안 달리 전속계약을 체결하여 그에 따른 보수를 받음으로써 구체적인 금전적 수익의 감소가 없었다하더라도 재산상 손해가 없었다고는 할 수 없고 그 구체적인 손해액은 위 광고물의 제작에 대하여 용역을 제공함으로써 얻게 되는 보수가 아니라, 모델이 이미 제작된 위 광고물을 계속 방영하는 데 동의함으로써 그 방영 당시 얻을 수 있는 보수 중 그 방영 기간에 상응하는 금액으로 봄이 상당하다.

II. 해 설

1. 쟁점의 정리

가. 초상·성명 등을 영리적으로 적극 활용하는 재산적 이익도 보호되는지 여부[2)]

우리 민사법에 관한 판례 등을 통하여 종래부터 인정된 '인격권'[3)]의 개념 속에 초상·성명 등을 타인의 영리적 사용행위로부터 비재산권(非財産權, 혹은 비재산적, 정신적, 관념적) 차원에서 소극적으로 보호받을 권능이 포함된다는 점은 사실 별다른 다툼이 없다. 이때 '소극적으로' 보호된다는 의미는, 설령 침해적 행위를 한 타인에게는 설령 영리적 속성을 가졌다는 점이 중요하더라도, 권리보호를 구하는 특정인 스스로에게는 인격의 존엄과 가치, 그리고 사생활의 비밀과 자유를 해친다는 비재산권적 차원에서 당해 행위가 규제되는 것이다.[4)]

그렇지만, 종래의 '인격권'을 통하여 권리보호를 구하는 특정인이 자신의 초상·성명 등을 직접 혹은 타인에게 허락하여 영리적으로 '적극적으로' 활용하는데 관한 재산적 이익까지 마찬가지로 보호되는지에 관해서는 한국의 논의에서 큰 다툼이 있는 상황이다. 이런 다툼에 있어 국내의 다양한 견해들을 최대한 간결하게 분류해 보자면, ① 종래 인격권의 개념 속에 그런 재산권 차원의 보호 부분까지는 존재하지 아니하며, 인격권 보호 규정 밖에서도 아직 딱히 그런 보호를 부여하는 규정이 존재하지 아니하므로 보호되기 어렵다는 입장, ② 종래 인격권의 개념으로는 그런 재산권 차원의 보호가 부적절하다면서, 그렇기 때문에 미국의 퍼블리시티권(right of publicity) 개념과 비슷하게 한국에서도 그런 재산권 차원의 보호를 인격권으로부터 독립한 권리로 부여하여야 한다는 입장, ③ 종래 인격권의 개념 속에 이미 그러한 재산권 차원의 보호까지 충분히 포섭되어 있으므로 굳이 미국식 퍼블리시티권을 인정할 필요가 없다는 입장 등이다. 편의상 위 ① 견해는 '보호부정설'로, 위 ② 견해는 '퍼블리시티권설'로, 위 ③ 견해는 '인격권설'로 각각 호칭할 수 있다.[5)]

---

2) 이 부분은 박준석, "인격권과 구별된 퍼블리시티권을 인정할지에 관한 고찰 -최근의 비판론에 대한 논리적 재반박을 중심으로-", 『서울대학교 법학』, 제56권 제4호(서울대학교 법학연구소, 2015. 12., 73면 이하 내용을 변형해 옮김.

3) 헌법학에서 사용되는 용어에 따라 '프라이버시권', 혹은 종래 민사법 상에서 쓰이던 '초상권' 등 다양한 용어들이 존재하며, 이들 용어들의 구체적 의미는 다소간의 차이가 있지만 이 평석에서는 편의상 '인격권'이라고만 칭한다.

4) "사람은 누구나 자신의 얼굴 기타 사회통념상 특정인임을 식별할 수 있는 신체적 특징에 관하여 함부로 촬영 또는 그림묘사되거나 공표되지 아니하며 '영리적으로 이용당하지 않을 권리'(따옴표는 필자 주)를 가지는데, 이러한 권리는 우리 헌법 제10조 제1문에 의하여 헌법적으로도 보장되고 있는 권리이다"라고 판시한 대법원 2006. 10. 13. 선고 2004다16280 판결 참조.

이런 다툼은 아직도 진행형이지만, ② 견해의 퍼블리시티권의 논리에 의하던지 그렇지 않고 ③ 견해의 인격권의 일부라는 논리에 의하던지 간에 어찌되었던 국내에서는 초상·성명 등을 영리적으로 적극 활용하는 재산적 이익도 마찬가지로 불법적 이용행위로부터 보호될 수 있다는 입장이 지배적이다.

이런 현재의 지배적 입장 형성과 관련하여, 원고의 예명을 따라 세칭 '윤정 사건' 판결이라고도 불린 서울민사지법 1991. 7. 25. 선고 90가합76280 판결은 자신의 초상 등을 영리적으로 적극 활용하는 데 관한 재산적 이익의 보호가 가능함을 비교적 분명하게 명시한 최초의 판례로 보인다. 그보다 앞서 비슷한 입장을 취한 판례는 통상적인 검색방법으로 찾아지지 않는다.

나. 그렇게 보호되는 재산적 이익의 법적 성격이 무엇인지?

바로 위 항목에서 설명한 대로, 현재 ② 견해인 '퍼블리시티권설'과 ③ 견해인 '인격권설'은 초상 등을 영리적으로 적극 활용하는 데 관한 재산적 이익의 보호가 이루어진다는 점에서는 의견이 일치하면서도 그렇게 보호되는 재산적 이익의 법적 성격이 무엇인지에 관해서는 다투고 있다. 바꾸어 말하면 그렇게 보호되는 재산적 이익이 과연 구체적으로 어떤 권리의 이름 아래에서 어떤 성격으로 보호되어야 하는 지를 다툰다. 여기서 일단 '퍼블리시티권설'이 염두에 둔 '퍼블리시티권'이 무엇인지부터 개념을 정의하자면, 특정인의 초상(肖像), 성명, 음성이나 그것과 유사한 것들을 광고 혹은 상품판매 등 널리 영리적으로 사용할 수 있는 권리를 뜻하며 미국법에서 유래된 용어이다. 이처럼 미국법의 영향을 받고 있는 '퍼블리시티권설'에서는 앞서와 같은 재산적 이익 보호가 종래 인격권과는 전혀 성질이 다른 것이어서[6] 인격권으로부터 분리된 별도의 권리(퍼블리시티권)로 규율되어야 타당하다고 주장하고, 나아가 '퍼블리시티권설'을 취하는 상당수의 견해가 그런 권리가 재산권인 이상 양도가능한 권리를 취급되어야 한다고 주장한다. 반면 '인격권설'은 다분히 독일법의 논리로부터 영향을 받고 있다. 종래 인격권의 보호 속에 초상·성명 등을 영리적으로 적극 활용하는데 관한 보호까지 포함되어 있다고 전제한 다음 따라서 굳이 독립된 퍼블리시티권을 인정하지 않고도 인격권에 근거하여 재산적 손해배상을 청구할 수 있지만, 인격권의 일부에 불과한 만큼 양도가능하지는 않다고 주장한다.

---

5) 이런 학설에 관해 더 자세히는 박준석, 앞의 글, 75면 이하를 참조할 것.

6) 이렇게 전혀 다른 권리로 주장하는 근거 중 하나는, 종래 인격권의 보호는 타인에 의한 이용으로부터 소극적으로 벗어날 권리에 그칠 뿐 직접 이용하거나 타인에게 이용료를 징수하는 방법으로 초상·성명 등의 경제적 가치를 적극적으로 향유하는 권리는 본질적으로 '인격권'의 속성과 부합하지 않는다는 점이다.

이런 퍼블리시티권설과 인격권설의 미묘한 다툼과 관련하여, 사실 서울민사지법 1991. 7. 25. 선고 90가합76280 판결은 그런 학설 다툼이 제기되기 한참 이전에 내려진 판결이다. 그렇지만 위 판결이 과연 어느 학설에 더 가까운 입장을 취한 것인지를 분석해본다면 다소간 논란의 소지는 있을지라도 '퍼블리시티권설'의 입장에 가까운 면모를 드러내고 있다. 자세히는 아래 검토 부분에서 설명한다.

그렇지만 한 가지 아쉬운 점은 위 판결은 '퍼블리시티권'이란 용어를 전혀 사용하지 않고 있다는 사실이다. 위 판결이 내려질 당시 아직 한국에서는 '퍼블리시티권'에 관한 논의가 본격적으로 시작되지 않았었다. 이런 아쉬움은 위 판결로부터 4년 뒤인 1995년에 내려진 '이휘소 박사 사건'의 판결을 통해 달래지게 되었다. 이 판결 등에 관해서는 바로 아래 항목에서 설명한다.

2. 관련 판례

우리 판례상으로 '퍼블리시티권'의 법적 존재를 처음 언급한 것은 서울지방법원 선고 1995. 6. 23. 선고 94카합9230 판결(세칭 '이휘소 박사 사건'의 판결)이다. 미국에서 교통사고로 사망한 한국출신 핵물리학자 이휘소의 죽음에 관한 의문을 둘러싸고 이것을 박정희 대통령의 독자적 핵개발을 저지하려는 미국 측의 음모라고 추측하여 저술한 일련의 소설 2종('소설 이휘소' 및 '무궁화 꽃이 피었습니다')이 한국에서 출간되었는데, 그 소설 내용 안에 망인이 고국의 모친에게 보낸 실제 서신의 내용이 다수 포함되어 있었다. 망 이휘소의 유족들이 퍼블리시티권 침해 등[7]을 이유로 출판금지 등을 구한 것이 이 사건이었다.

신청인 측은, 이휘소가 한국에서 우수한 성적으로 고등학교, 대학교를 다녔을 뿐 아니라 미국에서도 매우 뛰어난 업적을 남기고 노벨상까지 바라보게 되는 등 일반인의 이목을 끌 요소가 충분히 있는데, '소설 이휘소'를 저술한 피신청인 공○○가 위 이휘소와 신청인들의 성명, 초상, 이력, 경력, 생활상, 성격상 등이 지닌 재산적 가치를 사용함으로써 '퍼블리시티권'을 침해하였다고 주장하였다. 그러나 법원은, "퍼블리시티권이라 함은 재산적 가치가 있는 유명인의 성명, 초상 등 프라이버시에 속하는 사항을 상업적으로 사용한 권리(right of commercial appropriation)라고 할 수 있는데, 문학작품인 위 소설에서 위 이휘소의 성명 사진 등을 사용하였다고 하더라도 이를 상업적으로 사용했다고 볼 수는 없으므로, 위 주장은 이유 없다"고 배척하였다.

평하건대, 2종의 소설에 대한 퍼블리시티권 침해주장에 대하여 법원은 모두 비교적

7) 그 외에도 저작권침해 및 초상권, 성명권 침해 등이 주장되었으나 논외로 한다.

간략하게 배척하면서 그 근거로 문학작품에서 이를 사용한 행위는 상업적으로 이용한 경우가 아님을 내세우고 있다. 그렇지만 2종의 소설 중 '무궁화 꽃이 피었습니다' 소설은 국내에서 베스트셀러 반열에 오른 것으로 작자 역시 큰 수입을 올렸음에도 이런 문학작품에서의 성명, 초상 등 사용을 '상업적 이용' 자체에 해당하지 아니한다고 간주한 법원의 논리는 무리가 있다고 본다. 이 판례의 진정한 취지는 퍼블리시티권의 침해에 외견상 해당하는 것처럼 보인다고 하더라도 표현의 자유 보장을 우선시하여, 문학작품에서 한국에서 유명한 공인(公人)이자 이미 고인이 된 이휘소 박사를 묘사하는 것을 허용한 것이라고 이해하여야 타당할 것이다.

'윤정 사건'에 대한 서울민사지법 1991. 7. 25. 선고 90가합76280 판결이 비교적 분명하게 종래 인격권 보호와는 성질상 구별된 경제적 권리의 보호필요성을 인정하면서도 아쉽게도 '퍼블리시티권'이란 용어를 사용하지 않았음에 비하여, '이휘소 박사 사건' 판결은 한국 최초로 '퍼블리시티권'의 존재를 긍정하였지만 세밀한 법리 설시에 나아가지 않고 다소 성급하게 관련 주장을 배척하고 말았다. 1990년대 이전까지 내려진 초기 사건들의 판례는 많은 경우 '퍼블리시티권'을 온전하고 분명하게 인정하였다기보다 이처럼 어느 한 부분에서 불완전한 측면을 드러내고 있다. 한국에서 '퍼블리시티권' 관련 판례들이 어떤 큰 흐름에 따라 진행되어 왔는지는 바로 아래 항목에서 다시 설명한다.

3. 검 토

'윤정 사건'에 대한 서울민사지법 1991. 7. 25. 선고 90가합76280 판결이 이 글 앞에서 언급한 쟁점들(Ⅱ. 1. 가. 및 나. 부분)에 관해 어떤 입장을 취했는지를 검토하자면, 한 마디로 초상 등을 적극 활용하는 재산적 이익을 퍼블리시티권 입장에 가깝게 보호한 판례로 분석해볼 수 있다. 이를 자세히 보자면 다음과 같다.

먼저 '윤정 사건'에 대한 서울민사지법 1991. 7. 25. 선고 90가합76280 판결 이전까지 퍼블리시티권의 보호 관련 판결로는 고작 2건이 있었을 따름이었고 이들 2건 모두 재산적 손해배상은 모두 부정하고 있다.[8)]

그런 상황에서, '윤정 사건' 판결은 '초상·성명 등을 영리적으로 적극 활용하는 재산적 이익도 보호되는지 여부'라는 쟁점과 관련하여 분명하게 긍정한 최초 사례로 보인다. 무엇보다 이 판결은 "모델 등은 자기가 얻은 명성으로 인하여 자기의 성명이나 초상을 대

8) 서울민사지법 87가합6175(5일장) 판결 및 서울고법 88나38770(한혜숙) 판결이 그것이다. 이런 판례 정리는 홍승기, 『퍼블리시티권에 관한 국내 실태 조사』(한국저작권위원회 용역보고서, 2012), 114면 이하 참조.

가를 얻고 제3자에게 전속적으로 이용하게 할 수 있는 경제적 이익을 가지고 있다"고 판시하고 있는 것이다.

더 나아가 '윤정 사건' 판결은 '그렇게 보호되는 재산적 이익의 법적 성격이 무엇인가'라는 또 다른 쟁점에 관해서도 다소간 논란의 소지는 있지만 아무래도 '퍼블리시티권설'의 입장에 가까운 면모를 드러내고 있다고 이해된다. 가령 "개인은 그의 허락이나 동의 없이 자신의 성명과 초상이 제3자에 의하여 공포되지 아니할 인격적 이익을 가지고 있(다)"라고 하여 인격권의 보호는 타인의 허락 없는 성명·초상 이용행위로부터 '소극적으로' 보호될 권리임을 드러내고 있는 점, 반면 그런 소극적 보호와 분명히 구별하여 "모델 등은 자기가 얻은 명성으로 인하여 자기의 성명이나 초상을 대가를 얻고 제3자에게 전속적으로 이용하게 할 수 있는 경제적 이익을 가지고 있다"라고 별도의 보호대상으로 판시하고 있는 점 등에서 그러하다.[9)]

이 판결 이후 4년 뒤인 '이휘소 박사 사건' 판결에서 앞서 설명한 대로 드디어 최초로 '퍼블리시티권'이란 개념의 존재가 명확하게 긍정되었고 이후 1990년대 후반까지 여러 판례를 통하여 퍼블리시티권을 적극적으로 인정한 다수의 판례가 등장하였다. 나아가 2000년대에 이르러 퍼블리시티권의 양도성까지 명시적으로 인정한 고등법원 판례[10)]가 등장하였고, 2005년경에는 퍼블리시티권의 개념 인정과 세부적 내용을 가장 잘 정리하였다고 오늘날까지 평가받는 '이영애 사건'에 대한 고등법원 판결[11)]도 이루어졌다.

다만 독자들이 유의할 점은, 이런 일련의 판결들이 앞서 '퍼블리시티권설'의 입장(1. 가. 부분 참조)에서 이루어진 판결들로 이해될 수 있음에 비하여, '인격권설'의 입장에 따라 '초상·성명 등을 영리적으로 적극 활용하는 재산적 이익'을 인격권의 일부로 보호하는 판결들도 계속 존재하여 왔다는 사실이다. 또한 판례들 중에서는 과연 어느 입장에 따라 보호가 이루어졌는지 애매모호한 판단들도 상당수 존재한다. 결국 한국에서 위와 같은 재산적 이익이 보호된다는 사실만큼은 현재 시점에서도 분명하지만, 그런 보호가 구체적으로 어떤 권리의 이름 아래 어떤 성격으로 보호되어야 하는지에 관해서는 장차 대법원 판결 등이 분명하게 정리할 필요가 있는 상황이다.

---

9) 더 나아가 법원은 전자의 소극적 보호를 침해한 부분에 대해서는 정신적 손해에 대한 위자료 지급을 명하고, 후자의 경제적 이익을 침해한 부분에 대해서는 재산적 손해배상을 명하고 있어 이 부분도 구별된다. 하지만 위자료와 재산상 손해배상이란 손해전보 방법의 차이는 그렇게 침해된 대상이 재산권인지, 인격권인지를 곧장 결정하기보다 별도의 차원이란 논의가 적어도 현재 시점의 민법에서는 유력하므로 이런 구별은 일단 논외로 한다. 이에 관해 더 자세히는 박준석, 앞의 글, 111면 이하를 참고하기 바란다.

10) 서울고등법원 2000. 2. 2. 선고 99나26339 판결(비달사순 사건).

11) 서울고등법원 2005. 6. 22. 선고 2005나9168 판결. 그 원심은 서울중앙지방법원 2004. 12. 10. 선고 2004가합16025 판결.

Ⅲ. 판례의 의의

이 판결은 초상·성명 등을 영리적으로 적극 활용하는 재산적 이익도 보호된다는 점을 분명히 판시한 최초의 사례일 뿐 아니라, 그런 보호의 법적 성격이 종래 인격권의 보호와는 분명하게 구별된 별도의 보호라는 점을 드러냄으로써 '퍼블리시티권'이란 용어를 사용하지 않았을 뿐 결과적으로 퍼블리시티권을 긍정한 후속 판례의 시발점이 된 아주 큰 의미를 가진 선례라고 할 것이다.

88 키워드 검색광고에 의한 연예인의 퍼블리시티권 및 성명권 침해

–서울고등법원 2015. 1. 30. 선고 2014나2006129 판결

김 성 천*

Ⅰ. 판례의 개요

1. 사안의 개요

원고들은 본명이나 예명으로 가수, 배우 등으로 활동하고 있는 연예인이고, 피고 1(주식회사)은 N인터넷 검색 포털사이트 등을 운영하는 회사이고, 피고 2(비즈니스플랫폼 주식회사)는 피고 1이 온라인 광고영업과 마케팅 플랫폼, IT 인프라 부분 등을 분할하여 설립한 회사이다.

피고들이 운영하는 N홈페이지의 검색결과를 보여주는 화면에서는 인터넷 포털 이용자들이 검색창에 특정 키워드를 입력하면, 사전에 피고들과 계약을 맺은 광고주의 사이트 주소와 광고문구가 다른 검색결과보다 먼저 게시된다.

피고들은 또 사전에 피고들과 계약을 맺은 광고주의 상품이 검색이용자의 검색에 따른 검색결과보다 먼저 게시되도록 하고 있는데, 이는 비즈사이트 검색결과 아래 상품의 사진과 함께 "A지식 쇼핑"란에 게시된다.

인터넷이용자들이 위와 같이 검색된 파워링크, 비즈사이트, A지식쇼핑이 특정 검색결과를 클릭하면 광고주들이 제작하여 N홈페이지에 등록해 놓은 화면으로 연결된다.

광고주들이 자신들의 웹페이지가 인터넷 검색이용자들의 검색결과에 나타나도록 하는 연관 검색어를 특정하여 등록하고 그 대가를 피고들에게 지급하는데, 인터넷 검색이용자들이 많이 입력하는 검색어일수록 가격이 높고, 같은 검색어를 선택한 광고주라도 더 높은 금액을 지급한 광고주의 웹페이지가 검색이용자의 검색결과 화면 상단에 게시된다.

---

* 한국소비자원 정책연구실 전문위원.

피고들은 검색이용자들이 원고들의 본명 또는 예명(이하 '성명'이라 한다)과 상품이 결한 키워드(예를 들면 "B 티셔츠")나 원고들의 성명만을 키워드로 입력하면, 파워링크, 비즈사이트 또는 A지식쇼핑란에 미리 대가를 지급한 광고주들의 웹페이지를 검색결과로 나타내는 서비스를 제공하고 있다.

이에 원고들은 피고들이 광고주들의 퍼블리시티권 침해행위에 공모, 가담하였거나, 적어도 광고주들의 퍼블리시티권 침해행위를 방조하였고, 광고주들의 성명권 침해행위에 공모하였거나, 적어도 광고주들의 성명권 침해행위를 방조하였다며 재산상 손해배상 및 위자료 청구소송을 제기했다.

제1심은 원고들의 피고들에 대한 청구는 모두 이유없다고 기각했으며, 원고들은 기존의 청구원인에 「부정경쟁방지 및 영업비밀보호에 관한 법률」(이하 '부정경쟁방지법'이라 한다) 제2조 제1호 차목[1]에 해당한다는 주장을 추가하여 서울고등법원에 항소를 제기했다.

2. 소송경과

가. 제1심 판결[2]

제1심인 수원지방법원은 퍼블리시티권을 인정할 수 없고, 성명권 침해에 따른 정신적인 고통을 받았다고 할 수 없다며 원고들의 피고들에 대한 청구를 모두 이유없다고 기각했다.즉, 국내 법제상 물권 유사의 독점적·배타적 재산권인 퍼블리시티권을 인정하기는 어렵고, 키워드 검색광고에 이용되었다는 점만으로 인격적 법익이 침해되었다고 보기는 어렵다는 이유를 제시했다.

나. 대상판결

제2심인 서울고등법원은 퍼블리시티권의 인정 필요성을 부인했고, 부정경쟁방지법 제2조 제1호 차목의 위반에도 해당하지 않는다고 보았다. 나아가 인격권으로서의 성명권의 침해도 부인했다.

---

1) 부정경쟁방지법 제2조 제1호 차목은 "그 밖에 타인의 상당한 투자나 노력으로 만들어진 성과 등을 공정한 상거래 관행이나 경쟁질서에 반하는 방법으로 자신의 영업을 위하여 무단으로 사용함으로써 타인의 경제적 이익을 침해하는 행위"를 부정경쟁행위의 한 유형으로 본다.
2) 수원지방법원 성남지원 2014. 1. 22. 선고 2013가합201390 판결.

3. 판례의 요지

가. 키워드 검색광고의 법적 성질

키워드 검색광고는 광고주들이 피고들에게 지급하는 대가가 키워드를 매개로 하여 정하여질 뿐이지 키워드를 매매하는 것이 아니다. 키워드 검색광고의 대가는 광고가 검색이용자에게 노출되는 빈도에 따라 달라지고, 이러한 빈도는 광고주들이 선택한 키워드가 얼마나 인기있는 검색어인지, 광고주들의 웹페이지가 검색결과의 어느 위치에 있게 되는지에 따라 결정되므로, 광고의 가격을 신문의 경우는 지면의 위치, 방송의 경우는 시간대와 프로그램에 따라 정하는 것과 마찬가지로 키워드 검색광고의 경우 편의를 위하여 검색어에 따라 책정하는 것이다. 따라서 키워드 검색광고를 키워드의 매매라고 한다면 신문, 방송의 광고 역시 지면 위치, 시간대의 매매라고 보아야 하므로, 키워드 검색광고의 법적 성질은 광고주의 상품이나 용역에 대한 광고계약이다.

나. 퍼블리시티권 불인정

자신의 성명을 상업적으로 이용하고 통제할 수 있는 권리는 성명권에 당연히 포함되고 별도로 퍼블리시티권이라는 개념을 인정할 필요가 없다.

재산권의 내용은 법률로 정한다는 「헌법」 제23조 제1문에 따라 물권과 채권은 「민법」에 의하여, 지식재산권은 「저작권법」·「상표법」·「특허법」·「디자인보호법」에 의하여 인정하고 있는 반면, 독립적 재산권으로서의 퍼블리시티권을 인정하는 법률은 존재하지 않는다.

「민법」 제185조는 물권은 법률 또는 관습법에 의하는 외에는 임의로 창설하지 못한다고 규정하고 있을 뿐 아니라, 현재 인정되고 있는 성명권만으로도 퍼블리시티권이 보호하고자 하는 유명인의 성명에 관한 권리의 보호가 가능하므로 퍼블리시티권을 독립적인 권리로 인정할 필요가 있다고 보기도 어렵다.

다. 부정경쟁방지법 제2조 제1호 차목의 위반 불인정

부정경쟁방지법 제2조 제1호 차목은 "그 밖에 타인의 상당한 투자나 노력으로 만들어진 성과 등을 공정한 상거래 관행이나 경쟁질서에 반하는 방법으로 자신의 영업을 위하여 무단으로 사용함으로써 타인의 경제적 이익을 침해하는 행위"를 부정경쟁행위의 한 유형으로 본다.

그러나 설사 피고들의 행위가 부정경쟁방지법에 위반되었다고 하더라도 퍼블리시티권을 인정할 수 없어 성명권은 인격권으로 파악되므로, 피고들이 원고들의 경제적 이익을 침해하였다고 할 수 없다.

또, 키워드 검색광고는 인터넷 검색 포털사이트에서 일반적으로 사용되는 사업방식으로, 키워드 검색광고의 알고리즘 자체가 부정경쟁방지법 제2조 제1호 차목에서 규정한 공정한 상거래 관행이나 경쟁질서에 반하는 방법이라고 인정하기 어렵다.

라. 성명권 인정 및 성명권 침해 불인정

(1) 성명권 인정

성명은 특정한 개인을 다른 사람으로부터 식별하는 표지가 됨과 동시에 이를 기초로 사회적 관계와 신뢰가 형성되는 등 고도의 사회성을 가지는 한편, 인격의 주체인 개인의 입장에서는 자기 스스로를 표시하는 인격의 상징으로서 의미를 가지는 것이고, 나아가 성명에서 연유하는 이익들을 침해받지 아니하고 자신의 관리와 처분 아래 둘 수 있는 권리인 성명권의 기초가 된다.

성명권은 「헌법」상의 행복추구권과 인격권의 한 내용을 이룬다. 성명권은 일반적으로 자신의 성명을 타인의 방해를 받지 않고 사용할 수 있는 권리, 자신의 성명이 타인에 의해 모용되거나 무단으로 사용되지 않을 권리를 내용으로 한다.

(2) 성명권 침해 불인정

성명과 초상은 특정한 개인을 다른 사람으로부터 식별하는 표지가 되고 이를 기초로 사회적 관계와 신뢰가 형성되는 등 고도의 사회성을 가진 공적 기표로서의 기능을 한다. 타인의 사용을 금지하는 공적 기표는 존재의의가 없다. 따라서 성명과 초상 주체의 동의가 없다는 점만으로 공적 기표로서의 사용을 금지할 수 없다.

자기의 성명이나 초상을 대중에게 널리 인식시키고자 하는 연예인의 경우 성명과 초상이 널리 사용되어야만 사회적 저명성을 가질 수 있기 때문에, 또 유명인이란 그 자체로 사회적으로 초상과 성명이 넓게 사용되는 사람이라는 의미이므로, 일반인에 비하여 공적 기표로서의 사용범위가 더 넓다고 보아야 한다. 또 유명인 초상과 성명의 영리적 사용이 언론·출판의 자유나 학문·예술의 자유와의 관계에서 불법행위가 되지 아니하는 경우도 있다. 신문, 잡지, 방송에서 보도를 위하여 필요한 범위 내에서 타인의 성명, 초상 등을 사용하는 것은 비록 언론사가 공영기관이 아니어서 영리목적이 인정된다고 하더라도 성명권과 초상권의 침해에 해당하지 않는다. 유명한 연예인이나 운동선수는 사회로부터 정당한 관심의 대상이 되는 존재임을 부정할 수 없으므로, 연예인 등의 활동 상황에 대한 소개, 보도, 논평 및 문학과 예술작품에서의 사용 등이 영리성 있다는 이유만으로 부당하게 제약되어서는 안 되고, 그와 관련한 초상, 성명의 사용은 정당한 표현행위로서 수인해야 하는 경우도 있기 때문이다.

따라서 성명권의 침해로 불법행위가 성립하는 지는 구체적 사안에서의 사정을 종합적으로 고려한 이익형량을 통하여 침해행위의 최종적인 위법성이 가려져야 하고, 이러한 이익형량 과정에서, 첫째 침해행위의 영역에 속하는 고려요소로는 침해행위로 달성하려는 이익의 내용 및 그 중대성, 침해행위의 필요성과 효과성, 침해행위의 보충성과 긴급성, 침해방법의 상당성 등이 있고, 둘째, 피해이익의 영역에 속하는 고려요소로는 피해법익의 내용과 중대성 및 침해행위로 인하여 피해자가 입는 피해의 정도, 피해이익의 보호가치 등이 있다.

피고들이 원고들의 성명을 검색어로 사용하는 키워드 검색광고로 이득을 얻는 것이 원고들의 성명권을 침해하는 상업적 사용이라고 할 수 없다.

마. 피고들의 공동불법행위 내지 방조책임 불성립

광고주들의 불법행위 책임이 성립한다고 하더라도, 검색서비스 제공업체가 그 구성에 관여하였다는 점이 인정되지 아니하는 한 매체로서의 피고들은 공동불법행위 책임을 지지 않는다.

검색서비스가 결과적으로 위법한 광고로 접속을 유도하고, 피고들이 그 대가를 받았다고 하여 그것만으로 검색서비스 제공자의 방조책임이 성립한다고 할 수 없다.

II. 해 설

1. 퍼블리시티권

퍼블리시티권(the right of publicity)이란 사람이 성명, 초상 등으로 나타나는 자신의 동일성(identity)을 상업적으로 통제할 수 있는 권리를 말한다.[3]

우리나라에서 퍼블리시티권의 개념과 정의에 관한 명문의 규정은 존재하지 않지만 퍼블리시티권(the right of publicity)에 대한 논의가 본격적으로 시작된 것은 1995년 이휘소 판결[4]부터이다. 국내에서는 아직까지 대법원에서 퍼블리시티권에 관해 직접적으로 판단한 사례가 없지만, 하급심에서는 퍼블리시티권을 인정하는 판례[5]와 부정하는 판례[6]로

3) 권태상, "퍼블리시티권과 표현의 자유 －미국법상 논의를 중심으로－", 『법학논집』, 제18권 제4호(이화여자대학교 법학연구소, 2014), 2면.
4) 서울지방법원 1995. 6. 23. 선고 94카합9230 판결.

나누어졌다.[7] 독자적인 권리로서 퍼블리시티권을 인정하는 판례에 의하면 퍼블리시티권은 인격권에서 파생된 권리이므로 인격권과 마찬가지로 인정되어야 하고, 성명, 초상 등으로부터 발생하는 독립한 경제적 이익 또는 가치는 그 자체로 보호할 가치가 충분하다는 것이다. 이에 반해 퍼블리시티권을 부정하는 판례에 의하면 물권법정주의에 기해 별도의 규정이 없는 한 독립적 재산권으로서의 퍼블리시티권의 보호를 허용할 수 없다는 것이다.

이 판례는 물권, 채권, 지식재산권과 별도의 독립적 재산권으로서 퍼블리시티권이 인정되어야 하느냐에 대해 독립적인 권리로서의 퍼블리시티권이라는 개념은 인정할 필요가 없다고 명확하게 판시한 것이다. 즉 독립적 재산권으로서의 퍼블리시티권을 인정하는 법률은 존재하지 않고, 현재 인정되고 있는 성명권만으로 퍼블리시티권이 보호하고자 하는 유명인의 성명에 관한 권리의 보호가 가능하므로 퍼블리시티권을 독립적 권리로 인정할 필요가 있다고 보기 어렵다는 것이다.

2. 성명권 침해 기준

이 판례는 「헌법」 제10조에 근거하여 인격권으로서의 성명권의 존재를 인정한다. 즉 성명권은 「헌법」상의 행복추구권과 인격권의 한 내용을 이룬다. 성명권은 일반적으로 자신의 성명을 타인의 방해를 받지 않고 사용할 수 있는 권리, 자신의 성명이 타인에 의하여 모용되거나 무단으로 사용되지 않을 권리를 내용으로 한다.

그러나 성명권의 침해로 불법행위가 성립하는지에 대해서는 구체적 사안에서의 사정을 종합적으로 고려한 이익형량을 통하여 침해행위의 최종적인 위법성이 가려져야 한다고 이익형량기준을 제시하고, 사회적 공공재로서의 검색서비스와 검색서비스 제공자 이익의 적절한 비교형량이라고 할 수 있다며, 피고들이 원고들의 성명을 검색어로 사용하는 키워드 검색광고로 이득을 얻는 것이 원고들의 성명권을 침해하는 상업적 사용이라고 할 수 없다고 한다.

---

5) 서울동부지방법원 2011. 2. 16. 선고 2010가합8226 판결; 서울중앙지방법원 2007. 11. 28. 선고 2007가합2393 판결; 서울중앙지방법원 2006. 4. 19. 선고2005가합80450 판결 등.

6) 서울고등법원 2002. 4. 16. 선고 2000나42061 판결; 서울서부지방법원 2014. 7. 24. 선고 2013가합32048 판결; 서울중앙지방법원 2004. 10. 1. 선고 2002가단254093 판결 등.

7) 퍼블리시티권의 국내 판례 동향과 논거에 대해서는 홍승기, 『퍼블리시티권에 관한 국내 실태조사』, 한국저작권위원회 연구용역 보고서(2012); 심현주, "판례를 통해 본 퍼블리시티권", 『지식재산정책』, 제22권(한국지식재산연구원, 2015) 참조.

3. 관련 판례

가. 시나위 음원 광고사진 판례[8)]

(1) 사안의 개요

피고(온라인상으로 각종 악보 및 음악파일을 판매하고 전송하는 인터넷음악사이트 I의 운영자)는 원고들(시나위라는 록그룹멤버들)이 속한 신탁단체와 계약을 맺고 음원 스트리밍 서비스를 하면서 음원을 검색할 수 있는 서비스를 제공했다. 사용자가 검색어를 넣으면 곡명 및 원하는 형태를 선택하여 클릭하면 가수의 사진 및 설명과 함께 다운로드 가격이 나오도록 했다. 피고가 사용한 사진들은 원고들이 발표한 곡이 수록된 앨범의 표지 사진 및 국내 유명 인터넷 사이트인 N의 포토 갤러리란에 게재되어 있던 사진들이었다.

(2) 판결 요지

초상권이란 사람이 자신의 초상에 대하여 가지는 인격적·재산적 이익, 즉 사람이 자기의 얼굴 기타 사회통념상 특정인임을 식별할 수 있는 신체적 특징에 관하며 함부로 촬영되어 공표되지 아니하며 광고 등에 영리적으로 이용되지 아니하는 권리라고 할 수 있고, 이는 인격권의 한 내용으로서 법률적인 보호를 받는 것이며, 첫째 얼굴 기타 사회통념상 특정인임을 알 수 있는 신체적 특징(초상)을 함부로 촬영 또는 작성되지 아니할 권리(촬영·작성거절권), 둘째, 촬영된 사진 또는 작성된 초상이 함부로 공표 또는 복제되지 아니할 권리(공표거절권), 셋째, 초상이 함부로 영리에 이용되지 아니할 권리(초상영리권, 이른바 퍼블리시티권) 등으로 구성되는데, 이 사건에서 문제되는 것은 공표거절권과 초상영리권이다.

(3) 의 의

이 판례는 퍼블리시티권을 독자적인 권리가 아니라 초상권 중에서 초상영리권과 동일한 권리로 보았다. 그리고 원고와 같은 유명인의 사진 등을 사용하는 것이 국민의 알권리 보장 등의 측면에서 원칙적으로 허용되고, 예외적으로 특별한 사정이 있는 경우에만 권리침해가 성립한다고 판시한 것이다.

나. 한국프로야구 선수 판례[9)]

(1) 사안의 개요

국내 프로야구 8개 구단에 소속된 프로야구 선수인 원고들은 자신들의 성명, 각종 개인 기록을 그대로 사용한 휴대전화용 야구게임물 제조사에 대하여 퍼블리시티권 침해로

8) 서울고등법원 2001. 10. 24. 선고 2001나30680 판결.
9) 서울중앙지방법원 2006. 4. 19.선고 2005가합80450 판결.

인한 손해배상과 성명사용금지청구를 구하였다.

(2) 판결 요지

헌법상의 행복추구권과 인격권의 한 내용을 이루는 성명권은 사회통념상 특정인임을 알 수 있는 방법으로 성명이 함부로 사용, 공표되지 않을 권리, 성명이 함부로 영리에 이용되지 않을 권리를 포함한다고 할 것이고, 유명인의 성명이나 초상을 사용하여 선전하거나 성명이나 초상을 상품에 부착하는 경우 유명인의 성명이 상품의 판매촉진에 기여하는 효과가 발생할 것인데 이러한 효과는 유명인이 스스로의 노력에 의하여 획득한 명성, 사회적인 평가, 지명도 등으로부터 생기는 독립한 경제적 이익 또는 가치로서 파악할 수 있는바, 유명인의 허락을 받지 아니하고 그의 성명을 상업적으로 이용하는 행위는 성명권 중 성명이 함부로 영리에 이용되지 않을 권리를 침해한 「민법」상의 불법행위를 구성한다고 볼 것이고, 이와 같이 보호되는 한도 내에서 자신의 성명 등의 상업적 이용에 대하여 배타적으로 지배할 수 있는 권리를 퍼블리시티권으로 파악하기에 충분하다고 할 것이며, 이는 인격으로부터 파생된 것이기는 하나 독립한 경제적 이익 또는 가치에 관한 것인 이상 인격권과는 독립된 별개의 재산권으로 보아야 할 것이다.

(3) 의 의

이 판례는 퍼블리시티권에 대해 인정 필요성, 법적 근거, 법적 성질에 대해 자세하게 설시하고 이를 인격권과 독립된 별개의 재산권으로 인정했고, 나아가 손해배상과 관련해서 재산적 손해의 기준, 위자료의 허용여부, 금지청구의 가부 등에 대해서 일정한 기준들을 제시했다.

4. 검 토

광고는 퍼블리시티권 침해의 가장 전형적인 모습이다. 허락없이 타인의 성명 또는 초상을 광고에 이용한 사실 자체만으로 퍼블리시티권 침해가 인정되며, 본인이 그 제품을 보증하거나 추천하는 것이라고 소비자들이 믿게 될 정도로 이를 것을 요하는 것은 아니다.[10)]

우리나라에서 아직까지 대법원에서 퍼블리시티권에 관해 직접적으로 판단한 사례가 없지만, 하급심에서는 퍼블리시티권을 인정하는 여부에 대해서는 다양한 입장이 제시되고 있다. 법원에 따라 퍼블리시티권이라는 새로운 권리 개념을 인정할 필요성은 인정하지만, 물권법정주의에 따라 법률이 인정하지 않는 새로운 종류의 물권을 창설하는 것을 허용하지 않는다면서 퍼블리시티권을 인정하지 않는 입장이 있는데 반해, 비록 퍼블리시티권을 규정

10) 오승종, 『저작권법 강의』, 제2판(박영사, 2018), 570면.

한 우리나라의 실정법이나 확립된 관습법이 존재하지는 않으나, 유명인이 자신의 사회적 명성, 지명도 등에 의하여 갖게 되는 경제적 이익 또는 가치는 그 보호의 필요성과 보호가치가 있다고 할 것이고, 유명인의 성명, 초상 등에 관하여 형성된 경제적 가치가 광고업 등에서 널리 상업적으로 사용되는 이상 퍼블리시티권은 독립된 재산권으로 인정된다는 입장도 있다.

퍼블리시티권에 관한 입법론적 대안으로 인격표지권 보호 및 이용에 관한 법률안,[11] 대중문화예술산업발전법 개정안,[12] 저작권법 개정안[13] 등이 있지만, 인격적 요소와 강하게 결합되어 있는 초상 등에 관한 권리를 재산적 권리인 퍼블리시티권으로 새롭게 설정하는 것은 민사법 전체체계에서 접근해야 한다는 견해도 있다.[14]

Ⅲ. 판례의 의의

이 판례는 인터넷 검색시대의 새로운 광고수단인 키워드광고에서 초상 등에 대한 개인적 법익과 이용자의 표현의 자유의 관계에서 퍼블리시티권 및 성명권 침해를 부정하는 논거를 제시했다. 즉 우리 법상 성명이나 초상 등이 갖는 재산적 가치를 독점적, 배타적으로 지배하는 권리인 퍼블리시티권(Right of Publicity)을 인정하지 않고, 연예인의 성명을 검색어로 사용하는 키워드 검색광고로 이득을 얻는 것이 연예인의 성명권을 침해하는 상업적 이용이라고 할 수 없다고 하며, 키워드 검색광고가 부정경쟁방지법 제2조 제1호 차목의 부정경쟁행위에 해당한다고 볼 수도 없다고 판시한 것이다.

특히 이 판례는 유명연예인의 동일성이 인터넷 키워드 검색광고에 사용된 경우 퍼블리시티권으로 보호할 수 있는지의 여부에 대해 믈권법정주의에 따라 별도로 퍼블리시티권 개념을 인정할 필요가 없다고 한 것이다.[15]

---

11) 남형두, "퍼블리시티권의 입법적 보호 방안 연구", 문화관광부 용역 보고서(2011), 103면 이하 참조. 이 법안은 제19대 국회에서 별도 단행법안의 형태로 '인격표지권 보호 및 이용에 관한 법률안'이 발의되었으나, 제19대 국회의 임기만료로 폐기되었다.

12) 김규찬, "대중문화예술인의 퍼블리시티권 보호방안 연구", 기본연구 2014-32, (한국문화관광연구원), 76면 이하 참조.

13) 2005년 제17대 국회에서 박찬숙 의원 등이 저작권법 일부 개정안으로 발의를 하였으나 제17대 국회 종료로 자동 폐기되었고, 2009년 제18대 국회에서 이성헌 의원 등이 마찬가지로 저작권법 일부 개정안으로 발의 하였으나 역시 국회 종료로 자동 폐기되었다.

14) 김성환, 『퍼블리시티권의 법리적 실제』 (진원사, 2009), 585면; 오승종, 앞의 책, 573면.

15) 이 판례에 대한 평석으로는 박준우, "인터넷광고와 퍼블리시티권의 성격 -'부정경쟁방지법' 차목의 적용을 중심으로", 『산업재산권』, 제48호(한국지식재산학회, 2015), 401면 이하; 한지영, "부정경쟁방지법에 의한 퍼블리시티권 보호방안에 대한 비판적 검토 -제2조 제1호 차목을 중심으로-, 『홍익법학』, 제17권 3호(홍익대학교 법학연구소, 2016), 641면 이하 참조.

89 광고모델계약에서 품위유지의무

-대법원 2009. 5. 28. 선고 2006다32354 판결

이 정 현*

Ⅰ. 판례의 개요

1. 사안의 개요

주택건설업 등을 영위하는 회사인 원고는 2004. 3. 2. 유명 여자 연예인인 피고 최모씨 및 그 소속사인 피고 회사 사이에 이 사건 광고모델계약을 체결하였다. 계약기간은 광고제작물의 최초 사용 개시일로부터 1년으로 하여 최모씨는 원고 회사가 분양하는 이 사건 아파트 광고에 출연하고 원고는 피고 최모씨에게 모델료로 2억 5천만 원을 지급하기로 하면서 유명 연예인인 피고 최모씨에게 일정한 수준의 명예를 유지할 의무를 부과하는 품위유지약정을 계약기간 중 지키도록 하였다. 만일 계약기간 중 최모씨의 귀책사유로 사회적·도적적 명예를 훼손함으로써 원고 회사의 제품 및 기업 이미지를 훼손하여서는 안 되고 이를 위반한 경우 최모씨 또는 피고 회사는 수령한 모델료의 배액에 해당하는 손해배상금을 원고회사에 지급하기로 약정하였다.

원고와 피고 사이에 체결한 계약조항 중 본 사안과 관련한 사항은 다음과 같다.

제9조(의무준수)

1. 최모씨는 계약기간 동안 원고 회사의 동종업계(건설 주택 관련업)의 광고제작물에 출연할 수 없다.
2. 최모씨는 광고물의 계약기간 중 본인의 귀책사유로 사회적, 도덕적 명예를 훼손함으로써 원고회사의 제품 및 기업이미지를 훼손하여서는 안된다.

제10조(계약해지, 해제 및 손해배상 특약) 원고 회사는 다음의 각 경우, 최모씨 및 피고 회사와의 본 계약을 해지, 해제할 수 있다.

---

* 한국인터넷진흥원 수석연구원, 법학박사.

1. 최모씨가 정당한 이유 없이 원고 회사의 제작출연 및 이벤트 요청에 응하지 않거나, 제9조의 내용을 위반하여 광고모델로 출연할 수 없는 결격사유가 발생한 경우, 원고 회사는 즉시 이 계약을 해지할 수 있으며, 이 경우 피고 최모씨 또는 피고 회사는 수령한 모델료의 200%에 해당하는 손해배상금을 원고 회사에게 계약 해지일부터 15일 이내에 현금으로 배상하여야 한다.
2. 일방의 귀책사유로 계약이 해지, 해제되고 그로 말미암아 타방에게 손해가 발생한 경우, 귀책사유자가 실제 손해액을 배상하여야 한다.

그런데 당시 피고 최모씨의 남편으로서 별거 중이던 조모씨가 2004. 8. 1. 새벽 최모씨의 집을 찾아와 술을 마시던 중 다투다가 피고 최모씨를 폭행하는 사건이 발생하자 자신이 일방적으로 폭행을 당하였음에도 불구하고 남편 조모씨가 서로 폭행한 것이라고 주장한다는 이유로, 2004. 8. 2. 최모씨 자신이 입원한 병실 안으로 기자들이 들어오도록 하여 오른쪽 눈 주위에 멍이 들고 부은 얼굴의 촬영을 허락하였다. 또한 피고 최모씨의 허락을 받은 매니저는 가구가 뒤집어져 있고 유리파편 등이 어지럽게 널려 있는 최모씨의 집안 모습을 기자들에게 공개하고 그 사진촬영을 허락하였으며, 같은 날 저녁 각 언론사의 인터넷 홈페이지와 2004. 8. 3.자 주요 일간지에 피고 최모씨의 위와 같은 주장이 담긴 기사와 함께 피고 최모씨의 붓고 멍든 얼굴사진 및 부서진 가재도구 등이 어지럽게 널려 있는 피고 최모씨의 집안 사진이 게재되기에 이르렀다. 그후 피고 최모씨는 2004. 9. 1. 남편 조모씨와 협의이혼하였다. 원고 회사는 2004. 8. 26. 피고들에게 피고들이 이 사건 광고모델계약을 위반하였음을 이유로 이를 해제한다는 내용의 통지를 하였다.

2. 소송경과

가. 제1심 판결

원고는, 피고 최모씨가 이 사건 광고모델계약에 위반하여 조모씨와의 사이에 폭행사건을 일반인에게 알려지게 함으로써 피고 최모씨의 사회적, 도덕적 명예를 훼손하고 그로 인하여 원고의 기업이미지를 훼손하였다는 이유로 손해배상을 청구하였다.

제1심은 피고 최모씨가 이 사건 광고모델계약 제9조 제2호를 위반하였다는 이유로 원고의 손해배상청구를 일부 인용하였다.

나. 항소심 판결

원심은, 피고 최모씨가 남편 조모씨로부터 일방적으로 폭행을 당한 것으로서, 최모씨의 위와 같은 공개행위는 이미 폭행사건이 기사화되어 있었고 조모씨의 쌍방폭행 주장에 따른 일반인들의 오해를 불식시키기 위한 목적으로 이루어진데다 최모씨가 배우자의 폭력행위까지 숨기고 감내하여야 할 의무가 없기 때문에 최모씨의 이러한 공개행위가 스스로 이 사건 광고모델계약상의 사회적·도덕적 명예를 훼손한 행위에 해당하지 않는다는 이유로 채무불이행에 기한 손해배상을 구하는 원고 회사의 이 사건 청구를 배척하였다.

다. 대법원 판결

이에 대해 원고는 대법원에 상고를 하였는데, 상고이유는 다음과 같다.

"피고 최모씨는 자신이 폭행당한 모습과 난장판이 된 집안 모습을 공개함으로써 자신의 이미지를 훼손하였고, 그로 인하여 원고가 분양하는 아파트와 원고의 이미지를 훼손함으로써 위 계약 제9조 제2호를 위반하였다."

이에 대하여 피고들의 주장은 다음과 같다.

"(1) 피고 최모씨는 이 사건 폭행사건의 일방적 피해자이므로 그 자신의 귀책사유로 자신의 사회적, 도덕적 명예를 훼손한 것이 아닐 뿐만 아니라, 피고 최모씨가 멍든 부위 및 폭행현장을 공개하였더라도 이는 가정폭력의 피해자로서의 호소에 불과하여 안타까움과 동정의 대상이 될 뿐이지 경멸과 조롱의 대상이 된다고 할 수 없으므로 광고모델로서의 이미지가 훼손된 것이 아니다.

(2) 이 사건 폭행사건의 공개는 쌍방폭행이라는 누명을 쓰지 않고 자신의 이미지를 훼손하지 않기 위한 불가피한 선택이었으므로, 그 공개에 있어 위 피고의 고의나 과실이 없다.

(3) 피고 최모씨의 이미지는 원고의 위 피고에 대한 주관적인 평가에 따라 달라지는 것이므로, 위 피고가 그와 같은 주관적이고 가변적인 이미지를 유지하여야 할 법적 의무가 있는 것은 아니다."

그러나 대법원은 다음과 같은 이유로 파기환송하였다.

'광고주가 모델이나 유명 연예인, 운동선수 등과 사이에 광고모델계약을 체결하면서 출연하는 유명 연예인 등에게 일정한 수준의 명예를 유지할 의무를 부과하는 품위유지약정을 한 경우, 이를 이행하지 않는 경우에는 광고모델계약에 관한 채무불이행으로 인한 손해배상채무를 면하지 못한다'고 하였다.

3. 판례의 요지

가. 광고모델계약에서 정한 품위유지약정의 법적 성격

광고주가 모델이나 유명 연예인, 운동선수 등과 광고모델계약을 체결하면서 출연하는 유명 연예인 등에게 일정한 수준의 명예를 유지할 의무를 부과하는 품위유지약정을 한 경우, 위와 같은 광고모델계약은 유명 연예인 등을 광고에 출연시킴으로써 유명 연예인 등이 일반인들에 대하여 가지는 신뢰성, 가치, 명성 등 긍정적인 이미지를 이용하여 광고되는 제품에 대한 일반인들의 구매 욕구를 불러일으키기 위한 목적으로 체결되는 것이므로, 위 광고에 출연하기로 한 모델은 위와 같이 일정한 수준의 명예를 유지하기로 한 품위유지약정에 따라 계약기간 동안 광고에 적합한 자신의 긍정적인 이미지를 유지함으로써 그것으로부터 발생하는 구매 유인 효과 등 경제적 가치를 유지하여야 할 계약상 의무, 이른바 품위유지의무가 있고, 이를 이행하지 않는 경우에는 광고모델계약에 관한 채무불이행으로 인한 손해배상채무를 면하지 못한다.

나. 품위유지약정위반에 따른 채무불이행 손해배상책임

아파트 건설회사와 광고모델계약을 체결하면서 자신의 사회적, 도덕적 명예를 훼손하지 않기로 하는 품위유지약정을 한 유명 연예인이, 별거중인 남편과의 물리적인 충돌 사실이 언론에 노출되어 그 경위에 관한 관심이 늘어나자 사실과 다른 보도가 이루어지지 않도록 해명할 필요가 있다는 이유로, 기자들에게 그 충돌 경위를 상세히 진술하고 자신의 멍들고 부은 얼굴과 충돌이 일어난 현장을 촬영하도록 허락하여 그 진술 내용과 사진이 언론을 통하여 일반인들에게 널리 공개되도록 한 행위는, 광고모델계약에서 정한 품위유지약정을 위반한 것으로서 광고주인 아파트 건설회사에게 채무불이행으로 인한 손해배상책임을 진다고 한 사례이다.

II. 해 설

1. 쟁점의 정리

가. 광고모델계약에서의 품위유지약정과 손해배상책임

유명 연예인이 아파트건설회사인 원고와 아파트분양광고 모델계약을 체결한 뒤 남편과의 불화 및 폭력사건으로 인하여 언론에 보도되고 사회적 이미지가 훼손되었다. 이러한 경우 광고주인 원고 건설회사는 피고인 유명 연예인에 대하여 광고모델계약상의 의무위반으로 인한 위약금 기타 손해배상책임이 있는지 여부가 쟁점이다. 이 약정 위반은 민법 제390조에서 정하고 있는 '채무의 내용에 좇은 이행을 하지 아니한 때'에 해당되기 때문이다.[1)]

나. 피고의 이미지가 훼손되었는지 여부

(1) 퍼블리시티권(Right of Publicity)

퍼블리시티권은 한 개인이 자신의 성명, 초상 등으로부터 갖는 경제적 이익을 자신의 동의 없이 상업적 목적으로 사용되는 것을 통제할 수 있는 권리로 이해된다.

이 사건에서는 이러한 퍼블리시티권이 배타적 권리임을 전제로 그 침해로 인한 불법행위책임을 묻는 것이 아니라, 원고와 피고들 간에 피고 최모씨의 퍼블리시티권이 있음을 전제로 원고 회사가 피고 최모씨의 퍼블리시티권을 이용하기로 하는 내용의 계약을 체결하면서 피고 최모씨가 품위유지를 하여야 할 의무가 있다는 내용의 조항을 삽입하였고, 이러한 조항의 위반여부 및 그 채무불이행에 따른 손해배상책임이 문제되는 것이다.

(2) 명예훼손

이 사건의 광고모델계약의 조항에 따르면, 피고 최모씨가 1년간의 계약기간 중 자신의 귀책사유로 사회적, 도덕적 명예를 훼손함으로써 원고 회사의 제품 및 기업 이미지를 훼손하여서는 안 되고 이를 위반하였을 경우 피고 최모씨와 그 소속사인 피고 회사가 수령한 모델료의 배액에 해당하는 손해배상금을 원고회사에 지급하도록 되어 있다. 따라서 피고 최모씨가 사회적, 도덕적 명예를 훼손함으로써 원고 회사의 제품과 기업 이미지를 훼손하였는지가 쟁점이 된다.

다. 채무불이행책임에 있어서 주관적 요건

(1) 피고의 유책성

명예훼손과 더불어 광고모델 계약조항에 따르면 피고 최모씨의 귀책사유로 사회적, 도덕적 명예를 훼손함으로써 원고 회사에게 피해를 입혀야 한다고 규정되어 있다. 따라서 본 사건이 피고 최모씨의 유책성이 있는지가 쟁점이 된다.

---

1) **민법 제390조(채무불이행과 손해배상)** 채무자가 채무의 내용에 좇은 이행을 하지 아니한 때에는 채권자는 손해배상을 청구할 수 있다. 그러나 채무자의 고의나 과실없이 이행할 수 없게 된 때에는 그러하지 아니하다.

(2) 귀책사유로서의 고의 또는 과실

고의란 자신의 행위로 인하여 타인에게 위법한 침해가 발생하리라는 것을 인식하면서 이를 행하는 심리상태를 말한다.[2] 과실이란 자신의 행위에 의하여 채무불이행의 결과가 발생함을 인식하고 나아가 이를 회피하여야 함에도 불구하고 이를 인식하지 못하거나 인식하였어도 이를 회피하지 못함으로써 그 행위에 의해 채무불이행의 결과가 발생한 경우를 말한다.[3]

따라서 본 사안에서 피고에게 책임을 묻기 위해서는 피고가 채무를 이행하지 아니한 또는 이행하지 못한 이유가 고의 또는 과실에 기인한 것인지 파악하여야 한다.

2. 관련 판례

가. 퍼블리시티권(Right of Publicity)

서울중앙지방법원은 법에 명문의 규정은 없으나 대부분의 국가에서 인정하고 있는 점, 이러한 권리를 침해하는 것은 「민법」상의 불법행위에 해당한다는 점, 사회발전에 따라 권리보호의 필요성이 증대하고 있는 점을 들어 퍼블리시티권을 독립된 권리로 인정하였다.[4] 2015년 이후 퍼블리시티권을 부정하는 하급심이 다수 등장하고 2018년 현재까지 퍼블리시티권의 국내법상 수용가능성에 대한 대법원 판례는 나오지 않고 있다.

나. 광고모델계약의 품위유지조항과 관련한 하급심 판결

(1) 서울중앙지방법원 2008. 5. 2. 선고 2007가합64650 판결

유명 여자 탤런트인 피고인 A가 생수판매회사인 원고 회사와의 사이에 생수홍보를 위한 광고모델계약을 체결한 후 매니저이던 남동생과의 사이에 다툼이 있어 고소하고 손해배상을 청구하였다가 남동생에 대하여만 기소가 되고, 피고는 모두 불기소처분을 받은 사안에서, 남동생과의 분쟁이 품위유지조항에서 정한 “법률위반 또는 불미스러운 사생활”에 해당되고, 품위유지조항 위반에서 요구되는 귀책사유는 엄격하게 평가할 것이 아니라 동 사정의 발생에 대해 사회생활상 널리 피고측이 상당한 정도로 기여했다고 평가될 수

---

2) 김준호, 『민법강의』, 전정판(법문사, 2008), 1531면.

3) 김준호, 위의 책, 1531면.

4) 퍼블리시티권을 인정한 판례: 서울중앙지방법원 2007. 11. 28. 선고 2007가합2393 판결; 서울지방법원 1991. 7. 25. 선고 90가합76280 판결; 서울고등법원 1998. 3. 27. 선고 97나29686 판결; 서울고등법원 2000. 2. 2. 선고 99나26339 판결 등, 퍼블리시티권을 부정한 판례: 서울서부지방법원 2014. 7. 24. 선고 2013가합32048 판결; 서울고등법원 2002. 4. 16. 선고 2000나42061 판결 등.

있다든가 하는 정도로 완화된 의미의 귀책사유라고 봄이 상당한데, 동 사안은 그러한 귀책사유가 있다고 볼수 있다는 점을 근거로 피고에게 채무불이행에 기한 손해배상책임을 인정하였다.

(2) 서울중앙지방법원 2008. 7. 18. 선고 2008가합18296 판결

화장품판매회사인 원고가 연예매니지먼트 업무를 하는 피고 회사와 사이에 피고 회사 소속 유명 여자가수 B를 원고의 광고에 출연하도록 하는 내용의 광고모델계약을 체결한 후, B가 전 남자친구로부터 연인사이임을 폭로하겠다는 협박을 받았고, 그 남자친구가 그 협박으로 인해 구속됐으나, 그 사실이 언론에 보도되는 과정에서 B가 위 남자친구와 교제하면서 다른 가수와 동시에 교제한 사실이 언론에 유포되었고, B의 사촌동생으로 알려졌던 모 운동선수는 친인척관계가 아니라는 내용이 공개되어 B가 그 동안 거짓말을 한 것처럼 보도됨으로써 B 및 원고 제품 이미지가 손상된 사안에서, 품위유지조항 위배에서 요구되는 귀책사유를 판단함에 있어 피고 측이 사고의 주체가 되지 않았다거나 사고발생에 법적인 책임이 없다고 하더라도 피고 측이 사고발생에 상당한 기여를 했다거나 이를 보다 용이하게 방지할 수 있었다는 점을 근거로 피고에게 채무불이행에 기한 손해배상책임을 인정하였다.

3. 검 토

가. 광고모델계약의 법적 성질

이 사건의 광고모델계약에서는 광고주인 원고는 자신이 분양하는 아파트나 원고 회사 자신과 관련하여 특정한 긍정적인 이미지를 형성하기 위해 유명탤런트이고 인기가 높은 최씨에게 광고모델료로 2억 5천만 원이라는 거액을 지급하는 대가로 피고로부터 아파트 분양과 관련한 피고의 이미지, 초상, 성명 등을 사용할 수 있도록 승낙받은 것이고, 피고는 퍼블리시티권자로서 사용자인 원고에게 자신의 권리를 이용하도록 허용한 것이다.

따라서 이 사건 광고모델계약은 피고 최씨가 일반대중에 대한 신뢰성이나 명성을 유지하고 있을 때 본래의 목적을 달성할 수 있을 것인데, 피고 최씨가 이러한 약정을 위반하여 신뢰성이나 명성을 유지하지 못함으로써 품위유지조항에 위배됨에 이르게 된 것이다. 결국 피고 최씨의 이러한 이미지 훼손결과는 모델로서의 상품적 가치를 하락시키고 더 나아가 해당 아파트나 기업이미지의 가치가 없어짐으로써 광고모델 계약상의 목적을 달성하지 못하게 되었다. 통상적으로 광고모델 선택 시 광고주는 모델의 가치, 신뢰도, 이미지, 명성 및 퍼블리시티 위험성 등을 중요하게 여길 수밖에 없다 할 것이다.

나. 피고 유명 연예인의 이미지 훼손 여부

이 사건처럼 광고모델이 타인의 악행으로 인해 피해를 입고 그 피해를 입은 모습이 적나라하게 언론에 공개된 경우 소비자들은 광고모델에 대해 동정이나 연민을 느낄 수 있겠지만, 그 피해가 공개되기 전처럼 그 광고모델이 선전하는 아파트에 대해 특히 믿을 만하다거나 가치있는 것으로 생각하지 않을 것이고 그 광고모델이 사용하는 것과 같은 제품을 사용하고자 하는 모방욕구도 생기지 않을 것이다. 이러한 현상은 결국 소비자의 구매욕구를 감퇴시키고 광고주의 입장에서는 광고의 목적이 달성되지 못하는 결과를 가져오게 된다.

따라서 광고모델계약에서의 품위유지조항에서 규정하는 사회적, 도덕적 명예는 소비자에게 구매욕구를 불러일으키는 것이라는 점에서 일반적인 명예훼손에서 제시하는 명예와는 다르다 하겠다.[5] 결국 피고 최씨의 피해 공개행위로써 소비자에게 받아들여지는 피고 최씨에 대한 긍정적 이미지가 손상되었고 이로 인해 피고 최씨의 긍정적 이미지를 광고에 활용하던 원고의 아파트나 원고 회사의 이미지를 손상한 것으로 보아야 할 것이다.

다. 피고 유명 연예인의 귀책성

채무불이행책임에서의 과실은 판례에 따르면 제3자의 귀책사유가 개입된 경우라 하더라도 채무자가 그 상황에서 요구되는 주의의무나 예방조치를 다한 사실(과실이 없었음)을 입증하지 못한 경우에는 손해배상책임이 인정된다.[6]

본 사안에서 피고는 별거하고 있던 남편의 가해행위 부인으로 쌍방폭행이라는 누명을 씀으로 인해 연예인으로서의 이미지 훼손을 막기 위해 공개할 수밖에 없었다 주장하나, 이미 둘은 별거중이고 소송 중으로 불화관계에 있었던 사실이 널리 알려져 있었으므로 피해사실의 공개 전에 비해 피고 최씨의 이미지가 크게 악화된다고 볼 수 없었을 것이다. 또한 광고모델계약에서의 명예는 앞서 언급한 바와 같이 일반적 명예와는 다른 대중에게 형성되는 신뢰성, 가치 등의 이미지를 말하므로 그 이미지의 유지를 위해서는 대중에게 충격이 가장 적은 방법으로 알려지는 것이 중요했으나 피고의 피해사실 공개는 이와 같은 수단이 아니었다고 판단된다. 오히려 원고에 대해 품위유지가 있는 광고모델의 입장에서라면 폭행 피해사실에 대해 법적인 조치를 취하는 한편 이러한 폭행사실이 언론

---

5) 명예훼손은 사람의 사회생활에 있어서의 일반적인 인격적 가치에 대한 평가를 침해하는 행위로 이해된다. 「형법」상으로는 명예훼손죄(제307조), 「민법」상으로는 불법행위가 성립된다. 일반적으로 타인의 악행에 의해 피해를 입은 사람은 그 악행으로 인해 사회적 평가가 저하된다고 볼 수 없다.

6) 대법원 1962. 11. 29. 선고 62다627 판결; 대법원 1971. 6. 22. 선고 71다846 판결.

에 노출되지 않도록 필요한 주의의무를 다하여야 했다. 설령 노출될 수밖에 없었을 지라도 가장 충격이 적은 방법으로 일반인이 받아들일 수 있는 방법을 취했어야 했다. 그러므로 피고 최씨는 원고에 대해 자신의 긍정적 이미지를 유지할 주의의무를 다하였다고 볼 수 없다.

Ⅲ. 판례의 의의

이 판결은 광고주가 모델이나 유명 연예인, 운동선수 등과 사이에 광고모델계약을 체결하면서 출연하는 유명 연예인 등에게 일정한 수준의 명예를 유지할 의무를 부과하는 품위유지약정을 계약 내에 추가하는 경우 이러한 약정을 위반한 경우 손해배상책임이 발생됨을 인정한 최초의 대법원 판결이다.

기존의 하급심 판례를 살펴보면 품위유지조항 위배에 있어 연예인의 귀책사유에 관하여, "사회생활상 널리 피고 측이 사고의 발생에 상당한 정도로 기여했다고 평가될 수 있다거나" 혹은 "광고주와 모델 측 중 모델 측이 방지하기보다 용이한 위험으로 인하여 사고가 발생하여 신의칙상 비난받을 수 있는 경우" 등으로 표현함으로써 상당히 넓게 인정함을 알 수 있다.

90 우수현상광고자의 계약체결의무불이행으로 인한 당선자의 손해배상청구권

-대법원 2005. 1. 14. 선고 2002다57119 판결

양 형 우*

Ⅰ. 판례의 개요

1. 사안의 개요 및 소송경과

가. 사실관계

(1) 피고 재단법인(이하 '피고'라 한다) 산하의 甲교회는 1993. 6. 6. 교육관 신축 및 본당 기능 재계획 공사(이하 '이 사건 공사'라 한다)에 관한 설계를 공모하였다. 응모자는 설계도판, 청사진 도면, 설계설명서, 축소모형, 투시도 혹은 조감도를 제출하여야 하며, 최우수작으로 판정된 자에게 이 사건 공사에 관한 '기본 및 실시 설계권'을 부여하기로 하였다.

(2) 원고는 1993. 7. 30. 위 공모에 응모하여 1993. 8. 10. 최우수작으로 판정되었다. 그 후 원고는 甲교회의 일부 설계변경요구를 받아들여 새로운 설계도면을 작성한 다음, 1993. 8. 28. 설계 및 감리 비용에 관한 견적서(제1안은 1억 2,240만 원, 제2안은 1억 1,070만 원, 제3안은 1억 9,180만 원), 설계계약서안, 일정표를 甲교회에 제출하였는데, 위 각 견적서는 평당 건축비를 250만 원으로 예상하여 산출된 것이었다.

(3) 甲교회는 1993. 9. 1. 위 설계도면 및 견적서 등을 교구청 건축심의위원회에 제출하였고, 위 건축심의위원회는 같은 달 8. 일부 설계변경을 요구하면서 평당 건축비가 150만 원에서 200만 원을 넘지 않도록 하라는 의견을 붙여 심의를 통과시켰으며, 원고는 위 설계변경 요구를 반영하여 설계도의 일부를 변경하였다.

(4) 그 후 원고와 甲교회 사이에 설계대금에 관하여 합의가 이루어지지 아니하여 설

---

* 홍익대학교 법과대학 교수.

계계약이 체결되지 못하고 있던 중, 甲교회는 1993. 11. 11. 원고에게 “평당 건축비 180만 원을 기준으로 할 때 교육관 예상 건축비는 15억 7,680만 원이고, 이 금액에 건축사 업무 및 보수기준에 따른 설계 및 감리 보수기준요율 3.28%(제4종 종교시설)를 곱하면 설계 및 감리비가 6,000만 원 정도에 불과하지만, 건축주의 선택사양으로 2,000만 원을 추가하여 합계 8,000만 원을 지급할 의사가 있으며, 이 금액에는 본당도면 작성비가 포함된 가액이다”는 내용의 통지를 하였다. 이에 원고는 1993. 11. 15. 甲교회에게 “평당 건축비 200만 원을 기준으로 할 때 교육관 예상건축비는 17억 5,200만 원이 되고, 이 금액의 3.3825%인 5,926만 원이 설계비이며, 위 건축비의 1.1275%인 1,975만 원이 감리비인데, 본당도면 작성비용 1,267만 원이 추가되므로, 합계 9,168만 원이 그 대금으로 정하여져야 한다”는 내용의 회신을 보냈다.

(5) 위와 같이 대금에 관하여 합의가 이루어지지 아니하여, 결국 甲교회는 1993. 11. 17. 원고에게 같은 달 20.까지 교회의 안을 수용하지 않으면, 원고가 이 사건 공사에 관한 설계계약을 체결할 의사가 없는 것으로 간주한다는 뜻을 통보하기에 이르렀고, 원고는 위 기간까지 아무런 답변을 하지 않았다.

(6) 원고는 1997. 1. 계획설계비 및 기본설계비의 일부인 57,540,000원의 지급을 구하는 이 사건 소를 제기하였다.

나. 당사자의 주장

원고의 주장은, (가) 원고가 피고의 우수현상광고에 응모하여 최우수작으로 선정되고 그 보수로서 이 사건 공사에 관한 기본 및 실시 설계권을 부여받음으로써, 이 사건 공사에 관한 설계계약이 체결된 것이고, 원고는 그 설계계약에 따라 이 사건 공사의 계획설계와 기본설계를 실시하였으므로, 피고는 그 계획설계비 및 기본설계비의 일부인 57,540,000원을 지급할 의무가 있다. (나) 설령 원고와 피고 사이에 명시적인 설계계약이 체결되지 않았더라도, 원고가 우수현상광고의 보수로서 부여받은 설계권은 최우수작 판정자가 현상광고자에 대하여 당초 현상광고 시 응모자가 예정하고 있던 보수 내지는 건축설계 업계에서 통상적으로 지급하는 정도의 보수를 지급할 것을 청구할 수 있는 권리라고 할 것이고, 그와 같은 권리는 추후 체결될 설계계약에 의하여 구체적으로 확정되는 것이기는 하지만 그러한 추후의 명시적인 계약체결은 현상광고에서 당선됨으로 인하여 이미 발생한 권리의 내용을 명확히 하는 것에 불과할 따름이지 추후 명시적으로 체결할 계약에 의하여 비로소 그와 같은 권리가 발생하는 것은 아니므로, 결국 설계계약이 체결되지 않았더라도 원고에게는 보수청구권으로서 이 사건 우수현상광고계약에 따라 그간 피고에게 제공한

계획 및 기본 설계용역 대금 57,540,000원의 지급을 구할 권리가 있다는 것이다.

피고의 주장은, 위 각 채권은 시효소멸하였다는 것이다.

다. 원심판결[1)]

원고가 주장하는 채권 중 설계계약이 체결되었음을 전제로 하는 위 (가)의 보수청구권이나 명시적으로 설계계약이 체결되지 아니하였더라도 이 사건 우수현상광고에 의하여 직접 보수청구권이 발생되었음을 전제로 하는 위 (나)의 보수청구권은 모두 「민법」 제163조 제3호의 '공사의 설계에 종사하는 자의 공사에 관한 채권'에 해당하고, 따라서 위 채권은 3년의 단기소멸시효가 적용된다. 또한 채무불이행에 의한 손해배상청구권은 본래의 채권의 확장(지연배상의 경우) 또는 내용의 변경(전보배상)이므로, 본래의 채권과 동일성을 가진다고 할 것이고, 그 결과 본래의 채권이 시효로 인하여 소멸한 때에는 손해배상청구권도 소멸하고, 또한 손해배상청구권의 시효기간은 본래의 채권의 성질에 의하여 정해지고, 본래의 채권을 행사할 수 있는 때로부터 그 소멸시효기간의 진행이 개시된다. 그런데 이 사건에서 원고가 가지고 있던 본래의 채권은 피고에 대하여 우수작으로 판정된 계획설계에 기초하여 기본 및 실시설계계약의 체결을 청구하는 권리라고 할 것이고, 이는 체결된 계약에 따라 기본 및 실시설계를 이행하고 보수의 지급을 청구하는 권리를 취득하는 것을 궁극의 목적으로 하는 것이다. 이렇게 본다면 원고가 가지고 있던 본래의 채권은 결국 「민법」 제163조 제3호의 '공사의 설계에 종사하는 자의 공사에 관한 채권'에 해당하여 3년의 단기소멸시효가 적용되고, 따라서 본래의 채무불이행을 원인으로 하는 손해배상채권도 3년의 단기소멸시효가 적용된다.

2. 판례의 요지

가. 손해배상청구권의 소멸시효 기간에 관하여

우수현상광고의 광고자로서 당선자에게 일정한 계약을 체결할 의무가 있는 자가 그 의무를 위반함으로써 계약의 종국적인 체결에 이르지 않게 되어 상대방이 그러한 계약체결의무의 채무불이행을 원인으로 하는 손해배상을 청구한 경우, 그 손해배상청구권은 계약이 체결되었을 경우에 취득하게 될 계약상의 이행청구권과 실질적이고 경제적으로 밀접한 관계가 형성되어 있기 때문에, 그 손해배상청구권의 소멸시효기간은 계약이 체결되

1) 서울고법 2002. 9. 6. 선고 2002나10525 판결. 이 원심판결은 대법원 2002. 1. 25. 선고 99다63169 판결(이 책의 91번 판례 참조)에 따른 환송 후 판결이다.

었을 때 취득하게 될 이행청구권에 적용되는 소멸시효기간에 따른다.

기록에 의하면, 우수현상광고의 당선자인 원고가 광고주인 피고에 대하여 가지고 있는 본래의 채권인 '기본 및 실시설계권'이란 당선자인 피고에 대하여 우수작으로 판정된 계획설계에 기초하여 기본 및 실시설계계약의 체결을 청구할 수 있는 권리라고 할 것이고, 이러한 청구권에 기하여 계약이 체결되었을 경우에 취득하게 될 계약상의 이행청구권은 '설계에 종사하는 자의 공사에 관한 채권'으로서 이에 관하여는 「민법」 제163조 제3호 소정의 3년의 단기소멸시효가 적용되므로, 위의 기본 및 실시설계계약의 체결의무의 불이행으로 인한 손해배상청구권의 소멸시효 역시 3년의 단기소멸시효가 적용된다.

나. 소멸시효의 기산일에 대하여

채무불이행으로 인한 손해배상청구권의 소멸시효는 채무불이행시로부터 진행한다. 기록에 의하면 甲교회는 원고와 설계비에 관하여 협의하면서, 피고가 1993. 11. 11. 제시한 8,000만 원의 설계보수에 관하여 원고가 같은 달 15. 위 제의를 수용할 수 없다는 의사를 표시하였는데도 불구하고, 다시 같은 달 17. 원고에게 같은 달 20.까지 교회의 안을 수용하지 않으면, 원고가 이 사건 공사에 관한 설계계약을 체결할 의사가 없는 것으로 간주한다는 뜻을 일방적으로 통보하였고, 그 후 원고와의 사이에는 공사를 계속함을 전제로 한 구체적인 협의조차 없었다. 그렇다면 이미 원고가 수용거절의 의사를 표시한 바 있는 피고 제시안에 관하여, 3일 안에 수용의사를 표시하라고 통고하고, 원고가 이를 수용하지 않으면 이 사건 공사에 관한 설계계약을 체결할 의사가 없는 것으로 간주한다는 뜻을 통보한 것은 피고로서 채무이행의 의사가 없음을 명백히 한 것이라고 볼 수 있고, 따라서 그 이행거절의 의사를 표시한 다음날부터 또는 그 통보에서 정한 원고의 회신 시한 다음날인 1993. 11. 21.부터 진행한다고 보아야 한다.

II. 해 설

1. 쟁점의 정리

우수현상광고는 광고에서 정한 행위를 완료한 자 가운데 우수하다고 판정된 자에게만 보수를 지급하기로 하는 특수한 현상광고를 말한다. 여러 사람의 경쟁이 있을 것을 전제로 하여 응모기간을 정하고 그 기간 내에 응모한 자 중에서 우수하다는 판정을 받은 자만이 보수청구권을 취득한다는 점에서 보통의 현상광고와 다르다.[2] 광고에는 당선자에 대한 보수가 지정되어야 하며(「민법」 제678조), 보수청구권의 취득시기는 원칙적으로 판정이 있었을 때이다. 보수는 금전인 경우가 많겠으나 사회적·경제적 이익도 무방하다.[3] 건축설계의 공모와 같은 우수현상광고에서는 미리 광고자가 당선자와 계약을 체결하기로 광고하는 것을 흔히 볼 수 있는데, 이와 같은 경우에는 그러한 계약의 체결도 보수에 포함된다고 볼 수 있다.[4] 이 사건에서는 최우수작으로 판정된 자에게 보수로 '공사에 관한 기본 및 실시 설계권'을 부여하기로 하였다. 따라서 최우수당선자로 선정된 원고는 공사에 관한 기본 및 실시 설계권을 취득하였다. 여기서 설계권의 의미가 무엇이며, 만일 이를 계약체결청구권으로 이해할 경우에 계약체결의무를 이행하지 않은 자에 대하여 손해배상을 청구할 수 있게 된다. 이때 손해배상청구권의 법적 성질이 무엇이며, 당사자 사이에 설계계약이 성립하지 않은 경우에도 손해배상청구권의 소멸시효기간에 계약상의 이행청구권에 관한 소멸시효기간이 적용되는지, 그 소멸시효기간은 언제부터 진행하는지가 문제이다. 이하에서는 이를 중심으로 검토한다.

2. 우수현상광고계약의 보수인 기본 및 실시설계권의 의미

가. 기본 및 실시설계권의 의미 – 계약체결을 청구할 수 있는 권리

(1) 우수현상광고의 보수로서 공사의 기본 및 실시설계권을 부여받은 경우, 그 설계권은 당선자가 현상광고자에 대하여 당초 현상광고 시 응모자가 예정하고 있던 보수 내지는 건축설계 업계에서 통상적으로 지급하는 정도의 보수를 지급할 것을 청구할 수 있는 권리로 보아 설계계약이 체결되지 않았더라도 당선자는 보수청구권으로서 피고에게 제공한 계획 및 기본 설계용역을 구할 수 있는지 여부가 문제이다.

(2) 원고는 우수현상광고의 당선자로서 기본 및 실시설계권을 취득하였다. 이는 다른 사람에 우선하여 계약을 체결할 수 있는 권리이고, 금전적인 권리가 아니므로, 당선자가 별도의 계약을 체결한 후 그 계약에 따른 자신의 의무를 이행함으로써 설계보수금청구권이 발생한다고 할 것이다. 즉 기본 및 실시설계에 따른 보수청구권을 갖기 위해서는 별도의 계약체결을 할 것을 예정하고 있는 경우라고 보아야 한다.[5] 원심의 환송판결인 대법원

2) 박준서(편집대표)/윤진수, 『주석 민법[채권각론(4)]』(한국사법행정학회, 1999), 351면; 곽윤직(편집대표)/오종근, 『민법주해(XV)』(박영사, 2007), 499면.
3) 윤경, "건축설계 우수현상광고의 당선보수인 '기본 및 실시설계권'의 의미", 『대법원판례해설』, 제40호(법원도서관, 2002), 77면.
4) 윤진수, 앞의 책, 358면.
5) 윤경, 앞의 논문, 85면.

2002. 1. 25. 선고 99다63169 판결도 건축설계 우수현상광고에서 당선자가 보수로서 받는 '기본 및 실시설계권'이란 당선자가 광고자에게 우수작으로 판정된 계획설계에 기초하여 기본 및 실시설계계약의 체결을 청구할 수 있는 권리를 의미한다고 한다. 즉 당선된 설계내용에 따라 기본 및 실시설계를 제공하고 건축설계업계에서 통상적으로 지급하는 정도의 보수를 받을 것을 내용으로 하는 계약의 체결을 청구할 권리를 말한다. 따라서 광고자는 특별한 사정이 없는 한 이에 응할 의무를 지게 되어 당선자 이외의 제3자와 설계계약을 체결하여서는 아니됨은 물론이고, 당사자 모두 계약의 체결을 위하여 성실하게 협의하여야 할 의무가 있다.[6] 따라서 이 사건에서 원고와 피고 사이에 설계계약이 성립하지 않았다면, 원고는 보수청구권으로서 피고에게 제공한 계획 및 기본 설계용역을 구할 수 없을 것이다.

나. 설계계약의 성립 여부

계약이 성립하기 위해서는 당사자 사이에 계약의 내용에 관한 의사의 합치가 있어야 한다. 이러한 의사의 합치는 계약의 내용을 이루는 모든 사항에 관하여 있어야 하는 것은 아니고, 본질적 사항이나 중요 사항에 관하여 구체적으로 의사가 합치되거나 적어도 장래 구체적으로 특정할 수 있는 기준과 방법 등에 관한 합의가 있어야 하며, 그러한 정도의 의사의 합치나 합의가 이루어지지 아니한 경우에는 특별한 사정이 없는 한 계약은 성립하지 아니한 것으로 보는 것이 타당하다.[7] 이와 관련하여, 대법원 1997. 1. 24. 선고 96다26176 판결은 "매매계약에 있어서 그 목적물과 대금은 반드시 계약체결 당시에 구체적으로 특정될 필요는 없고 이를 사후에라도 구체적으로 특정할 수 있는 방법과 기준이 정해져 있으면 족하다"고 한다.[8]

계약에서 어떤 내용이 본질적인 중요내용인지는 그 계약의 성격이나 당사자의 의사에 따라 달라질 문제이다. 통상 고액의 금전지급을 목적으로 하는 설계계약에서의 본질적인 중요 요소로 설계금액, 지급시기 등을 들 수 있을 것이다. 즉 적어도 당사자가 이러한 사항에 대한 합의가 없는 한 계약을 체결하지 않을 것이라고 인정되는 내용을 중요사항이라고 할 수 있다.[9] 그런데 이 사건에서는 기본 및 실시설계에 관한 대금 및 그 지급시기 등에 관하여 아무런 합의가 이루어진바 없다. 또한 당사자 사이에 이해가 대립되고 있던 설계금액에 대한 합의가 없는 상태에서 설계도면의 변경요구와 수용만으로 설계계약을

6) 대법원 2002. 1. 25. 선고 99다63169 판결.
7) 대법원 2017. 10. 26. 선고 2017다242867 판결; 대법원 2017. 5. 30. 선고 2015다34437 판결.
8) 대법원 1993. 6. 8. 선고 92다49447 판결; 대법원 1986. 2. 11. 선고 84다카2454 판결 등도 같은 입장이다.
9) 윤경, 앞의 논문, 82면.

확정적으로 성립시켰다고 보는 것은 당사자의 의사에 맞지 않는다. 따라서 원고와 피고 사이에 설계계약이 적법·유효하게 성립하였다고 볼 수 없다.

3. 우수현상광고계약 체결의무자의 이행거절에 따른 손해배상청구권

가. 우수현상광고계약의 이행거절에 따른 손해배상책임의 성질

(1) 건축설계 우수현상광고에서 당선자가 보수로서 받은 '기본 및 실시설계권'은 당선자가 광고자에게 우수작으로 판정된 계획설계에 기초하여 기본 및 실시설계계약의 체결을 청구할 수 있는 권리를 말한다. 따라서 광고자가 일반 거래실정이나 사회통념에 비추어 현저히 부당하다고 보이는 사항을 계약내용으로 주장하거나 경제적 어려움으로 공사를 추진할 수 없는 등으로 인하여 계약이 체결되지 못하였다면 당선자는 이를 이유로 한 손해배상책임을 물을 수 있다.[10] 이 사건에서 원고는 그가 응모한 설계가 피고로부터 최우수판정을 받은 후 피고의 요청에 따라 일부 설계변경에 따른 설계도면을 작성하는 등 구체적인 설계에 나아간 점, 피고는 설계대금에 대한 교섭과정에서 원고와의 그 금액 차이가 1,100여만 원에 불과함에도 합의의 도출을 위한 별다른 노력을 하지 아니한 채 교섭 2개월만에 교회의 안을 수용할 것을 원고에게 일방적으로 통보하고 그 교섭을 포기한 점 등이 인정된다. 그렇다면 원고와 피고 사이에 설계계약이 체결되지 못한 것은 피고가 광고자로서 계약체결을 위한 성실한 노력을 별다른 이유 없이 중단하였고, 경제적 어려움으로 공사를 제대로 수행할 자력이 없었던 점에 기인한 것으로 볼 수 있으므로, 원고는 피고에 대하여 손해배상을 청구할 수 있다.

(2) 여기서 우수현상광고계약에 따라 설계계약을 체결할 의무가 있는 자가 이를 거절한 경우, 당선자의 광고자에 대한 손해배상청구권의 법적 성질과 그 범위가 문제된다. 하지만 대상판결은 '당선자는 손해배상책임을 물을 수 있다'고 하고 있을 뿐 그 성질과 범위에 관하여 명확히 밝히지 않고 있다.

계약자유의 원칙상 계약교섭은 언제라도 중단될 수 있으며 상대방이 계약 성립을 기대하고 비용을 지출하였더라도 그것은 자기의 위험부담 아래 지출한 비용이므로, 원칙적으로 상대방은 비용을 청구할 수 없다. 하지만 계약체결을 위한 교섭 내지 접촉 결과 교섭당사자들 사이에 장차 계약이 체결될 것이라는 신뢰관계가 형성된 단계에 이르렀는데, 어느 일방이 정당한 사유 없이 상대방의 신뢰에 반하여 계약체결을 거부하는 경우, 상대방이 계약체결을 신뢰하여 지출한 비용에 대해 손해배상책임을 질 수 있지만 계약체결을

10) 대법원 2002. 1. 25. 선고 99다63169 판결.

강제할 수는 없다.[11] 이때 손해배상책임의 법적 성질에 관하여, 대법원 2003. 4. 11. 선고 2001다53059 판결은 "어느 일방이 교섭단계에서 계약이 확실하게 체결되리라는 정당한 기대 내지 신뢰를 부여하여 상대방이 그 신뢰에 따라 행동하였음에도 상당한 이유 없이 계약의 체결을 거부하여 손해를 입혔다면 이는 신의성실의 원칙에 비추어 볼 때 계약자유 원칙의 한계를 넘는 위법한 행위로서 불법행위를 구성한다"고 하며,[12] 그 손해배상의 범위는 상대방이 입은 손해 중 계약체결에 대한 신뢰와 상당인과관계에 있는 손해로 제한된다고 한다.[13] 따라서 계약이 유효하게 체결된다고 믿었던 것에 의하여 입었던 손해, 즉 신뢰손해에 한정되며, 그 결과 계약체결을 확신한 상대방이 체결될 계약의 이행과 관련하여 지출한 비용은 원칙적으로 배상범위에서 제외된다.[14] 다만 교섭당사자의 적극적인 요구에 따라 이행에 착수한 경우, 계약체결이 임박한 상황이고 또한 신속한 이행을 요구하는 계약의 특성에 따라 이행에 착수한 경우 등에는 예외적으로 배상범위에 포함될 수 있다. 즉 계약교섭 단계에서는 아직 계약이 성립된 것이 아니므로, 당사자 중 일방이 계약의 이행행위를 준비하거나 이를 착수하는 것은 이례적이라고 할 것이므로 설령 이행에 착수하였다고 하더라도 이는 자기의 위험 판단과 책임에 의한 것이라고 평가할 수 있지만, 만일 이행의 착수가 상대방의 적극적인 요구에 따른 것이고, 바로 위와 같은 이행에 들인 비용의 지급에 관하여 이미 계약교섭이 진행되고 있었다는 등의 특별한 사정이 있는 경우에는 당사자 중 일방이 계약의 성립을 기대하고 이행을 위하여 지출한 비용 상당의 손해가 상당인과관계 있는 손해에 해당한다.[15] 반면에 계약이 체결되어 그 이행의 결과 얻을 수 있는 이행이익은 배상범위에서 제외된다.[16]

(3) 그렇다면 이 사건과 같이 일정한 계약을 체결할 의무가 있는 자가 이를 이행하지 않은 경우, 그 손해배상책임의 법적 성질과 그 범위를 위의 '계약교섭을 부당하게 중도파기한 경우'와 동일하게 볼 것인지가 의문이다. 이와 관련하여, 대법원 1999. 6. 25. 선고 99다7183 판결은 "계속적 거래계약에 있어서 개별계약의 체결이 당사자의 의무로 되는 경우 그 의무를 부담하는 자가 정당한 이유 없이 거래를 일방적으로 중단하여 계속적 거래

11) 계약교섭을 부당하게 중도파기한 경우에 관하여는, 김대정, "계약교섭의 불당파기로 인한 손해배상책임", 『중앙법학』, 제11권 3호(중앙법학회, 2009), 107면 이하; 지원림, "계약교섭이 부당하게 파기된 경우의 법률관계", 『민사판례연구』(박영사, 2003), 159면 이하.

12) 대법원 2013. 6. 13. 선고 2010다65757 판결; 대법원 2004. 5. 28. 선고 2002다32301 판결도 같은 입장이다.

13) 대법원 2004. 5. 28. 선고 2002다32301 판결; 대법원 2003. 4. 11. 선고 2001다53059 판결.

14) 오종근, "계약체결의무의 불이행에 따른 손해배상청구권의 소멸시효기간", 『민사판례연구(XXIX)』(박영사, 2007), 245면.

15) 대법원 2004. 5. 28. 선고 2002다32301 판결. 이 판결의 평석에 관하여는, 김동훈, "계약교섭단계에서 이행의 착수와 손해배상", 『저스티스』, 통권 제82호(한국법학원, 2004), 189면 이하.

16) 대법원 2003. 4. 11. 선고 2001다53059 판결; 오종근, 앞의 논문, 245면.

계약을 부당하게 파기하는 것은 상대방에 대한 관계에서 채무불이행이 되고, 상대방은 그로 인한 손해의 배상을 청구할 수 있으며, 그 경우 배상하여야 할 손해의 범위는 거래계약이 계속되었더라면 얻을 수 있었던 이익, 즉 이행이익의 배상에까지 미친다"고 한다. 따라서 계약자유의 원칙상 계약교섭의 당사자들은 계약자유의 한 내용으로서 계약불체결의 자유를 가지지만, 계약체결의무를 부담하는 경우에는 당사자는 일반적인 교섭에서보다는 훨씬 높은 수준의 교섭성실의무를 진다고 보아야 할 것이고, 위반 시 책임의 문제도 계약책임으로 구성하여야 할 것이다.[17)]

이 사건의 경우, 원고가 우수현상광고의 보수로서 받은 기본 및 실시설계권은 설계계약의 체결을 청구할 수 있는 권리이므로, 피고는 원고와의 사이에 설계계약을 체결하기 위하여 성실히 협의하여야 할 의무가 있다. 즉 계약체결에 대한 기대나 신뢰를 넘어, 원고는 피고에 대하여 설계계약의 체결을 청구할 수 있는 권리가 있고, 피고는 이에 성실히 응할 의무가 있다. 따라서 피고가 이를 이행하지 않은 경우에는 계약교섭을 부당하게 중도파기한 경우와 달리 채무불이행으로 인한 손해배상책임을 지며, 배상할 손해는 계약이 성립하여 이행됨으로써 얻게 될 이행이익이라고 할 것이다.[18)] 즉 이미 제출한 설계도면의 작성에 소요된 통상의 보수뿐만 아니라, 기본 및 실시설계까지 마쳤더라면 얻을 수 있었던 이익이라고 할 것이다.

나. 손해배상청구권의 소멸시효기간

일반적으로 채무불이행으로 인한 손해배상청구권의 소멸시효기간은 본래 채무의 소멸시효기간에 따른다.[19)] 일반채권의 소멸시효기간은 10년이므로(「민법」 제162조 제1항), 계약체결을 거부한 자에 대한 손해배상청구권도 10년의 소멸시효기간이 적용된다. 여기서 장차 체결하기로 한 계약상의 이행청구권에 단기소멸시효기간이 적용되는 경우, 계약체결의무불이행으로 인한 손해배상청구권에도 마찬가지로 적용되는지가 문제이다.

대상판결은 당선자가 취득하는 손해배상청구권은 계약이 체결되었을 경우에 취득하게 될 계약상의 이행청구권과 실질적이고 경제적으로 밀접한 관계가 형성되어 있기 때문에, 그 손해배상청구권의 소멸시효기간은 계약이 체결되었을 때 취득하게 될 이행청구권에 적용되는 소멸시효기간에 따른다고 한다. 이에 대해 계약체결청구권은 계약관계의 성립을 목적으로 할 뿐이며, 계약관계의 성립 이후 그 계약에 근거한 이행청구권을 목적으로 하는 것이 아니기 때문에 계약체결청구권의 소멸시효기간에 대해 장차 체결하기로 한

17) 김동훈, "계약체결 전의 법률관계", 『민사법학』, 제36호(한국민사법학회, 2007), 338면.
18) 윤경, 앞의 논문, 87면.
19) 윤진수, 앞의 책, 437면.

계약상의 이행청구권에 적용되는 단기소멸시효기간의 적용을 반대하는 견해가 있다.[20)]

생각건대 이행이익의 배상을 통하여 계약이 이행된 것에 상응하는 지위를 구하는 교섭당사자는 예정된 계약이 이행되었을 때보다 더 유리한 지위를 요구할 수 없다. 따라서 대상판결의 태도가 타당하다고 할 것이다.

다. 손해배상청구권의 소멸시효의 기산점

소멸시효는 권리를 행사할 수 있는 때부터 진행한다(「민법」 제166조 제1항). 즉 소멸시효는 객관적으로 권리가 발생하여 그 권리를 행사할 수 있는 때로부터 진행하고 그 권리를 행사할 수 없는 동안만은 진행하지 않는다.[21)] 채무불이행에 의한 손해배상청구권의 기산점에 관하여, 판례는 "채무불이행으로 인한 손해배상청구권의 소멸시효는 채무불이행시로부터 진행한다"고 한다.[22)]

그런데 이 사건에서 원고는 설계계약을 체결할 의무가 있는 피고가 계약체결을 거절한 것에 대해 손해배상을 청구하고 있다. 이행거절을 이행불능과 이행지체라는 전통적인 채무불이행의 유형 외에 새로운 제3의 불이행유형으로서 독자적인 의의를 인정할 필요가 있는지에 관하여 학설이 대립하지만, 판례는 "채무자가 채무를 이행하지 아니할 의사를 명백히 표시한 경우에 채권자는 신의성실의 원칙상 이행기 전이라도 이행의 최고 없이 채무자의 이행거절을 이유로 계약을 해제하거나 채무자를 상대로 손해배상을 청구할 수 있지만, 이러한 이행거절이라는 채무불이행이 인정되기 위해서는 채무를 이행하지 아니할 채무자의 명백한 의사표시가 위법한 것으로 평가되어야 한다"고 하여,[23)] 이행거절을 채무불이행의 유형으로 보고 있다. 그렇다면 원고의 손해배상청구권의 소멸시효 기산점과 관련하여서는 이행거절이라는 채무불이행이 언제 성립하였는지가 관건이다. 여기서 이행거절은 채무자가 채무의 이행이 가능함에도 이를 이행할 의사가 없음을 채권자에게 진지하고 종국적으로 표시하여, 객관적으로 보아 채권자로 하여금 채무자의 임의의 이행을 더 이상 기대할 수 없게 하는 상태를 말한다.[24)]

이 사건에서 피고는 1993. 11. 17. 원고에게 "같은 달 20.까지 교회의 안을 수용하지 않으면 원고가 이 사건 공사에 관한 설계계약을 체결할 의사가 없는 것으로 간주한다"고 통보하였다. 이는 피고로서 채무이행의 의사가 없음을 명백히 한 것이라고 볼 수 있다. 따

20) 오종근, 앞의 책, 257면.
21) 대법원 2015. 9. 10. 선고 2015다212220 판결; 대법원 2011. 7. 28. 선고 2009다92784 판결 등.
22) 대법원 2005. 1. 14. 선고 2002다57119 판결; 대법원 2002. 12. 27. 선고 2000다47361 판결.
23) 대법원 2015. 2. 12. 선고 2014다227225 판결; 대법원 2011. 2. 10. 선고 2010다77385 판결.
24) 곽윤직(편집대표)/양창수, 『민법주해(XV)』 (박영사, 2007), 311면.

라서 손해배상청구권의 소멸시효기간은 이행거절의 의사를 표시한 다음 날부터 또는 그 통보에서 정한 원고의 회신 시한 다음 날인 1993. 11. 21.부터 진행한다는 대상판결과 원심판결의 태도는 타당하다.

Ⅲ. 판례의 의의

계약자유의 원칙상 계약교섭의 당사자들은 계약자유의 한 내용으로서 계약불체결의 자유를 가지지만, 계약체결의무를 부담하는 경우에는 당사자는 일반적인 교섭에서보다는 훨씬 높은 수준의 교섭성실의무를 진다. 이 사건에서 원고가 우수현상광고의 보수로서 받은 설계권은 설계계약의 체결을 청구할 수 있는 권리이므로, 피고는 원고와의 사이에 설계계약을 체결하기 위하여 성실히 협의하여야 할 의무가 있다. 따라서 피고가 이를 이행하지 않은 경우에는 채무불이행으로 인한 손해배상책임을 진다. 이와 관련하여 대상판결은 계약체결의무의 불이행으로 인한 손해배상청구권을 계약이 체결되었을 경우에 취득하게 될 계약상의 이행청구권과 실질적이고 경제적으로 밀접한 관계가 형성되어 있기 때문에, 그 손해배상청구권의 소멸시효기간은 계약이 체결되었을 때 취득하게 될 이행청구권에 적용되는 소멸시효기간에 따른다는 점을 처음으로 밝히고 있다. 이행이익의 배상을 통하여 계약이 이행된 것에 상응하는 지위를 구하는 교섭당사자는 예정된 계약이 이행되었을 때보다 더 유리한 지위를 요구할 수 없다는 점에서 대상판결의 태도가 타당하며, 선례로서 가치가 높다고 할 것이다.

91 건축설계 우수현상광고의 보수 '기본 및 실시 설계권'의 의미와 법률관계

-대법원 2002. 1. 25. 선고 99다63169 판결

정 상 현*

Ⅰ. 판례의 개요

1. 사안의 개요

피고 재단법인 산하 A교회는 1993. 6. 6. 교육관 및 본당 공사에 관한 설계를 공모하면서, 최우수 판정자에게 위 공사에 관한 '기본 및 실시 설계권'을 부여하는 광고를 하였다. 원고는 1993. 7. 30. 광고에서 정한 설계도판, 청사진도면, 설계설명서 등을 제출하여 같은 해 8. 10. 최우수작으로 판정받았다. 그 후 원고는 A교회의 일부 설계변경 요구에 따라 새 설계도면을 작성하고 1993. 8. 28. 평당 건축비를 250만 원으로 산출한 견적서와 계약서안, 일정표를 제출하였다. 이를 받은 피고 산하 교구청 건축심의위원회는 1993. 9. 8. 평당 건축비가 200만 원을 넘지 않아야 한다는 의견을 붙여 심의를 통과시켰다.[1] A교회는 1993. 11. 11. 원고에게 평당 건축비 180만 원을 기준으로 8,000만 원의 설계대금을 제시하였고, 원고는 같은 달 15. 평당 건축비 200만 원을 기준으로 한 9,168만 원으로 회신하였다. A교회는 1993. 11. 17. 원고에게 같은 달 20일까지 당초 제시한 안을 수용하지 않으면 설계계약의 체결의사가 없는 것으로 간주한다는 뜻을 통보하였고, 원고는 그 기간까지 아무런 답변을 하지 않았다. 위 공사계획은 그 후 주임사제의 인사이동과 건축자금 염출이 용이하지 아니하여 판결 당시까지 유보된 상태였다.

---

* 성균관대학교 법학전문대학원 교수.

1) 법원 판결문에는 날짜가 1994. 9. 1.과 같은 달 8.로 기재되어 있으나 앞뒤 사정에 비추어 1993. 9. 1. 이 맞다.

2. 소송경과

가. 원고의 주장

원고는 위 공사의 계획설계와 기본설계 비용 57,540,000원 및 그에 따른 법정이자의 지급을 구하면서, 청구원인으로 네 가지를 들었으나, 그 중 두 가지는 상고이유에서 제외되었다. 첫째, 원고가 우수현상광고에 응모하여 최우수작으로 판정되고 그 보수로서 위 공사에 관한 '기본 및 실시 설계권'을 부여받아 피고와 사이에 설계계약이 체결되었으므로, 그에 따라 피고는 위 금액을 지급할 의무가 있다. 둘째, 원고가 우수현상광고의 보수로 받은 '기본 및 실시 설계권'은 현상광고시 응모자가 예정하고 있던 보수 내지 건축설계업계에서 통상적으로 지급하는 정도의 보수를 청구할 수 있는 권리이고, 이 권리는 추후 체결될 설계계약에 의하여 구체적으로 확정되는 것이기는 하지만, 그러한 계약체결은 현상광고에서 당선됨으로 인하여 이미 발생한 권리의 내용을 명확히 하는 것에 불과하고, 그 계약체결에 의하여 비로소 그러한 '기본 및 실시 설계권'이 발생하는 것은 아니므로, 설계계약이 체결되지 않았다고 하여도 피고는 우수현상광고에 따른 보수로서 위 금액을 지급할 의무가 있다.[2)]

나. 제1심 법원과 원심법원 판결

제1심 법원과 원심법원의 판결 및 판시내용은 동일하다.[3)] 첫 번째 주장에 대하여, 법원은 원고가 우수현상광고의 보수로서 위 공사에 관한 '기본 및 실시 설계권'을 부여받았더라도 이것만으로는 '기본 및 실시 설계계약'의 체결을 인정할 수 없다고 하여 기각하였다. 두 번째 주장에 대하여, 법원은 이러한 원고의 주장이 인용되려면 '기본 및 실시 설계계약'이 체결되지 못한 귀책사유가 피고에게 있어야 하는데, 위 설계계약의 결렬에 대한 피고의 책임을 인정할 수 없다고 하여 기각하였다.[4)]

---

2) 상고이유에서 제외된 두 가지 중 하나는 원고와 피고 사이에 설계계약이 체결되지 않았더라도, 원고는 위 공사의 '기본 및 실시 설계권'을 부여받아 설계계약의 체결을 위한 준비단계에 착수하였는데, 피고가 원고의 견적이 과다하다는 이유로 설계계약의 체결을 결렬시켰으므로, 계약체결상의 과실책임으로 위 금액을 지급할 의무가 있다는 주장이고, 다른 하나는 A교회가 필요한 자금을 조달하지 못하여 위 공사를 시행하지 못할 가능성이 있음에도 원고에게 이를 알리지 아니한 채 설계도를 작성하게 하거나 설계변경을 하도록 하였으므로 손해배상책임으로 위 금액을 지급할 의무가 있다는 것이었다.

3) 서울지방법원 1998. 5. 27. 선고 97가합48758 판결; 서울고등법원 1999. 9. 28. 선고 98나31020 판결.

4) 원고의 나머지 주장에 대하여, 법원은 계약체결상 과실책임은 목적이 불능인 계약을 체결할 때에 그 불능을 알았거나 알 수 있었을 자가 상대방이 계약의 유효를 믿었음으로 인하여 입은 손해를 배상하도록 하는 것인데 본 사건은 단지 가액결정의 의견차이로 계약이 성립되지 못한 경우이므로 피고에게 계약체결상의 과실책임을 물을 수는 없으며, 피고가 당초부터 위 공사를 수행하지 못할 것이라고 예상하면서 이를 원고에게 알리지 않았다고 인정할 증거가 없다고 하여 모두 기각하였다.

3. 대법원 판결

대법원은 첫 번째 상고이유에 대해서는 원심법원과 마찬가지로, 원고가 우수현상광고의 보수로서 위 공사에 대한 '기본 및 실시 설계권'을 부여받은 사실이 인정되지만, 당사자 사이에 '기본 및 실시 설계계약'이 체결된 것은 아니라고 하면서 이를 기각하였다. 그러나 두 번째 상고이유에 대해서는 원심법원과 결론을 달리 하였다. 대법원은 우수현상광고에서 보수로 받은 '기본 및 실시 설계권'은 위 공사에 관한 설계계약의 체결을 청구할 수 있는 권리로서, 피고는 특별한 사정이 없는 한 이에 응할 의무를 지게 되고, 당사자 모두 계약의 체결을 위하여 성실하게 협의하여야 하므로, 만약 피고가 일반 거래실정이나 사회통념에 비추어 현저히 부당하게 보이는 사항을 계약내용으로 주장하거나 경제적 어려움으로 공사를 추진할 수 없는 등으로 인하여 계약이 체결되지 못하였다면 이로 인한 손해배상책임을 져야 한다고 판시하였다. 본 사건의 경우 원고는 A교회의 요청에 따라 설계변경에 따른 도면을 새롭게 작성하는 등 구체적인 설계에 나아간 반면, A교회는 설계대금에 대한 교섭과정에서 원고와의 금액 차이가 1,100여만 원에 불과함에도 합의 도출을 위한 별다른 노력을 하지 않은 채 교섭 2개월 만에 자신의 안을 수용할 것을 원고에게 일방적으로 통보하고 그 교섭을 포기하였으며, 그러는 사이에 A교회의 주임사제 인사이동과 건축자금 염출이 용이하지 않게 된 사정 등으로 위 공사계획 자체가 수 년간 유보되기에 이르렀으므로, 원고와 피고 사이에 설계계약이 체결되지 못한 것은 피고가 계약체결을 위한 성실한 노력을 별다른 이유 없이 중단하고 경제적 어려움으로 공사수행 자력이 없었음에 기인한다. 따라서 당사자 사이에 체결이 예정되어 있던 설계계약의 결렬 책임은 피고에게 있으므로, 이를 인정하지 않은 원심법원의 판단은 '기본 및 실시 설계권'에 기초한 광고자의 의무 등에 관하여, 그 법리를 오해하고 심리를 다하지 않은 위법이 있다고 하여 파기·환송하였다.[5)]

II. 해 설

1. 쟁점의 정리

대법원 판결에서 문제가 된 쟁점은 두 가지이다. 첫째는 우수현상광고의 보수로서 부

5) 파기 환송 후 서울고등법원 2002. 9. 6. 선고 2002나10525 판결을 거쳐 대법원 2005. 1. 14. 선고 2002다57119 판결(이 책의 90번 판례 참조)이 선고되었다.

여된 '기본 및 실시 설계권'에 따라 피고 광고자와 원고 응모자 사이에 별도의 '기본 및 실시 설계계약'이 체결되었는지 여부이다. 둘째는 '기본 및 실시 설계계약'이 체결되지 않았더라도, 위 '기본 및 실시 설계권'은 현상광고의 보수지급청구권이므로 그 보수의 내용으로서 당선자가 광고자에게 '기본 및 실시 설계계약'의 체결을 요구하는 경우 광고자는 그에 응해야 할 의무가 있는지, 그리고 본 사건에서 광고자가 그 의무를 위반하였는지 여부이다.

2. 관련 판례

가. 계약의 성립

대법원 2017. 10. 26. 선고 2017다242867 판결 : 계약이 성립하기 위해서는 당사자 사이에 의사의 합치가 있을 것이 요구되고 이러한 의사의 합치는 당해 계약의 내용을 이루는 모든 사항에 관하여 있어야 하는 것은 아니지만 그 본질적 사항이나 중요 사항에 관하여는 구체적으로 의사의 합치가 있거나 적어도 장래 구체적으로 특정할 수 있는 기준과 방법 등에 관한 합의는 있어야 하고, 그러한 정도의 의사의 합치나 합의가 이루어지지 아니한 경우에는 특별한 사정이 없는 한 계약은 성립하지 아니한 것으로 보는 것이 타당하다.[6]

나. 계약의 체결을 청구할 수 있는 권리

대법원 2005. 1. 14. 선고 2002다57119 판결 : (1) 우수현상광고의 광고자로서 당선자에게 일정한 계약을 체결할 의무가 있는 자가 그 의무를 위반함으로써 계약의 종국적인 체결에 이르지 않게 되어 상대방이 그러한 계약체결의무의 채무불이행을 원인으로 하는 손해배상을 청구한 경우 그 손해배상청구권은 계약이 체결되었을 경우에 취득하게 될 계약상의 이행청구권과 실질적이고 경제적으로 밀접한 관계가 형성되어 있기 때문에, 그 손해배상청구권의 소멸시효기간은 계약이 체결되었을 때 취득하게 될 이행청구권에 적용되는 소멸시효기간에 따른다. (2) 우수현상광고의 당선자가 광고주에 대하여 우수작으로 판정된 계획설계에 기초하여 기본 및 실시설계계약의 체결을 청구할 수 있는 권리를 가지고 있는 경우[7], 이러한 청구권에 기하여 계약이 체결되었을 경우에 취득하게 될 계

6) 대법원 2003. 4. 11. 선고 2001다53059 판결; 대법원 2001. 3. 23. 선고 2000다51650 판결 등 다수. 계약이 성립하기 위한 법률요건인 청약은 그에 응하는 승낙만 있으면 곧 계약이 성립하는 구체적, 확정적 의사표시여야 하므로, 청약은 계약의 내용을 결정할 수 있을 정도의 사항을 포함시키는 것이 필요하다(대법원 2005. 12. 8. 선고 2003다41463 판결; 대법원 2012. 4. 26. 선고 2010다10689,10696 판결 등 다수).

7) 계속적 거래계약에서 기본계약 외에 개개의 매매에 관한 개별계약의 체결이 예정되어 있는 경우에

약상의 이행청구권은 '설계에 종사하는 자의 공사에 관한 채권'으로서 이에 관하여는 민법 제163조 제3호 소정의 3년의 단기소멸시효가 적용되므로, 위의 기본 및 실시설계계약의 체결의무의 불이행으로 인한 손해배상청구권의 소멸시효 역시 3년의 단기소멸시효가 적용된다.

3. 검 토

가. '기본 및 실시 설계계약'의 성립 여부

(1) 우수현상광고의 의의 및 법적 성질

현상광고는 광고자가 일정한 행위를 한 자에 대한 보수지급 의사를 광고에서 표시하고 이에 응한 자가 그 광고에서 정한 행위를 완료함으로써 성립하는 법률행위이다(「민법」 제675조). 우수현상광고는 광고에서 정한 행위를 완료한 자 중에서 우수한 자에게 보수를 지급하는 현상광고를 말한다(「민법」 제678조 제1항). 현상광고를 단독행위로 보는 견해[8]가 있으나 대다수는 계약으로 이해한다.

(2) 우수현상광고의 성립과 효과

현상광고를 계약이라고 하면, 광고가 불특정 다수에 대한 청약이고 그에 대한 응모 내지 지정행위의 완료가 승낙이다. 우수현상광고 역시 이와 동일하며, 다만 우수 판정을 정지조건으로 하여 응모자의 지정행위 완료시에 성립한다. 우수자로 판정된 응모자는 보수청구권을 취득한다. 보수청구권은 특별한 사유가 없는 한 계약 성립시에 취득되지만, 우수현상광고에서는 정지조건인 우수 판정시에 발생한다(「민법」 제147조 제1항).

(3) '기본 및 실시 설계계약'의 성립 여부

건축물설계는 대체로 기획설계(pre-design), 계획설계(schematic design), 기본설계(drawing development), 실시설계(working drawing)의 단계로 이루어진다.[9] 우수현상광고를 통하여 설계용역을 의뢰하는 경우, 일반적으로 응모자가 완료해야 하는 일은 기획설계와 계획설계이다. 우수 판정을 받은 응모자는 보수로서 기본설계 및 실시설계의 우선 협상 대상자

관해서 대법원 1999. 6. 25. 선고 99다7183 판결 참조.

8) 곽윤직, 『채권각론』 (박영사, 1995), 325면. 광고를 알지 못하고 광고에서 정한 행위를 완료한 경우에도 현상광고가 효력이 있음을 규정한 「민법」 제677조에 근거한다.

9) 기획설계는 대지용도, 측량도, 지질조사서, 기반시설 등을 통하여 건축에 대한 정보와 자료를 수집하는 단계이고, 계획설계는 기획설계에서 결정된 구조, 재료, 설비 등 총체적인 디자인 방침을 결정하는 단계이다. 기본설계는 계획설계를 발전시켜 개념도, 배치도, 평면도, 입면도, 단면도, 투시도, 3D모델링 등을 제작하는 단계이고, 실시설계는 구조, 설비, 냉난방, 배관, 방화계획 등을 건축도면에 반영하고, 건축물 전체를 제시하는 도면과 각 부분의 상세도를 제작하며, 시방서, 구조계산서 등을 작성한다.

가 된다. 본 사건에서 원고가 우수현상광고의 보수로 취득한 '기본 및 실시 설계권'은 이러한 의미이다.[10] '기본 및 실시 설계권'에는 설계를 완성해야 하는 시기나 보수에 대한 구체적 내용이 없다. 이러한 보수청구권을 실현하기 위하여 별도의 '기본 및 실시 설계계약'을 체결해야 한다. 설계계약의 법적 성질은 도급계약이다. 도급계약은 수급인이 일정한 일을 완성하고 도급인이 일의 결과에 대하여 보수를 지급할 것을 약정함으로써 성립한다(「민법」 제664조).

본 사안에서 원고는 우수 응모자로 판정된 후인 1993. 8. 28. 견적서 및 일정표를 피고에게 전달하였고, 이를 받은 피고가 같은 해 9. 8. 설계도면의 변경을 요청하였으며 원고가 이를 수용하여 변경된 설계도면을 제출하였다. 원고의 주장처럼 이러한 절차가 청약과 변경된 승낙, 즉 새로운 청약과 승낙이 되어, '기본 및 실시 설계계약'이 체결되었다고 할 수 있는가? 청약과 승낙에 의한 합의에는 계약의 본질적 요소가 포함되어야 하고, 당사자가 의욕한 법률효과가 확정되어야 한다. 도급계약의 본질적 요소는 수급인이 완성해야 할 일의 내용과 도급인이 지급할 보수이다. 그러나 본 사안에서 당사자는 설계금액의 결정을 위한 교섭에 실패하였다. 설계금액도 확정되지 않은 상태에서 '기본 및 실시 설계계약'의 성립을 인정하기는 어렵다.[11] 이 부분에 대한 대법원판결은 타당하다.

나. '기본 및 실시 설계권'과 '기본 및 실시 설계계약'의 법률관계

(1) '기본 및 실시 설계권'의 의의

원고가 우수현상광고의 당선자로서 취득한 '기본 및 실시 설계권'은 다른 사람보다 우선적으로 '기본 및 실시 설계계약'을 체결할 수 있는 권리이다. 이것은 금전적인 권리가 아니며 차후 별도의 설계계약 체결을 통하여 목적을 달성할 수 있다. 원고는 기본설계와 실시설계를 제공하고 그에 대응하여 피고가 일정한 보수지급을 목적으로 하는 계약이다.

(2) '기본 및 실시 설계권'과 '기본 및 실시 설계계약'의 관계

본 사건에서 원고와 피고 사이에 '기본 및 실시 설계계약'은 체결되지 않았다. 원고에게 우수현상광고의 보수로서 '기본 및 실시 설계권'이 부여되었을 뿐이다. 이것은 원고가 '기본 및 실시 설계계약'의 체결 전 단계에서 갖는 법적 지위이다. 이에 따라 원고가 피고를 상대로 '기본 및 실시 설계계약'의 체결을 청구하고 피고는 이에 응해야 하는 권리의무가 발생한다. 대법원은 이러한 권리의무의 존재와 피고의 의무위반에 대한 손해배상책임

10) 다만 본 사건에서는 원고가 설계도판, 청사진도면(배치도, 평면도, 입면도, 단면도, 주차계획도), 설계설명서, 축소모형, 투시도, 조감도 등을 제출한 것으로 보아 기본설계 단계에 있었던 것으로 보인다.

11) 윤경, "건축설계 우수현상광고의 당선보수인 '기본 및 실시설계권'의 의미", 『대법원판례해설』, 제40호(2002. 12), 82~82면.

을 인정하였으나, 그 법적 근거를 제시하지는 않았다.[12)]

한편 '기본 및 실시 설계계약'이 체결되지 않은 상태에서 일방 당사자에게 '기본 및 실시 설계권'을 부여하고, 상대방에게 그 계약에 응할 의무와 성실한 협의의무를 인정하는 것은 예약과 유사한 구조를 갖는다. 일방 당사자에게 본계약으로 나아갈 수 있도록 예약완결권을 부여하는 일방예약이나 상대방에게 본계약에 응할 의무, 즉 승낙의무를 부여하는 편무예약과 상통한다. 그러나 예약은 그 예약에서 본계약의 내용을 확정하거나 적어도 확정 가능해야 한다.[13)] 그런데 본 사건에서는 당사자 사이에 도급계약의 본질적 내용인 설계금액도 확정하지 못한 상태였으므로, 예약에서와 같이 그 완결권의 행사나 승낙의무의 이행으로는 '기본 및 실시 설계계약'의 체결로 나아가지 못한다.[14)]

오히려 본 사건에서 원고에게 부여된 '기본 및 실시 설계권'은 당사자의 의사, 즉 법률행위에 의하여 부여된 권리로 보아야 한다. 현상광고를 단독행위로 보면 광고자의 의사에 따라 부여된 권리이고, 계약으로 보면 광고자와 응모자의 의사합치에 따라 취득된 권리이다. 여기에 '기본 및 실시 설계계약'의 체결과 그에 따른 구체적 내용결정이 유보되어 있다. 그러므로 원고가 이 권리를 행사한 경우 피고는 그 계약에 응해야 할 뿐만 아니라 계약내용의 결정을 위한 협의에 성실하게 임해야 한다. 그럼에도 피고가 일반 거래실정이나 사회통념에 비추어 현저히 부당하게 보이는 사항을 계약내용으로 주장하거나 경제적 어려움으로 공사를 추진할 수 없어서 계약이 체결되지 못하였다면, 이로 인한 손해배상책임을 져야 하는 것은 당연하다. 이 부분의 대법원 판결은 타당하다.

(3) 손해배상책임의 범위

본 사건에서 원고는 위 공사의 계획설계와 기본설계 비용 57,540,000원 및 그에 따른 법정이자의 지급을 청구하였다. '기본 및 실시 설계계약'이 체결되지 않음으로써 원고에게 발생한 손해, 즉 우수현상광고에 응모하기 위하여 지출한 각종 서류 준비와 설계에 투입된 비용 등을 손해배상으로 청구한 것이다. 이는 신뢰이익의 손해이다. 반면 설계계약이 체결되고 이행되었더라면 발생할 수 있는 손해, 즉 설계금액 상당의 손해액은 이행이익의 손해이지만, 본 사건에서는 이를 포함하지 않았다. '기본 및 실시 설계계약'이 체결조차 되지 못한 상태이므로 신뢰이익의 배상으로 한정되어야 한다. 이 부분의 대법원 판결은 타

12) 이후의 판결(대법원 2005. 1. 14. 선고 2002다57119 판결)에 따르면 그 근거가 채무불이행에 따른 것임을 추론할 수는 있다.

13) 대법원 1993. 5. 27. 선고 93다4908,4915,4922 판결.

14) 대법원 2006. 6. 29. 선고 2005다41603 판결(낙찰자의 결정으로 바로 계약이 성립된다고 볼 수는 없어 낙찰자는 지방자치단체에 대하여 계약을 체결하여 줄 것을 청구할 수 있는 권리를 갖는 데 그치고, 이러한 점에서 위 법률에 따른 낙찰자 결정의 법적 성질은 입찰과 낙찰행위가 있은 후에 더 나아가 본계약을 따로 체결한다는 취지로서 계약의 편무예약에 해당한다).

당하다. 이것은 후술하는 계약체결상의 과실책임에서 인정되는 손해배상과 동일하다.

다. 대법원이 다루지 않은 두 가지 논제

제1심 법원과 원심법원에서는 계약체결상의 과실책임과 불법행위책임으로서의 손해배상도 심리되었다. 이들은 모두 기각되었고, 대법원의 상고이유에서도 빠졌다. 하급심 법원은 본 사건이 원시적 불능을 목적[15]으로 하는 것이 아니어서 계약체결상 과실책임이 인정되지 않는다고 판시하였다. 그러나 해석론으로서는 그 외 계약체결 전 단계의 계약외적 법익침해나 설명의무 위반,[16] 계약의 부당파기에 대해서도 이를 인정하는 견해가 있다.[17] 이에 따르면 본 사건 역시 '기본 및 실시 설계계약'의 체결 전 단계에서 당사자 일방이 부당하게 계약을 파기한 경우에 해당하여 계약체결상 과실책임이 인정될 여지가 있다. 그렇다면 불법행위책임 역시 부정될 이유는 없다. 판례도 어느 일방이 교섭단계에서 계약이 확실하게 체결되리라는 정당한 기대 내지 신뢰를 부여하여 상대방이 그 신뢰에 따라 행동하였음에도 상당한 이유 없이 계약체결을 거부하여 손해를 입혔다면 이는 신의성실의 원칙에 비추어 계약자유원칙의 한계를 넘는 위법한 행위로서 불법행위를 구성한다고 판시하였다.[18]

Ⅲ. 판례의 의의

현재 정부기관이나 정부투자기관이 발주하는 공사의 설계현상공모에서는 '추정설계용역비'를 함께 광고하고, 광고자가 '기본 및 실시 설계권'을 받은 당선자와 '기본 및 실시 설계계약'을 체결하는 경우 '추정설계용역비'를 설계금액으로 한다. '추정설계용역비'의 공고가 없는 경우 건축사들이 응모를 하지 않는 경향이어서 본 사건과 유사한 사례가 발생할 가능성은 현저히 줄었다. 위 판결은 이러한 과거의 사건에서 '기본 및 실시 설계권'의 의미를 명확하게 제시하였으므로 선례로서의 가치가 크다고 할 수 있다. 다만 '기본 및 실

15) 대법원 2008. 4. 24. 선고, 2007다65665 판결; 대법원 2011. 7. 28. 선고 2010다1203 판결.
16) 대법원 2011. 8. 25. 선고 2011다43778 판결.
17) 책임의 성질과 관련하여 계약책임을 주장하는 견해로서 김증한, 『채권각론』(박영사, 1989), 49면; 김주수, 『채권각론』(삼영사, 1993), 78면, 제3의 책임유형이라는 견해로 김형배, 『채권각론(계약법)』(박영사, 2001), 125~126면; 이은영, 『채권각론』(박영사, 1992), 107면; 이영준, "계약체결상의 과실책임의 법적 성질에 관한 연구", 『민사판례연구II』(1980), 55면; 서민, "계약체결상의 과실책임의 체계와 범위", 김형배교수화갑기념논문집 『채권법에 있어서 자유와 책임』(박영사, 1994), 422면 참조.
18) 대법원 2013. 6. 13. 선고 2010다65757 판결; 대법원 2004. 5. 28. 선고 2002다32301 판결 등.

시 설계권’의 법적 근거가 무엇인지 그리고 ‘기본 및 실시 설계계약’이 체결되기 전 단계의 법률관계를 언급하지 않은 점은 아쉽다. 아울러 상고이유에서 빠져 대법원의 태도를 알 수는 없지만, 제1심 법원과 원심법원이 계약체결상의 과실책임 내지 불법행위책임을 인정하지 않는 것도 다소 의문이다.

92 상거래에서 허위·과장광고와 사기죄의 성부

- 대법원 2002. 2. 5. 선고 2001도5789 판결

박 형 관*

Ⅰ. 판례의 개요

1. 사안의 개요

피고인은 TV 홈쇼핑 업체인 ○○주식회사에 삼을 납품하였고 위 회사는 광고방송을 통하여 위 삼을 '기획특선 산양산삼'으로 판매하였다. 피고인은 위 삼이 A가 산삼에서 유래된 종자인지 여부가 불분명한 삼의 종자를 사용하여 인위적으로 싹을 틔운 뒤 수년 단위로 이식하여 가면서 인공적으로 재배한 삼이라는 사실을 알고 있었다. 피고인은 ○○농업협동조합의 명의를 빌려 위 회사에 납품하였는데 피고인은 위 조합의 조합원이나 검품위원이 아니었고 피고인이 위 광고방송에서 제시한 B 명의의 감정서도 허위였다. 피고인은 B와 함께 위 방송에 출연하여 마치 판매할 물건이 위 조합원들이 자연산삼의 종자를 심산유곡에 심고 자연방임 상태에서 성장시켰다가 수십 년 만에 채취한 진짜 산양산삼이며, 피고인이 위 조합의 검품위원으로서 조합원들이 납품하는 삼 중 우수한 것만을 선정하고 삼 전문가인 B가 객관적인 입장에서 진짜 산양산삼임을 감정, 확인한 후 각 상품별로 보증서를 작성, 첨부하여 위 회사를 통하여 하여 판매하는 것처럼 허위 내용의 광고를 하였다. 피해자들은 위 광고를 사실로 믿고 산삼을 구매하였다.

2. 소송경과

가. 제1심 판결 및 원심판결

피고인은 사기, 사문서위조, 위조사문서행사 및 방문방매등에관한법률위반죄의 경합

* 가천대학교 법과대학 교수.

범으로 기소되었다. 제1심 판결(서울지방법원 2001. 2. 8. 선고 2000고단3606 판결)은 공소사실 전부를 유죄로 인정하였다. 피고인은 A로부터 구입한 이 사건 삼이 산양산삼인 것으로 믿고 위와 같이 광고하여 판매한 것이므로 사기죄나 방문판매등에관한법률위반죄는 성립하지 않는다고 주장하면서 제1심 판결에 사실오인 및 양형부당의 위법이 있다는 이유로 항소를 제기하였다. 원심판결(서울지방법원 2001. 10. 17. 선고 2001노1693 판결)은 제1심과 같이 공소사실 모두를 유죄로 인정하고 위와 같은 피고인의 사실오인 주장을 배척하였다. 다만 판매대금이 피해자들에게 환불된 사정 등을 고려하여 양형부당 주장을 받아들여 원심을 파기하고 벌금 2천만 원을 선고하였다.

나. 대법원 판결

피고인은 사기의 점과 방문판매등에관한법률위반의 점에 대하여 상고를 제기하였다. 상고심 판결(대법원 2002. 2. 5. 선고 2001도5789 판결, 이하 '대상판결'이라 한다)은 아래에서 보는 바와 같이 사기의 점에 관한 상고 이유는 배척하였으나 방문판매등에관한법률위반의 점에 대한 상고를 받아들여 무죄 취지로 판시하고 사건 전부를 원심에 파기환송하였다.

3. 대상판결의 요지

대상판결은 위 삼이 「방문판매등에관한법률」(법률 제5982호로 대상판결 당시 시행 중인 구 법률을 말함, 이하 '구 방문판매법'이라 한다)에서 규율하는 상품에 해당하지 않는다고 판단하였다. 즉 구 방문판매법 제3조 제1항은 상품 또는 용역의 성질상 법을 적용하는 것이 적당하지 아니한 대통령령이 정하는 상품 또는 용역에 대하여는 이를 적용하지 아니한다고 규정하고, 구 방문판매법 시행령 제2조 제1호에서 농산물·수산물·축산물·임산물 및 광산물로서 「통계법」에 의하여 작성한 한국표준산업분류표상의 제조업에 의하여 생산된 것이 아닌 것을 "대통령령이 정하는 상품 또는 용역"의 하나로 들고 있는바, 삼은 임산물 또는 농산물에 해당하고 단순히 상품을 선별, 포장하는 등 그 상품의 본질적 성질을 변화시키지 않는 처리활동만을 거쳤을 뿐 제조활동에 의하여 새로운 제품으로 전환된 것은 아님이 분명하므로 삼의 광고에 대하여는 허위 또는 과대광고를 금지하는 구 방문판매법 제60조 제3호, 제18조 제2항이 적용될 수 없다는 취지이다.

대상판결에서 주목을 끄는 부분은 사기의 점에 관한 판단 부분이다. 원심은 이에 관한 피고인의 항소를 별다른 설명 없이 기각하였으나 대상판결은 그 사유를 자세히 설명한다. 대상판결은 우선 "사기죄의 요건으로서의 기망은 널리 재산상의 거래행위에 있어서 서로 지켜야 할 신의와 성실의 의무를 저버리는 모든 적극적 및 소극적 행위로서 사람으로 하여금 착오를 일으키게 하는 것을 말하며, 사기죄의 본질은 기망에 의한 재물이나 재산상 이익의 취득에 있고 상대방에게 현실적으로 재산상 손해가 발생함을 그 요건으로 하지 아니하는바, 일반적으로 상품의 선전, 광고에 있어 다소의 과장, 허위가 수반되는 것은 그것이 일반 상거래의 관행과 신의칙에 비추어 시인될 수 있는 한 기망성이 결여된다 할 것이나 거래에 있어서 중요한 사항에 관하여 구체적 사실을 거래상의 신의성실의 의무에 비추어 비난받을 정도의 방법으로 허위로 고지한 경우에는 과장, 허위광고의 한계를 넘어 사기죄의 기망행위에 해당한다"라는 취지로 사기죄의 일반 법리 및 과장, 허위 광고에 있어 종래 판례의 취지를 재확인하였다.

대상판결은 덧붙여 "통신판매에 있어 소비자가 갖는 상품의 품질, 가격에 대한 정보는 전적으로 유통업자의 광고에 의존할 수밖에 없고", 위 회사와 같은 " TV홈쇼핑업체에 대한 소비자들의 신뢰는 TV라는 영상매체를 이용한 스스로의 강도 높은 광고에 의하여 창출된 것인 만큼 이에 대한 소비자들의 신뢰와 기대는 특별히 보호되어야"한다고 전제한 다음, "위 광고행위는 진실규명이 가능하고 구매의 결정에 있어 가장 중요한 요소로서 구체적 사실인 판매물품의 품질에 관하여 기망한 것으로서 그 사술의 정도가 사회적으로 용인될 수 있는 상술의 정도를 넘은 것이어서 사기죄의 기망행위를 구성한다고 하지 않을 수 없으며, 또한 소비자들은 피고인 등의 위 허위광고에 기망당하여 구매행위를 한 것으로 보여지고, 이와 같이 허위광고와 소비자들의 구매간의 인과관계가 인정되는 이상 이 사건 판매물품의 품질이 비교적 우수하다거나 소비자들도 나름대로 가격과 품질을 교량하였을 것이라는 점은 사기죄의 성립에 아무런 영향이 없다 할 것이다"고 판시하여 통신판매의 경우는 그 광고를 믿은 소비자의 신뢰를 더욱 보호할 필요성이 있다는 점을 명확히 하였다.

II. 해 설

1. 쟁점의 정리

가. 허위·과장광고에 대한 규제와 형벌권 행사

상거래에서 당사자들이 거래상대방에게 완전하고 흠이 없는 정보를 제공하는 경우는 드물다. 광고 내용에 사소한 허위나 과장이 있다고 하여 판매자 등을 형사처벌한다면 상거래를 지나치게 위축시킬 우려가 있다. 이는 형벌권의 개입은 다른 법체계의 강제수단으로 법익을 충실하게 보호하기 어려울 때 이루어져야 한다는 형법의 보충성 원칙에도 반한다.

과장, 허위 광고에 관한 형사처벌은 2가지 유형으로 나누어 살펴볼 수 있다. 첫째 유형은 광고에 관한 다양한 개별 규제 법률에서 규제하는 방식인데 이는 다시 일반규제방식과 품목별, 분야별 특성을 고려한 개별규제 방식으로 나눌 수 있다.[1] 「표시·광고 공정화에 관한 법률」(이하 '표시광고법'이라 한다)이 전자의 예라 할 수 있다. 표시광고법은 사업자가 신문, 방송 등을 통하여 상품 등에 관한 사항을 광고하는 행위와 관련하여 부당한 표시광고행위를 규정한 다음 사업자 등이 이에 위반하는 행위를 한 경우를 처벌하는 규정을 두고 있다.[2] 후자의 예로 「농수산물품질관리에관한법률」, 「부정경쟁방지및영업비밀에관한법률」, 「방문판매등에관한법률」 등을 들 수 있다. 위 유형은 각 법령에서 규정하는 허위, 과장 광고가 인정되면 소비자가 착오를 일으켜 구매하여 손해가 발생하였는지 여부와 상관없이 처벌이 가능한 경우가 많다.

둘째 유형은 「형법」상 사기죄를 통한 규제이다. 과장, 허위 광고행위가 사기죄의 구성요건에 해당하는 경우 사기죄로 의율하여 처벌하는 규제방식이다. 사안에 따라 하나의 과장, 허위 광고행위가 두 유형 모두에 해당할 수 있다. 이 경우 「형법」 제40조가 규정하는 상상적 경합범으로 취급될 것이다. 사기죄로 의율하는 경우 아래에서 살피는 것과 같이 사기죄의 구성요건 특히 '기망행위'의 성립 여부가 쟁점이 된다. 광고규제 관련 법률에서의 과장, 허위 광고의 개념과 사기죄의 '기망행위'가 동일한 것인지 여부, 차이가 있다면 그 내용이 무엇인지 등이 쉽게 풀기 어려운 과제이다.

나. 허위·과장광고와 사기죄 성립요건

사기죄의 기본 구성요건이 "사람을 기망하여 재물의 교부를 받거나 재산상의 이익을 취득"하는 것이므로(「형법」 제347조 제1항), 과장, 허위 광고가 사기에 해당하려면 '광고자의 기망행위 → 피기망자(통상 구매자)의 착오와 그에 따른 처분행위 → 피해자의 재산상 손해 발생'이 필요하다. 기망행위 여부 판단에는 위에서 살핀 바와 같이 광고의 내용이 거래에 있어 중요한 사실인지 여부 및 거래상의 신의성실의 의무에 비추어 비난할 정도의 방법으로 허위로 고지하였는지 여부가 쟁점이 된다. 나아가 구매자가 이와 같은 기망행위

1) 우리나라 광고규제 법률의 체계와 그에 대한 비판으로, 이석배, "허위·과장 광고와 사기죄", 『고려법학』, 제51권(2008), 262 내지 265면 참조. 각 법률의 제재절차, 구제절차, 벌칙 등이 상호관련성이 없이 병존하는 문제점을 지적한다.

2) 표시광고법 제17조 제1항.

로 인하여 착오로 인하여 구매행위를 하여야 한다. 사기죄의 성립요건으로 '현실적인 재산상 손해 발생'이 필요한지 여부도 쟁점이다. 사기죄가 재산권을 보호법익으로 하는 점에 비추어 사기죄의 성립에 재산상 손해발생이 필요하다는 주장도 유력하나, 대상판결을 포함하여 대법원은 일관하여 사기죄는 타인을 기망하여 그로 인한 하자있는 의사에 기하여 재물의 교부를 받거나 재산상의 이익을 취득함으로써 성립되고 사기죄의 구성요건으로 피해자의 재산상의 실해발생을 요하지 않는 다는 입장을 유지한다(대법원 1983. 2. 22. 선고 82도3139 판결; 대법원 1985. 11. 26. 선고 85도490 판결; 대법원 1988. 6. 28. 선고 88도740 판결 등).

판례가 제시한 사기죄 기망행위의 기준이 다소 추상적이므로 개별 사안에서 여러 사정을 종합하여 판단될 수밖에 없다. 판례는 "어떤 행위가 다른 사람을 착오에 빠지게 한 기망행위에 해당하는가의 여부는 거래의 상황, 상대방의 지식, 경험, 직업 등 행위 당시의 구체적 사정을 고려하여 일반적, 객관적으로 결정"하여야 한다고 판시하는 것도 같은 취지라 하겠다(대법원 1992. 3. 10. 선고 91도2746 판결 등).

2. 관련 판례

앞서 살핀 바와 같이 판례가 사기죄의 성립요건으로 현실적인 재산상 손해가 발생할 것을 요구하지 않으므로 과장, 허위 광고에 있어 사기죄의 성립 여부는 주로 '기망행위'가 인정 여부에 의하여 결정된다고 할 수 있다.

가. 사기죄의 기망행위를 인정한 주요 사례

대상판결 이전의 대표적인 판결로 이른바 '대형백화점 변칙세일' 사례가 있다(대법원 1992. 9. 14. 선고 91도2994 판결). 대형백화점이 '종전에 출하한 일이 없던 신상품에 대하여 첫 출하시부터 종전가격 및 할인가격을 비교표시하여 막바로 세일에 들어가는 이른바 변칙세일' 사안에서 대법원은 "현대산업화 사회에 있어 소비자가 갖는 상품의 품질, 가격에 대한 정보는 대부분 생산자 및 유통업자의 광고에 의존할 수밖에 없고 백화점과 같은 대형유통업체에 대한 소비자들의 신뢰(정당한 품질, 정당한 가격)는 백화점 스스로의 대대적인 광고에 의하여 창출된 것으로서 이에 대한 소비자들의 신뢰와 기대는 보호되어야 한다"고 전제한 다음 "진실규명이 가능한 구체적 사실인 가격조건에 관하여 기망이 이루어진 경우로서 그 사술의 정도가 사회적으로 용인될 수 있는 상술의 정도를 넘은 것이어서 사기죄의 기망행위를 구성한다"고 판시하였다.

판례는 상품의 품질에 관한 사항을 기망행위 인정의 중요한 인자로 본다. '백화점의 식품매장에서 당일 판매되지 못하고 남은 생식품들에 대하여 그 다음날 아침 포장지를 교체하면서 가공일자가 재포장일자로 기재된 바코드라벨을 부착하여 재판매'한 사안에서 이러한 행위 내지 판매기법은 "제품의 신선도에 대한 소비자들의 신뢰를 배신하고 그들의 생식품 구매 동기에 있어서 중요한 요소인 가공일자에 관한 착오를 이용하여 재고상품을 종전 가격에 판매하고자 하는 것으로서 그 사술의 정도가 사회적으로 용인될 수 있는 상술의 정도를 넘은 기망행위"라고 판시하였다(대법원 1995. 7. 28. 선고 95도1157 판결). 또한 '식육식당을 경영하는 자가 음식점에서 한우만을 취급한다는 취지의 상호를 사용하면서 광고 선전판, 식단표 등에도 한우만을 사용한다고 기재한 사안'에서 역시 그 사술의 정도가 사회적으로 용인될 수 있는 상술의 정도를 넘는다는 이유로 기망행위와 편취 범의를 인정하였다(대법원 1997. 9. 9. 선고 97도1561 판결). "오리, 하명, 누에, 동충하초, 녹용 등 여러가지 재료를 혼합하여 제조·가공한 '녹동달오리골드'라는 제품이 당뇨병, 관절염, 신경통 등의 성인병 치료에 특별한 효능이 있는 좋은 약이라는 허위의 강의식 선전·광고행위"를 하여 이에 속은 노인들로 하여금 위 제품을 고가에 구입하도록 한 사안에서 기망행위를 인정하였다(대법원 2004. 1. 15. 선고 2001도1429 판결). "부동산 관련 업체가 지방자치단체의 특정 용역보고서만을 근거로 확정되지도 않은 개발계획이 마치 확정된 것처럼 허위 또는 과장된 정보를 제공하여 매수인들과 토지매매계약을 체결"한 기획부동산 사기 사건에서 이는 "거래에 있어서 중요한 사항에 관하여 구체적 사실을 거래상의 신의성실의 의무에 비추어 비난받을 정도의 방법으로 허위로 고지한 경우"로 보아 기망행위를 인정하였다(대법원 2008. 10. 23. 선고 2008도6549 판결).

나. 사기죄의 기망행위를 부정한 사례

아파트를 분양함에 있어 아파트 평형의 수치를 다소 과장하여 광고를 한 사안에서 "분양가 결정방법, 분양계약 체결의 경위 및 최종대금의 절충과정 등 제반 사정에 비추어 볼 때 위 광고는 그 거래당사자 사이에서 매매대금을 산정하기 위한 기준이 되었다고 할 수 없고, 단지 분양대상 아파트를 특정하고 나아가 위 아파트의 분양이 쉽게 이루어지도록 하려는 의도"에 불과하다는 이유로 기망행위를 부인하였고(대법원 1991. 6. 11. 선고 91도788 판결), "백화점 부대 특수시설에 대한 지분을 분양한 사안에서 분양회사의 지분보유율이나 이익배당률에 관하여 다소 과장된 설명을 한 경우"도 기망행위가 되지 않는다고 보았다(대법원 2001. 9. 25. 선고 95다7031 판결).

이른바 '기획부동산사기' 사안에서 기망행위를 부인한 사례도 있다. 피고인들이 도시

계획시설 사업으로 수용되는 철거주택의 입주권을 받게 해 줄 의사나 능력이 없는데도 '구청 공무원들에게 이미 작업을 해놓아 입주권이 나올 것이 확실하다'는 취지로 피해자들을 기망하여 다가구주택 입주권 매매대금을 편취하였다는 내용으로 기소된 사안에서 "도시계획시설 결정에 관한 권한을 가진 ○○구청장 등에게 금전을 제공하는 대가로 그들의 도움을 받은 바 있었고 위 다가구주택 역시 매수 단계에서부터 같은 방식으로 그들의 도움을 받았으므로 피고인들이 위에 언급한 내용은 객관적 사실에 부합하거나 비록 다소의 과장이나 허위가 수반되었다고 하더라도 일반 상거래의 관행과 신의칙에 비추어 시인될 수 있는 정도"라는 이유로 기망행위로 보기 어렵다고 판단하였다(대법원 2010. 9. 9. 선고 2010도7298 판결). 또한 피고인들이 토지를 매수한 후 해당 지역이 신도시 개발예정지로서 지가가 급상승할 것처럼 불특정 다수인들을 상대로 전화로 유인하고 위와 같은 내용이 매일경제 TV '부동산 전망대'를 통하여 방송되게 하여 매수인에게 위 토지를 분할 전매한 사안에서 토지의 매수를 권유하면서 언급한 내용이 객관적 사실에 부합하거나 비록 확정된 것은 아닐지라도 충청남도의 연구용역 보고서와 신문스크랩 등에 기초한 것으로서 매수권유 행위 등이 사기죄에 있어서의 기망행위에 해당한다고 보기는 어렵다"고 판시하였다(대법원 2007. 1. 25. 선고 2004도45 판결).

3. 검 토

대법원은 과장, 허위 광고로 인한 사기죄에 대한 판례들에서 아직 과장 광고나 허위 광고의 개념을 명시적으로 정의하고 있지 않다. 또한 사기죄의 기망행위 개념과 광고 규제에 관한 여러 법령들에서 규정하고 있는 과장, 허위 광고로 인한 기망의 개념을 실질적으로 구별하고 있는지 여부도 명확하지 않다. 사기죄의 법정형이 대체로 더 중하고 사기죄의 구성요건이 충족되기 위하여 범죄자의 기망행위뿐만 존재하여야 할 뿐만 아니라 그로 인하여 피기망자가 착오를 일으켜 처분행위에 이를 필요성이 있다는 점 등을 고려하여 사기죄의 기망행위 개념을 더 엄격하게 해석할 필요가 있을 것이다.

과장, 허위 광고를 사기죄의 기망행위로 인정하는 기준으로 판례는 "거래에 있어 중요한 사항에 관하여 구체적 사실을 거래상의 신의성실 의무에 비추어 비난할 정도의 방법으로 허위로 고지한 경우"로 "그 정도가 사회적으로 용인될 수 있는 상술의 정도를 넘은" 것이어야 한다는 서술식 기준을 확립하고 있다. 위 기준은 구체적인 사안들을 통하여 구체화될 수밖에 없다. 대상판결은 물품의 품질에 관한 사실이 구매 결정에 있어 가장 중요한 요소라는 점과 홈쇼핑 판매와 같은 통신매체를 통하여 광고와 판매가 이루어지는 경우에서 소비자의 신뢰가 보호될 필요성이 있다는 점을 강조하고 있다. 대상판결로부터 '통신판매 등 소비자에게 영향력이 강한 형태의 판매방식', '광고에 대한 소비자의 신뢰 가능성이 높은 경우' 등은 기망행위를 인정할 수 있는 주요 고려 요소가 된다는 점을 알 수 있다. 소비자의 신체적, 정신적 취약성도 고려 요소가 될 것이다.

판례는 기망행위를 인정함에 있어 다양한 인자들을 종합적으로 고려하여 일반적, 객관적으로 결정하여야 한다는 입장을 취하고 있으나 고려가 필요한 요소들에 관한 구체적인 기준이나 상대적인 가중치에 대하여는 구체적인 언급을 하고 있지 않다. 앞서 살핀 바와 같이 방송 등 통신매체를 통하여 광고가 이루어진 경우라 하더라도 광고의 내용이 '허위'에 이르지 않는 것으로 판단되는 경우에는 기망행위를 부정한 판례도 있다.

향후 상거래상 과장, 허위광고로 인한 사기죄의 유형을 세분하여 더 객관적 기준이 마련될 필요가 있다. 이를테면 노점판매, 일반 상점판매, 백화점 판매, 통신판매, 다단계 판매, 온라인 판매 등으로 판매방식을 세분하고, 일반 소비자, 취약한 소비자, 다중 소비자 등으로 소비자 유형도 구분하며 광고의 내용이 과장인지 허위인지 등으로 나누어 기망의 정도를 구분하여 각 유형에 맞는 기준을 도출할 필요가 있다. 과장 광고는 기망행위에 해당하지 않고 허위 광고는 기망행위에 해당한다는 식의 기준은 타당성을 얻기 힘들다. 다만 과장 광고의 경우 그 정도가 중할 때에 한하여 기망행위가 인정될 여지가 있다.[3)]

Ⅲ. 판례의 의의

대상판결은 상거래에서 과장, 허위 광고와 사기죄의 성립 여부와 관련하여 상품의 선전, 광고에 있어 다소의 과장, 허위가 수반되는 것은 그것이 일반 상거래의 관행과 신의칙에 비추어 시인될 수 있는 한 기망성이 결여되지만 거래에 있어서 중요한 사항에 관하여 구체적 사실을 거래상의 신의성실의 의무에 비추어 비난받을 정도의 방법으로 허위로 고지한 경우에는 과장, 허위광고의 한계를 넘어 사기죄의 기망행위에 해당한다는 일관된 판결의 흐름을 재확인하면서도 홈쇼핑 TV를 통한 광고와 같이 광고방식의 특성상 소비자의 강한 신뢰를 보호할 필요가 있는 경우 기망행위가 넓게 인정될 수 있다는 점을 제시하고 있다.[4)] 첨단기술을 이용한 다양한 통신 및 전자매체를 통한 상품 광고가 급증하는 현실에서 주요한 판단기준을 제시한 판례라고 평가할 수 있다.

3) 같은 취지, 이승준, "과장·허위 광고와 사기죄의 기망", 『형사법연구』, 제21권 제1호(2009), 339면.
4) 기망행위와 착오(처분행위)간의 인관관계와 객관적 귀속을 인정할 수 있는 대표적 판례라는 취지, 이석배, 앞의 논문, 278면.

다만 판례들은 아직 과장, 허위 광고로 인한 사기죄의 기망행위의 인정 여부에 관한 명확하고 세부적인 기준을 제시하지 못하고 있다. 광고내용의 '불확실성, 비객관성 및 오인가능성'이라는 3가지 요소를 기망행위 판단기준으로 사용하자는 의견도 제기되나,[5] 위 요소들도 추상적 개념이라는 한계가 있다. 향후 판례의 축적과 발전을 통하여 과장, 허위 광고의 유형이 분류되고 각 유형에 따라 기망행위 판단에 필요한 요소들을 정리하는 방식으로 구체적 기준이 정립될 필요가 있다.

5) 이승준, 앞의 논문, 341~343면.

93 의약품의 허위·과장광고와 기망행위

-대법원 2004. 1. 15. 선고 2001도1429 판결

주 강 원*

Ⅰ. 판례의 개요

1. 사안의 개요

사안에서 피고인들은 전라북도 남원시에서 식품제조업체를 운영하며 근무하던 자들이었다. 피고인들은 공모하여 전국의 관광여행사에 의뢰하여 고령의 관광객들을 위 식품제조업체로 유치해 오도록 하였다. 피고인들 중 피고인 2, 3은 그 곳에 설치된 강의실에서 의약에 관한 전문지식이 없음에도 그 분야의 전문가나 의사인 양 행세하면서, 위 식품업체가 오리, 하명, 누에, 동충하초, 녹용 등 여러 가지 재료를 혼합하여 제조·가공한 이 사건 제품이 당뇨병, 관절염, 신경통 등의 성인병 치료에 특별한 효능이 있는 것처럼 강의를 하였고, 피고인 4는 원료의 조달과 제품의 제조 등 관리업무를 담당하였으며, 피고인 1은 이를 총괄하면서 피해자들이 이 사건 제품을 구입하도록 권유하였다. 이에 피고인들의 강의 내용을 믿은 노령의 피해자들은 이 사건 제품을 고가로 구입하였다. 당시 이 사건 식품업체는 의약품제조업 허가를 받지 않은 상태였다. 이에 피고인들은 특정경제범죄가중처벌등에관한법률위반(사기) 및 보건범죄단속에관한특별조치법위반(부정의약품제조) 등의 범죄로 기소되었다.

2. 소송경과

가. 제1심 판결[1)]

사안에서 광주지방법원은 검사의 공소사실을 모두 인정하여 피고인들의 범죄사실을

* 홍익대학교 법과대학 교수.

1) 광주지방법원 2000. 12. 18. 선고 2000고합350,383 판결.

모두 유죄로 인정하고 피고인들에게 각 징역형 및 벌금형을 선고하였다.

나. 항소심 판결[2)]

이에 피고인들은 피고인들이 제조, 판매한 제품의 원료인 오리, 하명, 누에 동충하초, 녹용, 달팽이, 감초, 계피 등은 「약사법」 제2조 제4항 제1호 소정의 대한약전에 수재된 것이 아니므로 위 원료를 혼합하여 제조한 제품은 「약사법」 제26조 제1항 소정의 의약품이 아님에도, 원심은 법리를 오해하여 이를 의약품으로 인정하고 피고인들을 「보건범죄단속에관한특별조치법」상 부정의약품제조죄로 의율한 잘못이 있다고 주장하며 항소하였다.

피고인들의 주장에 대하여 항소심인 광주고등법원은 "「약사법」의 목적과 취지 그리고 의약품을 정의한 「약사법」 제2조 제4항이 규정하는 바의 내용과 그 취지에 비추어 보면, 「약사법」에서 말하는 의약품은 「약사법」 제2조 제4항 제1호의 대한약전에 수재된 것 외에, 사람 또는 동물의 질병의 진단, 치료, 경감, 처치 또는 예방에 사용됨을 목적으로 하는 것이거나, 혹은 사람 또는 동물의 신체의 구조 또는 기능에 약리적 기능을 미치게 하는 것이 목적으로 되어 있는 것을 모두 포함하는 개념이라 할 것이고, 반드시 약리작용상 어떠한 효능이 있고 없고는 관계없으며, 그 물의 성분, 형상(용기, 포장, 의장 등), 명칭 거기에 표시된 사용목적, 효능, 효과, 용법, 용량, 판매할 때의 선전 또는 설명 등을 종합적으로 판단하여 사회일반인이 볼 때 한눈에 식품으로 인식되는 것을 제외하고는 그것이 위 목적에 사용되는 것으로 인식되고 혹은 약효가 있다고 표방된 경우에는 이를 모두 의약품으로 보아 「약사법」의 규제대상이 된다(대법원 1993. 7. 27. 선고 93도1352 판결; 1990. 10. 16. 선고 90도1236 판결 등 참조)"고 전제한 후, 이 사건 제품의 성분과 제조방법 및 제조목적, 판매 및 선전방법 등에 비추어 볼 때 이는 「약사법」 소정의 의약품에 해당한다"고 판시하여 보건범죄단속에관한특별조치법위반(부정의약품제조)죄에 관한 피고인들의 주장을 배척하였다.

다. 대법원 판결[3)]

제2심 판결에 대하여 피고인 1은 첫째, 위 제품에 대한 강의식 선전, 광고행위는 사기죄의 기망행위에 해당하지 아니하고, 둘째, 위 제품은 의약품에 해당하지 아니하므로 부정의약품제조죄로 의율하는 것은 부당하며, 셋째, 위 식품제조업체는 남원시로부터 「식품위생법」에 따른 즉석판매제조가공 영업을 허가받고 위 식품을 제조하였으므로 무면허 의약품 제조행위로 인한 보건범죄단속에관한특별조치법위반죄의 범행은 「형법」 제16조

2) 광주고등법원 2001. 3. 6. 선고 2000노792 판결.
3) 대법원 2004. 1. 15. 선고 2001도1429 판결.

상 '자기의 행위가 법령에 의하여 죄가 되지 아니하는 것으로 오인한 행위'로서 그 오인에 정당한 이유가 있다는 취지로 상고하였다.

이에 대하여 대법원은 "피고인들이 관광여행사로 하여금 고령의 노인들을 무료로 온천관광을 시켜주겠다고 모집하여 피고인 경영의 식품제조업체로 유치해 오도록 하고, 위 피고인 2, 3이 이른바 강의실에서 의약에 관한 전문지식이 없음에도 그 분야의 전문가나 의사인 양 행세하면서 위 식품제조업체가 오리, 하명, 누에, 동충하초, 녹용 등 여러 가지 재료를 혼합하여 제조·가공한 위 제품이 당뇨병, 관절염, 신경통 등의 성인병 치료에 특별한 효능이 있는 좋은 약이라는 허위의 강의식 선전·광고행위를 하여 이에 속은 위 노인들로 하여금 위 제품을 고가에 구입하도록 한 것은 그 사술의 정도가 사회적으로 용인될 수 있는 상술의 정도를 넘은 것이어서 사기죄의 기망행위를 구성한다고 하지 않을 수 없다"라고 판시하여 이 부분 피고인들의 주장을 배척하였다.

또한 「약사법」상 의약품 제조허가를 받지 않고 이 사건 제품을 제조한 행위에 대하여, 위 식품제조업체가 「식품위생법」상 즉석판매제조가공 영업 허가를 받았다는 사유만으로 무면허 의약품 제조행위의 범행이 「형법」 제16조에서 말하는 '자기가 행한 행위가 법령에 의하여 죄가 되지 아니한 것으로 오인하였고, 그 오인에 정당한 이유가 있는 때'에 해당한다고 할 수 없다고 판단하여 이 부분 역시 피고인의 주장을 배척하여 상고를 기각하였다.

3. 판례의 요지

가. 의약품 선전·광고와 기망행위

일반적으로 상품의 선전·광고에 있어 다소의 과장, 허위가 수반되는 것은 그것이 일반 상거래의 관행과 신의칙에 비추어 시인될 수 있는 한 기망성이 결여된다고 하겠으나 거래에 있어서 중요한 사항에 관하여 구체적 사실을 거래상의 신의성실의 의무에 비추어 비난받을 정도의 방법으로 허위로 고지한 경우에는 과장, 허위광고의 한계를 넘어 사기죄의 기망행위에 해당한다. 오리, 하명, 누에, 동충하초, 녹용 등 여러 가지 재료를 혼합하여 제조·가공한 이 사건 제품이 당뇨병, 관절염, 신경통 등의 성인병 치료에 특별한 효능이 있는 좋은 약이라는 허위의 강의식 선전·광고행위를 하여 이에 속은 위 노인들로 하여금 위 제품을 고가에 구입하도록 한 것은 그 사술의 정도가 사회적으로 용인될 수 있는 상술의 정도를 넘은 것이어서 사기죄의 기망행위를 구성한다.

나. 제조·판매를 위해 의약품제조허가를 요하는 의약품의 개념 및 판단 기준

「약사법」의 입법목적과 취지 그리고 의약품을 정의한 「약사법」 제2조 제4항의 규정

내용과 그 취지에 비추어 보면, 「약사법」에서 말하는 의약품은 제2조 제4항 제1호의 대한약전에 수재된 것 외에 사람 또는 동물의 질병의 진단, 치료, 경감, 처치 또는 예방에 사용됨을 목적으로 하는 것이거나 혹은 사람 또는 동물의 신체의 구조 또는 기능에 약리적 기능을 미치게 하는 것이 목적으로 되어 있는 것을 모두 포함하는 개념(단 기계기구, 화장품 제외)이라고 할 것이고 반드시 약리작용상 어떠한 효능의 유무와 관계없이 그 성분, 형상(용기, 포장, 의장 등), 명칭, 거기에 표시된 사용목적, 효능, 효과, 용법, 용량, 판매할 때의 선전 또는 설명 등을 종합적으로 판단하여 사회일반인이 볼 때 한 눈으로 의약품 아닌 식품에 불과한 것으로 인식되는 것을 제외하고는, 그것이 위 목적에 사용되는 것으로 인식되거나 약효가 있다고 표방된 경우에는 이를 모두 의약품으로 보아 「약사법」의 규제대상이 된다.

다. 법률의 착오에 관한 형법 제16조의 규정 취지

「형법」 제16조에서 '자기가 행한 행위가 법령에 의하여 죄가 되지 아니한 것으로 오인한 행위는 그 오인에 정당한 이유가 있는 때에 한하여 벌하지 아니한다'라고 규정하고 있는 것은 단순한 법률의 부지를 말하는 것이 아니라, 일반적으로 범죄가 되는 경우이지만 자기의 특수한 경우에는 법령에 의하여 허용된 행위로서 죄가 되지 아니한다고 잘못 인식하고 그와 같이 잘못 인식함에 정당한 이유가 있는 경우에는 벌하지 않는다는 취지이다.

II. 해 설

1. 쟁점의 정리

가. 의약품의 광고와 기망행위

이 사안에서는 첫째, 약품 전문가나 의사가 아닌 피고인 2, 3이 이 사건 제품이 당뇨병, 관절염, 신경통 등의 성인병 치료에 특별한 효능이 있는 좋은 약이라는 선전·광고행위를 통해 노인들에게 고가로 이 사건 제품을 판매한 행위가 사기죄의 기망행위에 해당하는지가 문제되었다.

의약품은 사람의 질병을 치료, 경감, 예방하기 위해 사용되는 물품으로 특정 질병에 대한 기대효과 외에 기대하지 않은 부작용이 수반될 수 있으므로 제조와 판매 및 광고에 있어 엄격한 규제가 이루어지고 있다.[4] 약사법은 의약품을 일반의약품과 전문의약품[5])으로 나누고 있는데, 이 중 전문의약품에 대해서는 원칙적으로 광고가 금지된다(「약사법」 제68조 제6항).[6]) 광고가 허용되는 일반의약품의 광고의 경우에도 의약품 등의 명칭·제조방법·효능이나 성능에 관하여 거짓광고 또는 과장광고는 금지되고(같은 법 제68조 제1항), 그 효능이나 성능에 관하여 치과의사·한의사·수의사 또는 그 밖의 자가 보증한 것으로 오해할 염려가 있는 기사를 사용할 수 없으며(같은 조 제2항), 그 효능이나 성능을 암시하는 기사·사진·도안, 그 밖의 암시적 방법을 사용한 광고는 금지된다(같은 조 제3항).

이처럼 의약품은 인체에 중대한 영향을 미칠 수 있으므로 그 광고도 엄격하게 규제되고 있는 점을 고려할 때, 의약품의 선전에 있어 허용되는 과장과 허위의 수위도 다른 물품에 비추어 엄격하게 판단하여야 할 것이다. 사안은 의약학적 전문지식이 결여된 자가 의사 등의 전문가인 척 행세하여 판단능력이 미약한 고령의 노인들에게 이 사건 제품이 성인병 치료에 특별한 효능이 있다는 허위의 정보를 제공하고 이에 속은 노인들에게 고가로 제품을 판매한 경우로서, 이는 약사법에서 금지하고 있는 의약품의 제조방법·효능이나 성능에 관한 거짓 또는 허위의 광고에 의한 판매행위에 해당한다. 따라서 이 사건 제품의 광고 및 판매행위가 사회적으로 용인될 수 있는 과장이나 허위광고의 한계를 넘은 기망행위에 해당한다고 본 판례의 태도는 타당하다.

나. 의약품의 판단 기준

사안에서는 오리, 하명, 누에, 동충하초, 녹용 등 여러 가지 재료를 혼합하여 제조·가공한 이 사건 제품이 의약품에 해당하는지 및 의약품제조허가가 아닌 「식품위생법」상 즉석판매제조가공 허가를 받고 의약품에 해당하는 이 사건 제품을 만든 행위가 법률의 착오에 있어 주된 판단의 대상이 되었다.

「약사법」은 의약품을 다음 중의 하나에 해당하는 물품으로 정의하고 있다(제2조 제4호). 가) 대한민국약전에 실린 물품 중 의약외품[7])이 아닌 것, 나) 사람이나 동물의 질병을

---

4) 조영기·김상태, "의약품 광고규제에 대한 법적 고찰–약사법을 중심으로", 『법과 정책연구』, 제11집 제3호(한국법정책학회, 2011), 10면.

5) 일반의약품이란 오용·남용될 우려가 적고, 의사나 치과의사의 처방없이 사용하더라도 안전성 및 유효성을 기대할 수 있는 의약품이나 질병 치료를 위하여 의사나 치과의사의 전문지식이 없어도 사용할 수 있는 의약품, 또는 의약품의 제형과 약리작용상 인체에 부작용이 비교적 적은 의약품을 의미하며(「약사법」 제2조 9호), 전문의약품은 일반의약품이 아닌 의약품을 의미한다(같은 조 10호).

6) 전문의약품은 감염병의 예방용 의약품을 광고하는 경우와 의학·약학에 관한 전문가 등을 대상으로 하는 의약전문매체에 광고하는 경우를 제외하고는 광고가 금지된다.

7) 의약외품이란 다음 각 목의 어느 하나에 해당하는 물품으로서 식품의약품안전처장이 지정하는 것을 말한다(「약사법」 제2조 7호).

가. 사람이나 동물의 질병을 치료·경감(輕減)·처치 또는 예방할 목적으로 사용되는 섬유·고무제품 또는 이와 유사한 것

진단·치료·경감·처치 또는 예방할 목적으로 사용하는 물품 중 기구·기계 또는 장치가 아닌 것, 다) 사람이나 동물의 구조와 기능에 약리학적 영향을 줄 목적으로 사용하는 물품 중 기구·기계 또는 장치가 아닌 것. 사안에서 피고들은 이 사건 제품의 원료들이 대한민국약전에 실리지 않은 원료를 혼합하여 제조한 것이므로 「약사법」 제2조 제4호 가목에서 규정하고 있는 의약품이 아니라고 다투었다. 그러나 대법원은 이 사건 제품은 사람 또는 동물의 질병의 진단, 치료, 경감, 처치 또는 예방에 사용됨을 목적으로 하는 것이거나 혹은 사람 또는 동물의 신체의 구조 또는 기능에 약리적 영향을 줄 목적으로 사용하는 물품으로서 「약사법」 제2조 제4호 나목 또는 다목에서 규정하고 있는 의약품에 해당한다고 보았다. 이 때 특정 제품이 「약사법」 제2조 제4호 나목 또는 다목에 해당하는 의약품인지를 판단함에 있어 대법원은 "반드시 약리작용상의 효능의 유무와 관계없이 그 성분, 형상(용기, 포장, 의장 등), 명칭, 거기에 표시된 사용목적, 효능, 효과, 용법, 용량, 판매할 때의 선전 또는 설명 등을 종합적으로 판단하여 사회일반인이 볼 때 한 눈으로 의약품 아닌 식품에 불과한 것으로 인식되는 것을 제외하고는, 그것이 위 목적에 사용되는 것으로 인식되거나 약효가 있다고 표방된 경우에는 이를 모두 의약품으로 보아 약사법의 규제대상이 된다고 해석함이 상당하다"(대법원 1995. 8. 25. 선고 95도717판결 등 참조)고 판시하였으며 이러한 판례의 입장은 지금까지 유지되고 있다.

다. 금지의 착오

사안에서 피고인들은 이 사건 제품이 의약품이라 하더라도 이 사건 식품제조업체가 「식품위생법」상 즉석판매제조가공 영업허가를 받았으므로 의약품에 해당하는 이 사건 제품을 제조한 데에 있어 착오에 정당한 이유가 있다고 주장하였다.

위법성의 착오 또는 금지의 착오란 행위자에게 위법성의 인식이 결여된 경우를 의미하며, 우리 「형법」 제16조에 따라 금지의 착오에 '정당한 이유'가 있으면 범죄가 성립하지 않는다. '정당한 이유'가 인정되려면 ⅰ) 행위자에게 자기 행위의 위법가능성에 대해 심사숙고하거나 조회할 수 있는 계기가 있고, ⅱ) 자신의 지적능력을 다하여 이를 회피하기 위한 진지한 노력을 다하였더라면 스스로의 행위에 대하여 위법성을 인식할 수 있는 가능성이 있었으며, ⅲ) 그럼에도 회피를 위한 진지한 노력을 다하지 못한 결과 자기 행위의 위법성을 인식하지 못한 것인가에 따라 판단하여야 한다.[8] 우리 판례의 입장을 종합하면

나. 인체에 대한 작용이 약하거나 인체에 직접 작용하지 아니하며, 기구 또는 기계가 아닌 것과 이와 유사한 것

다. 감염병 예방을 위하여 살균·살충 및 이와 유사한 용도로 사용되는 제제

8) 신동운, 『형법총론』, 제9판(법문사, 2015), 423면.

행위자가 법원의 판결을 신뢰하거나, 법률전문가에게 상담·조회하였거나, 관할관청 또는 담당공무원에게 의견을 수령한 경우 등에는 정당한 이유가 인정될 수 있을 것이다.[9)]

사안에서 대법원은 피고인들이 즉석판매제조가공 영업허가를 받고 의약품을 제조한 데에 정당한 이유가 없다고 판단하였다. 판례는 행정기관으로부터 일정한 부분에 대해 허가를 받았다 하더라도 그 허가범위를 넘어선 행위에 대해서는 정당한 이유가 없다는 입장을 취하고 있다.[10)] 사안에서 피고인들은 의약품으로 보여질 수 있는 제품을 제조하였고, 이를 허가권자의 허가 없이 만들어 판매할 수 있었다고 신뢰하였다고 보기는 어려우므로 위법성에 대한 인식이 존재하였다고 볼 수 있다.[11)] 따라서 피고인들은 금지의 착오에 관하여 회피가능성이 있었다고 볼 것이고, 따라서 즉석판매제조가공 영업허가만을 득한 채 이 사건 제품을 제조한 피고인들의 행위는 형법 제16조에 따른 '오인에 정당한 이유가 있는 때'에 해당하지 않는다고 보아야 할 것이다.

2. 관련 판례

가. 의약품의 판단 기준

의약품 판단 기준과 관련하여 대법원은 뱀가루(대법원 2001. 7. 13. 선고 99도2328 판결), 지방질 분해와 피부의 노폐물 배출을 촉진하여 살을 빼는 작용이 있는 해조감비비누(대법원 1997. 10. 10. 선고 97도1690 판결), 살균제 또는 무좀치료약으로 선전·판매한 쏘페놀 비(대법원 1990. 10. 16. 선고 90도1236 판결), 한약재를 섞어 만든 다이어트한약(대법원 2012. 3. 29. 선고 2012도435 판결), 지네, 닭, 오리 등을 달여 만든 일명 '오공탕'(대법원 1993. 7. 27. 선고 93도1352 판결) 등을 의약품으로 인정한 바 있다. 그러나 이른바 개소주에 인삼, 당귀 등 생약제를 소량 혼합하여 제조한 환의 경우 의약품성을 부정한 바 있다(대법원 1987. 2. 24. 선고 85도1443 판결).

나. 의약품의 허위·과대광고의 판단 기준

판례는 「약사법」에서 규제하고 있는 의약품의 '광고'는 널리 불특정 다수의 일반인에게 알릴 목적으로 이루어지는 일체의 수단을 말하는 것으로 기사 형식에 의한 광고도 포함되며, 이러한 기사 형식의 광고에서 문제의 의료용구가 근육강직, 두통, 관절통, 소화불

---

9) 이재상·장영민·강동범, 『형법총론』, 제8판(박영사, 2015), 340~342면.

10) 대법원 1998. 6. 23. 선고97도1189 판결; 대법원 1994. 8. 26. 선고 94도780 판결; 대법원 2002. 5. 10. 선고 2000도2807 판결 등 참고.

11) 이진필, "의약품 관련 금지착오 판례 평석", 『의료법학』, 제5권 제2호(대한의료법학회, 2004), 339면.

량 등 마치 모든 질병에 효과가 있는 것처럼 광고한 것은 과대 광고에 해당한다고 판시한 바 있다(대법원 2002. 1. 22. 선고 2001도5530 판결). 비록 의약품은 아니지만 건강식품의 경우에도 제품이 만성비염, 축농증, 대장염, 결막염, 암질환 등에 효능이 있다고 광고한 경우 위와 같은 표현은 식품의 품질에 관한 허위표시나 과대광고에 해당한다고 판시하였다(대법원 1998. 2. 13. 선고 97도2925 판결). 다만 인터넷 홈페이지에 피고인의 회사가 제조하는 마늘의 효능에 대하여 "위염·위궤양을 치료한다거나 소화불량과 하루에 5~6회 이상 설사를 하는 급성이질에도 마늘건강요법이 효과가 있다"는 등의 표현을 게시한 사안에서 이는 일반인에게 널리 알려져 있는 마늘의 일반적인 약리적 효능에 대한 것에 불과하여 허위·과대광고에 해당하지 않는다고 하였다(대법원 2006. 11. 24. 선고 2005도844 판결).

다. 무면허의약품의 제조와 금지 착오

판례는 여러 한약재를 개별적으로 분리, 구분하여 일정량을 소포장한 후 이를 별도의 상표가 붙은 상자에 담고 상세한 복용 방법이 기재된 설명서를 첨부하여 한방제제로 선전, 판매한 사안에서, 이는 의약품으로서 「약사법」의 규제 대상이나 이전에 유사한 제품을 제조하고 그 효능에 관하여 광고를 하였으나 이에 대하여 검찰의 혐의없음 결정을 받은 적이 있다면 이는 자기의 행위가 법령에 의하여 죄가 되지 않는 것으로 믿을 수밖에 없었고, 또 그렇게 오인함에 있어서 정당한 이유가 있다고 판시한 바 있다(대법원 1995. 8. 25. 선고 95도717 판결).

3. 검 토

사안에서 대법원은 의약품의 개념을 「약사법」상의 정의규정보다 넓게 인정하고 있다. 판례의 태도를 종합하면 의약품성을 판단함에 있어 물품의 실제 약리적 효능 여부보다는 그 포장이 의약품으로 용인될 정도인가, 설명서 등에서 치료효과나 복용방법 등을 상세히 서술하고 있는가, 동의보감과 같은 한의서 등을 적시하고 있는가, 판매의 방법에 있어서 의약품의 판매로 오인할 만한 방법을 사용하였는가 등이 중요한 고려요소가 된다.[12] 이러한 판례의 태도는 의약품에 대한 사전적 정의는 물론 「약사법」상 의약품의 정의 규정을 넘어서서 의약품의 개념을 넓히고 있으며, 법규정에 없는 사회일반의 통념 등을 주요한 판단 기준으로 삼아 처벌의 범위를 확장하고 있다는 비판이 존재한다.[13] 그러나 의약품은 공중의 보건과 건강에 미치는 영향이 지대하며, 실제 제품의 약리적 효능은

12) 정규원, "약사법 위반에 대한 법률의 착오", 『의료법학』, 제5권 제2호(대한의료법학회, 2004), 364면.
13) 정규원, 위의 논문, 364면.

전문적인 지식을 요하는 것으로 의약품을 구매하는 일반인이 판단하기 어려운 것이므로 소비자인 일반인의 관점에서 외부에 표시된 바를 기준으로 의약품성을 판단하여야 한다는 판례의 태도가 보다 합리적인 것으로 생각된다. 또한 의약품의 특수성을 고려할 때 의약품의 선전에 있어 허용되는 과장과 허위의 수위도 다른 물품에 비추어 엄격하게 판단하여야 할 것이다. 따라서 허위 또는 과장광고에 의한 의약품의 판매가 사기죄를 구성하는지 여부를 판단함에 있어 당해 광고가 「약사법」에서 금지하고 있는 명칭·제조방법·효능이나 성능에 관한 허위 또는 과장광고의 태양에 속하는지 여부를 검토하여 이에 해당할 경우 일응 사기죄의 구성요건으로서 기망행위에 해당한다고 볼 수 있을 것이다.

Ⅲ. 판례의 의의

대상판결은 의약품의 개념을 약사법에 인정하는 정의보다 더 넓게 인정하고 있는데, 이는 「약사법」에서 인정하는 의약품의 개념보다 더 넓게 인정해온 기존 대법원의 태도를 그대로 유지하고 있는 점에서 의의가 있다. 「약사법」은 의약품을 대한민국약전에 실린 물품 중 의약외품이 아닌 것, 사람이나 동물의 질병을 진단·치료·경감·처치 또는 예방할 목적으로 사용하는 물품 중 기구·기계 또는 장치가 아닌 것, 사람이나 동물의 구조와 기능에 약리학적(藥理學的) 영향을 줄 목적으로 사용하는 물품 중 기구·기계 또는 장치가 아닌 것으로 정의하고 있는데, 대상판결은 반드시 약리작용상 어떠한 효능의 유무와 관계없이 그 성분, 형상(용기, 포장, 의장 등), 명칭, 거기에 표시된 사용목적, 효능, 효과, 용법, 용량, 판매할 때의 선전 또는 설명 등을 종합적으로 판단하여 사회일반인이 볼 때 한 눈으로 의약품 아닌 식품에 불과한 것으로 인식되는 것을 제외하고는, 그것이 위 목적에 사용되는 것으로 인식되거나 약효가 있다고 표방된 경우에는 이를 모두 의약품으로 보아 약사법의 규제대상이 된다고 함으로써 의약품의 개념을 「약사법」의 정의보다 더 넓게 인정하고 있다.

대상판결은 일반 상품의 선전·광고의 경우와 마찬가지로 의약품의 선전·광고의 경우에 있어서도 그 사술의 정도가 사회적으로 용인될 수 있는 상술의 정도를 넘으면 허위, 과장광고 단계를 넘어 사기죄의 기망행위로 보고 있다. 그러나 대상판결에서도 어느 정도 사술이 있는 경우 과장, 허위광고의 한계를 넘어 사기죄의 기망행위에 해당하는지에 대한 구체적 기준을 명확하게 제시하고 있는 것은 아니다. 따라서 허위, 과장광고에 해당하는지 또는 기망행위에 해당하는지를 판단할 수 있는 구체적 기준은 판례의 축적을 통해 해결되어야 할 것으로 보인다.

94 허위·과장광고의 범위와 한계

-대법원 1992. 9. 14. 선고 91도2994 판결

김 학 웅*

Ⅰ. 판례의 개요

1. 사안의 개요

백화점에 특정매장(일명 수수료매장)의 형태로 입점하여 영업을 하는 경우, 백화점 측은 사전에 각 입점업체와 판매하려는 상품의 가격, 수수료율 등을 협의한 후 각 입점업체가 판매하려는 상품을 취합하여 일간지나 광고전단을 통해 소비자들에게 광고를 한다. 피고인들은 백화점의 부장급 간부들로서 각 입점업체와 위와 같은 내용을 협의하고 소비자들에게 광고하였다.

한편, 군소의류업체나 일부 수입잡화상 등이 판매전술의 일환으로 종전에 출하한 일이 없는 신상품에 대하여 첫 출하 시부터 할인가격을 표시하여 막바로 세일에 들어가는 이른바 변칙세일을 하는 업체가 상당수 있는데, 변칙세일에 있어서 구체적인 판매방법은, 입점업체에서 당초 신상품을 제조하여 출하함에 있어 당해상품의 가격표에 당해업체에서 일응 정상가격이라고 표시한 가격표를 붙여 매장에 진열하고 매장 안의 광고대에 위 두 가지 가격을 표시한 할인율을 표시해 두어 당해상품이 종전에 높은 가격에 판매된 사실이 없음에도 종전에는 높은 가격으로 판매되던 것을 특정한 할인판매기간에 한하여 특별히 할인된 가격으로 싸게 판매하는 것처럼 광고등을 통하여 허위선전함으로써 소비자들을 유인한 후 판매고를 높이려 하는 방법이다.

---

* 법무법인 시화 변호사.

2. 소송경과

가. 원심판결[1)]

원심은 위와 같은 변칙세일의 유래, 그 확산과정과 내용, 그 밖에 소비자들은 각자 상품의 가치와 판매가격을 사전에 충분히 교량하여 구매여부를 결정하고 있고 이 사건 변칙세일로 인하여 소비자들이 사회상규상 용인될 수 없는 손해를 입었다고 인정할 수 있는 객관적인 자료가 없는 점 등을 감안하면, 위와 같은 변칙세일이 백화점에 요구되는 거래상의 신의와 성실의무에 위배된 것으로서 사기죄의 기망행위에 해당될 정도의 행위라고는 볼 수 없고, 피고인들이 입점업체들과 공모하여 변칙세일을 자행하였다든지 변칙세일을 망설이는 입점업체 등에게 그러한 행위를 적극적으로 유인 내지 강제하였다고 인정되지도 않는다고 판시하였다.

나. 대법원 판결

이에 대하여 대법원은 변칙세일이 사기죄의 구성요건인 기망에 해당하고, 통상적인 업무처리과정에서 변칙세일에 관여한 피고인들에게 불법영득의 의사가 있다고 판시하면서 무죄를 선고한 원심을 파기하고 유죄 취지로 환송하였다.

3. 판례의 요지

가. 사기죄의 요건으로서의 기망은 널리 재산상의 거래관계에 있어서 서로 지켜야 할 신의와 성실의 의무를 저버리는 모든 적극적 및 소극적 행위로서 사람으로 하여금 착오를 일으키게 하는 것을 말하며 사기죄의 본질은 기망에 의한 재물이나 재산상 이익의 취득에 있고, 상대방에게 현실적으로 재산상 손해가 발생함을 그 요건으로 하지 아니하는바, 일반적으로 상품의 선전, 광고에 있어 다소의 과장, 허위가 수반되는 것은 그것이 일반 상거래의 관행과 신의칙에 비추어 시인될 수 있는 한 기망성이 결여된다고 하겠으나 거래에 있어서 중요한 사항에 관하여 구체적 사실을 거래상의 신의성실의 의무에 비추어 비난받을 정도의 방법으로 허위로 고지한 경우에는 과장, 허위광고의 한계를 넘어 사기죄의 기망행위에 해당한다.

나. 현대산업화 사회에 있어 소비자가 갖는 상품의 품질, 가격에 대한 정보는 대부분 생산자 및 유통업자의 광고에 의존할 수밖에 없고 백화점과 같은 대형유통업체에 대한 소

---

1) 서울형사지방법원 1991. 9. 3. 선고 90노3510 판결.

비자들의 신뢰(정당한 품질, 정당한 가격)는 백화점 스스로의 대대적인 광고에 의하여 창출된 것으로서 이에 대한 소비자들의 신뢰와 기대는 보호되어야 한다고 할 것인바, 종전에 출하한 일이 없던 신상품에 대하여 첫 출하시부터 종전가격 및 할인가격을 비교표시하여 막바로 세일에 들어가는 이른바 변칙세일은 진실규명이 가능한 구체적 사실인 가격조건에 관하여 기망이 이루어진 경우로서 그 사술의 정도가 사회적으로 용인될 수 있는 상술의 정도를 넘은 것이어서 사기죄의 기망행위를 구성한다.

다. 원심은 또한 피고인들은 각 백화점의 직원들로서 통상적인 업무처리 과정에서 이 사건 변칙세일에 직·간접으로 접하게 된 것 뿐이므로, 자신을 위하여서는 물론 백화점을 위한 불법영득의 의사도 없었다라고 판시하고, 나아가 소비자들이 단순히 할인판매라는 이유만으로 상품을 구입한 것은 아니므로 기망에 의한 착오상태에서 재산처분행위를 한 것은 아니라고 판시하고 있으나, 이 사건 변칙세일이 사기죄의 기망행위에 해당한다고 한다면 통상적인 업무처리라하여 피고인들에게 백화점을 위한 불법영득의 의사가 없었다고 할 수는 없는 것이며, 또한 이 사건에 있어 소비자들은 백화점측의 변칙세일에 기망당하여 구매행위를 한 것이라고 보아야 하고 이와 같이 변칙할인판매와 소비자들의 구매간의 인과관계가 인정되는 이상, 비록 소비자들이 단순히 할인판매라는 이유만으로 상품을 구입한 것은 아니라고 할지라도 사기죄의 성립에 아무런 영향이 없는 것이다.

II. 해 설

1. 쟁점의 정리

이 사건의 쟁점은 변칙세일이 매출을 높이기 위한 판매전략의 일환으로서 광고에 다소의 허위나 과장이 있더라도 정당한 마케팅이기 때문에 기망에 해당하지 않는다고 볼 것인지, 아니면 현대소비사회의 특성(대규모 사업자와 소비자 사이의 정보불균등)에 비추어 볼 때 기망이라고 볼 것인지 여부이다(이외에 백화점 직원인 피고인들의 불법영득의사도 쟁점이지만, 이 글의 한계를 벗어나기에 이에 대해서는 생략하기로 한다).

2. 관련 판례

가. 대법원 1998. 2. 13. 선고 97도2925 판결

「식품위생법」에 의하여 그 기준과 규격을 공인받은 품목허가의 식품이라고 할지라도, 「식품위생법」의 규제대상인 식품에는 그 제2조 제1호에 의하여 처음부터 의약품은 제외되어 있으므로, 그 식품을 표시하거나 광고함에 있어서 의약품과 혼동할 우려가 있는 표현을 사용한다면 그것은 식품에 관한 표시나 광고로서의 범위를 벗어나 그 자체로 식품의 품질에 관한 허위표시나 과대광고로서 소비자의 위생에 위해를 가할 우려가 있다고 할 것이고, 따라서 식품으로 인한 위생상의 위해를 방지한다는 관점에서 식품에 관한 표시와 광고를 규제하는 「식품위생법」 제11조, 같은 법 시행규칙 제6조 제1항 제2호에 위반되게 됨은 물론, 다른 한편, 그 제품이 사회일반인이 볼 때 한 눈으로 식품으로 인식되어 의약품이 아닌 것임이 명백한 경우라고 할지라도 그 표시나 광고의 내용이 의학적 효능·효과가 있는 것으로 오인될 우려가 있는 표현이 포함되어 있는 경우에는 약사에 관한 사항을 규정하고 그 적정을 기하여 국민보건 향상에 기여한다는 관점에서 규정된 「약사법」 제55조 제2항에도 위반된다.

한편, 건강보조식품의 효능에 관한 표시 및 광고의 허용 범위에 관하여 의약품이 아닌 식품에 대한 규제는 그로 인한 위생상의 위해방지에 관련된 범위 내에서는 일차적으로 「식품위생법」의 규정에 따라야 할 것이므로 식품위생법시행규칙 제6조 제2항 [별표 3]에서 건강보조식품 등을 대상으로 허위표시·과대광고로 보지 않도록 규정한 것, 즉 (1) 질병의 예방과 치료에 관한 사항을 포함하지 않는 범위 내에서 신체조직 기능의 일반적인 증진을 주목적으로 하는 표현, (2) 임신수유기영양보급, 노약자영양보급 등과 같이 식품영양학적으로 공인된 사실의 표현, (3) 제품의 함유된 주요영양성분의 식품영양학적 기능·작용에 대한 표현, (4) 특정질병을 지칭하지 아니하는 단순한 권장내용의 표현 등은 「약사법」 제55조 제2항 소정의 의약품이 갖는 의학적 효능·효과와 오인될 우려가 있는 표시나 광고에 해당하지 않는다고 해석함이 상당하다.

따라서 위 대법원 판결은 피고인이 건강보조식품인 두오차, 명비산, 양진화 등을 판매함에 있어서 구체적인 병명 또는 의학적 효능을 명시하여 표시 내지 광고한 것이 「약사법」 제55조 제2항을 위반한다고 본 사례이다.

나. 대법원 2002. 6. 14. 선고 2001도4633 판결

일반식품에 질병치료의 효능이 있다 하더라도 의약품으로 공인받지 못한 식품을 표시하거나 광고함에 있어서 의약품과 혼동할 우려가 있는 표현을 사용한 경우, 「식품위생법」 제11조에 위반되는지 여부에 관하여 일반식품이 질병의 치료에 효능이 있는 것이 사실이라 할지라도, 그 제품을 「식품위생법」에 의하여 식품으로 공인받았을 뿐 의약품으로 공인받지 아니한 이상, 「식품위생법」의 규제대상인 식품에는 그 제2조 제1호에 의하여 처음부터 의약품은 제외되어 있으므로, 그 식품을 표시하거나 광고함에 있어서 의약품과 혼동할 우려가 있는 표현을 사용한다면 그것은 식품에 관한 표시나 광고로서의 범위를 벗어나 그 자체로 식품의 품질에 관한 허위표시나 과대광고로서 소비자의 위생에 위해를 가할 우려가 있다고 할 것이어서, 식품으로 인한 위생상의 위해를 방지한다는 관점에서 식품에 관한 표시와 광고를 규제하는 「식품위생법」 제11조, 같은 법 시행규칙 제6조 제1항 제2호에 위반되게 된다.

식품이 아니라 원재료에 질병치료의 효능이 있는 것으로 광고한 경우 「식품위생법」 제11조에 위반되는지 여부 및 그 광고에서 제품을 의약품이 아니라 식품이라고 명시하고 있는 경우 「식품위생법」 제11조에 위반되는지 여부에 관하여 「식품위생법」 제11조 및 같은 법 시행규칙 제6조 제1항에서 그 제품의 성분 및 원재료에 대하여 질병의 치료에 효능이 있는 것처럼 광고하는 행위도 과대광고로 규제하고 있는 점에 비추어 볼 때, 그 식품 자체에 관하여 그러한 효능이 있는 것으로 광고하지 아니하였다 할지라도 그 원재료가 그러한 효능이 있는 것으로 광고한 경우에는 그 식품에 관하여 과대광고를 한 것이 된다 할 것이며, 또 그 광고에서 그 제품을 의약품이 아니라 식품이라고 명시하고 있다 할지라도 그 표시나 광고의 내용에 의학적 효능·효과가 있는 것으로 오인될 우려가 있는 표현이 포함되어 있는 경우에는 그 제품이 질병의 치료에 효능이 있는 것처럼 광고한 것이라고 보지 아니할 수 없어 역시 과대광고에 해당한다.

위 대법원 판결은 식품의 유용성 표시가 허용되지 않는 다류 제품에 대한 광고를 게재하면서 그 식품의 원료인 은행나무 잎의 유용성을 표시함으로써 질병치료의 효능이 있다는 취지의 표현을 사용한 것은 「식품위생법」 제11조 제1항 소정의 식품의 품질에 관한 과대광고에 해당한다고 한 사례이다.

3. 검 토

이하에서는 허위·과장광고에 대한 광고계의 논의를 살펴보고, 법규범적 측면에서 거대 담론으로서의 행위능력 일반을 고찰한 후 대상판결에 대한 짧은 견해를 개진해 보고자 한다.

가. 허위·과장광고와 부당광고

(1) 광고의 본질과 양가성(Ambivalence)

현대사회에서 자신이 판매하려는 재화와 용역을 좀 더 소비자들이 구매하도록 하기 위해서는 광고가 필연적이고, 광고는 어느 정도 상품에 대한 과장이나 부풀리기가 있기 마련이다. 소비자는 스스로 정확한 정보를 획득하기 위하여 비용과 노력을 투자하기보다는 누군가 시장정보를 제공해주기를 기다리는 무임승차화 경향이 있는 반면, 사업자는 영리를 목적으로 하기 때문에 자기에게 유리한 정보나 경쟁사업자에게 불리한 정보를 소비자에게 제공할 우려가 있기 때문에, 광고는 정보제공이라는 긍정적 측면과 소비자 현혹이라는 부정적 측면이 동시에 존재한다.

(2) 허위·과장광고는 논리필연적으로 부당광고인지 여부

허위는 사실의 핵이 없음에도 사실인 것처럼 꾸미는 것[2]이고, 과장은 사실보다 부풀리는 것을 말한다. 광고가 부당한지 여부는 소비자의 구매의사결정에 실질적인 영향을 주는지 여부로 판단되어야 한다.[3] 물론 허위·과장광고가 부당광고가 되는 경우가 많기는 하겠지만, 반드시 그런 것만은 아닌 것이다. 오히려 허위광고임에도 불구하고 소비자의 오인을 유발하지 않는 경우나 진실한 광고임에도 불구하고 소비자의 오인을 유발하는 광고가 있을 수 있는 것이다. 따라서 사실과 부합하지 않더라도 소비자의 오인성이 없는 부풀리기 표현(Puffing: blow-up)은 부당한 것이 아니다.[4][5]

(3) 허위·과장광고가 허용되는 범위

위 (2)항에서 살펴본 바와 같이 허위·과장이 소비자의 오인을 야기하지 않는다면 허용되므로, 허위·과장광고가 규제되는 지점은 광고의 내용이 사실에 부합하지 않으면서 소비자의 구매의사에 실질적으로 영향을 미치는 것이어야 한다. 영국의 거래명세법(Trade Description Act) 제3조는 '중대한 정도로 사실에 반한 때'에 한하여 허위로 규정하고 있고, 미국 FTC는 실질적 요소(material fact) 즉, 소비자의 구매의사결정에 실질적인 영향을 주는 경우에만 규제하고 있으며, 따라서 제품에 관한 소비자의 선택이나 행동에 영향을 미칠 가능성이 없거나 소비자에게 중요하지 않은 정보가 허위인 경우에는 규제하지 않고 있다. 또한 FTC는 기만적 광고를 규제함에 있어서 광고주가 허위성을 인식하고 있었는지 여부를 묻지 않는다.[6] 독일 판례도 '오인야기는 여하한 점에서든 소비자의 구매의사결정에 영

2) 황철, 『상업광고의 법률문제에 대한 연구』, 국민대학교 박사학위논문(1997), 206면.
3) 손수진, 『부당광고의 규제에 관한 연구 -독점규제 및 공정거래에 관한 법률을 중심으로-』, 한양대학교 박사학위논문(1996), 35면.
4) 대법원 2002. 6. 14. 선고 2000두4187 판결(그 사실이 '소비자의 구매결정에 영향을 미칠 수 있는 중요한 사항'에 해당한다고는 할 수 없으므로 그 광고의 내용이 허위라거나 과장된 것이라고는 할 수 없다).
5) 그러한 예로는 휴대전화광고에서 "소리가 보인다", 청량음료광고에서 "가슴속까지 시원한 사이다", 남성정장광고에서 "행복을 입는다", 괴물 고질라가 밟아도 파손되지 않는 자동차광고를 들 수 있다.
6) 박수영, "부당한 표시·광고행위의 성립요건과 유형", 『기업법연구』, 제13권(한국기업법학회, 2003) 279면.

향을 미치는 사항과 관련되어야 하므로 소비자의 경제적 판단과 관련이 없는 사실에 관한 오인야기는 UWG 제3조의 적용범위로부터 배제된다'고 하였다.[7]

나. 대상판결의 경우

대상판결은 외국에서의 학설과 판례의 내용을 우리 현실에서 발생한 문제에 대해 담아보려고 노력하였다. 즉, ① 현대사회에서의 사업자와 소비자의 정보비대칭성(=정보불균형)을 전제로, ② 변칙세일이 거래에 있어서 중요한 부분인지 여부(즉, 소비자의 구매의사결정에 실질적인 영향을 미치는지 여부)를 검토한 뒤, ③ 거래상 신의성실의 의무에 비추어 비난받을 정도의 방법으로 허위를 고지하였으므로, ④ 이는 (매출신장을 위한 마케팅의 일환으로 인정되는 어느정도의 허위·과장의 한계를 넘어서) 사기죄의 구성요건인 기망에 해당한다고 판시하였던 것이다.

이는 무엇보다도 원심판결의 판시 내용 중 '소비자들이 각자 상품의 가치와 판매가격을 충분히 교량하였으므로 소비자들이 사회상규상 용인될 수 없는 손해를 입었다는 객관적인 자료가 없으므로 무죄'라는 논리가 전제하고 있는 완전정보의 세계(=사업자와 소비자 사이의 정보대칭성)와 (완전정보의 세계로 표현되는 경제학적 개념이 법학에 현현된) 19세기적인 형식적 평등이 붕괴되었음을 시사하고 있는 것이다.

Ⅲ. 판례의 의의

대상판결은 좁게 보면 허위 및 과장광고가 용인되는 범위와 기망이 되는 범위에 대한 기준을 정립했다는데 의의가 있다. 그러나 시야를 조금만 더 넓혀 보면, 대상판결은 판결이 현실을 떠나 구름 위를 걷는 것이 아니라, 지금 여기(Hic et Nunc)로 내려와 궁켈(mann Gunkel)의 표현대로 삶의 자리(Sitz im Leben)[8]에 천착하여 정보불균형의 현실을 직시하고 그러한 현실에서 실질적 평등을 구현함으로써 우리네 일상에 실효적으로 작동되고 있음을 보여주었다.

이렇듯 당대의 현실에 부합하는 대상판결은 <법관은 "법률을 그대로 따라서 말하는 입"(몽테스키외)이 아니므로,[9] 선택권한을 행사할 때 고려에 넣어야 할 모든 법적 지침들을 엄격히 준수하고, 특히 '개별사례의 모든 사정들'을 주의 깊게 탐구하고 고려하는 가운

7) 정호열 역, 『부정경쟁법』 (삼지원, 1996), 248면.
8) 통신학교교육부, 『구약1 모세오경』 (가톨릭교리신학원, 2007), 182면.
9) 칼 엥기쉬 지음/안법영·윤재왕 옮김, 『법학방법론』 (세창출판사, 2011), 211면.

데 '유일하게 정당한' 결정이라는 목표와 결과에 도달하기 위해 최선을 다해야 한다[10]>는 법관에게 주어진 책무에 부합하려는 법원의 노력이기도 한 것이다.

10) 칼 엥기쉬 지음/안법영·윤재왕 옮김, 위의 책, 196~197면.

95 사기성 검색광고 대행업체의 기망행위

–광주고등법원 2016. 6. 23. 선고 2016노85 판결

이 병 규*

Ⅰ. 판례의 개요

1. 사안의 개요

사안에서 피고인들은 서울 강남구에 위치한 2곳의 온라인광고 대행업체의 공동 대표자 또는 직원들이다(A, B, C, D, E, F, G 등 총 7명). 피고인들은 공모하여 인터넷 포털사이트인 네이버의 검색 결과에 표시되는 이른바 '검색광고(키워드광고)'가 실시간 경매입찰 방식을 통해 노출 위치가 정해지며, 클릭 횟수에 따라 광고비를 사후 정산하는 종량제 방식(CPC; Cost–Per–Click)임에도 불구하고, 불특정 다수의 광고주들에게 전화하여 "전국에 노출할 수 있는 네이버의 검색광고(파워링크)를 6개월 내지 24개월의 기간 동안 정액방식(CPM; Cost Per Mille)으로 집행할 수 있으며, 이 또한 행사기간 중이라 30% 정도의 할인된 가격에 이용할 수 있다"고 설명하였다. 이러한 내용을 신뢰한 피해자들은 각각 적게는 수

<table>
<tr><th>구분</th><th>피고인</th><th>범죄기간</th><th>기망행위</th><th>범죄
횟수</th><th>피해금액</th><th>비고</th></tr>
<tr><td>1</td><td>A, B,
C, D</td><td>'12. 2. 6. ~
'13. 4. 24.</td><td rowspan="2">불특정 다수의 광고주들에게 전화하여 "전국에 노출할 수 있는 네이버의 검색광고를 6개월 내지 24개월의 기간 동안 정액방식으로 집행할 수 있으며, 이 또한 행사기간 중이라 30% 정도의 할인된 가격에 이용할 수 있다"라고 거짓말하고 광고비를 편취</td><td>1,172</td><td>1,269,190,000원</td><td rowspan="2">네이버는 검색광고를 정액방식으로 판매한 적이 없으며, 30% 할인된 가격의 행사를 진행한 사실이 없음</td></tr>
<tr><td>2</td><td>A, B,
D, E,
F, G</td><td>'13. 4. 30. ~
'15. 2. 25.</td><td>2,126</td><td>2,529,746,430원</td></tr>
</table>

* 네이버 사업정책실 차장, 법학박사.

십만 원에서 많게는 수백만 원에 이르는 광고비를 입금하였고, 피고인들은 이를 편취하였다(피고인들에게 광고비를 입금한 피해 광고주는 약 3,200명에 이르고, 피해액은 총 57억 원에 이른다). 이에 피고인들은 「특정경제범죄 가중처벌 등에 관한 법률」(이하 '특정경제범죄법'이라 한다) 위반(사기) 및 「방문판매 등에 관한 법률 위반」(미신고 영업) 등의 범죄로 기소되었다.

2. 소송경과

가. 제1심 판결[1)]

사안에서 광주지방법원은 검사의 공소사실을 모두 받아들여 피고인들의 범죄사실을 모두 유죄로 인정하고, 양형 결정을 통해 피고인 A와 B(공동대표)에게 징역 2년을, 피고인 C(공동대표)에게 징역 2년, 집행유예 3년, 사회봉사 160시간을, 피고인 D(공동대표)에게 징역 1년 6개월, 집행유예 3년, 사회봉사 160시간을, 사원으로 단순 가담한 피고인 E, F, G에게 징역 1년 6개월, 집행유예 2년을 선고하였다.

나. 항소심 판결[2)]

총 7명의 피고인 중 피의업체의 공동대표였던 A와 B 2명은 제1심에서 선고한 형(각 징역 2년)은 너무 무거워서 부당하다고 주장하며 항소하였다. 이에 항소심인 광주고등법원은 직권[3)]으로 사기죄에 있어서 수인의 피해자에 대하여 각 피해자별로 기망행위를 하여 각각 재물을 편취한 경우에 그 범의가 단일하고 범행방법이 동일하다고 하더라도 포괄일죄가 성립하는 것이 아니라 피해자별로 1개씩의 죄가 성립하는 것으로 보아야 한다는 원칙적인 입장을 밝히고, 다만 피해자들이 하나의 동업체를 구성하는 등으로 피해법익이 동일하다고 볼 수 있는 사정이 있는 경우에는 피해자가 복수이더라도 이들에 대한 사기죄를 포괄하여 일죄로 볼 수 있는데, 동 사건은 수인의 피해자에 대하여 각 피해자별로 기망행위를 하여 각각 재물을 편취한 경우에 해당하고, 각 피해자들이 하나의 동업체를 구성하는 등으로 피해법익이 동일하다고 볼 수 있는 사정이 없으므로, 동 사건 사기 범행을 포괄일죄로 판단한 것은 잘못된 것이라고 판단하였다. 또한 각 피해자들의 피해액은 특정경제범죄법 제3조 제1항 제2호의 이득액 하한인 5억 원에 미치지 못하므로 피고인들의 이 사건 사기 범행에는 특정경제범죄법이 적용될 수 없다는 결론을 내리고, 동 사건 사기 범

1) 광주지방법원 2016. 2. 17. 선고 2015고합442 판결.
2) 광주고등법원 2016. 6. 23. 선고 2016노85 판결.
3) **형사소송법 제364조(항소법원의 심판)** ② 항소법원은 판결에 영향을 미친 사유에 관하여는 항소이유서에 포함되지 아니한 경우에도 직권으로 심판할 수 있다.

행을 포괄일죄로 보아 특정경제범죄법을 적용한 원심판결은 잘못된 것이라는 판단 하에 이를 파기하고 피고인 A에게 징역 2년을, 피고인 B에게 징역 1년 6개월을 선고하였다.

3. 판례의 요지

본 사건의 제1심 판결은 검색광고 대행계약 과정에서 피고인들이 다수의 피해자들을 기망하여 광고비를 편취한 행위가 '사기'에 해당된다고 판단하였다. 항소심에서는 직권으로 판단함에 있어, 사기죄는 수인의 피해자에 대하여 각 피해자별로 기망행위를 하여 각각 재물을 편취한 경우에 그 범의가 단일하고 범행방법이 동일하다고 하더라도 포괄일죄가 성립하는 것이 아니라 피해자별로 1개씩의 죄가 성립하는 것으로 보아야 하며, 다만 예외적으로 피해자들이 하나의 동업체를 구성하는 등으로 피해법익이 동일하다고 볼 수 있는 사정이 있는 경우에는 피해자가 복수이더라도 이들에 대한 사기죄를 포괄하여 일죄로 볼 수 있는데, 동 사건의 경우 네이버의 검색광고인 파워링크의 가격결정 방식이 정액제가 아닌 종량제 방식이고, 피고인들은 전국광고가 아닌 지역광고를 게재해 줄 의사만 있을 뿐이었음에도, 네이버의 파워링크 전국광고를 6개월 내지 24개월간의 CPM 방식으로 실을 수 있는 상품을 30% 정도의 할인된 가격에 이용할 수 있는 것처럼 광고주인 피해자들을 기망하여 광고비 명목의 금원을 송금받아 편취하였다는 내용이므로, 이는 다수의 피해자들에 대하여 각 피해자별로 기망행위를 하여 각각 재물을 편취한 경우에 해당하고, 각 피해자들이 하나의 동업체를 구성하는 등으로 피해법익이 동일하다고 볼 수 있는 사정도 없으므로, 동 사건의 사기 범행은 피해자별로 1개씩의 죄가 성립하는 것으로 보아야 한다고 판시하였다.

II. 해 설

1. 쟁점의 정리

가. 검색광고의 개념과 사기죄의 성립 요건

본 사안을 이해하기에 앞서 피고인들이 주된 영업의 대상으로 삼았던 '인터넷 검색광고'의 개념과 작동원리 등을 살펴볼 필요가 있다. 검색광고는 방송, 신문 등 오프라인 기반의 광고와 노출매체 및 과금방식 등이 상이하다는 특성을 가지고 있다.[4] 피고인들은 주로 인터넷에 익숙하지 않은 중소상공인들이 검색광고의 특성을 이해하지 못할 가능성이 높다는 점을 이용하여 거짓으로 영업행위를 하였고, 이러한 행위가 사기죄의 기망행위에 해당하는지가 쟁점이 되었다.

검색광고(Search AD)란 인터넷이용자가 인터넷 포털사이트 등에서 키워드와 연계하는 등의 방법으로 광고를 노출시키고(노출되는 형태는 각 유형별로 상이) 이용자가 노출된 광고를 클릭할 경우 해당 링크를 통해 바로 광고주의 웹사이트 등으로 연결해 주는 방식의 인터넷광고 기법을 의미한다.[5] 노출형광고(Display AD)와 달리 경매입찰의 방식으로 키워드를 등록하며, 이용자가 광고를 클릭할 때마다 매 클릭 당 일정한 광고비를 지급하는 형태인 CPC방식을 이용한다.[6] 검색광고를 직접적으로 정의하고 있는 법률은 찾아보기 어렵다. 지난 제18대 국회에서 진성호 의원이 발의한 「정보통신망 이용촉진 및 정보보호 등에 관한 법률」(이하 '정보통신망법'이라 한다) 개정안[7]에서 "온라인광고사업자가 대가를 받고 입력된 검색어에 연동하여 사전에 등록된 광고문구 또는 광고대상인 홈페이지의 인터넷 주소를 노출하여 주는 온라인광고"라고 언급한 경우는 있었으나, 입법에 이르지는 못했다. 일부 정부 가이드라인 등에서 정의하는 경우는 찾아볼 수 있는데, 공정거래위원회의 인터넷 광고에 관한 심사지침[8]에서는 검색광고를 "소비자가 인터넷 포털사이트 등의 검색창에 특정 검색어를 입력하였을 때 사업자가 자기의 인터넷 홈페이지 등이 검색결과에 나타나게 하여 광고하는 것을 말한다"고 정의하고 있다.[9]

이처럼 검색광고는 기존 광고와 다른 특성(특히, 종량제 과금방식을 가지고 있으며, 광고비는 이용자의 클릭과 동시에 실시간으로 정산됨)을 가지고 있는 광고상품임에도 불구하고, 피고인들은 인터넷에 익숙하지 않은 중소상공인 광고주들에게 전국광고를 할 수 있고, 정액의 방식으로 집행할 수 있으며, 이 또한 30% 할인된 가격에 이용할 수 있다고 사실과 다르게 영업하여 광고비를 편취한 것이다. 이는 명백히 타인을 기망하여 재산상의 이득을

---

4) 다만, 기존 광고와 노출매체 및 작동방식 등이 다르다는 것일 뿐, 광고 일반법인 「표시·광고의 공정화에 관한 법률」의 규율을 받는 '광고'에 포섭되는 것은 당연하다.

5) 검색광고의 상세 내용과 관련해서는 이병규, '인터넷 검색광고의 법적 제문제 −규제방안 재정립을 중심으로−', 『성균관법학』, 제23권 제3호(2016. 9), 348면 이하 참조.

6) 검색광고 운영 회사에 따라 일부 CPT(Cost Per Time), CPM(Cost Per Mille) 방식의 검색광고를 취급하는 경우도 있으나, 본 원고에서는 사건의 대상이 된 CPC(Cost−Per−Click) 방식의 검색광고를 중심으로 서술한다.

7) 정보통신망 이용촉진 및 정보보호 등에 관한 법률 일부개정법률안(의안번호 3750, 진성호 의원 대표발의, 2009. 2. 10.)

8) 인터넷 광고에 관한 심사지침[공정거래위원회 예규 제272호, 2016. 12. 23.] Ⅲ. 5. 참조.

9) 일부 판례에서는 "검색창에 특정 키워드를 입력하면, 사전에 포털사업자로부터 해당 키워드를 이용한 광고 서비스를 구매한 광고주의 사이트 주소와 광고문구가 검색결과 화면의 상단에 게시되도록 하고, 사람들이 그 주소나 광고 문구를 클릭하면 해당사이트로 연결되도록 해주는 키워드 검색광고 서비스"라 정의하기도 한다. 서울서부지법 2014. 7. 24. 선고 2013가합32048 판결.

취하고자 하는 목적의사가 있고, 그 기망행위와 피해자들의 금전적 피해와의 인과관계가 인정되는 상황이므로, 피고인들의 행위가 사기죄의 기본 구성요건(대법원 1987. 7. 21. 선고 86도748 판결)을 충족하고 있다는 것은 당연한 귀결이라 할 수 있다.

나. 검색광고 광고대행 계약의 구조

검색광고의 계약은 일반적으로 광고주, 광고대행사, 매체사 등 주요 세 당사자 사이에서 이루어진다. 우선 광고주가 광고를 집행하기 위해서는 매체사와의 검색광고 기본계약을 체결한 후 개별적으로 광고 집행을 하는 것이 일반적이다. 검색광고는 주로 각 매체사가 제공하는 온라인 시스템을 이용하여 광고를 집행·관리할 수 있다는 편의성이 있으므로 광고주 본인이 운영하는 경우가 많다. 다만, 인터넷에 익숙하지 않은 광고주들은 시스템 활용이 용이하지 않을 것이고, 시스템 활용이 용이한 광고주라 할지라도 좀 더 전문적이고 효율적인 광고관리를 위해서는 전문가의 도움을 필요로 하는 경우가 있다. 이러한 경우 광고 대행사의 도움을 받는다.

검색광고 대행사는 기존 종합광고대행사와는 달리 검색광고를 포함한 인터넷광고 업무대행을 전문적으로 수행하는 광고회사를 말한다. 검색광고는 검색어(키워드)의 선택 및 구매, 광고관리, 마케팅 전략, 광고효과분석과 같은 전문적인 기술이 요구된다. 또한 입찰방식으로 노출 순위가 결정되고 경쟁자가 언제라도 더 높은 가격으로 입찰할 수 있기 때문에 검색어 설정과 구매 이후에도 검색결과의 노출 상태를 실시간으로 파악하고 관리할 필요가 있다[10]. 따라서 광고주를 대신하여 이러한 전반적인 업무를 대행할 수 있는 주체가 필요한 것이다. 검색광고 대행사들은 광고주와의 별도 계약을 맺고 광고매체와 광고주 사이의 계약체결 내지 광고 집행에 있어서 사실적 대행을 수행하게 된다.[11]

주요 검색광고 매체사들은 광고주들의 광고 집행 편의성 등을 제고하기 위해 공식대행사 제도를 운영하고 있다. 자체적인 기준과 평가를 통해 선정된 대행사는 각 매체사와 별도의 제휴계약을 체결한다. 광고주는 광고운영 시 직접 운영을 할지 이러한 공식대행사를 이용할 것인지를 선택할 수 있는데, 공식대행사를 이용하는 경우에는 광고비만 지불하면 될 뿐 별도의 대행수수료를 지불할 필요가 없다. 공식대행사는 매체사와 체결한 별도 제휴계약에 근거하여 광고주가 지불한 광고비의 일정부분을 매체사로부터 수수료의 형태로 지급받기 때문이다.[12] 결국 공식대행사를 통해 광고대행이 이루어지는 경우에는

10) 안정민, "검색광고대행사의 법적 지위에 대한 소고", 『언론과법』, 제14권 제3호(한국언론법학회, 2015. 12), 274면.

11) 이병준·박미영, "온라인 검색광고 플랫폼과 소상공인의 보호", 『유통법연구』, 제5권 제1호(2018), 102면.

12) 안정민, 앞의 논문, 279면.

매체와 대행사, 광고주 사이에 각각 다른 형태의 계약관계가 발생하게 된다.

한편, 광고주가 반드시 매체의 공식대행사를 통해서만 광고대행 서비스를 받아야 하는 것은 아니다. 검색광고 대행업무가 법률적으로 특정한 자격이나 요건을 갖춰야 하는 것은 아니며, 이러한 대행업체는 다수가 존재가 존재하므로, 광고주는 자의에 따라 적절한 대행사를 선택하여 계약을 맺고 대행서비스를 이용할 수 있음은 물론이다.[13] 문제는 이러한 대행업체 대부분이 정상적인 영업활동을 하고 있음에도 불구하고, 일부 업체가 의도적으로 광고주를 기망하고, 광고비를 편취하는 등의 악덕 영업행위를 하고 있다는 점이다.[14]

본 사안의 피고인들 역시 이러한 영업행위를 하고 있는 경우라고 볼 수 있는데, 그동안 이와 유사하게 피해를 입은 피해자들의 경우 민사적 문제로 치부하여, 민사소송 내지 분쟁조정 기관을 통해 구제(「민법」 110조에 따른 기망행위에 의한 계약취소 및 손해배상 인정)를 받는 것이 최선의 방책이었다면, 본 판결은 동일 사안에 있어 형사적 해결방안의 가능성을 열어주었다는 데에 의의가 있다.

다. 포괄일죄 여부의 판단

포괄일죄는 수개의 행위가 포괄적으로 하나의 구성요건에 해당하여 일죄를 구성하는 경우를 의미한다. 어떠한 사안이 포괄일죄에 해당하는지에 대해서는 다양한 학설이 존재하고 있으며,[15] 대법원은 "수개의 행위가 포괄적으로 한 개의 구성요건에 해당하여 단순히 하나의 죄를 구성하는 것으로, 수개의 행위가 결합하여 하나의 범죄를 구성하던가, 수개의 동종의 행위가 동일한 의사에 의하여 반복되던가, 또는 하나의 동일한 법익에 대하여 수개의 행위가 불가분적으로 접속, 연속하여 행하여지는 것이므로 그 어떠한 경우임을 막론하고 구성요건에 해당하는 수개의 행위가 근원적으로 동종의 행위로서 그 구성요건을 같이 함을 전제로 하는 것"이라고 판결(대법원 1985. 9. 24. 선고 85도1686판결)하는 등 그

---

13) 일반적으로 이러한 대행사들은 '방문판매' 또는 '전화권유'방식 등을 통해 불특정 다수의 광고주들을 대상으로 영업활동을 하는 것으로 알려져 있다.

14) 이러한 업체들은 검색어 순위는 보장할 수 없는 것인데도 불구하고 상위순위에 노출한다는 것을 보증한다던지, 검색광고의 경우에도 매우 인기 있는 검색어의 경우에는 많은 비용이 듦에도 불구하고 저렴한 가격으로 상위에 노출될 것을 보증을 하거나, 반대로 인기 없는 검색어를 제시하면서 광고효과가 있는 것처럼 속이는 수법 등을 동원하여 계약을 체결한다. 또한 크게 비용이 들지 않는 홈페이지 내지 블로그 제작을 추가로 무료서비스로 제공한다고 하면서 계약을 체결하였으나, 소상공인들이 광고대행 계약을 취소 내지 해지하는 경우에 이미 홈페이지 제작 등이 이루어졌다는 이유로 많은 수수료를 위약금으로 요청한다. 이병준·박미영, 앞의 논문, 106면.

15) 상세한 내용은 최준혁, "최신판례분석: 포괄일죄와 경합범의 구별기준(대법원 2016. 10. 27. 선고 2016도11318 판결)", 『법조』, 제66권 제1호(2017), 768~770면 참조.

개념과 범위를 폭넓게 해석하고 있는 상황인데, 주로 대상 사건 범의의 단일성과 계속성, 범행방법의 동일성, 피해법익의 동일성 등의 요건을 기준으로 판단하고 있다.

본 사안 판결에서는 피고인들의 다수의 피해자들에 대한 사기행위가 포괄일죄를 성립하지 않는다고 판단하였다. 이는 본 사건과 같이 사기죄에 있어 외형상 유사한 사례이고 다수의 피해자들이 존재하는 경우라 할지라도, 피해자들의 피해법익이 동일하다고 볼 수 있는 사정이 없는 이상 피해자별로 1개씩의 죄가 성립하는 것으로 보아야 하고(대법원 1997. 6. 27. 선고 97도508 판결), 이에 따라 포괄일죄를 성립할 수 없다는 법원의 기존 입장을 유지한 것이라 이해된다(대법원 2011. 4. 14. 선고 2011도769 판결).

2. 관련 판례

상기와 유사한 사례에 있어 사기죄를 인정한 사례를 찾는 것은 쉽지 않다. 이는 주로 피해자들이 인터넷이나 법률에 익숙하지 않은 상황에서 일방적으로 계약을 강요당하고 있으며, 또한 홈페이지 제작, 바이럴 마케팅 등을 포함한 복합계약인 경우가 상당수이므로, 문제 발생 시 적극적으로 형사적 구제 방안을 강구하기보다는 민사적 분쟁의 일환으로 해결하는 경우가 많기 때문이라 추측된다. 아래에서는 대상판결 이전에 사기성 광고대행업체의 기망행위를 인정한 사례를 소개한다(대법원 2016. 2. 18. 선고 2015도19244 판결).

피고인은 온라인광고 마케팅 업체인 A사를 운영하며, 영세업자인 다수의 광고주들에게 전화하여 마치 네이버, 다음의 직원이 전화하는 것처럼 사칭하고, CPC방식의 검색광고를 정액요금 형태(CPM)로 구입할 수 있는 것처럼 임의로 포장하여 구입하라고 유도하며, 미끼로 클릭에 따른 광고비용을 면제해준다고 하거나 홈페이지를 무상으로 제작해준다고 하거나 광고비가 아닌 매체사의 사이트 연결비용이나 세금만 부담하면 된다고 하는 등 거짓말을 하여 금원을 편취하였다. 사실 피고인은 피해자들에게 클릭과 관계없는 무한광고를 제공해 주거나 홈페이지를 제작하여 주거나 그 비용 등을 지원해 줄 의사나 능력이 전혀 없었다. 원심(서울서부지법 2015. 11. 19. 선고 2014노1072 판결)은 피고인의 기망행위를 인정하여 사기죄를 근거로 징역 2년 6월을 선고하였고, 대법원에서는 이러한 원심의 유죄취지를 모두 인정하여 피고인의 상고를 기각하였다.

3. 검 토

대상판결의 원심은 검색광고 대행 계약과정에서의 피고인들의 기망행위를 인정하여 사기에 해당된다고 판단했다는 데에 의의가 있다. 다만, 기망행위를 인정하는 과정에서 피고인들의 행위를 나열하고 범행에 이르는 과정을 일부 설명하고 있기는 하나, 사기죄 판단에 이르게 된 과정이나 요소들에 대한 상세한 기준은 언급하고 있지 않은 것으로 보여진다.

또한 항소심은 법원의 직권으로 포괄일죄에 성립되지 않음을 판단하고 있는데, 이는 동일 죄명에 해당하는 수 개의 행위를 단일하고 계속된 범의하에 일정기간 계속하여 행하고 그 피해법익도 동일한 경우에는 이들 각 행위를 모두 포괄하여 일죄로 처단하여야 한다는 기존 대법원의 입장(대법원 2002. 7. 26. 선고 2002도1855 판결)과는 또 다른 결론을 내린 것이라 할 수 있는데, 이러한 판단을 내리게 된 과정과 판단기준 등이 구체적이지 않아 단편적인 해석만이 가능한 상황이다. 포괄일죄에 해당성에 대해서는 다양한 학설이 존재하고, 법원의 입장도 엇갈리고 있는 것으로 보인다. 따라서 이러한 결론에 이르게 된 상세한 요건과 기준, 검토과정 등이 추가적으로 설명되고 있지 않은 부분이 아쉬움으로 남는다.

Ⅲ. 판례의 의의

대상판결은 최근 사회적으로 문제시 되고 있는 일부 검색광고 대행업체의 사기성 영업행위와 관련하여, 민사적 방편 이외에 행위자의 기망행위를 입증하여 사기죄로 엄단할 수 있다는 사례를 제시한 의미 있는 판례라고 평가할 수 있다.

다만, 여전히 이와 유사한 피해사례는 다수 발견되고 있으나, 기망행위를 입증하고 인정을 받는 것이 현실적으로 쉽지 않으며, 보통은 민사적 문제로 분류하여 해결하는 경우가 일반적이다. 이와 같은 사기행위는 온라인광고 산업 발전의 저해요소로 작용하고 있으며, 피해대상이 주로 소상공인 자영업자들에 집중되어 있다는 점이 더욱 문제된다.

광고 대행업체의 사기성 영업행위와 관련해서는 적극적으로 형사적 해결방안을 활용할 필요가 있으며, 향후 판례의 축적을 통하여 사기유형의 분류, 기망행위 판단 요소의 정리과정을 통해 구체적인 기준을 정립할 필요가 있다. 또한 이러한 사회적 문제 해결을 위한 입법적 검토가 병행될 필요가 있다.

96 소비자불매운동과 공갈죄의 협박 여부 판단기준

-대법원 2013. 4. 11. 선고 2010도13774 판결

정 경 오* · 고 환 경**

Ⅰ. 판례의 개요

1. 사안의 개요

2008년 12월말 새로 선출된 '언론소비자주권캠페인'(이하 '언소주'라 한다)의 대표 피고인 1과 미디어행동단 팀장 피고인 2는 2009년 6월경 공소외 A제약회사(이하 'A회사'라 한다)가 특정 주요 일간지에 광고를 편중하여 게재하였다는 이유로 '특정 주요 일간지에 광고 게재를 중단하거나 한겨레, 경향 신문에 동등하게 광고를 게재할 때까지 A회사의 제품에 대한 불매운동을 전개'하겠다는 기자회견을 열었다. 불매대상 기업으로 선정된 사실을 언론을 통해 알게 된 A회사의 홍보 담당 임원 B는 홍보실 부장 C로 하여금 언소주 측 사람을 만나 A회사가 불매운동 대상으로 선정된 이유와 요구조건을 직접 들어보도록 지시하였고, 피고인들은 B와 만난 자리에서 A회사가 특정 주요 일간지(이하 '이 사건 언론사'라 한다)에 광고를 편중했기 때문에 불매운동기업으로 선정하였다면서 해당 일간지들에 대한 광고를 중단할 것을 요구하였으나 B로부터 회사 입장에서 그 요구를 수용하기 어려울 것이라는 말을 듣자 그에 대응하여 피고인이 지정하는 다른 신문에 위 주요 일간지들에 게재하는 광고와 동등하게 광고를 집행할 것, 특히 빠른 시일 내에 한겨레신문과 경향신문에 광고를 게재할 것, A회사의 인터넷 홈페이지에 "향후 광고를 편중되게 하지 않겠다"라는 내용의 팝업창을 띄울 것을 요구하여 A회사 측은 그에 응하여 해당 내용의 팝업창을 게시하였다. 또한 A회사는 광고 집행 예정이 없었던 한겨레신문과 경향신문에 각각 가로 21㎝, 세로 9단 크기로 378만 원씩 합계 756만 원 상당의 광고를 게재하고 위 광고비를 위

---

* 법무법인 린 변호사.

** 법무법인 광장 변호사.

신문사들에 지급하였다. 이에 검찰은 피고인 1과 피고인 2를 폭력행위등처벌에관한법률 위반(공동공갈, 공동강요)으로 기소하였다.

2. 소송경과

가. 항소심 판결[1)]

이 사건과 관련하여 제2심 법원은 언소주가 수행하겠다고 발표한 불매운동방법과 언소주의 회원수가 76,000여 명에 이르는 점, A회사는 주로 소비재를 판매하고 있는 기업으로서 광고가 영업에 미치는 영향력이 매우 큰 점, 불매운동 그 자체가 위법하지는 않다 하더라도, 피고인 1이 A회사에 대하여 불매운동을 하겠다고 하면서 그 철회 조건으로 이 사건 언론사에 대한 광고를 중단할 것을 요구한 행위, 한겨레, 경향신문 등에 대하여 동등광고 집행을 요구한 행위, 회사 인터넷 홈페이지에 이 사건 팝업창을 띄우게 한 행위 등을 종합하여, A회사의 의사결정권자로 하여금 위 요구를 수용하지 아니할 경우 이 사건 불매운동이 지속되어 영업에 중대한 타격을 입을지도 모른다는 겁을 먹게 하여 그 의사결정 및 의사실행의 자유를 침해한 것으로 강요죄에서의 협박 및 공갈죄의 수단으로서의 협박에 해당한다고 판단하여 피고인들에 대해 유죄를 인정하였다.

나. 대법원 판결

이에 대해 피고인들은 상고하였으나 상고가 기각되었다. 대법원 판결 요지는 아래와 같다.

(1) 소비자 불매운동의 실행 수단으로서의 불이익 고지 또는 공표의 공갈죄 수단으로 협박 해당 여부

대법원은 "소비자가 구매력을 무기로 상품이나 용역에 대한 자신들의 선호를 시장에 실질적으로 반영하기 위한 집단적 시도인 소비자불매운동은 본래 '공정한 가격으로 양질의 상품 또는 용역을 적절한 유통구조를 통해 적절한 시기에 안전하게 구입하거나 사용할 소비자의 제반 권익을 증진할 목적'에서 행해지는 소비자보호운동의 일환으로서 헌법 제124조를 통하여 제도로서 보장되나, 그와는 다른 측면에서 일반 시민들이 특정한 사회, 경제적 또는 정치적 대의나 가치를 주장·옹호하거나 이를 진작시키기 위한 수단으로 소비자불매운동을 선택하는 경우도 있을 수 있고, 이러한 소비자불매운동 역시 반드시 「헌

1) 서울중앙지방법원 2010. 10. 5. 선고 2009노3623 판결. 제1심 법원의 판결(서울중앙지방법원 2009. 10. 29. 선고 2009고단4470 판결)은 법원 종합법률정보 사이트에 공개되어 있지 않아 설명하지 않는다.

법」 제124조는 아니더라도 「헌법」 제21조에 따라 보장되는 정치적 표현의 자유나 헌법 제10조에 내재된 일반적 행동의 자유의 관점 등에서 보호받을 가능성이 있다"고 하면서, "단순히 소비자불매운동이 「헌법」 제124조에 따라 보장되는 소비자보호운동의 요건을 갖추지 못하였다는 이유만으로 이에 대하여 아무런 헌법적 보호도 주어지지 아니한다고 단정하여서는 아니 된다"라고 설시하였다.

다만 대법원은 "대상 기업에 특정한 요구를 하면서 이에 응하지 않을 경우 불매운동의 실행 등 대상 기업에 불이익이 되는 조치를 취하겠다고 고지하거나 공표하는 것과 같이 소비자불매운동의 일환으로 이루어지는 것으로 볼 수 있는 표현이나 행동이 정치적 표현의 자유나 일반적 행동의 자유 등의 관점에서도 전체 법질서상 용인될 수 없을 정도로 사회적 상당성을 갖추지 못한 때에는 그 행위 자체가 강요죄나 공갈죄에서 말하는 협박의 개념에 포섭될 수 있다"고 설명하면서, "소비자불매운동 과정에서 이루어진 어떠한 행위가 강요죄나 공갈죄의 수단인 협박에 해당하는지 여부는 해당 소비자불매운동의 목적, 불매운동에 이르게 된 경위, 대상 기업의 선정이유 및 불매운동의 목적과의 연관성, 대상 기업의 사회·경제적 지위와 거기에 비교되는 불매운동의 규모 및 영향력, 대상 기업에 고지한 요구사항과 불이익 조치의 구체적 내용, 그 불이익 조치의 심각성과 실현가능성, 고지나 공표 등의 구체적인 행위 태양, 그에 대한 상대방 내지 대상 기업의 반응이나 태도 등 제반 사정을 종합적·실질적으로 고려하여 판단하여야 한다(대법원 2013. 3. 14. 선고 2010도410 판결 참조)"라고 설시하였다.

(2) 상고이유에 대한 판단

이에 대법원은 "원심은 그 채택 증거에 의하여 피고인들이 벌인 이 사건 불매운동의 목적, 그 조직과정 및 규모, 대상 기업으로 A회사 하나만을 선정한 경위, 기자회견을 통해 공표한 불매운동의 방법 및 대상 제품, A회사 직원에게 고지한 요구사항의 구체적인 내용, 위 공표나 고지행위 당시의 상황, 그에 대한 A회사 경영진의 반응, 위 요구사항에 응하지 않을 경우 A회사에 예상되는 피해의 심각성 등에 관한 판시 사실을 인정한 다음, 그러한 사실관계에 기초하여 피고인 1이 A회사에 대하여 불매운동을 하겠다고 하면서 조선일보, 동아일보, 중앙일보 등 언론사에 대한 광고를 중단할 것을 요구한 행위와 한겨레신문, 경향신문에 조선일보 등과 동등하게 광고를 집행할 것을 요구한 행위 및 A회사의 인터넷 홈페이지에 'A회사는 앞으로 특정 언론사에 편중하지 않고 동등한 광고 집행을 하겠다'는 내용의 팝업창을 띄우게 한 행위는 모두 A회사의 의사결정권자로 하여금 그 요구를 수용하지 아니할 경우 이 사건 불매운동이 지속되어 영업에 타격을 입게 될 것이라는 겁을 먹게 하여 그 의사결정 및 의사실행의 자유를 침해한 것으로 강요죄나 공갈죄의 수단으로서의 협박에 해당한다고 판단하였다. 원심판결 이유를 앞서 본 법리와 원심이 적법하게 채택한 증거들에 비추어 살펴보면, 원심의 위와 같은 판단은 정당한 것으로 수긍할 수 있고, 거기에 상고이유 주장과 같이 공갈죄 및 강요죄에서의 협박에 관한 법리를 오해한 위법이 없다"라고 판단하였다.

II. 해 설

1. 공갈죄의 수단인 협박과 정당한 권리행사의 협박 해당 여부

공갈죄는 사람을 공갈하여 타인이 점유하는 재물 또는 재산상의 이익을 취득함으로써 성립하는 범죄로서 공갈이란 폭행 또는 협박을 수단으로 한다(「형법」 제350조). 특히 공갈죄의 수단인 협박에 대해 대법원은 "사람의 의사결정의 자유를 제한하거나 의사실행의 자유를 방해할 정도로 겁을 먹게 할 만한 해악을 고지하는 것을 말하는데, 해악의 고지는 반드시 명시적인 방법이 아니더라도 말이나 행동을 통해서 상대방으로 하여금 어떠한 해악에 이르게 할 것이라는 인식을 갖게 하는 것이면 족하고, 피공갈자 이외의 제3자를 통해서 간접적으로 할 수도 있으며, 행위자가 그의 직업, 지위 등에 기하여 불법한 위세를 이용하여 재물의 교부나 재산상 이익을 요구하고 상대방으로 하여금 그 요구에 응하지 않을 때에는 부당한 불이익을 당할 위험이 있다는 위구심을 일으키게 하는 경우에도 해악의 고지가 된다(대법원 2003. 5. 13. 선고 2003도709 판결; 대법원 2005. 7. 15. 선고 2004도1565 판결 등 참조)"고 일관되게 판시하고 있다. 또한 대법원은 "공갈죄의 수단으로서 협박은 구체적 사정을 참작하여 객관적으로 사람의 의사결정의 자유를 제한하거나 의사실행의 자유를 방해할 정도로 겁을 먹게 할 만한 해악을 고지하는 것을 말하고, 고지하는 내용이 위법하지 않은 것인 때에도 해악이 될 수 있"다고 판시하고 있다(대법원 2001. 2. 23. 선고 2000도4415 판결).

다만 고지한 해악은 행위자가 통제할 수 있는 영역의 것이어야 하며, 고지받은 상대방의 의사결정의 자유가 제한되거나 의사실행의 자유가 방해될 정도로 겁을 먹을 만한 내용이어야 한다. 대법원은 "가출자의 가족에 대하여 가출자의 소재를 알려주는 조건으로 보험가입을 요구한 피고인의 소위는 가출자를 찾으려고 그 소재를 알고 싶어하는 그 가족들의 안타까운 심정을 이용하여 보험가입을 권유 내지 요구하는 언동으로 도의상 비난할 수 있을지언정 그로 인하여 가족들에 새로운 외포심을 일으키게 되거나 외포심이 더하여 진다고는 볼 수 없으므로 이를 공갈죄에 있어서의 협박이라고 단정할 수 없다"고 판시하였다(대법원 1976. 4. 27. 선고 75도2818 판결).

한편 정당한 권리를 행사하겠다고 고지한 것을 공갈의 수단인 해악의 고지라고 볼 것인지와 관련하여, 대법원은 "해악의 고지가 비록 정당한 권리의 실현 수단으로 사용된 경우라고 하여도 그 권리실현의 수단방법이 사회통념상 허용되는 정도나 범위를 넘는 것인 이상 공갈죄의 실행에 착수한 것으로 보아야 하고, 여기서 어떠한 행위가 구체적으로 사회통념상 허용되는 정도나 범위를 넘는 것이냐의 여부는 그 행위의 주관적인 측면과 객관적인 측면, 즉 추구된 목적과 선택된 수단을 전체적으로 종합하여 판단하여야 한다"고 판시하고 있다(대법원 1995. 3. 10. 선고 94도2422 판결; 대법원 2007. 10. 11. 선고 2007도6409 판결 등).

구체적으로 대법원은 수급인이 권리행사에 빙자하여 도급인 측에 대하여 비리를 관계기관에 고발하겠다는 내용의 협박 내지 사무실의 장시간 무단점거 및 직원들에 대한 폭행 등의 위법수단을 써서 기성고 공사대금 명목으로 금원을 교부받은 사안(대법원 1991. 12. 13. 선고 91도2127 판결), 피고인이 비록 피해자의 기망에 의하여 판시 부동산을 비싸게 매수하였다 하더라도 그 계약을 취소함이 없이 등기를 피고인 앞으로 둔 채 피해자의 전매차익을 받아낼 셈으로 피해자를 협박하여 재산상의 이득을 얻거나 돈을 받은 사안(대법원 1991. 9. 24. 선고 91도1824 판결) 등에서는 정당한 권리행사의 범위를 넘은 것으로 사회통념상 용인될 수 없으므로 공갈에 해당한다고 판단하였다. 한편 대법원은 소유건물에 인접한 대지 위에 건축허가조건에 위반되게 건물을 신축, 사용하는 소유자로부터 일조권 침해 등으로 인한 손해배상에 관한 합의금을 받은 사안(대법원 1990. 8. 14. 선고 90도114 판결), 피고인의 코 부분을 촬영한 X선 사진에 나타난 비골골절상은 오래 전에 생긴 것이기는 하나 피고인이 공소외인들과 서로 다투다가 땅에 넘어지는 바람에 비부좌상으로 심한 출혈과 비부 주위에 종창이 있어 그 때문에 X선 촬영까지 하게 된 이상 피고인이 공소외인들과의 사움으로 비부좌상 외에 종전 상처인 비골골절상까지 그 때 입은 것으로 믿고 치료비 및 합의금 명목으로 돈을 받은 사안(대법원 1984. 1. 24. 선고 83도3023 판결) 등에서는 공갈죄를 구성한다고 보기 어렵다고 판시하였다.

2. 소비자 불매운동의 법적 근거와 그 한계 – 사회적 상당성

「헌법」 제124조는 "국가는 건전한 소비행위를 계도하고 생산품의 품질향상을 촉구하기 위한 소비자보호운동을 법률이 정하는 바에 의하여 보장한다"라고 규정하고 있다. 이에 따라 「소비자기본법」(법률 제15696호)이 마련되어 시행되고 있다.[2)]

---

2) 좀 더 자세한 내용은 조국, 『절제의 형법학』(박영사), 512면 이하 참조("소비자보호운동조항은 1980년 제5공화국 헌법 제125조로 신설되었고 이는 1987년 헌법의 제124조로 이어졌다. 소비자보호법은

특히 대다수 기업들의 소비자에 대한 권리 침해 양태를 살펴보면 소비생활에 영향을 주는 국가 및 지방자치단체의 정책과 관련되어 있거나 다수의 피해 발생에 대한 집단적 대응이 중요하다는 점을 고려할 때 단체를 조직하고 이를 통하여 활동할 권리가 반드시 보호되어야 한다. 이러한 소비자운동의 특성을 고려하여 「소비자기본법」 제4조는 "소비생활에 영향을 주는 국가 및 지방자치단체의 정책과 사업자의 사업활동 등에 대하여 의견을 반영시킬 권리"(제4호)와 "소비자 스스로의 권익을 증진하기 위하여 단체를 조직하고 이를 통하여 활동할 수 있는 권리"(제7호)를 특별히 규정하고 있다.

대법원 역시 "소비자가 구매력을 무기로 상품이나 용역에 대한 자신들의 선호를 시장에 실질적으로 반영하기 위한 집단적 시도인 소비자불매운동은 본래 '공정한 가격으로 양질의 상품 또는 용역을 적절한 유통구조를 통해 적절한 시기에 안전하게 구입하거나 사용할 소비자의 제반 권익을 증진할 목적'에서 행해지는 소비자보호운동의 일환으로서 「헌법」 제124조를 통하여 제도로서 보장되나, 그와는 다른 측면에서 일반 시민들이 특정한 사회, 경제적 또는 정치적 대의나 가치를 주장·옹호하거나 이를 진작시키기 위한 수단으로 소비자불매운동을 선택하는 경우도 있을 수 있고, 이러한 소비자불매운동 역시 반드시 「헌법」 제124조는 아니더라도 「헌법」 제21조에 따라 보장되는 정치적 표현의 자유나 헌법 제10조에 내재된 일반적 행동의 자유의 관점 등에서 보호받을 가능성이 있다"고 하면서, "단순히 소비자불매운동이 「헌법」 제124조에 따라 보장되는 소비자보호운동의 요건을 갖추지 못하였다는 이유만으로 이에 대하여 아무런 헌법적 보호도 주어지지 아니한다고 단정하여서는 아니 된다"고 설시하고 있다(대법원 2013. 4. 11. 선고 2010도13774 판결).

다만 대법원은 소비자불매운동과 관련하여서도 대상 기업에 특정한 요구를 하면서 이에 응하지 않을 경우 불매운동의 실행 등 대상 기업에 불이익이 되는 조치를 취하겠다고 고지하거나 공표하는 것과 같이 소비자불매운동의 일환으로 이루어지는 것으로 볼 수 있는 표현이나 행동에 대해서도 "정치적 표현의 자유나 일반적 행동의 자유 등의 관점에서 전체 법질서상 용인될 수 없을 정도로 사회적 상당성을 갖추지 못한 때에는 그 행위 자체가 강요죄나 공갈죄에서 말하는 협박의 개념에 포섭될 수 있다"고 설시하면서 "소비자불매운동 과정에서 이루어진 어떠한 행위가 강요죄나 공갈죄의 수단인 협박에 해당하는지 여부는 해당 소비자불매운동의 목적, 불매운동에 이르게 된 경위, 대상 기업의 선정 이유 및 불매운동의 목적과의 연관성, 대상 기업의 사회·경제적 지위와 거기에 비교되는 불매운동의 규모 및 영향력, 대상 기업에 고지한 요구사항과 불이익 조치의 구체적 내용,

1980년 제정되었는데, 1986년 개정에서 현행 소비자기본법 제4조의 여덟 가지 소비자의 기본권 중 일곱 가지가 규정되었고, 2006년에는 명칭이 소비자기본법으로 바뀌었다").

그 불이익 조치의 심각성과 실현가능성, 고지나 공표 등의 구체적인 행위 태양, 그에 대한 상대방 내지 대상 기업의 반응이나 태도 등 제반 사정을 종합적·실질적으로 고려하여 판단하여야 한다"고 설시한 바 있다(대법원 2013. 4. 11. 선고 2010도13774 판결).

3. 관련 판례

소비자불매운동과 관련된 판례로 대법원 2013. 3. 14. 선고 2010도410 판결이 있다. 위 판례는 광고주들과 신문사들에 대한 업무방해죄 성립이 문제된 사건이다.

먼저, 광고주들에 대한 업무방해죄 성립에 관하여 피고인들이 공모하여 광고주들에게 지속적·집단적으로 항의전화를 하거나 항의글을 게시하고 그 밖의 다양한 방법으로 광고중단을 압박한 행위는 피해자인 광고주들의 자유의사를 제압할 만한 세력으로서 위력에 해당한다고 판단하였다.

다음으로 신문사들에 대한 업무방해죄 성립에 관하여 업무방해죄의 위력은 원칙적으로 피해자에게 행사되어야 하고 제3자를 향한 위력의 행사는 이를 피해자에 대한 직접적인 위력의 행사와 동일시할 수 있는 예외적 사정이 인정되는 경우에만 업무방해죄의 구성요건인 위력의 행사로 볼 수 있는데, 단순히 제3자에 대한 위력의 행사와 피해자의 업무에 대한 방해의 결과나 위험 사이에 인과관계가 인정되기만 하면 곧바로 피해자에 대한 위력의 행사가 있는 것으로 볼 수 있다는 전제에서, 피고인들의 행위로 이 사건 신문사들이 실제 입은 불이익이나 피해의 정도, 그로 인하여 이 사건 신문사들의 영업활동이나 보도에 관한 자유의사가 제압될 만한 상황에 이르렀는지 등을 구체적으로 심리하여 살펴보지 아니한 채, 그것만으로 이 사건 신문사들에 대한 직접적인 위력의 행사가 있었다고 본 원심의 판단을 받아들이지 않았다.

4. 검 토

관련 판례는 광고주들과 신문사들에 대한 업무방해죄의 성립을 구분하여 광고주들에 대한 업무방해죄는 인정하고 신문사들에 대한 업무방해죄는 인정하지 않았다.

반면에 대상판결은 피고인의 행위는 A회사의 의사결정권자로 하여금 그 요구를 수용하지 아니할 경우 불매운동이 지속되어 영업에 타격을 입게 될 것이라는 겁을 먹게 하여 의사결정 및 의사실행의 자유를 침해한 것으로 강요죄나 공갈죄의 수단으로서의 협박에 해당한다고 보았다.

따라서 강요죄나 공갈죄의 수단으로서 협박이나 업무방해죄의 위력은 원칙적으로 피해자에게 행사되어야 하고 제3자를 향한 협박이나 위력의 행사는 이를 피해자에 대한 직접적인 협박이나 위력의 행사와 동일시할 수 있는 예외적 사정이 인정되는 경우에만 강요죄나 공갈죄의 협박이나 업무방해죄의 위력의 행사로 볼 수 있다고 할 것이다. 관련 판례나 대상판결은 직접 피해자인 회사에 대해서는 직접적인 협박이나 위력의 행사를 인정하고 있는 것이다.

Ⅲ. 판례의 의의

대상판결은 소비자운동의 일환으로 일어나는 광고중단 요구 및 소비자불매운동에 대하여 기존 대법원 판례의 태도를 그대로 유지하고 있는데 의의가 있다. 즉, 대법원은 소비자가 구매력을 무기로 상품이나 용역에 대한 자신들의 선호를 시장에 실질적으로 반영하기 위한 집단적 시도인 소비자불매운동은 원칙적으로 소비자의 권익을 증진시킬 목적에서 행해지는 소비자보호운동의 일환으로서「헌법」 제124조를 통하여 제도로서 보장하고 있다.

또한「헌법」 제124조를 근거로 하는 것은 아니지만, 일반 시민들이 특정한 사회, 경제적 또는 정치적 대의나 가치를 주장·옹호하거나 이를 진작시키기 위한 수단으로 소비자불매운동 역시「헌법」 제21조에 따라 보장되는 정치적 표현의 자유나「헌법」 제10조에 내재된 일반적 행동의 자유의 관점 등에서 보호받을 가능성이 있다고 판단하여 왔다.

이번 대상판결에서도 대법원은 "단순히 소비자불매운동이「헌법」 제124조에 따라 보장되는 소비자보호운동의 요건을 갖추지 못하였다는 이유만으로 이에 대하여 아무런 헌법적 보호도 주어지지 아니한다고 단정하여서는 아니 된다"고 설시하면서「헌법」 제21조에 따라 정치적 표현의 자유나「헌법」 제10조에 내재된 일반적 행동의 자유의 관점에서 보호받을 수 있다는 그 동안의 태도를 견지하고 있는 것으로 보인다.

다만 대법원은 소비자불매운동과 관련하여서도 정치적 표현의 자유나 일반적 행동의 자유 등의 관점에서 전체 법질서상 용인될 수 없을 정도로 사회적 상당성을 갖추지 못한 때에는 그 행위 자체가 강요죄나 공갈죄에서 말하는 협박의 개념에 포섭함으로써 소비자불매운동의 한계를 인정하고 있다고 할 것이다.

97 허위·과장광고의 판단기준 및 법적 책임주체

-대법원 2005. 2. 18. 선고 2003두8203 판결

박 성 범*

Ⅰ. 판례의 개요

1. 사안의 개요

원고 주식회사 성창에프엔디(이하 '원고'라 한다)는 부동산 임대 및 매매업 등을 영위하는 사업자로서 자신이 분양하는 상가들을 분양하기 위하여 총 16개의 분양업체들과 분양대행계약을 체결하였다. 위 분양대행사들은 2000. 11.부터 2001. 5.까지 조선일보 등을 통하여 "동대문 밀리오레는 1점포 시세권리금 약 3억 5천만 원, 10억대 부자 속출", "2천만 원 투자로 년 720~900만 원 수입", "1억 원 투자로 밀리오레 점포 3개에다 연수입 1,980만 원에 막대한 권리금까지"라고 광고하였고, 수원 밀리오레에 대하여는 "1년 내 원금회수 가능"이라고 광고하였으며, 광주 밀리오레에 대해서는 "동대문 밀리오레는 캐쥬얼 유니섹스 최초분양가 6,900만 원, 현재 매매가 3억, 최초분양가 대비 500% 확정 투자수익을", "광주 밀리오레는 케쥬얼 유니섹스 현재분양가 5,400만 원(실제투자금액 2,100만 원) 향후 1~2년 후 400%~500% 투자수익 예상"이라고 광고하는 등 총 334회에 걸쳐 광고를 하였다.

이에 대해 피고 공정거래위원회(이하 '피고' 또는 '공정거래위원회'라 한다)는 위 분양대행사의 광고들이 원고와의 협의 및 조정을 거쳐 이루어진 것이므로 이는 원고의 광고행위에 해당하고, 그 광고들의 내용은 사실과 다르게 소비자를 오인시킬 우려가 있는 「표시·광고의공정화에관한법률」(이하 '표시광고법'이라 한다) 제3조 제1항 제1호 소정의 허위·과장광고에 해당하는 것으로 판단하고 시정명령과 함께 법위반사실공표명령을 하였다가, 「독점규제및공정거래에관한법률」(이하 '공정거래법'이라 한다") 제27조의 법위반사실공표명령은 「헌법」에 위반된다는 헌법재판소의 위헌결정(헌재 2002. 1. 31. 자 2001헌바43)의 취지에 따라

* 법무법인(유한) 율촌 변호사.

2002. 3. 21. 의결 제2002-065호로 위 공표명령을 표시광고법을 위반하였다는 이유로 피고로부터 시정명령을 받은 사실을 공표하도록 하는 내용으로 직권변경하는 처분을 하였다.

2. 소송경과 및 판결의 요지

가. 원심판결[1)]

(1) 원고 주장의 요지[2)]

① 광고문안의 작성 및 광고매체와의 광고게재계약, 광고료 지급은 모두 분양대행회사에서 자신들의 계산과 책임으로 시행한 것이므로 위 분양광고의 주체는 이들 대행사들이 되어야 한다(분양광고의 주체).

② 분양광고 내용에 다소 과장이 있다 하더라도 이는 상거래 관행의 범위 내에서 이루어진 통상적인 것일 뿐 허위·과장광고라고 보기 어렵다(허위·과장광고 여부).

(2) 원심판결의 요지

(가) 분양광고의 주체

원고와 분양대행사 사이에 체결된 분양대행계약서에서 분양광고는 분양대행회사의 책임하에 실제와 일치하게 하여야 하고 그 광고내용에 대하여도 분양대행회사가 전적으로 책임을 지는 것으로 약정되어 있고 분양대행사가 신문사에 광고 게재를 의뢰하고 분양대행사 이름으로 세금계산서가 발급된 사실이 인정되지만, 분양광고들의 광고 문안은 분양대행사가 작성하고 원고회사의 홍보팀에서 검토하여 표현을 수정하는 등 협의 및 조정절차를 거친 사실, 분양광고들에 '밀리오레'라는 원고의 상호를 전면으로 사용하였을 뿐 분양대행사들의 상호가 별도로 기재되어 있지 않아 소비자들 입장에서는 원고가 직접 분양광고를 하는 것으로 인식할 수밖에 없는 사실이 인정되고, 분양광고들이 신문에 게재된 기간과 광고횟수 등에 비추어 보면, 대외적으로는 원고가 직접 분양광고들의 주체이거나, 적어도 원고가 다른 사업자인 분양대행사들로 하여금 위와 같은 내용의 분양광고들을 하게 한 것이라고 할 것이므로 위 분양광고들의 주체가 원고가 아니라는 주장은 이유 없다.

(나) 허위·과장광고 여부

대구 밀리오레 광고와 관련하여서는 "(i) 동대문 밀리오레는 1점포 시세권리금 약 3

---

1) 서울고등법원 2003. 6. 5. 선고 2001누19010 판결.

2) 원고는 표시광고법 제7조 제2항 제1호가 규정한 법위반사실공표명령이 위헌이라는 주장을 하였고 원심판결과 대법원 판결은 이 주장에 대해서도 판단하였으나, 이는 본 판례 평석의 주제 범위를 벗어나므로 이와 관련한 내용은 생략한다.

억 5천만 원, (ii) 10억대 부자 속출, (iii) 2천만 원 투자로 연 720~900만 원 수입, (iv) 1억 원 투자로 밀리오레 점포 3개에다 연수입 1,980만 원에 막대한 권리금까지"의 광고 문구가 문제된다.

먼저, (i)의 광고표현은 상가의 권리금은 사업장의 위치와 업종, 사업자의 영업능력에 따라 다를 수 있음에도 불구하고 어느 점포를 운영하는 누구를 기준으로 한 것인지 밝히지 않는 채 대부분의 점포 권리금이 약 3억 5천만 원에 달하는 것처럼 광고하고 있고, (ii)의 경우, 원고가 위 표현은 입점 상인 중 하나가 1년 만에 10억 원을 번 잡지 기사를 근거로 한 것이라 해명하였으나, 위 표현은 특정 상인의 수입을 다수의 상인이 일반적으로 얻을 수 있는 수익으로 오인할 수 있게 하는 내용의 광고에 해당되고, (iii)의 경우 광고가 실제 어떤 점포의 경우에 해당하는 것인지는 물론 위 내용이 동대문 밀리오레 점포에 해당하는 것인지 조차 밝히지 않은 채 일부 점포의 특정 수입을 과장하여 전체 점포의 평균 수입인 것처럼 표현하여 소비자의 오인을 불러일으키게 하고 있으며, (iv)의 경우도 원고가 투자자의 경우 은행융자금에 대한 적용금리가 광고 당시 실제 연 11%임을 알고 있음에도 은행금리 연 7%를 적용하여 연 수입을 1,980만 원으로 계산하였다고 시인하고 있고, 임대료 수익 역시 점포의 위치와 업종에 따라 다를 것임에도 불구하고 어떤 점포의 경우인지를 구체적으로 밝히지 않고 일반적으로 연 수입 1,980만 원에 대한 막대한 권리금 수익까지 얻을 수 있는 것처럼 광고한 사실이 인정된다. 위와 같은 분양광고들은 별다른 근거도 없이 동대문점의 예를 들어 동대문점과 같은 상권 및 권리금이 형성된다는 가정 하에 실제 예상수입 등을 과장하였을 뿐만 아니라, 극히 일부 점포의 사례를 가지고 마치 일반적인 점포에서 위와 같은 수익을 얻을 수 있는 것처럼 과대광고를 한 것으로 인정되고, 상가의 미래 재산가치에 대해 객관적, 구체적 근거 없이 최상급 표현을 사용하여 막연히 높은 가치가 보장되거나 확정적 투자수익이 가능한 것처럼 소비자를 오인을 유도하거나 적어도 소비자를 오인시킬 우려가 있는 허위·과장 광고에 해당된다.

광주 밀리오레 상가 관련 분양광고의 경우도 광고 내용인 매매가 3억 원의 객관적 근거가 제시되지 못하였고, 광주 밀리오레는 상가의 입지, 주변환경, 인구수 등이 동대문 밀리오레와 상이하며 아직 분양 단계에 있음에도 동대문 밀리오레와 같은 정도의 수익을 얻을 수 있는 것처럼 예상하여 표현하는 것은 아무런 타당성이 없어, 이 역시 사실과 다르게 소비자를 오인시킬 우려가 있는 허위·과장광고에 해당된다.

수원 밀리오레 분양광고 관련 '1년 내 원금회수 가능'의 표현은 원고가 단지 향후 영업수익을 예상하여 표현한 것이라고 하고 있으나, 영업수익은 상가와 점포의 위치 및 주변 여건에 따라 달라질 수 있는 것임에도 이를 산정한 근거를 제시하지 못하고 있고, 동대문점과 같은 상권이 형성될 경우를 가정한 것이라는 취지의 원고 주장도 광고의 내용에 위 가정을 전제로 한 것이라는 아무런 표현이 없으므로 이 역시 객관적, 구체적 근거 없이 확정적 투자수익이 가능한 것처럼 소비자를 오인시킬 우려가 있는 허위·과장광고행위에 해당한다.

나. 대법원 판결

원고가 분양대행사들로 하여금 이 사건 광고를 하게 한 것이라는 원심의 판단에 채증법칙의 위배로 인한 사실오인이나 법리오해 등의 위법이 있다고 할 수 없고, 이는 분양대행사들과 체결한 계약서에 '광고는 분양대행사의 책임 하에 실제와 일치하여야 하고, 그 광고내용에 대하여 분양대행사가 전적으로 책임을 진다'는 취지의 규정을 두고 있다고 하여 달리 볼 것은 아니다.

표시광고법 제3조 제1항 제1호에서 말하는 허위·과장의 광고는 사실과 다르게 광고하거나 사실을 지나치게 부풀려 광고하여 소비자를 속이거나 소비자로 하여금 잘못 알게 할 우려가 있는 광고행위로서 공정한 거래질서를 저해할 우려가 있는 광고를 말하고, 광고가 소비자를 속이거나 소비자로 하여금 잘못 알게 할 우려가 있는지는 보통의 주의력을 가진 일반 소비자가 당해 광고를 받아들이는 전체적·궁극적 인상을 기준으로 하여 객관적으로 판단하여야 한다.

이 사건 분양광고가 허위·과장광고에 해당한다고 한 원심의 판단은 정당하므로 상고를 기각한다.

II. 해 설

1. 표시광고법 위반행위의 책임주체

가. 논의의 쟁점

표시광고법 위반행위에 2개 이상의 사업자가 직, 간접적으로 관여한 경우 위반행위의 궁극적인 책임주체를 누구를 볼 것인지의 문제는 시정조치의 실효성과 적절성 측면에서 중요한 쟁점이 될 수 있다. 이와 관련하여 표시광고법 제3조 제1항은 "사업자등은 소비자를 속이거나 소비자로 하여금 잘못 알게 할 우려가 있는 다음 각 호의 행위를 하거나 다른 사업자 등으로 하여금 하게 하여서는 아니된다"라고 규정하고 있는데, 여기서 '위반행위를 한 자'와 ' 다른 사업자 등으로 하여금 하게 한 자'를 어떻게 해석하고 구분할 것인지가 문제된다.

나. '위반행위를 한 자'의 판단기준

'위반행위를 한 자'가 문제될 수 있는 범위로는 (1) 허위·과장·비방 등의 광고내용의 작성에 직접 관여한 자, (2) 광고내용 작성에 처음부터 실질적으로 관여하지 않았으나 그 내용을 확인하고 최종적으로 신문·방송 등 광고매체에 이를 집행한 자, (3) 상품매매 수익 등 광고로 인한 경제적 효과를 귀속 받는 자, (4) 광고 내용에 따라 소비자가 광고주라고 인식될 수 있는 자 등을 생각해 볼 수 있다.[3] 특히, 광고의 속성상 광고주와 광고대행사, 광고매체사 등 여러 주체가 단계별로 관여한다는 점에서 허위·과장 광고에 따른 법적 책임주체를 누구로 볼 것인지 논란이 발생될 가능성이 높다.[4]

이와 관련하여 명확한 기준을 제시한 판례는 찾기 어려우나, 유사 사안에서 판례는 광고행위에 복수의 사업자가 관여한 경우 그 행정적 책임을 공동으로 지는지, 독립하여 책임을 지는지 여부는 양 당사자 간 체결된 거래약정의 내용, 광고행위를 위해 수행한 역할과 관여 정도, 광고의 구체적 내용 및 광고행위의 주체에 대한 소비자의 오인가능성 등을 종합하여 구체적·개별적으로 판단하여야 한다는 입장을 취하고 있다.[5]

다. '위반행위를 하게 한 자'의 판단기준

'위반행위를 하게 한 자'는 말 그대로 본인이 직접 위반행위를 실행하지는 않고 제3자로 하여금 위반행위를 하게 한 자를 말한다. 엄밀하게는 '위반행위'를 하게 한 자이기보다는 추후 표시광고법 등에 반하는 위법행위로 평가받을 가능성이 있는 사실행위를 하게 한 자라고 볼 수 있다. 위반행위를 실행한 자와 동일한 법적 책임을 지는 점을 고려하면 위반행위를 하게 한 자는 표시광고법 위반행위를 단순히 방조하는 행위만으로는 부족하고,

---

3) 최인선, "표시광고법 위반행위에 대한 책임주체 판단기준", 『경쟁과 법』, 제8호(2017. 4), 63면.

4) 실질적 표시·광고의 주체이면서 형식적으로는 표시광고법의 적용대상에서 제외되는 사업자에 대한 규제가 필요하다면서, 특히 건설공사에서 실질적인 광고주체와 형식적인 광고주체가 상이함으로 인해 발생하는 소비자피해에 대한 입법론적 대책이 필요하다는 견해까지도 제시되고 있다. 조성국, "부당한 표시·광고의 규제에 관한 연구", 『법학논문집』, 제33집 제1호(중앙대학교 법학연구소, 2009), 190면.

5) 대법원 2005. 12. 22. 선고 2003두8296 판결(사이버몰 운영자가 입점업체의 광고행위에 대하여 입점업체와 공동으로 또는 입점업체와 독립하여 광고행위의 주체로서 행정적 책임을 지는지 여부는 사이버몰 운영자와 입점업체 사이의 거래약정의 내용, 사이버몰 운영자의 사이버몰 이용약관의 내용, 문제된 광고에 관하여 사이버몰 운영자와 입점업체가 수행한 역할과 관여 정도, 광고의 구체적 내용은 물론 광고행위의 주체에 대한 소비자의 오인가능성 등을 종합하여 구체적·개별적으로 판단하여야 한다).

위반행위를 교사하거나 그에 준하는 행위를 하는 정도에는 이르러야 할 것이다.[6]

라. 이 사건의 경우

비록 이 사건 분양대행계약서에 분양대행회사가 광고내용에 대해 전적으로 책임을 지는 것으로 규정하고 있다 할지라도, 분양광고들의 광고 문안 확정 과정에서 원고의 검토 및 수정 등의 관여 정도, 분양광고들에 사용된 '밀리오레'라는 상호와 분양대행사들의 상호가 전혀 사용되지 않은 외관으로 인해 소비자에게 형성된 인식 등을 고려하면 원고가 이 사건 분양광고들의 직접적 주체이거나 적어도 분양대행사들로 하여금 분양광고를 하게 한 자에는 해당된다고 볼 수 있다. 이러한 취지로 판단한 원심판결과 대법원 판결은 타당하다.[7]

2. 허위·과장광고의 판단

가. 허위·과장의 의미

허위 또는 거짓·과장의 광고란 사실과 다르게 광고하거나 사실을 지나치게 부풀려 광고하는 경우를 말한다(표시광고법 시행령 제3조 제1항). 허위 내지 거짓이란 그 내용이 객관적 사실에 부합하지 않으면서 소비자의 구매의사 결정에 실질적으로 영향을 미치는 것이어야 한다.[8] 이러한 판단 기준이 사회적으로 용인되는 수준의 허위·과장과의 구분이

6) 최인선, 앞의 논문, 64면. 판례는 "독점규제및공정거래에관한법률 제19조 제1항 후단으로 '다른 사업자로 하여금 부당한 공동행위를 행하도록 하여서는 아니 된다'라는 규정의 해석과 관련하여 해당 조항의 입법취지 및 제정 경위, 관련 법률조항의 체계, 이 조항이 시정명령과 과징금 납부명령 등 침익적 행정행위의 근거가 되므로 가능한 한 이를 엄격하게 해석할 필요가 있는 점 등에 비추어 보면, 위 제19조 제1항 후단의 '다른 사업자로 하여금 부당한 공동행위를 행하도록 하는 행위'는 다른 사업자로 하여금 부당한 공동행위를 하도록 교사하는 행위 또는 이에 준하는 행위를 의미하고, 다른 사업자의 부당한 공동행위를 단순히 방조하는 행위는 여기에 포함되지 않는다고 할 것이다"라고 판시하였다(대법원 2009. 5. 14. 선고 2009두1556 판결). 비록 위 판결은 부당한 공동행위에 관한 것이지만 표시광고법의 경우에도 동일한 법리에 기초하여 해석할 수 있을 것이다.

7) 이에 대해 법원의 판결이 광고주가 광고 내용에 대해 실무상 검토하거나 광고대행사와 협의하지 않은 경우라면 광고대행사가 광고의 주체로 보아야 한다는 입장이라면 광고주가 광고대행사와 광고에 관하여 모든 책임을 부담하기로 하는 계약을 체결하여 법적 책임을 면하려고 할 수 있고 결과적으로 부당한 광고가 양산될 우려가 있어 동의하기 어렵다는 견해가 있다. 김두진, "부당한 표시·광고행위의 위법성 판단기준", 『소비자문제연구』, 제48권 제3호(2017. 12), 163면. 그러나 이 사건 판결들이 위와 같은 전제 사실까지 염두에 두고 판시한 것인지 불명확하고, 특히 광고의 속성상 광고주가 광고대행사가 마련한 광고 시안 내지 내용을 전혀 검토하거나 협의하지 않는 경우란 상상하기 어렵다는 점에서 위 견해에 선뜻 동의하기 어렵다.

8) 대법원 2002. 6. 14. 선고 2000두4187 판결(주택할부금융회사들이 주택할부금융을 안내전단 형식으로 광고함에 있어서 여신거래기본약관에 따라 일정한 경우 예외적으로 금리가 변동될 수 있다는 사실을 광고 내용에 포함시키지 않은 경우, 그 사실이 '소비자의 구매결정에 영향을 미칠 수 있는

가능하도록 한다는 취지 견해도 있다.[9] 소비자의 관점에서 지나친 과장은 거짓으로 인식될 수도 있다는 점에서 허위와 과장 간의 개념적 구별이 명확한 것도 아니고 그 제재 수준을 달리 하는 것도 아니지만, 대체로 광고 내용이 사실과 다르거나 객관적 근거가 없는 내용을 광고하는 경우가 허위 광고인 반면, 광고상의 주장이 특정 사실이나 객관적인 근거에 기초하고는 있으나 그 내용을 지나치게 부풀려서 광고하는 경우는 과장 광고로 인정된다.[10]

대법원은 "거짓·과장의 광고는 사실과 다르게 광고하거나 사실을 지나치게 부풀려 광고하여 소비자를 속이거나 소비자로 하여금 잘못 알게 할 우려가 있는 광고행위로서 공정한 거래질서를 저해할 우려가 있는 광고"라고 판시하였다.[11] 위 판결은 문제된 광고가 허위·과장의 내용을 포함하고 있다 하더라도 당연하게 위법한 것이 아니라 그에 따른 소비자오인성이 유발되어 공정한 거래질서를 저해할 우려가 인정되어야 함을 명확히 하고 있다. 즉, 소비자오인성과 공정거래저해성이 위법성 판단의 또 다른 요건인 것이다.[12]

나. 이 사건의 경우

이 사건에서 문제된 원고의 대구 밀리오레 광고 내용과 광주 밀리오레 상가 광고 내용을 보면, 원심판결이 적절히 판단한 바와 같이 특정 상인의 수입을 다수 상인이 일반적으로 얻을 수 있는 수입인 것처럼 광고하거나 광고 내용이 실제 어떤 점포에 해당하는 것인지, 예상수익이 어떤 근거하에 계산된 것인지 등도 밝히지 않은 채 일반적으로 권리금 또는 임대 수익을 올릴 수 있는 것처럼 광고하였다는 점에서 일반 소비자를 오인시킬 우려가 있다고 볼 수 있다. 이런 점을 근거로 위 광고 내용들이 허위·과장광고에 해당한다고 판단한 원심판결과 그 정당성을 확인한 대법원 판결은 타당하다.

중요한 사항'에 해당한다고는 할 수 없으므로 그 광고의 내용이 허위라거나 과장된 것이라고는 할 수 없다).

9) 이선희, 표시·광고의 공정화에 관한 법률 제3조, 로앤비 온라인주석집(2018. 4. 2).

10) 조성국, 앞의 논문, 180면.

11) 대법원 2003. 6. 27. 선고 2002두6935 판결 등.

12) 두 요건의 관계와 관련하여 공정거래위원회의 실무는 해당 광고 내용의 소비자오인성이 인정되면 그에 따른 공정거래저해성도 인정하는 경향을 보인다. 소비자오인성이 인정됨에도 공정거래저해성이 부인된 사례는 발견되지 않는다. 이러한 점을 이유로 입법론적으로 공정거래저해성의 요건은 삭제되어야 한다는 견해도 있으나(김두진, 앞의 논문, 173면), 소비자오인성의 정도에 따라 공정거래저해성이 달리 판단될 여지를 전적으로 배제하기 어렵다는 점에서 동의하기 어렵다.

Ⅲ. 판례의 의의

이 사건 판결은 상가 등 부동산 분양과 관련하여 분양알선을 의뢰받은 이른바 '분양대행사'와 분양사업자 간의 허위·과장의 분양광고에 따른 법적 책임주체에 관한 기준을 제시했다는 점에서 의의를 가지는 판결이다. 즉, 분양사업자와의 계약을 통해 광고문안의 작성 및 광고매체와의 광고게재계약, 광고료 지급 등을 모두 분양대행회사의 계산과 책임으로 시행했더라도 분양사업자가 광고문안의 작성에 관여하였거나 자신의 상호를 전면에 사용하는 등으로 인해 일반 소비자 입장에선 분양사업자가 직접 분양광고를 하는 것으로 인식할 수밖에 없었다면 이는 대외적으로 분양사업자가 해당 분양광고의 직접적 주체이거나 적어도 다른 사업자인 분양대행사로 하여금 위 분양광고를 하게 한 자로 인정되어 그 광고에 따른 법적 책임이 인정될 수 있음을 명확히 하였다. 결국, 허위·과장광고에 따른 법적 책임의 주체는 그 광고를 대하는 일반 소비자의 인식을 우선적인 기준으로 판단되어야 한다는 점을 명확히 한 판결이라고 할 수 있다.

98 실내 마감자재 관련 아파트분양광고의 허위·과장성

－대법원 2008. 11. 13. 선고 2008두6646 판결

정 성 무*

Ⅰ. 판례의 개요

1. 사안의 개요

연립주택 2개동 총 15세대 주민들이 2003년 8월경 위 연립주택을 철거한 후 총 29세대의 아파트(이하 '이 사건 아파트'라 한다)를 신축하기로 하고 이 사건 아파트 건축허가를 받은 후, 2003년 9월경 부동산 임대·공급업을 영위하는 원고를 사업대행사로, A사를 시공사로, B사를 연대보증사로 하여 이 사건 아파트 신축공사에 관한 공사일괄도급계약을 체결하였다.

2003. 11. 6.부터 2003. 12. 20.까지 배포된 이 사건 아파트 분양광고 카탈로그 200장에는 "수입 원목마루, 고품격 수입 원목마루[1)]가 중후하고 격조 높은 거실분위기를 연출해 줍니다"라는 내용이 기재되어 있었으나, 설계도서와 모델하우스에는 거실 바닥이 온돌마루[2)]로 되어 있었고 실제 거실 바닥도 온돌마루로 시공되었다.[3)]

---

* 법무법인(유한) 율촌 변호사.

1) 원목마루는 나무 합판 위에 2~3㎜ 정도 두께의 원목을 붙인 목재 바닥재다. 목재 고유의 무늬가 살아 있어 고급스러우나 목재 바닥재 중 가장 고가에 속한다.

2) 합판마루는 여러 겹 이어 붙인 합판 위에 0.5~0.6㎜의 두께로 얇게 켜낸 무늬목을 붙인 다음 도장해 만든다. 겉보기에는 원목마루와 큰 차이가 없으나, 원목마루처럼 강하지 못해 긁힘이 자주 생겨 관리가 어렵다. 온도나 습도 등 외부 환경에 따른 변화가 적어 바닥난방에 적합하고 열전도율이 높아 '온돌마루'라고 불린다.

3) 시공사인 A사는 전단지 및 카탈로그를 통하여 이 사건 아파트를 분양광고하면서 ① 처음 배포한 전단지(2003. 12. 22.)에 '고급스런 바닥재'로 표시했다가 2003. 12. 27. 오픈한 견본주택에서 그 품목을 누락하여 2003. 12. 27.부터 2004. 4. 30.까지 전시하고, ② 2003. 12. 29.부터 2004. 1. 6. 추가 제작 배포한 전단지에 그 품목 대신 온돌마루 바닥재를 추가하여 견본주택에 전시한 행위 등을 통해 허위·과장광고행위를 했다는 이유로 공정거래위원회로부터 2004년 11월에 시정명령(향후 반복금지)을 받은 바 있다. 의결서(공정거래위원회 20014. 11. 24. 의결 제2004－179호, 사건번호 2004조이1803)에 따

공정거래위원회는 2007. 7. 30. 원고에게 위 광고에 대한 책임이 있고 위 광고 내용은 표시·광고의 공정화에 관한 법률(이하 '표시광고법'이라 한다) 제3조 제1항 제1호에서 정한 허위·과장광고에 해당한다는 이유로 원고에 대하여 향후 반복행위를 금지하는 내용의 시정명령(이하 '이 사건 처분'이라 한다)을 하였다.[4)]

2. 소송경과

가. 원심판결

원심은 원고가 이 사건 아파트 신축사업의 사업대행사로서 형식적으로 광고 문구를 확인하고 광고 대금을 지급했다고 볼 수 없고 적어도 연대보증사인 B사와 공동으로 위 광고 행위를 하였다고 봄이 타당하고, 설계도서와 모델하우스에 거실 바닥이 온돌마루로 되어 있었는데 이 사건 카탈로그에 거실 바닥을 수입 원목마루로 광고한 것은 소비자를 속이거나 소비자로 하여금 잘못 알게 할 우려가 있고 공정한 거래질서를 저해할 우려가 있는 허위·과장광고라고 봄이 타당하다는 이유로 이 사건 처분의 취소를 구한 원고의 청구를 기각하였다(서울고등법원 2008. 4. 10. 선고 2007누22209 판결).

나. 대법원 판결

이에 대하여 원고가 상고를 제기하였으나, 대법원은 원심의 사실인정 및 판단이 정당하다는 이유로 상고를 기각하였다(대법원 2008. 11. 13. 선고 2008두6646 판결).

3. 판례의 요지

가. 광고에 대한 책임 주체

원고는 ① 자신이 아니라 연대보증사인 B사가 이 사건 광고물의 문구를 실질적으로

르면, 당시 A사는 표시광고법 위반 사실을 인정하고 시정조치의견을 수락한 것으로 되어 있다.

이 사건 원심판결문에 기재된 원고의 주장에 따르면, 이 사건 아파트를 신축하기로 한 주민들은 2003년 8월이나 9월부터 거실 바닥이 '수입 원목마루'가 아니라 '온돌마루'로 시공된다는 것을 알고 있었고, 2003. 11. 6.경 견본주택(모델하우스)이 지어진 후에 위 주민들, 일반수분양자들은 모두 모델하우스에서 이 점에 대해 상세하게 설명을 들었다고 한다. 그러나 원심 법원은 이를 인정할 증거가 없다는 이유로 원고의 위 주장을 배척하였고, 위 A사에 대한 의결서를 보면 모델하우스 오픈 시점이 원고 주장처럼 분양광고 카탈로그를 배포하기 시작한 시점인 2003. 11. 6.이 아니라 카탈로그 배포가 완료된 후인 2003. 12. 27.로 되어 있다.

4) 공정거래위원회 홈페이지에 의결서가 공개되어 있지 않아 더 자세한 내용을 파악하기는 어렵다. 특히 원고, A사, B사가 어떤 관계인지, 이 사건 아파트 신축공사 및 광고와 관련하여 구체적으로 어떤 역할을 하였는지 알기 어렵다.

검토·수정하고 광고대행사와 견적 금액을 조정·협상한 점, ② 이 사건 광고물에는 시공사인 A사, 연대보증사인 B사 또는 이 사건 아파트의 브랜드만 표시되어 있고 원고의 명칭은 전혀 표시되어 있지 않은 점, ③ 원고와 A사 사이에 작성된 업무협약서에 원고가 광고책임자로 기재된 것은 형식적인 것인 점, ④ 원고는 B사가 정한 광고 내용을 형식적으로 승인하고 광고대행사에 세금계산서를 발행했을 뿐인 점, ⑤ 원고는 이 사건 아파트의 거실 바닥이 이 사건 광고물의 내용대로 수입 원목마루에 시공될 것으로 믿었고 시공사가 온돌마루로 시공하리라는 것을 전혀 예상하지 못한 점 등에 비추어 보면, 위 광고행위의 실질적인 책임은 B사에 있고 원고에게는 아무런 책임이 없다고 주장했다.

이에 대해 원심은 ① 이 사건 카탈로그를 만든 회사는 카탈로그 시안을 만들어 B사와 원고의 확인 절차를 8~10회 정도 반복한 다음 이 사건 카탈로그를 완성한 사실, ② 원고와 A사 사이에 2003년 12월경 작성된 업무협약서에는 원고가 "분양광고 및 홍보"를 담당하는 것으로 기재되어 있는 사실, ③ 원고가 이 사건 카탈로그를 만든 회사에 광고 제작 대금을 지급하고 세금계산서를 발행한 사실, ④ 원고와 A사는 연립주택의 15세대 주민들과 공사일괄도급계약을 체결할 때 이 사건 아파트 신축사업과 관련하여 발생하는 사업소득이나 손실은 원고와 A사에게 귀속된다고 약정했고 원고와 A사는 업무협약서를 작성하면서 원고가 A사에게 일정액의 공사대금을 지급하기로 약정했으므로, 이 사건 아파트의 분양수입금이 늘어나는 만큼 원고의 수입이 늘어나거나 손실이 줄어들게 되는 사실, ⑤ 이 사건 아파트의 설계도서와 모델하우스에는 거실 바닥이 온돌마루로 되어 있었고 원고도 이를 알고 있었다고 보이는 사실을 인정한 후, 이에 비추어 보면 원고가 이 사건 아파트 신축사업의 사업대행사로서 형식적으로 위 광고 문구를 확인하고 광고 대금을 지급했다고 볼 수 없고 적어도 B사와 공동으로 광고 행위를 하였다고 봄이 타당하다고 판단했다.

대법원은 원심의 사실인정 및 판단이 정당한 것으로 수긍할 수 있고 거기에 상고이유에서 주장하는 바와 같은 채증법칙 위반으로 인한 사실오인, 심리미진, 표시광고법에 관한 법리오해 등의 위법이 없다고 판단하였다.

나. 허위·과장의 광고의 의미 및 판단기준

원고는 ① 연립주택 15세대의 주민들은 이 사건 건축허가를 받은 건축주들로서 이 사건 아파트에 대해 잘못된 광고로 인해 사실관계를 오인하여 분양계약을 체결할 가능성은 애당초부터 없었고, 위 주민들은 2003년 8월이나 9월에 이미 이 사건 아파트 거실 바닥이 '수입 원목마루'가 아니라 '온돌마루'로 시공된다는 것을 알고 있었으며 2003. 11. 6.

경 견본주택이 지어진 후에는 견본주택에서 이 점에 대해서 상세하게 설명을 들은 점, ② 일반수분양자들도 견본주택을 방문하여 견본주택의 거실 바닥이 온돌마루로 시공되어 있는 것을 보았고 분양대행사의 도우미나 직원들로부터 이 점에 대해서 상세하게 설명을 들었으며, 견본주택을 방문하지 않고 분양계약을 체결한 일반수분양자는 한 명도 없는 점, ③ 이 사건 광고물은 견본주택에 비치되어 있다가 분양계약을 체결한 사람들에게 배포되었으므로 이미 분양이 체결된 후에 배포된 이 사건 광고물은 소비자로 하여금 잘못 알게 할 우려가 있다거나 공정한 거래질서를 저해할 우려가 있는 광고물에 해당되지 않고, 실제로 이 사건 아파트의 거실 바닥의 마감재가 이 사건 광고물과 다르다고 이의한 사람은 없는 점, ④ 위 광고 내용과 관련된 고소사건에서 검찰은 무혐의 처분을 내린 점 등에 비추어 보면, 위 광고 문구의 표현이 실제 시공과 다소 다른 점이 있다고 하더라도 이는 통상적인 신의칙 또는 상거래 관행에 따른 약간의 과장이나 허위에 해당할 뿐이고 표시광고법에서 정한 허위·과장광고가 아니라고 주장했다.

이에 대해 원심은, 보통의 주의력을 가진 일반 소비자가 위 광고를 받아들이는 전체적·궁극적인 인상을 기준으로 하여 객관적으로 판단해 보면, 설계도서와 견본주택에는 거실 바닥이 온돌마루로 되어 있는데 카탈로그에 거실 바닥을 수입 원목마루로 광고하는 것은 소비자를 속이거나 소비자로 하여금 잘못 알게 할 우려가 있고 공정한 거래질서를 저해할 우려가 있는 허위·과장광고라고 봄이 타당하고, 이 사건 아파트의 수분양자들이 견본주택에서 거실 바닥이 온돌마루로 되어 있는 것을 보고 이에 대한 설명을 상세하게 들어서 이 사건 카탈로그의 광고와는 달리 이 사건 아파트의 거실 바닥이 온돌마루로 마감된다는 것도 알고 있었다는 원고의 주장을 인정할 증거가 없으며, 광고 내용과 관련된 고소 사건에서 검찰이 무혐의 처분을 내렸다고 하여 위 광고가 표시광고법에서 정한 허위·과장광고가 아니라고 할 수는 없다는 이유를 들어 원고의 주장을 배척했다.

대법원 또한 광고가 소비자를 속이거나 소비자로 하여금 잘못 알게 할 우려가 있는지는 보통의 주의력을 가진 일반 소비자가 당해 광고를 받아들이는 전체적·궁극적 인상을 기준으로 하여 객관적으로 판단되어야 한다고 하면서, 이 사건 광고가 허위·과장광고에 해당한다고 한 원심의 판단은 정당한 것으로 수긍이 가고, 거기에 상고이유에서 주장하는 바와 같은 표시광고법에 관한 법리를 오해한 위법이 없다고 판단하였다.

II. 해 설

1. 쟁점의 정리

이 사건의 쟁점은 위에서 살펴본 바와 같이 2가지로 압축된다. 차례대로 살펴본다.

2. 검 토

가. 원고를 이 사건 광고의 책임 주체로 볼 수 있는지 여부

표시광고법 위반에 따른 행정적인 책임을 부담하는 자는 "부당한 표시·광고 행위를 하거나 다른 사업자 또는 사업자단체로 하여금 하게 한 자"이다(표시광고법 제3조 제1항). 이 사건에서 원고는 자신이 "부당한 표시·광고 행위를 한 자"에 해당하지 않는다고 다투었으나, 판결문을 통해 확인할 수 있는 아래 사정들을 종합해 보면 원고를 이 사건 광고 행위를 한 자로 평가한 것이 옳아 보인다.

우선 ① B사가 광고대행사와 견적 금액을 조정·협상한 점, ② 이 사건 광고물에 원고의 명칭이 표시되어 있지 않은 점은 원고의 주장에 부합하는 사정으로 볼 수 있다.

그러나 ③ 원고와 A사 사이에 2003년 12월경 작성된 업무협약서에 원고가 "분양광고 및 홍보"를 담당하는 것으로 기재되어 있는 점, ④ 이 사건 카탈로그를 만든 회사가 카탈로그 시안을 만들어 B사와 원고의 확인 절차를 8~10회 정도 반복한 다음 이 사건 카탈로그를 완성한 점, 즉 (형식적인지 실질적인지 알 수 없으나) 원고가 광고 내용을 승인한 점, ⑤ 원고가 이 사건 카탈로그를 만든 회사에 광고 제작 대금을 지급하고 세금계산서를 발행한 점, ⑥ 이 사건 아파트의 분양수입금이 늘어나는 만큼 원고의 수입이 늘어나거나 손실이 줄어들게 되는 점은 원고의 주장과 달리 원고를 이 사건 광고 행위를 한 자로 평가할 수 있는 사정들이다.

위 ⑥의 경우, 언뜻 보면 광고 행위를 한 자인지 여부를 가리는 요소 내지 근거로 삼기 어렵지 않을까 생각될 수 있겠으나, 원고를 형식적인 사업대행사가 아니라 공동사업 주체에 가깝다고 볼 수 있는 근거 중 하나인데, 공동사업 주체로 평가할 만한 자가 원목마루로 시공하는지 아니면 온돌마루로 시공하는지와 같이 공사비 규모에 적지 않은 영향을 미치는 사실을 몰랐다고 하는 것은 상식적이지 않다는 점에서 원고 주장과 배치되는 사정으로 삼은 것에 수긍이 간다. 게다가 원고는 이 사건 아파트의 거실 바닥이 이 사건 광고물의 내용대로 수입 원목마루로 시공될 것으로 믿었고 시공사가 온돌마루로 시공하리라는 것을 전혀 예상하지 못했다고 주장하지만, 원고 주장처럼 견본주택이 카탈로그 배포 시작 시점에 완성되어 공개되었다면 카탈로그 시안에 대한 확인 절차를 8~10회 정도 반복한 원고가 그 카탈로그와 다른 내용으로 견본주택의 거실 바닥이 설치되어 있다는 것을 몰랐다는 것도 쉽게 납득하기 어렵다.

나. 이 사건 광고를 허위·과장광고로 볼 수 있는지 여부

부당한 표시·광고의 요건 중 '소비자를 속이거나 소비자로 하여금 잘못 알게 할 우려'는 소비자오인성이라고 일컬어진다. 판례에 따르면, 소비자가 실제로 오인할 것을 요하지는 않고 오인의 위험성 또는 개연성만 있으면 족하되,[5] 보통의 주의력을 가진 일반소비자가 그 표시·광고를 받아들이는 전체적·궁극적 인상을 기준으로 객관적으로 판단하여야 한다.[6]

일반소비자의 주의력을 기준으로 판단하여야 한다는 것은 관련 분야 전문가의 주의력을 기준으로 판단해서는 안 된다는 의미이다.[7] 다만, 일반 소비자의 주의력을 기준으로 판단한다고 하여 광고의 대상 또는 범위와 상관없이 모두 일반 소비자를 기준으로 판단한다는 의미는 아니다. 광고가 일반 소비자를 대상으로 하는 경우 소비자를 오인시킬 우려가 있는지 여부는 전문가가 아닌 보통의 주의력을 가진 일반 소비자가 당해 광고를 받아들이는 전체적·궁극적 인상을 기준으로 하여 객관적으로 판단되어야 하지만(대법원 2003. 2. 28. 선고 2002두6170 판결), 어느 광고가 특정 소비자를 대상으로 하는 경우에는 그 오인성 여부는 보통의 주의력을 가진 특정 소비자가 그 광고를 받아들이는 전체적인 인상을 기준으로 판단하여야 한다(대법원 2003. 4. 11. 선고 2002두806 판결).

이 사건 광고의 상대방을 기준으로 할 때 소비자오인성을 2가지 부류, 즉 ① 29세대로 구성된 이 사건 아파트를 짓기로 결정한 연립주택 소유자(15세대 주민)와 ② 나머지 14세대를 분양받을지 여부를 고려하면서 이 사건 광고를 접한 소비자(일반 수분양자)로 나누어 살펴볼 필요가 있다.

그 중 ① 15세대 주민들은 이 사건 건축허가를 받은 건축주들이기 때문에 사실관계에 따라서는 원고 주장처럼 소비자오인성을 인정하기 어려울 수도 있다. 주민들이 여러 경로를 통해 이 사건 아파트 거실 바닥이 '원목마루'가 아니라 '온돌마루'로 시공된다는 것을 알고 있었다거나 카탈로그가 배포된 시점과 견본주택이 완성된 시점이 근접하여 카탈

5) 대법원 2003. 6. 27. 선고 2002두6965 판결 등.
6) 대상판결을 포함한 대법원 판례의 입장이다.
7) 이선희, "거짓·과장의 표시·광고에 있어서 부당성 판단", 『경쟁과법』, 제8호(서울대학교 경쟁법센터, 2017. 4), 21면.

로그를 보고 거실 바닥의 소재를 '원목마루'로 인식하기 어려운 사정이 존재한다면 소비자오인성이 있다고 보기는 어려울 수 있기 때문이다. 광고로 인하여 실제 오인되어야 하는 것은 아니고 오인의 위험성 또는 개연성만 인정되어도 소비자오인성을 인정할 수 있다고 하지만, 소비자오인성을 인정하기 곤란한 사정들이 존재하는 이상 사실관계에 대한 구체적인 확인을 거쳤어야 할 것인데, 판결문만으로는 그러한 확인 과정을 충분히 거쳤는지가 드러나지 않는다.

반면, 원고는 ② 일반 수분양자들도 견본주택을 방문하여 견본주택의 거실 바닥이 온돌마루로 시공되어 있는 것을 보았고 분양대행사의 도우미나 직원들로부터 이 점에 대해서 상세하게 설명을 들었으며, 견본주택을 방문하지 않고 분양계약을 체결한 일반 수분양자는 한 명도 없었고, 이 사건 광고물은 견본주택에 비치되어 있다가 분양계약을 체결한 사람들에게 배포되었으므로 이미 분양이 체결된 후에 배포된 이 사건 광고물은 소비자로 하여금 잘못 알게 할 우려가 있다거나 공정한 거래질서를 저해할 우려가 있는 광고물에 해당되지 않는다고 주장했다. 법원은 이를 인정할 증거가 없다는 이유로 원고의 주장을 배척하였으나, 이 사건 광고물이 견본주택을 방문한 사람들에게만 배포되었는지 여부는 소비자오인성 등 광고의 위법성을 인정하기 위한 중요한 사정인데 그에 대한 사실 확인이 부족했던 것 아닌지 의문이 있다.[8)]

한편, 온돌마루와 원목마루의 차이를 감안할 때, 온돌마루로 시공하는 것을 원목마루로 시공한다고 광고한 것을 두고 원고 주장처럼 "통상적인 신의칙 또는 상거래 관행에 따른 약간의 과장이나 허위에 해당"한다고 보기는 무리다.

Ⅲ. 판례의 의의

선분양 후시공 방식으로 분양되는 주택은 계약목적물을 계약체결 이후 몇 년 정도 지나야 확인할 수 있기 때문에, 분양계약서에 주택의 구조, 재질 등에 관한 구체적 내용이 기재되어 있지 아니한 이상, 소비자들은 분양광고의 내용, 견본주택의 조건 등을 신뢰하

8) 다만, 각주 3에 기재한 것처럼 A사에 대한 의결서를 보면 견본주택 오픈 시점이 원고 주장처럼 분양광고 카탈로그를 배포하기 시작한 시점인 2003. 11. 6.이 아니라 카탈로그 배포가 완료된 후인 2003. 12. 27.로 되어 있다. 그리고 배포된 카탈로그의 수가 200부인데, 14세대를 분양 받은 일반수분양자들과 관련하여 원고가 "견본주택을 방문하지 않고 분양계약을 체결한 일반수분양자는 한 명도 없었고, 이 사건 광고물은 견본주택에 비치되어 있다가 분양계약을 체결한 사람들에게 배포되었으므로 이미 분양이 체결된 후에 배포된 이 사건 광고물은 소비자로 하여금 잘못 알게 할 우려가 있다거나 공정한 거래질서를 저해할 우려가 있는 광고물에 해당되지 않는다"고 주장하는 것은 납득하기 어렵다.

여 주택의 구매 여부를 결정하는 것이 일반적이다. 그리고 분양안내책자나 견본주택에 기재 또는 전시된 주택의 외형, 재질, 구조 및 실내 마감자재 등은 소비자가 주택의 구매 여부를 선택함에 있어 중요한 고려요소 중 하나라고 할 수 있다.

아파트 분양광고에서 심심찮게 문제되는 것 중 하나가 실내 마감자재에 대한 광고인데, 단순히 인테리어 목적으로 설치되는 커튼이나 전등과 같은 소품과 달리 분양가격에서 상당 부분을 차지하는 품목으로서 아파트의 외형이나 재질과 관련되는 품목인 실내 마감자재에 대한 광고는 그 내용에 비추어 소비자오인성이 인정될 경우 공정거래저해성을 포함한 나머지 위법성 요건도 충족된다고 볼 여지가 많다.[9)]

더구나 견본주택이나 분양안내책자 등에 비치된 미니어처 모형, 평면도 등은 소비자들이 이를 통해 아파트의 전체적인 내부구조와 형태를 인식하는 것이지 그것을 통해 마감자재의 재질이나 색상을 눈여겨보고 확인함으로써 실제 공급받는 마감자재의 품목을 인식하기는 어렵다. 특히 보통의 주의력을 가진 일반 소비자 입장에서 외형을 보고 원목마루와 온돌마루를 구별하기는 쉽지 않은 반면, 가격과 품질에 있어 상당한 차이가 있기 때문에 보다 정확한 정보가 소비자에게 제공되도록 할 필요가 있다.

대상판결은, 이유 설시 부분에 일부 아쉬운 점은 있으나, 거실 바닥의 소재처럼 중요한 사항의 경우 소비자에게 제공되는 내용 그대로 소비자에게 알리지 않을 경우 허위·과장광고에 해당한다는 입장을 강조했다는 점에 그 의의가 있다.

---

9) 이선희, 앞의 논문, 24면에서는 “공정거래저해성이 부당한 표시·광고에 있어서 가지는 위치는, 소비자선택이나 경쟁질서에 미치는 영향이 적을 경우에 굳이 부당한 표시·광고로 보지 않는다는 소극적인 기능을 수행하는 것에 지나지 않는다고 볼 수 있다”, “일반적으로 소비자오인성이 있는 표시·광고는 공정거래저해성이 인정된다고 할 것이다”고 주장한다.

99 ‘허위·과장의 광고’의 의미 및 판단 기준

－대법원 2013. 12. 26. 선고 2011두4930 판결

손 동 환*

Ⅰ. 판례의 개요

1. 사안의 개요

원고들은 고양시 일산동구 식사동에 건축하여 분양하는 블루밍 일산 위시티 아파트(이하 ‘이 사건 아파트’라 한다)에 관하여, 고양시장이 발행하는 월간 시정소식지 ‘고양소식’에 2008년 4월호와 2008년 8월호에 다음과 같은 광고(이하 ‘이 사건 광고’라 한다)를 하였다.

〈표〉 광고 게재내역

(단위 : 천원, 부가세 포함)

광고매체명	광고 내용 요약	광고일	광고크기	광고비
고양시 시정소식지 (고양소식)	향후 경전철 건설로 인한 교통편의성과 제2자유로·경의선 복선화(2009년 개통), 서울~문산 고속도로(2011년 개통) 등 광역교통망 확충사업이 진행되고 있어 더욱 좋은 입지조건을 갖추게 된다.	2008. 4월	25.5×19(㎝)	5,510
〃	대화지구·킨텍스~블루밍 일산위시티까지 잇는 **경전철**, 블루밍 일산위시티 담장 하나 사이에 들어설 동국대 캠퍼스 설립 및 메디클러스터 조성으로 호재를 맞고 있는 가운데 경전철 건설도 예정돼 있어 더욱 편리한 교통망으로 가치가 더하고 있다. 경전철과 함께 자유로, 경의선 등으로 더욱 편리한 교통망	2008. 8월	〃	

* 서울중앙지방법원 부장판사.

피고는 2010. 5. 7. 원고들의 이 사건 광고행위가 위 표 기재 밑줄 친 부분과 같은 표현을 사용하여 「표시·광고의 공정화에 관한 법률」(이하 '표시광고법'이라 한다)에 위반되는 것으로 판단하면서도, 주택분양계약 당사자에 대한 피해구제적인 성격이 강하고 광고효과가 고양시에 한정되는 등 법 위반의 정도가 경미한 점을 감안하여 원고들에 대하여 경고(이하 '이 사건 경고'라 한다)를 의결하였다.

2. 소송경과

가. 원심판결

원심은 이 사건 경고의 처분성 인정 여부, 이 사건 광고의 허위·과장광고 여부에 관하여 심리하고 각 이를 인정하였는데 그 근거는 다음과 같다.

(1) 처분성 인정 여부

원고들이 이 사건 경고를 받은 전력이 향후의 과징금[1] 등 불이익 처분에 있어 참작사유가 되고, 표시광고법 제9조 제3항 제2호 소정의 '위반행위의 횟수'와 관련되는 등 이 사건 경고가 원고들의 권리의무에 직접 영향을 미치는 행위로서 행정소송의 대상이 되는 처분이 된다고 판단하였다.

(2) 허위·과장광고 여부

허위·과장성, 소비자오인성, 공정거래저해성을 구분하여 판단하였다. 허위·과장성에 관하여, 이 사건 광고는 마치 경전철이 이 사건 아파트 단지 내지 인근에 건설되기로 예정되었고, 별다른 사정이 없는 한 장차 그대로 확정될 것처럼 사실과 다르거나 또는 위와 같은 사업계획이 진행된 일부분의 사실을 지나치게 부풀려 광고를 한 것에 해당한다고 보았다. 그 판단근거는 경전철 건설 기본계획(안)이나 추진계획은 수정은 물론 백지화 단계까지 변동이 가능한 지방자치단체의 단순한 일방적인 계획에 불과하여 그 시행이 확정되지 않았음에도, 원고들은 이 사건 광고에서 "예정"이라는 단정적인 표현을 하였을 뿐 시기적으로나 내용적으로 아직 확정되지 않았고 장차 변동 가능성이 있음을 나타내는 설명은 전혀 없이, 경전철이 이 사건 아파트 인근에 설치되기로 결정되었음을 전제로 향후 교통편의성으로 인해 더욱 좋은 입지조건을 갖추게 된다고 부연하고 있는 점, 이 사건 광고

---

1) 「과징금부과 세부기준 등에 관한 고시」(2008. 11. 10. 공정거래위원회 고시 제2008-18호로 개정된 것, 이하 '과징금고시'라 한다)는 3년간 3회 이상 표시광고법 또는 「독점규제 및 공정거래에 관한 법률」(이하 '공정거래법'이라 한다) 위반으로 경고(벌점 0.5점) 이상의 조치를 받고 벌점 누산점수가 5점 이상인 경우에는 원칙적으로 과징금이 부과되고, 4회 조치부터 기본과징금이 가중되도록 규정하고 있다.

에서 "경전철 건설도 예정돼 있어"라고 할 때의 '예정(豫定)'이라는 용어는 사전적으로 '앞으로 할 일 따위를 미리 정함'으로 풀이되는바, 어떠한 사항이 '확정'까지는 아니더라도 미리 어느 정도 결정된 상태임을 의미하는 것이고, 이는 단순히 '후보지' 또는 '유력'하거나 '검토 중', '구상 중', '예상' 또는 '계획' 등의 표현과도 명백히 구분되는 점, 이 사건 광고 이전에 고양시가 원고들의 분양홍보물의 경전철 부분을 삭제하라고 재차 통보한 2008. 1. 8.경에는 원고들이 경전철 관련 광고를 한 바 없었더라도 적어도 그 무렵에는 경전철 건설 사업계획이 확정된 것이 아님을 충분히 알았거나 알 수 있었다고 보이는 점, 경전철이 이 사건 아파트가 위치한 일산 식사지구에 건설예정된 것이 맞다고 믿을 수밖에 없었던 상당한 이유가 있다고 보기 어려운 점 등을 들고 있다.

소비자오인성은, 광고내용은 물론 광고문구의 배치·구성 및 표현방법 등에 비추어 소비자들이 이 사건 아파트 인근의 경전철 노선 신설을 확실한 것으로 오인할 가능성이 있다는 점을 근거로 인정하였다. 공정거래저해성은 입지조건에 대한 사실오인을 유발시켜 분양계약을 체결하도록 유인하였다는 점에서 인정하였다.

나. 원고 상고이유

원고는 ① 이 사건 경고는 사건절차규칙을 근거로 하는데 이는 행정규칙에 불과하여 법률상 근거가 없으므로 법률유보의 원칙에 반하므로 이에 관한 법리오해, ② 허위·과장광고에서 허위는 광고 당시를 기준으로 판단해야 하는데 이 사건 광고 당시는 사실관계에 객관적으로 부합하였으므로 그 후의 공문발송사실 등은 허위·과장성 판단에 고려요소가 될 수 없으므로 허위·과장성 판단의 법리오해, ③ 2008년 4월호 광고는 경전철사업이 진행 중이고 2008년 8월호 광고도 경전철 사업이 확정되었다는 것에 불과하여 보통의 고양시민이 오인할 가능성이 없으므로 소비자오인성에 대한 법리오해, ④ 허위·과장광고라도 그 근거자료를 믿을 수밖에 없는 상당한 이유가 있으면 면책되는데 이에 관한 법리오해 등을 상고이유로 삼았다.

3. 판례의 요지

가. 처분성에 관하여

구 표시광고법 위반을 이유로 한 공정거래위원회의 경고의결은 당해 표시·광고의 위법을 확인하되 구체적인 조치까지는 명하지 아니하는 것으로 사업자가 장래 다시 표시광고법 위반행위를 할 경우 과징금 부과 여부나 그 정도에 영향을 주는 고려사항이 되어 사업자의 자유와 권리를 제한하는 행정처분에 해당한다.

나. 법률유보에 관하여

구 표시광고법 제7조에 따르면, 공정거래위원회는 사업자 등이 부당한 표시·광고행위를 하는 때에는 그 시정을 위하여 '당해 위반행위의 중지(제1호), 시정명령을 받은 사실의 공표(제2호), 정정광고(제3호), 기타 위반행위의 시정을 위하여 필요한 조치(제4호)'를 명할 수 있다. 여기서 '기타 위반행위의 시정을 위하여 필요한 조치'란 '당해 위반행위의 중지 명령' 등 제1호에서 제3호까지 규정한 시정조치 외에 위반행위를 시정하기 위하여 필요하고 적절하다고 인정되는 제반 조치를 말하는 것이고, 표시광고법 위반행위에 따른 과징금 부과 여부나 그 정도에 영향을 미칠 수 있는 경고처분도 이에 해당한다고 볼 수 있다.

다. 허위·과장성에 관하여

원심판단 중 '예정'과 '계획' 또는 '예상'이 의미상 뚜렷이 구분된다는 점을 전제로 이 사건 광고에서 경전철 건설이 '예상'되거나 '계획'된 것이 아닌 '예정'되었다는 단정적 표현을 사용하였다는 점을 들어 이 사건 광고가 허위·과장 광고에 해당한다고 본 부분은 적절하지 않지만, 이 사건 아파트까지 경전철이 연결되어 교통요충지가 되는 것처럼 큰 글씨로 강조한 광고문구의 배치·구성 및 표현방법 등을 들어 이 사건 광고가 구 표시광고법상 허위·과장 광고에 해당한다는 취지로 판단한 것은 정당하므로 그 결론을 수긍할 수 있다.

II. 해 설

1. 쟁점의 정리

가. 먼저 이 사건 판례는 경고의 처분성 인정 여부, 법률유보 원칙 위배 여부 등을 주된 쟁점으로 판단하였다. 판례가 경고나 벌점의 처분성에 관하여 개별·구체적 접근을 하고 있어 일응 일관되어 있지 않은 것으로 보이지만 불이익을 부과할 근거법령의 존부, 당해 행위의 성격 등에 따라 처분성 인정 여부를 정하고 있다고 할 수 있고, 이 사건 경고의 경우 향후 원고들에 대한 과징금 부과 여부나 그 정도에 직접 영향을 미치므로 처분성을 인정할 수 있었다. 당해 사건과 관련된 헌재 결정[2] 역시 마찬가지여서 처분성을 쉽게 부

2) 헌재 2012. 6. 27. 2010헌마508.

정하기는 어려웠던 사안으로 보인다. 법률유보와 관련해서는 표시광고법 제16조에 의하여 준용되는 공정거래법 제55조의2에 따라, 공정거래위원회가 제정한 사건절차규칙 제50조가 근거가 될 수 있으나[3] 경고의결의 부과가 사건절차에 해당한다고 하기 어렵고 위임범위를 벗어난 사건절차규칙을 법규라 할 수 없어서 법률유보 원칙의 위배 여부가 문제가 강하게 대두되었다. 또 종전 대법원이 표시광고법 제정 전 허위·과장광고가 공정거래법상 불공정거래행위로 금지되는 법 상황에서 경고조치가 공정거래법상 '기타 시정을 위한 필요한 조치'에 해당하지 않는다는 판시[4]를 하였던 점과 관련하여 문제의 소지가 있었다. 대법원은, 종전 판시는 손해배상청구에서 시정조치 선확정주의를 취하던 법 상황에서의 판단이라는 점, 표시광고법 위반 사건에서 경고조치가 절대 다수를 차지한다는 점을 배경으로 하여 표시광고법상 '기타 위반행위의 시정을 위하여 필요한 조치'에 경고가 해당한다고 보아 법률유보 원칙 위배가 아니라고 판단한 것으로 보인다.

나. 다음으로 대법원의 판단은 허위·과장성에 관한 것인데, 원심이 예정과 계획·예상이라는 의미가 구분된다는 점에 치중하여 판단한 것은 부적절하나 이 사건 광고의 허위·과장성을 인정한 결론은 수긍할 수 있다고 보았다. 대법원은 구체적으로 왜 이 사건 광고가 허위·과장광고에 해당하는지에 관한 기준을 제시하기보다는 일반론적 차원에서 위법성을 판단하고 있는데 이러한 판례의 태도가 적절한지에 대해서는 기존의 대법원의 태도에 비추어 살펴 볼 필요가 있다.

2. 검 토

가. 판례의 기본적 태도 및 관련 선례 검토

(1) 판례는 기본적으로 '광고가 소비자를 속이거나 소비자로 하여금 잘못 알게 할 우려가 있는지는 보통의 주의력을 가진 일반 소비자가 당해 광고를 받아들이는 전체적·궁극적 인상을 기준으로 하여 객관적으로 판단하여야 한다'는 기준[5]을 제시한다. 무엇이 전

---

3) **표시광고법 제16조(「독점규제 및 공정거래에 관한 법률」의 준용)** ① 이 법에 따른 공정거래위원회의 업무에 관하여는 「독점규제 및 공정거래에 관한 법률」 제42조, 제43조, 제43조의2, 제44조, 제45조 및 제52조를 준용하며, 이 법에 따른 공정거래위원회의 처분(제8조제1항에 따른 임시중지명령은 제외한다)에 대한 이의신청, 소의 제기, 불복의 소의 전속관할 및 사건 처리에 관하여는 「독점규제 및 공정거래에 관한 법률」 제53조, 제53조의2, 제54조, 제55조 및 제55조의2를 준용한다.
공정거래법 제55조의2(사건처리절차등) 이 법의 규정에 위반하는 사건의 처리절차등에 관하여 필요한 사항은 공정거래위원회가 정하여 고시한다.
사건절차규칙(2012. 10. 10. 공정거래위원회 고시 제2012-63호로 개정되기 전의 것)
제50조(경고) ① 각 회의는 다음 각호의 어느 하나에 해당하는 경우에는 경고를 의결할 수 있다.

4) 대법원 1999. 12. 10. 선고 98다46587 판결.

체적·궁극적 인상을 결정하는지에 관한 요소를 구체화하기보다는 각 개별사안의 광고내용에 따른 판단을 제시하는 방법을 취하고 있다. 이는 허위·과장성의 판단이 개별광고의 대상이 되는 소비자를 기준으로 판단해야 하는 것이고[6] 그래야만 광고의 효과에 비추어 그 부당성 여부를 판단할 수 있는 것이므로[7] 각 사안마다 고려요소가 달라질 수밖에 없다는 점과 전체적·궁극적 인상이라는 기준보다 구체화된 개별요소를 제시하는 것이 큰 의미를 가지기 어렵다는 점 등을 고려한 것으로 보인다. 이는 법관에 의한 법 발견을 통한 해석에 맡기는 것이 합리적이라고 본 것이다. 광고가 법률관계의 해석 근거가 되는 법령이나 약정과 다르다는 점에서 소위 인상설을 취한 판례의 태도에 비추어 논리 일관된 타당한 태도이다.

(2) 분양광고와 관련된 다음의 선례들은 그 내용이 추상적이나마, 분양에 영향을 줄 수 있는 도시계획이 확정되었는지 여부, 광고문안 내용이 유보적인지 아니면 확정적인지 여부 등을 기준으로 삼고 있는 것으로 보인다.

① 원심은 (일부 생략) 피고가 부천시로부터 이 사건 아파트 지구 내 단지 전면의 상업용지 4필지, 주차장용지 및 경관녹지를 대형할인매장부지로 변경을 검토해달라는 요청만을 받고 그 계획변경승인을 득하지 않은 상태에서 만연히 계획변경이 가능하리라고 믿고, 실제 고시된 기본계획의 내용과 달리 이 사건 부지를 대형할인매장예정부지라고 광고한 것은 소비자를 속이거나 잘못 알게 할 우려가 있는 표시·광고행위로서 공정한 거래질서를 저해할 우려가 있는 허위·과장광고에 해당한다고 판단한 제1심 판결을 그대로 유지하였다. 앞서 본 법리와 기록에 비추어 살펴보면, 원심의 이러한 판단은 정당한 것으로 수긍할 수 있다(대법원 2010. 8. 26. 선고 2009다67979,67986 판결).

② 지방자치단체의 추상적·일방적 개발계획에 근거하여 그 시행이 확정되지 않았음에도, 건설회사가 아파트 단지 맞은편에 경의선 복선전철화와 관련하여 역사가 신설될 예정이라는 취지로 아파트 분양광고를 한 것은 사실과 다르거나 사실을 지나치게 부풀

5) 대법원 2010. 7. 22. 선고 2007다59066 판결.

6) 미국에서는 '평균적인 분별력이 있고, 사려 깊으며, 지식이 있는 자'를 상정함. 전문가가 보기에 허위일 수 있지만 대중이 그것을 깨닫지 못한다면 허위광고라고 판시한 바 있다[302 US 112. 116(1937)]. 독일 부정경쟁방지법상 오인유발광고에 대하여는 시장참여자들에게 오인을 유발하고 그들의 구매결정에 경쟁법적으로 중요한 영향을 미쳤는지 여부를 고려해 왔다(심재한, "독일의 개정 부정경쟁방지법 고찰", 『경영법률』, 제16권 제1호(한국경영법률학회, 2005), 15면).

7) 대법원 2003. 4. 11. 선고 2002두806 판결. 어느 광고가 특정 소비자를 대상으로 하는 경우에는 그 오인성 여부는 보통의 주의력을 가진 특정 소비자가 그 광고를 받아들이는 전체적인 인상을 기준으로 판단하여야 하는 것이므로, 학원 가맹점사업자의 모집을 목적으로 한 학원가맹점 모집광고의 오인성 여부는 보통의 주의력을 가진 학원 가맹희망자들을, 외국어학원 유치부 신입생의 모집을 목적으로 한 학원유치부 모집광고의 오인성 여부는 보통의 주의력을 가진 4~7세 아동의 학부모들을 각각 기준으로 하여 그들이 광고를 받아들이는 전체적인 인상을 기준으로 판단하여야 한다.

려 소비자를 속이거나 소비자로 하여금 잘못 알게 할 우려가 있는 광고를 한 것으로서, 공정한 거래질서를 저해할 우려가 있는 광고에 해당한다(대법원 2010. 7. 22. 선고 2007다59066 판결).

③ 이 사건 분양광고 당시 서울특별시나 마포구청이 추진하던 녹지공원 조성계획이 구체적으로 확정되지 않았음에도, 장차 변경가능성이 있다는 등의 유보적 표현을 사용하지 않은 채, 이 사건 주상복합건물 '바로 앞 또는 옆'에 녹지공원이 조성되는 것이 '확정'되어 향후 더욱 좋은 입지조건을 갖추게 되는 것처럼 광고한 것은, 사실과 다르거나 사실을 지나치게 부풀려 광고한 것이고, 상거래 관행이나 신의칙에 비추어 사회적으로 용인될 수 있는 한도 내의 광고라고 볼 수 없으므로, 허위·과장광고에 해당한다(대법원 2012두25422 심리불속행).

나. 이 사건 광고의 허위·과장성 여부

(1) 이 사건 광고의 내용

판례의 기준과 같은 이 사건 광고의 전체적·궁극적 인상을 살펴보기 위해서는 광고 내용을 보다 자세히 살펴볼 필요가 있다. 다음은 8월호 광고의 내용이다.

• 대화지구킨텍스 블루밍 일산위시티까지 잇는 경전철

블루밍 일산위시티 담장 하나 사이에 들어설 '동국대 캠퍼스 설립 및 메디클러스터 조성으로 호재를 맞고 있는 가운데 경전철 건설도 예정돼 있어 더욱 편리한 교통망으로 가치가 더하고 있다.'

언론보도에 따르면, 고양시가 사업비 5천~6천억원을 투입해 건설할 경전철 1단계 사업이 대화지구에서 킨텍스와 한류우드를 거쳐 중동과 식사지구를 잇는 총연장 11.7km로 이르면 2010년말 착공된다.

고양시는 한국교통연구원에 경전철 연구용역을 의뢰한 결과 일산신도시의 녹지축을 훼손하지 않는 대체 노선안이 마련돼 공청회를 열 계획이다.

교통연구원은 대화지구~킨텍스~한류우드~정발산역(또는 마두역)~백마역~풍동지구~식사지구를 잇는 기존 노선안에서 녹지축인 호수공원과 정반산을 우회하는 새 노선안을 제시했다.

새 노선안은 기존 노선안이 호수공원을 관통해 정발산 지하 또는 마두공원을 통과했던 것과 달리 노래하는 분수대 지점에서 호수공원 경계를 따라 호수로로 빠져 나온 뒤 웨스턴 돔과 백마로를 지나도록 돼 있다.

이에 따라 새 노선안은 정발산역과 마두역을 지나지 않고 두 역의 중간지점을 지나 백마역에서 정차하고 백마역에서는 경의선으로 환승할 수 있게 설계됐다.

시는 1단계 사업이 완료되면 탄현에서 식사지구를 잇는 2단계 경전철 사업에 착수해 경전철 순환선을 마련할 계획이다.

> • 경전철과 함께 자유로, 경의선 등으로 더욱 편리한 교통망
>
> 블루밍 일산위시티는 지하철 3호선 정발산역, 원당역이 근접하고 오는 2009년 개통 예정인 복선화전철 경의선 백마역은 자동차로 5분 이내의 거리에 있으며 서울외곽순환도로를 통한 고양 IC와 자유로와 연결된 일산 IC도 근거리에 있다.
>
> 특히 향후 경전철 건설로 교통편의성과 제2자유로(2009년개통), 서울－문산 고속도로(2011년 개통) 등 광역 교통망이 확충돼 더욱 좋은 입지를 갖출 전망이다.

(2) 가능한 견해

(가) 허위·과장성 부정설

이 사건 광고에는 '경전철 건설 예정', '언론보도에 따르면', '공청회를 열 계획', '새 노선안 제시' 등으로 표현하여 경전철 건설이 확정된 것으로 표현하였다고 하기 어렵다는 점, 「주택의 표시광고에 관한 심사지침(공정거래위원회 예규 제95호, 2009. 8. 12.)」은 "교통거리에 관한 표시광고" 항목에서 '교통수단이나 도로의 이용가능시기, 완공예정시기, 계획이나 예정 등의 단서가 명시되지 않은 경우 현재 이용할 수 있다는 의미로 해석함'이라는 기준을 제시하고 있는데, 이 사건에서는 건설예정이라는 표현을 사용하였으므로 부당하지 않다는 점 등을 근거로 할 수 있다.

(나) 허위·과장성 긍정설

일부 광고문안에 '예정', '언론보도에 따르면'이라는 표현이 있지만 '향후 경전철 건설'이라는 표현도 사용하고 있고, 굵은 글씨로 기재된 부분은 '대화지구킨텍스 블루밍 일산위시티까지 잇는 경전철', '경전철과 함께 자유로, 경의선 등으로 더욱 편리한 교통망'으로 전체적으로 경전철 건설이 확정된 듯한 인상을 주고 있는 점, 「주택의 표시광고에 관한 심사지침」은 공정거래위원회 내부적 기준에 불과하고, 그에 의하더라도 '현재 이용할 수 없는 교통수단이나 도로에 대하여 이용할 수 있는 것처럼 표시·광고함으로써 교통여건이 실제보다 유리한 것으로 오인시킬 우려가 있는 경우는 부당한 표시광고에 해당한다'고 규정하여, 결국 일부 문구에 '예정'이라는 표현을 사용하였다고 하여 무조건 면책된다는 취지는 전혀 아니라는 점, 이 사건 광고 당시 고양시의 경전철 사업이 진행되고 있었으나, 국토교통부의 승인을 받아야 가능한 사업이고, 주민 공청회도 거치지 않은 상태였던 점, 고양시는 아파트 분양과 관련하여 2차례나 경전철 사업과 관련된 표현을 사용하지 말 것을 권고하였음에도 원고들은 2008년 8월호 광고를 하였다는 점 등을 근거로 할 수 있다.

(다) 소결론

허위·과장성의 구체적 판단대상은 분양에 영향을 주는 사업의 확정 여부, 광고의 확

정적 표현 여부 등인데, 부정설은 이 사건 광고를 '경전철 사업과 그 노선이 확정되지는 않았는데, 확정될 경우에는 우리 아파트 앞을 지나갈 가능성이 높으니까 우리 아파트의 교통편의성이 높아진다'라고 읽는 것이다.

그러나 이 사건 광고를 그러한 의미로 보기는 어렵고, 그런 취지라면 광고를 하지도 않았을 것이며 광고효과도 없다. 이 사건 광고(2008년 8월호)는 '대화지구킨텍스 블루밍 일산위시티까지 잇는 경전철', '경전철과 함께 자유로, 경의선 등으로 더욱 편리한 교통망'은 굵은 글씨로 훨씬 크게 적고 있고, 나머지 부분은 작은 글씨로 쓰고 있다. 그 내용도 노선의 변경을 주로 설명하여 이미 경전철 사업은 확정되어 있고 그 일부 노선만이 문제 된다는 인상을 주기 쉽고 그 노선변경에도 불구하고 원고들 분양 아파트는 기점이 된다는 취지라고 보는 것이 자연스럽다.

한편 원심은 '예정'이라는 표현에 국한하여 그 표현이 '후보지' 또는 '유력'하거나 '검토 중', '구상 중', '예상' 또는 '계획' 등의 표현과도 명백히 구분된다는 점을 들어 허위·과장성을 인정하였다. 이 사건 광고의 대상이 된 소비자들이 과연 그와 같이 판단할 것인지 의문이고, 그와 같은 분석적 접근이 광고가 가지는 효과와도 일치되는지 역시 의문이라는 점에서 적절하지 않다고 지적할 수 있다. 대법원도 같은 입장에 있고, 종전의 소위 인상설을 변경하지 않는 한 원심의 내용을 받아들이기 어려웠을 것이다.

다. 소비자오인성, 공정거래저해성 인정 여부

소비자오인성과 공정거래저해성이 그에 대한 현실적 침해가 아닌 우려만으로 인정되는 것이고, 그 내용의 본질상 광고의 허위·과장성을 인정하면서 이를 부정하기는 어렵다. 이러한 관점에서 이 사건 광고 역시 허위·과장성이 인정되므로 이상의 점들을 인정한 태도는 타당하다.

Ⅲ. 판례의 의의

이 사건 판례는 경고의 처분성과 법률유보 요건의 구비에 관한 원칙을 선언하였다는 점 외에 광고의 허위·과장성에 관한 종래 대법원 입장을 확인하면서 일부 문구의 세밀한 해석에 의존한 원심 판단의 일부 잘못을 바로잡았다는 점에서 의의를 둘 수 있다. 앞으로 다수 판례 축적을 통해 허위·과장성 판단에 관한 구체적 지표가 풍성하게 제시되기를 기대한다.

100 광고 관련 법령 위반을 탓할 수 없는 정당한 사유의 존부에 대하여

–대법원 2012. 6. 28. 선고 2010두24371 판결

권 국 현*

Ⅰ. 판례의 개요

1. 사안의 개요

가. 원고 주식회사 이베이옥션(이하 '원고'라 한다)은 온라인 오픈마켓을 운영하는 사업자인데, 2008. 7. 25.부터 2008. 7. 29.까지 포털사이트 네이버의 초기 화면의 좌측 중상단에 

이라는 배너를 설치하여 여름용 캐주얼 슬리퍼(이하 '쪼리'라 한다)의 판매를 광고하였다(이하 '이 사건 광고 1'이라 한다). 그런데, 소비자가 광고 1의 배너를 클릭할 경우 입점업체가 판매하는 개별 상품의 화면으로 진입하게 되는데, 실제 소비자가 해당 상품을 구입하기 위해서는 옵션 주문을 통하여 "+13,900원"으로 표시된 부분을 선택하여야 하고, 주문 및 결제화면에서 7,900원에 13,900원을 더하여 21,800원을 지불하여야 하였다. 이 사건 광고 1은 원고가 입점업체 제작의 상품상세정보화면을 통하여 프로모션 이벤트 페이지를 작성하고 이를 네이버에 광고대행사를 통하여 게재하였는데, 광고대행사가 배너 광고를 제작하는 과정에서 입점업체가 제안한 이종 브랜드 간의 옵션가 판매방식을 설명하지 않음으로써 이를 알지 못한 광고업체가 이종 브랜드가 결합된 상태로 제작된 결과이다.

나. 또한 원고는 2008. 8. 20.부터 2008. 8. 24.까지 네이버의 초기화면 좌측 중상단에

이라는 배너광고를 설치하였다(이하 '이 사건 광고 2'라 한다). 그런데, 2008. 8. 22.부터는 소비자가 위 배너광고를 클릭하더라도 약 200개의 상품이 나타나면서도 그 중 9,900원인 나이키 상품은 나타나지 않았다. 이와 같은 현상은 애초 예상했던 것보다 소비

---

* 법무법인 이제 변호사.

자들의 반응이 더 좋아서 9,900원짜리 나이키 쌕이 단기간에 매진되었고, 이에 입점업체는 2009. 8. 22. 금요일 퇴근 무렵 판매관리 시스템을 통하여 상품목록에서 위 9,900원짜리 나이키 쌕을 삭제한 반면, 원고는 이를 통지 받지 못하는 바람에 주말이 지난 월요일 오전이 되어서야 비로소 프로모션 페이지 등에서 위 9,900원짜리 나이키 쌕을 찾을 수 없다는 사정을 알게 되었고, 이에 바로 네이버에 게재된 이 사건 광고 2를 삭제하였다.

이 사건에서 원고와 광고대행업체, 입점업체 간의 의사소통의 불일치 또는 단절로 인하여 결과적으로 허위의 광고가 일정 기간 게재되었는데, 그 광고행위에 대한 원고의 책임이 문제 되었다.

2. 소송경과

가. 공정거래위원회의 처분

공정거래위원회(이하 '피고' 또는 '공정거래위원회'라 한다)는 원고가 이 사건 광고들의 광고주체인 이상 그 책임을 부담하여야 하며, 이 사건 광고 1의 경우 실제 소비자가 나이키 쪼리를 구입하기 위하여는 배너광고에 표시된 7,900원이 아니라 21,800원을 지불하여야 한다는 점, 또한 이 사건 광고 2의 경우 이 배너를 클릭하여 랜딩된 화면에 가격이 9,900원인 나이키 상품이 나타나지 아니한다는 점에서, 각각 소비자들에게 허위 또는 과장된 사실을 알린 것이고, 이러한 배너광고를 통하여 자신의 홈페이지 상의 여러 상품이 표시된 랜딩화면까지 각 32,866명과 12,385명의 소비자를 유인하여 350개와 126개의 상품을 거래하였으므로 이를 소비자를 유인 또는 거래한 행위로 판단하였다.

공정거래위원회는 위와 같은 사실관계를 바탕으로 원고가 「전자상거래 등에서의 소비자보호에 관한 법률」(이하 '전자상거래법'이라 한다) 제21조 제1항 제1호를 위반한 것으로 보았고, 같은 법 제32조 제1항, 제2항의 규정을 적용하여 시정명령과 공표명령을, 제45조 제1항 제2호, 제4항을 적용하여 과태료 부과처분(이하 '이 사건 처분'이라 한다)을 하였다.

나. 서울고등법원 2010. 10. 7. 선고 2009누27642 판결

고등법원은 우선 '허위 또는 과장된 사실을 알리는 행위'란 사실과 다르게 광고하거나 사실을 지나치게 부풀려 광고하여 소비자를 속이거나 소비자로 하여금 잘못 알게 할 우려가 있는 광고행위로서 공정한 거래질서를 저해할 우려가 있는 광고를 말하고, 그로 인하여 거래가 성립할 것까지 요하지 아니하고 소비자를 유인하는 효과가 있으면 족하며, 그 광고가 소비자를 속이거나 소비자로 하여금 잘못 알게 할 우려가 있는지 여부는 보통의 주의력을 가진 일반 소비자가 당해 광고를 받아들이는 전체적·궁극적 인상을 기준으로 하여 객관적으로 판단한다고 판시하면서, (1) 이 사건 광고 1은 그 전체적 궁극적 인상이 해당 금액에 나이키 상품을 판매하겠다는 취지의 광고로 받아들여지므로 처음부터 허위의 사실을 알려 소비자를 유인하는 광고에 해당하고, (2) 이 사건 광고 2는 더 이상 판매할 상품이 남아 있지 않은 시점부터 허위의 사실을 알려 소비자를 유인하는 광고에 해당한다고 판단하였다.

다음으로 본건 전자상거래법 위반행위는 과태료가 부과되는 사안이므로 원칙적으로 위반자의 고의 과실을 필요로 하지 않고, 다만 사업자가 해당 광고가 허위 또는 과장된 광고임을 알지 못하는 것이 무리가 아니었다고 할 수 있어 그것을 정당시할 수 있는 사정이 있을 때 또는 그 의무의 이행을 당사자에게 기대하는 것이 무리라고 하는 사정이 있을 때 등 그 의무해태를 탓할 수 없는 정당한 사유가 있는 때에는 시정조치명령이나 과태료를 부과할 수 없다는 법리를 전제한 다음, (1) 이 사건 광고 1에 대하여는 전반적인 제작 경위를 보아 광고의 주체인 원고가 그 광고내용이 허위임을 충분히 알았거나 알 수 있는 지위에 있다고 판단한 반면, (2) 이 사건 광고 2에 대하여는 원고가 그 광고내용을 알지 못하는 것이 무리가 아니라고 판단되므로 이를 정당한 것으로 볼 수 있는 사정이 있다고 판단하였다. 즉, 고등법원은 이 사건 광고 1에 대하여만 허위의 광고에 대한 책임이 있다고 판단하였다[1].

3. 판례의 요지

대법원은 이 사건 광고 1에 대한 원심의 판단에 대하여는 그 결론을 수긍한 반면, 이 사건 광고 2에 대한 원심의 판단에 대하여는 견해를 달리하는데 그 이유를 다음과 같이 들고 있다. 즉, 원심은 입점업체가 해당 상품의 재고소진을 이유로 금요일 저녁에 상품목록에서 삭제하면서 이를 원고에게 통지하지 않았다는 사정을 들어 원고가 법을 위반함에 있어 정당한 사유가 있다고 본 반면, 대법원은 (i) 입점업체의 재고소진은 흔히 발생할 수 있는 사정이므로, 온라인 오픈마켓을 운영하는 원고로서는 포털사이트에 광고를 하기에 앞서 입점업체가 광고상품에 대하여 합리적으로 기대할 수 있는 수요량을 충족시킬 수 있는 충분한 재고를 확보하고 있는지 확인하여 재고가 충분하지 않은 경우에는 광고대상에 포함하지 않거나 광고대상에 포함시킬 경우에는 재고가 제한되어 있다는 사정을 분명하고 적절하게 명시하는 방법으로 소비자에게 알려야 하고, (ii) 실제 재고가 소진된 경우에

1) 이외에도 공표명령의 적법성에 대한 고등법원의 판단이 있었으나, 이 글에서는 주요한 논점은 아니라고 판단하여 생략하기로 한다.

는 광고대상에서 제외하는 등 적절한 조치를 취할 의무가 있는 점을 전제로, 이 사건의 경우 원고는 위와 같은 조치를 취한 사실이 없다는 점에서 정당한 사유가 인정되기 어렵다고 판단하였다.

II. 해 설

1. 쟁점의 정리

이 사건과 같이 오픈마켓 전체를 관리하는 주체, 오픈마켓에 입점하여 실제 해당 상품을 판매하는 주체, 포털사이트와 같이 제품의 광고를 게재하는 공간을 관리하는 주체 및 오픈마켓/입점업체와 포털사이트 사이에서 포털사이트가 요구하는 형태에 맞게 광고를 제작 및 관리, 계약 체결을 대행하는 광고대행업체 등 다양한 주체들이 하나의 광고에 관여하고 있고, 이러한 여러 관여자들 가운데 특별히 법률을 위반할 의도는 아니었음에도 불구하고 의사소통의 불일치로 인하여 법률을 위반하게 되는 경우 누가 법위반의 책임을 부담하여야 하고, 법률을 위반하는 상태가 발생한 경우 이를 정당화할 수 있는 사유가 무엇인가 하는 문제가 있다.

2. 행정법규 위반을 탓할 수 없는 정당한 사유의 기준에 관한 관련 판례

이 사건 광고 2의 경우 고등법원은 원고가 광고의 내용을 알지 못할만한 정당한 이유가 있다고 본 반면, 대법원은 (i) 입점업체의 재고소진은 흔히 발생할 수 있는 사정이므로, 온라인 오픈마켓을 운영하는 원고로서는 포털사이트에 광고를 하기에 앞서 입점업체가 광고상품에 대하여 합리적으로 기대할 수 있는 수요량을 충족시킬 수 있는 충분한 재고를 확보하고 있는지 확인하여 재고가 충분하지 않은 경우에는 광고대상에 포함하지 않거나 광고대상에 포함시킬 경우에는 재고가 제한되어 있다는 사정을 분명하고 적절하게 명시하는 방법으로 소비자에게 알려야 하고, 실제 재고가 소진된 경우에는 광고대상에서 제외하는 등 적절한 조치를 취할 의무가 있는 점을 전제로, 이 사건의 경우 원고는 위와 같은 조치를 취한 사실이 없다는 점에서 정당한 사유가 인정되기 어렵다고 판단하여 서로 상반된 결론을 내리고 있다.

법원은 행정질서벌 위반에 대하여도 고의나 과실의 주관적 요건이 필요한지 여부와 관련하여 일관하여 "과태료와 같은 행정질서벌은 행정질서유지를 위한 의무의 위반이라는 객관적 사실에 대하여 과하는 제재이므로, 반드시 현실적인 행위자가 아니라도 법령상 책임자로 규정된 자에게 부과되고, 원칙적으로 위반자의 고의·과실을 요하지 아니하나, 위반자가 그 의무를 알지 못하는 것이 무리가 아니었다고 할 수 있어 그것을 정당시할 수 있는 사정이 있을 때 또는 그 의무의 이행을 그 당사자에게 기대하는 것이 무리라고 하는 사정이 있을 때 등 그 의무 해태를 탓할 수 없는 정당한 사유가 있는 때에는 이를 부과할 수 없다"(대법원 2000. 5. 26. 선고 98두5972 판결 등)라고 판시하고 있다. "의무의 해태를 그 당사자에게 탓할 수 없는 정당한 사유"란 결국 구체적 사실판단의 문제이므로, 이하에서는 법원의 판례에 나온 사실관계들을 살펴보기로 한다.

가. 정당한 사유가 있음을 인정한 사례

(1) 대법원 2000. 5. 26. 선고 98두5972 판결

본 사안은 기존의 건물주가 근린생활시설을 신축하면서 부정급수관을 설치하였는데 원고는 이후 이 사건 건물을 매수하고 부정급수관이 설치된 급수시설을 사용하였다. 이에 원고에게 과태료가 부과되었고, 원심은 행정상의 의무위반 상황이 발생하였으므로 과태료가 부과된 것을 긍정한 사례이다. 이에 대법원은 (i) 원고가 이 사건 건물을 매수할 때 부정급수관이 설치된 사실을 전혀 알지 못하였던 점, (ii) 적발 당시에도 부정급수관이 매설된 위치나 연결구조를 몰랐기에 기존의 건물주에게 전화로 연락한 끝에 겨우 시설을 찾아낸 사실, (iii) 원고는 1995. 4. 15. 건물을 명도 받고 이후 1995. 7. 16.자로 처음 수도요금을 납부하는 고지서를 받아보아 수도사용량이 건물 규모에 비하여 상당히 적게 계량된 점을 그 때 비로소 알게 된 사실 등을 감안하여, 원고가 그 때까지는 전 소유자에 의하여 야기된 위반상태를 몰랐고, 수도요금을 받기까지는 위반상태가 지속 중인 급수장치를 이용한 것이 무리가 아니어서, 그 의무위반을 탓할 수 없는 정당한 사유가 있다고 볼 여지가 있다고 판시하였다.

(2) 서울행정법원 2015. 6. 26. 선고 2015구단663 판결

본 사안은 미성년자에게 주류를 판매한 사안으로 보인다. 법원은 원고가 일행들로부터 주민등록증을 제시받아 일일이 확인하고, 외모나 태도 등으로 보아 청소년으로 의심되는 정황이 있는지 여부를 살핀 다음 문제가 된 미성년자를 성인으로 인식하고 주류를 제공하였다고 판단되므로, 원고에게 추가적인 주의의무를 부과함은 일반적인 상식이나 영업행태 등으로 보아 무리라고 판단하여, 원고가 미성년자에게 주류를 판매한 것에 의무해태를 탓할 수 없는 정당한 사유가 있다고 판단하였다.

나. 정당한 사유가 있음을 부정한 사례

(1) 대법원 2003. 9. 2. 선고 2002두5177 판결

본 사안은 원고 회사가 건설업등록증 등의 대여금지의무를 위반하였는데, 회사의 이사가 원고 몰래 그 위임범위를 넘어 다른 업자와 공사 이익금을 1/2씩 나누기로 하고 원고 회사의 상호를 사용하게 하였다는 점에 대하여 원심은 민사상 책임을 지는 것과 별론으로 행정법 위반에 대한 책임을 묻기는 어렵다고 판단하였다. 그러나 대법원은 원고 회사가 그 직원에게 이사라는 직함을 사용하게 한 점, 평소 회사의 인감 등을 가지고 다니면서 직접 공사계약 등을 체결하게 한 점, 나중에 법인등기부등본에도 이사로 등재된 점 등을 들어 설령 해당 직원의 부정행위를 뒤늦게 알았다고 하더라도 「건설산업기본법」 제21조의 위반행위를 방지하지 못한 이상 의무해태를 탓할 수 없는 정당한 사유가 있다고 할 수 없다고 판시하였다.

(2) 인천지방법원 2012. 5. 31. 선고 2011구합5609 판결

본 사안에서 원고 회사의 직원이 판매촉진 목적의 금전을 제공함으로써 법을 위반한 것으로 보이는데, 이에 대하여 법원은 원고 회사의 영업부에서 조직적으로 이루어진 법규위반행위이고, 원고 회사가 알지 못하였더라도 그 의무해태를 탓할 수 없는 정당한 사유가 없다고 판단하였다.

(3) 수원지방법원 2010. 12. 22. 선고 2009구단4214 판결

본 사안에서 원고는 법령을 위반하여 유사석유제품을 보관·판매한 것으로 보인다. 법원은 원고가 평소 공급 받던 주류회사가 아니라 어느 날 갑자기 유조차를 타고 온 성명불상의 기사로부터 차량번호나 회사명조차 제대로 확인하지도 않고 싼 가격에 유류를 공급해 주겠다는 기사의 말만 듣고 무자료로 휘발유를 매입하였는데, 그 휘발유 가격이 리터당 200원 정도 저렴하였고, 위 휘발유의 유통경로조차 확인되지 않은 점 등을 미루어 보면, 위와 같이 공급 받은 유류가 유사석유제품일 것이라는 의심을 충분히 할 수 있었던 점 등에 비추어 그 의무해태를 탓할 수 없는 정당한 사유가 있었다고 보기 어렵다고 판단하였다.

(4) 의정부지방법원 2015. 6. 23. 선고 2014구합9184 판결

본 사안에서 원고는 토지거래허가 없이 토지를 취득하여 「국토의 계획 및 이용에 관한 법률」(아하 '국토계획법'이라 한다)을 위반한 것으로 보이고, 법원은 원고가 토지거래허가 신청 자체를 한 바도 없고, 이 사건 토지의 취득이 국토계획법상의 허가기준에 부합한다고 볼 수도 없어, 원고의 의무해태를 탓할 수 없는 정당한 사유가 있는 등의 특별한 사정이 있다고 볼 수 없다고 판단하였다.

(5) 울산지방법원 2014. 5. 1. 선고 2012구합2942 판결

본 사안에서 원고는 폐수처리업체로서 거래처로부터 자체 처리가 곤란한 폐수를 수탁하여 그 폐수를 배출허용기준 이내로 처리하기 위한 목적으로 폐수처리업을 등록한 법인인데 그 법률상 준수사항을 이행하지 못하였다. 원고는 이를 수탁폐수량의 급증 때문이라고 주장한 것 같은데, 법원은 오히려 원고가 처리능력을 상회하는 물량을 수탁하여 배출되는 폐수의 수질이 악화되었으므로 원고의 의무 해태를 탓할 수 없는 정당한 사유가 있다고 할 수 없다고 판단하였다.

(6) 대전지방법원 2014. 3. 19. 선고 2013구합2510 판결

본 사안에서 원고는 정량미달의 석유를 판매하였다가 적발된 것으로 보이는데, 원고는 2012. 7. 계량기의 검정을 받을 당시 적합판정을 받았고 이 사건 정량미달의 석유판매 행위는 그 검정 유효기간의 만료 전이었음을 주장한 것으로 보인다. 법원은 이에 대하여 주유기 정기검정을 받았다고 하더라도 그 검정유효기간 내라고 하여 석유가 언제나 정량으로 판매된다고 할 수 없고, 이 사건 주유기의 석유 정량미달이 상당한 량이므로 원고는 석유입고량과 판매량 등을 확인해 보면 정량 미달량을 확인할 수 있었을 것으로 보이는 점 및 주유소 경영자들을 신뢰할 소비자들의 공익이 더 커보이는 점 등을 종합하면, 원고의 의무해태를 탓할 수 없는 정당한 사유가 있다고 할 수 없다고 판단하였다.

3. 검 토

판례는 행정법규를 위반한 상태가 발생한 이상 고의·과실이 있는지와 무관하게 원칙적으로 책임이 발생하고, 다만 의무위반의 책임을 지울 수 없다고 볼 정당한 사유가 있는 경우 책임을 면한다고 하므로, 결국 판례의 행정질서벌 위반에 대한 요건은 (i) 행정법규를 위반한 상태가 발생할 것, (ii) 그 위반상태에 대한 의무위반의 책임을 지울 수 없다고 볼만한 정당한 사유가 없을 것으로 정리될 수 있다.

기존 선례들을 볼 때, 의무위반자가 사실상 고의가 있거나 중과실이 있는 경우, 의무위반자 회사의 직원들이 고의적으로 법률위반상태를 초래한 경우에는 대개 그 책임을 묻고 있으며, 정당화 사유가 없다고 판단하는 것으로 보인다. 또한 위 가. (2)의 사례와 같이 의무위반을 피하기 위하여 적극적인 행위를 하였음에도 의무위반 상태가 발생한 경우에는 정당한 사유를 인정하는 것으로 보이는데, 문제는 가의 (1)의 사례나 나의 (6)의 사례와 같이 의무위반자가 그 의무위반의 상황을 모르고 의무위반상태가 발생한 경우 어떻게 정당화 사유를 인정할 수 있는가가 관건인 것으로 보인다. 특히 가의 (1)과 나의 (6)의 사례를 비교해 보면, 나의 (6)은 의무위반자가 조금만 주의했더라면 의무위반 상태를 알 수 있었다는 점에 주목한 것으로 보이고, 가의 (1)은 의무위반자가 아무리 주의를 하더라도 의무위반상태를 알 수 없었다고 본 것으로 보이는데, 여하간 기존 판례의 경향은 무과실책임과 정당화 사유와의 관계가 명확하게 정리되어 있는 것으로 보이지는 않는다.

다시 이 사건 대상판결로 와서 살펴보면, 대상판결은 의무위반자에게 더욱 적극적인 의무위반에 대한 방지조치를 취할 것을 요구하고 있는 것으로 보인다. 이 사건 광고 2에 대하여 대상판결의 원심이 원고로서는 도저히 알기 어려운 사정이 있었다는 점에서 정당화 사유가 있다고 본 것에 반해, 대상판결은 원고에게 "충분한 재고가 확보되어 있는지 확인하고, 그렇지 않다고 판단되면 미리 소비자에게 알려야 하는" 적극적인 법 위반을 방지할 조치까지 취하지 않은 점을 들어 원고에게 책임이 있다고 보았다. 즉, 대상판결은 "정당화 사유"를 적극적으로 법위반을 방지하는 조치를 취하였는지까지 확대하여 해석한 것으로 보인다.

한편 「질서위반행위규제법」 제7조는 "고의 또는 과실이 없는 질서위반행위는 과태료를 부과하지 아니한다"라고 하여, 과태료를 부과하는 행정법규 위반행위에 대하여도 고의 또는 과실이 필요함을 명시하고 있는데, 그럼에도 불구하고 여전히 행정법규 위반행위에 대한 고의, 과실이 필요하지 않다는 판례들이 유지되고 있다는 점은 다소 의문이다. 전체적으로 행정법규위반으로 인한 행정질서벌이 부과되는 경우 고의나 과실의 주관적 요건이 필요한지, 과실의 유무와 정당화 사유의 관계 등은 향후 좀 더 정리가 필요한 것으로 보인다.

Ⅲ. 판례의 의의

대상판결은 여러 광고 주체가 개입하여 제작한 광고가 내부적 사정으로 결과적으로 고객을 기만하는 허위의 광고가 되는 경우 광고주의 책임을 면할 수 있는 정당화 사유의 한계를 정하였다는데 그 의의가 있다. 다만, 앞에서 본 바와 같이 「질서위반행위규제법」상 행정질서벌을 부과함에 있어서도 고의나 과실이 필요하다고 한다면, 본 판례상 "허위광고가 되지 않도록 미리 확인하고 필요한 조치를 취할 의무"를 다하지 않은 것을 "과실"의 일종으로 볼 것인지 등은 다시 판례의 동향을 주목해 볼 필요가 있는 것으로 보인다.

부 록

광고판례백선 가이드

부록 | 광고판례백선 가이드

광고판례백선 편집위원회

Ⅰ. 광고법 일반론

1. 광고의 개념

광고의 개념으로 실무상 중요한 것은 표시광고법상 광고의 개념이다.[1] 표시광고법은 광고를 ① 사업자 또는 사업자단체가(주체), ② 상품 또는 용역에 관하여 자기 또는 다른 사업자·사업자단체에 관한 사항 및 자기 또는 다른 사업자·사업자단체의 상품 또는 용역의 내용·거래조건 기타 그 거래에 관한 사항 등을(내용), ③ 신문·방송·잡지 기타 대통령령이 정하는 방법으로 소비자에게 널리 알리거나 제시하는 것(방법)으로 정의하고 있으며(제2조 제2호), 개별법령에서는 광고의 개념을 별도로 정의하거나(의료법·식품표시광고법 등), 표시광고법상의 규정을 준용하도록 규정하고 있다(공인중개사법·대부업법 등).

표시광고법에 따를 때, 광고는 널리 불특정 다수의 일반인에게 알릴 목적으로 이루어지는 일체의 수단을 말하는 것을 의미하므로, 안내전단, 인터넷 홈페이지나 FAQ란에 게시된 게시물, 기사 형식의 광고 등도 광고에 해당하지만, 대량전달 매체를 이용하지 않고 의원 복도에 걸어둔 의료인의 약력서나 특정인에게 구두로 설명하고 상담하는 행위는 광고에 해당하지 않는다. **[01], [02], [03], [04], [58], [59], [77]**

한편, 표시는 '상품의 용기·포장·사업장 등의 게시물·권리증서'를 이용한다는 점에서 매체를 이용하는 광고와 구분된다. 표시는 소비자에 대한 정보제공 기능에 중점을 두는 반면, 광고는 정보제공 기능과 함께 소비자의 구매욕구를 자극하는 설득적 기능을 수

* 이 글은 독자의 이해를 돕기 위하여 광고판례백선에 수록된 판례와 관련 법령의 주요 내용을 요약·정리한 것으로, 광고법 전반에 대한 가이드가 아님을 밝힌다. 본문 중, [ ]에 표시된 숫자는 해당 내용과 관련된 평석의 번호이다.

1) 이하 법령의 명칭은 약칭으로 표시하며, 조문번호와 조문내용은 현행법을 기준으로 한다.

행하는데, 표시광고법상 규제 규정의 적용에 있어서 양자의 차이는 없다.

2. 광고행위의 법적성격

계약은 일반적으로 청약과 승낙 의사표시의 합치로 성립하는데, 청약이란 일정한 내용의 계약을 체결할 것을 제안하는 확정적 의사표시를, 승낙이란 청약에 응하는 의사표시를 말한다. 일반적으로 광고는 상품에 관한 정보를 제공하면서 그 표시된 내용에 따라 계약을 체결할 준비가 되어 있음을 알려 상대방으로 하여금 청약을 하도록 촉구하는 청약의 유인으로 이해된다. 따라서 광고의 내용은 계약의 내용이 아니므로 광고의 내용이 실제와 다른 경우라도 계약 상대방은 광고 내용의 이행을 청구할 수 없다. 그러나 광고의 내용이 명확하고 확정적이고, 광고주가 광고의 내용대로 계약에 구속되려는 의사가 명백한 경우와 광고 이후의 거래 과정에서 상대방이 광고의 내용을 전제로 청약을 하고 광고주가 이를 승낙하여 계약이 체결된 경우 등에는 광고의 내용이 계약으로 편입되어 계약 당사자를 구속할 수 있다. [05], [81]

3. 광고의 자유와 제한

가. 광고와 기본권

광고도 사상·지식·정보 등을 불특정다수인에게 전파하는 것으로서 헌법 제21조 제1항에 규정된 표현의 자유(언론·출판의 자유)의 보호대상이 되며, 그 내용에 공익이 포함되는지 여부와 무관하게 상업광고도 표현의 자유의 보호영역에 속한다. [06], [07], [10], [16]

한편, 사업자가 그 상품 또는 용역에 관하여 광고하는 것은 영업활동의 중요한 한 부분을 이루고 있으므로, 상업광고에 대한 규제는 사업자의 직업행사의 자유 내지 직업수행의 자유(영업의 자유)에 대한 제한이 될 수도 있으며, 합리적인 이유 없이 어떤 분야의 광고에 대한 규제가 유사한 분야에 대한 규제와 달리 취급하고 있다면 평등권 침해도 문제가 될 수 있다. [07], [09], [13], [14]

나. 상업적 광고의 사후적 제한

상업광고 표현을 법률유보 원칙(헌법 제37조)에 따라 법률 형식으로 제한할 수 있다고 할지라도 그 제한은 비례의 원칙(과잉금지의 원칙)에 따라 입법목적의 정당성, 목적달성을 위한 방법의 적정성, 피해의 최소성, 그리고 보호하려는 공공의 필요와 제한되는 기본권

사이의 균형성을 모두 갖추어야 하며, 어느 경우에도 광고의 자유의 본질적 내용은 침해할 수 없다. 다만, 상업적 표현이 사상이나 지식에 관한 정치적, 시민적 표현 행위와는 차이가 있는 점에서 과잉금지원칙 심사함에 있어, 침해의 최소성 원칙은 입법목적을 달성하기 위하여 필요한 범위 내의 것인지를 심사하는 정도로 완화할 필요가 있으며, 광고의 자유의 근거인 직업행사의 자유 내지 직업수행의 자유(영업의 자유)는 직업 선택의 자유보다 상대적으로 더욱 넓은 법률상의 규제가 가능하다고 본다. [06], [08], [09], [15]

아울러 표현의 자유를 규제하는 법률은 무엇이 금지되는 행위이고 무엇이 허용되는 행위인지를 명확히 규정하여 법적안정성과 예측가능성을 확보하고, 그 법률로 인하여 표현의 자유가 위축되지 않도록 하여야 한다(명확성의 원칙). 광고의 자유는 원칙적으로 법률의 형식으로 제한해야 하지만, 법률에 위임이 있는 경우에는 대통령령, 총리령, 부령 등 법규명령에 의한 광고의 자유에 대한 제한도 가능하다. 또한 전문적·기술적 사항이나 경미한 사항으로서 업무의 성질상 위임이 불가피한 사항의 경우에는 예외적으로 고시에 의한 제한도 허용될 수 있는데, 이 경우 법률의 위임은 반드시 구체적·개별적으로 한정된 사항에 대하여 행하여져야 할 것이다(포괄위임입법금지의 원칙). [08] [10], [11], [12], [13], [63]

다. 상업적 광고의 사전적 제한

헌법상 언론·출판에 대한 허가나 검열은 인정되지 아니한다(제21조 제2항). 여기서 허가나 검열은 그 명칭이나 형식과 관계없이 실질적으로 행정권이 주체가 되어 사상이나 의견 등이 발표되기 이전에 예방적 조치로서 그 내용을 심사·선별하여 발표를 사전에 억제하는, 즉 '허가받지 아니한 것의 발표 금지'를 의미한다. 사전 허가나 검열 금지는 표현의 자유의 내재적 본질인 '표현의 내용'을 보장하는 것이므로, 옥외 광고물의 종류, 크기, 설치방법·기간의 제한과 같이 광고에 대한 규제가 '표현의 방식'을 규율하는 것인 경우(내용중립적 규제)에는 여기에 해당하지 않는다. [07], [12], [15], [16], [17]

광고에 대한 심의는 사전심의, 사후심의, 법정심의, 자율심의 등으로 구분할 수 있는데, 종래 다양하게 존재하던 법정사전심의의 위헌성을 해소하기 위하여 상당 부분 입법개선이 이루어졌으나, 아직도 의료기기광고(의료기기법 제25조), 의약품광고(약사법 제68조의2) 등에 있어서는 법정사전심의제도를 채택하고 있다. 이와 관련하여, 광고에 대한 심의가 사전검열에 해당하는지 문제가 될 수 있는바, 민간기구나 독립된 위원회에 의한 광고 심의일지라도 ① 허가를 받기 위한 표현물 제출의무, ② 행정권이 주체가 된 사전심사절차의 존재, ③ 허가를 받지 아니한 표현의 금지, 그리고 ④ 심사절차를 관철할 수 있는 강제수단의 존재 등 요건이 충족된 경우에는 광고에 대한 사전검열에 해당한다고 보아야 한다. [15], [16], [17]

4. 광고법 체계

우리나라에는 아직 '광고법'이라는 단행법이 마련되지 않고 있으나, 2019년 현재 방송광고판매대행법, 식품표시광고법, 옥외광고물법, 정부광고법, 표시광고법 등 5개의 광고 관련 법률이 존재하고, 광고 관련 사항을 규율하는 법령은 약 250여 개, 조문은 약 1,030여 개가 있으며, 이 가운데 광고규제와 직접적 관련성을 갖는 법령은 약 70여 개 정도 있는 것으로 파악된다.

대부분의 광고 관련 법령과 광고판례백선의 주요 평석이 광고규제법 관련 내용으로 구성되어 있으나, 미흡하기는 하나 옥외광고법과 같이 광고의 진흥을 내용으로 하는 법령도 광고법 체계 내에 존재한다. 광고법을 크게 광고진흥법과 광고규제법으로 구분해 볼 때, 전자의 예로는 광고관련 조직, 광고교육, 연구진흥, 기금조성, 공익광고, 조세특례 등의 규정이, 후자의 예로는 광고 주체·내용·방법의 규제, 광고심의, 광고매체, 자율심의, 광고 모니터링 등의 규정이 포함될 수 있으며, 이러한 규정들은 개별 광고법령에 산재해 있다.

II. 표시광고법상 광고 규제

1. 일반론

광고는 사업자가 일방적으로 제공하는 정보라는 속성상, 거짓·과장·기만적 내용으로 소비자의 합리적 선택을 방해하거나, 부당한 비교·비방을 통하여 시장에서의 공정한 경쟁을 저해하는 역기능이 발생할 수 있고, 이로 인하여 광고표현의 사회적 책임이 특별히 강조되기도 한다. 이에, 종래 공정거래법상 불공정거래행위의 한 유형으로 '허위 또는 소비자를 기만하거나 오인시킬 우려가 있는 표시·광고'를 규율하였으나, 1999년 공정거래법에 규정된 표시·광고 관련 제도의 미비점을 보완하여 표시광고법을 제정·시행하여 오늘에 이르고 있다.

표시광고법과 공정거래법의 관계가 문제가 될 수 있는데, 양 법의 입법목적이 모두 공정한 거래질서 확립과 소비자 보호에 있음에 비추어 표시광고법과 공정거래법은 일반법과 특별법 관계에 있다고 보아야 하므로 표시광고법이 적용되는 범위 내에서는 공정거래법의 적용은 배제된다. 반면, 광고를 규율하는 개별 법률과의 관계는 각 법률의 목적과 제도의 취지가 표시광고법과 상이한 경우에는 일반법과 특별법 관계가 아닌 병렬적 지위

에 있다고 보아야 하므로 각 법률의 경합적 적용이 가능할 것이다. [23], [34], [62]

입증책임과 관련하여, 부당한 광고를 규제하기 위한 요건의 입증책임은 원칙적으로 공정거래위원회가 부담하지만, 광고에서 주장하는 내용 중 사실과 관련한 사항이 진실하다는 점은 광고행위를 한 사업자가 합리적·객관적 근거에 의하여 입증할 책임이 있다(광고실증제, 제5조). [18], [36], [40]

그밖에 표시광고법 위반 사업자에 대한 시정명령 등을 발하기 위해 사업자에게 고의 또는 과실이 필요한지 문제되는데, 법 위반이라는 객관적 상태를 제거한다는 행정목적을 달성하기 위한 조치이므로 민사상 또는 형사상 책임과는 달리 사업자의 고의 또는 과실이 없는 경우에도 행정상 제재를 부과할 수 있다고 본다. [24]

2. 부당광고의 성립요건

표시광고법상 부당광고가 성립하기 위해서는 ① 사업자 또는 사업자단체(행위주체)의 행위일 것, ② 광고행위를 할 것(광고의 개념), ③ 부당광고의 유형에 해당할 것, ④ 소비자를 속이거나 소비자로 하여금 잘못 알게 할 우려가 있을 것(소비자오인성), ⑤ 공정한 거래질서를 저해할 우려가 있을 것(공정거래저해성) 등의 요건이 구비되어야 한다.

성립요건 중, ① 행위주체와 관련하여, 사업이란 계속·반복적 경제활동을 통하여 반대급부를 받는 행위를 의미하므로 자신의 경제활동과 관련하여 광고행위를 하는 자(광고주)는 광고의 효과가 최종적으로 광고주에게 귀속하고, 또한 광고주가 광고의 내용에 적극적으로 개입하였다는 사실에 근거하여 광고행위의 주체로 책임을 부담할 수 있다. 아래에서는 광고의 부당성(위법성) 판단기준으로 ④ 소비자오인성과 ⑤ 공정거래저해성을 살펴보고, ③ 부당광고의 유형은 항을 바꾸어 설명한다. [24], [30]

가. 소비자오인성

소비자오인성은 광고가 소비자를 속이거나 소비자로 하여금 잘못 알게 할 '우려'가 있음을 의미하므로, 실제로 광고가 소비자를 기만하거나 오인시킬 것까지 요구하는 것은 아니고, 소비자를 오인시킬 개연성 또는 추상적 위험성만 있으면 족하다. 판례는 소비자오인성을 보통의 주의력을 가진 일반 소비자가 광고를 받아들이는 전체적·궁극적 인상을 기준으로 하여 객관적으로 판단한다. 이는 통상 소비자가 해당 상품이나 용역에 대한 전문적 지식을 보유하고 있지 않고, 광고를 주의 깊게 생각하지 않고 광고의 전체적 인상을 통해 광고 내용을 이해하는 경향이 있음을 고려한 것이다. 다만, 소비자오인성은 개별적·구체적으로 판단되어야 하므로, 어린이·노령층과 같은 특정 소비자를 대상으로 삼는 광고의 소비자오인성은 보통의 주의력을 지닌 특정 소비자의 지적 수준을 기준으로 판단하여야 한다. [03], [18], [19], [21], [22], [27], [29]

소비자의 구매의사결정에 실질적 영향을 미치지 않는 사항에 대하여는 소비자가 실제로 오인을 하더라도 소비자의 합리적 상품선택을 저해할 우려가 없기 때문에, 소비자오인성은 소비자의 구매의사결정에 실질적 영향을 미치는 것이라야 한다. 따라서 광고의 내용이 사실과 부합하지 않더라도 소비자의 오인성이 없는 광고적 표현(부풀리기: puffing; blow-up)은 사회관념상 허용될 수 있다. [25], [94]

나. 공정거래저해성

공정거래저해성은 공정하고 자유로운 경쟁의 유지·촉진에 반하거나 소비자의 합리적인 선택을 방해할 추상적인 위험성이 있는 것을 의미하는데, 표시광고법에서는 공정거래저해성을 광고의 부당성 판단기준의 하나로 제시하고 있다. 이는 표시광고법이 부당한 광고를 규제하여 소비자의 합리적 선택에 필요한 정보 제공을 보장하고(소비자 보호), 사업자간 부당한 광고를 통한 불공정한 경쟁을 제한하여 시장경제질서를 유지하는 측면을 고려한 것으로 이해된다(공정한 거래질서 보호). [19], [23], [27]

공정한 거래질서를 저해할 우려는 전체적·일반적 거래질서에 미치는 영향을 기준으로 판단해야 하므로 사업자간의 관계, 개별적인 거래당사자간의 관계뿐만 아니라 표시광고법의 목적인 공정한 거래질서의 확립이라는 객관적 입장에서 종합적으로 광고의 위법성을 판단하여야 한다. 다만, 대부분의 판례는 소비자오인성이 인정되는 경우에는 공정거래저해성을 크게 문제 삼지 않는 경향을 보인다. [18], [22], [23]

2. 부당광고의 유형

가. 거짓·과장의 광고

거짓·과장의 광고는 사실과 다르게 광고하거나 사실을 지나치게 부풀려 광고하는 것을 말한다(시행령 제3조 제1항). 즉, 광고내용이 사실과 다르거나 객관적인 근거가 없는 내용을 광고하는 경우(거짓의 광고)와 광고상의 주장이 특정사실이나 객관적인 근거에 기초하고는 있으나 그 내용이 지나치게 부풀려진 경우(과장의 광고)를 포함한다.

거짓·과장의 광고의 판단기준은 광고내용의 진실성 여부인데, 이는 사회통념에 따라 판단해야 하는 것이므로, 광고문구의 명료성, 글자 및 도안의 상대적인 위치와 크기 또는 색상, 보통의 소비자에게 전달되는 의미 등 표시·광고의 전체를 종합적으로 판단하여야 하며, 광고내용의 진실성 판단에 자연과학적 엄밀성까지 요구되는 것은 아니다. 따라서 객관적 근거를 결여한 광고나 배타성을 띤 절대적 표현(예를 들어, 최고·유일·1위)을 사용한 광고는 거짓·과장의 광고로 취급될 가능성이 높다. [25], [26], [27], [28]

나. 기만적 광고

기만적 광고는 사실을 은폐하거나 축소하는 등의 방법으로 광고하는 것을 말한다(시행령 제3조 제2항). 여기서 사실이란 소비자의 구매선택에 중요한 영향을 미칠 수 있는 사실이나 내용을 말하며, 거래에 있어서 지켜져야 할 기본적인 신의성실의 의무를 위반하여 알려야 할 것을 알리지 않는 것도 기만적 광고에 해당할 수 있다. 기만적인 광고는 소비자에게 객관적 사실과 다른 인식을 갖게 한다는 점에서 거짓·과장의 광고와 공통되지만, 객관적 사실을 은폐하거나 축소하는 등의 방법으로 소비자가 객관적 사실에 부합하는 인식을 갖지 못하거나 그와 다른 인식을 갖도록 유도한다는 점에서 차이가 있다. 기만적인 광고에 해당하는지 여부는 광고 그 자체를 대상으로 판단하면 되고 특별한 사정이 없는 한 광고가 이루어진 후 그와 관련된 상품이나 용역의 거래 과정에서 소비자가 알게 된 사정 등까지 고려해야 하는 것은 아니다. [29], [30], [31], [32], [33], [34]

이와 관련하여, 최근 성행하고 있는 블로그 마케팅이나 바이럴 마케팅을 규제하기 위하여 「추천·보증 등에 관한 표시·광고 심사지침」이 마련되어 광고주와 추천·보증인 사이의 경제적 이해관계를 공개하도록 하고 있다. [30], [40]

다. 부당한 비교광고

부당한 비교광고란 비교대상 및 기준을 명시하지 아니하거나 객관적 근거없이 자기 또는 자기의 상품이나 용역을 경쟁사업자 또는 경쟁사업자의 그것과 비교하여 우량 또는 유리하다고 광고하는 것을 말한다(시행령 제3조 제3항).

비교광고는 시장에서 정보의 불완전성을 해소하고, 사업자간 경쟁을 촉진하는 수단이라는 점에서 그 부당성 판단에 신중을 기해야 한다. 여기서 금지되는 것은 비교광고 자체가 아니라, '부당한' 비교광고이며, 「비교표시·광고에 관한 심사지침」에서는 비교광고의 부당성 판단과 관련하여 비교대상·비교기준이 명확할 것과 비교내용·비교방법이 적정할 것을 요구하고 있다. 부당한 비교광고는 객관적 근거없는 광고를 의미하므로, 그 부당성 판단에 있어서는 광고의 실증제도(시행령 제4조)가 중요한 의미를 갖는다. 따라서 비교광고는 법령에 의한 시험·조사기관이나 사업자와 독립적으로 경영되는 시험·조사기관에서 학술적 또는 산업계 등에서 일반적으로 인정된 방법 등 객관적이고 타당한 방법으로 실시한 시험·조사 결과에 의하여 실증된 사실에 근거를 둘 필요가 있다. [20], [35], [36], [37]

라. 비방광고

비방광고는 다른 사업자 또는 다른 사업자의 상품·용역에 관하여 객관적인 근거가 없는 내용으로 광고하여 비방하거나 불리한 사실만을 광고하여 비방하는 것을 의미한다(시행령 제3조 제4항).

비방의 상대방인 '다른 사업자'가 구체적으로 누구인지 제시되지 아니한 경우라도 광고의 내용에 비추어 이를 특정할 수 있다면 비방광고에 해당할 수 있다. 비방광고에 해당하는지 여부는 일반의 소비자가 광고를 접하는 통상의 방법을 전제로, 광고 행위자가 그러한 광고방법을 선택하게 된 동기를 비롯하여 당해 광고의 표제, 문구, 광고의 문안의 전체적인 흐름, 사용된 어휘의 통상적인 의미와 연결방법 등 당해 광고가 소비자에게 부여하는 전체적인 인상을 종합적으로 고려하여 판단한다. 사실에 기초한 광고라도 다른 사업자 및 그의 상품에 대한 중대한 이미지 훼손에 이르는 등 광고의 전체 내용이나 전달하는 바가 다른 사업자 또는 그의 상품이 실제보다 현저히 열등 또는 불리한 것처럼 소비자가 오인할 수 있도록 한다면 이는 비방광고에 해당할 수 있다. [19], [38] [39], [41]

Ⅲ. 개별법상 광고 규제

1. 정보통신망법 / 개인정보보호법

현행 정보통신망법은 정보통신서비스 제공자가 이용자의 개인정보를 수집하는 경우, 개인정보의 수집·이용 목적 등을 이용자에게 알리고 동의를 받아야 하는 것으로 규정하고 있으며(제22조 제1항), 개인정보보호법에서는 거짓이나 부정한 수단이나 방법으로 개인정보를 취득하거나 개인정보 처리에 대한 동의를 받는 행위를 금지하고 있는바(제59조 제1호), 이를 통하여 정보주체의 개인정보자기결정권을 보장하고 있다. 따라서 개인정보 수집에 대한 안내를 하지 않고 이용자의 명시적 동의가 없음에도 불구하고 이용자가 동의한 것으로 간주하는 경우나, 개인정보 수집 동의를 받는 과정에서 정보주체에게 알려야 할 사항을 사실상 읽을 수 없도록 약 1mm 크기의 글씨로 응모권에 기재해 둔 경우 등은 적

법한 개인정보 수집동의를 받은 것으로 볼 수 없다. [42], [45]

한편, 사업자가 이용자의 사전동의 없이 광고 목적의 휴대폰 문자메시지를 전송하는 행위는 전자적 전송매체를 이용하여 영리목적의 광고성 정보를 전송하려면 수신자의 명시적 사전동의를 받아야 한다는 정보통신망법 규정에 비추어 허용될 수 없으며(제50조 제1항), 온라인광고와 관련하여 악성프로그램을 이용하여 연관검색어를 생성하거나 검색순위를 조작하는 행위는 정보통신시스템, 데이터 또는 프로그램 등을 훼손·멸실·변경·위조하거나 그 운용을 방해할 수 있는 프로그램(악성프로그램)을 유포하는 행위(제48조 제2항)로 규제될 수 있다. [43], [44]

2. 지식재산권법

발명·상표·디자인 등의 산업재산권과 문학·음악·미술 작품 등에 관한 저작권을 총칭하여 지식재산권이라고 하는데, 판례상 광고가 지식재산권, 특히 상표권을 침해하는지 여부가 주로 문제되고 있다.

상표란 자기의 상품과 타인의 상품을 식별하기 위하여 사용하는 표장을 의미하는데, 상표법에서는 상표등록의 원칙적 제한사유(제33조 제1항)와 그 예외사유를 규정(제33조 제1항)하고 있다. 이에 따를 때, 상표가 그 상품의 원재료를 표시한 표장인 경우(예를 들어, 인삼비누)라도 특정인이 상당한 기간 독점적·계속적으로 그 상표를 사용한 결과 수요자간에 그 상표가 누구의 상표인지 현저하게 인식되었다면 상표등록을 허용할 수 있다. 상표의 구성 부분이 식별력이 없거나 미약한지 여부는 그 구성 부분이 지니고 있는 관념, 지정상품과의 관계 및 거래사회의 실정 등을 감안하여 객관적으로 결정된다. [50], [51]

현행 상표법은 상품에 관한 광고·정가표(定價票)·거래서류, 그 밖의 수단에 상표를 표시하고 전시하거나 널리 알리는 행위를 상표사용의 한 태양으로 규정하고 있는데(제2조 제1항 제11호), 상표의 광고적 사용과 관련하여, 판례는 병행수입업자가 병행수입 상품의 판매 목적으로 광고나 매장 등에 상표를 사용하는 행위는 정당한 상표사용으로서 원칙적으로 상표권 침해를 구성하지 아니한다고 보고, 상품의 광고행위가 상표의 사용에 해당하는지 여부와 관련하여, 판례는 외국 간행물에 게재된 상표광고라도 그 간행물이 국내에 수입·반포되었다면 광고를 통한 상표사용에 해당할 수 있고, 인터넷 검색광고에서 검색결과 화면에 나타난 표장이 자타상품의 출처표시를 위하여 사용된 것으로 볼 수 있다면 상표로서의 사용에 해당한다고 보고 있다. [46], [47], [48], [49]

한편, 저작권법에서는 일반 공중에게 개방된 장소에 항시 전시되어 있는 미술저작물

등은 원칙적으로 어떠한 방법으로든지 이를 복제하여 이용할 수 있는 것으로 규정하여(제35조 제2항), 일반 공중의 저작물에 대한 자유로운 이용권 보장을 위해 저작권자의 권리를 제한하고 있다(파노라마의 자유). 이와 관련하여 광고물의 배경 등으로 타인의 저작물이 노출된 경우 광고를 통한 저작권 침해가 인정될 수 있을지 문제된다. **[52]**

3. 의료법 등

의료광고는 의료소비자의 생명과 건강에 직접적인 영향을 줄 수 있다는 사실과 의료소비자의 합리적 선택에 필요한 정보를 제공하는 공익적 역할을 수행한다는 특수성이 있으므로, 일반적 상업광고 보다 비교적 높은 수준의 규제를 받고 있다. 또한 의료광고는 전문적 의료정보를 포함하고 있으므로 허용되는 광고의 기준을 정하는 문제 또한 쉽지 않은 특성이 있다. 현행 의료법은 의료인등에 한하여 의료광고를 허용하고(주체의 제한), 방송에 의한 의료광고를 금지하며(방법의 제한), 치료 효과를 오인하게 할 우려가 있는 내용의 광고 등 15개 유형의 부당한 의료광고를 폭넓게 금지하고 있다(제56조).

금지되는 의료광고의 유형 중에서 특기할 만한 것은 환자에 관한 치료경험담 등 소비자로 하여금 치료 효과를 오인하게 할 우려가 있는 내용의 광고, 수술 장면 등 직접적인 시술행위를 노출하는 내용의 광고, 신문·방송·잡지 등을 이용하여 기사(記事) 또는 전문가의 의견 형태로 표현되는 광고, 심의를 받지 아니하거나 심의받은 내용과 다른 내용의 광고, 각종 상장·감사장 등을 이용하는 광고 또는 인증·보증·추천을 받았다는 내용을 사용하거나 이와 유사한 내용을 표현하는 광고 등이 있다. **[53], [54], [55], [56], [57], [58]**

4. 식품표시광고법

종래 식품위생법, 건강기능식품법 등에 분산된 표시·광고 관련 규정을 통합하여 2018년 식품표시광고법이 제정되어, 질병의 예방·치료에 효능이 있는 것으로 인식할 우려가 있는 광고, 식품 등을 의약품으로 인식할 우려가 있는 광고 등 9개 유형의 부당한 광고를 금지하고(제8조), 식품 관련 단체에서 부당한 광고의 자율심의기구를 운영할 수 있는 근거를 마련하였다(제10조).

이와 관련하여, 판례는 식품의 약리적 효능에 관한 광고라도 그것이 식품으로서 갖는 효능이라는 본질적 한계 내에서 식품에 부수되거나 영양섭취의 결과 나타나는 효과임을 광고하는 것과 같은 경우에는 허용되지만, 식품 등에 대하여 마치 특정 질병의 치료·예방 등을 직접적이고 주된 목적으로 하는 것인 것처럼 광고하여 소비자로 하여금 의약품으로

혼동·오인하게 하는 광고는 허용되지 않는다는 입장이다. [60], [61], [62]

5. 방송법 등

방송법은 방송의 공공성, 방송의 공적책임, 전파의 한정성, 방송의 특수성 등을 근거로, 매체별·채널별 특성을 고려하여 방송광고를 엄격하게 규율하고 있다. 현재 방송법에서는 방송프로그램광고, 중간광고, 토막광고, 자막광고, 시보광고, 가상광고, 간접광고 등 7가지 유형에 한정하여 방송광고를 허용하고 있다(제73조 제2항).

방송광고와 구별되는 협찬고지란 방송사업자가 방송제작에 관여하지 않는 자로부터 방송프로그램의 제작에 직·간접적으로 필요한 경비·물품·용역·인력 또는 장소 등을 제공받고 그 협찬주의 명칭 또는 상호 등을 방송으로 고지하는 행위(제2조 제22호)를 말하는데, 그 실질은 상업광고의 일종으로 볼 수 있다. [63], [68]

한편, 헌법재판소가 방송법상 방송광고 판매대행업에서 독점체제를 형성하는 것은 독점에서 배제된 사업자의 기본권을 침해한다는 결정을 한 이후, 방송광고의 판매대행 등 방송광고에 관한 사항을 정하여 방송광고 판매시장의 경쟁을 촉진하고, 공정한 거래질서를 확립하여 방송광고시장 활성화와 방송의 공공성, 공익성 및 다양성 구현에 이바지함을 목적으로 방송광고판매대행법이 제정되어 시행되고 있다. [64], [65]

6. 부정경쟁방지법

부정경쟁방지법은 사실상 국내에 널리 인식된 타인의 성명·상호·표장 기타 타인의 영업임을 표시하는 표지와 동일하거나 이와 유사한 것을 사용하여 타인의 영업상의 시설 또는 활동과 혼동을 하게 하는 일체의 행위(제2조 제1호 나목)와 타인의 상당한 투자나 노력으로 만들어진 성과 등을 공정한 상거래 관행이나 경쟁질서에 반하는 방법으로 자신의 영업을 위하여 무단으로 사용함으로써 타인의 경제적 이익을 침해하는 행위(제2조 제1호 카목)를 부정경쟁행위의 유형으로 규정하고 있다. 따라서 특정 인터넷 포털사이트에 접속하면 자신들이 제공하는 광고가 마치 해당 인터넷 포털사이트에서 제공하는 광고처럼 노출되도록 하는 프로그램을 제작·배포한 경우, 부정경쟁방지법상 영업주체 혼동야기행위 또는 타인의 경제적 이익침해행위로 규율될 수 있다. [66], [67], [79], [83], [84]

7. 기타 법률

광고는 사업자가 제공하는 용역이므로, 광고가 면세대상인 도서·신문·잡지·방송 등을 통하여 제공되더라도 부가가치세법상 부가가치세 과세대상으로 취급된다(제26조 제1항 제8호 단서). 이와 관련하여, 방송법상 방송광고로 규정되지 않은 협찬고지가 부가가치세법상 과세대상인 광고용역의 공급인지 문제된다. 한편, 법인세법상 광고선전비는 그 법인의 사업과 관련하여 발생하거나 지출된 손실 또는 비용으로서 일반적으로 인정되는 통상적인 것이거나 수익과 직접 관련된 손비에 해당하여 전액 손금에 산입할 수 있는데(제19조 제2항), 거래실적이 우수한 불특정고객에게 선물을 증정한다고 사전에 홍보하고, 사은품을 지급한 경우, 그 구입에 소요된 비용을 광고선전비로 볼 수 있는지 문제된다. [68], [69]

그밖에도 사설학원의 광고에 'Law School'이라는 명칭을 사용한 경우 학원법상 학습자를 모집할 때 과대 또는 거짓 광고를 금지하는 규정(제1조 제1항 제9호)에 위반되는지, 변호사가 중개사무소의 개설등록 없이 '부동산' 명칭을 사용하여 홈페이지를 개설하고 거래 대상 부동산들에 대한 정보를 게시한 경우 공인중개사법상 중개대상물의 광고 제한 규정(제18조의2 제2항)에 위반되는지, 대통령 선거과정에서 후보자가 소속된 정당과 후보자를 지지하는 모임의 회원들이 일반 시민들에게 교부한 '희망돼지 저금통'이 공직선거법 소정의 '그 밖의 광고물'에 해당하는지(제90조 제1항 제1호), 계열회사와 공동명의로 광고를 하면서 광고비 전액을 부담한 경우 공정거래법상 계열회사에 대한 부당지원행위(제23조 제1항 제7호)에 해당하는지 여부가 문제된다. [70], [71], [72], [73]

Ⅳ. 광고와 책임

1. 민사상 책임

가. 계약상 책임

광고행위는 원칙적으로는 청약의 유인에 불과하여 계약의 내용이 될 수 없지만, 광고의 내용이 계약으로 편입되는 예외적인 경우에는 민법상 그 이행을 청구할 수 있으며, 그 불이행시에는 채무불이행을 이유로 한 계약의 해제(제544조) 또는 손해배상을 청구할 수 있다(제390조). 또한 부당한 광고의 피해자는 광고자의 광고로 착오가 유발되었음을 이유로 계약을 취소하거나(제109조), 광고자의 광고가 거래의 중요한 사항에 관하여 구체적 사실을 신의성실의 의무에 비추어 비난받을 정도의 방법으로 거짓으로 고지하여 사기에 해당함을 이유로 계약을 취소할 수 있다(제110조). [74], [75], [78], [81], [82]

나. 불법행위 책임

표시광고법상 부당한 광고행위를 한 사업자는 피해자에 대하여 손해배상책임을 부담한다(제10조 제1항). 표시광고법상 손해배상청구권의 법적성질은 불법행위로 인한 손해배상청구권으로 민법상 손해배상청구권(제750조)과 청구권 경합관계에 있으므로, 피해자는 자유로운 선택에 따라 어떤 청구권도 행사할 수 있다. 손해배상을 청구하기 위해서는 부당한 광고, 손해의 발생, 부당한 광고와 손해 사이의 인과관계 등 요건이 구비되어야 하는데, 부당한 광고가 있어도 상대방의 의사결정에 불법적 간섭을 하지 않았다면 인과관계가 부정되므로 손해배상책임을 부담하지 않는다. 그러나 표시광고법상 손해배상청구권을 행사하는 경우 사업자는 고의 또는 과실이 없음을 이유로 책임을 면할 수 없으며(무과실책임, 제10조 제2항), 손해발생 사실은 인정되나 그 손해액을 증명하는 것이 사안의 성질상 곤란한 경우 법원은 변론 전체의 취지와 증거조사 결과에 기초하여 상당한 손해액을 인정할 수 있으므로(손해액인정제, 제11조), 표시광고법상 손해배상을 청구하는 것이 피해자에게 더 유리할 것이다. [74], [75], [76], [77], [78], [79], [80]

부당한 광고로 인한 손해배상책임의 범위는 거래상대방이 실제로 지급한 대금과 거짓과장광고가 없었을 경우 거래목적물의 적정 대금 사이의 차액이며(차액설), 재판 실무상 재산적 손해의 입증이 곤란한 경우 재산적 손해를 위자료 금액의 산정에 반영하기도 한다(위자료의 보완적 기능). [78]

다. 금지청구권

민법 제764조, 특허법 제126조, 실용신안법 제30조, 디자인보호법 제62조, 상표법 제65조, 저작권법 제123조, 컴퓨터프로그램보호법 제31조, 정보통신망법 제48조, 부정경쟁방지법 제4조 및 제10조 등에서는 법 위반 행위에 대한 금지청구를 인정한다. 하지만 민법에서는 불법행위의 효과로서 손해배상청구권만을 규정하고 있으므로, 부당한 광고행위에 대하여 피해자가 금지청구권을 행사할 수 있는지 문제된다. 이와 관련하여 판례는 비방광고를 통한 인격권 침해 사례와 광고 삽입 프로그램을 통한 인터넷 포털사이트의 광고영업방행 사례에서 금지청구권을 인정한 바 있다. [39], [83], [84], [85]

라. 기타 민사상 책임

특정인의 초상(肖像), 성명, 음성이나 그것과 유사한 것들을 광고 혹은 상품판매 등 널리 영리적으로 사용할 수 있는 권리를 퍼블리시티권이라고 하는데, 우리나라에서는 아직 퍼블리시티권을 법적으로 인정하지 않고, 이를 인정하는 대법원 판례도 없는 상태이다. 하급심은 퍼블리시티권을 인격권 또는 독립된 재산권으로 인정한 판례와 퍼블리시티권의 존재를 부정한 판례도 발견된다. [87], [88]

그밖에도 실존 인물을 모델로 제작한 상업영화의 홍보광고물이 그 실존 인물의 명예를 훼손할 수 있는지, 광고모델 계약의 내용으로 모델의 품위유지의무가 인정되는지, 민법상 현상광고(제675조)에서 광고자와 당선자 사이의 법률관계를 어떻게 보아야 하는지 여부 등이 문제된다. [86], [89], [90], [91]

2. 형사상 책임

부당한 광고 행위자를 처벌하는 규정은 법치국가적 원리인 죄형법정주의의 명확성 원칙에 따라 금지된 행위가 무엇인지, 그 처벌의 범위가 어떠한지가 명백히 규정하여 그 규범의 수범자에게 예측가능성을 제공해야 한다. [11]

부당한 광고에 관한 형사처벌은 형법상 사기죄를 통한 처벌과 개별 법률에 의한 처벌로 나누어 볼 수 있고, 후자의 경우는 다시 광고규제의 일반법인 표시광고법을 통한 처벌과 품목별·분야별 법률을 통한 처벌로 구분할 수 있다. 형법상 사기죄는 사람을 기망하여 재물의 교부를 받거나 재산상의 이익을 취득함으로써 성립하므로(제347조 제1항), 부당한 광고가 사기죄에 해당하기 위해서는 광고행위자의 기망행위(광고의 내용)와 피기망자(통상 구매자)의 착오와 그에 따른 처분행위, 그리고 피해자의 재산상 손해 발생이 요구된다. 일반적으로 상품의 선전, 광고에 있어 다소의 과장, 거짓이 수반되는 것은 그것이 일반 상거래의 관행과 신의칙에 비추어 시인될 수 있는 한 기망성이 결여된다 할 것이나, 거래에 있어서 중요한 사항에 관하여 구체적 사실을 거래상의 신의성실의 의무에 비추어 비난받을 정도의 방법으로 거짓으로 고지한 경우에는 과장, 거짓광고의 한계를 넘어 사기죄의 기망행위에 해당할 수 있다. [92], [93], [94]

그밖에도 기존 광고와 다른 인터넷 검색광고의 특성과 종량제 과금방식에 익숙하지 않은 다수의 중소 광고주에게 가치없는 키워드 광고를 대행해 주고 정액제 광고비를 받거나 채무불이행을 유도하여 위약금을 취득하는 광고대행사의 영업행태를 사기죄로 처벌할 수 있는지 문제된다. 또한 광고주에게 특정 언론사에 광고를 중단하지 않거나 타 언론사에 광고를 게재하지 아니하면 소비자불매운동을 전개하겠다고 고지한 경우, 형법상 공갈죄 내지 강요죄에 해당되는지 문제된다. [95], [96]

3. 행정상 책임

표시광고법은 부당한 광고행위를 한 자에 대한 행정상 제재로 시정조치로써 해당 위반행위의 중지, 시정명령을 받은 사실의 공표, 정정광고 및 그 밖에 위반행위의 시정을 위하여 필요한 조치 등을 명할 수 있음을 규정하고 있다(제7조). 또한 동의의결(제7조의2), 이행강제금(제7조의5), 임시중지명령(제8조), 과징금(제9조) 및 과태료(제20조) 등도 규정하고 있다. 품목별·분야별 법률규정에 위반한 광고에 대하여 행정상 제제조치로 특기할 만한 것에는 관련 교육 수강명령(건강기능식품법 제13조), 광고선전물의 수거 등 명령(게임산업법 제38조), 영업정지명령(결혼중개업법 제18조), 등록 또는 사업계획 승인 취소(관광진흥법 제35조), 광고에 사용된 전화번호의 이용중지(대부업법 제9조6) 등이 있다.

표시광고법에서는 책임의 주체를 부당한 표시·광고 행위를 하거나 다른 사업자 또는 사업자단체로 하여금 하게 한 자로 규정하고 있는데(제3조 제1항), 광고의 속성상 여러 주체가 단계별로 광고에 관여한다는 점에 비추어 책임의 주체를 누구로 할 것인지 문제될 수 있다. 양 당사자 간 체결된 거래약정의 내용, 광고행위를 위해 수행한 역할과 관여 정도, 광고의 구체적 내용 및 광고행위의 주체에 대한 소비자의 오인가능성 등을 종합하여 구체적·개별적으로 판단하여야 할 것이다. [24], [97], [98]

표시광고법 위반을 이유로 한 공정거래위원회의 경고의결은 사업자가 장래 다시 표시광고법 위반행위를 할 경우 과징금 부과 여부나 그 정도에 영향을 주는 고려사항이 되므로, 사업자의 자유와 권리를 제한하는 행정처분에 해당하므로 행정소송을 제기하여 그 취소를 구할 수 있다. 또한 행정법규를 위반한 상태가 발생한 이상 위반자에게 고의·과실이 있는지와 무관하게 행정상 책임이 발생하는 것이지만 판례는 의무위반의 책임을 지울 수 없다고 볼 정당한 사유가 있는 경우 책임을 면한다고 보고 있다. [99], [100]

사항색인

판례색인

[대법원]

[헌법재판소]

[하급심]

광고판례백선

초판인쇄 2019년 6월 25일
초판발행 2019년 7월 1일

편저자 (사)한국광고법학회
발행인 한국인터넷광고재단

발행처 도서출판 **정독**
경기도 파주시 책향기로 441, 1004동 1004호(동패동, 책향기마을)
등록 제406－2014－000093호
전 화 070)7550-3758 팩 스 02)718-8554
홈페이지 www.jeongdok.co.kr 이메일 pnc@pncmedia.co.kr
ISBN 979-11-89675-33-2 93360

정 가 60,000원